Cuba

Ciudad de La Habana p. 70
Pinar del Río p. 181
Artemisa y Mayabeque p. 153
Matanzas p. 205
Villa Clara p. 259
Ciego de Ávila p. 307
Cienfuegos p. 242
Sancti Spíritus p. 280
Isla de la Juventud (Municipio especial) p. 167
Camagüey p. 323
Las Tunas p. 342
Holguín p. 352
Granma p. 377
Santiago de Cuba p. 389
Guantánamo p. 436

EDICIÓN ESCRITA Y DOCUMENTADA POR

Brendan Sainsbury

Luke Waterson

PREPARACIÓN DEL VIAJE

EN RUTA

ANGELO CAVALLI /GETTY IMAGES ©
MÚSICA P. 482

MERTEN SNIJDERS /GETTY IMAGES ©

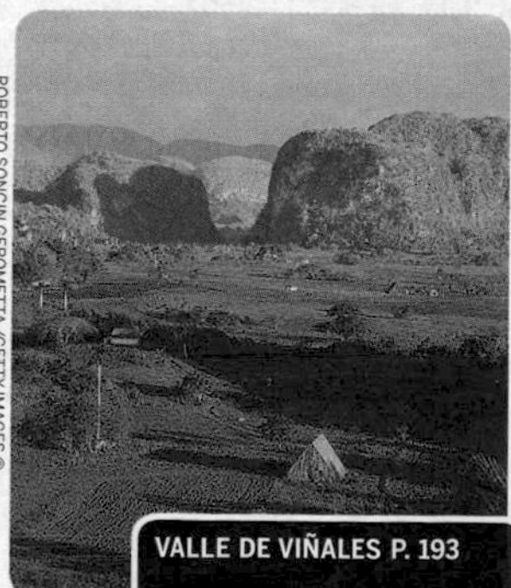
ROBERTO SONCIN GEROMETTA /GETTY IMAGES ©
VALLE DE VIÑALES P. 193

Sumario

LA HABANA P. 58

WALTER BIBIKOW /GETTY IMAGES ©

VARADERO P. 215

BRENT WINEBRENNER /GETTY IMAGES ©

CIENFUEGOS P. 243

EN RUTA

WALTER BIBIKOW /GETTY IMAGES ©

TRINIDAD P. 288

NATALIE GRONO /GETTY IMAGES ©

PLAYAS DEL ESTE P. 147

Sumario

MERTEN SNIJDERS /GETTY IMAGES ©

CELEBRACIONES P. 28

R H PRODUCTIONS /GETTY IMAGES ©

SANTIAGO DE CUBA P. 401

COMPRENDER CUBA

GUÍA PRÁCTICA

APARTADOS ESPECIALES

Bienvenidos a Cuba

Atrapada en el túnel del tiempo, Cuba es como un príncipe vestido de pobre. Tras sus deterioradas fachadas reluce el polvo de oro.

Majestuosidad enmohecida

En el vestíbulo del aeropuerto de La Habana debería haber una pancarta que rezase: "A todos los que entráis, abandonad los prejuicios". Hay que estar preparado para la perplejidad, la confusión y la fascinación. Cuba es un país sin precedentes históricos: económicamente pobre, pero culturalmente rica; visiblemente enmohecida pero arquitectónicamente majestuosa; exasperante y, al mismo tiempo, edificante. Si el país fuera un libro sería *Ulises* de James Joyce: difícil de captar, ampliamente incomprendido pero, sobre todo, un clásico.

Legado histórico

A medio camino entre EE UU y América Latina, Cuba siempre ha luchado por determinar su encaje. Aun habiendo sido antigua colonia española teñida de influencias francesa, africana, americana, jamaicana e indígena taína, la profundidad de su legado histórico es innegable. Cuando Castro pulsó el botón de parada del desarrollo económico en la década de 1960 salvó, sin darse cuenta, muchas tradiciones. Aunque la estructura ha sufrido, importantes reliquias históricas –fuertes, palacios y ciudades coloniales– han sobrevivido. Y lo que es mejor, hoy muchas de ellas están siendo fielmente restauradas.

Musicalidad innata

Muchos visitantes se sorprenden al llegar a La Habana y encontrar, no una falsa y gris distopía comunista, sino un lugar de exuberancia salvaje donde la música emana por todas las puertas. El ritmo y la melodía son ubicuos en este crisol de culturas africana, europea y caribeña. El viajero puede ser testigo de ellas en la ópera y el *ballet*, en un bar o a través del hipnótico sonido de los tambores de una ceremonia de santería, con el músico del trombón practicando sus arpegios en el paseo marítimo o con los andares rítmicos de la gente paseando por las calles musicales de La Habana.

Su gente

Que Cuba haya sobrevivido es ya de por sí un milagro, y el hecho de que siga cautivando a viajeros de todo el mundo con sus playas, bahías, montañas, ron, música y paisajes increíblemente verdes, un logro incluso mayor. La clave son los propios cubanos: supervivientes e improvisadores, poetas y soñadores, cínicos y sabios. Son los cubanos quienes han mantenido el país vivo y quienes han garantizado que siga siendo la nación fascinante, desconcertante y paradójica que es.

Por qué me encanta Cuba

Brendan Sainsbury, autor

Cuando pienso en Cuba, siempre recuerdo mi primera noche de vuelta a La Habana después de una escapada; sus ambientadas calles, las instantáneas de vidas cotidianas al aire libre y los inconfundibles aromas de papaya tropical mezclada con hoja de tabaco, gasolina y alfombras enmohecidas. Me encanta Cuba porque es una fruta prohibida, un complejo país de contradicciones que por más que se visite nunca responderá adecuadamente a todas tus preguntas. Lo que más me gusta es su musicalidad, su robusta cultura, su perfectamente preservada historia; el hecho de que puede causarte frustración en un momento e inspirarte inesperadamente al minuto siguiente.

Más información sobre los autores en p. 544.

Arriba: Avenida Simón Bolívar, La Habana (p. 70)

Cuba

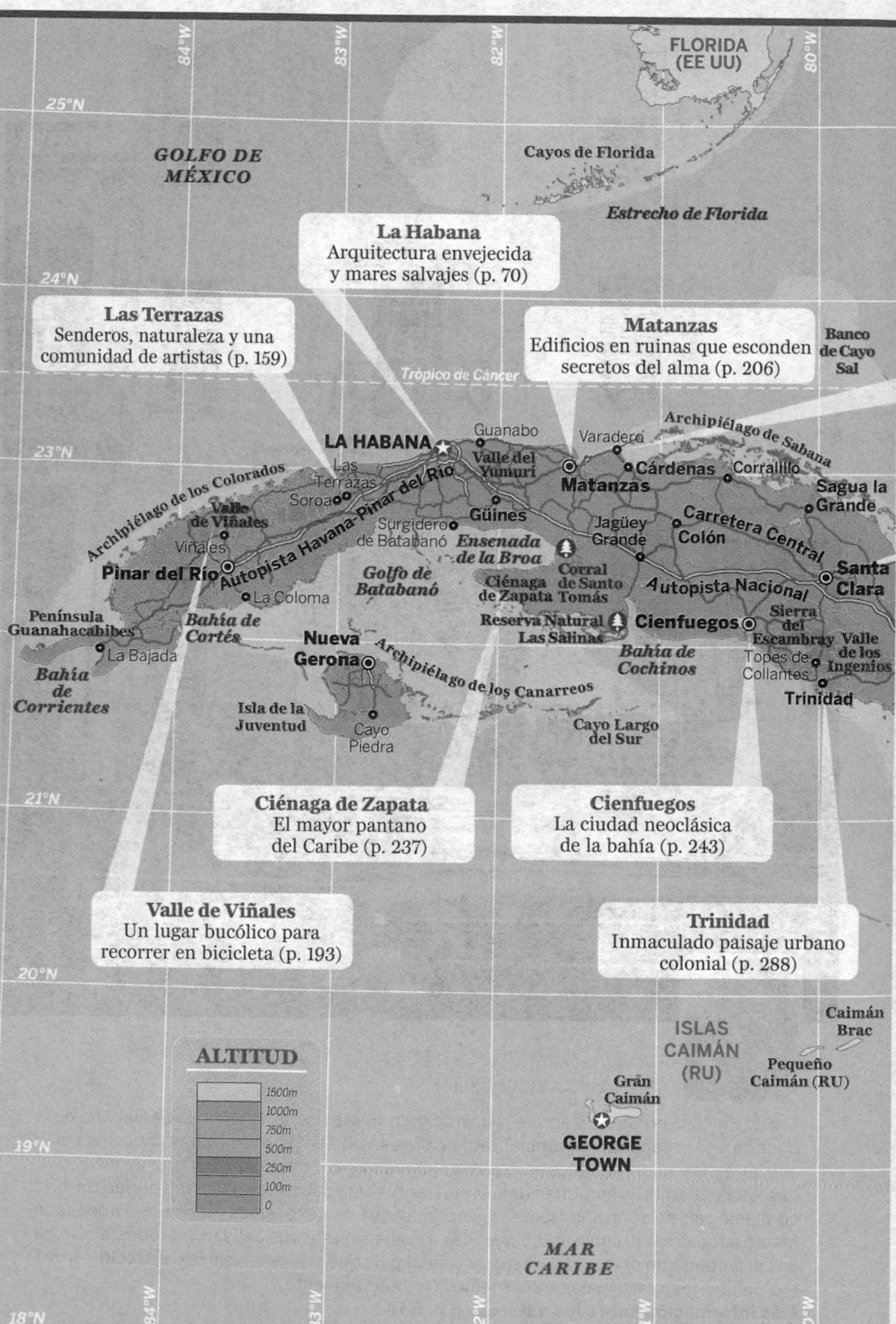

La Habana
Arquitectura envejecida y mares salvajes (p. 70)
Las Terrazas
Senderos, naturaleza y una comunidad de artistas (p. 159)
Matanzas
Edificios en ruinas que esconden secretos del alma (p. 206)
Ciénaga de Zapata
El mayor pantano del Caribe (p. 237)
Cienfuegos
La ciudad neoclásica de la bahía (p. 243)
Valle de Viñales
Un lugar bucólico para recorrer en bicicleta (p. 193)
Trinidad
Inmaculado paisaje urbano colonial (p. 288)
FLORIDA (EE UU)
GOLFO DE MÉXICO
Cayos de Florida
Estrecho de Florida
Banco de Cayo Sal
Trópico de Cáncer
Archipiélago de Sabana
Archipiélago de los Colorados
LA HABANA
Guanabo
Varadero
Valle del Yumurí
Cárdenas
Corralillo
Matanzas
Sagua la Grande
Las Terrazas
Soroa
Güines
Valle de Viñales
Viñales
Surgidero de Batabanó
Ensenada de la Broa
Jagüey Grande
Colón
Carretera Central
Autopista Havana-Pinar del Río
Pinar del Río
Golfo de Batabanó
Corral de Santo Tomás
Ciénaga de Zapata
Autopista Nacional
Santa Clara
La Coloma
Península Guanahacabibes
Bahía de Cortés
Reserva Natural Las Salinas
Cienfuegos
Sierra del Escambray
Valle de los Ingenios
La Bajada
Nueva Gerona
Bahía de Cochinos
Topes de Collantes
Trinidad
Bahía de Corrientes
Archipiélago de los Canarreos
Isla de la Juventud
Cayo Piedra
Cayo Largo del Sur
ISLAS CAIMÁN (RU)
Caimán Brac
Pequeño Caimán (RU)
Gran Caimán
GEORGE TOWN
ALTITUD
1500m
1000m
750m
500m
250m
100m
0
MAR CARIBE
25°N
24°N
23°N
21°N
20°N
19°N
18°N
84°W
83°W
82°W
81°W
80°W

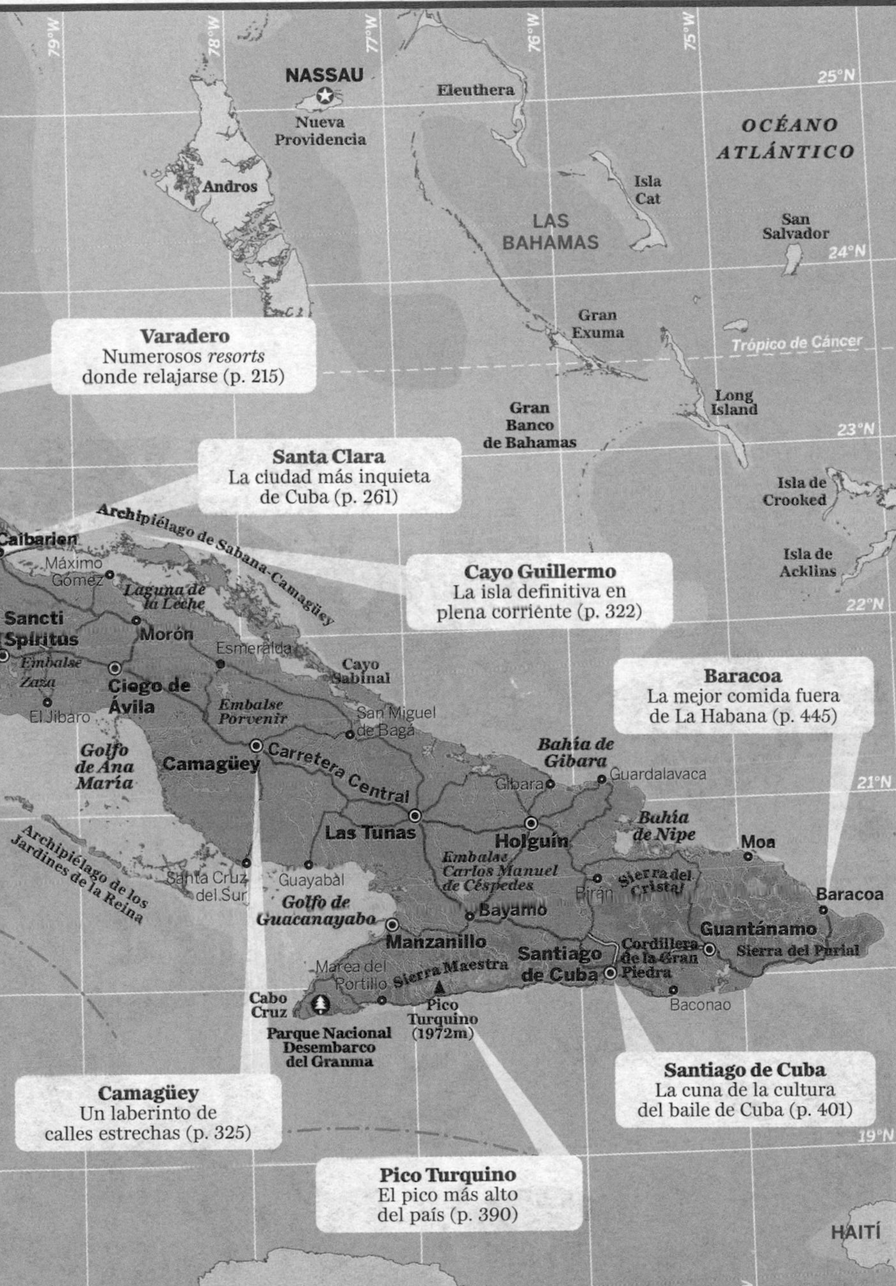
0
200 km
NASSAU
Nueva Providencia
Eleuthera
OCÉANO ATLÁNTICO
Andros
Isla Cat
LAS BAHAMAS
San Salvador
Gran Exuma
Trópico de Cáncer
Long Island
Gran Banco de Bahamas
Isla de Crooked
Isla de Acklins
Varadero
Numerosos *resorts* donde relajarse (p. 215)
Santa Clara
La ciudad más inquieta de Cuba (p. 261)
Cayo Guillermo
La isla definitiva en plena corriente (p. 322)
Baracoa
La mejor comida fuera de La Habana (p. 445)
Archipiélago de Sabana-Camagüey
Caibarién
Máximo Gómez
Laguna de la Leche
Sancti Spíritus
Morón
Esmeralda
Embalse Zaza
Ciego de Ávila
Cayo Sabinal
El Jíbaro
Embalse Porvenir
San Miguel de Bagá
Golfo de Ana María
Camagüey
Carretera Central
Bahía de Gibara
Gibara
Guardalavaca
Las Tunas
Holguín
Bahía de Nipe
Moa
Archipiélago de los Jardines de la Reina
Embalse Carlos Manuel de Céspedes
Santa Cruz del Sur
Guayabal
Sierra del Cristal
Birán
Baracoa
Golfo de Guacanayabo
Bayamo
Manzanillo
Guantánamo
Santiago de Cuba
Cordillera de la Gran Piedra
Sierra del Purial
Marea del Portillo
Sierra Maestra
Cabo Cruz
Pico Turquino (1972m)
Baconao
Parque Nacional Desembarco del Granma
Camagüey
Un laberinto de calles estrechas (p. 325)
Santiago de Cuba
La cuna de la cultura del baile de Cuba (p. 401)
Pico Turquino
El pico más alto del país (p. 390)
HAITÍ
JAMAICA
KINGSTON
79°W
78°W
77°W
76°W
75°W
25°N
24°N
23°N
22°N
21°N
19°N
18°N

Las 21 mejores experiencias

1

Música en directo

1 En Cuba la música ambiental se considera una evasión. En la tierra del son, la salsa, la rumba y la trova todo es espontáneo e interpretado con garbo melódico, desde el trovador romántico que va de bar en bar, el percusionista de rumba callejero, el espectáculo de cabaré y la fiesta nocturna de reguetón. El talento musical de Cuba es legendario y raramente está impregnado de narcisismo. Matanzas (p. 213) y Santiago (p. 421) tienen las raíces musicales más profundas; Guantánamo (p. 442) está lleno de sorpresas, mientras que La Habana (p. 120) canta a voz en grito de casi todo.

El Malecón de La Habana

2 Nadie que visite La Habana debe perderse el Malecón (p. 99), un paseo marítimo de 8 km de desaliñado esplendor que recorre de lado a lado la ciudad, desde La Habana Vieja a Miramar. Allí se dan encuentro a diario decenas de miles de juguetones y besucones habaneros en busca de romance. Es recomendable recorrerlo durante una tormenta, cuando las olas gigantes se estrellan contra el rompeolas, o al atardecer escuchando a Benny Moré en el Mp3, botella de Havana Club en mano y la idea de que cualquier cosa es posible llegadas las 22.00. El Malecón y el castillo de los Tres Santos Reyes del Morro.

DESIGN PICS/DAVID DUCHEMIN/GETTY IMAGES ©

2

MARIA PAVLOVA/GETTY IMAGES ©

Casas particulares

3 Dos balancines crujen en un porche de estilo colonial, el anfitrión y su huésped comparten amigablemente una botella de ron, y el sonido de una cadenciosa música fluye etérea a través de la húmeda oscuridad tropical. Esta escena podría darse en cualquier casa particular de cualquier ciudad. Ajenas a una censura asfixiante y a un deprimente totalitarismo propio de la Guerra Fría, estas casas revelan la Cuba más espontánea. En La Habana (p. 103) hay más donde elegir, las de Santa Clara (p. 267) son las más palaciegas.

Arquitectura ecléctica

4 En la arquitectura cubana se refleja el legado étnico del país, con una mezcla de barroco español, clasicismo francés, *art déco* norteamericano, *art nouveau* europeo y algo de modernismo, todos ellos bajo la sombra del sudor de los esclavos afrocubanos. Aun así, en sus edificios pueden verse ciertos rasgos de "cubanidad". Para comprobarlo basta con visitar La Habana (p. 70), Trinidad (p. 288), Cienfuegos (p. 243) y Camagüey (p. 325), ciudades declaradas Patrimonio Mundial de la Unesco. La Habana Vieja (p. 74).

3

Playas de ensueño

5 Las playas de Cuba son de lo más variopintas. En los *resorts* son grandes y vistosas; las de la costa norte, salvajes y azotadas por el viento; las hay paradisíacas, resguardadas y con palmeras, e incluso nudistas en rincones escondidos de una isla apartada. Aunque las zonas de grandes *resorts* como Varadero se han adueñado de las mejores, todavía quedan paraísos aislados. Destacables son playa Pilar (p. 321) en Cayo Guillermo, playa Maguana (p. 453) cerca de Baracoa, y playa Ancón (p. 300), próxima a Trinidad.
Playa Ancón.

Observación de aves

6 Aparte de los cocodrilos, la fauna de Cuba no resulta destacable, hecho que queda compensado por el gran número de aves que habitan en la isla. Unas 350 especies (varias endémicas) pueblan las costas de este poco habitual ecológico archipiélago tropical. Destacan el colorido tocororo, el diminuto pájaro mosca, el amenazado carpintero real y el mayor lugar de anidamiento de flamencos del mundo. Lugares remarcables son la península de Zapata (p. 234) y la Reserva de la Biosfera de la Sierra del Rosario (p. 159).
Pájaro mosca verde.

HELENA SMITH/GETTY IMAGES ©

MICHAEL LAWRENCE/GETTY IMAGES ©

ICHAUVEL/GETTY IMAGES ©

El legado revolucionario de Cuba

7 La huida improbable de un yate encallado, guerrilleros barbudos impartiendo justicia al estilo Robin Hood y una lucha de David contra Goliat ganada por los desvalidos: la guerra revolucionaria de Cuba es de guion de película, pero es mejor visitar los escenarios de la revolución en persona que verlos en la gran pantalla. El lugar de desembarco del *Granma* (p. 394) y la Comandancia de la Plata (p. 388), cuartel general de Fidel durante la guerra en lo alto de una montaña, han cambiado poco en 50 años. Plaza de la Revolución (p. 98), La Habana.

Submarinismo y buceo en el Caribe

8 Habrá quien no esté de acuerdo, claro, pero hay que decirlo: Cuba es el mejor lugar del Caribe para el submarinismo (p. 41). Las razones son la transparencia de sus aguas, los arrecifes vírgenes y las aguas resguardadas repletas de millones de peces. La accesibilidad varía desde las paredes de la bahía de Cochinos (p. 240), más asequibles, hasta la complejidad del archipiélago Jardines de la Reina (p. 314). Punta Francés (p. 170), en Isla de la Juventud, donde se celebra un concurso anual de fotografía submarina, reina por encima de todos.

Pesca en aguas profundas

9 Cuando se trata de valorar los mejores lugares para la pesca del planeta (p. 44), es difícil no estar de acuerdo con el legendario pescador, amante de Cuba y premio nobel, Ernest Hemingway. Papa adoraba Cuba por muchas razones, especialmente por la calidad de la pesca gracias a su emplazamiento en las rápidas aguas de la corriente del Golfo. Las mejores aguas del país abrazan los ricos cayos de la costa norte y son pocos los que pueden compararse a la "isla en la corriente" por excelencia, Cayo Guillermo (p. 322).

La Ciénaga de Zapata

10 Este lugar (p. 237) es uno de los pocos rincones de Cuba que permanecen vírgenes. Conviven en él el amenazado cocodrilo cubano, diversos anfibios, el pájaro mosca y varios hábitats vegetales diferentes. También se considera el humedal más grande del Caribe, protegido de varias maneras, sobre todo por su condición de Reserva de la Biosfera de la Unesco y Sitio Ramsar. En la Ciénaga de Zapata se puede pescar, observar aves, hacer excursiones y disfrutar de la naturaleza en estado puro.

La calma de Trinidad

11 Trinidad (p. 288) se fue a dormir en 1850 y nunca más se despertó, de modo que ahora puede visitarse una ciudad azucarera de mediados del s. XIX perfectamente conservada. Aunque ya no es ningún secreto, las calles detenidas en el tiempo aún tienen el poder de encantar con sus majestuosas casas coloniales, su campiña de fácil acceso y una fascinante oferta de música en directo. Pero también es una ciudad trabajadora con todas las debilidades y la diversión propias de la Cuba del s. XXI. Iglesia Parroquial de la Santísima Trinidad.

10

ICHAUVEL/GETTY IMAGES ©

11

WALTER BIBIKOW/GETTY IMAGES ©

Laberinto de calles en Camagüey

12 Camagüey (p. 325) es la ciudad de los tinajones, las iglesias y los antiguos piratas. Siempre rompedora con las normas, la ciudad se fundó sobre una cuadrícula, al contrario que casi el resto de las ciudades coloniales españolas de Latinoamérica. Sus callejas son tan laberínticas como las de una medina marroquí, con iglesias católicas, plazas triangulares escondidas y secretos artísticos en cada rincón.

El valle de Viñales en bicicleta

13 Cuba es ideal para el ciclismo y no hay mejor lugar para practicarlo que el valle de Viñales (p. 193), el entorno rural por excelencia. Este lugar ofrece escarpados mogotes (colinas de cima plana), verdes campos de tabaco, bucólicas cabañas de campesinos y miradores de ensueño en cada cambio de marcha. El terreno es relativamente llano y si el viajero puede hacerse con una buena bicicleta, el mayor dilema será dónde parar para tomar un mojito al ponerse el sol.

12

PETER ADAMS/GETTY IMAGES ©

13

WALTER BIBIKOW/GETTY IMAGES ©

HOLGER LEUE/GETTY IMAGES ©

JMARSHALL – TRIBALEYE IMAGES/ALAMY ©

BRENT WINEBRENNER/GETTY IMAGES ©

Arquitectura clásica francesa en Cienfuegos

14 Cienfuegos (p. 243), la autoproclamada "Perla del Sur" de Cuba, tiene algo especial. En los malos tiempos y durante el difícil Período Especial, esta ciudad siempre ha conservado su aplomo. Su elegancia es especialmente patente en la arquitectura, un homogéneo paisaje urbano trazado a principios del s. XIX por colonos franceses y de EE UU. Para absorber el refinamiento galo hay que sumergirse en la vida cultural del centro de la ciudad y el barrio de Punta Gorda. Casa de la Cultura Benjamín Duarte (p. 246).

Las Terrazas, el pueblo ecológico

15 En 1968, cuando el incipiente movimiento verde no era más que un grupo de protesta formado por estudiantes con melena y trenca, los proféticos cubanos –preocupados por el coste ecológico de la deforestación– dieron con una buena idea. Tras salvar hectáreas de bosque denudado de un desastre ecológico, un grupo de esforzados trabajadores construyó su propio pueblo ecológico, Las Terrazas (p. 159), poblándolo con artistas, músicos, cultivadores de café y el arquitectónicamente singular Hotel Moka.

La energía juvenil de Santa Clara

16 Cualquier idea preconcebida sobre este país se verá en entredicho en esta ciudad. Santa Clara (p. 261) es todo lo que el viajero pensó que Cuba no era: eruditos estudiantes, una espontánea vida nocturna, creatividad atrevida y estancias en casas particulares atestadas de antigüedades. Se puede asistir a un espectáculo de *drags* en el Club Mejunje o pasar un rato con los entusiastas estudiantes en La Casa de la Ciudad. Seguidores del equipo de béisbol de Santa Clara celebrando una victoria, parque Vidal.

ROBERT HARDING PICTURE/ALAMY ©

RODRIGO TORRES/GLOWIMAGES/CORBIS ©

CHRISTOPHER PILLITZ/GETTY IMAGES ©

Baile folclórico en Santiago de Cuba

17 No hay nada tan trascendental como el ritmo hipnótico de los tambores de la santería convocando a los espíritus de los *orishas* (deidades africanas). La percusión y los bailes folclóricos de las compañías cubanas son para todo el mundo, sobre todo en Santiago de Cuba (p. 401). Formados en los años sesenta para mantener viva la ancestral cultura de los esclavos, los grupos folclóricos gozan de amplio apoyo gubernamental, y sus enérgicos y coloridos espectáculos siguen siendo espontáneos y auténticos.

Los secretos de Matanzas

18 Matanzas (p. 206) es el *Titanic* de Cuba, un transatlántico hundido en las turbulentas profundidades en el que todavía se vislumbra la belleza de otra época. Tras dejar la cuidada Varadero, Matanzas impresiona, pero con un poco de tiempo, su extenso legado histórico muestra más sobre Cuba que 20 visitas a los *resorts*. La refinada cultura de Matanzas se congrega en el Teatro Sauto, mientras que su alma africana se manifiesta en la enérgica rumba que parte de la plaza de la Vigía. Puente Calixto García, Matanzas.

La comida y la cultura de Baracoa

19 Sobre las colinas y apartada en el extremo más oriental de la provincia de Guantánamo se encuentra Baracoa (p. 445), un pequeño pero históricamente importante enclave, extraño incluso para ser Cuba por su cambiante clima atlántico, sus excéntricos habitantes y su deseo de ser diferentes. Hay que ver a los lugareños escalar los cocoteros, escuchar a las bandas tocar *kiribá* (versión autóctona del son) y, sobre todo, disfrutar de una gastronomía picante, pesada e imaginativa (p. 450), empezando por el dulce cucurucho.

Las fiestas de Cuba

20 En tiempos de guerra, austeridad, racionamiento y penuria, los cubanos han conservado su contagiosa alegría de vivir. Incluso durante los peores días del Período Especial, las fiestas nunca se detuvieron, lo que da fe de la capacidad del país de dejar la política de lado y dedicarse a vivir. Destacan los fuegos artificiales de Remedios (p. 272), los bailes de Santiago de Cuba (p. 421), el cine de Gibara (p. 366) y todo tipo de música en La Habana. Hay que llegar preparado.

Pico Turquino: la cima de Cuba

21 El ascenso al pico Turquino (p. 390), la montaña más alta de Cuba, es un privilegio excepcional. Los guías son obligatorios para esta dura excursión de dos a tres días de 17 km por los empinados bosques de la sierra Maestra, que hace las veces de clase de historia, sendero natural y espectacular enclave de observación de aves. De subida los entusiastas revolucionarios deben hacer un desvío al que fuera cuartel general de Fidel en la jungla durante la guerra. La sierra Maestra.

20

21

Lo esencial

Para más información, véase Guía práctica (p. 501)

Moneda
Peso cubano convertible (CUC)

Idioma
Español

Dinero
La economía cubana funciona principalmente con efectivo. Las tarjetas de crédito son aceptadas en los *resorts* y en la mayor parte de los cajeros automáticos.

Visados
Los paquetes turísticos incluyen un visado válido para 30 días. Los viajeros de EE UU tienen ciertas limitaciones para gastar dinero en Cuba.

Teléfonos móviles
Es conveniente comprobar con el operador si el teléfono funcionará (solo redes GSM o TDMA). Las llamadas internacionales son caras. Se puede contratar servicio con antelación de Cubacel.

Horario
Hora estándar del este (GMT/UTC -5 h.)

Cuándo ir

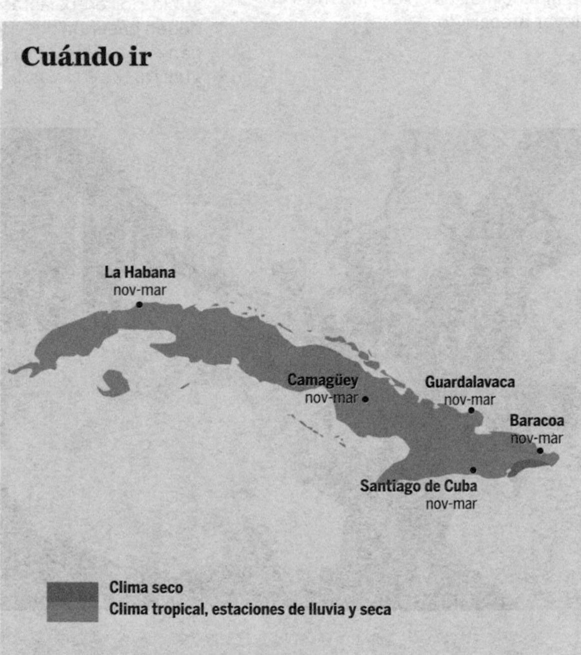

Temporada alta
(nov-mar y jul-ago)

➡ Los precios son un 30% más altos y puede que sea necesario reservar hotel.

➡ Los precios siguen siendo altos durante dos semanas por Navidad y Año Nuevo.

➡ El tiempo es más frío y seco de noviembre a marzo.

Temporada media
(abr y oct)

➡ Disponibilidad de descuentos fuera de temporada alta.

➡ En Semana Santa los precios y las aglomeraciones aumentan.

Temporada baja
(may, jun y sep)

➡ Algunos *resorts* ofrecen menos servicios o simplemente cierran.

➡ Entre junio y noviembre hay riesgo de huracanes y más probabilidades de lluvia.

Webs

Descubra cuba (www.descubracuba.com) Turismo oficial de Cuba.

Directorio Cuba (www.dtcuba.com) Directorio de hoteles, restaurantes y puntos de interés turístico.

Cubarte (www.cubarte.cult.cu) Actualidad cultural.

Desde Cuba (www.desdecuba.com) Reportajes de periodistas cubanos.

Gobierno cubano (www.cubagob.eu) Enlaces a páginas de instituciones cubanas.

Tipos de cambio

Argentina	1 ARS	0,17 CUC
Brasil	1 BRL	0,42 CUC
Chile	1000 CLP	1,95 CUC
Colombia	1000 COP	0,51 CUC
EE UU	1 US$	1 CUC
México	10 MXN	0,75 CUC
Perú	1 PEN	0,35 CUC
Venezuela	1 VEF	0,15 CUC
Zona euro	1 €	0,35 CUC

Para tipos de cambio vigentes, véase www.xe.com

Teléfonos útiles

Para información sobre prefijos telefónicos complejos, véase p. 510.

Urgencias	☎106
Información telefónica	☎113
Policía	☎106
Bomberos	☎105

Presupuesto diario

HASTA 60 CUC

- Casas particulares: 20-30 CUC
- Restaurantes gubernamentales: 15-20 CUC
- Entrada barata a un museo: 3-6 CUC

ENTRE 60-120 CUC

- Hoteles-*boutique:* 35-60 CUC
- Comer en paladares: 17-22 CUC
- Viajar en autobuses Víazul

MÁS DE 120 CUC

- *Resort* u hotel histórico: 150-200 CUC
- Alquiler de automóviles o taxis: 60-70 CUC
- Cabaré al atardecer: 35-60 CUC

Cómo llegar

Aeropuerto internacional José Martí (La Habana) No hay autobuses directos entre el aeropuerto y el centro de la ciudad. Los taxis cuestan 20-25 CUC y tardan 30-40 min en llegar al centro. Se puede cambiar moneda en el vestíbulo de llegadas.

Otros aeropuertos internacionales Cuba tiene otros nueve aeropuertos internacionales, pero ninguno dispone de conexiones de transporte público fiables; la mejor opción es tomar un taxi. Hay que negociar de antemano.

Cómo desplazarse

Utilizar los autobuses es la manera más práctica de desplazarse.

Autobús La compañía pública Víazul conecta la mayor parte de los lugares de interés con un horario regular. Cubanacán ofrece un servicio más reducido. Los autobuses urbanos están abarrotados y no tienen horarios impresos.

Coche Alquilar un coche es caro y puede suponer un reto debido a la falta de señalización y las ambiguas normas de circulación.

Taxi Es una opción para recorrer distancias más largas. Las tarifas rondan los 50 CUC/km.

Tren A pesar de su amplia red, los trenes cubanos son lentos, poco fiables y muy incómodos.

Horario comercial

Muchos de los hoteles de 4 y 5 estrellas en ciudades grandes ofrecen cambio de dinero.

Bancos 9.00-15.00 lu-vi

Cadeca (cambio de moneda) 9.00-19.00 lu-sa, 9.00-12.00 do

Farmacias 8.00-20.00

Oficinas de correos 8.00-17.00 lu-sa

Restaurantes 10.30-23.00

Tiendas 9.00-17.00 lu-sa, 9.00-12.00 do

Para más información sobre transporte, véase p. 513.

La primera vez

Para más información, véase Guía práctica (p. 501)

Antes de partir

➡ Comprobar que hay fondos en la tarjeta de crédito por si se acaba el dinero en metálico.

➡ Llevar una copia del seguro médico para enseñar en el aeropuerto.

➡ Comprobar que la tarjeta de turista está incluida al reservar el billete de avión.

➡ Reservar algunas clases de salsa.

Qué llevar

➡ Adaptadores para enchufes europeos y americanos.

➡ Una buena riñonera para llevar el dinero y la documentación.

➡ Primeros auxilios básicos, analgésicos y cualquier medicación necesaria.

➡ Repelente para insectos, protección solar y gafas de sol.

➡ Reservas de metálico en euros, dólares canadienses o libras.

Consejos

➡ Si se desea un contacto con la Cuba real y que el dinero se quede en los bolsillos de los cubanos, hay que alojarse en una casa particular.

➡ Llevar papel higiénico y jabón de manos, y beber agua embotellada.

➡ Las carreteras son irregulares y conducir es un reto. Es más barato tomar un taxi que alquilar un coche.

➡ Debido a la fuerte burocracia, las respuestas a cuestiones sencillas no son siempre obvias. Hay que preguntar amablemente al menos a cinco personas antes de tomar una decisión importante.

➡ Cuba es compleja, y los medios internacionales no siempre reflejan la realidad. Hay que viajar con la mente abierta y estar preparado para quedarse sorprendido, confundido y frustrado.

Qué ponerse

Cuba es un país cálido y húmedo donde se viste de forma informal. Es habitual el pantalón corto, las camisetas y las sandalias; los hombres suelen llevar guayabera (inventadas en Cuba) y las mujeres prendas ajustadas de licra. En Cuba solo hay dos playas nudistas, frecuentadas casi exclusivamente por extranjeros. Los cines y los teatros normalmente no permiten la entrada en pantalón corto a los hombres.

Dónde dormir

En las casas particulares más populares conviene reservar con antelación. También conviene hacerlo en los *resorts* de "todo incluido" para evitar las caras tarifas oficiales.

➡ **Casas particulares** Casas cubanas que alquilan habitaciones a los extranjeros y ofrecen una auténtica inmersión cultural de forma económica.

➡ **Campismos** Alojamiento rústico barato en zonas rurales, generalmente en bungalós o cabañas.

➡ **Hoteles** Todos los hoteles cubanos pertenecen al Gobierno. Los precios y la calidad varían.

➡ **'Resorts'** Grandes hoteles de nivel internacional "todo incluido".

Dinero

En Cuba hay dos monedas al uso: el peso convertible (CUC) y el peso cubano (moneda nacional, CUP). Un CUC vale 25 CUP. Los no cubanos utilizan sobre todo los convertibles.

Cuba es una economía monetaria; las tarjetas de crédito son raramente aceptadas fuera de los hoteles internacionales. Conviene hacer las comprobaciones pertinentes con el emisor en el país de origen. Las tarjetas de crédito americanas no se aceptan.

Los cajeros automáticos no suelen aceptar tarjetas de débito. Para más información, véase p. 507.

Regateo

No forma parte de la cultura social de Cuba, aunque puede haber cierto margen de maniobra.

Propinas

En Cuba las propinas son importantes. Como la mayoría de los cubanos ganan sus sueldos en pesos cubanos (CUP), dejar una pequeña propina en CUC (1 CUC = 25 CUP) supone una gran diferencia.

➡ **'Resorts'/Hoteles** Se puede dar propina a los botones, al servicio de habitaciones y al personal del bar y restaurante.

➡ **Músicos** Conviene llevar billetes pequeños para los músicos en todos los restaurantes. No es obligatorio dejar propina, pero si la música es buena (y normalmente lo es), ¿por qué no?

➡ **Restaurantes** Generalmente un 10%, o un 15% si el servicio es excelente.

➡ **Taxis** 10% si se va con taxímetro; si no conviene acordar el precio de antemano.

JON ARNOLD / GETTY IMAGES ©

Plaza Vieja (p. 81), La Habana.

Protocolo

Cuba es un país informal con pocas reglas protocolarias.

➡ **Saludos** Con los extraños se da la mano; entre hombres y mujeres y entre mujeres, uno o dos besos en la mejilla si ya se conocen.

➡ **Conversación** A los cubanos no les gusta hablar de política, sobre todo con extraños y si ello supone ser abiertamente crítico con el Gobierno.

➡ **Bailar** Los cubanos no son nada vergonzosos a la hora de bailar. Lo mejor es desprenderse de la timidez y soltarse.

Dónde comer

➡ **Paladares y casas particulares** Los restaurante privados y las estancias familiares ofrecen la mejor comida y servicio.

➡ **Hoteles y *resorts*** Los *resorts* "todo incluido" ofrecen bufé de nivel internacional.

➡ **Restaurantes públicos** Comida y servicio variables; suelen ser más baratos que los paladares.

Idioma

Los cubanos que trabajan en el sector del turismo suelen dominar el inglés y otros idiomas.

En busca de...

Arquitectura sorprendente

Cuando Castro pulsó el botón de parada del desarrollo económico de Cuba en 1959, sin darse cuenta hizo un gran favor a los edificios coloniales del país. Protegidos del desarrollo moderno, muchas reliquias arquitectónicas han sobrevivido.

La Habana Vieja Como un desván lleno de polvorientas reliquias, La Habana es un tesoro de arquitectura ecléctica (p. 74).

Cienfuegos La ciudad arquitectónicamente más homogénea de Cuba es una carta de amor al neoclasicismo francés (p. 243).

Camagüey Patrimonio Mundial de la Unesco, cuenta con un extraño trazado urbano de laberínticas callejas y agujas barrocas que esconden una devota alma católica (p. 325).

Trinidad Esta tranquila ciudad es posiblemente una de las más encantadoras y mejor conservadas del Caribe, y una explosión de barroco colonial (p. 288).

Vida nocturna y baile

Cada día, al caer la noche, Cuba se transforma en una evocadora mezcla de pasión y desenfreno.

Santa Clara La ciudad donde el próximo "lo más" sucede primero: desde espectáculos de *drags* hasta música *rock* (p. 261).

Cabarés Los vistosos cabarés cubanos son uno de los elementos de la opulenta vida prerrevolucionaria que rehusó desaparecer.

Casas de la trova Las viejas y destartaladas casas de música de Cuba están completamente decididas a mantener viva la esencia de la música cubana tradicional.

Uneac Estos centros culturales provinciales están llenos de talento artístico; la entrada es gratis y el viajero será bien recibido.

EN BUSCA DE... SANTERÍA

Quienes sientan interés por las religiones cubanas de origen africano, los mejores lugares para investigar uno mismo son las ciudades de Matanzas (p. 206) y La Habana, especialmente los barrios de Regla (p. 144) y Guanabacoa (p. 145).

Subculturas

Cuba es un país de múltiples misterios; para entender algunos de ellos habrá que asomarse a algunas de sus subculturas, muchas de ellas al límite de la legalidad.

Fanáticos del béisbol Una obsesión nacional que los cubanos comparten con los americanos; el punto de encuentro para los seguidores es la "esquina caliente" de La Habana en el Parque Central. (p. 91)

Cultura gay Poco a poco se va haciendo un espacio en Cuba, especialmente en la 'liberada' ciudad de Santa Clara. (p. 261)

Roqueros Antaño no bien vistos por las autoridades, los roqueros muestran hoy su identidad en la esquina de la calle 23 y la avenida G de La Habana. (p. 487)

Abakuá Es una de las pocas religiones de origen africano, Matanzas es el mejor lugar para buscar los secretos de su fraternidad. (p. 211)

Pasar desapercibido

A veces hay un apagón, el transporte público es horrible y los edificios parecen demoliciones en lugar de ruinas. Bienvenido a la

(Arriba) Cabaré mundialmente famoso en el club nocturno Tropicana (p. 140), La Habana.

(Abajo) Colorida arquitectura de La Habana Vieja (p. 74).

verdadera Cuba, donde se forjan amistades y se intercambian ideas.

Gibara La sede del Festival de Cine Pobre es rica en naturaleza, paisajes marítimos y en la magia de Holguín. (p. 364)

Marea del Portillo Conviene salirse de los complejos turísticos y dar un paseo por las magníficas montañas, inalteradas desde que el yate *Granma* encallara en 1956. (p. 396)

Matanzas La hermana pobre de Varadero carece de bañistas y de bufés de comida, pero tiene auténticos "socios" (si se desean). (p. 206)

Las Tunas La capital provincial menos visitada de Cuba desafía a su estereotipo de "aburrida" los domingos por la noche cuando se celebra un rodeo. (p. 344)

Holguín Calles sin jineteros, un equipo de béisbol apodado "los perros" y un burro que bebe cerveza llamado *Pancho*. Bienvenidos a Holguín (p. 353)

Flora y fauna

No hay grandes mamíferos terrestres en Cuba pero sí se puede ver el colibrí más pequeño del mundo, la más diminuta de las ranas y aves que emigran de Norteamérica y de Sudamérica.

Ciénaga de Zapata Un microcosmos de 66 km² de flora y fauna cubanas, incluido el cocodrilo cubano. (p. 237)

Parque Nacional Alejandro de Humboldt Sus elevados niveles de endemismo hacen del Humboldt, hogar de la rana más pequeña del mundo, una rareza ecológica. (p. 453)

Sierra del Chorrillo Animales exóticos no autóctonos como cebras y ciervos en un emplazamiento cubano por antonomasia. (p. 336)

Río Máximo En la costa norte de Camagüey puede contemplarse la colonia más grande del mundo de flamencos en anidación. (p. 339)

Guanahacabibes Cangrejos e iguanas lidian con el tráfico de los todoterrenos en las zonas vírgenes del oeste de Cuba. (p. 191)

Buceo y submarinismo

Los sitios más vírgenes abrazan las aguas resguardadas del Caribe en el sur, mientras que el norte disfruta de uno de los mayores arrecifes de coral del mundo.

Isla de la Juventud El esfuerzo por llegar se ve compensado por sus aguas claras. Acoge un concurso de fotografía submarina. (p. 170)

Jardines de la Reina Este archipiélago no tiene nada de infraestructura y alberga uno de los arrecifes mejor conservados del Caribe. (p. 314)

María la Gorda Más de cincuenta puntos de submarinismo y un fácil acceso a la punta occidental de Cuba hacen que este pequeño *resort* sea muy frecuentado por los submarinistas. (p. 191)

Bahía de Cochinos Antaño tristemente famoso, este lugar ha redescubierto su razón de ser: excelente para hacer submarinismo. (p. 236)

Playa Santa Lucía Vale la pena soportar este tramo de complejos turísticos para disfrutar del mejor lugar de submarinismo de la costa norte de Cuba. (p. 339)

Relajarse en un 'resort'

Los complejos turísticos absorben a una gran parte de los turistas. Varadero es el más importante, con más de cincuenta hoteles. Más al este, hay tres grandes *resorts* que abrazan la costa norte.

Varadero El *resort* más grande de Cuba no es del gusto de todos pero es inmensamente popular. (p. 215)

Cayo Coco Conectada a la isla principal por una carretera elevada, es más sutil que Varadero. (p. 319)

Guardalavaca Tres enclaves separados en la costa norte de Holguín cuentan con tres segmentos de precio distintos. Playa Pesquero ofrece los paquetes más caros. (p. 367)

Cayo Santa María Los cayos de la provincia de Villa Clara, todavía en desarrollo, conservan un ambiente relajado. (p. 276)

Cayo Largo del Sur La isla más remota de Cuba no es muy cubana pero sus playas son de las mejores del país. (p. 177)

Playas de arena blanca

Las playas de Cuba ofrecen un potencial deslumbrante. Las mejores están principalmente en la costa norte.

Playa Pilar La favorita de Hemingway, protagonista de muchas revistas de viajes, tiene grandes dunas como fondo y, por ahora, ningún hotel. (p. 321)

Playa Maguana Olas agitadas por el viento y nubes violáceas contribuyen al etéreo entorno de la mejor playa de Baracoa. (p. 453)

Playa Pesquero Tras andar 200 m en el agua, transparente y a una temperatura deliciosa, esta solo llega a la cintura. (p. 367)

Playa Sirena Una gran playa en lo que básicamente es una isla turística privada. (p. 177)

Playa Los Pinos El viajero, maderos a la deriva, un buen libro y quizá algún lugareño ofreciendo langosta para almorzar. (p. 339)

Piratas y fuertes

Cuba tenía un gran atractivo para los piratas que, durante los ss. XVI y XVII, asediaban con frecuencia su costa. Hoy en día, uno puede ser testigo del legado de viejas batallas en varias fortalezas bien conservadas.

Las fortalezas de La Habana Cuatro de los ejemplos más acabados de arquitectura militar del s. XVI en las Américas se conservan casi en su estado original. (p. 85)

Camagüey Cambió de lugar en dos ocasiones para evitar la atención de los piratas y rediseñó el entramado de sus calles en forma de laberinto para prevenir repetidos ataques. (p. 325)

La Roca Después de 200 años empleados en su construcción no fue nunca realmente utilizada como fortaleza defensiva. La Roca de Santiago es hoy Patrimonio Mundial de la Unesco. (p. 413)

Baracoa La "ciudad primada" cuenta con tres pequeñas pero

EN BUSCA DE... LA TIROLINA

La única tirolina de Cuba lanza a los amantes del vértigo por encima del pequeño pueblo ecológico de Las Terrazas, en la provincia de Artemisa; se puede acceder en una excursión de un día desde La Habana. (p. 161)

La idílica playa Ancón (p. 300).

inquebrantables fortalezas que albergan un museo, un hotel y un restaurante. (p. 445)

Matanzas Maltratado en otro tiempo por los ingleses, el poco visitado Castillo de San Severino alberga hoy un interesante museo de esclavos. (p. 210)

Historia revolucionaria

Enero de 1959: pistolas al amanecer, oscuras sombras por Sierra Maestra y la fiesta de Año Nuevo de Batista queda interrumpida por una pandilla de guerrilleros. El eco de la revolución continúa.

Santa Clara La "ciudad del Che" alberga el mausoleo de Guevara, estatuas y un fascinante museo al aire libre. (p. 261)

Bayamo La infravalorada capital de la provincia de Granma, donde arrancó la primera revolución de Cuba en 1868. (p. 379)

Sierra Maestra Lugar de relevancia histórica, incluida la cadena de montañas desde las que Castro dirigió la guerra revolucionaria. (p. 388)

Santiago de Cuba La "ciudad de los revolucionarios" alberga importantes y numerosos vestigios de antiguas batallas. (p. 401)

Museo de la Revolución El museo más completo de Cuba es una inmersión total en las revoluciones. (p. 92)

Música en directo

Cuba rezuma música: son salsa, songo (fusión de rumba y salsa), reguetón (*hip-hop* cubano), ópera, clásica, *jazz*... y en torno a ella podrían planearse varios viajes.

La Casa de la Música Son la opción de moda. Se mezcla música en directo con baile y cuentan con grandes nombres como Los Van Van. (p. 121)

Casas de la Trova La opción tradicional. El son y los boleros confieren un deje clásico a estas casas culturales de las ciudades provinciales de Cuba.

La Tumba Francesa La opción esotérica. En las provincias de Guantánamo y Santiago de Cuba misteriosos grupos de baile folclórico interpretan ritos musicales con una influencia haitiana. (p. 442, p. 421)

Rumba callejera La Habana y Matanzas se especializan en rituales de percusión y danza que evocan el espíritu de los *orishas* (deidades yoruba).

'Jazz' Los dos mejores lugares de *jazz* están en el barrio habanero de El Vedado: el Jazz Café (p. 120) y La Zorra y el Cuervo (p. 121).

Mes a mes

PRINCIPALES CELEBRACIONES

Carnaval de Santiago de Cuba, julio

Festival Internacional de Cine Pobre, abril

Las Parrandas, diciembre

Festival Internacional de Jazz, febrero

Torneo Hemingway de Pesca de la Aguja, mayo

Enero

La temporada turística se encuentra en pleno apogeo y todo el país rebosa vida. Frentes fríos traen a veces noches frescas.

Día de la Liberación

Además de dar la bienvenida al Año Nuevo con cerdo asado y ron, los cubanos celebran el 1 de enero como el triunfo de la revolución, el aniversario de la victoria de Fidel Castro en 1959.

Incendio de Bayamo

Los habitantes de Bayamo rememoran el incendio de 1869 con un espectáculo de actuaciones musicales y teatrales que culmina con fuegos artificiales especialmente explosivos.

Febrero

La temporada alta sigue y la demanda puede dar lugar a *overbooking*, especialmente en el sector de los automóviles de alquiler. Un mar más tranquilo y un tiempo menos veleidoso contribuyen a la claridad del agua, por lo que resulta una época ideal para el submarinismo y el buceo.

Feria Internacional del Libro

Celebrada por primera vez en 1930, se sitúa en la fortaleza de San Carlos de la Cabaña, en La Habana, aunque luego recorre otras ciudades. Destacan las presentaciones de libros, las lecturas especiales y el prestigioso premio Casa de las Américas.

Festival Internacional de Jazz

Tiene lugar en los teatros Karl Marx, Mella y Amadeo Roldán de La Habana y atrae a grandes figuras de todo el mundo.

Fotografía submarina

La calma meteorológica contribuye a la transparencia de las aguas, especialmente en la costa sur. Isla de la Juventud, el principal destino de submarinismo del país, celebra el concurso internacional anual Fotosub de fotografía submarina.

Festival del Habano

Exposiciones, seminarios, catas y visitas a las plantaciones de tabaco atraen a La Habana a los aficionados al puro durante esta feria anual con premios, competiciones de torcido y una cena de gala.

Marzo

La primavera ofrece las mejores oportunidades para contemplar la flora y la fauna, particularmente aves migratorias. Al ser el tiempo más seco, también es ideal para el excursionismo, el ciclismo y muchas otras actividades al aire libre.

Fiesta de la Toronja

Famosa tiempo atrás por sus plantaciones de cítricos, la Isla de la Juventud todavía celebra la cosecha anual de pomelo, aun siendo el rendimiento del cultivo mínimo, como excusa para esta fiesta en Nueva Gerona.

Festival Internacional de la Trova

Se celebra desde 1962 en honor a Pepe Sánchez, pionero de la trova. Este festival invade los parques, las calles y las casas de la música de Santiago de Cuba en una demostración del popular género de verso cantado.

Observación de aves

En marzo las aves migratorias procedentes del norte y del sur de América se unen con las aves autóctonas de Cuba de camino hacia climas más cálidos o más fríos. No hay mejor época para sacar brillo a los prismáticos.

Abril

Durante la Semana Santa, el número de turistas y los precios aumentan. Por lo demás, abril es un mes agradable y las posibilidades de pesca con mosca en la costa sur son buenas.

Semana de la Cultura

Durante la primera semana de abril, Baracoa conmemora la llegada de Antonio Maceo a Duaba el 1 de abril de 1895, con un ruidoso carnaval por el Malecón, muestras de sus músicas indígenas *nengón* y *kiribá*, y diversas ofertas gastronómicas.

Festival Internacional de Cine Pobre

El homenaje de Gibara al cine de bajo o nulo presupuesto viene celebrándose cada año desde el 2003, cuando fue inaugurado por el desaparecido director de cine cubano Humberto Solás. Destacan los talleres de exhibición de cine y los debates sobre cómo hacer cine con escasos recursos.

Bienal Internacional del Humor

Este singular festival tiene lugar en San Antonio de los Baños, en la provincia de Artemisa. Con sede en el laureado Museo del Humor, artistas con talento tratan de superarse unos a otros dibujando ridículas caricaturas.

Mayo

Es posiblemente el mes más económico de todos, y el punto bajo entre las aglomeraciones de extranjeros del invierno y el aluvión de nacionales del verano. Búsquense las ofertas especiales de los hoteles y los precios sensiblemente más baratos.

Romerías de Mayo

Este festival religioso tiene lugar en la ciudad de Holguín durante la primera semana de mayo y culmina con una procesión en un pequeño santuario en la cima de la loma de la Cruz (275 m).

Cubadisco

Reunión anual de productores y compañías discográficas extranjeras y cubanas. Acoge conciertos de música, una feria comercial y una ceremonia del estilo de los premios Grammy que abarca todos los géneros.

Torneo Internacional Hemingway de Pesca de la Aguja

Ganado por Fidel en 1960, este concurso anual fue organizado por Ernest Hemingway en 1951 y tiene lugar en el puerto deportivo de La Habana. Equipos de hasta cuatro utilizan métodos de pesca sin muerte.

Junio

La temporada caribeña de los huracanes empieza de forma poco oportuna. En junio se celebran interesantes festivales esotéricos, los precios siguen siendo bajos y, con el calor y la humedad en alza, los viajeros europeos y canadienses tienden a quedarse lejos.

Jornada Cucalambeana

El homenaje de Cuba a la música campesina y las ingeniosas décimas que lo acompañan tiene lugar cerca de Las Tunas en el Motel Cornito, la antigua casa de Juan Cristóbal Nápoles Fajardo, *el Cucalambé*.

Festival Internacional Boleros de Oro

Organizado por la Uneac (Unión Nacional de Escritores y Artistas de Cuba), este festival fue creado por el compositor y musicólogo cubano José Loyola Fernández en 1986 como homenaje a este singular género musical cubano. Muchos de los actos se celebran en el Teatro Mella de La Habana.

Fiestas Sanjuaneras

En Trinidad se celebra este animado carnaval el último fin de semana de junio, un escaparate para los vaqueros autóctonos que galopan con sus caballos atravesando estrechas calles adoquinadas.

Julio

Esta es la época de las vacaciones de los cubanos. Las playas, los campismos y los hoteles más baratos están llenos. El calor de julio también inspira dos de los acontecimientos más esperados del país: el carnaval y la polémica anual del 26 de julio de Santiago.

Festival del Caribe, Fiesta del Fuego

La acción se desata en Santiago de Cuba, con exposiciones, canciones, danza, poesía y rituales teñidos de religión procedentes de todo el Caribe.

Día de la Rebeldía Nacional

El 26 de julio los cubanos 'celebran' el ataque fallido de Fidel Castro al cuartel Moncada en 1953. El evento es una fiesta nacional y eran famosos los discursos de Castro de 5 horas. Se puede esperar un poco de política y mucha comida, bebida y diversión.

Carnaval de Santiago de Cuba

Posiblemente el carnaval más importante y colorido del Caribe. Se celebra a finales de julio, con una explosión de carrozas, bailarines, ron, rumba y más.

Agosto

Mientras Santiago se retira para reponerse de su resaca, La Habana se prepara para su propia juerga anual. Los cubanos todavía llenan las playas y los campismos, mientras los hoteles turísticos viven una nueva oleada de visitantes de la Europa mediterránea.

Festival Internacional Habana Hip-Hop

Organizado cada año por la Asociación Hermanos Sáiz –el brazo juvenil de la Uneac– brinda una oportunidad a los jóvenes creadores musicales de la isla para improvisar e intercambiar ideas.

Carnaval de La Habana

Desfiles, baile, música, coloridos disfraces y sorprendentes efigies, la fiesta veraniega anual de La Habana quizá no sea tan famosa como su homónima de Santiago de Cuba, pero las celebraciones y los desfiles por todo el Malecón son únicos.

Septiembre

Es el apogeo de la temporada de huracanes. La amenaza de uno "gordo" hace que el número de turistas caiga por segunda vez. Los resistentes a las tormentas aprovechan los precios más baratos y las playas casi vacías. Pero cuidado: algunas instalaciones cierran completamente.

Festival Internacional de Música Benny Moré

El Bárbaro del Ritmo y su música suave se rememoran en este festival bianual celebrado en Santa Isabel de las Lajas, en la provincia de Cienfuegos, la pequeña ciudad natal del cantante.

Fiesta de Nuestra Señora de la Caridad

Cada 8 de septiembre devotos de toda Cuba participan en un peregrinaje a la basílica de Nuestra Señora de la Caridad del Cobre, cerca de Santiago, para honrar a la venerada santa patrona de Cuba (y a su alter ego, el *orisha* Ochún).

Octubre

La amenaza de tormentas y la lluvia persistente mantienen alejados a la mayoría de los viajeros hasta fin de mes. Aunque la soledad

puede ser reconfortante en La Habana, el ambiente en los complejos turísticos de la periferia puede ser soporífero.

Festival Internacional de Ballet de La Habana

Acogido por el Ballet Nacional de Cuba, este festival anual agrupa compañías, bailarinas y un público formado por extranjeros y cubanos durante una semana de exposiciones, galas y representaciones de *ballet* clásico y contemporáneo. Se viene celebrando cada año par desde su creación en 1960.

Festival del Bailador Rumbero

A partir del 10 de octubre y durante diez días, Matanzas redescubre sus raíces rumberas con músicos autóctonos de talento que actúan en el Teatro Sauto de la ciudad.

Noviembre

Hay que prepararse para la gran invasión del norte y la subida de precios de los hoteles que la acompaña. Más de una cuarta parte de los turistas proceden de Canadá y llegan a Cuba a principios de noviembre, en cuanto el tiempo en Vancouver y Toronto se vuelve gélido.

Fiesta de los Bandos Rojo y Azul

Considerada una de las manifestaciones más relevantes de la cultura del campesino cubano, esta esotérica fiesta en el asentamiento de Majagua, en la provincia de Ciego de Ávila, divide la ciudad en dos equipos (rojo y azul) que compiten entre sí en bulliciosos concursos de danza y música.

Marabana

La concurrida maratón de La Habana atrae a entre 2000 y 3000 corredores de todo el mundo. Es una carrera de dos vueltas, aunque también se celebra una media maratón y carreras de 5 y 10 km.

Diciembre

Navidades y Año Nuevo es la época más concurrida y también más cara para visitar Cuba. Los *resorts* casi doblan sus precios y las habitaciones se ocupan rápidamente. El país se vuelve loco con los fuegos artificiales. ¡Es muy importante reservar con antelación!

Festival Nacional de Changüí

Desde el 2003 Guantánamo viene celebrando su música autóctona en este festival a primeros de diciembre. Uno de los platos fuertes es Elio Revé Jr. y su orquesta.

Festival Internacional del Nuevo Cine Latinoamericano

Este festival de cine de renombre internacional, celebrado en cines por toda La Habana, ilustra la creciente influencia de Cuba sobre el cine latinoamericano.

Procesión de San Lázaro

El 17 de diciembre de cada año, los cubanos descienden en masa hacia el venerado santuario de San Lázaro de Santiago de las Vegas, a las afueras de La Habana. Algunos vienen con las rodillas ensangrentadas, otros caminan kilómetros descalzos para exorcizar los espíritus malignos y saldar deudas por milagros concedidos.

Las Parrandas

Este espectáculo de fuegos artificiales tiene lugar cada Nochebuena en Remedios, en la provincia de Villa Clara. La ciudad se divide en dos equipos que compiten entre sí para ver quién tiene las carrozas más coloridas y los petardos más ruidosos.

Las Charangas de Bejucal

Las Charangas de Bejucal son la cacofónica alternativa de la provincia de Mayabeque a la fiebre de los fuegos artificiales que se vive este. La ciudad se divide entre Espino de Oro y Ceiba de Plata.

DANITA DELIMONT / GETTY IMAGES ©

Preparación del viaje
Itinerarios

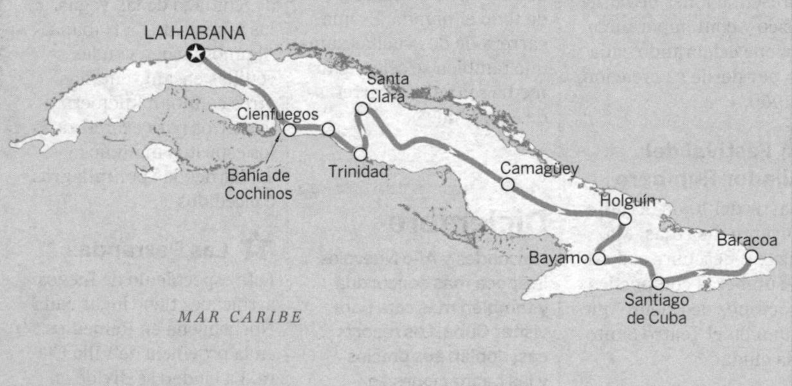

El clásico

Si se visita Cuba por primera vez, se quiere ver el mayor número posible de lugares de interés por todo el país, y hacer un poco de carretera no importa, esta ruta va de La Habana a Santiago pasando por muchos lugares atractivos. Los autobuses de Vía Azul conectan los siguientes destinos.

El viajero puede enamorarse de la Cuba clásica en **La Habana**, con sus museos, fortalezas, teatros y el ron. Al menos se necesitan tres días para familiarizarse con los tres barrios principales: La Habana Vieja, Centro Habana y El Vedado.

Luego hay que dirigirse hacia el sureste y detenerse en **bahía de Cochinos,** el escenario de la antigua Guerra Fría hoy dedicado al submarinismo. Merece la pena pasar una noche en la afrancesada **Cienfuegos,** monumento arquitectónico del neoclasicismo del s. XIX, y tras disfrutar del estilo galo y la música cubana, viajar a la colonial **Trinidad,** a dos horas, para disfrutar de sus museos. Las casas particulares de esta ciudad parecen monumentos históricos, por lo que es recomendable quedarse tres días. El segundo día se pue-

Parque José Martí, Cienfuegos (p.245).

de elegir entre la playa (playa Ancón) o el mundo natural (Topes de Collantes).

Santa Clara es paso obligado para los peregrinos del Che Guevara que visitan su mausoleo, pero también es un lugar de lujosas habitaciones privadas y una animada vida nocturna. Hay que ver el El Mejunje y tomar algo en el antro La Marquesina. Hacia el este, **Camagüey** anima a investigar su laberinto de iglesias y tinajones gigantes. Se puede pasar de largo por Las Tunas, y llegar hasta la arenosa **Holguín** para respirar la vida cotidiana cubana y disfrutar de sus bares. En la relajada **Bayamo** comenzó la Revolución, y si se tiene la suerte de estar allí en sábado se disfrutará de un divertido festival callejero: la Fiesta de la Cubanía.

Hay que reservar mucho tiempo para el centro cultural de **Santiago de Cuba,** donde se han tramado continuos planes de rebelión. El cuartel Moncada, el cementerio Ifigenia y el castillo del Morro llenan dos días completos. Y lo mejor, para el final.

Tras un largo aunque no arduo viaje por las montañas que llevará hasta **Baracoa** podrá disfrutarse de dos días relajantes entre cocos, chocolate y caprichos tropicales.

GOLFO DE MÉXICO
LA HABANA
Matanzas
Varadero
Cárdenas
Las Terrazas
San Miguel de los Baños
Colón
Viñales
Boca de Guamá
Ciénaga de Zapata
Playa Larga
Cienfuegos
MAR CARIBE

HOLGER LEUE / GETTY IMAGES ©

MERTEN SNIJDERS / GETTY IMAGES ©

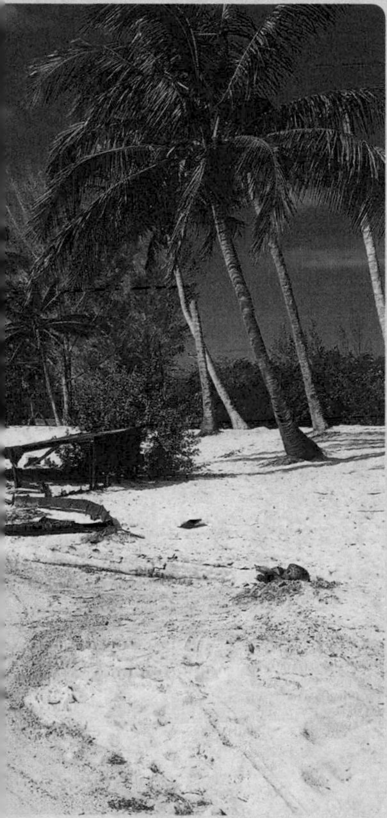

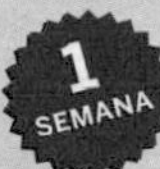

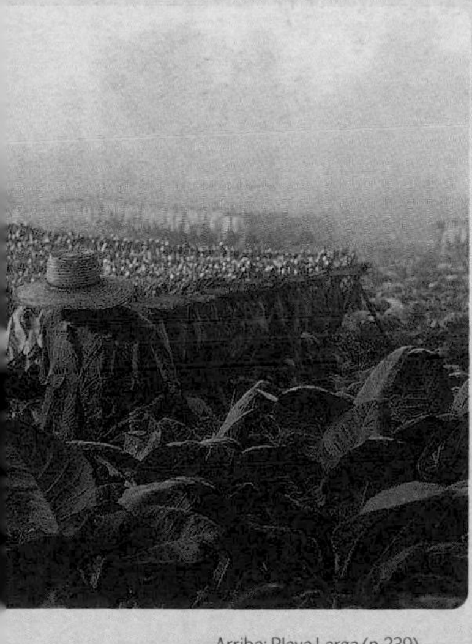

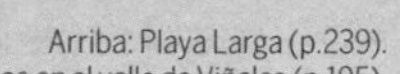

Arriba: Playa Larga (p.239).
bajo: Plantación de tabaco en el valle de Viñales (p.195).

1 SEMANA

Escapar de Varadero

Si se está alojado en Varadero y apetece descansar de playa ¿qué cosas se pueden hacer? Muchas. Los autobuses de Víazul o de Conectando enlazan los siguientes destinos.

Puede tomarse un autobús hasta **Matanzas,** donde la realidad cubana caerá como un jarro de agua fría, y visitar el Museo Farmacéutico, echar un vistazo al Teatro Sauto y comprar un libro hecho a mano en Ediciones Vigía. Para acercarse de forma pausada a La Habana se puede tomar el tren de Hershey y disfrutar de los frondosos campos de la provincia de Mayabeque por el camino. En La Habana, merece la pena alojarse una noche en un buen hotel colonial y pasar el día siguiente paseando por el casco antiguo de La Habana Vieja. Es esencial una visita a la catedral, al Museo de la Revolución y un paseo por el Malecón.

Al día siguiente, se puede llegar hasta **Las Terrazas**, un *eco-resort* que parece estar a años luz de la capital (en realidad solo a 55 km). Se puede tomar un baño y observar aves al mismo tiempo en los Baños del San Juan, y recuperarse con una estancia en el Hotel Moka.

Más hacia el oeste está **Viñales,** la principal zona de cultivo de tabaco de Cuba y lugar Patrimonio Mundial de la Unesco. Es aconsejable pasar un par de días en una casa particular, comer uno de los mejores cerdos asados de Cuba, ir de excursión o sentarse en una mecedera en un porche. Después se puede seguir en la temática natural en **Boca de Guamá,** un poblado taíno reconstruido y granja de cocodrilos con viajes en barco por el tranquilo lago. Conviene asegurarse alojamiento en **playa Larga,** donde se puede hacer submarinismo o disfrutar de la naturaleza en la **Ciénaga de Zapata.** A tan solo dos horas está **Cienfuegos,** una elegante parada con refinados hoteles-*boutique* y la oportunidad de ver la puesta del Sol desde un barco. En el viaje de vuelta a Varadero se puede descubrir una Cuba más reservada en **Colón,** provincia de Matanzas; y una más polvorienta y atrapada en el tiempo en la semiderruida **San Miguel de los Baños,** antiguo *spa*. Para concluir, merece la pena visitar los tres excelentes museos de **Cárdenas.**

12 DÍAS Por el Oriente

El Oriente es un país distinto, donde las cosas se hacen diferente (según dicen en La Habana). Es una región culturalmente rica y ferozmente independiente. Las conexiones de transporte son pobres, por lo que un coche de alquiler puede resultar muy útil.

Tomando como base **Santiago de Cuba,** pueden hacerse muchas cosas relacionadas con la historia (castillo del Morro), la música (Casa de la Trova, originaria de Cuba) y la religión (basílica de Nuestra Señora del Cobre). El segundo día se puede reservar para explorar el parque Baconao y las granjas cafeteras en ruinas de alrededor de **La Gran Piedra.**

Puede llegarse en autobús hasta la provincia de Guantánamo, quedarse una noche en la ciudad de **Guantánamo** y deleitarse con la música changüí, antes de remontar la espectacular carretera de La Farola hacia **Baracoa.** Allí, tres días darán para disfrutar de la playa Maguana, de una salida al Parque Nacional Alejandro de Humboldt y de los ritmos de la ciudad.

El camino hacia el norte por Moa es duro y es necesario un taxi o coche de alquiler para llegar a **Cayo Saetia,** un lugar maravilloso con un hotel, playas solitarias y una antigua reserva de caza. **Pinares de Mayarí** se encuentra en las montañas de la Sierra Cristal; las excursiones, el encanto rural y el hotel con el mismo nombre que la región son sus grandes atractivos.

Si se dispone de medio día más, se puede ir al **Sitio Histórico de Birán** para ver la sorprendentemente próspera comunidad agrícola que generó Fidel Castro.

En la relajada **Bayamo** podrá disfrutarse de sus museos de pequeña ciudad antes de encararse con **Manzanillo,** donde las noches de los sábados en la plaza pueden ser guerreras. Otros modos de transporte más aventurados pueden llevar al viajero hasta Niquero y cerca del prácticamente desierto **Parque Nacional Desembarco del Granma,** famoso por sus elevadas terrazas sobre el mar y restos aborígenes. Es aconsejable pasar dos noches en uno de los sencillos *resorts* de **Marea del Portillo** antes de atajar la espectacular, pero llena de baches, carretera de la costa de vuelta a Santiago.

Arriba: Música en la calle en Santiago de Cuba (p. 401).
Arriba: Baracoa (p. 445).

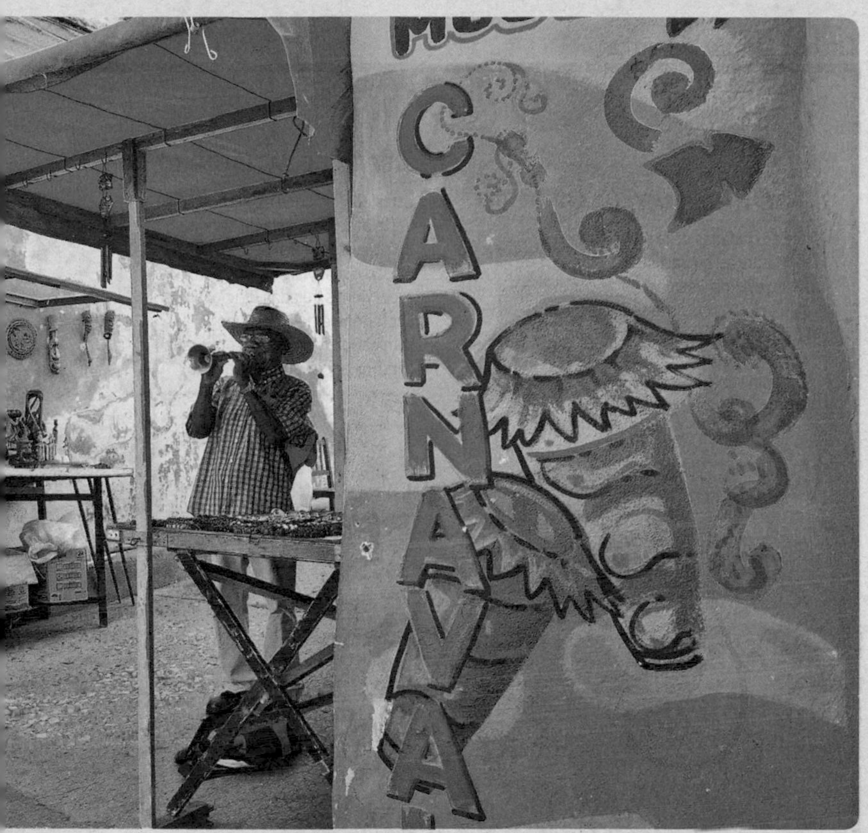

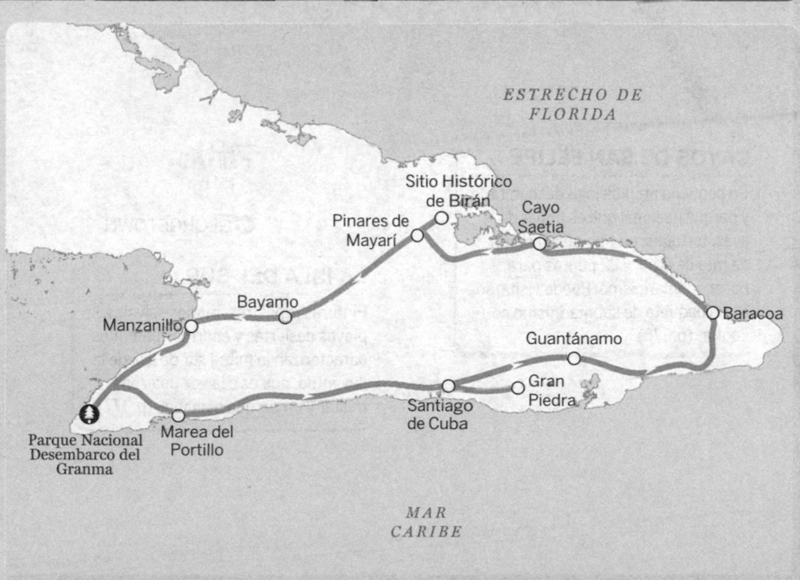
ESTRECHO DE FLORIDA
Sitio Histórico de Birán
Cayo Saetia
Pinares de Mayarí
Bayamo
Manzanillo
Baracoa
Guantánamo
Gran Piedra
Santiago de Cuba
Marea del Portillo
Parque Nacional Desembarco del Granma
MAR CARIBE

Cuba: fuera de ruta

CENTRAL MATANZAS

Las ciudades de la provincia de Matanzas, en particular Colón y Jovellanos, son conocidas por el fuerte arraigo de la santería y su inclinación por la rumba. Hay que olvidar la guía y descubrir por uno mismo este lugar. (p. 234)

SIERRA DE JATIBONICO

Estas colinas poco exploradas del norte de la provincia de Sancti Spíritus son accesibles desde la ciudad de Mayajigua. Hay caminos y excursiones guiadas dirigidas por Ecotur entre ríos, bosques semicaducifolios y una topografía kárstica poco habitual. (p. 306)

CAYOS DE SAN FELIPE

Un pequeño archipiélago deshabitado y parque nacional que es hogar de aves, tortugas, un tipo poco común de rata de árbol y 22 puntos para hacer submarinismo. Puede visitarse en un paquete de submarinismo con Ecotur. (p. 176)

LA ISLA DEL SUR

Pinturas rupestres, monos salvajes, playas desiertas y enormes pantanos caracterizan la mitad sur de Isla de la Juventud, que es a la vez una zona militar y un parque nacional. (p. 177)

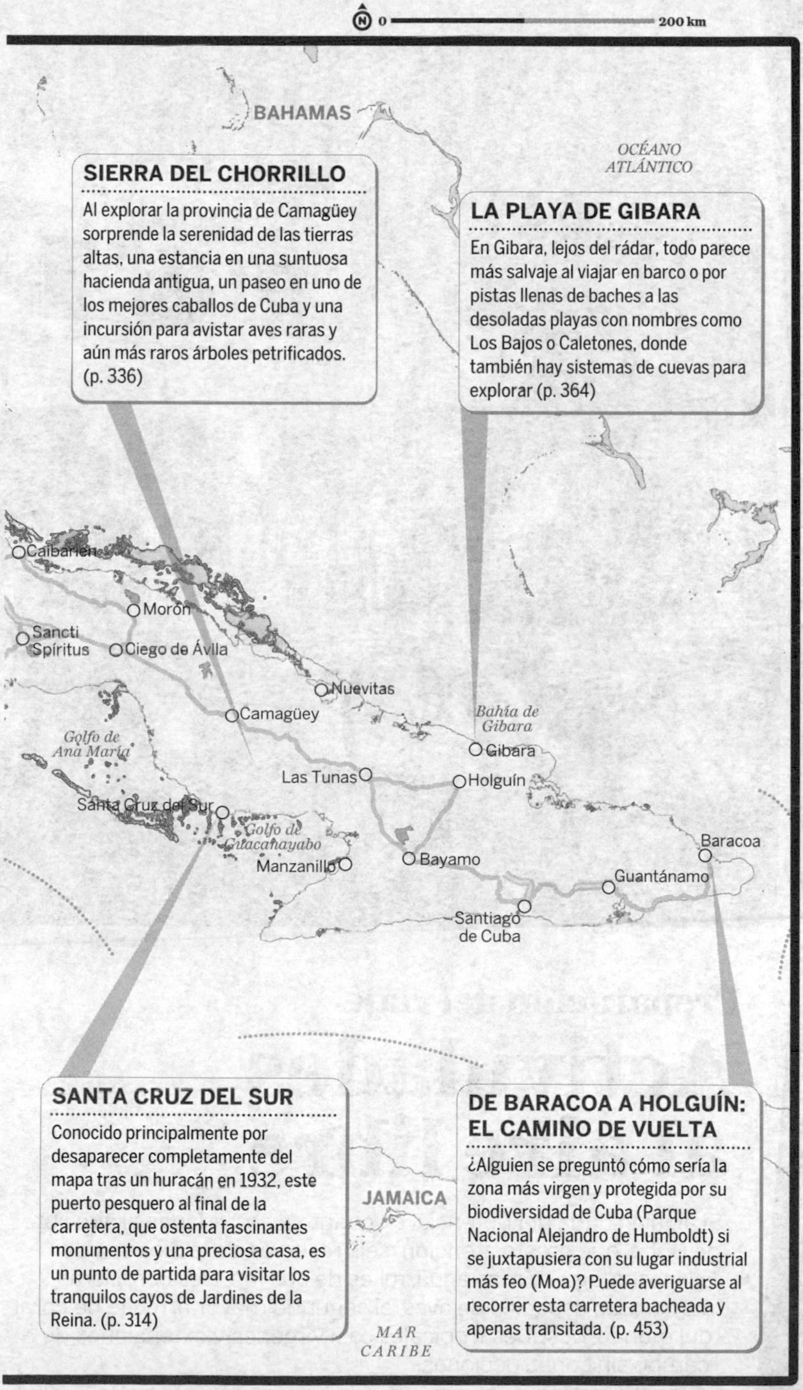

SIERRA DEL CHORRILLO

Al explorar la provincia de Camagüey sorprende la serenidad de las tierras altas, una estancia en una suntuosa hacienda antigua, un paseo en uno de los mejores caballos de Cuba y una incursión para avistar aves raras y aún más raros árboles petrificados. (p. 336)

LA PLAYA DE GIBARA

En Gibara, lejos del rádar, todo parece más salvaje al viajar en barco o por pistas llenas de baches a las desoladas playas con nombres como Los Bajos o Caletones, donde también hay sistemas de cuevas para explorar (p. 364)

SANTA CRUZ DEL SUR

Conocido principalmente por desaparecer completamente del mapa tras un huracán en 1932, este puerto pesquero al final de la carretera, que ostenta fascinantes monumentos y una preciosa casa, es un punto de partida para visitar los tranquilos cayos de Jardines de la Reina. (p. 314)

DE BARACOA A HOLGUÍN: EL CAMINO DE VUELTA

¿Alguien se preguntó cómo sería la zona más virgen y protegida por su biodiversidad de Cuba (Parque Nacional Alejandro de Humboldt) si se juxtapusiera con su lugar industrial más feo (Moa)? Puede averiguarse al recorrer esta carretera bacheada y apenas transitada. (p. 453)

En bicicleta por Camagüey (p. 235).

Preparación del viaje

Actividades al aire libre

Si alguien duda del potencial en cuanto a actividades al aire libre de Cuba, que preste atención: seis reservas de la biosfera de la Unesco, agua y más agua, miles de cuevas, tres cordilleras, numerosas especies de aves, el segundo mayor arrecife de coral del mundo, bosques tropicales casi vírgenes y extensiones de campo sin construcciones.

IZZET KERIBAR/GETTY IMAGES © / LONELY PLANET IMAGES ©

Consejos útiles

Accesos

La entrada a numerosos parques y zonas protegidas es limitada y es posible con un guía contratado con antelación o una excursión organizada. En caso de duda, conviene consultar con Ecotur.

Guías privados

Desde la suavización de las restricciones económicas en el 2011, es legal que los particulares puedan establecerse como guías turísticos, aunque no hay agencias de viajes totalmente independientes del Gobierno. La mayoría de los guías operan fuera de las casas particulares y los hoteles y los hay muy buenos (algunos de los mejores se indican en esta guía). Si se duda, se puede solicitar ver su licencia oficial.

Circuitos reservados con antelación

Estas agencias ofrecen circuitos al aire libre:

Exodus (www.exodus.co.uk) Viaje de 15 días a pie.

Scuba en Cuba (www.scuba-en-cuba.com) Salidas de submarinismo.

WowCuba (www.wowcuba.com) Especialista en viajes en bicicleta.

Opciones al aire libre

Quienes busquen aventura y hayan calentado con el ron, los puros y bailando salsa, no se aburrirán en Cuba. Hay que lanzarse a la carretera en bicicleta, pescar (y beber) como Hemingway, hacer excursiones por los senderos de la guerrilla, saltar desde una avioneta o redescubrir algún pecio español en la costa sur.

Debido al escaso desarrollo moderno, Cuba es muy verde y carece de las carreteras contaminadas y el feo desarrollo urbano que infectan otros países.

Aunque sus opciones de ocio no estén a la altura de Norteamérica o Europa, los servicios turísticos están bien consolidados y van mejorando. Los servicios y las infraestructuras varían en función de la actividad que se busque. Los centros de buceo y sus instructores son generalmente excelentes. Los naturalistas y los ornitólogos de los parques nacionales y las reservas de fauna y flora son meticulosos y están igualmente cualificados. El excursionismo ha sido tradicionalmente limitado y muy reglado, pero en los últimos años han crecido las oportunidades con agencias como Ecotur, que ofrece una amplia variedad de excursiones e incluso senderismo de varios días. El ciclismo es libre. El piragüismo y la escalada son deportes nuevos que gozan de mucho apoyo local pero de momento poco respaldo oficial.

En Cuba es posible alquilar el material necesario para la mayor parte de las actividades, exceptuando el ciclismo. Si el viajero va con el suyo propio, cualquier cosa que esté dispuesto a regalar (frontales, aletas, gafas de buceo, etc.) al final de su viaje, será gratamente recibida.

Submarinismo

Es la actividad estrella de Cuba. Incluso a Fidel (en su juventud) le gustaba enfundarse un traje de neopreno y escaparse bajo las tornasoladas aguas del Atlántico y el Caribe (al parecer, su lugar de buceo predilecto era el escasamente visitado archipiélago de Jardines de la Reina). Era tan famosa la adicción al buceo del líder cubano que, según se dice, la CIA consideró asesinarle escondiendo un explosivo en una caracola.

Hay numerosos puntos de inmersión excelentes. Es preferible centrarse en las zonas donde se quiera bucear que intentar abarcarlas todas. Las mejores zonas –sobre todo Jardines de la Reina, María la Gorda y la Isla de la Juventud– están bastante aisladas, y requieren tiempo de viaje (y planificación). Probablemente la costa sur, más protegida, ofrece el equilibrio entre claridad y seguridad de sus aguas, aunque la costa norte, que cuenta con uno de los arrecifes más grandes del mundo, no se queda atrás.

Lo que hace especial el buceo en Cuba son sus aguas no contaminadas, su claridad (la visibilidad media bajo el agua es 30-40 m), su temperatura (media de 24°C), la abundancia de coral y peces, el acceso sencillo (incluidos un par de excelentes arrecifes accesibles a nado) y los fascinantes pecios (Cuba era un nexo para galeones pesados en los ss. XVII y XVIII, y un mar movido y las escaramuzas con piratas hundieron a muchos).

Buceo en un pecio cercano a La Habana (p. 135).

Centros de submarinismo

Cuba tiene en total 25 centros reconocidos distribuidos en 17 zonas. Muchos están gestionados por **Marlin Náutica y Marinas** (www.nauticamarlin.com), aunque también los hay representados por **Gaviota** (☎7-204-5708; gaviota@gaviota.cu; av. 47 n.º 2833, entre calles 28 y 34, La Habana), **Cubanacán Náutica** (☎7-833-4090; www.cubanacan.cu) y **Cubamar** (☎7-833-2523; www.cubamarviajes.cu). Aunque el equipamiento varía entre las diversas instalaciones, cabe esperar un servicio seguro y profesional con apoyo médico. Pero es en el submarinismo compatible con el medioambiente donde la situación es más floja. Además de disponer de certificados de la Escuela Internacional de Buceo (SSI), Certificación Americana Canadiense de Buceo (ACUC) y la Confederación Mundial de Actividades Subacuáticas (CMAS), la mayor parte de los instructores de buceo hablan diversos idiomas. A raíz de las leyes del embargo de EE UU, por lo general no se ofrece el certificado PADI).

Los precios de las inmersiones y los cursos son: de 25 a 50 CUC por inmersión, con un descuento a partir de cuatro o cinco; los cursos con certificado completos de 310 a 365 CUC, y los cursos *resort* o de introducción de 50 a 60 CUC.

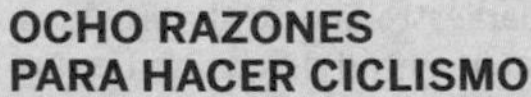

OCHO RAZONES PARA HACER CICLISMO

- ➡ Tráfico ligero en las carreteras.
- ➡ El ciclismo está arraigado en la cultura y muchos lugareños utilizan bicicletas para desplazarse.
- ➡ Los perros fieros –la cruz de todos los ciclistas– no son frecuentes.
- ➡ El guarapo (zumo de caña de azúcar mezclado con hielo y limón) que venden las guaraperas (puestos en los lados de la carretera) es una bebida energética natural.
- ➡ La facilidad con que uno puede alojarse espontáneamente en casas particulares.
- ➡ Los cubanos, apodados 'los mejores mecánicos del mundo', pueden solucionar la mayor parte de las averías.
- ➡ Un increíble y puro escenario rural.
- ➡ Se conocen muchos más lugareños.

Ciclismo

La mejor manera de conocer la isla de cerca es en bicicleta. Carreteras tranquilas y aceptables, paisajes maravillosos y la posibilidad de salirse del camino marcado y encontrarse con los cubanos, hacen del ciclismo un placer. Los menos aficionados a los pedales tienen alguna posibilidad de alquilar una bicicleta por día en hoteles, *resorts* y cafés (3-7 CUC) pero no hay que contar con ello. En cambio, los *resorts* más grandes de Varadero y Guardalavaca normalmente incluyen el uso de bicicletas en sus paquetes "todo incluido", aunque

Submarinismo en Cuba

MARÍA LA GORDA

Aislado centro internacional de submarinismo conocido por sus cuevas, paredes y su profusión de coral negro. Las aguas son especialmente tranquilas y claras. (p. 191)

PLAYA SANTA LUCÍA

Uno de los arrecifes de coral más largos del mundo se encuentra a 1,5 km de la costa donde el gran espectáculo es ver dar de comer a los tiburones. (p. 340)

PUNTA FRANCÉS

56 asombrosos sitios de buceo delimitados en Isla de la Juventud reconocidos por sus pasadizos, túneles, ruinas, agua clara y enorme variedad de la vida marina. (p. 170)

BAHÍA DE COCHINOS

El centro de submarinismo más accesible de Cuba con pared de coral a una profundidad de 35 km con caída de 70-80 m a 50 m de la orilla. También hay unos cuantos cenotes en agua dulce y salada. (p. 241)

JARDINES DE LA REINA

Un ecosistema marino prácticamente virgen en un archipiélago deshabitado donde los submarinistas con reserva se alojan en un hotel de ocho habitaciones flotantes. (p. 314)

ROBERT HOLLAND/GETTY IMAGES ©

Pesca en aguas profundas.

es improbable que las bicicletas tengan marchas. Si el viajero se aloja en una casa particular, por lo general el anfitrión apañará alguna cosa.

El principal problema de las bicicletas cubanas es que normalmente son deficientes lo que, unido con carreteras en mal estado, produce la sensación de ir sentado en cualquier cosa. Los ciclistas expertos deben llevar sus bicicletas embaladas en el avión, además de gran cantidad de recambios. Como los viajes organizados en bicicleta son muy comunes, los funcionarios de aduanas, los taxistas y el personal de los hoteles están muy acostumbrados a ellas.

Los mejores lugares para el ciclismo son: el valle de Viñales, la campiña cercana a Trinidad con la fuerte bajada lisa hacia playa Ancón, las tranquilas callejas que serpentean por Guardalavaca y las carreteras desde Baracoa a playa Maguana (noroeste) y Boca de Yumurí (sureste). Para un reto mayor se puede intentar La Farola entre Cajobabo y Baracoa (21 km de ascenso), la accidentada pero espectacular carretera entre Santiago y Marea del Portillo –mejor repartido en tres días haciendo noche en Brisas Sierra Mar los Galeones y Campismo la Mula– o, para verdaderos guerreros sobre ruedas, la tremendamente empinada carretera de montaña desde Bartolomé Masó a Santo Domingo, en la provincia de Granma.

Con la gran cantidad de casas particulares que ofrecen alojamiento barato, viajar en bicicleta es un placer siempre que el viajero se mantenga al margen de la Autopista y evite La Habana.

El ciclismo de montaña no ha despegado aún en Cuba y por lo general no está permitido.

Pesca

Pesca en aguas profundas

Hemingway no estaba equivocado. Gracias a la rápida corriente del Golfo por la costa norte de Cuba la pesca deportiva de pez vela, atún, caballa, pez espada, barracuda, marlín azul y tiburón puede practicarse durante casi todo el año. La pesca en aguas profundas es una manera de relajarse, hacer amigos, beber cerveza, ver las puestas del Sol y dejar los problemas atrás. Como cabe esperar, el país dispone de buenas instalaciones, y cada capitán de barco cubano parece sacado directamente de las páginas de un clásico de Hemingway.

El mejor centro de pesca de Cuba es Cayo Guillermo, la pequeña isla que aparece en el libro *Islas en el golfo* de Hemingway. Aunque Papa ya no esté aquí, aún hay abundancia de peces. Otra buena apuesta es La Habana, que tiene dos puertos, uno en Tarará y otro, el mejor, en Marina Hemingway, hacia el oeste.

Por el resto de la isla, todas las zonas principales de *resorts* ofrecen excursiones de pesca en aguas profundas a precios similares. Cuestan unos 280 CUC por medio día y 450 CUC día entero para cuatro personas, incluida la tripulación y barra libre de bar.

Pesca con mosca

Se practica sobre todo en bancos de arena poco profundos de fácil acceso desde la orilla. Las clásicas zonas para lanzar el hilo son Las Salinas, en la Ciénaga de Zapata, las aguas protegidas alrededor de Cayo Largo del Sur, algunas partes de la

Buceo con tubo en Cayo Largo del Sur (p. 177).

Isla de la Juventud y el deshabitado paraíso del archipiélago de Jardines de la Reina, un parque nacional fuertemente protegido.

En Cuba, un *grand slam* para pescadores con mosca es meter en una bolsa un sábalo real, un macabí y una palometa en el mismo día; y si se mete también un róbalo será un *superslam*. La mejor temporada de pesca en esta parte del país es de febrero a junio. Al ser islas, arrecifes y bancos de arena remotos, los viajes de pesca suelen estar organizados en barcos que ofrecen alojamiento a bordo. Están coordinados a través de la empresa Avalon (p. 314).

La costa norte esconde un par de buenos paraísos para la pesca con mosca. Más destacados son los aún inhabitados Cayo Romano y Cayo Cruz en el norte de la provincia de Camagüey. Ecotur se encarga de estos viajes (p. 46).

Pesca de agua dulce

Es menos conocida que la pesca con mosca pero igualmente gratificante. Muchos americanos y canadienses la practican en los lagos interiores de la isla. La pesca con mosca es estupenda en la vasta Ciénaga de Zapata, en Matanzas, donde los amantes de esta práctica pueden planear excursiones de varios días. La trucha fue introducida en Cuba a principios del s. XX por los americanos en el King's Ranch y la United Fruit Company. Gracias a las condiciones de protección medioambiental, estos peces son abundantes en numerosos lagos cubanos, y los expertos creen que el próximo récord del mundo de trucha (actualmente 9,9 kg) vendrá de Cuba. Buenos lugares para lanzar la caña son la Laguna del Tesoro en Matanzas, la Laguna de la Leche y Laguna la Redonda, en la provincia de Ciego de Ávila; el embalse Zaza en Sancti Spíritus y el embalse Hanabanilla en Villa Clara, donde han llegado a pescar piezas de 7,6 kg. Para encontrarse con otros compañeros de pesca el viajero puede dirigirse al Hotel Morón, en la provincia de Ciego de Ávila; al Hotel Zaza en Sancti Spíritus o al Hotel Hanabanilla, en la provincia de Villa Clara.

Buceo con tubo

No hay que ir a mucha profundidad para disfrutar del acuario tropical de Cuba, toda la costa sur desde playa Larga a Caleta Buena, alrededor de Cienfuegos, y por el arrecife de Guardalavaca son lugares fantásticos para el buceo. En Varadero, las excursiones diarias en barca a Cayo Blanco prometen abundancia de peces tropicales y buena visibilidad. Si al viajero no le gusta lo de salir en grupo, puede ir a su aire en playa Coral, a 20 km.

Hay buenas salidas en bote sobre todo alrededor de la Isla de la Juventud y Cayo Largo, pero también en Varadero y en las zonas de Cienfuegos y Guajimico. Si se tiene intención de hacer mucho buceo, es conveniente llevar equipo propio, ya que el de alquiler puede estar muy usado y comprarlo allí significará sacrificar precio y calidad.

Excursionismo y senderismo

Aunque el potencial natural de Cuba es enorme, el derecho del viajero a vagar libremente está restringido por varios factores, como el mal estado de los caminos, la pobre señalización, la falta de mapas y las más bien draconianas restricciones sobre dónde se puede ir o no con guía. Los cubanos no son tan entusiastas del excursionismo por placer como los canadienses o los alemanes. En muchos parques piensan que los excursionistas quieren ser llevados de la mano por caminos de no más de 5 o 6 km. El viajero escuchará a menudo que hacer excursionismo en solitario es imprudente y peligroso, a pesar de que en Cuba no hay grandes animales ni serpientes venenosas. La mejor época del año para practicarlo es fuera de la estación húmeda y antes de que apriete el calor (de diciembre a abril).

La escasez de excursiones no es siempre el resultado de prolijas restricciones. Gran parte del terreno que se puede recorrer está en zonas ecológicamente sensibles, lo que significa que está cuidadosamente gestionado y controlado.

Las excursiones de varios días han mejorado en los dos últimos años y, aunque todavía es difícil conseguir información, se pueden juntar algunas opciones en la Sierra Maestra y el macizo Escambray. Sin duda, la más famosa es la excursión de tres días a la cima del pico Turquino, seguida de la ruta de San Claudio, en la Reserva Sierra del Rosario, con estancia de una noche.

Otras excursiones de un día más difíciles son la de El Yunque, una montaña cercana a Baracoa; el circuito del Balcón de Iberia en el Parque Nacional Alejandrode Humboldt; y algunas de las excursiones alrededor de Las Terrazas y Viñales.

Topes de Collantes tiene probablemente la mayor concentración de rutas de excursionismo en su zona protegida (un parque natural). Algunos grupos extranjeros organizan excursiones de cuatro a cinco días allí, saliendo de cerca del lago Hanabanilla y terminando en el Parque el Cubano. Conviene informarse con antelación en la oficina de información de Carpeta Central, en Topes de Collantes, si se quiere organizar algo en grupo.

Otras excursiones más sencillas son la Cueva las Perlas y Del Bosque al Mar en la península de Guanahacabibes, la ruta guiada en el Parque Natural el Bagá, la ruta El Guafe en el Parque Nacional Desembarco del Granma y el circuito corto en la Reserva Ecológica Varahicacos en Varadero. Algunas de estas excursiones son guiadas y todas requieren el pago de una entrada.

Si se quiere hacer excursionismo de forma independiente, se necesita paciencia, resolución y un excelente sentido de la orientación. También es útil preguntar a los lugareños. Se puede probar primero con el Salto del Caburní o el Sendero la Batata en Topes de Collantes, o las diferentes rutas por Viñales. Hay una preciosa y poco transitada excursión sobre un buen camino cerca de Marea del Portillo y algunas opciones divinas en los alrededores de Baracoa.

AGENCIAS DE INTERÉS

Ecotur (www.ecoturcuba.co.cu) Organiza excursiones, senderismo, pesca y observación de aves en algunos de los rincones del país de otra manera inaccesibles. Tiene oficinas en todas las provincias y su sede central en La Habana.

Cubamar Viajes (www.cubamarviajes.cu) Gestiona los más de 80 campismos (alojamientos rurales) de Cuba. Tiene oficinas de reservas en cada capital de provincia y una útil oficina central en La Habana.

Actividades náuticas en playa Ancón (p. 300).

Equitación

Cuba tiene cultura vaquera de toda la vida, y se puede montar a caballo por todo el país. Si se contrata de forma privada, hay que comprobar el estado de los caballos y el material antes de comprometerse a nada. Montar caballos mantenidos en condiciones deficientes es cruel y potencialmente peligroso.

La empresa pública Palmares es propietaria de numerosos ranchos por toda Cuba que se supone que dan al viajero una idea de lo que es la vida tradicional cubana en el campo. Todos estos lugares ofrecen paseos guiados a caballo, normalmente por 5 CUC/h aprox. Hay buenos ranchos en Florencia en la provincia de Ciego de Ávila y en la Hacienda la Belén, en la provincia de Camagüey.

La Guabina es un criadero de caballos cercano a la ciudad de Pinar del Río que ofrece tanto espectáculos como aventuras a caballo.

LAS MEJORES ECO-CABAÑAS

- Hotel Moka (p. 162)
- Hotel Horizontes El Saltón (p. 433)
- Motel la Belén (p. 337)
- Villa Pinares del Mayarí (p. 375)

Barco y kayak

El kayak como deporte está considerado más bien como una actividad playera en los tranquilos *resorts*. La mayor parte de las playas turísticas tienen un punto de deportes náuticos donde alquilan sencillos kayaks. El alquiler de barcas está disponible en muchos de los lagos de la isla. Son buenas opciones la Laguna de la Leche y la Laguna la Redonda, ambas en la provincia de Ciego de Ávila; el Embalse Zaza en la provincia de Sancti Spíritus y la Liberación de Florencia en Ciego de Ávila.

Uno de los mejores ríos de Cuba es el Canímar, cerca de Matanzas. Se pueden alquilar botes de remos y remontar los bancales cubiertos de maleza de este mini Amazonas.

Escalada en roca

El valle de Viñales ha sido descrito como el mejor lugar de escalada en roca del hemisferio occidental. Actualmente hay más de 150 rutas abiertas (en todos los niveles de dificultad, muchas de ellas calificadas Clase 5,14 YDS) y la palabra está en boca de la comunidad escaladora internacional que está creando su propio escenario en uno de los lugares más bonitos de Cuba. El viajero independiente apreciará la rienda suelta de la que gozan estos deportistas en el país.

A pesar de que se puede escalar durante todo el año, el calor puede ser insoportable, y los lugareños se limitan a la temporada de octubre a abril, siendo diciembre y enero los meses óptimos. Para más información, se puede visitar **Cuba Climbing** (www.cubaclimbing.com) o dirigirse directamente a Viñales.

Es importante tener en cuenta que, aunque se practica abiertamente y normalmente sin consecuencias, la escalada en el valle de Viñales no está técnicamente legalizada. Sería muy raro que el viajero fuera arrestado o incluso advertido, pero hay que prestar atención extrema y bajo ninguna circunstancia hacer algo que pueda dañar el delicado ecosistema del Parque Nacional Viñales.

Espeleología

Cuba está plagada de cuevas –más de 20 000– y tanto los turistas como los espeleólogos profesionales pueden explorarlas. La Gran Caverna de Santo Tomás, cerca de Viñales, es la cueva más grande del país, con más de 46 km de galerías; la cueva de los Peces, cerca de playa Girón, es un cenote inundado donde disfrutar de un colorido buceo con tubo; y la cueva de Ambrosio y las cuevas de Bellamar, ambas en Matanzas, tienen circuitos diarios.

Visita a la Cueva del Indio en bote (p. 199).

Los especialistas disponen de cuevas ilimitadas donde escoger. Contratándolo con antelación, se pueden explorar las profundidades de la Gran Caverna de Santo Tomás o visitar la cueva Martín Infierno, que tiene la estalagmita más grande del mundo. Conviene preguntar también por Santa Catalina, cerca de Varadero, que tiene formaciones fungiformes únicas. La espeleología submarina es también posible, pero solo para expertos. Los interesados pueden contactar con Ángel Graña, secretario de la **Sociedad Espeleológica de Cuba** (☎7-209-2885; angel@fanj.cult.cu) en La Habana.

Arquitectura

No puede hablarse de pureza con respecto a la arquitectura cubana. Al igual que su música, los edificios del país exhiben una variedad desinhibida de estilos, ideas e influencias. El resultado es una especie de "tema y variaciones" arquitectónicos, que ha absorbido diferentes géneros importados conformándolos en algo singularmente cubano.

ARQUITECTURA ECLESIÁSTICA

Los primeros paisajes urbanos cubanos estuvieron dominados por esta arquitectura, reflejada al principio en los nobles claustros del convento de Santa Cruz, en La Habana, construido en 1632, y culminando más o menos un siglo después en la impresionante catedral de San Cristóbal, considerada por muchos uno de los monumentos barrocos más acabados del país. El gótico, estilo dominante en Europa, es inusual en Cuba, cuyas iglesias son normalmente barrocas o neoclásicas. Algún extraño ejemplo es la iglesia del Sagrado Corazón de Jesús en La Habana y su homónima en Camagüey, la ciudad más devota del país.

Estilos y tendencias

Ciudades cubanas bien conservadas han conseguido llegar al s. XXI con su arquitectura colonial relativamente intacta, sobreviviendo a tres guerras revolucionarias y protegidas de la moderna globalización por el peculiar sistema económico cubano. Ello ha sido posible gracias a la designación de La Habana Vieja, Trinidad, Cienfuegos y Camagüey como ciudades Patrimonio Mundial de la Unesco, y la ayuda posterior de preclaros historiadores del lugar que han creado un modelo de autosuficiencia para la preservación histórica que bien podría considerarse uno de los mayores logros del Gobierno revolucionario.

Los estilos más presentes y clásicos de Cuba son el barroco y el neoclasicismo. Los diseñadores barrocos comenzaron a afilar sus plumas en la década de 1750, ganando supremacía el neoclasicismo en la década de 1820 y continuando, entre numerosos resurgimientos, hasta la década de 1920.

Los edificios característicos de la era americana (1902-1959) eran art déco y, más tarde, adoptaron estilos modernistas. El art nouveau jugó un papel breve durante este período influenciado por el modernismo catalán. En las calles principales de Centro Habana que van de este a oeste se pueden ver las curvas y adornos propios del *art nouveau*. A partir de la década de 1920, el ostentoso eclecticismo, cortesía de los americanos, caracterizó los ricos y crecientes barrios de La Habana.

No todos los estilos eran bonitos. El breve flirteo de Cuba con la arquitectura soviética en los años sesenta y setenta supuso la construcción de un montón de bloques de apartamentos y feos hoteles funcionales. El barrio habanero de El Vedado mantiene un pequeño pero significativo conjunto de edificios altos modernistas construidos durante un prerrevolucionario auge inmobiliario de 10 años en la década de 1950.

En pp. 52-53: **1.** Calles de La Habana (p. 70) **2.** Catedral de San Cristóbal de La Habana (p. 75), La Habana **3.** Interior, Museo de la Revolución (p. 92), La Habana **4.** Vista sobre Trinidad (p. 288).

La Habana Vieja

CIRCUITO A PIE POR LA HABANA VIEJA

El recorrido tiene menos de 2 km pero podría llenar un día entero con sus museos, tiendas, bares y teatro callejero. Destaca el singular casco histórico de La Habana, construido alrededor de cuatro plazas principales. Parte de la **catedral de San Cristóbal de la Habana** 1, en la sugerente plaza de la Catedral, siempre está llena de personajes interesantes. Luego se toma la calle Empedrado seguida de la calle Mercaderes hasta la plaza de Armas, en su día usada para ejercicios militares y todavía protegida por el **castillo de la Real Fuerza** 2. El museo del fuerte merece un vistazo, y una visita más completa el Museo de la Ciudad, en el **palacio de los Capitanes Generales** 3; evítense los guías del palacio. Subiendo por la **calle Obispo** 4, muy concurrida, hay que girar a la izquierda por la **calle Mercaderes** 5, con sus viejas tiendas y sus museos. En la calle Amargura hay que girar a la izquierda y entrar en la plaza de San Francisco de Asís, con la **iglesia y monasterio de San Francisco de Asís** 6. Es recomendable anotar el programa de conciertos musicales y visitar uno de los dos museos de la iglesia (Il Genio di Leonardo da Vinci es el mejor). Girando a la derecha por la calle Brasil se accede a la **Plaza Vieja** 7, donde hay un planetario y varios museos-galerías. Después de tanto museo degústese una cerveza artesana en la Factoría Plaza Vieja.

MUSEOS

Pueden visitarse brevemente algunos de los museos en el camino (en orden):

- **Museo de Arte Colonial**
- **Museo de Navegación**
- **Museo de la Ciudad**
- **Museo de Pintura Mural**
- **Maqueta de La Habana Vieja**
- **Museo de Naipes**

BUENA VISTA IMAGES/GETTY ©

Catedral de San Cristóbal de La Habana

El interior de la catedral era originariamente barroco, como su fachada principal. Pero, a principios del s. XIX el sanctasanctórum de la iglesia adoptó un tono clásico más sobrio gracias a un proyecto de renovación.

Calle Obispo

La zona más baja de Obispo es un cruce de caminos arquitectónico. La hilera de edificios del sur son las casas adosadas más antiguas de La Habana que datan de la década de 1570. Enfrente está el Hotel Ambos Mundos, refugio de Hemingway.

DANITA DELIMONT/GETTY ©

Castillo de la Real Fuerza

El plato fuerte del museo marítimo ubicado en este fuerte es una réplica de 4 m del Santísima Trinidad, un barco construido en La Habana en la década de 1760 que luchó en la batalla de Trafalgar en 1805.

MARK LEWIS/GETTY ©

Palacio de los Capitanes Generales

Una interesante característica de este edificio son los fósiles marinos que hay incrustados en las paredes . La calle es de adoquines de madera pensados para amortiguar el ruido de los cascos de los caballos.

BRENT WINEBRENNER/GETTY ©

DANITA DELIMONT/GETTY ©

Iglesia y Monasterio de San Francisco de Asís

En su día el edificio más alto de La Habana, el campanario de esta antigua iglesia/monasterio estuvo rematado por una estatua de san Francisco de Asís, que cayó durante un huracán en 1846.

2
Barillo
Plaza de Armas
Cuba Tacón
3
4
Oficios
Baratillo
5
Mercaderes
Plaza de San Francisco de Asís
6
Obispo
Obrapía
San Ignacio
Lamparilla
Amargura
7
Cuba
Brasil
Muralla
Sol

Calle Mercaderes

Famosa por sus tiendas esotéricas. En la esquina de la calle Obrapía se encuentra la Casa de la Obra Pía, uno de los primeros proyectos de renovación del historiador de la ciudad Eusebio Leal, en 1968.

RICK RUDNICKI/GETTY ©

WALTER BIBIKOW/GETTY ©

Plaza Vieja

Los edificios de la Plaza Vieja fueron construidos como residencias privadas y no como edificios municipales. En el lugar vivían algunas de las familias más ricas de La Habana, que solían reunirse para contemplar los sangrientos espectáculos públicos de la plaza, incluidas ejecuciones.

3

4

Fortalezas costeras

Mientras los reyes europeos se escondían de la plebe en sus castillos medievales, sus primos latinoamericanos construían sus defensas coloniales en una serie de igualmente colosales fortalezas.

El anillo defensor de fortificaciones que salpican la costa cubana desde La Habana, en el oeste, hasta Baracoa, en el este, es uno de los mejores conjuntos de arquitectura militar de las Américas. La construcción por parte de los españoles de estos monstruos de piedra en los ss. XVI, XVII y XVIII reflejaba la importancia estratégica de la colonia en las rutas comerciales del Atlántico y su vulnerabilidad ante los ataques de los piratas y las competidoras potencias coloniales.

Como capital cubana y principal puerto español en el Caribe, La Habana, era un gran premio para ambiciosos invasores. El saqueo de la ciudad por el pirata francés Jacques de Sores en 1555 puso en evidencia la debilidad de las exiguas defensas, provocando la primera oleada de fortificaciones. Las autoridades de La Habana contrataron al arquitecto militar italiano Juan Bautista Antonelli para este trabajo, quien respondió con aplomo reforzando la entrada del puerto con dos inmensos fuertes, el Morro y San Salvador La Punta. El trabajo, que comenzó en la década de 1580, fue lento pero meticuloso; los fuertes no se terminaron hasta después de la muerte de Antonelli alrededor de 1620. Antonelli también diseñó el castillo del Morro en Santiago, que comenzó más o menos al mismo tiempo pero que no fue terminado hasta 1700 debido a los continuos ataques, principalmente del bucanero británico Henry Morgan en 1662.

Durante el s. XVIII, se construyeron más fortalezas, sobre todo en Jagua (cerca de la actual Cienfuegos) en la costa sur y en Matanzas al norte. Baracoa en el extremo oriental fue parapetado por tres pequeñas fortalezas, todas ellas en pie.

De muros gruesos y planta poligonal diseñada para encajar en su topografía

IZET KERIBAR / GETTY IMAGES ©

DANITA DELIMONT / GETTY IMAGES ©

1. Edificios coloniales de Camagüey (p. 325) **2.** Edificios de la Plaza Mayor, Trinidad (p. 290)

costera, las fortalezas cubanas fueron construidas para aguantar (todas sobreviven) y, en gran parte, cumplieron con su propósito disuadiendo a diversos invasores hasta 1762. En ese año llegaron los británicos durante la Guerra de los Siete Años, bombardeando San Severino en Matanzas y conquistando La Habana tras 44 días de asedio al castillo del Morro. La respuesta de España al recuperar La Habana en 1763 fue construir la enmohecida Cabaña, la fortaleza más grande de las Américas. No es de sorprender que sus fuertes almenas nunca fueran penetradas.

En las décadas de 1980 y 1990, las fortalezas de La Habana y Santiago fueron declaradas Patrimonio Mundial de la Unesco.

Arquitectura teatral

En los teatros provinciales cubanos se asistirá a partes iguales a un espectáculo teatral como a uno arquitectónico.

Como importantes mecenas de la música y el baile, los cubanos tienen la tradición de construir icónicos teatros provinciales y la mayor parte de las ciudades tienen un entorno histórico donde ver las últimas actuaciones. Por consenso popular, los teatros mejor conseguidos arquitectónicamente son el Teatro Sauto (p. ___) de Matanzas, La Caridad (p. ___) de Santa Clara, y el Tomás Terry (p. ___) de Cienfuegos. Estos tres edificios dorados fueron construidos en el s. XIX (1863, 1885 y 1890 respectivamente) con sobrias fachadas de estilo neoclásico francés cubriendo espléndidos interiores más italianos. Una característica que los define es la forma en U de sus auditorios con tres pisos, que exhiben abundancia de paneles de madera tallada y hierro forjado coronados con increíbles frescos en el techo. Los frescos de querubines angelicales de La Caridad y el Tomás Terry fueron pintados por el mismo artista filipino, Camilo Salaya, mientras que los del Sauto fueron trabajo del arquitecto italiano del teatro,

Daniele Dell'Aglio. También destacan las floridas lámparas, los mosaicos de pan de oro y las llamativas estatuas de mármol.

La filantropía jugó un papel importante en los teatros cubanos durante el s. XIX, especialmente en La Caridad de Santa Clara, pagada por la benefactora local Marta Abreu. En una muestra de altruismo, Abreu, que donó a numerosas causas sociales y artísticas, se aseguró de que un porcentaje de los beneficios del teatro se dedicaran a obras benéficas.

La falta de fondos en los últimos tiempos ha dejado a muchos teatros en seria necesidad de reparación, y algunos edificios no han sobrevivido. El Colesio, el primer teatro moderno de Cuba construido en 1823 en Santiago de Cuba, fue destruido por un incendio en 1846. El Teatro Brunet, en Trinidad, construido en 1840 es hoy una ruina utilizada como centro social. El Tacón, el más antiguo de La Habana sobrevive, pero pasó a ser un centro social español (el Centro Gallego) en la década de 1910. El recientemente renovado teatro Milanés (1838), de Pinar del Río, tiene un bonito patio sevillano, y el neoclásico Principal (1850) de Camagüey es la sede de la compañía de ballet más prestigiosa de Cuba.

El barroco cubano

La arquitectura barroca llegó a Cuba a mediados de 1700, a través de España, unos 50 años después de su paso por Europa. Avivada por el rápido crecimiento de la nueva industria azucarera de la isla, los nuevos ricos propietarios de esclavos y los comerciantes del azúcar destinaron sus jugosos beneficios a grandiosos edificios urbanos. Los mejores ejemplos de barroco adornan las casas y edificios públicos de La Habana Vieja, aunque el estilo no llegó a su máximo esplendor hasta finales de 1700 con la construcción de la catedral de San Cristóbal de La Habana y la plaza que la rodea.

LA ARQUITECTURA COLONIAL DE TRINIDAD

Trinidad es una de las ciudades coloniales mejor conservadas de las Américas. La mayor parte de su homogénea arquitectura data de principios del s. XIX, cuando la industria azucarera de Trinidad alcanzó su punto álgido. Las típicas casas de Trinidad son grandes edificios de un solo piso con tejados de tejas color terracota soportados por vigas de madera. A diferencia de La Habana, la enorme puerta de entrada da normalmente a una habitación principal en lugar de a un vestíbulo. También son típicos de estas casas los grandes ventanales sin cristal con barras de madera (o hierro), los frescos en las paredes, las verandas, y los balcones con balaustradas de madera levantadas sobre la calle. Otras casas más grandes de Trinidad tienen patios de estilo mudéjar con característicos aljibes.

IZZET KERIBAR / GETTY IMAGES ©

La Plaza Vieja de La Habana (p. 81)

Debido a las peculiaridades climáticas y culturales, el barroco tradicional no tardó en ser "tropicalizado". Así, los arquitectos locales añadieron florituras personales a las nuevas estructuras municipales que iban surgiendo en diversas ciudades provinciales. Algunas aportaciones autóctonas son: las rejas metálicas en las ventanas como protección de los robos y para que entre el aire, las vidrieras multicolores colocadas en la parte superior de las puertas para dispersar los rayos de sol, los entresuelos construidos para acomodar a las familias esclavas y los soportales que resguardaban del sol y la lluvia a los viandantes. Edificios barrocos característicos como el palacio de los Capitanes Generales en la plaza de Armas de La Habana estaban hechos de piedra caliza autóctona recogida en la cercana cantera de San Lázaro y construidos con el trabajo de los esclavos. Como resultado, la intrincada decoración exterior que caracterizaba al barroco italiano y español quedaba notablemente deslucida en Cuba, donde los trabajadores no dominaban el trabajo de la piedra tal y como lo hacían sus primos europeos.

Algunos de los edificios barrocos más exquisitos de Cuba están en Trinidad y datan de las primeras décadas del s. XIX, cuando los diseños y el mobiliario estaban fuertemente influenciados por la moda de alta costura de Italia, Francia y la Inglaterra georgiana.

Neoclasicismo

Surgió primeramente a mediados del s. XVIII en Europa como reacción a la profusa ornamentación y la llamativa ostentación del barroco. Concebido en las academias progresistas de Londres y París, sus primeros seguidores abogaban por los nítidos colores primarios e intensas líneas simétricas, junto al deseo de volver a la percepción de la pureza arquitectónica de las antiguas Grecia y Roma. El estilo llegó a Cuba a principios del s. XIX, iniciado por grupos de emigrantes franceses que habían huido de Haití tras una violenta rebelión de esclavos en 1791. En un par de décadas, el neoclasicismo se había erigido como el estilo arquitectónico dominante en el país.

A mediados del s. XIX los robustos edificios neoclásicos eran habituales entre la burguesía cubana en ciudades como Cienfuegos y Matanzas, con llamativa simetría, grandiosas fachadas y filas de imponentes columnas reemplazando las florituras decorativas del barroco del primer período colonial.

El primer edificio verdaderamente neoclásico de La Habana fue El Templete, un pequeño templo dórico construido en La Habana Vieja en 1828 cerca del lugar donde se dice que el Padre Bartolomé de las Casas celebró la primera misa de la ciudad. Conforme la ciudad se extendía hacia el oeste a mediados de la década de 1800, traspasando sus murallas del s. XVII, se adoptó el estilo en la construcción de edificios más ambiciosos, como el famoso Hotel Inglaterra con vistas al Parque Central. La Habana creció en tamaño y belleza durante este período, poniendo de moda nuevas características de diseño residencial como los espaciosos patios clásicos y las columnatas imponentes en las fachadas.

Un segundo renacer neoclásico barrió Cuba a principios del s. XX, liderado por la creciente influencia americana en la isla. Debido a las ideas y éticas de diseño del Renacimiento americano (1876-1914), La Habana sufrió una completa explosión de construcción, patrocinando gigantescos edificios municipales como el Capitolio Nacional y la Universidad de La Habana. En las provincias el estilo llegó a su máximo esplendor en una serie de relucientes teatros.

'Art déco'

El *art déco* fue un elegante, funcional y moderno movimiento arquitectónico que se originó en Francia a principios del s. XX llegando a su cúspide en América en los años veinte y treinta. Basado en una vibrante mezcla de cubismo, futurismo y primitivo arte africano, el género promovió edificios extravagantes a la par que sencillos de grandes curvas y motivos decorativos en forma de sol

1

PARÍS EN LA HABANA

El paisajista francés Jean-Claude Forestier añadió un sabor parisino a la moderna disposición urbana de La Habana en los años veinte. Recién salido de encargos de alto nivel en la capital francesa, Forestier llegó a La Habana en 1925 donde fue invitado a diseñar un plan maestro para unir el dispar plano urbanístico. Se pasó los siguientes cinco años esbozando amplios bulevares de tres carriles, plazas de estilo parisino y un armonioso paisaje urbano diseñado para ensalzar los icónicos monumentos de La Habana y el frondoso entorno tropical. Los planes de Forestier fueron trastocados por la Gran Depresión, pero su visión parisina se llevó a cabo 30 años después con la construcción de la plaza de la Revolución y sus avenidas radiales.

radiante, como el edificio Chrysler de Nueva York y la arquitectura del barrio de South Beach de Miami.

Llegado a Cuba desde EE UU, el país rápidamente se hizo con su propio conjunto de edificios *art déco* tropical, llevándose La Habana la mejor parte. Uno de los mejores ejemplos de *art déco* de Latinoamérica es el edificio Bacardí, en La Habana Vieja, construido en 1930 para albergar la sede central en La Habana de la mundialmente conocida familia productora de ron de Santiago de Cuba. Otra creación espectacular fue el edificio López Serrano, de 14 pisos, en El Vedado, construido como el primer rascacielos de la ciudad en 1932, inspirado en el Rockefeller Center de Nueva York. Luego se construyeron otros rascacielos más funcionales como el Teatro América en la avenida de Italia, el Teatro Fausto en el paseo de Martí y la Casa de las Américas en la calle G. Una interpretación más suave y ecléctica de este estilo es el famoso Hotel Nacional, cuyas líneas simétricas puras

1. Fachada decorada de color verde, Trinidad (p. 288) 2. Palacio de Valle (p. 247), Cienfuegos.

STUART FOX / GETTY IMAGES ©

BRENT WINEBRENNER / GETTY IMAGES ©

y torretas decorativas de estilo morisco dominan la vista sobre el Malecón.

Eclecticismo

Es el término a menudo empleado para definir el inconformista y experimental movimiento arquitectónico del momento que creció en EE UU durante la década de 1880. Rehusando las ideas de "estilo" y categorización del s. XIX, los arquitectos promotores de este nuevo estilo revolucionario promovieron la flexibilidad y una ética abierta del "todo vale", basando su inspiración en una amplia gama de precedentes históricos. Gracias a la fuerte presencia americana en las décadas anteriores a 1959, Cuba pronto se convirtió en una revuelta de eclecticismo moderno. Así, ricos lugartenientes americanos y cubanos construyeron enormes mansiones al estilo Xanadú en prósperos barrios residenciales de clase alta. Amplias, ostentosas y, a veces, excéntricamente *kitsch*, estas bonitas casas estaban decoradas con paredes almenadas, torres de vigía de extrañas formas, cúpulas en los tejados y lascivas gárgolas. Se pueden ver ejemplos del eclecticismo cubano en Miramar, en La Habana, Vista Alegre, en Santiago de Cuba y en el barrio de Punta Gorda de Cienfuegos.

LOS MEJORES EJEMPLOS DE ESTILOS ARQUITECTÓNICOS

Colonial Museo de Pintura Mural (p. 83)

Barroco Catedral de San Cristóbal de la Habana (p. 75)

Neoclásico Capitolio Nacional (p. 87)

Art Déco Edificio Bacardí (p.84)

Art Nouveau Palacio Cueto (p. 82)

Ecléctico Palacio de Valle (p. 247)

Modernista Edificio Focsa (p. 97)

Gótico Iglesia del Sagrado Corazón de Jesús (p. 93)

1. Capitolio Nacional (p. 87), La Habana 2. Estilo colonial en Cienfuegos (p. 243).

1

2

Preparación del viaje

Viajar con niños

¡Preparad a los chavales! Cuba es diferente a todo lo que hayan visto antes. A los niños de este soleado archipiélago caribeño se les anima a hablar, cantar, bailar, pensar, soñar y jugar, y están integrados en todas las facetas de la sociedad: es habitual verlos en conciertos, restaurantes, iglesias, mítines políticos y fiestas.

Cuba para niños

Existe cierta dicotomía en cuanto a las instalaciones para niños en Cuba. Por una parte, la sociedad cubana es, de forma innata, amante de la familia, de los niños y tiene tacto; por la otra, las dificultades económicas han supuesto que ciertas comodidades occidentales como rampas para los cochecitos, cambiadores y las medidas de seguridad básicas sean limitadas. El único lugar donde encontrar estándares de servicio internacionales son los *resorts* modernos, teniendo la mayoría clubes específicos para niños.

Lo más destacado

Fuertes y castillos

➡ **Fortaleza de San Carlos de la Cabaña**
La colosal fortaleza de La Habana tiene museos, almenas y una ceremonia nocturna de cañones con soldados vestidos de época. (p. 86)

➡ **Castillo de San Pedro de la Roca del Morro**
Este fuerte de Santiago declarado Patrimonio Mundial es famoso por su fascinante museo pirata. (p. 413)

Las mejores zonas para niños

La Habana

Las calles de La Habana Vieja no deben de haber cambiado mucho desde los tiempos de *Piratas del Caribe*, así que los niños podrán dar rienda suelta a su imaginación en los fuertes, plazas, museos y estrechas calles. La Habana también cuenta con el mayor parque de atracciones de Cuba (Isla del Coco), y su mejor acuario.

Varadero

El mayor *resort* de Cuba cuenta con infinidad de actividades infantiles, entre otros espectáculos nocturnos, deportes organizados, juegos de playa y paseos en barca.

Trinidad

La joya meridional de la costa sur está llena de casas particulares, una excelente oportunidad para que los niños se mezclen con familias cubanas. Si añadimos una excelente playa (playa Ancón), aguas para bucear de fácil acceso y un montón de gratas actividades rurales (los paseos a caballo son habituales), tenemos la alternativa familiar perfecta al *resort*.

➡ **Castillo de la Real Fuerza** En pleno centro de La Habana, tiene un foso, puestos de observación y maquetas a escala de galeones españoles. (p. 78)

Parques infantiles

➡ **Parque Maestranza** Castillos hinchables, atracciones de feria y golosinas frente al malecón de La Habana. (p. 75)

➡ **Isla del Coco** Inmenso parque de atracciones financiado por China en el barrio de Playa, en La Habana. (p. 135)

➡ **Parque Lenin** Más zonas de juego, botes, un minitren y caballos para alquilar, en La Habana. (p. 142)

Animales

➡ **Acuario Nacional** Espectáculos diarios de delfines y un restaurante aceptable es lo que más destaca del principal acuario del país, en el barrio de Miramar de La Habana. (p. 133)

➡ **Criaderos de cocodrilos** El mejor de los seis que tiene el país está en Guamá, en la provincia de Matanzas. (p. 237)

➡ **Equitación** Es posible montar a caballo en todo el país, por lo general en fincas rurales de zonas como Pinar del Río y Trinidad. (p. 47)

Fiestas

➡ **Las Parrandas** Fuegos artificiales, humo y enormes y animadas carrozas: la fiesta de Nochebuena de Remedios es un desmadre para niños y adultos. (p. 274)

➡ **Carnaval de Santiago de Cuba** Una vistosa celebración de la cultura caribeña con carrozas y baile que tiene lugar en julio. (p. 415)

➡ **Carnaval de La Habana** Más música, baile y monigotes, esta vez en el Malecón de La Habana, en agosto. (p. 30)

Antes de partir

Es habitual ver a viajeros con niños en Cuba, y la tendencia se ha consolidado en los últimos años con los cubano-estadounidenses que visitan a sus familias con pequeños a remolque; ellos son la mejor fuente de información sobre el terreno. Los aspectos de la cultura local que los padres pueden encontrar chocantes (aparte de la escasez en general) son el contacto físico y la calidez humana tan típicamente cubanos: con frecuencia los desconocidos tocan el pelo de los niños, les besan o les dan la mano. ¡Calma, es parte del carácter cubano!

En principio los niños no necesitan vacunarse antes de viajar a Cuba, aunque quizá los padres quieran consultar los casos particulares con el pediatra antes de partir. Los medicamentos escasean, así que mejor llevarse todo lo que uno considere necesario. Es recomendable llevar paracetamol, ibuprofeno, medicamentos antináuseas y caramelos para la tos. El repelente para insectos también resultará útil. Es recomendable llevarse pañales y leche en polvo ya que pueden resultar difíciles de encontrar. También es conveniente llevar una copia del certificado de nacimiento de los niños donde aparecen los nombres de ambos progenitores, especialmente si usan nombres diferentes.

Las sillitas para coche no son obligatorias, y los taxis y coches de alquiler no las llevan. El viajero puede llevar una si quiere alquilar un coche. Las tronas en los restaurantes también son casi inexistentes, aunque los camareros intentarán improvisar; lo mismo ocurre con las cunas. Las aceras cubanas no se diseñaron pensando en los cochecitos. Si el niño es muy pequeño, lo mejor es una mochila portabebés. Si no, se recomienda llevar un carrito lo más pequeño y ligero posible o apañarse sin él.

Las casas particulares están casi siempre dispuestas a alojar a familias y son excepcionalmente acogedoras con los niños. Los *resorts* también aceptan familias.

Para pequeños paladares

Dado que la comida carece de especias exóticas y es buena, sencilla y con pocas filigranas, los niños suelen adaptarse sin problema. El estilo de vida de la isla, orientado a la familia, está claro que ayuda. Hay pocos restaurantes que no acepten niños, y por lo general el personal de muchos cafés y restaurantes los adoran y se esfuerzan por intentar adaptar la comida a paladares poco atrevidos o caprichosos. El arroz y las judías son apuestas seguras, y el pollo y el pescado son bastante fiables. Lo que no suele haber –aunque quizá algunos niños no lo echen de menos– es verdura fresca.

De un vistazo

Las provincias cubanas se distribuyen de un extremo a otro de la isla principal, con la a menudo olvidada 'coma' de la Isla de la Juventud, que cuelga de la parte inferior. Todas tienen acceso a la costa y cuentan con preciosas playas, las mejores en la costa norte. Igual de omnipresentes son los vívidos fragmentos de historia, la impresionante arquitectura colonial y los impetuosos vestigios de la Revolución de 1959. La cadena montañosa más alta del país, Sierra Maestra, se alza en el este, con otra cordillera imponente, el macizo Escambray, ubicado en el centro meridional. Los principales espacios naturales de Cuba son la Ciénaga de Zapata, las terrazas marinas de Granma, los bosques tropicales de Guantánamo y los cayos septentrionales deshabitados (por ahora). Entre las joyas urbanas se cuentan La Habana, Santiago de Cuba, Camagüey y la colonial Trinidad.

La Habana

Museos
Arquitectura
Vida nocturna

Casco histórico

Los 4 km² de centro histórico de la capital rezuman historia por todos los rincones, y albergan museos de múltiples temáticas, desde la platería a Simón Bolívar. Entre los más destacados se hallan el Museo de la Revolución, el Museo de la Ciudad y el magnífico Museo Nacional de Bellas Artes.

Eclecticismo

La arquitectura de La Habana no es como su fauna y flora: difícil de clasificar y a veces un poco, digamos, extraña. Mejor que el viajero pasee por las calles de La Habana Vieja y Centro Habana y vea qué le gusta más.

La vida es un cabaré

Todos los estilos musicales cubanos están representados en La Habana, desde la rumba callejera al sofisticado cabaré. La oferta de conciertos en directo, recitales improvisados y animada vida nocturna es la mejor del país.

p. 70

Provincias de Artemisa y Mayabeque

Playas
Ecoturismo
Cafetales abandonados

Playa secreta

Aunque parezca mentira, considerando que está emplazada en la carretera principal entre La Habana y Varadero, la provincia de Mayabeque cuenta con encantadoras y desconocidas playas, encabezadas por playa Jibacoa. Por desgracia, están previstos campos de golf en la zona.

Las Terrazas

Esta localidad ecológica ya llevaba una existencia respetuosa con el medio ambiente mucho antes de los apremios del Período Especial o la adopción de prácticas ecológicas en el mundo exterior. Hoy continúa más o menos como siempre: tranquila, confiada y –sobre todo– sostenible.

Cafetales abandonados

Las Terrazas tiene decenas, medio cubiertos por la invasiva selva, mientras que en Artemisa está el Antiguo Cafetal Angerona, más grande, más distinguido, aunque no menos ajado, en el que llegaron a trabajar 500 esclavos.

p. 153

Isla de la Juventud (Municipio especial)

Submarinismo
Naturaleza
Historia

Al agua

Al margen del archipiélago Jardines de la Reina, de difícil acceso, Isla de la Juventud ofrece el mejor submarinismo de Cuba y es su principal atractivo. Destacan sus aguas cristalinas, la abundante fauna marina y un parque marino protegido en Punta Francés.

Naturaleza

Si el viajero se lo perdió en la Ciénaga de Zapata, la Isla es el otro único lugar del mundo donde puede ver el cocodrilo cubano en su entorno natural. Se ha reintroducido con éxito en la Ciénaga de Lanier.

Exprisioneros

En su día, dos de los prolijos portavoces cubanos estuvieron encarcelados en la isla más remota del archipiélago, que también servía de prisión: José Martí y Fidel Castro. Es lógico que los lugares donde estuvieron presos tengan una considerable trascendencia histórica.

p. 167

Provincia de Pinar del Río

Submarinismo
Comida
Fauna y flora

Comunidad submarinista

Retirada en el extremo más occidental de la isla principal, María la Gorda lleva muchos años atrayendo a viajeros con su espectacular submarinismo, ensalzado por su vistoso coral, enormes esponjas y gorgonias, y una experimentada aunque relajada comunidad de submarinismo.

Cerdo asado

No hay nada como un auténtico cerdo asado cubano y no hay mejor lugar donde probarlo que entre los guajiros de Viñales. Las granjas, fincas y casas particulares que caracterizan esta bucólica localidad ofrecen enormes raciones de este plato nacional.

Muy verde

Con más terreno protegido que cualquier otra provincia, Pinar es un paraíso verde. El viajero puede hacer excursiones en el Parque Nacional Viñales, ver tortugas marinas en el Parque Nacional Península de Guanahacabibes o avistar aves en torno a Cueva de los Portales.

p. 181

Provincia de Matanzas

Submarinismo
Fauna y flora
Playas

Inmersiones accesibles

La bahía de Cochinos quizá no ofrezca el mejor submarinismo de Cuba, pero sí el más accesible. Uno puede salir a nado de la orilla y llegar enseguida a paredes recubiertas de coral. Hay más inmersiones impresionantes cerca de la orilla desde playa Coral, en la costa norte.

Fauna de las ciénagas

En contraposición al frenesí de los resorts de la costa norte, la parte meridional de Matanzas es uno de los últimos reductos naturales de Cuba y un importante refugio para la fauna, entre la que se cuentan cocodrilos cubanos, manatíes, zunzuncitos y ratas arbóreas.

Varadero

Aunque el viajero odie los resorts, hay una razón para ir a Varadero, una franja ininterrumpida de 20 km de arena dorada que cubre toda la península de Hicacos. Posiblemente sea la playa más larga y hermosa de Cuba.

p. 205

Provincia de Cienfuegos

Arquitectura
Música
Submarinismo

Clasicismo francés

A pesar de ser una de las ciudades más nuevas de Cuba, se fundó en 1819 y conserva un núcleo urbano considerablemente homogéneo, con fachadas clásicas y esbeltas columnas que despliegan la esencia de la Francia del s. XIX, en la que se inspiró.

Benny Moré

"La ciudad que más me gusta a mí", bromeó un día Benny Moré, el músico cubano más adaptable y completo, que controlaba los clubes y salas de baile en las décadas de 1940 y 1950. El viajero comprobar si está de acuerdo, y de paso visitar la ciudad donde nació el músico.

Guajimico

Bienvenidos a una de las zonas de inmersión menos conocidas de Cuba, a la que se llega desde un cómodo campismo en la cálida y tranquila costa sur y famosa por sus jardines de coral, esponjas y pecios dispersos.

p. 242

Provincia de Villa Clara

Playas
Historia
Vida nocturna

Cayos espectaculares

Los resorts más nuevos de Cuba en los cayos frente a la costa de Villa Clara esconden algunas playas espectaculares y poco concurridas, entre ellas la de acceso público Las Salinas, en Cayo las Brujas y las más selectas playa el Mégano y playa Ensenachos, en Cayo Ensenachos.

Che Guevara

Adorado u odiado, su legado no desparecerá, así que el viajero puede visitar Santa Clara para al menos intentar comprender lo que perfiló al gran *guerrillero*. La ciudad alberga su mausoleo, un museo que hace un repaso de su vida y el enclave histórico donde tendió una emboscada a un tren blindado en 1958.

Escena estudiantil

La ciudad de Santa Clara cuenta con la vida nocturna más activa y moderna de Cuba, donde los innovadores exploran constantemente las últimas tendencias.

p. 259

Provincia de Sancti Spíritus

Museos
Excursionismo
Música

De la Revolución al Romanticismo

Trinidad tiene más museos por metro cuadrado que cualquier otro lugar fuera de La Habana. Las temáticas comprenden historia, mobiliario, guerras contrarrevolucionarias, cerámica, arte contemporáneo y romanticismo.

Espléndido Topes

Topes de Collantes cuenta con la red de senderos más completa del país, y con algunos de los mejores paisajes del archipiélago, con cascadas, piscinas naturales, valiosa fauna y cafetales en funcionamiento. Hay más itinerarios en las reservas menos conocidas de Alturas de Banao y Jobo Rosado.

Sonidos espontáneos

En Trinidad –y en menor medida en Sancti Spíritus– la música parece salir de todos los rincones, en gran parte de forma espontánea e improvisada. Trinidad disfruta de la escena musical más variada y condensada fuera de La Habana.

p. 280

Provincia de Ciego de Ávila

Pesca
Playas
Fiestas

La guarida de Hemingway

Cayo Guillermo tiene todo lo necesario para hacer que una excursión de pesca sea extraordinaria: un cálido entorno tropical, muchos peces grandes y el fantasma de Ernest Hemingway, que seguirá al viajero desde el puerto hasta el mar y de regreso. Se recomienda llevar unas cervezas y seguir la corriente del golfo.

Pilar, el paraíso

Colorados, Prohibida, Flamingo y Pilar –las playas de los cayos septentrionales– atraen al viajero con sus nombres y su fama, y no hay que preocuparse porque cabe todo el mundo.

Fiestas y fuegos artificiales

Ninguna otra provincia cuenta con un repertorio de fiestas tan variado y –francamente– extraño. Ciego acoge un torneo anual de críquet, danza folclórica, misteriosos ritos de vudú y estruendosos fuegos artificiales.

p. 307

Provincia de Camagüey

Submarinismo
Arquitectura
Playas

Alimentar tiburones

Es cierto que los resorts no son de gran lujo, pero ¿a quién le importa eso cuando el submarinismo es excepcional? Playa Santa Lucía se halla junto a uno de los arrecifes de coral más grandes del mundo y es famosa por su espectáculo de alimentación de tiburones.

Laberinto urbano

El trazado urbano de Camagüey no se ajusta a la guía típica de edificios coloniales españoles, lo cual es parte de su atractivo. El viajero puede perderse por la tercera ciudad más grande de Cuba que, desde el 2008, es Patrimonio Mundial de la Unesco.

Arena infinita

Las playas de la costa norte de la provincia son extraordinarias. Entre ellas se cuentan la playa Santa Lucía, con 20 km de largo, la playa tipo Robinson Crusoe Los Pinos, en Cayo Sabinel, y la playa los Cocos, en la entrada de bahía de Nuevitas.

p. 323

Provincia de Las Tunas

Playas
Arte
Fiestas

Playas virginales

Casi nadie las conoce, pero todavía existen. Actualmente las playas septentrionales de Las Tunas son terreno exclusivo de los cubanos de la zona, de las aves marinas y de algún que otro forastero. El viajero debería venir a disfrutarlas antes de que la amenaza de la construcción de resorts se materialice.

Ciudad de esculturas

Aunque no presentan la grandeza de las esculturas florentinas, si uno busca en las agradables calles de Las Tunas, la capital provincial, descubrirá una curiosa colección de líderes revolucionarios, jefes taínos con dos cabezas y lápices descomunales esculpidos en piedra.

Música campesina

Baluarte cubano de la música campesina, Las Tunas acoge el festival anual Cucalambeana, en el que compositores de todo el país acuden a recitar sus ingeniosas y satíricas *décimas* (versos).

p. 342

Provincia de Holguín

Playas
Ecoturismo
Arqueología

Playas desconocidas

Las playas de grandes resorts como playa Pesquero y Guardalavaca están llenas de turistas, pero menos promocionadas e igual de *'lindas'* son la playa Caleta, cerca de Gibara y Las Morales, cerca de Banes.

Montañas y cayos

Por extraño que parezca para una provincia que alberga la industria más importante y sucia de Cuba (minas de níquel de Moa), Holguín ofrece multitud de escapadas verdes en retiros de montaña o en recónditos cayos exóticos. Se recomienda descubrir Cayo Saetía y visitar Pinares de Mayarí.

Cultura precolombina

Holguín conserva el mejor conjunto de restos arqueológicos. La antigua cultura precolombina de la región se exhibe en el Museo Chorro de Maita y en la contigua reconstrucción de una aldea taína. También en el Museo Indocubano Bani, en la cercana Banes.

p. 375

Provincia de Granma

Historia
Excursionismo
Fiestas

Enclaves revolucionarios

En el resto del país la historia no es tan genuina como en su provincia más revolucionaria. Aquí uno puede subir al cuartel general de los años cincuenta de Castro, visitar el molino de azúcar donde Céspedes liberó por primera vez a sus esclavos o meditar en el conmovedor enclave donde José Martí murió en combate.

Coronar una cima

La sierra Maestra cubre dos parques nacionales, lo cual convierte a Granma en un fabuloso destino para excursiones, entre ellas un ascenso al techo del país, el pico Turquino.

Fiestas en la calle

Granma es famosa por sus fiestas. Ciudades como Bayamo y Manzanillo celebran desde hace años fiestas semanales al aire libre con cerdo asados, torneos de ajedrez y música de anticuados organillos callejeros.

p. 377

Provincia de Santiago de Cuba

Baile
Historia
Fiestas

Grupos folclóricos

Tan mágicos como misteriosos, los grupos de danza folclórica de Santiago son un anacronismo de otros tiempos, cuando los esclavos ocultaban sus tradiciones tras una compleja fachada de canto, danza y religión sincretizados.

Enclaves históricos

El caldo de cultivo de la sedición cubana ha inspirado muchas sublevaciones y todavía pueden visitarse muchos lugares emblemáticos. Se puede empezar por el cuartel Moncada y dirigirse al sur por las casas natales de los héroes locales Frank País y Antonio Maceo, hasta el Museo de la Lucha Clandestina.

Cultura caribeña

Santiago cuenta con el mayor repertorio de festivales anuales de todo el país. Julio se lleva la palma, con el carnaval, al cual precede el Festival del Caribe, que festeja la rica cultura caribeña de la ciudad.

p. 398

Provincia de Guantánamo

Fauna y flora
Excursionismo
Comida

Endemismo

El aislamiento histórico de Guantánamo y la compleja estructura del suelo han llevado a un alto grado de endemismo, así que podrán verse plantas y animales que no se hallan en ninguna otra parte del archipiélago. Los botánicos aficionados disfrutarán en el Parque Nacional Alejandro de Humboldt.

Un gran potencial

A medida que Baracoa se desarrolla como centro ecológico, aumenta su potencial excursionista. Pueden hacerse excursiones a la cima de El Yunque o en el Parque Nacional Alejandro de Humboldt, o bien por senderos en torno al río Duaba o a las playas cercanas a Boca de Yumurí.

Cocos, café y cacao

¿Que la comida no es un reclamo? Baracoa espera para acabar con las ideas culinarias preconcebidas con una dulce y condimentada mezcla de platos preparados con cacao, café, coco y plátano de la zona.

p. 436

En ruta

La Habana

☎7 / 2 130 431 HAB.

Sumario »

Los mejores restaurantes

- Doña Eutimia (p. 110)
- Casa Miglis (p. 113)
- Paladar La Fontana (p. 139)

Los mejores alojamientos

- Hotel Los Frailes (p. 104)
- Hotel Iberostar Parque Central (p. 106)
- Hostal Conde de Villanueva (p. 104)

¿Por qué ir?

Basta con cerrar los ojos e imaginar que uno está allí.

El mar estalla en el rompeolas, una joven pareja juguetea en un oscuro y ruinoso callejón, guitarras y voces armonizan por encima de un sincopado ritmo de tambores, la luz del sol en las fachadas de colores desconchadas, un atractivo joven vestido con guayabera se apoya sobre un Lada, el olor del humo de los coches y de masaje de afeitar, turistas con barbas estilo Hemingway, el Che Guevara en un panel de anuncios, un billete, un llavero, una camiseta...

Nadie podría haber inventado La Habana. Es demasiado atrevida y contradictoria y, a pesar de 50 años de abandono, rematadamente bonita. Cómo lo consigue, nadie lo sabe. Tal vez sea su intrépida historia, el espíritu de supervivencia o la infatigable energía de la salsa que rebota en las paredes y emana con fuerza principalmente de su gente.

No hay que llegar allí buscando respuestas, solo con la mente abierta y preparado para una larga y lenta seducción.

Cuándo ir

- Uno de los encuentros musicales más sobresalientes de La Habana es el Festival Internacional de Jazz, que se celebra cada año en febrero. ¡No hay que perdérselo!
- El calor del verano puede ser sofocante. Para evitarlo, conviene viajar en octubre, un mes tranquilo y aun así con muchas ofertas, como el Festival Internacional de Ballet.
- Diciembre (cómo no) es más concurrido y la gente hace cola para asistir al Festival del Nuevo Cine Latinoamericano.

Historia

En 1514 el conquistador español Pánfilo de Narváez fundó San Cristóbal de La Habana en la costa sur de Cuba, cerca de la desembocadura del río Mayabeque. Bautizada con el nombre de la hija de un famoso jefe taíno, durante sus cinco primeros años la ciudad fue trasladada dos veces por plagas de mosquitos y no quedó establecida en su ubicación actual hasta el 17 de diciembre de 1519. Según la leyenda, la primera misa se dijo debajo de una ceiba en la actual plaza de Armas.

La Habana es la más occidental y aislada de las villas originales de Diego Velázquez y, al principio, la vida era dura. Las cosas no mejoraron en 1538 cuando piratas franceses y esclavos autóctonos arrasaron la ciudad.

Fue necesario que España conquistase México y Perú para que la suerte de Cuba cambiase. La situación estratégica de la ciudad, en la boca del golfo de México, hacía de ella un lugar ideal para que las flotas españolas se agrupasen en su resguardado puerto antes de poner rumbo al este. Gracias a ello, la ascensión de La Habana fue rápida y decidida llegando a sustituir a Santiago como capital de Cuba en 1607.

En 1555 la ciudad fue saqueada por piratas franceses conducidos por Jacques de Sores. Los españoles respondieron construyendo las fortalezas de La Punta y El Morro entre 1558 y 1630 para reforzar un anillo ya de por sí imponente y protector. Entre 1674 y 1740 se añadió un robusto muro alrededor de la ciudad. Estas defensas mantuvieron a raya a los piratas, pero fueron insuficientes cuando España se vio envuelta en la Guerra de los Siete Años con Gran Bretaña.

El 6 de junio de 1762, un ejército británico comandado por el conde de Albermale atacó La Habana, llegando a Cojímar y asaltando Guanabacoa, en el interior. Desde allí siguieron hacia el oeste por el costado noreste del puerto y, el 30 de junio, atacaron El Morro por la retaguardia. Tropas de refuerzo llegaron a La Chorrera, al oeste de la ciudad, y el 13 de agosto, los españoles estaban rodeados y fueron obligados a rendirse. Los británicos retuvieron La Habana durante once meses.

Cuando los españoles recuperaron la ciudad un año más tarde a cambio de Florida, empezaron un programa de construcción para mejorar las defensas de la ciudad y evitar otro sitio. En la cresta donde los británicos habían bombardeado El Morro construyeron La Cabaña, una nueva fortaleza, y, para cuando terminaron las obras en 1774, La Habana se había convertido en la ciudad más fortificada del Nuevo Mundo, el "baluarte de las Indias".

La ocupación británica hizo que España abriese La Habana a un comercio más libre. En 1765 la ciudad recibió el derecho a comerciar con siete ciudades españolas, en lugar de solo con Cádiz y, desde 1818, La Habana pudo enviar su azúcar, ron, tabaco y café a cualquier parte del mundo. El s. XIX fue una era de progreso sostenido: primero vino el ferrocarril en 1837, seguido del alumbrado público de gas (1848), el telégrafo, (1851), un sistema urbano de transporte (1862), teléfonos (1888) y alumbrado eléctrico (1890). En 1902 la ciudad, ajena a las guerras de independencia, contaba con un cuarto de millón de habitantes.

La ciudad se había expandido rápidamente hacia el oeste por el Malecón y los bosques claros de El Vedado. Al comienzo de la Ley Seca hubo una gran afluencia de estadounidenses ricos y los buenos tiempos comenzaron con desenfreno. En la década de 1950, La Habana era la decadente ciudad del juego, de las fiestas nocturnas y de las fortunas en manos de varios matones como Meyer Lansky.

Para Fidel Castro, era una aberración. Al subir al poder en 1959, el nuevo gobierno revolucionario no tardó en cerrar todos los casinos y enviar a Lansky y a sus secuaces a Miami. Los antaño relucientes hoteles fueron divididos para facilitar un hogar a los pobres del campo. Había empezado el largo declive de La Habana.

Hoy en día está en marcha la restauración de la ciudad en una estoica lucha plagada de dificultades, en un país donde la escasez es parte de la vida habitual y el dinero para las materias primas escaso. Desde 1982 el Historiador de la Ciudad Eusebio Leal Spengler viene reconstruyendo La Habana Vieja calle por calle, plaza por plaza, con la ayuda de la Unesco y varios inversores extranjeros. Despacio pero con paso firme, la vieja *vedette* empieza a reclamar su antigua grandeza.

CENTRO DE LA HABANA

En aras a la simplicidad, el centro de La Habana puede dividirse en tres grandes zonas: La Habana Vieja, Centro Habana y El Vedado, donde se concentra la mayor parte de los puntos de interés. La Habana Vieja es la evocadora obra maestra de la ciudad; Centro Habana, al oeste, proporciona una mirada reveladora a la verdadera Cuba y

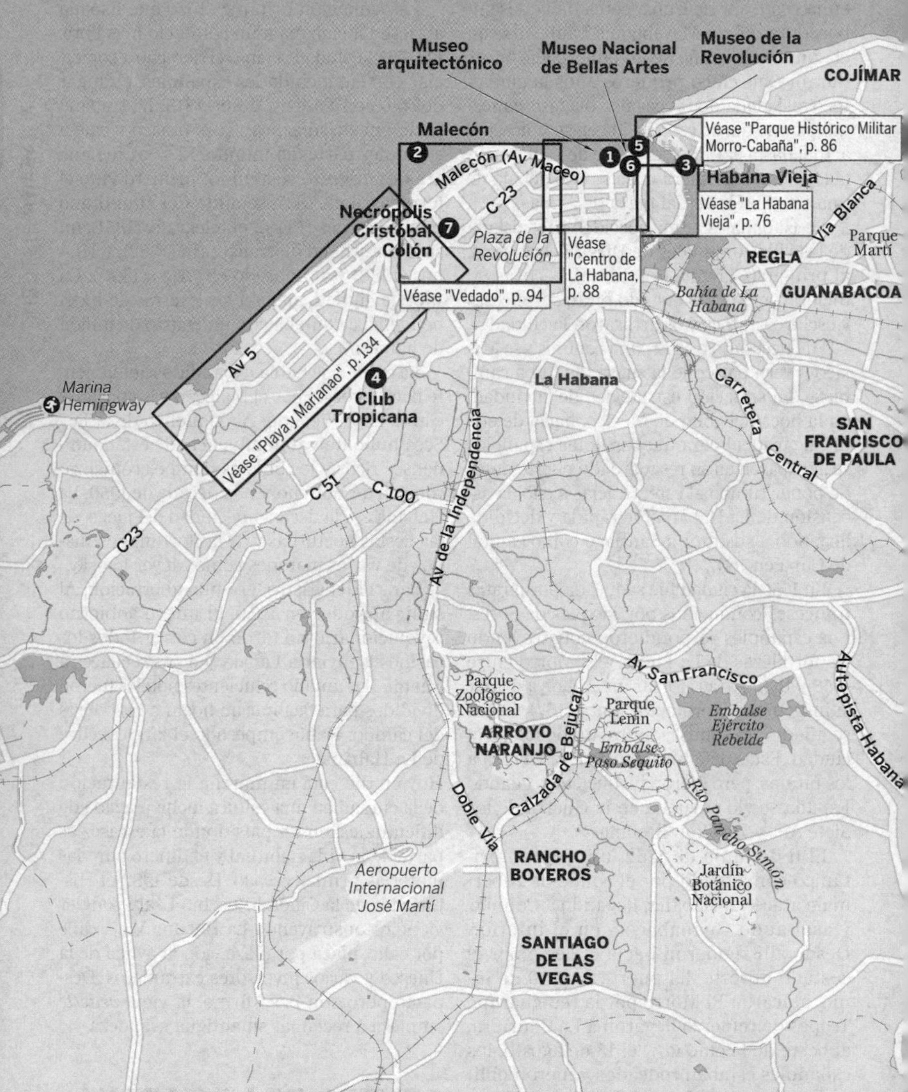

Imprescindible

❶ Pasear por el **mosaico arquitectónico** *art déco*, barroco colonial y neoclásico de La Habana (p. 87).

❷ Apreciar la espectacular panorámica del **Malecón** (p. 99) al atardecer.

❸ Ver cómo el dinero del turismo ha contribuido a rehabilitar **La Habana Vieja** (p. 74).

❹ Redescubrir lo *kitsch* en el cabaret **Tropicana** (p. 140).

❺ Irrumpir en el Museo de la Revolución (p. 92).

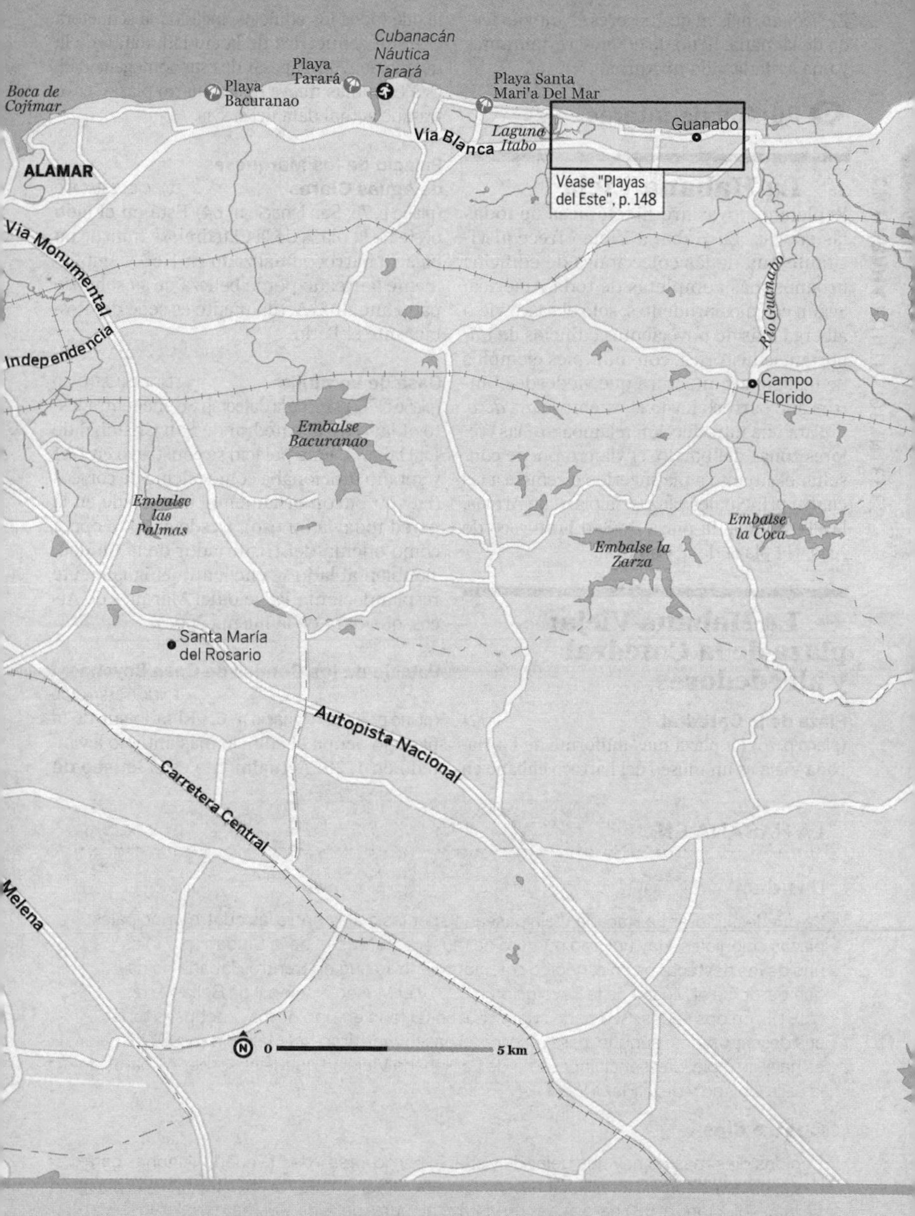

❻ Recorrer la historia de la pintura cubana en el **Museo Nacional de Bellas Artes** (p. 91).

❼ Tratar de no asustarse en la extrañamente bella **Necrópolis de Cristóbal Colón** (p. 99).

El Vedado, más majestuoso, es el antiguo feudo de la mafia, lleno de hoteles, restaurantes y una agitada vida nocturna.

Puntos de interés

La Habana Vieja

Repleta de joyas arquitectónicas de todas las épocas, La Habana Vieja ofrece al visitante una de las colecciones de edificios urbanos más completas de toda América. Según cálculos prudentes, solo el casco viejo alberga más de novecientos edificios de importancia histórica, con múltiples ejemplos de insigne arquitectura que va desde el intrincado barroco hasta el ostentoso *art déco*.

Para una introducción relámpago a las mejores zonas del barrio, el viajero puede consultar el circuito a pie sugerido o ceñirse a las cuatro principales plazas: la plaza de Armas, la Plaza Vieja, la plaza de San Francisco de Asís y la plaza de la Catedral.

La Habana Vieja: plaza de la Catedral y alrededores

Plaza de la Catedral PLAZA

(plano p. 76) La plaza más uniforme de La Habana Vieja es un museo del barroco cubano en la que todos los edificios, incluida la seductora catedral asimétrica de la ciudad, datan de la década de 1700. A pesar de esta homogeneidad, esta es la más nueva de las cuatro plazas, cuyo trazado actual data del s. XVIII.

Palacio de los Marqueses de Aguas Claras EDIFICIO DESTACADO

(plano p. 76; San Ignacio nº 54) Está en el lado oeste de la plaza de la Catedral; se trata de un palacio barroco finalizado en 1760 y ampliamente laureado por la belleza de su sombrío patio andaluz. Actualmente es sede del Restaurante el Patio.

Casa de Lombillo EDIFICIO DESTACADO

(plano p. 76; plaza de la Catedral) Se encuentra justo al lado de la catedral de San Cristóbal de La Habana. Este palacio se construyó en 1741 y antaño funcionaba como oficina de correos (hay un buzón ornamental incrustado en la pared todavía en uso). Desde el 2000 opera como oficina del Historiador de la Ciudad. También al lado se encuentra el igualmente resplandeciente Palacio del Marqués de Arcos, que data de la misma época.

Palacio de los Condes de Casa Bayona EDIFICIO DESTACADO

(plano p. 76; San Ignacio nº 61) El lado sur de la plaza lo ocupa el edificio más antiguo levantado en 1720. Actualmente es el **Museo de**

LA HABANA EN...

Dos días

Se puede explorar La Habana Vieja paseando por las calles entre las cuatro principales plazas coloniales. Hay un gran número de museos: el Museo de la Ciudad (p. 77) es uno de los destacados en el núcleo colonial, mientras que en Centro Habana no hay que perderse el Museo de la Revolución (p. 92) y el Museo Nacional de Bellas Artes (p. 91), con dos sedes. Se puede cubrir mucho terreno en uno de los autobuses turísticos descapotados, aunque, para recorrer el paseo marítimo del Malecón (p. 99) lo mejor es hacerlo a pie. La esencia nocturna de La Habana Vieja se puede absorber en bares de la calle Obispo y de la Plaza Vieja.

Cuatro días

Con dos días más no hay que dejar de visitar el barrio *kitsch* de El Vedado. Algunas paradas esenciales son el Hotel Nacional (p. 93) para tomar un mojito en la terraza y la plaza de la Revolución (p. 98) para echar un vistazo al mural del Che y al memorial a José Martí. También es posible disfrutar de una excelente vida nocturna en clubes de *jazz*, bares y cabaret.

Una semana

Tres días más dan para visitar puntos de interés de la periferia como el Museo Hemingway (p. 144), las históricas fortalezas coloniales del lado este del puerto y el Acuario (p. 133), en Miramar.

Arte Colonial (plano p. 76; sin guía 2 CUC; ⌚9.00-18:30), un pequeño museo que exhibe mobiliario colonial y arte decorativo. Destacan las piezas de porcelana con escenas de la Cuba colonial, una colección de flores ornamentales y muchos decorados de comedores de la época colonial.

Catedral de San Cristóbal de La Habana IGLESIA

(plano p. 76; San Ignacio esq. Empedrado; hasta 12.00) Dominada por dos torres desiguales y con una fachada barroca diseñada por el arquitecto italiano Francesco Borromini, la increíble catedral de La Habana fue descrita por el novelista Alejo Carpentier como "música grabada en piedra". Los jesuitas iniciaron la construcción de la iglesia en 1748 y las obras continuaron a pesar de su expulsión en 1767. Cuando se terminó el edificio en 1787 se creó la diócesis de La Habana y la iglesia pasó a ser una catedral, una de las más antiguas de América. Los restos de Colón fueron enterrados en el lugar entre 1795 y 1898, cuando fueron trasladados a Sevilla. La mejor hora para visitarla es durante la misa de los domingos, a las 10.30.

Centro Wifredo Lam CENTRO CULTURAL

(plano p. 76; San Ignacio esq. Empedrado; entrada 3 CUC; ⌚10.00-17.00 lu-sa) En la esquina de la plaza de la Catedral está este centro cultural, con el Café Amarillo y una sala de exposiciones que lleva el nombre del pintor más famoso de la Isla aunque, generalmente, exhibe obras de pintores más modernos.

Taller Experimental de Gráfica TALLER ARTÍSTICO

(plano p. 76; callejón del Chorro nº 6; gratis; ⌚10.00-16.00 lu-vi) Al final de una pequeña calle sin salida. Este es el taller de arte más vanguardista de La Habana, que también ofrece clases de grabado y la posibilidad de ver cómo trabajan los maestros.

Parque La Maestranza PARQUE

(plano p. 76; av. Carlos Manuel de Céspedes; entrada 1 CUC) Pequeña pero divertida zona de juegos infantiles (para menores de 4 años). Vistas al puerto.

La Habana Vieja: plaza de Armas y alrededores

Plaza de Armas PLAZA

La plaza más antigua de La Habana fue trazada a principios de la década de 1520, poco después de la fundación de la ciudad, y fue originalmente conocida como plaza de la Iglesia, por la iglesia –la Parroquial Mayor– que se erigía en el lugar del actual palacio de los Capitanes Generales. El nombre plaza de Armas no fue adoptado hasta finales del siglo XVI, cuando el gobernador colonial, a la sazón ubicado en el castillo de la Real Fuerza, utilizaba el sitio para llevar a cabo ejercicios militares. La plaza actual, al igual que la mayor parte de los edificios que la rodean, data de finales de la década de 1700.

La plaza es sede de un mercado de libros de segunda mano (cada día excepto domingos), y hay una **estatua de Carlos Manuel de Céspedes** (plano p. 76), el hombre que en 1868 inició el camino hacia la independencia de Cuba. En 1955, la estatua pasó a sustituir a la del impopular rey español Fernando VII.

NOMBRES DE LAS CALLES DE LA HABANA

ANTIGUO NOMBRE	NUEVO NOMBRE
Av. de los Presidentes	Calle G
Av. de Maceo	Malecón
Av. del Puerto	Av. Carlos Manuel de Céspedes
Av. de Rancho Boyeros (Boyeros)	Av. de la Independencia
Belascoaín	Padre Varela
Cárcel	Capdevila
Carlos III (Tercera)	Av. Salvador Allende
Cristina	Av. de México
Egido	Av. de Bélgica
Estrella	Enrique Barnet
Galiano	Av. de Italia
La Rampa	Calle 23
Monserrate	Av. de las Misiones
Monte	Máximo Gómez
Paseo del Prado	Paseo de Martí
Paula	Leonor Pérez
Reina	Av. Simón Bolívar
San José	San Martín
Someruelos	Aponte
Teniente Rey	Brasil
Vives	Av. de España
Zulueta	Agramonte

La Habana Vieja

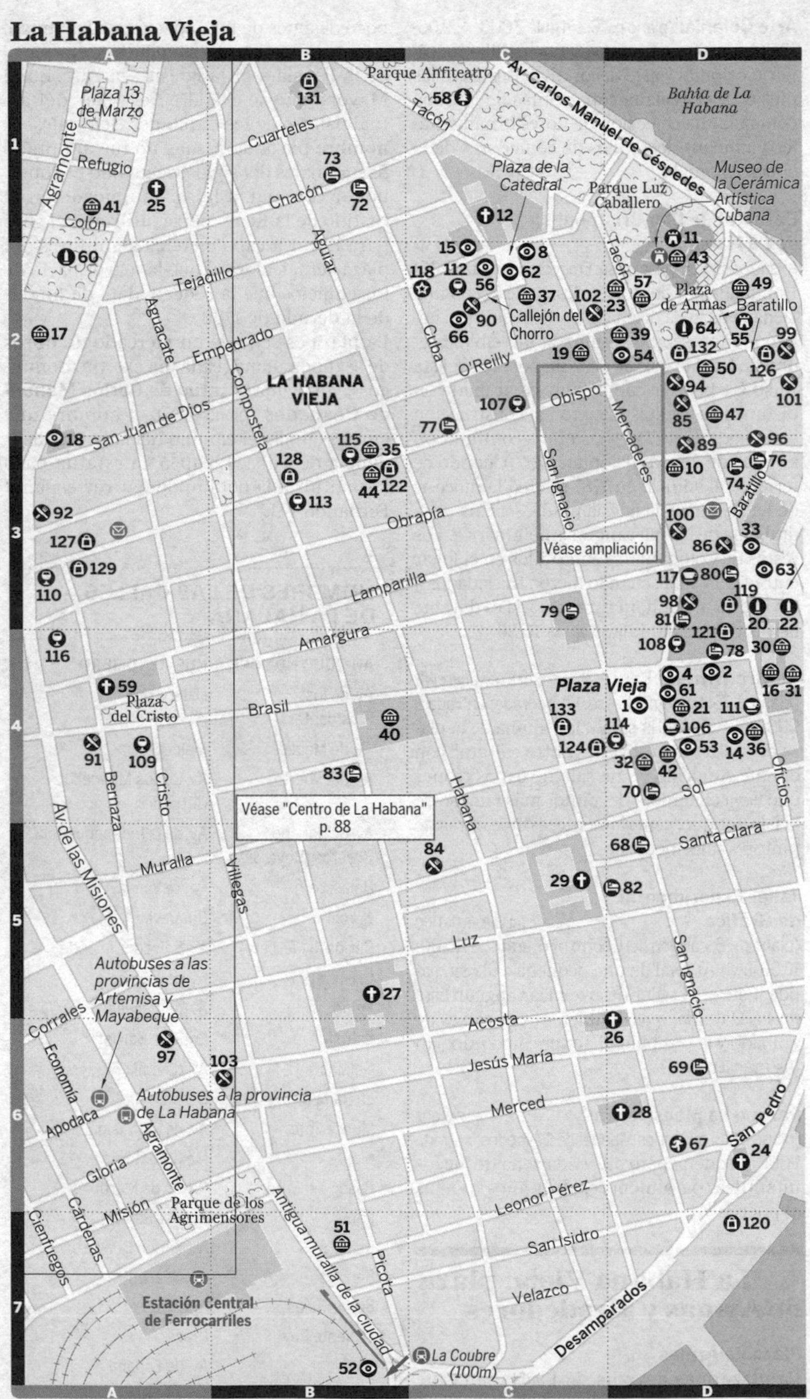

En el lado este de la plaza también destaca el **palacio de los Condes de Santovenia** de finales del s. XVIII (plano p. 76; calle Baratillo nº 9), actualmente el Hotel Santa Isabel, de cinco estrellas y con 27 habitaciones.

Museo el Templete MUSEO
(plano p. 76; plaza de Armas; entrada 2 CUC; 8.30-18.00) La diminuta capilla dórica neoclásica del lado este de la plaza de Armas fue erigida en 1828 en el punto donde se celebró la primera misa en La Habana, debajo de una ceiba en noviembre de 1519. Una ceiba similar ha sustituido a la original. Dentro de la capilla hay tres grandes pinturas del evento, obra del pintor francés Jean Baptiste Vermay (1786-1833).

Museo Nacional de Historia Natural MUSEO
(plano p. 76; Obispo nº 61; entrada 3 CUC; 10.00-17.30 mi-do, 13.30-17.00 ma) Un museo mediocre que da a la plaza de Armas con muestras de la flora y la fauna cubanas.

Museo de la Ciudad MUSEO
(plano p. 76; Tacón nº 1; entrada 3 CUC; 9.30-18.00) Ocupando todo el costado oeste de la plaza de Armas, este museo se ubica en el **palacio de los Capitanes Generales** (plano p. 76), que data de la década de 1770. Construido en el lugar de la iglesia original de La Habana, es un ejemplo de libro de arquitectura barroca cubana procedente de las cercanas canteras de San Lázaro y que, con los años, ha sido utilizado para varios fines. Entre 1791 y 1898 fue la residencia de los capitanes generales españoles. Entre 1899 y 1902, los gobernadores militares de EE UU tuvieron su base en el lugar y, durante las dos primeras décadas del s. XX, pasó a ser brevemente palacio presidencial. Desde 1968, el palacio es la sede del Museo de la Ciudad, uno de los más completos e interesantes de La Habana, alrededor de un espléndido patio central adornado con una estatua de mármol blanco de Cristóbal Colón (1862). Entre los objetos expuestos hay mobiliario de época, uniformes militares, viejos carruajes de caballos del s. XIX y fotografías que recrean episodios de la historia de La Habana, como el hundimiento del buque de guerra estadounidense *Maine* en el puerto en 1898. Lo mejor es zafarse de los avasalladores guardas y pasear al ritmo que se desee.

Palacio del Segundo Cabo EDIFICIO HISTÓRICO
(plano p. 76; O'Reilly nº 4; entrada 1 CUC; Sala Galería Raúl Martínez 9.00-18.00 lu-sa) Apretujado en

La Habana Vieja

Principales puntos de interés

1 Plaza Vieja ... D4

Puntos de interés

2 Acuario ... D4
3 Armería 9 de Abril ... F7
4 Cámara Oscura ... D4
5 Casa de África ... F7
6 Casa de Asia ... F6
7 Casa de la Obra Pía ... F6
8 Casa de Lombillo ... C2
9 Casa de México Benito Juárez ... F6
10 Casa Oswaldo Guayasamín ... D3
11 Castillo de la Real Fuerza ... D1
12 Catedral de San Cristóbal de la Habana ... C1
13 Catedral Ortodoxa Nuestra Señora de Kazán ... E4
14 Centro Cultural Pablo de la Torriente Brau ... D4
15 Centro Wilfredo Lam ... C2
16 Coche Mambí ... D4
17 Colección de Arte Cubano ... A2
18 Edificio Bacardí ... A3
19 Edificio Santo Domingo ... C2
20 El Caballero de París ... D3
21 Fototeca de Cuba ... D4
22 Fuente de los Leones ... D3
23 Gabinete de Arqueología ... D2
24 Iglesia de San Francisco de Paula ... D6
25 Iglesia del Santo Ángel Custodio ... A1
26 Iglesia Parroquial del Espíritu Santo ... D6
27 Iglesia y Convento de Nuestra Señora de Belén ... B5
28 Iglesia y Convento de Nuestra Señora de la Merced ... D6
29 Iglesia y Convento de Santa Clara ... C5
30 Iglesia y Monasterio de San Francisco de Asís ... D4
31 Il Genio di Leonardo da Vinci ... D4
32 La Casona Centro de Arte ... D4
33 Lonja del Comercio ... D3
34 Maqueta de La Habana Vieja ... F6
35 Museo 28 Septiembre de los CDR ... B3
36 Museo Alejandro Humboldt ... D4
37 Museo de Arte Colonial ... C2
38 Museo de Bomberos ... F7
39 Museo de la Ciudad ... D2
40 Museo de la Farmacia Habanera ... B4
41 Museo de la Revolución ... A1
42 Museo de Naipes ... D4
43 Museo de Navegación ... D2
44 Museo de Numismático ... B3
45 Museo de Pintura Mural ... F6
46 Museo de Simón Bolívar ... F7
47 Museo de Transporte Automotor ... D2
48 Museo del Ron ... E4
49 Museo el Templete ... D2
50 Museo Nacional de Historia Natural ... D2
51 Museo-Casa Natal de José Martí ... B7
52 Antigua muralla de la ciudad ... B7
53 Palacio Cueto ... D4
54 Palacio de los Capitanes Generales ... D2
Palacio de los Condes de Casa Bayona ... (véase 37)
55 Palacio de Los Condes de Santovenia ... D2
56 Palacio de los Marqueses de Aguas Claras ... C2
57 Palacio del Segundo Cabo ... D2
58 Parque Maestranza ... C1
59 Parroquial del Santo Cristo del Buen Viaje ... A4
60 Pabellón Granma ... A2
61 Planetario ... D4
62 Plaza de la Catedral ... C2
63 Plaza de San Francisco de Asís ... D3
64 Estatua de Carlos Manuel de Céspedes ... D2
65 Estatua de Simón Bolívar ... F6
66 Taller Experimental de Gráfica ... C2

Actividades, cursos y circuitos

67 Gimnasio de Boxeo Rafael Trejo ... D6
Taller Experimental de Gráfica (véase 66)

Dónde dormir

68 Casa de Pepe y Rafaela ... D5

la esquina noroeste de la plaza, este edificio fue construido en 1772 como cuartel general del vicegobernador español. Tras diversas reencarnaciones como oficina de correos, el palacio del Senado, el Tribunal Supremo, la Academia Nacional de las Artes y las Letras y sede de la Academia de Ciencias de Cuba, actualmente el edificio es una librería bien surtida. Los entusiastas del *pop art* no deben perderse la **Sala Galería Raúl Martínez**. Cuando se redactó esta obra el edificio estaba en reformas.

Gabinete de Arqueología MUSEO
(plano p. 76; Tacón nº 12; 9.00-17.00 ma-sa, 9.00-14.30 do) GRATIS Se puede ver el abanico de influencias en la cultura colonial cubana en los objetos cotidianos excavados en los alrededores. Son de especial interés las cerámicas que muestran el gusto de la aristocracia hispanocubana de los ss. XVII y XVIII por las vajillas, la porcelana china y la cerámica mexicana. Las salas superiores están dedicadas a hallazgos precolombinos más antiguos.

69 Greenhouse D6
70 Hostal Beltrán de la Santa Cruz D4
71 Hostal Conde de Villanueva F7
72 Hostal Palacio O'Farrill B1
73 Hostal Peregrino El Encinar B1
74 Hostal Valencia D3
75 Hotel Ambos Mundos F6
76 Hotel el Comendador D3
77 Hotel Florida C2
78 Hotel Los Frailes D4
79 Hotel Raquel C3
80 Hotel San Felipe y Santiago de Bejúcal D3
Hotel Santa Isabel ..... (véase 55)
81 Mesón de la Flota D3
82 Noemí Moreno D5
83 Pablo Rodríguez B4

Dónde comer

84 Agropecuario Belén C5
85 Al Medina D2
86 Café del Oriente D3
87 Café Lamparilla F7
88 Café Santo Domingo E6
89 Cafetería Torre la Vega D3
90 Doña Eutimia C2
El Mercurio ..... (véase 33)
91 Hanoi A4
92 Harris Brothers A3
93 La Imprenta F7
94 La Mina D2
95 La Torre de Marfil F6
96 Mama Inés D3
97 Mercado Agropecuario Egido A6
98 Mesón de la Flota D3
99 Nao Bar Paladar D2
100 Paladar Los Mercaderes D3
Restaurante el Patio ..... (véase 56)
101 Restaurante el Templete D2
102 Restaurante la Dominica C2
Restaurante la Paella ..... (véase 74)
103 Restaurante Puerto de Sagua B6

Dónde beber y vida nocturna

104 Bar Dos Hermanos E4
105 Café de las Infusiones F6
106 Café el Escorial D4
107 Café París C2
108 Café Taberna D4
109 El Chanchullero A4
110 El Floridita A3
111 El Reloj Cuervo y Sobrinos D4
112 La Bodeguita del Medio C2
113 La Dichosa B3
114 La Factoría Plaza Vieja D4
115 La Lluvia de Oro B3
116 Monserrat Bar A4
117 Museo del Chocolate D3

Ocio

Basílica Menor de San Francisco de Asís ..... (véase 22)
118 Fundación Alejo Carpentier C2

De compras

119 Casa de Carmen Montilla D3
120 Centro Cultural Antiguos Almacenes de Depósito San José D7
121 Estudio Galería los Oficios D4
122 Fayad Jamás B3
123 Fundación Havana Club (tienda) E4
124 Galería fotográfica Estudio Medina C4
125 Habana 1791 ..... F6
Hostal Condes de Villanueva ... (véase 71)
126 La Casa del Café D2
127 Librería la Internacional A3
128 Longina Música B3
129 Moderna Poesía A3
130 Museo del Tabaco F6
131 Palacio de la Artesanía B1
132 Mercado de libros de segunda mano de la plaza de Armas D2
133 Taller de Serigrafía René Portocarrero C4

Castillo de la Real Fuerza FORTALEZA

(plano p. 76) En el costado que da al mar de la plaza de Armas se encuentra una de las fortalezas más antiguas en pie de todas las Américas, construida entre 1558 y 1577 en el lugar de una anterior destruida por corsarios franceses en 1555. La torre oeste está coronada por una copia de una famosa veleta de bronce llamada **La Giraldilla**. La original fue fundida en La Habana en 1632 por Jerónimo Martínez Pinzón, y la creencia popular es que se trata de doña Inés de Bobadilla, esposa del conquistador Hernando de Soto. La original se conserva en el Museo de la Ciudad y la figura también aparece en la etiqueta del ron Havana Club. Imponente e indomable, el castillo está rodeado por un impresionante foso. Actualmente acoge el **Museo de Navegación** (plano p. 76; entrada 3 CUC; ⌚9.00-17.00), inaugurado en el 2008 con interesantes exposiciones sobre la historia de la fortaleza y del casco histórico y sus conexiones con el viejo Imperio español. Repárese en la enorme maqueta a escala del galeón *Santísima Trinidad*.

Museo del Transporte Automotor MUSEO

(plano p. 76; Oficios nº 13; entrada 1,5 CUC; ⌚9.00-17.00 ma-do, 9.00-13.00 do) A pocos se les escapa la ironía de este museo vagamente surrealista atestado de viejos Thunderbird, Pontiac y Ford modelo T, la mayor parte de los cuales parece tener mejor aspecto que los dinosaurios que recorren las calles de fuera.

★ Calle Mercaderes CALLE

Adoquinada y sin coches, la calle Mercaderes ha sido ampliamente restaurada por la Oficina del Historiador de la Ciudad y constituye una réplica casi completa de su espléndida calle original del s. XVIII. Entre museos, tiendas y restaurantes hay verdaderos proyectos sociales, como una casa de maternidad y una cooperativa de costura. La mayor parte de los museos son gratuitos, incluida la **Casa de Asia** (plano p. 76; Mercaderes nº 111; ⌚10.00-18.00 ma-sa, 9.00-13.00 do), con pintura y escultura de China y Japón, la **Armería 9 de Abril** (plano p. 76; Mercaderes nº 157; ⌚10.00-18.00 lu-sa), una vieja armería (actualmente un museo) asaltada por revolucionarios en la citada fecha de 1958 y el **Museo de Bomberos** (plano p. 76; Mercaderes esq. Lamparilla; ⌚10.00-18.00 lu-sa), con equipo antediluviano de extinción dedicado a los 19 bomberos de La Habana que perdieron sus vidas en un fuego ferroviario en 1890.

Bajando Obrapía desde Mercaderes, merece la pena visitar la **Casa de África** (plano p. 76; Obrapía nº 157; gratis; ⌚9.30-17.00 ma-do, 9.30-13.00 do), que alberga objetos relacionados con la santería y el secreto de la hermandad Abakuá recogidos por el etnógrafo Fernando Ortiz.

La esquina de Mercaderes y Obrapía tiene un sabor internacional, con una estatua en bronce del liberador de América Latina **Simón Bolívar** (plano p. 76), y, enfrente, el **Museo de Simón Bolívar** (plano p. 76; Mercaderes nº 160; aceptan donativos; ⌚9.00-17.00 ma-do) dedicado a su vida. La **Casa de México Benito Juárez** (plano p. 76; Obrapía nº 116; entrada 1 CUC; ⌚10.15-17.45 ma-sa, 9.00-13.00 do) expone arte popular mexicano y muchos libros, pero poca cosa sobre el propio Juárez, el primer presidente autóctono de México. Al este está la **Casa Oswaldo Guayasamín** (plano p. 76; Obrapía nº 111; se aceptan donativos; ⌚9.00-14.30 ma-do), actualmente un museo y antaño estudio del gran artista ecuatoriano que pintó a Fidel en numerosas posturas.

Mercaderes también se caracteriza por sus restauradas tiendas, incluida una perfumería y una tienda de especias.

Maqueta de La Habana Vieja MUSEO

(plano p. 76; Mercaderes nº 114; entrada 1,5 CUC; ⌚9.00-18.30) Puede verse un modelo a escala 1:500 de La Habana Vieja rematado con una auténtica banda sonora que pretende replicar un día en la vida de la ciudad. Es increíblemente detallada y ofrece una forma inmejorable de familiarizarse geográficamente con el núcleo histórico de la ciudad.

En el **Cinematógrafo Lumière** (entrada 2 CUC), en el mismo museo, es exhiben películas antiguas para personas mayores y documentales sobre la restauración para los visitantes.

Casa de la Obra Pía EDIFICIO DESTACADO

(plano p. 76; Obrapía nº 158; entrada 1,5 CUC; ⌚9.00-16.30 ma-sa, 9.30-12.30 do) Uno de los grandes puntos de interés, sito en la calle Mercaderes, es esta residencia aristocrática típica de La Habana edificada en 1665 y reconstruida en 1780. Decoración barroca –incluido un intrincado pórtico construido en Cádiz– cubre la fachada exterior. Además de su valor histórico, la casa alberga una **cooperativa de costura y bordado** con un taller y una pequeña tienda que vende ropa y tejidos en la calle Mercaderes.

La Habana Vieja: plaza de San Francisco de Asís y alrededores

Plaza de San Francisco de Asís PLAZA

(plano p. 76) Mirando hacia el puerto de La Habana, esta plaza se desarrolló en s. XVI cuando los galeones españoles atracaban en el muelle en su paso por las Indias hasta España. En la década de 1500 se asentó un mercado, seguido de una iglesia en 1608, aunque cuando los monjes se quejaron del ruido el mercado fue trasladado unas cuantas manzanas al sur, en la Plaza Vieja. La plaza de San Francisco fue objeto de una completa restauración a finales de la década de 1990 y destaca sobre todo por sus adoquines irregulares y la **fuente de los Leones** (plano p. 76), de mármol blanco, esculpida por el escultor italiano Giuseppe Gaginni en 1836. Una estatua más moderna fuera de la famosa iglesia de la plaza representa **El Caballero de París** (plano p. 76), un vagabundo muy conocido que merodeaba por La Habana en la década de 1950 entreteniendo a los viandantes con sus opiniones sobre la vida, la religión, la política y la actualidad.

En el lado este de la plaza se erige la terminal Sierra Maestra que despacha barcos cargados de turistas, mientras que la cercana **lonja del Comercio** (plano p. 76; plaza de San Francisco de Asís), cubierta con una cúpula, es un antiguo mercado erigido en 1909 y restaurado en 1996 para facilitar espacio para oficinas a las compañías extranjeras con asuntos en Cuba.

Iglesia y monasterio de San Francisco de Asís MUSEO
(plano p. 76; Oficios, entre Amargura y Brasil; Museo de Arte Religioso sin/con guía 2/3 CUC; ⌚sala de conciertos desde 17.00 o 18.00, Museo de Arte Religioso 9.00-18.00) Construida en 1739, esta iglesia-convento dejó de tener un papel religioso en la década de 1840. A finales de la década de 1980 se desenterraron criptas y objetos religiosos, muchos de los cuales fueron más tarde incorporados al Museo de Arte Religioso inaugurado en 1994. Desde el 2005, parte del viejo monasterio ha funcionado como teatro infantil para el barrio. Se celebran conciertos de música clásica.

Il Genio di Leonardo da Vinci MUSEO
(plano p. 76; Churruca, entre Oficios y av. del Puerto; entrada 2 CUC; ⌚9.30-16.00 ma-sa) Una nueva exposición permanente en el Salón Blanco del convento de San Francisco de Asís (con acceso independiente por la parte sur de la iglesia detrás del Coche Mambí) que ha construido hábilmente prototipos de muchos de los famosos dibujos de Leonardo –planeadores, cuentakilómetros, bicicletas, paracaídas y tanques–, antecedentes a casi la mitad de los inventos del mundo moderno.

Museo Alejandro Humboldt MUSEO
(plano p. 76; Oficios esq. Muralla; ⌚9.00-17.00 ma-sa) GRATIS Comúnmente denominado el "segundo descubridor" de Cuba, el enorme legado cubano del científico alemán Alejandro de Humboldt pasa bastante desapercibido para los extranjeros. Este pequeño museo exhibe una trayectoria histórica de su recopilación de datos científicos y botánicos por toda la isla a principios de la década de 1800. Cerca está el **Coche Mambí** (plano p. 76; gratis; ⌚9.00-14.00 ma-sa), un vagón de tren construido en EE UU en 1900 y trasladado a Cuba en 1912.

Museo del Ron MUSEO
(plano p. 76; San Pedro nº 262; entrada guía incl. 7 CUC; ⌚9.00-17. 30 lu-ju, 9.00-16.30 vi-do) No hay que ser un bebedor de añejo reserva para disfrutar del Museo del Ron en la Fundación Havana Club. El museo, con su circuito guiado, expone el complejo proceso de fabricación del ron con máquinas antiguas. El precio incluye una prudente degustación. Cuenta con un bar y una tienda, pero los entendidos se dan cita en el bar Dos Hermanos, justo al lado. El museo está enfrente del puerto de La Habana.

Acuario ACUARIO
(plano p. 76; Brasil nº 9, entre Mercaderes y Oficios; entrada 1,5 CUC; ⌚9.30-17.00 lu-sa, 9.30-13.00 do) Pequeño acuario de peces de agua dulce de interés para los niños.

La Habana Vieja: Plaza Vieja y alrededores

★ Plaza Vieja PLAZA
(plano p. 76) Diseñada en 1559, la Plaza Vieja es la plaza arquitectónicamente más ecléctica de La Habana y en ella el barroco cubano convive con el *art nouveau* de inspiración gaudiniana. Originalmente llamada Plaza Nueva, inicialmente se usaba para ejercicios militares y luego funcionó como mercado al aire libre. Durante el régimen de Batista se construyó un feo aparcamiento subterráneo que fue demolido en 1996 para dejar paso a un enorme proyecto de renovación. Salpicada de bares, restaurantes y cafés, hoy en día la Plaza Vieja cuenta con su propia microcervecería, la escuela de primaria Ángela Landa y una hermosa fuente y, al oeste, algunos de los vitrales más bonitos de La Habana.

Cámara Oscura LUGAR DESTACADO
(plano p. 76; Plaza Vieja; entrada 2 CUC; ⌚9.00-17.00 ma-sa, 9.00-13.00 do) En la esquina noroeste de la Plaza Vieja se encuentra este ingenioso dispositivo óptico con vistas reales de 360° de la ciudad en lo alto de una torre de 35 m.

Fototeca de Cuba GALERÍA
(plano p. 76; Mercaderes nº 307; ⌚10.00-17.00 ma-vi, 9.00-12.00 sa) GRATIS Un archivo fotográfico de La Habana Vieja que data de principios del s. xx empezado por el que fuera Historiador de la Ciudad, Emilio Roig de Leuchsenring en 1937. Se calcula que dentro hay cerca de cartorce mil fotografías que han desempeñado un papel decisivo brindando las pistas gráficas para la actual restauración.

Museo de Naipes MUSEO
(plano p. 76; Muralla nº 101; ⌚9.00-18.00 ma-do) GRATIS Es el edificio más antiguo de la Plaza Vieja. Posee una colección de 2000 piezas que incluye estrellas del *rock*, bebidas con ron y cartas redondas.

ROMPECABEZAS HISTÓRICO

En el campo de la preservación arquitectónica, nunca tanta gente ha conseguido tanto con tan pocos recursos.

La prensa internacional hace mucho eco del excelente estado de la educación y la sanidad cubanas, pero muy poco de la notable labor realizada por preservar el legado histórico del país, muy valioso y en serio peligro, sobre todo en La Habana Vieja.

La reconstrucción de la parte vieja de La Habana tras décadas de abandono, trabajo en marcha desde finales de los años setenta, ha sido un proceso milagroso teniendo en cuenta las vicisitudes económicas. El genio que está destrás de este proyecto es Eusebio Leal Spengler, reconocido historiador de La Habana quien, impasible ante los apretados presupuestos del Período Especial cubano, estableció Habaguanex en 1994, una compañía que gana dinero gracias al turismo y lo reinvierte en preservación histórica y regeneración urbana por toda la ciudad. El proceso ha obtenido numerosos beneficios desde su comienzo. Salvaguardando el legado histórico de La Habana, Leal y sus compañeros han atraído a más turistas consiguiendo mayor beneficio para Habaguanex y así reinvertirlo en más trabajos de restauración y muy necesitados proyectos sociales.

Evitando la tentación de convertir la parte vieja de la ciudad en un parque temático histórico, Leal ha previsto reconstruir el rompecabezas urbano como un auténtico centro para vivir que ofrece beneficios tangibles a los 700 000 habitantes del barrio. Como resultado, escuelas, comités vecinales, hogares para la tercera edad y centros para niños con discapacidades pasan desapercibidos junto a los edificios coloniales de fachadas de cara lavada. Esta yuxtaposición de lo vecinal y lo turístico es encomiable y única. El viajero puede tomarse un mojito en la fantástica Plaza Vieja compartiendo el espacio con los niños de la escuela de primaria Ángela Landa que linda con la plaza y paseándose por el convento de Belén del s. XVII se codeará con los mayores de La Habana en una casa de convalecencia. Cada vez que el viajero gaste su dinero en un hotel, museo o restaurante de Habaguanex estará contribuyendo no solo a la continua restauración del barrio sino a numerosos proyectos sociales que benefician directamente a la población autóctona.

Actualmente, Habaguanex divide su beneficio anual del turismo (que se supone es superior a 160 millones de US$) entre restauración (45%) y proyectos sociales en la ciudad (55%), de los que hay más de 400. La empresa es conocida por su meticulosa atención al detalle utilizando libros antiguos, dibujos, libros de historia y fotografías –si están disponibles– archivados en la fototeca del museo de la Plaza Vieja en sus proyectos de restauración. Hasta ahora, a un cuarto de La Habana Vieja se le ha devuelto el esplendor de su era colonial con numerosos puntos de interés turístico, incluidos veinte hoteles gestionados por Habaguanex, cuatro fuertes clásicos y más de treinta museos.

La Casona Centro de Arte GALERÍA

(plano p. 76; Muralla nº 107; ⌚10.00-17.00 lu-vi, 10.00-14.00 sa) GRATIS En uno de los edificios más sorprendentes de la Plaza Vieja (adviértanse los robustos matices coloniales), esta galería-tienda cuenta con fabulosas exposiciones obra de prometedores artistas cubanos.

Palacio Cueto EDIFICIO RELEVANTE

(plano p. 76; Muralla esq. Mercaderes) Rozando la esquina sureste de la Plaza Vieja se encuentra este singular edificio gaudiniano, el ejemplo más acabado de *art nouveau* de La Habana. Antaño su ornamentada fachada albergaba un almacén y una fábrica de sombreros, antes de que fuese alquilada por José Cueto en la década de 1920 como el Hotel Palacio Viena. Habaguanex, el brazo comercial de la Oficina del Historiador de la Ciudad, está restaurando el edificio, construido en 1906 y que ha permanecido vacío y sin usar desde comienzos de la década de 1990.

Planetario PLANETARIO

(plano p. 76; Mercaderes; entrada 10 CUC; ⌚9.30-17.00 mi-sa, 9.30-12.30 do) Construido con la ayuda de inversores japoneses e inaugurado en diciembre del 2009, el planetario de La Habana solo puede visitarse en un circuito guiado reservado con antelación. Se ofrecen circuitos de miércoles a domingo que se pueden reservar los lunes y martes; los domingos hay dos, el resto de días, cuatro.

Las exposiciones incluyen una reproducción a escala del sistema solar dentro de una esfera gigante, una simulación del *big bang* y un teatro que permite ver más de seis mil estrellas.

Centro Cultural Pablo de la Torriente Brau CENTRO CULTURAL
(plano p. 76; www.centropablo.cult.cu; Muralla nº 63; ⏲9.00-17.30 ma-sa) GRATIS Escondido detrás de la Plaza Vieja, se trata de una institución cultural de referencia formada bajo los auspicios de la Unión de Escritores y Artistas de Cuba (Uneac) en 1996. Acoge exposiciones, lecturas de poesía y música acústica en directo. El Salón de Arte Digital es famoso por su arte digital de vanguardia.

La Habana Vieja: calle Obispo y alrededores

Calle Obispo CALLE
Esta calle estrecha y peatonal es la principal arteria de intersección de La Habana Vieja; está llena de galerías de arte, tiendas, bares musicales y gente. Edificios de cuatro y cinco plantas bloquean gran parte de la luz solar, y las riadas de personas parecen moverse al son de la omnipresente música en directo.

Museo de Numismático MUSEO
(plano p. 76; Obispo, entre Aguiar y Habana; entrada 1,5 CUC; ⏲9.00-17.00 ma-sa, 9.30-12.45 do) Agrupa varias colecciones de medallas, monedas y billetes de todo el mundo, incluidas 1000 monedas de oro principalmente norteamericanas (1869-1928) y una completa cronología de billetes cubanos desde el s. XIX hasta la actualidad.

Museo 28 Septiembre de los CDR MUSEO
(plano p. 76; Obispo, entre Aguiar y Habana; entrada 2 CUC; ⏲9.00-17.30) Venerable edificio en Obispo que dedica dos plantas a un prolijo análisis más bien subjetivo de los Comités de Defensa de la Revolución (CDR). ¿Admirables programas de vigilancia de barrio o agencias de espionaje populares? El viajero decide después de ojear la propaganda.

Museo de Pintura Mural MUSEO
(plano p. 76; Obispo, entre Mercaderes y Oficios; ⏲10.00-18.00) GRATIS Sencillo museo que muestra frescos originales bellamente restaurados en la Casa del Mayorazgo de Recio, ampliamente considerada la casa más antigua de La Habana.

Edificio Santo Domingo MUSEO
(plano p. 76; Mercaderes, entre Obispo y O'Reilly) GRATIS En Obispo, se encuentra el lugar de la primera universidad de La Habana, que se mantuvo en este lugar entre 1728 y 1902. Originariamente parte de un convento, el bloque de oficinas moderno fue construido por Habaguanex en el 2006 sobre el esqueleto de un edificio más feo de la década de 1950, cuyo tejado había sido utilizado como lugar de aterrizaje de helicópteros. El edificio ha sido ingeniosamente reacondicionado con el campanario original del convento y la puerta barroca, ofreciendo una interesante yuxtaposición entre lo viejo y lo nuevo.

Muchas de las facultades de arte de la universidad se han vuelto a trasladar a este lugar y un pequeño museo-galería de arte muestra un modelo a escala del convento original y de varios objetos que fueron rescatados de él.

Plaza del Cristo y alrededores PLAZA
La quinta (y más ignorada) plaza de La Habana Vieja se encuentra en el extremo occidental del barrio, algo alejada del núcleo histórico, y todavía aguarda la transformación del Historiador de la Ciudad. Vale la pena visitar la **iglesia parroquial del Santo Cristo del Buen Viaje** (plano p. 76), de 1732, aunque en este sitio ha habido una ermita franciscana desde 1640. Solo parcialmente renovada, destaca por sus intrincados vitrales tintados y por su techo pintado con colores brillantes. La plaza del Cristo también tiene una escuela primaria (de ahí el ruido) y un retal de la vida diaria en Cuba sin turistas.

Museo de la Farmacia Habanera MUSEO
(plano p. 76; Brasil esq. Compostela; ⏲9.00-17.00) GRATIS Unas manzanas al este de la plaza del Cristo, este museo-tienda fundado en 1886 por el catalán José Sarrá todavía funciona como farmacia. La pequeña zona de museo muestra una elegante maqueta de una vieja farmacia con interesantes explicaciones históricas.

La Habana Vieja: sur de La Habana Vieja

Iglesia y convento de Santa Clara CONVENTO
(plano p. 76; Cuba nº 610; entrada 2 CUC; ⏲9.00-16.00 lu-vi) Al sur de la Plaza Vieja está el convento más grande y antiguo de La Habana, construido entre 1638 y 1643, aunque en 1920 dejó de servir para fines religiosos. Durante

un tiempo albergó el Ministerio de Obras Públicas y, hoy en día, parte del equipo de restauración de La Habana Vieja tiene su base en el lugar. Estaba en renovación mientras se escribía esta guía.

Iglesia y convento de Nuestra Señora de Belén CONVENTO
(plano p. 76; Compostela, entre Luz y Acosta; ⌚9.00-17.00 lu-vi) Este enorme edificio se finalizó en 1718 y funcionó primero como casa de convalecencia y más tarde como convento jesuita. Fue abandonado en 1925 cayendo en desuso acelerado en 1991 por un incendio.

A finales de la década de 1990 el Historiador de la Ciudad detuvo el declive empleando dinero del turismo para convertir este espléndido edificio en un centro social para familias, jóvenes, discapacitados físicos y psíquicos y ancianos (hay 18 pisos permanentes para personas mayores).

Iglesia y convento de Nuestra Señora de la Merced IGLESIA
(plano p. 76; Cuba nº 806; ⌚8.00-12.00 y 15.00-17.30) Construida en 1755, esta iglesia cercada fue reconstruida en el s. XIX. Hermosos altares dorados, bóvedas pintadas con frescos y varias pinturas viejas crean un entorno sagrado (al lado hay un silencioso claustro). A dos manzanas está la más bien olvidada **iglesia parroquial del Espíritu Santo** (plano p. 76; Acosta 161; ⌚8.00-12.00 y 15.00-18.00), la más antigua en pie de La Habana, construida en 1640 y reconstruida en 1674.

Iglesia de San Francisco de Paula IGLESIA
(plano p. 76; Leonor Pérez esq. Desamparados) Es una de las iglesias más atractivas de La Habana, restaurada en el 2000. Es todo lo que queda del hospital de mujeres de San Francisco de Paula de mediados de la década de 1700. Iluminado por la noche para celebrar conciertos, los vitrales tintados, la pesada cúpula y la fachada barroca son románticos y atractivos.

Catedral Ortodoxa Nuestra Señora de Kazán IGLESIA
(plano p. 76; av. Carlos Manuel de Céspedes, entre Sol y Santa Clara) Esta hermosa iglesia ortodoxa rusa de cúpula dorada, uno de los edificios más nuevos de La Habana, fue construida a principios del 2000 y consagrada en una ceremonia presenciada por Raúl Castro en octubre del 2008. La iglesia formaba parte de un intento por relanzar las relaciones entre Rusia y Cuba, deterioradas desde 1991.

Museo-Casa Natal de José Martí MUSEO
(plano p. 76; Leonor Pérez nº 314; entrada 1,5 CUC, cámara 2 CUC; ⌚9.00-17.00 ma-sa) Abierto en 1925, este pequeño museo asentado en la casa donde nació el apóstol de la independencia cubana el 28 de enero de 1853 está considerado el más antiguo de La Habana. La Oficina del Historiador de la Ciudad se hizo con la casa en 1994, y su pequeña colección de muestras dedicadas al héroe nacional de Cuba continúa causando impresión.

Muralla de la ciudad vieja LUGAR HISTÓRICO
(plano p. 76) En el s. XVII, ansiosas por defender la ciudad frente a los ataques de los piratas y los ejércitos extranjeros, las paranoicas autoridades coloniales cubanas trazaron planes para la realización de un muro de 5 km de largo. Construido entre 1674 y 1740, al terminarse tenía 1,5 m de espesor y 10 m de altura y discurría por una línea ahora ocupada por las avenidas de las Misiones y de Bélgica. Entre la multitud de defensas había nueve bastiones y 180 cañones grandes apuntando al mar. La única forma de entrar y salir de la ciudad era a través de una de las 11 puertas, fuertemente vigiladas, que se cerraban cada noche y se abrían cada mañana con el sonido de un solo cañonazo. Las paredes fueron demolidas en 1863 aunque quedan algunos tramos. El más largo está en la avenida de Bélgica, cerca de la estación de trenes.

La Habana Vieja: avenida de las Misiones

Edificio Bacardí LUGAR DESTACADO
(plano p. 76; av. de las Misiones, entre Empedrado y San Juan de Dios; ⌚ variable) Terminado en 1929, supone un triunfo de la arquitectura *art déco* con una amplísima variedad de espléndidos acabados. Encerrado por otros edificios, es difícil tener una vista general de la estructura a nivel de calle, aunque la opulenta torre puede verse desde toda La Habana. Hay un bar en el vestíbulo y, por 1 CUC, se puede subir a la torre para obtener una vista de pájaro.

Iglesia del Santo Ángel Custodio IGLESIA
(plano p. 76; Compostela nº 2; ⌚durante la misa 7.15 ma, mi y vi, 18.00 ju, sa y do) Originariamente construida en 1695, esta iglesia fue golpeada por un feroz huracán en 1846, tras lo cual fue totalmente reconstruida en estilo neogótico. Entre los personajes históricos y literarios que pasaron por el lugar figuran el novelista cubano del s. XIX Cirilo Villa-

verde, que ubicó allí el escenario principal de su novela *Cecilia Valdés*; Félix Varela y José Martí fueron bautizados en ella en 1788 y 1853 respectivamente.

La iglesia ha sido restaurada recientemente al igual que las bonitas casas coloniales frente a la plazuela de Santo Ángel en la parte de atrás.

Parque Histórico Militar Morro-Cabaña

Las vistas panorámicas de La Habana desde el otro lado de la bahía son espectaculares, y una excursión a las dos viejas fortalezas del Parque Histórico Militar Morro-Cabaña es obligada. A pesar de su emplazamiento al otro lado del puerto, ambas figuran en el lugar de La Habana Vieja declarado Patrimonio Mundial de la Unesco. El atardecer es un buen momento para visitarlas, ya que puede asistirse a la emblemática ceremonia del cañonazo.

Para llegar a las fortificaciones se pueden tomar los metrobuses P-15, P-8 o P-11 (hay que bajar en la primera parada después del túnel). Conviene estar cerca de la puerta de salida pues se apea muy poca gente. Un taxi con taxímetro desde La Habana Vieja cuesta unos 4 CUC. Otra alternativa es el *ferry* Casablanca, que zarpa de la avenida Carlos Manuel de Céspedes en La Habana Vieja. Desde la llegada del Casablanca hay que tomar la calle hacia arriba hasta la enorme estatua de Cristo, donde hay que torcer a la izquierda y atravesar otra calle después del Área Expositiva Crisis de Octubre. La entrada a La Cabaña está a la izquierda.

Área Expositiva Crisis de Octubre MONUMENTO

(plano p. 86; entrada 1 CUC) De aspecto sorprendentemente inocuo, los misiles que casi causaron la III Guerra Mundial están expuestos en una verde colina detrás de la fortaleza de La Cabaña desde el 50 aniversario de la Crisis de los misiles de Cuba en el 2012. Aquí se puede contemplar el cohete nuclear soviético R-12 con un alcance de 2100 km que estuvo estacionado en Pinar del Río en 1962 y que quitó el sueño durante muchas noches a la administración Kennedy y al resto del mundo.

EL INTERLUDIO BRITÁNICO

En 1762, España, arriesgándolo todo en uno de los conflictos coloniales más grandes de Europa, se unió a Francia contra los británicos en la que se conocería como Guerra de los Siete Años. Para su importante colonia de Cuba supuso un fatal presagio. La impresionante marina británica, presintiendo la oportunidad para interrumpir el comercio en el lucrativo imperio caribeño de España, se presentó sin avisar en la costa de La Habana el 6 de junio de 1762 con más de 50 barcos y 20 000 hombres (la flota transatlántica más grande jamás reunida), con la intención de romper el supuestamente impenetrable castillo de El Morro y convertir así a la ciudad y a Cuba en una colonia británica.

Bajo el mando del tercer conde de Albermarle, los británicos sorprendieron a los españoles fuera de juego, desembarcando a 12 000 hombres cerca del pueblo de Cojímar sin ninguna baja y marchando sobre la cercana Guanabacoa donde establecieron un importante campo base y avituallamiento. Tras un ataque marítimo fallido a El Morro (el castillo era muy alto para los cañones británicos), Albemarle decidió atacar el castillo desde atrás y su armada construyó bastiones en la desprotegida colina de La Cabaña en el costado este del puerto. Desde allí, los británicos bombardearon sin parar los muros del castillo, hasta que tras 44 días de asedio, los valientes pero desmoralizados españoles izaron la bandera blanca. Con El Morro perdido solo era cuestión de tiempo que la amurallada ciudad de La Habana cayera. Desde el castillo conquistado, los británicos lanzaron cañonazos por el puerto hasta la fortaleza de La Punta hasta que la ciudad dio señales de rendición el 13 de agosto de 1762. La victoria no podía haber llegado antes. Aunque las bajas militares británicas fueron pocas, habían perdido más de 4000 hombres por enfermedades tropicales, principalmente la fiebre amarilla.

La ocupación británica resultó breve pero incisiva. En 11 meses, concluida la Guerra de los Siete Años con el Tratado de París, los británicos eligieron cambiar Cuba por la colonia española de Florida, que haría de colchón para sus colonias americanas hacia el norte.

Parque Histórico Militar Morro-Cabaña

Parque Histórico Militar Morro-Cabaña

Principales puntos de interés

1 Fortaleza de San Carlos de la Cabaña ... C2

Puntos de interés

2 Área Expositiva Crisis de Octubre ... C2
3 Ceremonia del cañonazo ... C3
4 Castillo de los Tres Santos Reyes Magnos del Morro ... A1
5 Museo Marítimo ... A1
6 Museo de Comandancia del Che ... C3
7 Museo de Fortificaciones y Armas ... C2

Dónde comer

8 Paladar Doña Carmela ... C1
9 Restaurante la Divina Pastora ... B2
10 Restaurante los Doce Apóstoles ... A2

Dónde beber y vida nocturna

11 Bar el Polvorín ... A1

También está expuesta el ala de un avión de espionaje americano U2 derribado en la provincia de Holguín el 27 de octubre de 1962.

Castillo de los Tres Magos Reyes del Morro FORTALEZA

(plano p. 86; El Morro; entrada 6 CUC) Esta imponente fortaleza fue erigida entre 1589 y 1630 para proteger la entrada al puerto de La Habana de piratas e invasores extranjeros (el corsario francés Jacques de Sores había saqueado la ciudad en 1555). Encaramada en lo alto de un saliente rocoso sobre el Atlántico, su forma irregular poligonal, sus muros de 3 m de grosor y sus profundos fosos representan un ejemplo de arquitectura militar renacentista. Durante más de un siglo la fortaleza resistió numerosos envites de los corsarios franceses, holandeses e ingleses pero, en 1762, después de un sitio de 44 días, una fuerza británica capturó El Morro atacando desde el lado de tierra. El famoso faro del castillo fue añadido en 1844.

Además de fantásticas vistas al mar y la ciudad, El Morro también alberga un **museo marítimo** (plano p. 86) que cuenta de forma fascinante el asedio al fuerte y la rendición a los británicos en 1762 con textos (en inglés y castellano) y pinturas. Para subir al **faro** (entrada 2 CUC; ⏲8.00-20.00) se pagan 2 CUC adicionales.

★ Fortaleza de San Carlos de La Cabaña FORTALEZA

(plano p. 86; entrada día/noche 6/8 CUC; ⏲8.00-23.00) Este coloso del s. XVIII fue construido entre 1763 y 1774 en una colina en el lado este del puerto de La Habana para cubrir un punto débil en las defensas de la ciudad. En

1762 los británicos habían tomado La Habana haciéndose con el control de esta colina de importancia estratégica y habían bombardeado la ciudad desde el lugar hasta su sumisión. Para evitar que la historia se repitiese, el rey Carlos III de España ordenó la construcción de una formidable fortaleza que repeliese a futuros invasores. Con 700 m de extremo a extremo y con una increíble superficie de 10 Ha, es el fuerte colonial más grande de las Américas.

La impenetrabilidad de la fortaleza mantuvo a raya a los invasores, aunque, durante el s. XIX, patriotas cubanos murieron a manos de pelotones de fusilamiento. Los dictadores Machado y Batista utilizaron la fortaleza como prisión militar e inmediatamente después de la Revolución, Che Guevara montó su cuartel general dentro de las murallas para presidir otra retahíla de truculentas ejecuciones (esta vez de oficiales de Batista).

Actualmente, la fortaleza se ha restaurado para el turismo y se puede pasar al menos un día visitándola. Hay también bares, restaurantes, puestos de recuerdos y una tienda de cigarros (donde está el cigarro más grande del mundo). La Cabaña alberga el **Museo de Fortificaciones y Armas** (plano p. 86) y el apasionante **Museo de la Comandancia del Che** (plano p. 86). En la **ceremonia del cañonazo** (plano p. 86), cada día a las 21.00, actores ataviados con uniformes militares del s. XVIII recrean el disparo de un cañón sobre el puerto. El viajero puede asistir a la ceremonia por sí solo o durante una excursión organizada.

Centro Habana

Capitolio Nacional — LUGAR DESTACADO

(plano p. 88; sin/con guía 3/4 CUC; 9.00-20.00) Este es el edificio más ambicioso y majestuoso de toda La Habana, construido después de que la "Danza de los Millones" donase al Gobierno cubano un cofre aparentemente sin fondo de dinero procedente del azúcar. Similar al edificio del Capitolio de Washington, D. C. pero algo más alto y mucho más rico en detalle, las obras fueron iniciadas por el dictador cubano Gerardo Machado en 1926, con el respaldo de EE UU. Para terminarlo fueron necesarios 5000 obreros, tres años, dos meses y veinte días y 17 millones de US$. Antiguamente era la sede del Congreso cubano pero, desde 1959, ha albergado la Academia de Ciencias y la Biblioteca Nacional de Ciencia y Tecnología.

Construido con piedra caliza blanca de Capellanía y granito, la entrada está guardada por seis columnas dóricas en lo alto de una escalinata que sube desde el Prado. Una cúpula de piedra de 62 m rematada con una réplica de la estatua de bronce del escultor florentino del s. XVI Giambologna, *Mercurio* en el Palazzo de Bargello, despunta en el horizonte de La Habana. En la planta inmediatamente inferior a la cúpula hay una copia de un diamante de 24 quilates. Las distancias por carretera entre La Habana y cualquier lugar del país se calculan desde este punto.

La entrada da al **Salón de los Pasos Perdidos** (llamado así por su inusual acústica), en cuyo centro está la estatua de la República, una enorme mujer de bronce de 11 m de altura que simboliza la mítica Virtud Tutelar del Pueblo y el Trabajo.

El Capitolio ha estado sometido a largas obras de restauración y su reapertura estaba prevista para finales del 2013. El precio de la entrada podría variar.

Real Fábrica de Tabacos Partagás — EDIFICIO HISTÓRICO

(plano p. 88; Industria nº 520, entre Barcelona y Dragones; circuitos 10 CUC; cada 15 min 9-10.15 y 12.00-13.30) Es una de las fábricas de cigarros más antiguas y famosas de La Habana, fundada en 1845 por el español Jaime Partagás. Actualmente, unos 400 empleados trabajan hasta 12 h al día torciendo puros famosos como Montecristo y Cohiba. En cuanto a circuitos, Partagás es la fábrica más visitada. Los circuitos en grupo visitan la planta baja primero, donde se separan y clasifican las hojas antes de seguir hacia las plantas superiores para ver cómo se tuerce, se prensa, se adorna con una anilla y se empaqueta el tabaco. Aunque interesantes, los circuitos suelen ser apresurados y algo robóticos. Aun así, merece la pena visitarla si el viajero tiene un cierto interés en el tabaco y/o en los ambientes laborales cubanos.

La fábrica estaba cerrada por obras cuando se editó esta guía. Se puede visitar su sede temporal en la esquina de las calles San Carlos y Peñalver, en Centro Habana.

Parque de la Fraternidad — PARQUE

(plano p. 88) Este parque se fundó en 1892 para conmemorar el cuarto centenario del desembarco de los españoles en las Américas. Unas décadas más tarde fue remodelado y rebautizado para celebrar la Conferencia Panamericana de 1927 (de ahí los muchos bustos de líderes latinoamericanos y norteamericanos que adornan las zonas verdes). Actualmente, el parque es la terminal de numerosas rutas

Centro Habana

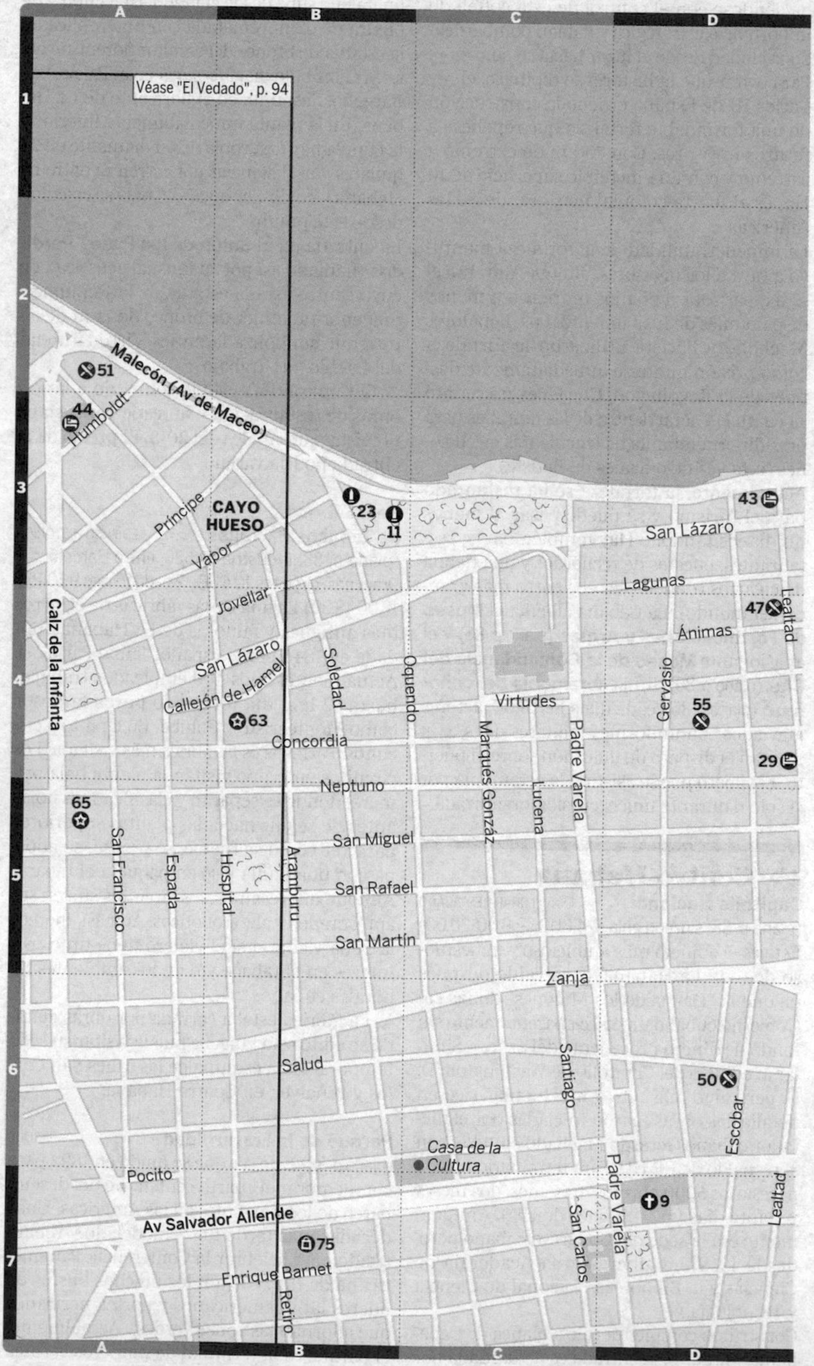

Véase "El Vedado", p. 94

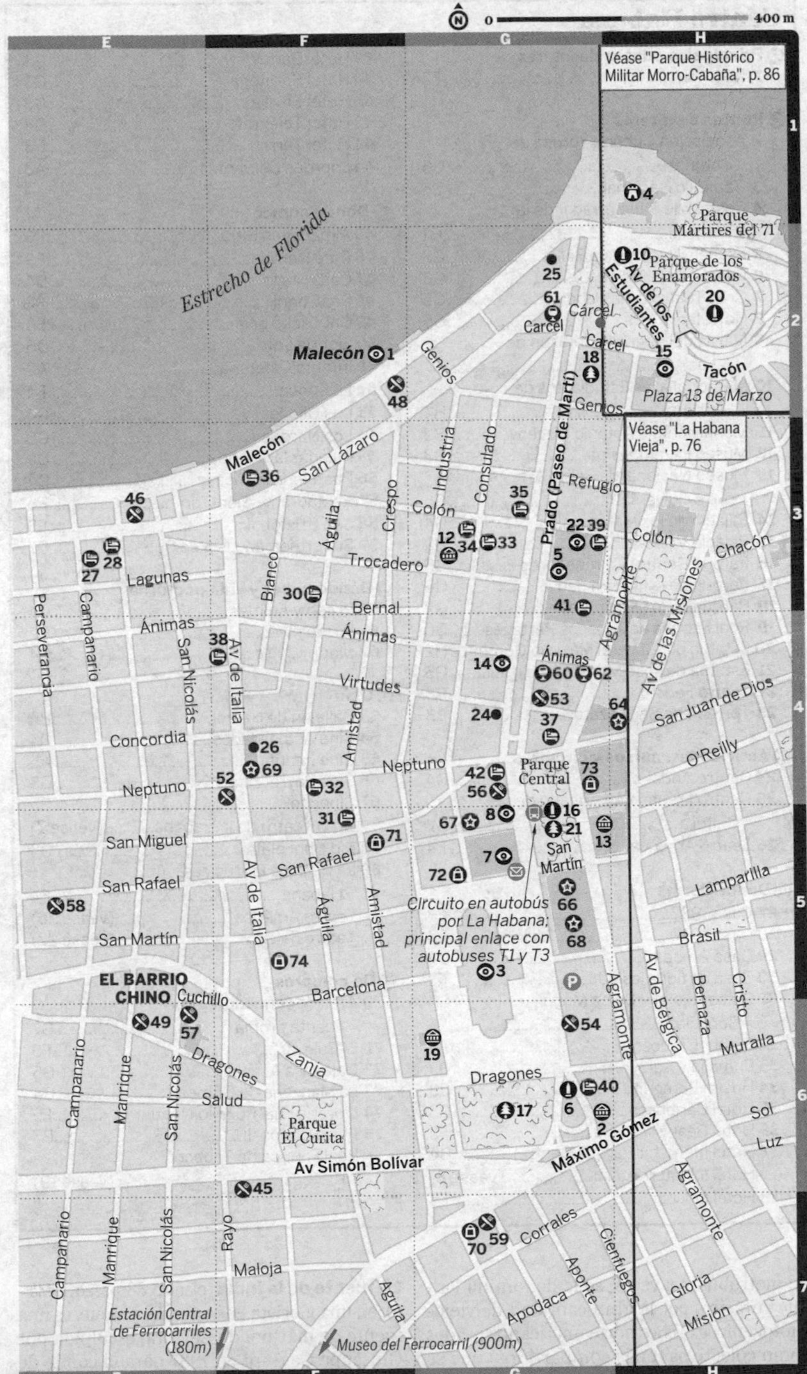

0 400 m
Véase "Parque Histórico Militar Morro-Cabaña", p. 86
Véase "La Habana Vieja", p. 76
Estrecho de Florida
Malecón 1
Parque Mártires del 71
Parque de los Enamorados
Av de los Estudiantes
Plaza 13 de Marzo
Tacón
Cárcel
Genios
San Lázaro
Prado (Paseo de Martí)
Refugio
Industria
Consulado
Crespo
Águila
Blanco
Colón
Trocadero
Chacón
Lagunas
Bernal
Ánimas
Virtudes
Perseverancia
Campanario
San Nicolás
Av de Italia
Amistad
Agramonte
Av de las Misiones
San Juan de Dios
O'Reilly
Concordia
Neptuno
Parque Central
San Miguel
San Rafael
San Martín
Lamparilla
Brasil
Circuito en autobús por La Habana; principal enlace con autobuses T1 y T3
EL BARRIO CHINO
Cuchillo
Barcelona
Zanja
Dragones
Salud
Manrique
Parque El Curita
Av de Bélgica
Bernaza
Cristo
Muralla
Sol
Luz
Máximo Gómez
Av Simón Bolívar
Rayo
Maloja
Corrales
Cienfuegos
Aponte
Apodaca
Gloria
Misión
Estación Central de Ferrocarriles (180m)
Museo del Ferrocarril (900m)

Centro Habana

Principales puntos de interés

1 Malecón ... F2

Puntos de interés

2 Asociación Cultural Yoruba de Cuba ... G6
3 Capitolio Nacional ... G5
4 Castillo de San Salvador de la Punta ... H1
5 Escuela Nacional de Ballet ... G3
6 Fuente de la India ... G6
7 Gran Teatro de la Habana ... G5
8 Hotel Inglaterra ... G5
9 Iglesia del Sagrado Corazón de Jesús ... D7
10 Memorial a los Estudiantes de Medicina ... H2
11 Monumento a Antonio Maceo ... B3
12 Museo Lezama Lima ... G3
13 Museo Nacional de Bellas Artes (Arte Universal) ... G5
14 Palacio de los Matrimonios ... G4
15 Palacio Velasco ... H2
16 Parque Central y alrededores ... G5
17 Parque de la Fraternidad ... G6
18 Parque de los Enamorados ... G2
19 Real Fábrica de Tabacos Partagás ... G6
20 Estatua del General Máximo Gómez ... H2
21 Estatua de José Martí ... G5
22 Teatro Fausto ... G3
23 Torreón de San Lázaro ... B3

Actividades, cursos y circuitos

24 Centro Andaluz ... G4
25 Centro Hispano Americano de Cultura ... G2
26 Teatro América ... F4

Dónde dormir

27 Casa 1932 ... E3
28 Casa 1940 ... E3
29 Casa Amada ... D4
30 Casa de Lourdes y José ... F3
31 Dulce Hostal – Dulce María González ... F5
32 Esther Cardoso ... F4
33 Eumelia y Aurelio ... G3
34 Hostal Peregrino ... G3
35 Hotel Caribbean ... G3
36 Hotel Deauville ... F3
37 Hotel Iberostar Parque Central ... G4
Hotel Inglaterra ... (véase 8)
38 Hotel Lincoln ... F4
39 Hotel Park View ... G3
40 Hotel Saratoga ... G6
41 Hotel Sevilla ... G3
42 Hotel Telégrafo ... G4
43 Hotel Terral ... D3
44 Lourdes Cervantes ... A3

Dónde comer

45 Almacenes Ultra ... F6
46 Café Neruda ... E3
47 Casa Miglis ... D4
48 Castropol ... F2
49 Chi Tack Tong ... E6
50 Flor de Loto ... D6
51 Infanta Cafetería ... A2
52 La Época ... F4
53 Los Gijones ... G4
54 Los Nardos ... G6
55 Paladar la Guarida ... D4
56 Pastelería Francesa ... G4
57 Restaurante Tien-Tan ... E6
58 San Cristóbal ... E5
59 Supermercado Isla de Cuba ... G7

Dónde beber y vida nocturna

60 Prado y Ánimas ... G4
61 Prado nº 12 ... G2
62 Sloppy Joe's ... G4

Ocio

63 Callejón de Hamel ... B4
64 Cine Actualidades ... H4
65 Cine Infanta ... A5
66 Cine Payret ... G5
67 Cinecito ... G5
Gran Teatro de la Habana ... (véase 7)
68 Kid Chocolate ... G5
69 La Casa de la Música Centro Habana ... F4
Teatro América ... (véase 26)
Teatro Fausto ... (véase 22)

De compras

70 Área de vendedores por cuenta propia ... G7
71 El Bulevar ... F5
72 Galería la Acacia ... G5
73 La Manzana de Gómez ... G4
74 Librería Luis Rogelio Nogueras ... F5
75 Plaza Carlos III ... B7
Real Fábrica de Tabacos Partagás ... (véase 19)

de metrobús y, a veces, se le denomina Parque Jurásico, por la gran cantidad de viejos y fotogénicos coches norteamericanos usados como colectivos (taxis compartidos) que se congregan en el lugar.

La fuente de la India (plano p. 88; paseo de Martí), en una glorieta enfrente del parque, es una fuente de mármol de Carrara, esculpida por Giuseppe Gaginni en 1837 para el conde de Villanueva. Representa una majestuosa mujer india adornada con una corona de plumas de águila y sentada en un trono rodeado de cuatro gárgolas en forma de delfín. En una mano sostiene una cesta en forma de cuerno llena de fruta, y en la otra un escudo que lleva el blasón de la ciudad.

Asociación Cultural Yoruba de Cuba MUSEO
(plano p. 88; paseo de Martí nº 615; entrada 10 CUC; ⏲9.00-16.00 lu-sa) Museo que brinda un buen repaso de la santería cubana, los santos y sus poderes, aunque algunos viajeros se quejan de que las exposiciones no justifican el precio. Hay ceremonias con tambores en viernes alternos a las 16.30, a las cuales hay que ir con un atuendo adecuado, es decir, nada de pantalón corto o camiseta sin mangas. Para grupos de dos o más personas la entrada cuesta 6 CUC/pers.

Parque Central y alrededores PARQUE
(plano p.88) Pintoresco refugio frente a los autobuses y taxis que recorren el Prado. El parque, microcosmos de la vida cotidiana en La Habana desde hace mucho tiempo, fue ampliado a su tamaño actual a finales del s. XIX tras derribarse las murallas de la ciudad. En su centro la **estatua de José Martí** (plano p. 88), de 1905, fue la primera de miles en ser erigida en Cuba. Levantada el 10º aniversario de la muerte del poeta, el monumento está rodeado de 28 palmeras que simbolizan la fecha de nacimiento de Martí: el 28 de enero. Difícil de pasar por alto es el grupo de aficionados al béisbol que se reúne permanentemente en la famosa **Esquina Caliente** para hablar de tácticas y de las posibilidades de los equipos de La Habana en las eliminatorias.

Gran Teatro de La Habana TEATRO
(plano p. 88; paseo de Martí nº 458; circuito guiado 2 CUC; ⏲9.00-18.00) "Un estilo sin estilo que, a la larga, por proceso de simbiosis, se amalgama, se erige en un barroquismo peculiar", dijo el novelista cubano, y aficionado a la arquitectura, Alejo Carpentier del ornamentado y neobarroco Centro Gallego. Se erigió entre 1907 y 1914 alrededor del existente Teatro Tacón, inaugurado en 1838 con cinco bailes de máscaras de carnaval. Esta conexión sustenta la afirmación del recinto de ser el teatro en funcionamiento más antiguo del hemisferio occidental (el aforo es de 2000 personas). Dejando la historia al margen, la arquitectura, al igual que muchas de las actuaciones los fines de semana, es genial.

El teatro estaba en restauración cuando se editó esta obra, y las actuaciones se celebraban en el Teatro Nacional, en la plaza de la Revolución.

Hotel Inglaterra EDIFICIO DESTACADO
(plano p. 88; paseo de Martí nº 416) El hotel más antiguo de La Habana abrió sus puertas en 1856 en el lugar de un frecuentado bar llamado El Louvre (el bar al aire libre del hotel todavía lleva este nombre). Mirando al Parque Central, el edificio exhibe trazos del diseño neoclásico a la sazón en boga, si bien la decoración interior es claramente morisca. Durante un banquete en 1879, José Martí hizo un discurso abogando por la independencia de Cuba y, mucho más tarde, periodistas de EE UU que cubrían la Guerra Hispano-Estadounidense se alojaron en el hotel.

Detrás se encuentra la **calle San Rafael** con múltiples puestos de comida rápida donde se paga con pesos cubanos, centros comerciales de la década de 1950 y cines, lo que da una perspectiva inmediata de la vida en la económicamente desfavorecida Cuba.

★ **Museo Nacional de Bellas Artes** MUSEO
Cuba cuenta con una gran cultura del arte, y en este museo se puede pasar un día entero viendo de todo, desde cerámica griega hasta *pop art* cubano.
Dispuesto dentro del ecléctico Centro Asturiano (en sí, una obra de arte), el **Museo Nacional de Bellas Artes (Arte Universal)** (plano p. 88) exhibe arte internacional desde el 500 a.C. hasta la actualidad. Algunos elementos destacados son una amplia colección española (con un lienzo de El Greco), mosaicos romanos de hace unos 2000 años, ollas griegas del s. V a.C. y un refinado lienzo de Gainsborough (en la sala británica).
El **Museo Nacional de Bellas Artes (Arte Cubano)** (plano p. 88; Trocadero, entre Agramonte y av. de las Misiones; adultos/menores 14 5 CUC/gratis; ⏲9.00-17.00 ma-sa, 10.00-14.00 do) muestra arte puramente cubano y, si se anda justo de tiempo, es el mejor de los dos. Las obras se exhiben por orden cronológico empezando por la tercera planta y son sorprendentemente variadas. Artistas destacados son Guillermo Collazo, considerado el primer gran artista cubano, Rafael Blanco con sus pinturas y esbozos tipo viñeta, Raúl Martínez, un maestro del *pop art* cubano de la década de 1960, y Wifredo Lam, de estilo Picasso.

Se puede comprar una entrada conjunta para ambos museos por 8 CUC.

Museo de la Revolución MUSEO

(plano p. 76; Refugio nº 1; entrada 6 CUC, cámara extra 2 CUC; ⌚9.00-17.00) Tiene su sede en el antiguo Palacio Presidencial, construido entre 1913 y 1920 y usado por varios presidentes cubanos corruptos, el último de ellos Fulgencio Batista. La mundialmente famosa Tiffany's de Nueva York decoró el interior, mientras que el Salón de los Espejos fue diseñado para parecerse a la sala homónima del palacio de Versalles. En marzo de 1957 el palacio fue escenario de un fallido intento de asesinato contra Batista liderado por José Antonio Echeverría, un estudiante revolucionario. El museo desciende por orden cronológico desde la última planta empezando con la cultura precolombina de Cuba hasta llegar al régimen socialista actual (con mucha propaganda). Las habitaciones del piso inferior cuentan con interesantes exposiciones sobre el asalto al Moncada en 1953 y la vida del Che Guevara, poniendo de manifiesto la inclinación cubana por exhibir uniformes militares manchados de sangre. Delante del edificio hay un fragmento del antiguo muro de la ciudad, así como un tanque SAU-100 usado por Castro durante la batalla de la bahía de Cochinos en 1961.

En el espacio posterior está el **Pabellón Granma** (plano p. 76), un homenaje al barco de 18 m que trasladó a Fidel Castro y a 81 revolucionarios más desde Tuxpán (México) hasta Cuba en diciembre de 1956. El barco está dentro de una urna de cristal y vigilado las 24 h del día, probablemente para evitar que alguien irrumpa y zarpe con él rumbo a Florida. El pabellón está rodeado de otros vehículos asociados a la Revolución y es accesible desde el Museo de la Revolución.

El Prado (paseo de Martí) CALLE

La construcción de este majestuoso paseo, la primera avenida fuera de los viejos muros de la ciudad, duró entre 1770 y mediados de la década de 1830 durante el mandato del capitán general Miguel Tacón (1834-1838). La idea original era crear un paseo como los de París o Barcelona (el Prado se inspira bastante en Las Ramblas). Los famosos leones de bronce que vigilan el paseo a ambos extremos se añadieron en 1928.

Algunos edificios destacados son el neorrenacentista **palacio de los Matrimonios** (plano p. 88; paseo de Martí nº 302), el moderno **Teatro Fausto** (plano p. 88; paseo de Martí esq. Colón) y la neoclásica **Escuela Nacional de Ballet** (plano p. 88; paseo de Martí esq. Trocadero), la famosa escuela de *ballet* de Alicia Alonso.

Estatua del General Máximo Gómez MONUMENTO

(plano p. 88; Malecón esq. paseo de Martí) Estatua más bien majestuosa situada en una amplia isla peatonal frente a la boca del puerto, a mano derecha. Gómez fue un héroe de guerra de la República Dominicana que luchó incansablemente por la independencia de Cuba en los conflictos de 1868 y de 1895 contra los españoles. La impresionante estatua ecuestre fue creada por el artista italiano Aldo Gamba en 1935 y mira heroicamente al mar.

Museo Lezama Lima MUSEO

(plano p. 88; Trocadero nº 162, esq. Industria; sin/con guía 1/2 CUC; ⌚9.00-17.00 ma-sa, 9.00-13.00 do) La modesta casa llena de libros del hombre de letras cubano, José Lezama Lima, es una parada obligatoria para todo el que quiera entender la literatura cubana más allá de Hemingway. La gran obra de Lima fue el clásico *Paradiso* que, en su mayor parte, escribió en este lugar.

Parque de los Enamorados PARQUE

(plano p. 88) Preservada de las riadas de tráfico que rodean el parque hay una sección en pie de la cárcel colonial o prisión de Tacón, construida en 1838, donde fueron encarcelados muchos patriotas cubanos, incluido José Martí. La prisión, un lugar horrible desde el que se enviaban prisioneros a llevar a cabo trabajos forzados en la cercana cantera de San Lázaro, fue finalmente derribada en 1939 creando este parque dedicado a la memoria de quienes sufrieron entre sus paredes. Dos diminutas celdas y una capilla también pequeña es todo lo que queda. El bonito edificio en forma de tarta nupcial (*art nouveau* con un toque de eclecticismo) de detrás del parque, y donde ondea la bandera española, es el **antiguo palacio Velasco** (plano p. 88), de 1912 y actualmente sede de la embajada de España.

Pasado el palacio está el **Memorial a los Estudiantes de Medicina** (plano p. 88), un fragmento de pared rodeado de mármol que señala el lugar donde, en 1871, fueron fusilados por los españoles ocho estudiantes de medicina cubanos como represalia por haber profanado, supuestamente, la tumba de un periodista español (en realidad no lo hicieron).

Castillo de San Salvador de la Punta FORTALEZA

(plano p. 88; entrada museo 6 CUC; ⌚ 10.00-18.00 mi-do) La Punta, una de las cuatro fortalezas que defiende el puerto de La Habana, fue diseñada por el ingeniero militar italiano Giovanni Bautista Antonelli y construida entre 1589 y 1600. Durante la era colonial cada noche se extendía una cadena de 250 m hasta el castillo de El Morro para cerrar la boca del puerto a los barcos.

El museo del castillo exhibe objetos de flotas españolas hundidas, una colección de maquetas de barcos e información sobre el comercio de esclavos.

El Barrio Chino BARRIO

Uno de los barrios chinos más surrealistas del mundo es el Barrio Chino de La Habana, característico por la gran falta de chinos quienes, en su mayoría, lo abandonaron en cuanto Fidel Castro pronunció la palabra socialismo. De todas maneras, merece la pena pasearse por allí por su novedad y la cantidad de buenos restaurantes.

Los primeros chinos llegaron como trabajadores contratados a la isla a finales de la década de 1840 para llenar los huecos dejados por el declive del comercio de esclavos transatlántico. En la década de 1920, el Barrio Chino de La Habana había crecido hasta convertirse en el barrio asiático más grande de América Latina con sus propias lavanderías, farmacias, teatros y tiendas de comestibles. El declive empezó a principios de la década de 1960 cuando miles de emprendedores chinos emigraron a EE UU. Reconociendo el potencial turístico de la zona, en la década de 1990 el Gobierno cubano invirtió dinero y recursos en rejuvenecer el marcado carácter histórico del barrio con carteles de calles bilingües, un gran arco en forma de pagoda en la entrada de la calle Dragones e incentivos para que empresarios chinos abriesen restaurantes. Hoy en día casi toda la acción se centra en la estrecha calle Cuchillo y sus calles colindantes.

El Vedado

El Vedado, que forma parte del municipio de Plaza de la Revolución, es el núcleo comercial de La Habana y el distrito residencial por antonomasia, más viejo que Playa pero más nuevo que Centro Habana. Las primeras casas de este antiguo bosque protegido se construyeron en la década de 1860, aunque el verdadero crecimiento se produjo en los años veinte y siguió hasta los años cincuenta.

Trazado como una cuadrícula casi perfecta, El Vedado tiene un mayor aire norteamericano que otras zonas de la capital cubana, y su pequeño grupo de rascacielos –inspirados en los gigantes *art déco* de Miami y Nueva York– son básicamente producto del idilio de Cuba con EE UU durante la década de 1950.

Durante los años cuarenta y cincuenta El Vedado era un lugar de mal gusto donde el juego alcanzó su embriagador clímax. El Hotel Nacional contaba con un casino de estilo Las Vegas, el elegante Hotel Riviera era territorio del influyente gángster Meyer Lansky y el Hotel Capri, hoy vacío, era dirigido con maestría por el actor de Hollywood (y exmiembro del hampa) George Raft. Pero todo cambió en enero de 1959 cuando Fidel Castro entró con su ejército de rebeldes y montó su base en la planta 24 del flamante Hotel Habana Hilton (rápidamente rebautizado como Habana Libre).

Hoy, El Vedado tiene una población de aproximadamente 175 000 habitantes y en sus verdes zonas residenciales se engarzan multitud de teatros, locales nocturnos, paladares y restaurantes. Seccionada en dos por las calles G y Paseo, su cuadrícula se ve adornada por un puñado de agradables parques y la enorme plaza de la Revolución diseñada durante la era de Batista, en la década de 1950.

Iglesia del Sagrado Corazón de Jesús IGLESIA

(plano p. 88; av. Simón Bolívar, entre Gervasio y Padre Varela) Esta inspiradora creación de mármol con un característico campanario b lanco está un poco alejada pero merece la pena el paseo. Es uno de los pocos edificios góticos de Cuba. Con razón esta iglesia es famosa por sus magníficos vitrales tintados. La luz que penetra por los aleros a primera hora de la mañana (cuando la iglesia está vacía) confiere al lugar un ambiente etéreo.

Hotel Nacional EDIFICIO DESTACADO

(plano p. 94; calle 0 esq. calle 21) Construido en 1930 como copia del Breakers Hotel de Palm Beach, Florida, el ecléctico *art déco* y neoclásico Hotel Nacional es un monumento nacional y una de las vistas de postal de La Habana.

Su notoriedad se consolidó en octubre de 1933 cuando –tras el golpe de Fulgencio Batista, que depuso el régimen de Gerardo Machado– 300 oficiales se refugiaron en el edificio con la esperanza de obtener el favor del embajador de EE UU Sumner Wells que se alojaba allí. Para disgusto de los oficiales,

El Vedado

Estrecho de Florida
Malecón
Calzada
Línea
Paseo
Casa de la Cultura de Plaza
Río Almendares
C 23
Calz de Zapata
Necrópolis Cristóbal Colón
San Antonio Chiquito
NUEVO VEDADO
La Torre
Protestantes
Bellavista
C Loma
19 de Noviembre (200m)
Víazul (1km)
Véase "Playa y Marianao", p. 134

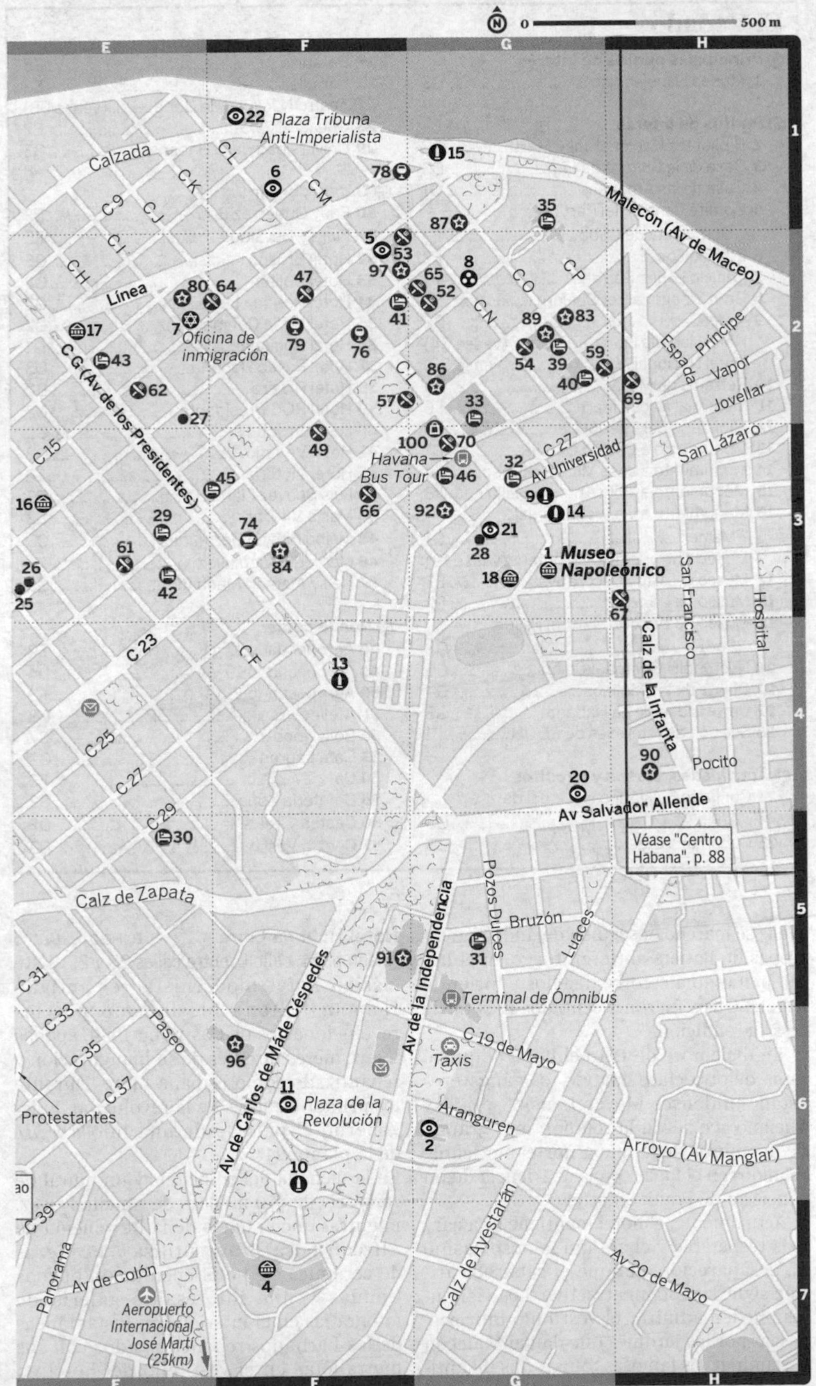

500 m
Plaza Tribuna Anti-Imperialista
Calzada
Malecón (Av de Maceo)
Línea
Oficina de inmigración
C G (Av de los Presidentes)
Havana Bus Tour
Av Universidad
Museo Napoleónico
San Lázaro
Espada
Príncipe
Vapor
Jovellar
San Francisco
Hospital
Calz de la Infanta
Pocito
Av Salvador Allende
Véase "Centro Habana", p. 88
C 23
Calz de Zapata
Bruzón
Pozos Dulces
Luaces
Terminal de Ómnibus
Taxis
C 19 de Mayo
Av de Carlos de Máde Céspedes
Av de la Independencia
Paseo
Protestantes
Plaza de la Revolución
Aranguren
Arroyo (Av Manglar)
Calz de Ayestarán
Av 20 de Mayo
Av de Colón
Panorama
Aeropuerto Internacional José Martí (25km)

El Vedado

Principales puntos de interés

1 Museo Napoleónico ... G3

Puntos de interés

2 Biblioteca Nacional José Martí ... G6
3 Casa de la Cultura de Plaza ... B3
4 Casa de las Américas ... D1
5 Comité Central del Partido Comunista de Cuba ... F7
6 Edificio Focsa ... F2
7 Edificio López Serrano ... F1
8 Gran Sinagoga Bet Shalom ... E2
9 Hotel Capri ... G2
Hotel Habana Libre ... (véase 34)
Hotel Nacional ... (véase 36)
10 Retratos de Mella ... G3
11 Memorial a José Martí ... F6
12 Ministerio del Interior ... F6
13 Monumento a Calixto García ... D1
14 Monumento a José Miguel Gómez ... F4
15 Monumento a Julio Antonio Mella ... G3
16 Monumento a las Víctimas del Maine ... G1
Museo Antropológico Montané (véase 19)
17 Museo de Artes Decorativas ... E3
18 Museo de Danza ... E2
19 Museo de Historia Natural Felipe Poey ... G3
20 Necrópolis Cristóbal Colón ... C6
21 Quinta de los Molinos ... G4
22 Universidad de La Habana ... G3
23 Sección de Intereses de EE UU ... F1

Actividades, cursos y circuitos

24 Conjunto Folklórico Nacional de Cuba ... C3
25 Cubamar Viajes ... B3
26 Paradiso ... E3
27 Paradiso ... E3
Teatro Nacional de Cuba ... (véase 98)
28 Uneac ... E2
29 Universidad de la Habana ... G3

Dónde dormir

30 Eddy Gutiérrez Bouza ... E3
31 Flora y Osvaldo ... E5
32 Hotel Bruzón ... G5
33 Hotel Colina ... G3
34 Hotel Habana Libre ... G2
35 Hotel Meliá Cohiba ... C2
36 Hotel Nacional ... G1
37 Hotel Paseo Habana ... D3
38 Hotel Riviera ... B2
39 Hotel ROC Presidente ... D2
40 Hotel St John's ... G2
41 Hotel Vedado ... G2
42 Hotel Victoria ... F2
43 Luis Suávez Fiandor ... E3
44 Marta Vitorte ... E2
45 Melba Piñada Bermúdez ... C3
46 Mercedes González ... F3
47 Nelsy Alemán Machado ... G3

Dónde comer

48 Agropecuario 17 y K ... F2
49 Agropecuario 19 y A ... D4
50 Agropecuario 21 y J ... F3
51 Atelier ... C3
52 Bollywood ... C7
53 Café Laurent ... G2
54 Café TV ... F2
55 Cafetería Sofía ... G2
56 Castas y Tal ... D2
57 Centro Vasco ... B3

Wells se marchó enseguida dejando que las tropas de Batista abrieran fuego en el hotel, matando a catorce de ellos e hiriendo a siete. Otros fueron ejecutados más tarde tras su rendición.

En diciembre de 1946 el hotel adquirió fama de otra clase cuando los gángsteres estadounidenses Meyer Lansky y Lucky Luciano acogieron la reunión más grande de miembros de la mafia norteamericana, reunidos en el lugar con la apariencia de un concierto de Frank Sinatra.

Actualmente, el hotel mantiene una cara más respetable y el antaño famoso casino ha desaparecido, aunque el cabaret Parisién sigue siendo un atractivo. Los visitantes pueden admirar el vestíbulo morisco, pasear por los jardines que dan al Malecón y examinar las famosas fotografías de antiguos huéspedes en las paredes del interior.

Hotel Habana Libre EDIFICIO DESTACADO

(plano p. 94; calle L, entre calles 23 y 25) Este clásico hotel modernista –el antiguo Habana Hilton– fue tomado por los revolucionarios de Castro en 1959, apenas nueve meses después de su inauguración y rebautizado como Habana Libre. Durante los primeros meses de la revolución, Fidel gobernó el país desde una lujosa *suite* de la planta 24ª.

En la fachada del edificio hay un mural de cerámica de 670 m^2 obra de Amelia Peláez, mientras que el Carro de la Revolución de Alfredo Sosa Bravo utiliza 525 piezas de cerámica. El hotel cuenta con buenas tiendas y una interesante galería de fotografías en el interior, con instantáneas de los barbudos repanchingados con sus metralletas en el vestíbulo del hotel en enero de 1959.

58 Coppelia F2
59 Decamerón C3
60 Dulcinea G2
61 Dulcinea C3
62 El Gringo Viejo E3
63 El Idilio E2
64 La Chuchería C2
La Torre .... (véase 6)
65 Paladar le Chansonnier F2
66 Paladar los Amigos G2
67 Paladar Mesón Sancho Panza F3
68 Pizza al peso H3
69 Puestos al peso D4
Supermercado Meridiano .... (véase 101)
70 Toke Infanta y 25 .... H2
71 Waoo Snack Bar G3

Dónde beber y vida nocturna

72 3D Café C2
73 Bar-Club Imágenes D2
Cabaret Las Vegas .... (véase 70)
Café Cantante .... (véase 98)
74 Café Fresa y Chocolate C5
75 Café Literario del 'G' F3
76 Café Madrigal D4
77 Club la Red F2
78 Club Tropical D2
79 Discoteca Amanecer F1
80 Karachi Club F2
Piano Bar Delirio Habanero .... (véase 98)
Pico Blanco .... (véase 40)

Ocio

Cabaret Parisién .... (véase 36)
Cabaret Turquino .... (véase 34)
81 Café Teatro Brecht E2
Casa de la Amistad .... (véase 90)
Casa de las Américas .... (véase 4)
82 Casa del Alba Cultural D2
83 Cine Charles Chaplin C5
84 Cine la Rampa G2
85 Cine Riviera F3
86 Cine Trianón C3
87 Cine Yara G2
Conjunto Folklórico Nacional de Cuba .... (véase 24)
Copa Room .... (véase 38)
88 El Gato Tuerto G1
El Hurón Azul .... (véase 28)
89 Estadio Latinoamericano H7
Habana Café .... (véase 35)
90 Instituto Cubano de Amistad con los Pueblos D4
Jazz Café .... (véase 101)
91 Jazz Club la Zorra y El Cuervo G2
92 La Madriguera H4
93 Sala Polivalente Ramón Fonst F5
94 Sala Teatro el Sótano G3
95 Sala Teatro Hubert de Blanck C3
96 Teatro Amadeo Roldán D2
97 Teatro Mella D3
98 Teatro Nacional de Cuba F6
99 Teatro Nacional de Guiñol F2

De compras

ARTex .... (véase 87)
100 Feria de la Artesanía D2
Galería Arte Latinoamericano .... (véase 4)
101 Galerías de Paseo C2
Instituto Cubano del Arte e Industria Cinematográficos .... (véase 74)
102 La Habana Sí G3
Centenario del Apóstol .... (véase 60)
Librería Rayuela .... (véase 4)

Edificio Focsa LUGAR DESTACADO

(plano p. 94; calle 17 esq. calle M) Inconfundible en el horizonte de La Habana, este edificio modernista se construyó entre 1954 y 1956 en tan solo 28 meses utilizando pionera tecnología por ordenador. En 1999 fue declarado una de las siete maravillas de la ingeniería moderna de Cuba. Con 39 plantas y 373 apartamentos, tras su conclusión en junio de 1956 era la segunda estructura de cemento de su clase más grande del mundo, construida totalmente sin el uso de grúas. A principios de la década de 1990 las plantas superiores se convirtieron en nidos de buitres y, en el 2000, murió una persona tras romperse el cable de un ascensor. Nuevamente reformado tras un proyecto de restauración, actualmente contiene apartamentos residenciales y, en la última planta, el restaurante La Torre, uno de los más famosos de la ciudad.

Hotel Capri RUINA

(plano p. 94; calle 21 esq. calle N) Mientras algunas ciudades exhiben ruinas romanas, La Habana cuenta con ruinas de los años cincuenta. El Capri fue construido en estilo modernista con dinero de la mafia en 1957. Durante su breve apogeo, fue propiedad del mafioso Santo Trafficante que se servía del actor de EE UU George Raft como elegante hombre de paja. Cuando llegaron las guerrillas de Castro en 1959, Raft supuestamente les mandó a paseo dándoles un portazo en las narices. El hotel, con su piscina en el tejado, ha aparecido en dos películas: *Nuestro hombre en La Habana*, de Carol Reed y *Soy Cuba*, de Mikhael Kalatazov. También fue el escenario de la reunión de Michael Corleone con Hyman Roth en *El Padrino II*, aunque, debido al embargo, Coppola filmó las escenas en la República Dominicana. Cerrado en el 2003, el Capri es una ruina de 19 pisos que se está preparando para su segunda apertura.

Universidad de La Habana UNIVERSIDAD
(plano p. 94; calle L esq. San Lázaro) Fundada por monjes dominicos en 1728 y secularizada en 1842, la Universidad de La Habana inició sus días en La Habana Vieja antes de trasladarse a su ubicación actual en 1902. El complejo neoclásico existente data del segundo cuarto del s. XX y hoy 30 000 estudiantes siguen cursos en ciencias, humanidades, ciencias naturales, matemáticas y económicas.

Encaramada en una colina de El Vedado en lo alto de la famosa escalinata, cerca de la estatua Alma Mater, el patio interior de la universidad, la plaza Ignacio Agramonte, exhibe un tanque capturado por los rebeldes castristas en 1958. Justo enfrente está la **librería Alma Mater** y, a la izquierda, el **Museo de Historia Natural Felipe Poey** (plano p. 94; entrada 1 CUC; ⌚9.00-12.00 y 13.00-16.00 lu-vi sep-jul), el más antiguo de Cuba, fundado en 1874 por la Real Academia de Ciencias Médicas, Físicas y Naturales. Muchos de los ejemplares disecados de la flora y fauna cubanas datan del s. XIX. Arriba está el **Museo Antropológico Montané** (plano p. 94; entrada 1 CUC; ⌚9.00-12.00 y 13.00-16.00 lu-vi sep-jul), fundado en 1903, con una rica colección de objetos indios precolombinos incluido el Ídolo del Tabaco de madera del s. X.

Monumento a Julio Antonio Mella MONUMENTO
(plano p. 94; Neptuno esq. San Lázaro) En la parte inferior de la escalinata de la universidad hay un monumento al líder estudiantil que fundó el primer Partido Comunista cubano en 1925. En 1929 el dictador Machado hizo asesinar a Mella en Ciudad de México. Más interesantes que el propio monumento son los **retratos de Mella** (plano p. 94) en blanco y negro colgados permanentemente en la pared en el pequeño parque delante de San Lázaro.

★ **Museo Napoleónico** MUSEO
(plano p. 94; San Miguel nº 1159; sin/con guía 3/5 CUC; ⌚9.00-16.30 ma-sa) Sin duda, uno de los mejores museos de La Habana y por ende de Cuba. Esta colección de 7 000 objetos asociados a la vida de Napoleón Bonaparte magníficamente expuestos fue reunida por el barón del azúcar cubano, Julio Lobo, y el político Orestes Ferrera.

Destacan esbozos de Voltaire, pinturas de la batalla de Waterloo, porcelana, mobiliario, una interesante recreación del estudio y del dormitorio de Napoleón y una de varias máscaras mortuorias de bronce hechas dos días después de la muerte del emperador por su médico personal, el doctor Francisco Antommarchi. Está distribuido en cuatro pisos de una bonita mansión de El Vedado al lado de la universidad y tiene vistas espectaculares desde la terraza del cuarto piso.

Museo de Artes Decorativas MUSEO
(plano p. 94; calle 17 nº 502, entre calles D y E; entrada 2 CUC; ⌚11.00-19.00 ma-sa) Si se está en el barrio merece la pena visitar este museo, con sus adornos rococó, orientales y *art déco*. Acaso más interesante sea el propio edificio, de diseño francés, encargado en 1924 por la acomodada familia Gómez (que construyó el centro comercial Manzana de Gómez en Centro Habana).

Museo de Danza MUSEO
(plano p. 94; Línea nº 365; entrada 2 CUC; ⌚10.00-18.00 ma-sa) En una ecléctica mansión de El Vedado, se exhiben objetos de la rica historia cubana de la danza, incluidos algunos efectos personales de la exbailarina Alicia Alonso.

Plaza de la Revolución PLAZA
Concebida por el urbanista francés Jean Claude Forestier en la década de 1920, esta gigantesca plaza (conocida como Plaza Cívica hasta 1959) formaba parte de la "nueva ciudad" de La Habana, urbanizada entre 1920 y 1959. Como punto de unión del ambicioso plan de Forestier, la plaza fue construida en una pequeña colina (la loma de los Catalanes) al estilo de la plaza de l'Étoile de París, con varias avenidas dispersándose hacia el río Almendares, El Vedado y el parque de la Fraternidad en Centro Habana.

Rodeada de edificios grises y utilitarios construidos a finales de los años cincuenta, hoy la plaza es la sede del Gobierno cubano y lugar de celebración de las grandes concentraciones políticas. En enero de 1998 un millón de personas (casi una décima parte de la población cubana) se dio cita en la plaza para oír al papa Juan Pablo II decir misa.
El feo bloque de cemento del lado norte de la plaza es el **Ministerio del Interior** (plano p. 94; plaza de la Revolución), famoso por su enorme mural del Che Guevara (una copia de la famosa fotografía de Alberto Korda tomada en 1960) con las palabras "Hasta la Victoria Siempre" estampadas debajo. En el 2009 se añadió una imagen similar del otro

guerrillero heroico de Cuba, Camilo Cienfuegos, en el edificio de telecomunicaciones colindante.

En el lado este se encuentra la **Biblioteca Nacional José Martí** (plano p. 94; gratis; ⏲8.00-21.45 lu-sa), de 1957, que cuenta con una exposición de fotografía en el vestíbulo, mientras que en el oeste está el **Teatro Nacional de Cuba** (p. 102).
Escondido detrás del Memorial a José Martí están las oficinas gubernamentales, dentro del fuertemente custodiado **Comité Central del Partido Comunista de Cuba** (plano p. 94; plaza de la Revolución).

Memorial a José Martí MONUMENTO
(plano p. 94; entrada 5 CUC; ⏲9.30-17.00 lu-sa) En el centro de la plaza de la Revolución se encuentra este monumento que, con 138,5 m de altura, es la estructura más alta de La Habana. Delante hay una estatua de mármol de 17 m de un Martí sentado y pensativo. El monumento acoge un museo –la última palabra sobre Martí en Cuba– y un mirador de 129 m (ascensor 2 CUC) con fantásticas vistas de la ciudad.

Quinta de los Molinos LUGAR DESTACADO
(plano p. 94; av. Salvador Allende esq. Luaces) Antigua residencia del general Máximo Gómez, situada entre jardines botánicos en antiguos terrenos de la Universidad de La Habana. La residencia y los jardines parecen estar encallados en un proyecto de reforma perpetuo, con promesas de un nuevo museo y renovados jardines botánicos en un futuro siempre lejano. El potencial es enorme.

Necrópolis de Cristóbal Colón CEMENTERIO
(plano p. 94; entrada 5 CUC; ⏲8.00-17.00) Este monumento nacional es famoso por su impactante iconografía religiosa y elaboradas estatuas de mármol. Lejos de ser inquietante, un recorrido por sus 56 Ha puede ser un paseo educativo y emocional por los anales de la historia cubana. En la entrada se vende una guía con un plano detallado (5 CUC). Es uno de los cementerios más grandes de América.
Tras entrar por la neorrománica **puerta norte** (1870), está la tumba del líder de la independencia **general Máximo Gómez** (1905) a la derecha (repárese en el rostro de bronce en un medallón circular). Más adelante, pasado el primer círculo, también a la derecha, está el **monumento a los bomberos** (1890) y la neorrománica **Capilla Central** (1886) en el centro del cementerio. Al noreste de la capilla se encuentra la tumba más famosa (y visitada), la de **Amelia Goyri** (calle 1 esq. calle F), más conocida como La Milagrosa que murió al dar a luz el 3 de mayo de 1901. La figura de mármol de una mujer con una gran cruz y un bebé en sus brazos es fácil de identificar por las muchas flores de la tumba y por los devotos que se congregan. Durante muchos años, tras su muerte, su destrozado esposo visitaba la tumba varias veces al día. Siempre llamaba con una de las cuatro argollas de hierro del panteón y caminaba hacia atrás para poder verla el mayor rato posible. Cuando los cuerpos fueron exhumados años más tarde, el de Amelia estaba intacto (un signo de santidad según la fe católica) y el bebé, que había sido enterrado a los pies de su madre, fue hallado al parecer en sus brazos. A resultas de ello, La Milagrosa pasó a ser objeto de un enorme culto espiritual en Cuba y miles de personas acuden al lugar cada año con regalos con la esperanza de cumplir sus sueños o resolver problemas. Como manda la tradición, los peregrinos llaman al panteón con la argolla de hierro y marchan hacia atrás cuando se van.
También vale la pena buscar la tumba del líder del Partido Ortodoxo **Eduardo Chibás** (calle 8 entre calles E y F). Durante los años cuarenta y principios de los cincuenta Chibás fue un infatigable luchador contra la corrupción política y, como protesta, se suicidó durante un programa radiofónico en 1951. En su entierro un joven activista del Partido Ortodoxo llamado Fidel Castro saltó sobre la tumba de Chibás e impartió un severo discurso denunciando el viejo *establishment*, el estreno político del cubano más influyente del s. XX.

También merece la pena buscar las tumbas del novelista Alejo Carpentier (1904-1980), del científico Carlos Finlay (1833-1915), de los mártires del *Granma* y de los veteranos de las guerras de independencia.

★ **Malecón** CALLE
(plano p. 88) El evocador paseo marítimo de La Habana, de 8 km de largo, es una de las avenidas más auténticas y cubanas por antonomasia.

Tradicional punto de reunión predilecto de amantes, filósofos, poetas, trovadores nómadas, pescadores y melancólicos que miran a Florida, el ambiente del Malecón es especialmente intenso al atardecer, cuando la débil luz amarilla procedente de El Vedado se filtra como tenue antorcha hacia los edificios de Centro Habana, confiriendo a las desvencijadas fachadas un marcado carácter etéreo.

Diseñado a principios de la década de 1900 como paseo marítimo de recreo de las clases medias, el Malecón se expandió rápidamente hacia el este durante la primera década del siglo con una ecléctica arquitectura que combinaba el estilo neoclásico macizo con el caprichoso *art nouveau*. En los años veinte la avenida había alcanzado el límite exterior del floreciente El Vedado y, a principios de la década de 1950, se había convertido en una concurrida avenida de seis carriles que transportaban riadas de Buick y Chevrolet desde el castillo de San Salvador de la Punta a los confines de Miramar.

Actualmente el Malecón sigue siendo el teatro al aire libre más auténtico de La Habana, un verdadero "cabaré de los pobres" donde toda la ciudad acude para encontrarse, saludarse, salir y debatir.

Librando una batalla contra los efectos corrosivos del océano, muchos de los majestuosos edificios del paseo se enfrentan a la decrepitud, a su demolición o a daños irreparables. Para combatir el problema la Oficina del Historiador de la Ciudad ha dado a 14 manzanas del Malecón una categoría especial en un intento por frenar el desgaste.

El Malecón es especialmente evocador cuando entra un frente frío y las enormes olas se estrellan en el rompeolas y saltan por encima de él. A menudo la avenida está cerrada al tráfico durante estos temporales, lo que significa que se puede caminar por el mismo centro del paseo vacío y empaparse.

Monumento a Antonio Maceo MONUMENTO

(plano p. 88) A la sombra del Hospital Nacional Hermanos Ameijeiras, un hospital de 24 plantas de la era soviética construido en 1980, se encuentra esta representación en bronce del general mulato protagonista de la I Guerra de Independencia. El cercano **Torreón de San Lázaro** (plano p. 88; Malecón esq. Vapor) del s. XVIII es una torre de vigilancia que no tardó en caer a manos de los británicos durante la invasión de 1762.

Monumento a las Víctimas del 'Maine' MONUMENTO

(plano p. 94; Malecón) Al oeste del Hotel Nacional, este monumento recuerda a las víctimas del USS *Maine*, el barco de guerra que saltó misteriosamente por los aires en el puerto de La Habana en 1898. Antaño rematado con una águila norteamericana, el monumento (erigido por primera vez durante el período de dominación de EE UU en 1926) fue decapitado durante la Revolución de 1959.

Sección de Intereses de EE UU LUGAR DESTACADO

(plano p. 94; Calzada, entre calles L y M) Moderno edificio de siete plantas con vallas de alta seguridad en el extremo oeste de este espacio, establecido por la administración Carter a finales de la década de 1970. Rodeado de histéricos grafitos, el lugar es testigo de los peores actos de ojo por ojo de la isla.

Delante de la fachada de la oficina está la **plaza Tribuna Antimperialista** (o plaza de la Dignidad), construida durante la saga de Elián González en el 2000 para albergar protestas en las mismas narices de los americanos. Los cubanos levantaron una cortina de mástiles abanderados para tapar el panel electrónico instalado en la Sección de Intereses para difundir mensajes o propaganda, depende del lado del que uno esté.

Edificio López Serrano LUGAR DESTACADO

(plano p. 94; calle L, entre calles 11 y 13) Escondida detrás de la Sección de Intereses de EE UU se encuentra esta torre *art déco* que parece el Empire State con las 70 plantas inferiores arrancadas. Actualmente un edificio de apartamentos, fue uno de los primeros rascacielos de La Habana.

Avenida de los Presidentes CALLE

Estatuas de ilustres presidentes latinoamericanos bordean la calle G (oficialmente conocida como avenida de los Presidentes) al estilo de Las Ramblas, incluidos Salvador Allende (Chile), Benito Juárez (México) y Simón Bolívar. Al final de la avenida hay un enorme **monumento a José Miguel Gómez** (plano p. 94), el segundo presidente de Cuba y, en el otro extremo, el de su predecesor y primer presidente de Cuba Tomás Estrada Palma (tradicionalmente considerado un títere de EE UU) del que solo quedan sus zapatos sobre un pedestal.

Guardando la entrada a la calle G en el Malecón está el **monumento a Calixto García** (plano p. 94; Malecón esq. calle G), una estatua ecuestre que rinde homenaje al valiente general cubano a quien líderes militares de EE UU en Santiago de Cuba impidieron asistir a la rendición española en 1898. Veinticuatro placas de bronce alrededor de la estatua narran la historia de la lucha de García por la independencia de Cuba.

Casa de las Américas CENTRO CULTURAL
(plano p. 94; www.casa.cult.cu; calle 3 esq. calle G; ⏲10.00-16.40 ma-sa, 9.00-13.00 do) GRATIS Junto al Malecón, en el lado del mar de la calle G, esta institución cultural fundada por Haydée Santamaría, superviviente del asalto al cuartel Moncada en 1953, otorga uno de los premios literarios más antiguos y prestigiosos de América Latina. Dentro hay una galería de arte, una librería y un ambiente de erudito intelectualismo.

Gran Sinagoga Bet Shalom SINAGOGA
(plano p. 94; calle I nº 251, entre calles 13 y 15) Cuba cuenta con tres sinagogas que sirven a una comunidad judía de aproximadamente 1300 fieles. El principal centro y biblioteca está situado en este lugar, donde el amable personal estará encantado de contar a los visitantes interesados la fascinante y poco conocida historia de los judíos en Cuba.

Museo del Ferrocarril MUSEO
(av. de México esq. Arroyo; entrada 2 CUC; ⏲9.00-17.00) En la vieja estación de ferrocarril Cristina construida en 1859. Cuenta con una gran colección de material de señalización y comunicación, viejas locomotoras y un repaso de la pionera historia ferroviaria de Cuba. Es posible hacer viajes en tren previa cita.

Actividades

Los dos puertos deportivos de La Habana, que ofrecen numerosas oportunidades para pescar, hacer submarinismo e ir en barco, se encuentran en los barrios periféricos (p. 132). La Habana, con su espectacular paseo marítimo del Malecón, posee una de las rutas de *footing* urbanas más pintorescas del mundo. El sendero desde el castillo de San Salvador de la Punta hasta los confines exteriores de Miramar tiene 8 km, pero pueden añadirse unos metros más para ser testigo de agujeros en el pavimento, de las olas, los jineteros y los aficionados a la pesca.

Debido al reciente aumento del tráfico rodado, el aire del Malecón está cada vez más contaminado. En todo caso hay que correr a primera hora de la mañana.

Los amantes del boxeo deberían visitar el **Gimnasio de Boxeo Rafael Trejo** (plano p. 76; ☎862-0266; Cuba nº 815, entre Merced y Leonor Pérez, Habana Vieja) donde se puede asistir a combates los viernes a las 19.00 (1 CUC), o ver los entrenamientos cualquier día a partir de las 16.00. Los viajeros interesados en este deporte pueden contactar con un entrenador. El personal es muy amable.

Cursos

La Habana ofrece muchas actividades para aprender. Pueden contratarse clases particulares, por ejemplo de danza. Si el dueño (o dueña)

VAS BIEN, FIDEL

Los estudiantes que prestaban atención durante las clases de historia estarán familiarizados con el Che Guevara, cuyo famoso rostro decora el edificio del Ministerio del Interior en la plaza de la Revolución; y los no cubanos habrá que perdonarles por devanarse los sesos para conocer la identidad de quien aparece en el otro inmenso mural de la plaza: Camilo Cienfuegos, con las palabras "Vas bien, Fidel" inscritas debajo. Comandante líder durante la guerra de la revolución, Cienfuegos era el más popular después de Fidel cuando los victoriosos rebeldes se dieron cita en La Habana en enero de 1959. Durante el primer discurso público de Fidel en el Campamento de Columbia, fue Camilo quien estaba detrás del dogmático comandante en el podio. Llegado un punto durante su discurso de dos horas, Fidel se volvió hacia Cienfuegos y le preguntó: "¿Voy bien, Camilo?", a lo que este respondió sonriente: "Vas bien, Fidel". La frase rápidamente se convirtió en grito para la batalla, adquiriendo más fuerza cuando alguien de la multitud liberó una jaula de palomas blancas y una de ellas se posó en el hombro de Fidel. En la santería las palomas blancas representan a Obatalá, el *orisha* de la paz y el intelecto, lo que para los supersticiosos cubanos parecía dar a Castro una llamada divina.

A pesar de ser un leal revolucionario y de izquierdas, Cienfuegos era menos dogmático que Guevara y Castro en sus ideas políticas. Nunca podrá saberse cómo hubiera manejado la deriva izquierdista de la revolución tras 1960, ya que falleció en un accidente aéreo en octubre de 1959 en el trayecto de Camagüey a La Habana. Si hoy estuviese vivo tendría 81 años. Pero solo cabe elucubrar sobre lo que le contestaría a Fidel si el viejo guerrero se diese la vuelta para preguntarle "¿Voy bien, Camilo?".

dice que no sabe bailar, o miente o no tiene suficiente sangre cubana.

Universidad de La Habana UNIVERSIDAD
(plano p. 94; ☎832-4245, 831-3751; www.uh.cu; Calle J nº 556, edificio Varona, 2º piso, El Vedado). Además de ofrecer cursos de español durante todo el año, la universidad ofrece cursos de verano de biología, filosofía e historia, turismo, etc. Cuenta también con programas de posgrado, clases de idiomas, bibliotecas y una amplia oferta cultural.

Uneac CULTURA
(plano p. 94; ☎832-4551; calle 17 esq. calle H, El Vedado) Es el núcleo del panorama artístico cubano, el primer punto de parada para cualquier persona con algo más que mero interés por la poesía, la literatura, el arte y la música.

Teatro América DANZA
(plano p. 88; ☎862-5416; av. de Italia nº 253, entre Concordia y Neptuno, Centro Habana) Junto a la Casa de la Música, por unos 8 CUC/h ofrece clases con pareja de baile.

Conjunto Folklórico Nacional de Cuba DANZA
(plano p. 94; ☎830-3060; www.folkcuba.cult.cu; calle 4 nº 103, entre Calzada y calle 5, El Vedado) Ofrece clases muy recomendadas de son, salsa, rumba, mambo y más; también de percusión. Las clases comienzan el tercer lunes de enero y el primer lunes de julio. Un curso de 15 días cuesta 500 CUC. Los exámenes de nivel colocan a los estudiantes en cuatro niveles diferentes.

Centro Hispano-Americano de Cultura CULTURA
(plano p. 88; ☎860-6282; Malecón nº 17, entre paseo de Martí y Capdevila, Centro Habana; ⊙9.00-17.00 ma-sa, 9.00-13.00 do) Ofrece toda clase de instalaciones, incluida una biblioteca, un cine, un cibercafé y una sala de conciertos. Publican un excelente folleto. Pregúntese por los cursos de literatura.

Paradiso CULTURA
(plano p. 94; ☎832-9538; www.paradiso.cu; calle 19 nº 560, El Vedado) Centro cultural que ofrece cursos de entre cuatro y doce semanas sobre historia, arquitectura, música, teatro, danza y más.

Teatro Nacional de Cuba YOGA
(plano p. 94; ☎879-6011; Paseo esq. calle 39, El Vedado) Consúltese el horario de clases junto a la taquilla.

Centro Andaluz MÚSICA
(plano p. 88; ☎863-6745; paseo de Martí, entre Virtudes y Neptuno, Centro Habana) En general, los cubanos bailan flamenco igual de bien que los españoles. En este centro pueden tomarse clases de danza o preguntar por clases de guitarra.

Taller Experimental de Gráfica ARTE
(plano p. 76; ☎862-0979; callejón del Chorro nº 6, Habana Vieja) Ofrece clases de grabado. La formación personalizada dura un mes, durante el cual el alumno crea un grabado con 15 copias. También pueden solicitarse clases más largas. Cuesta unos 250 CUC.

Circuitos

Muchas agencias ofrecen los mismos circuitos, con algunas excepciones indicadas más abajo. La oferta incluye un circuito de 4 h por la ciudad (15 CUC), uno especializado en Hemingway (desde 20 CUC), la ceremonia del cañonazo (el disparo de los cañones en la fortaleza de San Carlos de La Cabaña; sin/con cena 15/25 CUC), una excursión de un día a Varadero (desde 35 CUC) y, cómo no, excursiones al cabaret Tropicana (a partir de 65 CUC). Otras opciones son los circuitos al criadero de cocodrilos Boca de Guamá (48 CUC), a Playas del Este (20 CUC almuerzo incl.), Viñales (44 CUC), Cayo Largo del Sur (137 CUC) y una estancia de una noche en Trinidad-Cienfuegos (129 CUC). Los niños suelen pagar una pequeña parte del precio de los adultos. Quienes viajan solos pagan un suplemento de 15 CUC. Hay que tener en cuenta que en caso de no apuntarse el número mínimo de personas, el viaje se cancela. Cualquiera de las siguientes agencias ofrece estos circuitos, entre otros: Infotur con una sede en el **aeropuerto** (☎642-6101; terminal 3 aeropuerto internacional José Martí; ⊙24 h) y otra en **La Habana Vieja** (☎863-6884; Obispo esq. San Ignacio; ⊙10.00-13.00 y 14.00-19.00).

Havanatur CIRCUITOS GUIADOS
(☎835-3720; www.havanatur.cu; calle 23 esq. M El Vedado) Todas las agencias importantes de La Habana ofrecen un circuito Hemingway y los paquetes turísticos también. El itinerario (20 CUC) incluye una visita a la casa del autor, La finca Vigía, un viaje en barca al pueblo pesquero de Cojímar (donde Papa atracaba su barco), además de la oportunidad de tomarse cantidad de cócteles en los bares preferidos de Hemingway, la sobrevalorada Bodeguita del Medio y El Floridita.

Paradiso CIRCUITOS CULTURALES
(plano p. 94; ☎832-9538; calle 19 nº 560, El Vedado) Ofrece circuitos centrados en el arte. Disponibles en muchas ciudades y en varios idiomas. Pruébese La Habana de Martí o circuitos especiales de conciertos.

Dónde dormir

Dado que hay, literalmente, miles de casas particulares que alquilan habitaciones, el viajero nunca sufrirá para encontrar alojamiento en La Habana. El precio suele oscilar entre los 20-40 CUC por habitación. Centro Habana ofrece las mejores gangas. Los hoteles más económicos pueden igualar a las casas por precio, pero no en comodidad. También hay algunos hoteles de precio medio, mientras que los de precio alto ofrecen mucho ambiente, aunque el nivel general no siempre es equiparable a los servicios de otros hoteles del Caribe.

Muchos hoteles de La Habana son monumentos históricos en sí mismos. Merece la pena echar un vistazo (aunque uno no se aloje) al Hotel Sevilla, al Hotel Saratoga (ambos en Centro Habana), al Raquel, al Hostal Condes de Villanueva y al Hotel Florida (todos en La Habana Vieja) y al emblemático Hotel Nacional (en El Vedado).

La Habana Vieja

Greenhouse CASA PARTICULAR $
(plano p. 76; ☎862-9877; San Ignacio nº 656, entre Merced y Jesús María; h 30-40 CUC; ❄) Fabulosa casa antigua regentada por Eugenio y Fabio que han añadido preciosos rasgos de diseño a su enorme casa colonial (destacan la fuente de la terraza y la maqueta iluminada de La Habana en la escalera). Dispone de cinco habitaciones todas ellas con modernos baños privados.

Hostal Peregrino El Encinar CASA PARTICULAR $
(plano p. 76; ☎860-1257; Chacón nº 50 Altos, entre Cuba y Aguiar; i/d/tr 30/35/40 CUC; ❄) Esta sucursal del Hostal Peregrino de Centro Habana es probablemente lo más parecido a un hotel privado en Cuba. Cuatro habitaciones (con otras cuatro en camino), todas con baño privado, casi ofrecen estándares de hotel-*boutique* con bonitos azulejos, secador de pelo, TV y minibar. La espléndida terraza de la azotea da a la bahía con vistas a la fortaleza de La Cabaña.

Noemí Moreno CASA PARTICULAR $
(plano p. 76; ☎862-3809; Cuba nº 611 apt 2, entre Luz y Santa Clara; h 25-30 CUC; ❄) La casa, que ofrece dos bonitas y limpias habitaciones renovadas que comparten un baño, tiene una buena situación detrás del convento de Santa Clara. Si está llena, hay cinco apartamentos más en alquiler en el mismo edificio.

Casa de Pepe y Rafaela CASA PARTICULAR $
(plano p. 76; ☎862-9877; San Ignacio nº 454, entre Sol y Santa Clara; ⏲ 30 CUC) Una de las mejores casas de La Habana: antigüedades y baldosas moriscas por doquier, dos habitaciones con balcón y fabulosos cuartos de baño nuevos, excelente ubicación y fantásticos anfitriones.

INDISPENSABLE

LOS MEJORES CIRCUITOS POR LA HABANA

Se pueden contratar en la agencia de viajes San Cristóbal (p. 129), la agencia de viajes oficial de Habaguanex, oficina del Historiador de la Ciudad. Sus singulares excursiones son adecuadas para pequeños grupos (no hay mínimo), los precios son correctos y los guías muy capacitados y expertos. Las excursiones se pueden reservar en cualquier hotel de Habaguanex.

Conservación (desde 20 CUC). Un circuito por los proyectos sociales pioneros de La Habana Vieja, entre ellos una casa de convalecencia y una cooperativa de costura, financiados con dinero proveniente del turismo.

Arquitectura (desde 20 CUC). Este circuito recorre, parte a pie y parte en coche, el impresionante conjunto de arquitectura ecléctica de La Habana.

Arte y Color (12 CUC). El viajero aprenderá sobre los pintores cubanos y visitará galerías de arte y las dos sedes del Museo Nacional de Bellas Artes.

Religión (desde 22 CUC). Un vistazo a algunas de las iglesias renovadas de La Habana y a los misteriosos ritos de la santería, incluida la visita al barrio de Regla.

Pablo Rodríguez CASA PARTICULAR $
(plano p. 76; ☎861-2111; pablo@sercomar.telemar.cu; Compostela nº 532, entre Brasil y Muralla; 30 CUC) Un encantador clásico colonial, con algunos frescos originales parcialmente expuestos en las paredes. En cualquier otro lugar valdría millones, pero aquí se puede alquilar una de las tres respetables habitaciones de Pablo (una con baño y dos con baño privado pero separados), ventilador y nevera por 30 CUC por noche.

Mesón de la Flota HOTEL $$
(plano p. 76; ☎863-3838; Mercaderes nº 257, entre Amargura y Brasil; i/d 88/145 CUC desayuno incl.;) Este hotel, el más pequeño de La Habana Vieja, es una antigua taberna española decorada con motivos marítimos y situada a tiro de piedra de la Plaza Vieja. Ofrece cinco habitaciones personalizadas con todas las comodidades y servicios modernos. En el concurrido restaurante sirven deliciosas tapas.

★ **Hotel Los Frailes** HOTEL HISTÓRICO $$$
(plano p. 76; ☎862 9383; Brasil nº 8, entre Oficios y Mercaderes; i/d 88/145 CUC; @) No hay nada de austero en Los Frailes, a pesar de su temática monástica (el personal viste hábitos con capucha) inspirada en el cercano convento de San Francisco de Asís. Este es el tipo de hotel al que el viajero espera volver al final de un largo día para descansar en amplias e históricas habitaciones vestido con una bata estilo monje y la luz de las velas centelleando en las paredes.

En el recibidor se instala un cuarteto de viento cuyos músicos son tan buenos que suelen atraer a los grupos de turistas que pasan por allí.

★ **Hostal Conde de Villanueva** HOTEL $$$
(plano p. 76; ☎862-9293; Mercaderes nº 202; i/d 108/175 CUC; @) Si el viajero quiere tirar la casa por la ventana con una noche de lujo en La Habana, hará bien en hacerlo en esta laureada joya colonial. Restaurado bajo la atenta mirada del Historiador de la Ciudad, a finales de la década de 1990, el Villanueva fue transformado de majestuosa mansión urbana a hotel concienzudamente decorado con nueve habitaciones distribuidas alrededor de un patio interior. En las *suites* de arriba hay ventanas de vitral, arañas, esculturas y (en una de ellas) bañera de hidromasaje.

Hotel San Felipe y Santiago de Bejucal HOTEL $$$
(plano p. 76; ☎864-9191; Oficios esq. Amargura; i/d 150/240 CUC; @) El barroco cubano se une con el minimalismo moderno en la nueva creación de Habaguanex, y los resultados son asombrosos. Con 27 habitaciones distribuidas en seis plantas en la plaza de San Francisco de Asís, este lugar demuestra que la obra de Habaguanex mejora cada día.

Hotel Florida HOTEL $$$
(plano p. 76; ☎862-4127; Obispo nº 252; i/d 108/175 CUC desayuno incl.; @) Un gran espectáculo arquitectónico construido en el más puro estilo colonial, con arcos y columnas alrededor de un sugerente patio central. Habaguanex ha restaurado el edificio de 1836 con gran atención al detalle: las habitaciones, generosamente amuebladas, conservan sus techos altos originales y sus maravillosos y lujosos acabados. Cualquiera con un vago interés en el legado arquitectónico de Cuba querrá visitar esta joya colonial, complementada con un elegante café y un concurrido bar nocturno (a partir de las 20.00).

Hotel Raquel HOTEL $$$
(plano p. 76; ☎860-8280; Amargura esq. San Ignacio; i/d 108/175 CUC; @) El edificio de este hotel es un deslumbrante palacio de 1908 (antaño un banco) que corta la respiración con sus presuntuosas columnas, elegantes estatuas de mármol y el intrincado techo de vidrio tintado. Laboriosamente restaurado en el 2003, la propia recepción es un lugar de interés turístico, repleta de antigüedades de valor incalculable y florituras *art nouveau*. Detrás de su impresionante arquitectura, ofrece habitaciones agradables (aunque ruidosas), un pequeño gimnasio/sauna, personal amable y una céntrica ubicación.

Hotel Santa Isabel HOTEL $$$
(plano p. 76; ☎860-8201; Baratillo nº 9; i/d 150/240 CUC desayuno incl.; @) Considerado uno de los mejores hoteles de La Habana y uno de los más antiguos (fue inaugurado en 1867), se encuentra en el palacio de los Condes de Santovenia, antigua casa de un decadente conde español. En 1998 esta belleza barroca de tres pisos se elevó a la categoría de cinco estrellas y la factura está casi justificada. Las 17 habitaciones estándar rebosan encanto y están decoradas con atractivo mobiliario colonial español y cuadros de artistas cubanos contemporáneos. El expresidente de EE UU

Jimmy Carter se alojó en este hotel durante su histórica visita en el 2002.

Hostal Valencia HOTEL $$$
(plano p. 76; ☎867-1037; Oficios nº 53; i/d 108/175 CUC desayuno incl.; ❄@) Está decorado como una posada española y cuenta con un concurrido restaurante de paella. Uno casi puede ver los fantasmas de Don Quijote y Sancho Panza flotando por los pasillos. Situado en pleno núcleo histórico y siendo una de las opciones más económicas de la gama Habaguanex, este hotel es una excelente elección, con buen servicio y mucho ambiente.

Hostal Palacio O'Farrill HOTEL $$$
(plano p. 76; ☎860-5080; Cuba nº 102-108, entre Chacón y Tejadillo; i/d 108/175 CUC; ❄@) Uno de los hoteles de época más impresionantes de La Habana, este palacio colonial fue propiedad de don Ricardo O'Farrill, un empresario cubano del azúcar descendiente de una familia de nobles irlandeses. El patio del s. XVIII está lleno de plantas, el segundo piso, añadido en el s. XIX, cuenta con fastuosos toques neoclásicos, y la última planta, del s. XX, se fusiona perfectamente con la magnífica arquitectura de abajo.

Hostal Beltrán de la Santa Cruz HOTEL $$$
(plano p. 76; ☎860-8330; San Ignacio nº 411, entre Muralla y Sol; i/d 88/145 CUC desayuno incl.; ❄@) Excelente ubicación, personal amable y mucha autenticidad hacen de este hotel junto a la Plaza Vieja una combinación ganadora. Albergado en un edificio del s. XVIII y con solo 11 habitaciones espaciosas, la intimidad está garantizada y el servicio es ensalzado por viajeros y críticos.

Hotel Ambos Mundos HOTEL $$$
(plano p. 76; ☎860-9529; Obispo nº 153; i/d 108/175 CUC; ❄@) Refugio de Hemingway en La Habana, es donde escribió el clásico *Por quién doblan las campanas* (lectura de cabecera de Castro durante la guerra en las montañas). Esta institución es parada obligatoria para los entusiastas del escritor norteamericano. Las habitaciones pequeñas (algunas sin ventanas) sugieren precios inflados, pero el bar del vestíbulo es un clásico (sígase la romántica melodía del piano) y tomar unas copas en el restaurante de la azotea uno de los mejores caprichos que pueden satisfacerse en la ciudad.

Hotel el Comendador HOTEL $$$
(plano p. 76; ☎867-1037; Obrapía esq. Baratillo; i/d. 108/175 CUC desayuno incl.; ❄@) Ubicado en el barrio histórico, El Comendador ofrece exquisito alojamiento colonial a un precio excelente.

Centro Habana

★ **Hostal Peregrino** CASA PARTICULAR $
(plano p. 88; ☎861-8027; www.hostalperegrino.com; Consulado nº 152, entre Colón y Trocadero; i/d/tr 30/35/40 CUC; ❄) Julio Roque es un pediatra que, junto con su esposa Elsa, ha ampliado su antigua casa de dos habitaciones en una red de alojamientos cada vez mayor. Su sede central, el Hostal Peregrino, ofrece tres habitaciones a tan solo una manzana de Prado con otros dos apartamentos de dos camas disponibles unas pocas puertas más allá. Julio y Elsa son muy amables y son minas de información.

Algunos servicios adicionales incluyen: recogida en el aeropuerto, internet, lavandería y coctelería. La familia ofrece otros dos lugares (uno en La Habana Vieja y otro en la calle Lealtad) que se pueden reservar en el mismo número.

★ **Casa 1932** CASA PARTICULAR $
(plano p. 88; ☎863-6203, 05-264-3858; www.casahabana.net; Campanario 63, entre San Lázaro y Lagunas; ⏲ 20-35 CUC; ❄) El carismático Luis Miguel es un fanático del *art déco* que ofrece su casa como confortable alojamiento privado y museo de los años treinta cuando su estilo arquitectónico favorito estaba en boga. Objetos de colección como viejos letreros, espejos, juguetes, muebles y vidrieras, harán sentir al viajero como en una película de Clark Gable. Las tres habitaciones y los servicios son también excelentes.

Es imprescindible no perderse los panqueques y la mantequilla de cacahuete del desayuno, y contratar con Luis Miguel un circuito de arquitectura *art déco* por la ciudad.

Casa Amada CASA PARTICULAR $
(plano p. 88; ☎862-3924; www.casaamada.net; Lealtad nº 262 Altos, entre Neptuno y Concordia; ⏲ 25-30 CUC; ❄) Una casa enorme con atentos anfitriones que ofrecen cuatro habitaciones con baño y una terraza comunitaria en la azotea. Un balcón vallado en la parte frontal tiene vistas a la cinematográfica vida callejera de Centro Habana.

Casa 1940 CASA PARTICULAR $
(plano p. 88; ☎863-6203; San Lázaro nº 409; 25-30 CUC; ❄) La casa tiene mobiliario que data de la era en la que el estilo *art déco* dio paso al modernismo.

Esther Cardoso CASA PARTICULAR $
(plano p. 88; ☎862-0401; esthercv2551@cubarte.cult.cu; Águila nº 367, entre Neptuno y San Miguel; 30-35 CUC) Esther es actriz (bastante conocida en La Habana), y este lugar brilla como un oasis en el desvencijado desierto de Centro Habana, con su decoración con gusto, llamativos carteles, inmaculados cuartos de baño y una espectacular terraza en el tejado. Conviene reservar con antelación ya que es muy conocido.

Eumelia y Aurelio CASA PARTICULAR $
(plano p. 88; Consulado nº 157, entre Colón y Trocadero; 25-30 CUC; ❄) Esta bonita casa cerca de El Prado ofrece baños completamente nuevos, minibar y aire acondicionado con mando digital en sus dos habitaciones con terraza compartida.

Lourdes Cervantes CASA PARTICULAR $
(plano p. 88; ☎879-2243; lourdescervantesparades@yahoo.es; Calzada de la Infanta nº 17, entre 23 y Humboldt; 25-30 CUC; ❄) En el límite entre Vedado y Centro Habana, a tiro de piedra del Hotel Nacional, este apartamento en un primer piso ofrece dos grandes habitaciones con balcón. El baño es amplio pero compartido.

Casa de Lourdes y José CASA PARTICULAR $
(plano p. 88; ☎863-9879; Águila 168B, entre Ánimas y Trocadero; 25 CUC; ❄) Recomendada por los lectores, está situada en el medio de Centro Habana, tiene habitaciones con baño, y sus desayunos son ideales para ponerse en marcha.

Dulce Hostal-Dulce María González CASA PARTICULAR $
(plano p. 88; ☎863-2506; Amistad nº 220, entre Neptuno y San Miguel; 20 CUC; ❄) Dulzura y amabilidad es lo que irradia esta bonita casa colonial con suelos de baldosas, techos altos y una gregaria y servicial propietaria.

Hotel Lincoln HOTEL $
(plano p. 88; ☎862-8061; av. de Italia, entre Virtudes y Ánimas; i/d 24/38 CUC; ❄) Este gigante de nueve plantas en la ajetreada Galiano (av. de Italia) era el segundo edificio más alto de La Habana cuando fue construido en 1926. Eclipsado por construcciones más altas, cuenta con 135 habitaciones con aire acondicionado, cuarto de baño y TV en un ambiente más propio de la década de 1950 que de la segunda década del 2010. El hotel se hizo famoso en 1958 cuando el Movimiento del 26 de Julio de Castro secuestró al piloto de automovilismo campeón del mundo Juan Manuel Fangio la víspera del Gran Premio de Cuba. Un pequeño 'museo' en la octava planta da cuenta del acontecimiento para la posteridad. Por lo demás, las instalaciones están pasadas de moda.

Hotel Caribbean HOTEL $
(plano p. 88; ☎860-8233; paseo de Martí nº 164, entre Colón y Refugio; i/d 31/50 CUC; ❄) Económico pero no siempre alegre, este hotel ofrece una lección sobre cómo no hay que decorar. Las habitaciones son algo oscuras y pequeñas. Solo para los cazadores de gangas.

Hotel Park View HOTEL $$
(plano p. 88; Colón nº 101; i/d 59/95 CUC; ❄@) Construido en 1928 con dinero de EE UU, su reputación como un hermano pobre del Sevilla no está enteramente justificada. Solo su ubicación (a tiro de piedra del Museo de la Revolución) basta para considerarlo una opción viable. Si se renuncia a amables porteros, modernas instalaciones y un tranquilo restaurante en el séptimo piso, se puede considerar una curiosa opción de precio medio. Añádanse porteros amables, mobiliario moderno y un restaurante en la 7ª planta perfectamente dispuesto y el resultado es un hotel de precio medio con tarifas de ganga.

Hotel Deauville HOTEL $$
(plano p. 88; ☎866-8812; av. de Italia nº 1, esq. Malecón; i/d/tr 52/72/103 CUC; P❄@≋) Un clásico del Malecón, este antiguo antro de juego de la mafia no cuadra mucho con las espectaculares vistas. Actualmente de color azul marino y mostrando los corrosivos efectos del mar, sus servicios (cambio de moneda y alquiler de coches) y su restaurante a precios razonables gozan de mucha aceptación entre los turistas de presupuesto medio. Los viajeros independientes expertos se alojan en las casas particulares.

★ **Hotel Iberostar Parque Central** HOTEL $$$
(plano p. 88; ☎860-6627; www.iberostar.com; Neptuno, entre Agramonte y paseo de Martí; i/d 200/300 CUC; P❄@≋) Si el viajero tiene debilidad por frecuentar los vestíbulos de los hoteles caros para disfrutar de un mojito, este es el

lugar adecuado. Reservar una habitación es otro asunto. Fuera de los dos Meliá, el Iberostar es, sin duda, el mejor hotel internacional de La Habana, con unos servicios equiparables a los hoteles de cinco estrellas de otras zonas del Caribe. Quizá el vestíbulo y las habitaciones (decoradas con clase) no tengan la riqueza histórica de los establecimientos de Habaguanex, pero el ambiente no es precisamente soso. Cuenta, entre otras instalaciones, con centro de negocios totalmente equipado, piscina/centro de *fitness/jacuzzi* en la azotea, un elegante bar en el vestíbulo, el famoso restaurante El Paseo y excelentes conexiones de teléfono e internet. Dos de las habitaciones son accesibles en silla de ruedas. En el 2009, el Parque Central abrió una nueva ala incluso más ostentosa enfrente de la calle Virtudes, conectada al resto del hotel mediante un túnel subterráneo. Además de habitaciones de vanguardia, la incorporación cuenta con un lujoso restaurante, un café y una zona de recepción.

Hotel Terral HOTEL-BOUTIQUE $$$

(plano p. 88 ; ☎860-2100; Malecón esq. Lealtad; i/d 108/175 CUC; ❄@) Hotel-*boutique* en el mismo Malecón construido y gestionado por la oficina del Historiador de la Ciudad, aunque no se trata de un hotel histórico. Ofrece 14 habitaciones chic con vistas al mar, de líneas puras y minimalistas. Un sinuoso café-bar con ventanales en la planta de abajo ofrece atractivos sofás y buen café.

Hotel Saratoga HOTEL $$$

(plano p. 88; ☎868-1000; paseo de Martí nº 603; i/d 225/310 CUC; P❄@) Una obra de arte que se alza imponente en el cruce de Prado y Dragones con fantásticas vistas al Capitolio. El servicio eficiente es una característica distintiva de este hotel, al igual que las comodísimas habitaciones, las duchas de presión y una espectacular piscina en la azotea. Obviamente, todo este lujo tiene un precio. El Saratoga es el hotel más caro de La Habana, y aunque las instalaciones impresionan el servicio no termina de estar a la altura de otros hoteles algo más baratos.

Hotel Sevilla HOTEL $$$

(plano p. 88; ☎860-8560; Trocadero nº 55, entre paseo de Martí y Agramonte; i/d 150/210 CUC desayuno incl.; P❄@) Al Capone alquiló la sexta planta entera en una ocasión, Graham Greene utilizó la habitación 501 como escenario de su novela *Nuestro hombre en La Habana*, y la mafia lo ocupó como centro de operaciones de su negocio estadounidense de las drogas. Actualmente dirigido conjuntamente con el grupo francés Sofitel, el Sevilla rezuma historia como lo acreditan las incontables fotografías en blanco y negro de antiguos clientes famosos. Las habitaciones son espaciosas y tienen camas cómodas. El ostentoso vestíbulo parece haber sido arrancado directamente de la Alhambra.

Hotel Telégrafo HOTEL $$$

(plano p. 88; ☎861-4741, 861-1010; paseo de Martí nº 408; i/d 108/175 CUC; ❄@) Está en la esquina noroeste del Parque Central. En este hotel de atrevido color azul marino de Habaguanex coexisten características arquitectónicas tradicionales (el edificio original data de 1888) con detalles de diseño futurista, como sofás plateados, una enorme escalera de caracol central y un intrincado mosaico de baldosas estampado en la pared del café. Las habitaciones son igualmente fantásticas.

Hotel Inglaterra HOTEL $$$

(plano p. 88; ☎860-8595; paseo de Martí nº 416; i/d 96/154 CUC; P❄@) Antaño fue el hotel preferido de José Martí, lo que dice algo sobre su actual estado. A pesar de su reciente renovación, continúa siendo un sitio mejor para pasearse que para alojarse. Su exquisito recibidor de estilo morisco y su interior colonial eclipsan claramente las deslucidas y normalmente habitaciones sin vistas.

El bar de la azotea es muy frecuentado, y el vestíbulo, un hervidero de actividad en el que siempre hay música en directo. Cuidado con las calles de los alrededores, ya que están llenas de timadores dispuestos a abalanzarse sobre el viajero.

El Vedado

★ **Marta Vitorte** CASA PARTICULAR $

(plano p. 94; ☎832-6475; martavitorte@hotmail.com; calle G nº 301 apt 14, entre calles 13 y 15; 35-40 CUC; P❄) Marta vive en este sinuoso apartamento de la av. los Presidentes desde la década de 1960, y viendo la terraza con vistas panorámicas de 270º de La Habana no es difícil comprender por qué, ya que uno tiene la impresión de estar en lo alto del monumento a Martí. Evidentemente, las cuatro habitaciones son lujosas y cuentan con bonitos muebles, minibar y caja fuerte. Y luego está el desayuno, la lavandería, las plazas de aparcamiento, el conserje... También alquila un apartamento independiente con garaje cerca de allí (de 70 CUC a 80 USD).

Flora y Osvaldo CASA PARTICULAR $
(plano p. 94; ☎833-9151; calle B nº 705, entre Zapata y 29; 25-30 CUC;) No hay que hacer caso de su ubicación poco céntrica. Esta casa palaciega independiente con dos modernas habitaciones justifica el viaje. La plaza de la Revolución está casi a la vuelta de la esquina y sus dueños han sido muy recomendados por los lectores.

Mercedes González CASA PARTICULAR $
(plano p. 94; ☎832-5846, 52-91-76-85; mercylupe@hotmail.com; calle 21 nº 360 apt 2A, entre calles G y H; 30-35 CUC;) Mercedes, una de las anfitrionas más acogedoras de La Habana, viene muy recomendada por los lectores, por otros viajeros y otros propietarios de casas. Su encantadora casa *art déco* es el clásico apartamento de El Vedado con dos maravillosas habitaciones, una terraza y excelente servicio.

Eddy Gutiérrez Bouza CASA PARTICULAR $
(plano p. 94; ☎832-5207; calle 21 nº 408, entre calles F y G; 30 CUC; P) Eddy es un fantástico anfitrión con grandes conocimientos sobre La Habana y, con los años, son muchos los viajeros que se han alojado en su enorme casa colonial. Cuenta con un jardín bien cuidado y un majestuoso exterior. Aparcado en el camino de entrada a la casa se encuentra su Dodge 1974 fabricado en Argentina. Los clientes se alojan en tres cómodas habitaciones en la parte trasera y una de ellas viene equipada con una pequeña cocina.

Nelsy Alemán Machado CASA PARTICULAR $
(plano p. 94; ☎832-8467; calle 25 nº 361 apt 1, entre calles K y L; 25 CUC) Nelsy es una de las dos propietarias de esta casa junto a la universidad y muy cerca del Hotel Habana Libre. Por su ubicación, es una de las mejores opciones de El Vedado: seguro pero cerca de donde está la acción.

Melba Piñada Bermúdez CASA PARTICULAR $
(plano p. 94; ☎832-5929; lienafp@yahoo.com; calle 11 nº 802, entre calles 2 y 4; 30 CUC) Esta villa de 100 años de antigüedad sería propiedad de un millonario en otro sitio. En La Habana, es una casa particular con dos grandes habitaciones y comidas aceptables.

Luis Suárez Fiandor CASA PARTICULAR $
(plano p. 94; ☎832-5213; calle F nº 510 Altos, entre calles 21 y 23; 35 CUC;) Otra opción limpia y segura en El Vedado, con amables anfitriones y dos habitaciones con cuarto de baño privado y una terraza que da a los desgastados tejados de La Habana.

Hotel Colina HOTEL $
(plano p. 94; ☎836-4071; calles L esq. calle 27; i/d 34/42 CUC; @) La opción económica más acogedora de El Vedado, con 80 habitaciones, situada frente a la universidad.

Hotel Bruzón HOTEL $
(plano p. 94; ☎877-5684; Bruzón nº 217, entre Pozos Dulces y av. de la Independencia; i/d 22/31 CUC;) Solo hay dos razones para alojarse en este lugar: si hay que tomar un autobús temprano (la terminal está a solo 400 m) o si no hay sitio en otra parte. Si no es así, sus claustrofóbicas habitaciones hacen que no merezca la pena.

Hotel Victoria HOTEL $$
(plano p. 94; ☎833-3510; calle 19 nº 101; i/d 70/90 CUC desayuno incl.; P@) Una opción muy solicitada en El Vedado, el diminuto edificio de cinco pisos es un respetable establecimiento del Gran Caribe ubicado dentro de un atractivo edificio neoclásico de 1928. Cuenta con piscina, bar y una pequeña tienda. Una muy buena opción de precio medio si se consigue habitación.

Hotel Paseo Habana HOTEL $$
(plano p. 94; ☎836-0808; calle 17 esq. calle A; i/d 55/70 CUC;) El hotel no está en el Paseo si no una manzana hacia el este en la esquina de la calle A. Si se puede pasar por alto ese detalle y otro par de debilidades (poca presión en el agua, falta de apliques de luz) es un verdadero chollo. El viajero puede relajarse en una de las mecedoras de la terraza y contar lo que se ha ahorrado.

Hotel Vedado HOTEL $$
(plano p. 94; ☎836-4072; calle O nº 244, entre calles 23 y 25; i/d 46/73 CUC; @) Muy popular entre los grupos de viajeros en autobús, sus renovaciones frecuentes no terminan de pasar la barrera de las tres estrellas, a pesar de una piscina correcta (raro en La Habana), un restaurante pasable y habitaciones agradables.

Pero el servicio irregular, el vestíbulo siempre ruidoso y la total ausencia de personalidad hacen que uno se pregunte si no estaría mejor en una casa particular por la mitad de precio.

Hotel St John's HOTEL $$

(plano p. 94; ☎833-3740; calle O nº 216, entre calles 23 y 25; i/d 46/73 CUC desayuno incl.;) Una opción entre justa y media en El Vedado, cuenta con una piscina en la azotea, baños limpios, camas razonables y el concurrido club nocturno Pico Blanco en el piso 14. Si las discotecas donde vibran las paredes no son del gusto del viajero es mejor buscar un hotel más tranquilo con precios similares.

Hotel Nacional HOTEL $$$

(plano p. 94; ☎836-3564; calle O esq. calle 21; i/d 132/187 CUC; P) Buque insignia de la cadena gubernamental Gran Caribe y de arquitectura neoclásica, neocolonial y *art déco,* este hotel es un monumento urbano y hotel internacional a la vez. Incluso si el viajero no dispone del suficiente dinero para alojarse, lo más probable es que acabe sorbiendo al menos un mojito en su exquisito bar. Repleto de historia y con placas en las habitaciones que dan detalles de antiguos ocupantes, este emblemático lugar de La Habana exhibe dos piscinas, un amplio y cuidado césped, dos lujosos restaurantes y su propio cabaré de noche, el Parisién. Aunque las habitaciones quizá no tengan artilugios, las ostentosas zonas comunes y los viejos fantasmas de Winston Churchill, Frank Sinatra, Lucky Luciano y Errol Flynn, que hacen su aparición en el vestíbulo morisco logran que la experiencia sea inolvidable.

Hotel Meliá Cohiba HOTEL $$$

(plano p. 94; ☎833-3636; Paseo, entre calles 1 y 3; i/d 235/280 CUC; P) El hotel más fino y de mejor calidad de Cuba es un gigante de cemento al borde del océano construido en 1994 (es el único edificio de esa época en el Malecón) que satisfará las más altas expectativas por su personal serio y profesional y sus modernas y relucientes instalaciones. Después de unas semanas por el interior de Cuba, el viajero sentirá que está en un planeta distinto.

Para los adictos al trabajo hay habitaciones especiales para los viajeros de negocios y 59 habitaciones con *jacuzzi*. En las plantas inferiores hay un centro comercial, uno de los gimnasios más elegantes de la ciudad y el siempre concurrido Habana Café.

Hotel Habana Libre HOTEL $$$

(plano p. 94; ☎834-6100; calle L, entre calles 23 y 25; d/ste 204/240 CUC desayuno incl.; P) El hotel más grande y audaz de La Habana fue inaugurado en marzo de 1958, la víspera de la caída de Batista. Antaño miembro de la cadena Hilton, en enero de 1959 fue tomado por los rebeldes castristas, que pusieron sus botas sobre el elegante mobiliario y lo convirtieron en su cuartel general temporal. Actualmente gestionado por la cadena española Meliá como hotel Tryp urbano, este gigante cuenta con 574 habitaciones de estándar internacional. Los mostradores de circuitos en el vestíbulo son útiles para excursiones fuera de la ciudad y el Cabaret Turquino en la planta 25 es una institución en la ciudad.

Hotel Riviera HOTEL $$$

(plano p. 94; ☎836-4051; Paseo esq. Malecón; i/d 63/106 CUC desayuno incl.; P) El palacio estilo Las Vegas de Meyer Lansky ha vuelto a ponerse de moda con su fabuloso vestíbulo retro, casi inalterado desde 1957 (cuando era la máxima expresión de modernidad). No es difícil imaginarse a los viejos jefes de la mafia reunidos aquí con sus Cohiba y sus Chevrolets aparcados fuera. El problema para el viajero moderno son las habitaciones (354 en total) que, aunque lujosas hace cincuenta años, están hoy algo desgastadas y no terminan de justificar su alto precio. La fabulosa piscina de estilo de la década de 1950, un puñado de buenos restaurantes y el legendario Cabaret Copa Room, mucho más económico que el Tropicana, mitigan el carácter lúgubre del sitio. Su ubicación en un tramo virgen del Malecón salpicado por las olas es espectacular, si bien algo alejado del centro histórico en autobús o en taxi.

Hotel ROC Presidente HOTEL $$$

(plano p. 94; ☎55-18-01; Calzada esq. calle G; i/d 90/140 CUC; P) Totalmente restaurado en el 2000, este hotel de influencia *art déco* no estaría fuera de lugar en una calle junto a Times Sq, en Nueva York. Construido el mismo año que el Victoria (1928), el Presidente es similar pero más grande y con un personal más brusco. Salvo que al viajero no le importe caminar o utilizar el abarrotado sistema de autobuses de La Habana, su ubicación es algo alejada.

Dónde comer

La Habana Vieja

Es donde se encuentra el mayor número de restaurantes dirigidos por el Gobierno, casi todos llevados diligentemente por Habaguanex, el organismo del Historiador de la Ciudad. Además de cocina criolla, hay aceptables establecimientos étnicos (italianos, árabes y chinos), aunque llevados principalmente por cubanos. Los paladares de La Habana Vieja son de los más pretenciosos de la ciudad, y normalmente se ubican en lujosas casas coloniales.

Café Lamparilla INTERNACIONAL $

(plano p. 76; Lamparilla, entre Mercaderes y San Ignacio; ⌚12.00-24.00) Eternamente famoso, llena la calle empedrada con sus mesas al aire libre. La forma más segura de hacerse con un sitio es en el sinuoso y refinado bar de estilo *art déco*. Son muchos quienes se pasan para tomar una cerveza o un cóctel pero la comida es sorprendentemente buena y económica.

Café Santo Domingo CAFÉ $

(plano p. 76; Obispo nº 159, entre San Ignacio y Mercaderes; ⌚9. 00-21.00) Acurrucado encima de la mejor panadería de La Habana Vieja y dentro de uno de sus edificios más antiguos, este tranquilo café es aromático y muy económico. Se pueden degustar deliciosos batidos de fruta, un enorme sándwich especial o tartas con una taza de café con leche.

Cafetería Torre la Vega CARIBEÑA $

(plano p. 76; Obrapía nº 114A, entre Mercaderes y Oficios; ⌚9. 00-21.00) Aquí se dejan caer exhaustos muchos de los que participan en circuitos turísticos. Goza de una situación ideal en pleno casco antiguo, con mesas en la calle que llegan hasta un pequeño parque enfrente. Con los ojos clavados en sus guías, los clientes mastican espaguetis boloñesa, *pizza*, pollo y bocadillos nada caros.

Hanoi INTERNACIONAL $

(plano p. 76; Brasil esq. Bernaza; ⌚12.00-23.00) El viajero no encontrará rollitos de primavera al estilo Saigón sino cocina criolla, con un par de platos a base de arroz frito para justificar el nombre, más bien engañoso. El Hanoi, que ocupa el único edificio totalmente restaurado en la nada turística plaza del Cristo, es popular entre los mochileros y la clientela extranjera suele tener la vista pegada a una guía de viaje.

Restaurante Puerto de Sagua PESCADO Y MARISCO $

(plano p. 76; av. de Bélgica nº 603; ⌚12.00-24.00) Restaurante con temática náutica en la zona sur más tosca de La Habana Vieja, caracterizado por sus pequeñas ventanas estilo ojo de buey. Básicamente sirven pescado a precios razonables.

★ Doña Eutimia CUBANA $$

(plano p. 76; Callejón del Chorro 60c; principales 7-9 CUC) El secreto de este nuevo paladar es que no hay secreto. Solo sirve raciones decentes de increíblemente sabrosa comida cubana (la ropa vieja –ternera en tiras– y el picadillo, merecen una mención especial) en un bonito lugar junto a la catedral y con precios altamente razonables.

Mama Inés CUBANA $$

(plano p. 76; ☎862-2669; Obrapía nº 62; principales 8-11 CUC) Fidel Castro, Jane Fonda, Jack Nicholson, Jimmy Carter, Hugo Chávez; el chef de cocina, Erasmo, ha cocinado para diversos famosos 'de izquierdas'. Uniéndose a la revolución culinaria, recientemente ha desembarcado en el mundo de los paladares con un restaurante en una fabulosa casa colonial al lado de la calle Oficios. Erasmo impresiona con finas interpretaciones de lo que mejor hacen los cubanos: ropa vieja, gambas rebozadas y cerdo asado, a unos precios asequibles no solo para famosos.

Nao Bar Paladar PESCADO $$

(plano p. 76; ☎867-3463; Obispo nº 1; principales 6-12 CUC) Nº 1 en la principal avenida de La Habana, y no muy lejos en su *ranking* de restaurantes, Nao abrió en marzo del 2012 en un edificio de 200 años cerca de los muelles que reflejan su temática marítima. El piso de arriba es bueno para platos principales (domina el marisco), y el bar de abajo con terraza es estupendo para tentempiés y las que deben ser las mejores *baguettes* calientes de Cuba. Se recomienda la de jamón serrano.

Mesón de la Flota TAPAS $$

(plano p. 76; Mercaderes nº 257, entre Amargura y Brasil; tapas 3-6 CUC) Este bar-restaurante de tapas con temas náuticos podría haberse transportado del barrio de Santa María en Cádiz. Las tapas incluyen garbanzos con chorizo, calamares y tortilla pero también hay platos principales a base de pescado. Para los amantes de la música, el verdadero atractivo son los tablaos de noche, cuya calidad rivaliza con la que puede verse en cualquier parte de Andalucía.

El Mercurio INTERNACIONAL $$

(plano p. 76; plaza de San Francisco de Asís; principales 5-10 CUC; ⌚24 h) Elegante café-restaurante para sentarse dentro o fuera, con máquinas

¡VIVA LA REVOLUCIÓN CULINARIA!

Adiós a las 'raciones de hierro', hola nueva cocina. En los últimos años, la gastronomía en La Habana ha entrado en un universo totalmente distinto, con un buen número de nuevos restaurantes privados que se benefician de las leyes más liberales que rigen a la empresa privada. En una ciudad en la que el racionamiento de los veteranos de la II Guerra Mundial traía recuerdos desagradables, los gastrónomos comparan recetas de caviar de berenjena y los talentosos chefs compiten por preparar el mejor pato a la naranja.

La clave radica en un ambiente de negocios más 'abierto'. Hasta el 2011, los paladares (restaurantes privados), legalizados por Fidel Castro en 1995, se enfrentaban a restricciones draconianas. El aforo de cada restaurante estaba limitado a 12 comensales, los impuestos eran altos y los propietarios solo podían servir platos mundanos como cerdo y pollo. Tras el arranque de nuevos restaurantes privados a mediados de los 90, muy poca gente pudo reunir los recursos para lanzarse a abrir un negocio y muchos de los existentes paladares se vieron obligados a cerrar; y cuando el vivo ejemplo de los paladares cubanos, La Guarida, cerró temporalmente en el 2009, el juego había terminado de verdad.

Todo cambió en enero del 2011, cuando las nuevas leyes de privatización de Raúl Castro marcaron el inicio de una época de 'extranjerismo' económico sin precedentes desde que los hombres con barba subieron al poder en 1959. Hoy, los restaurantes pueden acomodar hasta 50 comensales, contratar personal ajeno a la familia, y servir manjares desconocidos hasta entonces como langosta, carne de res, gambas y vino.

La creatividad culinaria, contenida durante décadas y reprimida por la falta de ingredientes durante el Período Especial, comenzó a florecer, y los sorprendidos turistas se dieron cuenta de que la más bien criticada comida cubana (arroz, alubias, tubérculos, plátano y el suculento cerdo asado) no era tan mala. Ansiosos por atraer a los gastrónomos extranjeros educados en el *risotto* italiano y el *foie-gras* francés, los chefs más atrevidos de La Habana empezaron a fusionar la típica comida criolla con infinidad de influencias extranjeras. Dejándose llevar por la experimentación, la capital abrió su primer restaurante de comida india (Bollywood), un fino paladar cubano-sueco (Casa Miglis) y cantidad de auténticos restaurantes italianos donde sirven pasta casera.

Aunque el fenómeno se ha extendido por todo el país, la explosión de paladares es más evidente en La Habana donde, en el 2013, se abrían nuevos establecimientos casi cada semana. Se puede probar literalmente el entusiasmo con la mezcla de cautelosamente ambiciosos bares de deportes, cafés, antros, locales elegantes y restaurantes familiares repartidos por la ciudad. El país está en medio de una revolución, pero esta vez es más por la comida que por Fidel.

para hacer capuchinos, íntimas cabinas y camareros de esmoquin donde sirven económicos almuerzos (sándwich cubano) y cenas más copiosas (langosta y *steak tartar*).

Al Medina ORIENTE MEDIO $$

(plano p. 76; Oficios nº 12, entre Obrapía y Obispo; principales 5-10 CUC; ⏲12.00-24.00; 🖉) Exótico restaurante idóneamente situado en uno de los edificios de la ciudad del s. XVII de estilo mudéjar. Escondido en un bonito patio junto a la calle Oficios, aquí se puede comer como un jeque marroquí a base de cuscús de cordero, tajín de pollo y *sumac* libanés con un toque especiado. Viene especialmente recomendado por su generoso plato vegetariano, con *hummus*, *tabule*, *dolma*, *pilaf* y *falafel*.

Restaurante La Dominica ITALIANA $$

(plano p. 76; O'Reilly nº 108; principales 10-18 CUC; ⏲12.00-24.00) Este lugar –con su *pizza* al horno de leña y pasta al dente– bien podría merecer el título de mejor restaurante italiano de La Habana. En un comedor elegantemente restaurado y mesas al aire libre en la calle O'Reilly, la carta ofrece típicos italianos mejorados con gambas y langosta. Grupos de música amenizan las comidas con un repertorio algo más variado que el del Buena Vista Social Club.

Restaurante La Paella ESPAÑOLA $$

(plano p. 76; Oficios esq. Obrapía; paella 10 CUC; ⏲mediodía-23.00) Famoso por su paella, este lugar integrado en el Hotel Valencia ofrece un ambiente auténtico y trata de emular a su equivalente plato español. La calidad de la comida es variable pero, los días buenos, el viajero terminará rascando el fondo de la paella con entusiasmo.

Restaurante El Patio CARIBEÑA $$
(plano p. 76; San Ignacio nº 54; comidas 15-20 CUC; ⌚12.00-24.00) Cuando los cazaturistas no están, este es uno de los lugares más románticos del planeta: los tallos de menta de los mojitos están prensados a la perfección y la orquesta irrumpe espontáneamente tocando la melodía preferida del viajero. El mejor momento para disfrutar de este lugar en la plaza de la Catedral es por la noche, cuando el ambiente es casi de otro mundo. La comida no está a la altura del entorno.

La Mina CARIBEÑA $$
(plano p. 76; Obispo nº 109, entre Oficios y Mercaderes; ⌚24 h) Con una carta mediocre pero en un excelente lugar, La Mina adorna una pintoresca esquina de la plaza de Armas, lo que hace que todos los turistas entren en algún momento. Los platos –exhibidos en un puesto en la calle flanqueado por un ejército de parlanchines camareros– incluyen pollo, cerdo y gambas cocinados de diferentes formas pero sin estilo. Al doblar la esquina en la calle Oficios hay una tentadora heladería.

La Torre de Marfil CHINA $$
(plano p. 76; Mercaderes nº 111, entre Obispo y Obrapía; ⌚12.00-22.00 lu-ju, 12.00-24.00 vi-do) ¿Dónde están los clientes? Uno siente lástima por este lugar. Perfectamente situado en la calle Mercaderes, con sonrientes camareros y un sugerente interior, siempre parece estar casi vacío. Pero si se sortea el interior desierto el viajero encontrará que los platos de *chop suey* y *chow mein* –cuando llegan– son frescos, crujientes y generosos.

★ Restaurante el Templete PESCADO Y MARISCO $$$
(plano p. 76; av. del Puerto nº 12; comidas 15-30 CUC; ⌚12.00-23.00) Toda una rareza en Cuba: un restaurante que podría competir con cualquier establecimiento de Miami ¡y encima llevado por el Gobierno! Su especialidad es el pescado: fresco, suculento y sencillamente cocinado. Es algo caro pero lo vale.

Paladar Los Mercaderes CUBANA $$$
(plano p. 76; ☎861-2437; Mercaderes nº 207; principales 10-17 CUC) Este nuevo restaurante en un edificio histórico tiene que ser uno de los más refinados paladares de Cuba por su ambiente, servicio y comida, cubana e internacional. Hay que subir una escalinata con pétalos de flores esparcidos hacia un lujoso comedor en un primer piso, donde tocan músicos y buenos platos internacionales combinan la carne con exóticas salsas. ¡Muy romántico!

Café del Oriente CARIBEÑA, FRANCESA $$$
(plano p. 76; Oficios 112; principales 20-30 CUC; ⌚12.00-23.00) De pronto La Habana se vuelve sofisticada cuando uno entra en este establecimiento de la plaza de San Francisco de Asís. Salmón ahumado, caviar, paté de hígado de oca, bisté a la pimienta, plato de quesos y una copa de oporto. Y los camareros van de esmoquin. Solo tiene un problema: el precio, pero ¡qué más da!

La Imprenta INTERNACIONAL $$$
(plano p. 76; Mercaderes nº 208; principales 10-15 CUC; ⌚12.00-24.00) Este restaurante de Habaguanex tiene un esplendoroso interior lleno de recuerdos de la antigua vida del edificio como imprenta. La comida no es tan espectacular pero el servicio es meticuloso y la carta ofrece desconocidas innovaciones cubanas como pasta al dente, platos creativos de pescado y marisco y buenos vinos.

Compra de alimentos

Harris Brothers SUPERMERCADO $
(plano p. 76; O'Reilly nº 526; ⌚9.00-21.00 lu-sa) El supermercado mejor surtido de La Habana Vieja vende de todo, desde pastas recién hechas hasta pañales. Junto al Parque Central. Abre hasta tarde.

Agropecuario Belén MERCADO $
(plano p. 76; Sol, entre Habana y Compostela) El mercado de los agricultores de la zona en La Habana Vieja.

Parque Histórico Militar Morro-Cabaña

Restaurante Los Doce Apóstoles CARIBEÑA $$
(plano p. 86; ⌚12.00-23.00) Algunos segmentos de las fortalezas se han convertido en buenos restaurantes y sugerentes bares, como este de debajo de El Morro. El nombre proviene de la batería de 12 cañones que hay en lo alto de sus murallas. El restaurante, mejor que el típico establecimiento del Gobierno, sirve comida criolla a buen precio.

Restaurante la Divina Pastora INTERNACIONAL $$$
(plano p. 86; ⏲12.00-23.00) Cerca de la Dársena de los Franceses y una batería de cañones del s. XVIII, se encuentra uno de los pesos pesados de la gastronomía cubana. Lejos de las férreas raciones de antaño, sirven pasta casera, tomates secos, verdura bañada en albahaca y excelente marisco. Y para rematarlo los camareros son atentos y cuentan con una amplia carta de vinos.

Paladar Doña Carmela CUBANA $$$
(plano p. 86; ☎867-7472; calle B nº 10; 15-35 CUC; ⏲12.00-23.00) Una opción de restaurante privado cerca de la fortaleza de La Habana que ofrece platos de calidad como el pulpo al ajillo y cerdo asado entero en horno de leña. Las mesas están distribuidas en un jardín muy agradable. Una buena opción para cenar antes o después del cañonazo.

Centro Habana

Centro ofrece menos sitios para comer que La Habana Vieja, aunque por su densa cuadrícula hay repartidos un montón de buenos paladares. Es recomendable buscar el Club Español llevado por el Centro Asturiano y adentrarse en la zona de restaurantes de la calle Cuchillo en el Barrio Chino.

Café Neruda INTERNACIONAL $
(plano p. 88; Malecón nº 203, entre Manrique y San Nicolás; ⏲11.00-23.00) Buey chileno a la barbacoa, pincho nerudiano, empanadillas chilenas... El pobre Pablo Neruda se revolvería en su tumba si este no fuera un lugar tan atractivo en el enmohecido Malecón. Se puede pasar una tarde poética viendo cómo rompen las olas.

Pastelería Francesa CAFÉ $
(plano p. 88; Parque Central nº 411; h8.00-23.00) Este café tiene todos los ingredientes de un clásico de los Campos Elíseos: una fabulosa ubicación en el Parque Central, camareros con chalecos y delicadas pastas colocadas en vitrinas. Pero el auténtico sabor francés se ve disminuido por el malhumorado personal y las jineteras que entran acompañadas para comprar cigarrillos y café cargado.

★ **Casa Miglis** SUECA $$
(plano p. 88; ☎864-1486; www.casamiglis.com; Lealtad nº 120, entre Ánimas y Lagunas; principales 6-12 CUC; ⏲12.00-1.00) En La Habana, hoy en día, hay un lugar para cada cosa, incluso comida de fusión cubano-sueca. Emergiendo de forma inverosímil de una cocina de los edificios deteriorados de Centro Habana, salen tostadas *skagen*, ceviche, cuscús, y la *crème de la crème*: albóndigas que se deshacen en la boca con puré de patata.

El dueño es sueco (claro está) y la decoración (marcos de fotos vacíos y sillas colgadas de la pared) tiene un toque minimalista de Ikea.

Castropol ESPAÑOLA $$
(plano p. 88; Malecón 107, entre Genios y Crespo; principales 6-12 CUC; ⏲6.00-24.00) Gestionado por la sociedad asturiana local, este lugar recientemente ampliado ha añadido a su salón del primer piso, donde el balcón ofrece vistas de ensueño a los 8 km de paseo marítimo de La Habana, mesas en la parte de abajo. Antaño frecuentado principalmente por cubanos, ha corrido la voz por su deliciosa y económica comida española y cubana.

Destacan la paella, los garbanzos fritos, las gambas en salsa agria y las generosas raciones de langosta a la plancha con mantequilla.

Los Nardos ESPAÑOLA $$
(plano p. 88; paseo de Martí nº 563; principales desde 4 CUC; ⏲12.00-24.00) Un secreto a voces enfrente del Capitolio pero fácil de pasar por alto (si no fuera por la cola). Los Nardos es un restaurante semiprivado operado por la Sociedad Asturiana. Promocionado como uno de los mejores restaurantes de la ciudad, su destartalado exterior promete poco pero la decoración con cuero y caoba y los deliciosos platos sugieren lo contrario.

La carta incluye langosta en salsa catalana, gambas al ajillo con verduras salteadas y auténtica paella española. Las raciones son enormes, el servicio es atento y los precios, para lo que se recibe, son alucinantemente baratos.

Flor de Loto CHINA $$
(plano p. 88; Salud nº 303, entre Gervasio y Escobar; principales 6-8 CUC) Generalmente está considerado el mejor restaurante chino de La Habana, como demuestra la cola que hay fuera. Camuflado debajo de las deterioradas fachadas de Centro Habana, sirve enormes raciones de langosta y arroz frito en salsa agridulce, entre otros.

Restaurante Tien-Tan CHINA $$
(plano p. 88; Cuchillo nº 17, entre Rayo y San Nicolás; principales desde 3 CUC; ⏲11.00-24.00) Una pa-

reja chino-cubana lleva uno de los mejores restaurantes chinos del Barrio Chino, donde sirven nada menos que 130 platos diferentes.

El viajero puede comer *chop suey* con verduras o pollo con anacardos sentado fuera en la abarrotada Cuchillo, una de las "calles de comida" más coloridas y que crece más rápidamente de La Habana.

Los Gijones ESPAÑOLA $$
(plano p. 88; paseo de Martí nº 309; principales desde 5 CUC; ⌚12.00-24.00) Música melancólica de Mozart hace que el viajero llore desconsoladamente mientras toma ropa vieja. Pero si se seca los ojos se encontrará con que está en el Centro Asturiano, cuyo comedor está frecuentado por un violinista residente.

Chi Tack Tong CHINA $$
(plano p. 88; Dragones nº 356, entre San Nicolás y Manrique; principales 6-9 CUC; ⌚12.00-24.00) Este lugar es famoso por ser uno de los pocos restaurantes económicos de La Habana donde no se oyen las palabras "no hay" al pedir la comida. La carta es algo limitada, pero las raciones enormes.

San Cristóbal CUBANA $$$
(plano p. 88; ☎867-9109; San Rafael, entre Campanario y Lealtad; principales 8-15 CUC; ⌚12.00-24.00) Aquí el viajero puede sentarse frente a un altar católico de santería flanqueado por fotos de Maceo y Martí y dar las gracias por la extraordinaria comida. Situado en medio de Centro Habana, el menú y la decoración comparten influencia cubana, africana y española. Hay que admirar las pieles de animales al estilo de Hemingway mientras se disfruta de un buen entrante de jamón serrano y seis quesos distintos.

Paladar la Guarida INTERNACIONAL $$$
(plano p. 88; ☎866-9047; Concordia nº 418, entre Gervasio y Escobar; ⌚12.00-15.00 y 19.00-24.00) En la última planta de un edificio totalmente desvencijado, el alto prestigio de este restaurante se debe al hecho de haber sido escenario de la película (*Fresa y chocolate* se rodó en este edificio) y a un puñado de excelentes reseñas de periódicos como el *The New York Times* y *The Guardian*. La comida figura entre la mejor de La Habana. Su cautivadora combinación de Nueva Cocina Cubana se refleja en platos como lubina en reducción de coco y pollo con miel y salsa de limón. Es imprescindible reservar.

Compra de alimentos

Supermercado Isla de Cuba SUPERMERCADO $
(plano p. 88; Máximo Gómez esq. Factoría; ⌚10.00-18.00 lu-sa, 9.00-13.00 do) En el lado sur del parque de la Fraternidad, venden yogur, cereales, pasta, etc. El viajero debe dejar su bolsa en la consigna, a la derecha de la entrada.

Almacenes Ultra SUPERMERCADO $
(plano p. 88; av. Simón Bolívar nº 109; ⌚9.00-18.00 lu-sa, 9.00-13.00 do) Un supermercado aceptable en Centro Habana, en la esquina de Rayo, cerca de la avenida de Italia.

La Época SUPERMERCADO $
(plano p. 88; av. de Italia esq. Neptuno; ⌚9.00-21.00 lu-sa, 9.00-12.00 do) Centro comercial donde se paga en convertibles con un supermercado en el sótano. Hay que dejar la bolsa en la consigna de la entrada.

Mercado Agropecuario Egido MERCADO $
(plano p. 76; av. de Bélgica, entre Corrales y Apodaca) Productos frescos en este mercado no controlado por el Gobierno.

El Vedado

La escena culinaria de El Vedado se ha transformado en los tres últimos años gracias a nuevos paladares.

Toke Infanta y 25 TENTEMPIÉS $
(plano p. 94; Infanta esq. calle 25; tentempiés 2-4 CUC; ⌚7.00-24.00) Lujoso, profesional, minimalista, económico y sobre todo sabroso, el nuevo Toke es una historia de éxito en La Habana que tenía que suceder. Llena el enorme espacio entre los sosos locales gubernamentales y los más formales paladares. Se encuentra rodeado de los edificios magullados de la Calzada de la Infanta en el límite entre El Vedado y Centro Habana atrayendo galantes habaneros (y turistas) por sus excelentes hamburguesas y *brownies* de chocolate.

La Chuchería TENTEMPIÉS $
(plano p. 94; calle 1, entre calles C y D; tentempiés 2-7 CUC; ⌚7.00-24.00) Aferrado a su situación cerca del Malecón, este elegante nuevo bar de deportes propiedad de un comediante cubano, parece que hubiera flotado por los estrechos desde Florida como retornando del exilio. Su reducido interior con sillas de plástico transparente y pantallas de plasma mostrando el último partido ganado de Messi, demuestra cómo la línea entre socialismo y capitalismo cada vez es más borrosa.

Hay que olvidarse de política temporalmente mientras se contemplan los aderezos de *pizza* y los batidos de helado, tan densos, que se sujeta una pajita encima de ellos.

Waoo Snack Bar TENTEMPIÉS $
(plano p. 94; calle L nº 414, esq. calle 25; tentempiés 2-4 CUC; ⌚12.00-24.00) Impresiona de verdad con su barra revestida de madera. Está ubicado cerca de las calles 23 y L (el metafórico punto G de El Vedado) y ofrece platos rápidos que el viajero seguro quiere saborear: fino *carpaccio*, platos de queso y café con postres de acompañamiento.

Dulcinea PANADERÍA $
(plano p. 94; calle 25 nº 164, entre Infanta y calle O; ⌚8.00-24.00) Antaño parte de la pequeña pero preciada cadena Pain de París, esta pastelería y panadería sigue teniendo buenos pasteles, café y espacio para sentarse. Hay una sucursal 24 h (plano p. 94) en Línea, junto al cine Trianón.

Café TV COMIDA RÁPIDA $
(plano p. 94; calles N esq. calle 19; ⌚10.00-21.00) Escondido en el Edificio Focsa, este café con temática televisiva es un animado lugar para cenar recomendado por los entendidos por su comida a buen precio y divertidas noches cómicas. Si el viajero está dispuesto a lidiar con el gélido aire acondicionado y con el túnel de la entrada más bien siniestro disfrutará de hamburguesas, ensaladas, pasta y pollo *cordon bleu*.

Cafetería Sofía COMIDA RÁPIDA $
(plano p. 94; calle 23 nº 202; ⌚24 h) Los juerguistas se topan con los madrugadores en esta institución abierta las 24 h en La Rampa (calle 23).

Infanta Cafetería HELADO $
(plano p. 88; calle 23 esq. Infanta, El Vedado; ⌚11.00-23.00) Helados increíblemente cremosos de sabores como café, leche condensada y ron y pasas. Se paga en convertibles.

Coppelia HELADERÍA $
(plano p. 94; calles 23 y L, El Vedado; ⌚10.00-21.30 ma-sa) Esta famosa heladería de La Habana ubicada en una estructura con forma de platillo volante en un parque de El Vedado es tan conocida por sus largas colas como por su helado. El viajero puede unirse a la fila y compartir mesa con los lugareños.

Bollywood INDIA **$$**
(plano p. 94; ☎883-1216; www.bollywoodhavana.com; calle 35 nº 1361, entre La Torre y 24; principales 6-11 CUC; ⌚12.00-24.00) El primer, y hasta ahora, único restaurante indio de Cuba es la idea de Cedric Fernando, un británico de padres de Sri Lanka que se ha propuesto convertir a los cubanos desconocedores de las especias al *tikka masala*, *roti* y otras delicias indias.

Situado en las afueras de Nuevo Vedado, merece el viaje en taxi (o a pie) especialmente por su delicioso pollo con mantequilla de sabor a almendras. La decoración es sutilmente asiática y el servicio da en el clavo, con el hablador Cedric sirviendo las mesas como un profesional.

Castas y Tal CUBANA **$$**
(plano p. 94; ☎833-1425; calle E 158B, entre 9 y Calzada; principales 5-8 CUC; ⌚12.00-19.00) Un acogedor paladar de estilo antiguo que hará sentir al viajero más como un invitado a una fiesta particular que como el símbolo del dólar en un restaurante. Situado en un apartamento en un onceavo piso junto a Línea, lo lleva una pareja que ha añadido toques innovadores a la tradicional base cubana.

El extremadamente lento ascensor ofrece vistas envolventes de toda La Habana. Sirven inspiradas creaciones como pollo en salsa de naranja, brochetas de gambas y fruta con salsa de cacahuete y crema de zanahoria.

El Idilio CUBANA **$$**
(plano p. 94; ☎830-7921; av. de los Presidentes esq. calle 15; principales 5-9 CUC; ⌚12.00-24.00) Nuevo, atrevido y aventurero, encarna el nuevo panorama gastronómico cubano. Aquí se sirve de todo: pasta, ceviche y típicos platos cubanos o bien mezcla de marisco recién pelado que sale de la barbacoa frente al cliente.

Paladar Mesón Sancho Panza MEDITERRÁNEA **$$**
(plano p. 94; ☎831-2862; calle J nº 508, entre calles 23 y 25; principales 4-10 CUC; ⌚12.00-23.00) Convenientemente situado junto al parque Don Quijote, este lugar no desmerece a su compañero literario. Refinada comida de influencia española servida en un bonito restaurante parte al aire libre adornado con estanques y pérgolas. Tiene un carro de tartas irresistible. Se puede empezar por la paella (12-16 CUC), lasaña o brochetas.

Paladar Los Amigos CUBANA $$
(plano p. 94; calle M nº 253; principales 8-11 CUC; ⌚12.00-24.00) Elegido por Anthony Bourdain para realizar su capítulo de *No Reservations* en 2011, este paladar se ciñe a lo básico, ofreciendo comida tradicional cubana con montañas de arroz y frijoles. El mordaz personaje fue gratamente sorprendido, así que deben de hacerlo bien.

El Gringo Viejo CUBANA $$
(plano p. 94; ☎831-1946; calle 21 nº 454, entre calles E y F; principales 10-12 CUC; ⌚12.00-23.00) Lugareños y turistas lo adoran por su rápido servicio, excelente carta de vinos y generosas porciones de atrevidos platos, como el salmón ahumado con aceitunas y gouda o el cangrejo en salsa roja.

Centro Vasco CARIBEÑA $$
(plano p. 94; calle 3 esq. calle 4; principales 5-8 CUC; ⌚12.00-24.00) Cerca del Hotel Meliá Cohiba, cuenta con un restaurante decente y un cafébar abierto las 24 h. Comida caribeña con influencias españolas.

★ **Café Laurent** INTERNACIONAL $$$
(plano p. 94; ☎832-6890; calle M nº 257, entre 19 y 21; principales 8-15 CUC) Esta joya escondida sin ningún tipo de cartel es un sofisticado nuevo restaurante encastrado incongruentemente en un horrible bloque de apartamentos junto al edificio Focsa. Hay que tomar el ascensor al 5º piso y adentrarse con hambre en esta nueva realidad.

Manteles blancos almidonados, copas relucientes y sofisticadas cortinas adornan su interior modernista, mientras el estofado de cordero con menta y las albóndigas con sésamo encabezan la carta.

Atelier CUBANA $$$
(plano p. 94; ☎836-2025; calle 5 nº 511 Altos, entre Paseo y calle 2; principales 12-25 CUC) Lo que primero llama la atención en este lugar es el arte en sus paredes: cuadros enormes con tintes religiosos que hacen reflexionar. Lo segundo que choca es su antiguo techo de madera, su terraza y, en general, su elegancia de vieja escuela. En un momento dado, el viajero se encontrará con la comida, cubana con influencia francesa, que no defrauda. Se recomienda el pato (la especialidad) o el exótico (para Cuba) salmón con berenjena.

Paladar Le Chansonnier FRANCESA $$$
(plano p. 94; ☎832-1576; calle J nº 257, entre calles 13 y 15) Un buen lugar para comer si se encuentra (no hay cartel) escondido en una descolorida mansión convertida en paladar cuyo interior renovado es mucho más moderno que su fachada. No solo su nombre es francés sino que también el vino y los sabores muestran sus colores en las especialidades de la casa como el conejo en salsa de vino tinto, el caviar de berenjena y el pulpo con ajo y cebolla.

El horario de apertura es irregular y suele estar lleno. Conviene llamar con antelación.

La Torre FRANCESA, CARIBEÑA $$$
(plano p. 94; ☎838-3088; Edificio Focsa, calles 17 esq. calle M; principales desde 15 CUC; ⌚11.30-24.30) Uno de los restaurantes más famosos de La Habana, encaramado en lo alto del edificio Focsa. Un templo de arquitectura modernista y de alta gastronomía francesa y cubana donde se combinan vistas panorámicas de la ciudad con una carta de inspiración francesa.

Los precios no son especialmente cubanos al igual que los ingredientes, pero quizá merezca la pena por el servicio.

Decamerón ITALIANA $$$
(plano p. 94; ☎832-2444; Línea nº 753, entre Paseo y calle 2; comidas 12-15 CUC; ⌚12.00-24.00; 🖉) Feo por fuera pero mucho más bonito por dentro, la carta de este íntimo restaurante con influencias italianas es variada e incluye *pizza* vegetal, lasaña a la boloñesa, bisté a la pimienta y una sopa de calabaza divina. Además, la selección de vinos es buena y la cocina es comprensiva con los vegetarianos.

Compra de alimentos

Supermercado Meridiano SUPERMERCADO $
(plano p. 94; Galerías de Paseo, calle 1 esq. Paseo; ⌚10.00-17.00 lu-vi, 10.00-14.00 do) Enfrente del Hotel Meliá Cohiba, este supermercado cuenta con un buen surtido de vinos y licores, yogures, queso y patatas fritas.

Agropecuario 17 y K MERCADO $
(plano p. 94; calles 17 esq. calle K) Un mercado a precios económicos pero con poca variedad.

Agropecuario 19 y A MERCADO $
(plano p. 94; calle 19, entre calles A y B) El mercado para *gourmets* de La Habana, con coliflor, hierbas frescas y productos más raros fuera de temporada.

COMIDA PARA LLEVAR

Hay algunos lugares fantásticos repartidos por la ciudad en los que se paga en pesos cubanos, aunque pocos tienen nombre; hay que buscar por calles. Para fabulosas *pizzas* (plano p. 94) hay que ir a San Rafael junto a Infanta (las colas son una buena señal). La avenida de Italia también cuenta con algunos locales pequeños. Por las calles H y 17 hay grupos de puestos (plano p. 94) en los que se paga en pesos cubanos y también entre las calles 4 y 6. La zona está cerca del hospital, por lo que la variedad y los horarios son amplios.

Las cajitas (comidas para llevar en cajas de cartón) suelen costar aproximadamente 1 CUC. Algunas (pocas) tienen cucharas en la tapa (habrá que hacerse con un tenedor o utilizar parte de la propia caja en su lugar). Generalmente pueden comprarse cajitas en los agropecuarios (mercados de verduras); son famosas las cajitas en el Barrio Chino.

Lo último en las calles cubanas son los churros. Los vendedores están por toda la ciudad. El mejor puesto fijo está en la calle Muralla cerca de la Factoría Plaza Vieja. Los hay aderezados con chocolate o miel.

La idea del café para llevar no ha acabado de cuajar entre los cubanos, así que el viajero se encontrará con caras de sorpresa si lo pide.

Agropecuario 21 y J MERCADO $

(plano p. 94; calle 21 esq. calle J) Buena selección, con plantas en tiestos.

☆ Dónde beber y vida nocturna

Bares

★ La Factoría Plaza Vieja BAR

(plano p. 76; San Ignacio esq. Muralla, Habana Vieja; ⌚11.00-24.00) La única microfábrica de cerveza de La Habana está en una ruidosa esquina de la Plaza Vieja. Fundada por una empresa austríaca en el 2004, sirve cerveza suave, fría y casera de barril en bancos de madera montados fuera sobre los adoquines o en un sugerente salón. También cuentan con parrilla en el exterior.

El Chanchullero BAR

(plano p. 76; www.el-chanchullero.com; Brasil, entre Bernaza y Cristo, Habana Vieja; ⌚13.00-24.00) "Aquí jamás estuvo Hemingway", reza la pizarra de fuera con franca ironía. Era inevitable. Mientras los turistas ricos brindan por Hemingway en la Bodeguita del Medio, los cubanos y los mochileros extranjeros pagan calderilla (2 CUC) por cócteles en su propia alternativa bohemia.

Se trata de un pequeño y ruidoso antro lleno de grafittis donde la música sigue el compás 4/4 en vez de 6/8.

Café Madrigal BAR

(plano p. 94; calle 17 nº 302, entre calles 2 y 4, El Vedado; ⌚18.00-2.00 ma-do) El Vedado flirtea con lo bohemio en este romántico bar tenuemente iluminado que podría haber surgido procedente del barrio latino de París en los tiempos de Joyce y Hemingway. Es buena idea pedir una tapita y un cóctel y retirarse a la sugerente y bulliciosa terraza *art nouveau*.

La Bodeguita del Medio BAR

(plano p. 76; Empedrado nº 207, La Habana Vieja; ⌚11.00-24.00) Famoso gracias a las proezas de Ernest Hemingway con el ron (lo que hace disparar los precios), este es el bar más conocido de La Habana. Visitarlo se ha convertido en algo de rigor para los turistas, que todavía no se han dado cuenta de que los mojitos son mejores y (mucho) más baratos en otra parte. Entre sus antiguos visitantes figuran Salvador Allende, Fidel Castro, Nicolás Guillén, Harry Belafonte y Nat King Cole, quienes dejaron sus autógrafos en la pared junto con otros miles de clientes (salvo los grandes nombres, las paredes se repintan cada pocos meses). Hoy en día la clientela es menos ilustre ya que el número de turistas en viaje organizado desde Varadero supera el de bohemios. Los puristas dicen que los mojitos de 4 CUC han perdido su esplendor en los últimos años, pero solo hay un modo de averiguarlo...

Bar Dos Hermanos BAR

(plano p. 76 ; San Pedro nº 304, La Habana Vieja; ⌚24 h) Este bar en su día sórdido pero hoy pulido junto al muelle exhibe una orgullosa lista de famosos en una placa en la entrada, como Federico García Lorca, Marlon Brando, Errol Flynn y, por supuesto, Hemingway. Con su larga barra de madera y su ambiente marinero todavía proyecta algo de magia.

El Floridita BAR
(plano p. 76; Obispo nº 557, La Habana Vieja; ⌚11.00-24.00) La autoproclamada "cuna del daiquiri" era un lugar frecuentado por emigrantes de EE UU mucho antes de que Hemingway se dejase caer por el lugar en la década de 1930 (de ahí el nombre). El camarero Constante Ribalaigua inventó el daiquiri poco después de la I Guerra Mundial pero fue Hemingway quien lo popularizó y, al final, el bar bautizó una bebida en su honor: el Especial Papa Hemingway (un daiquiri con pomelo).

Su récord (cuenta la leyenda) fueron 13 dobles de una sentada. Cualquier intento por igualarlo va a costarle al viajero una fortuna (6 CUC por trago) y una tremenda resaca.

La Lluvia de Oro BAR
(plano p. 76; Obispo nº 316, La Habana Vieja; ⌚24 h) Al haber música en directo siempre está lleno pero, con una proporción jinetero/jinetera turista superior a la media, quizá no sea la introducción más íntima a La Habana. Disponen de aperitivos y el "sombrero" del músico pasa cada tres canciones.

La Dichosa BAR
(plano p. 76; Obispo esq. Compostela, La Habana Vieja; ⌚10.00-24.00) Difícil de pasar por alto por el griterío. El local es muy pequeño y al menos la mitad del espacio está reservado a la orquesta. Un buen lugar para tomar un mojito rápido.

Café Taberna BAR
(plano p. 76; Brasil esq. Mercaderes, La Habana Vieja) Fundado en 1772 y todavía resplandeciente después de una reforma, este bar y restaurante es un lugar fabuloso para tomar unos cócteles antes de cenar. La música –que se pone en marcha sobre las 20.00– suele rendir homenaje al que fuera El Bárbaro del Ritmo residente: Benny Moré. La comida no vale la pena.

Café París BAR
(plano p. 76; Obispo nº 202, La Habana Vieja; ⌚24 h) La calma nunca reina en este pequeño bar de La Habana Vieja conocido por su música en directo y animado ambiente lleno de turistas. En las noches buenas el ron fluye e irrumpe el baile espontáneo.

Monserrate Bar BAR
(plano p. 76; Obrapía nº 410, La Habana Vieja; ⌚12.00-24.00) Dos puertas más allá de El Floridita, este bar está fuera de la zona Hemingway, por lo que los daiquiris cuestan la mitad.

Prado y Ánimas BAR
(plano p. 88; paseo de Martí esq. Ánimas nº 12, Centro Habana; ⌚9.00-21.00) Otro buen lugar en el Prado. También sirven comidas sencillas y café pero está mejor para tomar una cerveza, sentado en una de las mesas debajo de curiosidades relacionadas con el béisbol (incluida una foto de Fidel jugando a la pelota).

Prado nº 12 BAR
(plano p. 88; paseo de Martí nº 12, Centro Habana; ⌚12.00-23.00) Es un edificio esbelto de chapa de hierro en la esquina de Prado y San Lázaro que sirve bebidas y sencillos aperitivos; todavía parece La Habana de la década de 1950 encapsulada en el tiempo. El viajero puede absorber el ambiente en esta asombrosa ciudad después de un paseo al atardecer por el Malecón.

Bar-Club Imágenes BAR
(plano p. 94; Calzada nº 602, El Vedado; ⌚9.00-5.00) Este elegante piano bar atrae a una clientela más bien mayor con su repertorio habitual de boleros y trova, aunque a veces hay espectáculos de comedia. Consúltese el programa que hay colgado fuera. Se pueden tomar comidas (5 CUC mín.).

3D Café BAR
(plano p. 94; ☎863-0733; calle 1 nº 107, entre las calles C y D, El Vedado; ⌚15.00-tarde) Este pequeño bar/discoteca de moda cerca del Malecón está lleno de hielo seco y de gente bien disfrutando de humor nocturno y de música en directo. Sirven pequeñas tapas y los cócteles son obligados. Conviene reservar en persona o por teléfono.

Bar El Polvorín BAR
(plano p. 86; ⌚10.00-4.00) Debajo de la fortaleza de El Morro, en el Parque Histórico Militar Morro-Cabaña, este bar ofrece bebidas y tentempiés en un patio que da a la bahía. Sorprende lo animado que está de noche.

Cafés

Museo del Chocolate CAFÉ
(plano p. 76; Amargura esq. Mercaderes, La Habana Vieja; ⌚9.00-22.00) Los adictos al chocolate están de enhorabuena en este lugar del corazón de La Habana Vieja, donde recibirán una dosis letal de chocolate, trufas y todavía más chocolate (todo elaborado en el mis-

LA ANSIADA VUELTA DE 'SLOPPY JOE'S'

En 1919, el joven inmigrante español José García (alias Joe) abrió un modesto bar en la equina de las calles Agramonte (Zulueta) y Ánimas. Poco obsesionado por las normas de higiene, el local de Joe se hizo notable por la falta de limpieza, pero sus cócteles eran generosos y baratos y, para el final de la década, Sloppy Joe's, tal y como los clientes llamaban al floreciente establecimiento, se había convertido en punto de encuentro de un gran número de los americanos sedientos que frecuentaban La Habana durante la ley seca. La reputación del bar continuó creciendo durante los años 30 y 40 cuando llegó la mafia americana, acompañada de la prostitución y el juego a la capital caribeña. Para satisfacer su apetito sin horario, Joe añadió algunos tentempiés a su oferta, inventando un gomoso sándwich relleno de ropa vieja cubana (ternera desmenuzada), conocido como el Sloppy Joe. Los famosos y los aduladores de famosos, continuaron llegando, el 90% no cubanos, y en 1937 una réplica del bar abrió en Key West, Florida. Hemingway paraba a menudo en el Sloppy Joe's de camino entre el Floridita y la Bodeguita del Medio, cruzándose probablemente alguna que otra vez con Frank Sinatra y Graham Greene, ambos clientes del bar. En 1959, incluso salió en la versión cinematográfica del libro de Greene, *Nuestro hombre en La Habana*.

El **Sloppy Joe's** (plano p. 88; Agramonte esq. Ánimas), al igual que gran parte de la sórdida vida nocturna de La Habana, atravesó tiempos duros después de la Revolución, cuando verdaderamente empezó a parecer descuidado. Cerró definitivamente a principios de los sesenta cuando un incendio destruyó su interior. La noble fachada neoclásica sobrevivió, y en el 2013, tras años de intermitentes rumores, reabrió sus puertas con una versión más elegante y limpia que su descuidado predecesor, convirtiéndose en un favorito entre la nueva generación de turistas.

mo establecimiento). Situado (sin ánimo de ironía) en la calle Amargura, el sitio es más un café que un museo, con un pequeño grupo de mesas de mármol ubicadas entre una mezcla de objetos relacionados con el chocolate. Obviamente, la carta contiene un ingrediente omnipresente: caliente, frío, blanco, negro, espeso o suave, el chocolate es divino.

Café el Escorial CAFÉ

(plano p. 76; Mercaderes nº 317 esq. Muralla, La Habana Vieja; ⏲9.00-21.00) Extendiéndose hacia la Plaza Vieja y en una mansión colonial fantásticamente restaurada, El Escorial tiene algo decididamente europeo. Entre algunas de las mejores preparaciones con café de la ciudad que se sirven se encuentra el café cubano, el café con leche, el *frappé*, el licor de café e incluso el daiquiri de café. También hay un surtido de tartas y pastas.

Café de las Infusiones CAFÉ

(plano p. 76; Mercaderes, entre Obispo y Obrapía, La Habana Vieja; ⏲8.00-23.00) Escondido en la calle Mercaderes, este café de Habaguanex es un paraíso para los adictos a la cafeína. Pueden pedirse más de una decena de variedades de café, entre ellas irlandés, *punch*, moca y capuchino.

El Reloj Cuervo y Sobrinos CAFÉ

(plano p. 76; Oficios esq. Muralla, La Habana Vieja; ⏲10.00-19.00 lu-sa, 10.00-13.00 do) Nuevo café *art déco* situado en una relojería restaurada propiedad de un antiguo relojero suizo en la década de 1880. Cronométrese el descanso de la visita turística con un café cubano fuerte.

Café Literario del 'G' CAFÉ

(plano p. 94; calle 23, entre av. de los Presidentes y calle H, El Vedado) Un sitio frecuentado por estudiantes lleno de artísticos garabatos en la pared e intelectuales tomando café debatiendo las cualidades de Guillén sobre Lorca. El viajero puede relajarse en el patio frontal entre plantas verdes y polvorientos libros y revistas (disponibles para leer, prestar y comprar) y escuchar alguna de las frecuentes representaciones de trova (música tradicional), *jazz* y poesía.

Café Fresa y Chocolate CAFÉ

(plano p. 94; calle 23, entre calles 10 y 12, El Vedado; ⏲9.00-23.00) Aquí no hay helados sino solo objetos relacionados con el cine. Esta es la sede principal del Instituto Cubano de Arte e Industria Cinematográficos y un punto de unión para estudiantes y adictos a las películas de arte y ensayo. El viajero puede debatir las cualidades de Almodóvar sobre Scorsese en el agradable patio antes de ver el preestreno de una película.

Clubs

Café Cantante CLUB NOCTURNO
(plano p. 94; ☎879-0710; Paseo esq. calle 39, El Vedado; entrada 10 CUC; ⏲9.00-5.00 ma-sa) Debajo del Teatro Nacional de Cuba (entrada lateral), esta discoteca ofrece música y baile de salsa en directo, aperitivos y comida. La clientela está formada principalmente por jóvenes empresarios cubanos y hombres extranjeros con sus jóvenes novias cubanas.

Musicalmente, hay apariciones frecuentes de los grandes cantantes como Haila María Mompié. No puede vestirse pantalón corto ni camiseta ni llevar sombrero. Solo mayores de 18 años.

Piano Bar Delirio Habanero CLUB NOCTURNO
(plano p. 94; Paseo esq. calle 39, El Vedado; entrada 5 CUC; ⏲desde 18.00 ma-do) Este tranquilo *lounge* en la planta de arriba del Teatro Nacional de Cuba acoge desde jóvenes trovadores hasta *jazz* improvisado. Los sofás de rojo intenso dan a una pared de cristal con vistas a la plaza de la Revolución, que resulta impresionante de noche con el monumento a Martí con luz de fondo. Es un buen lugar para tomar aire cuando en el club de al lado hace demasiado calor.

Cabaret Las Vegas CLUB NOCTURNO
(plano p. 94; Infanta nº 104, entre calles 25 y 27, El Vedado; entrada 5 CUC; ⏲22.00-4.00) Este antro de música autóctona (con espectáculo de medianoche) un poco de ron y mucho "no moleste por favor" ayuda a soportar los ruegos de las hordas de jineteras.

Pico Blanco CLUB NOCTURNO
(plano p. 94; Calle O, entre calles 23 y 25, El Vedado; entrada 5-10 CUC; ⏲21.00) Club nocturno tremendamente concurrido, en la 14ª planta del Hotel St John, en El Vedado, que arranca cada noche a las 21.00. El viajero puede que acierte o no con el programa. Algunas noches son de karaoke y boleros y otras tocan músicos cubanos más bien famosos.

Club la Red CLUB NOCTURNO
(plano p. 94; calle 19 esq. calle L, El Vedado; entrada 3-5 CUC) Discoteca en El Vedado.

Karachi Club CLUB NOCTURNO
(plano p. 94; calle 17 esq. calle K, El Vedado; entrada 3-5 CUC; ⏲22.00-5.00) Tremendamente caliente.

Discoteca Amanecer CLUB NOCTURNO
(plano p. 94; calle 15 nº 12, entre calles N y O, El Vedado; entrada 3-5 CUC; ⏲22.00-4.00) Divertido si se ha agotado el presupuesto.

Club Tropical CLUB NOCTURNO
(plano p. 94; Línea esq. Calle F, El Vedado; ⏲16.00-2.00) Un relajado café de tarde que se convierte en animada discoteca después de las 22.00. Las noches del viernes y el sábado son las mejores.

☆ Ocio

En La Habana Vieja la vida nocturna tiende a adoptar la forma de música en directo en un bar; sin olvidar los excelentes espectáculos de flamenco en el Mesón de la Flota y, ocasionalmente, en el Hostal Valencia. Aunque quizá haya perdido su fama prerrevolucionaria como elegante barrio de casinos, El Vedado sigue siendo el lugar por excelencia para salir de marcha en La Habana. La vida nocturna en Centro Habana es más movida y auténtica que en El Vedado.

Música en directo

Jazz Café MÚSICA EN DIRECTO
(plano p. 94; última planta, Galerías de Paseo, calle 1 esq. Paseo, El Vedado; consumición mín desde 20.00 10 CUC; ⏲12.00-tarde) Una especie de club de *jazz* con mesas para cenar y una carta aceptable situado nada menos que en un centro comercial con vistas al Malecón. Por la noche el club se pone las pilas con *jazz*, timba y, a veces, salsa en directo. Atrae muchos espectáculos de renombre.

Basílica Menor de San Francisco de Asís MÚSICA CLÁSICA
(plano p. 76; plaza de San Francisco de Asís, La Habana Vieja; entradas 3-8 CUC; ⏲desde 18.00 ju-sa) Esta gloriosa iglesia de la plaza de San Francisco de Asís, que data de 1738, ha sido transformada en un museo del s. XXI y en sala de conciertos. La vieja nave acoge música coral y de cámara dos o tres veces por semana (consúltese el horario junto a la puerta), y la acústica es excelente. Lo mejor es comprar la entrada al menos un día antes.

Callejón de Hamel MÚSICA EN DIRECTO
(plano p. 88; ⏲desde 12.00 do) Además de los vistosos murales callejeros y de las psicodélicas

tiendas de arte, la principal razón para acudir al templo supremo de la cultura afrocubana de Centro Habana es la frenética música de rumba que arranca cada sábado alrededor de las 12.00. Para los aficionados, no hay nada más auténtico e hipnótico, con entrelazados patrones de percusión y largos cantos rítmicos lo suficientemente poderosos como para convocar al espíritu de los *orishas*.

Jazz Club La Zorra y El Cuervo MÚSICA EN DIRECTO

(plano p. 94; calle 23 esq. calle O, Vedado; entrada 5-10 CUC; ⌚22.00) El club de *jazz* más famoso de La Habana está en La Rampa y abre sus puertas cada noche a las 22.00 donde aguardan largas colas de aficionados a la música. Atravesando una cabina telefónica roja inglesa se baja a un sótano pequeño y cargado de humo. El *jazz freestyle* es incomparable y en este local se han dado cita grandes nombres como Chucho Valdés y George Benson.

La Casa de la Música de Centro Habana MÚSICA EN DIRECTO

(plano p. 88; av. de Italia, entre Concordia y Neptuno, Centro Habana; entrada 5-25 CUC) Uno de los mejores y más concurridos clubes nocturnos y lugares de música en directo de Cuba, como indican las colas. Aquí tocan todos los grandes, incluidos Bamboleo y los Van Van, y verles cuesta calderilla. De las dos Casas de la Música de la ciudad, esta es un poco más auténtica que su homóloga de Miramar (algunos dicen que es demasiado auténtica), con orquestas de salsa y poco espacio. El precio varía según la orquesta.

El Hurón Azul MÚSICA EN DIRECTO

(plano p. 94; calles 17 esq. calle H, El Vedado) Si el viajero desea codearse con algunos famosos socialistas, hará bien en dejarse ver por el Hurón Azul, el club social de la Uneac. Lleno de incalculables fragmentos de la vida cultural de Cuba, la mayor parte de las actuaciones tienen lugar en el jardín. Los miércoles hay rumba afrocubana, los sábados auténticos boleros cubanos, y los jueves de manera alterna hay *jazz* y trova. La entrada cuesta máximo 5 CUC.

Casa de la Amistad MÚSICA EN DIRECTO

(plano p. 94; Paseo nº 416, entre calles 17 y 19, El Vedado) En una bonita mansión de color rosa en la calle Paseo, mezcla sonidos tradicionales de son con música de Benny Moré en un jardín clásico del renacimiento italiano. Compay Segundo, la lumbrera del Buena Vista Social Club, era un espectador habitual antes de su muerte en el 2003 y hay una noche "Chan Chan" semanal en su honor. Otros puntos a favor son el restaurante, el bar, la tienda de cigarros y la propia casa, una obra maestra italiana.

El Gato Tuerto MÚSICA EN DIRECTO

(plano p. 94; calle O nº 14, entre calles 17 y 19, El Vedado; consumición mín. 5 CUC; ⌚12.00-6.00) Antaño cuartel general del panorama artístico y sexual alternativo de La Habana, actualmente es un punto de encuentro para miembros de la generación del *baby boom* locos por el karaoke que se dan cita en el lugar para cantar boleros cubanos tradicionales animados por el ron. El sitio está escondido junto al Malecón en una curiosa casa de dos pisos con tortugas que nadan en una piscina. La planta superior está tomada por un restaurante y la de abajo por un club nocturno de moda.

Conjunto Folklórico Nacional de Cuba DANZA TRADICIONAL

(plano p. 94; calle 4 nº 103, entre Calzada y calle 5, El Vedado; entrada 5 CUC; ⌚15.00 sa) Fundado en 1962, este grupo se especializa en danza afrocubana (todos los percusionistas son sacerdotes de la santería). Se les puede ver actuar y bailar durante el Sábado de la Rumba en El Gran Palenque. También actúan en el Teatro Mella. Cada dos años durante la segunda mitad de enero se celebra en este lugar un importante festival llamado FolkCuba.

Casa del Alba Cultural MÚSICA EN DIRECTO

(plano p. 94; Línea, entre calles C y D, El Vedado) Inaugurada en diciembre del 2009 con la asistencia de Raúl Castro, Daniel Ortega y Hugo Chávez, fue pensada para estrechar la solidaridad cultural entre los países de la ALBA (Cuba, Venezuela, Bolivia, Ecuador, Nicaragua) pero, en realidad, acoge una variedad de espectáculos y exposiciones artísticas y musicales.

La Madriguera MÚSICA EN DIRECTO

(plano p. 94; Salvador Allende esq. Luaces, El Vedado; entrada 5-10 CUC) Los lugareños lo califican como "un lugar escondido para ideas abiertas" y los de fuera se ven atraídos por su originalidad musical e innovación artística. Bienvenidos a La Madriguera, sede de la organización de los Hermanos Saíz, el ala joven de la Uneac. Es aquí donde el pulso de los jóvenes innovadores musicales late con más fuerza. Aquí se viene por el arte, la artesanía, la espontaneidad y las tres R: *reguetón*, *rap* y rumba.

Teatro

★ Gran Teatro de La Habana TEATRO
(plano p. 88; ☎861-3077; paseo de Martí esq. San Rafael, Centro Habana; 20 CUC/persona; ⏲taquilla 9.00-18.00 lu-sa, hasta 15.00 do) Este espectacular teatro neobarroco, enfrente del Parque Central, es la sede del aclamado Ballet Nacional de Cuba, fundado en 1948 por Alicia Alonso, y también de la Ópera Nacional de Cuba. El edificio, que funciona como teatro desde 1838, contiene el majestuoso Teatro García Lorca, además de dos salas de conciertos más pequeñas: la Sala Alejo Carpentier y la Sala Ernesto Lecuona, donde a veces se proyectan películas de arte y ensayo. Para informarse sobre próximos actos pregúntese en la taquilla. Durante todo el día hay circuitos entre bastidores (2 CUC).

Teatro América TEATRO
(plano p. 88; av. de Italia nº 253, entre Concordia y Neptuno, Centro Habana) En un clásico rascacielos *art déco* en Galiano (avenida de Italia), este teatro parece haber cambiado poco desde su apogeo en las décadas de 1930 y 1940. Acoge espectáculos de variedades, comedia, danza, *jazz* y salsa (generalmente los sábados a las 20.30 y los domingos a las 17.00). Pregúntese por las clases de baile.

Teatro Fausto TEATRO
(plano p. 88; paseo de Martí nº 201, Centro Habana) Justamente famoso por sus desternillantes espectáculos de comedia, el Fausto es un esbelto teatro *art déco* en Prado.

Teatro Nacional de Cuba TEATRO
(plano p. 94; ☎879-6011; Paseo esq. calle 39, El Vedado; 10 CUC/persona; ⏲taquilla 9.00-17.00 y antes espectáculos) Es uno de los pilares de la vida cultural de La Habana, y el rival moderno del Gran Teatro de Centro Habana. Construido en la década de 1950 en el marco del plan de expansión de la ciudad de Jean Forestier, el complejo acoge conciertos destacados, compañías de teatro extranjeras, la compañía de niños La Colmenita y el Ballet Nacional de Cuba. La Sala Avellaneda (la principal) es escenario de los grandes actos, como conciertos musicales u obras de Shakespeare. La Sala Covarrubias, más pequeña, plantea un programa más atrevido (el aforo total de ambas salas es de 3300 butacas). La 9ª planta es un espacio para ensayos y funciones donde tienen lugar las obras más experimentales. La taquilla está en el extremo más alejado de un edificio de un piso que queda detrás del teatro principal.

Teatro Amadeo Roldán TEATRO
(plano p. 94; ☎832-1168; Calzada esq. calle D, El Vedado; 10 CUC/persona) Construido en 1922 e incendiado de forma intencionada en 1977, este teatro neoclásico fue reconstruido en 1999 exactamente en el mismo estilo que el original. Llamado así por el famoso compositor cubano responsable de las influencias afrocubanas de la música clásica actual, el teatro es uno de los más majestuosos de La Habana y cuenta con dos auditorios. La Orquesta Sinfónica Nacional toca en la Sala Amadeo Roldán (886 butacas) y los solistas y los pequeños grupos en la Sala García Caturla (276 butacas).

Teatro Mella TEATRO
(plano p. 94; Línea nº 657, entre calles A y B, El Vedado) En el lugar del viejo cine Rodi, en Línea, ofrece uno de los programas más completos de La Habana, incluidos un festival de *ballet* internacional, espectáculos de comedia, danza y actuaciones intermitentes a cargo del famoso Conjunto Folklórico Nacional. Si se viaja con niños es buena idea acudir al espectáculo de las 11.00.

Sala Teatro Hubert de Blanck TEATRO
(plano p. 94; Calzada nº 657, entre calles A y B, El Vedado) Recibe su nombre del fundador del primer conservatorio de música de La Habana (1885). El Teatro Estudio es la principal compañía de teatro del país. Generalmente pueden verse obras en español los sábados a las 20.30 y los domingos a las 19.00. Las entradas se ponen a la venta justo antes de la función.

Sala Teatro El Sótano TEATRO
(plano p. 94; calle K nº 514, entre calles 25 y 27, El Vedado; ⏲17.00-18.30 vi y sa, 15.00-17.00 do) Vale mucho la pena asistir a la clase de teatro contemporáneo de vanguardia que caracteriza al Grupo Teatro Rita Montaner en este local cerca del Habana Libre.

Café Teatro Bartolt Brecht TEATRO
(plano p. 94; calles 13 esquina calle I, El Vedado) Funciones variadas. La mejor apuesta es los sábados a las 22.30 (las entradas se ponen a la venta 1 h antes de la función).

Teatro Nacional de Guiñol TEATRO
(plano p. 94; calle M, entre calles 17 y 19, El Vedado) Espectáculos de marionetas y teatro infantil

LA HABANA DE AMBIENTE

La Revolución tuvo una actitud hostil hacia la homosexualidad en sus primeros tiempos. Mientras la ciudad de Nueva York era presa de los disturbios de Stonewall, los homosexuales cubanos eran enviados a campos de reeducación por un Gobierno dominado por exguerrilleros machistas y barbudos vestidos de uniforme militar.

Pero, a partir de la década de 1990, las cosas fueron cambiando gracias, de forma algo irónica, a Mariela, la combativa sobrina de Fidel Castro (hija del actual presidente Raúl Castro) y directora del Centro Nacional de Educación Sexual de La Habana. En mayo del 2013 Mariela recibió un visado del Gobierno de EE UU para viajar al país y aceptar un premio de Equality Forum por su defensa de los derechos de los gays.

Un hito importante para la comunidad de gays, lesbianas, bisexuales y transexuales fue la película *Fresa y Chocolate* de 1993 nominada a un Óscar. Cuenta la historia de amor homosexual entre un joven estudiante comunista y un artista escéptico de La Habana. Una década más tarde, volvieron a saltar a los periódicos los personajes gays de una popular teleserie patrocinada por el Gobierno llamada *La cara oculta de la luna*.

La sorpresa saltó en junio del 2008 cuando el Gobierno cubano dictó una ley por la que se autorizaban las operaciones de cambio de sexo gratuitas a los ciudadanos legitimados por cortesía del sistema nacional de salud. Y en noviembre del 2012, Adela Hernández se convirtió en el primer cargo público transexual del país al hacerse con un escaño municipal en la provincia de Villa Clara.

A pesar de que Cuba todavía no cuenta con clubes gays oficiales, no faltan los sitios donde ha arraigado una escena gay. La Habana es el lugar más obvio. Así, el cruce de las calles 23 y L en El Vedado, fuera del cine Yara, funciona como el principal lugar de encuentro. Otros puntos son el Malecón debajo del Hotel Nacional y la playa de Boca Ciega en Playas del Este.

En estos sitios, al atardecer uno puede informarse de fiestas gays espontáneas en casas particulares o de juergas en lugares como el parque Lenin. El viajero también puede disfrutar de noches de cine gay en la sede central del Icaic, en la esquina de las calles 23 y 13 y, desde el 2009 se celebra un desfile anual gay por la calle 23 a mediados de mayo. Legalmente, las lesbianas disfrutan de los mismos derechos que los gays, aunque la 'escena' de lesbianas es menos evidente.

Cabaré

Habana Café CABARÉ
(plano p. 94; Paseo, entre calles 1 y 3, El Vedado; entrada 10 CUC; ⏲desde 21.30) Club nocturno y cabaré de moda en el Hotel Meliá Cohiba diseñado en estilo de EE UU de la década de 1950. Después de la 1.00 se quitan las mesas y el lugar baila al ritmo de "música internacional" hasta altas horas. Es un lugar muy bueno.

Cabaret Parisién CABARÉ
(plano p. 94; ✆836-3564; calles 21 esq. calle O, El Vedado; entrada 35 CUC; ⏲21.00) Un escalón por debajo del Tropicana de Marianao, tanto en precio como en calidad, este local, en el Hotel Nacional, sigue valiendo la pena, especialmente si el viajero se aloja en El Vedado o sus inmediaciones. El espectáculo ofrece la usual mezcla de volantes, plumas y mujeres semidesnudas, pero la coreografía es excelente.

Copa Room CABARÉ
(plano p. 94; ✆836-4051; Paseo esq. Malecón, El Vedado; entrada 20 CUC; ⏲21.00) Porteros de esmoquin y un ambiente de la década de 1950 hacen que este reformado lugar, en el Hotel Riviera, parezca un nostálgico paseo por *El Padrino. Parte II.*

Cabaret Turquino CABARÉ
(plano p. 94; calle L, entre calles 23 y 25, El Vedado; entrada 15 CUC; ⏲desde 22.00) Grandes espectáculos en un marco fantástico en la 25ª planta del Hotel Habana Libre.

Centros culturales

Fundación Alejo Carpentier CENTRO CULTURAL
(plano p. 76; Empedrado nº 215, La Habana Vieja; ⏲8.00-16.00 lu-vi) Cerca de la plaza de la Catedral, este antiguo palacio barroco de la condesa de la Reunión (década de 1820), donde Carpentier ambientó su famosa novela *El siglo de las luces*, acoge actos culturales.

Instituto Cubano de Amistad con los Pueblos CENTRO CULTURAL
(ICAP; plano p. 94; ☎830-3114; Paseo nº 416, entre las calles 17 y 19, El Vedado; ⏰11.00-23.00) Acoge actos culturales y musicales en una elegante mansión (1926). También hay un restaurante, un bar y una tienda de puros.

Casa de las Américas CENTRO CULTURAL
(plano p. 94; ☎838-2706; calle 3 esq. calle G, El Vedado) Bastión de la cultura cubana y latinoamericana, con conferencias, exposiciones, una galería, presentaciones de libros y conciertos. Su premio anual es uno de los más prestigiosos del mundo de habla hispana. En la biblioteca disponen de un programa de actos semanales.

Cines

En La Habana hay unos 200 cines que, en general, ofrecen varias sesiones. Todos cuelgan la Cartelera ICAIC, con los horarios para toda la ciudad. Las entradas suelen costar 2 CUC y conviene hacer cola pronto. Durante el Festival Internacional del Nuevo Cine Latinoamericano a finales de noviembre-principios de diciembre se proyectan cientos de películas por toda La Habana. Los programas de publican cada día en el *Diario del Festival,* disponible por la mañana en las grandes salas de cine y en el Hotel Nacional. Estas son las mejores salas de cine:

Cine Infanta CINE
(plano p. 88; Infanta nº 357, Centro Habana) Recientemente reformado, puede que sea el más elegante de La Habana. Cobra especial importancia durante el Festival Internacional de Cine.

Cine Actualidades CINE
(plano p. 88; av. de las Misiones nº 262 entre Neptuno y Virtudes, Centro Habana) Viejo y céntrico cine detrás del Hotel Plaza.

Cine Charles Chaplín CINE
(plano p. 94; calle 23 nº 1157, entre calles 10 y 12, El Vedado) Cine de arte y ensayo al lado del cuartel general del ICAIC. No hay que dejar de visitar la galería de carteles de grandes clásicos del cine cubano ni el Café Fresa y Chocolate, enfrente.

Cine la Rampa CINE
(plano p. 94; calle 23 nº 111, El Vedado) Películas de Ken Loach, clásicos franceses, festivales de cine... Todo ello y más en este clásico de El Vedado que alberga un archivo cinematográfico.

Cine Payret CINE
(plano p. 88; paseo de Martí nº 505, Centro Habana) Delante del Capitolio, es el cine más grande y lujoso de Centro Habana construido en 1878. Predominan las películas norteamericanas.

Cine Riviera CINE
(plano p. 94; calle 23 nº 507 entre las calles G y H, El Vedado) A veces tienen lugar grandes conciertos de pop, *rock* y a veces *rap*. Las películas son una mezcla de cine latinoamericano, europeo y norteamericano y el público es básicamente estudiantil.

Cine Trianón CINE
(plano p. 94; Línea nº 706, El Vedado) Cine o teatro en un marco salobre.

Cine Yara CINE
(plano p. 94; calle 23 esq. calle L, El Vedado) Una pantalla grande y dos salas de vídeo en el cine más famoso de La Habana. El lugar de más de una cita.

Cinecito CINE
(plano p. 88; San Rafael nº 68, Centro Habana) Películas para niños detrás del Hotel Inglaterra. Hay otro junto al cine Chaplín en las calles 23 y 12.

Deporte

Ciudad Deportiva DEPORTE
(av. de la Independencia esq. Vía Blanca, El Vedado; entrada 5 pesos) Es el principal centro de entrenamiento de Cuba, cuyo estadio es escenario de torneos de baloncesto, voleibol, boxeo y atletismo. El metrobús P-2 desde la esquina de Línea con Avenida de los Presidentes (calle G) para al otro lado de la calle.

Sala Polivalente Ramón Fonst DEPORTE
(plano p. 94; av. de la Independencia, El Vedado; entrada 1 peso) En este desvencijado estadio enfrente de la estación principal de autobuses se celebran partidos de baloncesto y de balonvolea.

Kid Chocolate DEPORTE
(plano p. 88; paseo de Martí, Centro Habana) Club de boxeo enfrente del Capitolio. Suelen celebrarse combates los viernes a las 19.00.

De compras

Las compras no son el gran atractivo de La Habana, una ciudad donde la idea de renta disponible suena a quimera. Dicho esto, hay algunas tiendas aceptables para los viajeros y los turistas, especialmente si se va buscando

DE PRIMERA MANO

BÉISBOL CALIENTE

Para iniciarse en la pasión de La Habana por el béisbol, es recomendable visitar la **Esquina Caliente** en el Parque Central, donde un grupo casi permanente de ruidosos habaneros debaten sobre béisbol las 24 h. O, mejor aún, por qué no asistir a un partido de los dos equipos de La Habana: Los Industriales (el proverbial equipo fuerte) y los Metropolitanos (los perpetuos mediocres) alternan encuentros en el **Estadio Latinoamericano** (Zequiera nº 312, El Vedado; entradas 2 CUC). Los partidos son a las 19.30 los martes, miércoles y jueves y a las 13.30 los sábados y domingos.

el típico triunvirato cubano: ron, puros y café. El arte es otro campo para explorar. La escena artística de La Habana es vanguardista y cambiante, por lo que los coleccionistas, los curiosos y los admiradores encontrarán muchas galerías en las que pasar las horas. Solo en la calle Obispo hay al menos una decena de estudios. Para exposiciones consúltese el folleto mensual gratuito *Arte en La Habana* (y la agencia San Cristóbal en la plaza de San Francisco suele tenerlo).

La Habana Vieja

★ Centro Cultural Antiguos Almacenes de Deposito San José ARTE Y RECUERDOS
(plano p. 76; av. Desamparados esq. San Ignacio; ⌚10.00-18.00 lu-sa) En noviembre del 2009 el mercado exterior de artesanía de La Habana se trasladó a esta antigua nave de astilleros en la avenida del Puerto. Conviene dejar los ideales socialistas en la puerta ya que aquí reina la libertad de empresa y (sorprendentemente tratándose de Cuba) el regateo. Algunos recuerdos incluyen pinturas, guayaberas, objetos de madera y marroquinería, y numerosas representaciones del Che. También hay aperitivos, lavabos bastante limpios y un delegado de información turística de la agencia San Cristóbal. Lo frecuentan tanto cubanos como turistas.

Palacio de la Artesanía RECUERDOS
(plano p. 76; Cuba nº 64; ⌚9.00-19.00) ¡Un antiguo palacio colonial del s. XVIII transformado en centro comercial! Alrededor de un patio central con sombra se encuentra este lugar para comprar recuerdos, puros, artesanía, instrumentos musicales, CD, ropa y joyería a precios fijos.

Longina Música MÚSICA
(plano p. 76; Obispo nº 360, entre Habana y Compostela; ⌚10.00-19.00 lu-sa, 10.00-13.00 do) En la calle peatonal, cuenta con una buena selección de CD e instrumentos musicales como bongos, guitarras, maracas, güiros y tumbadoras (tambores de conga). Para atraer la atención de los turistas suelen colocar altavoces en la calle.

Casa de Carmen Montilla ARTE
(plano p. 76; Oficios nº 164; ⌚10.30-17.30 ma-sa, 9.00-13.00 do) Importante galería de arte que recibe el nombre de una famosa pintora venezolana que tuvo su estudio en el lugar hasta su muerte, en el 2004. Distribuida en tres plantas la casa exhibe la obra de Montilla y de otros conocidos artistas cubanos y venezolanos. El patio trasero muestra un enorme mural de cerámica de Alfredo Sosabravo.

Mercado de libros de segunda mano de la plaza de Armas LIBROS
(plano p. 76; Obispo esq. Tacón; ⌚9.00-19.00 ma-do) Mercado de libros viejos, nuevos y raros con obras de Hemingway, libros de poesía y muchos discursos de Fidel. Bajo los árboles de la plaza de Armas.

Habana 1791 PERFUMES
(plano p. 76; Mercaderes nº 156, entre Obrapía y Lamparilla) Esta tienda especializada que vende perfume hecho con flores tropicales conserva el aire de un museo. Las fragancias florales se mezclan a mano (pueden verse los pétalos secándose en un laboratorio en la parte trasera).

Galería fotográfica Estudio Medina FOTOGRAFÍA
(plano p. 76; Muralla nº 166, entre Cuba y San Ignacio) Un fotógrafo tremendamente consumado que vende fotografías de color y en blanco y negro de la vida de La Habana. Algunas se ven reducidas a postales que valen 2,50 CUC.

Fayad Jamís LIBROS
(plano p. 76; Obispo, entre Habana y Aguiar; ⌚9.00-19.00 lu-sa, 9.00-13.00 do) La librería más nueva

de La Habana es en realidad un retroceso a la década de 1920, pero renovada para no desentonar con el barrio viejo. Las ediciones son principalmente en español, y hay interesantes revistas culturales como *Temas*.

Librería La Internacional LIBROS
(plano p. 76; Obispo nº 526; 9.00-19.00 lu-sa, 9.00-15.00 do) Buena selección de guías, libros de fotografía y literatura cubana.

Al lado está la librería de anticuario Cervantes.

Estudio Galería los Oficios ARTE
(plano p. 76; Oficios nº 166; 10.00-17.30 lu-sa) En esta galería pueden verse los amplios y fascinantes lienzos de Nelson Domínguez, cuyo taller está en el piso superior.

Taller de Serigrafía René Portocarrero ARTE
(plano p. 76; Cuba nº 513, entre Brasil y Muralla; 9.00-16.00 lu-vi) Se exhiben y se venden pinturas y grabados de jóvenes artistas cubanos (entre 30-150 CUC). También se les puede ver trabajar.

La Moderna Poesía LIBROS
(plano p. 76; Obispo 525; 10.00-20.00) En un edificio *art déco*, es uno de los mejores lugares para comprar libros de la ciudad.

Se trata de un edificio clásico en el extremo oeste de la calle Obispo.

Centro Habana

Galería La Acacia ARTE
(plano p. 88; San Martín nº 114, entre Industria y Consulado; 10.00-15.30 lu-vi, 10.00-13.00 sa) Importante galería detrás del Gran Teatro de La Habana, con antigüedades y pinturas de grandes artistas como Zaida del Río. Tramitan permisos de exportación.

El Bulevar MERCADO
(plano p. 88; San Rafael, entre paseo de Martí y av. de Italia) En la zona peatonal de la calle San Rafael cerca del Hotel Inglaterra. Aperitivos que se pagan con pesos cubanos, sorpresas y objetos de la década de 1950.

La Manzana de Gómez CENTRO COMERCIAL
(plano p. 88; Agramonte esq. San Rafael) Antaño elegante centro comercial de estilo europeo construido en 1910. Hoy está lleno de tiendas desaliñadas y medio vacías, incluida una tienda Adidas.

Área de vendedores por cuenta propia MERCADO
(plano p. 88; Máximo Gómez nº 259; 9.00-17.00 lu-sa) Mercadillo permanente donde comprar abalorios de la santería, viejos libros, cinturones de cuero, etc.

Librería Luis Rogelio Nogueras LIBROS
(plano p. 88; av. de Italia nº 467, entre Barcelona y San Martín) Revistas literarias y literatura cubana en español en una de las mejores librerías de Centro Habana.

El Vedado

Galería de Arte Latinoamericano ARTE
(plano p. 94; calle 3 esq. calle G; entrada 2 CUC; 10.00-16.30 ma-sa, 9.00-13.00 do) Dentro de la Casa de las Américas, se expone arte de toda América Latina.

Instituto Cubano del Arte e Industria Cinematográficos RECUERDOS
(plano p. 94; calle 23, entre las calles 10 y 12; 10.00-17.00) El mejor lugar de la ciudad para hacerse con carteles raros de películas cubanas y DVD. La tienda, dentro del ICAC, es accesible a través del Café Fresa y Chocolate.

Feria de la Artesanía RECUERDOS
(plano p. 94; Malecón, entre las calles D y E; desde 10.30, cerrado mi) Este mercado de artesanía es una burda imitación de los Antiguos Almacenes de La Habana Vieja, con zapatos y sandalias hechos a mano y algunos sellos y monedas antiguos.

ARTex RECUERDOS
(plano p. 94; calle 23 esq. calle L) En esta tienda dentro del cine Yara se venden fabulosos carteles de cine, postales antiguas, camisetas y, por supuesto, los mejores filmes cubanos en cinta de vídeo.

Galerías de Paseo CENTRO COMERCIAL
(plano p. 94; calle 1 esq. Paseo; 9.00-18.00 lu-sa, 9.00-13.00 do) Enfrente del Hotel Meliá Cohiba, se trata de un centro comercial con clase (para ser Cuba) con marcas de diseño y hasta un concesionario de coches. Venden ropa y otros objetos de consumo a una clientela formada por turistas y afluentes cubanos.

Plaza Carlos III CENTRO COMERCIAL
(plano p. 88; av. Salvador Allende, entre Árbol Seco y Retiro; 10.00-18.00 lu-sa) Después de la plaza América en Varadero, este es quizá el centro

DÓNDE COMPRAR RON, PUROS Y CAFÉ

Las tiendas que venden los tres productos estrella de Cuba son relativamente comunes en La Habana, y todas están gestionadas por el Gobierno. Como norma general no hay que comprar nunca cigarros en la calle, ya que casi siempre están mal y/o son de baja calidad. La principal tienda de puros de La Habana está en la **Real Fábrica de Tabacos Partagás** (plano p. 88; Industria nº 520, entre Barcelona y Dragones; ⌚9.00-19.00) que siempre está bien surtida. Otra excelente opción es **La Casa del Habano** (p. 139) en Miramar, que cuenta con una sala para fumadores con aire acondicionado y un prestigioso bar-restaurante. Aunque muchos de los grandes hoteles tienen cigarros, la mejor tienda está en el **Hostal Condes de Villanueva** (plano p. 76; Mercaderes nº 202). En la misma calle también hay una buena alternativa en el **Museo del Tabaco** (plano p. 76; Mercaderes nº 120).

El lugar obligado para comprar ron es la **tienda de la Fundación Havana Club** (plano p. 76; San Pedro nº 262; ⌚9.00-21.00) en el Museo del Ron en La Habana Vieja.

En todos los sitios citados arriba se vende café, pero para algo más de surtido y una taza de degustación hay que ir a **La Casa del Café** (plano p. 76; Baratillo esq. Obispo; ⌚9.00-17.00) junto a la plaza de Armas, en La Habana Vieja.

comercial más ostentoso de Cuba y a penas hay extranjeros a la vista. Si se visita un sábado se verá el funcionamiento febril de la doble economía.

Librería Centenario del Apóstol LIBROS
(plano p. 94; calle 25 nº 164; ⌚10.00-17.00 lu-sa, 9.00-13.00 do) Gran surtido de libros de segunda mano con predilección por José Martí, en el centro de El Vedado.

Librería Rayuela LIBROS
(plano p. 94; calle 3 esq. calle G; ⌚9.00-16.30 lu-vi) Pequeña pero respetada librería en el edificio de la Casa de las Américas, excelente para literatura contemporánea, CD y algunas guías.

La Habana Sí RECUERDOS
(plano p. 94; calle 23 esq. calle L; ⌚10.00-22.00 lu-sa, 10.00-19.00 do) Tienda enfrente del Hotel Habana Libre con una buena selección de CD, casetes, libros, artesanía y postales.

Información

URGENCIAS

Asistur (☎866-4499, urgencias 866-8527; www.asistur.cu; paseo de Martí nº 208, Centro Habana; ⌚8.30-17.30 lu-vi, 8.00-14.00 sa) El centro de urgencias está abierto las 24 h.

Bomberos (☎105)

Policía (☎106)

ACCESO A INTERNET

La Habana no tiene cibercafés privados. Fuera de los Telepuntos de Etecsa la opción más segura son los hoteles más elegantes. La mayor parte de los hoteles de Habaguanex en La Habana Vieja disponen de terminales de internet y venden tarjetas de rascar (6 CUC/h) válidas para toda la cadena. No hay que ser cliente para utilizar esas terminales.

También se pueden probar los centros de negocios en: **Hotel Habana Libre** (calle L, entre las calles 23 y 25, El Vedado); **Hotel Inglaterra** (paseo de Martí nº 416, Centro Habana); **Hotel Nacional** (calle O esq. calle 21, El Vedado); Hotel Iberostar Parque Central (p. 106). Las tarifas varían.

Para acceder a wifi se puede adquirir una contraseña por 8 CUC para uso en el vestíbulo del Hotel Iberostar Parque Central, el Hotel Saratoga o el Meliá Cohiba.

Etecsa Telepunto (Habana 406; ⌚9.00-19.00) Seis terminales en una sala trasera. La tarifa es de 6 CUC/h.

MEDIOS DE COMUNICACIÓN

Cuba cuenta con una fantástica cultura radiofónica. Puede escucharse de todo, desde salsa hasta Supertramp, retransmisiones deportivas en directo y radionovelas. La radio es también la mejor fuente de información sobre conciertos, obras de teatro, películas y danza.

Radio Ciudad de La Habana (820 AM y 94.9 FM) Melodías cubanas de día y pop extranjero de noche. Los jueves y viernes a las 20.00 hacen una fabulosa retrospectiva de la década de 1970.

Radio Metropolitana (910 AM y 98.3 FM) *Jazz* y boleros tradicionales. Excelente programa de *rock* los domingos por la tarde.

Radio Musical Nacional (590 AM y 99.1 FM) Clásica.

TIMOS

Los timos son la cruz de los viajeros en muchos países y Cuba no es ninguna excepción, aunque lugares como La Habana puntúan más alto que muchas otras ciudades latinoamericanas. Algunos trucos son conocidos de todo aquel que haya viajado. Conviene acordar de antemano la tarifa de los taxis, no cambiar dinero en la calle y siempre comprobar la cuenta y el cambio en los restaurantes. Los timadores profesionales se llaman jineteros y son especialmente hábiles en La Habana, donde su pasatiempo favorito es vender cigarros de mala calidad a turistas desprevenidos.

La doble moneda facilita los timos. Aunque ambos tipos de billetes son muy parecidos, el tipo de cambio es de 25 pesos cubanos (MN o moneda nacional) por un peso cubano convertible (CUC). Es importante familiarizarse enseguida con los billetes (la mayoría de los bancos tienen carteles gráficos) y verificar todas las operaciones con dinero para evitar recibir de menos.

Las casas particulares atraen a los jineteros, que se ceban con los viajeros y los propietarios. Un timo cada vez más frecuente consiste en que un jinetero se haga pasar por el dueño de una casa particular que el viajero ha reservado por adelantado (suelen ser casas citadas en esta guía) para luego llevarle a una casa diferente donde sacan una comisión de 5 CUC a 10 CUC que se añade a la factura de la habitación. A veces, los viajeros no se dan cuenta de que han sido llevados a otra casa. Incluso han habido casos de gente que escribe malas reseñas en Tripadvisor sobre casas que no son.

Si se ha reservado una casa o se usa esta guía para ello, es importante presentarse sin un jinetero.

Radio Progreso (640 AM y 90.3 FM) Radionovelas y humor.

Radio Rebelde (640 AM, 710 AM y 96.7 FM) Noticias, entrevistas, buena música variada y partidos de béisbol.

Radio Reloj (950 AM y 101.5 FM) Noticias y la hora a cada minuto durante todo el día.

Radio Taíno (1290 AM y 93.3 FM) Emisora nacional de turismo con música y entrevistas. Hay programas nocturnos (17.00-19.00) que informan de lo que pasa en la ciudad.

ASISTENCIA MÉDICA

La mayor parte de los hospitales que prestan servicio a los extranjeros se encuentran en La Habana. Véase www.cubanacan.cu para más información. Las zonas de Playa y Marianao también cuentan con clínicas y farmacias internacionales.

Hay farmacias de hotel en el **Hotel Habana Libre** (☎831-9538; calle L, entre calles 23 y 25, El Vedado), donde los productos se venden en convertibles y en el **Hotel Sevilla** (☎861-5703; Prado esq. Trocadero, La Habana Vieja).

Centro Oftalmológico Camilo Cienfuegos (☎832-5554; calle L nº 151 esq. calle 13, El Vedado) Para afecciones de los ojos. También disponen de una excelente farmacia.

Farmacia Taquechel (☎862-9286; Obispo nº 155, La Habana Vieja; ⏲9.00-18.00) Junto al Hotel Ambos Mundos. Venden medicamentos cubanos (en CUP).

Hospital Nacional Hermanos Ameijeiras (☎877-6053; San Lázaro nº 701, Centro Habana) Servicios especializados, consultas generales y hospitalización. Se paga en pesos convertibles. La entrada es por la planta inferior debajo del aparcamiento junto a Padre Varela (pregúntese por CEDA en la Sección N).

DINERO

Banco de Crédito y Comercio Vedado (Línea esq. Paseo); El Vedado (☎870-2684; calle 23, Edificio de las Aerolíneas) Colas aseguradas.

Banco Financiero Internacional Habana Vieja (☎860-9369; Oficios esq. Brasil); El Vedado (calle L, Hotel Habana Libre, entre calles 23 y 25)

Banco Metropolitano Centro Habana (☎862-6523; av. de Italia nº 452 esq. San Martín); **El Vedado** (☎832-2006; Línea esq. calle M)

Cadeca Centro Habana (Neptuno esq. Agramonte; ⏲9.00-12.00 y 13.00-19.00 lu-sa); **Habana Vieja** (Oficios esq. Lamparilla; ⏲8.00-19.00 lu-sa, 8.00-13.00 do); **El Vedado** (calle 23, entre calles K y L; ⏲7.00-14.30 y 15.30-22.00); **El Vedado** (calle 19, entre calles A y B, Mercado Agropecuario; ⏲7.00-18.00 lu-sa, 8.00-13.00 do); **El Vedado** (Malecón esq. calle D) Anticipos en efectivo y cambio de cheques

de viaje con un 3,5% de comisión de lunes a viernes (4% los fines de semana).
Cambio (Obispo nº 257, Habana Vieja; ⏲8.00-22.00) El mejor horario de apertura de la ciudad.

CORREOS
Hay dos oficinas de DHL en **El Vedado** (☎832-2112; Calzada nº 818, entre calles 2 y 4; ⏲8.00-17.00 lu-vi) y **El Vedado** (☎836-3564; Hotel Nacional, calle O esq. calle 21).

Algunas oficinas de correos están en **Centro Habana** (Gran Teatro, San Martín esq. paseo de Martí); **Habana Vieja** (Oficios nº 102, plaza de San Francisco de Asís); **Habana Vieja** (Obispo nº 518, Unidad de Filatelia; ⏲9.00-19.00); **El Vedado** (Línea esq. Paseo; ⏲8.00-20.00 lu-sa); **El Vedado** (calle 23 esq. calle C; ⏲8.00-18.00 lu-vi, 8.00-12.00 sa); **El Vedado** (av. de la Independencia, entre plaza de la Revolución y Terminal de Ómnibus; ⏲venta sellos 24 h).

La oficina de Independencia cuenta con muchos servicios, como revelado de fotografía, banco y una Cadeca. El **Museo Postal Cubano** (☎870-5581; entrada 1 CUC; ⏲10.00-17.00 sa y do) tiene una tienda de filatelia.

La oficina de correos de Obispo, en La Habana Vieja, también vende sellos para coleccionistas.

TELÉFONO
Etecsa Telepuntos (Aguilar nº 565; ⏲8.00-21.30). Hay un **Museo de las Telecomunicaciones** (⏲9.00-18.00 ma-sa) si el viajero se cansa de esperar. Otra oficina es la de **La Habana Vieja** (Habana 406).

LAVABOS PÚBLICOS
La Habana no está muy equipada con lavabos públicos limpios. La mayoría de los turistas entran discretamente a los hoteles si están apurados. No hay que dejar de dar una propina a la señora que los limpia.
Hotel Ambos Mundos (Obispo nº 153, La Habana Vieja) Conviene dejar propina.
Hotel Iberostar Parque Central (Neptuno, entre Agramonte y paseo de Martí) Al entrar hay que torcer a la izquierda detrás de la escalera.
Hotel Nacional (calle O esq. calle 21, El Vedado) Justo en el vestíbulo pasados los ascensores.
Hotel Sevilla (Trocadero nº 55, entre paseo de Martí y Agramonte, Centro Habana) Hay que girar a la derecha dentro del vestíbulo.

INFORMACIÓN TURÍSTICA
Infotur tiene oficinas en el **aeropuerto** (☎642-6101; Terminal 3 aeropuerto internacional José Martí; ⏲24 h) y en **La Habana Vieja** (☎863-6884; Obispo esq. San Ignacio; ⏲10.00-13.00 y 14.00-19.00). Reserva circuitos y vende planos y tarjetas telefónicas.

AGENCIAS DE VIAJES
Muchas de las siguientes agencias también cuentan con oficinas en el aeropuerto, en el vestíbulo de llegadas internacionales de la terminal 3.
Cubamar Viajes (☎833-2523, 833-2524; www.cubamarviajes.cu; calle 3, entre calle 12 y Malecón, El Vedado; ⏲8.30-17.00 lu-sa) Agencia de viajes para bungalós de Campismo Popular en todo el país.
Cubanacán (☎873-2686; www.cubanacan.cu; Hotel Nacional, calles O esq. calle 21, El Vedado; ⏲8.00-19.00) Muy útil. Este es lugar adonde ir si se quiere pescar o hacer submarinismo en Marina Hemingway. También en el Hotel Iberostar Parque Central, el Hotel Inglaterra y el Hotel Habana Libre.
Cubatur (☎835-4155; calle 23 esq. calle M, El Vedado; ⏲8.00-20.00) Debajo del Hotel Habana Libre. Esta agencia sabe moverse y encuentra habitaciones allí donde otras no pueden, lo que contribuye bastante a explicar su actitud de holgazanería. Cuenta con mostradores en la mayor parte de los grandes hoteles.
Ecotur (☎649-1055; www.ecoturcuba.co.cu; av. Independencia nº 116, esq. Santa Catalina, Cerro) Vende toda clase de excursiones de ecoturismo.
San Cristóbal Agencia de Viajes (☎861-9171, 861-9172; www.viajessancristobal.cu; Oficios nº 110, entre Lamparilla y Amargura, La Habana Vieja; ⏲8.30-17.30 lu-vi, 8.30-14.00 sa, 9.00-12.00 do) La agencia Habaguanex explota los hoteles clásicos de La Habana Vieja. Los ingresos ayudan a financiar la restauración. Ofrece los mejores circuitos de La Habana.

ℹ Cómo llegar y salir

AVIÓN
Cubana Airlines (☎834-4446; calle 23 nº 64, esq. Infanta, El Vedado; ⏲8.30-16.00 lu-vi, 8.30-12.00 sa) tiene su oficina principal en el extremo del Malecón del Edificio de las Aerolíneas en La Rampa. Billetes internacionales o nacionales. Suele estar muy lleno.

Aerocaribbean (☎832-7584; calle 23 nº 64, Edificio de las Aerolíneas, El Vedado) es otra compañía aérea con servicios nacionales.

BARCO

Los autobuses que conectan con el servicio de hidroplano a Isla de la Juventud salen a las 9.00 de la **terminal de Ómnibus** (☎878-1841; av. de la calle Independencia esq. 19 de Mayo, El Vedado), cerca de la plaza de la Revolución, pero suelen tener retrasos. Es importante llegar al menos 1 h antes para comprar el billete. En el puesto identificado "NCC" entre las puertas 9 y 10 se venden billetes combinados de autobús/barco. Los billetes cuestan 50 CUC para el barco y 0,25 para el autobús. Conviene llevar consigo el pasaporte.

AUTOBÚS

Víazul (☎881-1413, 881-5652; www.viazul.com; calle 26 esq. Zoológico, Nuevo Vedado) cubre la mayoría de los destinos de interés para los viajeros en autobuses de lujo con aire acondicionado. Todos son directos salvo los que van a Guantánamo y Baracoa (en estos casos hay que hacer transbordo en Santiago de Cuba). Los autobuses Víazul se toman en la incómoda terminal situada 3 km al suroeste de la plaza de la Revolución. Aquí también se viene a comprar billetes en la oficina de Venta de Boletines. Se pueden conseguir horarios en el sitio web o en **Infotur.** Los dueños de algunas casas particulares pueden ayudar en la compra de billetes. Lo mejor es preguntar.

Yendo hacia La Habana el viajero puede bajar de un autobús Víazul procedente de Varadero/Matanzas en Centro Habana, justo después del túnel (conviene preguntar al conductor de antemano), pero si se llega desde otros puntos la llegada es en la terminal de Nuevo Vedado. Los autobuses desde la terminal de Nuevo Vedado a la ciudad son irregulares salvo que el viajero desee andar un poco. Un taxi cuesta nada menos que 10 CUC salvo que se negocie duro.

Una alternativa a los cada vez más atestados autobuses de Víazul es Conectando, gestionada por Cubanacán, que ofrece seis itinerarios que conectan La Habana con Viñales, Trinidad, Varadero y Santiago de Cuba. Los autobuses más pequeños que circulan cada día efectúan recogidas en varios hoteles y cobran tarifas similares a las de Víazul. Los billetes pueden reservarse en Infotur o con cualquier delegado de Cubanacán en los hoteles.

Los autobuses con destinos de las provincias de Artemisa y Mayabeque parten de Apodaca nº 53, junto a Agramonte, cerca de la estación principal de trenes de La Habana Vieja. Viajan a Güines, Jaruco, Madruga, Nueva Paz, San José, San Nicolás y Santa Cruz del Norte. Las colas son largas y es importante llegar pronto para comprar los billetes (en CUP).

TAXI

Pequeños taxis Lada, explotados por Cubataxi, aparcan en la calle 19 de Mayo al lado de la terminal de Ómnibus. Cobran aproximadamente 0,50 CUC/km, lo que se traduce en 70 CUC a Varadero, 80 CUC a Pinar del Río, 140 CUC a Santa Clara, 125 CUC a Cienfuegos y 165 CUC a Trinidad. Por el mismo precio pueden viajar hasta cuatro personas. Vale la pena considerar esta opción, que es perfectamente legal, si no queda más remedio.

TREN

Los trenes a la mayor parte de los destinos de Cuba salen de la **estación central de ferrocarriles** (☎861-8540, 862-1920; av. de Bélgica esq. Arsenal), en el lado suroeste de La Habana Vieja. Los extranjeros deben comprar los billetes en convertibles en la **estación La Coubre** (av. del Puerto esq. Desamparados, La Habana Vieja; ⏲9.00-15.00 lu-vi). Si está cerrada se puede probar en la oficina de Lista de Espera que vende billetes para salidas inmediatas. Los niños menores de 12 años viajan a mitad de precio.

El mejor tren de Cuba, el tren Francés (un viejo tren de la SNCF), circula cada tres días entre La Habana y Santiago con parada en Santa Clara (21 CUC) y Camagüey (40 CUC). Sale de La Habana a las 18.27 y llega a Santiago a la mañana siguiente a las 9.00. No hay literas pero los vagones son cómodos, tienen aire acondicionado y hay servicio de bar. Los billetes de 1ª clase cuestan 62 CUC y los de 2ª 50 CUC.

Los trenes "coche motor" son más lentos y van a Santiago con parada en estaciones como Matanzas (4 CUC), Sancti Spíritus (13 CUC), Ciego de Ávila (16 CUC), Las Tunas (23 CUC), Bayamo (26 CUC), Manzanillo (28 CUC) y Holguín (27 CUC). Hay un tren que llega hasta Guantánamo (32 CUC). Hay ramales a Cienfuegos (11 CUC) y a Pinar del Río (6,50 CUC).

La información anterior es solo indicativa. Los servicios casi siempre llevan retraso o se cancelan. Compruébese siempre el horario y la terminal de salida.

ℹ Cómo desplazarse

A/DESDE EL AEROPUERTO

El aeropuerto internacional José Martí está en Rancho Boyeros, 25 km al suroeste de La Habana pasando por la avenida de la Independencia. Tiene cuatro terminales. La 1, en el lado sureste de la pista, es solo para vuelos nacionales de Cubana. A 3 km, por la avenida de la Independencia, se encuentra la terminal 2, que recibe vuelos regulares y chárteres procedentes de Miami y Nueva York y a/desde las islas Caimán.

El resto de vuelos internacionales llega a la moderna terminal 3, en Wajay, 2,5 km al oeste de la terminal 2. Los chárteres, entre otros, de Aerocaribbean, Aerogaviota y Aerotaxi, a Cayo Largo del Sur, y a otras zonas utilizan la terminal Caribeña (también conocida como terminal 5), situada en el extremo noroeste de la pista, 2,5 km al oeste de la terminal 3. (La terminal 4 todavía no se ha construido). Conviene cerciorarse con antelación de cuál es la terminal que se va a usar.

El transporte público desde el aeropuerto al centro de La Habana es prácticamente inexistente. Un taxi sale aproximadamente por 20-25 CUC (40 min). Puede cambiarse dinero en el banco del vestíbulo de llegadas.

Los verdaderos aventureros con poco equipaje y un presupuesto ajustado pueden probar suerte en el metrobús P-12 desde el Capitolio o el P-15 desde el Hospital Hermanos Ameijeiras, en el Malecón, ambos con destino a Santiago de las Vegas con parada aproximadamente a 1, 5 km del aeropuerto en la avenida Boyeros. Esta opción es mucho más fácil para los viajeros que se marchan, ya que estarán más familiarizados con la geografía del lugar.

A/DESDE LA TERMINAL DE AUTOBUSES

La terminal de autobuses Víazul está en el barrio de Nuevo Vedado y los taxis cobran 5-10 CUC por el viaje hasta el centro de La Habana. Desde el centro no hay metrobuses directos. Si se toma el P-14 desde el Capitolio hay que bajarse en la avenida 51 y andar los últimos 500 m.

BICITAXI

Los bicitaxis de dos plazas hacen desplazamientos a cualquier punto de Centro Habana por 1/2 CUC por una carrera corta/larga, después de regatear. Es mucho más de lo que pagaría un cubano pero más económico y divertido que un taxi turístico.

BARCO

Los **ferries** (☎867-3726) de pasajeros cruzan el puerto a Regla y Casablanca y zarpan cada 10 o 15 min desde el muelle de Luz, en la esquina de San Pedro y Santa Clara, en el lado sureste de La Habana Vieja. La tarifa es de 10 centavos, pero a los extranjeros se les suele cobrar 1 CUC. Desde que unos *ferries* fueran secuestrados rumbo a Florida en 1994 y de nuevo en el 2003 (los secuestradores nunca salieron de aguas cubanas) se ha reforzado la seguridad con inspecciones de equipajes del estilo de los aeropuertos.

AUTOMÓVIL

En La Habana hay muchas oficinas de alquiler de automóviles, por lo que si en una el viajero no encuentra lo que busca basta con probar en otra. Todas las agencias cuentan con oficinas en la terminal 3 del aeropuerto internacional José Martí. Por lo demás, en cualquier hotel de tres estrellas (o más) hay un mostrador de alquiler de coches. Los precios de los modelos similares son los mismos entre compañías. A esto se llama socialismo.

Cubacar (☎835-0000) dispone de mostradores en los grandes hoteles, incluidos el Meliá

SALIDAS DE VÍAZUL DESDE LA HABANA

Consúltense los horarios de salida más recientes en www.viazul.com.

DESTINO	TARIFA (CUC)	DURACIÓN (HR)	HORARIO DE SALIDA
Bayamo	44	13	7.40, 15.15, 22.00
Camagüey	33	9	7.40, 8.40, 15.15, 18.00, 20.30, 22.00
Ciego de Ávila	27	7	7.40, 15.15, 20.30, 22.00
Cienfuegos	20	4	8.15, 11.05, 13.00
Holguín	44	12	8.40, 15.15, 20.30
Las Tunas	39	11½	7.40, 15.15, 20.30, 22.00
Matanzas	7	2	8.00, 10.00, 12.00, 17.40
Pinar del Río	11	3	9.00, 14.00
Sancti Spíritus	23	5¾	8.40, 9.30, 15.15, 20.30, 22.00
Santa Clara	18	3¾	7.40, 15.15, 20.30, 22.00
Santiago de Cuba	51	15	7.40, 15.15, 18.00, 22.00
Trinidad	25	6	8.15, 11.05, 13.00
Varadero	10	3	8.00, 10.00, 12.00, 17.40
Viñales	12	4	9.00, 14.00

Cohiba, el Meliá Habana, el Iberostar Parque Central, el Habana Libre y el Sevilla.

Rex Rent a Car (☎836-7788; Línea esq. Malecón, El Vedado) alquila coches extravagantes a precios exorbitantes.

Hay gasolineras Servi-Cupet en El Vedado (calles L y 17), en el Malecón esquina con la calle 15, en el Malecón con Paseo, cerca de los hoteles Riviera y Meliá Cohiba y en la avenida de la Independencia (carril en dirección norte) al sur de la plaza de la Revolución. Todas abren las 24 h del día.

Existen aparcamientos vigilados por más o menos 1 CUC por toda La Habana (p. ej. enfrente del Hotel Sevilla, del Hotel Inglaterra y del Hotel Nacional).

TRANSPORTE PÚBLICO

El nuevo **Havana Bus Tour** (☎831-7333; calle L nº 456, entre calles 25 y 27) hace dos rutas: la T1 y la T3 (la T2 estaba suspendida cuando se redactó esta obra). La parada principal está en el Parque Central delante del Hotel Inglaterra. Este es el punto de recogida para la línea T1, que va desde La Habana Vieja pasando por Centro Habana, el Malecón, la calle 23 y la plaza de la Revolución hasta La Cecilia en el extremo oeste de Playa; y el autobús T3, que va desde Centro Habana hasta Playas del Este (pasando por el Parque Histórico Militar Morro-Cabaña). El autobús T1 es un descapotado de dos pisos; el T3 uno normal de un piso. Los billetes válidos para todo el día cuestan 5 CUC. Los servicios funcionan entre las 9.00 y las 21.00, y las rutas, con sus paradas, están claramente indicadas. Cuidado: las rutas y los horarios están sujetos a cambios. Conviene consultar los planos de las rutas en la parada de Parque Central.

El servicio de autobús ha mejorado mucho en los últimos años gracias a una nueva flota de autobuses articulados fabricados en China que sustituyeron a los siempre abarrotados y sucios camellos (los viejos metrobuses de la ciudad) en el 2007. Estos autobuses cubren regularmente 14 rutas distintas y conectan muchas partes de la ciudad con los barrios periféricos. La tarifa es de 20 centavos (5 si se usan convertibles), que se depositan en una pequeña ranura delante del conductor al entrar.

Los autobuses cubanos están muy llenos y son pocos los turistas que los utilizan. Conviene ir con cuidado con los carteristas y mantener cerca los objetos de valor.

Todas las rutas de autobús llevan la letra P delante de su número:

P-1 Diezmero-Playa (vía Virgen del Camino, El Vedado, Línea, avenida 3)
P-2 Diezmero-Línea y G (vía Víbora y Ciudad Deportiva)
P-3 Alamar-Túnel de Línea (vía Virgen del Camino y Víbora)
P-4 San Agustín-Terminal de Trenes (vía Playa, calle 23, La Rampa)
P-5 San Agustín-Terminal de Trenes (vía Lisa, avenida 31, Línea, avenida del Puerto)
P-6 Calvario-La Rampa (vía Víbora)
P-7 Cotorro-Capitolio (vía Virgen del Camino)
P-8 Calvario-Villa Panamericana (vía Víbora, Capitolio y túnel del puerto)
P-9 Víbora-Lisa (vía Cuatro Caminos, La Rampa, calle 23, avenida 41)
P-10 Víbora-Playa (vía Altahabana y calle 100)
P-11 Alamar-G y 27 (vía túnel del puerto)
P-12 Santiago de las Vegas-Capitolio (vía avenida Boyeros)
P-13 Santiago de las Vegas-Víbora (vía Calabazar)
P-14 San Agustín-Capitolio (vía Lisa y avenida 51)
P-15 Santiago de las Vegas-Hermanos Ameijeiras (vía avenida Boyeros y calle G)
P-16 Hospital Naval-Playa (vía calle 100 y Lisa)

Los autobuses más viejos todavía hacen algunas rutas interurbanas (p. ej. el autobús 400 a Playas del Este), pero no hay ni horarios impresos ni planos. Los servicios individuales aparecen mencionados allí donde procede.

TAXI

En todos los hoteles de categoría pueden encontrarse fácilmente taxis turísticos con taxímetro. Los Nissan, con aire acondicionado, aplican unas tarifas más altas que los Lada, sin aire acondicionado. **Panataxi** (☎55-55-55) opera los taxis oficiales más baratos. La bajada de bandera cuesta 1 CUC y luego 0,50 CUC/km. Los taxis turísticos cobran 1 CUC/km y pueden solicitarse en **Havanautos Taxi** (☎73-22-77) y **Transgaviota** (☎206-9793). **Taxi OK** (☎20 4-0000, 877-6666) tiene sus oficinas en Miramar. Los conductores de los taxis turísticos son empleados del Gobierno que trabajan por un sueldo en pesos cubanos.

Los taxis más económicos son los Ladas amarillos y negros más viejos, muchos en manos privadas. Es importante convenir la tarifa con antelación y llevar el importe exacto. Alrededor del Parque Central suele haber taxis clásicos aparcados.

A PIE

Es lo que han venido haciendo los habaneros durante décadas por falta de gasolina. Muchas zonas de La Habana Vieja, Centro Habana y El Vedado pueden recorrerse fácilmente a pie si el viajero tiene ganas de hacer algo de ejercicio. Y de paso uno verá más escenas de la vida cotidiana en la calle.

LA PERIFERIA

Los barrios periféricos de La Habana, que se extienden desde el centro hacia tres direcciones, están llenos de curiosos puntos de interés y actividades que pueden dar para una interesante excursión de un día o de medio día desde el centro. Playa cuenta con un acuario bastante bueno, excelentes instalaciones para conferencias y los mejores restaurantes de Cuba.

Guanabacoa y Regla son famosos por su cultura religiosa afrocubana, y las fortalezas de La Cabaña y El Morro son dos ejemplos de la magnífica arquitectura militar de la isla.

Playa y Marianao

El municipio de Playa, al oeste de El Vedado y al otro lado del río Almendares, es una paradójica mezcla de prestigiosas y lujosas zonas residenciales y conjuntos de viviendas de la clase trabajadora.

Miramar es un barrio de amplias avenidas y laureles, donde el tráfico se mueve de forma más tranquila y las mujeres de los diplomáticos –ataviadas con viseras antideslumbrantes y mallas de lycra– salen a hacer *footing* por la tarde por la avenida 5 (o Quinta avenida). En viejas mansiones prerrevolucionarias se encuentran muchas de las embajadas de La Habana, y los viajeros de negocios y asistentes a conferencias de todas partes del mundo se congregan para hacer uso de algunas de las instalaciones más lujosas del país.

Si el viajero está principalmente interesado en hacer turismo y en el ocio, desplazarse a El Vedado o a La Habana Vieja es una lata y un gasto. Sin embargo, en esta zona se encuentran algunos de los mejores clubes de salsa, discotecas y restaurantes y las casas particulares son decididamente lujosas.

Cubanacán es la sede de muchas de las ferias de negocios o científicas de La Habana y el lugar donde están situados varios institutos médicos especializados. A pesar de la austeridad del Período Especial, se han invertido cuantiosos recursos en institutos de investigación de biotecnología y farmacia. Los que se desplazan en barco, los pescadores y los submarinistas se dan cita en Marina Hemingway en el extremo oeste de Playa.

Marianao es famoso en el mundo entero por el Cabaret Tropicana pero, en Cuba, se le conoce por ser un barrio difícil, violento en determinadas zonas con una influyente comunidad de santería y una larga historia de compromiso social.

Puntos de interés

Miramar

★ Fundación La Naturaleza y El Hombre MUSEO

(☎204-0438; av. 5B nº 6611, entre calles 66 y 70, Playa; entrada 2 CUC; ⌚8.30-15.00 lu-vi) En este fascinante museo se muestran objetos del viaje en canoa de 17 422 km desde el nacimiento del Amazonas hasta el mar encabezado por el intelectual y antropólogo cubano Antonio Núñez Jiménez en 1987. Otras exposiciones presentan una de las colecciones de fotografía más extensas de Cuba, libros escritos por el prolífico Núñez Jiménez y el famoso retrato de Fidel obra de Guayasamín.

"El invernadero", muestra urnas de cristal que contienen toda clase de fascinantes objetos de la vida del fundador. El museo es una fundación y uno de los lugares más gratificantes de La Habana.

Pabellón para la Maqueta de la Capital MUSEO

(calle 28 nº 113, entre av. 1 y av. 3; entrada 3 CUC; ⌚9.30-17.00 ma-sa) Si el viajero creía que la maqueta de La Habana Vieja es impresionante se quedará sin palabras ante este pabellón ultramoderno que contiene una enorme maqueta de toda la ciudad (en obras cuando se escribía esta guía) a escala 1:1000. En un principio la maqueta fue creada con fines de planteamiento urbanístico, pero hoy en día es una atracción turística. Cerca, los dos **parques** de la Quinta avenida, entre las calles 24 y 26, con sus inmensas ceibas y oscuros callejones, son un lugar sugerente.

★ Acuario Nacional ACUARIO

(av. 3 esq. calle 62; adultos/niños 10/7 CUC; ⌚10.00-18.00 ma-do) Fundado en 1960, es toda una institución en La Habana y recibe hordas de visitantes al año, especialmente después de su renovación en el 2002. A pesar de su aspecto más bien desaliñado, deja el resto de acuarios y delfinarios de Cuba en un segundo plano (lo que no es decir mucho).
La especialidad son los peces de agua salada, pero también hay leones marinos, delfines y mucho espacio para los críos. Los espectáculos de delfines tienen lugar casi cada hora a partir de las 11.00 (el último a las 21.00). La entrada incluye el espectáculo.

Embajada de Rusia LUGAR DESTACADO

(5ª av. nº 6402, entre calles 62 y 66, Playa) Ese enorme obelisco estalinista que domina el hori-

Playa y Marianao

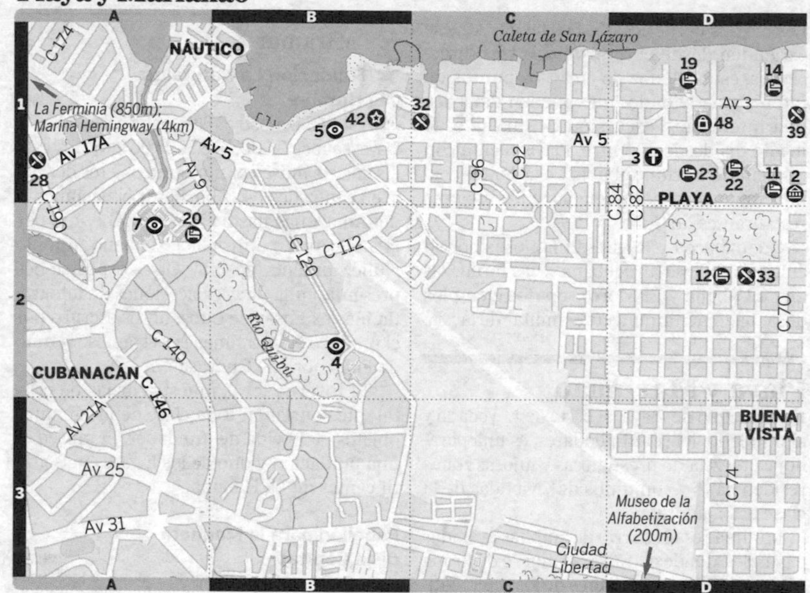

zonte en plena Quinta avenida es la embajada rusa (antes soviética), testigo de los días en que Castro era un gran amigo de Brezhnev y compañía.

Iglesia Jesús de Miramar IGLESIA
(av. 5 esq. calle 82, Playa) A pesar de su modernidad, en Playa se encuentra la iglesia más grande de Cuba, una estructura neorrománica rematada con una enorme cúpula. Construida en 1948, protege el órgano más grande de Cuba, así como raros murales con las Estaciones de la Cruz.

Parque Almendares PARQUE
En el corazón de la caótica capital y siguiendo las riberas del río Almendares, debajo del puente de la calle 23, se encuentra este oasis de vegetación y aire fresco. El parque ha sido objeto de una lenta renovación (y limpieza) durante más de una década: junto al río creen con profusión las plantas.

También hay múltiples instalaciones, como un anticuado **circuito de minigolf,** el **anfiteatro Parque Almendares** (un pequeño escenario al aire libre) una zona de juegos y el **parque de dinosaurios** con reproducciones en piedra de los monstruosos reptiles. Hay varios sitios buenos para comer.

Marianao

Museo de la Alfabetización MUSEO
(av. 29E esq. calle 76; 8.00-12.00 y 13.00-16.30 lu-vi, 8.00-12.00 sa) GRATIS El Cuartel Columbia, un antiguo aeródromo militar en Marianao, es actualmente un centro escolar llamado **Ciudad Libertad.** Tras cruzar sus puertas se puede visitar este inspirador museo, que describe la campaña de alfabetización de 1961 cuando 100 000 jóvenes de entre 12 y 18 años se distribuyeron por toda Cuba para enseñar a leer y a escribir a los campesinos, a los trabajadores y a los mayores. En el centro de la glorieta, enfrente de la entrada del complejo, hay una torre en forma de jeringa en recuerdo de Carlos Juan Finlay, descubridor, en 1881, del vector causante de la fiebre amarilla.

Cubanacán

Instituto Superior de Arte EDIFICIO CULTURAL
(ISA; calle 120 nº 1110) La academia de arte de referencia en Cuba fue fundada en 1961 y elevada a la categoría de instituto en 1976. El conjunto de edificios –algunos por terminar, otros restaurados a medias pero todos elegantes por los arcos, las cúpulas y el ladrillo rojo– fue una creación del Che Guevara y un equipo de arquitectos. Entre ellos

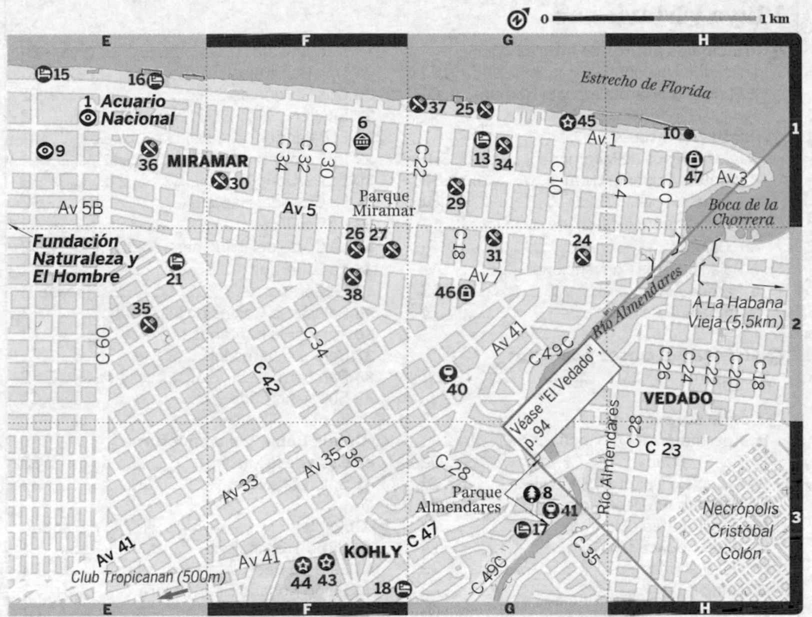

se encontraba Ricardo Porro, que diseñó la sorprendente Facultad de Artes Plásticas (1961), con sus largos pasillos de curvas y salas rematadas con cúpulas en forma de mujer reclinada. Estudian en el lugar unos ochocientos estudiantes (los extranjeros también pueden hacerlo).

Palacio de las Convenciones EDIFICIO DESTACADO
(calle 146, entre av. 11 av. 13) También conocido como Centro de Convenciones de La Habana, este es el edificio moderno más espectacular de Cuba. Construido para la Conferencia de los Países No Alineados en 1979, los cuatro salones interconectados contienen un vanguardista auditorio con 2101 asientos y 11 salas más pequeñas. La Asamblea Nacional, formada por 589 miembros, se reúne dos veces al año y el complejo alberga más de cincuenta mil asistentes a conferencias cada año. No lejos de aquí está **Pabexpo** (av. 17 esq. calle 180), un espacio para exposiciones de 20 000 m² formado por cuatro pabellones interconectados y sede de unas quince ferias comerciales cada año.

Isla del Coco PARQUE DE ATRACCIONES
(av. 5 y calle 112, Playa) Enorme parque de atracciones construido por los chinos en Playa, con grandes norias, autos de choque y montañas rusas.

Actividades

Marlin Náutica DEPORTES DE AGUA
(av. 5 esq. calle 248, Barlovento) Existen muchas actividades acuáticas en Marina Hemingway, en Barlovento, 20 km al oeste del centro de La Habana. Hay salidas de pesca con Marlin Náutica a partir de 150 CUC (4 pescadores, 4 h de pesca) y 280 CUC (4 pescadores, 4 h de pesca de altura). Los precios incluyen el capitán, un marinero, servicio de bar y aparejos de pesca. La temporada de la aguja va de junio a octubre. También pueden contratarse paquetes de submarinismo por 35 CUC por inmersión y circuitos por el litoral de La Habana (60 CUC en catamarán).

Centro de submarinismo La Aguja SUBMARINISMO
(☎204-5088; av. 5 esq. 248, Barlovento) Entre Cubanacán Náutica y el centro comercial, esta escuela de submarinismo ofrece inmersiones por 30 CUC más 5 CUC por el material. Ofrece una salida por la mañana y otra por la tarde. También puede contratarse una excursión de submarinismo a Varadero o playa Girón. Las reseñas de los viajeros son favorables.

Playa y Marianao

Principales puntos de interés
1 Acuario Nacional E1
2 Fundación Naturaleza y El Hombre D1

Puntos de interés
3 Iglesia Jesús de Miramar D1
4 Instituto Superior de Arte B2
5 Isla del Coco B1
6 Pabellón para la Maqueta de la Capital F1
7 Palacio de las Convenciones A2
8 Parque Almendares G3
9 Embajada de Rusia E1

Actividades, cursos y circuitos
10 Havanatur H1

Dónde dormir
11 Aparthotel Montehabana D1
12 Casa de Cuca D2
13 Complejo Cultural La Vitrola G1
14 H10 Habana Panorama D1
15 Hotel Chateau Miramar E1
16 Hotel Copacabana E1
17 Hotel el Bosque G3
18 Hotel Kohly F3
19 Hotel Meliá Habana D1
20 Hotel Palco A2
21 Marta Rodríguez E2
22 Occidental Miramar D1
23 Quinta Avenida Habana D1

Dónde comer
Bom Apetite ..... (véase 33)
Casa Española ..... (véase 26)
24 Chaplin's Café G2
Doctor Café ..... (véase 6)
25 Don Cangrejo G1
26 Dos Gardenias F2
27 El Aljibe F2
28 El Palenque A1
29 El Tocororo G1
30 La Carboncita F1
31 La Casa del Habano G2
32 La Cecilia C1
33 La Corte del Príncipe D2
34 La Esperanza G1
Le Garage ..... (véase 1)
35 Paladar la Cocina de Lilliam E2
36 Paladar la Fontana E1
37 Paladar Vista Mar G1
38 Pan.com F2
39 Supermercado 70 ..... D1

Dónde beber y vida nocturna
40 Casa de la Música G2
41 Salón Chévere G3

Ocio
42 Circo Trompoloco B1
43 Estadio Pedro Marrero F3
44 Salón Rosado Benny Moré F3
45 Teatro Karl Marx G1

De compras
Casa de la Música ..... (véase 40)
Egrem Tienda de Música ..... (véase 13)
La Casa del Habano ..... (véase 31)
46 La Maison G2
47 La Puntilla H1
48 Miramar Trade Center D1

Dónde dormir

Miramar

Casa de Cuca CASA PARTICULAR $
(☎205-4082; calle 11 nº 7406, entre calles 74 y 76; h 40 CUC; P ❄ ≋) Más bien el palacio de Cuca, el viajero se sentirá como si estuviese en la casa de un amigo acomodado en esta lujosa casa de Playa, con cuatro habitaciones con cama *king size*, cuartos de baño privados y una piscina.

Complejo Cultural La Vitrola HOTEL $
(☎202-7922; calle 18 nº 103, entre av. 1 y av. 3; h 30 CUC; ❄) Alojarse aquí es como hacerlo en los estudios de grabación Abbey Road de Londres, ya que los estudios Egrem (su equivalente cubano) tienen su propio hotel. Sus cinco habitaciones (llamadas bolero, son, chachachá, rumba y trova) tienen luminosos interiores con letras de canciones pintadas en la pared. Si el viajero visita el bar Bilongo en el piso de abajo igual se cruza con Silvio Rodríguez.

Hotel el Bosque HOTEL $
(☎204-9232; calle 28A, entre calles 49A y 49B, Kohly; i/d 36/48 CUC; ❄@) Económico y a menudo infravalorado, es la opción menos cara del complejo Kohly-Bosque dirigido por Gaviota. Limpio y acogedor, se encuentra en la orilla del río Almendares rodeado del bosque de La Habana –el pulmón de la ciudad– y es una buena (y rara) opción de precio medio en este lugar.

Marta Rodríguez CASA PARTICULAR $
(☎203-8596; calle 42 nº 914; h 40 CUC; P) Una de las pocas casas particulares de Miramar, con camas *art déco*, TV, vídeo, aparato de música y mucho espacio.

Aparthotel Montehabana HOTEL $$
(☎206-9595; calle 70, entre av. 5A y av. 7, Playa; i/d/tr 75/85/120 CUC; P❄@≋) Hotel moderno operado por Gaviota inaugurado en diciembre del 2005 con la promesa de ofrecer algo diferente. Ciento una de sus habitaciones son apartamentos con salas de estar y cocinas totalmente equipadas.

Para quien no tenga ganas de cocinar, el restaurante prepara un bufé de desayuno y de cena por 8 y 15 CUC respectivamente. Las instalaciones son completas, aunque un poco funcionales. Los clientes comparten el gimnasio, una piscina y pistas de tenis con el Hotel Occidental Miramar, justo al lado.

Hotel Chateau Miramar HOTEL $$
(☎204-0224; av. 1, entre calles 60 y 70, Playa; i/d 67/84 CUC; P❄@≋) Se anuncia como hotel-*boutique* pero no hay que engañarse: este *château* no es ningún refugio del valle del Ródano. Aun así, los adictos a la tecnología sabrán apreciar el servicio gratuito de internet, los televisores de pantalla plana y el servicio directo de llamadas internacionales incluidos en el precio de las mediocres habitaciones.

Hotel Kohly HOTEL $$
(☎204-0240; calle 49A esq. calle 36, Kohly; i/d 47/63 CUC; ❄@≋) El utilitario exterior queda compensado con una atractiva piscina y una excelente pizzería.

Hotel Copacabana HOTEL $$
(☎204-1037; av. 1, entre calles 44 y 46; i/d 72/104 CUC; P❄@≋) Justo en la playa, ha abierto de nuevo sus puertas después de una larga reforma. Aun así, el lugar sigue siendo algo frío a pesar de su excelente ubicación al lado del mar.

★ **Hotel Meliá Habana** HOTEL $$$
(☎204-8500; av. 3, entre calles 76 y 80; i/d 200/260 CUC; P❄@≋) Feo por fuera pero precioso por dentro, este hotel, inaugurado en 1998, es uno de los mejor llevados y mejor equipados de la ciudad. Las 409 habitaciones (cuatro accesibles en silla de ruedas) están repartidas alrededor de un vestíbulo con abundantes ramas que cuelgan, estatuas de mármol y fuentes de agua. Fuera, la piscina más grande y bonita de Cuba se encuentra junto a una desolada y rocosa orilla. Si a ello se añade un servicio atento, un excelente bufé restaurante y algún descuento, puede que el viajero acabe convencido.

Quinta Avenida Habana HOTEL $$$
(☎214-1470; Av 5, entre calles 76 y 80, Miramar; i/d 110/130 CUC; ❄@≋) Uno de los hoteles más nuevos de Playa, este coloso de cemento fue inaugurado en el 2010. Completa un trío de tres elegantes establecimientos detrás del Centro de Negocios Miramar. Aunque las instalaciones son de cinco estrellas, con amplias habitaciones (todas con ducha y bañera) y un buen restaurante, el lugar sufre los típicos males de los enormes establecimientos de cadena: un aire frío y soso y falta de personalidad.

Occidental Miramar HOTEL $$$
(☎204-3583, 204-3584; av. 5 esq. calle 74; i/d 100/130 CUC; P❄≋) Hace pocos años Gaviota se hizo con el antiguo Novotel, un coloso de 427 habitaciones, y el sitio ha salido beneficiado de ello. La norma es que el personal sea profesional y el servicio excelente. También hay instalaciones deportivas, incluidas pistas de tenis, piscina, sauna, gimnasio y sala de juegos.

H10 Habana Panorama HOTEL $$$
(☎204-0100; av. 3 esq. calle 70; i/d 100/135 CUC; P❄@≋) Esta "catedral de cristal", en Playa, abrió sus puertas en el 2003. El exterior –todo de cristal azul tintado– mejora una vez que se entra en su monumental vestíbulo, donde ascensores de la época espacial transportan rápidamente al viajero a una de las 317 habitaciones con fabulosas vistas. El hotel también cuenta con centro de negocios, una tienda de fotografía, numerosos restaurantes y una amplia piscina. Pero el Panorama es casi demasiado grande: su escala hace que uno se sienta pequeño y confiere al lugar un aire más bien vacío y antiséptico.

Cubanacán

En este barrio hay un hotel en el que el viajero puede acabar si se encuentra haciendo una actividad organizada o asistiendo a una conferencia.

Hotel Palco HOTEL $$$
(☎204-7235; calle 146, entre av. 11 y 13; i/d 91/111 CUC; P❄≋) Situado 2 km al norte e incorporado al Palacio de las Convenciones, este es un hotel de negocios normalmente ocupado por extranjeros que asisten a una conferencia, congreso o lanzamiento.

Marina Hemingway

Hotel Club Acuario HOTEL $$
(☎204-6336; Aviota esq. calle 248; i/d 79/108 CUC; ❄) Marina Hemingway no es un lugar especial por sus hoteles. Con El Viejo y el Mar siempre cerrados temporalmente, la única opción realista para los viajeros extranjeros es el Acuario, separado entre dos de los canales del puerto y deslucido con su mobiliario barato pasado de moda.

Si el viajero tiene contratado un viaje de submarinismo con salida a primera hora, este hotel puede cumplir su función. En otro caso es mejor quedarse en La Habana y desplazarse.

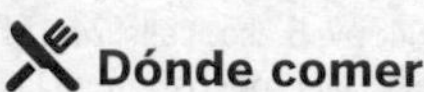

Dónde comer

Playa es un bastión de algunos de los mejores paladares de Cuba desde la década de 1990, y muchos de los antiguos referentes siguen causando sensación a pesar de la abundancia de nuevos competidores. También hay algunos restaurantes dirigidos por el Estado sorprendentemente buenos. La tarifa del taxi (5-10 CUC) para desplazarse para comer en esta zona, merece la pena.

Miramar

Chaplin's Café CAFÉ $
(calle 8 nº 518, entre av. 5 y av. 5B; tapas 2-7 CUC; ⏲9.00-24.00) El humor de Charlie Chaplin siempre ha acercado culturas y en La Habana hay incluso una sala de cine con su nombre. Este pequeño bar/restaurante nuevo montado por un fanático de Chaplin en el 2012 combina imágenes en blanco y negro de Chaplin con comida aceptable. Para picar tapas hay que ir al enorme sofá y para cenar, a las atractivas mesas.

Le Garage COMIDA RÁPIDA $
(av. 3, esq. av. 60; tentempiés 2-4 CUC; ⏲12.00-2.00, hasta 6.00 vi-do) Un pequeño establecimiento privado de comida rápida con bancos corridos en el interior y un patio donde se pueden tomar batidos, hamburguesas y aros de cebolla (algo raro en Cuba hasta hace poco). Destaca el horario amplio de apertura.

Pan.com COMIDA RÁPIDA $
(☎204-4232; av. 7 esq. calle 26; tentempiés 1-4 CUC; ⏲10.00-24.00) Nada que ver con un cibercafé. Se trata de un paraíso de comida saludable a base de bocadillos, fantásticas hamburguesas y excelentes batidos de helado. El viajero puede unirse a los diplomáticos bajo la marquesina.

Supermercado 70 SUPERMERCADO $
(av. 3 esq. calle 70; ⏲9.00-18.00 lu-sa, 9.00-13.00 do) Todavía conocido como "Diplomercado" por los días en que solo los diplomáticos eran clientes, este supermercado es grande para lo que es Cuba y cuenta con un amplio surtido.

★ El Aljibe CARIBEÑA $$
(☎204-1584, 204-1583; av. 7, entre calles 24 y 26; principales 12 CUC; ⏲12.00-24.00) Sobre el papel es un humilde restaurante de Palmares, pero en realidad es todo un espectáculo culinario. El Aljibe viene deleitando los paladares cubanos y de los diplomáticos extranjeros desde hace años. El furor gira en torno a los misterios gastronómicos de un solo plato, el imprescindible pollo asado servido con guarniciones ilimitadas de arroz blanco, alubias negras, plátano frito, patatas fritas y ensalada. Se dice que la salsa de naranja que lo acompaña es un secreto de Estado.

La Carboncita ITALIANA $$
(av. 3 nº 3804, entre calles 38 y 40; pasta y pizza 7-8 CUC; ⏲12.00-24.00) La comida sale misteriosamente del taller de esta casa de Miramar convertida en restaurante italiano con mesas dentro y fuera, aunque no hay nada mecánico en los sabores. Se puede elegir entre una amplia variedad de auténticas salsas. Las *pizzas* de masa fina y crujiente también son buenas.

La Corte del Príncipe ITALIANA $$
(calle 9 esq. calle 74; pasta 7-8 CUC; ⏲12.00-15.00 y 19.00-23.00) Posiblemente el más italiano de los restaurantes italianos de La Habana. Imprimen su carta en italiano, hacen la siesta (de 15.00-19.00) y no sirven *pizza*. La pasta de Turín es buena y es difícil pasar de largo de la cesta de berenjenas que cuelgan afuera en la puerta.

Paladar Vista Mar PESCADO $$
(☎203-8328; Av 1, entre calles 22 y 24; principales 8-15 CUC; ⏲12.00-24.00) En la 2ª planta de una residencia privada con vistas al mar. El ambiente se ve realzado por una bonita piscina cuya agua rebosa hasta el mar. Si disfrutar de deliciosos platos de marisco mirando al mar suena atractivo, este puede ser el lugar.

Casa Española ESPAÑOLA $$
(☎206-9644; calle 26 esq. av. 7; principales 7-12 CUC; ⏲12.00-24.00) Una parodia medieval construida durante la era Batista por Gustavo Gu-

tiérrez y Sánchez. Este castillo con almenas en Miramar ha resucitado como restaurante de temática española que aprovecha la leyenda de Don Quijote. El ambiente es bastante elegante si al viajero no le importa que las armaduras le observen mientras degusta paella, tortilla española o lomo de cerdo al Jerez.

Bom Apetite INTERNACIONAL **$$**
(calle 11 nº 7210, entre calles 72 y 74; principales 5-10 CUC; ⏲12.00-24.00) Alejado en la parte este de Playa, este restaurante destaca por su refinado y exclusivo entorno en una tranquila casa privada con su propio bar. Combinan comida cubana tradicional con platos básicos como el *filet mignon*, pasta y *pizza*.

Dos Gardenias CARIBEÑA **$$**
(av. 7 esq. calle 28; ⏲12.00-24.00) En este complejo, famoso por los boleros, se puede elegir entre un restaurante de platos a la brasa o de pasta. Es buena idea quedarse para oír cantar boleros más tarde.

La Casa del Habano CARIBEÑA **$$**
(av. 5 esq. calle 16; principales 8-15 CUC) Muchos acuden a este lugar por su prestigio como mejor tienda de puros de La Habana, pero quienes ya han estado regresan por la comida del restaurante.

Paladar La Cocina de Lilliam FUSIÓN **$$$**
(☎209-6514; calle 48 nº 1311, entre av. 13 y av. 15; principales 15-25 CUC; ⏲12.00-24.00) Servicio elegante, ambiente discreto y riquísimos platos recién cocinados, este establecimiento tiene todos los ingredientes de un laureado restaurante. Ubicado en una ilustre villa en Miramar y rodeado de un jardín con fuentes y plantas tropicales, los comensales hincan el diente a rarezas cubanas como *mousse* de pollo y *bruschetta* de atún en un ambiente más europeo que caribeño.

★ **Paladar La Fontana** BARBACOA **$$$**
(☎202-8337; av. 3A nº 305; principales 12-20 CUC; ⏲12.00-24.00) En esta villa, recientemente renovada, que hace de paladar se sirven enormes porciones de carne y pescado, por lo que no hay que abusar de los entrantes como el cangrejo mezclado con berenjena, los huevos de codorniz y los garbanzos fritos. La Fontana se especializa en prácticamente todo aquello que el viajero no verá en otra parte de Cuba, desde lasaña hasta enormes bistés.

Reseñas de los expertos en *Cigar Aficionado* y el *Chicago Tribune* dan fe de su carácter legendario.

La Esperanza INTERNACIONAL **$$$**
(☎202-4361; calle 16 nº 105, entre av. 1 y av. 3; ⏲7.00-23.00 lu-sa) Este paladar de la vieja escuela ya era gastronómicamente creativo mucho antes de que las reformas del 2011 hiciesen la vida mucho más fácil a los chefs. Nada llamativa por fuera, el interior de esta casa es una profusión de curiosas antigüedades, viejos retratos y refinados muebles de la década de 1940. La comida, preparada en una ordinaria cocina familiar, incluye exquisiteces como el pollo luna de miel (pollo flambeado con ron), pescado marinado con vino blanco, limón y ajo, y brocheta de cordero.

Doctor Café CUBANA **$$$**
(☎203-4718; calle 28, entre av. 1 y av. 3) Se sirven platos exóticos como el ceviche, el pargo rojo y el pulpo a la parrilla servidos en un patio lleno de helechos o en el interior. La carta contiene platos de todo el mundo y hay numerosas rarezas que uno no encontrará en otros sitios del país. No es recomendable la tortuga, si se ofrece.

Don Cangrejo PESCADO Y MARISCO **$$$**
(av. 1 nº 1606, entre calles 16 y 18; cangrejo 15 CUC; ⏲12.00-24.00) En el frente marítimo, este singular restaurante de marisco frecuentado por los funcionarios diplomáticos lo lleva el Ministerio de Pesca y saca buena nota por su ambiente y servicio. Los platos de pescado fresco incluyen pargo rojo, mero y gambas. La langosta procede de una fogata en la terraza.

El Tocororo CARIBEÑA **$$$**
(☎202-4530; calle 18 nº 302; comidas 12-35 CUC; ⏲12.00-24.00) Antaño considerado uno de los mejores restaurantes de La Habana llevados por el Gobierno (junto con El Aljibe), ha cedido terreno a sus competidores en los últimos años y se le suele criticar por ser caro por lo que ofrece. No obstante, todavía merece una visita por sus mesas iluminadas con velas y su sugerente jardín, mientras que la carta sin imprimir (con lujos como cola de langosta y, alguna vez, avestruz) todavía tiene la capacidad de sorprender. También tiene un bar y restaurante de *sushi* llamado Sakura.

Cubanacán

El Palenque INTERNACIONAL **$$**
(☎208-8167; av. 17A esq. calle 190, Siboney; principales 3-10 CUC; ⏲10.00-22.00) Junto al centro de exposiciones Pabexpo, este enorme lugar se distribuye debajo de una serie de bohíos (cabañas tradicionales cubanas) con el techo de

paja. El Palenque ofrece una amplia carta cuyos precios son suficientemente económicos como para atraer a cubanos y extranjeros. La cocina es cubano-italiana, con *pizzas*, carne con patatas y langosta mariposa.

La Cecilia CARIBEÑA $$$
(☎204-1562; av. 5 nº 11010, entre calles 110 y 112; principales 12-20 CUC; ⌚12.00-24.00) Este lugar con clase está a la altura de El Aljibe en cuanto a calidad de la comida (pruébese la ropa vieja), pero se gana a todos los que lo visitan por su música de orquesta, que retumba las noches del fin de semana dentro de su amplio y evocador patio.

La Ferminia CARIBEÑA $$$
(☎273-6786; av. 5 nº 18207, Flores; principales desde 15 CUC; ⌚12.00-24.00) La Habana se pone pretenciosa en este memorable restaurante ubicado en una elegante mansión colonial convertida en el barrio de Flores. Se puede comer dentro en una de las pocas habitaciones bellamente amuebladas o fuera, en un fabuloso jardín. Pero lo que importa es la comida. Pruébese la parrilla mixta sacada directamente del fuego o las colas de langosta rebozadas. Es imprescindible vestir con corrección: nada de pantalón corto o camiseta sin manga para los chicos. Este es uno de los pocos lugares donde Fidel Castro ha comido en público.

Marina Hemingway

Restaurante la Cova ITALIANA $$
(av. 5 esq. calle 248; principales 8 CUC; ⌚12.00-24.00) Integrado en la cadena Pizza Nova, este lugar también prepara pescado, carne y *rigatoni* a la vodka. Supuestamente el *pepperoni* se importa desde Canadá.

Papa's Complejo Turístico CARIBEÑA, CHINA $$
(av. 5 esq. calle 248; ⌚12.00-3.00) Hay de todo, desde barqueros con su cerveza en mano hasta aspirantes a *Operación Triunfo* que monopolizan la máquina de karaoke. Las opciones para comer son igualmente variadas: desde un elegante restaurante chino (hay que vestir con corrección) hasta un ranchón exterior (restaurante rural). Divertido si hay suficiente gente.

Dónde beber y vida nocturna

Casa de la Música CLUB NOCTURNO
(☎202-6147; calle 20 nº 3308, esq av. 35, Miramar; entrada 5-20 CUC; ⌚22.00 ma-sa) Inaugurado con un concierto del famoso pianista de *jazz* Chucho Valdés en 1994, este local de Miramar está dirigido por la empresa discográfica cubana Egrem y los programas son, en general, más auténticos que las funciones de cabaré de los hoteles. Grupos como NG la Banda, los Van Van y Aldaberto Álvarez y Su Son tocan en el lugar con frecuencia. El viajero raramente pagará más de 20 CUC. El ambiente es más relajado que en su homónimo de Centro Habana.

Salón Chévere CLUB NOCTURNO
(Parque Almendares, esq calles 49C y 28A, Miramar; entrada 6-10 CUC; ⌚desde 22.00) Una de las discotecas más concurridas de La Habana ubicada en un frondoso parque donde se dan cita autóctonos y turistas.

Sala de Fiesta Macumba Habana CLUB NOCTURNO
(calle 222 esq. av. 37, La Lisa; entrada 10-20 CUC; ⌚22.00) Escondido en un barrio residencial al suroeste de Cubanacán, es uno de los grandes locales de salsa en directo de La Habana. Las mesas de fuera son refrescantes y las sesiones largas.

Este es un fantástico lugar para ver combinados de *jazz* y salsa así como timba, una versión moderna de la salsa mezclada con *jazz* y *rap* y encabezada por NG la Banda (que actúa con frecuencia). También se puede comer en La Giraldilla en el mismo recinto.

Ocio

Teatro Karl Marx MÚSICA EN DIRECTO
(☎203-0801, 209-1991; av. 1 esq. calle 10, Miramar) Con un aforo de 5500 personas en una única sala, hace que el resto de teatros de La Habana sean pequeños. Se celebran los grandes acontecimientos, como las galas de clausura de los festivales de *jazz* y cine y conciertos de trovadores como Silvio Rodríguez.

Tropicana CABARÉ
(☎267-1871; calle 72 nº 4504, Marianao; ⌚22.00) Una institución en la ciudad desde su inauguración en 1939, este local mundialmente famoso fue uno de los pocos bastiones de la vida nocturna de la capital que sobrevivió a las fuertes medidas adoptadas por la revolución. Inmortalizado en el clásico de Graham Greene *Nuestro hombre en La Habana* (1958) este espectáculo de cabaré al aire libre ha cambiado poco desde su apogeo en la década de 1950; un grupo de señoritas ligeras de ropa bailan salsa entre

centelleantes luces. Las entradas cuestan el nada socialista precio de 75 CUC.

Salón Rosado Benny Moré MÚSICA EN DIRECTO
(La Tropical; ☎206-1281; av. 41 esq. calle 46, Kohly; entrada 10 pesos-10 CUC; ⌚21.00-tarde) Para algo completamente diferente, visítese este lugar al aire libre conocido también como La Tropical, donde jóvenes y sexys cubanos bailan con frenesí al ritmo de los Van Van, Pupi y Su Son Son o Habana Abierta. Las mujeres viajeras deben estar preparadas para las insinuaciones abiertas. El mejor ambiente se respira de viernes a domingo. Algunos viajeros pagan en pesos y otros en dólares. Un ejemplo más de aleatoriedad cubana.

Circo Trompoloco CIRCO
(av. 5 esq. calle 112, Playa; entrada 10 CUC; ⌚19.00 ju-do) La carpa permanente de La Habana ofrece una función de tarde todos los fines de semana.

Estadio Pedro Marrero ESTADIO
(av. 41 esq. calle 46, Kohly) Un estadio de fútbol con 15 000 asientos donde se celebran partidos los fines de semana a las 15.00.

De compras

La Casa del Habano PUROS
(av. 5, esq calle 16, Miramar; ⌚10.00-18.00 lu-sa, 10.00-13.00 do) Posiblemente la mejor tienda de cigarros de La Habana. También venden recuerdos. Cuenta con un cómodo salón para fumar y un restaurante aceptable.

La Maison ROPA
(calle 16 nº 701, Miramar) Tienda grande de ropa de diseño, calzado, bolsos, joyas, cosméticos y recuerdos. También celebran desfiles de moda.

Egrem Tienda de Música MÚSICA
(calle 18 nº 103, Miramar; ⌚9.00-18.00 lu-sa) En la sede de los estudios de grabación más famosos de La Habana, escondida en Miramar, hay una pequeña tienda de CD.

Casa de la Música MÚSICA
(calle 20 nº 3308, esq. av. 35, Miramar; ⌚10.00-22.00) Pequeña tienda de música.

Centro de Negocios Miramar CENTRO COMERCIAL
(av. 3, entre calles 76 y 80) El centro comercial y de negocios más grande y moderno de Cuba, con multitud de tiendas, oficinas de compañías aéreas y embajadas.

La Puntilla CENTRO COMERCIAL
(calle A, esq. av. 1) Un centro comercial abierto hace diez años y distribuido en cuatro plantas en el extremo de El Vedado pegado a Miramar. Bastante bien surtido para lo que es Cuba.

Información

ACCESO A INTERNET

Hotel Business Centers (av. 3, Hotel Meliá Habana, entre calles 76 y 80, Miramar) El Meliá Habana cobra 7 CUC/h por el wifi. El resto de hoteles cobran más o menos lo mismo.

ASISTENCIA MÉDICA

Clínica Central Cira García (☎204-2811; Calle 20 No 4101, esq Av 41, Playa; ⌚9.00-16.00 lu-vi, emergencias 24 h) Urgencias, consultas dentales y médicas para extranjeros (consultas 25-35 CUC).

Farmacia Internacional Miramar (☎204-4350; esq Calles 20 y 43, Playa; ⌚9.00-17.45) Enfrente de la Clínica Central Cira García.

Farmacia (☎204-2880; calle 20 nº 4104, esq. calle 43, Playa; ⌚24 h) En la Clínica Central Cira García. Una de las mejores de la ciudad.

DINERO

Hay sucursales del Banco Financiero Internacional en **Miramar** (Edificio Sierra Maestra, av. 1 esq. calle 0, Miramar) y **Playa** (av. 5 esq. calle 92, Playa).

También hay una Cadeca en **Miramar** (av. 5A, entre calles 40 y 42) **y Playa** (☎204-9087; Playa, av. 3 esq. calle 70).

CORREOS

DHL (av. 1 esq. calle 26, Miramar; ⌚8.00-20.00) Para correo importante, es mejor usar DHL.

Oficina de correos (calle 42 nº 112, entre av. 1 y av. 3, Miramar; ⌚8.00-11.30 y 14.00-18.00 lu-vi, 8.00-11.30 sa)

INFORMACIÓN TURÍSTICA

Infotur (av. 5 esq. calle 112, Playa; ⌚8.30-17.00 lu-sa, 8. 30-12.00 do) Útil oficina con una situación un tanto inusual.

AGENCIAS DE VIAJES

Las siguientes agencias venden también circuitos organizados.

Cubanacán (☎204-8500) Mostrador en el Hotel Meliá Habana.

Gaviota (☎204-4411; www.gaviota-grupo.com)

Cómo llegar y salir

La mejor forma de llegar a Playa desde La Habana es en el Havana Bus Tour, que recorre la mayor parte de los puntos interesantes de los barrios hasta La Cecilia en 5ª av. esq. calle 110. También hay muchos metrobuses que hacen el viaje pero suelen recorrer los barrios más residenciales.

Cómo desplazarse

Cubacar (204-1707) tiene oficinas en los hoteles Chateau Miramar y Meliá Habana. El alquiler cuesta unos 70 CUC por día con seguro.

Vía Rent a Car (204-3606; av. 47 esq. av. 36, Kohly) dispone de una oficina enfrente del Hotel El Bosque.

Hay gasolineras Servi-Cupet en la av. 31 entre las calles 18 y 20 (Miramar), en la esquina de la calle 72 y la av. 41 en Marianao (cerca del Tropicana), así como en la glorieta de la 5 av. y la calle 112 en Cubanacán. La gasolinera Oro Negro está en la esquina de la 5 av. con la calle 120 en Cubanacán. Todas están abiertas las 24 h.

Zona del parque Lenin

El parque Lenin, junto a la Calzada de Bejucal, en Arroyo Naranjo, 20 km al sur del centro de La Habana, es la zona de ocio más grande de la ciudad. Construido entre 1969 y 1972 por orden de Celia Sánchez, una vieja colaboradora de Fidel Castro, es uno de los pocos proyectos de La Habana de esta era. Las 670 Ha de parque y de preciosos árboles viejos rodean un lago artificial, el embalse Paso Sequito, al oeste del mucho más grande embalse Ejército Rebelde, formado por el embalsamiento del río Almendares.

Aunque el parque en sí es bastante atractivo las instalaciones que hay dentro han caído en desuso desde el comienzo del Período Especial. Los taxistas se ponen nostálgicos al hablar de cuando "Lenin" era un idílico refugio de fin de semana para familias de La Habana, aunque actualmente el lugar conserva un aire más descuidado y surrealista. Por suerte, una nueva dirección y millones de pesos de inversión china financian en la actualidad un importante proyecto de renovación muy ambicioso al que le queda mucho recorrido.

Puntos de interés

Parque Lenin PARQUE

Los principales puntos de interés están al sur del lago, entre ellos la **Galería de Arte Amelia Peláez** (entrada 1 CUC). Colina arriba hay un espectacular **monumento a Lenin** (1984) obra del escultor soviético Lev Kerbel y al oeste, yendo por el lago, hay un **anfiteatro** lleno de maleza y un **acuario** (entrada 2 CUC; 10.00-17.00 ma-do, cerrado lu) con peces de agua dulce y cocodrilos. El **monumento a Celia Sánchez,** que tuvo un papel decisivo en la construcción del parque Lenin, está más bien escondido pasado el acuario. Cerca hay un **taller de cerámica.**

La mayor parte de estos lugares de interés abren de 9.00 a 17.00 de martes a domingo. La entrada al parque es gratis. A veces es posible alquilar un **bote de remo** en el embalse Paso Sequito en un muelle detrás del **Rodeo Nacional,** un ruedo donde tienen lugar algunos de los mejores rodeos de Cuba (la **Feria Agropecuaria** anual también se celebra en este lugar). Dentro del parque funciona un **ferrocarril de vía estrecha** de 9 km con cuatro paradas entre las 10.00 y las 15.00 de miércoles a domingo.

ExpoCuba SALA DE EXPOSICIONES

(entrada 1 CUC; 9.00-17.00 mi-do) La visita al parque Lenin puede combinarse con una excursión a ExpoCuba, en Calabazar, en la carretera del Rocío en Arroyo Naranjo, 3 km al sur del restaurante Las Ruinas. Inaugurada en 1989, esta amplia sala de exposiciones muestra los logros económicos y científicos de Cuba en 25 pabellones que giran en torno a temas como el azúcar, la ganadería, la apicultura, la ciencia animal, la pesca, la construcción, la gastronomía, la geología, el deporte y la defensa. Los cubanos que visitan ExpoCuba se congregan en el **parque de atracciones** en el centro del complejo, saltándose las muestras de propaganda. **Don Cuba** (57-82-87), un restaurante giratorio, se encuentra en lo alto de una torre. La Feria Internacional de la Habana, La feria comercial más grande del país, se celebra en ExpoCuba la primera semana de noviembre. Hay un aparcamiento en la Puerta E, en el extremo sur del complejo (1 CUC).

Jardín Botánico Nacional JARDINES

(entrada 3 CUC; 10.x16.00 mi-do) Enfrente de ExpoCuba, al otro lado de la carretera, se encuentra este jardín botánico de 600 Ha. Los **pabellones de exposición** (1987), cerca de la verja de entrada, constan de una serie de invernaderos con cactus y plantas tropicales, mientras que a 2 km se encuentra el plato fuerte del jardín, el sosegado **jardín japonés** (1992). Cerca se halla el aclamado restaurante El Bambú, donde sirven un bufé vegetariano (toda una rareza en Cuba). El **tractor tren** que recorre el parque sale cuatro veces al día y cuesta 3 CUC, incluida la entrada al jardín. El aparcamiento cuesta 2 CUC.

Parque Zoológico Nacional ZOOLÓGICO
(adultos/niños 3/2 CUC; ⌚9.00-15.30 mi-do) Uno no va a Cuba a ver elefantes y leones, ¿verdad? El Período Especial fue especialmente duro con los animales del zoo y una visita a este parque, en la avenida Zoo esquina Lenin, en Boyeros, 2 km al oeste de la escuela de equitación del parque Lenin, confirma este extremo. Aunque los jardines del zoo son amplios y hay animales como rinocerontes e hipopótamos que campan con relativa libertad, no es precisamente el Serengeti y muchos animales languidecen en jaulas pequeñas. Un tranvía recorre el parque todo el día (incluido en el precio de la entrada).

Actividades

Centro Ecuestre EQUITACIÓN
(Parque Lenin; ⌚9.00-17.00) Los establos que hay en la esquina noroeste del Parque Lenin los lleva la agencia medioambiental Flora y Fauna. Cuando se escribía esta guía ofrecían clases de equitación de todo el día por 45 CUC. Para paseos informales por el parque hay que recurrir a los chicos que se concentran en la entrada.

Equitación EQUITACIÓN
Legalizados por las reformas de Raúl Castro, los chicos que galopan por la entrada noreste al Parque Lenin ofrecen excursiones más relajadas (4/8 $ ½ h/1 h). Conviene comprobar el estado del caballo antes de montar y la licencia oficial del que lo alquila.

Club de Golf de La Habana GOLF
(Carretera de Venta, Km 8, Reparto Capdevila, Boyeros; ⌚8.00-20.00, bolera 12.00-23.00) Entre El Vedado y el aeropuerto, la mala señalización hace que sea difícil de encontrar y son muchos los taxistas que se pierden: pregúntese a los lugareños cómo llegar al golfito o al Club de Golf Diplo. Originalmente llamado Rover's Athletic Club, fue fundado por un grupo de diplomáticos británicos en la década de 1920.

Actualmente el cuerpo diplomático forma gran parte de su clientela. Cuenta con nueve hoyos con 18 *tees* para hacer posible rondas de 18 hoyos. El *green fee* cuesta desde 20 CUC para nueve hoyos y 30 CUC para 18. Los palos, el carrito y el *caddie* van aparte. Además, el club dispone de cinco pistas de tenis y de una **bolera.** Fidel y el Che Guevara jugaron aquí una partida como ardid publicitario poco después de la crisis de los misiles de Cuba de 1962. Las fotos del acontecimiento son muy visitadas. Al parecer, el Che ganó.

Dónde comer

Restaurante el Bambú VEGETARIANA $
(Jardín Botánico Nacional; comidas 1 CUC; ⌚12.00-17.00, cerrado lu; ✎) El primer y más acabado ejemplo de comida vegetariana en La Habana, paladín de las ventajas de una dieta sin carne (un papel difícil en la economía cubana que funciona con la cartilla de racionamiento). El bufé libre del almuerzo se sirve en el exterior, en pleno jardín botánico, donde el entorno natural va en consonancia con el saludable sabor de la comida. Por 15 CUP el viajero puede atiborrarse de sopas y ensaladas, tubérculos, tamales y caviar de berenjena.

Las Ruinas CARIBEÑA $
(Cortina de la Presa; comidas 6 CUC; ⌚11.00-24.00 ma-do) Antaño celebrado por su arquitectura (una estructura modernista que incorpora las ruinas de un antiguo molino de azúcar), Las Ruinas es ahora, como tantas otras cosas en el Parque Lenin, una ruina en sí, a pesar de que todavía trata de hacerse pasar por un restaurante. Mientras que los llamativos vitrales del artista cubano René Portocarrero impresionan, la comida, el ambiente y el servicio no lo hacen. De todos modos no es que haya muchas opciones.

Cómo llegar y salir

Es posible ir al parque Lenin en autobús, en coche o en taxi. Ir en autobús no es fácil. El P-13 deja cerca pero para tomarlo hay que ir primero a La Víbora. Para ello lo mejor es subirse al P-9 en las calles 23 y L. Los taxistas de La Habana están acostumbrados a esta carrera, por lo que debería ser fácil negociar una tarifa con paradas a partir de 25 CUC.

Cómo desplazarse

Hay una gasolinera Servi-Cupet en la esquina de avenida de la Independencia con la calle 271 en Boyeros, al norte del aeropuerto. Solo es accesible desde el carril que va hacia el norte y está abierta las 24 h.

Zona de Santiago de las Vegas

Aunque no desborda precisamente potencial turístico, Santiago de las Vegas ofrece atisbos de una Cuba que no aparece en los álbumes de fotografías. Los visitantes, si es que se molestan en ir hasta allí, suelen congregarse en esta zona –una curiosa amalgama de pequeña ciudad y tranquilo barrio urbano periférico-

cada mes de diciembre durante el peregrinaje devoto al santuario de San Lázaro (el santo conocido por su ayuda a los leprosos y a los pobres) en el pueblo cercano de El Rincón.

Puntos de interés

Mausoleo de Antonio Maceo MONUMENTO
Situado en lo alto de una colina en El Cacahual, 8 km al sur del aeropuerto internacional José Martí pasando por Santiago de las Vegas, se encuentra este pequeño monumento conmemorativo del héroe de la independencia cubana, el general Antonio Maceo, muerto en la batalla de San Pedro cerca de Bauta el 7 de diciembre de 1896. Un pabellón al aire libre junto al mausoleo acoge una exposición histórica.

Santuario de San Lázaro IGLESIA
(Carretera San Antonio de los Baños) El eje del peregrinaje anual más importante de Cuba carece de ostentación y se encuentra escondido en el pueblo de El Rincón. El santo que hay dentro de la iglesia es San Lázaro (también conocido como Babalú Ayé, un *orisha* en la santería), el patrón de la curación y de los enfermos. Cientos de personas acuden para encender velas y dejar flores cada día.

Un pequeño museo muestra un montón de previas ofrendas a San Lázaro en la capilla de al lado.

Cómo llegar y salir

Se puede llegar con el autobús P-12 que sale del Capitolio o el P-16, desde el Hospital Hermanos Ameijeiras, junto al Malecón.

Regla

42 390 HAB.

Esta vieja ciudad, enfrente del puerto desde La Habana Vieja, es una ciudad portuaria industrial conocida por ser el centro de religiones afrocubanas, incluida la sociedad secreta masculina Abakuá. Mucho antes del triunfo de la Revolución de 1959, Regla era conocida como la Sierra Chiquita (en contraste con la Sierra Maestra) por sus tradiciones revolucionarias. Este barrio de gente trabajadora también destaca por una gran planta de energía termoeléctrica y un astillero. Regla está casi exenta de todo lo que acompaña el turismo y constituye una buena excursión de tarde para alejarse de la ciudad. Las vistas al horizonte desde este lado del puerto ofrecen una perspectiva diferente.

MERECE LA PENA

MUSEO HEMINGWAY

Solo hay una razón para visitar el mundano y tranquilo barrio de San Francisco de Paula: el **Museo Hemingway** (entrada 5 CUC, guía 5 CUC; ⏲10.00-17.00 lu-sa, 10.00-13.00 do). En 1939 el novelista estadounidense Ernest Hemingway alquiló una villa llamada Finca la Vigía en una colina, 15 km al sureste de Centro Habana. Un año más tarde compró la casa (1888) y la finca y vivió allí ininterrumpidamente hasta 1960, cuando regresó a EE UU.

El interior de la villa no ha variado desde el día en que se fue Hemingway (hay muchos trofeos disecados) y el lugar es ahora un museo. Hemingway dejó su casa y su contenido al "pueblo cubano" y su casa ha sido el estímulo para alguna rara muestra de cooperación entre EE UU y Cuba. En el 2002 Cuba dio luz verde a un proyecto financiado por EE UU para digitalizar los documentos guardados en el sótano de la Finca la Vigía, y en mayo del 2006 envió 11 000 documentos privados de Hemingway a la Biblioteca Presidencial JFK en EE UU para su digitalización. Este tesoro literario (incluido un epílogo inédito de *Por quién doblan las campanas*) se puso finalmente a disposición en enero del 2009.

Para impedir los robos, el interior de la casa está cerrado al público, pero hay suficientes puertas y ventanas para echar un vistazo al universo de Papa. Hay libros por todas partes (incluso al lado del cuarto de baño), un gran fonógrafo y una colección de discos, así como una cantidad inmensa de cachivaches. Hay que tener en cuenta que cuando llueve la casa está cerrada. Vale la pena dar un paseo por el jardín para ver el cementerio de los perros, el yate de pesca de Hemingway (*El Pilar*) y la piscina donde la actriz Ava Gardner se bañó una vez desnuda. El viajero puede relajarse en una *chaise longue* debajo de palmeras y bambú.

Para llegar a San Francisco de Paula hay que tomar el metrobús P-7 (Cotorro) desde el Capitolio en Centro Habana. Es buena idea informar al conductor que se quiere ir al museo. La bajada es en San Miguel del Padrón.

Puntos de interés

Iglesia de Nuestra Señora de Regla

IGLESIA

(⏲7.30-18.00) Importante a pesar de su pequeño tamaño, la iglesia de Nuestra Señora de Regla, justo detrás del muelle en el municipio de Regla, cuenta con una larga y colorida historia. En el altar principal se encuentra la santísima virgen de Regla. La virgen, representada por la Virgen Negra, es venerada en la fe católica y en la santería se asocia con Yemayá, la *orisha* del océano y patrona de los marineros (siempre representada en azul).

Cuenta la leyenda que la imagen fue tallada por San Agustín el Africano en el s. V y que, en el año 453, un discípulo llevó la estatua a España para protegerla de los bárbaros. El pequeño barco en que viajaba la imagen sobrevivió a una tormenta en el estrecho de Gibraltar, por lo que la figura fue reconocida como patrona de los marineros. Actualmente los balseros que tratan de llegar a EE UU también invocan la protección de la Virgen Negra.

Con el fin de dar cobijo a una copia de la imagen, en 1687 un peregrino llamado Manuel Antonio construyó una cabaña en este lugar, pero la estructura fue destruida durante un huracán en 1692. Unos años más tarde un español llamado Juan de Conyedo construyó una capilla más resistente y, en 1714 Nuestra Señora de Regla fue proclamada patrona de la bahía de La Habana. En 1957 la imagen fue coronada por el cardenal cubano en la catedral de La Habana. El 7 de septiembre de cada año miles de peregrinos acuden a Regla para celebrar el día de la santa y la imagen recorre las calles durante una procesión.

La iglesia actual data de principios del s. XIX y siempre está abarrotada de devotos de ambas religiones rezando en silencio inclinados ante las imágenes de los santos que llenan los nichos. En La Habana quizá no haya un lugar público mejor para ver la interrelación entre las creencias católicas y las tradiciones africanas.

Museo Municipal de Regla

MUSEO

(Martí nº 158; entrada 2 CUC; ⏲9.00-17.00 lu-sa, 9.00-13.00 do) El viajero no debería perderse este curioso museo, distribuido en dos recintos: uno pegado a la iglesia y el otro (la mejor parte) un par de manzanas subiendo por la calle principal desde el *ferry* que narra la historia de Regla y las religiones afrocubanas.

Hay una pequeña e interesante exposición sobre Remigio Herrero, el primer *babalawo* (sacerdote) de Regla, y una extraña estatua de Napoleón al que le falta la nariz. La entrada incluye ambos recintos y la exposición de la colina Lenin.

Colina Lenin

MONUMENTO

Desde el museo sígase recto (hacia el sur) por Martí pasado el parque Guaicanamar; gírese a la izquierda en Albuquerque y luego a la derecha por 24 de Febrero, la carretera a Guanabacoa. Aproximadamente a 1,5 km del *ferry* se ve una escalera alta de metal que da acceso a la colina Lenin. Este monumento, uno de los dos que hay en La Habana dedicados a Vladimir Ilyich Ulyanov (más conocido como Lenin), fue ideado en 1924 por el alcalde socialista de Regla, Antonio Bosch, para rendir homenaje a la muerte de Lenin (acaecida el mismo año). Sobre la monolítica imagen hay un olivo plantado por Bosch rodeado de siete figuras humanas. Desde lo alto de la colina hay bonitas vistas al puerto.

Cómo llegar y salir

Regla es fácilmente accesible con el *ferry* de pasajeros que zarpa cada 15 min (0,25 CUC) desde el muelle de Luz en el cruce de San Pedro y Santa Clara, en La Habana Vieja. Para subir bicicletas hay que hacer cola en un carril separado y que embarca el primero. El autobús 29 llega a Guanabacoa desde el parque Maceo entre la terminal de *ferries* y el Museo Municipal de Regla.

Guanabacoa

106 374 HAB.

Se trata de un pequeño municipio engullido por la gran ciudad. A pesar de ello, la calle Martí (su vía principal) todavía conserva un aire algo bucólico de pueblo pequeño. Los autóctonos lo llaman el pueblo embrujado por sus fuertes tradiciones de la santería, aunque también hay conexiones indígenas. En la década de 1540 los conquistadores españoles concentraron los pocos taínos sobrevivientes en Guanabacoa, 5 km al este del centro de La Habana, convirtiéndolo en uno de los primeros pueblos indios oficiales de Cuba. En 1607 se fundó un enclave formal que, más tarde, se convirtió en centro del tráfico de esclavos. En 1762 los británicos ocuparon Guanabacoa no sin la resistencia de su alcalde, José Antonio Gómez y Pérez de Bullones (más conocido por Pepe Antonio), que adquirió casi la condición de leyenda dirigiendo una campaña de guerrillas tras las líneas de los vencedores. Al parecer José Martí dio aquí su primer discurso y este es también el lugar en que nació la versátil cantante cubana Rita Montaner (1900-1958), de quien recibe el nombre la Casa de la Cultura.

Hoy en día, Guanabacoa es un sitio tranquilo pero colorido que puede visitarse en el marco de una excursión a Regla (fácilmente accesible en *ferry*).

Puntos de interés

Iglesia de Guanabacoa IGLESIA
(Pepe Antonio esq. Adolfo del Castillo Cadenas; oficina parroquial 8.00-11.00 y 14.00-17.00 lu-vi) La iglesia del parque Martí, en el centro de la ciudad, también es conocida como iglesia de Nuestra Señora de la Asunción. Fue diseñada por Lorenzo Camacho y construida entre 1721 y 1748 con un techo de madera de influencia morisca. El altar principal dorado y los nueve altares laterales merecen un vistazo. Detrás hay una pintura de la *Asunción de la Virgen*. Como es habitual en Cuba, las puertas principales están cerradas. Para entrar hay que llamar a la **oficina parroquial,** detrás.

Museo Municipal de Guanabacoa MUSEO
(Martí nº 108; entrada 2 CUC; 10.00-18.00 lu y mi-sa, 9.00-13.00 do) El principal punto de interés de la ciudad es el renovado museo, dos manzanas al oeste del parque Martí. Fundado en 1964 describe el desarrollo del barrio durante los ss. XVIII y XIX y es famoso por sus salas dedicadas a la cultura afrocubana, la esclavitud y la santería, con especial énfasis en la *orisha* Elegguá. Más al oeste en la calle Martí se encuentra el **Museo de Mártires** (Martí nº 320; gratis; 10.00-18.00 ma-sa, 9.00-13.00 do), que exhibe objetos de la Revolución cubana.

Dónde comer

★ **Centro Cultural Recreativo los Orishas** CARIBEÑA $$
(Martí esq. Lamas; entrada 3 CUC; 10.00-24.00) Situado en el núcleo de la comunidad de la santería de La Habana, este animado bar-restaurante acoge rumba en directo los fines de semana y visitas frecuentes del Conjunto Folklórico Nacional.

El agradable jardín está rodeado de coloridas esculturas afrocubanas que representan varias deidades de la santería como Babalú Ayé, Yemayá y Changó. Totalmente fuera de los circuitos turísticos y difícil de encontrar de noche, este curioso local lo suelen visitar grupos de extranjeros. También ofrecen una buena selección de platos, desde *pizza* por 1 CUC hasta langosta por 20 CUC.

Los Ibelly Heladería HELADOS $
(Adolfo del Castillo Cadenas nº 5a; 10.00-22.00) Lo más parecido a Coppelia en Guanabacoa.

Cómo llegar y salir

El autobús P-15 desde el Capitolio en Centro Habana va hasta Guanabacoa pasando por la avenida del Puerto. También es posible ir andando colina arriba desde Regla, donde atraca el *ferry* de La Habana, hasta Guanabacoa (o al revés) en unos 45 min, pasando por la colina Lenin de camino.

Zona de Cojímar

Esta pequeña ciudad portuaria se encuentra 10 km al este de La Habana. Es famosa por ser el lugar donde amarraba *El Pilar*, el yate de pesca de Hemingway en las décadas de 1940 y 1950. Este pintoresco aunque algo destartalado lugar inspiró el pueblo pescador de la novela de Hemingway *El viejo y el mar* que le hizo ganar el Premio Nobel de Literatura en 1954. El pueblo fue fundado en el s. XVII en la desembocadura del río Cojímar. En 1762 desembarcó un ejército británico invasor de camino a La Habana. En 1994 miles de balseros zarparon desde la bahía protegida pero rocosa, atraídos hacia Florida por programas de radio de EE UU y promesas de asilo político.

Al suroeste de Cojímar, junto a la Vía Blanca, se encuentra el más bien feo complejo deportivo y villa deportiva construidos cuando Cuba acogió los Juegos Panamericanos en 1991.

Puntos de interés

Estadio Panamericano ESTADIO
Con capacidad para 55 000 espectadores, en la Vía Monumental, entre La Habana y Cojímar, fue construido para los Juegos Panamericanos de 1991 y ya parece prematuramente desvencijado. También cuenta con pistas de tenis, piscinas olímpicas y otras instalaciones deportivas cercanas.

Torreón de Cojímar FORTALEZA
Mirando al puerto hay una vieja fortaleza española (1649) actualmente ocupada por el guardacostas cubano. Fue la primera fortificación en ser tomada por los británicos cuando atacaron La Habana por detrás en 1762. Cerca de esta torre y flanqueado por un arco neoclásico hay un **busto de Ernest Hemingway,** erigido por los residentes de Cojímar en 1962.

Alamar BARRIO

Al este de Cojímar, al otro lado del río, hay un barrio de bloques de pisos prefabricados construido por las microbrigadas, pequeños ejércitos de trabajadores responsables de construir gran parte de las viviendas posrevolucionarias a partir de 1971. Esta es la cuna del *rap* cubano y todavía se celebra el festival anual de *hip-hop*.

Dónde dormir

Hostal Marlin CASA PARTICULAR $

(☎766-6154; Real nº 128 entre Santo Domingo y Chacón; h 30 CUC) Apartamento con vistas al mar y una terraza en el tejado que ofrece un respiro frente al caos de La Habana. Hay una pequeña cocina, una entrada independiente y mucha intimidad.

Hotel Panamericano HOTEL $

(☎95-10-10, 95-10-00; i/d 28/44 CUC desayuno incl.; P ❄ ≋) Este patito feo de cuatro plantas fue usado como alojamiento durante los Juegos Panamericanos de 1991. Cuenta con una piscina aceptable y televisión por cable.

Dónde comer

Restaurante la Terraza PESCADO Y MARISCO $$$

(calle 152 nº 161; ⊙12.00-23.00) Otro santuario adornado con fotos dedicado a Hemingway. Está especializado en marisco y hace su agosto con las hordas de seguidores de Papa que lo visitan diariamente. La terraza comedor da a la bahía y es agradable. El viejo bar de delante, sin embargo, es más sugerente. Sirven mojitos a precios que todavía no llegan a los de El Floridita. Sorprende que la comida sea tan mediocre. Cerca del Hotel Panamericano hay una **panadería** (Hotel Panamericano; ⊙8.00-20.00). Enfrente del paseo Panamericano hay una tienda de comestibles, el **Mini-Súper Caracol** (⊙9.00-20.00) y un restaurante italiano a precios razonables llamado **Allegro** (⊙12.00-23.00) donde sirven lasaña, *risotto*, espaguetis y *pizza* por menos de 5 CUC.

Información

Bandec (⊙8.30-15.00 lu-vi, 8:30-11.00 sa), en el paseo Panamericano, cambia cheques de viaje y da anticipos en efectivo.

Cómo llegar y salir

El metrobús P-8 va a la Villa Panamericana desde el Capitolio, en Centro Habana. Desde el hotel hay unos 2 km colina abajo atravesando el pueblo hasta el busto de Hemingway.

Casablanca

Enfrente del puerto desde La Habana Vieja y a la sombra de la fortaleza de La Cabaña, se encuentra este pueblo, rodeado de urbanización y dominado por una **estatua de Cristo** de mármol blanco creada en 1958 por Jilma Madera. Fue una promesa de la mujer de Batista después de que el dictador, amparado por EE UU, sobreviviese a un atentado en el Palacio Presidencial en marzo de 1957. Irónicamente, la estatua fue inaugurada el día de Navidad de 1958, una semana antes de que el dictador huyese del país. Al desembarcar el *ferry* de Casablanca hay que seguir la carretera colina arriba durante unos 10 min hasta llegar a la estatua. Desde allí las vistas son estupendas y el lugar es frecuentado por los lugareños por la noche. Detrás de la estatua está el **Observatorio Nacional** (cerrado a los turistas).

Los *ferries* de pasajeros a Casablanca zarpan del muelle de Luz, en la esquina de San Pedro y Santa Clara, en La Habana Vieja, aproximadamente cada 15 min (0,25 CUC). Se admiten bicicletas. La **estación de ferrocarril de Casablanca**, junto al muelle del *ferry*, es la terminal oeste del único tren eléctrico de Cuba. En 1917 la Hershey Chocolate Company del estado norteamericano de Pennsylvania construyó esta línea hasta Matanzas. Hoy todavía salen trenes tres veces al día (a 4.45, 12.21 y 16.35). El viaje atraviesa Guanabo (0,75 CUC, 25 km), Hershey (1,40 CUC, 46 km), Jibacoa (1,65 CUC, 54 km) y Canasí (1,95 CUC, 65 km) hasta Matanzas (2,80 CUC, 90 km) y numerosas estaciones más pequeñas. No conviene viajar en este tren si se va escaso de tiempo, ya que suele salir de Casablanca puntual pero no es raro que llegue 1 h tarde. Oficialmente no se admiten bicicletas. Se trata de un pintoresco viaje de 4 h (los días buenos). Los billetes pueden adquirirse fácilmente en la estación.

Playas del Este

En Cuba uno nunca está lejos de una playa idílica. Bordeada de pinos, Playas del Este empieza a tan solo 18 km al este de la capital, en el pequeño *resort* de Bacuranao, antes de seguir por el este atravesando Tarará, El Mégano, Santa María del Mar y Boca Ciega hasta la ciudad de Guanabo. Aunque ninguno de estos sitios ha sido testigo de la clase de desarrollo inmobiliario generalizado que recuerda a Cancún o Varadero, Playas del Este es un concurrido destino turístico. Durante

Playas del Este

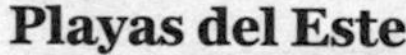

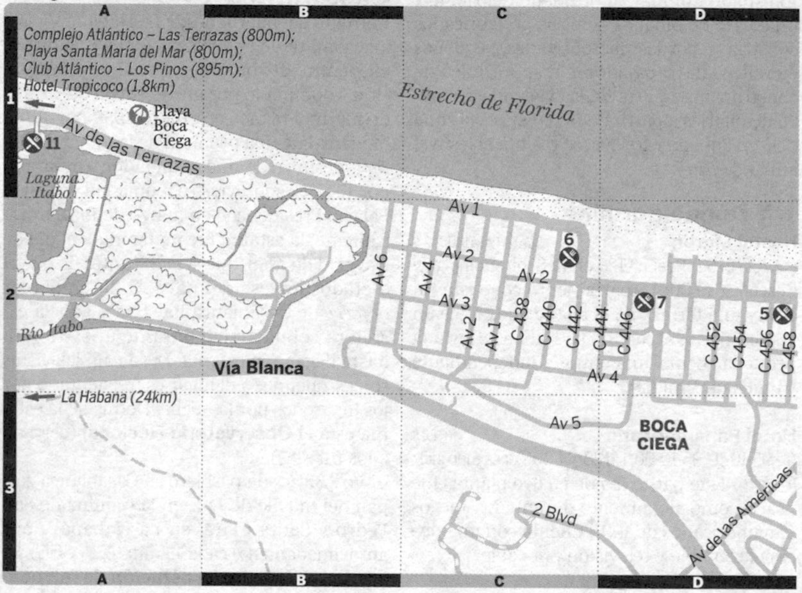

Playas del Este

Dónde dormir

1 Castellanos o Angela E3
2 Elena Morina F3
3 Pablo M. Durán Jubiel F3
4 Villa Playa Hermosa F2

Dónde comer

5 El Cubano D2
6 Los Caneyes C2
7 Minisúper la Barca D2
8 Paladar el Piccolo H1
9 Pan.com F2
10 Restaurante Maeda F3
11 Restaurante Mi Cayito A1

Ocio

12 Cabaret Guanimar E2
13 Cine Guanabo G2
14 Teatro Avenida F2

julio y agosto toda La Habana se reúne en este lugar para pasarlo bien y relajarse en las suaves arenas blancas y aguas turquesas del hermoso litoral atlántico.

Aunque las playas sean de postal, los servicios turísticos de Playas del Este todavía no están a la altura de otros complejos turísticos cubanos como Varadero y Cayo Coco, y menos aún a la de otros lujosos y famosos destinos del Caribe. En invierno el lugar tiene cierto aire de abandono e incluso en verano algunos pueden pensar que los restaurantes cutres y los hoteles de estilo soviético están algo fuera de lugar.

Pero para aquellos a quien no gusta el moderno desarrollo turístico o desean ver cómo disfrutan los cubanos de los fines de semana, Playas del Este es una bocanada de aire fresco.

Cada una de las seis playas que salpican este tramo de 9 km de atractiva costa tiene su peculiar sabor. Tarará es un paraíso para los yates y el submarinismo, en Santa María del Mar puede encontrarse la mayor concentración de *resorts* (y de extranjeros), Boca Ciega está frecuentada por parejas homosexuales y en Guanabo hay tiendas, un club nocturno y muchas casas particulares baratas.

Actividades

Cubanacán Náutica Tarará (☎96-15-08, 96-15-09; canales VHF 16 y 77; av. 8 esq. calle 17, Tarará), 22 km al este de La Habana, ofrece alquiler de yates, pesca recreativa y submarinismo. Pregúntese en el mostrador del hotel.

En las playas hay varios puntos de **Club Náutica.** El más céntrico está fuera del Club

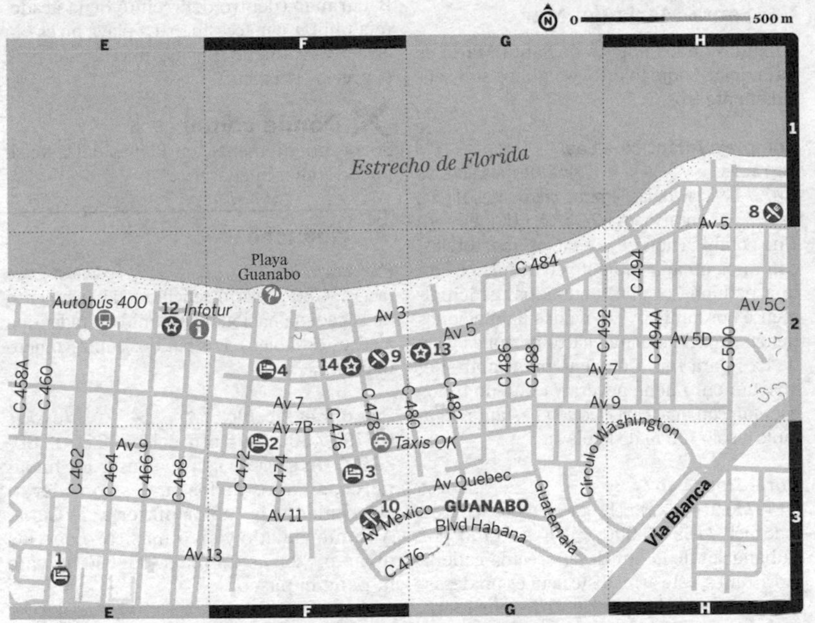

Atlántico en plena playa de Santa María del Mar. Pueden alquilarse barcas a pedales (6 CUC/h; 4-6 personas), barcos banana (5 CUC/5 min, 5 personas máx.), kayaks de una/dos personas (2/4 CUC/h), material de buceo (4 CUC) y catamaranes (12 CUC/h, 4 personas máx. más socorrista). Pedalear en una barca por la costa explorando los canales llenos de manglares es una delicia.

También es posible alquilar tablas de *windsurf*, bicicletas de agua y material de bádminton. Es buena idea preguntar. En la playa de Guanabo hay mucha gente que alquila material similar pero es importante comprobarlo cuidadosamente ya que ha habido quejas por equipo defectuoso. Quizá sea buena idea dejar un depósito en lugar de pagar todo el alquiler por adelantado.

Dónde dormir

Guanabo

Guanabo cuenta con numerosas casas particulares y un hotel aceptable.

Elena Morina CASA PARTICULAR $
(796-7975; calle 472 nº 7B11, entre av. 7B y av. 9; h 25-30 CUC;) El letrero dice "Hay perro" pero no hay que preocuparse ya que el pit bull que vive allí es manso. Elena, la dueña (que antaño vivió en Italia), prepara excelente café y alquila dos habitaciones agradables con un frondoso patio a pocas manzanas de la playa.

Pablo M. Durán Jubiel CASA PARTICULAR $
(796-5281; calle 476 nº 905, entre av. 9 y av. 9B; h 25-30 CUC; P) Una pequeña casa cerca de la playa con una cocina y un patio. También hay habitaciones en los números 906 y 9B01.

Castellanos o Ángela CASA PARTICULAR $
(796-3755; calle 462 nº 1306; h 25-30 CUC; P) Subiendo por una colina y algo retraído de la playa, este lugar cuenta con vistas aceptables y una pequeña piscina. Las sencillas habitaciones ofrecen mucho espacio. Se puede alquilar la planta entera como apartamento independiente.

Villa Playa Hermosa HOTEL $
(796-2774; av. 5D, entre calles 472 y 474; i/d con baño compartido 20/25 CUC; P@) Esta villa sin pretenciones cuenta con 47 habitaciones en pequeños bungalós con cuarto de baño compartido y TV. Es un sitio concurrido, por lo que hay que esperar música, baile y bebida a todas horas. Playa Hermosa está a solo 300 m.

Santa María del Mar

Ninguno de los hoteles de Santa María es para dejar boquiabierto, y algunos son sencillamente feos.

Complejo Atlántico – Las Terrazas APARTAMENTOS, HOTEL **$$**
(☎797-1494; av. de las Terrazas, entre calles 11 y 12; apt 1-/2-/3 dormitorios 50/75/88 CUC; P ❄ ≋) Una combinación de dos viejos apartoteles, con unos 60 apartamentos (equipados con una pequeña cocina) ocupados principalmente por familias. Los de dos habitaciones tienen capacidad para cuatro personas y los de tres para seis. Conviene preguntar si el apartamento tiene nevera ya que no todos cuentan con una. Una elección bastante aceptable a solo 100 m de la playa.

Hotel Tropicoco RESORT **$$**
(☎797-1371; entre av. del Sur y av. de las Terrazas; todo incl. i/d 69/99 CUC; ≋) Rescatado por Cubanacán de la hoy desaparecida cadena Horizontes, este armatoste azul es un desastre arquitectónico por dentro y por fuera. ¡Pobres viajeros que reservan la habitación por internet sin ver primero las fotografías! La única ventaja de este sitio es el precio (barato) y su ubicación (muy cerca de la playa).

Club Atlántico – Los Pinos APARTAMENTOS, HOTEL **$$$**
(☎797-1085; av. de las Terrazas, entre calles 11 y 12; todo incl. i/d/apt 2 dormitorios 105/150/160 CUC; P ❄ @ ≋) Una fusión de dos de los mejores *resorts* de Playas del Este, el Atlántico consta de 92 habitaciones y está justo en la playa, mientras que Los Pinos es un grupo de pequeñas casas (2-4 habitaciones) con cocina y TV que eran casas de vacaciones antes de la Revolución. En conjunto es uno de los mejores complejos. Algunas de sus instalaciones adicionales son pistas de tenis, una piscina, un cabaré y un punto de Club Náutica en la playa que alquila barcas y demás cosas de recreo.

Bacuranao

Villa Bacuranao HOTEL **$**
(☎65-76-45; i/d 38/44 CUC) En la Vía Blanca, 18 km al este de La Habana, este es el *resort* de playa más cercano a La Habana. Entre el complejo y la desembocadura del río Bacuranao hay una larga playa de arena, delante de la cual se encuentra el viejo Torreón de Bacuranao (dentro del recinto de la academia militar e inaccesible). La playa no es tan atractiva como las que hay más al este, pero el precio está bien.

Dónde comer

Sorprendentemente, en Playas del Este se puede comer buena *pizza*.

Guanabo

Pan.com COMIDA RÁPIDA **$**
(av. 5 nº 47802; ⏲24 h) Sencillo establecimiento de la cadena nacional de comida rápida (que a veces está bien). Los batidos son recomendables.

Paladar el Piccolo ITALIANA **$$**
(☎796-4300; av. 5 esq. calle 502; ⏲12.00-23.00) Un secreto a voces entre los habaneros, algunos de los cuales consideran este paladar la mejor pizzería de Cuba. Aunque alejado y algo más caro que las otras pizzerías de Playas del Este, vale la pena el paseo.

Chicken Little INTERNACIONAL **$$**
(☎796-2351; calle 504 nº 5815, entre calles 5B y 5C; principales 5-8 CUC; ⏲12.00-23.00) Desafiando la imagen destartalada de Guanabo, en este restaurante de lujo trabajan camareros con pajarita que hablan con el viajero de los platos de la carta: pollo con albahaca, pollo a la naranja y miel y pescado aceptable.

Restaurante Maeda CUBANA **$$**
(av. Quebec; ⏲12.00-24.00) Este paladar de Guanabo sigue pisando fuerte escondido sobre la colina (cerca de la calle 476). Los autóctonos lo recomiendan con entusiasmo.

Boca Ciega

Los Caneyes CARIBEÑA **$**
(av. 1, entre calles 440 y 442; ⏲10.00-22.00) Restaurante de estilo rancho, muy cerca del extremo este de la playa de Boca Ciega con un tejado de paja y sin paredes. La comida es bastante tradicional y los platos de pescado saben mejor con la brisa de mar acariciando el rostro.

El Cubano CUBANA **$$**
(☎796-4061; av. 5, entre calles 456 y 458; ⏲11.00-24.00) Un lugar inmaculado casi en Guanabo, con una buena bodega (vinos franceses y de California), manteles de cuadros y una buena versión de pollo *cordon bleu*.

Santa María del Mar

Don Pepe PESCADO Y MARISCO **$**
(av. de las Terrazas; ⏲10.00-23.00) Cuando la *pizza* de Guanabo es demasiado, el viajero puede dirigirse a este restaurante de playa con el tejado de paja, a 50 m de la arena. Se especializa en pescado y marisco.

Restaurante Mi Cayito CARIBEÑA **$$**
(☎797-1339; ⏲10.00-18.00) En una diminuta isla en la Laguna Itabo. Se sirve langosta, gambas y pescado a la parrilla al aire libre. Los sábados y domingos a las 15.00 hay un espectáculo en directo que puede disfrutarse por el precio de una bebida.

Restaurante Mi Casita de Coral PESCADO Y MARISCO **$$**
(av. del Sur esq. calle 8; ⏲10.00-23.00) Escondido en la rotonda junto a la clínica internacional, este pequeño lugar es sorprendentemente elegante para estar donde está. Los precios son razonables y la calidad, buena.

Compra de alimentos

Entre las pequeñas tiendas de alimentos de Santa María del Mar se encuentran el **Mini-Súper la Barca** (av. 5 esq. calle 446; ⏲9.15-18.45 lu-sa, 9.15-14.45 do), el **Mini-Súper Santa María** (av. de las Terrazas esq. calle 7; ⏲9.00-18.45), situado delante del Hotel Tropicoco y la **Tienda Villa los Pinos** (av. del Sur, entre calles 5 y 7; ⏲9.00-18.45).

El Mégano

Pizzería Mi Rinconcito ITALIANA **$**
(av. de las Terrazas esq. calle 4; pizzas 2-3 CUC; ⏲12.00-21.45) Cerca de Villa los Pinos, ofrece un delicioso bufé de *pizzas*, canelones, lasaña, ensaladas y espaguetis.

Ocio

Cabaret Guanimar CABARÉ
(av. 5 esq. calle 468, Guanabo; 10 CUC/pareja; ⏲21.00-3.00 ma-sa) Club al aire libre con espectáculo a las 23.00. Los asientos de las primeras filas cuestan 16 CUC por pareja.

Teatro Avenida TEATRO
(av. 5 nº 47612, entre calles 476 y 478, Guanabo) Teatro con funciones para los niños a las 15.00 los sábados y domingos.

Cine Guanabo CINE
(calle 480, Guanabo; ⏲17.30 excepto mi) Junto a la avenida 5; básicamente filmes de acción.

La escena gay de Playas del Este gira alrededor de un par de bares de playa en Playa Boca Ciega cerca del restaurante Mi Cayito, en el extremo este de Santa María del Mar.

Información

ACCESO A INTERNET Y TELÉFONO

Etecsa Telepunto (av. de las Terrazas, Edificio los Corales, entre calles 10 y 11, Santa María del Mar)

ASISTENCIA MÉDICA

Clínica Internacional Habana del Este (☎96-18-19; av. de las Terrazas nº 36, Santa María del Mar) Abierta las 24 h. Los médicos pueden hacer visitas a los hoteles. También hay una farmacia bien surtida. La clínica se encontraba en reformas cuando se redactaba esta obra.
Farmacia (av. 5 esq. calle 466, Guanabo)

DINERO

Banco Popular de Ahorro (av. 5 nº 47810, entre calles 478 y 480, Guanabo) Cambian cheques de viaje.
Cadeca está en **Guanabo** (av. 5 nº 47612, Guanabo, entre calles 476 y 478) y **Santa María del Mar** (av. de las Terrazas, Santa María del Mar, Edificio los Corales, entre calles 10 y 11).

CORREOS

Oficina de correos (av. 5, entre calles 490 y 492, Guanabo)

INFORMACIÓN TURÍSTICA

Infotur está en **Guanabo** (av. 5, entre calles 468 y 470, Guanabo) y **Santa María del Mar** (av. de las Terrazas, Edificio los Corales, entre calles 10 y 11).

AGENCIAS DE VIAJES

Cubatur y Havanatur cuentan con mostradores en el Hotel Tropicoco, entre la avenida del Sur y la avenida de las Terrazas, en Santa María del Mar. Se dedican principalmente a reservar circuitos en autobús, aunque quizá puedan ayudar con reservas de hotel.

Cómo llegar y salir

AUTOBÚS

El Habana Bus Tour ofrece un servicio regular (cada hora) desde el Parque Central hasta playa Santa María, con parada en Villa Bacuranao, Tarará, el Club Mégano, el Hotel Tropicoco y el Club Atlántico. No obstante, no llega hasta Guanabo. Los billetes válidos para todo el día cuestan 3 CUC.

El autobús 400 a Guanabo sale cada hora aproximadamente desde la calle Agramonte, en Centro Habana, y para cerca de la estación central de ferrocarril en La Habana Vieja. En sentido contrario, para por toda la avenida 5 pero es mejor tomarlo lo más al este posible. El autobús 405 circula entre Guanabacoa y Guanabo.

TAXI

Un taxi turístico de **Taxis OK** (☎796-6666) desde Playas del Este a La Habana cuesta 20 CUC aproximadamente.

TREN

Una de las formas más innovadoras de llegar a Guanabo es en el tren Hershey (p. 163), que sale cinco veces al día desde la estación de trenes de Casablanca o de Matanzas. El tren para en la estación de Guanabo, aproximadamente a 2 km del extremo este de Guanabo. Hay un paseo agradable por una carretera tranquila hasta la ciudad y las playas.

ℹ Cómo desplazarse

Junto a la calle 7, entre la avenida de las Terrazas y la avenida del Sur, cerca del Hotel Tropicoco (1 CUC/día; 8.00-19.00) hay una zona de aparcamiento vigilada. A lo largo de playa Santa María del Mar hay varias zonas de aparcamiento de pago.

Hay oficinas de Cubacar en **Club Atlántico** (☎797-1650; Club Atlántico), **Hotel Blau Club Arenal** (☎797-1272; Hotel Blau Club Arenal) y en **Guanabo** (☎796-6997; calle 478 esq. av. 9, Guanabo). Alquila coches de tamaño corriente a precios nada corrientes (70 CUC al día con seguro).

Hay gasolineras Servi-Cupet en **Guanabo** (av. 5 esq. calle 464, Guanabo) y al oeste de **Bacuranao** (vía Blanca, al oeste de Bacuranao). Ambas tienen bares abiertos las 24 h. La que hay al oeste de Bacuranao está enfrente de la academia militar.

Provincias de Artemisa y Mayabeque

☎47 / 885 544 HAB.

Sumario »

Las mejores excursiones

- La Rosita (p. 158)
- Sendero La Serafina (p. 161)
- El Contento (p. 160)
- Parque Escaleras de Jaruco (p. 165)

Los mejores baños

- Baños del San Juan (p. 161)
- Salto del Arco Iris (p. 158)
- Baños del Bayate (p. 161)
- Playa Jibacoa (p. 163)

Por qué ir

Las dos provincias más pequeñas de Cuba suelen olvidarse en los circuitos organizados. Ambas fueron creadas al dividir en dos la provincia de La Habana a mediados del 2010, y se ocupan de lo mundano, como cultivar la mitad de los cultivos que alimentan al país. Entre el mosaico de campos de cítricos y piñas se encuentran algunas ciudades pequeñas que satisfarán a los curiosos y los valientes. El rincón más interesante es Las Terrazas y Soroa, el ecoproyecto más exitoso de Cuba y un núcleo cada vez más importante para senderistas y ornitólogos. Mientras, al este de La Habana, las playas de Jibacoa son terreno de un pequeño goteo de turistas que evitan Varadero y que guardan celosamente su secreto.

Si el viajero visita otras zonas estará básicamente en compañía de cubanos (o sin compañía) contemplando los restos de plantaciones de azúcar, curiosos museos y frenéticos festivales. Para una visión general de toda la región, hay que tomar el lentísimo tren Hershey que atraviesa el patio trasero del país y admirar el paisaje.

Cuándo ir

- Los grandes atractivos de las provincias varían considerablemente en función de la meteorología. Debido a su excepcional situación geográfica, Soroa y Las Terrazas cuentan con un microclima: más lluvia y temperaturas mínimas mensuales de 2 o 3°C por debajo de La Habana.
- Dado que el calor llega más tarde que en las demás regiones, la mejor época es de febrero a mayo, ya que hace buen tiempo pero no llueve demasiado.
- En abril, San Antonio de los Baños acoge el festival más importante de la provincia, el Festival Internacional del Humor.
- De diciembre a abril es buena época para disfrutar de las playas en Playa Jibacoa.

Imprescindible

1. Tratar de reprimir las risas en el **Museo del Humor** (p. 155) de San Antonio de los Baños.
2. Hacer excursiones por las colinas que dominan la verde **Soroa** (p. 158).
3. Profesar el ecologismo en **Las Terrazas** (p. 159), la principal localidad ecológica de Cuba donde las laderas se han replantado con árboles, orquídeas, pintores y poetas.
4. Respirar mejor en el primer y mejor ecohotel del país, el **Hotel Moka** (p. 162).
5. Huir de las rutas turísticas en el histórico **tren eléctrico de Hershey** (p. 163).
6. Alojarse en un refugio de playa junto a la encantadora Playa Jibacoa en el elegante **Superclub Breezes** (p. 165).
7. Darse un festín con vistas y con cubanos de fin de semana en el pintoresco **parque Escaleras de Jaruco** (p. 165).

Historia

La Habana se fundó originariamente en 1515 en el emplazamiento del actual Surgidero de Batabanó, pero pronto se reubicó; el papel de la región en el desarrollo de Cuba fue casi exclusivamente agrícola, con el café y el azúcar como principales cultivos. El oeste de Artemisa fue el epicentro del efímero auge del café, de 1820 a 1840, cuando el azúcar lo reemplazó como industria dominante. Durante la segunda mitad del s. XIX se reclutó a un gran número de esclavos para trabajar en las plantaciones, y Cuba se convirtió en el centro del comercio de esclavos del Caribe, y como tal, en un núcleo de los acontecimientos que llevaron a la abolición de la esclavitud en la década de 1880.

El éxito de la industria azucarera siguió vigente en el s. XX: el magnate de los dulces Milton S. Hershey recurrió a Mayabeque como una fuente fiable de obtener azúcar para su chocolate con leche en 1914. Incluso esta lucrativa industria sufriría posteriormente con Fidel Castro, cuando los estadounidenses y luego los rusos dejaron de comprar el azúcar cubano a precios desorbitados. La región se vio muy afectada económicamente, y estas penurias quedaron perfectamente ilustradas en 1980 con la travesía de Mariel, cuando un puerto de la costa oeste de La Habana se convirtió en escenario de un éxodo masivo de cubanos a Florida, tolerado por Castro (y refrendado por Jimmy Carter).

En 1968 se dio un gran paso en contra del deterioro de la zona. La tierra abandonada de la parte occidental de la provincia de Artemisa, en torno a los cafetales que en su día la sustentaron, se reforestó y se transformó en una pionera ciudad ecológica; hoy en día, el turismo generado es uno de los pilares económicos de la región.

PROVINCIA DE ARTEMISA

En muchos sentidos es un gigantesco parche verde para La Habana, y entre las joyas fértiles de la provincia figuran la ciudad ecológica de Las Terrazas y las actividades al aire libre que se ofrecen entre las pintorescas laderas arboladas de la sierra del Rosario. También destacan la multitud de misteriosas ruinas de cafetales y la siempre creativa ciudad de San Antonio de los Baños, que ha dado una escuela de cine de fama internacional así como algunos de los artistas más reconocidos de Cuba. En la costa norte, buenas playas y fabulosas carreteras secundarias atraen a los aventureros.

San Antonio de los Baños

35 979 HAB.

Esta ciudad llena de sorpresas se halla 35 km al suroeste del centro de La Habana, y constituye la otra cara de la moneda de Cuba, un municipio trabajador en el que la escuela produce aspirantes a cineastas y los museos se centran más en la risa que en la artesanía.

Fundada en 1986 con la ayuda del escritor colombiano Gabriel García Márquez, la Escuela Internacional de Cine y TV de San Antonio invita a estudiantes de todo el mundo a compartir sus excelentes instalaciones, entre las que se cuentan una piscina olímpica para practicar técnicas de filmación submarina. Entretanto, en el centro de la ciudad, un curioso museo dedicado al humor permite cambiar la habitual combinación de animales disecados y artefactos revolucionarios por un rato de diversión.

San Antonio también es la ciudad natal del genio de la Nueva Trova, Silvio Rodríguez, nacido en 1946. Rodríguez escribió la banda sonora de la Revolución cubana casi en solitario. Entre sus canciones más conocidas se cuentan: *Ojalá*, *La Maza* y *El Necio*.

Puntos de interés y actividades

En San Antonio de los Baños hay varias plazas interesantes; la más brillante es la del cruce entre las calles 66 y 41, donde puede verse una impresionante **iglesia** de principios del s. XIX. Con su doble torre y ventanas en forma de ojo de buey, es uno de los edificios religiosos más grandes y espléndidos de Artemisa y Mayabeque.

Museo Municipal MUSEO

(calle 66 nº 4113, entre calles 41 y 43) Estará cerrado por reformas al menos hasta finales del 2013, pero contiene importantes obras del pintor local Eduardo Abela (1899-1965), un modernista que estudió en París y desde su exilio voluntario redescubrió su tierra natal con nostalgia.

Museo del Humor MUSEO

(calle 60 esq. av. 45; entrada 2 CUC; 10.00-18.00 ma-sa, 9.00-13.00 do) Entre los dibujos expuestos en esta casa colonial neoclásica se cuentan tiras cómicas insolentes, garabatos satíricos y la primera caricatura cubana que se conoce, que data de 1848.

Se recomienda la obra de Carlos Julio Villar Alemán, el caricaturista cubano más destacado y miembro de la Unión de Escritores y Artistas de Cuba (Uneac), y en su día miembro del jurado del **Festival Internacional del Humor,** que todavía se celebra en abril. Este museo es algo único en Cuba.

Puede verse más arte local en la **Galería Provincial Eduardo Abela** (calle 58 nº 3708, esq. calle 37; gratis; ⏲12.00-20.00 lu-sa, 8.00-12.00 do).

Excursionismo

Un puente peatonal que cruza el río junto al restaurante La Quintica conduce a un par de **rutas de senderismo** por las frondosas orillas.

Paseos en bote

Del amarre en el Hotel Las Yagrumas salen botes por el río Ariguanabo. Los botes de motor hacen un recorrido de 8 km por 2 CUC. Los botes de remos salen a 1 CUC la hora.

Dónde dormir y comer

La principal zona comercial es la avenida 41, con muchos sitios para picar donde cobran en pesos cubanos. La pizzería del edificio rosa que está frente al **Banco de Crédito y Comercio** en la avenida 41 nº 6004, es popular.

Hotel Las Yagrumas HOTEL **$**
(☎38-44-60; i/d desde 20/30 CUC; P❄≈⛹) Con un potencial tremendo, este hotel 3 km al norte de San Antonio de los Baños con vistas al río Ariguanabo debiera ser un punto destacado de la ciudad, pero padece la falta de inversión oficial habitual.

Sus 120 habitaciones con balcón y terraza (algunas dan al río) son predilectas de los cubanos, pero debido al escaso mantenimiento los elementos fijos se están deteriorando. Las instalaciones deportivas están mejor. Hay tenis de mesa y una enorme piscina (entrada para clientes externos 6 CUC), y ofrecen salidas en barca por el río.

Don Oliva CUBANA **$**
(calle 62 nº 3512, entre calles 33 y 35; principales 3-5 CUC; ⏲12.00-23.00 ma-do) En su apartado patio cubierto sirven muy posiblemente la langosta más barata de Cuba (menos de 5 CUC), y no está nada mal. Este es un nuevo paladar sin turistas con precios en moneda nacional. El pescado y el marisco son muy buenas opciones.

Dónde beber y vida nocturna

Taberna del Tío Cabrera LOCAL NOCTURNO
(Calle 56 nº 3910, entre calles 39 y 41; ⏲14.00-17.00 lu-vi, 14.00-1.00 sa y do) Un atractivo local nocturno con jardín con esporádicos espectáculos de humor (organizados conjuntamente con el museo). La clientela es una mezcla de lugareños, gente de los alrededores y estudiantes de la escuela de cine.

Cómo llegar y salir

Es difícil llegar sin coche, aunque supuestamente San Antonio está conectada con la estación 19 de Noviembre (4 trenes diarios) de La Habana; mejor comprobarlo antes. Si no, un taxi debería costar unos 30 CUC desde el centro de la capital.

Artemisa

57 159 HAB.

Los días de prosperidad y encanto de esta ciudad, ahora capital de la provincia de Artemisa, están grabados en el pasado. Tras haber atraído en su día a personajes notables como Ernest Hemingway y al famoso poeta cubano Nicolás Guillén, y después de haber prosperado gracias al auge del azúcar y del café en el s. XIX, la importancia de Artemisa decreció con el desplome de estos dos sectores. Hoy es conocida como la Villa Roja o el Jardín de Cuba por la famosa fertilidad de su tierra, que sigue dando una rica cosecha anual de tabaco, plátanos y algo de caña de azúcar.

La ciudad no dispone de alojamiento para extranjeros, Soroa es la opción más cercana. Para compensar, varios puestos a la salida del pueblo, en la carretera que lleva al Antiguo Cafetal Angerona, venden una *pizza* fantástica que se paga en pesos cubanos.

Puntos de interés

En Artemisa hay también dos monumentos nacionales, además de una sección restaurada de la Trocha Mariel-Majana, un muro defensivo levantado por los españoles durante las guerras de independencia.

Mausoleo a los Mártires de Artemisa MAUSOLEO
(☎36-32-76; av. 28 de enero; entrada 1 CUC; ⏲9.00-17.00 ma-do) Los apasionados de la Revolución quizá quieran descubrirse ante este mausoleo. De los 119 revolucionarios que acompañaron a Fidel Castro en el asalto de 1953 al cuartel Moncada, 28 eran de Artemisa o de la región. Catorce de los hombres enterrados

debajo del mausoleo de bronce en forma de cubo murieron en el asalto o fallecieron poco después a manos de las tropas de Batista. El resto de veteranos del Moncada enterrados murieron más tarde en la sierra Maestra. Hay un pequeño museo subterráneo con fotos y efectos personales de los combatientes.

Antiguo Cafetal Angerona LUGAR HISTÓRICO
Situado 5 km al oeste de Artemisa, en la carretera a Cayajabos y la autopista Habana-Pinar del Río (A4), fue uno de los primeros cafetales de Cuba, hoy monumento nacional. Construido entre 1813 y 1820 por Cornelio Sauchay, en su día Angerona empleaba a 450 esclavos que se hacían cargo de 750 000 plantas de café. Detrás de la mansión en ruinas se hallan los barracones de los esclavos y una antigua torre de vigilancia. La finca se menciona en novelas de Cirilo Villaverde y Alejo Carpentier, y James A. Michener le dedicó varias páginas en *Seis días en La Habana*. Destaca la puerta de entrada con columnas de piedra a la derecha, conforme se sale de Artemisa.

Cómo llegar y salir

La **estación de trenes de Artemisa** (av. Héroes del Moncada) está cuatro manzanas al este de la estación de autobuses. Supuestamente hay dos trenes diarios procedentes de La Habana, a las 12.00 y las 24.00, pero no hay que contar con ello.

La estación de autobuses está en la carretera Central, en el centro de la ciudad.

Norte de Artemisa

La costa del norte de Artemisa se visita, aunque rara vez, por sus playas, la poco frecuentada carretera secundaria de La Habana a

TRENES DE CUBA

Si se menciona un viaje en tren al cubano de a pie lo más probable es que ponga sus ojos en blanco y recomiende hacer autoestop. Pero aunque los trenes de Cuba están descuidados, son impuntuales (si llegan) y se mueven a una velocidad media de 40 km/h, su legado histórico es enorme.

El primer tren del país empezó a resoplar en noviembre de 1837, mucho antes de que cualquier otro país latinoamericano tuviera una línea de ferrocarril y, curiosamente, 11 años antes que en España. La línea inaugural (27,5 km) conectaba La Habana con la ciudad provincial de Bejucal, en la provincia de Mayabeque. Su inauguración llegó algo más de una década después del primer ferrocarril del mundo, la línea Stockton-Darlington en Gran Bretaña, y pronto fue seguido por una línea de 80 km desde Camagüey al puerto de Nuevitas, en la costa norte de Cuba. En 1848 los tranvías ya recorrían las calles de La Habana, antes que en cualquier otra ciudad europea salvo París.

Hasta el comienzo del s. XX, el 80% de los ferrocarriles cubanos guardaban relación con la industria azucarera. No fue hasta 1902 que el magnate estadounidense-canadiense del ferrocarril William Van Horne (que construyó la primera línea de ferrocarril transcontinental canadiense) contribuyó a la primera red de pasajeros oeste-este creando una línea que se extendía 1100 km desde Guane, en la provincia de Pinar del Río, hasta Guantánamo, en el este.

Tras la Revolución y el embargo comercial de EE UU, la antaño pionera red ferroviaria de Cuba sufrió para encontrar nuevo material rodante y combustible. Gran parte de lo que se ve hoy se ha tomado prestado de países "amigos" como Gran Bretaña, Canadá, México y, más recientemente, China. El único tren más o menos fiable de Cuba, el Tren Francés (que circula cada tres días entre La Habana y Santiago de Cuba) usa vagones de segunda mano del Trans-Europe Express (París-Ámsterdam) enviados a Cuba en el 2001. Al igual que con los coches, la mayoría de los trenes cubanos son antediluvianos. Las locomotoras actuales son básicamente de EE UU (de antes de 1959) y la antigua Unión Soviética, con incorporaciones más recientes procedentes de Francia, Canadá y China. Por varias rutas en el valle de los Ingenios cerca de Trinidad y la azucarera Patria o Muerte circulan trenes turísticos de vapor que usan viejos trenes británicos y de EE UU de la década de 1910.

Los amantes de los trenes pueden saber más sobre la historia ferroviaria de Cuba en los museos del ferrocarril en La Habana y Bejucal y en el Museo de Agroindustria Azucarero Marcelo Salado, cerca de Remedios.

Bahía Honda, y la costa norte de la provincia de Pinar del Río. Las playas suelen tener piedras, y es una zona con mucha contaminación. Mariel, el monstruoso asentamiento principal de la zona, es la segunda ciudad más contaminada de Cuba después de Moa, en la provincia de Holguín. La ciudad, 45 km al oeste de La Habana es conocida por los 125 000 cubanos que huyeron a Florida en abril de 1980. A su favor tiene la cercanía a dos bonitas playas (y no contaminadas).

A 22 km por la Autopista se halla la playa El Salado, en gran parte desértica y con 15 puntos de inmersión frente a la orilla, a la que se suele acceder a través de excursiones en grupo desde La Habana. La más explotada playa Baracoa está unos kilómetros más al este. Es habitual ver a grandes tipos robustos tomando una cerveza apoyados en sus viejos coches cerca del mar, mientras los pescadores lanzan el sedal desde la rocosa orilla. Hay un par de puestos de comida.

Soroa

Conocida muy apropiadamente como "el Arcoíris de Cuba", esta hermosa zona natural y pequeño enclave situado al suroeste de La Habana es el *resort* de montaña más cercano a la capital. Se halla 8 km al norte de Candelaria, en la sierra del Rosario, la sección más oriental y elevada de la cordillera de Guaniguanico. Las fuertes precipitaciones de la región (más de 1300 mm anuales) favorecen el crecimiento de altos árboles y orquídeas. La zona debe su nombre a Jean-Pierre Soroa, un francés que en el s. XIX era propietario de un cafetal en estas colinas; uno de sus descendientes, Ignacio Soroa, creó el parque como retiro personal en los años veinte. Esta exuberante región no se explotó turísticamente hasta la Revolución y es una zona ideal para explorar en bicicleta.

Puntos de interés y actividades

Todos los puntos de interés de Soroa están cómodamente situados cerca del hotel Villa Horizontes Soroa, donde también se pueden organizar paseos a caballo y un par de caminatas en los bosques colindantes. Por unos 6 CUC la hora se pueden organizar varias excursiones guiadas a través del hotel Villa Horizontes Soroa.

Otros senderos llevan a una formación rocosa conocida como **Laberinto de la Sierra Derrumbada** y a la idílica **Poza del Amor.** Se puede preguntar en el hotel.

Orquideario Soroa JARDINES

(entrada 3 CUC, cámara 2 CUC; ⏲8.30-16.30) Cubriendo una ladera ajardinada junto al hotel Villa Horizontes Soroa, se halla una obra de amor creada por el abogado español Tomás Felipe Camacho, a finales de la década de 1940, en memoria de su mujer y su hija. Camacho viajó por todo el mundo para recopilar su colección de 700 especies de orquídeas (la mayor de Cuba), entre ellas muchas plantas endémicas.

Aunque él murió en los años sesenta, el Orquideario, vinculado a la Universidad de Pinar del Río, sobrevive con circuitos guiados.

La Rosita PUEBLO

La excursión más fascinante es la que lleva hasta este pueblo ecológico, encaramado en los cerros que quedan sobre el hotel Villa Horizontes Soroa. Además de la oportunidad de observar aves por el camino, el objetivo es pasar algo de tiempo en esta pionera comunidad ecológica fundada en 1997, conociendo a la gente, descubriendo su estilo de vida y probando el café que cultivan.

Es una de las poquísimas oportunidades sobre el terreno de experimentar la genuina vida rural cubana, sin los artificios turísticos. A La Rosita se llega por el camino El Brujito; la ruta tiene 5 o 17 km, según las preferencias del viajero. Se organizan salidas guiadas desde el hotel Villa Horizontes Soroa.

Castillo de las Nubes CASTILLO

Se trata de un romántico castillo con una torre circular que se halla sobre una colina a 1,5 km por un camino pasado el Orquideario. Las vistas del valle de Soroa y de la llanura costera desde la cresta que queda más allá del bar son estupendas, pero el interior del castillo (antes un restaurante) se está transformando en un hotel-*boutique*.

Salto del Arco Iris CASCADA

(entrada 3 CUC) Es una cascada de 22 m en el arroyo Manantiales. La entrada al parque que la alberga se halla a la derecha, antes del hotel. La cascada presenta su máximo esplendor en la estación de lluvias, de mayo a octubre; el resto del año es un hilillo. Está permitido el baño.

Baños romanos NATACIÓN

(5 CUC/h) Al otro lado del arroyo desde el aparcamiento de la cascada hay unos baños de piedra con una piscina de agua sulfurosa fría. En el hotel se puede preguntar por los baños y masajes.

★ El Mirador EXCURSIONISMO
Partiendo de los baños romanos, hay que tomar el sendero señalizado de 2 km colina arriba hacia el Mirador, un peñasco rocoso con increíbles vistas panorámicas de todo Soroa y de las llanuras costeras. Debajo del viajero vuelan dando círculos hambrientos buitres.

Observación de aves
Esta parte de la sierra del Rosario cuenta con uno de los mejores enclaves para la observación de aves del oeste de Cuba, tras la Ciénaga de Zapata. No hay que alejarse mucho del hotel Villa Horizontes Soroa para ver especies como el tocororo cubano y la divertida cartacuba. Los circuitos guiados, organizados a través del hotel, cuestan 6 CUC/h.

Dónde dormir y comer
Varias casas señalizadas en la carretera de Candelaria a Soroa, 3 km por debajo del hotel Villa Horizontes Soroa, alquilan habitaciones y preparan comidas. También son una buena base de operaciones para visitar Las Terrazas.

Don Agapito CASA PARTICULAR $
(51-21-59; carretera a Soroa km 8; h 20-25 CUC; P) Dos fantásticas habitaciones muy iluminadas y limpias y algún toque profesional, incluido un mapa gigante personalizado de la provincia, hacen que una parada en esta casa particular sea todo un placer. La comida es igualmente estupenda.

Maite Delgado CASA PARTICULAR $
(52-27-00-69; carretera a Soroa km 7; h 20-25 CUC; P) Este alojamiento permite ir andando a los puntos de interés de Soroa; la familia es agradable y se puede usar la cocina. Si está lleno, los propietarios indicarán otras casas en la carretera.

Hotel Villa Horizontes Soroa
CENTRO VACACIONAL $$
(52-35-34; i/d 51/72 CUC todo incl.; P) Su ubicación es insuperable, en un valle estrecho y entre majestuosos árboles y colinas verdes (aunque el viajero quizá se pregunte en qué pensaba el arquitecto cuando proyectó estos dispersos bungalós tipo bloque).

Aislado y tranquilo, el espacioso complejo cuenta con 80 habitaciones, además de una agradable piscina, una pequeña tienda y un restaurante correcto. El bosque está a tiro de piedra de los bungalós.

Restaurante el Salto CARIBEÑA $
(9.00-19.00) Este local sencillo junto a los baños romanos es la única opción fuera del hotel.

Cómo llegar y salir
El autobús de Víazul La Habana-Viñales para en Las Terrazas, pero no en Soroa; los últimos 16 km se pueden hacer en taxi por unos 8 CUC. Si el viajero se aloja en una casa particular, puede preguntar por los traslados. Los autobuses de enlace (de los que mejor no depender) a veces pasan por Soroa en el trayecto entre Viñales y La Habana. Se puede preguntar en el hotel Villa Horizontes Soroa, o en Havanatur, en Viñales o La Habana.
La otra única forma de llegar a Soroa y los alrededores es en vehículo propio: coche, bicicleta o motocicleta. La gasolinera Servi-Cupet está en el Autopista, en la salida de Candelaria, 8 km más abajo de Villas Soroa.

Las Terrazas
1200 HAB.

Esta pionera miniciudad ecológica se remonta a un proyecto de reforestación de 1968. Hoy es Reserva de la Biosfera de la Unesco, un floreciente centro de actividades (con el único circuito de *canopy* de Cuba) y el emplazamiento del primer cafetal de Cuba. Es lógico, pues, que atraiga a autobuses de turistas que acuden a pasar el día desde La Habana. Quienes deseen pernoctar pueden alojarse en su único hotel, el innovador Hotel Moka, un selecto *resort* ecológico construido entre 1992 y 1994 por trabajadores de Las Terrazas para atraer al turismo extranjero. Más de cerca, en el pintoresco pueblo encalado que da a un pequeño lago, hay una dinámica comunidad artística con estudios abiertos, carpinteros y talleres de cerámica. Pero el principal atractivo de la región es su verde entorno natural, perfecto para excursiones, relajarse y observar aves.

Puntos de interés
La zona de Las Terrazas albergó 54 haciendas cafetaleras en el momento álgido del café cubano, en los años veinte y treinta. Sin embargo, hoy en día el café casi no se cultiva, pero el viajero puede explorar la selva en busca de las ruinas de al menos doce antiguos cafetales. En otras partes del fecundo bosque y solo accesibles a través pequeñas excursiones, se hallan las ruinas de las haciendas cafetaleras Santa Serafina, San Idelfonso y El Contento (véase p. 160 y p. 161).

Cafetal Buenavista LUGAR HISTÓRICO

Aproximadamente 1,5 km cuesta arriba desde la Puerta las Delicias (este), y accesible por carretera, se hallan las ruinas restauradas del cafetal más antiguo de Cuba, construido en 1801 por refugiados franceses de Haití. La enorme tajona de la parte trasera en su día extraía los granos de café de las cáscaras. Luego los granos se secaban al sol en grandes plataformas.

Junto a los secaderos, pueden verse las ruinas de las estancias de algunos de los 126 esclavos de la plantación. El desván del dueño de la casa (ahora un restaurante) se usaba para almacenar los granos hasta que podían bajarse en mula hasta el puerto de Mariel. Ofrece vistas aceptables.

Hacienda Unión LUGAR HISTÓRICO

Unos 3,5 km al oeste de la carretera de acceso al Hotel Moka, esta hacienda cafetalera también está parcialmente reconstruida y cuenta con un restaurante rural, un pequeño jardín de flores conocido como **Jardín Unión** y paseos a caballo (6 CUC/h).

San Pedro y Santa Catalina LUGAR HISTÓRICO

Estas ruinas de una hacienda cafetalera del s. XIX están en un ramal en **La Cañada del Infierno,** a medio camino entre la carretera de acceso al Hotel Moka y la puerta de entrada del lado de Soroa. A 1 km de la carretera principal, y antes de las ruinas de la hacienda San Pedro, hay un bar que da a una popular zona de baño. Luego hay otro kilómetro hasta Santa Catalina. Una pista continúa hasta Soroa.

Peña de Polo Montañez MUSEO

(⌚ma-do) GRATIS La antigua casa junto al lago del músico guajiro del lugar, Polo Montañez, es ahora un pequeño museo que guarda algunos discos de oro y objetos varios. Está en el pueblo, frente al lago.

Entre las canciones más famosas de Polo se cuentan *Guajiro natural* y *Un montón de estrellas*; conquistaron el corazón del país entre el 2000 y el 2002 con letras sencillas sobre el amor y la naturaleza, período en el que Montañez llegó a considerarse uno de los mejores cantantes de música popular de Cuba. Sin embargo, su estrellato fue efímero, ya que murió en un accidente de coche en el 2002.

Galería de Lester Campa GALERÍA

(⌚24 h) GRATIS Varios artistas cubanos famosos están afincados en Las Terrazas, entre ellos Lester Campa, cuya obra se ha expuesto a escala internacional. El viajero puede visitar su estudio-galería, en el lado derecho, unas cuantas casas después de la de la Peña de Polo Montañez.

La Plaza PLAZA

(⌚24 h) En el pueblo, la zona que queda por encima del Hotel Moka comprende un cine, una biblioteca y un fascinante museo. Por lo general todo está abierto durante el día, o lo puede estar si se pide.

Actividades

Excursionismo

En la sierra del Rosario pueden hacerse algunas de las mejores excursiones de Cuba, pero todas son guiadas, es decir, que oficialmente el viajero no puede hacer ninguna por su cuenta (la ausencia de carteles disuade a la mayoría). Como nota positiva, cabe decir que la mayoría de los guías de la zona están muy cualificados, lo que significa que tras la excursión uno será una persona más en forma y más sabia. El coste de las excursiones varía en función del número de personas y la extensión. Hay que calcular entre 15 y 25 CUC por persona. Se puede reservar en las oficinas del complejo o en el Hotel Moka.

San Claudio EXCURSIONISMO

La excursión más exigente de la reserva es una pista de 20 km que atraviesa las colinas hacia el noroeste de la localidad, y termina en la cascada de 20 m de alto de San Claudio. En su día se podía acampar en el bosque, pero los daños causados por un huracán lo impedían cuando se redactó esta obra.

El Contento EXCURSIONISMO

Este paseo de 7,6 km lleva al viajero a través de las estribaciones de la reserva entre el Campismo El Taburete (solo para cubanos) y Baños del San Juan, y permite ver dos ruinas de haciendas cafeteras: San Idelfonso y El Contento.

El Taburete EXCURSIONISMO

Esta ruta (5,6 km) tiene el mismo punto de partida y de llegada que El Contento, pero sigue un camino más directo por encima de los 452 m de la Loma El Taburete, donde hay un conmovedor **monumento** dedicado a 38 guerrillas cubanas que se adiestraron en estas montañas para la desafortunada aventura boliviana del Che Guevara.

Sendero la Serafina EXCURSIONISMO
Esta ruta circular de 4 km que empieza y termina cerca del Rancho Curujey resulta fácil. Es un conocido paraíso para los observadores de aves. A mitad de la caminata se pasa por unas ruinas del Cafetal Santa Serafina, una de las primeras plantaciones de café del Caribe.

Sendero las Delicias EXCURSIONISMO
Esta ruta de 3 km une Rancho Curujey y el Cafetal Buenavista, y permite disfrutar de espléndidos paisajes.

Bajo del Corte del Tocororo EXCURSIONISMO
Se trata de una nueva excursión de 6 km que sale del pueblo, atraviesa la falda de la Loma El Salón y termina en la Hacienda Unión. Es ideal para avistar el ave nacional de Cuba: el tocororo.

Natación

Baños del San Juan NATACIÓN
(entrada con/sin almuerzo 10/4 CUC) Cuesta imaginar unas pozas naturales más idílicas que estas, situadas 3 km al sur del Hotel Moka al final de una sinuosa carretera asfaltada. Estos baños están rodeados de rocas quc forman terrazas naturales, por las que el agua clara cae en cascada en una serie de pozas. Junto al río hay varios lugares al aire libre donde comer, junto con vestuarios, duchas y cabañas para pernoctar, aunque el enclave consigue conservar un aire de retiro rústico.

Baños del Bayate NATACIÓN
(entrada 3 CUC) Más baños naturales; ofrecen un encanto relajado en el río Bayate, cerca de las ruinas del cafetal San Pedro.

Ciclismo

Un circuito guiado de 30 km en bicicleta comprende gran parte de los atractivos de la zona por 22 CUC. Se puede preguntar en el Hotel Moka, que alquila bicicletas por 2 CUC/h.

Circuito de 'canopy'

El único **circuito de 'canopy'** (25 CUC/persona) de Cuba consta de tres tirolinas que permiten deslizarse por encima del pueblo de Las Terrazas y del lago San Juan como un águila. La distancia total 'de vuelo' es de 800 m. Instructores profesionales mantienen un nivel de seguridad alto.

Dónde dormir y comer

A través del Moka también se pueden reservar cinco bungalós rústicos a 3 km del

NUEVO PUEBLO MODELO

En 1968, cuando Al Gore todavía estudiaba en Harvard y el incipiente movimiento ecologista consistía en un molesto grupo de protesta para renegados, los previsores cubanos –preocupados por el coste ecológico de la deforestación generalizada de la isla– tuvieron una idea.

El plan implicaba hacerse con una extensión de 5000 Ha de terreno degradado en el oeste montañoso de la isla, en torno a las ruinas de antiguos cafetales franceses, y reforestarla con laderas en terraza resistentes a la erosión. En 1971, con la primera fase del plan completado, los trabajadores del proyecto crearon un embalse y en las orillas construyeron una revolucionaria miniciudad modelo para proporcionar unas viviendas muy necesarias para la población dispersa de la zona.

El resultado fue Las Terrazas, el primer pueblo ecológico de Cuba, una próspera comunidad de 1200 habitantes cuyo complejo autosuficiente y sostenible comprende un hotel, multitud de tiendas de artesanos, un restaurante vegetariano y técnicas agrícolas de cultivo ecológico a pequeña escala. El proyecto tuvo tanto éxito que, en 1985, el terreno en torno a Las Terrazas se incorporó a la primera Reserva de la Biosfera de la Unesco del país, la sierra del Rosario.

En 1994, cuando se desarrolló la industria turística para contrarrestar los efectos económicos del Período Especial, en Las Terrazas se abrió el Hotel Moka, respetuoso con el medio ambiente y diseñado por el ministro de Turismo y el arquitecto ecologista Osmani Cienfuegos, hermano del difunto héroe revolucionario Camilo.

Ya consolidado como el *resort* ecológico más genuino de Cuba, Las Terrazas funciona según unas directrices, como la eficiencia energética, la agricultura sostenible, la educación medioambiental y la armonía entre los edificios y el paisaje. La zona también acoge un importante centro de investigación ecológica.

río San Juan (i/d 15/25 CUC) u organizar acampadas en tiendas (12 CUC). En el pueblo también hay tres villas para alquilar (i/d 60/85 CUC).

Hay otros ranchones en Cafetal Buenavista, Baños del Bayate y Baños del San Juan.

Villa Duque CASA PARTICULAR $
(53-22-14-31; carretera a Cayajabos km 2, Finca San Andrés; h 20 CUC;) El turismo ecológico no tiene que ser caro. Quienes dispongan de un presupuesto ajustado quizá deseen probar con esta finca, situada 2 km antes de la entrada este a Las Terrazas, que tiene una habitación impecable, una nevera llena de cerveza, un balcón y el desayuno incluido en el precio.

★ **Hotel Moka** CENTRO VACACIONAL $$
(57-86-00; Las Terrazas; i/d 80/110 CUC todo incl.;) Se trata del único auténtico hotel ecológico de Cuba que, con sus fuentes, el jardín lleno de flores y árboles que crecen dentro del vestíbulo, sería una ganga en cualquier otro país. Las 26 habitaciones luminosas y espaciosas disponen de nevera, televisión por satélite y bañeras con fabulosas vistas.

Equipado con bar, restaurante, una tienda, piscina y pista de tenis, el hotel también actúa como centro de información para la reserva y puede organizar desde excursiones a salidas de pesca.

★ **Patio de María** CAFÉ $
(Las Terrazas; 9.00-23.00) Esta pequeña cafetería ofrece quizá el mejor café de Cuba. El secreto es la elaboración experta (María vive en el piso de arriba) y el hecho de que los granos se cultiven a 20 m de la taza, frente a la florida terraza.

El Romero VEGETARIANA $
(Las Terrazas; 12.00-21.00;) Este auténtico restaurante ecológico (único en Cuba) especializado en cocina vegetariana es el local más interesante de la zona. Emplea energía solar y verduras y hierbas de cultivo ecológico de su huerto, y cría sus propias abejas. En la carta se encontrará *hummus*, tortita de judías y sopa de calabaza y cebolla.

Rancho Curujey CARIBEÑA $
(9.00-18.00) Recientemente renovado, este establecimiento al estilo ranchón ofrece cervezas y tentempiés debajo de una pequeña carpa con tejado de paja que da al lago Palmar.

Casa del Campesino CARIBEÑA $
(Las Terrazas; 9.00-21.00) De los restaurantes tipo ranchón de la zona, este contiguo a la Hacienda Unión es el favorito de los visitantes.

Información

Las Terrazas está 20 km al noreste del hotel Villa Horizontes Soroa y 13 km al oeste de la autopista La Habana-Pinar del Río a Cayajabos. Hay casetas de peaje en ambas entradas de la reserva (3 CUC/persona). La caseta este, Puerta las Delicias, es una buena fuente de información sobre el parque, aunque el mejor lugar donde obtener información y organizar excursiones es en las oficinas del complejo (57-87-00, 57-85-55), contiguas al Rancho Curujey, o al otro lado de la carretera, en el Hotel Moka; ambos sitios actúan como puntos de conexión para la reserva. Estos puntos de información no deben confundirse con el Centro de Investigaciones Ecológicas, al que se llega por otra vía que queda al este del Rancho Curujey.

Cómo llegar y salir

Dos autobuses diarios de Víazul paran en el Rancho Curujey, junto a Las Terrazas; el que cubre el trayecto de La Habana a Pinar del Río y Viñales sobre las 10.00, y el otro a las 16.00 en la dirección contraria. Circulan algunos autobuses de enlace esporádicos de camino a La Habana o Viñales. Se puede consultar en el Hotel Moka o contactar con la oficina de Havanatur de Viñales.

Cómo desplazarse

La gasolinera Esso está 1,5 km al oeste de la carretera de acceso al Hotel Moka. Se recomienda repostar en este punto antes de dirigirse a La Habana por el este o a Pinar del Río por el oeste. La mayor parte de las excursiones organizan el transporte. Si no, habrá que confiar en un coche de alquiler, un taxi o los propios pies para moverse.

Bahía Honda y alrededores

La agreste y sinuosa carretera del norte de Soroa, que discurre por la costa hasta Bahía Honda y el norte de la provincia de Pinar del Río (al oeste) o La Habana (al este), es sorprendentemente solitaria y bucólica. Uno se siente como si estuviera a 1000 km de la ajetreada capital. El paisaje es de colinas arboladas y arrozales en los sombreados valles fluviales a medida que el viajero pasa junto a una pintoresca sucesión de fincas con techos de paja, grandes palmeras y guajiros (agricultor) que trabajan con sus machetes. Es una ruta de ciclismo dura pero muy gratificante.

Bahía Honda en sí es una pequeña y bulliciosa ciudad con una bonita iglesia. A pesar de lo relativamente cerca que está de La Habana, el viajero se sentirá aislado, sobre todo cuando la carretera empeora después de Soroa.

Las opciones de alojamiento más cercanas son Soroa al sureste y Playa Mulata al oeste.

PROVINCIA DE MAYABEQUE

Esta provincia, la más pequeña del país, es un lugar productivo donde se cultivan cítricos, tabaco, uva para vino, y el azúcar de caña para el ron Havana Club, cuya destilería se encuentra también en Mayabeque. Los turistas, sobre todo cubanos, acuden atraídos principalmente por las playas de arena del noreste y los *resorts* asequibles que dan a bonitas playas y cuestan muchísimo menos que unas vacaciones en Varadero. En el interior, entre el entorno agrícola cotidiano destacan algunas maravillas paisajísticas: cuidados jardines, la pintoresca zona protegida de Jaruco, el mejor puente de Cuba y una clásica ruta ferroviaria que cruza transversalmente el terreno.

Zona de Playa Jibacoa

Playa Jibacoa es el Varadero que nunca fue, o el que está por venir, según se mire. Por el momento, es un centro vacacional sobre todo para cubanos, con *resorts*, un campismo (alojamiento barato y básico en bungalós) con la calidad de un hotel y varios alojamientos pintorescos más. Salpicada por una serie de pequeñas pero espléndidas playas, y bendecida con buen submarinismo frente a la orilla, Jibacoa está bordeada de una majestuosa terraza de piedra caliza que da al océano. La terraza ofrece excelentes vistas y algunas rutas cortas para hacer por cuenta propia. Quienes viajen con niños encontrarán cosas interesantes que hacer en los alrededores, y al ser una región frecuentada por familias cubanas, resultará fácil hacer amigos en todas partes. La Vía Blanca, que une La

MERECE LA PENA

EL TREN DE HERSHEY

"Guarden la cola", dice arrastrando las palabras el aburrido vendedor de billetes. "Tren cerrado por limpieza" reza una destartalada nota escrita a mano. Para los habaneros el repertorio de retrasos diarios en los transportes es habitual. Si bien para muchos viajeros el nombre del prehistórico tren eléctrico de Hershey puede sugerir lujo, en Cuba significa una mezcla más amarga de recorridos traqueteantes, asientos duros y esperas interminables.

Construida en 1921 por el magnate estadounidense del chocolate Milton S. Hershey (1857-1945), la línea ferroviaria eléctrica en un principio se diseñó para unir el colosal molino de azúcar del magnate, en la provincia oriental de La Habana, con estaciones en Matanzas y la capital. Al circular por una pionera ruta rural, pronto se convirtió en un recurso vital para comunidades aisladas sin conexión a la red de transporte provincial.

En 1959 la fábrica Hershey se nacionalizó y recibió el nombre de Central Camilo Cienfuegos en honor al famoso comandante revolucionario. Pero el tren continuó funcionando, conservando de forma no oficial su mote inspirado en el chocolate. En la genuina tradición posrevolucionaria de una economía tipo "si no despilfarras, no te faltará", se conservaron las mismas vías, locomotoras, vagones, señalización y estaciones.

Una excursión en el actual tren de Hershey es un fascinante viaje a la época en la que los coches eran para los ricos y el azúcar era el rey. Para los forasteros, es Cuba tal como la ven los cubanos. Es un microcosmos de la dura realidad rural, con sus frustraciones diarias, conversaciones, flaquezas y –digamos– diversión.

El tren parece parar en cada casa, cabaña, establo y montículo entre La Habana y Matanzas. Bajarse puede ser algo fortuito. Los entusiastas de la playa pueden apearse en Guanabo y recorrer 2 km hacia el norte para llegar a los *resorts* rústicos del este de La Habana. Los aficionados a la historia pueden bajar en Camilo Cienfuegos y pasear por las ruinas del viejo molino de azúcar Hershey. El resto puede elegir entre la Playa Jibacoa, Arcos de Canasí y el precioso valle de Yumurí. Para información sobre horarios y tarifas, véase p. 147.

SEDE DEL HAVANA CLUB

Santa Cruz del Norte, unos 30 km al oeste del puente que une las dos provincias, es una ciudad tranquila que alberga una famosa fábrica de ron: la Ronera Santa Cruz, productora del ron Havana Club y una de las mayores plantas del sector en Cuba. Havana Club, fundada en 1878 por la familia Arrechabala de Cárdenas, abrió su primera destilería en Santa Cruz del Norte en 1919, y en 1973 se construyó una fábrica nueva con capacidad para producir 30 millones de litros de ron al año. Actualmente no se organizan circuitos pero el Havana Club se encuentra fácilmente por todo el país.

Habana y Matanzas, es la principal arteria de transporte de la zona, aunque pocos autobuses paran con regularidad, lo cual convierte a la Playa Jibacoa en un destino más complicado de lo que debería ser. En el interior hay pintorescas comunidades agrícolas y diminutas aldeas (caseríos) labradas por el tiempo conectadas por el tren eléctrico de Hershey.

Puntos de interés

Puente de Bacunayagua PUENTE

Señala la frontera entre las provincias de La Habana y Matanzas, y es el puente más largo (314 m) y más alto (103 m) de Cuba. Iniciado en 1957 e inaugurado en septiembre de 1959 por Fidel Castro, permite a la transitada Vía Blanca cruzar un cañón muy boscoso que separa el valle de Yumurí del mar.

En el lado del puente de La Habana hay un restaurante y un mirador, donde tomar algo contemplando una de las vistas más impresionantes de Cuba: colinas protuberantes, pinceladas de mar y cientos de palmeras entre la bruma del valle. El restaurante del puente es parada obligada de autobuses turísticos y taxis.

Central Camilo Cienfuegos LUGAR DESTACADO

Este antiguo molino de azúcar se halla 5 km al sur de Santa Cruz del Norte, el cual fue en su día uno de los más grandes de Cuba y testimonio de la antigua potencia productiva del país. Conocida como Central Hershey hasta 1959, el molino, que abrió en 1916, perteneció a la Hershey Chocolate Company, con sede en Filadelfia, que usaba el azúcar para endulzar su famoso chocolate.

El tren eléctrico de Hershey transportaba la mercancía y a los trabajadores entre La Habana, Matanzas y la pequeña ciudad que surgió en torno al molino. Aunque el tren sigue circulando tres veces al día, el molino se cerró en julio del 2002 (véase recuadro en p. 163).

Jardines de Hershey JARDINES

Los jardines están en un terreno que perteneció al famoso magnate estadounidense del chocolate, Milton Hershey, propietario del cercano molino de azúcar. Hoy en día son bastante agrestes, con interesantes senderos, una frondosa vegetación y un bonito río, lo que constituye esencialmente su encanto.

En el recinto hay un par de restaurantes con techo de guano. Es un lugar tranquilo para pasear y comer. Los jardines están 1 km al norte de la estación de trenes Camilo Cienfuegos, en la línea del tren de Hershey. Si el viajero se aloja en la Playa Jibacoa, queda unos 4 km al sur de Santa Cruz del Norte. La carretera es tranquila y constituye una agradable caminata.

Actividades

Puede practicarse el buceo desde la playa que queda frente al Campismo Los Cocos; si el viajero se dirige al oeste por la costa, encontrará rincones desiertos donde bucear o relajarse bajo una palmera.

Ranchón Gaviota PASEOS A CABALLO, KAYAK

(☎61-47-02; entrada 8 CUC comida incl.; ⌚9.00-18.00) Centro de actividades en el interior situado a 12 km de Puerto Escondido. Suele integrarse en las excursiones de un día desde Matanzas y Varadero. Se llega por un bonito camino que discurre por el paisaje lleno de palmeras del valle de Yumurí. El rancho que domina una colina da a un embalse y ofrece paseos a caballo, kayak y ciclismo, además de un copioso banquete de ajiaco (estofado de carne), cerdo asado, congrí (arroz con judías negras), ensalada, postre y café.

Para llegar al ranchón, hay que seguir la carretera del interior 2 km en dirección a Arcos de Canasí y tomar el desvío a la izquierda durante otros 10 km hasta la señal.

Dónde dormir y comer

Comer en la zona resulta desalentador, a menos que uno se aloje en un hotel. Se puede probar el restaurante del puente de Bacunayagua; también hay un par de bares que venden *pizzas* hechas en microondas.

Campismo Los Cocos CAMPISMO $
(☎29-52-31, 29-52-32; h 18 CUC; P❄≋♿) Es el más nuevo y, posiblemente, el más lujoso de los campismos de Cubamar (hay más de 80). Dispone de instalaciones que se ajustan a un hotel de precio medio y una ubicación a orillas del mar que emula los grandes proyectos de Varadero. Cuenta con 90 bungalós modernísimos distribuidos en torno a una piscina.

Entre las instalaciones figuran una pequeña biblioteca, un puesto médico, un restaurante a la carta, una sala de juegos, habitaciones para viajeros con discapacidades y senderos. Hay que tener en cuenta que las instalaciones se ven usadas y que suele haber música estridente en la piscina.

Cameleon Villas Jibacoa RESORT $$
(☎29-52-05; i/d 70/100 CUC todo incl.; P❄@≋) Un acogedor *resort* bien cuidado con excelente buceo y grandes habitaciones (aunque pasadas de moda). Buena relación calidad-precio.

★ **Superclub Breezes** RESORT $$$
(☎29-51-22; i/d 76/135 CUC todo incl.; P❄@≋) Uno de los mejores *resorts* todo incluido de Cuba no está en Varadero, sino en los confines más tranquilos de Jibacoa. Cuenta con 250 habitaciones, piscina abierta las 24 h y una estrecha pero idílica playa.

También ofrecen viajes en barca desde la orilla y excursiones a las terrazas elevadas del interior. No se aceptan menores de 16 años. Viniendo de Matanzas, la salida queda 13 km al oeste del puente de Bacunayagua.

ℹ Cómo llegar y salir

La mejor forma de llegar a la Playa Jibacoa es en el tren eléctrico de Hershey, que une la estación de trenes de Casablanca en La Habana con Jibacoa Pueblo (véase recuadro en p. 163). No hay autobús a la playa desde la estación y el tráfico es esporádico, así que hay que contar con andar los últimos 5 km, un paseo agradable si uno no va cargado. El tren eléctrico también para en Arcos de Canasí, pero de todas formas hay 6 km hasta la playa y no es una buena carretera para andar.

Otra opción es tomar el abarrotado autobús nº 669 (3 diarios) que sale de la estación de La Coubre (p. 130), al sur de la Estación Central de La Habana, hasta Santa Cruz del Norte, a 9 km de Jibacoa. Otra alternativa es ir a la estación de autobuses de La Habana y tomar cualquier autobús que se dirija a Matanzas por la Vía Blanca. El viajero puede hablar con el conductor para que le deje en la Playa Jibacoa, al otro extremo de un largo puente en Villa Loma de Jibacoa.

Jaruco

18 107 HAB.

Retirado de la costa, entre La Habana y Matanzas, es una interesante excursión de un día para viajeros con coche, motocicleta o bicicleta que quieran descansar de playa y descubrir la esencia de la Cuba rural.

El pueblo de Jaruco consiste en un montón de casas color pastel y calles empinadas que no desentonarían en los Andes peruanos. El **parque Escaleras de Jaruco,** 6 km al oeste por silenciosos caminos sin señalizar, es una zona protegida con bosques, cuevas y cerros de piedra caliza de formas extrañas parecidos

FUERA DE RUTA

LAS CHARANGAS DE BEJUCAL

Como muchos asentamientos de la provincia de Mayabeque, Bejucal no rebosa de cosas interesantes que hacer salvo que la visita coincida con **Las Charangas,** el 24 de diciembre, que compiten con Las Parrandas de Remedios y el carnaval de Santiago como festival más cacofónico y colorista de Cuba. Como en Remedios, la ciudad se divide en dos grupos competidores: el *Ceiba de Plata* y la *Espina de Oro,* que se echan a las calles riendo, bailando y cantando entre grandes y deslumbrantes carrozas y los famosos tambores de Bejucal. El punto álgido llega con la construcción de torres de 20 m de altura hechas de representaciones artísticas iluminadas en la plaza principal al son de la música de la tradicional conga. Las muestras combinan tradición con temas que van desde las deidades de la santería hasta el calentamiento global. Las Charangas datan de comienzos del s. XIX, cuando los grupos que desfilaban se dividían entre criollos y esclavos negros, haciendo de este uno de los festivales más antiguos del país.

No hay verdadero alojamiento para viajeros en la ciudad, pero estando a 40 km de La Habana, Bejucal se encuentra a tiro de piedra de la ciudad.

a los mogotes del valle de Viñales. Salvo por lo habaneros que vienen a pasar el fin de semana, el parque es un oasis olvidado con extraordinarios miradores sobre la provincia de Mayabeque. Hay algunos restaurantes que abren de jueves a domingo, y ponen música pegadiza que puede perturbar la serenidad. El mejor es el tipo ranchón **El Criollo** (⌚11.30-17.00).

Hay 32 km a Jaruco desde Guanabo, en dirección sureste vía Campo Florido, y se puede hacer una ruta circular regresando por Santa Cruz del Norte, 18 km al noreste de Jaruco vía la Central Camilo Cienfuegos. Un taxi desde La Habana cuesta 30 CUC (ida).

Surgidero de Batabanó

22 313 HAB.

Los colonizadores españoles fundaron el asentamiento original de La Habana en Surgidero de Batabanó el 25 de agosto de 1515, pero pronto lo abandonaron en favor de la costa norte. Viendo la decrépita ciudad actual, con sus feos bloques de pisos y sucio paseo marítimo sin playa, es fácil comprender por qué. El viajero quizá acabe en este desgastado puerto durante el pesado viaje en autobús y barco a la Isla de la Juventud. Si hubiera retrasos imprevistos, quedarse en los confines del puerto, o regresar en taxi a La Habana, aunque deprimente, es preferible que acercarse a la ciudad.

Fidel Castro y los otros prisioneros del Moncada desembarcaron en este lugar el 15 de mayo de 1955, después de que Fulgencio Batista les concediera la amnistía.

ℹ Cómo llegar y salir

El *ferry* del Surgidero de Batabanó a Isla de la Juventud supuestamente parte todos los días a las 12.00, con una salida adicional a las 15.30 los miércoles, viernes y domingos (55 CUC, 2 h). Se recomienda comprar el billete combinado de autobús-barco en La Habana, en la oficina de la estación central de autobuses de Astro, en lugar de hacerlo aquí.

Hay una **gasolinera Servi-Cupet** (calle 64 nº 7110, entre calles 71 y 73) en la ciudad de Batabanó. La siguiente gasolinera Servi-Cupet en dirección este está en Güines.

Isla de la Juventud (Municipio especial)

86 420 HAB.

Sumario »

Las mejores playas

- Playa Sirena (p. 177)
- Cayo Rico (p. 178)
- Playa Larga (p. 177)
- Punta Francés (p. 170)

Los mejores alojamientos

- Sol Cayo Largo (p. 179)
- Playa Blanca Beach Resort (p. 179)
- Villa Choli-Ramberto Pena Silva (p. 171)
- Hotel Colony (p. 176)

Por qué ir

Esta isla situada frente a la costa suroeste de Cuba es la sexta más grande del Caribe, y un enigma incluso para lo que es Cuba. Poblada de pinos, plantaciones de fruta, prisiones disfrazadas de museos y alguna que otra extraña y desarreglada playa, los puntos de interés de La Isla son atrevidamente esotéricos. Si el viajero pensaba que la isla principal de Cuba estaba anclada en el tiempo, tiene que conocer Nueva Gerona, cuya calle principal hace las veces de campo de béisbol y el panorama gastronómico se detuvo en el Período Especial. De la poca gente que llega hasta este lugar, muchos lo hacen atraídos por el submarinismo que puede practicarse en uno de los arrecifes más vírgenes del Caribe. Otros gozan del tranquilo ambiente de la isla y sus hospitalarios lugareños.

Hacia el este, Cayo Largo del Sur es el polo opuesto de La Isla, un enclave turístico prefabricado famoso por sus amplias playas (nudistas) adoradas por quienes viajan con paquetes turísticos.

Cuándo ir

- La playa, el submarinismo y el buceo con tubo son los atractivos principales de La Isla, Cayo Largo o cualquiera de los demás paraísos del Archipiélago de los Canarreos. Los meses más calurosos, julio y agosto, son los mejores, junto con los más frescos pero suaves de la temporada alta (diciembre a abril).
- Los pescadores quizá quieran acudir a los torneos de pesca de Cayo Largo, en septiembre.

Imprescindible

1. Meditar sobre la revolución en la casa-hacienda de José Martí, **Museo Finca el Abra** (p. 170).
2. Disfrutar de la vida local en la pequeña y adormecida **Nueva Gerona** (p. 169).
3. Explorar la siniestra prisión donde estuvo preso Fidel Castro, el **Presidio Modelo** (p. 175).
4. Investigar el importante proyecto de conservación de cocodrilos en el **Criadero Cocodrilo** (p. 176) de La Isla.
5. Sumergirse entre pecios, muros, jardines de coral y cuevas en **Punta Francés** (p. 170), el mejor lugar de Cuba para practicar submarinismo.
6. Contemplar las tortugas desovar a la luz de la luna en las playas de **Cayo Largo del Sur** (p. 177).
7. Caminar por las playas anchas y blancas hasta la **playa Sirena** (p. 177), en Cayo Largo del Sur.

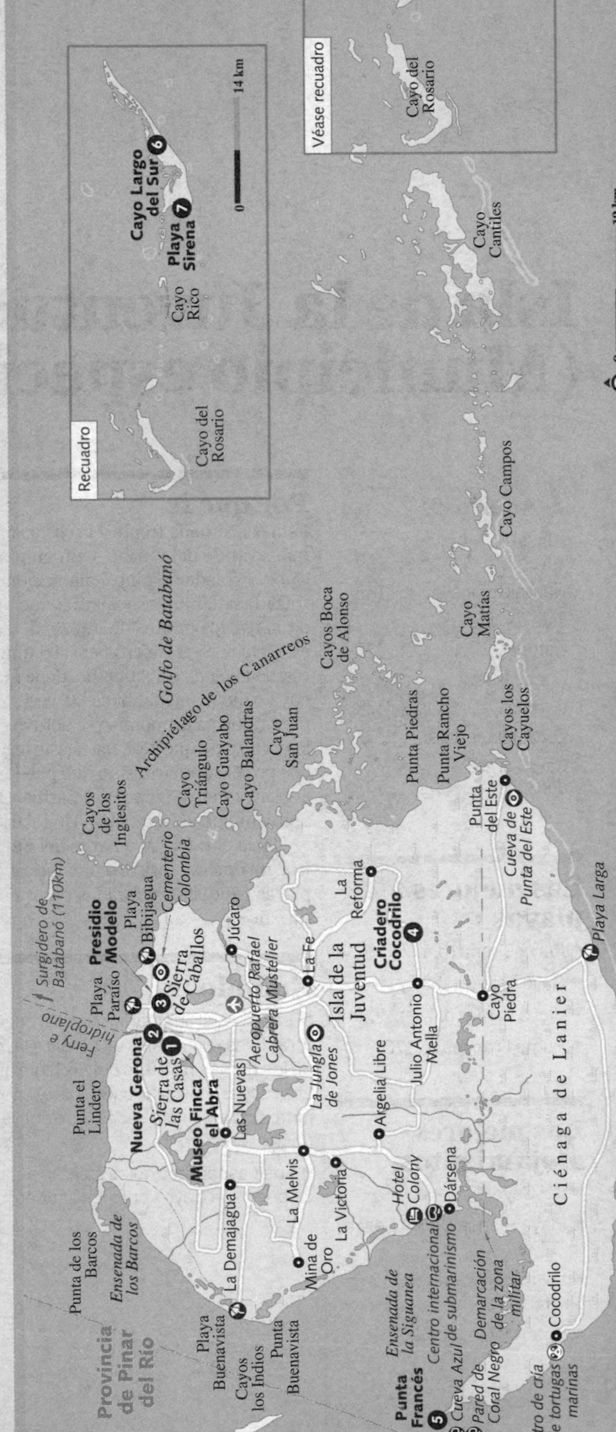

Historia

Los primeros pobladores de La Isla fueron los siboneyes, una civilización precerámica que llegó a la isla en torno al 1000 a.C. vía las Antillas menores, que se establecieron como cazadores y pescadores. Llamaron a su nuevo hogar Siguanea y crearon un conjunto fascinante de pinturas rupestres, que todavía se conservan en la Cueva de Punta del Este.

Cuando Colón llegó a estas costas en junio de 1494, los siboneyes hacía tiempo que las habían abandonado (habían muerto o habían regresado a la isla principal). El intrépido navegante rebautizó la isla como Juan el Evangelista, reclamándola para la corona española. Pero los españoles no se esforzaron mucho por desarrollar su nueva posesión, llena de manglares y rodeada por un círculo de arrecifes poco profundos.

De este modo, La Isla se convirtió en una guarida de piratas, entre otros Francis Drake y Henry Morgan. La llamaron Parrot Island, y se dice que sus hazañas inspiraron la novela de Robert Louis Stevenson *La isla del tesoro.*

En diciembre de 1830 se fundó la Colonia Reina Amalia (actual Nueva Gerona), y a lo largo del s. XIX la isla sirvió como lugar de exilio impuesto para defensores de la independencia y rebeldes, como José Martí. Los dictadores del s. XX Gerardo Machado y Fulgencio Batista siguieron el ejemplo español enviando presos políticos –entre ellos Fidel Castro– a la isla, que por entonces se había rebautizado de nuevo y se conocía como Isla de Pinos.

Aparte de su herencia española, La Isla ha tenido su dosis de influencia inglesa y estadounidense. En el s. XIX, familias de la colonia británica de las Islas Caimán se establecieron en la costa sur. La infame Enmienda Platt de 1901 incluyó una disposición que ubicaba Isla de Pinos fuera de los confines del archipiélago cubano, y posteriormente unos trescientos colonos estadounidenses se establecieron allí.

Los estadounidenses se quedaron, labraron las plantaciones de cítricos y construyeron la eficaz infraestructura que hoy perdura. Durante la II Guerra Mundial, EE UU utilizó el Presidio Modelo para internar a prisioneros del Eje, y en la década de 1950 La Isla se había convertido en un destino vacacional preferente para estadounidenses ricos, que volaban a diario desde Miami. Fidel Castro acabó súbitamente con este lujo decadente en 1959.

Antes de la Revolución, Isla de Pinos estaba escasamente poblada. En la década de 1960 y 1970, no obstante, miles de jóvenes de países en vías de desarrollo se presentaron como voluntarios para estudiar en "escuelas de enseñanza secundaria" construidas expresamente. En 1978 se reconoció oficialmente su papel en el desarrollo de la isla cuando el nombre se cambió por quinta vez a Isla de la Juventud.

ISLA DE LA JUVENTUD

☎46

Grande, desprendida y de ritmo lento, La Isla es histórica y culturalmente diferente al resto del archipiélago cubano. Aquí nunca hubo producción de azúcar y tabaco a gran escala, y hasta la revolución de Castro la isla estaba sometida a una gran influencia americana. Eclécticas comunidades de expatriados que invocan a antepasados de las Islas Caimán, americanos y japoneses, han creado incluso su propio estilo musical , un subgénero del son cubano conocido como sucu sucu. Hoy en día, despojada de los estudiantes que antaño asistían a sus famosas escuelas, es un lugar tranquilo y relajado. Las oportunidades para descubrir lugares poco visitados atraerán a artistas, aventureros e inconformistas.

Nueva Gerona

47 038 HAB.

Flanqueada por la sierra de las Casas al oeste y la sierra de Caballos al este, es una ciudad pequeña y apacible que abraza la orilla izquierda del río Las Casas, el único grande de la isla. Es un lugar poco visitado, barato y muy acogedor con una sorprendente y dinámica oferta de ocio; y es muy posible que el viajero sea el único extranjero del lugar.

Puntos de interés

Es un buen destino para descubrir en bicicleta, con playas, el Museo Finca el Abra y el Presidio Modelo a pocos kilómetros de Nueva Gerona. El personal de Villa Choli alquila bicicletas.

Museo Casa Natal Jesus Montané MUSEO
(calle 24 esq. calle 45; 9.30-17.00 ma-sa, 8.30-12.00 do) GRATIS Un recién renovado museo en una casa pintada de verde que documenta la vida del revolucionario Jesús Montané, que nació en el lugar. Montané participó en los ataques al cuartel Moncada en 1953, luchó junto a Fidel en la Sierra Maestra, y sirvió en

el Gobierno posterior a 1959. Es un pequeño pero fascinante lugar que bien vale dedicarle 30 min de visita.

Museo de Historia Natural MUSEO
(calle 41 esq. calle 52; entrada 1 CUC; ⌚8.00-17.00 ma-sa, hasta 12.00 do) Realmente es una pila polvorienta de animales disecados clamando algo de inversión por parte del Gobierno. Merece la pena visitarlo solo si se pasa de camino a la Finca El Abra.

Antes había un planetario, pero la iniciativa para reabrirlo chocó con la negativa generalizada del personal. Está antes de la peculiar torre del Archivo Histórico, en la calle del Hotel Colony.

El Pinero MONUMENTO
(calle 28, entre calle 33 y el río) Dos manzanas al este del parque Guerrillero Heroico, el viajero verá un enorme y deteriorado *ferry* blanco y negro que se erige como monumento conmemorativo junto al río. Se trata de *El Pinero*, el barco original que se usaba para transportar pasajeros entre La Isla y la isla principal. El 15 de mayo de 1955, Fidel y Raúl Castro, junto con los otros presos del Moncada puestos en libertad, regresaron a la isla principal en este barco.

Hoy en día es punto de encuentro para jóvenes seguidores (amantes de la música a todo volumen) del reguetón.

Nuestra Señora de los Dolores IGLESIA
(calle 28 esq. calle 39) En el lado noroeste del Parque Central, esta bonita iglesia de estilo colonial mexicano se construyó en 1926, después de que un huracán destruyera la original. En 1957 el párroco, Guillermo Sardiñas, abandonó Nueva Gerona para unirse a Fidel Castro en la Sierra Maestra, siendo el único sacerdote cubano que lo hizo.

★ **Museo Finca el Abra** MUSEO
(carretera Siguanea km 2; entrada 1 CUC; ⌚9.00-17.00 ma-do) Un adolescente José Martí llegó a la Finca el Abra el 17 de octubre de 1870 para pasar nueve semanas de exilio, antes de su deportación a España. Cuenta la leyenda que la madre del revolucionario fundió sus grilletes para hacer un anillo, que Martí llevó hasta su muerte. La vieja hacienda está debajo de la Sierra de las Casas, y merece una visita tanto por el entorno como por el museo. La casa contigua todavía está habitada por descendientes de Giuseppe Girondella, que acogió a Martí.

El museo está 3 km al suroeste de Nueva Gerona, junto a la carretera a La Demajagua (la continuación de la calle 41). Una señal indica la calle de acceso. Conviene visitarlo con un entusiasta guía local que dará cuerpo a las escasas pero importantes exposiciones con interesantes anécdotas.

Un camino de tierra antes del museo lleva hasta la antigua **cantera de mármol** de

BAJO EL MAR AZUL

Protegida de las corrientes marinas del golfo de México y bendecida con extraordinarios corales y una notable fauna marina, la Isla de la Juventud ofrece algunas de las mejores zonas de submarinismo del Caribe: en sus 56 puntos de inmersión señalizados se puede encontrar de todo, desde cuevas y pasajes a muros verticales y montes coralinos. También es posible ver pecios más al este, donde se han localizado los restos de 70 barcos en una zona conocida como **Bajo de Zambo.**

International Diving Center (✆46-39-81-81, 46-39-82-82), gestionado por Marina Siguanea, al sur del Hotel Colony, en la costa oeste de la isla, es el epicentro de las operaciones de submarinismo. El establecimiento cuenta con una moderna cámara de descompresión, junto con los servicios de un médico especialista en inmersiones. Desde allí pueden transportar al viajero al Parque Nacional Marítimo de **Punta Francés.**

Las travesías en barco a Punta Francés duran 1 h y llevan al viajero a una espléndida franja de playas de arena blanca desde donde se puede acceder cómodamente a las principales zonas de inmersión. Las más destacadas son **Cueva Azul** (avanzado) y **Pared de Coral Negro** (intermedio), donde el viajero podrá ver montones de peces, como tarpones, barracudas, meros, róbalos y peces ángel, junto con la poco común tortuga marina.

Quienes practiquen submarinismo pueden hacerlo a partir de 36 CUC y los que no, pueden acceder a la magnífica playa de Punta Francés por 12 CUC. Se recomienda preguntar primero por las ofertas de submarinismo y otras actividades náuticas en el **Hotel Colony** (✆39-81-81).

la isla, visible a lo lejos. Este lugar es relativamente interesante, pero lo que realmente merece le pena es subir a lo alto del cerro, desde donde se disfruta de fabulosas vistas. Tras descender, hay que continuar al norte entre un vertedero y varias pocilgas hasta la calle 54, a la derecha. Esta calle llevará al viajero de vuelta a la ciudad vía el Museo de Historia Natural, seis manzanas al este.

Museo Municipal MUSEO
(calle 30, entre calles 37 y 39; entrada 1 CUC; ⌚8.00-13.00 y 14.00-17.00 lu-vi, hasta 16.00 sa, hasta 12.00 do) Con sede en la antigua Casa de Gobierno (1853), alberga una pequeña colección histórica que comienza con un enorme mapa mural de La Isla y continúa por salas temáticas relacionadas con los aborígenes, piratas y ocupantes americanos, además de algo de arte autóctono.

Actividades

Sierra de las Casas EXCURSIONISMO
Es posible escalar la cara más al norte de la abrupta Sierra de las Casas desde el final más al oeste de la calle 22. Tras unos cientos de metros por un camino de tierra, el viajero verá un sendero sinuoso a la izquierda que lleva al cerro. A sus pies hay una cueva profunda con unas escaleras de cemento que bajan hasta una poza.

Un **sendero** guía desde allí abruptamente hasta la cima (cuidado: el último tramo es más bien escalada en roca que excursionismo). La vista desde arriba es fantástica, abarca la mitad de la isla y se perciben claramente los ruidos de la ciudad.

Fiestas y celebraciones

Fiesta de la Toronja CARNAVAL
Se celebra en La Isla cada mes de marzo. Desde que una plaga estropeó la mayor parte de la cosecha del pomelo hace algunos años, se ha convertido en excusa para celebrar un carnaval general.

Dónde dormir

Las casas particulares son la única opción del centro de la ciudad, y ofrecen comida; los propietarios esperan la llegada de los *ferries*. Los dos hoteles destartalados gestionados por el Gobierno están al sur de la ciudad.

★ Villa Choli – Ramberto Pena Silva CASA PARTICULAR $
(☎32-31-47; calle C nº 4001A, entre calles 6 y 8; h 20-25 CUC; P ❄ @) Dos habitaciones grandes y modernas en un primer piso, con TV, acceso a internet, aparcamiento garantizado, comida deliciosa y una espléndida terraza con una hamaca. En este establecimiento recomendado por los lectores se recibe un trato cordial. Alquilan bicicletas y se pueden reservar billetes para recogidas en el puerto.

Villa Mas – Jorge Luis Mas Peña CASA PARTICULAR $
(☎32-35-44; calle 41 nº 4108 apt 7, entre calles 8 y 10; h 20-25 CUC; ❄) Hay que ignorar el aspecto más bien feo del bloque de apartamentos, y concentrarse en sus dos habitaciones agradables. Jorge y su pareja son excelentes cocineros y sirven cenas en la terraza de la azotea. Está en la parte norte de la ciudad, detrás del hospital.

Villa Peña CASA PARTICULAR $
(☎32-23-45; calle 10 esq. calle 37; 15-20 CUC; ❄) Si los otros dos sitios están llenos, es una opción cómoda y segura cerca del hospital con dos habitaciones limpias y comidas.

Motel el Rancho del Tesoro HOTEL $
(☎32-30-35; autopista Nueva Gerona-La Fe km 2; i/d 18/24 CUC; P ❄) Este deslucido motel con una fachada almenada sobre una superficie de madera cerca de Río las Casas, 3 km al sur de la ciudad, ha visto días mejores. Hay 34 habitaciones bastante grandes, con televisión por satélite y un mísero restaurante gubernamental.

Villa Isla de Juventud HOTEL $
(☎32-32-90; autopista Nueva Gerona-La Fe km 1; i/d 6/11 CUC desayuno incl.; P ❄ ≋) Aproximadamente a 5 km del aeropuerto y a 2,5 km de Nueva Gerona, este hotel tiene 20 habitaciones con precios ridículamente bajos. A pesar de su buena situación, el complejo tiene un equipamiento desgastado, carteles de "no funciona" por todas partes y personal desinteresado. Es una opción si el presupuesto es una prioridad.

Dónde comer

Gastronómicamente, La Isla todavía vive en los años noventa. Tras una noche de búsqueda sin frutos la mayoría de los viajeros opta por comer en su casa particular. Los vendedores de churros y pequeños bocadillos se instalan en Martí (calle 39) y los vendedores de helado al peso aparecen improvisadamente en diversas ventanas.

Mesón La Mitta CUBANA $
(calle 39 nº 2416, entre calles 24 y 26; principales 2-4 CUC; ⌚12.00-22.00) Un nuevo paladar donde

Nueva Gerona

los manteles ya parece que tengan 50 años, pero al menos sus dueños lo están intentando en el sector privado. Lo mejor es la terraza del primer piso y después le siguen los *tostones* (plátano frito).

Restaurante Río PESCADO Y MARISCO $
(calle 32, entre calle 33 y el río; ⏲12.00-22.00) Un desgastado establecimiento junto al río que recibe reseñas variadas de los lugareños. En un buen día sirven pescado fresco de río y

Nueva Gerona

Puntos de interés
1 El Pinero ... D4
2 Museo Casa Natal Jesús Montané ... A3
3 Museo Municipal ... C4
4 Nuestra Señora de los Dolores ... B4

Dónde dormir
5 Villa Mas – Jorge Luis Mas Peña ... A1
6 Villa Peña ... B1

Dónde comer
7 Supermercado Cubalse ... C4
8 El Cochinito ... B3
9 Mercado Agropecuario ... C3
10 Mesón La Mitta ... B3
11 Pizzería la Góndola ... C4
12 Restaurante Río ... D5

Dónde beber y vida nocturna
13 Disco la Movida ... D2
El Pinero ... (véase 1)
14 La Rumba ... B3

Ocio
15 Cine Caribe ... C4
16 Sucu Sucu ... B3
17 Uneac ... C3

De compras
18 Centro Experimental de Artes Aplicadas ... C6

mar (uno de los pocos lugares de Cuba donde se pueden comer ambos), y el viajero pagará en moneda nacional. En la terraza suena lo último del pop cubano.

El Cochinito CARIBEÑA $
(calle 39 esq. calle 24; 12.00-22.00 ju-ma) Este restaurante ofrece varios platos de cerdo en un interior algo abandonado.

Pizzería la Góndola ITALIANA $
(calles 30 esq. calle 35; 12.00-22.00) Está lejos de Italia, tanto geográficamente como en la calidad de las *pizzas*, pero es una opción si el viajero está harto de cerdo.

Compra de alimentos

Mercado agropecuario MERCADO $
(calle 24 esq. calle 35) En este importante mercado se puede comprar verdura fresca y carne.

Supermercado Cubalse SUPERMERCADO $
(calle 35, entre calles 30 y 32; 9.30-18.00 lu-sa) Vende socorridas patatas Pringles y galletas.

Dónde beber y vida nocturna

Se podría llamar aburrimiento contenido, pero a Nueva Gerona le gusta la fiesta.

La Rumba CLUB
(calle 24, entre calles 37 y 39; 22.00-2.00) Se compran las bebidas en el bar tipo jaula de al lado y luego se accede al patio y a la alocada discoteca a la vuelta de la esquina. Solo para quienes adoren bailar.

El Pinero CLUB
(calle 28, entre calle 33 y el río) Música muy alta y clientela de adolescentes y veinteañeros que acuden para bailar al aire libre. También hay puestos de bebida y tentempiés.

Disco la Movida CLUB
(calle 18; desde 23.00) Para mover el cuerpo en un local con carácter, el viajero puede unirse a la parroquia local en una pista al aire libre oculta entre los árboles cerca del río.

Ocio

A veces hay música en directo frente al Cine Caribe.

Uneac CENTRO CULTURAL
(calle 37 entre calles 24 y 26) La mejor opción para una noche sin *reguetón* es esta bonita casa colonial renovada con patio, bar y suave música en directo.

Sucu Sucu MÚSICA EN DIRECTO
(calle 39, entre calles 24 y 26) Un local con música en directo y teatro: hay un tablón en la fachada con la programación. Cuando no hay ningún espectáculo se puede tomar una copa en la intimidad.

Cine Caribe CINE
(calle 37 esq. calle 28) Un cine sorprendentemente colorido y de moda en el Parque Central.

Estadio Cristóbal Labra DEPORTE
(calle 32 esq. calle 53) El estadio de béisbol de Nueva Gerona está siete manzanas al oeste de la calle 39. Se puede preguntar en las casas particulares por los próximos partidos (se juega de octubre a abril).

De compras

La calle 39, también llamada calle Martí, es un agradable paseo peatonal intercalado con pequeños parques.

LLEGAR A LA ISLA EN BARCO: GUÍA PARA PRINCIPIANTES

La experiencia, llena de trabas y típicamente cubana, de llegar a Isla de la Juventud en barco no es lo fácil que debiera ser. Para ello, se necesitan 8 h (con suerte), provisiones de comida (al menos desayuno y almuerzo) y mucha paciencia.

Es muy recomendable reservar y pagar el billete al menos un día antes en el **quiosco de la Naviera Cubana Caribeña (NCC)** (07-878-1841; 7.00-12.00) en la Terminal de Ómnibus principal (no la terminal de Víazul) de La Habana. La mejor hora para hacerlo es entre las 9.00 y las 12.00. Es necesario el pasaporte y 50 CUC. Es recomendable tomar el primer *ferry* ya que el siguiente (que se supone funciona miércoles, viernes y domingo) es menos fiable.

El día de la salida hay que llegar a las 7.30 para comprar el billete del traslado de autobús (5 $ en moneda nacional). El autobús sale del andén 9 de la Terminal de Ómnibus sobre las 9.30 y recorre lentamente el desvencijado puerto del Surgidero de Batabanó, donde el viajero deberá hacer cola para reconfirmar el billete de barco a Nueva Gerona. Luego se conduce a los pasajeros a través de un sistema de seguridad tipo aeropuerto hasta una sala de espera por un período de entre 1 y 2 h antes de que zarpe el barco. La travesía en catamarán dura unas 2½ h; no hay horarios impresos. Si el viajero toma el primer autobús/barco y todo va bien, debería estar en La Isla a las 16.00 (total trayecto: 8 h; precio billete: 50,25 CUC).

Los refrescos en el viaje son básicos (una lata de cola) o no hay. Además, el aire acondicionado en el catamarán *Iris* es ártico y las incesantes películas de 'acción', ensordecedoras. Desgraciadamente, no hay escapatoria ya que el acceso a la cubierta superior está prohibido.

Se desaconseja aparecer por cuenta propia en Batabanó para comprar un billete para el *ferry* directamente en el puerto. Aunque técnicamente es posible, varios viajeros han fracasado ya que se han encontrado con que todos los billetes se habían vendido a través de la caseta de NCC de La Habana. Además, pasar la noche en Batabanó resulta poco atractivo para los viajeros.

El viaje de ida es igual de problemático. Hay que conseguir el billete el día antes de viajar en la **terminal de 'ferry' de NCC** de Nueva Gerona (46-32-49-77, 46-32-44-15; calle 31 esq. calle 24), junto al río Las Casas. La **ventanilla** (lu-vi) está cruzando la calle. El *ferry* sale hacia el Surgidero de Batabanó todos los días a las 8.00 (50 CUC), pero hay que estar allí 2 h antes para enfrentarse a las terribles colas. Se supone que hay un segundo barco a las 12.00 (hay que estar allí a las 9.30).

No hay que dar nada por supuesto hasta que uno haya reservado su billete. Es habitual que los barcos de La Isla, igual que los trenes cubanos, se retrasen, se averíen o se cancelen.

Para viajar en ambas direcciones hay que enseñar el pasaporte.

Centro Experimental de Artes Aplicadas ARTE Y ARTESANÍA
(calle 40, entre calles 39 y 37; 8.00-16.00 lu-vi, 8.00-12.00 sa) Cerca del Museo de Historia Natural, se elabora cerámica artística.

Información

Banco de Crédito y Comercio (calle 39 nº 1802; 8.00-15.00 lu-vi) Tiene un cajero automático.

Cadeca (calle 39 nº 2022; 8.30-18.00 lu-sa, hasta 13.00 do) Tiene un cajero automático.

Ecotur (32-71-01; calle 24 entre calles 31 y 33; 8.00-16.00 lu-vi) Organiza excursiones a la zona militarizada y a Punta Francés.

Etecsa Telepunto (calle 41 nº 2802, entre calles 28 y 30; 8.30-19.30) Tres terminales de internet a precios habituales.

Farmacia Nueva Gerona (32-60-84; calle 39 esq. calle 24; 8.00-23.00 lu-sa)

Hospital General Héroes de Baire (32-30-12; calle 39A) Dispone de cámara de descompresión.

Oficina de correos (calle 39 nº 1810, entre calles 18 y 20; 8.00-18.00 lu-sa)

Radio Caribe Emite programas de música variada en el 1270 AM.

Victoria Periódico local que se publica el sábado.

Cómo llegar y salir

AVIÓN

La forma más sencilla y (a menudo) más barata de llegar a La Isla es en avión. Desgraciadamente, mucha gente se ha dado cuenta, así que los vuelos suelen llenarse al menos una semana antes.

El **aeropuerto Rafael Cabrera Mustelier** (GER) está 5 km al sureste de Nueva Gerona. **Cubana** La Habana (p. 129), **Nueva Gerona** (32-25-31; calle 39 nº 1415, entre calles 16 y 18, Nueva Gerona) ofrece dos vuelos diarios desde La Habana a partir de 35 CUC por trayecto. No hay vuelos internacionales.

No hay vuelos regulares de Isla de la Juventud a Cayo Largo del Sur.

Cómo desplazarse

A/DESDE EL AEROPUERTO

Desde el aeropuerto hay que buscar el autobús con el cartel "Servicio aéreo" que llevará al viajero a la ciudad por 1 CUP. Para ir al aeropuerto, hay que tomar el autobús frente al Cine Caribe. Un taxi a la ciudad cuesta unos 5 CUC, o 25-30 CUC hasta el Hotel Colony.

AUTOBÚS

Ecotur puede organizar excursiones/traslados desde Nueva Gerona a las zonas de submarinismo y a la zona militarizada. Un taxi (que puede concertarse fácilmente a través de casas particulares y hoteles) de Nueva Gerona al Hotel Colony debería costar unos 25-30 CUC. Hay autobuses urbanos menos fiables: el autobús nº 431 a La Fe (26 km) y el 441 al Hotel Colony (45 km) salen de una parada frente al cementerio, en la calle 39A, al noroeste del hospital.

El autobús nº 38 sale de la esquina de las calles 18 y 37, con destino Chacón (Presidio Modelo), playa Paraíso y playa Bibijagua, unas cuatro veces al día.

AUTOMÓVIL

Cubacar (32-44-32; calle 32 esq. calle 39; 7.00-19.00) alquila coches desde 65 CUC con seguro y puede organizar el transporte a la zona militarizada.

La gasolinera Servi-Cupet está en la esquina de las calles 30 y 39, en el centro de la ciudad.

COCHE DE CABALLOS

Suelen aparcar junto al supermercado Cubalse, en la calle 35. Se puede alquilar uno fácilmente por 10 CUC al día para hacer excursiones al Presidio Modelo, el Museo Finca el Abra, la playa Bibijagua y otros destinos cercanos. Si el viajero tiene tiempo suficiente, el conductor seguro que lo tiene.

Este de Nueva Gerona

Puntos de interés

★ Presidio Modelo — EDIFICIO DESTACADO

(entrada 1 CUC) Se trata del lugar más impresionante, aunque deprimente, de la isla. Situado cerca de Reparto Chacón, 5 km al este de Nueva Gerona, esta imponente prisión se construyó entre 1926 y 1931 durante el régimen represivo de Gerardo Machado. Los cuatro edificios circulares amarillos de seis plantas, más bien tenebrosos, fueron inspirados en los de una famosa penitenciaría de Joliet, Illinois, y podían albergar a 5000 prisioneros a la vez.

Durante la II Guerra Mundial, enemigos nacionales varios que se encontraban casualmente en Cuba (entre ellos 350 japoneses, 50 alemanes y 25 italianos) fueron encarcelados en el complejo.

Los presos más importantes del Presidio, no obstante, fueron Fidel Castro y el resto de rebeldes del Moncada, que estuvieron encarcelados de octubre de 1953 a mayo de 1955. Se encontraban aislados de los demás presos, en el edificio del hospital.

En 1967 la prisión se cerró y la sección donde estuvo Castro se convirtió en **museo.** Hay una sala dedicada a la historia de la prisión y otra centrada en las vidas de los presos del Moncada. La entrada incluye un circuito, pero las cámaras/videocámaras cuestan 3/25 CUC más. Hay que llevar el importe exacto. La entrada a los bloques circulares (la parte más conmovedora) es gratuita.

Cementerio Colombia — CEMENTERIO

En él se hallan las tumbas de los estadounidenses que vivieron y murieron en la isla durante los años veinte y treinta. Está 7 km al este de Nueva Gerona y 2 km al este del Presidio Modelo. El autobús nº38 pasa por allí.

Playas — PLAYA

Playa Paraíso, unos 2 km al norte de Chacón (unos 6 km al noreste de Nueva Gerona), es una playa de arena negra con buenas corrientes para los deportes acuáticos. Originariamente, el muelle se usaba para descargar prisioneros destinados al Presidio Modelo. Hay un pequeño bar. La **playa Bibijagua,** 4 km al este de Chacón, es mejor. Allí hay pinos, un restaurante donde se paga con pesos cubanos y un sencillo ambiente cubano. Quienes no dispongan de coche pueden tomar el autobús nº 38 desde Nueva Gerona.

Sur de Nueva Gerona

Puntos de interés y actividades

El principal reclamo de la zona es el submarinismo que puede practicarse en Punta

FUERA DE RUTA

CAYOS DE SAN FELIPE

Técnicamente están en la provincia de Pinar del Río pero, por ahora, la única forma de llegar a los casi vírgenes Cayos de San Felipe es con una excursión organizada por el Hotel Colony en la Isla de la Juventud. Este pequeño conjunto de cayos, uno de los 14 parques nacionales de Cuba, situado unos 30 km al sur de Pinar del Río y 30 km al noroeste de La Isla, están deshabitados con excepción de algún que otro investigador medioambiental. En los cayos vive (¿vivía?) una rara subespecie de roedor de los árboles llamada jutía, que lleva sin verse desde 1978 cuando se introdujeron ratas negras en el archipiélago. Las islas infestadas de manglares también acogen tortugas y numerosas especies de aves.

Fauna al margen, la principal razón para visitar el lugar es el submarinismo, pues existen 22 **puntos de inmersión** casi sin gente. El viaje empieza en Pinar del Río antes de trasladarse en autobús al pueblo pescador de Coloma, donde un barco lleva al viajero a los cayos para hacer submarinismo. Tras el almuerzo a bordo, el viajero será llevado por mar al Hotel Colony de La Isla sin tener que sufrir el calvario del ferry Iris.

Esta excursión era nueva cuando se redactó esta obra. Conviene preguntar precios y disponibilidad en el Hotel Colony. Ecotur (p. 175) es otro buen portal de información.

Francés, pero hay un par de propuestas más para quienes dispongan de tiempo.

La Jungla de Jones JARDINES
(entrada 3 CUC; ⏲24 h) Situado 6 km al oeste de La Fe en dirección al Hotel Colony, se trata de un jardín botánico con más de 80 variedades de árboles. Atravesado por senderos sombreados y salpicado por abundantes cactus y mangos, este extenso jardín fue fundado por dos botánicos estadounidenses, Helen y Harris Jones, en 1902. Lo más destacado es la Catedral de Bambú, una denominación acertada para un espacio cerrado rodeado de enormes matas de alto bambú.

Criadero Cocodrilo GRANJA DE COCODRILOS
(entrada 3 CUC; ⏲7.00-17.00) Esta granja ha tenido un papel importante en la conservación de los cocodrilos en Cuba durante los últimos años, y es interesante ver los resultados. El criadero, que alberga a más de 500 cocodrilos de todas formas y tamaños, funciona como un centro de cría, parecido al de Guamá, en Matanzas, aunque su entorno es infinitamente más agreste. Tras cuidarlos hasta los siete años, el centro libera grupos de cocodrilos en su hábitat natural cuando alcanzan 1 m de longitud. Para llegar al criadero hay que girar a la izquierda 12 km al sur de La Fe, pasado Julio Antonio Mella.

Dónde dormir y comer

★ Hotel Colony HOTEL $$
(☎39-81-81; i/d 36/56 CUC todo incl.; P ❄) El Colony, 46 km al suroeste de Nueva Gerona, se inició en 1958 como parte de la cadena Hilton, pero el Gobierno revolucionario lo confiscó antes de que se inaugurara. Hoy, el edificio principal está algo ajado, pero los bungalós más nuevos están limpios y son luminosos y espaciosos. El viajero quizá ahorre algo si opta por un paquete que incluya comidas y buceo con tubo.

La playa de arena blanca que hay frente al hotel es poco profunda y el fondo está lleno de erizos de mar. Hay que tener cuidado si uno decide bañarse. Es más seguro darse un chapuzón en la piscina del Colony. Un largo muelle (con un bar perfecto para tomar mojitos al atardecer) se extiende sobre la bahía, pero el buceo en las inmediaciones del hotel es mediocre. El submarinismo, no obstante, es sensacional. En el hotel hay una oficina de alquiler de coches.

Cómo llegar y salir

El transporte en La Isla es complicado, y los horarios de los autobuses hacen que el resto de Cuba parezca eficaz. Se puede probar el autobús nº 441 desde Nueva Gerona. Como alternativas están los taxis (unos 35 CUC desde el aeropuerto), motocicletas o coches de alquiler.

Zona militar del sur

Toda la zona del sur de Cayo Piedra es militar, y para entrar debe conseguirse un pase de un día (15 CUC) en **Ecotur**, en Nueva Gerona. La empresa proporciona guías, pero buscar un todoterreno para recorrer el interior de esta zona corre a cargo del viajero. Se puede organizar con Cubacar, en Nueva Gerona. No es posible viajar por la zona militar sin guía o pase oficial, así que el viajero debe presentarse en el puesto de control de Cayo Piedra con ambos. Como la excursión puede resultar cara, es recomendable compartir los gastos de transporte con otros viajeros. Para información actualizada sobre la región conviene preguntar en el Hotel Colony o en Ecotur, en Nueva Gerona.

En la zona más al sur de La Isla existe vida salvaje poco común, con habitantes como monos, ciervos, cocodrilos (tres tipos), lagartijas y tortugas.

Cueva de Punta del Este

Se trata de un monumento nacional situado 59 km al sureste de Nueva Gerona, el cual ha venido a denominarse "la Capilla Sixtina" del arte indígena caribeño. Mucho antes de la conquista española (los expertos calculan que sobre el 800 d.C.), los indios pintaron 235 pictografías en las paredes y el techo de la cueva. La mayor tiene 28 círculos concéntricos rojos y negros, y las pinturas se han interpretado como un calendario solar. Descubiertas en 1910, se consideran las más importantes de su género en el Caribe. Hay un pequeño **centro de visitantes** y estación meteorológica. La larga playa blanca cercana, sin sombra, es otro foco de atracción (para viajeros y mosquitos, así que conviene llevar repelente).

Cocodrilo

Una carretera de baches discurre por el sur desde Cayo Piedra hasta la espléndida **playa Larga,** de arena blanca, y tras otros 50 km al oeste hasta el acogedor pueblo de Cocodrilo. Casi ajeno al turismo, y con solo 750 habitantes, el pueblo, que en el s. XIX colonizaron familias de las Islas Caimán, antes se llamaba Jacksonville. Todavía hay algunas personas que hablan inglés. A través de la exuberante vegetación junto a la carretera, uno puede alcanzar a ver reses, aves, lagartos y colmenas. La rocosa costa, interrumpida esporádicamente por pequeñas playas de arena blanca y aguas cristalinas, es soberbia.

Centro de cría de tortugas marinas CRIADERO DE TORTUGAS

(entrada 1 CUC; ⌚8.00-18.00) Este centro de cría, 1 km al oeste de Cocodrilo, realiza una excelente labor en la conservación de una de las especies más singulares y amenazadas de Cuba. Pueden verse numerosas tortugas de todos los tamaños.

CAYO LARGO DEL SUR

☎45

Si el viajero visita Cuba para conocer históricas ciudades coloniales, bailarines exóticos, y descascarilladas imágenes del Che Guevara, entonces la superficie de 38 km² de Cayo Largo del Sur, 114 km al este de la Isla de la Juventud, será una gran decepción. Si por el contrario reserva los billetes soñando en playas de un blanco resplandeciente, montones de arrecifes de coral, fabulosos *resorts* y multitud de rollizos canadienses e italianos paseando desnudos, entonces no cabe duda de que ese pequeño paraíso tropical cubierto de mangles será perfecto para el viajero.

En Cayo Largo nunca ha existido un asentamiento cubano permanente, sino que la isla se desarrolló a principios de la década de 1980 estrictamente como una iniciativa turística. Los turistas italianos son habituales de Cayo Largo del Sur (Cayo Largo para abreviar); uno de los *resorts* está concebido exclusivamente para ellos. Los demás "todo incluido" son menos quisquillosos. Las playas paradisíacas (26 km) superan las expectativas de edén caribeño de muchos visitantes y son célebres por sus dimensiones, por estar vacías y –en verano– por la nidificación de tortugas. También hay multitud de iguanas y aves, entre otras, grullas, zunzuncitos y flamencos.

La isla se puede visitar con una cara excursión de un día desde La Habana, pero la mayoría de los viajeros lo hace con paquetes contratados de una o dos semanas.

En el 2001, el huracán Michelle (categoría 4) causó un oleaje que inundó todo Cayo Largo del Sur. La isla tardó años en recuperarse. Mientras tanto los turistas huyeron al nuevo Cayo Santa María, en la costa norte de Cuba.

Puntos de interés

Playa Sirena PLAYA

Es la más bonita de Cayo Largo (y quizá de Cuba), ancha, de 2 km y orientada al oeste. Suele haber turistas y se pueden practicar las actividades náuticas habituales (kayak, catamarán). A cierta distancia de la playa hay un bar-restaurante tipo ranchón, duchas y lavabos.

Al sureste se halla **playa Paraíso,** una franja de arena más estrecha y con menos sombra, aunque también fantástica, con un pequeño bar.

Cayo Largo del Sur

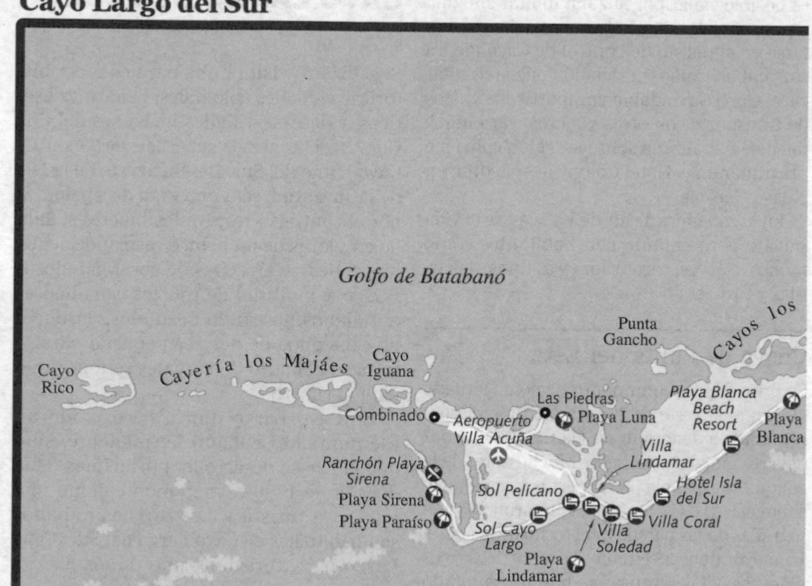

Granja de las Tortugas CRIADERO DE TORTUGAS
(Combinado; entrada 1 CUC; ⏲7.00-12.00 y 13.00-18.00) Pequeño complejo, a menudo cerrado, en el extremo noroeste de la isla, pasada la pista de aterrizaje, en Combinado. De mayo a septiembre los guías pueden organizar observación nocturna de tortugas en las playas del Cayo.

Playa los Cocos PLAYA
El viajero puede dirigirse a la costa este de la isla a través de esta playa, donde hay buen buceo (la carretera asfaltada se acaba después de playa Blanca).

Playa Tortuga PLAYA
Está pasada playa Los Cocos, en un extremo de la isla; las tortugas marinas desovan en la arena en verano.

★ **Cayo del Rosario y Cayo Rico** ISLAS
El otro destino predilecto de las excursiones de un día son estas islas entre Cayo Largo e Isla de la Juventud. Las excursiones en barco desde los hoteles cuestan unos 56 CUC por persona.

Cayo Iguana ISLA
Frente al extremo noroeste de Cayo Largo, Cayo Iguana alberga, como era de esperar, cientos de iguanas. Un viaje en yate con **buceo con tubo** puede costar 44 CUC.

Actividades

La mejor (y única) caminata de la isla es de playa Sirena a Sol Cayo Largo por la playa (7 km), o viceversa. Un camino discontinuo sigue la cadena de dunas gran parte del trayecto si hay marea alta. El viajero también puede conseguir una bicicleta si se aloja en uno de los *resorts* y dirigirse al este, pasado el Playa Blanca Beach Resort, hasta alguna de las playas más remotas de la isla.

También puede hacerse buceo con tubo (desde 19 CUC), *windsurf*, navegación a vela y tenis. Recientemente se ha añadido una aventura en barco por los manglares (37 CUC) y la posibilidad de nadar con un par de delfines (90 CUC) cerca de playa Sirena. También se pueden organizar viajes en el día a La Habana y Trinidad (150-160 CUC). Pregúntese en los hoteles.

Marina Internacional Cayo Largo SUBMARINISMO, PESCA
(☎24-81-33; Combinado) Pasado el criadero de tortugas de Combinado, es el punto de partida de las excursiones de pesca deportiva (325 CUC, 4 h, 8 personas) y submarinismo (39 CUC por inmersión con traslado al hotel incluido). Aquí todo es más caro porque no hay competencia. La marina también organiza dos torneos internacionales de pesca en septiembre.

Dónde dormir

Todos los hoteles de Cayo Largo del Sur dan a la playa de 4 km del lado sur de la isla. Aunque con poca sombra, la playa es fabulosa y no suele haber mucha gente. Si el viajero acude para pasar el día, un pase a los *resorts* de Sol le costará 35 CUC con almuerzo incluido.

Situado entre el Sol Pelicano y el Hotel Isla también está la **Villa Coral** (Gran Caribe; ☎34-81-11; i/d 100/140 CUC), con 55 habitaciones en 10 bloques de dos pisos, edificios de imitación colonial y piscina, y finalmente la apagada **Villa Soledad** (Gran Caribe; ☎34-81-11; i/d 100/140 CUC), de 24 habitaciones, que parece más bien un hogar de retiro que un lugar para escarparse en el Caribe. El otro hotel del complejo, el Villa Lindamar, es el mejor, pero es solo para turistas italianos, que reservan a través de agencias de su país.

★ Sol Cayo Largo 'RESORT' $$$
(☎24-82-60; i/d 160/270 CUC todo incl.; P ❄ @ ≋) Es el mejor complejo de Sol Meliá, con su vestíbulo tipo templo griego y fuentes de inspiración italiana. La playa del hotel es fantástica (y nudista) y las habitaciones pintadas con colores brillantes (aunque no son lujosas) disponen de balcones con vistas al mar. Hasta la fecha es el complejo más exclusivo de Cayo Largo, no hay que perderse el *spa* y el gimnasio.

Playa Blanca Beach Resort RESORT $$$
(☎24-80-80; i/d 102/170 CUC todo incl.; P ❄ @ ≋ 👪) El *resort* más nuevo de Cayo Largo está apartado del resto en una extensa franja de playa Blanca. A una arquitectura más bien sosa se añaden tres comedores distintos y un impresionante repertorio de actividades. También cuenta con un toque original; las obras de arte del destacado artista cubano Carlos Guzmán decoran las zonas comunes, y las *suites* más selectas con las zonas de descanso suspendidas no están nada mal. Aunque no vendría mal alguna persiana.

Sol Pelícano RESORT $$$
(☎24-82-33; i/d 112/180 CUC todo incl.; P ❄ @ ≋ 👪) Este complejo de estilo español, situado en la playa 5 km al sureste del aeropuerto, tiene 203 habitaciones distribuidas en edificios de tres plantas y cabañas dúplex construidas en 1993. Es el *resort* más grande de la isla, pero solo abre en temporada alta. Cuenta con discoteca y privilegios pensados para familias.

Hotel Isla del Sur & Eden Village Complex RESORT $$$
(☎34-81-11; i/d 80/120 CUC todo incl.; P ❄ ≋) El Isla del Sur, el primer hotel de Cayo Largo, es ahora el centro neurálgico del complejo Eden Village, conocido como Eden Viaggi por su predominio de huéspedes italianos, o El Pueblito debido a que de hecho se parece a una pequeña ciudad (con una arquitectura espantosa). Gran parte de las instalaciones se concentran en torno a los 59 habitaciones del Isla del Sur, un gran edificio de dos plantas cerca del ocio nocturno algo vulgar junto a la piscina.

Dónde comer

De los hoteles tipo "todo incluido", el Sol Cayo Largo sirve la mejor comida.

Restaurante el Torreón CARIBEÑA $$
(⏲12.00-24.00) En el asentamiento Combinado, y en un edificio que imita un fuerte de piedra junto a la marina, sirve comida cubana con un toque imaginativo, además de varias sorpresas españolas (y vino).

★ Ranchón Playa Sirena PESCADO Y MARISCO $$$
(⏲9.00-17.00) Un chiringuito de playa interesante entre las palmeras de playa Sirena,

con latinos tipo Tom Cruise agitando las cocteleras. También sirven buena comida y si hay suficientes turistas montan un bufé (20 CUC). Ofrece comida criolla sin pretensiones y un buen pargo rojo a la brasa por 12 CUC.

Dónde beber y ocio

Taberna el Pirata CLUB NOCTURNO

(24 h) Prácticamente la única opción fuera del "todo incluido", está junto a la Marina Internacional Cayo Largo y la frecuentan marineros, trabajadores de los *resorts* y algún que otro turista desperdigado.

Información

Hay un **Cubatur** (24-82-58) en el Sol Pelícano y más oficinas de información en el Sol Cayo Largo y el Playa Blanca. Se puede cambiar moneda en los hoteles; si no, Combinado cuenta con el principal banco de la isla, **Bandec** (8.30-12.00 y 14.00-15.30 lu-vi, 9.00-12.00 sa y do). Al lado hay una tienda de puros, la **Casa del Tabaco** (24-82-11; 8.00-20.00) y una **clínica internacional** (24-82-38; 24 h). En los establecimientos turísticos aceptan euros.

A veces se prohíbe el baño debido a las peligrosas corrientes; estará indicado con banderas rojas en la playa. Los mosquitos también pueden ser molestos.

Cómo llegar y salir

Hay varios vuelos chárteres que llegan semanalmente de Canadá, y Cubana tiene vuelos semanales desde Montreal y Milán.

Para visitantes esporádicos, los vuelos diarios de La Habana a Cayo Largo del Sur con **Aerogaviota** (203- 8686; av. 47 nº 2814, entre calles 28 y 34, Kohly, La Habana) o Cubana cuestan 129 CUC (ida y vuelta). La visita a la isla constituye una excursión de un día factible desde La Habana, aunque el viajero deberá levantarse pronto para el traslado al aeropuerto (todos los vuelos a Cayo Largo salen entre las 7.00 y las 8.00 del aeropuerto de playa Baracoa, unos kilómetros al oeste de Marina Hemingway).

Las excursiones organizadas desde La Habana o Varadero a Cayo Largo del Sur cuestan unos 137 CUC, lo cual incluye los traslados al aeropuerto, el vuelo de vuelta y el almuerzo, además de las excursiones a playa Sirena y Cayo Iguana. La recogida para el aeropuerto en La Habana empieza su ronda de hoteles sobre las 5.00; el viajero debe asegurarse de que para en su hotel. Todas las agencias de viajes de La Habana ofrecen estas excursiones.

Cómo desplazarse

Moverse por Cayo Largo no debería ser complicado. Un taxi o un autobús lanzadera pueden cubrir los 5 km del aeropuerto a la zona de hoteles. Desde allí, un "trencito" lleva a los turistas a playa Paraíso (6 km) y playa Sirena (7 km). El tren regresa al mediodía, o se puede volver andando por la playa. El diminuto asentamiento de Combinado está 1 km al norte del aeropuerto y a 6 km del *resort* más cercano. Para tomar un taxi hay que pasearse por las afueras de los hoteles y del aeropuerto.

Provincia de Pinar del Río

☎048 / 594 279 HAB.

Sumario »

Las mejores plantaciones de tabaco

➡ Plantación de tabaco de Alejandro Robaina (p. 190)

➡ Fábrica de tabacos Francisco Donatien (p. 185)

Las mejores excursiones

➡ Cabo de San Antonio (p. 192)

➡ Cocosolo Palmarito (p. 200)

➡ Los Aquáticos (p. 199)

Por qué ir

A los amantes de los paisajes verdes les encantará esta provincia, donde un omnipresente manto esmeralda cubre la mayor extensión de tierra de toda la isla. Las dos joyas de la corona son la península de Guanahacabibes, Reserva de la Biosfera de la Unesco, y el Valle de Viñales, Patrimonio Mundial de la Unesco. Este es también el mejor lugar del mundo para cultivar tabaco, una bendición que fomenta uno de los paisajes cubanos por antonomasia: campos fértiles de tierra rojiza surcados por bueyes, secaderos de tabaco con tejado de guano, y guajiros con sombrero.

Los duros guajiros son uno de los clásicos estereotipos regionales de Cuba, amables granjeros casi demasiado generosos por su propio bien. Su hogar espiritual es Viñales, un sereno y sencillo pueblo rodeado de escarpadas colinas y belleza rústica al estilo de Van Gogh.

Más allá de la campiña, los atractivos de Pinar son las idílicas playas de arena de Cayo Jutías y Cayo Levisa, junto con María la Gorda en el remoto oeste, donde aguardan más de 50 deslumbrantes puntos para hacer submarinismo.

Cuándo ir

➡ Para poder ver animales tan únicos como las tortugas de Guanahacabibes la época es de mayo a agosto.

➡ De octubre a marzo es la mejor época para la observación de aves.

➡ De diciembre a marzo puede disfrutarse del mejor tiempo de playa.

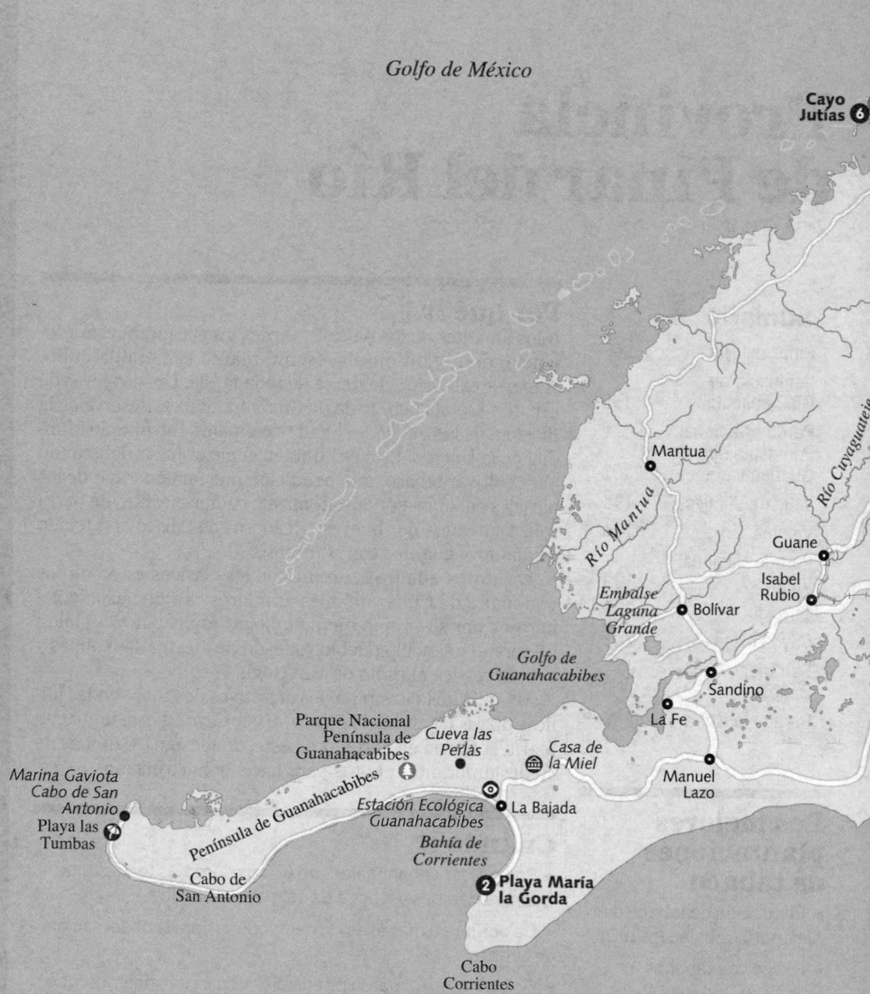

Imprescindible

❶ Familiarizarse con el lado cosmopolita de la región dando un paseo por **Pinar del Río** (p. 184).

❷ Hacer submarinismo en la cristalina **playa María La Gorda** (p. 191).

❸ Salir del circuito en autobús para ver, oler y degustar la belleza agrícola del **valle de Viñales** (p. 193).

❹ Dar una vuelta a caballo con los guajiros en el valle de Palmarito, **Parque Nacional Viñales** (p. 199).

❺ Quedarse asombrado ante las grutas y las cavernas de la

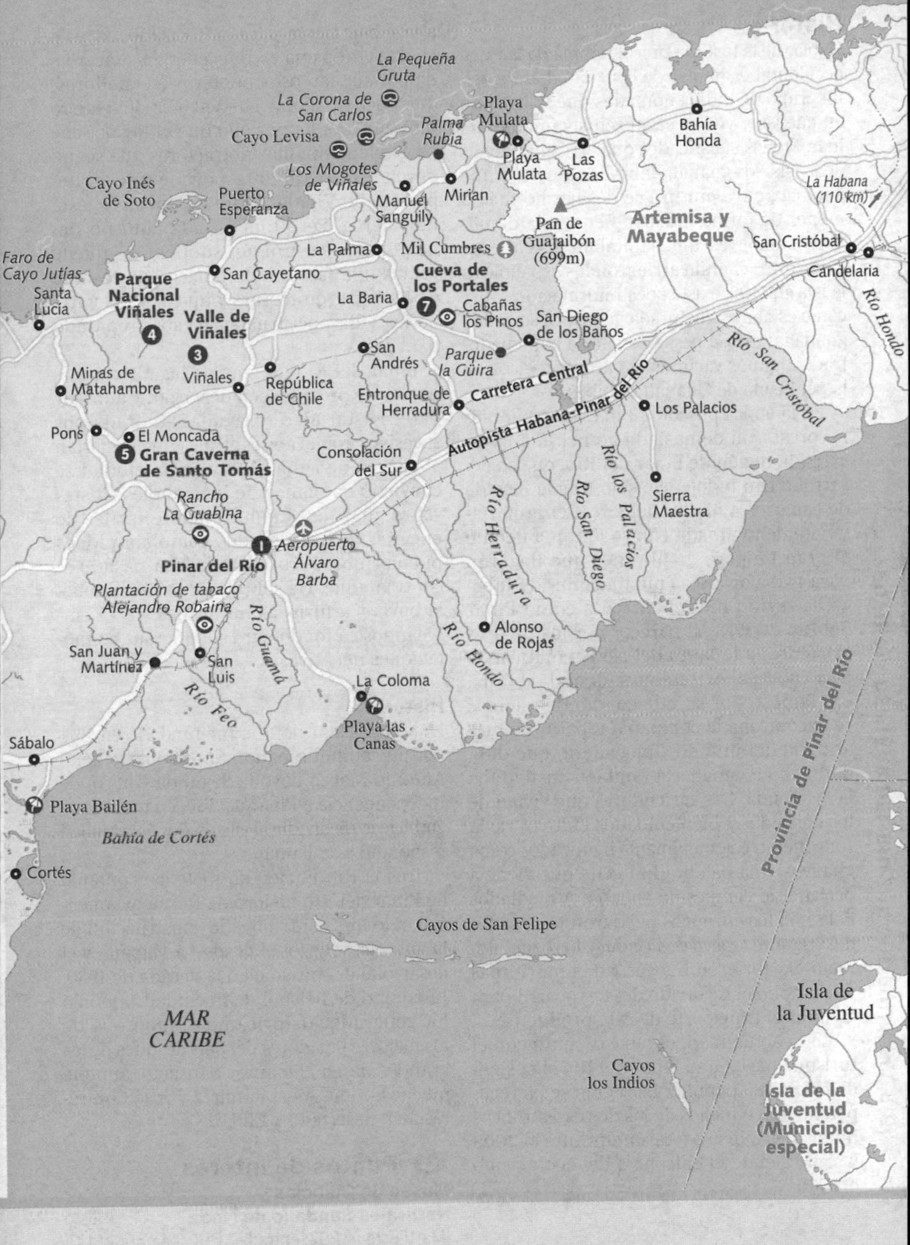

Gran Caverna de Santo Tomás (p. 201), uno de los mayores sistemas subterráneos de América Latina.

6 Recargar las pilas en **Cayo Jutías** (p. 202).

7 Ver dónde jugó al ajedrez el Che Guevara durante la Crisis de los Misiles de Cuba en la **cueva de los Portales** (p. 204).

Historia

Hablar de la historia precolombina de la Cuba occidental es hablar de los guanahatabeyes, un grupo de indios nómadas que habitaban en cuevas y vivían casi exclusivamente del mar. Menos sofisticados que otros indígenas de la isla, los guanahatabeyes eran un grupo pacífico, cuya cultura se desarrolló más o menos de forma independiente a la de taínos y siboneyes, que habitaban más al este. Ya extintos cuando arribaron los españoles a la isla en 1492, existe poca información sobre cómo estaba estructurada la arcaica sociedad guanahatabey, a pesar de que se han encontrado algunos yacimientos arqueológicos en la península de Guanahacabibes.

En la época poscolombina, los españoles no prestaron demasiada atención a la escarpada región de Pinar del Río, que se desarrolló con indolencia solo tras la llegada de canarios a finales del s. XVI. Originariamente denominada Nueva Filipina debido al gran número de filipinos que llegaron para trabajar en las plantaciones de tabaco, la región fue rebautizada como Pinar del Río en 1778, al parecer por los pinares existentes a lo largo del río Guamá. Ya en esta época, el extremo occidental de Cuba era famoso por su tabaco, donde además se encontraba la compañía tabacalera más antigua del mundo, Tabacalera, que data de 1636. La ganadería también sustentaba la economía. Los agricultores que vivían de los delicados y bien cuidados cultivos de la zona fueron coloquialmente bautizados como guajiros, una palabra indígena que viene a designar al campesino cubano. A mediados del s. XIX los europeos quedaron prendados del fragante tabaco de la zona y la región floreció. Se abrieron nuevas rutas marítimas y se amplió el recorrido del ferrocarril para facilitar el transporte de este producto.

En la actualidad, el tabaco, junto con el turismo, hacen que Pinar del Río siga siendo rentable y popular. La región se ha recuperado más o menos de los dos catastróficos huracanes que la azotaron durante el 2008 y sigue siendo el epicentro del ecologismo en Cuba.

ZONA DE PINAR DEL RÍO

Pinar del Río

191 660 HAB.

Rodeada de maravillosa y verde campiña y sustentada económicamente por su cercanía a la mejor tierra para cultivar tabaco, esta ciudad emite una extraña energía, exacerbada por sus famosos jineteros (estafadores) que pueden agotar la paciencia del viajero más curtido. Es por ello que el lugar tiene probablemente más detractores que seguidores, especialmente porque el cercano paraíso de Viñales, libre de jineteros, está muy cerca. Pero una parada aquí no tiene por qué ser ningún suplicio. Se puede visitar una factoría de tabaco, interesante y peculiar arquitectura y una agitada y frenética vida nocturna si se está preparado para ella.

Pinar del Río fue una de las últimas capitales de provincia en despegar, y aún hoy parece estar algo rezagada. Ignorada por sucesivos gobiernos centrales que preferían el azúcar de caña al tabaco, la ciudad se convirtió en blanco de incontables chistes sobre guajiros, supuestamente fáciles de engañar y considerados como simplones pueblerinos. Pero la ciudad ha pasado al contraataque. Ha sobrevivido al abandono, la burla y a furiosos huracanes y está empleándose a fondo para superar sus connotaciones negativas.

Historia

La actual Pinar del Río fue fundada en 1774 por un capitán español. En 1896, el general Antonio Maceo llevó la Segunda Guerra de Independencia a Pinar del Río, en un intento ambicioso de dividir la isla en dos, y la ciudad respondió a su llamada.

Tras la Revolución de 1959, la economía de Pinar del Río mejoró de forma exponencial, a lo que contribuyó la construcción de la autopista nacional desde La Habana y el desarrollo del turismo en la década de 1980. El equipo de béisbol de la ciudad también ha generado históricamente algunos de los mejores jugadores del país después de los grandes de La Habana y Santiago, aunque muchos, como Alexi Ramírez y José Contreras, han desertado a EE UU.

Puntos de interés

Museo de Ciencias Naturales Sandalio de Noda MUSEO

(Martí Este nº 202; entrada 1 CUC, cámara 1 CUC; 9.00-17.00 lu-vi, hasta 13.00 do) Esta loca pero magnífica mansión donde confluyen el arte neogótico, el morisco, el hindú y el bizantino fue construida en 1914 por el médico local y viajero del mundo, Francisco Guasch. Una vez superado el choque que provoca su extravagante exterior (gárgolas, torretas y caballitos de mar esculpidos), el viajero se dará cuenta de que es un museo de historia natural con ejemplares que van desde una cría de jirafa disecada hasta un gigante T-rex de piedra en el jardín posterior.

Museo Provincial de Historia MUSEO

(Martí Este nº 58, entre Colón e Isabel Rubio; entrada 1 CUC; ⌚8.30-18.30 lu-vi, 9.00-13.00 sa) Recoge la historia de la provincia desde tiempos precolombinos hasta el presente, incluidos los recuerdos de Enrique Jorrín (creador del *chachachá*).

Teatro José Jacinto Milanés TEATRO

(☎75-38-71; Martí nº 160, entre Colón e Isabel Rubio) A menudo incluido en el grupo de los siete teatros clásicos provinciales cubanos del s. XIX, este teatro de 540 butacas data de 1845, lo que lo convierte en uno de los más antiguos de Cuba. Reabrió sus puertas en el 2006 tras largas obras. Merece una visita por su auditorio de tres pisos, sus butacas antiguas y su patio y café de estilo español.

Palacio de los Matrimonios EDIFICIO DESTACADO

(Martí, entre Rafael Morales y plaza de la Independencia) GRATIS Por Martí hacia el oeste, las majestuosas fachadas neoclásicas dan paso a la opulencia de este edificio que data de 1924, donde principalmente se celebran bodas. Los amables guardas permiten que los curiosos echen un vistazo a su interior, con abundantes objetos de arte, muchos de origen chino.

Fábrica de Tabacos Francisco Donatien FÁBRICA DE PUROS

(Maceo Oeste nº 157; entrada 5 CUC; ⌚9.00-12.00 y 13.00-16.00 lu-vi) En esta fábrica, una cárcel hasta 1961, puede verse cómo se tuercen los mejores puros de Pinar (léase, del mundo).

Más pequeña que la fábrica Partagás de La Habana, ofrece una perspectiva más íntima pero con las mismas flaquezas: guías que parecen robots, apresurados circuitos y la sensación de que todo es un poco forzado. Enfrente hay una excelente tienda de puros.

Catedral de San Rosendo IGLESIA

(Maceo Este nº 3) La poco visitada y austera catedral de la ciudad, de 1883, se encuentra cuatro manzanas al sureste de la fábrica de puros. Como suele suceder con las iglesias cubanas, el interior casi siempre está cerrado, pero puede aprovecharse la misa matutina del domingo para acceder a él.

Fábrica de Bebidas Casa Garay FÁBRICA DE LICOR

(Isabel Rubio Sur nº 189, entre Ceferino Fernández y Frank País; entrada 1 CUC; ⌚9.00-15.30 lu-vi, hasta 12.30 sa) Los trabajadores utilizan una receta secreta para destilar las versiones dulce y seca del licor insignia de la ciudad: el licor de guayaba Guayabita del Pinar. Una degustación de la bebida es el colofón a los circuitos multilingües de 15 min por la fábrica. Hay una tienda al lado.

Centro Provincial de Artes Plásticas Galería GALERÍA

(Antonio Guiteras; ⌚8.00-21.00 lu-sa) GRATIS Enfrente de la plaza, esta es una galería de referencia en Pinar donde se exponen muchas obras de la zona.

Fiestas y celebraciones

Carnaval CARNAVAL

Se celebra a principios de julio, con su colorida cabalgata de carrozas. Es una gran fiesta con mucho alcohol y desenfreno.

Dónde dormir

Villa Aguas Claras BUNGALÓS $

(☎77-84-27; i/d 36/40 CUC desayuno incl.; P ≋) Lujoso campismo situado 8 km al norte en la carretera a Viñales (junto a Rafael Morales). Cuenta con 50 bungalós dobles y los servicios propios de un hotel de precio medio. Las habitaciones son correctas, los jardines frondosos y el personal simpático. Además de un restaurante aceptable, también ofrecen equitación y excursiones de un día. Desde Pinar del Río un autobús va varias veces al día hasta el Aguas Claras.

NOMBRES DE CALLES DE PINAR DEL RÍO

Los lugareños utilizan los antiguos nombres de las calles. Esta tabla puede ser útil.

NOMBRE ANTIGUO	NOMBRE NUEVO
Calzada de la Coloma	Rafael Ferro
Caubada	Comandante Pinares
Recreo	Isabel Rubio
Rosario	Ormani Arenado
San Juan	Rafael Morales
Vélez Caviedes	Gerardo Medina
Virtudes	Ceferino Fernández

Pinar del Río

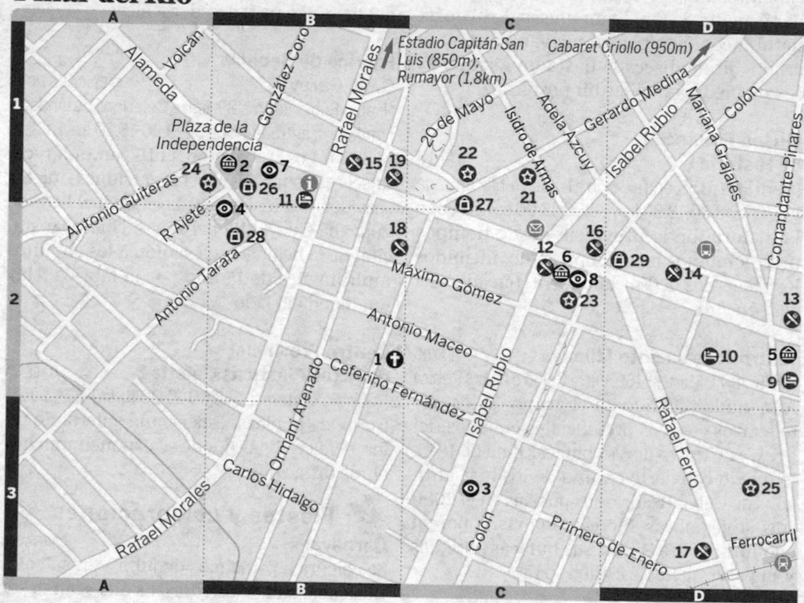

Pinar del Río

Puntos de interés

1 Catedral de San Rosendo B2
2 Centro Provincial de Artes Plásticas Galería B1
3 Fábrica de Bebidas Casa Garay C3
4 Fábrica de Tabacos Francisco Donatien B2
5 Museo de Ciencias Naturales Sandalio de Noda D2
6 Museo Provincial de Historia C2
7 Palacio de los Matrimonios B1
8 Teatro José Jacinto Milanés C2

Dónde dormir

9 Gladys Cruz Hernández D2
10 Hostal Sr. Handy Santalla D2
11 Hotel Vueltabajo B1

Dónde comer

12 El Marino C2
13 El Mesón D2
14 El Pedregal D2
15 Heladería B1
16 La Casona C2
17 Mercado Agropecuario D3
18 Panadería Doña Neli B2
19 Supermercado el Comercio B1

Dónde beber y vida nocturna

20 Disco Azul F2

Ocio

21 Café Pinar C1
22 Casa de la Música C1
23 La Piscuala C2
24 Teatro Lírico Ernesto Lecuona A1
25 Uneac D3

De compras

26 Casa del Habano B1
27 Fondo Cubano de Bienes Cultural C1
28 La Casa del Ron B2
29 Todo Libro Internacional D2

Gladys Cruz Hernández CASA PARTICULAR $
(☎77-96-98; casadegladys@gmail.com; av. Comandante Pinares Sur nº 15, entre Martí y Máximo Gómez; h 20 CUC; ❄) Una espléndida casa con mobiliario colonial de buen gusto situada cerca de la estación de ferrocarril. Hay dos habitaciones con bañera, nevera, TV y un amplio patio trasero.

Hostal Sr. Handy Santalla CASA PARTICULAR $
(☎72-12-22; calle Máximo Gómez nº 169A, entre Ciprián Valdés y av. Pinares; h 20-25 CUC) Propiedad de un joven que trata de aprovechar la nueva economía con dos habitaciones pequeñas con baños totalmente nuevos en un primer piso, y un patio y garaje en la planta baja.

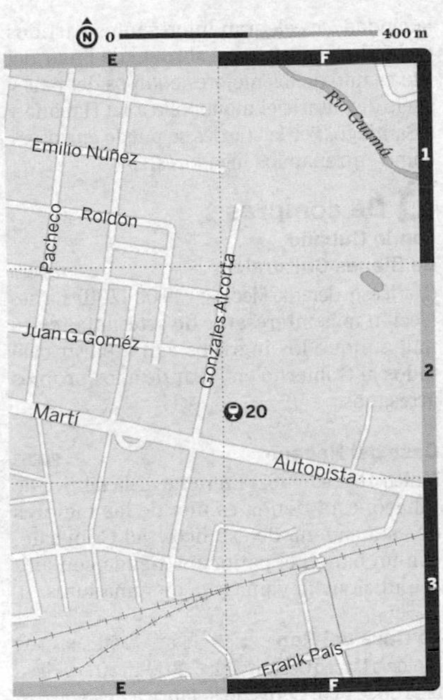

Hotel Vueltabajo HOTEL $$

(☎75-93-81; Martí esq. Rafael Morales; i/d 35/55 CUC; ❄) Fabuloso hotel con decoración colonial, techos altos y ventanas con toldos parisinos de rayas. Las habitaciones son muy amplias y abajo hay un bar-restaurante que no está mal. En el precio está incluido el desayuno.

Dónde comer

El Mesón CUBANA $

(☎75-28-67; Martí Este 205; comidas 4-6 CUC; ⏲11.00-23.00) Una empresa privada que ha encarnado diferentes versiones de hostal y paladar. Ahora es un paladar de verdad francamente bueno en lo suyo. Sirven raciones generosas de sencilla comida criolla bien provistas de arroz y frijoles con mucha compañía cubana.

La Casona CUBANA $

(Martí esq. Colón; principales 5 CUC; ⏲8.00-15.00 y 16.00-23.00) Cuesta creerlo, pero este es el mejor restaurante estatal de Pinar después del Rumayor. Resulta alentador comprobar que hay manteles y copas de vino, además de bistec, pollo y pasta en el menú. No obstante, situado con poca vista en el cruce con más tráfico de la ciudad, los molestos jineteros nunca andan lejos. Se recomienda pedir una mesa lejos de la puerta.

El Marino PESCADO Y MARISCO $

(Martí esq. Isabel Rubio; principales; ⏲12.00-15.00 y 18.00-21.15) Sabrosa paella y otros platos de pescado que se pagan en pesos. La decoración náutica realza la experiencia.

Heladería HELADERÍA $

(Martí esq. Rafael Morales; ⏲9.00-21.00) Un generoso tres gracias (tres bolas de helado) cuesta aquí la mitad de una cucharada de postre en Haagen Daas.

El Pedregal CUBANA $$

(Azcuy nº 143E; principales 5-8 CUC; ⏲12.00-23.00) En la parte de atrás de otro paladar (llamado Don Fabio), este restaurante no es exactamente sinónimo de calidad de La Habana, pero la comida es sencilla y rica si se puede esquivar a los jineteros.

Rumayor CUBANA $$

(☎76-80-07; carretera a Viñales km 1; principales 10 CUC; ⏲12.00-24.00) Sirven algunos de los mejores platos de Pinar, 2 km al norte del centro de la ciudad en la carretera a Viñales. Es justamente famoso por su suculento pollo ahumado. Se paga un poco más, pero decididamente vale la pena. Por la noche es también uno de los grandes cabarés de Pinar.

Compra de alimentos

Mercado Agropecuario MERCADO $

(Rafael Ferro; ⏲8.00-18.00 lu-sa, hasta 13.00 do) El colorido mercado al aire libre de Pinar del Río está prácticamente situado encima de las vías ferroviarias, cerca de la estación de trenes. Se verá algún que otro grupo de turistas paseando por allí y tratando de comprender la economía del Período Especial.

Panadería Doña Neli PANADERÍA $

(Gerardo Medina Sur esq. Máximo Gómez; ⏲7.00-19.00) Proporciona el pan nuestro de cada día.

Supermercado el Comercio SUPERMERCADO $

(Martí Oeste esq. Arenado; ⏲9.00-17.00 lu-sa, hasta 12.00 do) Uno de los mejores supermercados de la ciudad.

Dónde beber y ocio

Disco Azul CLUB NOCTURNO

(González Alcorta esq. Autopista; entrada 5 CUC; ⏲desde 22.00 ma-do) En el gris Hotel Pinar del Río, a las afueras de la ciudad viniendo de la autopista, esta discoteca es la más concurrida de Pinar.

Rumayor CABARÉ
(☎76-30-51; carretera a Viñales km 1; entrada 5 CUC; ⏲12.00-24.00) Además de servir muy buena comida, de martes a sábado por la noche este lugar se transforma en un cabaré con un fantástico espectáculo que empieza a las 23.00.

Café Pinar MÚSICA EN DIRECTO
(Gerardo Medina Norte nº 34; entrada 3 CUC; ⏲10.00-2.00) El local favorito de los jóvenes de Pinar y el mejor lugar para conocer a otros viajeros. Situado en un animado tramo de la calle Gerardo Medina, por las noches cuenta con la actuación de bandas en directo y, durante el día, con un menú de platos ligeros como pasta, pollo y bocadillos.

La Piscuala CENTRO CULTURAL
(Martí esq. Colón) Con el Teatro José Jacinto Milanés abierto de nuevo, sería de locos perderse este patio-teatro junto al teatro propiamente dicho. El programa de actividades culturales de cada noche se expone en el exterior.

Cabaret Criollo CABARÉ
(carretera Central km 1, entre av. Aeropuerto y carretera a Viñales; ⏲21.00-2.00 lu-sa) Es la parte musical del restaurante homónimo. Los lugareños conceden una puntuación más bien alta a este cabaré nocturno situado en un enorme patio.

Casa de la Música MÚSICA EN DIRECTO
(Gerardo Medina Norte nº 21; entrada 1 CUC; ⏲conciertos cada noche a las 21.00) Después de calentar motores en el Café Pinar, muchos cruzan la calle para escuchar más música en directo aquí.

Teatro Lírico Ernesto Lecuona TEATRO
(Antonio Maceo Oeste nº 163) Cerca de la fábrica de puros, este teatro es conocido sobre todo por la música clásica y la ópera.

Uneac CINE
(Antonio Maceo nº 178) Además de los lugares citados más arriba, se recomienda el local de la Uneac (Unión Nacional de Escritores y Artistas de Cuba), cerca de la estación de trenes, donde hay cine cada noche y a veces música en directo.

Estadio Capitán San Luis DEPORTE
(☎75-38-95; entrada 1 peso; ⏲partidos 19.00 ma-ju y sa, 16.00 do) En este estadio, al norte de la ciudad, se celebran interesantes partidos de béisbol de octubre a abril. El de Pinar del Río es uno de los mejores equipos del país y suele disputarle el monopolio a La Habana y a Santiago. Por las tardes se puede curiosear cómo entrenan los jugadores.

De compras

Fondo Cubano de Bienes Culturales ARTESANÍA
(Martí esq. Gerardo Medina; ⏲9.00-17.00) La selección más interesante de artesanía regional, aunque los ingresos van a parar casi todos al Gobierno en lugar de a los propios artesanos.

Casa del Habano PUROS
(Antonio Maceo nº 162) Enfrente de la fábrica de tabaco, esta tienda es una de las mejores de esta cadena de estancos del Gobierno, con un bar en el patio, una tienda con aire acondicionado y una sala de fumadores.

La Casa del Ron ARTESANÍA, RON
(Antonio Maceo Oeste nº 151; ⏲9.00-16.30 lu-vi, hasta 13.00 sa y do) Cerca de la fábrica de cigarros, venden recuerdos, CD y camisetas, además de alcohol.

Todo Libro Internacional LIBROS
(Martí esq. Colón; ⏲8.00-12.00 y 13.30-18.00 lu-vi, 8.00-12.00 y 13.00-16.00 sa) Selección de mapas, libros y objetos de oficina en el mismo edificio que la oficina de Cubanacán.

Información

PELIGROS Y ADVERTENCIAS

Para ser una ciudad relativamente con poco turismo, en Pinar del Río hay un buen número de cazaturistas o jineteros. La mayoría son chavales que merodean por la calle Martí y que ofrecen desde comidas en paladares hasta circuitos "guiados" por las plantaciones de tabaco. Muchos dan media vuelta ante el primer o segundo "no" pero los hay más atrevidos que montan en bicicletas y se acercan a los coches de los turistas (identificables por sus matrículas de color lila/marrón) cuando se paran en los semáforos. Aunque generalmente no son agresivos lo mejor es ser educado pero firme desde el principio y no darles cuerda.

ACCESO A INTERNET Y TELÉFONO

Etecsa Telepunto (Gerardo Medina esq. Juan Gómez; 6 CUC/h; ⏲8.30-19.30) El viajero podrá consultar su correo electrónico.

MEDIOS DE COMUNICACIÓN

El Guerrillero se publica los viernes, y radio Guamá se sintoniza en 1080 AM o 90.2 FM.

ASISTENCIA MÉDICA

Farmacia Martí (Martí Este nº 50; ⌚8.00-23.00)
Hospital Provincial León Cuervo Rubio (☎75-44-43; carretera Central) 2 km al norte de la ciudad.

DINERO

Banco Financiero Internacional (Gerardo Medina Norte nº 46; ⌚8.30-15.30 lu-vi) Enfrente de la Casa de la Música.
Cadeca (Martí nº 46; ⌚8.30-17.30 lu-sa)

CORREOS

Oficina de correos (Martí Este nº 49; ⌚8.00-20.00 lu-sa)

INFORMACIÓN TURÍSTICA

Infotur (☎72-86-16; ⌚9.00-17.30 lu-vi) En el Hotel Vueltabajo, una de las mejores fuentes de información de la ciudad.

AGENCIAS DE VIAJES

Cubanacán (☎77-01-04, 750-1078; Martí nº 109) Alquiler de ciclomotores.

Cómo llegar y salir

AUTOBÚS

La **estación de autobuses** (Adela Azcuy entre Colón y Comandante Pinares) de la ciudad tiene una ubicación muy práctica cerca del centro. Pinar del Río está bien comunicada por la red Víazul. Todos los servicios a La Habana y a otros destinos del oeste salen de Viñales. Las salidas a La Habana son a las 8.25, y 14.55 (11 CUC, 2½ h). El autobús de la tarde a La Habana también para en Las Terrazas, mientras que el de la mañana sigue hasta Cienfuegos y Trinidad. Los autobuses a Viñales salen a las 12.10 y a las 17.00 (6 CUC, 45 min).

Los autobuses Conectando, que circulan la mayoría de los días, ofrecen servicios a La Habana y un servicio directo a Viñales evitando La Habana. Es necesario reservar con antelación a través de Cubanacán. Se puede preguntar por otros servicios a Cayo Levisa, Cayo Jutías y María La Gorda.

TAXI

Los taxis privados que hay junto a la estación de autobuses ofrecen al viajero tarifas por ir hasta La Habana. A veces pueden salir a cuenta. Por ejemplo, la carrera al aeropuerto internacional José Martí sale por unos 60 CUC, no está mal si se compara con los 25 CUC que cuesta solo desde La Habana.

Los **taxis colectivos** se congregan al principio de la carretera a Viñales, fuera del hospital al norte de la ciudad, ofreciendo una pintoresca excursión por Viñales por 1 CUC.

TREN

Antes de planificar cualquier viaje en tren, se recomienda consultar las pizarras de las estaciones por si hay servicios cancelados, suspendidos o reprogramados. Desde la **estación de trenes** (☎75-57-34; Ferrocarril esq. Comandante Pinares Sur; ⌚ventanilla 6.30-12.00 y 13.00-18.30pm) hay un servicio tremendamente lento a La Habana (7 CUC, 5½ h) en días alternos. Se puede comprar el billete el mismo día de la salida, aunque hay que estar en la estación 1 h antes de la salida. Otros trenes se dirigen al suroeste, hasta Guane pasando por Sábalo (2 CUC, 2 h). Este es el lugar más cercano a la península de Guanahacabibes al que se puede llegar en ferrocarril.

Cómo desplazarse

Cubacar (☎75-93-81) tiene una oficina de alquiler de coches en el hotel Vueltabajo y **Havanautos** (☎77-80-15) en el Hotel Pinar del Río. Se pueden alquilar ciclomotores en **Cubanacán**.

Servicentro Oro Negro se encuentra dos manzanas al norte del hospital provincial, en la carretera Central. La gasolinera Servi-Cupet, 1,5 km más al norte, está también en la carretera Central en dirección a La Habana; también hay otra gasolinera en Rafael Morales Sur, en la entrada sur de la ciudad.

Los coches de caballos (1 CUP) estacionados en la calle Isabel Rubio, cerca de Adela Azcuy, van hasta el hospital provincial y luego vuelven a salir a la carretera Central. Una carrera en bicitaxi sale por 5 CUP.

Si el viajero tiene ganas de viajar a Viñales al estilo cubano, puede dirigirse al norte hasta el cruce de la carretera de Viñales con la carretera Central, donde hay un señor vestido de amarillo que, previo pago, da números para montarse en vehículos del Gobierno.

Suroeste de Pinar del Río

Si Cuba es el mayor productor de tabaco del mundo y Pinar del Río es el consabido joyero de la isla, la frondosa región de San

DE PRIMERA MANO

EL TABACO DE ROBAINA

Considerado durante largo tiempo el mejor productor de tabaco de Cuba y uno de los pocos que siguieron operativos durante los años de Fidel Castro, Alejandro Robaina fue el "padrino" de la industria cubana del puro hasta su muerte en el 2010. El 90% de las hojas cariñosamente recogidas de Robaina se utilizan para puros (comparado con el 20% en el resto de Cuba), sobre todo en las capas de fuera, y en 1997 se le concedió el honor de tener una marca de puros con su nombre, Vegas Robainas. De sabor que va de medio a fuerte, con toques almendrados y de frutos secos, se presentan en cinco vitolas diferentes (anillas) y se tuercen exclusivamente en la factoría H Upmann de La Habana. El secreto de Robaina radica en la riqueza de la tierra de su plantación en San Luis, 150 años de experiencia familiar en el negocio, rigurosa atención al detalle, y en la cabeza de algunos, el estoico deseo de Robaina de aferrarse a su propio modelo económico.

Luis, al suroeste de la capital provincial, es su diamante. Pocos niegan que el territorio agrícola que rodea el pequeño municipio de San Juan y Martínez produce la flor y nata del tabaco cubano (y, por tanto, del mundo), y el paisaje rural es típicamente pintoresco. Más allá se encontrarán un par de playas sureñas apenas visitadas y el embalse Laguna Grande.

Puntos de interés

Plantación de tabaco Alejandro Robaina PLANTACIÓN DE TABACO
(☎79-74-70; entrada 2 CUC; ⏲9.00-17.00) Esta es la única oportunidad de verdad de visitar una plantación en activo, así que merece la pena hacerlo. En las famosas vegas (campos) de Robaina, en la rica región de Vuelta Abajo, al suroeste de Pinar del Río, se cultiva tabaco de calidad desde 1845, pero el lanzamiento de los Vegas Robaina como nueva marca de puros no se produjo hasta 1997, con gran éxito internacional. Ello hizo que el señor Alejandro Robaina fuera el único cubano contemporáneo con una marca de puros con su nombre. Aunque el "padrino" del tabaco cubano falleció en abril del 2010, la vida continúa y así sucede en la plantación ya que, durante algunos años, viene estando abierta de forma no oficial a los turistas.

Para llegar hay que tomar la carretera central hacia el suroeste saliendo de Pinar del Río durante 12 km, girar a la izquierda hacia San Luis y de nuevo a la izquierda a unos 3 km de la señal de Robaina. Ese camino más accidentado sigue durante 1,5 km hasta la plantación. Es mejor no contratar un jinetero como guía, ya que a menudo llevan al viajero a la plantación equivocada. Hay circuitos disponibles cada día. La temporada de cultivo de tabaco va de octubre a febrero, por lo que esta es la mejor época para visitar la plantación.

Rancho la Guabina RANCHO DE ACTIVIDADES
(☎75-76-16; carretera de Luis Lazo km 9,5) Es una antigua granja española distribuida en más de 1000 Ha de pastos, bosque y humedales, en el Rancho la Guabina, donde se puede montar a caballo, dar paseos en barca por un lago o disfrutar de una deliciosa barbacoa cubana.

Con todo, el gran atractivo para muchos son los fantásticos espectáculos con caballos. El rancho se dedica a la cría de caballos desde hace tiempo y produce espléndidos ejemplares de las razas pinto cubano y apaloosa, además de ofrecer espectáculos similares a un pequeño rodeo los lunes, miércoles y viernes de 10.00 a 12.00 y de 16.00 a 18.00. Las agencias de Viñales y Pinar del Río organizan excursiones al rancho por precios a partir de 29 CUC, o se puede llegar por cuenta propia. Es un lugar fantástico en el que disfrutar de la plácida vida guajira. El alojamiento es limitado.

Playa Bailén PLAYA
Las playas de esta zona no se pueden comparar con las de la costa norte, pero playa Bailén constituye un agradable desvío de camino hacia el oeste.

Dónde dormir y comer

Los mejores lugares para buscar casas particulares son San Juan y Martínez y Sandino, a 6 km del desvío a Laguna Grande. Por playa Bailén hay bungalós rústicos de alquiler.

Villa Laguna Grande BUNGALÓS $
(☎84-34-53; carretera a Ciudad Bolívar; h desde 23 CUC) Situada 29 km al suroeste de Guane y

a 18 km de la carretera de María La Gorda, esta tosca estación pesquera es el puesto más apartado de Islazul. Ofrece 12 cabañas más bien desaliñadas con techo de paja situadas en una zona boscosa junto al embalse Laguna Grande.

Rancho La Guabina ALBERGUE $$
(☎75-76-16; carretera de Luis Lazo km 9,5; h 65 CUC; P ❄) Fuera de Pinar del Río, esta amplia granja ofrece ocho habitaciones, cinco en una casa de campo y tres en bungalós separados. Es un sitio encantador y tranquilo, con comida excelente y un personal amable.

Cómo llegar y salir

Dos trenes diarios circulan entre Pinar del Río y Guane, con paradas en San Luis, San Juan y Martínez, Sábalo e Isabel Rubio (2 h). Los camiones de pasajeros realizan periódicamente el recorrido entre Guane y Sandino, pero más al suroeste de allí el transporte público es escaso, a excepción del servicio esporádico de autobús de Havanatur. El viajero debe llenar el depósito en la gasolinera Servi-Cupet que hay en Isabel Rubio si pretende conducir hasta el cabo de San Antonio; no hay otra estación de servicio hasta allí.

PENÍNSULA DE GUANAHACABIBES

Cuando la isla se estrecha en su extremo occidental, se llega a las tierras bajas de esta península, una región de gran diversidad ecológica y una de las más aisladas de Cuba, antaño refugio de los primeros habitantes de la isla, los guanahatabeis. Se halla a dos horas por carretera de Pinar del Río, y carece de una gran infraestructura turística, por lo que parece mucho más aislada de lo que en realidad está. Hay dos buenas razones para esta visita: un parque nacional (también Reserva de la Biosfera de la Unesco) y por el centro de submarinismo de nivel internacional de María La Gorda.

Parque Nacional Península de Guanahacabibes

Llana y engañosamente estrecha, la alargada península de Guanahacabibes empieza en La Fe, 94 km al suroeste de Pinar del Río. En 1987, la Unesco declaró Reserva de la Biosfera 1015 km² de estas idílicas costas desiertas. Existían múltiples razones para adoptar esta medida de protección.

En primer lugar, porque el litoral sumergido de la reserva presenta una amplia variedad de paisajes, incluidos extensos mangles, vegetación de matorral bajo y una plataforma elevada en la que se alternan la arena blanca y las rocas coralinas. En segundo lugar, porque sus características formaciones kársticas albergan una flora y fauna excepcional, incluidas 172 especies de aves, 700 de plantas, 18 de mamíferos, 35 de reptiles, 19 de anfibios, 86 de mariposas y 16 de orquídeas. En las noches de verano, las tortugas marinas, entre ellas las tortugas bobas y verdes, se acercan hasta la playa para desovar.

Otra curiosidad son las grandes cantidades de cangrejos colorados que avanzan lentamente por la accidentada carretera de la península, que a menudo acaban aplastados por las ruedas de los coches. El hedor que desprenden los caparazones aplastados es inolvidable.

La zona alberga al menos cien yacimientos arqueológicos importantes que hacen referencia al pueblo guanahatabey.

Puntos de interés

Casa de la Miel MUSEO
(⌚8.30-15.30 lu-sa) Justo antes de la entrada se halla este ecomuseo donde se narra la historia de la agricultura de la zona y de la venta de miel directamente de las colmenas que hay allí mismo. Pregúntese en el centro de visitantes.

Actividades

La península de Guanahacabibes es un paraíso para submarinistas, ecoturistas, conservacionistas y observadores de aves, o debería serlo. Sin embargo, debido a las estrictas normas del parque (no se puede ir a ninguna parte sin un guía), algunos viajeros se han quejado de que la experiencia es demasiado restrictiva. Entre las especies que pueden verse se encuentran loros, tocororos, carpinteros, búhos, barrancolíes y zunzuncitos (un tipo de colibrí). Además, al no constar de ningún asentamiento oficial, la península es una de las zonas más vírgenes de Cuba.

Centro Internacional de Buceo
SUBMARINISMO
(☎77-13-06; María La Gorda) El submarinismo es la razón de ser de María La Gorda. El punto neurálgico es este centro situado junto al hotel del mismo nombre en Marina Gaviota.

OBSERVACIÓN DE TORTUGAS

Guanahacabibes es todavía un parque en vías de desarrollo, pero recientemente ha introducido la posibilidad de observar tortugas en su reducida oferta de excursiones organizadas. El programa de las tortugas ha estado funcionando durante varios años bajo la supervisión de científicos medioambientales y la colaboración de la población autóctona (sobre todo grupos escolares), pero por primera vez se permite la participación a los de fuera. Las tortugas ponen sus huevos en media docena de las playas orientadas al sur entre junio y agosto, y los participantes son invitados a observar, controlar y ayudar durante el proceso. Para participar hay que solicitarlo con antelación en la oficina del parque en La Bajada. Los circuitos tienen lugar cada noche entre las 22.00 y las 2.00. El nacimiento de las crías de tortuga empieza a mediados de septiembre.

Destacan la buena visibilidad y los arrecifes protegidos mar adentro, además de la proximidad a la orilla de los más de 32 puntos de inmersión. A todo esto se suma la mayor formación de coral negro del archipiélago, por lo que aparte de Isla de la Juventud, esta zona se convierte en una de las mejores para practicar esta actividad.

La inmersión cuesta unos 35 CUC (inmersión nocturna 40 CUC), más 7,50 CUC por el equipo. El centro ofrece un completo curso de submarinismo certificado por la CMAS (Confederación Mundial de Actividades Subacuáticas) con una duración de cuatro días y un precio de 365 CUC; quienes deseen practicar el buceo con tubo también pueden subirse a los barcos de submarinismo por 12 CUC. El centro también ofrece 4 h de pesca de altura por 200 CUC (4 personas máx.) y pesca al curricán por 30 CUC por persona (4 personas máx.).

Entre los 50 lugares de inmersión identificados destaca el Valle de Coral Negro, un muro de coral negro de 100 m de largo, y el Salón de María, una cueva a 20 m de profundidad que alberga lirios de mar y corales de brillantes colores. La entrada más alejada está a solo 30 min de la costa en barco.

Marina Gaviota Cabo de San Antonio SUBMARINISMO

(☎75-01-18) El muelle más occidental de Cuba está en la playa Las Tumbas al final de la península de Guanahacabibes. La marina tiene combustible, amarradero, un pequeño restaurante, una tienda y fácil acceso a 27 puntos de inmersión. La villa Cabo San Antonio está cerca.

Cueva las Perlas EXCURSIONISMO

(3 km; entrada 8 CUC) La excursión de 3 h a este lugar atraviesa bosques de hoja caduca hogar de una amplia variedad de aves, entre ellas tocororos, zunzuncitos y pájaros carpinteros. Después de 1,5 km se llega a la propia cueva, donde se pueden ver y oír búhos. Se trata de una caverna de varias galerías con un lago accesible a los excursionistas hasta 300 m.

Del Bosque al Mar EXCURSIONISMO

(1,5 km; entrada 6 CUC) Saliendo de las proximidades de la ecoestación, este sendero pasa por una laguna donde pueden verse aves y flora interesante como por ejemplo orquídeas y un cenote (una especie de cueva sumergida en agua) para nadar. La excursión, de solo 90 min, es más bien corta para un parque tan grande pero los guías están muy entrenados e informados.

Circuitos

Excursión al cabo de San Antonio RUTA POR LA NATURALEZA

(10 CUC) El centro de visitantes puede facilitar guías, visitas especializadas y un circuito de 5 h al cabo de San Antonio, en la punta occidental del parque (y de Cuba). Incumbe al viajero procurarse su propio transporte, gasolina suficiente, agua, protección solar, repelente de insectos y comida, lo que hace que la tarea sea un poco más difícil para quienes viajen sin transporte propio.

Durante prácticamente los 120 km del viaje de ida y vuelta el paisaje será de mar y roca, se verán iguanas y quizá pequeños ciervos, jutías (roedores del Caribe) y muchos pájaros. Pasado el faro está la desierta playa Las Tumbas donde el viajero dispondrá de 30 min para darse un baño. Gracias al nuevo asfaltado cualquier coche de alquiler puede hacer este viaje. La excursión de 5 h cuesta 10 CUC por persona, más los 80 CUC que se necesitan para alquilar un coche (p. ej. en el Hotel María La Gorda). Además de por el submarinismo, merece la pena quedarse en cabo San Antonio por las playas, por la posibilidad de ver tortugas, y por la variedad de actividades menos conocidas como explorar cuevas y ver animales raros como el águila pescadora.

Dónde dormir y comer

Hotel María La Gorda HOTEL **$$**
(77-30-67, 77-81-31; i/d/tr 39/58/84 CUC desayuno incl.; P) Este es el hotel más remoto de la isla principal de Cuba, lo cual tiene sus ventajas. Es un lugar informal con habitaciones en edificios de cemento tipo motel y 20 cabañas más nuevas cerca de la playa, las cuales son más cómodas y privadas.

La playa contigua llena de palmeras es bonita (aunque un poco rocosa), pero un 90% de la gente hace submarinismo en ella. Los arrecifes y las caídas verticales están a solo 200 m del hotel. María La Gorda está en la bahía de Corrientes, 150 km al suroeste de Pinar del Río.

El bufé, tanto de almuerzo como de cena, cuesta 15 CUC. Una pequeña tienda vende agua y provisiones básicas. Por un abusivo cargo de 10 CUC (incluido el bocadillo, el más caro de Cuba) los no residentes pueden visitar el hotel y la playa de 5 km.

Villa Cabo San Antonio BUNGALÓS **$$**
(75-76-76, 75-01-18; playa Las Tumbas; h 65 CUC;) Es un complejo de 16 villas en la casi virgen península de Guanahacabibes, a 3 km del faro Roncali y a 4 km de la nueva Gaviota Marina. Respetuoso con el medioambiente y bien amueblado, el lugar cuenta con televisión por satélite, un pequeño café, y alquiler de coches y bicicletas.

Información

Aunque los límites del parque se extienden a ambos lados de la pequeña comunidad de La Fe, la entrada está en La Bajada. Unos 25 km antes de la reserva propiamente dicha, Manuel Lazo dispone del último alojamiento para los viajeros de presupuesto económico.

Es aconsejable llamar al centro de visitantes (75-03-66; osmanibf@yahoo.es; 8.30-15.00) en La Bajada para organizar actividades antes de presentarse en la entrada del parque, ya que los recursos son limitados y no suele haber personal para organizar circuitos guiados improvisados.

El centro de visitantes, junto a la Estación Ecológica Guanahacabibes, exhibe paneles sobre la flora y fauna autóctonas. Es posible quedar con los guías allí para llevar a cabo todas las actividades excepto el submarinismo, que se organiza desde el Hotel María La Gorda. Pasado el centro la carretera se bifurca: el desvío de la izquierda va en dirección sur hasta María La Gorda (14 km por una carretera costera en deterioro) y el de la derecha va hacia el oeste hasta el final de la península.

Desde allí el viaje de ida y vuelta al punto más occidental de Cuba es de 120 km. En el solitario cabo de San Antonio está el faro Roncali, inaugurado por los españoles en 1849, así como la Marina Gaviota y una villa para alojamiento de los submarinistas. La idílica playa de Las Tumbas se halla 4 km al noroeste, donde pueden bañarse los que visitan el parque.

Cómo llegar y salir

Hay un autobús de enlace (35 CUC ida y vuelta) entre Viñales y María La Gorda casi todos los días, pero conviene comprobarlo y reservar con antelación. Según el horario, sale de Viñales a las 7.00 y llega a la península a las 9.30. El de vuelta sale de María La Gorda a las 17.00 y llega a Viñales a las 19.00. Solo ida/ida y vuelta cuesta 25/35 CUC. Se puede reservar en Cubanacán en Viñales o Infotur en Pinar del Río.

Via Gaviota (77-81-31) tiene una oficina en el Hotel María La Gorda, que ofrece alquiler de coches a los típicos precios elevados.

VALLE DE VIÑALES

El Parque Nacional Viñales es uno de los escenarios naturales más espectaculares de Cuba, con sus altísimos pinos, montes de piedra caliza y plácidas plantaciones de tabaco. Encajado en la sierra de los Órganos, este valle de 11 km por 5 km fue declarado Patrimonio Mundial por la Unesco en 1999 debido a sus espectaculares afloramientos rocosos, conocidos como mogotes, y a la arquitectura local de sus granjas y aldeas tradicionales.

Hace muchísimo tiempo toda esta región tenía varios cientos de metros más de altura. Entonces, hace unos cien millones de años, durante el período Cretácico, ríos subterráneos erosionaron el lecho rocoso de piedra caliza formando enormes cavernas. Finalmente, los techos se desplomaron dejando únicamente las paredes desgastadas que actualmente se pueden ver. Este es el mejor ejemplo de valle kárstico que existe en Cuba, y en él se halla la Gran Caverna de Santo Tomás, el mayor sistema de grutas de la isla.

Geología aparte, Viñales también ofrece la oportunidad de realizar excelentes excursiones, escaladas y paseos a caballo.

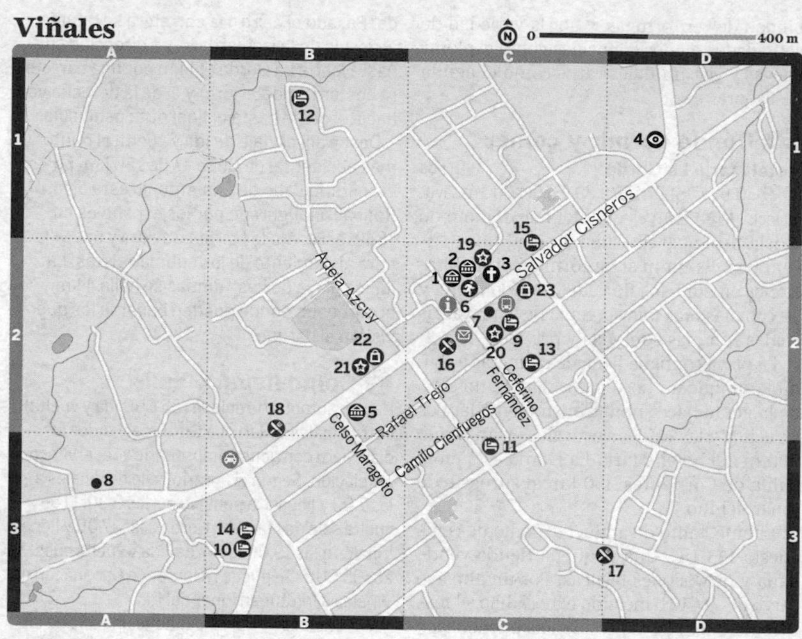

Viñales

Puntos de interés

1 Galería de arte ... C2
2 Casa de la Cultura ... C2
3 Iglesia ... C2
4 El Jardín de Caridad ... D1
5 Museo Municipal ... B2

Actividades, cursos y circuitos

6 Alquiler de bicicletas ... C2
7 Cubanacán ... C2
8 Yoan y Yarelis Reyes ... A3

Dónde dormir

9 El Balcón ... C2
10 Hostal Doña Hilda ... B3
11 Óscar Jaime Rodríguez ... C3
12 Villa Cafetal ... B1
Villa Los Reyes ... (véase 8)
13 Villa Nelson ... C2
14 Villa Pitín y Juana ... B3
15 Villa Purry e Isis ... C1

Dónde comer

16 El Olivo ... C2
17 Restaurante Fernan-2 ... D3
18 Restaurante la Casa de Don Tomás ... B2

Ocio

19 Centro Cultural Polo Montañez ... C2
20 Cine Viñales ... C2
21 Patio del Decimista ... B2

De compras

22 Artex ... B2
23 La Vega ... C2

En lo referente al alojamiento, cuenta con hoteles de primera categoría y algunas de las mejores casas particulares de Cuba. A pesar de atraer a enormes cantidades de viajeros, la zona está bien protegida y sus atractivos naturales han conseguido escapar al frenético circo turístico que hay montado en otros muchos lugares de la isla. Además, el ambiente en los pueblos y sus alrededores ha conseguido mantenerse agradablemente tranquilo.

Viñales

27 806 HAB.

En cuanto se divisa un guajiro mascando un puro mientras ara un rojizo campo de tabaco con su buey, uno sabe que Viñales está muy cerca. A pesar de su larga historia de amor con el turismo, este asentamiento tranquilo, relajado y tradicional rechaza categóricamente exhibirse. Lo que se ve es lo que hay: una pequeña ciudad agrícola que ocupa una de las esquinas más bonitas de Cuba. Es recomendable conseguir una cómoda mecedora, sentarse en un porche rústico y disfrutar de un pedacito de la realidad de Cuba.

Puntos de interés

Fundada en 1875, Viñales destaca más por su entorno que por sus puntos de interés, ya que casi todas las actividades que ofrece son al aire libre. No obstante, posee algunos edificios interesantes y una animada plaza mayor, con el sólido edificio colonial de la **Casa de la Cultura** (plano p. 194), una de las estructuras más antiguas del valle, como telón de fondo. En la puerta de al lado hay una **galería de arte** (plano p. 194) y muy cerca una también diminuta (recién renovada) **iglesia** (plano p. 194).

Museo Municipal MUSEO

(plano p. 194; Salvador Cisneros nº 115; entrada 1 CUC; 8.00-22.00 lu-sa, hasta 16.00 do) Situado en plena Cisneros, la calle principal bordeada de pinos de Viñales, este museo explora la historia de la región y ocupa la antigua casa de la heroína de la independencia Adela Azcuy (1861-1914). Cinco excursiones distintas salen de este punto a diario.

El Jardín de Caridad JARDINES

(plano p. 194; se aceptan donativos; 8.00-17.00) A la izquierda, frente a la gasolinera Servi-Cupet, donde la carretera vira hacia el norte alejándose del centro, se percibirá una extravagante verja cubierta de viñas que invita a entrar. Es el acceso a un extenso jardín que lleva casi un siglo en construcción. Las orquídeas florecen junto a cabezas de muñecas de plástico, los bosquecillos de lirios atigrados crean delicadas formaciones y los pavos corretean por todas partes. Si se llama a la puerta de la casita de Caperucita Roja, uno de los ancianos propietarios mostrará el jardín a los visitantes.

La Casa del Veguero PLANTACIÓN DE TABACO

(carretera a Pinar del Río km 24; 10.00-17.00) Para conocer el proceso de cultivo autóctono del tabaco el viajero puede detenerse en esta plantación, justo fuera de Viñales en la carretera a Los Jazmines, y ver cómo maduran las hojas de tabaco de febrero a mayo. El personal proporciona breves explicaciones y se pueden adquirir puros sueltos con descuento. También hay un restaurante.

Actividades

Si bien casi todas las actividades se sitúan fuera de Viñales, hay algunas –entre ellas varias rutas de escalada– a las que se llega fácilmente a pie. Incluso si el viajero se aloja en una casa, vale la pena pasear los 2 km hasta La Ermita donde se puede **nadar** (7 CUC, consumición incl.) en la hermosa piscina o reservar un **masaje** (20-35 CUC). Los Jazmines cuenta con una piscina igualmente fantástica (7 CUC, consumición incl.) aunque los omnipresentes autobuses turísticos a veces minan la tranquilidad.

Ciclismo

A pesar del terreno montañoso, Viñales es uno de los mejores sitios de Cuba para practicar el ciclismo (casi todas las carreteras siguen los valles y son relativamente planas). El tráfico sigue siendo escaso. Las agencias de la ciudad ofrecen circuitos en bicicleta por el valle.

Alquiler de bicicletas CICLISMO

(plano p. 194; 1/8 h 1/6 CUC, 1 semana 25 CUC) Hay una tienda nueva que ofrece alquiler de modernas bicicletas con marchas hechas en China en la plaza principal de Viñales. En su defecto, algunos propietarios de casas particulares también las alquilan.

Circuitos

Yoan y Yarelis Reyes EXCURSIONISMO, CICLISMO

(plano p. 194; 79-33-17, 0152-74-17-34; Salvador Cisneros nº 206C) Yoan y Yarelis son expertos en dar con todo tipo de actividades, incluidas caminatas, circuitos en bicicleta, equitación, masajes, lecciones de salsa y visitas a la cercana granja y plantación de tabaco **Finca Raúl Reyes**, gestionada por el padre de Yoan, donde se puede degustar fruta, café, puros y una dosis de ron.

Los dos viajes más atractivos son el Circuito Amanecer a Los Aquáticos y el Circuito Atardecer al pacífico valle del Silencio.

Cubanacán CIRCUITOS GUIADOS

(plano p. 194; 79-63-93; Salvador Cisneros nº 63C; 9.00-19.00 lu-sa) Organiza las siempre populares excursiones de un día a Cayo Levisa (29 CUC), Cayo Jutías (22 CUC), Gran Caverna de Santo Tomás (21 CUC) y María La Gorda (35 CUC). Hay un circuito por el valle en bicicleta por 20 CUC y montar a caballo cuesta a partir de 5 CUC. Las excursiones oficiales a pie por el parque salen de esta oficina a diario (8 CUC).

Dónde dormir

Casi todas las casas de Viñales alquilan habitaciones, lo que da la posibilidad de escoger

INDISPENSABLE

VALLE DEL SILENCIO

Una vez satisfecha la terapia de la gran ciudad, hay que dirigirse hacia Viñales y reservar una estancia en el Valle del Silencio para una cura alternativa. Este es el valle más suave, inexplorado y, posiblemente, más pintoresco del parque, donde se cultiva la mayor parte del tabaco de la municipalidad. Para saber el origen de su nombre no hay más que sentarse en una mecedora en un porche rústico al ponerse el sol en una de las preciosas fincas del valle y rápidamente se sabrá. Silencio de oro.

El valle se puede visitar en solitario o en el marco de una excursión organizada. Yoan y Yarelis Reyes en Viñales organizan una magnífica excursión al atardecer que termina en una bonita granja ecológica donde se puede charlar con los granjeros y compartir preciosas vistas de la órbita del Sol escabulléndose por detrás de los mogotes.

entre más de 100 (siempre hay sitio en alguna). En general están bien pero las que se mencionan a continuación destacan del resto. Los dos hoteles, situados a poca distancia a pie de la ciudad, son auténticas joyas, con una ubicación espectacular.

★ Villa Los Reyes CASA PARTICULAR $
(plano p. 194; ☎79-33-17; joanmanuel2008@yahoo.es; Salvador Cisneros nº 206C; h 20-25 CUC; P❄@) Una gran casa moderna con dos habitaciones, todos los servicios y un patio retirado para cenar. Los prodigiosos propietarios pueden organizar múltiples actividades. Yarelis es bióloga en el parque nacional y Yoan lleva Viñales en la sangre. Ofrecen servicio de taxi y otras excursiones.

Villa Pitín y Juana CASA PARTICULAR $
(plano p. 194; ☎79-33-38; emilitin2009@yahoo.es; carretera a Pinar del Río nº 2 km 25; h 25 CUC; P❄) Con tres maravillosas habitaciones en plantas separadas (la superior tiene un patio doble privado y es el clásico refugio del viajero) y un fantástico ambiente familiar, el lugar también se beneficia de una deliciosa comida casera. Es una de las casas más consolidadas de la ciudad.

Hostal Doña Hilda CASA PARTICULAR $
(plano p. 194; ☎79-60-53; flavia@correodecuba.cu; carretera a Pinar del Río nº 4 km 25; h 20-25 CUC; ❄) Es una de las primeras casas de la ciudad. Pequeña, sencilla y clásica (como la siempre sonriente dueña), sirve una comida realmente maravillosa. Los mojitos están entre los mejores de Cuba. Pregúntese por clases de baile.

El Balcón CASA PARTICULAR $
(plano p. 194; ☎69-67-25; el_balcon2005@yahoo.es; Rafael Trejo nº 48; h 20-30 CUC; ❄≋) Una manzana al sur de la plaza, El Balcón tiene cuatro habitaciones privadas (dos de ellas totalmente nuevas), un balcón que da a la calle, y una enorme terraza en el tejado donde sirven exquisita comida.

Óscar Jaime Rodríguez CASA PARTICULAR $
(plano p. 194; ☎69-55-16; Adela Azcuy nº 43; h 20-25 CUC) Óscar es algo así como una leyenda local por ser el rey de la escalada en Viñales, de manera que su casa (con dos habitaciones privadas) es también punto de encuentro para escaladores que planean salidas a los *mogotes*.

Villa Cafetal CASA PARTICULAR $
(plano p. 194; ☎533-11752; Adela Azcuy Final; h 15-20 CUC; ❄) Los dueños son aficionados a la escalada y cuentan con equipo, y además las mejores escaladas se encuentran junto a su puerta. Situada en un resplandeciente jardín donde cultivan su propio café, el viajero prácticamente puede saborear el aire de la montaña mientras se balancea en la hamaca.

Villa Nelson CASA PARTICULAR $
(plano p. 194; ☎79-61-94; villanelson@correodecuba.cu; Camilo Cienfuegos nº 4; h 20 CUC; ❄) El locuaz Nelson lleva allí siglos y ha sobrevivido a los huracanes Gustav e Ike, a los impuestos y a mucho más. Todavía ofrece un apreciado cóctel conocido como Ochún (ron, miel y zumo de naranja) en su acogedor patio trasero, además de dos habitaciones recientemente renovadas con bañera.

Villa Purry e Isis CASA PARTICULAR $
(plano p. 194; ☎69-69-21; Salvador Cisneros nº 64; h 20-25 CUC) Esta amplia casa colonial con dos habitaciones cuenta con una terraza adornada con columnas y mecedoras y con un patio trasero. Está a tiro de piedra de la plaza.

★ Hotel los Jazmines HOTEL $$
(☎79-64-11; carretera a Pinar del Río; i/d 61/92 CUC; P❄≋) La vista desde este hotel estilo colo-

nial es una de las mejores y más típicas de Cuba. Tras abrir las ventanas de su clásica habitación orientada al valle, el viajero puede ver majestuosos mogotes, campos rojizos arados por bueyes y secaderos de tabaco cubiertos de hojas de palmera. Aunque no es un cinco estrellas, se beneficia de su incomparable emplazamiento, de una sugerente piscina y de extras como una clínica internacional, una sala de masajes y una pequeña tienda/mercado. La nota negativa es que los autobuses turísticos que paran cada hora o dos rompen la paz del ambiente. Desde Viñales se puede llegar al hotel andando, pues está 4 km al sur, en la carretera de Pinar del Río.

La Ermita HOTEL **$$**

(☎79-62-50; carretera de La Ermita km 1,5; i/d 61/92 CUC desayuno incl.; P❄🏊) Mientras que Los Jazmines se lleva el gato al agua en cuanto a las vistas, La Ermita gana en arquitectura, decoración y servicios y calidad en general. También es mucho más tranquilo, gracias a la ausencia de autobuses turísticos. Entre los múltiples atractivos extra que ofrece cabe destacar una excelente piscina, cócteles mezclados con maestría, pistas de tenis, una tienda, paseos a caballo y masajes. Las habitaciones con vistas se sitúan en bonitos edificios coloniales de dos plantas y el restaurante es ideal para el desayuno. Se puede bajar paseando hasta el pueblo (2 km) o tomar el autobús turístico de Viñales.

Dónde comer y beber

La comida casera de Viñales es de las mejores de Cuba. Así pues, ¿por qué no comer en la casa en la que se esté hospedado? Al igual que en otras ciudades turísticas, ha habido una explosión de paladares durante los dos últimos años, entre ellos algunos buenos.

★ El Olivo MEDITERRÁNEA **$**

(plano p. 194; Salvador Cisneros nº 89; pasta 3-4 CUC; ⏲12.00-23.00) Seguramente el viajero no ha llegado a Viñales para comer comida mediterránea, pero hay excepciones para todas las reglas y hay que hacer una con El Olivo. El chef trabajó en Italia y cocina una lasaña y recetas de pasta fantásticas, además de otros platos mediterráneos. El plato estrella es el conejo con hierbas en salsa de chocolate negro. El servicio es profesional.

Balcón del Valle CUBAN **$$**

(comidas 6-8 CUC; ⏲12.00-24.00) Es realmente un balcón sobre el valle, con tres cubiertas de madera construidas con habilidad colgadas sobre un paisaje de campos de tabaco, casas de secado y escarpados mogotes.

Además de las vistas, la comida es buena. La carta, que no está escrita, da a elegir entre pollo, cerdo, pescado y langosta preparados al estilo del país con abundante guarnición.

Restaurante Fernan-2 INTERNACIONAL **$$**

(plano p. 194; ☎69-66-28; carretera a La Ermita km 1; principales 6-8 CUC; ⏲12.00-24.00) Colgado como una casa de árbol, el Fernan-2 gestionado por el atento Fernando es una colección de detalles elegantes. No hay que perderse los juegos de agua hechos con botellas antiguas y los jardines y estanques. La comida –muy abundante, con énfasis en los sabores rústicos– es igualmente espléndida.

Restaurante la Casa de Don Tomás CUBANA, INTERNACIONAL **$$**

(plano p. 194; Salvador Cisneros nº 140; principales 10 CUC aprox.; ⏲10.00-23.00) La casa más antigua de Viñales fue antaño su mejor restaurante, pero con nuevos competidores privados, ha perdido su posición. No obstante, la casa, con su tejado terracota y sus florecientes viñas, sigue siendo un saludable lugar para probar las delicias de Don Tomás: arroz, langosta, pescado, cerdo, pollo y salchicha con huevo (10 CUC).

☆ Ocio

Centro Cultural Polo Montañez MÚSICA EN DIRECTO

(plano p. 194; Salvador Cisneros esq. Joaquín Pérez; entrada después de 21.00 1 CUC) Polo Montañez fue un residente de Pinar del Río convertido en héroe guajiro. Bar-restaurante en un patio expuesto a los elementos junto a la plaza mayor. Cuenta con un escenario completo e instalación de luces.

Patio del Decimista MÚSICA EN DIRECTO

(plano p. 194; Salvador Cisneros nº 102; ⏲música 21.00) Más pequeño que el Centro Cultural Polo Montañez pero igualmente animado. Hay música en directo, cerveza fría y buenos cócteles.

Cine Viñales CINE

(plano p. 194; Ceferino Fernández esq. Rafael Trejo) El único cine de Viñales está una calle al sur de la plaza mayor.

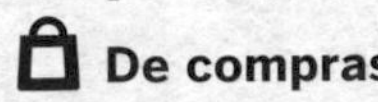

De compras

Artex RECUERDOS

(plano p. 194; Salvador Cisneros nº 102) Venden postales, camisetas y CD. Está junto al Patio del Decimista.

La Vega PUROS, RON
(plano p. 194; ☎79-60-80; Salvador Cisneros nº 57; ⌚9.00-21.00) Amplia selección de puros –muchos hechos allí mismo– y ron de acompañamiento.

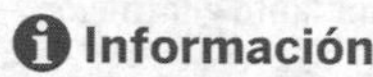

Información

ACCESO A INTERNET Y TELÉFONO

Etecsa Telepunto (Ceferino Fernández nº 3; internet 6 CUC/h; ⌚8.30-16.30) Una de las oficinas de Telepunto más pequeñas de Cuba estaba en renovación durante la última visita.

ASISTENCIA MÉDICA

Farmacia Internacional (☎79-64-11) En el Hotel Los Jazmines.

DINERO

Banco de Crédito y Comercio (Salvador Cisneros nº 58; ⌚8.00-12.00 y 13.30-15.00 lu-vi, 8.00-11.00 sa)

Cadeca (Salvador Cisneros esq. Adela Azcuy; ⌚8.30-16.00 lu-sa) Hace adelantos de metálico y cambia cheques de viaje a mayor comisión que los bancos.

CORREOS

Oficina de correos (Salvador Cisneros esq. Ceferino Fernández; ⌚9.00-18.00 lu-sa) Trasladada a una pequeña cabina cerca del parque después del huracán Gustav.

INFORMACIÓN TURÍSTICA

Infotur (Salvador Cisneros nº 63B; ⌚9.30-17.30)

AGENCIAS DE VIAJES

Cubanacán (p. 195) organiza circuitos, excursiones y traslados en autobús.

Cómo llegar y desplazarse

AUTOBÚS

La **taquilla de Viazul** (Salvador Cisneros nº 63A; ⌚8.00-12.00 y 13.00-15.00) está enfrente de la plaza principal en el mismo edificio que Cubataxi. El autobús de Viazul (diario) a La Habana vía Pinar del Río sale a las 7.30 y 14.00 (12 CUC). El de la mañana sigue hasta Cienfuegos (32 CUC; 8 h) y Trinidad (9½ h). Cuando se redactó esta obra solo el segundo autobús paraba en Las Terrazas.

Los autobuses Conectando gestionados por Cubanacán hacen viajes diarios a La Habana (15 CUC) y a Trinidad (37 CUC) pasando por Cienfuegos. Conviene reservar con un día de antelación. También se pueden tomar autobuses a Soroa y Las Terrazas. Para llegar a Cayo Levisa o Cayo Jutías hay que tomar los autobuses que hacen el viaje en el día. Si reserva suficiente gente hay un autobús que va a María La Gorda (solo ida/ida y vuelta 25/35 CUC; 6 personas mín.). Sale de Viñales a las 7.00 y de María La Gorda a las 17.00.

AUTOMÓVIL Y MOTOCICLETA

Para llegar a Viñales desde el sur hay que tomar la larga y serpenteante carretera que parte de Pinar del Río. Las carreteras que llegan desde el norte no son tan sinuosas y proporcionan un bonito viaje. La remota carretera de montaña desde la península de Guanahacabibes a través de Guane y Pons es una de las rutas más espectaculares de Cuba, pero la duración del viaje es muy larga.

Puede alquilarse un coche en **Cubacar** (☎79-60-60; Salvador Cisneros nº 63C; ⌚9.00-19.00) en la oficina de Cubanacán y en **Havanautos** (☎76-63-30; Salvador Cisneros final), enfrente de la gasolinera Servi-Cupet en el extremo noreste de la ciudad de Viñales.

El restaurante La Casa de Don Tomás alquila motos por 24 CUC al día.

TAXI

Cubataxi (☎79-31-95; Salvador Cisneros nº 63A) comparte oficina con Viazul. Los conductores que esperan en la puerta llevarán al viajero a Pinar del Río por unos 15 CUC, a Palma Rubia (desde donde tomar el barco a Cayo Levisa) por 28 CUC o a la Gran Caverna de Santo Tomás por 13 CUC. Por unos 60 CUC, los taxis al aeropuerto internacional José Martí salen muy bien (solo la carrera entre La Habana y el aeropuerto cuesta 25 CUC).

Para viajar a Pinar de forma más económica, en el cruce de la carretera a Pinar del Río y Salvador Cisneros, cerca del restaurante La Casa de Don Tomás, pasan viejos taxis colectivos de la década de 1950 que cubren la ruta por 1 CUC por asiento.

CIRCUITO EN AUTOBÚS POR VIÑALES

Este circuito se hace en un microbús que circula nueve veces al día entre los apartados puntos de interés del valle. Con origen y final en la plaza de la ciudad, el circuito entero tarda 1 h.
El primer autobús sale a las 9.00 y el último a las 16.50. Hay 18 paradas en la ruta, que van desde el Hotel Los Jazmines hasta el Hotel Rancho San Vicente. Todas están claramente marcadas con planos de la ruta y horarios. Un billete para todo el día cuesta 5 CUC y se puede comprar en el autobús.

Valle de Viñales

Parque Nacional Viñales

Los 150 km^2 de este parque nacional constituyen un extraordinario paisaje cultural habitado por 25 000 personas. Se trata de un mosaico de enclaves salpicados con mogotes donde se cultiva café, tabaco, caña de azúcar, naranjas, aguacates y plátanos en uno de los paisajes más viejos de Cuba.

Puntos de interés

Mural de la Prehistoria RUINAS

(entrada 3 CUC consumición incl.) Al oeste, a 4 km del pueblo de Viñales en el lado del mogote Dos Hermanas, hay un mural de 120 m diseñado en 1961 por Leovigildo González Morillo, discípulo del artista mexicano Diego Rivera (la idea fue concebida por Celia Sánchez, Alicia Alonso y Antonio Núñez Jiménez). En un monte en la falda de la sierra de Viñales (617 m), la parte más elevada de la sierra de los Órganos, fue necesario el trabajo de 18 personas durante cuatro años para terminar el mural. El caracol gigante, los dinosaurios, los monstruos marinos y los seres humanos del barranco simbolizan la teoría de la evolución, y resultan psicodélicos o terriblemente terroríficos, dependiendo del punto de vista de cada uno. Para apreciarlo no hay que acercarse demasiado. Dicho esto, no hay que pagar entrada si se toma el delicioso almuerzo (algo caro para lo que es) en el restaurante (15 CUC). Generalmente pueden alquilarse caballos (5 CUC/h) para hacer varias excursiones.

Los Acuáticos POBLACIÓN

A esta población se llega tomando un camino de tierra que hay 1 km más allá de la salida a Dos Hermanas. Fue fundada en 1943 por los seguidores de la visionaria Antoñica Izquierdo, que descubrió el poder curativo del agua cuando los campesinos de esta zona no tenían acceso a medicinas convencionales. Sus seguidores colonizaron las laderas de la montaña y aún viven en el lugar dos familias. Los Acuáticos solo es accesible a caballo o a pie. En Viñales se pueden organizar viajes con guía.

También se puede ir en solitario. Aunque no hay señales que indiquen el camino, hay cantidad de fincas en la ruta donde se puede preguntar. Desde la carretera principal se toma un camino de tierra durante unos 400 m antes de torcer a la izquierda para ir campo a través. El viajero podrá divisar una casa azul a mitad de camino al subir la montaña. Esa es su meta. Una vez allí, se puede admirar la vista, conseguir bebidas y charlar con los amables propietarios sobre la cura del agua. Tras la visita, se puede dar la vuelta volviendo por el Campismo Dos Hermanas. El trayecto completo desde la carretera principal hasta Los Acuáticos/Dos Hermanas constituye una maravillosa ruta panorámica de unos 6 km.

Cueva del Indio CUEVA

(entrada 5 CUC; ⌚9.00-17.30) Famosa entre los turistas, esta cueva se halla 5,5 km al norte del pueblo de Viñales. Esta antigua morada indígena fue redescubierta en 1920; hoy, la cueva cuenta con luz eléctrica y lanchas motoras circulan por el río subterráneo que la atraviesa.

Cueva de San Miguel CUEVA

(entrada 1 CUC; ⌚9.00-17.30) Esta es una pequeña cueva a las puertas del valle de San Vicente cuya entrada es un bar. El precio de la entrada incluye la entrada a una cueva enorme que engulle al viajero durante unos

ESCALADA EN VIÑALES

No hace falta ser Reinhold Messner para reconocer el potencial único para la escalada que ofrece Viñales, el pequeño Yosemite de Cuba. La abundancia de escarpados mogotes (montículos aislados) y de increíbles vistas naturales atrae a escaladores de todo el mundo desde hace más de una década para recrearse en un deporte que el Gobierno cubano aún no ha sancionado oficialmente.

Gracias a las numerosas zonas propicias, la popularidad de la escalada en Viñales se sigue debiendo sobre todo al boca-oreja. No hay mapas de las vías ni información oficial sobre el terreno (por supuesto, la mayoría de los agentes turísticos estatales negará todo conocimiento del tema). Así, el primer punto de referencia para quienes deseen encaramarse a las rocas debería ser la web de Cuba Climbing (p. 48) junto con el libro *Cuba Climbing, de* Aníbal Fernández y Armando Menocal (2009). Para encontrarse con otros escaladores, los mejores puntos de encuentro son Óscar Jaime Rodríguez y las casas de Villa Cafetal de Viñales.

Viñales tiene numerosas vías de escalada conocidas y un montón de expertos guías cubanos, pero no hay buen material para alquilar (conviene llevar el propio) ni normas de seguridad adecuados in situ. Todo lo que el viajero haga corre por su cuenta y riesgo, incluidas las incómodas situaciones en las que se pueda encontrar con las autoridades, que no aprueban oficialmente la escalada (aunque generalmente hacen la vista gorda). También hay que tener presente que escalar sin regulación en un parque nacional puede dañar flora y ecosistemas protegidos. Conviene actuar con precaución.

5 min antes de dejarle en el restaurante El Palenque de los Cimarrones, en el otro lado.

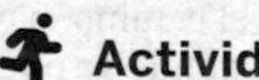

Actividades

Excursionismo

El Parque Nacional Viñales ofrece cuatro excursiones oficiales (cinco contando la Gran Caverna de Santo Tomás) y otras constantemente en 'estudio'. Todas pueden contratarse directamente en el centro de visitantes, en el Museo Municipal o en las agencias de la ciudad. Cuestan 6-8 CUC por persona.

A continuación se describen solo las oficiales. Hay muchas más excursiones no oficiales (para más propuestas es buena idea preguntar en la casa particular). Se recomienda la excursión a Los Aquáticos con sus increíbles vistas, a la cueva de la Vaca (que forma un túnel a través de los mogotes y a la que se puede llegar fácilmente desde el pueblo de Viñales) y el **valle de Palmarito,** tristemente famoso entre los lugareños por sus peleas de gallos con apuestas.

Cocosolo Palmarito EXCURSIONISMO

Esta caminata empieza en un ramal antes del hotel La Ermita y sigue durante 8 km pasando por el valle del Silencio, el CocoSolo y los mogotes de Palmarito, y el Mural de la Prehistoria. Esta ruta ofrece buenas vistas y numerosas oportunidades para descubrir la flora y la fauna local; además, incluye la visita a una finca tabaquera. Luego vuelve a la carretera principal, por donde se regresa a Viñales.

Maravillas de Viñales EXCURSIONISMO

El sendero traza un bucle de 5 km que empieza 1 km antes de llegar a El Moncada, a 13 km de la salida a Dos Hermanas. Pueden verse plantas endémicas, orquídeas y, según dicen, el hormiguero más grande de bibijaguas de Cuba.

San Vicente/Ancón EXCURSIONISMO

El sendero de 8 km alrededor del más remoto valle Ancón permite visitar comunidades cafeteras en un valle rodeado de mogotes.

Cueva El Cable EXCURSIONISMO

Es la excursión más nueva del parque. Una ruta de 3,5 km que se adentra en una de las cuevas típicas de la topografía cárstica de Viñales.

Equitación

Las colinas y valles que hay alrededor de la ciudad son ideales para montar a caballo, especialmente en el valle de Palmarito y en la ruta a Los Aquáticos. Pregúntese en la Villa los Reyes o en el Mural de la Prehistoria.

Natación

Es posible bañarse en una piscina natural en **la cueva de Palmarito** en el valle de Palmarito. Se puede llegar fácilmente a pie o a caballo desde Viñales. Lo mejor es preguntar el camino a los lugareños.

Dónde dormir

Campismo Dos Hermanas CAMPISMO **$**
(Cubamar; ☎79-32-23; i/d 9,5/13 CUC) Atrapado entre las escarpadas paredes a los pies de los mogotes Dos Hermanas hay uno de los mejores campismos internacionales de Cubamar. Cuenta con un restaurante, piscina, equitación y un par de rutas que comienzan justo en la puerta. El alto volumen de la música por desgracia rompe la tranquilidad de este lugar.

Hotel Rancho San Vicente HOTEL **$$**
(☎79-62-01; carretera a Esperanza km 33; i/d 55/80 CUC; P ❄ ≋) Situado 7 km al norte del pueblo, este hotel de gran atractivo se encuentra en una frondosa arboleda y cuenta con más de veinte cabañas de madera cuyo interior es equiparable al magnífico entorno. Tiene restaurante, piscina, servicio de masajes y un breve circuito para observar aves sin salir del complejo.

Dónde comer y beber

★ **El Ranchón** CUBANA **$$**
(carretera a Esperanza km 38; comidas 11 CUC; ⊙8.00-17.00) El menú del día que (a juzgar por las aglomeraciones) resulta obligado entre los turistas, es delicioso. Un enorme banquete a base de cerdo asado con todas las guarniciones cuesta 11 CUC.

Restaurante Mural de la Prehistoria CUBANA, INTERNACIONAL **$$**
(comidas 15 CUC; ⊙8.00-19.00) Su pantagruélico menú de mediodía es caro pero vale la pena. Compuesto de sabroso cerdo asado y ahumado con carbón natural, quitará el hambre hasta el desayuno del día siguiente.

Información

El parque lo administra el **Centro de visitantes del Parque Nacional Viñales** (☎79-61-44; carretera a Pinar del Río km 22; ⊙8.00-18.00) en la colina antes de llegar al Hotel Los Jazmines. En el interior coloridos paneles describen las principales características del parque. El centro también dispone de información sobre excursiones y guías.

Cómo desplazarse

Las opciones son la bicicleta, el automóvil, el ciclomotor o el circuito en autobús por Viñales.

Oeste de Viñales

El Moncada, un pionero asentamiento de obreros posrevolucionario se encuentra 14 km al oeste de Dos Hermanas y a 1,5 km de la carretera de Minas de Matahambre. En este lugar pueden verse las mejores cuevas de Cuba.

Puntos de interés

Gran Caverna de Santo Tomás CUEVAS
(entrada 10 CUC; ⊙8.30-15.00) Bienvenidos al mayor sistema cavernario de Cuba y el segundo del continente americano. Hay más de 46 km de galerías en ocho niveles, con una sección de 1 km abierta a los visitantes. No hay luz artificial, pero se facilitan frontales para la visita guiada de 90 min. Hay pozas subterráneas, interesantes formaciones rocosas y una réplica de un antiguo mural indio.

Hay que llevar calzado adecuado y tener en cuenta que la cueva requiere subir fuertes pendientes y sortear rocas resbaladizas. La mayoría de la gente la visita en viaje organizado desde Viñales (21 CUC).

El Memorial Los Malagones MONUMENTO
Los Malagones, de la comunidad de El Moncada, conformaron la primera milicia rural de Cuba formada por 12 hombres que acabaron con una banda contrarrevolucionaria de las montañas cercanas en 1959. En 1999 se inauguraron en su honor un mausoleo y una fuente con los nichos dedicados a los 12 milicianos (todos menos dos están hoy muertos).

Está coronado por una reproducción en piedra de una foto de su líder, Leandro Rodríguez Malagón, hecha por el fotógrafo Raúl Corrales a principios de los años sesenta.

Museo MUSEO
(entrada 1 CUC; ⊙10.00-22.00) El centro de visitantes junto a la cueva tiene un museo con recuerdos del científico cubano Antonio Núñez Jiménez que estudió Santo Tomás en profundidad.

LA COSTA NORTE

Teniendo en cuenta su relativa proximidad a La Habana, la costa de la provincia de Pinar del Río es solitaria y en gran parte inexplorada. Las instalaciones son escasas y las carreteras de la aislada costa del golfo de México están llenas de baches. No obstante, si uno se toma el tiempo suficiente para visitar la zona podrá disfrutar de memorables momentos y de la cálida hospitalidad de sus habitantes.

Cayo Jutías

La playa 'por descubrir' más descubierta de Pinar del Río es el manto de arena de 3 km que adorna la costa norte de Cayo Jutías, un pequeño cayo cubierto de mangles unos 65 km al noroeste de Viñales, unido a tierra firme por un corto "pedraplén" (pasarela). Cayo Jutías, llamado así por los roedores autóctonos que habitan en sus árboles, compite con Cayo Levisa, al este, por el título de playa más pintoresca de la provincia y, si bien la segunda quizá sea más bonita, en la primera hay menos gente y es más tranquila.

Su serenidad se debe a la falta de alojamiento permanente (a diferencia de Cayo Levisa). Los únicos servicios de la isla son el costero **Restaurante Cayo Jutías** (11.00-17.00), especializado en pescado de la zona, y un pequeño centro de submarinismo que alquila kayaks por 1 CUC/h, hace excursiones en barco y para hacer buceo con tubo por 12 CUC, y organiza inmersiones por 37 CUC. Más allá del arco de arena inicial, la playa continúa otros 3 km; se puede pasear descalzo atravesando los manglares. La carretera de acceso al cayo empieza unos 4 km al oeste de Santa Lucía. Pasados 4 km se llega a un puesto de control al principio de la pasarela donde se paga una entrada de 5 CUC por persona; 10 min después aparece el **faro de Cayo Jutías;** este faro de metal fue construido por EE UU en 1902. El recorrido termina en la blanca playa de Jutías, acariciada por aguas cristalinas, a 12,5 km de la carretera de la costa.

Las excursiones desde Viñales (solo incluyen el transporte y un tentempié para el almuerzo) cuestan 22 CUC y permiten pasar unas 6 h en la playa. La alternativa es organizar el transporte uno mismo. La ruta más rápida y sin duda más bonita es la que pasa por Minas de Matahambre atravesando colinas cubiertas de pinos.

Puerto Esperanza

Este tranquilo puerto pescador, 6 km al norte de San Cayetano y 25 km al norte de Viñales, lo visitan muy pocos, al margen de algún que otro barco que navega por el país. Según se dice, los enormes mangos que bordean la carretera de entrada fueron plantados por esclavos en la década de 1800. El largo malecón que se adentra en la bahía es un buen trampolín desde el que lanzarse al océano. Por lo demás, es un lugar donde parece que el tiempo se detuvo en 1951.

Puntos de interés y actividades

Se trata de uno de esos lugares en el que lo mejor es descubrir por uno mismo los encantos del lugar. El viajero puede dedicarse a descubrir algunos rituales de santería o dar un paseo por la plantación de tabaco vecina en busca de rústicos cigarros puros.

Dónde dormir y comer

Teresa Hernández Martínez CASA PARTICULAR $
(79-37-03; calle 4 nº 7; h 15-20 CUC) La carismática Teresa es tan colorida como sus tres luminosas habitaciones. También gestiona un paladar en el frondoso jardín trasero donde el pescado es el rey de la carta.

Villa Leonila Blanco CASA PARTICULAR $
(79-39-49; Frank País nº 52A, esq. Hermanos Caballeros; h 15-20 CUC;) Dos habitaciones grandes con baño, garaje y comidas.

Cómo llegar y salir

Hay una gasolinera Servi-Cupet en San Cayetano. La carretera de Santa Lucía y Cayo Jutías se transforma en una pista de tierra, bastante mala, a las afueras de San Cayetano.

Cayo Levisa

Más frecuentado que Cayo Jutías pero igualmente espléndido, Cayo Levisa cuenta con un hotel con bungalós de playa, un sencillo restaurante y un centro de submarinismo totalmente equipado y que, aun así, logra estar relativamente aislado, a lo que sin duda contribuye estar separado de la isla principal. A diferencia de otros cayos cubanos, no hay pasarela, por lo que los visitantes deben hacer el trayecto de 35 min en barco desde Palma Rubia. El viaje merece la pena: 3 km de arena blanca y aguas color zafiro confieren a Cayo Levisa el título de mejor playa de Pinar del Río. Ernest Hemingway descubrió la zona, parte del archipiélago de los Colorados, a principios de los años cuarenta tras montar un campamento de pesca en Cayo Paraíso, una isla de coral menor 10 km al este. Cayo Levisa es un lugar ideal para descansar y relajarse.

Puntos de interés y actividades

Levisa cuenta con un pequeño puerto deportivo que ofrece submarinismo por 40 CUC por inmersión, incluido el material y el transporte al punto de inmersión. En la costa hay catorce sitios para hacer submarinismo, entre

FUERA DE RUTA

MIL CUMBRES

En el flanco este de la cordillera de Guaniguanico se encuentra Mil Cumbres, una zona protegida de "recursos gestionados" que se está poco a poco abriendo al turismo. Todavía poco visitada, la región linda con el Parque Nacional La Güira y tiene el pico más alto del oeste de Cuba, el llamativo **Pan de Guajaibón** de 699 m de altura, que se puede escalar (con un guía). En la cima hay un busto del general de la Guerra de Independencia, Antonio Maceo, y una estación de radar abandonada. Hay otras rutas como la corta **Regreso al Jurásico,** que debe su nombre a las palmas corcho que crecen entre formaciones geológicas. El suelo rico en metales ha provocado un alto nivel de flora endémica (hay una granja de orquídeas salvajes y un bosque de pinos) que a su vez atrae a un gran número de especies de aves. El núcleo de la reserva es una estación de campo instalada en una antigua casa de madera de plantación de café situada unos 20 km al este de La Palma. Hay disponible alojamiento rural en una serie de habitaciones dobles y cabinas. Conviene solicitar información con antelación en **Ecotur** (☎79-61-20; ecoturpr@enet.cu).

ellos altísimos mogotes de coral y la concurrida **Corona de San Carlos,** la formación que permite a los submarinistas acercarse a las tortugas y a otros animales sin ser vistos. El buceo con material cuesta 12 CUC y hay un crucero al atardecer por el mismo precio. También es posible subirse a un kayak o a un patín de agua.

Dónde dormir y comer

Hotel Cayo Levisa HOTEL **$$**
(☎75-65-03; bungalós desde 90 CUC; ❄) Teniendo una playa tropical idílica en la puerta, a quién le importa que las cabañas estén un poco anticuadas y que la comida sea aburrida. En el 2006 amplió su capacidad a 40 habitaciones, las cabañas de madera más recientes (todas con baño) son mejores que los viejos bloques de cemento. Conviene reservar con antelación, ya que es muy popular.

Cómo llegar y salir

El embarcadero de Cayo Levisa está unos 21 km al noreste de La Palma o 40 km al oeste de bahía Honda. Hay que tomar el desvío a Miriam y seguir 4 km por una extensa plantación de plátanos hasta llegar a la estación del guardacostas en Palma Rubia, donde hay un bar (abierto de 10.00 a 18.00) y el muelle de salidas hacia la isla. El barco a Cayo Levisa sale a las 10.00 y vuelve a las 17.00; cuesta 25 CUC por persona ida y vuelta (10 CUC solo ida) e incluye el almuerzo. Desde el muelle de Cayo Levisa hay que cruzar unos manglares a través de una pasarela de madera para llegar al hotel y a la fantástica playa del lado norte de la isla. Si no se dispone de automóvil, el modo más sencillo de llegar es en una excursión organizada desde Viñales que, por 29 CUC con el trayecto en barco y comida incluidos, resulta muy económica.

SAN DIEGO DE LOS BAÑOS Y ALREDEDORES

A medio camino entre Viñales y Soroa, San Diego de los Baños es una ciudad balneario famosa no solo por los baños de barro y los masajes sino también por su memorable fauna y por ser una de las antiguas guaridas del Che Guevara.

San Diego de los Baños

Es una ciudad más bien sosa situada 130 km al suroeste de La Habana y al norte de la carretera Central; está considerada el mejor balneario. Al igual que otros balnearios cubanos, sus aguas medicinales fueron supuestamente descubiertas a principios del período colonial, cuando un esclavo enfermo topó con un riachuelo sulfuroso, tomó un baño revitalizante y se curó milagrosamente. Gracias a su proximidad a La Habana, la fama de San Diego se extendió con rapidez y en 1891 se estableció un balneario permanente. Durante los primeros años del s. xx acudían turistas de EE UU, dando lugar al actual complejo hotel-baños de comienzos de la década de 1950.

Situado al lado del río San Diego, el pueblo disfruta de un atractivo marco natural con la Sierra del Rosario al este, la Sierra de La Güira al oeste y una reserva natural con bosques de pino, caoba y cedro. Es un punto favorito entre los aficionados a la ornitología. A pesar de su potencial turístico, las autoridades no han invertido en el lugar, que lleva aguardando mejoras desde hace tiempo.

Puntos de interés y actividades

Balneario San Diego BAÑOS TERMALES

(8.00-17.00) Objeto de reformas hasta finales del 2013, el balneario tiene un aspecto decrépito en el que las aguas termales de entre 30°C y 40°C se utilizan para tratar aflicciones musculares y cutáneas. Las aguas sulfurosas de estos manantiales minerales son potentes, por lo que solo se permiten inmersiones de 20 min al día. Entre los servicios disponibles hay masajes y un tratamiento de acupuntura. El balneario es más un *hammam* que un hotel de cinco estrellas.

Como opción al agua caliente, el Hotel Mirador dispone de una **piscina** (entrada 1 CUC; 9.00-18.00).

Observación de aves y excursionismo

En el Hotel Mirador se pueden organizar viajes con el cualificado guía **Julio César Hernández** (54-89-46; carpeta@mirador.sandiego.co.cu). Hay excursiones de día completo a partir de 10 CUC pero el viajero tiene que poner el coche.

Dónde dormir y comer

Hotel Mirador HOTEL $

(54-88-66, 77-83-38; i/d 23/36 CUC, parrilladas 8 CUC; P) Se construyó en 1954 para alojar a los visitantes del balneario San Diego. Las habitaciones, acogedoras y limpias, cuentan en su mayor parte con balcones. En el piso de abajo hay una agradable piscina y una **parrilla**. También hay un **restaurante** con vistas donde sirven cocina cubana.

Villa Julio y Cary CASA PARTICULAR $

(54-80-37; calle 29 nº 4009; h 20-25 CUC) La única casa del pueblo es un bonito rincón con un pequeño jardín, murales coloridos y porches (con mecedoras) protegiendo limpias y ordenadas habitaciones, muy cerca del hotel Mirador.

Parque La Güira

Por sus carreteras llenas de baches y la escasez de alojamiento, la indómita sierra de La Güira, un conjunto de montañas kársticas y de onduladas zonas boscosas al oeste de San Diego de los Baños, está fuera de los circuitos turísticos. Pero ello no impidió que se convirtiera en refugio de las figuras más famosas de la Revolución y, hasta hoy, en santuario de aves raras.

Puntos de interés

Hacienda Cortina RUINAS

Al oeste de San Diego de los Baños, a 5 km, se extiende el surrealista Parque Nacional La Güira y una mansión abandonada algo espeluznante. La Hacienda Cortina es la fantasía hecha realidad de un hombre rico. Fue construida por el próspero abogado José Manuel Cortina, que plantó una casa solariega en el medio, en los años veinte y treinta. Quedan en pie varios restos del complejo: la espléndida entrada almenada, la casa del guarda, las ruinas de un templete chino y grandes concentraciones de bambú. El complejo de detrás del mediocre restaurante operado por el Gobierno (1 km pasada la verja y cerrado cuando se escribía esta guía) está reservado para las vacaciones del personal militar. Solo se puede llegar con transporte propio. Su aislamiento ha permitido al parque convertirse en un importante refugio para aves como la bijirita del pinar y el ruiseñor. El Hotel Mirador en San Diego de los Baños organiza circuitos.

Cabañas los Pinos LUGAR HISTÓRICO

Se trata de un refugio de montaña abandonado que Celia Sánchez, secretaria de Castro, usó en los años sesenta. Se encuentra 12 km al oeste de San Diego de los Baños pasando por el parque La Güira. Las cabañas con postigos están construidas como casas en los árboles, elevadas sobre el suelo, con la residencia circular de Sánchez en el centro del misterioso complejo. Se trata de otra curiosidad bastante surrealista que merece 1 o 2 h de contemplación silenciosa. En el Hotel Mirador podrán indicar el camino.

Cueva de los Portales CUEVA

(entrada 1 CUC) Durante la Crisis de los Misiles, en octubre de 1962, Che Guevara trasladó el cuartel general del Ejército Occidental a esta espectacular **cueva,** 11 km al oeste del parque La Güira. La cueva está situada en una hermosa y remota zona entre escarpados mogotes cubiertos de viñas y fue declarada monumento nacional en los años ochenta. Un pequeño museo al aire libre alberga varios enseres del Che. En la ladera hay tres cuevas más: El Espejo, El Salvador y Cueva Oscura. La zona es excelente para avistar pájaros.

Cómo desplazarse

Si se solicita amablemente puede que los conductores de Viazul de la línea La Habana-Pinar del Río permitan que el viajero se baje en el desvío de la carretera Central, a 10 km de la ciudad. La carretera que cruza las montañas desde Cabañas los Pinos y la cueva del Che Guevara es preciosa, pero tremendamente estrecha y llena de baches. Dicho esto, un conductor lanzado o un ciclista muy en forma (y cuidadoso) no deberían tener problema.

Provincia de Matanzas

045 / 692 536 HAB.

Sumario »

Las mejores actividades al aire libre

- Observación de la naturaleza en Hatiguanico (p. 238)
- Submarinismo en la bahía de Cochinos (p. 241)
- Por el río Canímar (p. 210)

Los mejores alojamientos

- Hostal Azul (p. 212)
- Hostal Luis (p. 240)
- Hostal Ida (p. 232)
- El Caribeño (p. 239)

Por qué ir

El pasado de esta provincia alberga grandes episodios tumultuosos. En el s. XVII los piratas asolaron la apreciada costa norte de la región, y tres siglos más tarde, más invasores se batieron en las orillas de la bahía de Cochinos bajo la fantasiosa idea de liberar la nación.

Hoy, la bahía de Cochinos atrae a muchos más submarinistas que mercenarios, mientras que son los bañistas y nos los piratas los que invaden las playas del norte de Varadero, el gran *resort* caribeño y lucrativa 'vaca lechera' que se extiende a lo largo de 20 km por la arenosa Península de Hicacos.

En rara contraposición se encuentra la desaliñada Matanzas, la rancia pero musicalmente rica capital de la provincia que ha regalado al mundo la rumba, el danzón e innumerables edificios neoclásicos. La santería predomina en este lugar y en otras ciudades cercanas donde los turistas son escasos.

Cuándo ir

- El precio de los hoteles tipo todo incluido de Varadero, el destino turístico por excelencia, aumentan en temporada alta (diciembre-abril).
- La temporada alta es la mejor época para disfrutar de la playa: el período de huracanes ha terminado y hace calor, aunque no es insoportable.
- Matanzas es ideal en torno al 10 de octubre, cuando se celebra el festival anual de rumba.

NORTE DE MATANZAS

Con la zona más extensa de *resorts* de Cuba (Varadero) y uno de sus mayores puertos (Matanzas), la costa norte también es la zona más poblada de la provincia y un centro industrial y comercial. A pesar de ello, da la sensación de ser una región verde, y una gran parte está formada por sinuosos campos. Existe una mezcla de llanuras y zona de deltas y estuarios que, de vez en cuando, forma valles exuberantes y espectaculares como el del Yumurí.

Matanzas

152 408 HAB.

Antaño radiante y bonita, Matanzas ha envejecido mucho desde la Revolución. Hoy, su imagen externa parece delatar cuatro siglos de ilustre historia cuando, gracias a

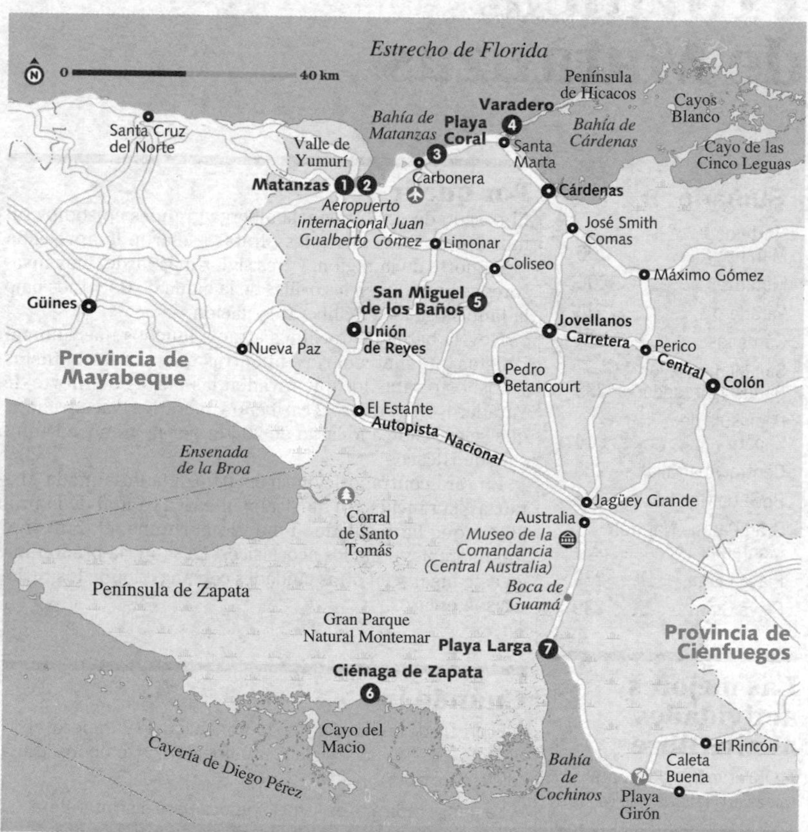

Imprescindible

1. Descubrir los secretos ocultos de la polvorienta **Matanzas**, la "Atenas de Cuba" (p. 206).
2. Ver una representación en el magnífico **Teatro Sauto** (p. 207) de Matanzas.
3. Sumergirse en las cristalinas aguas de la **playa Coral** (p. 211) para bucear.
4. Saltar en paracaídas en tándem sobre la reluciente **Varadero** (p. 215).
5. Admirar la grandeza olvidada de **San Miguel de los Baños** (p. 233).
6. Explorar las extensas zonas de vegetación de la **Ciénaga de Zapata** (p. 237).
7. Descubrir las profundas simas y fantásticas paredes de coral mientras se hace submarinismo frente a **playa Larga** (p. 239).

su enorme legado literario y musical, se solía promocionar como la "Atenas de Cuba". Con sus edificios devastados y sus coches que desprenden humos asfixiantes, la contemporánea Matanzas está lejos del brillo de Varadero; aunque hay dignidad entre el deterioro. Si la ciudad fuese un personaje, sería el pescador Santiago de *El viejo y el mar* de Hemingway: "delgado y demacrado con profundas arrugas" aunque irreprimiblemente "alegre e invicto".

Dos formas musicales cubanas esenciales, el danzón y la rumba, nacieron en el lugar entre el antiguo esplendor de Matanzas y varias religiones de origen africano, incluidas Arará, Regla de Ocha (santería) y la secreta hermandad Abakuá (véase recuadro en p. 211). Matanzas es también el hogar del teatro provincial más elegante de Cuba, el Sauto, y lugar de nacimiento de algunos de sus más destacados poetas y escritores. Hoy, la ciudad ofrece pocos lugares de visita comunes, pero muchos placeres que pasan desapercibidos. Hay que unirse a un espontánea partida de dominó en la plaza Libertad, o escuchar como tocan el bembé en el barrio de Marina, para rápidamente darse cuenta de que el punto fuerte de Matanzas es su gente, una población orgullosa y poética llena del espíritu de los estoicos supervivientes. Bienvenido a la verdadera Cuba, *asere*.

Historia

En 1508 Sebastián de Ocampo divisó una bahía que la población indígena llamaba Guanima. Ahora conocida como bahía de Matanzas, se dice que el nombre recuerda la matanza de un grupo de españoles durante un temprano alzamiento indígena. En 1628 el pirata holandés Piet Heyn capturó una flota española con tesoros que transportaba 12 millones de florines de oro, lo cual inauguró un largo período de contrabando y piratería. Sin dejarse intimidar por la amenaza pirata, en 1693 llegaron 30 familias de las islas Canarias, bajo las órdenes del rey Carlos III de España, para fundar la ciudad de San Carlos y Severino de Matanzas; el primer fuerte se erigió en 1734. En 1898 la bahía fue testigo del primer combate de la Guerra Hispano-Estadounidense.

A finales del s. XVIII y en el s. XIX, Matanzas prosperó gracias a la construcción de numerosos molinos de azúcar y a la exportación de café. En 1843, con la construcción de la primera línea de ferrocarril a La Habana, se abrieron las puertas a la prosperidad.

NOMBRES DE LAS CALLES DE MATANZAS

Los habitantes de Matanzas ignoran el sistema de numeración de sus calles y continúan usando los antiguos nombres coloniales. Pero en esta obra se han usado los números porque es lo que el viajero verá en las esquinas.

NOMBRE ANTIGUO	NOMBRE NUEVO
Contreras	Calle 79
Daoíz	Calle 75
Maceo	Calle 77
Medio/Independencia	Calle 85
Milanés	Calle 83
San Luis	Calle 298
Santa Teresa	Calle 290
Zaragoza	Calle 292

La segunda mitad del s. XIX se convirtió en una edad de oro: la ciudad estableció nuevas cuotas de referencia culturales con el desarrollo de un periódico, una biblioteca pública, un instituto, un teatro y una sociedad filarmónica. Debido a la cantidad de escritores e intelectuales que vivían en esa zona, Matanzas era conocida como la "Atenas de Cuba" y contaba con una escena cultural que eclipsaba incluso a La Habana.

Fue entonces cuando los esclavos africanos, importados para satisfacer la creciente demanda laboral, empezaron a avivar otra reputación para la ciudad, como cuna espiritual de la rumba. Simultáneamente, y con idénticas raíces, se desplegó una red de cabildos de Santería, asociaciones de descendientes de esclavos que se reunían para celebrar las tradiciones y rituales de sus antepasados africanos. Tanto la rumba como los cabildos se desarrollaron y han llegado hasta nuestros días.

Otros hitos de la historia de Matanzas son haber acogido el primer espectáculo de danzón de Cuba (1879); posteriormente la ciudad dio importantes poetas nacionales como Cintio Vitier y Carilda Oliver Labra.

Puntos de interés y actividades

Centro de la ciudad

Teatro Sauto TEATRO

(24-27-21; plaza de la Vigía) De 1863, este símbolo característico de la ciudad –según el

Matanzas

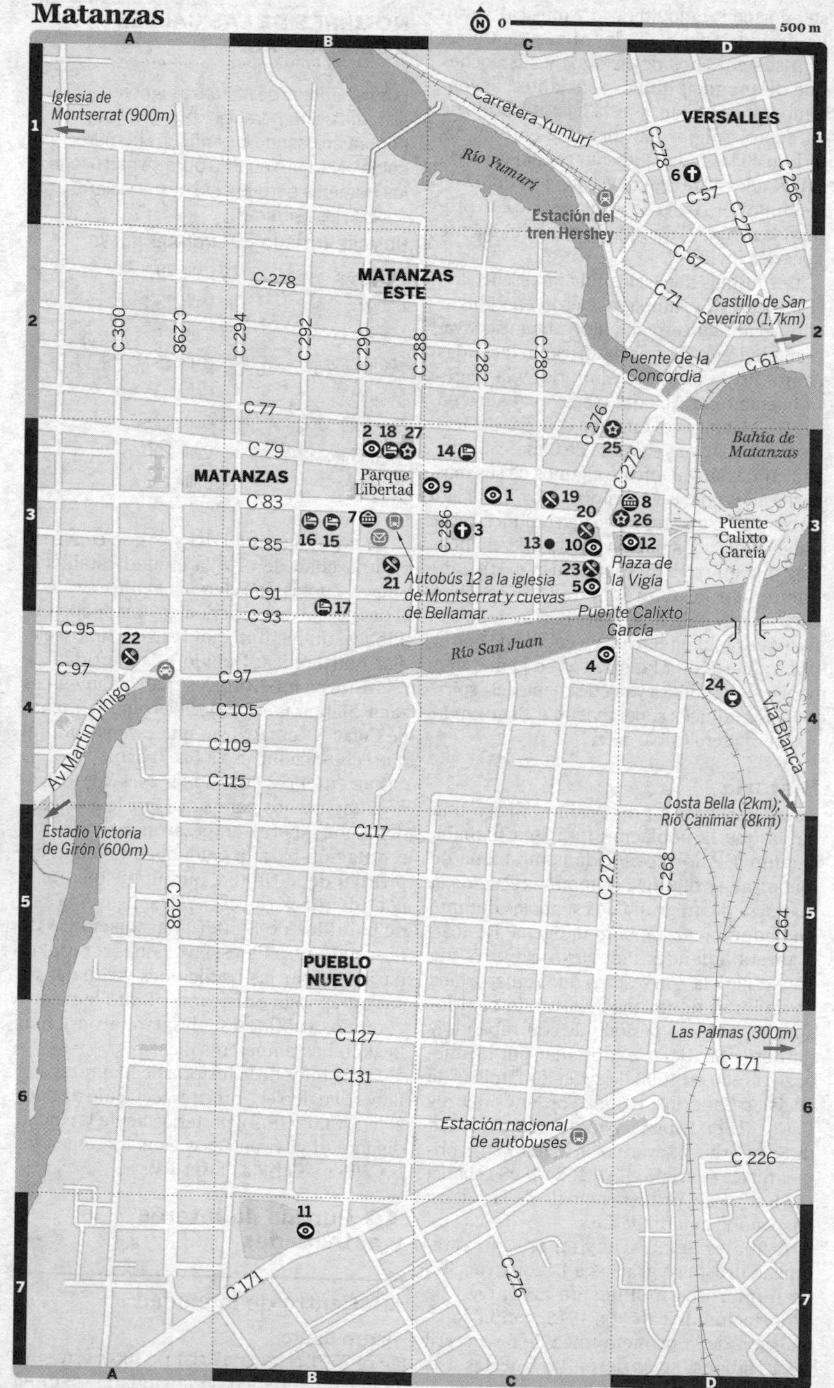

0
500 m
Iglesia de Montserrat (900m)
Carretera Yumurí
Río Yumurí
VERSALLES
Estación del tren Hershey
MATANZAS ESTE
C 278
C 300
C 298
C 294
C 292
C 290
C 288
C 282
C 280
C 57
C 67
C 71
C 266
C 270
Castillo de San Severino (1,7km)
Puente de la Concordia
C 61
C 77
C 79
C 83
C 85
C 91
C 93
C 95
C 97
C 105
C 109
C 115
C117
C 127
C 131
C 171
C 226
C 264
C 268
C 272
C 276
C 286
Bahía de Matanzas
MATANZAS
Parque Libertad
Puente Calixto García
Plaza de la Vigía
Autobús 12 a la iglesia de Montserrat y cuevas de Bellamar
Río San Juan
Av Martín Dihigo
Vía Blanca
Estadio Victoria de Girón (600m)
Costa Bella (2km); Río Canímar (8km)
PUEBLO NUEVO
Las Palmas (300m)
Estación nacional de autobuses

Matanzas

Puntos de interés

1	Archivo Histórico	C3
2	Biblioteca Gener y Del Monte	B3
3	Catedral de San Carlos Borromeo	C3
4	Mural del Che	C4
5	Ediciones Vigía	C3
6	Iglesia de San Pedro Apóstol	D1
7	Museo Farmacéutico	B3
8	Museo Histórico Provincial	D3
9	Palacio de Gobierno	C3
10	Palacio de Justicia	C3
11	Palmar del Junco	B7
12	Teatro Sauto	D3

Actividades, cursos y circuitos

13	Casa del Danzón	C3

Dónde dormir

14	Evelio e Isel	C3
15	Hostal Alma	B3
16	Hostal Azul	B3
17	Hostal Río	B3
18	Hotel Velasco	B3

Dónde comer

19	Cadena Cubana del Pan	C3
20	Café Atenas	C3
21	Centro Comercial Variedades	B3
22	Mercado la Plaza	A4
23	Plaza de la Vigía	C3

Dónde beber y vida nocturna

24	Ruinas de Matasiete	D4

Ocio

25	Centro Cultural Comunitario Nelson Barrera	C3
26	Museo Histórico Provincial	C3
27	Teatro Velasco	B3

De compras

	Ediciones Vigía	(véase 5)

pintor mexicano Diego Rivera– se halla en el lado sur de la plaza y es uno de los mejores teatros de Cuba, famoso por su fabulosa acústica. El vestíbulo está adornado con diosas griegas de mármol y el techo de la sala principal contiene pinturas de musas. Tres plateas rodean este teatro con capacidad para 775 espectadores, que cuenta con un suelo que se eleva para convertir el auditorio en un salón de baile. El telón original es un cuadro del característico **puente de la Concordia** de Matanzas, y el teatro ha contado con las actuaciones de artistas distinguidos como la bailarina soviética Anna Pavlova. A principios del 2013 se estaba llevando a cabo la tan necesitada renovación.

Puente Calixto García PUENTE

Si solo se dispone de tiempo para visitar un puente (hay 21 en total), tiene que ser esta impresionante estructura de hierro construida en 1899, que atraviesa el río San Juan con sus kayaks flotando por sus aguas. Al sur hay un llamativo **mural del Che,** mientras que el lado norte conduce directamente a la plaza de la Vigía.

Plaza de la Vigía PLAZA

La original plaza de Armas perdura como plaza de la Vigía, una referencia a la amenaza de la piratería y el contrabando a los que se enfrentaron los primeros pobladores. Esta minúscula plaza es donde se fundó Matanzas a finales del s. XVII, y muchos edificios históricos siguen montando guardia.

Ediciones Vigía TALLER DE LIBROS

(Plaza de la Vigía, esq. calle 91; 9.00-18.00) Al suroeste de la plaza de la Vigía se halla una singular editorial, fundada en 1985, que fabrica papel de calidad hecho a mano y publica primeras ediciones de libros sobre temas diversos. Los libros se escriben y se imprimen en ediciones de 200 ejemplares. Los visitantes son bienvenidos en este taller al estilo Dickens donde pueden comprar copias numeradas y firmadas (5-15 CUC).

Museo Histórico Provincial MUSEO

(calle 83 esq. calle 272; entrada 2 CUC; 10.00-18.00 ma-vi, 13.00-19.00 sa, 9.00-12.00 do) También conocido como palacio del Junco (1840), este edificio con doble arco situado en la plaza de la Vigía exhibe toda la historia de Matanzas, de 1693 hasta hoy. También acoge actos culturales.

Museo Farmacéutico MUSEO

(calle 83 nº 4951; entrada 3 CUC; 10.00-18.00 lu-sa, 8.00-12.00 do) Se halla en el parque Libertad, el nexo de Matanzas con la modernidad, con una estatua de bronce (1909) de José Martí en el centro. Creado en 1882 por la familla Triolett, esta antigua farmacia fue la primera de su clase en América Latina. Su interesante exposición cuenta con curiosos frascos y demás utensilios empleados en la tienda.

Biblioteca Gener y Del Monte EDIFICIO DESTACADO

(calle 79 esq. calle 290) La biblioteca de Matanzas, antes el Casino Español, está ubicada en el parque Libertad, en el lado norte, junto a la ampulosa fachada color melocotón del Hotel Velasco. Acogió la primera actuación de danzonete (baile de salón) con *Rompiendo la Rutina*, de Aniceto Díaz.

Catedral de San Carlos Borromeo IGLESIA
(calle 282, entre calles 83 y 85; se aceptan donativos; ⊙8.00-12.00 y 15.00-17.00 lu-sa, 9.00-12.00 do) Retirada del tumulto de la calle 83, detrás de la sombreada plaza de la Iglesia, esta antaño fabulosa catedral neoclásica, siempre cerrada, se construyó en 1693 y contiene algunos de los frescos más famosos de Cuba, muy deteriorados tras años de abandono.

Archivo Histórico EDIFICIO DESTACADO
(calle 83 nº 28013, entre calles 280 y 282) Se halla en la antigua residencia del poeta local José Jacinto Milanés (1814-1863). Hay una estatua de bronce de Milanés en la cercana plaza de la Iglesia, frente a la catedral.

Palacio de Gobierno EDIFICIO DESTACADO
(calle 288, entre calles 79 y 83) De 1853, este robusto edificio domina la cara este del parque Libertad; actualmente es la sede del Poder Popular, el gobierno municipal.

Palacio de Justicia EDIFICIO DESTACADO
(Plaza de la Vigía y calle 85) Se trata de otro edificio imponente de la plaza de la Vigía, enfrente del Teatro Sauto, construido en 1826 y reconstruido entre 1908 y 1911.

Palmar del Junco RECINTO DEPORTIVO
(calle 171) Los fans del béisbol pueden peregrinar al sur de la ciudad para ver el primer campo de béisbol de Cuba (1904), que también es fuente de un notable orgullo cívico.

Versalles y el norte

Versalles, la cuna de la rumba (véase recuadro en p. 214), está al norte del río Yumurí. Desde la plaza de la Vigía se accede al barrio por la calle 272, cruzando el elegante **puente de la Concordia.**

Castillo de San Severino FUERTE
(☎28-32-59; av. del Muelle; ⊙10.00-19.00 ma-sa, 9.00-12.00 do) Al noreste de Versalles se alzan estas formidables almenas construidas por los españoles en 1735 como parte del anillo defensivo de Cuba. En el s. XVIII los esclavos se desembarcaban en este lugar y, posteriormente, los patriotas cubanos fueron encarcelados, y a veces ejecutados, intramuros. San Severino sirvió de cárcel hasta la década de 1970 y más recientemente se ha convertido en el poco visitado **Museo de la Ruta de los Esclavos** (entrada 2 CUC; ⊙10.00-18.00).

El castillo, con su bien conservada plaza central, ofrece espléndidas vistas de la bahía de Matanzas. Un taxi desde el centro de la ciudad cuesta 2 CUC.

Iglesia de Monserrat IGLESIA
Para disfrutar de una vista de Matanzas y el valle de Yumurí, hay que subir 1,5 km hacia el noroeste del centro por la calle 306 hasta esta recién renovada iglesia que data de 1875. Este majestuoso bastión que domina la ciudad lo construyeron colonos de Cataluña (España) como símbolo de su poder regional. El mirador cercano cuenta con un par de restaurantes tipo ranchón.

Iglesia de San Pedro Apóstol IGLESIA
(calle 57 esq. calle 270) En el corazón de Versalles, esta iglesia neoclásica es otra joya de Matanzas que se ha beneficiado recientemente de una completa renovación.

Alrededores de la ciudad

Cuevas de Bellamar CUEVAS
(☎25-35-38, 26-16-83; entrada 8 CUC, cámara 5 CUC; ⊙9.00-17.00) El punto de interés más antiguo de Cuba, según los lugareños, se encuentra 5 km al sureste de Matanzas y tiene 300 000 años de antigüedad. Hay 2500 m de cuevas, descubiertas en 1861 por un obrero chino que trabajaba para don Manuel Santos Parga. Se ofrecen visitas de 45 min casi cada hora, desde las 9.30. Los senderos cuidados y bien iluminados facilitan que los niños también disfruten de la fascinante geología. En la cueva que se visita hay una enorme estalagmita de 12 m y un arroyo subterráneo. Se entra a través de un pequeño museo. En el exterior hay dos restaurantes y un parque infantil. Para llegar hasta el lugar, se puede tomar el autobús 12 desde la plaza Libertad o el autobús turístico de Matanzas que conecta con Varadero.

Río Canímar y alrededores RÍO
Las excursiones en barca por el río Canímar, 8 km al este de Matanzas, son una experiencia realmente mágica. La barca se desliza 12 km río arriba entre manglares y una bruma cálida que acaricia las palmeras. El punto de partida es algo insalubre, se encuentra debajo del puente Vía Blanca. Cubamar, en

Varadero, ofrece esta fabulosa excursión con almuerzo, paseo a caballo, pesca y buceo por 25 CUC, o uno puede arriesgarse y presentarse en el embarcadero debajo del puente, en la orilla este. También se pueden alquilar botes de remos (2 CUC/h) en el Bar Cubamar, pero solo los extranjeros (con el pretexto de que los cubanos puedan utilizarlos para emigrar).

Castillo del Morrillo CASTILLO

(entrada 1 CUC; ⌚9.00-17.00 ma-do) En el lado de Matanzas del puente sobre el río Canímar, hay una carretera que lleva hasta la cala donde se encuentra este castillo (1720), situado a 1 km. Ahora es un museo dedicado al líder estudiantil Antonio Guiteras Holmes (1906-1935), que fundó el grupo revolucionario Joven Cuba en 1934. Tras su breve participación en el Gobierno posterior a Machado, fue expulsado por el jefe del Ejército Fulgencio Batista y asesinado el 8 de mayo de 1935. Un busto de bronce señala el lugar de la ejecución.

Playa Coral PLAYA

Dado que Varadero no cuenta con arrecifes accesibles desde la orilla, la opción más cercana para practicar el buceo es esta playa, en la vieja carretera costera (a unos 3 km de Vía Blanca), a medio camino entre Matanzas y Varadero. Aunque el viajero puede bucear por su cuenta desde la propia playa, es mucho mejor (y más seguro) entrar vía la **laguna de Maya** (abierto 8.00-17.00).

En la **Reserva de Flora y Fauna,** 400 m al este de la playa, guías profesionales de Ecotur alquilan material para hacer buceo con tubo y llevan al viajero al arrecife por el

ABAKUÁ

Una sociedad secreta masculina, un lenguaje que solo entienden los iniciados, una red de logias de estilo masónico y el uso simbólico del leopardo africano para denotar poder: los misteriosos ritos de Abakuá parecen el código Da Vinci cubano.

En un país que no carece de turbias prácticas religiosas, Abakuá es tal vez la menos entendida. Es una complicada mezcla de iniciaciones, bailes, cantos y tambores ceremoniales que dan fe de la remarcable supervivencia de la cultura africana en Cuba desde la época de los esclavos.

Sin confundirla con la santería u otras religiones africanas sincretizadas, las tradiciones de Abakuá llegaron a Cuba con los esclavos efik de la región de Calabar del sureste de Nigeria en los ss. XVIII y XIX. Está organizada en logias o juegos, el primero de los cuales se formó en el barrio de Regla de La Habana en 1836. Abakuá era una especie de sociedad de ayuda mutua formada principalmente por trabajadores negros de los muelles cuyo objetivo principal era comprar la libertad de sus hermanos esclavos.

En sus comienzos, las logias Abakuá eran antiesclavistas y anticolonialistas y fueron erradicadas por los españoles. Sin embargo, en la década de 1860, las logias admitían cada vez más miembros de raza blanca y se dieron cuenta de que su fortaleza radicaba en su secretismo e invisibilidad.

Hoy, se cree que existen más de 100 logias Abakuá en Cuba, algunas con hasta 600 miembros, ubicadas sobre todo en La Habana, Matanzas y Cárdenas (la práctica nunca llegó a la parte central y este de Cuba). Los iniciados se llaman ñáñigos y sus ceremonias secretas se llevan a cabo en un templo llamado *famba.* Aunque la información detallada sobre la sociedad es escasa, Abakuá es bien conocida en el resto del mundo por sus bailarines enmascarados llamados *ireme* (demonios) que muestran sus dotes en varios carnavales anuales y fueron pieza clave para el desarrollo del estilo de rumba guaguancó. El gran artista abstracto cubano, Wifredo Lam, utilizó máscaras Abakuá en sus pinturas, y el compositor Amadeo Roldán incorporó sus ritmos a la música clásica.

Aun teniendo un fuerte elemento espiritual y religioso (son importantes los dioses del bosque y el símbolo del leopardo), se diferencia de la extendida santería en que no esconde a sus dioses detrás de santos católicos. El antropólogo cubano Fernando Ortiz se refirió en su día a la sociedad Abakuá como un tipo de masonería africana, mientras que otros investigadores han sugerido que actúa como un estado diferente dentro del mismo país, con leyes y lengua propia. La palabra *asere* en lenguaje coloquial cubano que significa "amigo" proviene del término Abakuá para "hermano de rito".

módico precio de 5 CUC/h más 2 CUC por el alquiler de material. Se han registrado 300 especies de peces y la visibilidad es de unos 15-20 m. También se puede hacer submarinismo. En laguna de Maya hay también un bar-restaurante con el mismo nombre que ofrece alquiler de botes y equitación. Se ofrece un paquete con todas las actividades por 25 CUC. Gran parte de los alrededores costeros son un arrecife de coral gris y blanco, pero hay playas al oeste de playa Coral.

Cuevas de Santa Catalina CUEVAS
(entrada combinada con cuevas de Bellamar 15 CUC; ⌚9.00-17.00) Es un conjunto de cuevas menos visitado junto a la carretera Matanzas-Varadero, cerca de Boca de Camarioca, que destaca por sus pinturas rupestres amerindias. Se pueden organizar viajes en las cuevas de Bellamar o preguntar en uno de los establecimientos todo incluido de Varadero (véase p. 221).

Cueva Saturno CUEVAS
(☎25-32-72; entrada 5 CUC material incl.; ⌚8.00-18.00) Cerca del desvío al aeropuerto, 1 km al sur de la Vía Blanca, está esta famosa cueva de agua dulce con una piscina para **bucear con tubo** y/o **nadar.** El agua está a 20°C aprox. y la profundidad máxima es de 22 m, aunque hay zonas menos profundas. Hay un bar de tentempiés y alquiler de material allí mismo.

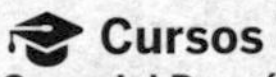

Cursos

Casa del Danzón DANZA
(calle 85, entre calle 280 y plaza de la Vigía) Si al viajero le apetece aprender algunos pasos de bailes locales, puede preguntar por las clases de danzón que ofrecen los fines de semana.

Fiestas y celebraciones

Festival del Bailador Rumbero MÚSICA
Durante los 10 días posteriores al 10 de octubre, Matanzas redescubre las raíces de la rumba con talentosos músicos locales en este festival, que tiene lugar en el Teatro Sauto. El festival coincide con el aniversario de la fundación de la ciudad (12 de octubre), una fiesta de varios días en la que se conmemoran los hijos pródigos que han convertido la ciudad en lo que es (o fue).

Carnaval CARNAVAL
Se celebra en agosto, no alcanza la categoría del de Santiago, pero es bastante animado.

Dónde dormir

Centro de la ciudad

Además de su hotel de época, Matanzas cuenta con un montón de casas particulares igualmente retro.

★ **Hostal Azul** CASA PARTICULAR $
(☎24-24-49; hostalazul.cu@gmail.com; calle 83 nº 29012, entre calles 290 y 292; h 20-25 CUC; ❄) Esta elegante casa azul que data de la década de 1890 es un verdadero palacio con suelos de azulejos, una antigua escalera circular de madera y cuatro inmensas habitaciones alrededor de un patio al aire libre.

Joel, su dueño, es un verdadero caballero, encantado de ofrecer su robusto Lada de 1984 como taxi.

Hostal Alma CASA PARTICULAR $
(☎29-08-57; hostalalma@gmail.com; calle 83 nº 29008, entre calles 290 y 292; h 20-25 CUC; ❄) Una casa con mucha alma, tiene *azulejos* de estilo sevillano, relajantes mecedoras y *vitrales*. Se puede disfrutar de un cóctel de bienvenida en una de sus dos terrazas. Dispone de tres elegantes habitaciones.

Hostal Río CASA PARTICULAR $
(☎24-30-41; hostalrio.cu@gmail.com; calle 91 nº 29018, entre calles 290 y 292; h 20-25 CUC; ❄) Propiedad de los padres de Joel, estrella del Hostal Azul, esta casa bien recomendada ofrece dos cómodas habitaciones en una buena ubicación. Las comidas se sirven en el Hostal Azul.

Evelio e Isel CASA PARTICULAR $
(☎24-30-90; calle 79 nº 28201, entre calles 282 y 288; h 20-25 CUC; P❄) Las habitaciones de este apartamento en un 2º piso cuentan con TV, caja de seguridad, balcones y aparcamiento subterráneo. El propietario es un experto en el panorama musical local.

Hotel Velasco HOTEL $$
(☎25-38-80; calle 79, entre calles 290 y 288; i/d/ste 41/58/80 CUC; ❄@📶) Tras años de abandono, la ciudad vuelve a tener un hotel digno restaurado a su estilo *fin de siècle* de 1902 que encaja perfectamente con los caballos, las carrozas y los coches antediluvianos de la plaza.

Un maravilloso bar de caoba atrae al viajero y 16 elegantes habitaciones (con TV y wifi) prácticamente le obligan a quedarse.

Alrededores de la ciudad

Hotel Canimao HOTEL $
(26-10-14; i/d 21/25 CUC; P) Encaramado en lo alto del río Canímar, 8 km al este de Matanzas, cuenta con 160 cómodas habitaciones con pequeños balcones. Resulta práctico para las excursiones al río Canímar, las cuevas de Bellamar, o para visitar el Tropicana Matanzas, pero por lo demás está aislado. Hay dos restaurantes: uno cubano y uno italiano. El Matanzas Bus Tour para en la calle principal.

Dónde comer

Centro de la ciudad

El antaño escaso panorama de restaurantes de Matanzas está mejorando, lentamente.

Plaza de la Vigía CAFETERÍA $
(plaza de la Vigía esq. calle 85; tentempiés 2-3 CUC; 10.00-24.00) Las hamburguesas y la cerveza de barril dominan la carta de este bar de clientela joven que parece sacado de un cartel *art nouveau* parisino de 1909.

Café Atenas CARIBEÑA $
(calle 83 nº 8301; 10.00-23.00) El viajero puede instalarse en el limpio y anodino interior o en la terraza, y mezclarse con los estudiantes, taxistas y el personal de los hoteles que disfrutan de su día libre, y contemplar la vida cotidiana en la plaza de la Vigía. Sirven sándwiches correctos, carnes a la brasa y filetes de pescado.

Restaurante Teni CARIBEÑA $
(calle 129 esq. calle 224; principales 5 CUC; 12.00-22.45) Un local grande y con techo de paja en el Reparto Playa; está animado y ofrece sabrosos menús de comida criolla, con arroz, tubérculos, ensalada y carne. Los fines de semana hay música en directo.

Restaurante Paladar Mallorca INTERNACIONAL $$
(28-32-82; calle 334, entre calles 77 y 79; principales 8-14 CUC; 11.00-23.00) Está en el barrio de Los Mangos, al noroeste del centro, y lo lleva un exchef del Hotel Meliá. Impresiona inmediatamente con una de las mejores piñas coladas de Cuba además de atrevidos platos como el pescado con glaseado de crema balsámica.

La presentación de la comida es muy *nouveau* y tiene toques sorpresa como la carta de niños, limpiamanos en las mesas y música en directo.

Compra de alimentos

Cadena Cubana del Pan PANADERÍA $
(calle 83, entre calles 278 y 280; 24 h) Para los *picnics* en la playa.

Centro Comercial Variedades SUPERMERCADO $
(calle 85, entre calles 288 y 290; 9.00-18.00) Comestibles y deliciosas tartas (en el piso de arriba).

Mercado la Plaza MERCADO $
(calle 97 esq. calle 298) Cerca del puente Sánchez Figueras; puestos de comestibles donde pagar con pesos cubanos.

Alrededores de la ciudad

El Marino PESCADO Y MARISCO $
(12.00-21.00) En la carretera principal a Varadero, junto a la salida del Hotel Canimao, está especializado en marisco, concretamente langosta y gambas.

El Ranchón Bellamar CARIBEÑA $$
(12.00-20.30) Si se visitan las cuevas de Bellamar, lo mejor es almorzar *comida criolla* en este restaurante antes de regresar a la ciudad. Sirven sabrosos platos de cerdo y pollo con guarnición por entre 7 y 8 CUC.

Dónde beber y vida nocturna

Ruinas de Matasiete BAR
(Vía Blanca esq. calle 101; 24 h) Este afamado garito es un frenético lugar situado en una nave del s. XIX en ruinas frente a la bahía. Sirven bebidas y carnes a la brasa en una terraza, pero su principal baza es la música en directo (21.00 viernes-domingo; entrada 3 CUC).

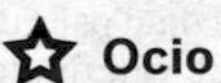

Ocio

★ Teatro Sauto TEATRO
(24-27-21) Se trata de un referente nacional y uno de los mejores teatros de Cuba. Está en la plaza de la Vigía, y se inauguró en 1863. Puede que el viajero coincida con el Ballet Nacional o el Conjunto Folklórico Nacional de Cuba si su larga renovación está terminada. Las actuaciones son a las 20.30, y los domingos hay funciones de tarde a las 15.00.

INDISPENSABLE

RUMBA CALLEJERA

Un viejo refrán cubano dice: "Sin rumba no hay Cuba y sin Cuba no hay rumba". Para ver la música auténtica, hay que ir a Matanzas, cuna de la percusión y el canto fuertemente espiritual. El mejor lugar para ver actuaciones en directo al aire libre es la plaza de la Vigía, fuera del Museo Histórico Provincial a las 16.00 el tercer viernes de cada mes (consúltese el tablón de anuncios del museo para más información).

Centro Cultural Comunitario Nelson Barrera CENTRO CULTURAL
(calle 276 esq. calle 77; ⏲9.00-17.00 ma-do) Este centro cultural del barrio de Marina es un buen punto de partida para quien se sienta interesado por la historia afrocubana de Matanzas. En la oficina informan sobre actos futuros y con suerte se podrán ver procesiones religiosas y sesiones de tambores, puede también disfrutarse simplemente de la brisa.

Tropicana Matanzas CABARÉ
(☎26-53-80; entrada 35 CUC; ⏲22.00-2.00 ma-sa) Aprovechando su éxito en La Habana y Santiago de Cuba, el famoso cabaré Tropicana tiene una sucursal 8 km al este de Matanzas, junto al Hotel Canimao. Uno puede mezclarse con las multitudes que llegan en autobús desde Varadero y disfrutar de la amena fórmula de luces, plumas, carne y frivolidad al aire libre. Si el tiempo cambia y empieza a llover, se suspende el espectáculo.

Museo Histórico Provincial CENTRO CULTURAL
(calles 83 esq. calle 272; entrada 2 CUC; ⏲10.00-18.00 ma-vi, 13.00-19.00 sa y 9.00-12.00 do) Se recomienda consultar el tablón del exterior de este edificio (también conocido como palacio de Junco) para actuaciones que van desde teatro a danzón o rumba, con la programación del mes siguiente.

Teatro Velasco CINE
(calle 79 esq. calle 288) El principal cine de Matanzas se halla en el parque Libertad.

Las Palmas MÚSICA EN DIRECTO
(calle 254 esq. calle 127; entrada 1 CUC; ⏲12.00-24.00 lu-mi, hasta 2.00 vi-do) Este local de ARTex permite disfrutar de una noche bajo las estrellas por mucho menos dinero que la juerga del Tropicana.

Estadio Victoria de Girón DEPORTES
(av. Martín Dihigo) Este estadio, 1 km al suroeste del mercado, acoge partidos de béisbol de octubre a abril. Antaño uno de los equipos líderes del país, el equipo local Los Cocodrilos no es tan fiero como su nombre sugiere y hoy sufren para ganar al equipo de Isla de la Juventud.

 De compras

Mala suerte adictos a las compras: curiosear en las tiendas (¿qué tiendas?) de Matanzas hace que cualquier mercadillo parezca Hollywood Boulevard.

Ediciones Vigía LIBROS
(plaza de la Vigía; ⏲8.00-16.00 lu-vi) Pueden adquirirse hermosos libros hechos a mano.

ℹ Información

Banco Financiero Internacional (calle 85 esq. calle 298) Cajero automático.
Cadeca (calle 286, entre calles 83 y 85; ⏲8.00-18.00 lu-sa, 8.00-12.00 do) Dos puestos móviles de cambio de moneda detrás de la catedral.
Etecsa Telepunto (calle 83 esq. calle 282; 6 CUC/h; ⏲8.30-19.30) Terminales de internet.
Oficina de correos (calle 85 nº 28813) En la esquina con la calle 290.
Servimed (☎25-31-70; Hospital Faustino Pérez, carretera Central km 101) Clínica al suroeste de la ciudad.

 Cómo llegar y salir

AVIÓN

Matanzas está conectado al mundo exterior por el aeropuerto internacional Juan Gualberto Gómez, también conocido como aeropuerto de Varadero, 20 km al este de la ciudad.

BICICLETA

Ir de Varadero a Matanzas en bicicleta es fácil. La carretera de 32 km está bien asfaltada y es totalmente llana, salvo los últimos 3 km dentro de la ciudad, que empiezan en el puente del río Canímar (una subida bastante sencilla si uno va al este). En Varadero, varios hoteles de todo incluido alquilan bicicletas.

AUTOBÚS

Todos los autobuses, tanto de larga distancia como provinciales, utilizan la **Estación Nacional de Autobuses** (☎91-64-45), en la antigua estación de trenes de la esquina de las calles 131 y 272, en Pueblo Nuevo, al sur del río San Juan. Matanzas cuenta con conexiones aceptables con el resto del país, aunque para destinos como Cienfuegos y Trinidad es necesario hacer transbordo en Varadero. En la práctica, esto significa tomar el primer autobús del día a Varadero y esperar el autobús de Varadero-Trinidad del mediodía. **Viazul** (www.viazul.com) ofrece cuatro salidas diarias a La Habana (7 CUC, 2 h, 9.00, 12.35, 16.35 y 19.00) y Varadero (6 CUC, 1 h, 10.35, 12.15, 14.15 y 19.55). Los tres primeros autobuses con destino a Varadero también pasan por el aeropuerto (6 CUC, 25 min).

AUTOBÚS TURÍSTICO DE MATANZAS

Un autobús turístico une Varadero con Matanzas y los distintos puntos de interés. Tiene parada en todos los hoteles importantes de Varadero, además del río Canímar, las cuevas de Bellamar y la iglesia de Monserrat. Hace cuatro viajes diarios (menos en temporada baja). Los billetes, válidos para todo el día, cuestan 10 CUC. A veces cancelan horarios en temporada baja.

TREN

La **estación de trenes** (☎29-16-45; calle 181) está en Miret, en el extremo meridional de la ciudad. Los extranjeros suelen pagar el precio en pesos convertibles al jefe de turno. La mayoría de los trenes entre La Habana y Santiago de Cuba paran aquí (salvo el rápido tren Francés). En teoría hay ocho trenes diarios a La Habana (3 CUC, 1½ h). El tren diario a Santiago de Cuba (27 CUC) debería salir sobre las 23.00, y para en Santa Clara, Ciego de Ávila, Camagüey y Las Tunas. Hay otros trenes en dirección este que llegan a Sancti Spíritus. Los trenes cubanos son muy variables. Conviene comprobar los horarios, preferiblemente en la estación.

En la sala de espera hay un tablón donde se cuelga la información actualizada sobre trenes. Se recomienda llegar con tiempo para organizarse.

La **estación del tren de Hershey** (☎24-48-05; calle 55 esq. calle 67) está en Versalles, a 10 min a pie del parque Libertad. Hay tres trenes diarios a la estación Casablanca de La Habana (2,80 CUC, 4 h) vía Canasí (0,85 CUC), Jibacoa (1,10 CUC, 1½ h, para Playa Jibacoa), Hershey (1,40 CUC, 2 h, para los Jardines de Hershey) y Guanabo (2 CUC). Las horas de salida desde Matanzas son: 4.39, 12.09 (un servicio exprés que debería tardar 3 h) y 16.25.

La venta de billetes empieza 1 h antes de la hora de salida prevista y, salvo los fines de semana y en vacaciones, no suele haber problemas. Puede que no se permita subir bicicletas (mejor preguntar). El tren suele salir puntual, pero a menudo llega a la estación de Casablanca de La Habana (bajo el fuerte La Cabaña, en el lado este del puerto) 1 h tarde. Es el único tren eléctrico de Cuba. Es un trayecto pintoresco para aquellos que no tengan prisa, y una forma genial de llegar a los lugares de interés poco visitados de la provincia de Mayabeque.

ℹ Cómo desplazarse

El autobús 12 une la plaza Libertad con las cuevas de Bellamar y la iglesia de Monserrat. También se puede tomar el autobús turístico de Matanzas para ir a las cuevas de Bellamar y Canímar.

La gasolinera Oro Negro está en la esquina de las calles 129 y 210, 4 km a las afueras de Matanzas, en la carretera a Varadero. La **gasolinera Servi-Cupet** y **Havanautos** (☎25-32-94; calle 129 esq. calle 210) están una manzana más adelante. Si el viajero conduce hasta Varadero, pagará un peaje de 2 CUC entre Boca de Camarioca y Santa Marta (no hay peaje entre Matanzas y el aeropuerto).

Los bicitaxis se concentran cerca del mercado la Plaza y llevan al viajero a muchos lugares de la ciudad por 1-2 CUP. Un taxi a Varadero debería costar unos 25 CUC.

Varadero

27 630 HAB.

En la sinuosa península de Hicacos de 20 km de longitud, Varadero se sitúa a la cabeza de la industria más importante de Cuba, el turismo. En tanto que *resort* más grande del Caribe, alberga un montón de hoteles en constante evolución (más de 50), tiendas, bancos, actividades acuáticas y diversión junto a la piscina. Su mejor baza es la playa, 20 km ininterrumpidos de arena, indudablemente una de las mejores del Caribe. Aunque este enorme *resort* es esencial para la economía cubana, ofrece muy pocas experiencias puramente cubanas. Quienes deseen escapar de las aglomeraciones y sumergirse en las accesibles zonas del interior para comprobar la realidad cubana, deben ir a Matanzas, Cárdenas o bahía de Cochinos.

La mayoría de los turistas de Varadero compran sus paquetes turísticos en sus países y están satisfechos con descansar durante una o dos semanas disfrutando del todo incluido de los *resorts*). No obstante, si el viajero está recorriendo el país de forma

Ciudad de Varadero (este)

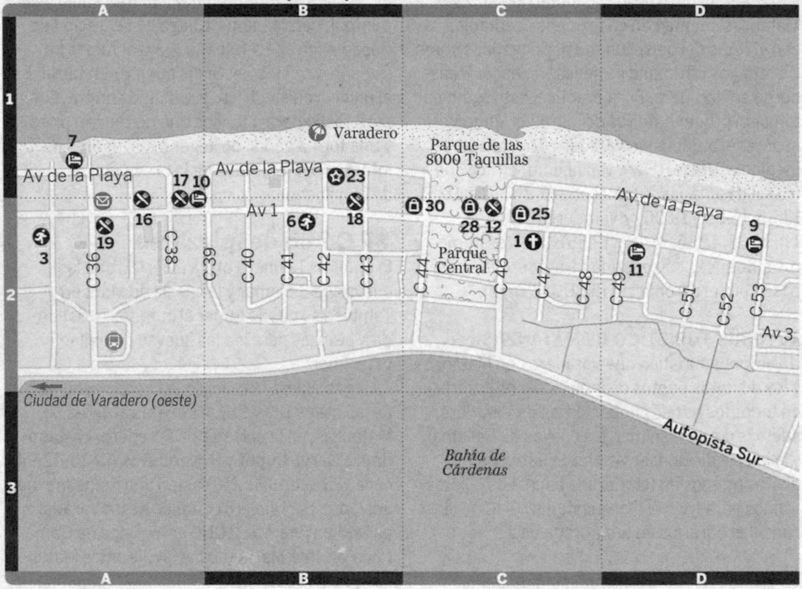

Ciudad de Varadero (este)

Puntos de interés
1 Iglesia de Santa Elvira C2
2 Museo Municipal de Varadero E2

Actividades, cursos y circuitos
3 Academia Baile en Cuba A2
4 Barracuda Diving Center F2
5 Centro Todo En Uno E3
6 El Golfito B2

Dónde dormir
7 Club Herradura A1
8 Hotel Cuatro Palmas F2
9 Hotel Dos Mares D2
10 Hotel los Delfines A2
11 Hotel Pullman D2

Dónde comer
Barracuda Grill .... (véase 4)
Club Herradura .... (véase 7)
12 Coppelia C2
13 Dante E2
14 El Retiro E2
15 La Fondue F2
16 La Vicaria A2
17 Paladar Nonna Tina A2
18 Panadería Doña Neli B2
19 Restaurante Esquina Cuba A2
20 Restaurante la Campana E2
Restaurante Mallorca .... (véase 15)

Dónde beber y vida nocturna
Calle 62 .... (véase 15)
21 Discoteca Havana Club F2
22 The Beatles Bar-Restaurant F2

Ocio
23 Casa de la Música B1
24 Centro Cultural Comparsita F2

De compras
25 ARTex C2
Casa de las Américas .... (véase 29)
26 Casa del Habano F2
27 Casa del Ron F2
28 Centro Comercial Hicacos C2
Centro Todo En Uno .... (véase 5)
29 Galería de Arte Varadero F2
30 Librería Hanoi C2
Taller de Cerámica Artística .... (véase 29)

independiente, y quiere alternar sus paseos esotéricos con una vida de playa más relajada, Varadero puede ofrecer algunas noches de merecido descanso. Conviene reservar a través de internet antes de salir de casa para conseguir los mejores precios, pero también hay un montón de hoteles a buen precio y casas particulares en el extremo oeste de la ciudad donde se puede llegar sin reserva.

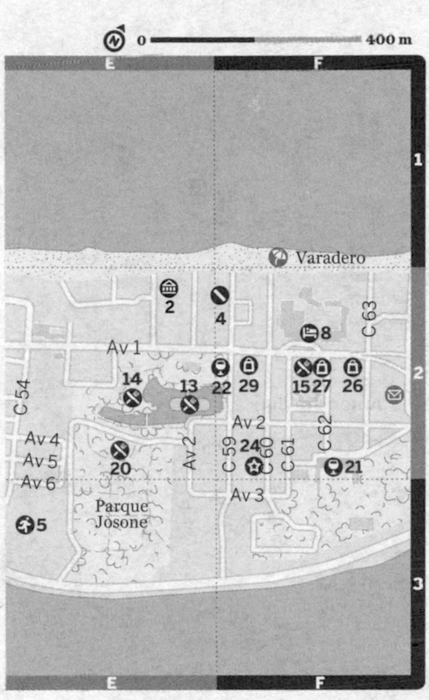

Puntos de interés

Si uno busca arte e historia, está en el lugar equivocado, pero hay algunos sitios que merece la pena visitar si la playa empieza a parecer aburrida.

Parque Central y parque de las 8000 Taquillas PARQUE
(entre calle 44 y calle 46) Estas calles fueron el centro de la vida social de la ciudad, pero cayeron en el olvido en la década de 1990, cuando se construyeron nuevos *resorts* más al este. Reconstruido en el 2008, el parque tiene ahora un pequeño centro comercial subterráneo bajo la famosa heladería Coppelia.

Museo Municipal de Varadero MUSEO
(plano p. 216; calle 57; entrada 1 CUC; ⏲10.00-19.00) De camino a la playa desde el Hotel Acuazul Varazul, el viajero verá muchas casas de playa de madera tradicionales con elegantes porches ondulantes. La más bonita, el Museo Municipal de Varadero, se ha convertido en un chalé con balcones que expone mobiliario de época y una instantánea de la historia del *resort*. Es más interesante de lo que se pueda pensar.

Parque Josone PARQUE
(av. 1 esq. calle 58; ⏲9.00-24.00) Es un oasis verde recóndito con jardines de 1940, los cuales tomaron el nombre de sus antiguos propietarios, José Fermín Iturrioz y Llaguno y su mujer Onelia, que eran dueños de la destilería de ron Arrechabala, en la cercana Cárdenas, y construyeron una mansión neoclásica: el Retiro Josone. Expropiada tras la Revolución, la mansión se convirtió en alojamiento para dignatarios extranjeros de visita en Cuba. Ahora el parque es un espacio público para disfrute de todo el mundo; es habitual ver a chicas cubanas celebrando sus "los quince" (fiestas del 15º cumpleaños). En los extensos y sombreados jardines del parque hay un lago con botes de remos (0,50 CUC por persona/h), bonitos restaurantes, ocas, miles de especies de árboles y un minitren. Hay una piscina pública (entrada 2 CUC) en el recinto y curiosos avestruces que merodean cerca. Por la noche puede oírse buena música.

Mansión Xanadú EDIFICIO DESTACADO
(plano p. 222; ☎66-84-82; av. las Américas, km 3; todo incl. i/d 166/240 CUC; P ❄ @) Todo lo que queda al este del pequeño depósito de agua (parece un antiguo fuerte español, pero se construyó en la década de 1930), junto al restaurante Mesón del Quijote, perteneció en su día a la familia DuPont. Aquí el millonario emprendedor estadounidense Irénée construyó la Mansión Xanadú, con tres plantas. Actualmente es un hotel de categoría junto al campo de golf de 18 hoyos de Varadero, con un bar en la azotea ideal para disfrutar de un cóctel al atardecer.

Cueva de Ambrosio CUEVA
(plano p. 222; entrada 3 CUC; ⏲9.00-16.30) Más allá de Marina Chapelín, Varadero se despliega al este como un suburbio estadounidense fuera de lugar con manglares intercalados con grandes complejos hoteleros, alguna que otra grúa y un espectáculo de delfines. Tras dejarlo todo atrás y seguir unos 500 m más después del Club Amigo Varadero, en la autopista sur, el viajero encontrará esta cueva, interesante por sus 47 pinturas precolombinas descubiertas en esta gruta de 300 m en 1961. Las pinturas negras y rojas muestran los mismos círculos concéntricos que pueden verse en pinturas parecidas de Isla de la Juventud, quizá una forma de calendario solar. La cueva también sirvió de refugio a esclavos fugados.

Reserva Ecológica Varahicacos PARQUE
(plano p. 222; www.varahicacos.cu; 45 min de senderos 3 CUC; ⏲9.00-16.30) A unos cientos de metros de la cueva de Ambrosio se halla la entrada a la teórica zona verde de Varadero y

Ciudad de Varadero (oeste)

Ciudad de Varadero (oeste)

Actividades, cursos y circuitos
1 Acua Diving Center A1

Dónde dormir
2 Hotel Acuazul Varazul C2
3 Hotel Kawama A1
4 Hotel ROC Barlovento B2
5 Villa la Mar F2

Dónde dormir
6 Aparthotel Varazul C2
7 Caracol Pelicano E2
8 Kiki's Club A2
9 Lai-Lai D1
10 Paladar Casona del Chino Pons E1
11 Ranchón Bellamar C1
12 Restaurante el Criollo C1
13 Salsa Suárez F2

De compras
14 Casa del Habano F1
15 Gran Parque de la Artesanía C1

a una reserva de fauna y flora poco agreste. Las excavadoras llevan años mordisqueando sus límites. Hay tres senderos mediocres, si bien lo más destacado es la **cueva de los Musulmanes,** con restos humanos de hace 2500 años.

Cayo Piedras del Norte PARQUE MARINO

A 1 h en barco y 5 km de la playa las Calaveras (1 h en barco) se ha creado este 'parque marino' a raíz del hundimiento deliberado (a finales de los años noventa) de una serie de barcos y un avión a entre 15 y 30 m de profundidad. Hundidos para el disfrute de submarinistas y pasajeros de barcos con fondo de cristal, puede verse un barco remolque, un barco lanza misiles (con misiles intactos), un avión AN-24 y el yate Coral Negro.

Iglesia de Santa Elvira IGLESIA

(plano p. 216; av. 1 esq. calle 47) Este diminuto edificio de estilo colonial que parece una capilla alpina fuera de lugar se halla al este del parque Central.

Actividades

Submarinismo y buceo

Varadero tiene cuatro excelentes centros de submarinismo, aunque por ser un lugar turístico los precios doblan a los de la bahía de Cochinos, en la costa sur de la provincia. Los 21 enclaves para inmersiones en torno a la península de Hicacos requieren un traslado en barco de 1 h. Destacan los arrecifes, las cavernas y paredes y un petrolero ruso hundido en 1997 para disfrute de los submarinistas. El lugar de submarinismo costero más cercano está 20 km al oeste, en playa Coral (p. 211).

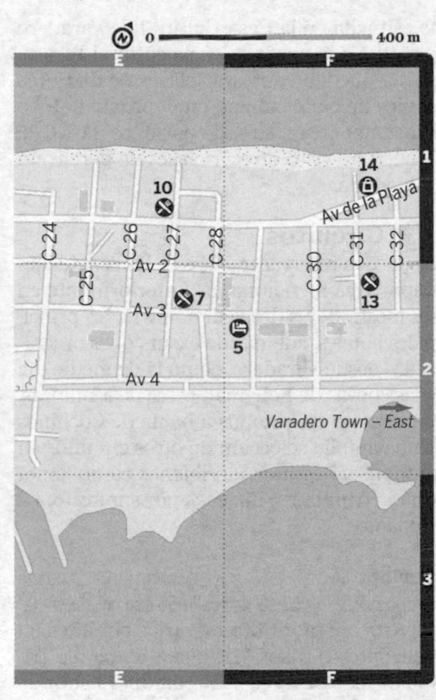

Los centros también ofrecen excursiones de un día a zonas extraordinarias de la bahía de Cochinos (1/2 inmersiones 50/70 CUC, con traslado).

Barracuda Diving Center SUBMARINISMO
(plano p. 216; ☎61-34-81; av. 1 esq. calle 59; ⌚8.00-19.00) Este centro simpatiquísimo es el mejor de Varadero. Las inmersiones cuestan 50 CUC con el equipo, el submarinismo en cuevas, 60 CUC, y las inmersiones nocturnas, 55 CUC. Los paquetes de varias inmersiones salen más baratos. Barracuda realiza cursos de introducción en los *resorts* por 70 CUC, y cursos de ACUC (American Canadian Underwater Certifications) a partir de 220 CUC, además de muchos cursos avanzados. El buceo con guía cuesta 30 CUC. Las instalaciones cuentan con una flamante cámara de descompresión, una piscina de entrenamiento, un médico interno y un popular restaurante, el Barracuda Grill. Barracuda tiene capacidad diaria para 70 submarinistas en tres barcos de 12 m.

Acua Diving Center SUBMARINISMO
(plano p. 218; ☎66-80-63; av. Kawama, entre calles 2 y 3; ⌚8.00-17.00) Los precios son más o menos los mismos que en Barracuda, pero no cuenta con sus instalaciones ni su capacidad. Cuando sopla el viento y no es posible hacer submarinismo en el Atlántico, pueden trasladar al viajero a la costa del Caribe en un microbús (90 min); lo cual cuesta un total de 55/75 CUC por 1/2 inmersiones. Algunas excursiones populares son a cueva Saturno para submarinismo y a playa Coral para buceo y submarinismo.

Marina Gaviota SUBMARINISMO
(plano p. 222; ☎66-47-22; autopista sur final) Otro centro profesional en el extremo este de la autopista sur, con excursiones de buceo algo más baratas tanto en la zona como en la bahía de Cochinos.

Aquaworld Diving Center SUBMARINISMO
(☎66-75- 50; autopista aur km 12) En Marlin Marina Chapelín, también organiza excursiones de submarinismo y buceo por los mismos precios.

Pesca

Varadero tiene tres puertos deportivos, con una oferta parecida de actividades náuticas e instalaciones.

Marlin Marina Chapelín PESCA
(plano p. 222; ☎66-75-50) Situado cerca de la entrada del Hotel Riu Turquesa, 5 h de pesca de altura cuestan 290 CUC para cuatro personas (el precio incluye traslados desde el hotel, barra libre y permisos; los compañeros que no pescan pagan 30 CUC).

Marina Gaviota PESCA
(☎66-47-22) En el extremo este de la autopista sur y en medio de enormes bloques de apartamentos, este lugar tiene paquetes similares a los de Marlin Marina Chapelín.

Paracaidismo

Centro Internacional de Paracaidismo PARACAIDISMO
(☎66-72-60, 66-72-56) Para los amantes de las alturas, la mayor emoción que ofrece Varadero se halla en el antiguo aeropuerto, al oeste de la ciudad. La terminal está tras 1 km por un camino de tierra, enfrente de Marina Acua. Los paracaidistas despegan en un Antonov AN-2 biplano diseño de la II Guerra Mundial (no hay que preocuparse, es una reproducción) y saltan desde 3000 m con un instructor sujeto en tándem a la espalda. Tras 35 segundos de caída libre, el paracaídas se abre y uno flota tranquilamente durante 10 min hasta la playa de Varadero. El centro también ofrece vuelos en ultraligeros en va-

rios puntos de la playa. Cuesta 180 CUC por persona con un extra de 45 CUC para fotos y 60 CUC para un vídeo. Los vuelos ultraligeros van de los 30 a los 300 CUC, en función de la duración. Si el viajero ya es un paracaidista experto, también puede hacer saltos en solitario, previa presentación de la acreditación pertinente.

Hay que avisar con un día de antelación (muchos hoteles pueden reservar en nombre del viajero), y los saltos están supeditados al tiempo. Desde su apertura en 1993 el centro no ha registrado ninguna víctima.

Golf

Varadero Golf Club GOLF

(plano p. 222; ☎66-77-88; www.varaderogolfclub.com; Mansión Xanadú; green fees 9/18 hoyos 48/70 CUC; ⊙7.00-19.00) Los golfistas pueden disfrutar de unos *swings* en este club cuidado y con poca gente: el primer campo de 18 hoyos de Cuba. Los nueve hoyos originales creados por los DuPont se hallan entre el Hotel Bella Costa y la Mansión Xanadú; otros nueve hoyos añadidos en 1998 flanquean el lado sur de los tres *resorts* Meliá. El campo (par 72) se reserva a través de la tienda de golf junto a la Mansión Xanadú (ahora un acogedor hotel con *tee time* gratuito e ilimitado). Curiosamente, los cochecitos de golf (30 CUC/persona) son obligatorios.

El Golfito MINIGOLF

(plano p. 216; av. 1 esq. calle 42; 3 CUC/persona; ⊙24 h) Los novatos pueden jugar a la versión en miniatura.

Otras actividades

Es posible alquilar **tablas de windsurf** en varios puntos de la playa pública (10 CUC/h), al igual que pequeños catamaranes, bananas hinchables, kayaks de mar, etc. Los *resorts* de categoría suelen incluir estos juguetes acuáticos en el todo incluido.

Centro Todo En Uno BOLOS

(plano p. 216; calle 54 esq. autopista sur; 2,50 CUC/partida; ⊙24 h) Las boleras son populares en Cuba y esta, que consta de un pequeño complejo comercial y de juegos en la autopista sur, suele estar llena de familias cubanas que también disfrutan del contiguo parque infantil y los locales de comida rápida.

Cursos

Academia de Baile en Cuba DANZA

(plano p. 216; av. 1 esq. calle 34) Se trata de una nueva escuela de danza orientada a los turistas situada en la Casa Cultural de Varadero y gestionada por la agencia cultural Paradiso. Se pueden contratar clases de distintos estilos de baile cubano en el propio hotel o directamente en su sede por unos 5 CUC/h. Tienen previsto ofrecer clases de percusión y de idiomas.

Circuitos

Se pueden reservar muchas de las actividades deportivas mencionadas anteriormente en los mostradores de excursiones de los principales hoteles, además de excursiones organizadas desde Varadero, como la de medio día a las cuevas de Bellamar, cerca de Matanzas, un circuito en autobús a bahía de Cochinos y una amplia selección de otros circuitos en autobús a destinos tan lejanos como Santa Clara, Trinidad, Viñales y, por supuesto, La Habana.

Gaviota CIRCUITO EN HELICÓPTERO

(plano p. 222; ☎61-18-44; calle 56 esq. av. de la Playa) Este operador ofrece varios circuitos en helicópteros rusos M1-8; la excursión a Trinidad (199 CUC) es muy común. El Tour de Azúcar visita un molino de azúcar en desuso e incluye un paseo en tren de vapor a la estación de Cárdenas. Cuesta 39/30 CUC por adulto/niño. También organiza safaris en todoterreno al pintoresco valle de Yumurí. La excursión (adultos/niños 45/34 CUC) incluye una visita a una familia campesina y una copiosa y deliciosa comida en el Ranchón Gaviota.

Aquaworld Marina Chapelín EXCURSIONES EN BARCO, DEPORTES ACUÁTICOS

(plano p. 222; ☎66-75-50; autopista sur km 12) Organiza el plato fuerte en cuanto a actividades náuticas más populares de Varadero: el Seafari Cayo Blanco, una excursión de 7 h (101 CUC) de Marina Chapelín al cercano Cayo Blanco y su idílica playa que incluye barra libre, almuerzo de langosta, dos paradas para bucear, música en directo y traslados al hotel. También hay una excursión más corta de 45 CUC en catamarán con buceo, barra libre y un almuerzo de pollo. La Fiesta en el Cayo es una travesía a Cayo Blanco (41 CUC) al atardecer, con cena, música y ron en el cayo.

Boat Adventure Boat Trip CIRCUITOS EN BARCO

(plano p. 222; ☎66-84-40; 39 CUC/persona; ⊙9.00-16.00) Esta excursión guiada de 2 h, que también sale de Marina Chapelín, es una escapada rápida a los manglares vecinos en moto acuática para dos personas o lanchas motoras para contemplar la abundante fauna, entre la que se cuentan los simpáticos cocodrilos. La reserva para estas excursiones acuáticas también puede hacerse en casi todos los grandes hoteles.

Fiestas y celebraciones

El Varadero Golf Club acoge torneos de golf en junio y octubre, y la regata anual es en mayo. Varadero también celebra la convención anual de turismo la primera semana de mayo, cuando el alojamiento escasea y algunos establecimientos se reservan en exclusiva para los participantes en la conferencia.

Dónde dormir

Los viajeros con presupuesto ajustado que quieran improvisar tendrán dificultades para encontrar una ganga. Se recomienda reservar con antelación o concentrar los esfuerzos en el extremo suroeste de la península, donde los hoteles son más baratos y la ciudad conserva algo de la vida cotidiana cubana.

Desde enero del 2011 es legal alquilar habitaciones privadas en Varadero, por lo que han surgido entre 20 y 30 casas particulares.

Los paquetes de hoteles de todo incluido reservados a través de agencias de viajes en el país de origen pueden salir más baratos que si se gestionan desde allí.

Club Herradura HOTEL **$**
(plano p. 216; ☎61-37-03; av. de la Playa, entre calles 35 y 36; temporada baja i/d 30/44 CUC desayuno incl.; ❄ ≋) De fachada sencilla e infinitamente más atractivo por la parte que da al mar, este hotel de cuatro pisos con forma de media luna está a tiro de piedra de una zona de la playa recientemente regenerada. Es amplio, aunque algo obsoleto, con mobiliario de mimbre atemporal y buenas vistas desde los balcones de las habitaciones que dan al mar. En conjunto, un ambiente agradable sin pretenciones.

Hotel Pullman HOTEL **$$**
(Islazul; plano p. 216; ☎61-27-02, 66 71 61; av. 1, entre calles 49 y 50; i/d 30/48 CUC desayuno incl.) En un edificio tipo castillo con torrecillas, mobiliario robusto de madera y mecedoras en el porche. Entre sus habitaciones anticuadas pero cómodas hay una cuádruple.

Hotel Dos Mares HOTEL **$**
(plano p. 216; ☎61-27-02; av. 1 esq. calle 53; i/d 30/48 CUC desayuno incl.) Situado en un edificio moderno de tres pisos que está a 70 m de una magnífica playa. Las habitaciones son acogedoras, aunque oscuras.

HOTELES DE VARADERO

En aras a la simplificación, la enorme zona de hoteles de Varadero se puede dividir en cuatro grandes segmentos.

Los establecimientos de la pequeña ciudad cubana en el extremo oeste de la península son los más económicos y antiguos. Se encuentran metidos entre bancos, bares y clásicas casas de playa. Desde el 2011, los residentes de la ciudad pueden alquilar legalmente habitaciones a los extranjeros lo que ha dado pie a la aparición de más de 20 casas particulares.

La parte comprendida entre el noreste de la calle 64 hacia el campo de golf es de una arquitectura ecléctica que va desde el cursi campamento de verano Holiday Camp hasta el bloque de cemento de estilo soviético. Muchos de estos hoteles que venden paquetes turísticos baratos, sobre todo a turistas extranjeros, ya parecen antiguos solo después de tres o cuatro décadas en funcionamiento.

Al este de la mansión Xanadú hay un conjunto de grandes hoteles independientes con recibidores impresionantes y múltiples pisos construidos básicamente a principios de los años noventa. El más alto es el espectacular Blau Varadero de 14 pisos.

Cuanto más hacia al final de la península, más se parece a un barrio de Florida. Los *resorts* modernos de todo incluido suelen tener preferencia por los bloques de uno a tres pisos distribuidos como pequeñas ciudades sobre una gran extensión de terreno. La mayoría han sido construidos desde el 2000 y es aquí donde se encuentran el hotel más grande (el Memories Varadero con 1025 habitaciones), el más lujoso (el Paradisus Varadero de 360 CUC/noche) y el moderno (Ocean Varadero El Patriarca; abierto en octubre del 2012). La otra nueva atracción de la península es un gigantesco bloque de apartamentos que se está construyendo en Marina Gaviota.

Zona hotelera de Varadero

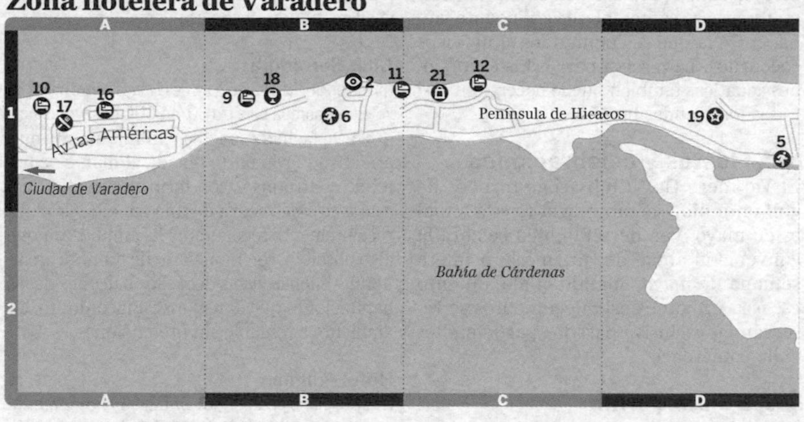

Zona hotelera de Varadero

Puntos de interés
1 Cueva de Ambrosio F1
2 Mansión Xanadú B1
3 Reserva Ecológica Varahicacos F1

Actividades, cursos y circuitos
Aquaworld Marina Chapelín ...... (véase 5)
Boat Adventure Boat Trip .... (véase 5)
Gaviota .... (véase 12)
4 Marina Gaviota H2
5 Marlin Marina Chapelín D1
6 Varadero Golf Club B1

Dónde dormir
7 Blau Marina Palace H2
8 Blau Varadero E1
9 Hotel Tuxpán B1
10 Hotel Varadero Internacional A1
Mansión Xanadú .... (véase 2)
11 Meliá Las Américas B1
12 Meliá Varadero C1
13 Memories Varadero G1
14 Sandals Royal Hicacos F1
15 Tryp Península Varadero G1
16 Villa Cuba A1

Dónde comer
17 Restaurante Mesón del Quijote A1

Dónde beber y vida nocturna
Bar Mirador .... (véase 2)
Discoteca La Bamba .... (véase 9)
18 Palacio de la Rumba B1

Ocio
Cabaret Continental .... (véase 10)
19 Cabaret Cueva del Pirata D1
20 Club Mambo E1

De compras
21 Plaza América C1

Villa la Mar — HOTEL $

(plano p. 218; ☎61-45-15; av. 3, entre calles 28 y 30; todo incl. i/d 49/76 CUC; ❄) En este sencillo establecimiento sin pretensiones el viajero comerá pollo frito, se mezclará con turistas cubanos y se dormirá con la música a todo trapo de la discoteca.

Hotel los Delfines — RESORT $$

(plano p. 216; ☎66-77-20; av. de la Playa esq. calle 39; todo incl. i/d desde 80/120 CUC; ❄≋) La cadena de hoteles Islazul ofrece una opción de (casi) todo incluido en esta copia más cordial y acogedora de los grandes *resorts* de más al noreste. Las 100 habitaciones disponen de extras como televisión por satélite, minibar y caja de seguridad, y hay una encantadora y amplia playa resguardada.

Hotel Tuxpán — RESORT $$

(plano p. 222; ☎66-75-60; av. las Américas, km 2; todo incl. i/d desde 70/120 CUC; P❄@≋) De arquitectura soviética y playas con palmeras resulta poco original en Varadero, pero el Tuxpán es famoso por otros motivos, como su discoteca La Bamba, según se dice una de las más animadas. A los detractores de la arquitectura soviética siempre les queda la bonita playa cercana.

Hotel Acuazul Varazul — RESORT $$

(plano p. 218; ☎66-71-32; av. 1, entre calles 13 y 14; i/d todo incl. 58/92 CUC, Varazul i/d 49/78 CUC;

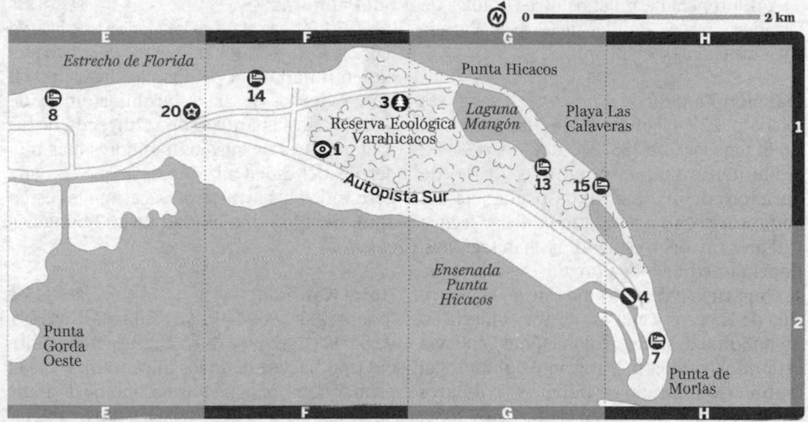

) Cada año renace con una nueva mano de pintura, y en el interior han sacado brillo a las coloridas vidrieras, han bajado el volumen de la música en la piscina y han mejorado el bufé con todo incluido.

No tiene mucho que ver con el lujo de Cancún, pero mantiene un vago aire de cubanidad.

★ Blau Varadero RESORT **$$$**
(plano p. 222; ☎66-75-45; carretera de las Morlas, km 15; todo incl. h 200 CUC;) No hay que precipitarse a la hora de opinar sobre el *resort* más alto y arquitectónicamente visible de Varadero. Con un exterior que intenta imitar una pirámide azteca, el interior no es menos espectacular, con un patio de 14 pisos adornados con plantas colgantes, algunas de más de 80 m.

Sus enormes habitaciones están escrupulosamente limpias y las de más arriba tienen las mejores vistas de Varadero.

En la planta baja, el viajero está en tierra de *resort*: parlanchines animadores en la piscina, cerveza en vaso de plástico y dudosas noches temáticas de Michael Jackson.

Meliá Paradisus Varadero HOTEL **$$$**
(☎66-87-00; Punta Rincón Francés; i/d 250/360 CUC;) La seguridad caracteriza al más refinado y lujoso *resort* de Varadero, así que mejor ni pensar en curiosear con la pulsera de color equivocado. Los precios prometen romanticismo, elegancia y exclusividad sobre todo si se paga por lo que llaman "servicio real", donde auténticos mayordomos tratarán al viajero como a María Antonieta.

La decoración transmite una sensación de isla desierta con porches abiertos de techos de paja, pilares, piscinas y abundantes plantas tropicales.

Sandals Royal Hicacos RESORT **$$$**
(plano p. 222; ☎66-88-51, 66-88-44; Punta Hicacos; todo incl. h 160-190 CUC;) Su aspecto más discreto y servicio más personalizado han ayudado enormemente a este hotel y lo han convertido en uno de los *resorts* más atractivos del extremo alejado de la península. Zonas públicas de estilo ranchón y sus fuentes le dan un aire agradable.

Las habitaciones son alegres y disponen de recibidor y enormes baños.

Meliá Las Américas RESORT **$$$**
(plano p. 222; ☎66-76-00; autopista sur km 7; todo incl. i/d 250/400 CUC;) La alternativa más pequeña al Meliá Varadero. No admiten niños. Cuenta con una bonita playa con palmera y un restaurante japonés. Con 225 habitaciones es demasiado grande para ser íntimo, aunque su ambiente es más refinado que el de otros *resorts* vecinos.

Es el más cercano al campo de golf de Varadero.

Meliá Varadero RESORT **$$$**
(plano p. 222; ☎66-70-13; autopista sur km 7; todo incl. d 360 $;) El doble de grande que su primo Meliá (Las Américas). Admiten familias. El hotel, de 490 habitaciones, impresiona con su vestíbulo cilíndrico cubierto de enredaderas. Encaramado a un pequeño promontorio rocoso, la playa está apartada a un lado y ofrece mucha sombra.

A diferencia de muchos otros hoteles de Varadero, ofrece alquiler de bicicletas gratis para los clientes y wifi.

Mansión Xanadú RESORT $$$
(plano p. 222; ☎66-84-82; av. las Américas, km 3; todo incl. i/d 166/240 CUC; P ❄ @) El alojamiento más fascinante e íntimo de Varadero ocupa la antigua residencia del empresario químico estadounidense Irénée DuPont, con ocho espléndidas habitaciones. El primer edificio de gran envergadura que se construyó en el extremo este de la península de Hicacos y una joya extraordinaria en un anodino desierto arquitectónico, todavía está adornado con el mármol cubano y el mobiliario valorado en millones de dólares encargado por DuPont en la década de 1930. Los precios incluyen *tee time* ilimitado en el contiguo campo de golf (el primero de Cuba).

Memories Varadero RESORT $$$
(plano p. 222; ☎66-70-09; autopista sur km 8; todo incl. estándar i/d 195/242 CUC; P ❄ @ ≋) Cuando se llega al final de la península todos los *resorts* parecen fundirse en uno: este. Abierto en el 2008 (cambió el nombre en el 2012), es el típico hotel de playa moderno: 1025 habitaciones, cocina internacional, ocio y muchos europeos quemados por el sol montados en carritos de golf.

Blau Marina Palace RESORT $$$
(plano p. 222; ☎66-99-66; autopista sur final; todo incl. i/d 150/240 CUC, cayo i/d 185/310 CUC; P ❄ @ ≋) La última parada en la península antes de Florida, el Marina Blau (hasta hace poco llamado Barceló) sigue la actual tendencia de los *resorts* de Varadero: apartamentos bajos muy esparcidos, frondosos y espaciosos jardines y un servicio ejemplar. Hay un faro simulado, muchas piscinas y una excelente playa.

Para lujo (e ironía) añadidos, se puede contratar el servicio "real" en Cayo Libertad, una pequeña isla vecina, conectada por un puente donde mayordomos atienden todas las necesidades del viajero.

Tryp Península Varadero RESORT $$$
(plano p. 222; ☎66-88-00; Reserva Ecológica Varahicacos; todo incl. h desde 180 CUC; P ❄ @ ≋) Algunos quizá se deleiten con los lujos de este cuatro estrellas. Ofrece instalaciones fastuosas, pero poca interacción con la Cuba real.

Sol Palmeras RESORT $$$
(☎66-70-09; carretera de las Morlas; todo incl. i/d 160/220 CUC; ❄ @ ≋) Este *resort* de rango medio en mitad de la península construido en 1990 evita los desastres arquitectónicos de muchos de sus antecesores, huyendo de las pretenciones de sus competidores más modernos del este. Quizá no destaque en nada pero todos los atractivos vacacionales están aquí, incluida una ciudad de 200 bungalós al lado.

Hotel Kawama RESORT $$$
(plano p. 218; ☎61-44-16; av. 1 esq. calle 1; todo incl. i/d 84/128 CUC; P ❄ @ ≋) Un respetado edificio tipo hacienda de los años treinta, fue el primer hotel de la península, antaño desierta, hace más setenta años y, en cuanto a carácter e ingenio arquitectónico se refiere, continúa siendo uno de los mejores.

La propiedad es inmensa, con unas 235 vistosas habitaciones que forman un conjunto armonioso con la delgada franja de playa que constituye el extremo occidental de Varadero. El todo incluido comprende desde tenis al uso de patines acuáticos.

Hotel Varadero Internacional RESORT $$$
(plano p. 222; ☎66-70-38; av. las Américas, km 1; todo incl. i/d 100/140 CUC; P ❄ @ ≋) Abierto en diciembre de 1950 como sucursal del Fontainebleau de Miami, atraía a los famosos que jugaban al golf antes de que la Revolución cancelase los planes de vacaciones estivales de Hollywood. Cuenta con pistas de tenis, masaje y el mejor cabaré de Varadero.

A diferencia de algunas opciones más grandes, está justo en la playa. Algunas ventajas son el bonito arte (hay un gran mural de René Portocarrero en el vestíbulo) y su amable personal.

Hotel ROC Barlovento RESORT $$$
(plano p. 218; ☎66-71-40; av. 1, entre calles 10 y 12; todo incl. i/d 133/190 CUC; P ❄ @ ≋) Vigilando la carretera de entrada a Varadero, este hotel es un lugar atractivo con una bonita piscina bordeada con palmeras, arquitectura de estilo colonial integrada y una playa. La comida es buena, a diferencia de los espectáculos nocturnos, algo ajenos a las fiestas cubanas. Las habitaciones con vistas al mar son más caras, si bien el trozo de mar que se ve es irrisorio respecto a los parámetros de la península.

Hotel Cuatro Palmas RESORT $$$
(plano p. 216; ☎66-70-40; av. 1, entre calles 60 y 62; todo incl. i/d 106/170 CUC; P ❄ @ ≋) Cabe

preguntarse si esta antigua residencia del dictador Fulgencio Batista aún sería de su agrado. El Cuatro Palmas, el primero de los grandes *resorts* todo incluido yendo hacia el este, ha sucumbido al *kitsch* turístico en los últimos años. Aun así, está lo suficientemente cerca de la ciudad como para desplazarse a pie. La playa también está al lado aunque quizá se necesiten tapones para los oídos.

Villa Cuba RESORT $$$
(plano p. 222; ☎66-82-80; av. las Américas, km 2; todo incl., villas 2-/3-/4-/5-/6 camas 176/249/314/395/447 CUC; P❄@🏊👪) Para hacerse una idea del aspecto y del ambiente de este hotel, basta imaginar un aparcamiento de varias plantas con un campamento de vacaciones de la década de 1970. Lo cierto es que no es ningún paraíso caribeño.

Para los viajeros de presupuesto ajustado la variedad de tamaños y precios de las habitaciones es enorme.

Dónde comer

En Varadero se puede comer bien por menos de 10 CUC en varios restaurantes gubernamentales y unos cuantos paladares nuevos (ocho según el último recuento) legalizados en el 2011. Dado que el 95% de los hoteles del extremo este de la península son tipo todo incluido, el viajero encontrará el grueso de los locales independientes al oeste de la calle 64.

★ **Paladar Nonna Tina** ITALIANA $
(plano p. 216; calle 38, entre av. 1 y Playa; *pizza* y pasta 6-10 CUC; ⏲11.00-23.00) Los visitantes veteranos de Cuba recordarán la época en que la palabra "pasta" era un eufemismo de "papilla". Los tiempos han cambiado y gracias a nuevas leyes de privatización, que han inspirado restaurantes como este (la dueña es italiana), la palabra "al dente" ya no es intraducible.

El viajero encontrará prueba de ello en el bonito jardín delantero de este restaurante donde los conejos mordisquean zanahorias mientras los viajeros disfrutan de *pizza* crujiente, *linguine* al pesto y capuchinos de verdad.

Kiki's Club ITALIANA $
(plano p. 218; av. Kawama esq. calle 6; principales 3-6 CUC; ⏲12.00-22.30) Las deliciosas *pizzas* servidas en este local, que dispone de terraza y una buena carta de cócteles, son un paraíso respecto a la monotonía predominante del extremo occidental de la península.

La Vicaria CUBANA $
(plano p. 216; av. 1, entre calles 37 y 38; principales desde 4 CUC; ⏲12.00-22.30) Para comer con la clientela local en mesas exteriores bajo marquesinas de estilo ranchón. Las raciones son generosas, sobre todo si se pide el enorme especial de la casa; langosta con pollo y cerdo (12,95 CUC).

Ranchón Bellamar CUBANA $
(plano p. 218; av. 1, entre calles 16 y 17; principales 2-5 CUC; ⏲10.00-22.00) Comprimido entre la avenida principal y la playa, este ranchón con techo de paja y abierto por los lados forma parte del Hotel Sunbeach, situado enfrente. Con sus almuerzos baratos y músicos, es una buena opción para una comida sin prisas, a pesar de su pobre servicio.

Restaurante el Criollo CARIBEÑA $
(plano p. 218; av. 1 esq. calle 18; ⏲12.00-24.00) Es uno de los locales estatales más interesantes, que como su nombre sugiere sirve comida criolla típica a precios de risa.

Coppelia HELADERÍA $
(plano p. 216; av. 1, entre calles 44 y 46; ⏲15.00-23.00) ¿Un Coppelia sin colas? Situado sobre el complejo comercial subterráneo del parque de las 8000 Taquillas, este templo de los helados es luminoso y amplio, y no hay demasiada gente.

Salsa Suárez INTERNACIONAL $$
(plano p. 218; ☎61-20-09; calle 31 nº 103, entre av. 1 y av. 3; principales 8-12 CUC; ⏲11.00-23.00) Posiblemente el más atrevido y completo de todos los nuevos paladares de Varadero. Impresiona con su patio cubierto de verde y con platos escritos artísticamente en una gran pizarra. Las influencias culinarias proceden de todas partes (tapas, pasta, bandejas de queso y buena comida cubana). Buena comida y buenos detalles como las cestas de pan de cortesía y un excelente café de estilo italiano.

Restaurante Esquina Cuba CUBANA $$
(plano p. 216; av. 1 esq. calle 36; ⏲12.00-23.00) En su día fue el favorito de Compay Segundo, genio de Buena Vista Social Club, y es evidente que el hombre tenía buen gusto. Se recomienda degustar la especialidad de la casa: un plato de cerdo (13 CUC) con montones de alubias, arroz y plátano frito. Todo bajo la mirada de las curiosidades cubanas colgadas en la pared y de un coche norteamericano.

Dante ITALIANA $$
(plano p. 216; ☎66-77-38; parque Josone; comidas 5-10 CUC; ⏲12.00-22.45) En plena forma desde 1993, toma el nombre de su emprendedor chef, que prepara deliciosa comida italiana como complemento de la ubicación junto al lago desde que se inaugurara el local. Hay antipasto a partir de 6 CUC; también cuenta con la selección de vinos más impresionante de Varadero. Es una gran oportunidad para mimar el paladar. Al ser uno de los mejores restaurantes de Varadero, suele estar lleno.

La Fondue FRANCESA $$
(plano p. 216; av. 1, esq. calle 62; principales 10 CUC; ⏲12.00-24.00) Los lugareños consideran este restaurante especializado en *fondues*, junto con el Mallorca, como uno de los mejores de la ciudad, y además supone un cambio gratificante para el paladar. La *fondue* de filete de ternera es el plato estrella.

Restaurante Mallorca ESPAÑOLA $$
(plano p. 216; ☎66-77-46; av. 1, entre calles 61 y 62; principales 5-10 CUC; ⏲12.00-24.00) Local elegante e íntimo conocido por su paella. El interior es sorprendentemente espacioso, con una barra bien surtida (una buena selección de vinos de Sudamérica), raciones generosas y un servicio atento.

Barracuda Grill PESCADO Y MARISCO $$
(plano p. 216; av. 1 esq. calle 58; principales 7 CUC; ⏲11.00-19.00) Concurrido lugar donde se sirve sabroso pescado y marisco. Está en un pabellón cubierto con el tejado de paja con vistas a la playa en los jardines del Barracuda Diving Center.

Lai-Lai CHINA $$
(plano p. 218; av. 1 esq. calle 18; comidas 6-10 CUC; ⏲12.00-23.00) Este veterano ubicado en una mansión de dos pisos en la playa sirve menús con varios platos. Un buen lugar para saborear una sopa *wonton*.

Paladar Casona del Chino Pons CUBANA, CHINA $$
(plano p. 218; av. 1 esq. calle 27; principales 8-11 CUC) Comida cubana tradicional con influencia china y buenas opciones vegetarianas. Se recomienda el arroz frito o el pollo agridulce, que se pueden degustar en el porche de una bonita vieja casa de madera en la playa.

Restaurante La Campana CARIBEÑA $$
(plano p. 216; ☎66-72-24; parque Josone; principales 10 CUC; ⏲12.00-22.30) Con su rústica mampostería, techo de terracota y campanario, transporta algo de la campiña griega al parque Josone. Añade algunos toques originales a los platos cubanos.

El Retiro INTERNACIONAL $$
(plano p. 216; ☎66-73-16; ⏲12.00-22.00) Cocina internacional en un entorno neoclásico en el parque Josone.

Varadero 60 INTERNACIONAL $$$
(☎61-39-86; calle 60 esq. av. 3; principales 6-17 CUC; ⏲12.00-24.00) Subiendo considerablemente el listón del nuevo panorama de paladares de Varadero, este restaurante rezuma refinamiento. El significado del nombre es doble: está en la calle 60 y su temática son los anuncios publicitarios de la década de 1960 que adornan las paredes de su elegante interior.

Las especialidades son la langosta y el solomillo, que pueden combinarse con excelentes vinos chilenos o españoles.

Restaurante Mesón del Quijote ESPAÑOLA $$$
(plano p. 222; Reparto La Torre; principales 8-15 CUC; ⏲12.00-24.00) Junto a una estatua del famoso personaje de Cervantes, es una de las únicas opciones de la parte este de la península fuera de los complejos. Encaramado en un montículo cubierto de hierba sobre la avenida las Américas, su carta con un toque español supone un cambio gratificante respecto a los bufés libres.

Compra de alimentos

Hay una práctica tienda de comestibles junto al **Aparthotel Varazul** (plano p. 218; calle 15; ⏲9.00-19.00), además del **Caracol Pelicano** (plano p. 218; calle 27 esq. av. 3; ⏲9.00-19.45) y el **Club Herradura** (plano p. 216; av. de la Playa, entre calles 35 y 36; ⏲9.00-19.00).

Panadería Doña Neli PANADERÍA $
(plano p. 216; av. 1 esq. calle 43; ⏲24 h) De confianza para comprar pan y pastelería. Ideal para hacerse con provisiones para la playa.

🍷 Dónde beber y vida nocturna

★ **The Beatles Bar-Restaurant** BAR
(plano p. 216; av. 1 esq. calle 59) Recientemente ha aparecido en el borde del parque Josone un local que rinde homenaje a los Beatles (antiguamente prohibidos) en un bar que evoca el espíritu de la década de 1960. Albóndigas, aros de cebolla y brochetas de pollo son al-

gunos de sus tentempiés, pero el verdadero atractivo es el *rock* en directo que empieza a las 22.00 lunes, miércoles y viernes protagonizado por canciones de Led Zepellin, los Stones y Pink Floyd, entre otros.

Bar Mirador BAR
(plano p. 222; av. las Américas; entrada 2 CUC) En el último piso de la Mansión Xanadú, es el refugio romántico por excelencia, donde la *happy hour* coincide oportunamente con los cócteles al atardecer.

Calle 62 BAR
(plano p. 216; av. 1 esq. calle 62; ⊙8.00-2.00) Situado en la zona de transición entre el viejo y el nuevo Varadero, este local sencillo atrae a clientes de ambos lados. Es agradable para comer un sándwich de queso durante el día; por la noche presenta un ambiente más juerguista, con música en directo hasta medianoche.

Discoteca Havana Club CLUB NOCTURNO
(plano p. 216; av. 3 esq. calle 62; entrada 5 CUC) Cerca del Centro Comercial Copey. Cabe esperar multitudes alborotadas y mucha posturita masculina de cara a la galería.

Discoteca La Bamba CLUB NOCTURNO
(plano p. 222; huéspedes/no huéspedes gratis/10 CUC; ⊙22.00-4.00) Es la más moderna de Varadero y está en el Hotel Tuxpán, al este de la ciudad. Se centra en la música latina.

Palacio de la Rumba CLUB NOCTURNO
(plano p. 222; av. las Américas, km 2; entrada 10 CUC; ⊙22.00-3.00) En términos generales, ofrece las noches más alocadas de la península. Hay salsa en directo los fines de semana y una buena mezcla de cubanos y turistas. La entrada incluye las consumiciones. Está junto al Hotel Bella Costa.

☆ Ocio

Aunque la vida nocturna de Varadero pueda parecer tentadora sobre el papel, no existe una auténtica 'escena' de ocio, y el concepto tipo Cancún o Miami Beach de ir de bar en bar es casi inexistente, a menos que uno esté dispuesto a dar largos paseos entre copa y copa. Casi todos los locales –algunos buenos y muchos malos– están junto a los hoteles.

★ Cabaret Continental CABARÉ
(plano p. 222; av. las Américas; entrada 25 CUC consumición incl.; ⊙espectáculo 22.00) Hay una admiración por lo *kitsch* en el retro Hotel Internacional, que presenta un descarado y estrafalario espectáculo tipo Tropicana (martes-domingo). Se puede reservar la cena de las 20.00 (mejor a través del hotel), ver a los cantantes y bailarines pavonearse con su indumentaria, y quedarse después de medianoche en la discoteca.

Casa de la Música MÚSICA EN DIRECTO
(plano p. 216; av. de la Playa esq. calle 42; entrada 10 CUC; ⊙22.30-3.00 mi-do) Emulando a sus dos populares homónimos de La Habana, presenta actuaciones en directo de calidad y destila un ambiente genuinamente cubano. Está en la ciudad y atrae a clientela local que paga en pesos cubanos.

Club Mambo MÚSICA EN DIRECTO
(plano p. 222; av. las Américas; barra libre, entrada 10 CUC; ⊙22.00-2.00 lu-vi, hasta 3.00 sa y do) La locura cubana de los años cincuenta por el mambo perdura en esta interesante sala de música en directo; posiblemente una de las mejores y más de moda. Situada junto al Club Amigo Varadero, en la parte este de la ciudad, la entrada incluye las consumiciones. Hay un DJ que pincha cuando el grupo hace una pausa, pero el local se centra en los directos. Si al viajero no le apetece bailar hay una mesa de billar.

Cabaret Cueva del Pirata CABARÉ
(plano p. 222; ☎66-77-51; autopista sur; barra libre CUC10; ⊙22.00-3.00 lu-sa) Se encuentra 1 km al este del Hotel Sol Elite Palmeras, y presenta a bailarines ligeros de ropa en un espectáculo de estilo cubano con un toque bucanero. El cabaré está dentro de una cueva natural, y cuando termina el espectáculo empieza la discoteca. Es un local concurrido que atrae a una clientela joven. Los lunes es el mejor día. Se puede reservar a través de los hoteles.

Centro Cultural Comparsita CENTRO CULTURAL
(plano p. 216; calle 60, entre av. 2 y av. 3; entrada 1-5 CUC; ⊙22.00-3.00) Un centro cultural ARTex en el borde de la ciudad de Varadero con conciertos, espectáculos, baile, karaoke y ambiente local. Consúltese el programa pegado a la puerta.

De compras

Las tiendas Caracol de los grandes hoteles venden recuerdos, postales, camisetas, ropa, alcohol y tentempiés. El viajero puede ver el sector privado en marcha en el nebuloso **Mercado Alegría,** que engloba a los vendedores que montan sus puestos en la avenida 1 entre las calles 42 y 48.

Centro Comercial Hicacos CENTRO COMERCIAL
(plano p. 216; 10.00-22.00) El centro comercial subterráneo de la ciudad de Varadero en el parque de las 8000 Taquillas es pequeño en comparación con los de EE UU pero incluye lo básico, como recuerdos, cigarros, un *spa*/gimnasio y una oficina de Infotour.

Casa del Ron RON
(plano p. 216; av. 1 esq. calle 62) El mejor surtido de ron en Varadero además de oportunidades de degustación en un viejo y venerable edificio con una maqueta de la destilería Santa Elena de Matanzas.

Casa de las Américas LIBROS, MÚSICA
(plano p. 216; av. 1 esq. calle 59) Un establecimiento minorista de la famosa institución cultural de La Habana donde comprar CD, libros y arte.

Casa del Habano PUROS
(plano p. 218; av. de la Playa, entre calles 31 y 32; 9.00-18.00) El lugar indicado para los puros, con artículos de calidad y un servicio atento. Hay otra sucursal (plano p. 216; 66-78-43; av. 1 esq. calle 63; 9.00-21.00) donde sirven café en la cafetería de arriba.

Galería de Arte Varadero ARTE
(plano p. 216; av. 1, entre calles 59 y 60; 9.00-19.00) Para comprar joyas antiguas, plata y cristal tipo piezas de museo, cuadros y demás reliquias de la época burguesa de Varadero. Dado que la mayor parte de artículos son de importancia patrimonial, todo está pertinentemente etiquetado con permiso de exportación.

Plaza América CENTRO COMERCIAL
(plano p. 222; autopista sur km 7; mercadillo 10.00-20.30) Construido en 1997 pero con aspecto de estar ya pasado de moda, el primer centro comercial de Cuba es una de las creaciones arquitectónicas menos inspiradas de Varadero, aunque cumple con su propósito. Hay varios establecimientos, como una farmacia, un banco, una tienda de música Egrem, una tienda Benetton, restaurantes y varias tiendas de recuerdos.

Taller de Cerámica Artística ARTESANÍA
(plano p. 216; av. 1, entre calles 59 y 60; 9.00-19.00) Al lado de la Galería de Arte Varadero y de la Casa de las Américas, el viajero puede comprar cerámica artística elaborada en las instalaciones. La mayor parte de los artículos cuesta entre 200 y 250 CUC.

Gran Parque de la Artesanía MERCADO
(plano p. 218; av. 1, entre calles 15 y 16) El mercado de artesanos al aire libre que en su día estaba instalado en el Centro Comercial Hicacos ha resurgido por debajo de la avenida 1.

Librería Hanoi LIBROS
(plano p. 216; av. 1 esq. calle 44; 9.00-21.00) Una de las más completas de la isla; además de su gran selección de libros en español, ofrece libros en francés e inglés.

ARTex RECUERDOS
(plano p. 216; av. 1, entre calles 46 y 47; 9.00-17.00) CD, camisetas, instrumentos musicales, etc.

Información

PELIGROS Y ADVERTENCIAS

En lo que respecta a delincuencia, el peligro es mínimo. Aparte de emborracharse en los bares tipo todo incluido y tropezarse con la alfombra del baño de camino al lavabo, no hay mucho de qué preocuparse. Hay que tener cuidado con las dispares tomas de corriente de los hoteles. En algunas habitaciones puede haber un enchufe de 110 V junto a uno de 220 V. Deberían estar marcados, pero no siempre es así.

En la playa, la bandera roja significa que no está permitido bañarse debido a la resaca u otros peligros. Una medusa azul, conocida como "hombre portugués de la guerra", puede producir una reacción adversa si uno entra en contacto con sus largos tentáculos. Hay que lavar la zona de la picadura con agua de mar y buscar atención médica si el dolor se vuelve intenso o se tiene dificultad para respirar. Son más comunes en verano. El robo de zapatos, gafas de sol y toallas es habitual en esta playa.

URGENCIAS

Asistur (66-72-77; av. 1 nº 4201, entre calles 42 y 43; 9.00-16.30 lu-vi) Asistencia de emergencia.

ACCESO A INTERNET Y TELÉFONO

Muchos hoteles disponen de conexión a internet por 6-8 CUC/h. Las tarjetas para rascar se compran en recepción. Si uno se aloja en un sitio más barato, puede usar **Etecsa Telepunto**. (av. 1 esq. calle 30)

ASISTENCIA MÉDICA

Muchos hoteles grandes cuentan con enfermería, donde pueden recibirse primeros auxilios gratis.

Clínica Internacional Servimed (☎66-77-11; av. 1 esq. calle 60; ⏰24 h) Consultas médicas u odontológicas (de 25 a 70 CUC) y llamadas de hoteles (de 50 a 60 CUC). También hay una buena farmacia (abierta 24 h) con artículos en pesos convertibles.

Farmacia Internacional Marina Chapelín (☎61-85-56; autopista sur km 11, Marina Chapelín; ⏰9.00-21.00); Kawama (☎61-44-70; av. Kawama; ⏰9.00-21.00); Plaza América (☎66-80-42; av. las Américas km 6, plaza América; ⏰9.00-21.00)

DINERO

En los hoteles y restaurantes de Varadero los turistas europeos pueden pagar en euros. Si el viajero cambia moneda en el hotel, sacrificará un 1% más que en un banco.

Banco de Ahorro Popular (calle 36, entre av. 1 y autopista sur; ⏰8.30-16.00 lu-vi) Probablemente la opción más lenta.

Banco Financiero Internacional Avenida 1 (av. 1 esq. calle 32; ⏰9.00-19.00 lu-vi, 9.00-17.00 sa y do); plaza América (av. las Américas esq. calle 61; ⏰9.00-12.00 y 13.00-18.00 lu-vi, 9.00-18.00 sa y do) Cheques de viaje y anticipos de efectivo con Visa y MasterCard.

Cadeca (av. de la Playa esq. calle 41; ⏰8.30-18.00 lu-sa, 8.30-12.00 do)

CORREOS

Muchos hoteles grandes disponen de oficinas de correos.

Oficina de correos (calle 64, entre av. 1 y av. 2; ⏰8.00-12.00 y 13.00-17.00 lu-vi, 8.00-12.00 sa)

Oficina de correos (av. 1 esq. calle 36; ⏰8.00-18.00 lu-sa)

INFORMACIÓN TURÍSTICA

Infotur (☎66-29-61; av. 1 esq. calle 13) La oficina principal está junto al hotel Acuazul, pero tienen mostradores en casi todos los grandes *resorts*.

AGENCIAS DE VIAJES

Casi todos los hoteles disponen de un mostrador turístico, donde reservar circuitos de aventura, paracaidismo, buceo y demás. Sin embargo, suele salir más barato ir directamente a la agencia de viajes.

Cubamar (☎66-88-55; av. 1, entre calles 14 y 15) La oficina está en la planta baja del Aparthotel Varazul. Organiza excursiones al río Canímar.

Cubatur (☎66-72-16; av. 1 esq. calle 33; ⏰8.30-18.00) Reserva habitaciones de hotel dentro del país; organiza traslados de autobús a hoteles de La Habana y excursiones a la península de Zapata y otros destinos.

Havanatur (☎66-70-27; Av 3, entre calles 33 y 34; ⏰8.00-18.00)

Cómo llegar y salir

AVIÓN

El **aeropuerto internacional Juan Gualberto Gómez** (☎61-30-16) está a 20 km del centro de Varadero en dirección Matanzas y a otros 6 km de la carretera principal. Entre las compañías aéreas se cuentan Thomas Cook, desde Londres y Manchester; Cubana, desde Buenos Aires y Toronto; Air Berlin, desde Düsseldorf y otras cuatro ciudades alemanas; Arkefly desde Amsterdam; y Air Transat y WestJet, desde varias ciudades canadienses. En Varadero hay que facturar 90 min antes de la hora del vuelo.

Para llegar desde España hay que hacer escala en Alemania o Inglaterra. Muchos viajes organizados incluyen ya el desplazamiento hasta Varadero con escalas en otros países.

AUTOBÚS

La **terminal de ómnibus** (calle 36 esq. autopista sur) cuenta con autobuses diarios de **Viazul** con aire acondicionado (☎61-48-86; ⏰7.00-12.00 y 13.00-19.00) a varios destinos.

Los cuatro autobuses diarios a La Habana (10 CUC, 3 h) paran en Matanzas (6 CUC, 1 h); todos salvo el segundo paran también en el aeropuerto Juan Gualberto Gómez (6 CUC, 25 min). Los autobuses salen de Varadero a las 8.00, 11.35, 15.30 y 18.00.

Hay dos autobuses a Trinidad (20 CUC, 6 h), vía Cienfuegos (16 CUC, 4½ h) a las 8.15 y 14.00. El de la mañana también para en Santa Clara (11 CUC, 3 h 20 min).

El autobús a Santiago (49 CUC, 12 h) sale todas las noches a las 21.45 y para en Cárdenas (6 CUC, 20 min), Colón (6 CUC, 1½ h), Santa Clara (11 CUC, 3 h 20 min), Sancti Spíritus (17 CUC, 5 h), Ciego de Ávila (19 CUC, 6¼ h), Camagüey (25 CUC), Las Tunas (33 CUC), Holguín (38 CUC) y Bayamo (41 CUC).

Si el viajero dispone de tiempo puede ir a La Habana con el autobús de Viazul con destino Matanzas y allí tomar el tren de Hershey.

Además de los autobuses de Viazul de las 8.15 y 21.45 a Cárdenas, el viajero puede tomar el autobús urbano 236, que sale cada hora de un punto junto a un pequeño túnel donde se indica

"Ómnibus de Cárdenas", en el exterior de la estación central de autobuses. También se puede tomar este autobús en la esquina de la avenida 1 con la calle 13 (1 CUC). En Varadero no hay que confiar en poder comprar billetes para autobuses que no sean de Viazul a destinos de la provincia de Matanzas y más allá: la postura oficial es que los turistas no pueden hacerlo, y por lo general en Varadero los turistas se distinguen perfectamente de los cubanos. De todos modos siempre se puede intentar.

Conectando de Cubanacán ofrece un servicio práctico de autobús entre los hoteles de Varadero y los de La Habana. También hay un servicio entre Varadero y Trinidad vía Cienfuegos. Los precios son similares a los de Viazul. Conviene reservar los billetes con un día de antelación mínimo a través de Infotur.

AUTOMÓVIL

Se puede alquilar un coche en casi todos los hoteles de la ciudad, con precios similares en todos. Contando con el combustible y el seguro, un coche estándar puede costar unos 70-80 CUC al día.

Aparte de en las recepciones de los hoteles, se puede probar en **Havanautos** (✆61-44-09; av. 1 esq. calle 31) o **Cubacar** (✆61-44-10, 66-73-26; av. 1 esq. calle 21).

Havanautos (✆25-36-30), **Transtur** (✆25-36-21), **Vía** (✆61-47-83) y **Cubacar** tienen oficinas de alquiler de coches en el aparcamiento del aeropuerto. Cabe esperar un mínimo de 75 CUC al día por los modelos más pequeños (o 50 CUC al día para un alquiler de dos semanas).

En **Rex** (✆66-77-39, 66-75-39) alquilan coches de lujo. Hay Audi y coches automáticos (algo inusual en Cuba) a partir de 100 CUC al día.

Hay una **gasolinera Servi-Cupet** (autopista sur esq. calle 17; ⌚24 h) en la Vía Blanca, en la entrada a Marina Acua, cerca del Hotel Sunbeach, y otra en el **Centro Todo en Uno** (plano p. 216; calle 54 esq. autopista sur).

Si el viajero se dirige a La Habana deberá pagar 2 CUC de peaje en la caseta de la Vía Blanca al salir.

ℹ Cómo desplazarse

A/DESDE EL AEROPUERTO

Varadero y Matanzas están a 20 km del ramal que conduce al aeropuerto internacional Juan Gualberto Gómez; hay otros 6 km desde la carretera a la terminal del aeropuerto. Un taxi turístico cuesta 20 CUC a Matanzas y unos 25 CUC del aeropuerto a Varadero. Si el viajero convence al taxista de que use el taxímetro, debería salir más barato. Los cuatro autobuses de Viazul con destino La Habana paran en el aeropuerto; salen a las 8.00, 11.35, 15.30 y 18.00 y llegan 25 min después. Los billetes cuestan 6 CUC.

AUTOBÚS

Varadero Beach Tour (billete todo el día 5 CUC; ⌚9.30-21.00) es un práctico autobús turístico descubierto de dos pisos con 45 paradas, que permite subirse y bajarse cuantas veces se quiera y conecta los *resorts* y centros comerciales de la península. Pasa cada ½ h por paradas bien señalizadas con información sobre la ruta y la distancia. Los billetes se pueden comprar en el autobús.

Hay un autobús turístico más a Matanzas y todos los puntos de interés en el camino. Un falso tren de juguete conecta los tres grandes *resorts* Meliá.

Los autobuses urbanos nº 47 y 48 unen la calle 64 con Santa Marta, al sur de Varadero, en la autopista sur; el autobús 220 circula entre Santa Marta y el extremo este de la península. No hay horarios fijos y cuesta 20 centavos. También se puede utilizar el autobús 236 a/desde Cárdenas, que recorre toda la península.

COCHE DE CABALLOS

Recorrer Varadero en un coche de caballos estatal cuesta 5 CUC por persona para un circuito de 45 min o 10 CUC para un circuito completo de 2 h; mucho tiempo para ver los puntos de interés.

MOTOCICLETA Y BICICLETA

Son perfectos para recorrer la península y descubrir un poco Cuba. Se pueden alquilar en casi todos los *resorts* tipo todo incluido, y las bicicletas se suelen prestar como parte de la oferta. El precio genérico es 9 CUC/h y 25 CUC/día, con la gasolina incluida en el precio por hora (aunque puede cobrarse un impuesto de 6 CUC en base a 24 h, así que mejor preguntar). Hay un **puesto de alquiler Palmares** (av. 1 esq. calle 38) en el centro de la ciudad con motocicletas para aquellos que no se alojen en un hotel tipo todo incluido. Puede contar con dos bicicletas destartaladas sin marchas: no hay que pagar más de 2 CUC/h o 15 CUC/día.

TAXI

Los taxis turísticos con taxímetro cobran 1 CUC por la bajada de bandera más 1 CUC/km (misma tarifa día y noche). Los "coquitos" o "huevitos" cobran menos ya que no hay bajada de bandera. Un taxi a Cárdenas/La Habana costará unos 20/85 CUC por trayecto. Los taxis aguardan en los hoteles principales o se puede llamar a **Cuba Taxi** (✆61-05-55) o **Transgaviota** (✆61-97-62). El segundo usa coches grandes en caso de que uno lleve mucho equipaje. Se supone que los turistas no deben usar los viejos taxis Lada. Quizá merezca la pena regatear.

Cárdenas

109 552 HAB.

Cuesta imaginar una yuxtaposición más discordante. Esta deslucida ciudad, 20 km al este de la resplandeciente Varadero, es hogar de multitud de camareros y recepcionistas de *resorts* y taxistas, pero sin apenas restaurantes, hoteles o taxis.

Deslustrada tras cincuenta años de austeridad, fue en su día bonita y hoy recuerda a una fotografía en sepia. Las calles, antaño repletas de edificios ilustres han sufrido mucho desde la Revolución, dejando este antiguo puerto azucarero como una sombra de lo que fue.

Cárdenas tuvo su papel circunstancial en la historia de Cuba. En 1850 el aventurero venezolano Narciso López y un variopinto ejército de mercenarios americanos izaron en el lugar la bandera cubana por primera vez, en un intento infructuoso de liberar la colonia de los españoles. Luego vinieron otros ciudadanos que hicieron historia, como el líder estudiantil revolucionario José Antonio Echeverría, que murió de un disparo durante un asalto frustrado para asesinar al presidente Batista en 1957. Este rico pasado se expone en tres fabulosos museos cercanos al parque Echeverría, la plaza principal de la ciudad.

Museos aparte, las ruinosas fachadas de Cárdenas pueden horrorizar a los viajeros procedentes de Varadero. Si uno quiere ver una instantánea genuina de Cuba, no encontrará un lugar más revelador.

Al pedir indicaciones, debe tenerse en cuenta que los habitantes de Cárdenas suelen usar los nombres antiguos de las calles más que el sistema nuevo (de números). Si se tienen dudas, mejor asegurarse.

Puntos de interés

Entre los deslustrados edificios y los deslucidos restaurantes (en pesos cubanos) del centro de Cárdenas, se encuentran tres excelentes museos, situados en el bonito parque Echeverría, que son lo más destacado de la ciudad.

★ Museo de Batalla de Ideas MUSEO

(av. 6, entre calles 11 y 12; entrada 2 CUC, cámara 5 CUC; 9.00-17.00 ma-sa, 9.00-13.00 do) El más nuevo de los tres museos de Cárdenas ofrece una visión muy bien diseñada y organizada de la historia de las relaciones entre EE UU y Cuba, llena de sofisticado material gráfico. Inspirado por el caso de Elián González, un chico de Cárdenas cuya madre y padrastro, además de otras 11 personas, murieron ahogados en 1999 cuando intentaban entrar en EE UU en un bote, el museo es el sólido formato de la batalla de ideas resultante entre Castro y el Gobierno estadounidense.

La colección del museo ha crecido desde entonces, con una muestra que se centra en los ocho meses durante los cuales Cuba y EE UU debatieron la custodia de Elián, aunque también contiene exposiciones sobre la calidad del sistema educativo cubano, y un patio con bustos de antiimperialistas que murieron por la causa revolucionaria.

Museo Casa Natal de José Antonio Echeverría MUSEO

(av. 4 Este nº 560; entrada incl. guía 1 CUC; 10.00-17.00 ma-sa, 9.00-13.00 do) Alberga una macabra colección histórica en la que figura el garrote vil original usado para ejecutar a Narciso López en 1851. Los objetos relacionados con las guerras de independencia del s. XIX están en el piso inferior, mientras que la Revolución del s. XX se trata en el primer piso. José Antonio Echeverría nació en el lugar en 1932; este líder estudiantil fue asesinado por la policía de Batista en 1957 tras un intento de asesinato fallido en el Palacio Presidencial de La Habana. Hay una estatua suya en la plaza epónima.

Museo Óscar María de Rojas MUSEO

(av. 4 esq. calle 13; entrada 5 CUC; 9.00-18.00 ma-sa, 9.00-13.00 do) El segundo museo más antiguo de Cuba (después del Museo Bacardí de Santiago) ofrece más objetos curiosos, incluida una silla de estrangulación de 1830, una máscara de Napoleón, la cola del caballo de Antonio Maceo, la colección más extensa de caracoles de Cuba y pulgas conservadas de 1912.

Ocupa un encantador edificio colonial y el personal está formado por entendidos guías oficiales.

Catedral de la Inmaculada Concepción IGLESIA

(av. Céspedes, entre calles 8 y 9) El principal edificio eclesiástico de Cárdenas se encuentra en el parque Colón, la otra plaza importante de la ciudad. Construida en 1846, destaca por sus vidrieras y por contener, supuestamente, la estatua de Cristóbal Colón más antigua del hemisferio occidental. Es la mejor instantánea de Cárdenas.

Monumento del Mástil MONUMENTO
(av. Céspedes esq. calle 2) En el extremo norte de la avenida Céspedes se halla este mástil contiguo a un monumento, que conmemora la primera izada de la bandera cubana, el 19 de mayo de 1850.

Fábrica de ron Arrechabala FÁBRICA
(calle 2 esq. av. 13) Al noroeste del centro, en la zona industrial, es donde se destila el ron de Varadero: Havana Club se fundó aquí en 1878. Recientemente, la empresa (y su socio internacional Bacardí) se ha visto envuelta en una disputa de marcas con el Gobierno cubano y el socio Pernod Ricard sobre el derecho a vender Havana Club en EE UU. Oficialmente no ofrece circuitos.

Dónde dormir

En Cárdenas ya no hay ningún hotel desde que el antaño espléndido Hotel Dominica (un monumento nacional junto a la catedral) cerró indefinidamente. Por suerte Cárdenas cuenta con varias casas particulares interesantes (aunque difíciles de encontrar).

★ **Hostal Ida** CASA PARTICULAR $
(☎52-15-59; Calzada 388, entre av. 13 y av. 15; h 30-35 CUC; P❄) La belleza de este lugar reside en el interior, por lo que no hay que desanimarse por el aspecto de la calle. Dentro de este elegante apartamento (con entrada y garaje privados) hay un maravillosa sala de estar/cocina y una habitación/cuarto de baño.

Lulu, el dueño, trabajó en Sandals y sus aptitudes se extienden a un generoso desayuno (5 CUC).

Ricardo Domínguez CASA PARTICULAR $
(☎528-94431; av. 31 esq. calle 12; h 35 CUC; P❄) Si el Ida está lleno, se puede optar por este impecable bungaló con un frondoso jardín que parece sacado de un barrio de lujo de Miami. Sin embargo, la casa es algo cara por lo lejos que está del centro.

Dónde comer

Es probable que la mitad de los chefs de Varadero procedan de Cárdenas, lo cual añade ironía a la nefasta escena gastronómica de la ciudad.

Slow Cooking D'Alonso JAPONESA $
(Céspedes nº 708; sushi 3 CUC) Sentado en la pequeña cocina con un ron o un sake viendo al chef cubano cocinar tempura o preparar sushi, uno tiene que pellizcarse para asegurarse de que está en Cárdenas. Incluso tienen palillos para comer.

Los Yoa CUBANA $
(Calzada esq. av. 13; principales 5-8 CUC; ⌚6.00-22.00 mi-lu) Un pequeño paladar y café que ha aprovechado las nuevas leyes de privatización y ha mejorado el nivel del deprimente panorama gastronómico de Cárdenas. Las paredes están adornadas de extraño arte pornográfico.

Compra de alimentos

Hay muchos supermercados y tiendas donde pagar en pesos convertibles cerca del mercado del s. XIX de **Plaza Molocoff** (av. 3 Oeste esq. calle 12). Uno puede comprar tentempiés (en pesos cubanos) en el mercado y los alrededores, donde los comerciantes venden de todo, desde pelo falso a budas de plástico.

Mercado de verduras MERCADO $
(plaza Molocoff; ⌚8.00-17.00 lu-sa, 8.00-14.00 do) Dentro de la plaza Molocoff.

El Dandy MERCADO $
(av. 3, en plaza Molocoff; ⌚9.00-17.00 lu-sa, 9.00-12.00 do) Vende bebidas y comestibles.

Ocio

Casa de la Cultura CENTRO CULTURAL
(av. Céspedes nº 706, entre calles 15 y 16) Está ubicado en un bonito aunque deslucido edificio colonial con vidrieras y un patio interior con mecedoras. Destacan los carteles publicitarios escritos a mano de peñas (actuaciones) de rap, teatro y actos literarios.

Cine Cárdenas CINE
(av. Céspedes esq. calle 14) Hay proyecciones diarias.

De compras

Librería La Concha de Venus LIBROS
(av. Céspedes nº 551, esq. calle 12; ⌚9.00-17.00 lu-vi, 8.00-12.00 sa) Libros en español.

Información

Banco de Crédito y Comercio (calle 9 esq. av. 3)
Cadeca (av. 1 Oeste esq. calle 12)
Centro Médico Sub Acuática (☎52-21-14; calle 13, canal 16 VHF; 80 CUC/h; ⌚8.00-16.00 lu-sa, médicos de guardia 24 h) En el Hospital Julio M. Aristegui, 2 km al noroeste,

en la carretera a Varadero; tiene una cámara de descompresión soviética de 1981.

Etecsa Telepunto (av. Céspedes esq. calle 12; 8.30-19.30) Teléfono e internet.

Farmacia (calle 12 nº 60; 24 h)

Oficina de correos (av. Céspedes esq. calle 8; 8.00-18.00 lu-sa)

Cómo llegar y salir

El autobús de **Viazul** (www.viazul.com) Varadero-Santiago para en la **estación de autobuses** (av. Céspedes esq. calle 22) una vez al día en cada dirección. El servicio hacia el este sale de Varadero a las 21.45 y llega a Cárdenas a las 22.10. Después se dirige al este pasando por Colón (6 CUC, 1 h), Santa Clara (11 CUC, 3 h) y el resto de paradas hasta Santiago de Cuba (48 CUC, 15½ h). El autobús Varadero-Trinidad sale de Varadero a las 8.15 y llega a Cárdenas a las 8.40, Cienfuegos (15 CUC, 4½ h) y Trinidad (19 CUC, 6 h).

Los autobuses urbanos salen a diario de la estación de autobuses con destino a La Habana y Santa Clara, pero cuando llegan a Cárdenas suelen estar llenos. También hay camionetas a Jovellanos/Perico, que dejan al viajero a 12 km de Colón y le acercan a algún posible transporte que siga hacia el este. La ventanilla está en la parte trasera de la estación.

El autobús 236 a/desde Varadero sale cada hora desde la esquina de avenida 13 Oeste y calle 13 (50 centavos, pero a los turistas les suelen cobrar 1 CUC).

CÓMO DESPLAZARSE

La principal ruta en coche de caballos (1 CUP) a través de Cárdenas está al noreste, en avenida Céspedes; viniendo desde la estación de autobuses, luego hay que ir al noroeste por la calle 13 hasta el hospital, dejando atrás la parada del autobús 236 (a Varadero) por el camino.

La **gasolinera Servi-Cupet** (calle 13 esq. av. 31 Oeste) está enfrente de un antiguo fuerte español en la parte noroeste de la ciudad, en la carretera a Varadero.

San Miguel de los Baños y alrededores

Enclavada en el interior de la provincia de Matanzas, entre colinas pintadas de buganvillas, esta ciudad termal compitió en su día con La Habana por su elegante opulencia. Pero eso fue en su día. Tras un efímero auge como destino de adinerados turistas en busca de las balsámicas aguas medicinales que se 'descubrieron' a principios del s. XX, en San Miguel se construyeron varias villas neoclásicas que hoy todavía pueden verse en la céntrica avenida de Abril. Pero la prosperidad fue breve. Justo antes de la Revolución, la contaminación de un molino de azúcar de la zona se infiltró en el suministro de agua y el complejo no tardó en perder su fama.

Puntos de interés y actividades

Llaman la atención los contrastes arquitectónicos: las casas modestas de la población actual junto a edificios extraordinariamente ostentosos de la época de esplendor, como el recargado **Gran Hotel y Balneario,** con varias cúpulas, y en la parte norte de la ciudad, una reproducción del Grand Casino de Montecarlo. Los planes para abrir de nuevo el hotel todavía no se han concretado, pero es bastante sencillo pasear por los enigmáticos jardines hasta los baños de ladrillo rojo de estilo románico todavía en pie. A veces hay que negociar con un vigilante en la entrada principal; una pequeña propina suele bastar. Probablemente sea mejor no bañarse.

Dominando la ciudad están las empinadas laderas de la **loma de Jacán,** un cerro con 448 escalones adornado con descoloridos murales del Vía Crucis. Al llegar a la pequeña capilla de la cima, uno puede empaparse de las mejores vistas de la ciudad, con la satisfacción añadida de estar en el techo de la provincia.

Dónde dormir y comer

Finca Coincidencia CASA PARTICULAR **$**

(81-39-23; carretera Central, entre Colesio y Jovellanos; h 20 CUC; P) En esta idílica finca 14 km al noreste de San Miguel de los Baños y 6 km al este de la ciudad de Colesio, en la carretera Central, el viajero reafirmará su predilección por la bucólica vida de provincias, lejos del bullicio de la costa norte. Podrá relajarse entre jardines repletos de mangos y guayabos, participar en clases de cerámica y ayudar en la finca, donde se cultivan 83 tipos de plantas.

Cómo llegar y salir

Para llegar a San Miguel de los Baños hay que seguir la carretera 101 de Cárdenas a Colesio, donde se cruza la carretera Central; la ciudad está situada otros 8 km al suroeste de Colesio. Un taxi desde Cárdenas debería costar de 20 a 25 CUC; hay que regatear. El viajero quizá consiga que le lleven en camioneta/autobús desde la estación de autobuses de Cárdenas.

PENÍNSULA DE ZAPATA

9334 HAB.

Los 4520 km² de la península de Zapata, una extensa zona natural cenagosa casi deshabitada que se extiende por todo el sur de Matanzas, aceleran el pulso tanto de los observadores de la naturaleza como de los submarinistas con las especies de aves más importantes del país y algunos de los arrecifes más mágicos frente a la costa ocultos en su húmedo entorno. Gran parte de la península, una zona protegida que ahora forma parte del Gran Parque Natural Montemar, se conocía antes como Parque Nacional Ciénaga de Zapata: en el 2001 fue declarado Reserva de la Biosfera por la Unesco.

La ciudad azucarera de Australia, al noreste de la península, constituye la principal puerta de acceso al parque. Cerca de allí se halla uno de los grandes reclamos turísticos de la región, la chapucera aunque curiosamente convincente Boca de Guamá, una reproducción de una aldea taína.

La carretera llega a la costa en playa Larga, con las mejores playas de la península, en el cabo de la bahía de Cochinos.

En este punto, los ornitólogos y amantes de la naturaleza querrán ir hacia el suroeste, donde las plantaciones de caña de azúcar pronto se convierten en bochornosas ciénagas. Es una de las regiones más remotas de Cuba, en la que se adentran poquísimos turistas. Aun así, los más intrépidos cosecharán los beneficios: en las vías navegables salpicadas de manglares puede contemplarse una increíble diversidad de aves, así como reptiles y especies de plantas endémicas.

SERVICIO DE LANZADERA DE LA PENÍNSULA

Completando el autobús de Víazul La Habana-Cienfuegos-Trinidad que atraviesa la península de Zapata pero que suele alterar (o cancelar) su horario, hay dos servicios diarios de lanzadera que conectan los principales puntos de interés de la zona. El servicio empieza en el Hotel Playa Girón a las 9.00, se dirige a Caleta Buena y luego regresa pasando por Punta Perdiz, Cueva los Peces y Hotel Playa Larga hasta Boca de Guamá a las 10.00. Entonces la lanzadera sale de Boca de Guamá a las 10.30 para el trayecto inverso. El servicio se repite por la tarde, con salidas a la 13.00 desde el Hotel Playa Girón y a las 15.30 desde Boca de Guamá. Un billete para todo el día cuesta 3 CUC/persona.

Aparte de ser famosa como notoria metedura de pata del imperialismo estadounidense, la costa este de la bahía de Cochinos también cuenta como uno de los mejores lugares del Caribe para el submarinismo en cuevas. Al sureste de playa Larga hay tentadores puntos de inmersión acompañados por un par de menos atractivos hoteles.

Por suerte, el alojamiento fuera de los *resorts* abunda. El viajero puede encontrar opciones excelentes en el Central Australia, playa Larga y playa Girón.

Cuando se escribía esta guía, se había reiniciado el autobús de Viazul que atraviesa la península. También hay un útil servicio de enlace entre Boca de Guamá y Caleta Buena.

FUERA DE RUTA

COLÓN

Escondida en el este de la provincia 40 km al este de Jovellanos, Colón es una interesante parada en la carretera Central. Con sus impresionantes edificios con columnatas y una de las plazas centrales más bonitas y verdes de Cuba, esta ciudad destaca más por su ambiente que por sus atracciones. Lo que el viajero verá en Colón es un ejemplo (y el país está lleno de ellos) de cómo es Cuba para los cubanos ajenos a la industria turística y al dinero que genera.

Uno puede recorrer la calle Martí, la calle principal, para empaparse del ambiente local en el frondoso **parque de la Libertad** (alias parque de Colón), con su estatua de Cristóbal Colón entre muchos otros bustos. Cerca se puede visitar la **iglesia católica**), la **Escuela de Artes y Oficios** con su llamativa arquitectura colonial y el **Hotel Nuevo Continental** que data de 1937. También hay un museo, una galería de arte y un viejo fuerte.

Información

La Finquita (☎91-32-24; autopista nacional km 142; ⊙9.00-17.00 lu-sa, 8.00-12.00 do) es un útil centro de información y bar de tentempiés gestionado por Cubanacán junto a la salida a playa Larga desde la autopista nacional; organiza excursiones al interior de la península de Zapata y reserva habitaciones en Villa Guamá. La **Oficina del Parque Nacional** (☎98-72-49; ⊙8.00-16.30 lu-vi, 8.00-12.00 sa) está en la entrada norte de la carretera desde Boca de Guamá.

Etecsa, la oficina de correos y las tiendas que cobran en pesos convertibles están cruzando la autopista, en Jagüey Grande. El repelente de insectos resultará imprescindible, y si bien puede comprarse repelente cubano en la zona, a esos voraces granujas les parecerá como wasabi en el sushi.

Central Australia y alrededores

No, el viajero no ha llegado a Australia. Aproximadamente 1,5 km al sur de la autopista nacional, de camino a Boca de Guamá, se halla el abandonado gran molino de azúcar Central Australia, construido en 1904.

Puntos de interés

Museo de la Comandancia MUSEO
(entrada 1 CUC; ⊙9.00-17.00 ma-sa, 8.00-12.00 do) Durante la invasión de la bahía de Cochinos, en 1961, Fidel Castro instaló su cuartel general en las antiguas oficinas del molino de azúcar, pero hoy el edificio está dedicado a este museo revolucionario. Se pueden ver el escritorio y el teléfono desde los cuales Fidel dirigía sus tropas, junto con otros objetos. En el exterior se exhiben los restos de un avión invasor derribado por las tropas de Fidel. Los monumentos conmemorativos de cemento que bordean la carretera a la bahía de Cochinos señalan los puntos donde fallecieron los soldados en 1961. El Museo de Playa Girón es un testimonio más emotivo del episodio de la bahía de Cochinos.

Finca Fiesta Campesina PARQUE DE NATURALEZA
(entrada 1 CUC; ⊙9.00-18.00) Unos 400 m a la derecha después de la salida del Central Australia hay una especie de combinación entre parque de naturaleza y feria rural con ejemplos de fauna y flora típica de Cuba. Lo más destacado de este entrañable lugar es el café (uno de los mejores de Cuba, que se sirve con un trozo de caña de azúcar), la monta de toros y el divertidísimo, aunque algo infantil, juego de la ruleta con cobayas. Es el único lugar de Cuba (aparte de las peleas de gallos) donde uno encuentra algún tipo de apuesta abierta.

Dónde dormir y comer

Hay más casas en playa Larga (32 km) y playa Girón (48 km).

Motel Batey Don Pedro BUNGALÓS $
(☎91-28-25; carretera a la península de Zapata; i/d 26/31 CUC; P) Este aletargado motel, en un sendero al sur de la salida a la península de Zapata, en el km 142 de la autopista nacional, en Jagüey Grande, es la mejor opción de la zona. Hay 12 habitaciones en módulos dobles con techo de paja, que disponen de ventiladores de techo, TV y patio; y una o dos ranas en el baño.

El diseño del motel recrea un entorno campestre. Para comer hay un restaurante aceptable, y una opción mucho mejor, la Finca Fiesta Campesina, al principio del sendero. Sirven un energético *guarapo* (zumo de caña de azúcar) junto con uno de los mejores cafés de Zapata.

Pío Cuá CARIBEÑA $$
(carretera de playa Larga km 8; comidas 8-20 CUC; ⊙11.00-17.00) Uno de los favoritos de los autobuses turísticos con destino a Guamá. Este enorme local está pensado para grupos grandes, pero conserva una decoración elegante, con muchas vitrinas. Los platos con gambas, langosta o pollo están bastante bien. Está a 8 km de la salida de la autopista, en dirección sur desde Australia.

Cómo llegar y salir

Los autobuses de Viazul entre La Habana y Cienfuegos pararán en la autopista nacional, 1,5 km al norte de Australia; dado que no es una parada oficial, negociar una recogida es complicado. Se recomienda llamar a las estaciones de autobuses de La Habana o Cienfuegos.

Boca de Guamá

Puede que sea un invento turístico, pero por lo que a *resorts* de la zona se refiere, es de los más imaginativos. Situado a medio camino entre la autopista nacional, en Jagüey Grande, y la famosa bahía de Cochinos, debe su nombre al nativo jefe taíno Guamá, que libró la última batalla contra los españoles en 1532 (en Baracoa). El ma-

LA BAHÍA DE COCHINOS

Lo que los cubanos llaman playa Girón, se conoce en el resto del mundo como el 'fiasco' de la bahía de Cochinos, un desastroso intento de la Administración Kennedy de invadir Cuba y derrocar a Fidel Castro.

Concebido en 1959 por la Administración Eisenhower y dirigido por el director adjunto de la CIA, Richard Bissell, el plan para iniciar una acción encubierta contra el régimen de Castro se autorizó oficialmente el 17 de marzo de 1960. Hubo una sola condición: las tropas de EE UU no participarían en el combate.

La CIA se inspiró en el derrocamiento en 1954 del gobierno de izquierdas de Jacobo Arbenz, en Guatemala. Sin embargo, para cuando se informó al entonces presidente Kennedy sobre el desarrollo de la operación en noviembre de 1960, el proyecto se había convertido en una invasión a gran escala apoyada por un contingente de 1400 exiliados cubanos entrenados por la CIA y financiados con un presupuesto militar de 13 millones de US$.

Activada el 15 de abril de 1961, la invasión fue un desastre de principio a fin. Con la intención de destruir la fuerza aérea cubana en tierra, aviones estadounidenses pintados con los colores de la fuerza aérea cubana (y pilotados por pilotos cubanos en el exilio) fallaron la mayor parte de sus objetivos. Castro, que estaba al corriente de los planes, preparó su fuerza aérea la semana anterior. Así que cuando los invasores desembarcaron en playa Girón dos días después, los Sea Fury cubanos pudieron hundir de inmediato dos de sus buques de aprovisionamiento y dejar a un contingente de 1400 hombres abandonados en la playa.

Para completar el agravio, nunca llegó a materializarse la sublevación cubana a escala nacional fomentada en gran parte por la CIA. Entretanto, un confuso Kennedy anunciaba a Bissell que no proporcionaría apoyo aéreo estadounidense a los soldados exiliados abandonados.

Abandonados en las playas, sin suministros ni apoyo militar, los angustiados invasores estaban condenados. Hubo 114 bajas en las escaramuzas y otros 1189 soldados fueron capturados. Los prisioneros fueron devueltos a EE UU un año después a cambio de 53 millones de US$ en forma de alimentos y medicamentos.

La operación fracasó por multitud de factores. En primer lugar, la CIA había sobreestimado el grado de compromiso personal de Kennedy y también había hecho suposiciones erróneas acerca de la firmeza del fragmentado movimiento anticastrista dentro de Cuba. En segundo lugar, el propio Kennedy, que insistió en todo momento en un desembarco discreto, había elegido un enclave en una franja expuesta de playa, cercana a la Ciénaga de Zapata. En tercer lugar, nadie había dado suficiente crédito al *know-how* político y militar de Fidel Castro o a hasta qué punto el Servicio de Inteligencia Cubano se había infiltrado en la operación supuestamente encubierta de la CIA.

Las consecuencias para EE UU fueron trascendentales. "¡Socialismo o muerte!" proclamó un desafiante Castro en un funeral por siete 'mártires' cubanos el 16 de abril de 1961. La Revolución se había decantado inexorablemente hacia la Unión Soviética.

yor reclamo de la zona es la travesía en barco por los manglares y la laguna del Tesoro, hasta una 'reproducción' de una aldea taína. Fidel solía pasar las vacaciones en el lugar e intervino en el desarrollo del tema taíno. Sin embargo, el viajero pronto tendrá dificultades para establecer paralelismos con la Cuba precolombina: chillones grupos de turistas y música rap aún más estridente acompañarán su viaje en el tiempo. Los barcos salen del muelle, de un punto con varios restaurantes, caros bares de tentempiés, tiendas de baratijas y un criadero de cocodrilos. Este enclave con palmeras constituye un agradable cambio respecto al bochorno de los pantanos cercanos.

Puntos de interés

Laguna del Tesoro LAGO

Está 5 km al este de Boca de Guamá, vía el canal de la Laguna, y solo es accesible en barco. En el extremo (este) de esta masa de agua de 92 km² hay un *resort* turístico llamado Villa Guamá, construido como una reproducción de una aldea taína, en doce pequeñas islas. Un parque de esculturas junto a la falsa aldea exhibe 32 figuras a tamaño real de lugareños taínos en varias posturas idealizadas. El nombre del lago se debe a una leyenda sobre un tesoro taíno supuestamente arrojado a sus aguas antes de la conquista española.

Criadero de Cocodrilos GRANJA DE COCODRILOS (adultos/niños bebida incl. 5/3 CUC; ⌚9.30-17.00) Dentro del complejo de Guamá, cerca del muelle de salida de Villa Guamá, se encuentra este centro de cría de cocodrilos. Muchos de estos animales languidecen, junto a otros también enjaulados. Antes se podía visitar el núcleo del programa de reproducción, cruzando la carretera desde el criadero de cocodrilos, gestionado por el Ministerio de la Industrias Pesqueras. Se crían dos especies de cocodrilos: el autóctono *Crocodylus rhombifer* (cocodrilo en español), y el *Crocodylus acutus* (caimán en español), que se encuentra en toda la parte tropical de América. El turismo no se fomenta, no obstante, y los vigilantes dirigirán a los visitantes de vuelta al falso criadero de Boca de Guamá. A la derecha conforme el viajero viene de la autopista, el Criadero de Cocodrilos es un centro de cría, gestionado por el zoo, pero con suerte se puede conseguir un circuito guiado por todas las fases del programa de reproducción. Antes de que se estableciera este programa en 1962 (considerado la primera actuación de protección medioambiental del Gobierno revolucionario), estas dos especies de cocodrilos de los pantanos casi se habían extinguido.

La reproducción ha tenido tanto éxito que, cruzando la carretera en el complejo Boca de Guamá, el viajero puede comprar crías de cocodrilo disecadas o comer, legalmente, un filete de cocodrilo.

Si el viajero compra algo hecho con piel de cocodrilo en Boca de Guamá, debe asegurarse de pedir una factura (para las autoridades aduaneras) que demuestre que el material viene de una granja de cocodrilos y no de cocodrilos salvajes. Una compra menos polémica sería una de las bonitas pulseras de cerámica que venden en el cercano **taller de cerámica** (⌚9.00-18.00 lu-sa).

Dónde dormir y comer

El **Bar la Rionda** (⌚9.30-17.00) y el **Restaurante la Boca** (menús 12 CUC) se encuentran en el muelle.

Villa Guamá BUNGALÓS $ (☎91-55-51; i/d 35/38 CUC) Esta villa se construyó en 1963 en la orilla este de la laguna del Tesoro, a unos 8 km en barco de Boca de Guamá (los coches pueden dejarse en la granja de cocodrilos; 1 CUC). Las 50 cabañas con techo de paja, baño y TV descansan sobre pilotes sobre las aguas pantanosas. Las seis pequeñas islas donde se ubican las cabañas están conectadas por pasarelas de madera a otras islas con un bar, una cafetería, un restaurante demasiado caro y una piscina con agua clorada del lago. Se pueden alquilar botes de remos, y la observación de aves al amanecer se considera fantástica. Es imprescindible el repelente de insectos. El precio de la habitación no incluye el traslado en *ferry*.

Cómo llegar y salir

Hay dos servicios de autobús diarios de Viazul La Habana-Trinidad que recorren la península de Zapata. Se puede pedir al conductor si es posible bajarse en el muelle de *ferries* de Boca de Guamá. En otro caso, habrá que disponer de transporte propio.

Cómo desplazarse

Un *ferry* de pasajeros (adultos/niños 12/6 CUC, 20 min) cubre el trayecto entre Boca de Guamá y Villa Guamá a través de la laguna del Tesoro cuatro veces al día. Las lanchas motoras salen con más frecuencia y cruzan el lago hasta la falsa aldea en 10 min, a cualquier hora del día por 12 CUC por persona ida y vuelta (con 40 min de espera en Villa Guamá, 2 personas mín.). Por la mañana el viajero puede dedicar más tiempo a la isla yendo en lancha y regresando en *ferry*.

Se puede tomar el autobús lanzadera (3 CUC) entre Boca de Guamá y Caleta Buena.

Gran Parque Natural Montemar

La mayor ciénaga del Caribe, la **Ciénaga de Zapata** es uno de los ecosistemas más diversos de Cuba. Concentradas en este inmenso humedal (básicamente dos ciénagas divididas por una superficie rocosa central) se hallan 14 tipos de vegetación distintas, entre otros manglares, bosque, bosque seco, cactus, sabana, selva y bosque semicaducifolio. También hay extensas salinas. La zona pantanosa alberga más de 190 especies de aves, 31 tipos de reptiles, 12 especies de mamíferos, además de multitud de anfibios, peces e insectos. También hay más de 900 especies vegetales, de las cuales unas 115 son endémicas. Además es un hábitat importante para el manatí, en peligro de extinción, el cocodrilo cubano (*Crocodylus rhombifer*), y el manjuarí (*Atractosteus tristoechus*), el pez más primitivo de Cuba, con cabeza de caimán y cuerpo de pez. La casi extinta jutía enana (un tipo de cobaya salvaje) tiene la ciénaga como único refugio.

Zapata es el mejor destino de Cuba para la observación de aves: el lugar por excelencia para ver zunzuncitos (el ave más pequeña del mundo), cormoranes, grullas, patos, flamencos, halcones, garzas, ibis, lechuzas, loros, perdices y tocororos (el ave nacional de Cuba). Hay 18 especies de aves endémicas. Un gran número de aves migratorias procedentes de Norteamérica hibernan en el lugar, por lo que la temporada de noviembre a abril resulta excelente para la observación de aves. También es el destino estrella del país para la pesca deportiva y la pesca con mosca.

Las comunicaciones en Zapata, no apta para la agricultura, eran casi inexistentes antes de la Revolución, cuando la pobreza era la norma general. Los carboneros queman madera de los bosques semicaducifolios de la región, y la turba procedente de las zonas pantanosas es una importante fuente de energía. Hoy en día, el turismo es la actividad principal y la región cada vez recibe a más ecoturistas. El transporte público solo llega hasta playa Larga: para ver algo de la ciénaga propiamente dicha hay que hacerlo en un circuito.

Actividades

En el parque hay cuatro excursiones destacadas, que lógicamente se centran en la observación de aves. Los itinerarios son flexibles. No se suele proporcionar transporte, así que es mejor organizarlo de antemano. Se pueden alquilar coches (también todoterrenos con conductor) en Havanautos (p. 240), en playa Girón. Hay que calcular entre 25-40 CUC por un coche y conductor.

Los aficionados a la pesca pueden organizar pesca con mosca desde piraguas o a pie (por la poca profundidad del agua) tanto en Las Salinas como en Hatiguanico. Se puede preguntar en la oficina La Finquita de Cubanacán, o simplemente presentarse si el viajero dispone del material. Entre los dos enclaves cuentan con la mejor pesca de Cuba.

Laguna de las Salinas OBSERVACIÓN DE AVES
(10 CUC/persona) Con la gran variedad de aves acuáticas que pueden verse de noviembre a abril, esta laguna ofrece una de las excursiones más populares: hablamos de 10 000 flamencos rosas a la vez, más otras 190 especies plumíferas. La primera mitad de la carretera a Las Salinas es a través del bosque, mientras que la segunda pasa por ciénagas y lagunas. Los guías son obligatorios para explorar la reserva. La visita de 22 km dura unas 4 h, pero el viajero quizá pueda negociar una visita más larga.

Observación de Aves OBSERVACIÓN DE AVES
(19 CUC/persona) Esta excursión ofrece un itinerario muy flexible y el derecho a deambular por diferentes enclaves (con un ornitólogo cualificado del parque), entre otros la **Reserva de Bermejas.** Entre las 18 especies de aves endémicas, el viajero puede ver los apreciados cabreritos, gallinuelas de Santo Tomás y ferminas, que solo se encuentran en la península de Zapata.

Río Hatiguanico OBSERVACIÓN DE AVES
(19 CUC/persona) Alternando tierra y barco, esta excursión consiste en una travesía de 3 h que recorre 12 km de río a través de la densamente arbolada parte noroccidental de la península. En algunos puntos el viajero deberá agacharse para esquivar las ramas, mientras que en otros el río se abre en un ancho estuario tipo delta. Las aves abundan, y también es posible ver tortugas y cocodrilos.

Para cubrir los 90 km hasta el punto de partida hay que contratar transporte.

Señor Orestes Martínez García OBSERVACIÓN DE AVES
(☎525-39004, 98-75-45; chino.zapata@gmail.com; 10-20 CUC excursión/persona) El también conocido como "el Chino", al que se considera el observador de aves autóctono más experto de la zona, puede organizar expediciones ornitológicas a la ciénaga más personalizadas y según dicen más gratificantes. Dirige una casa particular en el pueblo de Batey Caleton cerca de playa Larga.

Santo Tomás ACTIVIDADES AL AIRE LIBRE
(10 CUC/persona) También merece la pena preguntar por esta excursión, que empieza 30 km al oeste de playa Larga, en el único asentamiento en sí del parque (Santo Tomás) y continúa por un afluente del Hatiguanico; a pie o en barca dependiendo de la estación. Es otra opción interesante para los observadores de aves.

Información

La Finquita de Cubanacán, en la autopista cercana a Central Australia, es el punto de información del parque, y un lugar recomendable donde reservar excursiones. Los hoteles de playa Larga o Girón también organizan circuitos, igual que el Hostal Enrique, en el pueblo de Caletón, junto a playa Larga.

Playa Larga

Continuando al sur desde Boca de Guamá se llega a playa Larga, en la bahía de Cochinos, tras 13 km. Esta playa fue una de las que invadieron los exiliados apoyados por EE UU el 17 de abril de 1961 (aunque playa Girón, 35 km más al sur, vivió un desembarco mucho mayor). Ahora es un paraíso de los submarinistas. Hay un *resort* baratito, un centro de buceo con tubo, y unas cuantas casas particulares en la contigua localidad costera de Caletón. Con el alojamiento más cercano al Gran Parque Natural Montemar, es una buena base de operaciones para excursiones de naturaleza en la zona.

Dónde dormir y comer

★ El Caribeño CASA PARTICULAR $
(98-73-59; fidelscaribe@gmail.com; al final de Caletón; h 25-30 CUC;) Una fantasía caribeña aguarda al viajero en esta excelente casa cuya rústica terraza está al lado del mar. La sinuosa playa del lugar, con palmeras retorcidas como telón de fondo, es hermosa y la comida (cangrejo y langosta), muy fresca. Su amable propietario, Fidel Fuentes, acaba de construir dos nuevos apartamentos con vistas al mar.

Hostal Enrique CASA PARTICULAR $
(98-74-25; Caletón; h 20-25 CUC;) A 500 m en la carretera que conduce a Las Salinas, es una de las mejores de la zona, con dos habitaciones, ambas con baño privado, un gran comedor (donde sirven generosas raciones de comida) y un sendero en el jardín trasero que conduce a la a menudo desierta playa de Caletón. Enrique puede organizar salidas de submarinismo y observación de aves por mucho menos dinero que los hoteles cercanos.

Villa Playa Larga HOTEL $
(98-72-94; i/d temporada baja 34/48 CUC desayuno incl.; P) En una pequeña playa de arena blanca junto a la carretera, al este de Caletón, este hotel dispone de enormes habitaciones con baño, salón, nevera y TV, en bungalós independientes. También hay ocho bungalós familiares con dos dormitorios. Una reciente renovación ha mejorado un poco el lugar, aunque el restaurante continúa siendo más bien triste.

Cómo llegar y salir

Hay dos servicios diarios de autobús de Víazul La Habana-Trinidad que atraviesan la península de Zapata. Si se solicita es posible bajarse fuera de Villa Playa Larga.

El Guamá Bus Tour (3 CUC) conecta con playa Girón y Guamá.

Cómo desplazarse

Se puede elegir entre taxi, alquiler de coche/motocicleta en playa Girón o el autobús lanzadera de la península (véase recuadro en p. 234).

Playa Girón

El arco de arena de playa Girón se acurruca plácidamente en el lado oriental de la bahía

Bahía de Cochinos

SUBMARINISMO Y BUCEO EN LA BAHÍA DE COCHINOS

Si bien Isla de la Juventud y María La Gorda lideran las preferencias de los submarinistas, la bahía de Cochinos cuenta con algunas joyas submarinas igual de impresionantes. Hay una caída colosal a unos 30-40 m de la orilla que se extiende a lo largo de 30 km, desde playa Larga a playa Girón, un fantástico elemento natural que ha creado una pared de 300 m de altura con coral incrustado, con extraordinarios túneles, cuevas, gorgonias y fauna marina. Y lo que es mejor, la proximidad de esta pared a la costa significa que se puede acceder sin ninguna embarcación a los 30 mejores enclaves de submarinismo de la región; basta con deslizarse desde la orilla. La buena visibilidad de la costa sur se extiende a 30-40 m y hay varios pecios dispersos por la zona.

Organizativamente, playa Girón está bien provista, con instructores profesionales instalados en cinco puntos de la costa. Los precios para practicar submarinismo (25 CUC/inmersión, 100 CUC/5 inmersiones o 365 CUC para un curso en aguas abiertas) se cuentan entre los más baratos de Cuba. Se puede bucear por 5 CUC/h.

El **International Scuba Center** (98-41-18), en Villa Playa Girón, es el cuartel general del submarinismo. Lo complementa el **Club Octopus International Diving Center** (98-72-94, 98-72-25), 200 m al oeste de Villa Playa Larga.

Al sureste de playa Girón, a 8 km, se halla **Caleta Buena** (10.00-18.00), una bonita cala resguardada para bucear y equipada con otra oficina de submarinismo. Arrecifes de coral negro protegen varios socavones y cuevas subacuáticas repletas de las esponjas con formas extrañas por las que es famosa la zona. Debido al encuentro del agua salada y el agua dulce, hay peces distintos a los de otras zonas. La entrada a la playa cuesta 15 CUC e incluye un almuerzo de bufé libre y barra libre. Hay tumbonas y sombrillas de paja distribuidas por la rocosa orilla. El material de buceo cuesta 3 CUC.

Pueden verse más tesoros submarinos en la **Cueva de los Peces** (9.00-18.00), una falla tectónica inundada (o cenote), a unos 70 m de profundidad, en la parte del interior de la carretera, casi exactamente a medio camino entre playa Larga y playa Girón. Hay un montón de vistosos peces tropicales, y con material de buceo o submarinismo (hay que llevar linternas) se pueden explorar las partes más oscuras y espectrales del cenote. La playa que hay enfrente también ofrece un buen buceo junto a un arrecife de coral negro. Hay un práctico restaurante y material de submarinismo.

Pasada la cueva se halla **Punta Perdiz,** otro fabuloso enclave para el submarinismo o el buceo, con los restos de una lancha de desembarco estadounidense hundida durante la invasión de la bahía de Cochinos. Las aguas poco profundas son de un azul turquesa y hay buenas zonas para bucear cerca de la orilla. Hay un puesto de submarinismo más pequeño. Usar las sombrillas de guano, las tumbonas y las duchas cuesta 1 CUC, y hay otro restaurante aceptable. Entre las actividades no acuáticas del lugar figuran el voleibol y las partidas de dominó con los amables vigilantes. Hay que tener cuidado con las nubes de mosquitos y enormes libélulas.

de Cochinos, 48 km al sur de Boca de Guamá. Célebre por ser el enclave donde la guerra fría casi se caldea, en realidad la playa debe su nombre a un pirata francés, Gilbert Girón, que murió decapitado en el lugar a principios del s. XVII a manos de resentidos autóctonos. En abril de 1961 fue el escenario de otra incursión fallida, la desafortunada invasión secundada por la CIA que intentó desembarcar en estas remotas playas en una de las clásicas batallas de David contra Goliat de la historia moderna. Para que no lo olvidemos, todavía hay un montón de exaltadas vallas publicitarias que recuerdan la gloria pasada, sin bien hoy en día la playa, con sus cristalinas aguas caribeñas y escarpadas simas frente a la costa, es uno de los destinos estrella de buceadores y submarinistas.

Aparte de varias casas particulares aceptables, el modesto Villa Playa Girón es el único *resort* de playa Girón, un sencillo todo incluido muy popular entre los submarinistas. La larga y sombreada playa Los Cocos, con un buen buceo, está a 5 min andando por la orilla, en dirección sur. Al igual que en muchas zonas costeras del sur de Cuba, suele haber más diente de perro (piedra con puntas salientes) que fina arena blanca.

En la carretera de entrada principal al hotel hay una farmacia, una oficina de correos y una tienda Caracol donde venden comestibles. El asentamiento de playa Girón es un pueblucho, así que si el viajero necesita algo mejor que opte por el hotel.

Puntos de interés

Museo de Playa Girón MUSEO

(entrada 2 CUC, cámara 1 CUC; 8.00-17.00) Acaso como es de esperar, este museo con sus vitrinas de cristal evoca de forma tangible la historia del famoso episodio de la Guerra Fría que tuvo lugar cerca de este lugar en 1961. Enfrente de Villa Playa Girón, ofrece dos salas con objetos de la escaramuza de la bahía de Cochinos además de numerosas fotografías.

El mural de víctimas y sus artículos personales es desgarrador y el genio táctico de las fuerzas cubanas se evidencia en las representaciones gráficas de cómo se libró la batalla. La película de 15 min sobre el tema cuesta 1 CUC extra. Hay un avión británico Hawker Sea Fury que usaron las fuerzas aéreas cubanas en el exterior del museo; en la parte trasera hay barcos usados en la batalla

Dónde dormir y comer

Aparte de Villa Playa Girón, la pequeña localidad de Playa Girón cuenta con algunas casas particulares correctas, que suelen servir comida.

★ **Hostal Luis** CASA PARTICULAR $

(99-42-58; h 25-30 CUC desayuno incl.; P) La primera casa de la carretera a Cienfuegos también es la mejor. Reconocible por su fachada azul y los dos leones de piedra que custodian la puerta, el juvenil Luis y su mujer ofrecen cuatro habitaciones impecables en un gran terreno con mucho sitio para aparcar. La comida es de leyenda.

KS Abella CASA PARTICULAR $

(98-43-83; h 20-25 CUC) El señor es un antiguo chef del Villa Playa Girón que ahora ofrece sus especialidades de marisco en su casa de huéspedes. El alojamiento está en la esquina de la carretera principal, en el bungaló retirado, color rojo y crema.

Villa Playa Girón RESORT $$

(98-41-10; todo incl. i/d 46/65 CUC; P) En una playa teñida de importancia histórica se encuentra este hotel, más bien corriente. Aunque se anuncia como todo incluido, con sus espartanos bungalós y comedor más bien pequeño parece más un campismo cubano. Siempre lleno de submarinistas, es un establecimiento sin pretenciones con habitaciones limpias y básicas que suelen estar a un trecho del edificio principal.

La playa está a 50 m, si bien su encanto se ha visto en parte estropeado por la construcción de un gigantesco rompeolas. Para disfrutar de mejor arena hay que ir al sur.

Cómo llegar y salir

Hay dos servicios diarios de Viazul La Habana-Trinidad que recorren la península de Zapata y paran fuera de la Villa Playa Girón.

El Guamá Bus Tour (3 CUC) conecta con Caleta Buena, Playa Larga y Guamá.

Cómo desplazarse

Havanautos (98-41-23) tiene una oficina de alquiler de coches en Villa Playa Girón; se pueden alquilar motocicletas por 25 CUC al día.

Las **gasolineras Servi-Cupet** están en la carretera Central, en Jovellanos y en Colón, en Jagüey Grande, así como en la autopista nacional, en Aguada de Pasajeros, en la provincia de Cienfuegos.

Al este de Caleta Buena la carretera de la costa hacia Cienfuegos no es transitable en un automóvil normal; hay que deshacer el camino y tomar la carretera del interior vía Rodas.

Provincia de Cienfuegos

043 / 408 824 HAB.

Sumario »

Los mejores restaurantes

- Restaurante Villa Lagarto (p. 251)
- Paladar Aché (p. 252)
- El Tranvía (p. 252)

Los mejores iconos arquitectónicos

- Palacio de Valle (p. 253)
- Casa de la Cultura Benjamín Duarte (p. 254)
- Teatro Tomás Terry (p. 245)

Por qué ir

Bienvenue a Cienfuegos, el corazón galo de Cuba, asentado en la sombra de los montes Escambray como un pedazo de París en la indómita costa sur cubana. En esta región fueron colonizadores franceses y no españoles quienes llegaron en 1819 trayendo las ideas de la Ilustración europea que incorporaron a su incipiente ciudad neoclásica.

Fuera de la ciudad, la costa está sorprendentemente subdesarrollada, un pequeño arcoíris de verdes esmeralda y tornasolados azules salpicado de calas, cuevas y arrecifes de coral. El corazón de la provincia está en el interior, en El Nicho, acaso el lugar más mágico del Parque Natural de Topes de Collantes.

Aunque claramente francófona y blanca, el alma africana de Cienfuegos ganó un portavoz en los años cuarenta con Benny Moré, el músico cubano más versátil. Y la cercana Palmira es famosa por sus hermandades de santería católico-yoruba que aún conservan sus tradiciones de la época de los esclavos.

Cuándo ir

- La buena temporada para los amantes de la playa y los submarinistas es de enero a abril.
- Los juerguistas preferirán agosto y septiembre cuando, a pesar de la inminente temporada de los huracanes, pueden disfrutar del carnaval de Cienfuegos y del festival bianual Benny Moré, respectivamente.
- En El Nicho y en la sierra del Escambray, viajar durante la época húmeda (de agosto a octubre) es más complicado por las malas condiciones de las carreteras.

Historia

Los primeros colonizadores de la zona de Cienfuegos eran taínos, que dieron a su incipiente enclave el nombre de cacicazgo de Jagua, un término autóctono que significa "belleza". En 1494 Colón 'descubrió' la bahía de Cienfuegos (la tercera más grande de Cuba con una superficie de 88 km²) en su segundo viaje al Nuevo Mundo y, catorce años más tarde, Sebastián de Ocampo paró durante su viaje alrededor de la isla. Y tanto le gustó la bahía que se construyó una casa. Después vinieron los piratas: durante los ss. XVI y XVII sus incursiones se agravaron tanto que los españoles construyeron una fortaleza al pie de la bahía, el imponente castillo de Jagua, una de las estructuras militares más importantes de Cuba.

CIENFUEGOS

165 113 HAB.

El cantante Benny Moré dijo una vez en su canción Cienfuegos de su provincia natal: "la ciudad que más me gusta a mí". Desde hace mucho tiempo la llamada "Perla del Sur" de Cuba ha venido seduciendo a viajeros de todas partes con su elegancia, cultivado espíritu francés y abierto estilo caribeño. Si hay un París en Cuba, es Cienfuegos.

Dispuesta alrededor de la bahía natural más espectacular del país, Cienfuegos es una ciudad náutica con un envidiable entorno marítimo. Fundada en 1819, es uno de los enclaves más nuevos de Cuba y también uno de los más homogéneos arquitectónicamente, de ello se desprende su declaración como Patrimonio Mundial de la Unesco en el 2005. Desde un punto de vista geográfico, la ciudad se divide en dos partes claramente diferenciadas: la zona central, con su elegante Prado y el parque José Martí, y Punta Gorda, un estrecho pedazo de tierra que corta la bahía con un puñado de eclécticos palacios de principios del s. XX, incluidos algunos de los edificios más bellos del país.

Imprescindible

1. Pasear entre arquitectura ecléctica del s. XIX en el fabuloso **Parque José Martí** de la capital (p. 245).
2. Relajarse con estilo en las enormes habitaciones, maravillosos bares y lujo colonial del **Hotel La Unión** (p. 250) en Cienfuegos.
3. Alojarse en una increíble casa particular en el clásico barrio de **Punta Gorda** (p. 247) de Cienfuegos.
4. Rastrear las leyendas de la santería en **Palmira** (p. 256).
5. Tomar el sol o hacer submarinismo en la playa de **Rancho Luna** (p. 255).
6. Identificar flamencos rosas y pelícanos en la poco visitada **laguna de Guanaroca** (p. 257).
7. Ir de excursión hasta **El Nicho** (p. 257) y refrescarse bajo su revitalizante cascada.

Centro de Cienfuegos

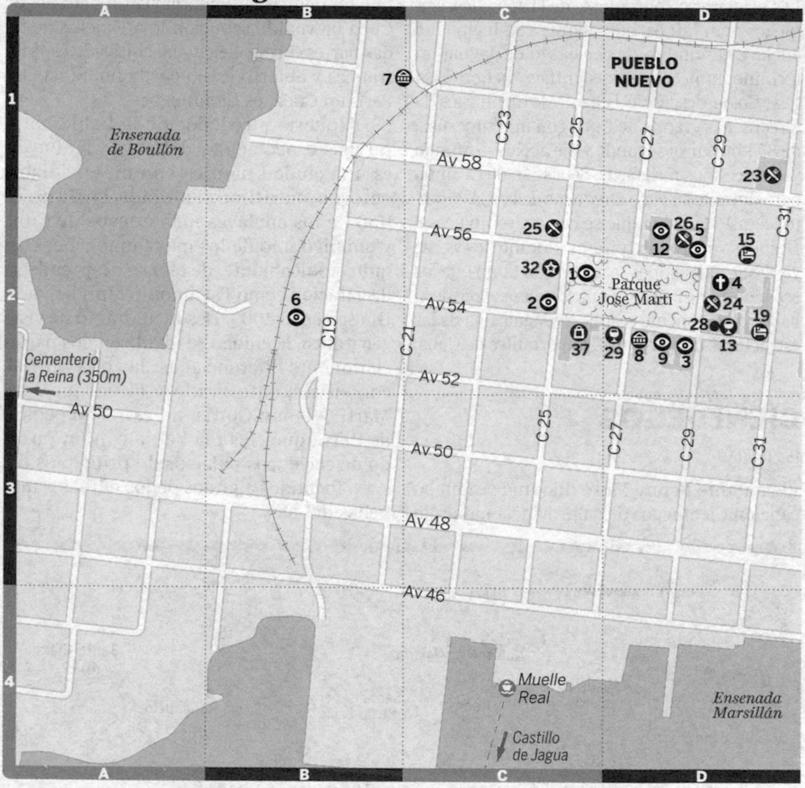

Mientras gran parte de Cuba se tambalea por la actual crisis económica, Cienfuegos parece brillar más que nunca. Y no solo por el dinero de la Unesco. La industria que rodea el extremo más alejado de la bahía de Cienfuegos –unos astilleros, la flota de pesca de la gamba más importante del país, una planta termoeléctrica y una petroquímica (actualmente en construcción)– es una de las más significativas de Cuba. Ello, junto con la constante sensación de tranquilidad que se respira en las renovadas calles coloniales felizmente libres de jineteros, hace que la ciudad sea hoy igual de seductora que cuando la encontró Moré hace sesenta años.

Historia

Cienfuegos fue fundada en 1819 por un emigrante francés de Luisiana llamado don Louis D'Clouet. Al frente de un plan para aumentar la población blanca de la isla, D'Clouet invitó a 40 familias de Nueva Orleans, Filadelfia y Burdeos para fundar el enclave conocido al principio como Fernandina de Jagua. A pesar de la destrucción de su campamento por un huracán en 1821, los impertérritos colonos franceses reconstruyeron sus casas y rebautizaron la ciudad como Cienfuegos, el nombre del gobernador de Cuba de la época.

Con la llegada del ferrocarril en 1850 y el desplazamiento hacia el oeste de los cultivadores de caña de azúcar después de la Guerra de Independencia (1868-1878), los comerciantes del lugar emplearon su fortuna en construir un deslumbrante conjunto de eclécticos edificios que rememoraban el neoclasicismo de sus antepasados franceses.

Pero el momento clave en la historia de Cienfuegos fue el 5 de septiembre de 1957, cuando oficiales de la base naval protagonizaron una revuelta contra la dictadura de Batista. La rebelión fue brutalmente sofocada

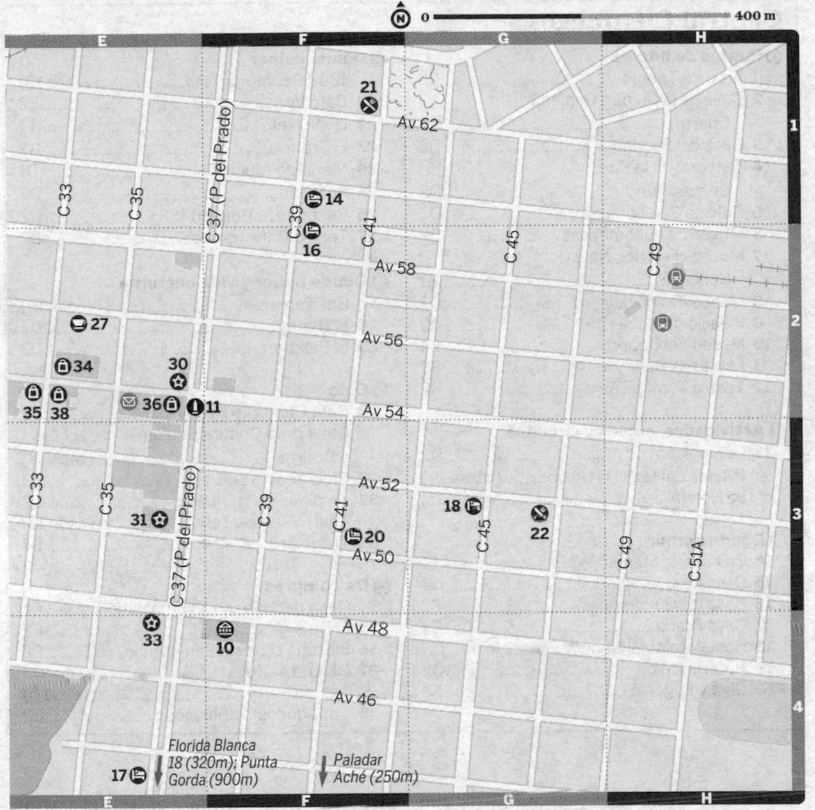

pero el lugar de la ciudad en la historia revolucionaria quedó sellado.

La moderna Cienfuegos conserva un aspecto más lujoso que muchas otras ciudades cubanas. Y con la llegada del ansiado dinero de la Unesco y una creciente influencia industrial, su futuro y el de su excelente colección de arquitectura del s. XIX parece brillante.

Puntos de interés

Parque José Martí

Arco de Triunfo LUGAR DESTACADO

(plano p. 244; calle 25, entre av. 56 y av. 54) Esta construcción es muy singular ya que no hay ninguna otra en Cuba. Dedicado a la independencia del país, el monumento francófilo, en el límite oeste del Parque Central de Cienfuegos, da paso a una estatua de mármol del escritor y revolucionario José Martí.

Catedral de la Purísima Concepción IGLESIA

(plano p. 244; av. 56 nº 2902; 7.00-12.00 lu-vi) Enfrente del parque, la catedral data de 1869 y se distingue por sus maravillosos vitrales franceses. Se cree que los caracteres chinos descubiertos recientemente en las columnas son de la década de 1870. La catedral está casi siempre abierta y el viajero también puede unirse a los feligreses durante la misa (a las 7.30 los días laborables y a las 10.00 los domingos).

Teatro Tomás Terry TEATRO

(plano p. 244; 51-33-61; av. 56 nº 270, entre calles 27 y 29; circuitos 2 CUC; 10.00-18.00) Este teatro que comparte influencias francesas e italianas está situado en la parte norte del parque y es grandioso por fuera (hay que fijarse en los mosaicos dorados de la fachada central) y más por dentro. Construido entre 1887 y 1889 en honor del industrial

Central Cienfuegos

Puntos de interés

1 Arco de Triunfo C2
2 Casa de la Cultura Benjamín Duarte C2
3 Casa del Fundador D2
4 Catedral de la Purísima Concepción D2
5 Colegio San Lorenzo D2
6 Museo de Locomotivas B2
7 Museo Histórico Naval Nacional B1
8 Museo Provincial D2
9 Palacio de Gobierno D2
10 Museo del Deporte F4
11 Estatu de Benny Moré E2
12 Teatro Tomás Terry D2

Actividades, cursos y circuitos

13 Cubanacán D2
Piscina del Hotel la Unión .... (véase 19)
La Bolera .... (véase 33)

Dónde dormir

14 Bella Perla Marina F1
15 Casa de la Amistad D2
16 Casa las Golondrinas F2
17 Casa Prado E4
18 Hostal Colonial Isabel y Pepe G3
19 Hotel la Unión D2
20 Olga y Eugenio F3

Dónde comer

1869 Restaurant .... (véase 19)
21 Café Ven E2
22 Doña Neli F1
23 El Tranvía G3
24 Mercado Municipal D1
25 Polineso D2
26 Restaurant Bouyón 1825 .... C2
27 Teatro Café Tomás D2

Dónde beber y vida nocturna

Bar Terrazas .... (véase 19)
28 El Benny D2
29 El Palatino D2

Ocio

30 Café Cantante Benny Moré E2
Casa de la Cultura Benjamín Duarte .... (véase 2)
31 Cine-Teatro Luisa E3
32 Jardines de la Uneac C2
Teatro Tomás Terry .... (véase 12)
33 Tropisur E4

De compras

34 Casa del Habano 'El Embajador' E2
35 El Bulevar E2
36 Librería Dionisio San Román E2
37 Galería Maroya C2
Tienda Terry .... (véase 5)
38 Variedades Cienfuegos E2

venezolano Tomás Terry, el auditorio con 950 butacas está decorado con mármol de Carrara, parqué tallado a mano y frescos en el techo. En 1895 el teatro se inauguró con una interpretación de *Aida* de Verdi y, desde entonces, ha sido testigo de numerosos hitos de la música cubana y de actuaciones a cargo de estrellas como Enrico Caruso y Anna Pavlova.

Colegio San Lorenzo EDIFICIO DESTACADO
(plano p. 244; av. 56, esq. calle 29) En el lado este del Teatro Café Tomás, este edificio con su sorprendente fachada de columnas fue construido durante la década de 1920 con fondos del acomodado mecenas de la ciudad Nicholas Acea Salvador, cuyo nombre ostenta también uno de los cementerios de la ciudad. Solo se puede admirar desde fuera.

Casa de la Cultura Benjamin Duarte EDIFICIO DESTACADO
(plano p. 244; calle 25 nº 5401; 8.30-24.00) GRATIS Se trata del antiguo palacio Ferrer (1918), situado en el extremo oeste del parque Martí. Es un fascinante edificio neoclásico con suelos de mármol italiano y un tejado rematado con una cúpula y una escalinata de hierro forjado para disfrutar de vistas panorámicas de la ciudad. Pregúntese dentro de la entrada.

Museo Provincial MUSEO
(plano p. 244; av. 54 esq. calle 27; entrada 2 CUC; 10.00-18.00 ma-sa, hasta 12.00 do) Este museo, el principal atractivo del lado sur del parque Martí, muestra un pequeño relato de la historia de Cienfuegos, ostentosos muebles de la refinada sociedad franco-cubana del s. XIX y otros objetos.

Palacio de Gobierno EDIFICIO DESTACADO
(plano p. 244; av. 54, entre calles 27 y 29) Casi todo el costado sur del parque Martí está dominado por el grandioso edificio de color plata sede del Poder Popular Provincial. No se permiten visitas pero se puede echar un vistazo a través de la puerta frontal. Está en perfecto estado.

Casa del Fundador EDIFICIO DESTACADO
(plano p. 244; calle 29 esq. av. 54) En la esquina sureste del parque se alza el edificio más viejo de la ciudad, antigua residencia del fundador de Cienfuegos Louis D'Clouet y hoy tienda de recuerdos. **El Bulevar** (plano p. 244; av. 54), la calle comercial de la ciudad, parte de aquí en dirección al este para enlazar con el paseo del Prado.

Oeste del Parque Martí

Al oeste del Parque José Martí hay algunos puntos de interés.

Museo Histórico Naval Nacional MUSEO
(plano p. 244; av. 60 esq. calle 21; entrada 2 CUC; 9.00-18.30 ma-sa, hasta 13.00 do) Al otro lado de las vías del tren, cinco manzanas al noroeste del parque Martí, está el llamativo emplazamiento de este museo de color rosa que data de 1933. Ubicado en el antiguo cuartel general del Distrito Naval del Sur, para llegar se cruza una amplia avenida flanqueada con armamento de diferentes épocas. Fue aquí, en septiembre de 1957, donde un grupo de marineros y civiles protagonizaron el fallido levantamiento contra el Gobierno de Batista. La revuelta es la temática principal del museo y las murallas ofrecen fabulosas vistas de la bahía.

Cementerio la Reina CEMENTERIO
(av. 50 esq. calle 7) El cementerio más antiguo de la ciudad se fundó en 1837 y en él descansan soldados españoles que murieron en las guerras de independencia. La Reina es el único cementerio de Cuba en el que los cuerpos se entierran en las paredes debido a los altos niveles de las aguas subterráneas.

Monumento nacional catalogado, en él hay una estatua de mármol llamada *La Bella Durmiente:* un homenaje a una mujer de 24 años que murió en 1907 con el corazón destrozado. El lugar es sugerente pero, por lo general, no se permite la entrada a los extranjeros (dar una propina al guarda puede ayudar). Para llegar hay que tomar la avenida 50, un largo paseo a pie o en coche de caballos que atraviesa una colección de trenes de aspecto desolador llamada el **Museo de Locomotivas** (plano p. 244; calle 19).

Paseo del Prado y el Malecón

El majestuoso Paseo del Prado (calle 37), que se extiende desde el río el Inglés al norte hasta Punta Gorda en el sur, es la calle más larga de este tipo de Cuba y un lugar estupendo para ver transcurrir la vida diaria de los cienfugueros. El paseo es un verdadero festín de excelentes edificios neoclásicos y columnas de color pastel.

Malecón CALLE
(plano p. 248) Siguiendo hacia el sur por el Prado, la calle se convierte en el Malecón que, al seguir una de las bahías naturales más bellas del mundo, ofrece exquisitas vistas. Como todos los paseos marítimos (el de La Habana es el arquetipo) la zona cobra vida al atardecer.

Estatua de Benny Moré MONUMENTO
(plano p. 244; av. 54 esq. calle 37) Antes de llegar al Malecón, en el cruce de la avenida 54 y el Paseo del Prado se puede rendir homenaje a la estatua de tamaño real del músico con su característica caña.

Museo del Deporte MUSEO
(plano p. 244; calle 37 esq. av 48) GRATIS Al sur de la estatua de Moré, este pequeño museo está dedicado en gran parte al héroe del boxeo local, Julio González Valladores, que ganó la medalla de oro de los Juegos Olímpicos de Atlanta de 1996.

Punta Gorda

Cuando se acaba el Malecón el viajero sabrá que ha llegado a Punta Gorda, el viejo barrio de la clase alta de Cienfuegos que se caracteriza por sus brillantes casas de listones y palacios con torres. El **Palacio Azul** (actualmente el Hostal Palacio Azul) y el **Club Cienfuegos,** antaño un exclusivo club marítimo que todavía ofrece múltiples excursiones náuticas, ponen de manifiesto la debilidad por la grandiosidad de la década de 1920. Cerca, el ingenioso **Parque de Esculturas** (plano p. 248) añade algo de escultura moderna a la mezcla.

Palacio de Valle EDIFICIO DESTACADO
(plano p. 248; esq. calle 37 entre av. 0 y av. 2; 9.30-23.00) El *kitsch* está aún por llegar. Hay que seguir hacia el sur por la calle 37 y, tras tomar aire, se encuentra el Palacio de Valle, propio de las *Mil y una noches*. La estructura, construida en 1917 por el asturiano Alcisclo Valle Blanco, parece una casba marroquí exageradamente ornamentada. Batista quería convertir este colorido estallido de tejas, torretas y estuco en un casino pero, hoy en día, es un restaurante candidato a ser de categoría con un atractivo bar con terraza.

Punta Gorda

Punta Gorda

Puntos de interés

1 Centro Recreativo la Punta....B4
2 Malecón....B2
3 Palacio de Valle....B3
Parque de Esculturas....(véase 4)

Actividades, cursos y circuitos

Base Náutica Club Cienfuegos.(véase 11)
4 Marlin Marina Cienfuegos....B2

Dónde dormir

5 Hostal Palacio Azul....B2
6 Hotel Jagua....B3
7 Perla del Mar....B3
8 Villa Lagarto – Maylin y Tony....B4
9 Villa Nelly....B2
10 Vista al Mar....B3

Dónde comer

Bar Terraza....(véase 11)
11 Club Cienfuegos....B2
El Marinero....(véase 11)
Palacio de Valle....(véase 3)
Restaurante Café Cienfuegos...(véase 11)
12 Restaurante Villa Lagarto....B4

Ocio

Cabaret Guanaroca....(véase 6)
13 Estadio 5 de Septiembre....D1
14 Los Pinitos....B1
15 Patio de ARTex....B1

Centro Recreativo la Punta PARQUE

(plano p. 248; 10.00-22.00) Los amantes vienen a contemplar el atardecer entre la vegetación en esta glorieta del extremo sur de este parque. Curiosamente el **bar** es concurrido por oficiales de policía del lugar.

LA ARQUITECTURA DE INSPIRACIÓN FRANCESA

La elegante ciudad costera de Cienfuegos es el rincón más galo de Cuba. Su innato estilo francés queda perfectamente ilustrado, no en su cocina (donde el arroz y las alubias predominan sobre el *bœuf à la Bourguignonne),* sino en su armoniosa arquitectura neoclásica. Con sus amplias y empedradas calles dispuestas en una cuadrícula casi perfecta, los colonizadores ilustrados del s. XIX, buscaron terminar con los barrios pobres, promocionar la limpieza y aprovechar al máximo el espacio público utilizando un plan urbanístico más tarde adoptado por el Barón Haussmann en París en la década de 1850 y 1860. Los porches, los pilares y las columnas son las características arquitectónicas más llamativas de la ciudad, con una amplia avenida principal de estilo parisino (El Paseo) que recorre de norte a sur más de 3 km engalanada con líneas limpias de fachadas de columnas bien proporcionadas pintadas en diversidad de colores pastel.

Aunque fundada en 1819 por emigrantes franceses, la mayoría de los edificios neoclásicos todavía en pie de Cienfuegos son de entre 1850 y 1910. Hacia principios del s. XX, rasgos eclécticos empezaban a calar en la arquitectura. Uno de los primeros en romper los moldes fue el palacio Ferrer (ahora Casa de la Cultura Benjamín Duarte) en el parque José Martí, construido en 1917, cuya llamativa cúpula dio pie a un frenesí por los atractivos miradores en las azoteas.

La extravagancia continuó en las décadas de 1920 y 1930 en la lujosa península de Punta Gorda, donde los ricos comerciantes de azúcar invertían sus beneficios en las más ostentosas mansiones, convirtiendo el vecindario en un mini Miami. El viajero puede observar la evolución dirigiéndose hacia el sur por la calle 37 pasado el real Palacio Azul y el Club Cienfuegos hasta el palacio de Valle de estilo barroco y morisco, posiblemente el edificio más descaradamente ecléctico de Cuba.

El centro de Cienfuegos fue declarado Patrimonio Mundial de la Unesco en el 2005 por ser "un ejemplo espectacular de conjunto arquitectónico que representa las nuevas ideas de modernidad, limpieza y orden en planificación urbanística" en Latinoamérica. Desde entonces el dinero ha ido a revitalizar su plaza principal, el parque José Martí, y sus alrededores donde varios carteles interpretativos señalan los edificios más importantes.

Este del centro

Necrópolis Tomás Acea CEMENTERIO

(carretera de Rancho Luna km 2; entrada 1 CUC; 8.00-18.00) Uno de los dos lugares de reposo monumento nacional de la ciudad está considerado un "jardín cementerio". Se entra a través de un enorme pabellón neoclásico (1926) flanqueado por 64 columnas dóricas que imitan el Partenón griego. El cementerio alberga un monumento a los mártires que perecieron en el intento de levantamiento naval de 1957 en Cienfuegos. Está 2 km al este del centro por la avenida 5 de Septiembre.

Actividades

Marlin Marina Cienfuegos PESCA, VELA

(plano p. 248; 55-12-41; www.nauticamarlin.com; calle 35, entre av. 6 y av. 8; 11.00-20.45) En este puerto deportivo con 36 amarres, al norte del Hotel Jagua, pueden contratarse varias salidas de pesca. Los precios están sobre los 200 CUC para 4 personas y 4 h. Los viajes de varios días parten de los 400/3900 CUC por una noche/semana (material y tripulación incluidos), en función del barco. Un crucero clásico por la bahía cuesta 16 CUC todo el día o 10 CUC un crucero de 2 h al atardecer (con una breve parada en el Castillo de Jagua). Resérvese a través de Cubatur o Cubanacán.

Base Náutica Club Cienfuegos DEPORTES ACUÁTICOS

(plano p. 248; 52-65-10; calle 35, entre av. 10 y av. 12; 10.00-18.00) En esta base náutica del Club Cienfuegos se pueden organizar deportes de agua como kayak y *windsurf*. También hay una pista de tenis (sin valla) y un centro de ocio con autos de choque, *go-carts* y videojuegos. La piscina cuesta 8 CUC.

La Bolera BOLERA

(plano p. 244; calle 37, entre av. 46 y 48; 1-2 CUC/h; 11.00-2.00) El lugar perfecto si se es amante de los billares sin truco y de los bolos. También hay una heladería y, a veces, música en directo.

Piscina del Hotel La Unión NATACIÓN
(plano p. 244; calle 31 esq. av. 54) Incluso quienes no se alojen en este hotel pueden utilizar su preciosa piscina italiana por 10 CUC.

Cursos

Universidad de Cienfuegos LENGUAS
(☎52-15-21; www.ucf.edu.cu; carretera las Rodas km 4, Cuatro Caminos) Ofrece cursos de español para todos los niveles. También hay cursos de "cultura cubana" (340 CUC). Se inicia un curso cada mes. Consúltese la página web para más información.

Circuitos

Cubanacán CIRCUITO GUÍADO
(plano p. 244; ☎55-16-80; av. 54, entre calles 29 y 31) La oficina de Cubanacán en Cienfuegos, cuyo personal es muy amable, organiza algunos circuitos interesantes, como viajes en barco por la bahía (10 CUC), excursión al famoso El Nicho (30 CUC) y a otros lugares de difícil acceso como el Jardín Botánico de Cienfuegos (10-18 CUC en función del tamaño del grupo) y la fábrica de puros local (5 CUC). También se pueden organizar inmersiones en el Rancho Luna y excursiones a la península de Zapata.

Fiestas y celebraciones

Algunas de las celebraciones que tienen lugar en Cienfuegos son los actos culturales que conmemoran la fundación de la ciudad el 22 de abril de 1819, el **Carnaval** (agosto) y el **Festival Internacional de Música Benny Moré** (en septiembre en años alternos) que también se celebra en la cercana Santa Isabel de las Lajas.

Dónde dormir

Cienfuegos cuenta con algunas buenas casas particulares, la mejor opción para presupuestos ajustados. Las de Punta Gorda están más alejadas, son más sugerentes y, en general, más caras. Tanto en Cienfuegos propiamente dicho como en Punta Gorda hay excelentes hoteles.

Centro de Cienfuegos

★ **Bella Perla Marina** CASA PARTICULAR $
(plano p. 244; ☎51-89-91; bellaperlamarina@yahoo.es; calle 39 nº 5818 esq. av. 60; h/ste 25/50 CUC; P❄@) Recién reformado, el propietario Waldo ha añadido una magnífica *suite* en la azotea a sus ya existentes dos habitaciones, y en el proceso puede que haya inventado la primera casa particular-*boutique* de Cuba. Hace tiempo que es famosa (sus comidas obtienen buenas críticas) por su terraza de la azotea llena de plantas, su céntrica situación y su cálida hospitalidad.

Hostal Colonial Isabel y Pepe CASA PARTICULAR $
(plano p. 244; ☎51-82-76; hostalcolonialisapepe@gmail.com; av. 52 nº 4318, entre calles 43 y 45; h 20-25 CUC; ❄) El exprofesor Pepe recibe al viajero con una sonrisa tan amplia como la bahía de Cienfuegos, y recientemente ha mejorado su engañosamente enorme casa colonial con cinco habitaciones alrededor de una terraza en planta baja y primer piso. Cada habitación cuenta con una gran cama y una cama extra plegable. Dos de ellas tienen un salón adicional o espacio de cocina.

Casa Las Golondrinas CASA PARTICULAR $
(plano p. 244; ☎51-57-88; calle 39, entre av. 58 y av. 60; h 20-25 CUC; ❄) Gestionada por un doctor y su mujer, esta es otra bellísima casa colonial recientemente renovada con dos amplias habitaciones.

Casa Prado CASA PARTICULAR $
(plano p. 244; ☎528-96613; calle 37 nº 4235, entre av. 42 y av. 44; h 20-25 CUC; ❄) Una de las mejores casas particulares del centro de la ciudad. Las dos habitaciones de techos altos están repletas de mobiliario de época y una escalera de caracol conduce a una terraza con excelentes vistas de la ciudad. La ubicación también es estupenda: en el Prado, a medio camino entre el centro de la ciudad y el Malecón.

Casa de La Amistad CASA PARTICULAR $
(plano p. 244; ☎51-61-43; av. 56 nº 2927, entre calles 29 y 31; h 20-25 CUC; P❄) Venerable casa colonial repleta de reliquias familiares junto al Parque Martí. Su famosa comida incluye el exótico pollo con cola. Armando y Leonor, los amables dueños, ofrecen dos maravillosas habitaciones bien conservadas y una encantadora terraza en la azotea.

Olga y Eugenio CASA PARTICULAR $
(plano p. 244; ☎51-77-56; av. 50 nº 4109, entre calles 41 y 43; h 20-25 CUC; ❄) Una de las mejores opciones en términos de relación calidad-precio, con dos amplias habitaciones, cuartos de baño limpios y una atractiva terraza con baldosas.

Hotel La Unión HOTEL-'BOUTIQUE' $$$
(plano p. 244; ☎55-10-20; www.hotellaunion-cuba.com; calle 31 esq. av. 54; i/d 88/143 CUC; ❄@≋)

BENNY MORÉ

Ningún otro cantante como Bartolomé "Benny" Moré condensa mejor todos los géneros de la música cubana. Descendiente de un rey del Congo, Moré nació en el pequeño pueblo de Santa Isabel de las Lajas en la provincia de Cienfuegos en 1919. En 1936 se trasladó a La Habana donde se ganaba la vida como podía vendiendo fruta en mal estado por las calles, pasando más tarde a tocar y a cantar en los bares y restaurantes de La Habana Vieja, donde ganaba lo justo para sobrevivir.

Su primera gran oportunidad le llegó en 1943, cuando su aterciopelada voz y su forma de tocar de oído le hicieron merecedor del primer premio en un concurso de radio y le depararon un trabajo estable como vocalista principal para una banda de mariachis de La Habana llamada el Cauto Quartet.

Su meteórico ascenso se vio confirmado dos años más tarde cuando, cantando en el bar El Temple de La Habana, fue detectado por Siro Rodríguez del famoso Trío Matamoros, a la sazón la banda de son y boleros más famosa de Cuba. Rodríguez quedó tan impresionado que preguntó a Moré si podía unirse al grupo como vocalista principal en un circuito inminente por México.

A finales de la década de 1940, México D. F. era el Hollywood de los intérpretes cubanos. Moré fichó por el sello discográfico RCA y su fama se extendió rápidamente.

Moré regresó a Cuba en 1950 convertido en una estrella y fue bautizado el Bárbaro del Ritmo. En los años siguientes inventó un nuevo sonido híbrido llamado batanga y reunió su propia orquesta con 40 músicos, la Banda Gigante. Con ella Moré recorrió Venezuela, Jamaica, México y EE UU, culminando con la actuación en la ceremonia de los Óscar de 1957. Pero la verdadera pasión del cantante fue siempre Cuba. Cuenta la leyenda que siempre que Benny tocaba en el Centro Gallego de La Habana cientos de personas llenaban los parques y las calles para escucharle.

Con su voz de varias texturas y su característico *glissando* el verdadero talento de Moré consistía en su capacidad para adaptarse y cambiar de género a voluntad. Igualmente cómodo con un triste bolero que con un animado son, Moré era capaz de transmitir ternura, exuberancia, emoción y alma, todo en solo cinco fascinantes minutos. Aunque no podía leer música Moré compuso muchas de sus más famosas canciones, incluida *Bonito y sabroso* y el gran éxito *Que bueno baila usted*. Cuando murió en 1963, más de cien mil personas asistieron a su funeral. Nadie en Cuba ha sido capaz de reemplazarlo.

Los seguidores de Moré pueden seguir su leyenda en el asentamiento de **Santa Isabel de las Lajas,** unos pocos kilómetros hacia el oeste de Cruces en la carretera de Cienfuegos a Santa Clara, donde hay un pequeño **museo.**

¿Barcelona, Nápoles, París? Hay ecos de todas ellas en este lujoso hotel de estilo colonial con aspiraciones europeas y una espléndida piscina italiana. Escondidas entre una maraña de columnas de mármol, mobiliario antiguo y dos tranquilos patios interiores, hay 46 habitaciones bien amuebladas con balcones que dan a la calle o a un patio bordeado de mosaico. También disponen de gimnasio, *jacuzzi* y de una galería de arte. El servicio es eficiente y en la terraza de la azotea hay salsa en directo y un aclamado restaurante.

Punta Gorda

Villa Lagarto – Maylin y Tony CASA PARTICULAR $
(plano p. 248; ☎51-99-66; calle 35 nº 4B, entre av. 0 y Litoral; h 35-45 CUC; ❄≋) Conocida desde hace tiempo como casa particular, el Lagarto se ha convertido en un ambicioso paladar, pero todavía alquila tres habitaciones protegidas por una bonita terraza, todas con grandes camas, hamacas y maravillosas vistas de la bahía. Los cócteles dan la bienvenida a los nuevos clientes. Si está llena, recomiendan la Casa Los Delfines o la Casa Amarilla, ambas al lado.

Vista al Mar CASA PARTICULAR $
(plano p. 248; ☎51-83-78; www.vistaalmarcuba.com; calle 37 nº 210, entre av. 2 y av. 4; h 25-30 CUC; P❄) Verdaderamente es una vista al mar. De hecho esta casa particular, muy profesional, incluso dispone de su propio pedazo de playa con hamacas.

Villa Nelly CASA PARTICULAR $
(plano p. 248; ☎51-15-19; av. 37, entre calles 6 y 8; h 20-25 CUC; ❄) Bien situada, con una cocina

para los clientes, un bar bien surtido y un amplio jardín.

Hostal Palacio Azul HOTEL **$$$**
(plano p. 248; ☎58-28-28; calle 37 nº 201, entre av. 12 y av. 14; i/d 81/135 CUC; P ❄ @) Un palacio que se hace pasar por hotel más que al contrario, fue uno de los primeros edificios en adornar Punta Gorda en su construcción en 1921. Sus siete habitaciones tienen nombre de flor y rebosan carácter prerrevolucionario. Hay un íntimo restaurante llamado **El Chelo** y una atractiva cúpula con espléndidas vistas.

Perla del Mar HOTEL-'BOUTIQUE' **$$$**
(plano p. 248; ☎55-10-03; calle 37 entre av.- 0 y av. 2; i/d/tr 90/150/210 CUC; ❄ @) Abierto en septiembre del 2012, toma la temática de hotel histórico *boutique* del cercano Palacio Azul y la actualiza hasta los años cincuenta. Las nueve habitaciones tienen un elegante toque moderno y hay dos *jacuzzis* al aire libre situados de forma atractiva con vistas sobre la bahía. Las escaleras conducen a una terraza ideal para tomar el sol.

Al lado, la igualmente *boutique* **Casa Verde** ofrece ocho habitaciones de estilo de fin de siglo por los mismos precios.

Hotel Jagua HOTEL **$$$**
(plano p. 248; ☎55-10-03; calle 37 nº 1; i/d 80/130 CUC; P ❄ @ 🏊) No está claro qué le pasó por la cabeza al hermano de Batista cuando levantó este moderno gigante de cemento en Punta Gorda en la década de 1950, aunque hacer dinero debió de ser la principal motivación. Aun así, el Jagua es un buen hotel, espacioso y sorprendentemente lujoso. Las habitaciones superiores (hay siete plantas) son las mejores. Cuenta con un excelente restaurante, una atractiva piscina y zonas comunes, habitaciones amplias y luminosas, un espectáculo de cabaré en el propio hotel y una bella ubicación junto a la bahía.

Dónde comer

Centro de Cienfuegos

Florida Blanca 18 CUBANA **$**
(av. 38 nº 3720, entre calles 37 y 39; principales desde 5 CUC; ⌚11.30-23.00 mi-lu) Valiente nuevo paladar probando fortuna en el nuevo clima de negocio. Tiene un interior llamativo y unas excelentes gambas.

Teatro Café Tomás CAFÉ **$**
(plano p. 244; av. 56 nº 2703, entre calles 27 y 29; ⌚10.00-22.00) Metido entre el Teatro Tomás Terry y el Colegio San Lorenzo, este café con un puesto de recuerdos y música por la noche es el sitio más sugerente para sentarse y observar a los que hacen ejercicio por la mañana en el Parque Martí. El patio cubierto con una marquesina revela su verdadera personalidad al atardecer con fantástica música en directo que va desde trova hasta *jazz*.

Polinesio SÁNDWICHES **$**
(plano p. 244; calle 29, entre calles 54 y 56) Justo debajo de los portales del Parque José Martí, este es un buen marco para tomar una cerveza fría o un tentempié.

Restaurant Bouyón 1825 INTERNACIONAL, PARRILLA **$$**
(plano p. 244; ☎51-73-76; calle 25 nº 5605; principales 8 CUC; ⌚11.00-23.00) Cómodamente situado al lado de la plaza principal, este nuevo paladar está especializado en carne a la parrilla. Los visitantes argentinos y los carnívoros declarados disfrutarán con la parrillada variada que incluye cuatro tipos de carne acompañados por robustos tintos chilenos.

El Tranvía INTERNACIONAL **$$**
(plano p. 244; ☎52-49-20; av. 52 nº 4530, entre calles 45 y 47; principales 10-12 CUC; ⌚12.00-23.00) En su día ocho ciudades cubanas, incluida Cienfuegos, tenían sistema de tranvía. En este restaurante han adoptado este pedazo casi olvidado de la historia de Cienfuegos, que se extiende a los camareros, los cuales visten como guardas de estación. Cuenta con un bar clásico (que tiene parte de un vagón antiguo) y se ofrecen fajitas y brochetas preparadas en su cocina abierta.

1869 Restaurante INTERNACIONAL **$$**
(plano p. 244; av. 54 esq. calle 31; principales 10 CUC; ⌚desayuno, comida y cena) Es el restaurante de más categoría del centro de la ciudad, en el Hotel La Unión. Aunque la comida no termina de estar a la altura del lujoso mobiliario, la variada carta internacional da un respiro frente a los platos de arroz, alubias y cerdo de otros lugares.

★ **Paladar Aché** PESCADO, INTERNACIONAL **$$**
(☎52-61-73; av. 38, entre calles 41 y 43; principales 10-15 CUC; ⌚12.00-22.30 lu-sa) Es uno de los dos paladares supervivientes de los austeros años noventa. La renovación y el aforo adicional han ayudado, al igual que su in-

teresante decoración (pájaros enjaulados, los siete enanitos en el jardín y un mapa en relieve en la pared de los iconos culturales de Cienfuegos). Gambas de la zona encabezan la completa carta.

Compra de alimentos

Mercado municipal MERCADO **$**
(plano p. 244; calle 31 nº 5805, entre av. 58 y av. 60) Comestibles en pesos para quienes van de *picnic* o cocinan sus propias comidas.

Doña Neli PANADERÍA **$**
(plano p. 244; calle 41 esq. av 62; ⌚9.00-22.15) Pastas, pan y tartas que se pagan en convertibles.

Punta Gorda

Club Cienfuegos PESCADO Y MARISCO, INTERNACIONAL **$$**
(plano p. 248; ☎51-28-91; calle 37, entre av. 10 y av. 12; ⌚12.00-22.30) Con un entorno tan bonito como el de este elegante club deportivo y restaurante, es fácil que la comida no esté a la altura. Pero opciones no faltan, con el **Bar Terraza** (plano p. 248; ⌚12.00-2.30) para tomar cócteles y bocadillos de pollo, **El Marinero** (plano p. 248; ⌚12.00-22.00), de pescado y marisco en la primera planta y el **Restaurante Café Cienfuegos** (plano p. 248; ⌚16.00-22.30), un sitio más refinado y atrevido en la planta superior donde se pagan 10 CUC por un bisté y 6 CUC por una buena paella. El ambiente de club marítimo y las terrazas hacen que la experiencia sea memorable.

Palacio de Valle PESCADO Y MARISCO, CARIBEÑA **$$**
(plano p. 248; calle 37 esq. av. 2; principales 7-12 CUC; ⌚10.00-22.00) Aunque la comida no tiene tantas florituras decorativas como la ecléctica arquitectura, el marco es tan auténtico que sería una pena perdérselo. En el piso de abajo el pescado y el marisco dominan la carta. En el bar de la azotea puede tomarse un cóctel antes de cenar o fumarse un puro después.

★ **Restaurante Villa Lagarto** INTERNACIONAL **$$$**
(plano p. 248; ☎51-99-66; calle 35 nº 4B, entre av. 0 y Litoral; principales 10-15 CUC) El marco realmente sensacional de este restaurante en la bahía se ve igualado por la comida, que acaba siendo aún más memorable con uno de los servicios más rápidos y discretos de Cuba. Con sus excelentes gambas, langosta y cerdo asado, el Lagarto está en la vanguardia del emergente sector privado de la restauración y podría estar en Miami perfectamente.

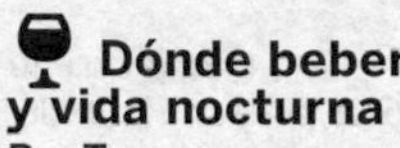

Dónde beber y vida nocturna

Bar Terrazas BAR
(plano p. 244; ☎55-10-20; av. 54 esq. calle 31) Situado en el piso de arriba del Hotel La Unión, es un buen lugar donde recrearse con los viejos tiempos con un mojito. La música en directo arranca a las 22.00. Otros excelentes sitios para tomar una copa son el Club Cienfuegos, especialmente al atardecer, y el bar del palacio de Valle.

Café Ven CAFETERÍA
(plano p. 244; av. 56, entre calles 33 y 35; ⌚8.00-20.00) Café fuerte para paladares entrenados cubanos, o café con leche más suaves, además de algunos pasteles ultradulces.

El Benny CLUB NOCTURNO
(plano p. 244; av. 54 nº 2907, entre calles 29 y 31; entrada 8 CUC/pareja; ⌚22.00-3.00 ma-do) Es difícil decir qué habría pensado el Bárbaro del Ritmo de este disco-club bautizado en su honor. No hay que olvidarse los zapatos de baile, hacer acopio de ron y cola e ir preparado para música más *techno* que el son.

El Palatino BAR, SÁNDWICHES
(plano p. 244; av. 54 nº 2514) Los almuerzos líquidos se inventaron pensando en este bar de madera oscura situado en uno de los edificios más antiguos de la ciudad, en el extremo sur del parque Martí. A veces irrumpe *jazz* improvisado pero conviene prepararse para pagar al final de la tercera canción.

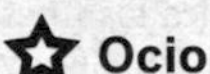

Ocio

★ **Patio de ARTex** CLUB NOCTURNO
(plano p. 248; calle 35 esq. av. 16) Un patio muy recomendable y bullicioso en Punta Gorda, donde el viajero puede escuchar, junto con auténticos cienfuegueros, son (la música popular de Cuba), salsa, trova (música tradicional) y un toque nostálgico de Benny Moré en directo por la noche.

Teatro Tomás Terry MÚSICA EN DIRECTO, TEATRO
(plano p. 244; ☎51-33-61; av. 56 nº 270, entre calles 27 y 29; ⌚22.00-tarde) ¿El mejor teatro de Cuba? El Tomás Terry realmente es un buen aspirante al puesto. El edificio del teatro en sí ya justifica una visita pero cuando de verdad se aprecia esta obra maestra de la arquitectura es asistiendo a un concierto o a una obra. La taquilla abre cada día de 11.00 a 15.00 y 90 min antes del comienzo del espectáculo.

Jardines de la Uneac MÚSICA EN DIRECTO
(plano p. 244; calle 25 nº 5413, entre av. 54 y av. 56; entrada 2 CUC) La Uneac es una buena apuesta en cualquier ciudad cubana para escuchar música en directo en un entorno relajado. Este es posiblemente el mejor sitio de Cienfuegos, con un patio donde hay peñas afrocubanas (interpretaciones musicales), trova y grandes orquestas como la eternamente popular Los Novos.

Café Cantante Benny Moré MÚSICA EN DIRECTO
(plano p. 244; av. 54 esq. calle 37) Para escuchar quizá algunas canciones suaves de Benny Moré, especialmente a altas horas. Estropeado durante el día, sus manchas pasan desapercibidas de noche entre los buenos cócteles y la música tradicional en directo.

Cabaret Guanaroca CABARÉ
(plano p. 248; calle 37 nº 1; entrada 5 CUC; ⊙9.30 ma-vi hasta tarde, desde 22.00 sa) En el Hotel Jagua, ofrece un espectáculo de cabaré más profesional y orientado al turismo.

Tropisur CLUB NOCTURNO, CABARÉ
(plano p. 244; calle 37 esq. av. 48; entrada 1 CUC; ⊙vi-do) Un club al aire libre con un ambiente más cubano en el Prado.

Los Pinitos MÚSICA EN DIRECTO
(plano p. 248; calle 37 esq. av. 22) Zona de juegos infantiles de día, el público envejece notablemente por la noche en este lugar donde hay espectáculos aceptables de música los fines de semana con una inclinación por Benny Moré.

Casa de la Cultura Benjamín Duarte MÚSICA EN DIRECTO
(plano p. 244; calle 25 nº 5403) En el Parque Martí, en el exquisito Palacio Ferrer, los lugareños devoradores de cultura se congregan para disfrutar de variados eventos y exposiciones acordes con el grandioso escenario.

Estadio 5 de Septiembre DEPORTES
(plano p. 248; ☎51-36-44; av. 20, entre calles 45 y 55) De octubre a abril, el equipo provincial de béisbol (apodado Los Elefantes) disputa aquí sus partidos. Su mejor clasificación jamás conseguida en la liga nacional fue la cuarta posición en 1979.

Cine-Teatro Luisa CINE
(plano p. 244; calle 37 nº 5001) El más recientemente renovado de los tres cines de la ciudad.

De compras

La principal arteria de Cienfuegos, conocida oficialmente como avenida 54 y coloquialmente como el Bulevar, es la típica calle comercial cubana sin ninguna tienda de cadena. El mejor tramo peatonal discurre entre la calle 37 (paseo del Prado) hasta el parque Martí.

Para arte popular visítese la **Galería Maroya** (plano p. 244; av. 54, entre calles 25 y 27), **Variedades Cienfuegos** (plano p. 244; av. 54 esq. calle 33) para mercancías en pesos o la **Casa del Habano 'El Embajador'** (plano p. 244; av. 54 esq. calle 33) para comprar puros.

Tienda Terry (plano p. 244; av. 56 nº 270, entre calles 27 y 29) en el Teatro Tomás Terry es un buen lugar para hacerse con libros y recuerdos. Otra librería bien surtida es la **Dionisio San Román** (plano p. 244; av. 54 nº 3526 esq. calle 37).

Información

ACCESO A INTERNET Y TELÉFONO

Etecsa Telepunto (calle 31 nº 5402, entre av. 54 y av. 56; 6 CUC/h; ⊙8.30-19.30)

MEDIOS DE COMUNICACIÓN

5 de Septiembre El periódico local sale los viernes.
Radio Ciudad del Mar 1350 AM y 98.9 FM.

ASISTENCIA MÉDICA

Clínica Internacional (☎55-16-22; av. 10, entre calles 37 y 39, Punta Gorda) Excelente centro bastante nuevo donde se atiende a extranjeros y tienen servicio de emergencias (incluidas las dentales). Dispone de farmacia las 24 h.
Hotel La Unión (☎55-10-20; calle 31 esq. av. 54; ⊙24 h) Farmacia orientada a los turistas internacionales.

DINERO

Banco de Crédito y Comercio (Bandec) (av. 56 esq. calle 31) Los mejores tipos de cambio.
Cadeca (av. 56 nº 3316, entre calles 33 y 35) Cambia efectivo por convertibles o pesos cubanos.

CORREOS

Oficina de correos (av. 54 nº 3514, entre calles 35 y 37)

AGENCIAS DE VIAJES

Cubatur (☎55-12-42; calle 37 nº 5399, entre av. 54 y av. 56) Organiza excursiones.

Paradiso (av. 54 nº 3301, entre calles 33 y 35) Está especializada en turismo de carácter histórico.

Cómo llegar y salir

AVIÓN

El aeropuerto Jaime González, 5 km al noreste de Cienfuegos, recibe vuelos internacionales semanales procedentes de Miami y Canadá (solo de noviembre a marzo). No hay conexiones a La Habana.

AUTOBÚS

Desde la **estación de autobuses** (☎51-57-20, 51-8114; calle 49, entre av. 56 y av. 58) hay tres servicios diarios de Viazul a La Habana (20 CUC, 4 h) a las 9.30, 12.25 y 17.35 y cinco a Trinidad (6 CUC, 1 h 35 min) a las 12.45, 13.30, 15.40, 17.30 y 19.00.

También hay dos autobuses diarios a Varadero (17 CUC, 4½ h) a las 10.30 y a las 16.40. El servicio de la tarde para en Santa Clara (6 CUC, 1½ h). El único servicio del día a Viñales (32 CUC, 7 h 45 min) es a las 9.40 y para en La Habana y en Pinar del Río (31 CUC, 7 h). Hay un nuevo servicio diario de autobús de Viazul a las 8.20 que une Cienfuegos con Santa Clara, Remedios y Morón.

Para llegar a otros destinos hay que hacer transbordo en Trinidad o en La Habana. Hay que tener en cuenta que yendo a Trinidad desde Cienfuegos, los autobuses salen más al oeste y quizá puedan ir llenos.

La estación de autobuses de Cienfuegos es limpia y está bien organizada. También ofrece un servicio económico y seguro de consigna (1 CUC/maleta). En la planta superior hay una oficina de venta de billetes de Viazul. Consúltese el tablón de anuncios de la planta baja para ver los horarios de los autobuses locales a Rancho Luna, Santa Isabel de las Lajas y Palmira (1 CUC). Los billetes se compran al jefe de turno.

TREN

La **estación de trenes** (☎52-54-95; av. 58 esq. calle 49; ⌚ventanilla 8.00-15.30 lu-vi, 8.00-11.30 sa) está frente a la estación de autobuses, pero teniendo en cuenta que la duración del viaje a La Habana es de 10 h (3 h en autobús) hay que ser un verdadero chiflado de los trenes para querer llegar o salir de Cienfuegos con este lento, aunque económico, ferrocarril. Para los verdaderos estoicos, los trenes 73 y 74 van a La Habana, supuestamente a diario. También se puede llegar a Santa Clara y Sancti Spíritus.

Cómo desplazarse

BARCO

Hay un *ferry* con capacidad para 120 pasajeros al Castillo de Jagua (1 CUC, 40 min) que zarpa del **Muelle Real** (av. 46 esq. calle 25). Advertencia: es un barco que traslada a cubanos que van a trabajar, no un crucero turístico. Consúltense los horarios vigentes en el puerto. Se supone que el barco funciona dos veces al día en cada dirección. También hay un *ferry* más pequeño (0,50 CUC, 15 min) que hace frecuentes travesías entre el castillo y el Hotel Pasacaballo. La última salida del castillo es a las 20.00.

AUTOMÓVIL Y CICLOMOTOR

La gasolinera Servi-Cupet está en la calle 37, en la esquina con la avenida 16, en Punta Gorda. Hay otra 5 km al noreste del Hotel Rancho Luna.

Club Cienfuegos (☎52-65-10; calle 37, entre av. 10 y av. 12) Alquila ciclomotores por 25 CUC/día.

Cubacar Hotel Rancho Luna (☎54-80-26; Hotel Rancho Luna, carretera de Rancho Luna km 16); **Hotel La Unión** (☎55-16-45; Hotel La Unión, av. 51 esq. calle 31); **Hotel Jagua** (☎55-20-14; calle 37 nº 1, Hotel Jagua) Alquiler de automóviles.

COCHES DE CABALLOS

Por la calle 37 pasan carros de caballos y bicitaxis que cobran un peso por viaje a los cubanos y 1 CUC a los extranjeros (los hispanohablantes quizá cuelen y paguen un peso). Es una forma agradable de viajar desde el centro hasta Punta Gorda y los cementerios.

TAXI

Hay bastantes en Cienfuegos; muchos aguardan en el Hotel Jagua, en el Hotel La Unión o en las inmediaciones de la estación de autobuses. Si el viajero no tiene suerte en estos sitios puede llamar a **Cubacar** (☎51-84-54) o a **Taxi OK** (☎55-11-72). Un taxi al aeropuerto desde el centro debería salir por unos 6 CUC.

ALREDEDORES DE CIENFUEGOS

Rancho Luna

Se trata de una pequeña y pintoresca playa 18 km al sur de Cienfuegos, cerca de la bahía. Tiene dos complejos hoteleros más bien de tipo económico, pero también es posible alojarse en habitaciones en casas particula-

FUERA DE RUTA

PALMIRA

Si se está interesado en la santería y sus misterios es recomendable parar en Palmira, 8 km al norte de Cienfuegos. Se trata de una ciudad famosa por sus hermandades, incluidas las sociedades de Cristo, San Roque y Santa Bárbara. Se puede encontrar una breve exposición de su razón de ser en el **Museo Municipal de Palmira** (☎54-45-33; entrada 1 CUC; ⌚10.00-18.00 ma-sa, 10.00-13.00 do), en la plaza principal. A veces, Cubanacán (en Cienfuegos) organiza circuitos hasta el lugar. Los principales festivales religiosos se celebran a principios de diciembre.

res; algunas de ellas se alinean una al lado de la otra en la calle que va hacia el Hotel Faro Luna. Protegida por un arrecife de coral, la costa tiene buenos lugares para el buceo con tubo aunque la playa no es del nivel de Varadero.

Puntos de interés y actividades

Centro de submarinismo SUBMARINISMO, BUCEO
(☎54-80-87; commercial@marlin.cfg.tur.cu; carretera Pasacaballos km 18; inmersiones desde 35 CUC, certificado Open Water 365 CUC) La principal actividad de la zona es el submarinismo organizado por el centro del Hotel Club Amigo Rancho Luna, que visita 30 puntos a 20 min en barco. Destacan las cuevas, una variada vida acuática, deslumbrantes jardines de coral y seis pecios. Entre noviembre y febrero inofensivos tiburones ballena frecuentan estas aguas.

Delfinario ESPECTÁCULO DE DELFINES
(carretera Pasacaballos km 18,5; adultos/niños 10/6 CUC; ⌚8.30-16.00 ju-ma) El espectáculo de delfines más barato de Cuba también es uno de los mejores. Hay un bar que sirve tentempiés. Se puede nadar con los delfines por 50/33 CUC adultos/niños.

Dónde dormir

Villa Sol CASA PARTICULAR $
(☎52-27-24-48; carretera Faro Luna; h 20-30 CUC; ❄) En la carretera hacia el Hotel Faro Luna, es la primera casa a la izquierda. Está en un lugar precioso con vistas al océano y buganvilla en el jardín. Hay cuatro habitaciones. Si está llena, hay que seguir caminando, casi todas las casas de la calle alquilan habitaciones.

Hotel Pasacaballo HOTEL $
(☎54-80-13; carretera Pasacaballos km 22; i/d 34/45 CUC; P❄≋) Es arquitectónicamente horrible pero ofrece habitaciones limpias y muy decentes a precios de risa en una ubicación fantástica. Cuenta con un amplio bar, un restaurante, una piscina y mesas de billar. El mejor tramo de playa está a 4 km.

Hotel Club Amigo Faro Luna-Rancho Luna 'RESORT' $$
(☎54-80-30; carretera Pasacaballos km 18; i/d temporada baja 52/74 CUC; P❄@≋) La sorpresa de la costa sur de Cuba. Este es un lugar estimulantemente modesto y uno de los dos hoteles del país que a pesar de estar en una zona de *resorts* no lo parece. A diferencia de su vecino, el **Club Amigo Rancho Luna,** el Faro no ofrece paquetes turísticos de todo incluido. Aun así, con un par de nuevos paladares cerca las opciones de comida están cubiertas.

Dónde comer

Restaurante Vista al Mar CARIBEÑA $$
(carretera Pasacaballos km 18; principales 10 CUC) Al final de una empinada subida no muy lejos de la carretera que va al Hotel Faro Luna, este nuevo paladar parece casero, pero ofrece algunos platos poco comunes (hasta ahora, desconocidos) de la comida cubana, como la carne de venado y el pavo entero asado (30 CUC).

Cómo llegar y salir

Teóricamente, hay seis autobuses urbanos diarios desde Cienfuegos, pero esto es Cuba: hay que estar preparado para las esperas y los horarios escritos a mano. *El ferry* de Jagua zarpa del muelle justo debajo del Hotel Pasacaballo varias veces a lo largo del día. El barco de ida y vuelta entre el castillo de Jagua y Cienfuegos es más esporádico ya que solo hacía dos viajes (10.00 y 15.00) cuando se elaboraba esta obra. Un taxi resulta más fiable. La carrera a Cienfuegos no debería costar más de 10 CUC: hay que negociar duro.

Una forma incluso mejor de llegar a este lugar es en ciclomotor de alquiler desde Cienfuegos.

Castillo de Jagua

Casi un siglo anterior a la ciudad de Cienfuegos, el **castillo de Nuestra Señora de los Ángeles de Jagua** (entrada 3 CUC; ⌚8.00-18.00), al oeste de la boca de la bahía de Cienfuegos, fue diseñado por José Tantete en 1738 y terminado en 1745. Levantado para mantener alejados a los piratas (y a los británicos), en aquel entonces era la tercera fortaleza más importante del país después de las de La Habana y Santiago de Cuba.

Una amplia reforma en el 2010 otorgó finalmente al castillo la transformación que reclamaba a voces. Además de una excelente vista de la bahía y de un sencillo museo, el castillo también cuenta con un restaurante razonablemente sugerente reformado en el 2011.

Los *ferries* de pasajeros desde el castillo surcan las aguas hacia Cienfuegos (1 CUC, 40 min) dos veces al día, partiendo de Cienfuegos a las 8.00 y las 13.00 y regresando a las 10.00 y las 15.00. Otro *ferry* sale a menudo hasta un embarcadero por debajo del Hotel Pasacaballo (0,50 CUC, 15 min). Los cubanos pagan lo equivalente en pesos cubanos.

A cierta distancia de este lado de la bahía, es posible echar un vistazo a la impopular **planta nuclear de Juraguá**, un proyecto conjunto de Cuba y la antigua Unión Soviética concebido en 1976 y que incluía los bloques de apartamentos abandonados de la adyacente Ciudad Nuclear. A solo 288 km de Florida Keys, la construcción encontró una fuerte oposición por parte de EE UU y fue abandonada tras la caída del comunismo. Los extranjeros no pueden visitarla.

Laguna de Guanaroca

Esta resplandeciente **laguna** (entrada 7 CUC circuito incl.; ⌚8.00-12.00), la representación de la luna en la tierra según la leyenda autóctona siboney, es un lago salino bordeado de manglares al sureste de Cienfuegos. Como polo de atracción para las aves solo se ve superado por Las Salinas, en la península de Zapata, y es la única área protegida de la provincia. Los senderos conducen a una plataforma de observación que suelen visitar flamencos, pelícanos y tocororos (el ave nacional de Cuba). También hay perales, limoneros, aguacates y güiras (la fruta que se utiliza para hacer maracas). Los circuitos (2-3 h) incluyen un viaje en barco al extremo más alejado del lago.

La entrada a la reserva (solo accesible en coche de alquiler o en taxi) está a 12 km de Cienfuegos, junto a la carretera de Rancho Luna en el desvío a Pepito Tey. Cubanacán, en Cienfuegos, organiza excursiones por solo 10 CUC.

Jardín botánico de Cienfuegos

Con 94 Ha el **jardín botánico** (entrada 2,50 CUC; ⌚8.00-17.00), cerca de la refinería de azúcar Pepito Tey, 17 km al este de Cienfuegos, es uno de los jardines más grandes de Cuba. Alberga 2000 especies de plantas, incluidos 23 tipos de bambú, 65 clases de higueras y 280 palmeras diferentes (supuestamente, la variedad más grande en un solo lugar del mundo). El jardín botánico fue fundado en 1901 por el magnate estadounidense del azúcar Edwin F. Atkins, que al principio pretendía usarlo para estudiar diferentes variedades de caña de azúcar pero terminó plantando exóticos árboles tropicales de todo el mundo.

Para llegar al jardín se necesita automóvil propio. La forma más económica es apuntarse a una excursión organizada; Cubanacán ofrece viajes por 10 CUC. Los conductores que procedan de Cienfuegos deben girar a la derecha (sur) en el cruce a Pepito Tey.

El Nicho

Aunque la parte que la provincia de Cienfuegos tiene en la verde sierra del Escambray es extensa (e incluye la cumbre más alta de la montaña, el pico de San Juan con 1156 m) solo puede visitarse una pequeña zona protegida alrededor de **El Nicho** (entrada 5 CUC; ⌚8.30-18.30), un remoto enclave del Parque Natural Topes de Collantes.

El Nicho es el nombre de una preciosa cascada en el río Hanabanilla, pero la zona también ofrece la posibilidad de andar por un sendero natural de 1,5 km (Reino de las Aguas), nadar en dos piscinas naturales, visitar cuevas, ornitología y un restaurante estilo ranchón.

La hermosa carretera a El Nicho pasando por Cumanayagua es legendaria por sus curvas. Dicho esto, gracias a una serie de mejoras recientes, el viaje de Cienfuegos a El Nicho es solo de 2 h. La furgoneta diaria que da servicio a la pequeña comunidad del lugar sale en horas muy incómodas. Es mucho mejor alquilar un coche o un taxi (70 CUC aprox.). A través de Cubanacán pueden organizarse circuitos de medio día y una excursión a El Nicho con traslado a Trinidad.

La costa caribeña

Yendo en dirección este hacia Trinidad, en la provincia de Sancti Spíritus, las vistas de postal de la sierra del Escambray se acercan cada vez más hasta que sus arrugadas faldas llegan hasta la carretera. Entretanto, escondidos arrecifes de coral ofrecen excelentes posibilidades para el submarinismo.

Puntos de interés y actividades

Hacienda La Vega EQUITACIÓN

(carretera de Trinidad km 52; 6 CUC/h) En la carretera principal, unos 9 km al este de Villa Guajimico, esta bucólica granja rodeada de frutales cuenta con un **restaurante** donde se sirven los típicos platos cubanos (5-10 CUC). Después de la ciudad, es un buen lugar para relajarse almorzando. Los viajeros sin prisas pueden alquilar caballos y bajar hasta la playa llamada Caleta de Castro, donde el buceo es excelente (hay que llevar material propio).

Villa Guajimico SUBMARINISMO

(☎54-09-46; carretera de Trinidad km 42) Algo inusual para un campismo, Villa Guajimico cuenta con su propio centro de submarinismo situado en lo alto de un acantilado de coral. Cubre 16 puntos de inmersión y los paquetes con cinco inmersiones cuestan 125 CUC.

Dónde dormir y comer

★ **Villa Yaguanabo** BUNGALÓS $

(☎54-00-99, 54-19-05; carretera de Trinidad km 55; i/d 22/35 CUC; P ❄) Un tesoro desconocido situado a 26 km de Trinidad (26 km). Villa Yaguanabo se asienta en un fantástico pedazo de costa en la desembocadura del río Yaguanabo.

Usando el hotel como base, se puede tomar un barco (2 CUC) para hacer un viaje de 2 km río arriba hasta el valle de la Iguana, donde hay aguas termales, equitación y una pequeña red de caminos a los pies de las montañas del frondoso Escambray. Hay un paladar (Casa Verde) en la carretera principal frente al hotel que ofrece buenas opciones de comida y cena.

Villa Guajimico BUNGALÓS $

(☎54-09-46; carretera de Trinidad km 42; h 44-60 CUC; P ❄ ≋) Uno de los campismos más lujosos de Cubamar, cuyos 51 atractivos bungalós idílicamente situados al borde del mar disponen de servicios equiparables a la mayor parte de los hoteles de tres estrellas. También funciona como punto de encuentro de submarinistas y ofrece alquiler de bicicletas, opciones para ir en catamarán o kayak y senderismo. Además es un sitio de Campertour totalmente equipado. Los autobuses Cienfuegos-Trinidad pasan por delante.

Provincia de Villa Clara

☎042 / 803 690 HAB.

Sumario »

Las mejores playas

- Playa Ensenachos (p. 277)
- Playa Las Salinas (p. 278)
- Playa El Mégano (p. 278)
- Playa Santa María (p. 277)

La mejor vida local

- Parque Vidal (p. 261)
- La Marquesina (p. 268)
- La Casa de la Ciudad (p. 263)
- Centro Cultural Las Leyendas (p. 275)
- Caibarién (p. 275)

Por qué ir

No nació ni vivió en el lugar, y murió en las distantes montañas bolivianas, pero Che Guevara es sinónimo de Villa Clara por liberar a su capital, Santa Clara, del partido corrupto de Batista. Además, el entramado de neblinosos campos de tabaco y plácidos lagos entre los montes Escambray y los cayos del norte de Cuba son argumentos adicionales para dejarse caer por esta zona.

La ciudad de Santa Clara es un importante cruce, con una animada vida nocturna y algunas casas particulares palaciegas. Mientras, los cercanos montes Escambray ofrecen aventura en torno al lago Hanabanilla. La pintoresca Remedios es la localidad más antigua de la región, y su letargo se interrumpe anualmente con una desenfrenada fiesta pirotécnica: Las Parrandas. En dirección noreste, en la apreciada costa de Villa Clara, la vida gira en torno al archipiélago de Cayerías del Norte, el centro turístico de mayor crecimiento de Cuba. La presencia de una contigua Reserva de la Biosfera de la Unesco ha supuesto que, hasta ahora, el desarrollo haya sido bastante sostenible.

Cuándo ir

- Cuesta pensar un momento mejor para visitar Villa Clara que diciembre, concretamente el día 24. El viajero puede cambiar una aburrida Navidad por Remedios, donde se celebra una de las fiestas populares más animadas del Caribe.
- Conviene dirigirse hacia Cayerías del Norte para el comienzo de la temporada alta, que va de diciembre a marzo, cuando las posibilidades de lluvia son menores.

Imprescindible

❶ Seguir el rastro de la leyenda en el **monumento a Ernesto Che Guevara** (p. 265) y el **Monumento a la Toma del Tren Blindado** (p. 264), en Santa Clara.

❷ Visitar en Santa Clara la **Fábrica de Tabacos Constantino Pérez Carrodegua** (p. 263), seguida de un fantástico café en **La Veguita** (p. 263).

❸ Apuntarse a la animada vida nocturna del **Club Mejunje** (p. 269) de Santa Clara.

❹ Recorrer los senderos y empaparse de la soledad del **embalse Hanabanilla** (p. 271).

❺ Contemplar a los transeúntes desde los cafés de la plaza en el núcleo colonial de **Remedios** (p. 272).

❻ Ver la Villa Clara ignorada por el turismo en la destartalada aunque acogedora **Caibarién** (p. 275).

❼ Deleitarse en las balsámicas playas del **Cayo Santa María** (p. 276).

Historia

Los taínos fueron los primeros que poblaron esta región, pero una reproducción de un asentamiento en un mediocre hotel a las afueras de Santa Clara es su único legado. Ubicada estratégicamente en el centro geográfico de la isla, Villa Clara ha sido históricamente un foco de corsarios, colonizadores y revolucionarios que se disputaban beneficios materiales. Los piratas eran un quebradero de cabeza constante en los primeros años de colonialismo, con la primera ciudad de la provincia, Remedios, que se trasladó dos veces y luego fue abandonada a finales del s. XVII, cuando un grupo de familias huyó al interior, a la actual Santa Clara. Posteriormente, la demografía se vio sacudida de nuevo por pobladores procedentes de las islas Canarias, que trajeron sus conocimientos agrícolas y su peculiar y cantarín acento español a las plantaciones de tabaco de la pintoresca región de Vuelta Arriba. En diciembre de 1958 Ernesto "Che" Guevara, ayudado por una variopinta cuadrilla de desaliñados barbudos, orquestó la caída de la ciudad de Santa Clara al hacer descarrilar un tren blindado que transportaba a más de 350 soldados gubernamentales y armamento al este. La victoria anunció el fin de la dictadura de Fulgencio Batista y marcó el triunfo de la Revolución cubana.

SANTA CLARA

239 091 HAB.

Mientras que Varadero tienta a los amantes de la playa y Trinidad a los aficionados a la historia, la polvorienta Santa Clara no se compromete con nadie. En pleno centro geográfico del país, es una ciudad de nuevas tendencias e insaciable creatividad, donde una joven cultura viene desafiando los límites de la policía de censura durante casi una década. Santa Clara destaca por ser sede del único espectáculo oficial de *drags* de Cuba (en el club El Mejunje) y del mejor festival de *rock* auténtico del país (el Ciudad Metal en octubre). La personalidad de la ciudad se ha formado a lo largo del tiempo por la presencia de la universidad más prestigiosa del país fuera de La Habana y una larga asociación con el guerrillero argentino Che Guevara, cuya liberación de Santa Clara en diciembre de 1958 marcó el fin del régimen de Batista.

Historia

Con un error de cálculo de no menos de 10 000 millas, Cristóbal Colón pensó que Cubanacán (o Cubana Khan, nombre indio que significa "en el medio de Cuba"), un poblado indio antaño situado cerca de Santa Clara, era la sede de los kanes de Mongolia; de ahí su idea equivocada de que estaba explorando la costa asiática. Santa Clara en sí la fundaron 13 familias de Remedios en 1689, hartas de atraer la atención de los piratas. La ciudad creció rápidamente después de que un incendio vaciara Remedios en 1692, y en 1867 se convirtió en la capital de la provincia de Las Villas. Santa Clara era un importante centro industrial, famosa por su fábrica de Coca-Cola prerrevolucionaria y su papel fundamental en la red de comunicaciones de la isla. Hoy continúa manteniendo una fábrica textil, una cantera de mármol y la fábrica de puros Constantino Pérez Carrodegua. Fue la primera ciudad importante liberada del ejército de Batista en diciembre de 1958.

Puntos de interés

Los atractivos de Santa Clara se distribuyen generosamente hacia el norte, el este y el oeste del parque Vidal. Todos se encuentran a poca distancia del famoso Conjunto Escultórico Comandante Ernesto Che Guevara, a solo 2 km del centro.

Parque Vidal

Parque Vidal PLAZA

Un verdadero teatro al aire libre que debe su nombre al Coronel Leoncio Vidal y Caro, asesinado en el lugar el 23 de marzo de 1896. El parque estaba circunvalado por dos caminos gemelos durante la época colonial, con una valla que separaba a negros y blancos.

Hoy en día todos los colores del arcoíris cultural de Cuba se mezclan en uno de los parques más bulliciosos y vibrantes del país, con hombres mayores vestidos con guayabera charlando en los bancos sombreados y niños paseados en carros tirados por cabras. Hay que encontrar tiempo para contemplar las estatuas de la filántropa local Marta Abreu y el emblemático *Niño de la Bota*, tradicional símbolo de la ciudad. Desde 1902, la orquesta municipal toca en el escenario del parque todos los jueves y domingos a las 20.00.

Museo de Artes Decorativas MUSEO

(Parque Vidal nº 27; entrada 3 CUC; ⌚9.00-18.00 lu-ju, 13.00-22.00 vi y sa, 18.00-22.00 do) Es recomendable reservar 1 h para visitar esta mansión

Santa Clara

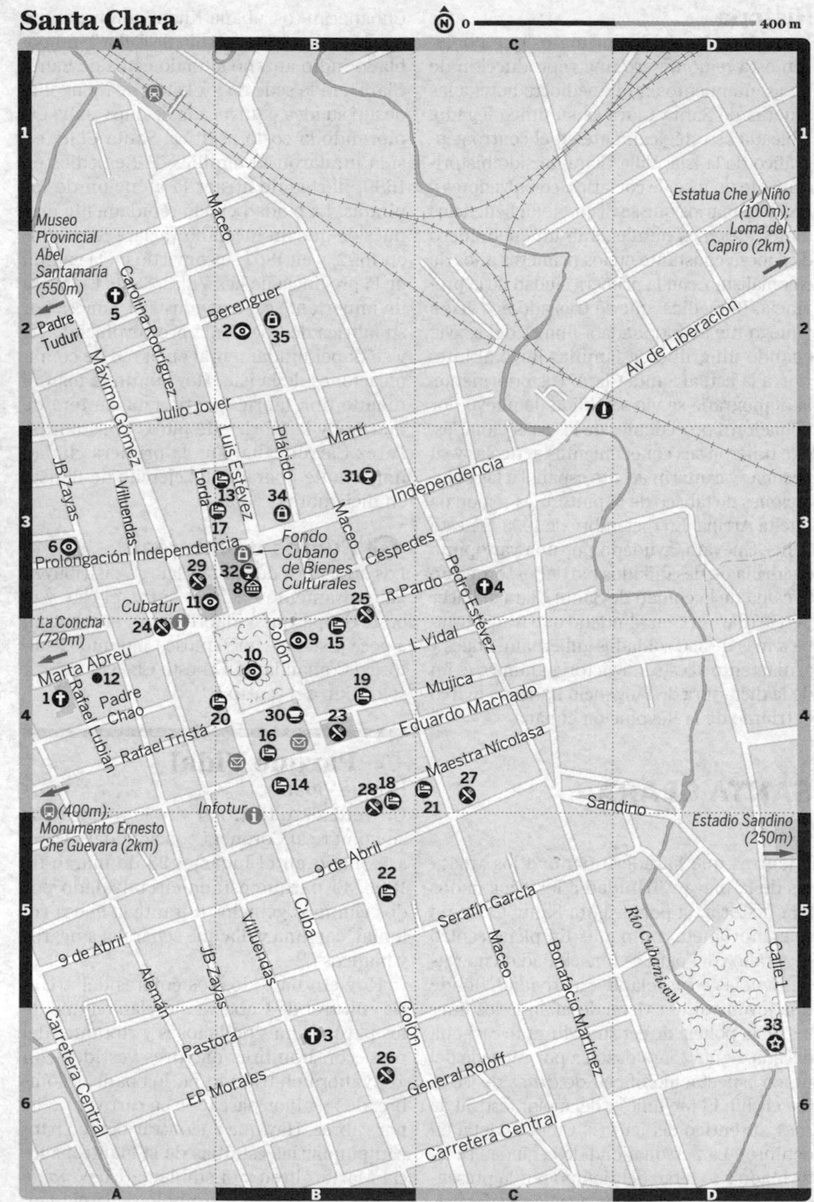

del s. XVIII convertida en un museo lleno de mobiliario de época de amplia gama de estilos que parece imitar el legado arquitectónico de Cuba. Música de cámara en directo por las noches contribuye al romanticismo. Consúltese el tablón de anuncios.

Palacio Provincial EDIFICIO CULTURAL

(Parque Vidal) Este palacio neoclásico de 1902-1912 se halla en la parte este del parque Vidal. Es sede de la biblioteca Martí y alberga una peculiar colección de libros.

Santa Clara

Puntos de interés

1 Catedral de las Santas Hermanas de Santa Clara de Asís A4
2 Fábrica de Tabacos Constantino Pérez Carrodegua B2
3 Iglesia de la Santísima Madre del Buen Pastor B6
4 Iglesia de Nuestra Señora del Buen Viaje C3
5 Iglesia de Nuestra Señora del Carmen A2
6 La Casa de la Ciudad A3
7 Monumento a la Toma del Tren Blindado C2
8 Museo de Artes Decorativas B3
9 Palacio Provincial B4
10 Parque Vidal B4
11 Teatro la Caridad A3

Actividades, cursos y circuitos

12 Club Mejunje A4

Dónde dormir

13 Auténtica Pérgola B3
14 Casa de Mercy B4
15 Héctor Martínez B4
16 Hostal Alba B4
17 Hostal Familia Sarmiento B3
18 Hostal Florida Center B4
19 Hotel América B4
20 Hotel Santa Clara Libre B4
21 Isidoro y Marta C4
22 La Casona Jover B5

Dónde comer

23 Coppelia B4
24 Dinos Pizza A4
25 El Alba B3
26 Mercado Agropecuario B6
27 Panadería Doña Neli C4
28 Restaurant Florida Center B4
29 Restaurante Colonial 1878 ..... A3

Dónde beber y vida nocturna

30 Café Literario B4
31 El Bar Club Boulevard B3
32 Europa B3
La Marquesina ..... (véase 11)

Ocio

Biblioteca José Martí ..... (véase 9)
Cine Camilo Cienfuegos ..... (véase 20)
Club Mejunje ..... (véase 12)
33 El Bosque D6
Museo de Artes Decorativas ..... (véase 8)

De compras

34 ARTex B3
35 La Veguita B2

Teatro La Caridad TEATRO, EDIFICIO HISTÓRICO
(Máximo Gómez esq. Marta Abreu) Son muchos los que se confunden por la relativamente austera fachada neoclásica, pero hay que darle 1 CUC a quien esté a cargo de la puerta para descubrir por qué este teatro que data de 1885 es uno de los tres grandes teatros rurales de la era colonial.

Su adornado interior es casi igual al del Tomás Terry de Cienfuegos y el Sauto de Matanzas: tres pisos, un auditorio en forma de U y estatuas de mármol. El sofisticado fresco del techo de Camilo Zalaya es el principal atractivo.

Norte del parque Vidal

Fábrica de Tabacos Constantino Pérez Carrodegua FÁBRICA DE PUROS
(Maceo nº 181, entre Julio Jover y Berenguer; entrada 4 CUC; 9.00-11.00 y 13.00-15.00) Es una de las mejores de Cuba y elabora puros de calidad Montecristo, Partagás, y Romeo y Julieta. Los circuitos son más modestos en comparación con los de La Habana, así que la experiencia es mucho más interesante y menos precipitada. Se puede reservar a través de la oficina de Cubatur.

Cruzando la calle se halla **La Veguita** (20-89-52; calle Maceo nº 176A, entre Julio Jover y Berenguer; 8.30-17.30), la diminuta aunque bien provista tienda de la fábrica. Se puede comprar ron barato, y tomar un buen café en el bar del fondo.

La Casa de la Ciudad CENTRO CULTURAL
(Independencia esq. J. B. Zayas; entrada 1 CUC; 8.00-17.00) El pulso de la progresista vida cultural de la ciudad se halla en este edificio, al noroeste del parque Vidal. Si el viajero quiere ver una cara de Santa Clara distinta de la obligada parafernalia del Che, puede charlar con los artistas jóvenes en este lugar. Este histórico centro acoge exposiciones de arte (entre otras un boceto original de Wifredo Lam), noches de danzón y un museo del cine, así como actuaciones musicales improvisadas. El auténtico atractivo de este lugar, no obstante, es mezclarse con lugareños apasionados de la cultura y averiguar qué mueve a la ciudad menos atractiva de Cuba.

MARTA ABREU

Uno no encontrará muchos sitios en Cuba sin una calle dedicada a Marta Abreu, la filántropa más famosa del país, pero en su ciudad natal, Santa Clara, su nombre y legado está por todas partes, también en la universidad (la segunda más importante de Cuba). Antes de que el Che irrumpiera en escena, Abreu ya se había erigido como la figura más querida de la ciudad, y no es de extrañar: esta mujer fue responsable de la construcción de muchos edificios emblemáticos de Santa Clara, y contribuyó de forma destacada a la desaparición del colonialismo español en la década de 1890. La ciudad llegó a conocerse como "la Ciudad de Marta" y era famosa por sus destacados servicios sociales, instaurados por Abreu.

Nacida en una familia acomodada, Abreu pronto fue consciente de los contrastes en las condiciones de vida entre Cuba y la comparativamente lujosa Europa, e introdujo muchos cambios en Santa Clara para que la ciudad acrecentara su esplendor. Su principal contribución continúa siendo el Teatro La Caridad, el edificio que supervisó, pero la Biblioteca José Martí, la estación de trenes de Santa Clara, cuatro escuelas, una estación meteorológica, una residencia de ancianos y la fábrica de gas provincial también existen gracias a los fondos que ella donó.

Sin embargo no solo se le recuerda por estas edificaciones. Como persona humanitaria que defendió causas grandes y pequeñas, Abreu apoyó una campaña a favor de las personas sin hogar en Santa Clara, financió la construcción de la estación eléctrica que dio alumbrado público a la ciudad y mejoró la higiene con la creación de lavaderos públicos. Y quizá lo que es más importante, recaudó la friolera de 240 000 CUP (el equivalente actual a millones de dólares) para la liberación de Cuba de los españoles en la década de 1890.

Iglesia de Nuestra Señora del Carmen IGLESIA

(Carolina Rodríguez) La iglesia más antigua de la ciudad está cinco manzanas al norte del parque Vidal. Se construyó en 1748, y se añadió una torre en 1846. Durante la Guerra de Independencia sirvió como cárcel para patriotas cubanos. Un moderno monumento cilíndrico enfrente de la iglesia conmemora el lugar donde 13 familias procedentes de Remedios fundaron Santa Clara en 1689.

Museo Provincial Abel Santamaría MUSEO

(☎20-30-41; entrada 1 CUC; ⌚9.00-17.00 lu-vi, hasta 13.00 sa) No es tanto un monumento conmemorativo al señor Santamaría (la mano derecha de Fidel en el Moncada; véase recuadro en p. 409), como un pequeño museo provincial instalado en antiguos barracones militares en los que las tropas de Batista se rindieron al Che el 1 de enero de 1959. Contiene una sala sobre historia natural y una sala dedicada a las mujeres cubanas a lo largo de la historia. Hay un museo en lo alto de una colina, en el extremo norte de Esquerra, cruzando el río Bélico; búsquese un gran edificio color crema detrás de la finca de caballos.

Este del parque Vidal

Monumento a la Toma del Tren Blindado MONUMENTO

(entrada 1 CUC; ⌚9.00-17.30 lu-sa) En este pequeño museo se hizo historia el 29 de diciembre de 1958, cuando Ernesto *Che* Guevara y un grupo de 18 jovencísimos revolucionarios rifle en mano hicieron que descarrilara un tren blindado con una excavadora prestada y cócteles Molotov de fabricación casera. La batalla duró 90 min y, contra todo pronóstico, derrocaron la dictadura de Batista, dando paso a más de 50 años de Fidel Castro. El

NOMBRES DE CALLES DE SANTA CLARA

Como en casi todas las ciudades cubanas, las calles tienen dos nombres. Los antiguos los utilizan de forma coloquial la gente de lugar. Lo nuevos aparecen en los paneles indicativos.

NOMBRE ANTIGUO	NOMBRE NUEVO
Candelaria	Maestra Nicolasa
Caridad	General Roloff
Nazareno	Serafín García
San Miguel	Calle 9 de Abril
Sindico	Morales

museo, al este de Independencia, al otro lado del río, marca el lugar donde descarriló el tren y arrojó a los 350 soldados fuertemente armados. La célebre excavadora tiene su propio pedestal en la entrada.

Estatua 'Che con Niño' MONUMENTO
Mucho más íntima y elaborada que su hermana mayor del otro extremo de la ciudad, esta estatua frente a la Oficina Provincial PCC, cuatro manzanas al este del Tren Blindado, muestra al Che con un bebé (que simboliza la siguiente generación) en su hombro. Si se mira más de cerca, uno descubre esculturas más pequeñas incorporadas en el uniforme del revolucionario, que representan momentos de su vida; también hay retratos de los 38 hombres asesinados con Guevara en Bolivia ocultos en la hebilla del cinturón.

Loma del Capiro LUGAR DESTACADO
Dos manzanas más al este desde la estatua *Che con Niño,* una carretera a la derecha lleva hasta el mejor mirador de Santa Clara, la característica Loma del Capiro. La cima está coronada por una bandera y una serie de estacas que sostienen el rostro metalizado pero reconocible del Che Guevara. La colina fue una atalaya crucial para sus fuerzas durante la liberación de Santa Clara en 1958.

Iglesia de Nuestra Señora del Buen Viaje IGLESIA
(Pedro Estévez esq. R. Pardo) Al este del centro se halla esta caótica mezcla de arquitectura gótica, románica y neoclásica.

Iglesia de la Santísima Madre del Buen Pastor IGLESIA
(E. P. Morales nº 4, entre Cuba y Villuendas) Un peculiar templo de estilo colonial al sur del centro.

Oeste del parque Vidal

Conjunto Escultórico Comandante Ernesto Che Guevara MONUMENTO
(plaza de la Revolución) GRATIS Punto final de muchos peregrinos del Che, este complejo con monumento, mausoleo y museo está 2 km al oeste del parque Vidal (vía Rafael Tristá en la av. de los Desfiles), cerca de la estación de autobuses de Viazul. Incluso si el viajero no puede soportar al guerrillero argentino que muchos idolatran, la plaza que se extiende a ambos lados de la carretera guardada por una estatua de bronce del Che desprende un cierto sentimentalismo.

La estatua se erigió en 1987 para conmemorar el 20º aniversario del asesinato de Guevara en Bolivia y puede verse a cualquier hora. El sublime mausoleo (av. de los Desfiles; 9.30-16.00 ma-do), al que se accede desde detrás de la estatua, contiene 38 nichos tallados en piedra dedicados a los otros guerrilleros que murieron en la fallida revolución boliviana. En 1997, los restos de 17 de ellos, entre los que se contaba Guevara, se recuperaron de una fosa común secreta en Bolivia y se enterraron de nuevo en este mausoleo. Fidel Castro prendió la llama eterna el 17 de octubre de 1997. El museo alberga los pormenores y objetos de la vida y muerte del Che.

La mejor manera de llegar al monumento es con un paseo de 30 min, o tomando un coche de caballos en la calle Marta Abreu, frente la catedral, por un par de pesos cubanos.

Catedral de las Santas Hermanas de Santa Clara de Asís CATEDRAL
(Marta Abreu) Esta catedral, situada tres manzanas al oeste del parque Vidal, se construyó en medio de una gran polémica en 1923, tras el derribo de la iglesia original de la ciudad en el parque Vidal. Contiene una fantástica colección de vitrales y una mítica estatua blanca de la Virgen María, conocida (extraoficialmente) como la Virgen de la Charca. La estatua se descubrió en una acequia en la década de 1980, tras haber desaparecido misteriosamente poco después de la consagración de la catedral en 1954. Volvió a adornar la catedral en 1995.

Cursos

Santa Clara alberga la segunda universidad más prestigiosa de Cuba, la **Universidad Central Marta Abreu de Las Villas** (28-14-10; www.uclv.edu.cu; carretera de Camajuaní km 5,5). Muchos alumnos extranjeros estudian en ella, aunque suelen organizarlo todo a través de las universidades de sus países de origen. Se recomienda consultar la página web para más información.

Si pregunta, el viajero quizá encuentre clases de baile y percusión en el **club el Mejunje** (Marta Abreu nº 107; 16.00-1.00 ma-do).

Fiestas

Entre la extravagante oferta anual de Santa Clara figuran **Miss Travesti,** un acto tipo Miss Mundo con travestis, en marzo, y el **Metal Festival** de octubre, durante el cual varios locales de la ciudad acogen actuaciones de los principales grupos de *heavy-metal* del país.

CHE COMANDANTE, AMIGO

Pocas figuras del s. XX han dividido con tanta intensidad la opinión pública como Ernesto Guevara de la Serna, más conocido como el Che. Ha sido venerado como eterno símbolo de la libertad del Tercer Mundo y loado como el héroe de sierra Maestra, y sin embargo también fue el hombre más buscado por la CIA. La imagen de este guapo médico argentino convertido en guerrillero todavía aparece en pósteres y artículos turísticos por toda Cuba. ¿Pero qué habría pensado ese hombre de una comercialización tan desenfrenada?

Nacido en Rosario, Argentina, en junio de 1928 en una familia burguesa de ascendencia irlandesa y española, fue un niño frágil y enfermizo que desarrolló asma a los dos años. El deseo precoz de superar esta enfermedad infundió en Ernesto una fuerza de voluntad que lo haría distinto.

Un ávido rival en su juventud, Ernesto se ganó el apodo de Fuser en el colegio por su naturaleza combativa en el campo de rugbi. Licenciado en la Universidad de Buenos Aires en 1953 con un título de medicina, rechazó una carrera convencional en favor de una odisea para cruzar el continente en motocicleta, acompañado por su viejo amigo y colega Alberto Granado. Sus correrías nómadas –bien documentadas en una serie de diarios publicados a título póstumo– le hicieron ver la miseria absoluta y las crudas injusticias políticas tan comunes en la América Latina de la década de 1950.

Pero para cuando Guevara llegó a Guatemala, en 1954, en vísperas del golpe de Estado apoyado por EE UU contra el gobierno izquierdista de Jacobo Arbenz, devoraba con entusiasmo las obras de Marx y alimentaba un profundo odio contra EE UU. Deportado a México en 1955 por su activismo pro Arbenz, Guevara se unió a un grupo de cubanos entre los que se contaba el veterano del Moncada Raúl Castro. Impresionado por la perspicaz inteligencia del argentino y sus inquebrantables convicciones políticas, Raúl –un veterano del Partido Comunista– decidió presentar al Che a su carismático hermano Fidel.

El encuentro entre ambos en Ciudad de México, en junio de 1955, duró diez horas y cambió el curso de la historia. Rara vez dos figuras de su magnitud se han necesitado tanto como el impulsivo Castro y el más reflexivo e ideológicamente refinado Che. Ambos fueron los niños predilectos de familias numerosas, y ambos renunciaron a una vida acomodada por luchar con valentía por una causa revolucionaria. Asimismo, ambos tenían poco que ganar y mucho que perder abandonando carreras profesionales por lo que muchos habrían considerado. "En una revolución uno gana o muere si es auténtica", escribió proféticamente Guevara años más tarde.

En diciembre de 1956 el Che salió rumbo a Cuba en el yate *Granma*, uniéndose a los rebeldes como médico del grupo. El único de unos 12 soldados rebeldes del contingente original de 82 que sobrevivió al catastrófico desembarco en Las Coloradas demostró ser un luchador valiente e intrépido que predicó con el ejemplo y pronto se ganó la confianza de sus camaradas cubanos. Castro le recompensó con el rango de comandante en julio de 1957, y en diciembre de 1958 el Che correspondió a su confianza planeando la batalla de Santa Clara, una acción que selló una histórica victoria revolucionaria.

A Guevara se le concedió la ciudadanía cubana en febrero de 1959 y pronto adoptó un papel importante en las reformas económicas de Cuba como presidente del Banco Nacional y ministro de Industria. Su insaciable ética del trabajo y su participación regular en los entusiastas fines de semana de trabajos voluntarios pronto le proyectaron como la personificación del "nuevo hombre" cubano.

La luna de miel iba a durar poco. Desaparecido de la escena política cubana en 1965, entre rumores y mitos, Guevara reapareció en Bolivia a finales de 1966 al frente de un pequeño grupo de guerrilleros cubanos. Tras la exitosa emboscada de un destacamento boliviano en marzo de 1967, hizo un llamamiento para "dos, tres, muchos Vietnam en América". Estas atrevidas proclamas fueron su perdición. El 8 de octubre de 1967, el ejército de Bolivia capturó a Guevara. Como continuación a las conversaciones entre la armada y los líderes militares en La Paz y Washington D. C., fue ejecutado al día siguiente. Finalmente sus restos regresaron a Cuba en 1997 y fue enterrado en Santa Clara.

Dónde dormir

★ Hostal Florida Center CASA PARTICULAR $
(☎20-81-61; www.hostalfloridacenter.com; Maestra Nicolasa Este nº 56, entre Colón y Maceo; h 20-25 CUC; ❄) El Florida compite con el museo de Artes Decorativas por sus antigüedades y podría robarle el protagonismo a la mayoría de los jardines botánicos cubanos con su frondoso patio central lleno de raras orquídeas, helechos, pájaros y una tortuga.

Ángel, su carismático propietario, alquila dos habitaciones decoradas con mucha imaginación. Es conocida como una de las mejores casas particulares de Cuba, por lo que suele estar llena. Conviene reservar con antelación

Auténtica Pérgola CASA PARTICULAR $
(☎20-86-86; www.hostalautenticapergola.blogspot.ca; Luis Estévez nº 61, entre Independencia y Martí; h 20-25 CUC; ❄) Otra casa que, para muchos, figura en la lista de "lo mejor de Cuba". Está situada alrededor de un patio al estilo de la Alhambra rodeada de verdor y coronada por una maravillosa fuente. Muchas de sus habitaciones dan al patio y tienen baño privado. Hay una terraza en la azotea y un comedor donde se sirve comida exquisita. Los propietarios son conocidos por entregarse mucho más allá del servicio.

Hostal Alba CASA PARTICULAR $
(☎29-41-08; Eduardo Machado nº 7, entre Cuba y Colón; h 25-30 CUC; ❄) Esta joya arquitectónica con bonitas camas antiguas, azulejos originales y un patio sirve desayunos excepcionales y está justo a una manzana de la plaza principal. Con decir que Wilfredo, su agradable propietario, es el chef del Hostal Florida Center, basta.

Hostal Familia Sarmiento CASA PARTICULAR $
(☎20-35-10; Lorda nº 61, entre Martí e Independencia; h 20-25 CUC; ❄@) Dos habitaciones en una preciosa casa familiar a pocos metros de la plaza principal. Es segura, agradable y de nivel alto. Geydis, su anfitriona, es una cocinera fantástica y prepara enormes y deliciosos desayunos, mientras Carlos, el anfitrión, hace de chófer, fotógrafo y es una mina de información.

Casa de Mercy CASA PARTICULAR $
(☎21-69-41; Eduardo Machado nº 4, entre Cuba y Colón; h 20-25 CUC; ❄) Esta maravillosa casa familiar ofrece dos habitaciones con baño privado, además de dos terrazas, un comedor, intercambio de libros y una tentadora carta de cócteles. Sus simpáticos anfitriones hablan inglés, francés e italiano.

Isidoro y Marta CASA PARTICULAR $
(☎20-38-13; Maestra Nicolasa nº 74, entre Colón y Maceo; h 20-25 CUC; ❄) La casa más moderna de esta pareja está impecable. Un patio largo y estrecho conduce a dos bonitas habitaciones con las mejores duchas de Santa Clara. Sirven desayunos y almuerzos a precio razonable.

Héctor Martínez CASA PARTICULAR $
(☎21-74-63; R Pardo nº 8, entre Maceo y parque Vidal; h 20-25 CUC; ❄) Un apacible paraíso junto al parque Vidal, con un patio lleno de helechos y flores y dos enormes habitaciones con dos camas (una doble) y un escritorio.

La Casona Jover CASA PARTICULAR $
(☎20-44-58; Colón nº 167, entre calle 9 de Abril y Serafín García; h 20-25 CUC; ❄) Dos habitaciones grandes apartadas de la calle y una pequeña terraza para la contemplación.

Hotel Santa Clara Libre HOTEL $
(☎20-75-48; parque Vidal nº 6; s/d CUC19/30; ❄) El hotel de Santa Clara por excelencia durante mucho tiempo –y su edificio más alto– desempeñó un papel importante para la ciudad en la batalla de diciembre de 1958 entre Guevara y las tropas del gobierno de Batista (todavía pueden verse los agujeros de bala en la fachada del edificio). Cuenta con 168 diminutas habitaciones con mobiliario trasnochado, pero hay vistas espectaculares desde el restaurante del décimo piso.

Hotel América HOTEL $$
(Mujica, entre Colón y Maceo; s/d 60/90 CUC; ❄@≈) Tras años de explotar el deslucido Santa Clara Libre, el centro de la ciudad por fin tiene un hotel que el viajero recomendaría a sus amigos antes que a sus enemigos. Sus 27 habitaciones, abiertas en abril del 2012, no podrían solicitar el cartel de "*boutique*", pero son nuevas y cuentan con algunos detalles interesantes.

Hay un sencillo restaurante y una piscina exterior nueva.

Villa La Granjita HOTEL $$
(☎21-81-90; carretera de Maleza km 21,5; i/d 45/60 CUC; P❄@≈) Unos 3 km al norte de la ciudad, se hace pasar por una nativa aldea taína y da el pego con sus cabañas de estilo bohío, equipadas con toda clase de comodidades.

Pero pierde autenticidad por la noche, cuando un espectáculo cursi junto a la piscina y una discoteca estruendosa son más bien sello del Varadero del s. XXI.

Aun así el hotel es mejor que la típica oferta rústica de las afueras, con un buen restaurante, un masajista y posibilidad de paseos a caballo.

Villa Los Caneyes HOTEL **$$**
(☎20-45-13; av. de los Eucaliptos esq. circunvalación de Santa Clara; i/d 45/60 CUC; P❄@≈) Imitando un poblado indígena, Los Caneyes cuenta con 95 bungalós con techo de guano (bohíos), aunque sus instalaciones están anticuadas comparadas con las de Villa La Granjita. Construido en terreno de abundante vegetación repleto de pájaros, está a 3 km de Santa Clara y es un clásico de los viajes organizados en autocar. Tiene restaurante y piscina.

Dónde comer

Las casas particulares y los paladares superan a los locales estatales. Hay varias cafeterías que cobran en pesos cubanos cerca de la esquina de Independencia Oeste y Zayas, en torno al cine Cubanacán. A veces se puede encontrar al auténtico vendedor de helados en una ventana en Abreu.

El Alba CUBANA **$**
(R. Pardo esq. Maceo; ⌚12.00-16.00 y 18.00-21.30 ma-do) El mejor restaurante donde se paga en pesos de la ciudad es un pequeñísimo local una manzana al este del parque Vidal. Las paredes están decoradas con imaginativos dibujos animados de la vida de Santa Clara, y cómodos sofás hacen agradable la espera para una mesa. La comida, cuando llega, lo hace en grandes cantidades.

Dinos Pizza CAFETERÍA **$**
(Marta Abreu nº 10, entre Villuendas y Cuba; *pizzas* 3-6 CUC; ⌚9.00-23.00) Más elegantes que los típicos locales de Dinos (una pequeña cadena cubana), cuentan con acceso a internet (5 CUC/h), un bar agradable, aire acondicionado y un personal amable. Normalmente está lleno de jóvenes estudiantes y sirve una *pizza* aceptable para ser Cuba.

La Concha CARIBEÑA, ITALIANA **$**
(carretera central esq. Danielito; principales 3-8 CUC) Local gubernamental situado en las afueras de la ciudad que hace un buen negocio con los grupos que viajan en autobús de camino o de vuelta del monumento en honor al Che. Al mediodía hay algunas propuestas sofisticadas. El almuerzo por excelencia es la barata y pasable *pizza* (desde 4 CUC).

Restaurante Colonial 1878 INTERNACIONAL **$**
(Máximo Gómez, entre Marta Abreu e Independencia; ⌚12.00-14.00 y 19.00-22.30) Aquí hay que agarrarse a la mesa para cortar el filete o puede que acabe en el suelo. Al margen de la carne dura, el 1878 es suficientemente amable, aunque la comida no está a la altura del agradable entorno colonial. Se recomiendan los cócteles y los almuerzos ligeros.

Coppelia HELADERÍA **$**
(Colón esq. Mujica; ⌚10.30-22.00 ma-do) El viajero puede cargar de helados (en pesos cubanos) en este edificio enorme y arquitectónicamente espantoso.

Restaurant Florida Center CUBANA, FUSIÓN **$$**
(☎20-81-61; Maestra Nicolasa nº 56, entre Colón y Maceo; principales 10-12 CUC; ⌚16.00-20.30) Conocido hace tiempo por su comida, la casa particular más famosa de la ciudad se ha convertido en un refinado restaurante presidido por su dueño, Ángel, y el experimentado chef, Wilfredo (propietario del cercano Hostal Alba). Sirven gran cantidad de platos y vinos en un frondoso patio a la luz de las velas, aunque su especialidad es la langosta con gambas en salsa agria de tomate.

Compra de alimentos

Panadería Doña Neli PANADERÍA **$**
(Maceo Sur esq. calle 9 de Abril; ⌚7.00-18.00) Esta alegre panadería en medio de las austeras fachadas de la calle Maceo hará que al viajero le suenen las tripas con sus aromáticas tartas de fruta, pan y pastelería. Merece la pena llegar pronto y disfrutar del desayuno.

Mercado Agropecuario MERCADO **$**
(Cuba nº 269, entre E. P. Morales y General Roloff) Pequeño pero muy céntrico con gran variedad de productos.

Dónde beber y vida nocturna

La Veguita (p. 263) sirve el mejor café de Santa Clara; los bares de pesos cubanos en torno a la esquina de Independencia Oeste y Zayas no son glamurosos pero preparan buenos cócteles. En las casas particulares también se puede tomar una copa por la noche.

La Marquesina BAR
(Parque Vidal, entre Máximo Gómez y Lorda; ⌚9.00-1.00) Se puede charlar con todo tipo de luga-

reños en este legendario bar situado en los porches del igualmente legendario teatro La Caridad en la esquina del parque Vidal. La clientela es una mezcla de la vida de Santa Clara: estudiantes, bohemios, trabajadores de la fábrica de puros y el curioso conductor de bicitaxi fuera de servicio.

No pueden faltar el español hablado a toda velocidad y la cerveza fría de botellín.

Café Literario CAFÉ
(Rafael Tristá esq. Colón; ⌚9.00-21.00) ¿Un café de estudiantes sin portátiles? Para redescubrir los años anteriores a Microsoft con un fuerte café exprés, montones de libros y mucho idealismo universitario contenido.

Europa BAR
(Independencia esq. Luis Estévez; ⌚12.00-24.00) Atrae a una clientela variopinta gracias a su ubicación privilegiada para observar a los transeúntes del bulevar, y tanto lugareños como turistas se sienten cómodos en su relajada terraza que da a la calle.

El Bar Club Boulevard CLUB NOCTURNO
(Independencia nº 2, entre Maceo y Pedro Estévez; entrada 2 CUC; ⌚22.00-2.00 lu-sa) Famosa coctelería con música en directo y baile, además de espectáculos de humor. Se anima sobre las 23.00.

Ocio

Aparte de los lugares que se indican a continuación, cabe tener en cuenta la **Biblioteca José Martí** (Colón, Parque Vidal), dentro del Palacio Provincial, para la música clásica, **La Casa de la Ciudad** para boleros y trova, y el animado **parque Vidal,** que ofrece desde mimos a grandes orquestas.

★ **Club**

El Mejunje MÚSICA EN DIRECTO, CLUB NOCTURNO
(Marta Abreu nº 107; ⌚16.00-1.00 ma-do; 👪) Grafiti urbano, teatro para niños, travestis, ancianos cantantes melancólicos entonando boleros, turistas bailando salsa. Bienvenidos al Club El Mejunje, en las ruinas de un viejo edificio sin tejado rodeado de vegetación, una institución local –no, nacional–, famosa por varias razones sin olvidar el único espectáculo de *drag-queens* de Cuba (todos los sábados por la noche).

Museo de Artes Decorativas MÚSICA EN DIRECTO
(parque Vidal nº 27) En el sombrío patio del museo hay música en directo (por lo general conciertos con el público sentado) varias veces por semana, lo cual constituye una velada relajada. Cabe esperar desde *rock* a chachachá.

Estadio Sandino DEPORTES
(calle 9 de Abril Final) De octubre a abril, el viajero puede ver partidos de béisbol en este estadio al este del centro, por la calle 9 de Abril. El Villa Clara, apodado Las Naranjas por los colores del equipo, ganó tres campeonatos de 1993 a 1995 y perdieron la final ante su principal rival, Los Industriales (La Habana) en 1996, 2003 y 2004.

Históricamente, son el tercer equipo de béisbol de Cuba, tras los pesos pesados de La Habana y Santiago.

El Bosque CABARÉ, CLUB NOCTURNO
(carretera central esq. calle 1; ⌚21.00-1.00 mi-do) El lugar donde ver un cabaré.

Cine Camilo Cienfuegos CINE
(parque Vidal) Debajo del Hotel Santa Clara Libre.

De compras

Independencia, entre Maceo y J. B. Zayas, es la calle comercial peatonal que los lugareños llaman el Bulevar. Está llena de toda clase de tiendas y restaurantes y es el animado epicentro de la ciudad. Hay una tienda de **ARTex** (Independencia, entre Luis Estévez y Plácido) donde comprar artesanía. No hay que olvidar **La Veguita** con algunos de los mejores puros fuera de La Habana.

Información

ACCESO A INTERNET Y TELÉFONO

Etecsa Telepunto (Marta Abreu nº 55, entre Máximo Gómez y Villuendas; acceso a internet 6 CUC/h; ⌚8.30-19.00) Dispone de tres ordenadores y tres cabinas telefónicas.

MEDIOS DE COMUNICACIÓN

Radio CMHW emite por la 840 AM y la 93.5 FM. El periódico la *Vanguardia* de Santa Clara se publica los sábados.

ASISTENCIA MÉDICA

Farmacia Internacional (Colón nº 106, entre Maestra Nicolasa y calle 9 de Abril; ⌚9.00-18.00) En el Hotel Santa Clara Libre.

Hospital Arnaldo Milián Castro (☎27-00-69; entre Circunvalación y av. 26 de Julio) Al sureste del centro de la ciudad, al noroeste del cruce con la calle 3. Es la mejor opción integral para extranjeros; los lugareños le suelen llamar Hospital Nuevo.

DINERO

Banco Financiero Internacional (Cuba nº 6 esq. Rafael Tristá) Banco.

Cadeca (Rafael Tristá esq. Cuba; ⌚8.30-19.30 lu-sa, hasta 11.30 do) En la esquina del parque Vidal.

CORREOS

DHL (Cuba nº 7 entre Rafael Tristá y Eduardo Machado; ⌚8.00-18.00 lu-sa, hasta 12.00 Sun) Servicios postales.

Oficina de correos (Colón nº 10; ⌚8.00-18.00 lu-sa, hasta 12.00 do)

INFORMACIÓN TURÍSTICA

Infotur (Cuba nº 68, entre Machado y Maestra Nicolasa; ⌚9.00-17.00) Útiles mapas y folletos en diversos idiomas.

AGENCIAS DE VIAJES

Cubanacán (☎20-51-89; Colón esq. Maestra Nicolasa; ⌚8.00-20.00 lu-sa)

Cubatur (☎20-89-80; Marta Abreu nº 10; ⌚9.00-18.00) Cerca de Máximo Gómez. Se pueden reservar visitas a la fábrica de puros.

ℹ Cómo llegar y salir

El aeropuerto Abel Santamaría de Santa Clara recibe vuelos semanales desde Montreal y Toronto, y el 99% de los pasajeros toma un autobús a las Cayerías del Norte. No hay vuelos a La Habana. Ubicada en el centro de la isla, Santa Clara cuenta con excelentes conexiones de transporte en dirección este y oeste.

AUTOBÚS

La **terminal de ómnibus nacional** (☎20-34-70) está a 2,5 km en la carretera Central dirección Matanzas, 500 m al norte del monumento al Che.

Los billetes para los autobuses con aire acondicionado de **Viazul** (www.viazul.com) se venden en una ventanilla especial para extranjeros a la entrada de la estación.

Salen tres autobuses a La Habana (18 CUC, 3¾ h) a las 3.25, 8.40 y 17.10. Los autobuses a Varadero (11 CUC, 3 h 20 min) salen a las 8.00, 18.00 y 18.15.

Hay cuatro autobuses diarios a Santiago de Cuba (33 CUC), a las 13.15, 2.10, 12.05 y 20.05, que pasan por Sancti Spíritus (6 CUC, 1¼ h), Ciego de Ávila (9 CUC, 2 h 35 min), Camagüey (15 CUC, 4 h 25 min), Holguín (26 CUC, 7 h 50 min) y Bayamo (26 CUC, 9 h 10 min).

Un nuevo autobús de Viazul diario sale hacia el norte a las 9.45 a Remedios (6 CUC, 1 h), Caibarién (6 CUC, 1¼ h), Morón (13 CUC, 3 h) y Ciego de Ávila (16 CUC, 3½ h). Por la noche sale un autobús hacia el sur a Cienfuegos (6 CUC, 1 h) y Trinidad (10 CUC, 2½ h).

La **estación de autobús intermunicipal** (carretera Central), al oeste del centro por la calle Marta Abreu, tiene autobuses locales baratos a Remedios, Caibarién y Manicaragua (para el Embalse Hanabanilla). El transporte puede ser en autobús o en camioneta, está abarrotado y no es 100% fiable.

TREN

La **estación de trenes** (☎20-28-95) está en línea recta por Luis Estévez desde el parque Vidal, en la parte norte de la ciudad. La **ventanilla** (Luis Estévez Norte nº 323) está frente a la estación, cruzando el parque.

El comparativamente lujoso *Tren Francés* pasa por la ciudad cada tres días, de camino a Santiago de Cuba (41 CUC, 12¾ h) por Camagüey (19 CUC, 4¼ h). Vuelve en la otra dirección hacia La Habana (21 CUC, 4 h). Hay que comprobar los horarios con mucha antelación.

Hay un servicio de largo recorrido adicional a Santiago que para en Ciego de Ávila, Camagüey y Las Tunas; algunos trenes continúan hasta Guantánamo. En la dirección contraria, hay unos cinco trenes diarios a La Habana, que suelen parar en Matanzas.

Los trenes hacia Cienfuegos y Sancti Spíritus son esporádicos (1 o 2 veces por semana). Actualmente no hay trenes a Remedios y Caibarién. En el caprichoso mundo de los trenes cubanos, la información puede variar cada semana, así que es imprescindible comprobarla en la estación uno o dos días antes de viajar.

CÓMO DESPLAZARSE

Los coches de caballos se congregan frente a la catedral, en Marta Abreu (2 CUP/trayecto). Los bicitaxis (desde el noroeste del parque) cuestan 1 CUC por trayecto.

AUTOMÓVIL Y MOTOCICLETA

En Santa Clara varias agencias alquilan vehículos de ruedas.

Cubacar (☎20-20-40; parque Vidal nº 6, Hotel Santa Clara Libre) Alquilan coches.

Rex (☎22-22-44; Marta Abreu; ⌚9.00-18.00) Alquila coches de lujo por unos 80 CUC/día. Los ciclomotores cuestan 25 CUC/día.

Servicentro Oro Negro (carretera Central esq. calle 9 de Abril) Al suroeste del centro.

FUERA DE RUTA

LAS SENDAS MENOS CONOCIDAS DE ESCAMBRAY

La sierra del Escambray está llena de rutas de senderismo. Las más accesibles y mejor señalizadas salen de Topes de Collantes, en la provincia de Sancti Spíritus, y suelen frecuentarlas los turistas que tienen su base en la cercana Trinidad. Los senderos próximos al embalse Hanabanilla están menos concurridos ya que la mayoría requieren de un traslado en bote desde el Hotel Hanabanilla. El hotel dispone de más información sobre el acceso a las pistas y guías de senderismo, además de un mapa en relieve sobre la zona en el recibidor.

Ruta natural por la rivera Un camino de 3,4 km que bordea el lago, pasando por plantaciones de café y vegetación húmeda llena de mariposas.

Montaña por dentro Una ruta de 13 km que conecta el embalse Hanabanilla con la cascada del Nicho por la parte de Cienfuegos de la sierra del Escambray.

La Colicambia Una aventura de 7 km que termina con la subida a un mirador con vistas sobre el valle del río Negro, dominio de abundante vida ornitológica, incluidos el tocororo y la cartacuba.

Un reto a loma Atahalaya Una caminata de 12 km que incluye la subida a la loma Atahalaya de 700 m de altura con amplias vistas al norte y al sur, una cascada y la casa de un campesino del lugar. Termina en la cueva de Brollo.

TAXI

Los taxis privados esperan frente a la estación de autobuses nacional y ofrecen transporte a Remedios y Caibarién. Un taxi estatal a los mismos destinos costará unos 25 y 30 CUC respectivamente. Para ir a Cayo las Brujas, hay que contar unos 50/80 CUC ida/ida y vuelta, incluyendo el tiempo de espera; los taxistas suelen juntarse en el parque Vidal, frente al Hotel Santa Clara Libre, o se puede llamar a **Cubataxi** (☎20-25-55, 20-03-63).

ALREDEDORES DE SANTA CLARA

Embalse Hanabanilla

La principal puerta de acceso de Villa Clara a los montes Escambray es un embalse de 36 km² pintorescamente enclavado entre granjas tradicionales y colinas verdes. El reluciente lago parece un fiordo y es famoso por la gran cantidad de percas americanas que habitan en él. Además de los pescadores, los remeros y los amantes de la naturaleza también pueden disfrutar de varias excursiones y caminatas. La mejor forma de acceder a la zona es por barco desde el Hotel Hanabanilla, en la orilla noroeste del embalse, unos 80 km por carretera al sur de Santa Clara. La mayor central hidroeléctrica de Cuba también se encuentra en este lugar.

Actividades

En el lago se han capturado enormes percas americanas de 9 kilos, y en el hotel pueden organizar **excursiones de pesca:** desde 50 CUC por 4 h para dos personas con un guía. Las barcas llevan a los pasajeros hasta la Casa del Campesino, que ofrece café, fruta fresca y una imagen bucólica de Cuba. También hay un sendero desde el hotel que llega a este lugar. Otro popular **paseo en barco** lleva hasta el restaurante Río Negro, encaramado en lo alto de unas abruptas escaleras con vistas a la orilla del lago a 7 km. El viajero puede disfrutar de comida criolla rodeado de naturaleza, y subir hasta un **mirador.** Ambos paseos en barco cuestan 6 CUC por persona. Tras otros 2 km en barco desde el restaurante Río Negro se llega a un diminuto muelle; allí se desembarca para ir a la **cascada Arroyo Trinitario,** a 1 km, donde se puede nadar. Otros dos senderos salen de este punto. El viajero puede organizar estas actividades en el Hotel Hanabanilla o reservar una excursión de un día (33 CUC desde Santa Clara; 69 CUC desde Cayo Santa María).

Dónde dormir y comer

Hotel Hanabanilla HOTEL **$**
(☎20-84-61; Salto de Hanabanilla; i/d 24/38 CUC; P❄☒) Ejemplo de la arquitectura utilitaria cubana que eclipsó la belleza del lugar en los años setenta, este hotel de 125 habitaciones ha sufrido numerosas reformas desde entonces, aunque ninguna ha conseguido erradicar

Remedios

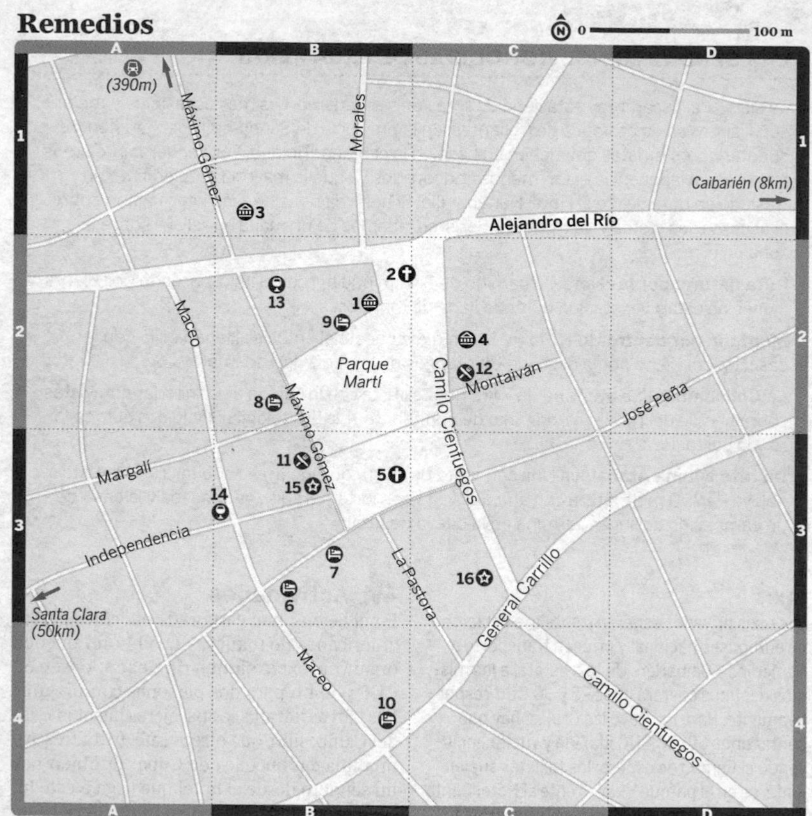

su fealdad. No obstante, ofrece instalaciones bien mantenidas, incluido un restaurante a la carta, una piscina, un bar con amplias vistas y habitaciones frente al lago con pequeños balcones.

Tranquilo entre semana pero lleno los fines de semana, sobre todo de cubanos, es el único alojamiento en muchos kilómetros, y la mejor ubicación para las actividades lacustres. Para llegar desde Manicaragua, hay que dirigirse hacia el oeste por la carretera 152 durante 13 km, torcer a la izquierda en el cruce (el hotel está indicado) y seguir la carretera 10 km hasta el hotel.

CÓMO LLEGAR Y SALIR

El horario de autobuses escrito a mano en Santa Clara anuncia autobuses diarios a Manicaragua a las 7.40, 13.30 y 21.30 (pero hay que comprobarlo con antelación). Teóricamente hay autobuses de Manicaragua al Embalse Hanabanilla, pero en la práctica el único acceso es en coche, bicicleta o motocicleta. Los taxistas insistirán en ofrecer el trayecto. Hay que contar con 25 CUC por trayecto en un taxi estatal. Si uno quiere que el taxista le espere mientras hace alguna excursión, deberá esforzarse con la negociación.

Remedios

45 836 HAB.

Un pequeño y tranquilo pueblo enloquece cada Nochebuena con un ruidoso festival de fuegos artificiales conocido como Las Parrandas. Remedios es una de las más polvorientas joyas coloniales de Cuba. Algunas fuentes históricas dicen que es el segundo asentamiento más antiguo de Cuba (fundado en 1513), aunque ocupa el octavo lugar en la lista oficial después de La Habana. Falto de un reconocimiento de la Unesco y de publicidad al estilo de Trinidad, Remedios se queda fuera de la mayoría de los clásicos itinerarios turísticos, factor que dota a sus

Remedios

Puntos de interés

1 Galería del Arte Carlos Enríquez B2
2 Iglesia de Nuestra Señora del Buen Viaje B2
3 Museo de las Parrandas Remedianas B1
4 Museo de Música Alejandro García Caturla C2
5 Parroquia de San Juan Bautista de Remedios B3

Dónde dormir

6 Hostal San Carlos B3
7 Hotel Barcelona B3
8 Hotel Mascotte B2
9 La Paloma B2
10 Villa Colonial – Frank y Arelys B4

Dónde comer

11 El Louvre B3
12 Portales a la Plaza C2

Dónde beber y vida nocturna

13 Bar Juvenil B2
14 El Güije B3

Ocio

15 Centro Cultural Las Leyendas B3
16 Teatro Rubén M. Villena C3

calles de una desgastada autenticidad. De todas maneras, con el rápido desarrollo de la cercana Cayerías del Norte, los tranquilos días de Remedios pueden estar contados. Recientemente se ha abierto un nuevo hotel-*boutique* en la ciudad, que también alberga maravillosas casas particulares coloniales.

Puntos de interés

Remedios es la única ciudad de Cuba en la que hay dos iglesias en su plaza principal, la plaza Martí.

Parroquia de San Juan Bautista de los Remedios IGLESIA
(Camilo Cienfuegos nº 20; ⌚9.00-12.00 y 14.00-17.00 lu-ju) Esta iglesia de finales del s. XVIII, aunque otro templo ocupó este enclave ya en 1545, es uno de los edificios eclesiásticos más bellos de la isla. El campanario se erigió entre 1848 y 1858, y su famoso altar mayor dorado y con techo de caoba se debe a un proyecto de restauración (1944-1946) financiado por el millonario filántropo Eutimio Falla Bonet. La imagen de la Inmaculada Concepción embarazada se dice que es la única de Cuba. Si la puerta principal está cerrada, el viajero puede ir por detrás o asistir a la misa de las 19.30. También en el parque Martí se halla la **iglesia de Nuestra Señora del Buen Viaje** (Alejandro del Río nº 66), del s. XVIII, cerrada a la espera de un restauración que acumula un importante retraso.

Museo de Música Alejandro García Caturla MUSEO
(Parque Martí nº 5; entrada 1 CUC; ⌚9.00-12.00 y 13.00-18.00 lu-ju, 7.00-23.00 vi, 14.00-24.00 sa) Entre ambas iglesias hay un museo que conmemora a García Caturla, un compositor y músico cubano que vivió en el lugar desde 1920 hasta su asesinato en 1940. Caturla fue un pionero que integró los ritmos afrocubanos con la música clásica, además de ejercer como abogado y juez. A veces hay conciertos improvisados.

Museo de las Parrandas Remedianas MUSEO
(Máximo Gómez nº 71; entrada 1 CUC; ⌚9.00-18.00) Visitar este animado museo, a dos manzanas del parque Martí, probablemente sea un pobre sustituto de la fiesta que se celebra el 24 de diciembre, pero ¿qué más da? La galería de fotos del piso de abajo suele recoger las parrandas del año anterior, mientras que las salas del piso de arriba explican la historia de esta tradición. Otra sala contiene indumentaria de ediciones anteriores.

Galería de Arte Carlos Enríquez GALERÍA DE ARTE
(parque Martí nº 2; ⌚9.00-12.00 y 13.00-17.00) GRATIS Con vistas a la plaza central, esta pequeña galería debe su nombre al talentoso pintor de la pequeña localidad de Zulueta, en la provincia de Villa Clara. Expone interesante arte local y ocasionalmente acoge exposiciones itinerantes.

Dónde dormir

★ **Villa Colonial. Frank y Arelys** CASA PARTICULAR $
(☎39-62-74; Maceo nº 43 esq. av. General Carrillo; h 20-25 CUC; ❄@) Esta magnífica casa colonial de Frank y Arelys cuenta con tres habitaciones independientes con su propia entrada, cuarto de baño privado, zona de comedor (con nevera llena) y un salón con enormes ventanales que dan a una tranquila y sugerente calle.

Ofrecen internet por 3 CUC la ½ h así como buenos vinos y comida.

PARRANDAS

En algún momento del s. XVIII, el sacerdote de la catedral de Remedios, Francisco Vigil de Quiñones, tuvo la brillante idea de equipar a los niños de la localidad con cubiertos y vajillas para que recorrieran la ciudad haciendo ruido en un intento de aumentar la asistencia a misa en fechas cercanas a Navidad. No imaginaba lo que estaba iniciando. Tres siglos después, las parrandas, como pasaron a conocerse los disonantes rituales, se han convertido en una de las fiestas populares más famosas del Caribe. Exclusivas de la antigua región cubana de Las Villas, las parrandas solo se celebran en ciudades de las provincias de Villa Clara, Ciego de Ávila y Sancti Spíritus, y la fiesta más sonada invade cada año Remedios el 24 de diciembre.

La festividad arranca a las 22.00 cuando los dos barrios tradicionales de la ciudad (El Carmen y El Salvador) se juntan para competir con demostraciones de fuegos artificiales y bailes, desde rumba a polca. La segunda parte de la fiesta es un desfile de grandes carrozas, con gente vestida de forma estrafalaria que luce inmóvil como en un escaparate mientras las obras de arte remolcadas por tractores recorren las calles. Más fuegos artificiales rematan la jarana.

Las parrandas no se limitan a Remedios. Otros pueblos en la antigua provincia de Las Villas (hoy Ciego de Ávila, Sancti Spíritus y Villa Clara) hacen sus propias travesuras de temporada. Aunque cada una es diferente, todas tienen algo en común como los fuegos artificiales, flotadores decorativos y barrios rivales compitiendo por los estallidos más ruidosos, luminosos y salvajes. Camajuaní, Caibarién, Mayajigua y Chambas tienen (casi) todos ellos celebraciones de parrandas igualmente ruidosas.

La Paloma CASA PARTICULAR $
(☎39-54-90; parque Martí nº 4; h 20-25 CUC; P ❄) Otra magnífica casa de Remedios, de 1875 y en la plaza principal, con azulejos y un mobiliario que en cualquier otro lugar costaría millones. Las tres habitaciones disponen de grandes duchas, camas *art déco* y enormes puertas.

Hostal San Carlos CASA PARTICULAR $
(☎39-56-24; José A. Peña nº 75, entre Maceo y La Pastora; h 20-25 CUC; ❄) A pesar de sus peculiares características de diseño (para acceder a la terraza hay que atravesar el cuarto de baño), en esta casa se esfuerzan por imitar a la competencia. Las dos habitaciones cuentan con acceso a la azotea.

Hotel Mascotte HOTEL-BOUTIQUE $$
(☎39-53-41; parque Martí; i/d 55/70 CUC; ❄) Tómese un elocuente tema colonial y métase dentro de un pequeño hotel "Encanto" (la rama *boutique* de la cadena Cubanacán) y los resultados cortan la respiración. Para una dosis de cómoda autenticidad cubana, esta joya recién renovada de 10 habitaciones en la plaza principal es muy recomendable.

Hotel Barcelona HOTEL-BOUTIQUE $$
(José A. Peña nº 67; i/d 55/70 CUC; ❄) El esperado hermano del hotel Mascotte ofrece el mismo ambiente colonial y combina bien con el sentimiento intacto de Remedios.

Dónde comer

El Louvre CAFÉ $
(Máximo Gómez nº 122; ⊙7.30-24.00) Este local, según los lugareños el bar más antiguo del país que ha estado abierto de forma ininterrumpida (desde 1866), atrae a los pocos turistas de Remedios. Reconocimientos de longevidad aparte, la carta de pollo frito y sándwiches no está a la altura de su pintoresca ubicación junto al parque. El bar fue lo bastante bueno para el poeta español Federico García Lorca, que encabeza la lista de antiguos clientes célebres.

Si el viajero busca habitación, un paladar o un taxi, puede instalarse aquí y esperar ofertas.

Portales a la Plaza CUBANA $
(parque Martí, entre Alejandro del Río y Montaiván) Cruzando la plaza, enfrente de El Louvre, este restaurante está recluido en un patio colonial, que le confiere carácter mientras uno ataca platos típicos del tipo cerdo, plátano y arroz. Se paga en pesos cubanos.

Restaurante el Curujey CARIBEÑA $
(☎36-33-05; carretera Remedios-Caibarién km 3,5; ⊙10.00-17.00) Si el viajero se dirige a los cayos desde Remedios, este rústico local de ARTex

a 3 km por la carretera de Caibarién es una buena opción. Está indicado como "Finca La Cabana" en la carretera.

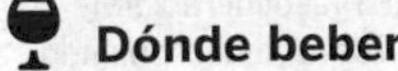

Dónde beber

El Güije CLUB NOCTURNO
(Independencia esq. Maceo; 14.00-2.00) Otro local al aire libre relativamente nuevo; durante el día se puede preguntar por las clases de baile.

Bar Juvenil CLUB NOCTURNO
(Alejandro del Río nº 47; 21.00-13.00 sa y do) Esta discoteca al aire libre cerca de Máximo Gómez (se entra por el parque), con palmeras, columnas y azulejos moriscos, es perfecta para bailar. De día hay práctica ping-pong y dominó y por la noche, fiesta sin bebidas alcohólicas.

Ocio

En la **Uneac** (Maceo nº 25) pueden encontrarse actividades culturales adicionales, así como en parques y plazas.

Centro Cultural Las Leyendas CENTRO CULTURAL
(Máximo Gómez, entre Margall e Independencia) Al lado de El Louvre hay un centro cultural de ARTex con música hasta la 1.00 de miércoles a sábado.

Teatro Rubén M. Villena TEATRO
(Cienfuegos nº 30) Una manzana al este del parque se halla este antiguo y elegante teatro con espectáculos de danza, obras de teatro y guiñol para niños. El programa está colgado en la taquilla, y las entradas se pagan en pesos cubanos.

Cómo llegar y salir

La estación de autobuses está en la parte sur de la ciudad, al principio de la carretera de 45 km a Santa Clara. Hay media docena de autobuses diarios a Santa Clara (1 h) y la mitad a Caibarién (20 min). Los precios son irrisorios. Un nuevo autobús de Viazul diario conecta Remedios con Santa Clara (6 CUC), Cienfuegos (8 CUC) y Trinidad (14 CUC) en el sur; y Caibarién, Mayajigua, Morón (7 CUC) y Ciego de Ávila (10 CUC) al este. En dirección sur el autobús sale a las 16.35 y hacia el este a las 10.40.

No hay trenes a Remedios. Un taxi estatal de la estación de autobuses a Caibarién costará unos 5 CUC por trayecto, y 25 CUC a Santa Clara. Un bicitaxi de la estación de autobuses al parque Martí cuesta 2 pesos.

Caibarién

37 902 HAB.

Tras la metropolitana Santa Clara y el esplendor colonial de Remedios, este antaño bullicioso puerto de carga de la costa atlántica de Cuba, con edificios viejos que se desmoronan y un aire decrépito, desconcertará al viajero. Desde que los muelles se hundieron y los molinos de azúcar provinciales cerraron, la economía de Caibarién quedó seriamente afectada, y nunca se ha recuperado. Las casas parecen tan frágiles que uno teme que se desmoronen por hablar demasiado alto.

Aun así la ciudad tiene cierto encanto. Según los viajeros intrépidos algunas de sus mejores experiencias cubanas las vivieron en Caibarién, enmarcada por su restaurado malecón y desgastada flota pesquera. Al este de Remedios, a 9 km, y a 40 km de las atractivas Cayerías del Norte, Caibarién es un 'auténtico' rincón de Cuba que las autoridades olvidaron camuflar para los turistas. La ciudad es famosa por su cangrejo, el mejor de Cuba. En diciembre las parrandas solo se ven superadas por las de Remedios en su explosividad.

La ciudad constituye una plataforma barata para aquellos que quieren acercarse a los cristalinos cayos sin dejarse una fortuna en los hoteles tipo todo incluido. **Havanatur** (35-11-71; av. 9, entre calles 8 y 10) puede buscar alojamiento en Cayo Santa María. Hay un **Cadeca** (calle 10 nº 907, entre av. 9 y av. 11) cerca.

Puntos de interés

Estatua del cangrejo MONUMENTO
La entrada a la ciudad está custodiada por un gigantesco crustáceo diseñado por Florencio Gelabert Pérez y erigido en 1983.

Museo de Agroindustria Azucarera Marcelo Salado MUSEO
(36-32-86; entrada 3 CUC; 8.00-16.00 lu-vi) Pasados 3 km de la estatua del cangrejo en la carretera de Remedios hay una de las mejores historias de la cultura del esclavismo del país, la industria de la caña de azúcar y las locomotoras prediésel. Puede verse un vídeo de la industria azucarera de Cuba, maquetas de personas trabajando en la recolección del producto, y mucha maquinaria original. Un extra del museo (que también se conoce como Museo del Vapor) es su extensa colección de locomotoras; entre ellas se encuentra la más grande de América Latina.

Museo Municipal María Escobar Laredo MUSEO
(av. 9 esq. calle 10) Es el mejor reclamo del centro de la ciudad y se encuentra en la plaza principal. Merece una visita, aunque solo sea para maravillarse ante el hecho de que incluso la humilde Caibarién tuvo su esplendor.

Dónde dormir y comer

Caibarién es la plataforma más económica para la zona de *resorts* sin casas particulares de Cayerías del Norte; muchos viajeros independientes paran aquí precisamente por eso.

Virginia's Pensión CASA PARTICULAR $
(☎36-33-03; Ciudad Pesquera nº 73; h 20-25 CUC; P ❄) Este establecimiento serio y profesional regentado por Virginia Rodríguez es la opción más popular de Caibarién. La comida es deliciosa y supone la oportunidad perfecta para probar el cangrejo.

Complejo Brisas del Mar HOTEL $
(☎35-16-99; Reparto Mar Azul; i/d 22/29 CUC; P ❄ ≈) A pesar de los precios de ganga, este hotel en el paseo marítimo de Caibaríen se esfuerza por atraer a los viajeros de presupuesto ajustado que pretenden pasar un buen rato en los cayos. Las habitaciones disponen de televisión por cable y son pasables si se puede tolerar la pintura desconchada. El servicio es algo triste.

Restaurante La Vicaría PESCADO Y MARISCO $
(calle 10 y av. 9; ⏲10.00-22.30) Este establecimiento situado en la plaza principal y especializado en pescado es la propuesta gastronómica más destacada.

Dónde beber y vida nocturna

Pista de Baile LOCAL NOCTURNO
(calle 4; entrada 2 pesos) Sorprendentemente, Caibarién cuenta con una animada discoteca cerca de la estación de trenes. Tiene un nombre genérico y los fines de semana retumba con la clientela joven del lugar.

Cómo llegar y salir

Un nuevo autobús de Viazul ha puesto Caibarién en la red de transporte. Hay un autobús diario que cruza la ciudad una vez en ambos sentidos, en dirección a Mayajigua y Morón al este, y Remedios, Santa Clara, Cienfuegos y Trinidad, al sur.

Hay cuatro autobuses locales diarios a Remedios, de los cuales dos siguen hasta Santa Clara y tres van a Yaguajay desde la vieja **estación de autobuses y trenes** (calle 6) azul y blanca de Caibarién, en la parte oeste de la ciudad. No hay trenes a Caibarién. La gasolinera Servi-Cupet está en la entrada de la ciudad viniendo de Remedios, detrás de la estatua del cangrejo. **Cubacar** (☎35-19-60; av. 11, entre calles 6 y 8) alquila coches a precios estándar y motocicletas por 25 CUC.

Cayerías del Norte

El próximo gran proyecto turístico de Cuba se está gestando en un grupo esparcido de cayos situado junto a la costa norte de la provincia de Villa Clara. Aunque evita los horrores arquitectónicos de antaño de otros *resorts* cubanos, el desarrollo urbanístico de la zona es amplio y rápido. Encaja de manera un tanto extraña con la Reserva de la Biosfera de Buenavista, con la que colinda. Los cayos eran una zona infestada de mosquitos hasta 1998 cuando se construyó el primer hotel: Villa Las Brujas. Quince años más tarde ya hay 5000 habitaciones ocupadas por un 85% de canadienses, con hincapié en el mercado turístico del lujo. Situado en tres cayos diferentes (Cayo Las Brujas, Cayo Ensenachos y Cayo Santa María) conectados por una impresionante carretera elevada de 48 km llamada **El Pedraplén,** el enclave cuenta con 11 hoteles, un delfinario, dos miniciudades de vacaciones y una de las pocas playas nudistas de Cuba.

Pero las excavadoras no han terminado todavía. Se anuncia que la capacidad final de las Cayerías será de 10 000 habitaciones, el doble de la actual. También hay planes para un campo de golf de 18 hoyos. La playa más larga de las Cayerías tiene 13 km y se extiende por la costa norte de Cayo Santa María, donde están la mayoría de los hoteles. Aunque los distintos tramos de playa tienen nombres diferentes, se le conoce generalmente como **playa Santa María** y es perfecta para un paseo relajado.

Puntos de interés y actividades

Marina Gaviota DEPORTES ACUÁTICOS
(☎35-00-13; Cayo Las Brujas) En este puerto deportivo junto a Villa Las Brujas pueden organizar un gran número de actividades acuáticas. Entre las más destacadas se cuentan un crucero de un día en catamarán con buceo (85 CUC), un crucero al atardecer (57 CUC) y pesca deportiva (260 CUC/4

Zona de Cayo Santa María

personas). También ofrecen submarinismo a uno de los 24 enclaves frente a la costa (65 CUC/2 inmersiones). La mayor parte de estas actividades se cancelan si hay un frente frío.

Acuario-Delfinario Cayo Santa María ESPECTÁCULO DE DELFINES
(Cayo Ensenachos; entrada 3 CUC; ⌚9.00-23.00) En la entrada a Cayo Ensenachos se inauguró, en el 2011, el delfinario más grande de América Latina. El lugar es impresionante y se ubica sobre pilares elevados sobre el agua poco profunda. Viven ocho delfines y un par de leones de mar. También hay un embarcadero. Los espectáculos de delfines (15 CUC) empiezan a las 15.00. Se puede nadar con ellos desde 75 CUC.

'San Pascual' LUGAR HISTÓRICO
GRATIS Este petrolero de San Diego, construido en 1920, que naufragó en 1933 frente al cercano Cayo Francés, es una de las curiosidades más antiguas y peculiares de la zona. Posteriormente el barco se usó para almacenar melaza, y luego se abrió como un hotel-restaurante algo surrealista (ahora cerrado). La travesía para ver el barco está incluida en las excursiones de buceo y en los cruceros al atardecer.

Pueblo la Estrella SPA, BOLOS
(⌚9.00-19.30) Una ciudad cubana llena de... canadienses. Uno no sabe qué pensar de este falso pueblo colonial con su imitación de torre Manaca Iznaga y plaza rodeada de tiendas, una bolera, *spa*-gimnasio y restaurantes pensados para el público de *resort*.

Abierto en el 2009, recientemente le ha seguido otro falso pueblo, Las Dunas, 2 km al oeste.

Dónde dormir

Hay 11 *resorts* y un total de casi 5000 habitaciones repartidas en tres islas. Para mayor confusión, los hoteles constantemente se fusionan y/o cambian de manos (y de nombre). El más nuevo, el lujoso Royalton Cayo Santa María, se inauguró en diciembre del 2012.

★ **Villa LAas Brujas** HOTEL, RESORT $$
(☎35-01-99; Cayo Las Brujas; i 76-89 CUC, d 86-98 CUC todo incl.; P ❄) Se encuentra en lo alto de un cabo pequeño y bastante virgen coronado por la estatua de una bruja. Todo contribuye al ambiente excepcional de este pequeño y cómodo aunque asequible *resort* situado entre manglares, en uno de los cayos septentrionales más bonitos de Cuba. Las 24 espaciosas cabañas disponen de cafetera, televisión por cable y enormes

FUERA DE RUTA

MECA MEDICINAL

Los apartados y poco corrientes Baños de Elguea, 136 km al noroeste de Santa Clara, cerca de la frontera provincial con Matanzas, son un afianzado balneario que presume de tener uno de los elementos más rejuvenecedores de América Latina (eso dicen los habituales). La tradición de acudir a los baños para librarse de los males se remonta a 1860. Según la leyenda local, el amo de un esclavo que había contraído una grave enfermedad cutánea, el propietario del molino de azúcar don Francisco Elguea, le desterró a lo que ahora se conoce como Baños de Elguea para que no infectara a los demás. Un tiempo después el hombre regresó totalmente curado. Contó que había aliviado su dolencia simplemente bañándose en las aguas minerales naturales de la región. Por raro que parezca, su amo le creyó. Se construyeron unos baños y se inauguró el primer hotel en 1917. Hoy en día, los profesionales médicos utilizan las fuentes de aguas sulfurosas y el barro para tratar irritaciones cutáneas, artritis y reumatismo. Las aguas alcanzan una temperatura de 50°C y son ricas en bromo, cloro, radón, sodio y azufre.

Situado al norte de Coralillo, el **Hotel y Spa Elguea** (68-62-90; i/d desayuno incl.; temporada baja 13/20 CUC; P ❄ ≋) tiene 139 habitaciones y ofrece numerosos tratamientos terapéuticos, como fangoterapia, hidroterapia y masajes en las piscinas termales cercanas. Si el viajero piensa en un *spa* de campo, no lo es. Se trata más bien de utilitarismo soviético.

El hotel no es accesible en transporte público, que llega hasta Coralillo, a 9 km. Quienes estén interesados deberán disponer de transporte propio o llegar a pie.

Es refinado y tranquilo, con fuentes tipo Alhambra y una bonita vegetación natural. Los huéspedes se alojan en agradables bloques de 20 módulos, cada uno con su propio portero.

camas (las tarifas más altas son para las habitaciones con vistas), mientras que el restaurante Farallón da a un espléndido tramo de la playa Las Salinas. Es el *resort* más cercano a la costa, y está junto al puerto deportivo, a 3 km del aeropuerto.

Meliá Buenavista RESORT **$$$**
(35-07-00; Punta Madruguilla; h desde 408 CUC; ❄ @ ≋) Precioso hotel (inaugurado en diciembre del 2010). Sus 105 nuevas y elegantes habitaciones contrastan con las 925 del Meliá las Dunas.

Situado al margen del resto de hoteles en el extremo occidental del cayo y con una playa orientada hacia donde se pone el sol y donde los camareros llevan vino a los clientes, este es un verdadero paraíso romántico (no se admiten niños) donde uno se siente mal incluso levantando la voz.

Iberostar Ensenachos RESORT **$$$**
(35-03-00; Cayo Ensenachos; todo incl. i/d 300/400 CUC P ❄ @ ≋) Un paraíso de lujo que recuerda a una isla privada de Maldivas. Este es el único hotel del pequeño Cayo Ensenachos y cuenta con dos de las mejores playas de Cuba (Ensenachos y Mégano). Adquirido recientemente por Iberostar, el hotel admite ahora niños aunque hay una parte reservada solo para adultos.

Meliá las Dunas RESORT **$$$**
(35-01-00; Cayo Santa María; todo incl d 243 CUC; P ❄ @ ≋) Este gigantesco hotel de 925 habitaciones es uno de los *resorts* más nuevos y grandes de Cuba, y sigue cosechando entusiastas reseñas. Situado en Playa Pesquero en la provincia de Holguín, cuenta con carritos de golf para que los clientes puedan recorrer el amplio recinto del hotel. Alojarse aquí es como hacerlo en la clásica burbuja paradisíaca caribeña.

Dónde comer

Para quienes no se alojen en un hotel, una buena apuesta para una comida correcta es el restaurante Farallón, situado en un lugar elevado dominando la maravillosa playa Las Salinas. Se accede por Villa Las Brujas. El almuerzo con el uso de la playa, los baños y el aparcamiento cuesta 20 CUC.

Pueblo La Estrella y Pueblo Las Dunas, en Cayo Santa María, cuentan con varios restaurantes, aunque no tienen ni ambiente ni clientes.

Restaurante 'El Bergantín' PESCADO Y MARISCO **$$$**
(Acuario-Delfinario Cayo Santa María; principales 15 CUC) La langosta de este restaurante llevado por Gaviota situado en el Delfinario quizá no sea la más barata de Cuba pero, sin duda, es la más fresca debido a que los crustáceos viven literalmente a escasos metros de las mesas. Son divinos.

Dónde beber y ocio

Las Dunas y La Estrella cuentan con varios bares y una discoteca. Por una entrada de 10 CUC se puede bailar con montones de canadienses entre las 23.00 y las 2.00.

Cómo llegar y salir

Como típica zona de todo incluido, Cayo Santa María no se desarrolló pensando en el transporte público. El **aeropuerto Las Brujas** (☎35-00-09) básicamente tiene vuelos chárter a La Habana. Hay una gasolinera Servicentro enfrente. Quienes no viajen con un paquete de circuito con recogida en el aeropuerto, pueden alquilar un coche o motocicleta o ir en taxi. Desde Cayo Santa María hay 56 km a Caibarién, 65 km a Remedios y 110 km a Santa Clara. Un taxi de Caibarién/Remedios/Santa Clara a Villa Las Brujas cuesta unos 50/60/80 CUC ida y vuelta, con tiempo de espera incluido. Los ciclistas deben tener en cuenta que el viento de cara en el paso elevado dificulta el pedaleo. Al paso elevado se accede desde Caibarién y hay un peaje (2 CUC/trayecto), donde el viajero deberá mostrar su pasaporte o visado.

Cómo desplazarse

Panoramic Bus Tour es un autobús con el piso superior descubierto que conecta Villa Las Brujas, el Delfinario y todos los hoteles de Cayo Santa María varias veces al día. La tarifa es de 1 CUC.

Provincia de Sancti Spíritus

041 / 466 106 HAB.

Sumario »

Lo mejor por descubrir

- Parque Nacional Caguanes (p. 306)
- La Boca (p. 300)
- Alturas de Banao (p. 289)
- Reserva Jobo Rosado (p. 306)

Las mejores cascadas

- El Rocío (p. 305)
- Salto del Caburní (p. 304)
- La Solapa de Genaro (p. 306)
- Cascada Bella (p. 289)

Por qué ir

Sancti Spíritus es la provincia de la buena suerte; hay más de todo, y todo está comprimido en una zona con la mitad de extensión que Camagüey o Pinar del Río.

Las ciudades son un eterno reclamo. Al este se halla la comedida capital provincial, una soporífera mezcla de edificios que se desmoronan y maltrechos coches Lada. Al sur y cerca de la costa está la etérea Trinidad, la joya colonial de Cuba moldeada por el tiempo. A diferencia de otras bellezas coloniales, Trinidad posee playas –la cercana Ancón es maravillosa, posiblemente la mejor de la costa meridional– y montañas.

A un tiro de piedra del centro se hallan los evocadores Escambray, que, con una red de senderos aceptables, son la mejor zona de excursionismo de Cuba.

El resto de la provincia esconde una asombrosa variedad de curiosidades que a menudo se pasan por alto, como la pesca en el embalse Zaza, un importante museo dedicado al héroe de la guerrilla cubana Camilo Cienfuegos en Yaguajay, y la preciosa bahía de Buenavista.

Cuándo ir

- Los habitantes de Trinidad no esperan mucho después de Navidad para recuperar su espíritu festivo. La Semana de la Cultura Trinitaria se celebra la segunda semana de enero y coincide con el aniversario de la ciudad.
- El tranquilo mes de mayo es un buen momento para visitar la provincia, ya que se evitan las multitudes y el mal tiempo durante la temporada baja.
- Si uno se queda hasta junio será testigo de la segunda gran fiesta anual de Trinidad, las Fiestas Sanjuaneras, un carnaval local en el que jinetes cargaditos de ron recorren las calles al galope. ¡Mejor ponerse a cubierto!

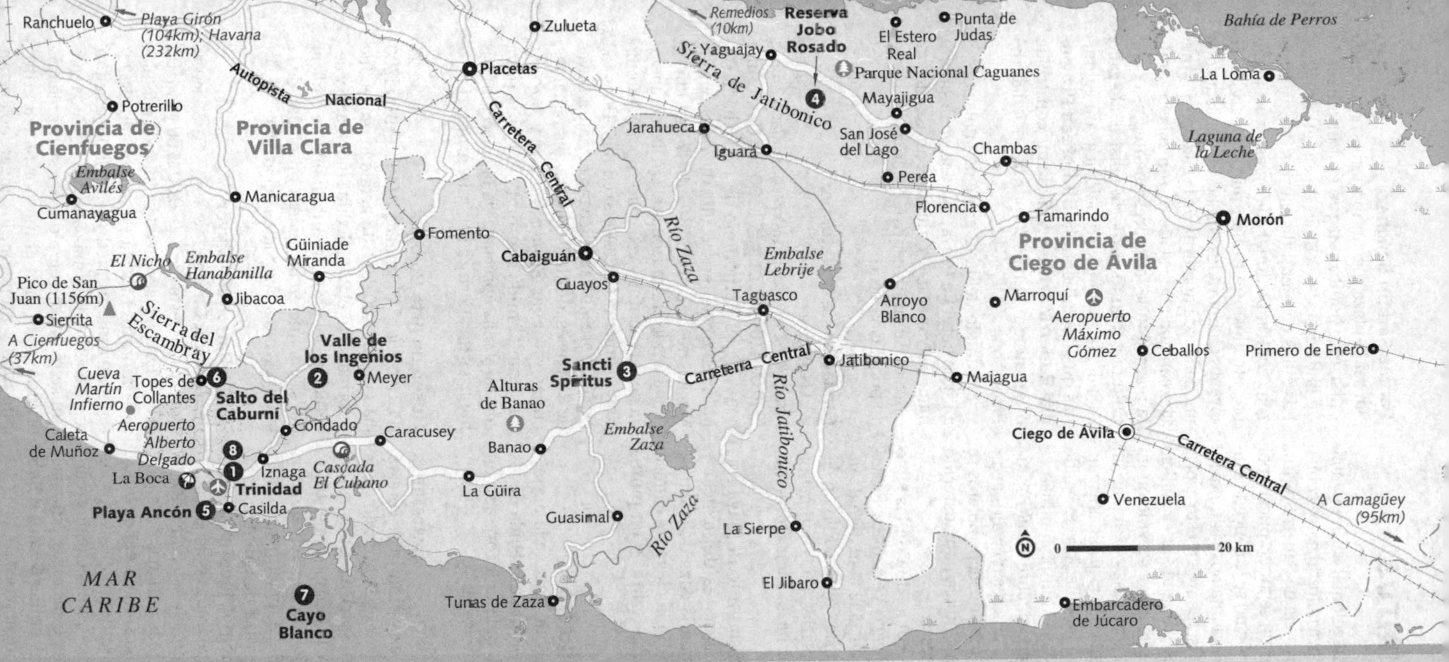

Imprescindible

1. Dejarse llevar por los hipnóticos tambores de la rumba en **Palenque de los Congos Reales** (p. 298), en Trinidad.

2. Subir a la Torre de Manaca-Iznaga para disfrutar de espléndidas vistas del **valle de los Ingenios** (p. 302), declarado Patrimonio Mundial de la Unesco.

3. Disfrutar de la ciudad histórica de **Sancti Spíritus** (p. 282), la alternativa a Trinidad menos visitada.

4. Explorar los bosques, las cascadas y la historia de guerra en la **Reserva Jobo Rosado** (p. 306).

5. Alquilar una casa en La Boca y pasear por la arena de **playa Ancón** (p. 300).

6. Hacer una excursión al **salto del Caburní** (p. 304) y tirarse a una gélida poza natural.

7. Conseguir una embarcación para bucear en **Cayo Blanco** (p. 301).

8. Visitar alguno de los museos de **Trinidad** (p. 288), una ciudad anclada en el tiempo.

SANCTI SPÍRITUS

114 360 HAB.

Esta atractiva ciudad colonial sería en cualquier otro país una joya cultural, pero cobijada en la insigne provincia de Sancti Spíritus y destinada a ocupar un segundo puesto por detrás de Trinidad, casi no se le concede ninguna oportunidad. Para muchos visitantes el atractivo radica precisamente en este aspecto: Sancti Spíritus es Trinidad sin el bullicio turístico. El viajero puede ser servido en un restaurante y buscar una casa particular sin que una legión de "guías" lo avasalle afirmando que el propietario ha fallecido, se ha ido de vacaciones o vive en Miami. También es posible sentarse cómodamente en el Parque Serafín Sánchez y mirar a los chavales jugar al béisbol, mientras melancólicos boleros se infiltran por calles que nunca han aparecido en las listas de la Unesco.

Fundada en 1514 como una de las siete villas originales de Diego Velázquez, Sancti Spíritus se trasladó en 1522 a su actual emplazamiento junto al río Yayabo. Ello no detuvo a los audaces corsarios, que continuaron saqueando la ciudad hasta bien entrada la década de 1660.

Si Trinidad dio al mundo la playa Ancón, millonarios magnates del azúcar y jineteros en bicicleta a la caza de clientes, Sancti Spíritus produjo la elegante camisa guayabera, la guayaba (fruta) y un pintoresco puente.

Puntos de interés

Las calles principales que quedan al norte y al sur del eje que forman la Avenida de los Mártires y la calle M. Solano incorporan un oportuno sustantivo norte/sur.

Puente Yayabo — LUGAR DE INTERÉS

Como sacado de la campiña inglesa, este puente con cuatro arcos es la atracción por excelencia de Sancti Spíritus. Construido por los españoles en 1815, soporta el tráfico que cruza el río Yayabo y es actualmente monumento nacional. La mejor panorámica se divisa desde la terraza de Quinta Santa Elena. El **Teatro Principal,** junto al río, data de 1876. Las calles empedradas y blanqueadas por el sol que suben hacia el centro desde ese punto son de las más antiguas de la ciudad. La más típica es la sinuosa **calle Llano,** donde las ancianas venden pollos vivos de puerta en puerta y los vecinos chismorrean ruidosamente delante de sus casas, pintadas de azul o amarillo. Las **calles Guairo** y **San Miguel** merecen un breve paseo.

Parque Serafín Sánchez — PLAZA

Sin ser la plaza más umbría ni evocadora de Cuba, este bonito **parque** está impregnado de la discreta elegancia de Sancti Spíritus. Las sillas de metal dispuestas dentro de la zona central peatonal suelen estar ocupadas por abuelos que fuman puros y parejas de jóvenes enamorados con la vista puesta en la animada vida nocturna de la ciudad. Hay mucho con que abrir el apetito en el lado sur de la plaza, donde la impresionante Casa de la Cultura a menudo exporta música a la calle. Al lado, la preciosidad helénica con columnas que hoy alberga la **Biblioteca Provincial Rubén Martínez Villena** fue construida originalmente en 1929 por la Sociedad del Progreso.

El edificio del lado norte de la plaza es el antiguo hotel **La Perla,** que estuvo desmoronándose y en desuso durante años antes de convertirse en un centro comercial gestionado por el Gobierno.

Fundación de la Naturaleza y El Hombre — MUSEO

(Cruz Pérez nº 1; donativo recomendado 2 CUC; ⏲10.00-17.00 lu-vi, hasta 12.00 sa) Como una copia de su homónimo de La Habana (en Miramar), este museo, situado en el parque Maceo, describe la odisea de 17 422 km en canoa desde el Amazonas al Caribe encabezada por el escritor y geógrafo cubano Antonio Nuñez Jiménez (1923-1998) en 1987. Unos 432 exploradores llevaron a cabo el viaje a través de 20 países, desde Ecuador a las Bahamas, en las piraguas *Simón Bolívar* y *Hatuey*. La segunda mide más de 13 m y es la pieza central y más apreciada de la colección. Los horarios de apertura son muy arbitrarios.

Museo de Arte Colonial — MUSEO

(Plácido Sur nº 74; entrada 2 CUC; ⏲9.00-17.00 ma-sa, 8.00-12.00 do) Este pequeño museo fue reformado en el 2012. Exhibe mobiliario y decoración del s. XIX en un imponente edificio del s. XVII que en su día era propiedad de la familia Iznaga, magnates del azúcar.

Iglesia Parroquial Mayor del Espíritu Santo — IGLESIA

(Agramonte Oeste nº 58; ⏲9.00-11.00 y 14-17.00 ma-sa) Esta iglesia casi decrépita da a la plaza Honorato. Erigida en madera en 1522 y reconstruida en piedra en 1680 es, según se dice, el templo más antiguo de Cuba que aún se mantiene en pie sobre sus cimientos originales. Si bien el interior pide a gritos cuidados y atención, los lugareños están orgullosos de este lugar. El mejor momento para echar un vistazo es durante la misa del domingo por la mañana. Bastará con un pequeño donativo.

Plaza Honorato PLAZA
Antiguamente conocida como plaza de Jesús, esta diminuta plaza es donde las autoridades españolas llevaban a cabo las espeluznantes ejecuciones públicas. Más tarde acogió un mercado agrícola, y el pequeño callejón oriental aún está flanqueado por destartalados puestos. Actualmente hay un hotel-*boutique*, el Hostal del Rijo.

Calle Independencia sur CALLE
Esta recuperada calle comercial es peatonal y está flanqueada de estatuas, esculturas y multitud de tiendas de curiosidades. No hay que perderse el opulento **edificio Colonia Española,** antaño un club solo para hombres blancos, ahora convertido en galería comercial. Sorprendentemente, el agropecuario (mercado de verduras) está en pleno centro.

En la calle Honorato, junto a Independencia, hay un rastro y por todas partes vendutas (pequeñas tiendas o puestos privados), lo que ilustra la relajación de las leyes económicas.

Museo de Ciencias Naturales MUSEO
(Máximo Gómez Sur nº 2; entrada 1 CUC; ⏲8.30-17.00 lu-sa, hasta 12.00 do) Esta casa colonial junto al parque Serafín Sánchez con un cocodrilo disecado (que dará un susto de muerte a los más pequeños) y varias colecciones de rocas brillantes, no tiene mucho de museo de ciencias naturales.

Museo Provincial MUSEO
(Máximo Gómez Norte nº 3; entrada 1 CUC; ⏲9.00-18.00 lu-ju, 9.00-18.00 y 8-22.00 sa, 8.00-12.00 do) Uno de los museos vagamente cómicos de Cuba, donde los guías siguen a los visitantes como si fueran a robar las joyas de la corona.La colección es menos distinguida. Recorre la historia de Sancti Spíritus con una polvorienta colección de objetos como porcelana inglesa, crueles artefactos de esclavos y la inevitable parafernalia revolucionaria M-26/7.

Museo Casa Natal de Serafín Sánchez MUSEO
(Céspedes Norte nº 112; entrada 0,50 CUC; ⏲8.00-17.00) Sánchez fue un patriota de la ciudad que participó en las dos guerras de independencia y cayó en combate en noviembre de 1896. El museo que cataloga sus gestas estaba en obras cuando se escribía esta guía.

Iglesia de Nuestra Señora de la Caridad IGLESIA
(Céspedes Norte nº 207) Enfrente de la Fundación de la Naturaleza y El Hombre, se halla este edificio en su día bonito, que es la segunda iglesia de la ciudad. Sus arcos interiores son uno de los lugares preferidos de nidificación del gorrión cubano, que parece no inmutarse por el escandaloso mal estado de la iglesia.

Dónde dormir

En la ciudad

Sancti Spíritus cuenta con dos elegantes establecimientos *boutique* de la cadena Cubanacán clasificados como hoteles con encanto. Ambos están en atractivos edificios coloniales restaurados y son maravillosos para pasar una o dos noches. Se ven complementados por un puñado de agradables casas particulares.

Hostal Paraíso CASA PARTICULAR **$**
(☎33-48-58; Máximo Gómez Sur nº 11, entre Honorato y M. Solano; h 25 CUC; ❄) Vivienda colonial que data de 1838. Su capacidad original (dos habitaciones) ha sido recientemente doblada. Los baños son inmensos y la vegetación que la rodea levanta el ánimo.

Los Richards. Ricardo Rodríguez CASA PARTICULAR **$**
(☎32-30-29; Independencia Norte nº 28 Altos; h 25 CUC; ❄) La pequeña escalera, muy cerca de la Plaza Mayor, no es acorde con el tamaño de este lugar. Cuenta con una enorme habitación con dos camas, mecedora, bar completo y nevera, y otra más pequeña en la parte de atrás.

Hostal los Pinos CASA PARTICULAR **$**
(☎32-93-14; carretera Central Norte nº 157, entre Mirto Milián y Coronel Lagón; h 20-25 CUC; ❄) Correcto para los viajeros de paso, este museo del *art déco* cuenta con un garaje, deliciosas cenas y dos acogedoras habitaciones.

Estrella González Obregón CASA PARTICULAR **$**
(☎32-79-27; Máximo Gómez Norte nº 26; h 25 CUC) Su espaciosa habitación y las instalaciones para cocinar la convierten en una excelente opción familiar. Hay una terraza en la azotea con buenas vistas de los montes Escambray.

Sancti Spíritus

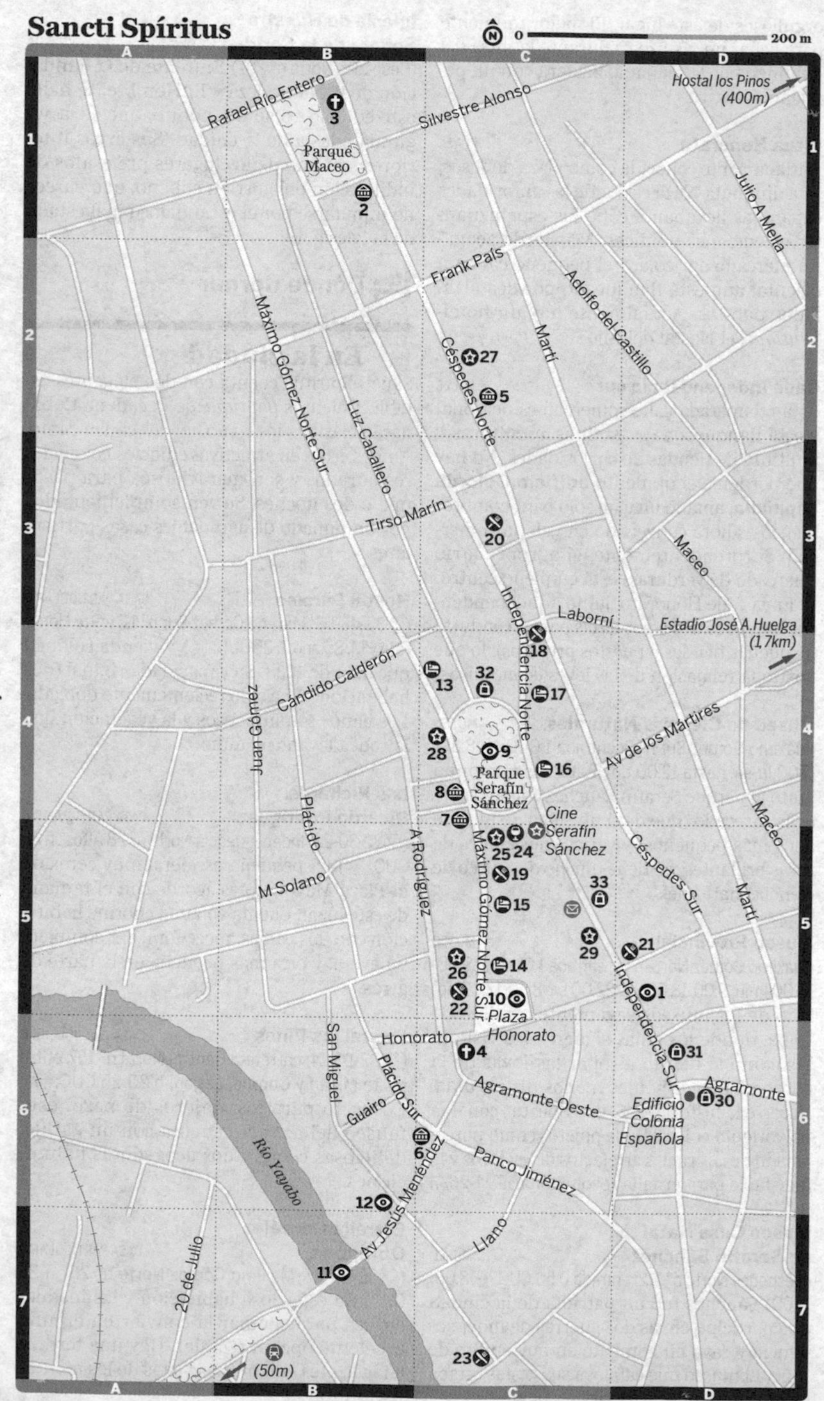

Sancti Spíritus

Puntos de interés

1	Calle Independencia Sur	D5
2	Fundación de la Naturaleza y El Hombre	B1
3	Iglesia de Nuestra Señora de la Caridad	B1
4	Iglesia Parroquial Mayor del Espíritu Santo	C6
5	Museo Casa Natal de Serafín Sánchez	C2
6	Museo de Arte Colonial	C6
7	Museo de Ciencias Naturales	C4
8	Museo Provincial	C4
9	Parque Serafín Sánchez	C4
10	Plaza Honorato	C5
11	Puente Yayabo	B7
12	Teatro Principal	B6

Dónde dormir

13	Estrella González Obregón	C4
14	Hostal del Rijo	C5
15	Hostal Paraíso	C5
16	Hotel Plaza	C4
17	Los Richards – Ricardo Rodríguez	C4

Dónde comer

18	Cremería el Kikiri	C4
19	El 19	C5
20	La Época	C3
	Las Arcadas	(véase 16)
21	Mercado Agropecuario	D5
22	Mesón de la Plaza	C5
23	Quinta Santa Elena	C7
	Restaurante Hostal del Rijo	(véase 14)

Dónde beber y vida nocturna

24	Café ARTex	C5

Ocio

25	Casa de la Cultura	C5
26	Casa de la Trova Miguel Companioni	C5
27	Casa del Joven Creador	C2
28	Cine Conrado Benítez	C4
	Teatro Principal	(véase 12)
29	Uneac	C5

De compras

30	Colonia	D6
31	Galería la Arcada	D6
32	La Perla	C4
33	Librería Julio Antonio Mella	C5

★Hostal del Rijo HOTEL-BOUTIQUE $$
(☎32-85-88; Honorato del Castillo nº 12; i/d 42/60 CUC; ❄@≋) Incluso a los fans de las casas particulares les costará resistirse a esta mansión minuciosamente restaurada de 1818 situada en la tranquila plaza Honorato (hasta que abre la Casa de la Trova). Muchas de sus 16 enormes y lujosas habitaciones están equipadas con televisión por satélite, champús de obsequio y mobiliario colonial. En el elegante restaurante del patio, en la planta baja, sirven un espléndido y relajado desayuno que demorará al viajero hasta las 11.00. ¿Y por qué no quedarse otra noche?

Hotel Plaza HOTEL-BOUTIQUE $$
(☎32-71-02; Independencia Norte nº 1; i/d 38/54 CUC; ❄@) El compañero del Rijo se halla una manzana al norte del parque Serafín Sánchez. Con 28 habitaciones distribuidas en dos pisos, este hotel recién renovado ha subido su categoría al nivel *boutique*, con mobiliario macizo, un romántico bar en el patio y fabulosas vistas a la siempre animada plaza. También tiene un mirador en la azotea y un magnífico servicio.

Norte de la ciudad

Hay dos hoteles muy agradables en la carretera Central en dirección norte; ambos son una buena elección si el centro está lleno o el viajero está de paso.

Villa Los Laureles HOTEL $
(☎32-73-45; carretera Central km 383; i/d 23/36 CUC; P❄≋) Se trata de un hotel de Islazul (cadena hotelera cubana) cuya entrada flanqueada de laureles resulta muy sugerente. Está fuera de la ciudad y es sorprendentemente elegante. Sus habitaciones son grandes y luminosas, con nevera, televisión por satélite y patio/balcón, y se complementan con una atractiva piscina, jardines floridos y un colorido cabaré (el Tropi), con un espectáculo diario a las 21.00.

Villa Rancho Hatuey HOTEL $
(☎32-83-15; carretera Central km 384; i/d 26/42 CUC; P❄@≋) A menos de 1 km de Los Laureles se encuentra otra joya de Islazul, accesible desde el carril en dirección sur de la carretera Central. Este hotel es probablemente el más apacible de los dos, y ofrece 76 habitaciones en cabañas de dos plantas

MERECE LA PENA

EMBALSE ZAZA

La pesca de agua dulce no es un pasatiempo que suela asociarse con Cuba, donde los pescadores extranjeros acostumbran a llevar barba y a hacerse a alta mar en busca de la leyenda de Hemingway. Pero, rehuyendo los tópicos turísticos, la pesca lacustre todavía está muy extendida en varios embalses artificiales, entre ellos el más grande del país, el embalse Zaza, a 11 km de Sancti Spíritus.

Construido a principios de la década de 1970 al represar varios ríos de la zona, el Zaza cubre una superficie de 113 km². Actualmente casi el 50% del embalse está dedicado a la pesca, con abundantes reservas de percas americanas que proporcionan generosas capturas a los pescadores. Las excursiones salen del contiguo **Hotel Zaza** (32-85-12; i/d 11/18 CUC desayuno incl.; P), un edificio que afea el paisaje incluso para los parámetros baratos y alegres de la arquitectura rusa de los años setenta. Se recomienda alojarse en Sancti Spíritus y tomar un taxi. Una excursión de pesca cuesta 30 CUC/4 h. También hay excursiones al río Agabama, situado de camino a Trinidad, desde 70 CUC.

ubicadas en un extenso terreno ajardinado. Mientras se toma el sol en la piscina o se come algo en el restaurante, se pueden ver grupos de turistas canadienses y oficiales del Partido Comunista de La Habana mezclados en insólita compañía.

Dónde comer

Los paladares de Sancti Spíritus nunca han sacado buena nota, aunque en los últimos dos años han aparecido un par que están bien. Los restaurantes gubernamentales todavía están dominados por dos buenos referentes.

Quinta Santa Elena CARIBEÑA $
(San Miguel nº 60; platos 4-8 CUC; 10.00-24.00) Preparan una deliciosa ropa vieja *(carne desmigada)* y sabrosos camarones en salsa roja. Aunque la comida del Mesón es mejor, el Santa Elena destaca por su ubicación, en un encantador patio a orillas del río, frente al famoso puente.

Las Arcadas CARIBEÑA $
(Independencia Norte nº 1) El refinado entorno del Hotel Plaza añade carácter a la casera comida criolla.

Cremería el Kikiri HELADERÍA $
(Independencia Norte esq. Laborni) En este caso no es un Coppelia, sino su arraigado sustituto provincial de Sancti Spíritus, que en realidad es mejor. Otra opción es deambular por el parque Serafín Sánchez hasta que aparezca el hombre de los helados con una máquina que funciona con un motor de lavadora.

Restaurante Hostal del Rijo INTERNACIONAL $$
(Honorato nº 12; principales 5-8 CUC) En el impresionante patio central o en su encantadora terraza se respira un ambiente colonial. El servicio es igualmente bueno y hay una notable oferta de postres y café.

El 19 INTERNACIONAL $$
(Máximo Gómez 9, entre Manolo Solano y Honorato del Castillo; principales 8-12 CUC; 6.30-22.00) Muy lejos de la proliferación de paladares de Trinidad, Sancti Spíritus ha añadido un par de buenos sitios, especialmente este céntrico rincón donde destaca el solomillo.

Mesón de la Plaza CARIBEÑA, ESPAÑOLA $$
(Máximo Gómez Sur nº 34; principales 5-8 CUC; 12.00-14.30 y 6.00-22.00) Tradicionalmente una sólida opción, este restaurante gubernamental está en una mansión del s. XIX que perteneció a un magnate español. Uno puede degustar clásicos españoles como potaje de garbanzos y ternera mientras escucha la agradable música que le llega de la contigua Casa de la Trova.

Compra de alimentos

Mercado agropecuario MERCADO $
(Independencia sur esq. Honorato) Junto a la principal avenida comercial. Se recomienda asomarse y ver cómo compran los cubanos.

La Época SUPERMERCADO $
(Independencia Norte nº 50C) Correcto para comestibles y chucherías varias.

Dónde beber y ocio

Sancti Spíritus posee un maravilloso ambiente nocturno, agradable y sin pretensiones. Se puede experimentar en cualquiera de los siguientes lugares.

★Uneac MÚSICA EN DIRECTO
(Unión Nacional de Escritores y Artistas de Cuba,; Independencia sur nº 10) El viajero recibirá amables saludos de personas a las que jamás ha visto, mientras el romántico cantante lanzará besos desde el escenario a su(s) novia(s). Los conciertos de la Uneac parecen más bien reuniones familiares que eventos culturales organizados, y la de Sancti Spíritus es una de las "familias" más agradables que se pueden encontrar.

Casa de la Trova Miguel Companioni MÚSICA EN DIRECTO
(Máximo Gómez Sur nº 26) También famoso en Cuba, este animado local de música tradicional situado en un edificio colonial junto a la plaza Honorato está a la altura de cualquiera de Trinidad. La parroquia es 90% autóctona y 10% turista.

Café ARTex LOCAL NOCTURNO
(M. Solano; entrada 1 CUC; ⌚22.00-2.00 ma-do) Situado en una planta alta en el parque Serafín Sánchez, tiene más ambiente de local nocturno que los habituales patios de ARTex. Hay baile, música en directo y karaoke todas las noches, y una sesión de tarde los domingos a las 14.00 (entrada 3 CUC). Los jueves hay noche de reguetón y el café también presenta espectáculos de humor. Algunos grupos buenos que buscar son el Septeto Espirituano y el Septeto de Son del Yayabo.

Casa de la Cultura MÚSICA EN DIRECTO
(☎32-37-72; M Solano nº 11) Acoge multitud de actos culturales que, los fines de semana, ocupan la calle y hacen que sea imposible andar por la acera. En la esquina suroeste del parque Serafín Sánchez.

Casa del Joven Creador MÚSICA EN DIRECTO
(Céspedes Norte nº 118) Este local cultural de moda, cercano al Museo Casa Natal de Serafín Sánchez, lo frecuentan jóvenes de Sancti Spíritus atraídos por sus conciertos de *rock* y *rap*.

Estadio José A. Huelga DEPORTES
(Circunvalación) De octubre a abril se disputan partidos de béisbol en este estadio, 1 km al norte de la estación de autobuses. El equipo provincial de Los Gallos saboreó la victoria por última vez en 1979.

Teatro Principal TEATRO
(☎232-5755; av. Jesús Menéndez nº 102) Este icono arquitectónico junto al puente Yayabo ha sido recientemente objeto de una limpieza a fondo. Tiene funciones matutinas los fines de semana (a las 10.00) con teatro infantil.

Cine Conrado Benítez CINE
(☎32-53-27; Máximo Gómez Norte nº 13) De los dos cines de la ciudad, es el mejor para ver una película pasable.

De compras

En los puestos de la calle Independencia sur (que recientemente se ha beneficiado de una bonita renovación) se puede comprar todo lo necesario.

Colonia ACCESSORIOS
(Independencia sur esq. Agramonte; ⌚9.00-16.00) Mini galerías ubicadas en uno de los edificios coloniales más bonitos de la ciudad.

La Perla CENTRO COMERCIAL
(parque Serafín Sánchez; ⌚9.00-16.00) Tres pisos de compras contra la austeridad detrás de un edificio colonial espléndidamente restaurado en el parque Serafín Sánchez.

Galería La Arcada ARTE, ARTESANÍA
(Independencia sur nº 55) Artesanía y pintura que merecen una visita.

Librería Julio Antonio Mella LIBROS
(Independencia sur nº 29; ⌚8.00-17.00 lu-sa) Los viajeros eruditos pueden hacer acopio de lectura revolucionaria en esta tienda, enfrente de la oficina de correos.

Información

ACCESO A INTERNET Y TELÉFONO

Etecsa Telepunto (Independencia sur nº 14; internet 6 CUC/h; ⌚8.30-19.30) Dos ordenadores casi siempre libres.

MEDIOS DE COMUNICACIÓN

Radio Sancti Spíritus CMHT Emite por el 1200 AM y el 97.3 FM.

ASISTENCIA MÉDICA

Farmacia Especial (Independencia Norte nº 123; ⌚24h) Farmacia en el parque Maceo.
Hospital Provincial Camilo Cienfuegos

(☎32-40-17; Bartolomé Masó nº 128) A 500 m de la plaza de la Revolución.
Policlínico Los Olivos (☎32-63-62; Circunvalación Olivos nº 1) Cerca de la estación de autobuses. Trata a extranjeros si es una urgencia.

DINERO

Banco Financiero Internacional (Independencia sur nº 2) En el parque Serafín Sánchez.
Cadeca (Independencia sur nº 31) Hay colas larguísimas.

CORREOS

Oficina de correos (⏱9.00-18.00 lu-sa) Hay dos oficinas: una en Independencia sur nº 8, y la otra en el edificio de Etecsa, en Bartolomé Masó nº 167.

AGENCIAS DE VIAJES

Cubatur (Máximo Gómez Norte nº 7; ⏱9.00-17.00 lu-sa) En el parque Serafín Sánchez.

ℹ Cómo llegar y salir

AUTOBÚS

La **estación de autobuses** provincial (carretera Central) queda 2 km al este de la ciudad. Los servicios de **Viazul** (www.viazul.com), puntuales y dotados de aire acondicionado, van a numerosos destinos.

Hay cinco salidas diarias a Santiago de Cuba (28 CUC, 8 h) que también paran en Ciego de Ávila (6 CUC, 1¼ h), Camagüey (10 CUC, 3 h), Las Tunas (17 CUC, 5 h y 40 min) y Bayamo (21 CUC, 7 h). Los cinco autobuses diarios a La Habana (23 CUC, 5 h) paran en Santa Clara (6 CUC, 1¼ h). El enlace a Trinidad (6 CUC, 1 h y 20 min) sale a las 5:30.

TREN

Dos estaciones dan servicio a Sancti Spíritus. La **estación principal de trenes** (av. Jesús Menéndez al final; ⏱taquilla 7.00-14.00 lu-sa), al suroeste del puente Yayabo, queda a 10 min a pie del centro. De allí salen trenes a La Habana (8 h, días alternos) pasando por Santa Clara (2 h), y también a Cienfuegos (5 h, una vez por semana).

Desde Guayos, 15 km al norte de Sancti Spíritus, parten servicios hacia destinos del este, entre ellos Holguín (8½ h), Santiago de Cuba (10¼ h) y Bayamo (8¼ h). Quien viaje en el exprés La Habana-Santiago de Cuba y se dirija a Sancti Spíritus o Trinidad, debe apearse en Guayos.

En la taquilla de la estación de ferrocarril de Sancti Spíritus se venden billetes para los trenes de Guayos, pero el viajero debe llegar a Guayos por sus propios medios (un taxi cuesta 8-10 CUC, pero hay que regatear mucho).

CAMIÓN Y TAXIS

De la estación de autobuses salen camiones a Trinidad, Jatibonico y otros destinos. Un taxi estatal a Trinidad cuesta unos 35 CUC.

ℹ Cómo desplazarse

En la carretera Central, enfrente de la estación de autobuses, hay coches de caballos que van al parque Serafín Sánchez una vez se llenan (1 CUP). Los bicitaxis se congregan en la esquina de Laborni con Céspedes norte. Hay una taquilla de **Cubacar** (☎32-85-33) en la esquina noreste del parque Serafín Sánchez; alquilar un coche cuesta a partir de 70 CUC diarios. La **gasolinera de Servi-Cupet** (carretera Central) se sitúa 1,5 km al norte de Villa Los Laureles, en la carretera Central dirección Santa Clara. Aparcar en el parque Serafín Sánchez es relativamente seguro. Si se pregunta en los hoteles Rijo y Plaza, a menudo facilitan un vigilante nocturno por 1 CUC.

SUROESTE DE LA PROVINCIA DE SANCTI SPÍRITUS

Trinidad

52 896 HAB.

El primer sonido de la mañana es el de los cascos de los caballos sobre las calles adoquinadas seguido de los gritos de ancianos anunciando que venden pan desde sus bicicletas. Al abrir los ojos y mirar las lamas de madera altas de la habitación colonial de hace 200 años cuesta creer que uno esté viviendo en el s. XXI.

Es una ciudad única, un asentamiento colonial español perfectamente conservado en el que los relojes se detuvieron en 1850 y –salvo por los turistas– todavía no se han vuelto a poner en marcha. La ciudad se construyó gracias a las enormes fortunas azucareras amasadas a principios del s. XIX en el contiguo Valle de los Ingenios, y la riqueza del período anterior a la Guerra de Independencia aún se evidencia en las ilustres mansiones coloniales decoradas con frescos italianos, porcelana de Wedgwood y arañas francesas.

Declarada ciudad Patrimonio Mundial de la Unesco en 1988, sus secretos pronto se convirtieron en propiedad pública, y en-

FUERA DE RUTA

ALTURAS DE BANAO

Todavía ignorada por muchas guías, que dirigen el turismo hacia Topes de Collantes, esta reserva ecológica junto a la carretera principal entre Sancti Spíritus y Trinidad esconde un conjunto poco explorado de montañas, cascadas, bosques y escarpados cerros de piedra caliza. La cumbre más alta de la reserva –que forma parte de la cadena montañosa de Guamuhaya– mide 842 m, mientras que las estribaciones están repletas de ríos, abundante vegetación (entre ella cactus epífitos) y ruinas de un montón de pioneras granjas del s. XIX. El cuartel general del parque está en **Jaricó,** 3,5 km subiendo por un camino trillado junto a la carretera Sancti Spíritus-Trinidad. Incluye un ranchón, un centro de visitantes y un chalé con ocho habitaciones dobles (25 CUC). Muy cerca está la **Cascada Bella** y una piscina natural. Desde Jarico los 6 km del **sendero La Sabina** conducen a la bioestación epónima, donde el recién construido **La Sabina Chalet** (h 56 CUC) ofrece alojamiento y comida en cuatro dobles. Otra opción es hacer la excursión en un día con un guía (3 CUC). La entrada a la Reserva de Banao cuesta 3 CUC. **Ecotur** (☎54-74-19; www.ecoturcuba.co.cu; Antonio Maceo nº 461), en Trinidad, organiza viajes.

seguida comenzaron a llegar autobuses de visitantes para conocer la belleza del 'museo al aire libre' más antiguo y cautivador de Cuba. No obstante, el turismo apenas ha empañado el suave brillo sureño de Trinidad. La ciudad conserva un aire apacible, casi soporífero, en su laberinto de calles adoquinadas repletas de curtidos guajiros (campesinos), burros que resoplan y trovadores con guitarras melódicas.

Trinidad, rodeada de maravillas naturales, es mucho más que un tema para una tesis doctoral de historia, pues 12 km al sur se encuentra la dorada playa Ancón, la mejor playa de la costa sur; mientras que 18 km al norte se ciernen las sombras purpúreas de los montes Escambray, un verde territorio de aventuras.

A causa del galardón de la Unesco y del flujo constante de visitantes extranjeros, en Trinidad hay una cantidad anormal de jineteros, aunque por lo general son más molestos que agresivos.

Historia

En 1514 el conquistador pionero Diego Velázquez de Cuéllar fundó la Villa de la Santísima Trinidad en la costa meridional de Cuba, siendo el tercer asentamiento de la isla tras Baracoa y Bayamo. Cuenta la leyenda que fray Bartolomé de las Casas, el Protector de los Indios, celebró la primera misa de Trinidad bajo una güira en lo que hoy es la Plazuela Real del Jigüe. En 1518 Hernán Cortés, exsecretario de Velázquez, atravesó la ciudad reclutando mercenarios para su expedición de conquista a México, y la ciudad quedó prácticamente sin habitantes originales. Durante los sesenta años siguientes, un grupo de taínos hubo de mantener a flote la precaria economía mediante una combinación de agricultura, ganadería y escaso comercio con el exterior.

Al llegar el s. XVII, Trinidad había quedado reducida a una aldea pequeña y atrasada, aislada de las autoridades coloniales de La Habana a causa de las pésimas comunicaciones. Se convirtió en refugio de piratas y contrabandistas, que dirigían un lucrativo comercio ilegal de esclavos con la Jamaica dominada por Gran Bretaña.

La situación comenzó a cambiar a principios del s. XIX, cuando la ciudad devino capital del Departamento Central y vio la llegada de cientos de refugiados franceses huidos de una revuelta de esclavos en Haití, que establecieron más de cincuenta pequeñas centrales azucareros en el cercano valle de los Ingenios. El azúcar pronto sustituyó al cuero y a la carne salada de vacuno como producto principal de la región, de modo que a mediados del s. XIX los alrededores de Trinidad producían un tercio del azúcar cubano, generando la riqueza que financió el grupo de opulentos edificios que hoy caracterizan a la ciudad.

El *boom* tuvo un abrupto fin durante las dos guerras de independencia, cuando las plantaciones de azúcar quedaron devastadas por el fuego y los combates. La industria nunca llegó a recuperarse por completo. A finales del s. XIX el epicentro del comercio de azúcar se había trasladado a las provincias de Cienfuegos y Matanzas,

Trinidad

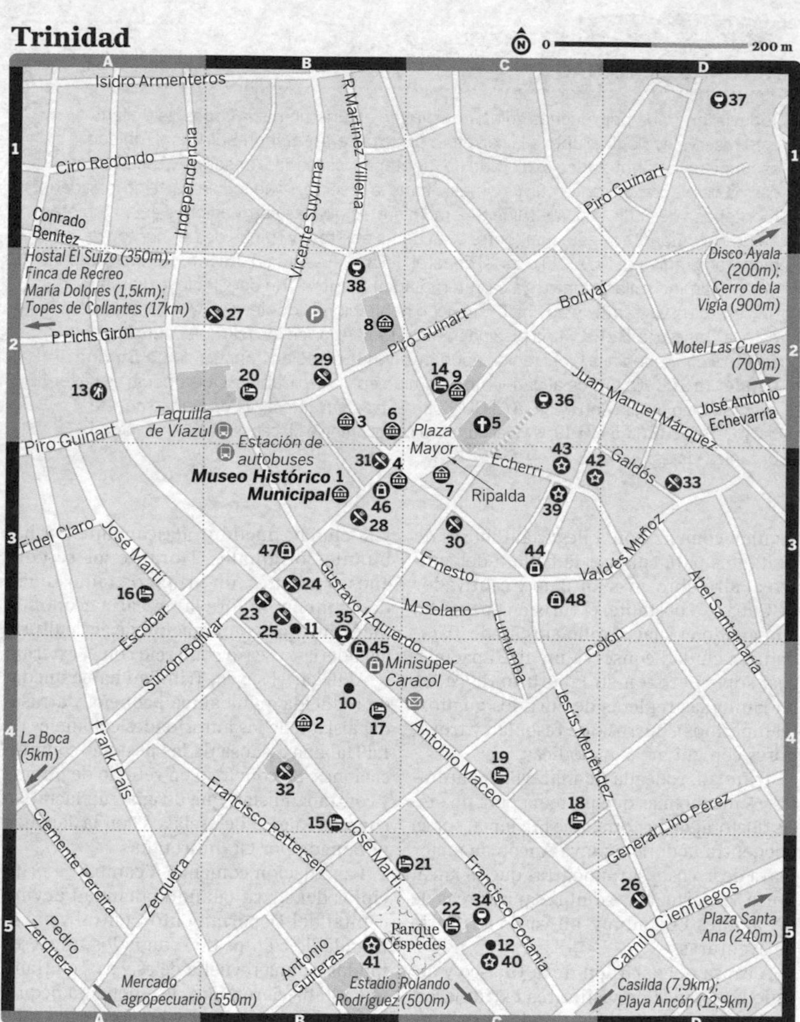

y Trinidad cayó en un soñoliento y funesto letargo económico. El renacimiento turístico comenzó en la década de 1950, cuando el presidente Batista aprobó una ley de conservación que reconocía el valor histórico de la ciudad, declarada monumento nacional en 1965 y Patrimonio Mundial de la Unesco en 1988.

Puntos de interés

En Trinidad, todas las calles llevan a la **Plaza Mayor,** ubicada en el centro del casco histórico y rodeada por cuatro magníficos edificios.

★Museo Histórico Municipal MUSEO
(Simón Bolívar nº 423; entrada 2 CUC; 9.00-17.00 sa-ju) Si el viajero quiere admirar una pieza de museo de Trinidad, le bastará con este imponente edificio cerca de la Plaza Mayor, una mansión que perteneció a la familia Borrell de 1827 a 1830. Luego el edificio pasó a manos de un hacendado alemán llamado Kanter o Cantero, y todavía se llama Casa Cantero. Según dicen, el doctor Justo Cantero adquirió vastas fincas azucareras envenenando a un antiguo traficante de esclavos y casándose con su viuda, quien también sufrió una muerte prematura. La riqueza ilícita de Cantero

Trinidad

Principales puntos de interés
1 Museo Histórico Municipal B3

Puntos de interés
2 Casa de los Mártires de Trinidad B4
3 Casa Templo de Santería Yemayá........ B2
4 Galería de Arte B3
5 Iglesia Parroquial de la Santísima Trinidad C2
6 Museo de Arqueología Guamuhaya B2
7 Museo de Arquitectura Trinitaria.......... C3
8 Museo Nacional de la Lucha Contra Bandidos B2
9 Museo Romántico C2

Actividades, cursos y circuitos
10 Cubatur B4
11 Las Ruinas del Teatro Brunet B3
12 Paradiso C5
13 Trinidad Travels A2

Dónde dormir
14 Casa del Historiador C2
15 Casa Gil Lemes B4
16 Casa Muñoz – Julio y Rosa A3
17 Casa Santana B4
18 Casa Smith C4
19 Hostal Colina C4
20 Hostal Yolanda María B2
21 Hotel La Ronda C5
22 Iberostar Grand Hotel C5

Dónde comer
23 Cafetería las Begonias B3
24 Cremería las Begonias B3
25 Cubita Restaurant B3
26 Guitarra Mia D5
27 La Ceiba B2
28 Mesón del Regidor B3
29 Restaurante el Jigüe B2
30 Restaurante Plaza Mayor C3
31 Sol Ananda B3
32 Tienda Universo B4
33 Vista Gourmet D3

Dónde beber y vida nocturna
34 Bar Daiquirí C5
35 Bodeguita Fando Brothers B3
36 Casa de la Música C2
37 Disco Ayala D1
38 Taberna la Canchánchara B2

Ocio
39 Casa de la Trova C3
40 Casa Fischer C5
41 Cine Romelio Cornelio B5
42 Las Ruinas de Sagarte C3
Las Ruinas del Teatro Brunet....(véase 11)
43 Palenque de los Congos Reales C3

De compras
44 Mercado de arte y artesanía C3
45 Casa del Habano B4
46 Fondo Cubano de Bienes Culturales.... B3
47 Galería La Paulet B3
48 Taller de Instrumentos Musicales C3

queda bien patente en la elegante decoración neoclásica de las habitaciones. La panorámica de Trinidad que se divisa desde lo alto de la torre vale por sí sola el precio de entrada. Se aconseja ir antes de las 11.00, hora en que comienzan a llegar los autobuses de turistas.

Iglesia Parroquial de la Santísima Trinidad — IGLESIA

(11.00-0.30 lu-sa) A pesar de su fea fachada, esta iglesia de la Plaza Mayor protagoniza innumerables postales de Trinidad. Reconstruida en 1892 sobre el emplazamiento de un templo anterior destruido en una tormenta, mezcla retoques del s. XX con objetos antiguos que se remontan hasta el s. XVIII, como el venerado Cristo de la Vera Cruz (1713), que ocupa el segundo altar a la izquierda desde el frente. La mejor oportunidad de verla se da durante la misa, a las 20.00 entre semana, 16.00 sábados, y 9.00 y 17.00 domingos.

Museo Romántico — MUSEO

(Echerri nº 52; entrada 2 CUC; 9.00-17.00 ma-do) Cruzando la calle Simón Bolívar se halla el reluciente palacio Brunet. La planta baja se construyó en 1740 y la alta se añadió en 1808. En 1974 la mansión se transformó en un museo con muebles del s. XIX, una bella colección de porcelana y otras piezas de época. Los empleados aparecen de entre las sombras y avasallan a los visitantes para conseguir una propina. Posee una tienda contigua.

Museo de Arquitectura Trinitaria — MUSEO

(Ripalda nº 83; entrada 1 CUC; 9.00-17.00 sa-ju) En la parte sureste de la Plaza Mayor hay otra muestra pública de opulencia, en un museo que exhibe arquitectura doméstica de la clase alta de los ss. XVIII y XIX. El museo ocupa edificios erigidos en 1738 y 1785 y unidos en 1819. En el pasado fue la residencia de la acaudalada familia Iznaga.

Museo de Arqueología Guamuhaya MUSEO
(Simón Bolívar nº 457; entrada 1 CUC; ⌚9.00-17.00 ma-sa) Extraña mezcla de animales disecados, huesos de nativos e incongruente mobiliario de cocina del s. XIX en la parte noroeste de la Plaza Mayor. No es prioritario.

Galería de Arte GALERÍA
(Rubén Martínez Villena esq. Simón Bolívar; ⌚9.00-17.00) GRATIS Esta galería está ubicada en el palacio Ortiz, del s. XIX, en el lado sureste de la Plaza Mayor, y la entrada es gratuita. Vale la pena echar un vistazo a las obras locales de calidad, en especial los bordados, cerámica y joyas; también hay un patio agradable.

Casa Templo de Santería Yemayá MUSEO, LUGAR DE INTERÉS
(Rubén Martínez Villena nº 59, entre Simón Bolívar y Piro Guinart) Aunque ningún museo de santería puede reproducir la etérea experiencia espiritual de la Regla de Ocha (la principal religión cubana de origen africano), este templo lo intenta. Contiene un altar a Yemayá, diosa del mar, cargado con incontables ofrendas de fruta, agua y piedras. La casa está presidida por santeros (sacerdotes de santería, una religión afrocubana) que suelen emerger del patio trasero y sorprender a los visitantes con charlatanerías para turistas bien ensayadas. El día de la diosa (19 de marzo) se celebran ceremonias día y noche.

Museo Nacional de la Lucha Contra Bandidos MUSEO
(Echerri nº 59; entrada CUC1; ⌚9.00-17.00 ma-do) Quizá el edificio más representativo de Trinidad sea el ruinoso campanario amarillo claro del antiguo convento de San Francisco de Asís. El edificio alberga un museo desde 1986, con fotos, mapas, armas y otros objetos relacionados con el combate contra las diversas bandas contrarrevolucionarias que, a imitación de Castro, operaron ilícitamente en la sierra del Escambray entre 1960 y 1965. También se muestra el fuselaje de un avión espía U-2 estadounidense derribado en cielo cubano. Desde lo alto de la torre hay buenas vistas.

Casa de los Mártires de Trinidad MUSEO
(Zerquera nº 254, entre Antonio Maceo y José Martí; ⌚9am-17.00) GRATIS Es fácil pasar por alto este pequeño museo dedicado a los 72 habitantes de Trinidad que murieron en la batalla contra Fulgencio Batista (véase p. 464), la campaña contra los contrarrevolucionarios, y la poco mencionada Guerra en Angola.

Iglesia de Santa Ana IGLESIA
(plaza Santa Ana, Camilo Cienfuegos) La hierba crece alrededor del campanario y las entradas con arcos se tapiaron hace mucho tiempo, pero el armazón de esta iglesia en ruinas (1812) aguanta desafiante. Alzándose como un estereotipo eclesiástico consumido por el tiempo, tiene un aspecto fantasmagórico al anochecer. Cruzando la plaza epónima, que define los confines nororientales de Trinidad, hay una antigua cárcel española (1844), convertida en el centro turístico de **plaza Santa Ana** (Camilo Cienfuegos; ⌚11.00-22.00). El complejo alberga una galería de arte, un mercado de artesanía, una tienda de cerámica, un bar y un restaurante.

Taller Alfarero CERÁMICA
(Andrés Berro nº 51, entre Pepito Tey y Abel Santamaría; ⌚8.00-12.00 y 14.00-17.00 lu-vi) GRATIS Trinidad es famosa por su cerámica. En esta gran fábrica grupos de trabajadores elaboran piezas con el sello característico de Trinidad, con arcilla de la zona y torno tradicional. El viajero puede ver cómo trabajan y comprar el producto acabado.

Actividades

El viajero puede llegar en bicicleta a una de las playas más bonitas de Cuba, hacer un par de excursiones por cuenta propia, o disfrutar de una perspectiva distinta a lomos de un caballo.

Playa Ancón CICLISMO
El paseo en bicicleta hasta playa Ancón es una excelente aventura al aire libre, y una vez allí, el viajero puede bucear, tomar el sol o utilizar la piscina o la mesa de ping-pong. La mejor ruta con diferencia es por la pequeña localidad costera de La Boca (18 km ida).

Cerro El Vigía EXCURSIONISMO
Para disfrutar de bonitas vistas y hacer ejercicio, se puede pasear por la calle Simón Bolívar entre la iglesia parroquial y el Museo Romántico hasta la destruida **Ermita de Nuestra Señora de la Candelaria de la Popa,** del s. XVIII, parte de un antiguo hospital militar español hoy ocupado por un hotel de lujo.

Desde allí hay un paseo de 30 min colina arriba hasta la emisora de radio de la cumbre del **cerro El Vigía** (180 m de altitud), desde donde se divisan amplias vistas de Trinidad, el valle de los Ingenios y el litoral caribeño.

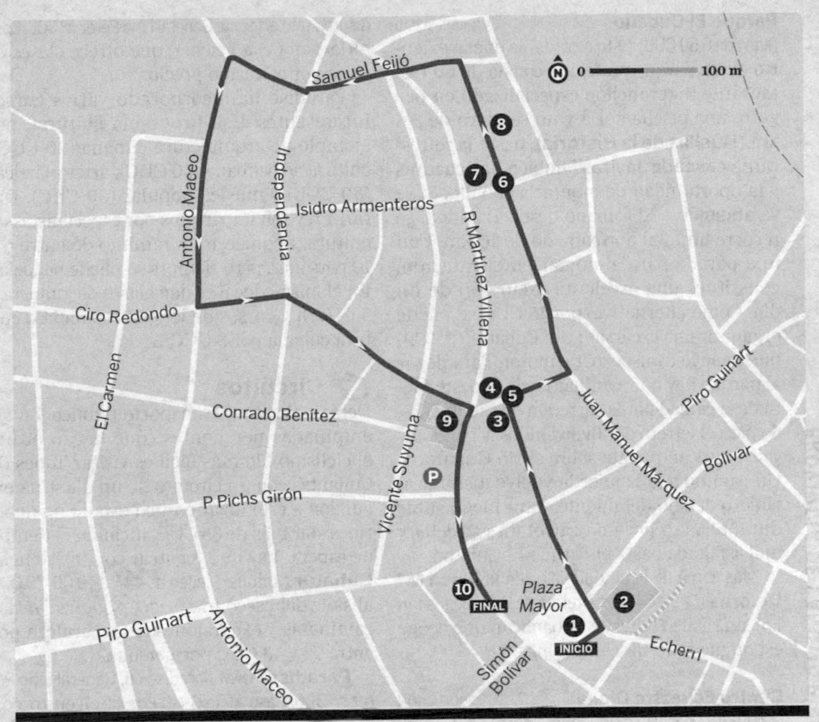

Paseo por la ciudad
Circuito fotográfico a pie por Trinidad

INICIO PLAZA MAYOR
FINAL CASA TEMPLO DE SANTERÍA YEMAYÁ
DISTANCIA 2 KM; 1,5 H

La luz del atardecer en Trinidad, su arquitectura colonial, y escenas de la calle propias de la década de 1850 crean un ambiente ideal para los aficionados a la fotografía.

Una buena hora para pasear es el atardecer. Puede comenzarse por la ❶ **Plaza Mayor,** aunque también se puede captar la vida del lugar en la ❷ **Iglesia Parroquial de la Santísima Trinidad** como telón de fondo.

La foto clásica es la toma de la calle Echerri, adoquinada y con edificios coloniales, y hacia la torre del ❸ **Convento de San Francisco de Asís.** Una manzana al norte se encuentra un pequeño ❹ **parque,** iluminado por el sol. Al final de Echerri, hay que detenerse en el ❺ **cruce** con la calle Ciro Redondo y esperar, ya que siempre pasa algo interesante: un caballo, un Plymouth 1951, una bicicleta...

En Ciro Redondo se gira a la derecha y luego a la izquierda en la calle Juan Manuel Márquez hacia el ❻ **barrio Las Tres Cruces,** donde el turismo parece no haber llegado. Pueden verse mujeres con rulos, vaqueros, chavales jugando a una especie de béisbol en la ❼ **plaza,** mientras los ancianos están sentados en los portales. En la calle Juan Manuel Márquez hay una hilera de ❽ **casas** de colores preciosas. En la calle Samuel Feijó, caballos y jinetes suelen congregarse con los montes Escambray de telón de fondo. Más vida callejera aguarda en la calle Ciro Redondo. Fuera de la icónica ❾ **Taberna Canchánchara** hay casi siempre un Chevrolet 1958 que se usa como asiento común. La estampa de un santero puede entretener momentáneamente al pasar la ❿ **Casa Templo de Santería Yemayá** dedicada a la *orisha* del mar. Antes de que se ponga el sol el viajero estará de vuelta en la Plaza Mayor.

Parque El Cubano EXCURSIONISMO
(entrada 6,50 CUC) Este agradable enclave dentro de un parque protegido consta de un restaurante tipo ranchón especializado en pez gato, una piscifactoría y un sendero de 3,6 km **(Huellas de la Historia),** hasta la refrescante **cascada Javira.** También hay cuadras y la oportunidad de montar a caballo. Si se va andando a El Cubano desde Trinidad, se recorre un total aproximado de 16 km. Con una parada para almorzar en el ranchón, constituye una excelente excursión de un día. Como alternativa, por 15 CUC se puede organizar una excursión con Cubatur (p. 299) que incluye transporte de motor. Para llegar al parque hay que caminar hacia el oeste fuera de la ciudad por la carretera de Cienfuegos. Se pasa el letrero de "Bienvenidos a Trinidad" y se cruza un puente sobre el río Guaurabo. Un camino a la izquierda vuelve a situar al viajero debajo del puente, para luego subir durante 5 km por una carretera estrecha y mal asfaltada hasta el Parque El Cubano.

Más cerca de la ciudad se halla la **Finca Mª Dolores** (☎99-64-81; carretera de Cienfuegos km 1,5), un rústico hotel de Cubanacán que acoge esporádicas fiestas campesinas.

Centro Ecuestre Diana EQUITACIÓN
(☎99-36-73; www.trinidadphoto.com) Se encuentra en las afueras de la ciudad, en una finca, pero los aspirantes a jinetes deberían consultar primero a su propietario Julio en Casa Muñoz (p. 295), en el casco histórico. La finca también es un centro de recuperación para caballos maltratados y enfermos. Julio montó el proyecto Diana hace unos años para fomentar un mejor cuidado equino y formar a los lugareños en técnicas de adiestramiento más humanas.

Se ofrecen varias actividades relacionadas con los caballos, como excursiones y clases de equitación. Pero lo más destacable es la oportunidad de ver a Julio cómo susurra a los caballos salvajes para apaciguarlos. El enorme desayuno estilo campesino que ofrecen en la finca hay que probarlo para creerlo. Los precios van de 15 a 30 CUC según la actividad. Los cascos están incluidos sin recargo.

Cursos

En **Las Ruinas del Teatro Brunet** (Antonio Maceo nº 461, entre Simón Bolívar y Zerquera) se imparten clases de percusión (9.00-11.00 sa) y danza (13.00-16.00 sa). Se pueden tomar clases de salsa en Salsa Express, una nueva "escuela" privada que cobra 5 CUC/h. Otra opción es la agencia de viajes **Paradiso** (para disotr@sctd.artex.cu; General Lino Pérez nº 306, Casa ARTex) en Casa Fischer, que ofrece clases de salsa por el mismo precio.

Paradiso ha incorporado varios cursos interesantes a su programa cultural, por ejemplo de arquitectura cubana (20 CUC), cultura afrocubana (30 CUC), artes plásticas (30 CUC) y música popular (30 CUC). Duran 4 h y son impartidos por especialistas en cultura. Requieren un mínimo de entre 6 y 10 personas, pero siempre se puede negociar. En el mismo local se dan clases de guitarra a 5 CUC/h y cursos de lengua española o cultura cubana por 8 CUC/h.

Circuitos

Debido al escaso transporte público y a las empinadas pendientes (que hacen arduo el ciclismo), lo más fácil es visitar Topes de Collantes con un circuito de un día. Una excursión a este lugar en taxi estatal no debería costar más de 35 CUC, incluido el tiempo de espera; hay que regatear con insistencia. **Cubatur** (Antonio Maceo nº 447; 9.00-20.00), al salir del casco histórico, organiza varias caminatas y excursiones de naturaleza por entre 23 y 43 CUC por persona.

Paradiso (www.paradiso.cu; General Lino Pérez nº 306, Casa ARTex) ofrece el circuito con mejor relación calidad-precio al valle de los Ingenios (9 CUC/persona), y un circuito por talleres de artistas en Trinidad (10 CUC/persona).

Trinidad Travels EXCURSIONISMO, PASEOS A CABALLO
(☎52-82-37-26; www.trinidadtravels.com; Antonio Maceo 613A) Renier, de Trinidad Travels, es uno de los mejores guías privados. Dirige toda clase de salidas como excursiones a los montes Escambray y equitación por la campiña. También ofrecen clases de salsa.

Fiestas y celebraciones

La **Semana Santa** es importante en Trinidad, y el Viernes Santo miles de personas salen en procesión.

Dónde dormir

En Trinidad hay unas 500 casas particulares, así que la competencia es considerable. Al llegar en autobús o moverse por las calles con equipaje, hostigadores que trabajan a comisión o los propios propietarios de las casas asediarán al viajero. Con tantas familias hospitalarias que alquilan tantas casas bonitas, no hay por qué precipitarse. Es mejor tomarse un tiempo para comparar y decidir.

En la ciudad

★Casa Muñoz. Julio y Rosa CASA PARTICULAR $
(☎99-36-73; www.trinidadphoto.com; José Martí nº 401 esq. Escobar; d/tr/c 35/40/45 CUC; P❄) Julio es un famoso fotógrafo en cuya maravillosa casa colonial organiza cursos sobre fotografía documental, religión y la vida en la nueva realidad económica de Cuba (véase la web para más información). También es un susurrador de caballos. Su hermosa yegua vive en la parte de atrás con tres perros y un automóvil Russian Moskvich.

Hay tres habitaciones enormes y un apartamento dúplex separado (40-60 CUC). En un patio de la planta baja o en la planta primera sirven deliciosa comida. Hay que reservar con antelación porque la casa está tremendamente solicitada.

Hostal Yolanda María CASA PARTICULAR $
(☎99-63-81; yoliaye@gmail.com; Piro Guinart nº 227; ⊙ 25-30 CUC) No es una casa, sino un palacio. Para empezar hay ocho habitaciones, aunque cuando los autores la visitaron solo alquilaban dos. Del s. XVIII, su deslumbrante interior hace que el Museo Romántico parezca un mercadillo de beneficencia. Hay azulejos italianos, frescos franceses, una curiosa escalera de caracol mexicana, fabulosas vistas desde la terraza, y la lista continúa...

Hostal Colina CASA PARTICULAR $
(☎99-23-19; Antonio Maceo nº 374, entre General Lino Pérez y Colón; ⊙ 25-35 CUC; ❄) Otro lugar para el que no existen suficientes superlativos. Aunque la casa data de la década de 1830, posee un toque claramente moderno, por lo que da la sensación de estar en una lujosa hacienda mexicana. Las tres habitaciones dan a un patio donde uno puede sentarse en la barra de madera y coger mangos y aguacates recién caídos del árbol.

Casa Gil Lemes CASA PARTICULAR $
(☎99-31-42; José Martí nº 263, entre Colón y Zerquera; ⊙ 25 CUC) Más establecimientos tipo museo en la calle Martí, la cual esconde 1000 antigüedades de valor incalculable. Esta fue una de las primeras casas de Trinidad y fue incluida en la primera edición de esta guía en 1997. Primero hay que echar una ojeada a los arcos nobles del salón y a las estatuas religiosas, y guardar aire para el patio y la fuente, un soberbio conjunto de macetas y serpientes marinas. Solo dispone de una habitación, así que mejor llegar pronto.

Casa Smith CASA PARTICULAR $
(☎99-40-60; www.casasmith.trinidadhostales.com; callejón Smith nº 3, entre Antonio Maceo y av. Jesús Menéndez; ⊙ 20-25 CUC; ❄) Con tres habitaciones independientes que dan a un patio trasero, es un sitio limpio y tranquilo con anfitriones acogedores. Se puede consultar la web para fotos y demás.

Casa del Historiador CASA PARTICULAR $
(☎99-36-34; Echerri nº 54; ⊙ 25-30 CUC; ❄) Tras una breve interrupción, vuelven a alquilar habitaciones. Encaramada en la esquina de la Plaza Mayor, es una de las casas más antiguas y singulares de la ciudad, con dos habitaciones que dan a un patio trasero.

Hostal El Suizo CASA PARTICULAR $
(☎53-77-28-12; P. Pichs Girón nº 22; ⊙ 25-30 CUC; P❄) Alejada del barullo del centro y cómodamente situada para un acceso y salida rápidos a la carretera Trinidad-Cienfuegos, esta casa rosada recomendada por los lectores está llevada por un suizo y su mujer. Es limpia, tranquila y conocida por su atrevida cocina.

Casa Santana CASA PARTICULAR $
(☎99-43-72; Antonio Maceo nº 425, entre Zerquera y Colón; h 20-25 CUC; ❄) Otro venerable establecimiento colonial en la calle Maceo. La regenta un dentista y su mujer, y cuenta con los ingredientes propios de Trinidad (habitaciones enormes, antigüedades de peso, bonito patio).

Motel Las Cuevas HOTEL $$
(☎99-61-33; i/d 37/62 CUC desayuno incl.; P❄≋) Encaramado en una colina que domina la ciudad, es más un hotel que un motel, cuya principal clientela son viajeros de los circuitos en autobús. El entorno es exuberante, pero las habitaciones –distribuidas en dispersos módulos de dos plantas– son menos memorables, igual que el desayuno. El hotel gana con la piscina, los cuidados jardines, las vistas panorámicas y la tenebrosa cueva La Maravillosa, a la que se accede por una escalera, donde se puede ver un enorme árbol que surge de una caverna (entrada 1 CUC). Para llegar al hotel hay que ir por una carretera empinada que sube hacia el noreste desde la iglesia de Santa Ana.

Iberostar Grand Hotel HOTEL-BOUTIQUE $$$
(☎99-60-70; www.iberostar.com; José Martí esq. General Lino Pérez; i/d/ste 165/220/280 CUC; ❄@⌔) ¡Cuidado, Habaguanex! Este cinco estrellas, uno de los tres hoteles cubanos de Iberos-

CUENTOS CHINOS

Los jineteros (acosadores de turistas) de Trinidad son cada vez más sofisticados y entrometidos, tanto con los autóctonos como con los turistas. Acosadores montados en bicicletas asedian a los viajeros que bajan de los autobuses, o desvían a los coches de alquiler que entran a la ciudad, con cuentos chinos acerca de que las casas particulares que han elegido están llenas o han cerrado. Incluso llegan a hacerse pasar por los auténticos propietarios de las casas para llevar a los viajeros a otros lugares. Si el viajero ha reservado su casa particular, debe dejar claro que se encontrará con el propietario dentro de la casa en cuestión. Si no ha reservado, tiene derecho a recorrer las calles con tranquilidad y elegir. Llegar con un jinetero a remolque, no solo añadirá al menos 5 CUC al precio del alojamiento, sino que también agravará un problema que ha hecho perder dinero injustamente a muchos propietarios de casas honrados.

tar de gestión española, irradia lujo desde el momento en que uno accede al vestíbulo. Con 36 habitaciones con clase en un edificio remodelado del s. XIX, este hotel esquiva la típica fórmula turística del todo incluido y prima la intimidad, la elegancia y el respeto por la historia.

Hotel La Ronda HOTEL-BOUTIQUE **$$$**
(☎99-61-33; José Martí nº 238; i/d CUC128/170; ❄@) De vuelta al panorama hotelero de Trinidad tras concluir una larga renovación, el hotel supone una gran mejora frente a su predecesor. Una fuente modernista, vivos colores, viejas fotos *art nouveau* y letras de boleros inscritas en cada habitación añaden interesantes toques singulares a un impresionante conjunto colonial, justificando fácilmente la etiqueta de *boutique*.

Alrededores de la ciudad

Finca Mª Dolores HOTEL **$$**
(☎99-64-10; carretera de Cienfuegos km 1,5; i/d 36/60 CUC; P❄☒) Trinidad se vuelve rústica con esta finca, 1,5 km al oeste por la carretera a Cienfuegos y Topes de Collantes. Dispone de habitaciones y bungalós tipo hotel; son mejor los segundos (se recomiendan los que tienen porches con vistas al río Guaurabo). Las noches en las que hay grupos presentes se celebra una fiesta campestre a las 21.30, con danzas folclóricas (huéspedes/no huéspedes, gratis/5 CUC, incluida una bebida). También cuenta con piscina, un restaurante tipo ranchón y circuitos en barca y a caballo. Al oeste, a 1 km, hay un monumento a Alberto Delgado, profesor asesinado por los contrarrevolucionarios.

Dónde comer

En enero del 2001 solo había tres paladares privados en Trinidad, los mismos que desde hacía más de una década. Dos años más tarde ya hay 54. Ahora, el problema no es encontrar un paladar sino revisarlos todos para encontrar uno bueno.

Mesón del Regidor COMIDA RÁPIDA **$**
(Simón Bolívar nº 424; ⊙10.00-22.00) Café y restaurante con ambiente agradable y un repertorio de músicos del lugar, incluidos los mejores trovadores. Pueden saborearse sándwiches de queso a la plancha y café con leche.

Cafetería Las Begonias CAFÉ **$**
(Antonio Maceo esq. Simón Bolívar; ⊙9.00-22.00) Es el nexo diurno para los viajeros de paso, lo cual significa que es una buena fuente de información de la zona y el mejor lugar de Trinidad para conocer a otros viajeros mientras se saborea un sándwich, un exprés o un helado. Tiene un bar tras un tabique, un baño más o menos limpio en un patio, y cinco o seis ordenadores con internet, aunque siempre están ocupados.

Cremería Las Begonias HELADERÍA **$**
(Antonio Maceo esq. Simón Bolívar) Enfrente del epónimo cibercafé, también funciona como oficina de Cubatour. Ofrecen los mejores helados de la ciudad además de café y pastas.

Guitarra Mia CUBANA **$$**
(☎99-34-52; Jésus Menéndez 19, entre Camilo Cienfuegos y Lino Pérez; principales 6-8 CUC) Basta con alejarse un poco del casco antiguo para que los precios bajen por arte de magia sin que merme la calidad de la comida. La música es el tema de este interesante rincón donde siempre hay un grupo o un trovador de paso. De la carta, los tostones (plátano frito) rellenos de carne de cangrejo troceada perduran en la memoria.

Se pueden escribir comentarios en la puerta (literalmente) al salir.

Cubita Restaurant INTERNACIONAL **$$**
(Antonio Maceo 471; principales 8-15 CUC; ⌚11.00-24.00) Cuando la buena comida y un servicio excelente se unen, la experiencia puede ser muy gratificante (algo difícil de encontrar en Trinidad hasta hace bien poco). Luchando en un campo muy competitivo, este restaurante pone la directa con sus innovadores entrantes, brochetas marinadas y un servicio muy discreto. Está llevado por los famosos ceramistas de Trinidad.

Sol Ananda INTERNACIONAL **$$**
(☎99-82-81; Rubén Martínez Villena 45 esq. Simón Bolívar; principales 8-15 CUC; ⌚11.00-23.00) Porcelana fina del s. XVIII, relojes antiguos y una cama de anticuario, este lugar de la Plaza Mayor parece, a primera vista, un museo más que un restaurante. Situado en una de las casas más viejas de la ciudad (de 1750), abarca un ambicioso espectro de la comida global, desde tradicional ropa vieja cubana de cordero hasta *kofta* de pescado y samosas (empanadillas) del sur de Asia.

La Ceiba CUBANA **$$**
(P. Pichs Girón 263; principales 12 CUC; ⌚12.00-23.00) En un patio trasero bajo las ramas de una ceiba gigante, este nuevo paladar se especializa en pollo a la miel y limón, y sirve el cóctel más famoso de Trinidad: el *canchánchara* (ron, miel, limón y agua) en vasos de cerámica. Como corresponde a los paladares de toda la vida, hay que atravesar por la casa del dueño para llegar hasta él.

Restaurante Plaza Mayor CARIBEÑA **$$**
(Rubén Martínez Villena esq. Zerquera; platos desde 4 CUC; ⌚11.00-00.00) La mejor propuesta estatal gracias a su intermitente bufé de mediodía que, por unos 10 CUC, debería llenar al viajero hasta la cena. Por la noche tampoco está mal si uno se ciñe al pollo y la ternera, aunque el ambiente puede resultar algo soso.

Restaurante El Jigüe CARIBEÑA **$$**
(Rubén Martínez Villena esq. Piro Guinart; ⌚11.00-22.00) Un marco excepcional con una comida muchos menos impresionante. Mejor ceñirse a la especialidad de la casa: el pollo asado al Jigüe, con un sabor sabroso.

★Vista Gourmet CUBANA, INTERNACIONAL **$$$**
(☎99-67-00; callejón de Galdós; principales 12-18 CUC; ⌚12.00-00.00) El más elegante de los restaurantes recién llegados de la ciudad. Se encuentra encaramado en una bonita terraza por encima de las azoteas de tejas rojas de Trinidad. Al frente está el carismático *sumiller* Bolo. Entre sus muchas novedades están un violinista que va de mesa en mesa y un diestro mago que canturrea canciones de Sinatra mientras hace trucos de cartas.

Igualmente innovadora es la oferta del bufé de aperitivos y postres, ambos incluidos en el precio del plato principal (que se pide a la carta). Se recomiendan el lechón asado y la langosta. Lógicamente, la carta de vinos es la mejor de la ciudad.

Compra de alimentos

Mercado Agropecuario MERCADO **$**
(Pedro Zerquera esq. Manuel Fajardo; ⌚8.00-18.00 lu-sa, hasta 12.00 do) Puede encontrarse fruta y verdura.

Tienda Universo SUPERMERCADO **$**
(José Martí esq. Zerquera) Cerca de Zerquera, en la Galería Comercial Universo. Es la mejor (y más cara) tienda de comestibles de Trinidad. Para comprar yogur, frutos secos y galletas.

Dónde beber y vida nocturna

Casa de la Música LOCAL NOCTURNO
GRATIS Uno de los locales clásicos de Trinidad y de Cuba. Se congrega al aire libre en la amplia escalera que hay junto a la iglesia parroquial, cerca de la Plaza Mayor. Una buena mezcla de turistas y lugareños asisten al espectáculo de salsa de las 22.00. Como alternativa, se celebran conciertos de salsa en toda regla en el patio trasero de la casa (también accesible desde Juan Manuel Márquez; entrada 2 CUC).

Bar Daiquirí BAR
(General Lino Pérez nº 313; ⌚24h) Es de suponer que Hemingway nunca pasó por este acogedor local llamado como la bebida por él popularizada, ya que los precios son sumamente razonables. Encajonado en la animada calle Lino Pérez, es el sitio donde lugareños y mochileros entran en calor en las noches de juerga y salsa.

Disco Ayala LOCAL NOCTURNO
(entrada 10 CUC; ⌚22.00-3.00) Quizá no sea la primera vez que el viajero baile en una cueva, pero este lugar surrealista junto a la Ermita de la Popa los supera a todos por su ambiente. Aunque sobre todo es un local para bailar en la penumbra, la discoteca también cuenta con un espectáculo de cabaré aceptable. Para llegar hay que seguir la calle Simón

Bolívar desde la Plaza Mayor y subir hasta la ermita de Nuestra Señora de la Candelaria de la Popa. La discoteca queda 100 m a la izquierda.

Bodeguita Fando Brothers BAR, RESTAURANTE
(Antonio Maceo 162B esq Zerquera; ⏲24h) Funciona como paladar y bar. Se recomienda venir al atardecer para disfrutar de una cerveza o un cóctel. A diferencia de otros establecimientos privados, abren las 24 h.

Taberna la Canchánchara BAR
(Rubén Martínez Villena esq. Ciro Redondo) Famoso por el cóctel epónimo de la casa, elaborado a base de ron, miel, limón y agua. Periódicamente acuden músicos locales para ofrecer sesiones improvisadas, y no es infrecuente que los clientes ebrios de canchánchara se lancen a bailar de forma espontánea.

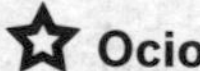

Ocio

El viajero debe estar preparado para la vida nocturna más trepidante fuera de La Habana.

★Palenque de los Congos Reales RUMBA
(Echerri esq. av. Jesús Menéndez; gratis) GRATIS Obligatorio para los aficionados a la rumba, este patio abierto en el callejón musical de Trinidad ofrece un menú ecléctico que engloba salsa, son (música popular cubana) y trova. Lo más destacado, sin embargo, son los tambores de rumba de las 22.00, con ritmos africanos llenos de sentimiento y enérgicos danzantes tragafuegos.

Casa Fischer CENTRO CULTURAL
(General Lino Pérez nº 312, entre José Martí y Francisco Codania; entrada 1 CUC) Este es el patio local de ARTex, que arranca a las 22.00 con una orquesta de salsa (todos los días excepto viernes y lunes) o un espectáculo folclórico (viernes). Si el viajero llega pronto, puede hacer tiempo en la galería de arte (gratis) y charlar con el personal de la oficina de Paradiso sobre clases de salsa y demás cursos.

Casa de la Trova MÚSICA EN DIRECTO
(Echerri nº 29; entrada 1 CUC; ⏲21.00-2.00) Este animado local conserva su esencia terrenal a pesar de contar con una clientela en la que predominan los turistas.

Los músicos locales que merece la pena ver son Semillas del Son, Santa Palabra y el mejor trovador de la ciudad: Israel Moreno.

Las Ruinas del Teatro Brunet MÚSICA EN DIRECTO
(Antonio Maceo nº 461, entre Simón Bolívar y Zerquera; entrada 1 CUC) Esta ruina jazzística cuenta con un enérgico espectáculo afrocubano en su agradable patio, todas las noches a las 21.30.

Las Ruinas de Sagarte MÚSICA EN DIRECTO
(av. Jesús Menéndez esq. Galdos; gratis; ⏲24h) GRATIS Otra ruina (Trinidad está llena) con una buena banda de la casa y bailes de alto voltaje y baja presión.

Cine Romelio Cornelio CINE
(parque Céspedes; ⏲20.00 ma-do) En el lado suroeste del parque Céspedes. Hay pases todas las noches.

Estadio Rolando Rodríguez DEPORTES
(Eliope Paz; ⏲oct-abr) En el extremo sureste de Frank País, acoge partidos de béisbol.

De compras

En Trinidad se puede comprar hasta sufrir un golpe de calor, al menos en los mercados al aire libre que se montan por toda la ciudad. Se puede ver trabajar a pintores locales –y comprar sus obras– en varios puntos de las calles Francisco Toro, Valdés y Muñoz.

Mercado de arte y artesanía ARTESANÍA, RECUERDOS
(av. Jesús Menéndez) Excelente mercado al aire libre enfrente de la Casa de la Trova; es perfecto para comprar recuerdos. Nota: si el viajero viera coral negro o caparazones de tortuga, no debe comprarlos. Son especies en peligro de extinción y su entrada está prohibida en muchos países.

Fondo Cubano de Bienes Culturales ARTESANÍA, RECUERDOS
(Simón Bolívar nº 418; ⏲9.00-17.00 lu-vi, hasta 15.00 sa y do) Muy cerca de la Plaza Mayor, esta tienda cuenta con un buen surtido de artesanía cubana.

Taller de Instrumentos Musicales INSTRUMENTOS MUSICALES
(av. Jesús Menéndez esq. Valdés Muñoz) Se fabrican instrumentos que se venden en la tienda contigua.

Casa del Habano PUROS
(Antonio Maceo esq. Zerquera; ⏲9.00-19.00) Tras esquivar a los vendedores callejeros, el viajero puede satisfacer sus vicios alcohólicos (ron) y de tabaco en este lugar.

Galería La Paulet ARTE
(Simón Bolívar 411) Interesante selección de arte, básicamente abstracto, de artistas del lugar.

Información

ACCESO A INTERNET

Café internet Las Begonias (Antonio Maceo nº 473; acceso a internet 3 CUC/30 min; ⌚9.00-21.00) En la esquina con Simón Bolívar. Abarrotado.

Etecsa Telepunto (General Lino Pérez esq. Francisco Pettersen; acceso a internet 6 CUC/h; ⌚8.30-19.30) Con ordenadores modernos, aunque lentos. Menos concurrido.

MEDIOS DE COMUNICACIÓN

Radio Trinidad Emite por el 1200 AM.

ASISTENCIA MÉDICA

General Hospital (☎99-32-01; Antonio Maceo nº 6) Al sureste del centro de la ciudad.

Servimed Clínica Internacional Cubanacán (☎99-62-40; General Lino Pérez nº 103 esq. Anastasio Cárdenas; ⌚24h) Hay una farmacia que vende artículos en pesos convertibles.

DINERO

Banco de Crédito y Comercio (José Martí nº 264) Cuenta con un nuevo cajero automático, que se supone acepta tarjetas extranjeras.

Cadeca (José Martí nº 164; ⌚8.30-20.00 lu-sa, 9.00-18.00 do) Entre el parque Céspedes y Camilo Cienfuegos.

CORREOS

Oficina de correos (Antonio Maceo nº 418, entre Colón y Zerquera)

AGENCIAS DE VIAJES

Cubatur (Antonio Maceo nº 447; ⌚9.00-20.00) Útil para obtener información turística general, reservas de alojamiento, alquiler de coches, excursiones, etc. Los taxis estatales se congregan en el exterior.

Infotur (Camilo Cienfuegos, plaza Santa Ana)

Ecotur (Antonio Maceo nº 461, entre Simón Bolívar y Zerquera) Organiza viajes a la Reserva Jobo Rosado y Alturas de Banao. Oficina en Las Ruinas del Teatro Brunet.

Paradiso (General Lino Pérez nº 306) Circuitos culturales y generales en español, inglés y francés.

Cómo llegar y salir

AVIÓN

El aeropuerto Alberto Delgado se sitúa 1 km al suroeste de Trinidad, junto a la carretera de Casilda. Únicamente llegan chárteres de Aerotaxi.

AUTOBÚS

De la **estación de autobuses** (Piro Guinart nº 224) salen servicios provinciales a Sancti Spíritus y Cienfuegos, aunque la mayoría de los extranjeros utiliza el servicio de Viazul, más fiable. Los billetes se venden en la pequeña taquilla Campo, cerca de la entrada de la estación. Los horarlos se pueden consultar en una pizarra.

La **ventanilla de Viazul** (⌚8-11.30 y 13.00-17.00) está en la parte de atrás de la estación. Está bien organizada y por lo general se pueden reservar billetes con dos días de antelación.

Los autobuses a Varadero pueden dejar pasajeros en Jagüey Grande (15 CUC, 3 h), con paradas discrecionales en Jovellanos, Colesio y Cárdenas. El servicio a Santiago de Cuba pasa por Sancti Spíritus (6 CUC, 1½ h), Ciego de Ávila (9 CUC, 2 h y 40 min), Camagüey (15 CUC, 5 h y 20 min), Las Tunas (22 CUC, 7½ h), Holguín (26 CUC, 8 h) y Bayamo (26 CUC, 10 h).

Hay un nuevo autobús de Viazul diario que sale a las 7.00 hacia el norte, y para en Cienfuegos, Santa Clara, Remedios, Caibarién, Mayajigua, Morón y Ciego de Ávila.

El nuevo servicio de autobús de Cubanacán, **Conectando,** ofrece enlaces diarios directos a La Habana, Varadero y Viñales por precios

SALIDA AUTOBUSES VIAZUL DESDE TRINIDAD

DESTINO	TARIFA (CUC)	DURACIÓN (H)	SALIDA
Ciego de Ávila	24	6¼	7.00
Cienfuegos	6	1½	7.40, 9.00, 10.30, 15.00,15.45
La Habana	25	6⅓	7.40, 10.30, 15.45
Santa Clara	8	3	15.00
Santiago de Cuba	33	12	8.00
Varadero	20	6	9.00, 15.00

similares a los de Viazul. Pregúntese en **Infotur** (Antonio Maceo nº 461).

TREN

En Trinidad el transporte por ferrocarril es pésimo. La ciudad permanece aislada de la red ferroviaria principal a raíz de un huracán que tuvo lugar a principios de la década de 1990, por lo que la única línea en activo es la que sube por el valle de los Ingenios, con parada en Iznaga (35 min) y final en Meyer (1 h y 10 min). En teoría hay cuatro trenes diarios; los más fiables son los que parten de Trinidad a las 9.00 y 13.00. Sin embargo, se cancelan con frecuencia, por lo que siempre hay que comprobarlo con antelación en la **terminal** (Lino Pérez Final), en una casa rosa situada al otro lado de las vías, en el lado oeste de la estación.

 Cómo desplazarse

BICICLETA

Se pueden alquilar normalmente bicicletas sin marchas en **Las Ruinas del Teatro Brunet** (Antonio Maceo nº 461, entre Simón Bolívar y Zerquera; 3 CUC/día) o preguntar en las casas particulares. Estas bicicletas resultan adecuadas para ir a la playa Ancón, pero no para las empinadas cuestas del camino a Topes de Collantes.

AUTOMÓVIL Y TAXI

En los hoteles de la playa Ancón hay agencias que alquilan ciclomotores (25 CUC/día). También se puede probar en **Las Ruinas del Teatro Brunet**.

Cubacar (Antonio Maceo esq .Zerquera) alquila automóviles por 70 CUC al día aproximadamente. También tiene una oficina en el Hotel Club Amigo Ancón.

La **gasolinera de Servi-Cupet** (⏲24 h), 500 m al sur de la ciudad en la carretera de Casilda, tiene una cafetería de El Rápido. La gasolinera de Oro Negro se encuentra en la entrada a Trinidad desde Sancti Spíritus, 1 km al este de la plaza Santa Ana.

Hay aparcamiento vigilado en algunas zonas del casco histórico. Para concertarlo se puede preguntar en el hotel o casa particular.

Trinidad cuenta con cocotaxis al estilo de La Habana; la tarifa es de unos 5 CUC a la Playa Ancón. Un coche cuesta de 6 a 8 CUC ida. Los taxis estatales suelen reunirse en el exterior de la oficina de Cubatur (Antonio Maceo). Un taxi a Sancti Spíritus cuesta en torno a 35 CUC.

COCHES DE CABALLOS

Cuestan 2 CUP y van a Casilda desde el paseo Agramonte, en el extremo sur de la ciudad.

CIRCUITO EN AUTOBÚS POR TRINIDAD

Trinidad cuenta con un práctico **microbús** (billete día completo 2 CUC), orientado a los turistas, que permite subirse y bajarse tantas veces como se quiera, parecido al de La Habana y Viñales, y que conecta sus lugares de interés más distantes. Realiza una ruta desde la oficina de Cubatur, en Antonio Maceo, a Finca Mª Dolores, playa La Boca, Bar Las Caletas, y los tres hoteles de playa Ancón. Circula unas cinco veces al día en ambas direcciones, de las 9.00 a las 18.00.

Playa Ancón y alrededores

Ancón, una preciosa playa de arena blanca en el iridiscente litoral caribeño de Sancti Spíritus, suele publicitarse –y no sin razón– como la playa más bonita de la costa meridional de Cuba.

Si bien la calidad general no es comparable a la de los gigantes de la costa norte (Varadero, Cayo Coco y Guardalavaca), Ancón guarda un as en la manga: Trinidad, el refulgente diamante colonial de Latinoamérica, situado solo 12 km al norte. Se puede llegar en menos de 15 min en coche o 40 en bicicleta. Como alternativa, Ancón cuenta con tres hoteles tipo todo incluido y un puerto deportivo bien equipado, de donde parten excursiones en catamarán a un par de arrecifes cercanos.

Los aficionados a la playa que deseen estar cerca del agua, pero no tengan dinero o ganas de alojarse en uno de los hoteles, pueden optar por una casa particular en el pueblo costero de La Boca.

Nadie duda de la belleza de Ancón, pero lo que los entusiastas folletos turísticos olvidan mencionar son las pulgas de mar: son muy feroces al amanecer y al atardecer. ¡Cuidado!

El antiguo puerto pesquero de **Casilda,** 6 km al sur de Trinidad, es un pueblo acogedor con una sola vía asfaltada. El 17 de agosto, la **Fiesta de Santa Elena** inunda la pequeña Casilda, con banquetes, competiciones, carreras de caballos y litros de ron. La carretera de Ancón a Casilda cruza una llanura de marea, por lo que a primera hora de la mañana se divisa abundante avifauna.

 Actividades

Desde el Hotel Club Amigo Ancón hay 18 km hasta Trinidad pasando por Casilda, o 16 km por la mucho más bonita carretera de la costa por La Boca. La piscina del hotel está abierta a huéspedes ocasionales, y suele ser posible usar la mesa de ping-pong sin que se den cuenta.

Área de Trinidad

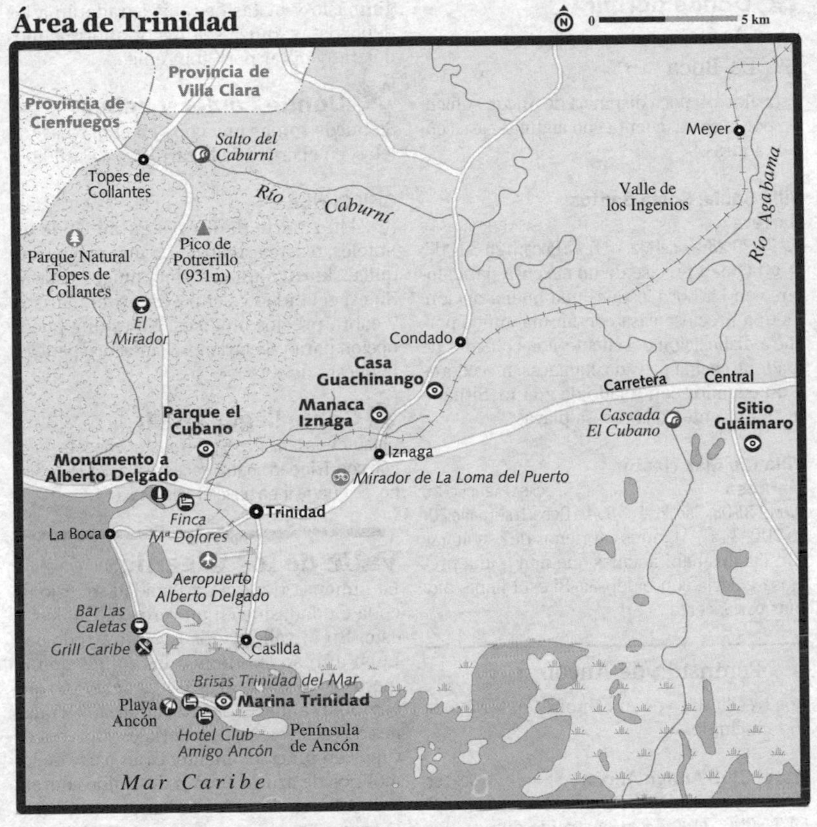

Marina Trinidad PESCA, SUBMARINISMO
(☎99-62-05; www.nauticamarlin.com) Está unos 100 m al norte del Hotel Club Amigo Ancón. Ocho horas de pesca deportiva, con transporte, material y guía incluidos, cuestan 400 CUC por barco (4 personas máx.), o 300 CUC por 4 h de pesca al curricán. La pesca con mosca también es posible en torno al rico manglar de la península de Ancón (250 CUC/6 h, 2 personas máx).

Hacer submarinismo con el **Cayo Blanco International Dive Center,** ubicado en el puerto deportivo, cuesta aproximadamente 35 CUC una inmersión y 320 CUC un curso en mar abierto.

Cayo Blanco, un islote del arrecife situado 25 km al sureste de playa Ancón, cuenta con veintidos enclaves de inmersión señalizados donde el submarinista podrá ver coral negro además de abundante fauna marina. El puerto deportivo también organiza un circuito de 7 h de buceo y playa a Cayo Blanco por un precio de 45 CUC por persona con almuerzo incluido. Se realizarán salidas similares a **Cayo Macho,** igual de virgen.

Los más románticos quizá quieran disfrutar del **crucero al atardecer** a partir de 20 CUC. Esta actividad ha sido recomendada con mucho entusiasmo por varios lectores.

Windward Islands Cruising Company EXCURSIÓN EN BARCO
(www.caribbean-adventure.com) Esta empresa fleta monocascos y catamaranes tripulados y sin patrón desde Marina Trinidad hasta Jardines de la Reina y también al archipiélago de los Canarreos.

Se puede navegar con o sin guías, en un circuito parcial o con todo incluido.

Las personas que estén interesadas deben informarse usando los datos de contacto que figuran en la página web.

Dónde dormir

La Boca

Esta aldea, a poca distancia de Ancón subiendo por la costa, cuenta con algunas casas encantadoras.

Villa Sonia. Sonia Santos Barrera CASA PARTICULAR $
(☎99-29-23; av. del Mar nº 11, La Boca; h 25-30 CUC; P ❄) Quien precise de una excusa para alojarse en La Boca, esta es una buena opción. Es una preciosa casa con un magnífico porche a disposición del cliente, con comedor de madera, cocina privada, hamacas, mecedoras y un cenador con tejado de guano. Situada justo enfrente de la rocosa playa.

Villa Río Mar. Nestor Manresa CASA PARTICULAR $
(☎99-31-08; San José nº 65, La Boca; h sin baño 20-25 CUC; P ❄) Algunos caprichos de este lugar son las dos habitaciones que dan a una preciosa galería con baldosas. Si está llena, hay más casas cerca.

Península de Ancón

Los tres hoteles de Ancón ofrecen tarifas de todo incluido.

Hotel Club Amigo Ancón RESORT $$
(☎99-61-23, 99-61-27; playa Ancón; todo incl. i/d 54/86 CUC; P ❄ @ ≋) Construido durante los treinta años de flirteo de Cuba con la arquitectura soviética, no ganaría ningún premio de belleza. De hecho, esta mole de cemento de siete pisos con forma de barco de vapor parece bastante fuera de lugar junto al encanto natural de la Playa Ancón. Pero si lo que valora el viajero es la proximidad a la playa, la propuesta es muy convincente.

A algunos les gusta la sencillez del hotel y sus bajos precios; a otros les gusta citar a Groucho Marx y decir que preferirían no pertenecer a un club (Amigo) que les aceptaría como miembro.

Brisas Trinidad del Mar RESORT $$
(☎99-65-00; Playa Ancón; todo incl. i/d 60/100 CUC; P ❄ @ ≋) Aunque se trata de un intento *kitsch* de reproducir Trinidad en el marco de un complejo tipo todo incluido, su arquitectura al estilo villas de poca altura es de apreciar. Sin embargo, tanto el mantenimiento como el servicio resultan dudosos. Aunque la playa cercana es espectacular y los masajes, sauna, gimnasio y pistas de tenis agradarán a los deportistas, quizá sea mejor ahorrar unos dólares y optar por Club Amigo.

Dónde comer y beber

Se puede tomar una copa en el bar Las Caletas, en el cruce de la carretera a Casilda.

Grill Caribe CARIBEÑA $$
(⏲24 h) Aparte de los restaurantes de los hoteles, existe este local en una playa tranquila 2 km al norte del Club Amigo Costasur. Su especialidad es el pescado y el marisco, y cobra precios módicos. No es una buena opción para vegetarianos. Fantástico para ver la puesta de sol.

Cómo llegar y salir

Un autobús lanzadera de Transtur conecta Ancón con Trindad cuatro veces al día (2 CUC). Si no, se puede ir en bicicleta o en taxi.

Valle de los Ingenios

La inmensa riqueza de Trinidad se forjó no en la ciudad, sino en un verde valle 8 km al este. En el valle de los Ingenios (o de San Luis) aún se mantienen las ruinas de numerosos ingenios azucareros del s. XIX, que engloban almacenes, maquinaria, barracones de esclavos, casas señoriales y un tren de vapor en funcionamiento. Gran parte de los molinos de azúcar fueron destruidos durante la Guerra de Independencia y la Guerra Hispano-Estadounidense, cuando el epicentro de la producción de azúcar de Cuba se desplazó al oeste, a Matanzas. Si bien aún se siembra algo de azúcar, hoy en día el valle es más famoso por ser Patrimonio Mundial de la Unesco. Custodiados por los sombríos centinelas de la sierra de Escambray, los bucólicos prados, palmeras reales y desconchadas ruinas coloniales son intemporalmente bellos. Un circuito a caballo desde Trinidad comprende casi todos (o todos) los lugares siguientes.

Puntos de interés

Manaca Iznaga MUSEO, LUGAR DESTACADO
(entrada 1 CUC; 👪) El punto central del valle es la Manaca Iznaga, 16 km al noreste de Trinidad. Fundada en 1750, la finca fue adquirida en 1795 por el cruel Pedro Iznaga, que devino uno de los hombres más acaudalados de Cuba gracias al poco escrupuloso negocio del tráfico de esclavos. La torre de 44 m de altura que hay junto a la hacienda se usaba para vigilar a los esclavos, y la campana situada

delante de la casa servía para convocarlos. Hoy se puede subir a lo alto de la torre para disfrutar de las bellas vistas, y después tomar un almuerzo aceptable (12.00-14.30) en el restaurante-bar de la antigua mansión colonial de Iznaga. No hay que perderse la enorme prensa de azúcar que hay en la parte de atrás.

Casa Guachinango LUGAR DE INTERÉS
(⌚9.00-17.00) Esta antigua hacienda, 3 km más allá de la Manaca Iznaga, en la carretera interior del valle, fue construida por don Mariano Borrell hacia finales del s. XVIII. Ahora el edificio alberga un restaurante. El río Ay está justo debajo, y el paisaje colindante es realmente espléndido. Para llegar a la Casa Guachinango, hay que tomar la carretera asfaltada a la derecha, un poco más allá del segundo puente que se pasa viniendo de la Manaca Iznaga. El tren Meyer para justo al lado de la casa cada mañana, y se puede volver andando de Guachinango a Iznaga en menos de una hora siguiendo la vía férrea.

Mirador de La Loma del Puerto MIRADOR
Este mirador de 192 m, situado 6 km al este de Trinidad en la carretera a Sancti Spíritus, brinda la mejor vista panorámica del valle con, si el viajero tiene suerte, un tren de vapor cruzándolo. También hay un bar.

Sitio Guáimaro LUGAR DE INTERÉS
(⌚7.00-19.00) Tras 7 km al este desde el desvío de Manaca Iznaga, hay que viajar 2 km más al sur para encontrar la antigua finca de don Mariano Borrell, un acaudalado comerciante de azúcar de primeros del s. XIX. Los siete arcos de piedra de la fachada conducen a habitaciones decoradas con frescos, ocupadas actualmente por un restaurante.

ℹ Cómo llegar y salir

Hay dos opciones ferroviarias para llegar y salir del valle de los Ingenios, ambas igual de poco fiables. El tren turístico de vapor va a la velocidad de una tortuga, pero es un viaje sublime cuando atraviesa el verde valle, lleno de vacas pastando y estrechos puentes. Tira de él la indomable y clásica locomotora nº 52204, construida en agosto de 1919 por la Baldwin Locomotive Company de Filadelfia. Organizado como una excursión (10 CUC), los pasajeros pagan el almuerzo por separado en la Manaca Iznaga, donde pueden visitar la hacienda y el famoso campanario. En Trinidad, **Cubatur** (p. 299) informa de la fecha del siguiente viaje en el ferrocarril turístico, y de si este funciona.

Los mostradores turísticos de los hoteles de Ancón venden el mismo circuito en tren por 17 CUC, incluido el traslado en autobús a Trinidad.

En las agencias de viajes de Trinidad o la playa Ancón pueden organizar circuitos a caballo. Otra opción es contratar por libre un caballo y un guía en Trinidad por 15 CUC (6 h).

Topes de Collantes

ALT. 771 M

La escarpada sierra del Escambray, de 90 km de longitud, es la segunda cordillera más grande de Cuba y atraviesa las fronteras de tres provincias: Sancti Spíritus, Cienfuegos y Villa Clara. Aunque no es especialmente elevada (el punto más alto, el pico San Juan, tiene una altitud de 1156 m), las laderas de las montañas son ricas en flora y se hallan sorprendentemente aisladas. A finales de 1958, el Che Guevara acampó en estos montes de camino a Santa Clara y, menos de tres años después, grupos contrarrevolucionarios respaldados por la CIA llevaron a cabo su propia campaña guerrillera desde el mismo punto estratégico.

Aunque no sea parque nacional estrictamente hablando, Topes es, no obstante, una zona fuertemente protegida. El parque general, que abarca 200 km², engloba cuatro parques más pequeños –Altiplano, Codina, Guanayara y El Cubano–, mientras que un quinto enclave en la provincia de Cienfuegos, El Nicho, está también administrado por la dirección del parque, Gaviota.

El parque toma su nombre del asentamiento más grande, un feo balneario fundado en 1937 por el dictador Fulgencio Batista a fin de aliviar a su mujer enferma, para quien construyó una pintoresca casita de campo. Posteriormente la arquitectura continuó ladera abajo con la construcción de un arquitectónicamente grotesco sanatorio para tuberculosos (hoy un *resort* de salud), iniciado a finales de los años treinta, aunque no se inauguró hasta 1954.

Topes de Collantes cuenta con dos sencillos hoteles abiertos a extranjeros, además de excelentes excursiones a pie con y sin guía. Los selváticos bosques, que albergan enredaderas, líquenes, musgos, helechos y llamativas epifitas, equivalen a una gigantesca clase de biología al aire libre.

La **Oficina de Información Carpeta Central** (⌚8.00-17.00), cerca del reloj de sol de la entrada a los complejos hoteleros, es el mejor sitio donde conseguir mapas, guías e información sobre excursiones.

Puntos de interés

Museo de Arte Cubano Contemporáneo MUSEO
(entrada 3 CUC) Por increíble que parezca, el monstruoso sanatorio de Topes de Collantes albergó en el pasado un tesoro artístico cubano, con obras de maestros nacionales como Tomás Sánchez y Rubén Torres Llorca. Un robo en la antigua colección sucedido en el 2008 llevó al gobierno provincial a abrir este museo mucho más atractivo, que exhibe 70 obras en seis salas distribuidas en tres pisos. El museo está en la principal carretera de acceso viniendo de Trinidad antes de llegar a los hoteles.

Casa Museo del Café CAFÉ, MUSEO
(7.00-19.00) El café se cultiva en estas montañas desde hace más de dos siglos, y en este pequeño y rústico café se puede conocer la historia de su apogeo y decadencia mientras se degusta el aromático brebaje local (llamado Cristal Mountain). Subiendo por la carretera se llega al **Jardín de Variedades del Café,** un breve recorrido a pie por 25 tipos de cafetos.

Plaza de las Memorias MUSEO
(8.00-17.00) GRATIS Esta curiosa y pequeña exposición ubicada en tres pequeñas construcciones de madera bajando desde la Casa Museo del Café son el museo modelo de Topes. Cuenta la historia del enclave y sus hoteles.

Actividades

Topes es el único lugar de Cuba donde se puede practicar el **barranquismo,** pero existen limitaciones y es aconsejable que el viajero haga primero los deberes. El prometedor escenario se centra en cuatro ríos principales, el Calburni, el Vegas Grandes, el Cabagán y el Gruta Nengoa, donde los barranquistas se desplazan río abajo bien equipados. Lo más destacado de la excursión son una serie de cascadas verticales de 200 m sobre el Salto Vegas Grandes. Una empresa canadiense con experiencia que ofrece excursiones es **Canyoning Quebec** (www.canyoning-quebec.com), que organiza excursiones de ocho días a los montes Escambray.

Por el momento no hay circuitos organizados dentro del país ni material para alquilar. Cuando se redactó esta obra, había al menos un guía de los parques Gaviota que también era guía de barranquismo cualificado. En la Oficina de Información Carpeta Central proporcionarán información actualizada.

★ Salto del Caburní EXCURSIONISMO
(entrada 6,50 CUC) La caminata estrella, y una de las más accesibles a pie desde los hoteles, es la que lleva hasta esta cascada de 62 m. En plena estación seca (marzo a mayo) la cascada puede resultar decepcionante. La entrada se paga en la barrera de peaje de Villa Caburní, situada ladera abajo respecto al Kurhotel, cerca de la Oficina de Información Carpeta Central (el acceso a pie es largo). Esta caminata de 5 km (ida y vuelta) requiere 1 h de bajada y 1 ½ h de vuelta. Algunas pendientes son pronunciadas y pueden estar resbaladizas después de llover.

Sendero Los Helechos EXCURSIONISMO
Este sendero de 1 km presentado de forma algo presuntuosa como un paseo ecológico, es básicamente un atajo entre el Kurhotel y el Hotel Los Helechos. En el trayecto pueden verse mariposas blancas y helechos.

Sendero Jardín de Gigantes EXCURSIONISMO
(entrada 7 CUC) El Parque La Represa, en el río Vega Grande, ladera abajo de la entrada al sendero La Batata, contiene 300 especies de árboles y helechos, entre otros la caoba más grande de Cuba. Es posible verlo todo en este sendero de 1 km. El pequeño restaurante que hay en la entrada al jardín ocupa una casa de campo construida por la esposa de Fulgencio Batista.

Sendero La Batata EXCURSIONISMO
(entrada 3 CUC) Esta ruta de 6 km de ida y vuelta a una pequeña cueva con un río subterráneo comienza en una señal de aparcamiento ladera abajo con respecto a la Casa Museo del Café. Cuando se llega a otra carretera, hay que rodear el lado derecho del terraplén de cemento y seguir cuesta abajo. Se debe continuar todo recto o hacia la derecha después de ese punto (evitando los caminos que van hacia la izquierda). Calcúlese una 1 h de ida y otra de vuelta.

Vegas Grandes EXCURSIONISMO
(entrada 5 CUC) Esta ruta empieza en los bloques de apartamentos conocidos como Reparto El Chorrito, en la parte meridional de Topes de Collantes, cerca de la entrada a los *resorts* conforme se viene de Trinidad. Se tarda algo menos de 1 h en ir hasta la cascada (2 km) y otro tanto en volver.

Es posible seguir hasta el Salto del Caburní, pero no es mala idea contratar a un guía ya que los senderos están mal señalizados.

Hacienda Codina EXCURSIONISMO
(entrada 5 CUC) Este es otro destino posible, al cual se parte desde el camino para todoterrenos de 3,5 km que comienza en una cumbre a 2,5 km por la carretera de Cienfuegos y Manicaragua, 1 km antes del punto en que ambas vías se dividen. Existe un sendero más corto a la hacienda que sale desde debajo del Hotel Los Helechos y enlaza durante parte del camino con La Batata, pero se precisa de un guía. En la propia hacienda se halla el **sendero de Alfombra Mágica,** de 1,2 km y circular, a través de jardines de orquídeas y bambú y que pasa por la cueva El Altar. Allí también hay baños de lodo, un restaurante y un mirador.

Sendero Centinelas del Río Melodioso EXCURSIONISMO
(entrada 7 CUC) La caminata menos accesible desde Topes de Collantes, pero con diferencia la más gratificante, es la ruta de 2,5 km (5 km ida y vuelta) del parque Guanayara, a 15 km de la Oficina de Información Carpeta Central, por una serie de pistas abruptas. Por razones logísticas, lo mejor es concertar esta excursión con un guía de la Carpeta, o bien como parte de un circuito desde Trinidad organizado por Cubatur (40 CUC almuerzo incl.). El sendero comienza en unos cafetales frescos y húmedos y desciende abruptamente a la cascada de **El Rocío**. Siguiendo el curso del río Melodioso se pasa por otra tentadora cascada y poza antes de emerger en los jardines salubres de la Casa La Gallega, una hacienda rural tradicional a orillas del río, donde se puede organizar un almuerzo ligero y a veces se permite acampar.

Dónde dormir

Hotel Los Helechos HOTEL $
(54-02-31; i/d 27/35 CUC; P) Aunque ha sido durante años el talón de Aquiles de la cadena Gaviota, recientemente ha experimentado una amplia renovación. No llega a armonizar al 100% con su entorno natural, y el tosco edificio sigue sin resultar demasiado elegante. Tampoco ayuda la fea piscina cubierta, restaurante mediocre y discoteca *kitsch*. Lo salva el pan casero del restaurante.

Villa Caburní BUNGALÓS $
(54-01-80; i/d 23/32 CUC; P) En un pequeño parque al lado del Kurhotel, se trata de una auténtica joya rural que ofrece casitas estilo suizo de uno o dos pisos con cocinitas y baño privado. Situado justo detrás de la Oficina de Información de Carpeta Central.

Dónde comer

Además de los paladares y restaurantes que se mencionan, hay otras tres opciones para comer en los caminos: la **Hacienda Codina,** el **Restaurante La Represa** y la **Casa La Gallega** (en el parque Guanayara). **El Mirador** (carretera de Trinidad) es un sencillo bar con fabulosas vistas.

El Lagarto Verde PALADAR, CUBANA $$
(carretera de Trinidad; comidas 10 CUC) Con alimentos tan sostenibles que la mayoría son recolectados a pocos metros de las mesas, el primer paladar de Topes celebra su entorno montañoso.
Se recomiendan los batidos de frutas del jardín, el asado de cerdo tradicional y el café de Escambray que crece, se tuesta y se prepara allí mismo.

Restaurante Mi Retiro CARIBEÑA $$
(carretera de Trinidad; comidas 6-9 CUC) Situado a 3 km en la carretera de vuelta a Trinidad, sirve comida criolla correcta.

Cómo llegar y salir

Sin coche es muy difícil llegar, y más aún desplazarse. Las mejores opciones son un taxi (35 CUC ida y vuelta, con espera de 2-3 h), una excursión organizada desde Trinidad (29 CUC) o un automóvil alquilado.

La carretera entre Trinidad y Topes de Collantes está asfaltada, pero es muy empinada. Cuando está húmeda, se torna resbaladiza y hay que conducir con precaución.

Existe además una espectacular vía de 44 km que continúa por las montañas desde Topes de Collantes hasta Manicaragua pasando por Jibacoa (compruébese en Trinidad antes de partir). También es posible conducir a/desde Cienfuegos vía Sierrita por una carretera (solo todoterrenos).

NORTE DE LA PROVINCIA DE SANCTI SPÍRITUS

De cada 1000 turistas que visitan Trinidad, solo un puñado llega al estrecho corredor septentrional de la provincia, entre Remedios, en Villa Clara, y Morón, en Ciego de Ávila.

El paisaje comprende altiplanicies kársticas caracterizadas por cuevas y cubiertas de bosque semicaducifolio, junto con llanuras costeras ecológicamente valiosas protegidas en el Parque Nacional Caguanes.

FUERA DE RUTA

RESERVA JOBO ROSADO

Esta región, protegida como zona de "recursos gestionados", está todavía poco explorada por los viajeros independientes, pero a veces los grupos organizados sí llegan hasta el lugar. Con una superficie de solo 40 km², comprende la **sierra de Meneses-Cueto,** una cadena de montañas que cruza el norte de la provincia y actúa como zona de amortiguación para la muy protegida bahía de Buenavista. Igual que en la sierra Maestra, la historia se entrelaza con la ecología: el general Máximo Gómez luchó en estas montañas durante la Guerra Hispano-Estadounidense, y en 1958 el ejército rebelde de Camilo Cienfuegos instaló su último puesto de mando. Un original monumento del escultor José Delarra señala el enclave.

Se pueden organizar caminatas guiadas a través de Ecotur o en Villa San José del Lago. Algunos de los puntos de interés son la excursión de **La Solapa de Genaro** de 1 km por sabana tropical hasta un maravilloso conjunto de cascadas y pozas, y la caminata de 800 m por la **Cueva de Valdés** que atraviesa un bosque semicaducifolio. El núcleo de las actividades es el **Rancho Querete,** una estación biológica y restaurante cerca del pueblo de Meneses, al sur de Yaguajay. Sirven sencilla comida criolla.

Puntos de interés y actividades

★Museo Nacional Camilo Cienfuegos MUSEO

(entrada 1 CUC; ⌚8.00-16.00 ma-sa, 9.00-13.00 do) Este excelente museo de Yaguajay, 36 km al sureste de Caibarién, se abrió en 1989 y recuerda extraordinariamente al monumento al Che Guevara de Santa Clara. Camilo libró una batalla crucial en esta ciudad la víspera del triunfo de la Revolución, haciéndose con el control de un cuartel militar (hoy convertido en el Hospital Docente General; enfrente del museo). El museo se ubica justo debajo de una plaza modernista. Contiene una interesante exposición sobre la vida en Cienfuegos, entremezclada con datos y recuerdos de la lucha revolucionaria.

Parque Nacional Caguanes EXCURSIONISMO, CIRCUITO EN BARCA

Debido a estrictas medidas de conservación el acceso público al Parque Nacional Caguanes, con sus cuevas, ruinas aborígenes y flamencos, es limitado pero no imposible. Hay una sencilla estación biológica en la costa a la que se llega por un camino que va hacia el norte de Mayajigua. En vez de llegar sin avisar es recomendable consultar en la Villa San José del Lago o en Ecotur, en Trinidad.

La única excursión que se publicita es Las Maravillas que Atesora Zaguanes (2½ h), que comprende un sendero hasta las cuevas de Humboldt, Ramos y Los Chivos y una excursión en barca por los Cayos de Piedra.

Dónde dormir

Villa San José del Lago HOTEL $

(☎55-61-08; Antonio Guiteras, Mayajigua; i/d 14/22 CUC; P ❄ ≋) Este original balneario está a las afueras de Mayajigua, al norte de la provincia de Sancti Spíritus. Las diminutas habitaciones distribuidas en varias villas de dos pisos están junto a un pequeño lago con palmeras. El complejo es famoso por sus aguas termales, que los esclavos heridos usaron por primera vez en el s. XIX, ahora son casi un coto para cubanos de vacaciones. Las 67 habitaciones carecen de lujos, pero el entorno es magnífico y constituye una buena base para algunas de las excursiones menos conocidas de Cuba. Hay restaurante y cafetería.

Chalet Los Álamos CABINAS $

(h desde 25 CUC) Alojamiento rústico (cinco habitaciones dobles) en una granja-escuela en la Reserva Jobo Rosado, con sorprendentes lujos como electricidad, agua caliente y un restaurante. En la granja se puede ordeñar a las vacas, prensar caña de azúcar y tostar café. Es mejor reservar con antelación.

Información

Ecotur (☎54-74-19; carretera Yaguajay km 1,5) La mejor fuente de información de la región, al sur de Yaguajay, en la carretera a Meneses.

Cómo llegar y salir

Hay un autobús diario de Víazul que recorre la ruta norte, con parada en Mayajigua. Yendo hacia el oeste para en Caibarién, Remedios, Santa Clara, Cienfuegos y Trinidad. Hacia el este, para en Morón y Ciego de Ávila.

Provincia de Ciego de Ávila

☎033 / 424 400 HAB.

Sumario »

Los mejores deportes acuáticos

- Laguna de la Leche (p. 316)
- Jardines de la Reina (p. 314)
- Aventura en barco (p. 321)
- Cayo Media Luna (p. 322)

Los mejores alojamientos

- Meliá Cayo Coco (p. 320)
- Alojamiento Maite (p. 315)
- Iberostar Daiquirí (p. 322)

Por qué ir

Durante siglos, Ciego de Ávila fue poco más que una escala nocturna en la arteria que atraviesa Cuba de este a oeste. Después llegó el ambicioso proyecto turístico tras el Período Especial y se mejoraron las gloriosas playas de los *resorts* de Cayo Coco y Cayo Guillermo (las brillantes perlas tropicales que antaño sedujeron a Hemingway) y se construyeron casi una docena de exclusivos *resorts* turísticos.

Desgajada del flanco oeste de la provincia de Camagüey en 1975, lo cierto es que Ciego de Ávila viene atesorando fascinantes secretos durante más de cien años. En el s. XIX varios emigrantes no españoles llegaron al lugar procedentes de Haití, Jamaica, la República Dominicana y Barbados, trayendo consigo una enorme variedad de curiosidades culturales, como el críquet en Baraguá, el vudú en Venezuela, el baile campesino en Majagua y los fuegos artificiales en Chambas.

Cuándo ir

- Los amantes de la playa deben ir a los cayos entre noviembre y marzo cuando el tiempo es más seco y, aunque fresco para ser Cuba, es agradablemente templado.
- El 1 de agosto en Baraguá se celebra el Día de la Emancipación de la Esclavitud con música, baile y un partido de críquet.
- En septiembre arranca el Carnaval Acuático de Morón, en el canal que conduce a la laguna de la Leche.

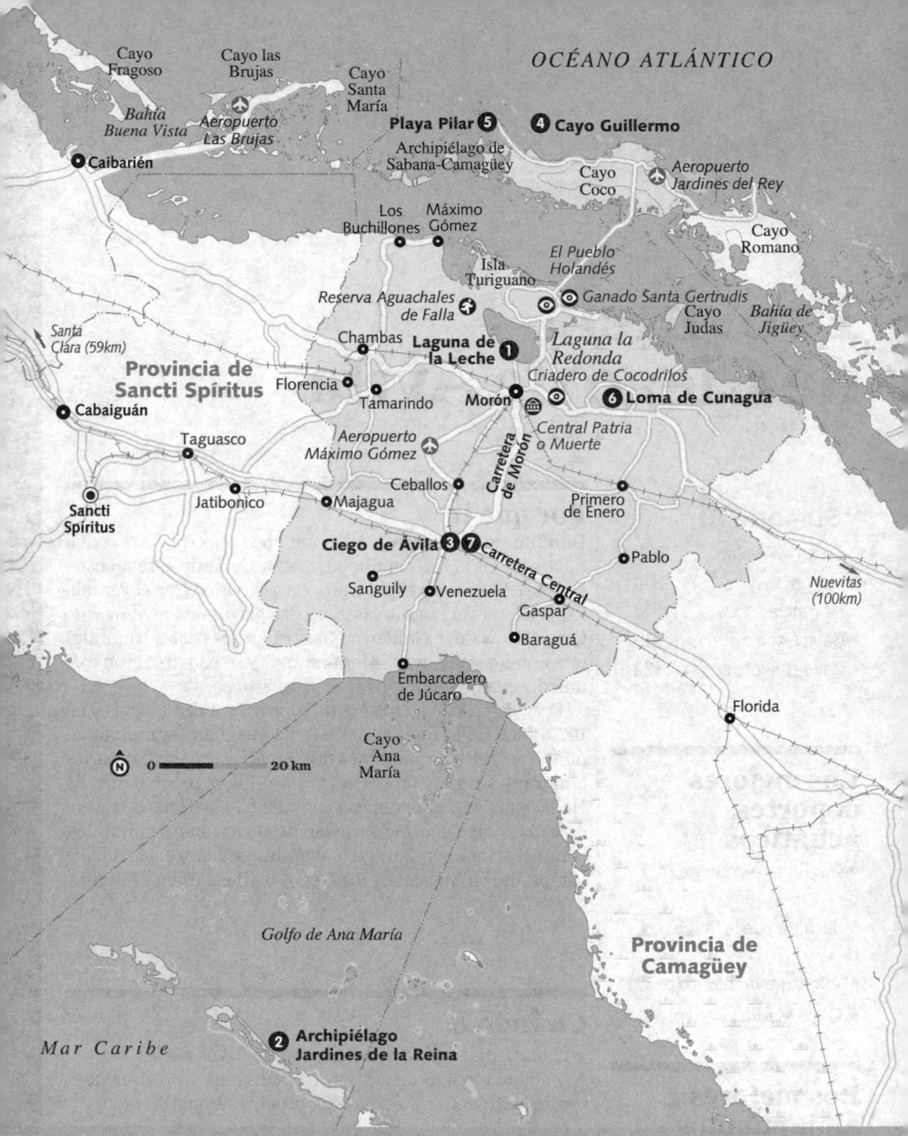

OCÉANO ATLÁNTICO
Cayo Fragoso
Cayo las Brujas
Cayo Santa María
Bahía Buena Vista
Aeropuerto Las Brujas
Playa Pilar 5
4 Cayo Guillermo
Archipiélago de Sabana-Camagüey
Caibarién
Cayo Coco
Aeropuerto Jardines del Rey
Los Buchillones
Máximo Gómez
Cayo Romano
Isla Turiguanó
El Pueblo Holandés
Reserva Aguachales de Falla
Ganado Santa Gertrudis
Cayo Judas
Bahía de Jigüey
Santa Clara (59km)
Chambas
Laguna de la Leche 1
Laguna la Redonda
Provincia de Sancti Spíritus
Florencia
Criadero de Cocodrilos
Tamarindo
Morón
6 Loma de Cunagua
Cabaiguán
Central Patria o Muerte
Aeropuerto Máximo Gómez
Taguasco
Carretera de Morón
Ceballos
Sancti Spíritus
Jatibonico
Majagua
Primero de Enero
Ciego de Ávila 3 7
Carretera Central
Pablo
Sanguily
Venezuela
Nuevitas (100km)
Gaspar
Baraguá
Embarcadero de Júcaro
Florida
Cayo Ana María
0 20 km
Golfo de Ana María
Provincia de Camagüey
Mar Caribe
2 Archipiélago Jardines de la Reina

Imprescindible

1 Comer pescado fresco a precios de risa en la **laguna de la Leche** (p. 316).

2 Hacer submarinismo en las aguas casi vírgenes del remoto **archipiélago de los Jardines de la Reina** (p. 314).

3 Explorar el **Museo Provincial Simón Reyes** (p. 309) en Ciego de Ávila, uno de los mejores de Cuba.

4 Seguir los pasos de Papa Hemingway mientras se pesca en aguas profundas en **Cayo Guillermo** (p. 322).

5 Hundir los dedos de los pies en las paradisíacas arenas de la **playa Pilar** (p. 321).

6 Huir de los *resorts* y zambullirse en la simplicidad rústica de la **loma de Cunagua** (p. 317).

7 Ver con asombro cómo un vertedero se ha convertido en uno de los parques urbanos más interesantes de Cuba en el **parque de la Ciudad** (p. 309) de Ciego de Ávila.

Historia

La actual provincia de Ciego de Ávila fue explorada por primera vez en 1513 por el aventurero español Pánfilo de Narváez, que tanteó las amplias extensiones de bosque y las llanuras de la costa norte, entonces bajo dominio del jefe indio Ornofay. Los restos del asentamiento taíno Los Buchillones, constituyen el conjunto más completo de restos precolombinos de las Antillas Mayores. Ciego de Ávila, que pasó a formar parte de la nueva colonia española de Cuba a principios del s. XVI, debe su nombre a un comerciante de la zona, Jacomé de Ávila, a quien se le concedió una encomienda en San Antonio de la Palma en 1538. En su finca se reservó un pequeño "ciego" (un claro) para que descansaran los agotados viajeros, y pronto se convirtió en un próspero asentamiento.

Durante los ss. XVI y XVII, los cayos del norte constituyeron un importante refugio para los piratas que regresaban de sus lucrativas incursiones en ciudades como La Habana. Dos siglos después llegó un bucanero bien distinto: el escritor estadounidense Ernest Hemingway, que se dio al rastreo de submarinos alemanes en las aguas de Cayo Guillermo.

En las guerras de independencia del s. XIX, la zona cobró fama por los 68 km que conformaban la línea de defensa entre Morón y Júcaro, la que los historiadores llaman "La trocha". El sistema defensivo, compuesto por sólidas instalaciones militares y por una tropa de hasta 20 000 hombres, fue obra de los gobernantes españoles de la década de 1870, que lo diseñaron para evitar que los mambises (insurrectos del s. XIX) de la zona avanzaran hacia el oeste.

Ciego de Ávila

110 400 HAB.

Fundada en 1840, la ciudad alberga uno de los mejores museos del país y uno de sus parques urbanos más fascinantes, convirtiéndola en la capital de provincia más moderna de Cuba. En las décadas de 1860 y 1870 se desarrolló como emplazamiento militar tras la línea defensiva Morón-Júcaro (La Trocha), aunque luego se convirtió en un importante centro de producción de los lucrativos sectores de la caña de azúcar y de la piña (símbolo local). Sus habitantes se refieren a ella como "la ciudad de los porches", haciendo referencia a las fachadas de las casas adornadas con columnas, que caracterizan el centro.

Entre los nativos ilustres están el exponente cubano del *pop art* Raúl Martínez y la famosilla de la zona Ángela Hernández, viuda de Jiménez, una acaudalada mujer que contribuyó en la financiación de muchos de los edificios neoclásicos de principios del s. XX, como el Teatro Principal.

Puntos de interés

Cómoda y agradable, la ciudad infunde un ritmo tranquilo. Ha trabajado duro para asegurarse su aceptación, con un nuevo bulevar de tres carriles, atractivos parques y museos que narran una historia relativamente discreta pero de manera interesante y relevante.

★ Museo Provincial Simón Reyes — MUSEO

(Honorato del Castillo esq. Máximo Gómez; entrada 1 CUC; ⌚8.00-22.00 lu-vi, hasta 14.30 sa y do) Probablemente se trate del mejor museo municipal de Cuba. Entre sus fascinantes exposiciones puede verse un modelo a escala de La Trocha, información detallada sobre la cultura y la religión afrocubana y explicaciones sobre la rica colección de fiestas tradicionales de la provincia.

★ Parque de la Ciudad — PARQUE

El antiguo vertedero entre el Hotel Ciego de Ávila y el centro, en el extremo noroeste de la ciudad, ha sido transformado en un enorme parque (con el lago artificial la Turbina, barcas, zona infantil de juegos y buenos restaurantes). Posiblemente sea el espacio verde urbano más interesante de Cuba.

También da fe de las maravillas que pueden conseguirse con antiguallas: se han desempolvado antiguos trenes de vapor en honor a la historia del transporte de Ciego, hay impresionantes piezas de arte plástico como la estatua de un elefante hecha de piezas de coche y también la mejor entres las opciones para comer: un viejo avión de Aerocaribbean convertido en un íntimo restaurante.

Parque Martí — PLAZA

Todos los caminos de Ciego conducen a este parque colonial de manual diseñado en 1877 en honor del rey español Alfonso XII, rebautizado a principios del s. XX como parque Martí, en honor al nuevo héroe nacional cubano convertido en mártir: José Martí. En la plaza hay una iglesia de 1947, la **iglesia católica** (Independencia, entre Marcial Gómez y Honorato del Castillo), el **Ayuntamiento** (no admite visitantes), de 1911, y un sorprendente teatro.

La iglesia católica está llamativamente engalanada con el santo patrón de la ciu-

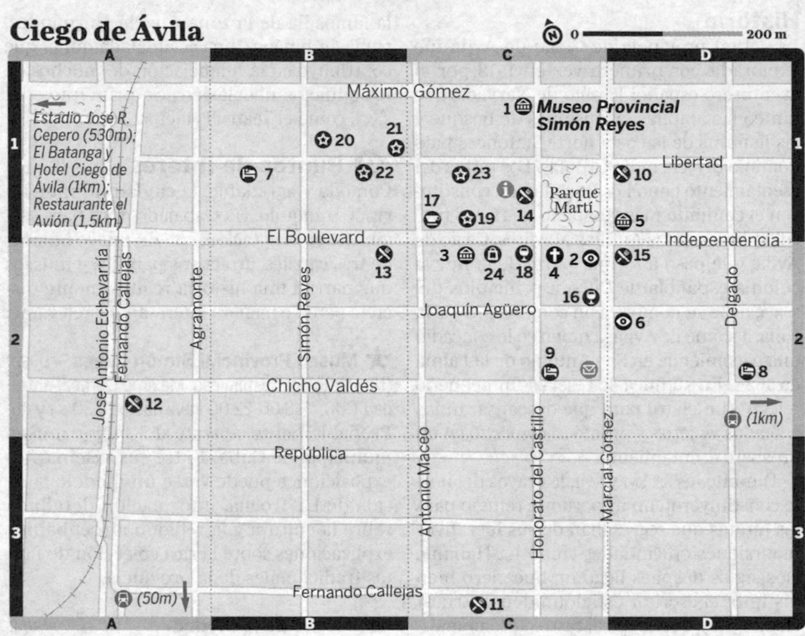

Ciego de Ávila

Principales puntos de interés
1 Museo Provincial Simón Reyes C1

Puntos de interés
2 Ayuntamiento C2
3 Centro Raúl Martínez Galería de Arte Provincial C2
4 Iglesia Católica C2
5 Museo de Artes Decorativas D1
6 Plano-mural de Ciego de Ávila D2

Dónde dormir
7 Casa de Maira B1
8 Casa Hospedaje la Villa D2
9 Hotel Santiago-Habana C2

Dónde comer
10 Don Ávila D1
11 Dos Hermanos C3
12 Mercado agropecuario A2
13 Restaurante Don Pepe B2
14 Solaris C1
15 Supermercado Cruz Verde D2

Dónde beber y vida nocturna
16 La Confronta C2
17 La Fontana C1
18 Piña Colada C2

Ocio
19 Casa de la Cultura C1
20 Casa de la Trova Miguel Ángel Luna B1
21 Cine Carmen B1
22 Club de los Escritores B1
23 Patio de ARTex C1

De compras
24 La Época C2

dad, San Eugenio de la Palma. Una manzana al sur, el gran Teatro Principal compensa la falta de edificios ilustres del parque. Construido en 1927 con la ayuda de la financiera local Ángela Jiménez, tiene supuestamente la mejor acústica (teatral) de la isla.

Museo de Artes Decorativas MUSEO
(Independencia esq. Marcial Gómez; entrada 1 CUC; ⌚8.00-12.00 lu, 9.00-17.00 ma-vi, 1-21.00 sa) La apreciada colección cuenta con piezas singulares de épocas anteriores, como un gramófono aún en funcionamiento (con Benny Moré de fondo), relojes de bolsillo antiguos y camas con baldaquín decoradas con incrustaciones de madreperla. Por 1 CUC conduce la visita un guía local.

LA TROCHA DE JÚCARO A MORÓN

Configuradas por una volátil historia, muchas de las ciudades provinciales de Ciego de Ávila se desarrollaron a mediados del s. XIX alrededor de la formidable La Trocha, una línea de fortificaciones que se extendía a lo largo de 68 km desde Morón, en el norte, hasta Júcaro, en el sur, partiendo la isla en dos.

La construyeron los españoles a principios de la década de 1870 con el trabajo de esclavos negros y obreros chinos mal pagados. La titánica trocha fue diseñada para contener los embates de los ejércitos rebeldes de oriente y evitar que los focos anárquicos se extendieran hacia el oeste durante la Primera Guerra de Independencia.

Cuando fue terminada en 1872, La Trocha era el sistema de defensa militar más sofisticado de las colonias, un aparentemente infranqueable bastión con 17 fortalezas, 5000 guardias militares y una línea de ferrocarril paralela.

Totalmente armada, resistió firme durante la Primera Guerra de Independencia y evitó que los grupos rebeldes de Antonio Maceo y Máximo Gómez causaran una destrucción masiva en las ricas provincias occidentales de Matanzas y Pinar del Río, dominadas por plantadores azucareros más conservadores.

A pesar de las reformas que doblaron el número de fortalezas y triplicaron el de guardias armados en 1895, La Trocha terminó siendo más porosa de lo esperado durante la Guerra Hispano-Estadounidense, permitiendo al audaz Maceo atravesarla y conducir a su ejército hasta Pinar del Río, en el oeste.

Entre Ciego de Ávila y Morón todavía quedan dispersos algunos cuarteles y viejas torres que antaño funcionaban como miradores, que permanecen como testigos de una época más violenta y con más divisiones.

Centro Raúl Martínez Galería de Arte Provincial GALERÍA
(Independencia nº 65, entre Honorato del Castillo y Antonio Maceo; ⌚8.00-12.00 y 1-17.00 lu y mi, 1-21.00 ju y vi, 2-22.00 sa, 8.00-12.00 do) Caminando debajo de los porches característicos de Ciego por la calle Independencia se llega a esta galería donde hay una exposición permanente de obras del rey cubano del *pop art* junto con las de otros artistas del lugar.

Plano-mural de Ciego de Ávila LUGAR HISTÓRICO
(Marcial Gómez esq. Joaquín de Agüero) Un plano de la ciudad del s. XIX realizado en bronce señala el lugar en el que se fundó el 26 de junio de 1840.

Dónde dormir

Las casas particulares de Ciego constituyen una buena parada en el largo camino hacia el este o el oeste. Los dos hoteles de la ciudad podrían cosechar una estrella entre ambos.

★ **Casa de Maira** CASA PARTICULAR $
(☎22-36-95; Libertad 161; 20-25 CUC) Es refrescante ver a una dueña priorizando la calidad sobre la cantidad. Hay espacio para dos habitaciones pero en su lugar hay un buen apartamento en el primer piso con cocina y dos terrazas. Consúltese para recogidas en el aeropuerto.

Hotel Ciego de Ávila HOTEL $
(☎22-80-13; carretera de Ceballos km 1,5; i/d 26/42 CUC; P❄🏊) ¿Dónde han ido todos los turistas? Probablemente a Cayo Coco, dejando este hotel de Islazul, a 2 km del centro de la ciudad con vistas al parque de la Ciudad, en manos de equipos deportivos cubanos y trabajadores de vacaciones. Habitaciones normales, una ruidosa zona de piscina y desayunos aburridos, pero el personal parece amable.

Casa Hospedaje la Villa CASA PARTICULAR $
(☎22-58-54; Chicho Valdés esq. Abraham Delgado; h 15-20 CUC; P❄) Una casa pintada de rosa, fácil de encontrar en la carretera Central, justo lo que buscan los ciclistas y los automovilistas cansados. Las dos habitaciones están limpias siendo mejor la del piso de arriba (con balcón). Hay un garaje abierto.

Hotel Santiago-Habana HOTEL $
(☎22-57-03; Chicho Valdés esq. Honorato del Castillo; i/d 22/35 CUC; ❄) La única opción en el centro de la ciudad tiene 76 habitaciones con olor a humedad pero cómodas con estilo de motel de los años setenta. Hay un restaurante y discoteca en el último piso. Mejor llevar tapones.

Dónde comer

Restaurante el Avión CUBANA $

(parque de la Ciudad; 1-5 CUC; ⌚12.00-22.00) Puede que la carta del Avión no ofrezca nada fuera de lo común (aunque la ropa vieja –ternera en tiras– es fabulosa) pero el viajero comerá en un lugar diferente: el interior de un avión de Aerocaribbean. Está detrás del lago, cerca de las estatuas de chatarra. Se paga en pesos.

Restaurante Don Pepe CARIBEÑA $

(Independencia nº 103, entre Antonio Maceo y Simón Reyes; principales 1-5 CUC; ⌚8.00-11.45 mi-lu) Aquí fue donde hace tiempo un camarero llamado Eladio inventó el cóctel Don Pepe (2 medidas de zumo de naranja, 1½ de ron blanco, y ½ de crema de menta). Y aún se sigue sirviendo en este agradable edificio colonial como acompañamiento a los clásicos platos de cerdo y pollo.

Dos Hermanos CUBANA $

(☎22-31-08; Ciego de Ávila nº 55, entre Honorato del Castillo y Antonio Maceo; principales 50-75 pesos; ⌚12.00-16.00 y 18.00-23.00) Los lugareños dicen que es el mejor de los nuevos paladares (restaurantes privados) de la ciudad. Sirven pollo, cerdo, ternera y platos de pescado y marisco. La especialidad de la casa son los espaguetis napolitanos.

Solaris FUSIÓN $

(edificio Doce Plantas, Honorato del Castillo esq. Libertad; principales 1-5 CUC; ⌚11.00-23.00) Recomendado con entusiasmo por los lugareños, este establecimiento del centro de la ciudad, en la 12ª planta del edificio Doce Plantas, ofrece excelentes vistas de la ciudad. Cuenta también con una carta que incluye una especialidad: el pollo *cordon bleu* (pollo relleno de jamón y queso) y su especialidad propia, el cóctel Solaris.

★ **Don Ávila** CARIBEÑA $$

(Marcial Gómez esq. Libertad; 1-5 CUC; ⌚11.00-23.00) Número uno en la lista de los mejores de Ciego. Junto a la plaza, Don Ávila impresiona con su ambiente elegante, tienda de puros, bar de estilo clásico, el típico servicio avileño y raciones generosas de comida criolla.

Compra de alimentos

Mercado Agropecuario MERCADO $

(Chicho Valdés, entre Agramonte y Fernando Callejas) Situado en una zona no muy buena, bajo el puente.

NOTICIAS DE CIEGO POR INTERNET

Ciego de Ávila tiene su propio diario, **Invasor** (www.invasor.cu), disponible en español y en inglés por internet. Es una fuente útil de actualidad sobre Cuba y de contenido cultural sobre la ciudad y la provincia.

Supermercado Cruz Verde SUPERMERCADO $

(Independencia esq. Marcial Gómez; ⌚9.00-18.00 lu-sa, hasta 12.00 do) Ubicado en uno de los edificios más fabulosos de finales del s. XIX.

Dónde beber y ocio

La Confronta BAR

(Marcial Gómez esq. Joaquín Agüero) Entre desgastados taburetes y parafernalia de Benny Moré, se pueden degustar hasta 25 variedades distintas de cócteles. Los precios son en pesos, una tentación potencialmente peligrosa para un viajero cargado de convertibles. Hay una sencilla carta de comidas.

La Fontana CAFÉ

(Independencia esq. Antonio Maceo; ⌚6.00-14.00 y 15.00-23.00) Las reformas del 2008 no han logrado evocar la antigua atmósfera de esta famosa institución del café, hoy sin lustre. Largas colas en el exterior y una niebla de humo en su interior.

Piña Colada BAR

(Independencia esq. Honorato del Castillo; ⌚15.00-24.00) Si el viajero se imagina el cóctel homónimo de este bar en el abrasador sol caribeño está muy equivocado. El viajero temblará mientras bebe en este nuevo lugar con aire acondicionado congelador que pretendía ser moderno pero ha terminado siendo soso. Los cócteles son buenos.

El Batanga CLUB NOCTURNO

(carretera de Ceballos km 1,5; entrada pareja 3 CUC; ⌚22.00-2.00) La alborotada discoteca del Hotel Ciego de Ávila.

Ocio

Para espontaneidad total, lo mejor es echarse a la calle los sábados por la noche y disfrutar de las maravillosas Noches Avileñas, con su música y puestos de comida temporales situados en varios puntos de la ciudad como el parque principal.

Cine Carmen CINE
(Antonio Maceo nº 51, esq. Libertad) Este cine ofrece películas en pantalla grande y en vídeo. Repárese en el proyector que vierte la película hacia el lado del edificio que da a la calle Libertad.

Casa de la Trova Miguel Ángel Luna MÚSICA EN DIRECTO
(Libertad nº 130) La calidad de los espectáculos de música tradicional es una lotería, pero la Casa de la Trova de Ciego en un agradable entorno colonial obtiene un número ganador con sus trovadores los jueves por la noche.

Club de los Escritores MÚSICA EN DIRECTO
(Libertad nº 105) De vez en cuando hay conciertos en el escenario del patio de este bonito edificio colonial. En la parte de atrás hay un bar decorado con arte tribal.

Casa de la Cultura CENTRO CULTURAL
(Independencia nº 76, entre Antonio Maceo y Honorato del Castillo) Puede encontrarse de todo un poco, incluido un club danzón los miércoles.

Patio de ARTex MÚSICA EN DIRECTO
(Libertad, entre Antonio Maceo y Honorato del Castillo; entrada 5 CUC) Patio exterior que ofrece varios espectáculos. Consúltese la cartelera en el local.

Estadio José R. Cepero DEPORTE
(Máximo Gómez) De octubre a abril, los partidos de béisbol se celebran en el noroeste. Los Tigres de Ciego han sido afortunados en los últimos tiempos: subcampeones en el 2011 y campeones en el 2012, tras una sorprendente e inesperada victoria contra Los Industriales de La Habana.

De compras

Paseando por El Boulevard pueden adquirirse los típicos recuerdos cubanos. El único sitio que invita al viajero a gastar es la tienda de recuerdos de ARTex **La Época** (Independencia, entre Antonio Maceo y Honorato del Castillo).

Información

Banco Financiero Internacional (Honorato del Castillo esq. Joaquín Agüero)
Cadeca (Independencia Oeste nº 118, entre Antonio Maceo y Simón Reyes)
Etecsa Telepunto (Joaquín Agüero nº 62; internet 6 CUC/h; 8.30-19.00) Tres terminales.
Hospital General (22-40-15; Máximo Gómez nº 257) Cerca de la estación de autobuses.
Infotur (20-91-09; edificio Doce Plantas, Honorato del Castillo esq. Libertad; 9.00-12.00 y 13.00-18.00) Muy posiblemente, la oficina Infotur más amable e informativa de todo el país. Buena información de la ciudad y los Jardines del Rey.
Oficina de correos (Chicho Valdés esq. Marcial Gómez)
Radio Surco En el 1440 AM y 98.1 FM del dial.

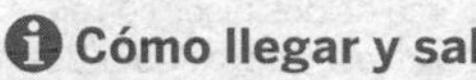

Cómo llegar y salir

AVIÓN

El **aeropuerto Máximo Gómez** (AVI; carretera a Virginia) está 10 km al noroeste de Ceballos, 23 km al norte de Ciego de Ávila y 23 km al sur de Morón.

Hay vuelos internacionales diarios procedentes de Canadá, Argentina, Francia, Reino Unido e Italia, cuyos pasajeros son transportados en autobús hacia Cayo Coco.

AUTOBÚS

Desde la **estación de autobuses** (carretera Central), aproximadamente 1,5 km al este del centro, hay servicios diarios de Viazul. Hay cinco autobuses diarios a Santiago de Cuba (24 CUC, 8½ h) que también paran en Camagüey (6 CUC, 1½ h), Las Tunas (12 CUC, 4½ h), Holguín (17 CUC, 5¼ h) y Bayamo (17 CUC, 6 h). Cuatro servicios a La Habana (27 CUC, 6-7 h) paran en Sancti Spíritus (6 CUC, 1½ h) y Santa Clara (9 CUC, 2½ h). También hay autobuses diarios a Trinidad (9 CUC, 2¾ h) y Varadero (19 CUC, 6¼ h). El circuito norte diario de Viazul sale a las 14.00 hacia Morón (3 CUC, 40 min), Caibarién (para Cayo Santa María), Santa Clara, Cienfuegos y Trinidad (24 CUC, 6¼ h).

TREN

La **estación de trenes** (22-33-13) está seis manzanas al suroeste del centro. Por Ciego de Ávila pasa la línea principal que comunica la capital con Santiago. Hay trenes nocturnos a Bayamo (10,50 CUC, 7 h), Camagüey (3,50 CUC, 2¼ h), Guantánamo (17 CUC, 9½ h), La Habana (15,50 CUC, 7½ h), Holguín (11 CUC, 7 h), Manzanillo (12 CUC, 8½ h) y Santiago de Cuba (14 CUC, 9¼ h). En noches alternas salen trenes con otra numeración: se recomienda comprobar un horario más actualizado antes de salir. Hay cuatro trenes diarios a Morón (1 CUC, 1 h).

CAMIÓN

Los camiones particulares de pasajeros salen de la estación de autobuses Ferro Ómnibus, al lado de la de trenes, con destino a Morón y

MERECE LA PENA

JARDINES DE LA REINA

Jardines de la Reina es un bosque de manglares de 120 km de longitud y una isla de sistema coralino situado 80 km al sur de la costa de la provincia de Ciego de Ávila y 120 km al norte de las Islas Caimán. El parque marino, de 3800 km², incluye zonas vírgenes conservadas más o menos intactas desde la época de Colón. Se ha prohibido la pesca comercial y, con una población de exactamente cero, los visitantes deben alojarse a bordo de un barco de dos pisos con siete habitaciones llamado **Hotel Flotante Tortuga,** reformado en el 2008, o entrar desde el embarcadero de Júcaro a bordo de uno de los dos yates: el *Halcón* (6 camarotes) o *La Reina* (4 camarotes). Los clientes pueden usar también el *Caballones* (para 6-8 personas e ideal para todo tipo de pesca) o la lujosa cabina para ocho Flota Avalon 1.

La flora la componen palmeras, pinos, uvas de playa y mangles, y la fauna, iguanas y ratas arbóreas aparte, se compone de una interesante variedad de aves no migratorias como águilas pescadoras, pelícanos, espátulas y garzas. Dentro del agua la principal atracción son los tiburones (tanto los ballena como los martillo), que junto con los corales y las aguas cristalinas, atraen a submarinistas de todo el mundo.

Llegar a los Jardines no es fácil ni barato. La única empresa que ofrece excursiones es la italiana **Avalon** (www.cubanfishingcenters.com). Un paquete de una semana, que incluye material deportivo, seis noches de alojamiento, guía, licencia del parque, 12 inmersiones y traslados a/desde Embarcadero de Júcaro, ronda los 1500 CUC. Solicítese presupuesto a través de su sitio web. Otra opción es navegar con Windward Islands Cruising Company con salidas desde Trinidad.

Camagüey. Para más información, véanse los tablones.

Cómo desplazarse

AUTOMÓVIL Y MOTOCICLETA

La **gasolinera de la carretera de Morón** (carretera de Morón) está antes de la circunvalación, al noreste del centro. La de **Oro Negro** (carretera Central) está cerca de la estación de autobuses.

Es seguro aparcar de noche delante del Hotel Santiago-Habana.

Cubacar (Hotel Ciego de Ávila, carretera a Ceballos) alquila automóviles por 70 CUC al día aproximadamente y ciclomotores por 24 CUC al día.

TAXI

El trayecto al aeropuerto ronda los 12 CUC; hay que regatear si el taxista pide más. Puede reservarse en el Hotel Ciego de Ávila, o bien tomarlo en la parada del parque Martí. Un viaje de ida a Morón cuesta 15 CUC; a Cayo Coco 60 CUC aprox.

Morón

59 200 HAB.

A pesar de su situación algo apartada (35 km al norte de la carretera Central) Morón sigue siendo, gracias a su ferrocarril, un importante nudo de transporte y por tanto una buena base para quienes no estén enamorados de Cayo Coco y su multitud de *resorts*.

Fundada en 1543, tres siglos antes que Ciego de Ávila, la capital de provincia, Morón es conocida en toda la isla como la "Ciudad del Gallo", gracias a un tristemente famoso oficial intimidador de antaño que finalmente obtuvo su merecido. La arquitectura de Morón es acorde con sus años, con más y mejores casas con columnas y fachadas de comercios que Ciego de Ávila. Morón, con su aire informal, cuenta con excelentes casas particulares y pueden hacerse numerosas cosas en la ciudad.

Puntos de interés

Morón es famosa por su emblemático gallo, que monta guardia en una rotonda enfrente del Hotel Morón, en el extremo sur de la ciudad. Debe su nombre a un arrogante gallito oficial del s. XVI que recibió su merecido a manos de los lugareños y que fue expulsado de la ciudad. Cada mañana a las 6.00 el gallo canta (electrónicamente).

Terminal de Ferrocarriles EDIFICIO RELEVANTE (Vanhorne, entre av. de Tarafa y Narciso López) Desde antaño, Morón ha sido el principal cruce de vías del centro de Cuba y, como era de esperar, exhibe la estación de ferrocarril más elegante después de la de La Habana. El edificio, construido en 1923, es neocolonial pero, en el interior, el vestíbulo esconde un aspecto *art déco*. Está remarcablemente bien conservado. Igualmente atractiva es la colorida claraboya de vidrio en colores.

Museo Caonabo MUSEO
(Martí; entrada 1 CUC; 9.00-17.00 lu-sa, 8.00-12.00 do) Entre numerosas aceras y columnas descascarilladas se encuentra este museo de historia y arqueología en lo que era el antiguo banco de la ciudad, un impresionante edificio neoclásico de 1919. Se encuentra distribuido en dos pisos. En la azotea hay un mirador con buenas vistas.

Dónde dormir

Las mejores casas particulares de Morón son muy superiores al solitario hotel de la década de 1960.

★ **Alojamiento Maite** CASA PARTICULAR $
(50-41-81; maite68@enet.cu; Luz Caballero nº 40B, entre Libertad y Agramonte; h 20-25 CUC; P ❄) Lujosas instalaciones y cuidado servicio son el eje de la que debe ser una de las casas particulares mejor gestionadas de Cuba. Hay TV, las sábanas almidonadas se cambian a diario, y hay botes de champú de cortesía y vino en la nevera. En la azotea hay una amplia terraza donde relajarse con un mojito.

Alojamiento Vista al Parque CASA PARTICULAR $
(50-41-81; yio@moron.cav.sld.cu; Luz Caballero nº 49D Altos, entre Libertad y Agramonte; h 20-25 CUC; P ❄ @) Esta bonita casa azul cielo al otro lado de la calle ofrece las comodidades y el servicio profesional del mismo estilo que Maite. Tiene dos habitaciones en el piso de arriba y terraza con vistas sobre un bonito parque y la gestiona una vecina y amiga de Maite, Idolka.

Casa Belky CASA PARTICULAR $
(50-57-63; Cristobal Colón nº 37; h 20-25 CUC) Una única pero enorme habitación con vistas al parque los Ferrocarriles probablemente en uno de los lugares más idílicos de la ciudad. Está al noreste de la estación de trenes.

Hotel Morón HOTEL $
(50-22-30; av. de Tarafa; i/d 26/42 CUC; P ❄ ≋) En este hotel, más bien moderno, de cuatro plantas y situado en la entrada sur de la ciudad hay una discoteca que sin duda despertará al viajero. Predominan los turistas de viajes organizados. Cabe destacar la piscina, a la que se puede entrar con un pase si no se está alojado. Tiene restaurante.

Dónde comer

Restaurante Maite la Qbana PALADAR $$
(50-41-81; Luz Caballero nº 40, entre Libertad y Agramonte; principales 10 CUC;) Maite es una cocinera muy creativa cuyos platos internacionales, preparados con mucho amor, hacen que uno se pregunte por qué los insípidos bufés libres son tan populares. Hay que prepararse para la pasta al dente, el buen vino, los postres caseros y la paella que trae a los visitantes valencianos recuerdos de su tierra. Es buena idea reservar pronto.

Don Pio Restaurante CUBANA $$
(Cristobal Colón nº 39; 6,50-8,50 CUC; 10.00-22.00) Hay que salir al suntuoso jardín trasero de una casa colonial, pasar la piscina y sentarse en el patio cubierto de estilo ranchón lleno de plantas. Ofrecen pollo *cordon bleu* y platos del estilo, algo distinto a los típicos platos de restaurante. Los fines de semana hay música de piano en directo.

Piano Bar CUBANA $$
(Martí nº 386; 12-18 CUC; 12.00-23.00) Aunque no se adivinaría por el nombre, este es uno de los mejores restaurantes de la ciudad dejando aparte las casas. Cumple todos los requisitos de restaurante de "alto nivel" en la Cuba provincial (manteles, falta de luz natural, gélido aire acondicionado), y sirven platos de cerdo, pescado y marisco. El servicio es atento, y hay música en directo los fines de semana.

Compra de alimentos

Se recomienda la **Dulcería Doña Neli** (Serafín Sánchez nº 86, entre Narciso López y Martí) para comprar pan y pastas y el **supermercado los Balcones** (Martí) para comestibles.

Dónde beber y ocio

La mejor opción es Cabaret Cueva (p. 317), 6 km fuera de la ciudad a orillas de la laguna de la Leche.

Casa de la Cerveza las Fuentes BAR
(Martí 169) Morón se supera en sus servicios a los turistas con este nuevo y moderno bar. Se puede obtener información en la oficina in situ de Cubatur primero y luego empezar con la cerveza...

Discoteca Morón CLUB NOTURNO
(Hotel Morón, av. de Tarafa; ⏲22.00-tarde) Jóvenes ruidosos ávidos de entretenimiento ponen a prueba la paciencia de los clientes privados de sueño en el Hotel Morón.

Casa de la Trova Pablo Bernal MÚSICA EN DIRECTO
(Libertad nº 74, entre Martí y Narciso López) La noche en Morón pasa en algún momento por esta casa de la música al aire libre. A veces hay que reservar con antelación, especialmente para las noches de comedia de los miércoles.

Información

En **Etecsa** (Martí esq. Céspedes; ⏲8.30-19.30) hay internet y en la **Cadeca** (Martí esq. Gonzalo Arena), en la misma calle, servicio de cambio de moneda. Se puede obtener información de la laguna La Redonda y la laguna de la Leche en **Cubatur** (Martí 169; ⏲9.00-17.00), en el mismo edificio que la Casa de la Cerveza las Fuentes.

Cómo llegar y salir

La **estación de autobuses** (Martí 12) está en Martí, una manzana por detrás hacia hacia el centro desde la estación de trenes. La última ruta de autobús de Víazul incorpora Morón en el circuito norte. En sentido contrario a las agujas del reloj, el autobús diario sale de Morón a las 14.50, atraviesa la costa norte a Caibarién, corta hacia el suroeste a Santa Clara y Cienfuegos y va hacia el este a Trinidad (21 CUC, 5½ h). En dirección contraria, el de Ciego de Ávila sale a las 12.30 (3 CUC, 45 min). Los autobuses locales también salen a diario a Ciego de Ávila. Desde la **estación de trenes** (Vanhorne, entre av. de Tarafa y Narciso López) hay cuatro trenes diarios a Ciego de Ávila (1 CUC), uno a Júcaro y uno a Camagüey (4 CUC). La línea entre Santa Clara y Nuevitas pasa por Morón a través de Chambas.

Cómo desplazarse

Las carreteras desde Morón hacia Caibarién (112 km), al noroeste, y hacia el sureste hasta Nuevitas (168 km) son buenas. **Cubacar** (Hotel Morón, av. de Tarafa) alquila coches y ciclomotores. La **gasolinera Servi-Cupet** (⏲24 h) está cerca del Hotel Morón.

Alrededores de Morón

Igual de interesante que Morón es el conjunto de puntos de interés que se concentran en el norte.

Laguna de la Leche y laguna la Redonda

Estos dos extensos lagos naturales se encuentran al norte de Morón. Para acceder a la Redonda lo mejor es ir por la carretera a Cayo Coco. La carretera de entrada a la laguna de la Leche (5 km) empieza en el norte del parque Agramonte de Morón. Hay autobuses que hacen la ruta desde la estación de ferrocarril.

Puntos de interés y actividades

Laguna de la Leche LAGO
Con 66 km² la laguna de la Leche es el lago natural más grande de Cuba y recibe este nombre por el reflejo de los sedimentos de piedra caliza que hay en el fondo. Su agua es una mezcla de dulce y salada, y los pescadores llegan en tropel para echarle el anzuelo a las abundantes existencias de carpas, tarpones, róbalos y tilapias. En la oficina Flora y Fauna pueden contratarse excursiones de pesca guiadas (35/70 CUC 4/8 h).

Por un poco más el viajero se puede quedar con su captura y cocinarla en una barbacoa portátil a bordo del barco. También existen excursiones en barco puramente informativas (20 CUC, 45 min).

En el lago también se celebra cada año el **carnaval acuático de Morón.** Se accede desde el sur por la carretera de Morón.

Laguna La Redonda LAGO
(⏲9.00-17.00) Los pescadores de caña deben saber que situados 18 km al norte de Morón, por la carretera de Cayo Coco, los manglares que rodean este lago de 4 km² tienen la mejor densidad por km² de lubinas y truchas de la isla. Por 35/70 CUC puede pescarse 4/8 h. También es posible hacer viajes en barco, y tomar estrechos afluentes cubiertos de vegetación que son lo más parecido a estar en el Amazonas que la provincia ofrece.

Los ejemplares de lubina negra que se pescan en este lago no son cualquier cosa, pues se ha llegado a capturar uno de 9,5 kg. Si el viajero no es un fanático de la pesca, puede entrar en el rústico **bar-restaurante** para tomar algo con vistas al lago. Se recomienda la especialidad de la casa: el calentico, un filete de pescado que sabe delicioso con kétchup y tabasco.

Coto de caza Aguachales de Falla CAZA
Si el viajero siente el deseo, en este lugar puede llevar a cabo el circuito de Hemingway a su conclusión natural (Papa amaba disparar

MERECE LA PENA

LOS BUCHILLONES

Escondido en la costa noroeste de la provincia, el **yacimiento arqueológico de Los Buchillones** fue excavado durante la década de 1980 después de que los pescadores empezaran a descubrir herramientas como mangos de hachas y agujas en los pantanos de los alrededores.

Lo que se hizo patente fue que Los Buchillones era el lugar de un importante asentamiento taíno de entre 40 y 50 casas que precedía la llegada europea a la región. Todo, desde *cemíes* (figuras taínas de varias deidades de la lluvia, la yuca y otras) hasta canoas y estructuras de las casas, ha sido posteriormente recuperado del yacimiento que, en su mayoría, es una obra inacabada y anegada. Fue el barro del fondo de este lago poco profundo lo que ha conservado tan bien los objetos, dando el conjunto de reliquias precolombinas más significativo de las Grandes Antillas.

Muchos de los objetos pueden verse en el **Museo Municipal** (Agramonte 80, entre Calixto García y Martí) en Chambas o en el Museo Provincial Simón Reyes (p. 309) de Ciego de Ávila. Aun así, todo el que tenga un mínimo interés en la Cuba precolombina hará bien en ir hasta el propio yacimiento, con un pequeño museo, situado a medio camino entre el pueblo pescador de Punta Alegre y Punta San Juan. El circuito norte del autobús de Víazul (1 diario) y algunos trenes pasan por Chambas, desde donde hay 35 km hasta Los Buchillones (el transporte público es escaso) por el Parque Nacional Caguanes.

contra objetivos con plumas). Este es el principal atractivo de la zona para la pequeña pero activa comunidad de cazadores de Morón. El coto comprende siete lagos naturales además de importantes colonias de palomas, patos y palominos. Está al noroeste de la laguna de la Leche.

Dónde comer

★La Atarraya PESCADO Y MARISCO $
(principales 2-7 CUC; ⌚12.00-18.00) Levantado sobre pilotes en un edificio de listones de madera en la orilla sur de la laguna de la Leche se encuentra uno de los mejores restaurantes de pescado de Cuba. La carta, cuyos precios son increíblemente baratos, incluye paella valenciana y pescado Montetoro (filete de pescado con jamón y queso). El ambiente es totalmente autóctono.

Pescado Frito PESCADO Y MARISCO $
(Ranchón la Boca; principales 2-5 CUC; ⌚12.00-18.00) Esta belleza rústica al aire libre está en la orilla sur de la laguna de la Leche (la señal indica "Ranchón la Boca", pero todo el mundo lo llama Pescado Frito). Crúcese el puente de madera y sígase el olor (y el chisporroteo) de pez gato, tilapia y carpa friéndose.

Dónde beber y ocio

Cabaret Cueva CABARÉ, CLUB
(laguna de la Leche) Los lugareños hacen autostop, caminan o comparten coche para hacer el viaje a las 18.00 desde Morón a este cabaré situado en una cueva en la orilla sur de la laguna de la Leche.

Loma de Cunagua

Esta **loma** (entrada 5 CUC; ⌚9.00-16.00), 18 km al este de Morón, se alza como un enorme termitero sobre la llanura. La loma es una zona de flora y fauna protegidas que alberga un restaurante de estilo ranchón, una pequeña red de caminos y excelentes oportunidades para los aficionados a la ornitología. A 364 m sobre el nivel del mar, es el punto más elevado de la provincia y las vistas sobre la tierra y el océano son formidables.

Es buena idea explorar la reserva con paseos por sus frondosos caminos o a caballo. Hay que torcer a la izquierda de la carretera principal en la señal, pagar en la entrada y seguir por la carretera sin asfaltar hasta la cima. Un par de **cabinas** (h 30 CUC) ofrecen alojamiento básico para los que buscan algo de tranquilidad en el campo. La loma está en la carretera de Bolivia; normalmente las visitas se organizan a través de **Ecotur** (✆30-81-63; Hotel Sol Coco, Cayo Coco) en Cayo Coco.

Central azucarero Patria o Muerte

La industria azucarera de Cuba está preservada en este enorme y oxidado antiguo molino de azúcar (en torno a 1914) en el pueblo de Patria, 3 km al sur de Morón. Reservando con antelación, se puede realizar una excursión de 5 km en un tren de vapor Baldwin de 1920 fabricado en Filadelfia entre campos de caña de azúcar hasta **Rancho Palma** (carretera a Bolivia km 7), una bucólica finca con un bar-restaurante y aire campestre donde se puede degustar guarapo (zumo de caña de azúcar prensada).

La azucarera y sus 263 trabajadores fueron transferidos a los norteamericanos en 1919 hasta su nacionalización en 1960. Los viajeros independientes pueden solicitar una visita, pero para hacer el circuito completo de tren y campos de caña hay que unirse a un grupo. Consúltense los horarios en Cubatur (p. 316) en Morón.

Isla de Turiguanó

Turiguanó no es una verdadera isla sino, más bien, un pantano drenado con un rancho, un modelo de comunidad revolucionaria y uno de los tres primeros parques eólicos de Cuba.

Puntos de interés

Ganado Santa Gertrudis RANCHO, RODEO

El ganado de Santa Gertrudis se cría en esta amplia granja en la isla de Turiguanó, en la carretera principal antes de acceder al paso elevado a Cayo Coco. En el estadio próximo tienen lugar, casi todos los fines de semana sobre las 14.00, emocionantes espectáculos de rodeo de 90 min con toros, caballos y lazos.

El Pueblo Holandés PUEBLO

Consiste en una pequeña comunidad de 49 viviendas con tejados rojos de estilo holandés situada sobre un monte, 4 km al norte de la laguna La Redonda. Fue construido en 1960 por Celia Sánchez como hogar para los que trabajaban con el ganado. Es un lugar interesante que merece un breve desvío.

Florencia

Esta población, rodeada por suaves colinas y situada 40 km al oeste de Morón, lleva el nombre de la ciudad italiana porque a los primeros colonos el entorno les recordaba a la Toscana. La localidad creció paralela a la línea ferroviaria Santa Clara-Nuevitas en los años veinte. A principios de los años noventa, el Gobierno cubano construyó una presa hidroeléctrica en el río Chambas: la Liberación de Florencia. El lago que de ahí surgió se ha convertido en un imán de ocio para los amantes de la naturaleza. Se pueden practicar actividades, como los paseos a caballo por las colinas de Florencia, el kayak, el *aquaspinning* y las travesías en barca hasta un diminuto cayo, La Presa, que tiene un restaurante y un pequeño zoo. El punto

Cayo Coco y Cayo Guillermo

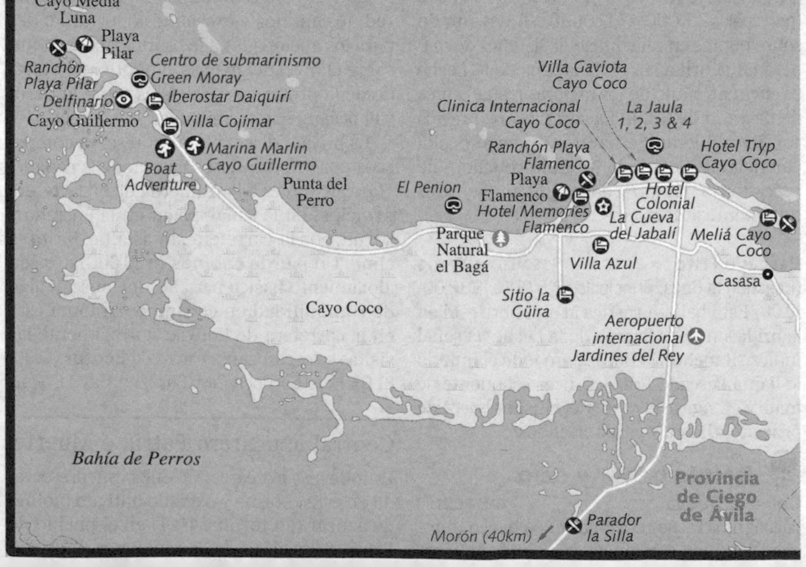

neurálgico de la zona es un rancho llamado **La Presa de Florencia** (⏲9.00-17.00) junto a la orilla del lago, en Florencia. Para más información, acúdase al Infotur (p. 313) de Ciego de Ávila o al Cubatur (p. 316) de Morón. Si se busca alojamiento, tal vez haya suerte en el encantador Campismo Boquerón, 5 km al oeste de Florencia, que normalmente admite a extranjeros; pregúntese en La Presa de Florencia.

Cayo Coco

Situado en el archipiélago de Sabana-Camagüey, o Jardines del Rey como los folletos de viaje prefieren llamarlo, Cayo Coco es la cuarta isla más grande de Cuba y el principal destino turístico después de Varadero. La zona norte de la Bahía de Perros estuvo deshabitada hasta que en 1992 se levantó el primer hotel, el Cojímar, en el vecino Cayo Guillermo. Desde entonces, las excavadoras no han dado tregua.

Pese a que la belleza de sus playas tiene fama mundial, antes de 1990 Cayo Coco no era más que un manglar plagado de mosquitos. Algunos de sus primeros visitantes fueron Diego Velázquez, que nombró las islas en honor a Fernando II, a la sazón rey de España y, más tarde, el corsario francés Jacques de Sores, recién llegado de exitosos asaltos en La Habana y Puerto Príncipe. En 1752 les siguió el primer terrateniente de la isla, un español oportunista llamado Santiago Abuero Castañeda. Entre 1927 y 1955, una comunidad de 600 personas intentó ganarse el pan con la producción de carbón vegetal como combustible doméstico, pero la actividad perdió todo sentido con el uso de la energía eléctrica tras la Revolución.

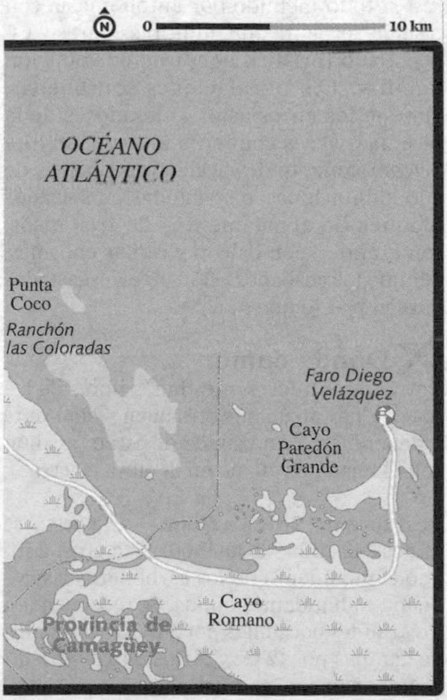

En 1988 Cayo Coco quedó comunicado con la isla principal por una calzada elevada de 27 km que divide la bahía de Perros. Asimismo, está unido por otras carreteras con Cayo Guillermo, al oeste, y Cayo Romano, al este.

Puntos de interés

Parque Natural El Bagá RESERVA NATURAL

(⏲9.30-17.30) Bagá era un admirable proyecto ecologista en el que fuera el primer aeropuerto de Cayo Coco, un parque natural de 769 Ha que combinaba, de manera espectacular, densos manglares, lagos, una idílica costa, caminos y nada menos que 130 especies de aves. Es fabuloso pero, desgraciadamente, se está deteriorando. En el parque ya no trabajan los guías que mostraban el sitio a los visitantes, aunque se puede visitar solo.

Al pasear (el guarda se muestra más dispuesto tras una propina) pueden verse (además de aves), jutías (roedores del Caribe), iguanas, cocodrilos y flamencos. Los hoteles de Cayo Coco organizan circuitos. Si el viajero lo visita por su cuenta, se perderá la ocasión de aprender sobre la flora y la fauna del lugar. Todavía no se sabe si el cierre es temporal o indefinido.

Cayo Paredón Grande ISLA

Al este de Cayo Coco, una carretera atraviesa Cayo Romano y gira al norte hacia Cayo Paredón Grande y el **faro Diego Velázquez,** de 52 m y en funcionamiento desde 1859. La zona cuenta con un par de playas, entre ellas la laureada playa Los Pinos, que es buena para la pesca.

Actividades

La **Marina Marlin Aguas Tranquilas** (www.nauticamarlin.com), cerca del Meliá Cayo Coco, ofrece salidas de pesca en aguas profundas (270 CUC/4 h).

Para llegar al **Centro Internacional de Buceo Coco Diving** (www.nauticamarlin.com), en el lado oeste del Hotel Tryp Cayo Coco (p. 320), hay que ir por una carretera sin asfaltar hasta la playa. Hacer submarinismo cuesta 40 CUC, más 10 CUC por el material. Los cursos para obtener un título de submarinista cuestan 365 CUC, más baratos en temporada baja. La zona de inmersiones se extiende a lo largo de 10 km, sobre todo al este, y hay seis instructores profesionales que dan clases cada día. El **Centro Internacional de Buceo Blue Diving** (www.nauticamarlin.com) en el Hotel Meliá Cayo Coco (p. 320) ofrece servicios similares. Los instructores son multilingües y cuentan con opciones de submarinismo con alojamiento en barco.

Circuitos

En los mostradores de información de los hoteles, normalmente con personal de Cubatur (p. 316) o Cubanacán, no escasean las excursiones de un día. Algunos circuitos interesantes son "Por la ruta de Hemingway" (un viaje por los cayos mencionados en la novela de Hemingway *Islas en el golfo*), un circuito en moto acuática por Cayo Paredón Grande, un circuito para avistar flamencos o una excursión a Cayo Mortero pasando por un fabuloso lugar para hacer buceo con tubo y relajarse con una cerveza fría y pescado fresco. Los precios son de entre 25 y 30 CUC.

Dónde dormir

En los *resorts* tipo todo incluido la seguridad está muy controlada: a menos que se lleve la pulserita de plástico que da acceso a todas partes, es mejor no colarse para ir al baño. Los precios de las habitaciones son en régimen de todo incluido.

Sitio La Güira BUNGALÓS $
(30-12-08; cabaña 25 CUC;) Un establecimiento sencillo situado en una pequeña granja 8 km al oeste de la gasolinera Servi-Cupet. Alquilan bohíos (cabañas con el tejado de guano) con cuarto de baño privado y –atención– aire acondicionado (al parecer para disuadir a los mosquitos). Hay un restaurante tipo ranchón y un bar en el lugar.

Villa Azul HOTEL $
(30-12-78; h 32 CUC) Este hotel barato está a 2 km a pie desde la playa, 1500 m después de la rotonda en la carretera de Cayo Guillermo. Las habitaciones pasada la esquina desde la recepción y dos plantas más arriba son las mejores. El nivel no es malo.

★ **Meliá Cayo Coco** RESORT $$$
(30-11-80; i/d 335/390 CUC; P) Un *resort* íntimo en playa Las Coloradas, en el extremo oriental de la zona de hoteles, reúne todo lo que cabe esperar de la cadena Meliá. Para más lujo se recomienda alojarse en uno de los elegantes bungalós blancos sobre pilotes del lago. El precio es alto pero el Meliá es abiertamente lujoso y, como no admite niños, ello contribuye a la tranquilidad.

Hotel Colonial RESORT $$$
(30-13-11; i/d 125/210 CUC; P@) Una excepción al deprimente diseño de los hoteles cubanos de todo incluido. Cuenta con villas coloniales españolas con zonas comunes que le confieren un aire algo refinado.

Se hizo famoso cuando, según los medios de comunicación cubanos, hombres armados pertenecientes a Alpha 66, un movimiento de derechas del exilio cubano, abrió fuego contra el edificio. Por suerte no hubo heridos.

Hotel Memories Flamenco HOTEL $$$
(30-41-00; www.memoriesresorts.com; i/d 157/204 CUC; P) Es la última incorporación al panorama hotelero de Cayo Coco. Ofrece 624 habitaciones (recientemente reformadas y bastante limpias) en atractivos edificios coloniales de estilo villa alrededor de dos piscinas (una con bar). Hay un atractivo restaurante asiático aunque el servicio le deja a uno pensando de qué planeta vienen sus cinco estrellas.

Hotel Tryp Cayo Coco RESORT $$$
(30-13-00; i/d 189/271 CUC; P@) Este *resort* todo incluido por antonomasia con piscina serpenteante, múltiples bares y espectáculo turístico nocturno es la opción familiar. Las instalaciones son buenas, aunque los entusiastas animadores de la piscina a veces confieren al lugar un aire de campamento de vacaciones. Las más de 500 habitaciones, distribuidas en soleados bloques de apartamentos de tres pisos, son grandes, con balcón y camas enormes, aunque los acabados están algo desgastados para el precio que se cobra.

Dónde comer

Entre los omnipresentes bufés libres de los hoteles, hay algún que otro buen restaurante independiente, en general de estilo ranchón con el tejado de guano en la playa o cerca.

Restaurante Sitio La Güira CARIBEÑA $$
(platos 2-12 CUC; 8.00-23.00) Está en el antiguo campamento de los carboneros y sirve buena y abundante comida. Se recomiendan los grandes bocadillos por 2 CUC o los platos de gambas por 12 CUC. Tríos de guitarristas acompañan con su música.

PLAYA PILAR

Puede suceder que al viajar, las expectativas queden frustradas al llegar al lugar. Pero este no es el caso de **playa Pilar,** un magnífico tramo de arena en Cayo Guillermo que suele venderse como la mejor playa de Cuba y del Caribe. Su fama descansa sobre dos pilares: su arena fina como el polvo de diamante (tan fina, dicen los lugareños, que si se deja caer un puñado, se lo lleva el viento en lugar de caer al suelo) y las escarpadas dunas de 15 m de altura, las más grandes de su tipo del Caribe, con caminos agrestes que incitan a la exploración. El viajero puede andar los magníficos 7 km por la playa de vuelta al hotel más cercano de Guillermo o dirigirse al norte hasta la punta del cayo.

El mar de la playa Pilar es cálido, poco profundo y repleto de posibilidades para bucear. A 1 km cruzando un canal se encuentran las resplandecientes arenas de **Cayo Media Luna,** un antiguo refugio de Fulgencio Batista. Hay barcos con frecuencia al cayo (11 CUC), pero también es posible apuntarse a una excursión de un día en catamarán (49 CUC) que incluye buceo y almuerzo con langosta. El autobús desde Cayo Coco para en playa Pilar seis veces diarias en ambos sentidos durante la temporada alta (entre dos y cuatro en temporada baja). Hay un excelente restaurante en las dunas.

Parador La Silla CARIBEÑA **$$**
(principales 7-12 CUC; ⌚9.00-17.00) Este chiringuito con techo de caña está en mitad del camino en la carretera que va a Cayo Coco. Tras un buen plato de comida criolla, el viajero puede subirse a la contigua torre de observación e intentar avistar algún lejano flamenco.

Ranchón Playa Flamenco CARIBEÑA **$$**
(principales 7-12 CUC; ⌚9.00-16.00) Comida exquisita, cerveza fría, baños de mar y sol, buceo, pescado y marisco, más cerveza... Ha quedado claro, ¿no?

Ranchón Las Coloradas CARIBEÑA **$$**
(principales 7-12 CUC; ⌚9.00-16.00) Marisco en un entorno paradisíaco.

Dónde beber y ocio nocturno

Todos los ranchones reseñados tienen bares, mientras que los hoteles de todo incluido cuentan con un completo programa de entretenimiento nocturno (normalmente solo abierto a los clientes).

La Cueva del Jabalí CLUB NOCTURNO
(entrada 5 CUC; ⌚22.30-2.00 ma-ju) Quienes se hayan aburrido de los espectáculos de los centros vacacionales pueden ir a este único local independiente. Está 5 km al oeste del Tryp, en una cueva natural. Propone un espectáculo de cabaré y la entrada al bar es gratuita.

Información

Todos los complejos turísticos de Cayo Coco aceptan euros.

Banco Financiero Internacional En la gasolinera Servi-Cupet.

Clínica Internacional Cayo Coco (☎30-21-58; av. de los Hoteles, al final) Asistencia médica. Al oeste del Hotel Colonial, junto a la Villa Gaviota Cayo Coco.

Infotur (www.infotur.cu) Cuenta con una útil oficina en el aeropuerto Jardines del Rey. También hay mostradores en casi todos los hoteles principales.

Cómo llegar y desplazarse

El **aeropuerto internacional Jardines del Rey** (☎30-91-65) de Cayo Coco está equipado con una pista de 3 km y tiene capacidad para gestionar 1,2 millones de visitantes al año. Llegan vuelos semanales de Canadá y Reino Unido. También hay un servicio diario a/desde La Habana (unos 90 CUC) con Aerocaribbean.

Aunque llegar a Cayo Coco es casi imposible sin coche o taxi (o bicicleta), desplazarse se ha convertido en algo muy fácil desde la puesta en marcha de un microbús **Transtur** (☎30-11-75). El servicio es irregular según la temporada, pero hay al menos dos autobuses diarios en cada sentido (hasta seis en temporada alta). El microbús va de este a oeste entre el Meliá Cayo Coco y la playa Pilar, con parada en todos los hoteles de Cayo Coco y Cayo Guillermo y en el Parque Natural El Bagá. El bono de un día cuesta 5 CUC.

Un taxi a Cayo Coco desde Morón sale por unos 40 CUC, sobre los 60 CUC desde Ciego de Ávila. Se paga un suplemento de 2 CUC por acceder a los cayos.

En **Cubacar** (☎30-12-75), en la segunda rotonda entre el Meliá (p. 320) y el Tryp (p. 320), se alquilan vehículos y motocicletas. La empresa está presente en los principales hoteles.

En los *resorts* escasean las bicicletas. Lo mejor es preguntar.

Cayo Guillermo

Cayo Guillermo: maravillosas playas blancas y refugio de flamencos rosas y del Ernesto más famoso de Cuba después del Che: el señor Hemingway. Fue él quien inició la temprana campaña publicitaria de Cayo Guillermo, describiéndolo de manera esplendorosa en su novela póstuma *Islas en el golfo* (1970). La urbanización de los cayos del norte empezó aquí en 1988 con un pequeño hotel flotante, consolidándose en 1993 cuando Villa Cojímar, el primer *resort* en tierra firme de los cayos, recibió a sus primeros clientes. Desde siempre un afamado lugar para pescar en aguas profundas, los 13 km² de Cayo Guillermo todavía conservan un aire más exótico que su primo mayor del este. Los mangles de la costa sur son el hábitat de flamencos rosas y pelícanos, y en el arrecife atlántico se halla una fabulosa diversidad de peces.

Actividades

Marina Marlin Cayo Guillermo PESCA
(30-17-37) A la derecha del paso elevado según se llega desde Cayo Coco, este puerto deportivo con 36 amarres es uno de los siete puertos de entrada internacionales homologados de Cuba. Se puede organizar pesca en aguas profundas de caballa, lucio, barracuda, pargo rojo y pez aguja en grandes barcos que navegan entre 5-13 km. Los precios son a partir de 290 CUC por medio día (4 personas).

Boat Adventure CIRCUITO EN BARCO
Esta solicitada actividad cuenta con su propio embarcadero en el lado izquierdo del paso elevado, según se entra a Cayo Guillermo. Por 41 CUC se puede hacer un viaje de 2 h en barco de motor a través de los canales naturales de manglares del cayo. Hay cuatro salidas diarias, la primera a las 9.00.

★ **Delfinario** DELFINES
(30-15-29; adultos/niños 110/60 CUC; 10.00-17.00) La nueva atracción de Cayo Guillermo es este centro que ofrece la oportunidad de nadar con delfines. El lugar está bien llevado, con personal entendido que se preocupa por el bienestar de los animales. Tiene bar-restaurante.

Centro de submarinismo Green Moray SUBMARINISMO
En el hotel Meliá Cayo Guillermo, al norte del Iberostar Daiquirí. Una inmersión con equipo incluido cuesta 45 CUC.

Dónde dormir y comer

Actualmente hay cuatro hoteles, situados en la costa norte, pero está prevista la construcción de otros dos. Aparte del Daiquirí y el Cojímar, está el lujo familiar del tándem Sol/Meliá.

Villa Cojímar HOTEL $$
(30-17-12; h 85-135 CUC; P ❄ @ ≋) El hotel más antiguo del archipiélago Sabana-Camagüey abrió en 1993 y comprende una colección más bien discreta de bungalós en una tranquila ubicación a pie de playa.

★ **Iberostar Daiquirí** HOTEL $$$
(30-16-50; i/d 175/270 CUC; P ❄ @ ≋) Las abundantes zonas de sombra, el estanque de lirios y la cascada frente al bar de la piscina hacen que destaque sobre los demás hoteles. Sus 312 habitaciones se hallan en atractivas edificaciones de estilo colonial y su paradisíaca playita parece sacada directamente de un folleto.

★ **Ranchón Playa Pilar** CARIBEÑA $$
(principales 7-12 CUC; 9.00-16.00) La mejor playa de Cuba también cuenta con un excelente bar y restaurante cuya langosta fresca es espectacular.

Información

Todos los *resorts* de Cayo Guillermo aceptan euros.

Banco Financiero Internacional En el hotel Iberostar Daiquirí.

Cómo llegar y desplazarse

La información de llegada es la misma que para Cayo Coco. El microbús (p. 321) con dos servicios diarios y parada libre circula a/desde Cayo Coco y para en los cuatro hoteles de Cayo Guillermo, con final en la playa Pilar. Un bono válido para todo el día cuesta 5 CUC.

En **Cubacar** (30-17-43; Villa Cojímar) se pueden alquilar coches.

Provincia de Camagüey

032 / 780 600 HAB.

Sumario »

Los mejores restaurantes

- Café Ciudad (p. 332)
- Restaurante 1800 (p. 332)
- El Bucanero (p. 341)
- Restaurante Italiano Santa Teresa (p. 332)

Los mejores alojamientos

- Gran Hotel (p. 332)
- Casa de Magalis (p. 337)
- Los Vitrales (p. 330)
- Motel La Belén (p. 337)

Por qué ir

Ni occidente ni oriente: Camagüey es la provincia cubana a contracorriente, una región a la que le gusta ir a la suya en política y cultura, para gran disgusto de sus vecinos habaneros y santiagueros.

Las semillas se plantaron en la era colonial, cuando la preferencia de Camagüey por el ganado en lugar de la caña de azúcar se tradujo en menos necesidad de trabajo esclavo y más ganas por deshacerse de un sistema que generaba miseria.

Hoy, la provincia más grande de Cuba es, básicamente, una bucólica mezcla de ganado, tranquilas ciudades azucareras y, en el sur, unas cuantas cordilleras bajas. Está flanqueada por los dos mayores archipiélagos del país: Sabana-Camagüey al norte y Jardines de la Reina al sur, ambos infradesarrollados y casi vírgenes en algunas zonas.

Por su atractiva arquitectura y encanto cosmopolita, la devotamente católica capital solo se ve superada por La Habana. Es una ciudad celosamente independiente que engendró al poeta revolucionario Nicolás Guillén, al científico Carlos J. Finlay y a una compañía de *ballet* de fama internacional.

Cuándo ir

- Existe debate sobre el año exacto de la fundación de Camagüey (en el 2014 se va a conmemorar su 500º aniversario con innumerables fiestas). En febrero todo el mundo se echa a la calle para celebrar la Jornada de la Cultura Camagüeyana.
- Para los entusiastas de la naturaleza, marzo es un mes excelente para observar aves migratorias en los cayos del norte.
- En Playa Santa Lucía, puede verse cómo instructores de submarinismo alimentan a los tiburones (cuando los hay) entre junio y enero.
- En septiembre, Camagüey exhibe de nuevo su fortaleza cultural con el Festival Nacional de Teatro.

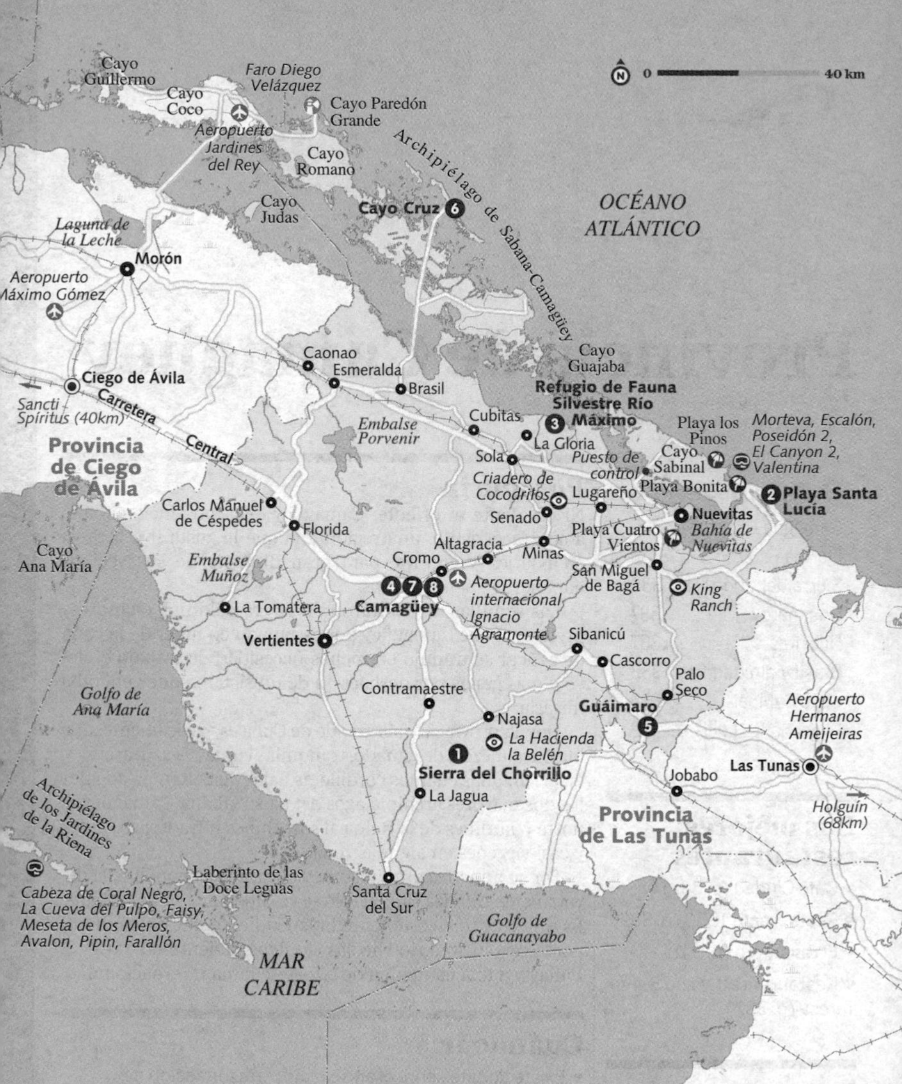

Imprescindible

1. Retirarse en la **Sierra del Chorrillo,** hábitat de aves raras y bosques petrificados (p. 336).
2. Contemplar a los instructores de submarinismo mientras dan de comer a los tiburones junto a **Playa Santa Lucía** (p. 339).
3. Avistar flamencos en el **Refugio de Fauna Silvestre Río Máximo** (p. 339).
4. Hacer penitencia en Camagüey y encontrar el alma católica de Cuba en un montón de **iglesias** coloniales (p. 329).
5. Parar en **Guáimaro,** donde se firmó la primera Constitución de Cuba (p. 337).
6. Pescar tarpones y mocabijos en las marismas de **Cayo Cruz** (p. 338).
7. Explorar el más sofisticado panorama culinario en uno de los restaurantes más deliciosos de Camagüey como el **Restaurante 1800** (p. 332).
8. Comprar productos frescos en el **Mercado Agropecuario Hatibonico** (p. 330) de Camagüey.

Camagüey

306 400 HAB.

El peculiar y laberíntico trazado de las calles de Camagüey es fruto de dos siglos dedicados a repeler piratas como Henry Morgan, y se pensó para confundir a los saqueadores y ofrecer refugio a sus habitantes (o esto es lo que dice la leyenda). Por este motivo, las sinuosas calles y estrechos y serpenteantes callejones de Camagüey recuerdan más a una medina marroquí que a las cuadrículas geométricas de Lima o Ciudad de México.

Metida en la carretera Central a medio camino entre Ciego de Ávila y Las Tunas, la "ciudad de los tinajones" (como a veces se conoce Camagüey) es la tercera más grande de Cuba, la más agradable con diferencia y la más sofisticada después de La Habana, además de ser el bastión de la iglesia católica en la isla. Estos resistentes ciudadanos son conocidos por hacer lo que les parece en tiempos de crisis; los demás cubanos los llaman agramontinos por el héroe de la Primera Guerra de Independencia: Ignacio Agramonte, coautor de la Constitución de Guáimaro y valiente líder de la mejor brigada de caballería de Cuba. En el 2008 su centro histórico, muy bien conservado, fue convertido en el noveno lugar en Cuba declarado Patrimonio Mundial de la Unesco.

Las laberínticas calles de Camagüey suelen inspirar a los viajeros, por sus plazas escondidas, apartadas iglesias barrocas, fascinantes galerías y acogedores bares y restaurantes. La otra cara de la moneda es el gran número de jineteros que persiguen al viajero mientras pasea.

Historia

Fundada en febrero de 1514 como una de las siete "villas" sagradas de Diego Velázquez, Santa María del Puerto Príncipe se creó originalmente en la costa cerca de donde hoy en día se encuentra Nuevitas. Debido a una serie de rebeliones de los taínos de la zona, la ciudad se trasladó dos veces en el s. XVI, hasta ocupar su ubicación actual en 1528. En 1903 su nombre pasó a ser Camagüey, en homenaje al árbol camagua del que emana toda la vida según una leyenda autóctona.

A pesar de los ataques continuos de corsarios, la ciudad creció rápidamente en el s. XVII con una economía basada en la producción de azúcar y la cría de ganado. Debido a la falta de agua en la zona la gente de la ciudad tuvo que fabricar tinajones para recoger el agua de lluvia. De ahí que hoy en día se conozca también a Camagüey como la ciudad de los tinajones, aunque ahora sean objetos estrictamente decorativos.

NOMBRES DE LAS CALLES DE CAMAGÜEY

Para mayor confusión a la hora de solicitar indicaciones, los lugareños insisten en usar los antiguos nombres de las calles, a pesar de que los carteles y los planos vienen con los nuevos.

NOMBRE ANTIGUO	NOMBRE NUEVO
Estrada Palma	Agramonte
Francisquito	Quiñones
Pobre	Padre Olallo
Rosario	Enrique Villuendas
San Esteban	Óscar Primelles
San Fernando	Bartolomé Masó
San José	José Ramón Silva
Santa Rita	El Solitario

Además del héroe independentista Ignacio Agramonte, Camagüey ha dado diversas personalidades destacables como el poeta nacional Nicolás Guillén y el eminente médico Carlos J. Finlay, responsable en gran medida del descubrimiento de las causas de la fiebre amarilla. En 1959 los prósperos ciudadanos no tardaron en oponerse a los revolucionarios de Castro cuando el comandante militar local Huber Matos (antiguo aliado de Fidel) acusó al líder máximo de poner fin a la Revolución. Como era de esperar lo arrestaron y encarcelaron por sus quejas.

Fielmente católica, Camagüey dio la bienvenida al papa Juan Pablo II en 1998 y, en el 2008, acogió la beatificación del primer santo de Cuba, Fray José Olallo el "Padre de los Pobres", que ayudó a los heridos de ambos bandos en la Guerra de Independencia de 1868-1878. Raúl Castro asistió a la ceremonia.

Puntos de interés

Centro de la ciudad

★ **Plaza San Juan de Dios** PLAZA

(Hurtado esq. Paco Recio) De aspecto más mexicano que cubano (México fue la capital de Nueva España, por lo que la arquitectura colonial solía ser superior), la plaza San Juan de Dios es el rincón más pintoresco y mejor conservado de Camagüey. En su lado este se halla el Museo de San Juan de Dios, antiguamente un hospital. Detrás de las llamativas

Camagüey

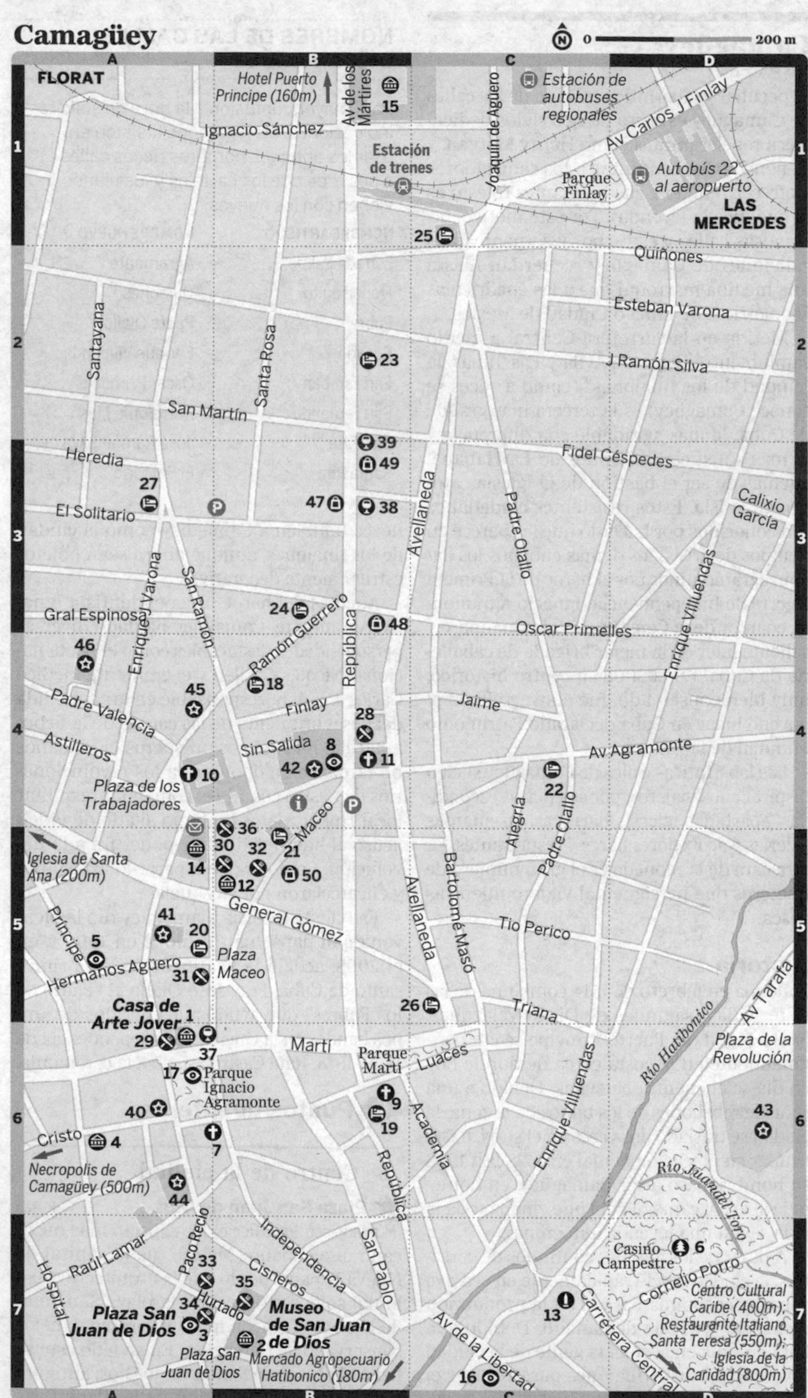

0 200 m
FLORAT
Hotel Puerto Principe (160m)
Av de los Mártires
Estación de autobuses regionales
Av Carlos J Finlay
Ignacio Sánchez
Estación de trenes
Joaquín de Agüero
Parque Finlay
Autobús 22 al aeropuerto
LAS MERCEDES
Quiñones
Esteban Varona
J Ramón Silva
Santayana
Santa Rosa
San Martín
Heredia
Fidel Céspedes
El Solitario
Avellaneda
Padre Olallo
Calixio García
Enrique Villuendas
Gral Espinosa
Enrique J Varona
San Ramón
Ramón Guerrero
República
Oscar Primelles
Padre Valencia
Finlay
Jaime
Astilleros
Sin Salida
Av Agramonte
Plaza de los Trabajadores
Maceo
Alegría
Iglesia de Santa Ana (200m)
Bartolomé Masó
General Gómez
Tio Perico
Príncipe
Plaza Maceo
Hermanos Agüero
Triana
Casa de Arte Jover
Martí
Parque Martí
Luaces
Parque Ignacio Agramonte
Río Hatibonico
Av Tarafa
Plaza de la Revolución
Academia
Cristo
Necropolis de Camagüey (500m)
Río Juan del Toro
Raúl Lamar
Paco Recio
Independencia
San Pablo
Hospital
Cisneros
Hurtado
Casino Campestre
Cornelio Porro
Centro Cultural Caribe (400m); Restaurante Italiano Santa Teresa (550m); Iglesia de la Caridad (800m)
Plaza San Juan de Dios
Museo de San Juan de Dios
Mercado Agropecuario Hatibonico (180m)
Av de la Libertad
Carretera Central

Camagüey

Principales puntos de interés
1 Casa de Arte Jover ... A6
2 Museo de San Juan de Dios ... B7
3 Plaza San Juan de Dios ... A7

Puntos de interés
4 Casa Finlay ... A6
5 Casa Natal de Nicolás Guillén ... A5
6 Casino Campestre ... D7
7 Catedral de Nuestra Señora de la Candelaria ... B6
8 Galería el Colonial ... B4
9 Iglesia de Nuestra Corazón de Sagrado Jesús ... B6
10 Iglesia de Nuestra Señora de la Merced ... A4
11 Iglesia de Nuestra Señora de la Soledad ... B4
12 Maqueta de la Ciudad ... B5
13 Monumento a Mariano Baberán y Joaquín Collar ... C7
14 Museo Casa Natal de Ignacio Agramonte ... A5
15 Museo Provincial Ignacio Agramonte ... B1
16 Palacio de los Matrimonios ... C7
17 Parque Ignacio Agramonte ... A6

Dónde dormir
18 Alba Ferraz ... B4
19 Casa Los Helechos ... B6
20 Dalgis Fernández Hernández ... A5
21 Gran Hotel ... B5
22 Hostal de Carmencita ... C4
23 Hotel Colón ... B2
24 Hotel Isla de Cuba ... B3
25 Hotel Plaza ... C1
26 Los Vitrales – Emma Barreto y Rafael Requejo ... C5
27 Yamilet y Edgar ... A3

Dónde comer
28 Bodegón Don Cayetano ... B4
29 Café Ciudad ... A6
30 Café Cubanitas ... B5
31 Cafetería Las Ruinas ... A5
32 Coppelia ... B5
Gran Hotel ... (véase 21)
Gran Hotel Snack Bar ... (véase 21)
33 La Campana de Toledo ... A7
34 Restaurante 1800 ... A7
35 Restaurante de los Tres Reyes ... B7
36 Restaurante La Isabella ... B5

Dónde beber y vida nocturna
37 Bar El Cambio ... A6
Gran Hotel Bar Terraza ... (véase 21)
38 La Bigornia ... B3
39 Taberna Bucanero ... B3

Ocio
40 Casa de la Trova Patricio Ballagas ... A6
41 Centro de Promoción Cultural Ibero Americano ... A5
42 Cine Encanto ... B4
43 Estadio Cándido González ... D6
44 Galería Uneac ... A6
45 Sala Teatro José Luis Tasende ... A4
46 Teatro Principal ... A4

De compras
47 ARTex Souvenir ... B3
48 Casa de los Santos ... B3
49 Librería Ateneo ... B3
50 Panadería Doña Neli ... B5

fachadas azul, amarillo y rosa de la plaza hay varios restaurantes excelentes.

★ Museo de San Juan de Dios — MUSEO

(entrada 1 CUC; 9.00-17.00 ma-sa, hasta 13.00 do) Está ubicado en un antiguo hospital gestionado por el padre José Olallo, el fraile cubano convertido más tarde en el primer santo de Cuba. Posee un claustro frontal que data de 1728 y un patio trasero rectangular único con toques moriscos, construido en 1840. Desde que dejó de funcionar como hospital en 1902, ha sido universidad de pedagogía, refugio durante el ciclón de 1932, y el Centro Provincial de Patrimonio que dirigió la restauración de los monumentos de Camagüey. El museo describe la historia de Camagüey y exhibe algunas pinturas locales.

★ Casa de Arte Jover — GALERÍA

(Martí nº 154, entre Independencia y Cisneros) Camagüey es el hogar de dos de los pintores contemporáneos más creativos y prodigiosos de Cuba, Joel Jover y su mujer Ileana Sánchez. Su magnífica casa de la plaza Agramonte hace las veces de galería y obra de arte, con arte original y antigüedades en exposición.

El viajero puede curiosear por la casa y adquirir una pintura. Los artistas también poseen el **Estudio-Galería Jover** (Paco Recio; 9.00-12.00 y 15.00-17.00 lu-sa) en la plaza San Juan de Dios.

Museo Casa Natal de Ignacio Agramonte — MUSEO

(av. Agramonte nº 459; entrada 2 CUC; 9.00-16.45 lu-sa, hasta 14.30 do) Esta es la casa natal del héroe de la independencia Ignacio Agramonte (1841-1873), el ganadero que condujo la revuelta contra España en la zona de Camagüey. La casa, que ya de por sí es un bonito edificio colonial, describe el papel a menudo ninguneado de Camagüey y Agramonte en la Primera Guerra de Independencia.

En julio de 1869 las fuerzas rebeldes de Agramonte atacaron Camagüey, y cuatro años más tarde lo mataron en combate (con tan solo 32 años). El álbum *Días y flores* del cantante popular cubano Silvio Rodríguez incluye una canción dedicada a este héroe, apodado "El Mayor". La pistola del héroe es una de sus pocas pertenencias que se exponen. Está enfrente de la iglesia de Nuestra Señora de la Merced, en la esquina de Independencia

Parque Ignacio Agramonte PLAZA

(Martí esq. Independencia) Esta deslumbrante plaza en el corazón de la ciudad atrae a los visitantes con sus bancos de mármol y una estatua ecuestre (de 1950) del precoz héroe de la Guerra de Independencia de Camagüey.

Casa Finlay MUSEO

(Cristo, entre Cisneros y Lugareño; ⌚8.00-17.00 lu-vi, hasta 12.00 sa) El otro héroe de Camagüey, el doctor Carlos J. Finlay, estaba más preocupado en salvar vidas que en quitarlas. Este pequeño museo en su casa natal documenta su vida y sus hazañas científicas, entre las que destaca el revolucionario descubrimiento de cómo los mosquitos transmiten la fiebre amarilla. Hay un espléndido patio interior.

Maqueta de la Ciudad MUSEO

(Independencia esq. General Gómez; entrada 1 CUC; ⌚9.00-21.00) Si las ciudades nº 1 (La Habana) y nº 2 (Santiago) la tienen, ¿por qué no la nº 3? Disfrutando de su condición de Patrimonio Mundial de la Unesco, Camagüey muestra una excelente maqueta de la ciudad en un agradable edificio colonial con aire acondicionado y una galería envolvente para apreciarla mejor. Interesantes muestras explican su arquitectura y el diseño urbano.

Galería el Colonial EDIFICIO RELEVANTE

(av. Agramonte esq. República; ⌚9.00-17.00) Es un centro comercial al estilo cubano. Es difícil decir si este edificio colonial de color rosa, renovado para la celebración del 500º aniversario de la ciudad, satisface más a los locos del turismo o de las compras. Obviamente se puede comprar ron o cigarros, o sentarse para tomar un café, pero quizá lo más destacable sea la experiencia del conjunto.

Casa Natal de Nicolás Guillén CENTRO CULTURAL

(Hermanos Agüero nº 58; ⌚9.00-17.00) GRATIS Esta modesta casa ofrece a los visitantes una pequeña mirada hacia el difunto poeta cubano y sus libros. Actualmente también es el Instituto Superior de Arte, donde los lugareños estudian música.

Oeste del centro de la ciudad

Plaza del Carmen PLAZA

(Hermanos Agüero, entre Honda y Carmen) Unos 600 m al oeste del caos de República se halla esta preciosa plaza. En el lado este puede verse la iglesia de Nuestra Señora del Carmen (p. 329), una de las más bonitas de la ciudad.

Hace algo más de una década, la plaza del Carmen estaba en ruinas, pero ha sido restaurada a un estado incluso mejor que el original. El espacio central adoquinado se ha inundado de tinajones gigantes, farolas llenas de encanto y esculturas únicas de tamaño natural que muestran a camagüeyanos en su vida cotidiana (básicamente, leer periódicos y cotillear).

Martha Jiménez Pérez GALERÍA

(Martí nº 282, entre Carmen y Onda; ⌚9.00-17.00 lu-sa) GRATIS El viajero se halla en la capital de la cerámica de Cuba, por lo que no es mala idea pasarse por el estudio-galería de Martha Jiménez Pérez, una de las mejores artistas, para ver desde tiestos hasta pinturas. Está en la zona de acceso peatonal a la plaza del Carmen.

Necropolis de Camagüey CEMENTERIO

(plaza del Cristo; ⌚7.00-18.00) GRATIS Este mar de elaboradas tumbas góticas blancas asimétricas conforma uno de los cementerios más infravalorados de Cuba, y es lugar de reposo del héroe de la independencia nacido en Camagüey Ignacio Agramonte, entre otros. Quizá no tenga el carácter de la Necrópolis de Colón de La Habana, pero no se queda muy lejos en el número de insignes personajes que allí reposan.

Agramonte se encuentra en la mitad del segundo pasillo a la izquierda después de la entrada (la tumba pintada de azul). Más difíciles de encontrar son las tumbas de los combatientes de la libertad Tomás Betancourt o Salvador Cisneros Betancourt (antiguo presi-

EL ALMA CATÓLICA DE CUBA

Si Cuba tiene alma católica, sin duda reside en Camagüey, una ciudad de iglesias barrocas y altares dorados, donde las agujas eclesiásticas se alzan como minaretes sobre la estrecha maraña de calles.

Cualquier exploración de la historia religiosa de Camagüey debería iniciarse en su iglesia más importante, la **catedral de Nuestra Señora de la Candelaria** (Cisneros nº 168), reconstruida en el s. XIX en el lugar donde se alzó una capilla de 1530. La catedral, que lleva el nombre de la patrona de la ciudad, fue totalmente restaurada con fondos recaudados durante la visita del papa Juan Pablo II en 1998. Aunque no es la iglesia más atractiva de Camagüey, destaca por su estatua de Cristo en lo alto de un campanario.

La **iglesia de Nuestra Señora de la Merced** (plaza de los Trabajadores), que data de 1748, es posiblemente la iglesia colonial más impresionante de Camagüey. Cuenta la leyenda que una milagrosa figura emergió de las profundidades del agua en 1601, momento desde el cual este sitio viene siendo lugar de culto. El activo convento del claustro adjunto se distingue por su interior arqueado en dos niveles, sus catacumbas espeluznantes (donde se enterró a los fieles de la iglesia hasta 1814) y el impresionante Santo Sepulcro, un ataúd de plata maciza.

Tras las aplaudidas reformas del 2007, la **iglesia de Nuestra Señora de la Soledad** (República esq. avenida Agramonte), una estructura de ladrillo maciza que data de 1779, brilla en todo su esplendor. En realidad, su pintoresca torre es anterior al resto de la estructura y constituye un monumento llamativo entre los demás edificios de la ciudad. En su interior hay frescos barrocos decorados y la sagrada pila bautismal donde Ignacio Agramonte fue bautizado en 1841.

El barroco se convierte en gótico en el parque Martí, que queda unas pocas manzanas al este del parque Ignacio Agramonte, donde la **iglesia del Sagrado Corazón de Jesús** (República esq. Luaces) de triple aguja brilla con su vitral ornamentado, el trabajo de hierro y la interpretación actualizada del estilo arquitectónico medieval favorito en Europa (una rareza en Cuba).

La **iglesia de Nuestra Señora del Carmen** (plaza del Carmen), una belleza barroca con torres gemelas que data de 1825, es otra iglesia que comparte edificio con un antiguo convento. El monasterio de las Ursulinas es un sólido edifico colonial arqueado con un bonito patio enclaustrado que sirvió de refugio a las víctimas del violento huracán de 1932. Hoy en día acoge la Oficina del Historiador.

La **iglesia de San Lázaro** (carretera Central Oeste esq. calle Cupey) es una hermosa y pequeña iglesia que data de 1700. Igual de interesante es el cercano hospital con claustro construido un siglo más tarde por el virtuoso monje franciscano Padre Valencia para cuidar de enfermos de lepra. Está 2 km al oeste del centro.

La **iglesia de San Cristo del Buen Viaje** (plaza del Cristo), que está junto a la necrópolis y da a una plaza tranquila, es una de las menos visitadas del patrimonio eclesiástico de Camagüey, pero merece la pena echarle un vistazo si se visita la necrópolis de Camagüey (detrás). La capilla original era de 1723, pero la estructura actual es sobre todo del s. XIX.

La **iglesia de la Caridad** (av. de la Libertad esq. Sociedad Patriótica) monta guardia en el extremo sureste de la ciudad. Construida originariamente como capilla en el s. XVIII, fue reformada un par de veces en el s. XX (1930 y 1945) y cuenta con un bonito altar de plata (c. 1730) y una imagen de la Virgen de la Caridad del Cobre rematada con un relieve de la flor nacional de Cuba, la mariposa.

Finalmente, está la **iglesia de Santa Ana** (plazoleta de Santa Ana), construida en 1697 y renovada en el s. XIX con la ayuda de don Miguel Iriarte, el acaudalado propietario de una hacienda.

dente de Cuba). Hay circuitos que salen de la entrada de detrás de la iglesia del San Cristo del Buen Viaje (lo mejor es hacerlos entre primera hora y el medio día).

Norte del centro de la ciudad

Al norte de la estación de trenes, la **avenida de los Mártires** se abre en una sinfonía de 1 km de nobles edificios de columnas del s. XIX, el ejemplo más acabado de ello en Cuba.

Museo Provincial Ignacio Agramonte MUSEO
(av. de los Mártires nº 2; entrada 2 CUC; ⌚10.00-13.00 y 14.00-18.00 ma-sa, 9.00-13.00 do) Este cavernoso museo al norte de la estación de ferrocarril (que recibe el nombre, como la mitad de Camagüey, del héroe de la Guerra de Independencia) se halla en un edificio levantado en 1848 como cuartel de caballería español. Hoy alberga impresionantes obras de arte, muchas de artistas nacidos en Camagüey como Fidelio Ponce, además de mobiliario antiguo y viejas reliquias familiares.

La colección de arte del piso de arriba contiene obras de muchos artistas de Camagüey: hay tanto obras de artistas del s. XIX y de principios del s. XX como Fidelio Ponce, como también artes plásticas de figuras de fama nacional como Alfredo Sosabravo.

Sur y este del centro

Casino Campestre PARQUE
(carretera Central) Sobre el río Hatibonico viniendo del casco antiguo se encuentra el mayor parque urbano de Cuba, diseñado en 1860. Hay bancos a la sombra, un estadio de béisbol, conciertos y actividades. En una glorieta cercana a la entrada del parque hay un **monumento** dedicado a Mariano Barberán y a Joaquín Collar, dos españoles que realizaron el primer vuelo sin escalas entre España (Sevilla) y Cuba (Camagüey) en 1933.

Hicieron la travesía en su avión *Cuatro Vientos* pero, de forma trágica, el avión desapareció cuando volaba a México una semana más tarde. Los omnipresentes bicitaxis están para llevar al viajero a dar una vuelta.

Mercado Agropecuario Hatibonico MERCADO
(Matadero; ⌚7.00-18.00) Si el viajero visita un solo mercado en Cuba, que sea este. Pegado al turbulento río Hatibonico junto a la carretera Central, y caracterizado por sus pregones (cánticos, a menudo cómicos, de los comerciantes ofreciendo sus mercancías), este es un clásico ejemplo de libertad de empresa al estilo cubano yuxtapuesta con puestos del Gobierno más baratos pero de menor calidad.

La mejor zona para visitar es la de los hirberos, con sus hierbas, pócimas y elixires secretos. No hay que dejar de visitar el vivero donde los cubanos compran árboles de mango en miniatura y varias plantas ornamentales. Hay que controlar bien dónde se lleva el dinero.

Palacio de los Matrimonios EDIFICIO DESTACADO
(av. de la Libertad esq. carretera Central) Este es el edificio donde se casan los camagüayenos. Es uno de los más llamativos de Cuba, una mezcla de influencias coloniales y *art déco*. Si están abiertos, se puede pasear por los jardines llenos de palmeras y ver cómo lo celebran los recién casados.

Fiestas y celebraciones

La **Jornada de la Cultura Camagüeyana** conmemora la fundación de la ciudad en febrero. El carnaval anual, conocido como el **San Juan Camagüeyano,** se celebra del 24 al 29 de junio con bailarines, carrozas y música de raíces africanas. El 8 de septiembre se celebra la festividad de **Nuestra Señora de la Caridad,** en honor a la santa patrona de la ciudad y de Cuba.

Dónde dormir

Los Vitrales. Emma Barreto y Rafael Requejo CASA PARTICULAR $
(☎29-58-66, 52-94-25-22; requejobarreto@gmail.com; Avellaneda nº 3, entre General Gómez y Martí; h 20-25 CUC; P❄) Esta enorme casa colonial restaurada de manera exhaustiva fue un convento y exhibe arcos anchos, techos altos y decenas de antigüedades. Hay tres habitaciones en torno a un patio sombreado lleno de plantas y con un fantástico mural de azulejos. Rafael, el dueño, es arquitecto y se nota. La comida (también para vegetarianos) es igualmente fabulosa.

La hermana de Rafael, **María Eugenia Requejo** (☎25-86-70; Avellaneda 3A; 20-25 CUC) tiene un apartamento al lado.

Dalgis Fernández Hernández CASA PARTICULAR $
(☎28-57-32; Independencia 251 (altos), entre Hermanos Agüeros y General Gómez) Premio a la terraza en una azotea más grande: aquí el viajero pasará mucho rato tostándose al sol. Debajo hay dos bonitas habitaciones y una zona común repleta de antigüedades.

Hostal de Carmencita CASA PARTICULAR $
(☎29-69-30; av. Agramonte nº 259, entre Padre Olallo y Alegría; h 20-25 CUC; P❄) Una habitación bien equipada en el piso superior, incluidas terraza y nevera propias: la sala común de abajo dispone de acceso a internet solo para clientes, una rareza en Cuba. También hay un

DE PRIMERA MANO

RAFAEL REQUEJO: ARQUITECTO Y PROPIETARIO DE UNA CASA PARTICULAR EN CAMAGÜEY

¿Por qué es la arquitectura de Camagüey diferente a la del resto de ciudades cubanas?

Hay varias teorías, a parte de la idea de los piratas. Podría deberse al antiguo aislamiento de Camagüey en el centro de la isla, a su oposición a las normas españolas de diseño tradicional, a su singular emplazamiento en la confluencia de dos ríos y a su proximidad a buenos pastos para el ganado, o a su abundancia de influyentes iglesias, cada una de las cuales evolucionó de forma independiente alrededor de sus propios barrios y plazas.

¿Cuáles son sus principales características arquitectónicas?

Los íntimos patios andaluces caracterizados por grandes tinajones, los arcos de estilo mudéjar, las balaustradas de madera o de metal en las ventanas, los *aljibes*, el vidrio tintado, las columnas griegas y los techos decorativos.

¿Cuáles son los edificios emblemáticos de la ciudad?

La iglesia de Nuestra Señora de la Soledad, la Casa Natal de Ignacio Agramonte y la Casa de la Trova Patricio Ballagas. También hay edificios menos evidentes, como el Banco de Crédito y Comercio en la plaza de los Trabajadores y la casa natal de la autora cubana Gertrudis Gómez de Avellaneda en la calle Avellaneda nº 67.

¿Dónde se puede saber más sobre la arquitectura de Camagüey?

Buenos lugares son la Oficina del Historiador de la Ciudad, en la plaza del Carmen, o el Centro Provincial de Patrimonio, en la plaza San Juan de Dios.

garaje (estrecho), que también es otra rareza en el centro de Camagüey.

Hotel Puerto Principe HOTEL $
(☎28-24-69, 28-24-03; av. de los Mártires entre Rotario y Andres Sánchez; i/d 30/48 CUC) Junto al Museo Provincial Ignacio Agramonte, al norte de la estación de trenes, este hotel ha sido recientemente renovado (el restaurante es agradable y hay un bar en la azotea) pero todavía está lejos de su rival, el Gran Hotel. Con todo, las habitaciones son mucho más grandes y silenciosas que en el Colón.

Hotel Colón HOTEL $
(☎25-48-78; República nº 472, entre José Ramón Silva y San Martín; i/d 33/48 CUC desayuno Incl.; ❄) Una larga barra clásica de caoba, paredes flanqueadas con coloridos azulejos y un vitral con un retrato de Cristóbal Colón sobre la puerta del vestíbulo confieren al lugar un aire colonial/*fin de siècle,* aunque las habitaciones son casi todas muy pequeñas. El Colón es una buena base para explorar y para relajarse en el patio colonial trasero. El bar está frecuentado por hombres europeos/canadienses y sus novias cubanas más jóvenes.

Yamilet y Edgar CASA PARTICULAR $
(☎25-29-91; San Ramón nº 209, entre El Solitario y Heredia; h 20-25 CUC) Es un lugar acogedor situado al noroeste del centro. Hay una habitación agradable con baño privado, además de comidas y acceso a un salón cómodo.

Hotel Isla de Cuba HOTEL $
(☎28-15-14; Oscar Primelles nº 453, esq. Ramón Guerrero; i/d/tr 25/40/57 CUC desayuno incl.; P ❄) Un chollo que suele pasarse por alto en pleno centro de la ciudad, barato, agradable y con personal atento. También suele haber espacio: los grupos prefieren el Gran o el Colón.

Hotel Plaza HOTEL $
(☎28-24-13; Van Horne nº 1; i/d 30/48 CUC desayuno incl.; P ❄) No hay dos habitaciones iguales en este hotel colonial. Conviene inspeccionarlas antes de decidir. Todas tienen salón, TV y nevera grande, y los precios son imbatibles. Como está ubicado frente a la estación es perfecto para las salidas tempranísimas del tren (como el de las 5.45 a Santiago, por ejemplo).

Alba Ferraz CASA PARTICULAR $
(☎28-30-81; Ramón Guerrero nº 106, entre San Ramón y Oscar Primelles; h 20-25 CUC; ❄) Dos ha-

bitaciones que comparten un cuarto de baño dan a un patio colonial bastante elegante engalanado con plantas. Hay una terraza en el tejado y Alba, la dueña, organiza clases de danza y guitarra para los clientes.

Casa Los Helechos CASA PARTICULAR $
(☎29-48-68, 52-31-18-97; Republica nº 68) En el largo y estrecho patio de esta agradable casa colonial hay muchos helechos y en la parte trasera del mismo, una habitación de buen tamaño con cocina propia.

★ Gran Hotel HOTEL $$
(☎29-20-93; Maceo nº 67, entre av. Agramonte y General Gómez; i/d 49/78 CUC desayuno incl.; P❄@≋) Este clásico del centro data de 1939. Se respira un altivo ambiente prerrevolucionario en sus 72 habitaciones, a las que se accede por una escalera de mármol o subiendo en un viejo ascensor con conserjes. Desde el restaurante de la 5ª planta o el bar de la azotea hay preciosas vistas panorámicas de la toda la ciudad. Por el vestíbulo se accede a un piano bar mientras que en la parte trasera hay una elegante piscina de estilo renacentista.

Dónde comer

Con restaurantes que se especializan en comida italiana y española, y un par más que ofrecen cordero (toda una rareza en Cuba), Camagüey cuenta con eclécticos lugares de restauración.

★ Café Ciudad CAFÉ $
(Plaza Agramonte esq. Martí y Cisneros; tentempiés 2-5 CUC; ⊙10.00-22.00) Camagüey se ha esforzado mucho para crear un panorama gastronómico de calidad. Este "nuevo" café colonial combina majestuosidad con un gran servicio, imitando cualquier establecimiento de La Habana Vieja. La fotografía que ocupa una pared entera muestra la continuación exacta de la vieja calle.

Restaurante Italiano Santa Teresa ITALIANA $
(☎29-71-08; av. de la Victoria nº 12, entre Padre Carmelo y Freyre; 1,50-5 CUC; ⊙12.00-24.00) Tiene un idílico patio parcialmente cubierto que supone un anticipo al festín italiano que aguarda. *Pizza* divina, excelente helado y un café más que aceptable en un entorno así hacen que este sea un lugar para disfrutar. El vino es sudamericano pero este no es el momento ni el lugar para lamentar los problemas de importación y exportación de Cuba.

El Ovejito CARIBEÑA $
(Hermanos Agüero, entre Honda y Carmen; platos sobre 6 CUC; ⊙12.00-22.00) No, el nombre no es una broma: este local sirve lo que su nombre indica. Se encuentra en la sublime plaza del Carmen, donde apenas se molesta a los turistas. Es un establecimiento gubernamental con una carta que es más una lista de deseos que un resumen de lo que en realidad se ofrece, pero siempre hay cerveza fría y buen café.

Café Cubanitas CAFÉ $
(Independencia esq . av. Agramonte; comidas 1-3 CUC; ⊙24h) Otro nuevo café junto a la plaza de los Trabajadores. Al aire libre y animado, está abierto permanentemente (a diferencia de muchos otros que dicen lo mismo pero cierran pronto). Sirven tentempiés y café aceptable. Ideal para satisfacer ese antojo de ropa vieja a las 3.00.

Cafetería las Ruinas COMIDA RÁPIDA $
(plaza Maceo; comidas 1-3 CUC) Un patio colonial repleto de helechos con un menú muy barato de pollo frito y *pizza*. Basta pedir una margarita e iniciar una conversación con los vendedores de la calle a través de las verjas de hierro.

Coppelia HELADERÍA $
(Maceo, entre av. Agramonte y General Gómez; helados desde 1 CUC) Un oscuro y vulgar establecimiento para la delegación de Camagüey de la cadena nacional de helados. Es mejor llevárselo.

★ Restaurante 1800 INTERNACIONAL $$
(☎28-36-19; plaza San Juan de Dios; comidas 12 CUC; ⊙10.00-24.00) El mejor restaurante fuera de La Habana. A este sensacional establecimiento colonial no le falta nada. La majestuosa parte delantera da a una plaza, anticipo de la experiencia gastronómica que aguarda. Se recomienda el enchilado de camarones o la ensalada de pulpo.

El precio de la comida incluye un generoso bufé con quesos europeos (algo raro), embutidos y crujientes ensaladas. A lo largo está la bodega más impresionante del Oriente y, en la parte trasera, hay una barbacoa para sentarse al aire libre y degustar suculenta carne a la brasa.

Restaurante la Isabella ITALIANA $$
(av. Agramonte esq. Independencia; *pizzas* 5-8 CUC; ⊙11.00-16.00 y 18.30-22.00) El restaurante más animado de Camagüey fue inaugurado du-

rante una visita de representantes del emblemático Festival Internacional del Cine Pobre de Gibara en el 2008. Combinando comida italiana (*pizza,* lasaña, *fettuccine)* con una decoración temática de cine y sillas de estilo director, ocupa el lugar del primer cine de Camagüey.

Bodegón Don Cayetano TAPAS $$
(☎26-19-61; República Nº 79; tapas 3-5 CUC) La mejor taberna de estilo español de Camagüey. Acurrucado bajo la iglesia de Nuestra Señora de la Soledad, tienen mesas en un callejón colindante. La comida consiste principalmente en tapas como tortilla, chorizo a la salsa de sidra o garbanzos, pero el bistec a la salsa de vino tinto y champiñones del chef es tentador (7,50 CUC).

Restaurante Papito Rizo PESCADO $$
(☎28-33-48; Calle D Nº 13; 8-16 CUC; ⏲10.00-2.00) Un choque para los sentidos por su decoración estilo Disney World y música animada. Aun así merece la pena por su variada carta y de mejor calidad de Camagüey (hay más de 100 platos). Su ambiente recuerda al de un recreo (restaurante campestre) pero las especialidades de marisco y el servicio son de primera división. Está 2 km al norte de la estación de trenes pero ofrecen transporte de ida y vuelta (4 CUC).

Restaurante de los Tres Reyes CARIBEÑA $$
(plaza San Juan de Dios nº 18; comidas 7 CUC; ⏲10.00-22.00) Este bonito establecimiento del Gobierno en una hermosa casa en la plaza San Juan de Dios prepara básicamente platos de pollo. El viajero puede contemplar la vida en la ciudad junto a enormes ventanas con rejilla de hierro fuera o disfrutar de más intimidad en un patio trasero adornado con plantas. **Campana de Toledo** (plaza San Juan de Dios nº 18; ⏲10.00-22.00) es igual de romántico y está justo al lado.

Gran Hotel INTERNACIONAL $$
(Maceo nº 67, entre av. Agramonte y General Gómez; cenas bufé 12 CUC) El restaurante del 5º piso tiene vistas soberbias de la ciudad y un bufé bastante bueno; mejor llegar temprano y ver cómo se pone el Sol sobre las torres de la iglesia. Bastante por debajo del nivel de la calle, el más económico **Gran Hotel Snack Bar** (Maceo nº 67, entre av. Agramonte y General Gómez; ⏲9.00-23.00) tiene café, bocadillos, pollo y helado. Las hamburguesas (cuando hay) son buenas y el ambiente es de la década de 1950.

Compra de alimentos

Mercado Agropecuario Hatibonico
MERCADO $
(Matadero; ⏲7.00-18.00) Recientemente reubicado más allá del fétido río Hatibonico, este es un clásico ejemplo de mercado donde productos del Gobierno (de inferior calidad pero más baratos) y privados se venden en el mismo sitio. Bocadillos y batidos naturales que se pagan en pesos. También se puede comprar fruta y verdura cultivada a 500 m.

Hay una buena sección de hierbas y también un excelente surtido de frutas y verduras. Cuidado con los carteristas.

Panadería Doña Neli PANADERÍA
(Maceo; ⏲7.00-19.00) Una panadería bien surtida, enfrente del Gran Hotel.

Dónde beber y vida nocturna

Quizá sea su pasado pirata, pero Camagüey tiene excelentes tabernas.

Bar El Cambio BAR
(Independencia esq. Martí; ⏲7.00-tarde) Lo que Hunter S. Thompson habría elegido: un antro con las paredes llenas de grafitis y cócteles de nombres interesantes. Consiste en una sala, cuatro mesas y muchísimo ambiente.

Taberna Bucanero BAR
(República esq. Fidel Céspedes; ⏲14.00-23.00) Figuras de piratas y cerveza Bucanero de barril caracterizan esta taberna, que recuerda más a un *pub* inglés.

La Bigornia BAR
(República, entre El Solitario y Óscar Primelles) La elección de los jóvenes: un bar restaurante púrpura con tienda de deportes en el entresuelo, donde los bien vestidos (léase poco vestidos) de entre 18 y 25 años tienen sus citas y empiezan la Noche Camagüeyana.

Gran Hotel Bar Terraza BAR
(Maceo nº 67, entre av. Agramonte y General Gómez; ⏲13.00-2.00) La elección de los sibaritas. El maestro de cócteles prepara impecables mojitos y daiquiris mientras el viajero contempla la privilegiada vista de la ciudad. Abajo hay una piscina donde hacen espectáculos acuáticos de baile varias veces a las semana a las 21.00.

Ocio

Cada noche, la escandalosa Noche Camagüeyana ocupa la avenida República desde La

Soledad a la estación de trenes con puestos de comida y alcohol, música y multitudes. Suele haber un concierto de rock o *reguetón* en la plaza junto a La Soledad.

★ **Teatro Principal** TEATRO
(☎29-30-48; Padre Valencia nº 64; entradas 5-10 CUC; ⏲20.30 vi y sa, 17.00 do) Si está abierto, hay que ir. La Compañía de Ballet de Camagüey, fundada en 1971 por Fernando Alonso (exmarido de la mayor diva de la danza cubana, Alicia Alonso), es la segunda compañía de *ballet* de Cuba tras la de La Habana y se conoce en todo el mundo. También interesa el maravilloso edificio del teatro de 1850, adornado con candelabros majestuosos y vidrieras.

Casa de la Trova Patricio Ballagas MÚSICA EN DIRECTO
(Cisneros nº 171, entre Martí y Cristo; entrada 3 CUC; ⏲19.00-1.00) Una entrada decorada da paso a un patio con ambiente donde viejos cantantes melódicos cantan y parejas jóvenes bailan chachachá. Una de las mejores casas de trova de Cuba donde la afluencia de turistas no merma su autenticidad. El martes es un buen día para escuchar música tradicional.

Centro Cultural Caribe CABARÉ
(Narciso Montreal esq. Freyre; entradas 3-6 CUC; ⏲22.00-2.00, hasta 4.00 vi y sa) Algunos dicen que es el mejor cabaré fuera de La Habana y, por este precio, ¿quién va a discutirlo? Las entradas se pueden comprar en la taquilla el mismo día. Es imprescindible para los hombres vestir con pantalón y camisa.

Centro de Promoción Cultural Ibero Americano CENTRO CULTURAL
(Cisneros, entre General Gómez y Hermanos Agüero) Hay que ver qué programa este centro cultural que el radar turístico no detecta, y que alberga el antiguo Club Español. Organiza noches de tango y similares.

Sala Teatro José Luis Tasende TEATRO
(☎29-21-64; Ramón Guerrero nº 51; ⏲20.30 sa y do) Teatro de calidad.

Galería Uneac CENTRO CULTURAL
(Cisneros nº 159; ⏲17.00 y 21.00 sa) GRATIS Cantos populares y danza afrocubana.

Cine Encanto CINE
(av. Agramonte) La única sala de cine de la ciudad propiamente dicha.

Estadio Cándido González DEPORTES
(av. Tarafa) De octubre a abril se celebran partidos de béisbol en este estadio y en el Casino Campestre. El equipo de Camagüey, conocido como "Los Alfareros", tiene una vitrina sin trofeos a pesar de representar a la provincia más grande de Cuba.

De compras

La calle Maceo es la principal calle comercial de Camagüey, con varias tiendas de recuerdos, librerías y centros comerciales y un atractivo paseo peatonal. En la Galería El Colonial (p. 328) se puede adquirir de todo, desde cigarros hasta ron.

Casa de los Santos ARTESANÍA
(Oscar Primelles nº 406; ⏲9.00-17.00) Este pequeño establecimiento vende estatuas artesanales de los santos y resulta interesante sobre todo por la perspectiva que ofrece del ferviente catolicismo de Camagüey.

ARTex Souvenir RECUERDOS
(República nº 381; ⏲9.00-17.00) Camisetas del Che, pequeños tinajones, llaveros del Che, jarras del Che. ¿Queda claro?

Fondo Cubano Bienes Culturales ARTESANÍA
(av. de la Libertad nº 112; ⏲8.00-18.00 lu-sa) Venden toda clase de objetos en un entorno nada turístico, al norte de la estación de ferrocarril.

Librería Ateneo LIBROS
(República nº 418, entre El Solitario y San Martín) Buen surtido de libros.

Mercado Francisquito MERCADO
(Quiñones) Zapatos, clavos, tornillos, piezas de reloj...

Información

PELIGROS Y ADVERTENCIAS

Camagüey incita a más conflictos que otras ciudades. Se ha informado de robos, sobre todo por parte de ladrones de bolsos que luego saltan a una bicicleta para escapar rápidamente. Hay que mantener el cinturón con el dinero bien atado a la cintura y no llamar la atención. Luego están los jineteros, que tratan de sacar dinero al viajero como pueden (acaso 'ofreciendo' llevarle a la casa que han buscado cuando, en realidad, le llevarán a una diferente con servicios casi siempre peores). Se recomienda reservar alojamiento por adelantado y, aún mejor, tratar de que los propietarios recojan al viajero a su punto de llegada. No hay que fiarse de los desconocidos que ofrecen 'servicios'.

ACCESO INTERNET

Etecsa Telepunto (República, entre San Martín y José Ramón Silva; internet 6 CUC/h) Internet y teléfonos.

MEDIOS DE COMUNICACIÓN

Adelante, el periódico del lugar, se publica los sábados. Radio Cadena Agramonte retransmite en las frecuencias 910 AM y 93.5 FM. Al sur de la ciudad hay que sintonizar el 1340 AM y al norte el dial 1380 AM.

ASISTENCIA MÉDICA

Farmacia Internacional (av. Agramonte nº 449, entre Independencia y República)
Policlínico Integral Rodolfo Ramírez Esquival (☎28-14-81; Ignacio Sánchez esq. Joaquín de Agüero) Al norte del paso a nivel viniendo del Hotel Plaza. Atienden a extranjeros en caso de urgencia.

DINERO

Banco de Crédito y Comercio (av. Agramonte esq. Cisneros)
Banco Financiero Internacional (Independencia, entre Hermanos Agüero y Martí)
Cadeca (República nº 353, entre Oscar Primelles y El Solitario)

CORREOS

Oficina de correos (av. Agramonte nº 461, entre Independencia y Cisneros)

Agencias de viajes

Cubanacán (Maceo nº 67, Gran Hotel) El mejor lugar con información sobre Playa Santa Lucía.
Cubatur (av. Agramonte nº 421, entre República y Independencia) Reservan hotel en Playa Santa Lucía.
Ecotur (☎24-36-93; Oscar Primelles 453) Organizan excursiones a la Hacienda La Belén. En el hotel Isla de Cuba.

Cómo llegar y salir

AVIÓN

El **aeropuerto internacional Ignacio Agramonte** (☎26-10-10, 26-72-02; carretera Nuevitas km 7) queda 9 km al noreste de la ciudad en la carretera a Nuevitas y Playa Santa Lucía.

Air Transat (www.airtransat.com) y **Sunwing** (www.sunwing.ca) vuelan desde Toronto. Al llegar los pasajeros en régimen de todo incluido son trasladados a toda prisa a Playa Santa Lucía.

Hay 3 vuelos semanales a/desde La Habana con **Aerocaribbean** (Republica esq. Callejón de Correa).

AUTOBÚS Y CAMIÓN

La **estación regional de autobuses**, cerca de la estación de trenes, tiene camiones a Nuevitas (87 km, 2 diarios) y Santa Cruz del Sur (82 km, 3 diarios). Se paga en pesos cubanos. Los camiones que van hacia Playa Santa Lucía (109 km, 3 diarios) también salen de esta estación: hay que preguntar quién es el último de la cola y se recibirá un papel con un número; luego, hay que hacer cola en la puerta adecuada y esperar a que llegue el número.

Los autobuses de larga distancia de **Viazul** (www.viazul.com) salen de la **estación de autobuses Álvaro Barba** (carretera Central), 3 km al sureste del centro.

El servicio a Santiago de Cuba también para en Las Tunas (7 CUC, 2 h), Holguín (11 CUC, 3¼ h) y Bayamo (11 CUC, 4¼ h). El autobús a La Habana tiene parada en Ciego de Ávila (6 CUC, 1¾ h), Sancti Spíritus (10 CUC, 4 h), Santa Clara (15 CUC, 4½ h) y Entronque de Jagüey (25 CUC, 6¼ h). Para comprar los billetes de Viazul, hay que contactar con el jefe de turno.

Los camiones de pasajeros a poblaciones cercanas, como Las Tunas y Ciego de Ávila también salen de esta estación. Si se llega antes de las 9.00 habrá muchas más posibilidades de subirse a uno de estos camiones.

El transporte público a Playa Santa Lucía es escaso salvo que se haya reservado un paquete

SALIDAS AUTOBUSES VÍAZUL DESDE CAMAGÜEY

DESTINO	TARIFA (CUC)	DURACIÓN (H)	HORA SALIDA
La Habana	33	9	00.20, 3.50, 11.55, 15. 35, 22.50, 23.50
Holguín	11	3	00.40, 4.40, 5.55, 13.25,17.40
Santiago de Cuba	18	6	00,40, 1.55, 5.55, 6.45, 13.25, 17.25
Trinidad	15	4½	2.20
Varadero	24	8¼	2.55

con antelación. Desde Camagüey el viaje de ida en taxi cuesta 70 CUC.

TAXI

Un taxi a Playa Santa Lucía cuesta unos 70 CUC ida. Hay que regatear duro.

TREN

La **estación de trenes** (Avellaneda esq. avenida Carlos J. Finlay) está mejor situada que la de autobuses, aunque el servicio no es tan cómodo. Los extranjeros compran los billetes en convertibles en una oficina sin señalizar frente a la entrada del Hotel Plaza. El tren Francés sale hacia Santiago sobre las 3.19 cada tres días y hacia La Habana (parando en Santa Clara) alrededor de la 1.47, también cada tres días. Un billete de 1ª clase cuesta 23 CUC. Los horarios cambian con frecuencia. Consúltese en la estación un par de días antes de la fecha prevista del viaje. Los trenes con cochemotor (que atraviesan la isla) son más lentos y también cubren la ruta La Habana-Santiago. Paran en sitios como Matanzas y Ciego de Ávila. Hacia el este hay trenes diarios a Las Tunas, Manzanillo y Bayamo. Hacia el norte hay (en teoría) cuatro trenes diarios a Nuevitas y cuatro a Morón.

Cómo desplazarse

A/DESDE EL AEROPUERTO

Un taxi al aeropuerto debería costar unos 5 CUP desde la ciudad, pero se puede regatear. O se puede esperar el autobús local (nº 22) en el parque Finlay (frente a la estación regional de autobuses) que circula cada 30 min entre semana y cada hora los fines de semana.

BICITAXIS

Los taxis con bicicleta se encuentran en la plaza junto a La Soledad o en la plaza Maceo. Deberían costar 5 CUP, pero los conductores probablemente pedirán el pago en convertibles.

AUTOMÓVIL

El precio del alquiler de automóviles parte de los 70 CUC al día más gasolina, en función de la marca del coche y de la duración del alquiler. Entre otras empresas está **Havanautos** (carretera Central, Hotel Camagüey, Este km 4,5).

Hay aparcamiento vigilado (2 CUP/24 h) para los que sean lo bastante valientes como para atreverse a entrar en coche al laberinto de Camagüey; conducir por las estrechas calles de un solo sentido de Camagüey es solo para expertos. Hay que preguntar los detalles en un hotel o en una casa particular.

Hay dos **gasolineras Servi-Cupet** (carretera Central; 24h) cerca de la avenida de la Libertad.

COCHE DE CABALLOS

Los coches de caballos siguen una ruta fija (1 CUC) entre la estación regional de autobuses y la estación de trenes. Quizá haya que hacer transbordo en el Casino Campestre, cerca del río.

Florida

56 000 HAB.

A un millón de millas metafóricas de Miami, esta trabajadora ciudad con molinos de azúcar queda 46 km al noreste de Camagüey en la carretera a Ciego de Ávila. Es una parada muy práctica para pasar la noche si se conduce por el centro de Cuba y se está demasiado agotado para sortear las laberínticas calles de Camagüey (lo cual es desaconsejable en cualquier estado físico o mental). Hay un rodeo activo y una oficina telefónica de Etecsa.

El **Hotel Florida** (51-30-11; carretera Central km 534; i/d 18/28 CUC; P ❄ ≈) de dos pisos está situado 2 km al oeste del centro de la ciudad y dispone de 74 habitaciones correctas. Junto a la puerta está la cafetería Caney, un restaurante con techo de guano que sale más a cuenta que el restaurante del hotel.

Hay camionetas de pasajeros que van de Florida a Camagüey, donde se puede conectar con autobuses Viazul de larga distancia. Para quienes vayan en coche hay una gasolinera Servi-Cupet en el centro de la ciudad, en la carretera Central.

Sierra del Chorrillo

Esta zona protegida, 36 km al sureste de Camagüey, alberga tres cordilleras con colinas bajas: la sierra del Chorrillo, la sierra del Najasa y el Guaicanamar (punto más elevado 324 m).

Acurrucada en sus herbosas tierras altas está la **Hacienda La Belén** (entrada 4 CUC), una bonita granja gestionada como reserva natural. Hay que informarse en la delegación de Camagüey de la agencia de viajes Ecotur (p. 335). Además de disfrutar de numerosos animales exóticos (no autóctonos) como cebras, toros y caballos (entre los mejores de Cuba), el parque ejerce de **reserva de aves,** y es uno de los mejores lugares de Cuba para ver especies poco comunes como el periquito cubano, el tirano cubano y el vencejo antillano. Otra curiosidad es el **bosque petrifica-**

do de tres millones de años con tocones de árboles que ocupan 1 Ha. Para encontrar los tocones, hay que conducir unos metros pasada la entrada a la hacienda hasta el cruce y seguir a la derecha hasta llegar a un callejón sin salida en una fábrica. Cerca hay un árbol fosilizado mucho más grande. Se pueden organizar excursiones por la reserva en *jeep* o a caballo y hay dos paseos guiados. El más popular es el **Sendero de las Aves** (7 CUC, 1,8 km), que revela abundantes aves; también el **Sendero Santa Gertrudis** (4,5 km) que cubre la flora y la fauna y una cueva.

Rural pero cómodo el **Motel la Belén** (☎86-43-49; i/d 42/66 CUC; ❄🏊) se encuentra dentro del recinto de la hacienda y cuenta con piscina, restaurante, sala de TV y 10 habitaciones limpias con aire acondicionado con capacidad para 16 personas. Hay magníficos paisajes a tiro de piedra.

Para llegar a la sierra del Chorrillo hay que disponer de transporte propio. Debe conducirse 24 km al este de Camagüey por la carretera Central y luego 30 km al sureste: la hacienda está justo pasado Najasa. También se puede intentar negociar una tarifa con un taxi en Camagüey.

Guáimaro

29 8000 HAB.

No sería más que otra ciudad anónima de Cuba si no fuera por su famosa Asamblea de Guáimaro de abril de 1869, en la que se aprobó la primera Constitución cubana y se exigió la emancipación de los esclavos. La asamblea eligió como presidente a Carlos Manuel de Céspedes.

Puntos de interés

Parque Constitución PARQUE

Los hechos de 1869 se conmemoran con un gran monumento erigido en 1940 en este parque. Alrededor del monumento hay placas de bronce con retratos de José Martí, Máximo Gómez, Carlos Manuel de Céspedes, Ignacio Agramonte, Calixto García y Antonio Maceo, los patriotas de la independencia cubana.

En el parque también puede verse el mausoleo de la primera –y acaso más grande– heroína de Cuba, Ana Betancourt (1832-1901) de Camagüey, que luchó por la emancipación de la mujer y por la abolición de la esclavitud durante la Primera Guerra de Independencia.

Museo Histórico MUSEO

(Constitución nº 85, entre Libertad y Máximo Gómez; entrada 1 CUC; ⏲9.00-17.00 lu-vi) Este museo cuenta con dos salas dedicadas al arte y a la historia.

Dónde dormir y comer

Casa de Magalis CASA PARTICULAR $

(☎81-28-91; Olimpo nº 5, entre Benito Morell y carretera Central; h 20-25 CUC) Casi vale la pena detenerse en Guáimaro solo para alojarse en esta villa colonial de color salmón junto a la carretera Central. Hay dos habitaciones, una con el cuarto de baño privado más grande de Cuba, así como una terraza para disfrutar de bucólicas vistas.

Hay una gasolinera Servi-Cupet según se entra a la ciudad desde Camagüey, con un bar: El Rápido.

Nuevitas

46 200 HAB.

Se encuentra 87 km al noreste de Camagüey: una excursión de 27 km en dirección norte saliendo de la carretera que va de Camagüey a Playa Santa Lucía. Es una amable ciudad industrial y puerto de exportación azucarero con acceso fácil por la costa, pero no merece la pena desviarse mucho para verla. En 1978 el director cubano Manuel Octavio Gómez filmó en ella su clásico revolucionario *Una mujer, un hombre, una ciudad*, el único momento de fama de Nuevitas hasta la fecha.

Puntos de interés

Museo Histórico Municipal MUSEO

(Máximo Gómez nº 66; entrada 1 CUC; ⏲ma-do) Es el único punto de interés de Nuevitas, cerca del parque del Cañón. Posee una mezcla parcialmente interesante de animales disecados y fotografías en tonos sepia. Se pueden también subir los escalones que hay en el centro de la ciudad para disfrutar de amplias vistas de la bahía.

Playa Cuatro Vientos PLAYA

Bajo el Hotel Caonaba hay un destartalado parque de atracciones y siguiendo un poco más la costa hacia delante, una playa desde donde se ven dos de las pequeñas islas llamadas Los Tres Ballenatos, en la bahía de Nuevitas. Tras otros 2 km por la costa se llega a **Santa Rita** al final de la carretera (con un embarcadero que sobresale de la bahía).

King Ranch RANCHO

(carretera de Santa Lucía km 35; ⏲10.00-22.00) Aunque pueda parecerlo, esta aparición del Salvaje Oeste en plena naturaleza no es un espejismo. Situado de camino a Playa Santa

Lucía, fue una filial de su homónimo tejano (el rancho más grande de EE UU). Hay un restaurante, un espectáculo de rodeos y caballos para alquilar.

El rancho fue expropiado después de la Revolución, siguió dedicándose a lo mismo y principalmente atiende a grupos procedentes de la Playa Santa Lucía, aunque también se puede ir sin reserva. Se encuentra 4 km después del cruce donde el viajero se incorpora a la carretera principal desde Camagüey.

Dónde dormir y comer

Hotel Caonaba HOTEL **$**

(☎24-48-03; Martí esq. Albisa; i/d 27/43 CUC; ❄) Un hotel de tres plantas situado sobre una cuesta con vistas al mar. Llegando desde Camagüey, está en la entrada a la ciudad. Las habitaciones cuentan con nevera y algunas tienen vistas. Pero esto no es el Ritz. En verano se puede comer en el restaurante que está siguiendo la costa. El hotel también cuenta con un bar con terraza.

Cómo llegar y salir

Nuevitas es la última estación de las líneas de tren procedentes de Camagüey (que pasa por Minas) y Santa Clara (que pasa por Chambas y Morón). La estación está cerca de los muelles en el lado norte de la ciudad. Debería haber hasta cuatro trenes al día a Camagüey (2 CUP), y en días alternos a Santa Clara, pero se cancelan a menudo. Los camiones, que son más fiables que los autobuses, salen a Camagüey en torno a las 4.30 y a las 9.00.

Hay una gasolinera Servi-Cupet en la entrada de la ciudad. Cerca hay una oficina de taxis Transtur.

Brasil y alrededores

Brasil, una antaño vibrante ciudad azucarera situada a medio camino entre Morón y Nuevitas, es la puerta de entrada al virgen Cayo Romano, la tercera isla más grande del archipiélago. La zona ha sido recientemente redescubierta por pescadores que surcan las aguas hasta llegar a Cayo Cruz. Los llanos, las lagunas y los estuarios de la costa norte de Camagüey son un paraíso para la pesca con mosca. La temporada de pesca va de noviembre a agosto. La pesca comercial está prohibida. **Ecotur** (☎27-49-95 (La Habana), 24-36-93 (Camaguey) organiza viajes.

Una experiencia totalmente diferente es alojarse en el **Hotel La Casona de Romano**

CAYOS Y PASOS ELEVADOS

En cualquier otro país, el conjunto de cayos con playas que hay entre Cayo Coco y Playa Santa Lucía habría sido adquirido por las grandes cadenas hoteleras, pero en Cuba, debido a una combinación de austeridad económica y compleja burocracia administrativa, siguen por ahora intactos.

A finales de la década de 1980 se construyeron pasos elevados y carreteras que unían los cayos como primer paso para un futuro gran proyecto turístico, un plan que nunca se materializó a raíz de la crisis económica del Período Especial. Como resultado, las islas y sus inmaculadas aguas han seguido siendo del dominio de los pescadores, de los ornitólogos y de quienes buscan tranquilidad. De oeste a este están **Cayo Paredón Grande,** donde está el faro Diego Velázquez, una seductora playa y multitud de excursionistas procedentes de Cayo Coco que van a pasar el día; **Cayo Romano,** la tercera isla más grande de Cuba, un paraíso para flamencos, manglares y mosquitos; **Cayo Cruz,** un largo y sinuoso cayo pasado Cayo Romano (un paso elevado conecta ambos) y que es legendario por sus vírgenes aguas de pesca (hay excursiones desde el pueblo de Brasil); **Cayo Guajaba,** sin carreteras y virgen y **Cayo Sabinal,** con una carretera sin asfaltar y tres playas impolutas, además de una vieja fortaleza española y un faro. Acurrucado en el norte está **Cayo Confites,** de 800 m de largo, donde un Fidel Castro de 21 años se escondió en 1947 antes de participar en un complot fallido para desbancar el régimen dictatorial de Rafael Leónidas Trujillo en la República Dominicana (Fidel saltó del barco en la bahía de Nipe y nadó 15 km hasta la orilla llevando su arma).

Para acceder a estos remotos lugares se necesita un coche robusto o una bicicleta. Los puntos de entrada a Cayo Romano son desde Cayo Coco, o Brasil al noroeste de la provincia de Camagüey. El acceso a Cayo Cruz es a través de un paso elevado desde Cayo Romano. Cayo Sabinal está unido a la isla principal por un pequeño paso elevado al noroeste de Nuevitas. Hay controles de policía, por lo que conviene llevar el pasaporte.

(calle 6, entre calles B y C; h desde 50 CUC; [❄]), una preciosa casa construida en 1919 y renovada en el 2008, con ocho habitaciones, un restaurante y un bar. Atienden principalmente a grupos organizados. Contáctese con Ecotur para más información.

Cayo Sabinal

Este cayo coralino de una increíble belleza, con sus ratas espinosas, jabalíes y abundantes mariposas, se encuentra 22 km al norte de Nuevitas y posee marismas pobladas de flamencos e iguanas. Se trata de una extensión bastante llana que está cubierta de terreno pantanoso y de lagunas.

Puntos de interés y actividades

Fuerte San Hilario FORTALEZA

Cayo Sabinal posee bastante historia para ser una zona virgen. Tras reiterados ataques de piratas en los ss. XVII y XVIII, los españoles construyeron un fuerte (1831) para mantener a raya a los corsarios. Unos años más tarde el fuerte se convirtió en prisión, y en 1875 fue testigo del único levantamiento carlista en Cuba (el movimiento contrarrevolucionario que se opuso a la monarquía española reinante).

Faro Colón FARO

(Punta Maternillo) Construido en 1848, este faro es uno de los más antiguos del archipiélago cubano que sigue en uso. Después de diversas batallas navales que se libraron en la zona durante la época colonial, un par de barcos españoles naufragados, *Nuestra Señora de Alta Gracia* y el *Pizarro*, descansan en aguas poco profundas y próximas, lo que resulta fantástico para los buceadores.

Playas Bonita y Los Pinos PLAYAS

De los 30 km de playas de Cayo Sabinal, estas dos se llevan la palma. De la primera se han apropiado los turistas que llegan en barco procedentes de Playa Santa Lucía y cuenta con un rústico ranchón donde sirven comidas. En la segunda, las actividades son hacer excursiones, nadar o filosofar después de que las cabinas volaran por un huracán.

Cómo llegar y salir

Se puede elegir entre coche privado, taxi o barco. La carretera de tierra a Cayo Sabinal empieza 6 km al sur de Nuevitas, junto a la carretera de Oamagüey. Hay que mostrar el pasaporte en el puente levadizo de 2 km que une el cayo con la isla y pagar 5 CUP. Este puente fue el primero que se construyó en Cuba, y el más destructivo para el medio ambiente. Las agencias de circuitos de la Playa Santa Lucía ofrecen excursiones de día a Cayo Sabinal: en barco desde 69 CUP incluidos traslados y almuerzo, o en *jeep* por 75 CUP. Se reserva a través de los hoteles.

REFUGIO DE FAUNA SILVESTRE RÍO MÁXIMO

Pocos los conocen y todavía son menos quienes los visitan pero los humedales entre los ríos Máximo y Camagüey, en la costa norte de la provincia de Camagüey, son los lugares de anidación de flamencos más grandes del mundo. Si a ello se añaden aves acuáticas migratorias, cocodrilos americanos y una nutrida colonia de manatíes, el resultado es espectacular. Protegido desde 1998 como Refugio de Fauna Silvestre y, más recientemente, como Sitio Ramsar, el delta del río Máximo se enfrenta a un futuro precario debido a la contaminación humana y agrícola y a las puntuales sequías. La zona no tiene carreteras y es de difícil acceso, pero a veces pueden organizarse excursiones con **Ecotur** (p. 338).

Playa Santa Lucía

Se trata de un solitario *resort* situado 112 km al noreste de Camagüey, en una playa de 20 km que compite con Varadero por ser la más larga de Cuba. Los viajeros llegan a esta playa para hacer submarinismo en uno de los mejores y más accesibles arrecifes de coral de la isla, a unos pocos kilómetros de la costa. Otro elemento destacado es la propia playa, una joya tropical en su mayor parte desierta.

La zona que rodea Playa Santa Lucía es llana y monótona, está repleta de flamencos, arbustos frondosos y alguna que otra vaca pastando. Aparte del pequeño pueblo de Santa Lucía y la destartalada aldea de La Boca, cerca de la mejor playa de la zona (Playa los Cocos), no hay ningún otro enclave de importancia. La natación, el buceo y el submarinismo son excepcionales, y los hoteles grandes ofrecen múltiples actividades. Los paquetes turísticos a Playa Santa Lucía son generalmente más baratos que los de Cayo Coco, si bien los propios *resorts* son menos lujosos. La clientela es principalmente canadiense.

Playa Santa Lucía

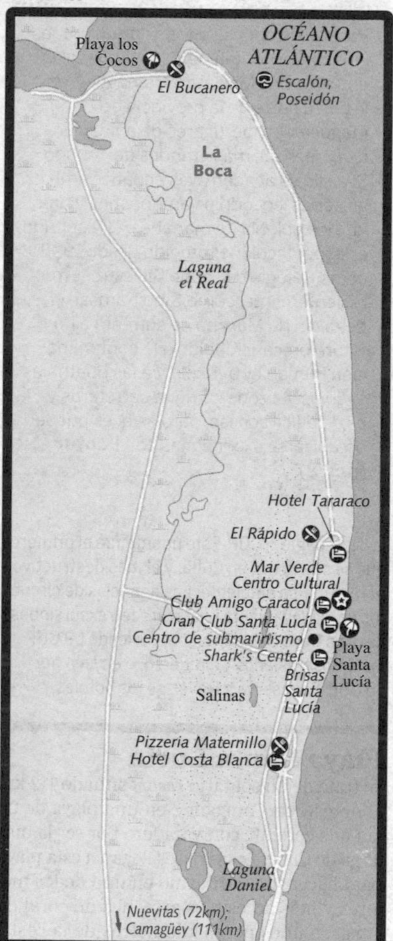

Puntos de interés

Playa Los Cocos PLAYA

Esta playa, a 7 km de los hoteles en la boca de la bahía de Nuevitas, es otra belleza, con su arena dorada y blanca y aguas color jade. A veces pueden verse bandadas de flamencos rosas en la laguna El Real, detrás de esta playa. El gran restaurante El Bucanero (p. 341) está aquí.

El viaje en coche de caballos desde los hoteles de Santa Lucía a Los Cocos cuesta 20 CUC ida y vuelta más la espera, aunque también se puede hacer andando, corriendo, en bicicleta (en todos los *resorts* hay bicicletas gratis sin equipo) o en taxi. Se trata de un lugar perfecto para nadar con vistas del faro Colón de Cayo Sabinal, pero cuidado con las mareas mar adentro.

La pequeña colonia de este lugar se conoce como **La Boca.** Hay un buen restaurante (en la casa rosa) y a veces los lugareños asan un cerdo en una espita e invitan al viajero a unirse.

Actividades

Playa Santa Lucía es un magnífico destino de submarinismo que se encuentra junto al que se considera el segundo arrecife de coral del mundo (tras la Gran Barrera de Coral de Australia). Hay 35 sitios para practicarlo entre los que se incluyen seis arrecifes Poseidón, la Cueva Honda, pecios y abundante fauna marina, con varios tipos de rayas. La atracción más publicitada consiste en dar de comer en la mano a tiburones toro de 3 m de longitud (de junio a enero). Los hoteles organizan otras actividades acuáticas, como un crucero de un día entero por la costa en catamarán (57 CUC con almuerzo y buceo), un circuito para ver flamencos (59 CUC) y pesca en aguas profundas (200 CUC por el barco durante 3½ h).

Centro Internacional de Buceo Shark's Friends SUBMARINISMO

(www.nauticamarlin.com; av. Tararaco) Es un centro profesional situado en la playa entre Brisas Santa Lucía y el Gran Club Santa Lucía Ofrece inmersiones (30-40 CUC), además de las nocturnas (40 CUP) y de las de dar de comer a los tiburones (65 CUP).

De noviembre a enero es la mejor época para alimentar a los tiburones. También zarpan barcos de submarinismo cada 2 h entre las 9.00 y las 15.00 cada día (la última salida solo si hay demanda). El curso en mar abierto cuesta 360 CUP; el de principiantes cuesta 60 CUP. También tiene excursiones de buceo. Los instructores hablan inglés, italiano y alemán.

Dónde dormir

La pequeña hilera de hoteles comienza 6 km al noroeste de la rotonda que está en la entrada a Santa Lucía. Los cuatro grandes son complejos turísticos de Cubanacán, cuya categoría y calidad disminuyen según el viajero se dirige al noroeste. Debido al tamaño y al aislamiento de Playa Santa Lucía, es bueno reservar con antelación.

Hotel Tararaco HOTEL $

(☎33-63-10; i/d 19/30 CUC; ❄) En Playa Santa Lucía no hay casas particulares, así que hay que darle las gracias a Changó por el Tararaco, el hotel más veterano de la zona (incluso es anterior a la Revolución). Las habitaciones cuentan con TV y un pequeño patio y está a tiro de piedra de la playa.

Hotel Costa Blanca HOTEL **$**
(☎33-63-73; av. Maternillo nº 1; i/d 19/30 CUC; ❄) Una opción económica en el pequeño pueblo. El océano está al lado pero ¿podrá el viajero sobrevivir a la acritud del personal de recepción?

Club Amigo Caracol RESORT **$$**
(☎36-51-58; i/d 86/122 CUC; P❄@≋♿) Una versión más moderna del cercano Club Amigo Mayanabo. Su programa para niños suele considerarse el favorito de las familias. Las habitaciones con vistas al océano son algo más caras.

Gran Club Santa Lucía RESORT **$$$**
(☎33-61-09; i 90-117 CUC, d 140-156 CUC; P❄@≋♿) El Gran Club destaca sobre el resto por sus 249 coloridas habitaciones, con jardines bien conservados y entretenimiento al borde de la piscina. La discoteca La Jungla es el club nocturno, no excesivamente tentador, que ofrece un espectáculo de música y comedia.

Brisas Santa Lucía RESORT **$$$**
(☎33-63-17; i/d 98/148 CUC; P❄@≋♿) Consta de 412 habitaciones distribuidas en varios edificios de tres plantas. Con una extensión de 11 Ha, consigue la máxima categoría de toda la zona de cuatro estrellas, aunque su precio no resulta justificado. Hay una programación especial para los niños. El centro de submarinismo Shark's Friends está al lado.

Dónde comer

Además de los bufés de hotel y de las tres joyas que se citan a continuación, las opciones son limitadas. El Rápido, enfrente del Hotel Tararaco (p. 340), sirve comida rápida.

Pizzería Maternillo PIZZERÍA **$**
(av. Maternillo; ⏲12.00-22.00) *Pizza* barata de verdad (y sabrosa). Se paga en pesos y las comidas salen por bastante menos de 5 CUC de media. El entorno es agradable. Está junto al Hotel Costa Blanca.

★ **El Bucanero** PESCADO Y MARISCO **$$**
(Playa los Cocos; comidas sobre 12 CUC; ⏲10.00-22.00) Situado en la playa Los Cocos, en el extremo de la Playa que da a Santa Lucía, este excelente establecimiento sirve buena comida (la langosta y las gambas son la especialidad de la casa) y se ve realzado por su entorno.

Restaurante Luna Mar PESCADO Y MARISCO **$$**
(Playa Santa Lucía; platos de pescado 8-12 CUC; ⏲10.00-22.00) Pegado a la playa entre el Gran Club Santa Lucía y el Club Amigo Caracol, ofrece la misma carta que El Bucanero pero en un lugar al que se llega más fácilmente.

Ocio

Más allá del ocio del *resort* no hay mucho que hacer. **Mar Verde Centro Cultural** (entrada 1 CUC) tiene un bar con patio agradable y un cabaré con música en directo cada noche.

De compras

En el centro comercial Mar Verde, entre el Gran Club Santa Lucía y el Club Amigo Caracol, hay una tienda ARTex, una librería y un par de tiendas de recuerdos.

Información

El **BANDEC** (Banco de Crédito y Comercio) está en la zona residencial entre la gasolinera Servi-Cupet en la entrada sureste de Playa Santa Lucía y la zona hotelera. Cerca está la **Clínica Internacional de Santa Lucía** (☎33-62-03; Ignacio Residencial 14). La mejor **farmacia** está en Brisas Santa Lucía. **Etecsa**, 1,5 km más adelante cerca de la entrada a la zona hotelera, ofrece acceso a internet por 6 CUC/h y teléfonos para hacer llamadas internacionales. En cuanto a agencias de viajes, **Cubanacán**, propietaria de cuatro de los cinco hoteles del lugar, está bien representada. Hay una oficina de **Cubatur** situada fuera del Gran Club Santa Lucía.

Cómo llegar y desplazarse

En Cuba todo es posible, incluso llegar a la Playa Santa Lucía sin transporte propio. El único **autobús** regular sale de Camagüey los viernes a las 12.00 y llega a Playa Santa Lucía a las 13.30 (es para trabajadores pero normalmente dejan subir). El autobús de vuelta sale de los *resorts* a las 14.00 los domingos y llega a Camagüey a las 15.30. El servicio está operado por **Transtur** (p. 517) y cuesta 18 CUC solo ida. Hay que reservar un día antes con **Cubatur** (p. 335). Otra opción es subirse en uno de los autobuses de alquiler con plazas libres. Los precios son: aeropuerto de Camagüey (20 CUC, jueves), y aeropuerto de Holguín (28 CUC, miércoles y viernes). Un **taxi** desde Camagüey a la Playa Santa Lucía sale por 70 CUC ida. También puede tomarse un **tren** hasta Nuevitas desde Morón o Camagüey e ir en taxi desde allí.

La **gasolinera de Servi-Cupet** está en el extremo sureste de la franja hotelera, cerca de la carretera de acceso desde Camagüey. Hay otra estación grande al sur de Brisas Santa Lucía.

Pueden alquilarse coches o ciclomotores (24 CUC al día, incluido un depósito de gasolina) en **Cubacar**.

Provincia de Las Tunas

☎031 / 538 000 HAB.

Sumario »

Las mejores escapadas bucólicas

- Monte Cabaniguán (p. 350)
- El Cornito (p. 345)
- Playa La Herradura (p. 351)

Los mejores alojamientos

- Hotel Cadillac (p. 346)
- Mayra Busto Méndez (p. 345)
- Brisas Covarrubias (p. 351)
- Roberto Lío Montes de Oca (p. 351)

Por qué ir

Las Tunas es la provincia que se conoce por no ser famosa. Comprimida entre la cosmopolita Camagüey al oeste y el núcleo cultural de Oriente al este, por lo general solo recibe a viajeros de paso. Aletargada y poco espectacular, su legado histórico se ciñe a la maestría de la Victoria de Las Tunas, una batalla de la Guerra de Independencia de 1897 que ganó el general mambí Calixto García.

Pero la costa norte de Las Tunas es un nirvana casi inexplorado de vistosos arrecifes de coral y desiertas 'ecoplayas' que, hasta hoy, solo albergan un *resort* tipo todo incluido. La franja central de la provincia, incluida su homónima capital, es una región ganadera no exenta de sorpresas como los puntuales rodeos o fincas con un restaurante estilo ranchón para contemplar la vida campestre alejada del turismo.

Cuándo ir

- Los meses más húmedos son junio y octubre, con una media de precipitación de más de 160 mm. Julio y agosto son los meses más cálidos.
- En las Tunas hay muchas fiestas para ser una ciudad pequeña, y la mejor es la Jornada Cucalambeana de junio.
- El Festival Internacional de Magia, que se celebra en la capital provincial en noviembre es otro acto destacado.
- La Muestra Nacional de Escultura, algo muy apropiado para la apodada Ciudad de las Esculturas, tiene lugar en febrero.

Imprescindible

1 Descubrir las imaginativas esculturas que adornan el horizonte urbano de **Las Tunas** (p. 344).

2 Ver a los muchachos con lazos en el **Parque 26 de Julio** (p. 348), el famoso rodeo de Las Tunas que se celebra dos veces al año.

3 Disfrutar de la indómita **playa La Herradura**, antes de que los promotores de *resorts* acaben con la tranquilidad (p. 351).

4 Pasar un rato en la acogedora ciudad costera de **Puerto Padre** (p. 350).

5 Visitar El Cornito en junio para asistir a la **Jornada Cucalambeana** (p. 345), un festival de música.

6 Alojarse en un ingenioso y nuevo alojamiento provincial de Las Tunas: el **Hotel Cadillac** (p. 346).

7 Hacer submarinismo en los poco explorados arrecifes que hay frente a **Punta Covarrubias** (p. 351).

RODEOS

En Cuba, el pastoreo de ganado posee una larga tradición. Antes de la Revolución, las vacas cubanas producían una de las mejores carnes de res del hemisferio oeste y, a pesar de que la jugosidad de los bistecs pueda haber sufrido desde que Castro nacionalizara los ranchos, la habilidad y destreza de los vaqueros no ha hecho más que aumentar.

La catedral del rodeo cubano es el Rodeo Nacional, en el parque Lenin de La Habana, que acoge, desde 1996, la Feria de Ganadería de Rancho Boyeros. Pero para tener un encuentro más auténtico con la cultura vaquera en el interior del país, hay que dirigirse a las principales provincias ganaderas de Camagüey y Las Tunas, donde el espíritu vaquero es particularmente fuerte gracias al hijo famoso del lugar, Jorge Barrameda.

Los rodeos cubanos presentan las atracciones ecuestres habituales con algunas extravagancias caribeñas. Cabe esperar infinidad de actos de monta, odiosos payasos, hábiles vaqueros echando el lazo a bueyes y tipos toscos saliendo de deslustrados corrales montados en malhumorados toros de 680 kg ante la entusiasta ovación de un ruidoso público.

El rodeo de Las Tunas es razón suficiente para visitar esta pequeña ciudad. Los principales eventos tienen lugar dos veces al año en abril y septiembre, en el Parque 26 de Julio; pero hay más rodeos improvisados: pregúntese en la oficina de Infotour.

Historia

Las Tunas se fundó en 1759 pero no obtuvo el título de ciudad hasta 1853. En 1876 el general cubano Vicente García tomó brevemente la ciudad durante la Guerra de Independencia, pero los éxitos españoles llevaron a los colonizadores a rebautizarla como La Victoria de Las Tunas. Durante la Guerra Hispano-Estadounidense los españoles redujeron Las Tunas a cenizas, pero los mambises contraatacaron con valentía, y en 1897 el general Calixto García obligó a la guarnición española a rendirse en una decisiva victoria cubana.

Las Tunas se convirtió en capital provincial en 1976 durante la reorganización geográfica posrevolucionaria.

Las Tunas

154 000 HAB.

Si fuera por sus lugares de interés y reclamos históricos, es innegable que la mayoría ni siquiera repararía en Las Tunas, una adormecida ciudad agrícola que parece no haberse dado cuenta de que lleva siendo la capital de la provincia desde hace casi 40 años (una sórdida reputación por ser la capital del turismo sexual de Oriente no ayuda precisamente). Pero gracias a su práctica ubicación en la carretera Central cubana, montones de cansados viajeros pasan por la ciudad.

Es evidente que la Ciudad de las Esculturas, apodo que recibe Las Tunas, no es Florencia. Pero lo que le falta de grandeza lo compensa con singularidades de pequeña ciudad. Puede verse un rodeo, admirar la estatua de un jefe taíno con dos cabezas, desmelenarse en uno de los jaleos de la ciudad los sábados por la noche o evocar el lirismo en la Jornada Cucalambeana, el festival de música campesina de referencia en Cuba.

Puntos de interés

Museo Memorial Mártires de Barbados MUSEO

(Lucas Ortiz nº 344; 10.00-18.00 lu-sa) GRATIS El monumento más conmovedor de Las Tunas se encuentra en la antigua casa de Carlos Leyva González, un esgrimista olímpico que murió en la peor atrocidad terrorista del país: el atentado contra el vuelo 455 de Cubana de Aviación en 1976. En el museo pueden verse conmovedoras fotos de las víctimas del ataque.

El museo estaba cerrado cuando se redactó esta obra.

Museo Provincial General Vicente García MUSEO

(Francisco Varona esq. Ángel de la Guardia; entrada 1 CUC; 9.00-17.00 ma-sa) Tiene su sede en el Ayuntamiento, de color azul y con un reloj en la fachada. El museo documenta la historia de la región. Cuando se redactó esta obra estaba cerrado por reformas.

Esculturas MONUMENTO

Pueden verse las esculturas de la ciudad, las cuales le confieren un atractivo al lugar, en un recorrido que parte de la Plaza Martí, donde, en 1995, se inauguró una original **estatua** de bronce del "apóstol de la independencia cubana" de Rita Longa (que hace de reloj de sol) para conmemorar el 100º aniversario de la muerte del poeta.

Otras esculturas destacadas son **La Fuente de Las Antillas**, elaboradas figuras entrelazadas que simbolizan el surgimiento de los pueblos indígenas de las Grandes Antillas, el **Monumento al Trabajo** (carretera Central esq. Martí), que rinde homenaje a los trabajadores cubanos y el **Monumento a la Alfabetización** (Lucas Ortiz) en forma de lápiz que conmemora una ley de 1961 aprobada en Las Tunas para acabar con el analfabetismo. Hay que acercarse al Motel El Cornito para contemplar el emblemático **'Cacique Maniabo y Jibacoa'**, un jefe taíno con dos cabezas que miran en direcciones opuestas, inspirado en Janus. De vuelta a la ciudad la pequeña **Galería Taller Escultura Rita Longa** (av. 2 de Diciembre esq. Lucas Ortiz) reúne obra local de interés.

Memorial Vicente García MUSEO
(Vicente García nº 7; entrada 1 CUC; ⌚15.00-19.00 lu, 11.00-19.00 ma-sa) En un edificio de la época colonial cercano al parque epónimo se conmemora al gran héroe de Las Tunas de la Guerra de Independencia que tomó la ciudad, en manos de los españoles, en 1876, y la incendió 21 años después cuando los colonizadores pretendían recuperarla. Entre las limitadas muestras pueden verse armas antiguas y algunas fotografías.

Plaza de la Revolución PLAZA
Es enorme, rimbombante y merece un vistazo. Destacan la colosal **escultura de Vicente García**, tipo Lenin y con la espada en alto, y la gigantesca valla publicitaria del Che.

El Cornito AL AIRE LIBRE
(carretera Central km 8; ⌚9.00-17.00) Los jardines que rodean el Motel El Cornito (8 km fuera de la ciudad) son bosques de bambú que ofrecen un agradable y sombrío respiro frente al agobiante ajetreo de la ciudad. El viajero encontrará restaurantes de estilo ranchón (que dan prioridad a la estruendosa música reguetón), el lugar de la vieja granja del gran poeta de Las Tunas Juan Cristóbal Nápoles Fajardo (alias El Cucalambé) y una presa donde se puede nadar.

De vuelta a la carretera principal, hay un zoo, un parque de atracciones y un circuito de motocrós. Un taxi hasta el lugar cuesta 5-7 CUC ida y vuelta.

Fiestas y celebraciones

Exposición nacional de cultura ESCULTURA
Se celebra cada mes de febrero en la ciudad.

Jornada Cucalambeana MÚSICA
Tiene lugar en junio y es el principal festival de música campesina de Cuba. Letristas de la región se impresionan mutuamente con sus décimas (versos de 10 líneas). Tiene lugar fuera de la ciudad, junto al Motel El Cornito.

Festival Internacional de Magia MAGIA
Festival de magia en la capital provincial, cada mes de noviembre.

Dónde dormir

Tras años de capa caída, Las Tunas puede presumir de al menos un hotel aceptable (el Cadillac). Varias casas particulares alquilan habitaciones limpias y asequibles en las calles Martí y Frank País, cerca del centro.

★ **Mayra Busto Méndez** CASA PARTICULAR $
(☎34-42-05; Hirán Durañona nº 16, entre Frank País y Lucas Ortiz; 25 CUC) El mobiliario de este lugar es increíblemente brillante. El tamaño de la habitación de la izquierda podría incluir un par de la mayoría de las habitaciones de los hoteles de todo incluido.

Motel el Cornito BUNGALÓS $
(☎34-50-15; carretera Central km 8; h 20-30 CUC) Un lugar orientado a los cubanos en

RECORDANDO VIEJAS LLAMAS

En su día, Las Tunas no era ningún lugar apartado sino un sitio clave para controlar todo el Oriente. Ello la convirtió en foco de atención durante la Guerra de Independencia, cuando la ciudad fue incendiada tres veces. Uno de estos incendios (1876) fue obra del hijo de la ciudad, el general Vicente García (no hay que buscar demasiado para ver su legado en forma de nombres de calle o museos) que proclamó que prefería ver Las Tunas quemada antes que esclavizada. Y los habitantes de la ciudad no lo olvidan. Llamas, fuegos artificiales, desfiles con antorchas y recreaciones históricas de las gestas de García integran el festival de la Fundación de la Ciudad cada 26 de septiembre.

Las Tunas

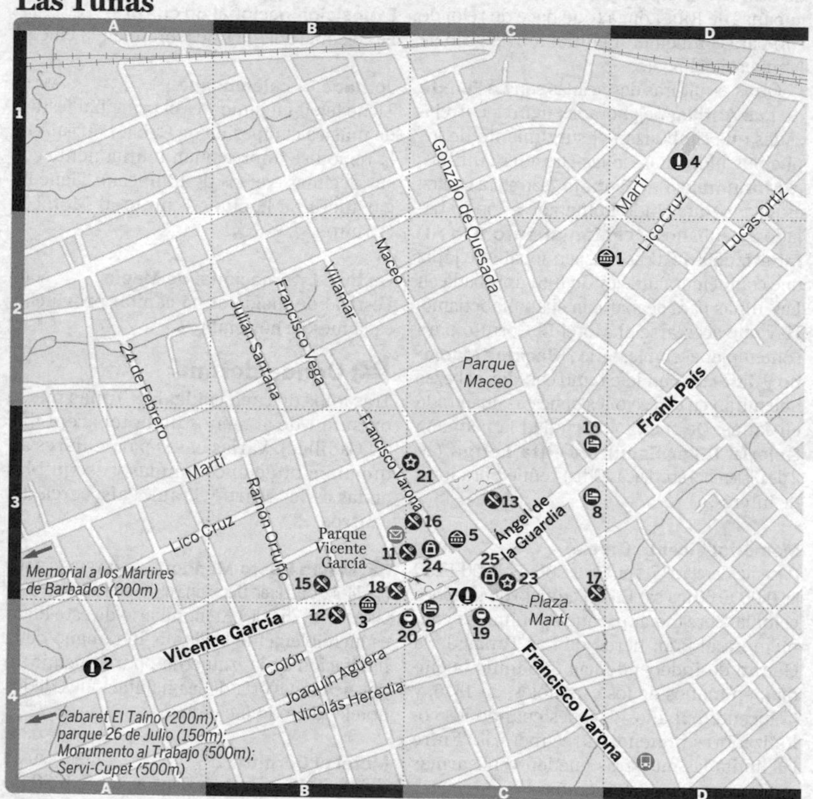

un bosque de bambú cerca del lugar de la vieja granja de El Cucalambé. La Jornada Cucalambeana se celebra en este lugar.

Hay unos 60 alojamientos, que oscilan entre básicos apartamentos y chalés aceptables, repartidos por el bosque. Conviene llamar con antelación.

Caballo Blanco Pepe CASA PARTICULAR $
(☎37-36-58; Frank País nº 85 Altos; h 20-25 CUC; ❄) Tiene deslumbrantes suelos de baldosas, baños tipo hotel, TV y una limpieza impoluta (y es que Pepe es médico). También hay un paladar.

Hotel Las Tunas HOTEL $
(☎34-50-14; av. 2 de Diciembre; i/d 27/43 CUC; P❄≋) El último recurso: situación apartada, habitaciones austeras, restaurante sospechoso y una discoteca cuya música despierta a las 2.00.

★ Hotel Cadillac HOTEL $$
(☎37-27-91; Ángel de la Guardia esq. Francisco Vega; i/d 45/70 CUC; ❄) Inaugurado en el 2009, esta belleza rehabilitada de la década de 1940 en el centro de la ciudad raya en la categoría *boutique* con solo ocho habitaciones, entre ellas una preciosa *suite*. Hay televisores de pantalla plana, baños de vanguardia y un poco de anticuada clase prerrevolucionaria. Fuera está el Cadillac Snack Bar.

Dónde comer

Las Tunas cuenta con dos restaurantes estatales correctos en el centro que sirven comida criolla variada; en los demás locales, el repertorio es muy reducido. El reclamo gastronómico de esta zona es la "caldosa kike y mariana", un estofado de carne y hortalizas con plátano.

★ El Baturro CARIBEÑA $
(av. Vicente García, entre Julián Santana y Ramón Ortuño; ⏲11.00-23.00) Las paredes están cu-

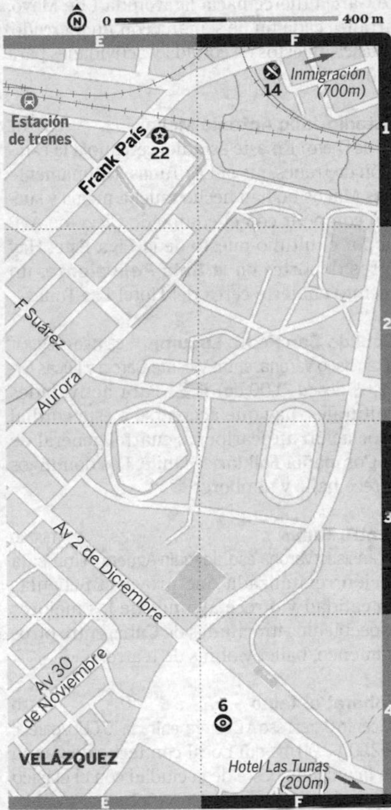

Las Tunas

Puntos de interés

1 Galería Taller Escultura Rita Longa C2
2 La Fuente de Las Antillas A4
3 Memorial Vicente García B4
4 Monumento a la Alfabetización D1
5 Museo Provincial General Vicente García C3
6 Plaza de la Revolución F4
7 Estatua de José Martí C3

Dónde dormir

8 Caballo Blanco – Pepe C3
9 Hotel Cadillac C4
10 Mayra Busto Méndez C3

Dónde comer

11 Cremería las Copas C3
12 El Baturro B4
13 La Taberna C3
14 Mercado Agropecuario F1
15 Restaurante 2007 .... B3
16 Restaurante la Bodeguita C3
17 Río Chico C3
18 Supermercado Casa Azul B3

Dónde beber y vida nocturna

Cadillac Snack Bar .... (véase 9)
19 Casa del Vino Don Juan C4
20 Piano Bar C4

Ocio

21 Cabildo San Pedro Lucumí C3
Casa de la Cultura .... (véase 24)
22 Estadio Julio Antonio Mella E1
23 Teatro Tunas C3

De compras

24 Biblioteca Provincial José Martí C3
25 Fondo Cubano de Bienes Culturales C3

biertas de versos garabateados: notas de amor y elogios al trovador chileno asesinado Víctor Jara. Los platos están a rebosar de comida cubana superior a la media, lo que lo convierte en el mejor restaurante de Las Tunas.

Cremería las Copas HELADERÍA $
(Francisco Vega esq. Vicente García; 10.00-16.00 y 17.00-23.00) El sustituto de Coppelia en Las Tunas; puede disfrutarse de *sundaes* o tres gracias (tres bolas) de sabores como coco y café con leche. La experiencia sería muy placentera si el personal no metiese prisa.

Restaurante la Bodeguita CARIBEÑA $
(Francisco Varona nº 293; 11.00-23.00) Un local de Palmares, lo cual significa que es mejor que los habituales locales que cobran en pesos cubanos. Hay manteles de cuadros, una carta de vinos limitada y lo que el Gobierno cubano llama "cocina internacional", es decir espagueti y *pizza*. Se recomienda la pechuga de pollo con salsa de champiñones (unos 5 CUC).

La Taberna BARBACOA $
(parque Maceo, entre Adolfo Villamar y Maceo; comidas 6-10 CUC; 12.00-2.00) Un buen sitio para tomar pulpo, pescado o carne a la parrilla. O también para beber una cerveza bien fría, claro.

Río Chico CUBANA $
(Maceo nº 2, entre Nicolás Heredia y Joaquín Agüera; 10.00-23.00) Es un local nuevo, por lo que

todavía no hay una opinión formada, pero baste decir que en una ciudad con pocas opciones gastronómicas, el patio de este restaurante es un buen lugar para degustar sencillos platos de pescado, carne o pollo (unos 5 CUC).

Restaurante 2007 CARIBEÑA $
(Vicente García, entre Julián Santana y Ramón Ortuño; ⏲12.00-2.45 y 18.00-10.45) Un intento más o menos nuevo de restauración elegante (aunque en pesos cubanos). El lujoso interior y los camareros trajeados parecen prometedores, pero el viajero será mejor recibido en otra parte.

Compra de alimentos
Para abastecerse de comestibles (o cambiar billetes grandes), se puede probar en el **Supermercado Casa Azul** (Vicente García esq. Francisco Vega; ⏲9.00-18.00 lu-sa, hasta 12.00 do). El **Mercado Agropecuario** (av. Camilo Cienfuegos) es un pequeño mercado cerca de la estación de trenes.

Dónde beber y vida nocturna

Casa del Vino Don Juan BAR
(Francisco Varona esq. Joaquín Agüera; ⏲9.00-24.00) Aunque suene extraño, en Las Tunas existe un local donde tomar vino; y solo 7 CUP por un vaso del 'mejor' vino de Cuba, el algo avinagrado Soroa. Es un bar sencillo con grandes puertas abiertas y algunas mesas.

Cadillac Snack Bar CAFÉ
(Ángel de la Guardia esq. Francisco Vega; ⏲9.00-23.00) Este vástago del Hotel Cadillac tiene mesas en una terraza que da al bullicio de la plaza Martí y sirve un café con leche aceptable.

Piano Bar BAR
(Colón esq. Francisco Vega; ⏲21.00-2.00) Un poco más suave que las ensordecedoras discotecas de los hoteles, es el local donde escuchar al lugareño Óscar Petersons tocando el piano mientras uno toma mojitos por 1 CUC.

Ocio

Las Tunas se anima el sábado por la noche cuando las calles abarrotadas y los lugareños en busca de diversión desafían a la imagen 'aburrida' de la ciudad. La acción se concentra en el **Parque Vicente García,** donde el son compite con el más moderno *reguetón*, y en el parque 26 de Julio.

★ **Feria del Parque 26 de Julio** FERIA
(av. Vicente García; ⏲9.00-18.00 sa y do) GRATIS Situada en el Parque 26 de Julio, donde Vicente García tuerce hacia la avenida 1 de Mayo, arranca cada fin de semana con un mercado, música, puestos de comida y actividades para niños.

Estadio Julio Antonio Mella DEPORTE
(1ª de Enero) En este estadio, cercano a la estación de trenes, juega Las Tunas. Últimamente Los Magos no han hecho mucha magia y suelen competir con el equipo de Ciego de Ávila por el último puesto de la Liga Este. Hay otros deportes en la **Sala Polivalente,** un recinto cubierto cerca del Hotel Las Tunas.

Cabildo San Pedro Lucumí CENTRO CULTURAL
(Francisco Varona, entre Vicente García y Lucas Ortiz; ⏲desde 21.00 do) GRATIS Para actividades culturales, hay que acercarse a esta cordial asociación afrocaribeña, cuartel general de la Compañía Folklórica Onilé. Los domingos ofrece baile y tambores.

Teatro Tunas TEATRO
(Francisco Varona esq. Joaquín Agüera) Una sala recién revitalizada que proyecta películas de calidad y ofrece algunos de los mejores espectáculos itinerantes de Cuba, entre otros flamenco, ballet y obras de teatro.

Cabaret el Taíno TEATRO
(Vicente García esq A Cabrera; entrada 10 CUC/pareja; ⏲21.00-2.00 ma-do) Local con techo de guano en la entrada oeste de la ciudad con el clásico espectáculo con poca ropa, plumas y salsa. La entrada incluye una botella de ron y cola.

Casa de la Cultura CENTRO CULTURAL
(Vicente García nº 8) El mejor para la cultura tradicional, con conciertos, poesía, danza, etc. La acción invade la calle las noches del fin de semana.

De compras

La producción más remarcable de la ciudad es la artesanía, que resulta interesante. Se recomienda visitar la galería taller de escultura Rita Longa (p. 345).

Fondo Cubano de Bienes Culturales ARTE Y ARTESANÍA
(Ángel de la Guardia esq. Francisco Varona; ⏲9.00-12.00 y 13.30-17.00 lu-vi, 8.30-12.00 sa) Para comprar arte de calidad, cerámica y bordados enfrente de la plaza principal.

Biblioteca Provincial José Martí LIBROS
(Vicente García nº 4; ⏲lu-sa) Libros y más libros.

EL BALCÓN DEL ORIENTE

Oriente, en Cuba, comienza en Las Tunas, llamada con frecuencia El Balcón del Oriente por su ubicación en el borde de dos regiones inconfundibles. Antes de 1976 la zona situada al este del enclave era una provincia en sí misma, una región grande y culturalmente diferente que comprendía las cuatro provincias actuales de Guantánamo, Santiago de Cuba, Granma y Holguín.

Geográficamente más próxima a Haití que a La Habana, el Oriente a menudo prefería mirar al este que al oeste en su intento de consolidar una identidad cubana alternativa, absorbiendo infinidad de influencias de La Española, Jamaica y demás. La búsqueda de este espíritu es en parte la base de la rica diversidad étnica de la región y arraigada tendencia a sublevarse.

En el contexto histórico, todos los movimientos revolucionarios de Cuba han surgido en el Oriente, inspirados por exaltados oriundos del este como Carlos Manuel de Céspedes (de Bayamo), Antonio Maceo (de Santiago) y Fidel Castro (de Birán, cerca de Holguín). La región también ha sido una abanderada de gran parte de los géneros musicales cubanos, desde el son y el changüí a la Trova.

Hoy en día, la tradicional rivalidad este-oeste hace que se continúen intercambiando escarnios jocosos sobre temas como lengua (los orientales tienen un particular acento cantarín), béisbol (Los Industriales-Santiago es un acontecimiento parecido al Real Madrid-Barcelona), historia (los santiagueros nunca han perdonado a los habaneros que les robaran la capitalidad en 1607) y economía (al ser más pobres, los orientales han emigrado al oeste en busca de trabajo). Mientras que los arrogantes habaneros afirman que el resto de Cuba es un "prado verde" y se refieren burlonamente a los habitantes de Santiago como palestinos, a los orgullosos ciudadanos del Oriente les gusta verse como combativos libertadores históricos y solícitos custodios del famoso legado musical cubano.

Información

Banco Financiero Internacional (Vicente García esq. 24 de Febrero)
Cadeca (Colón nº 41) Cambio de moneda.
Cubana (Lucas Ortiz esq. 24 de Febrero) Agencia de viajes.
Etecsa Telepunto (Francisco Vega, entre Vicente García y Lucas Ortiz; 8.30-19.00) Flamante paraíso con aire acondicionado en la calle comercial.
Hospital Che Guevara (34-50-12; av. C. J. Finlay esq. 2 de Diciembre) A 1 km de la salida de la carretera en dirección a Holguín.
Infotur (Ángel de la Guardia esq. Francisco Varona; 8.15-16.15 lu-vi y sa alternos) Agencia de viajes.
Oficina de correos (Vicente García nº 6; 8.00-20.00)

Cómo llegar y salir

AUTOBÚS

La **estación de autobuses** (Francisco Varona) central está 1 km al sureste de la plaza principal. Los autobuses de **Viazul** (www.viazul.com) tienen salidas diarias; los billetes los vende el jefe de turno.

Hay cinco autobuses diarios a La Habana (39 CUC, 11 h), con salida a las 1.50, 10.00, 13.35, 20.50 y 21.55; cuatro a Holguín (6 CUC, 70 min) a las 2.40, 6.40, 8.10 y 15.25; uno a Varadero (33 CUC, 10½-11 h) a las 12.55; uno a Trinidad (21 CUC, 6½ h) a las 12.20; y cinco a Santiago (11 CUC, 4¾ h) a las 2.40, 8.10, 9.00, 15.25 y 20.05. Casi todos estos autobuses paran en Camagüey (7 CUC, 2½ h), Ciego de Ávila (13 CUC, 4¼ h), Sancti Spíritus (17 CUC, 5½-6 h), Santa Clara (22 CUC, 7 h) y Entronque de Jagüey (26 CUC, 9¼ h). Los autobuses a Santiago paran en Bayamo (6 CUC, 1¼ h). Para viajar a Guantánamo o Baracoa, hay que enlazar vía Santiago de Cuba.

TREN

La **estación de trenes** (Terry Alomá, entre Lucas Ortiz y Ángel de la Guardia) está cerca del Estadio Julio Antonio Mella, en la parte noreste de la ciudad. El jefe de turno vende los billetes. El rápido tren Francés La Habana-Santiago no para en Las Tunas, así que uno debe conformarse con trenes más lentos y menos fiables. Los trenes a La Habana y Santiago (vía Camagüey y Santa Clara) salen dos días de cada tres (hay que consultarlo antes). Hay trenes diarios a Camagüey y Holguín.

CAMIÓN

Los camiones de pasajeros a otros destinos de la provincia, entre ellos Puerto Padre, recogen a pasajeros en la calle principal, cerca de la estación de trenes; la última salida es antes de las 14.00.

Cómo desplazarse

Los taxis se congregan frente a la estación de autobuses, el Hotel Las Tunas, y la plaza principal. Los coches de caballos transitan por Frank País,

VUELO 455

Si uno se descuida, se lo pierde. El diminuto monumento de bronce junto al río Hormiguero en la poco visitada Las Tunas es el único de Cuba que conmemora uno de los episodios más funestos del país.

El 6 de octubre de 1976, el vuelo 455 de Cubana de Aviación, de regreso a La Habana desde Guyana, despegó tras una escala en el aeropuerto de Seawell, en Barbados. Nueve minutos después del despegue, dos bombas estallaron en el baño trasero y el avión cayó al Atlántico. Murieron las 73 personas de a bordo, 57 de las cuales eran cubanas. Entre los fallecidos se contaban todos los miembros del equipo de esgrima cubano, que acababan de arrasar con las medallas de oro en el Campeonato Centroamericano. Por aquel entonces, la tragedia del vuelo 455 se consideró el peor atentado terrorista de todos los tiempos en el hemisferio oeste.

Horas después del atentado arrestaron a dos venezolanos en Barbados y pronto se estableció una conexión con Luis Posada Carriles y Orlando Bosch, dos activistas anticastristas nacidos en Cuba con un historial en operativos de la CIA.

Arrestados en Venezuela en 1977, los hombres fueron juzgados por tribunales tanto civiles como militares y pasaron casi diez años en cárceles venezolanas. A Bosch le soltaron en 1987 y se instaló en EE UU. Carriles se fugó de la cárcel en 1985 en una audaz fuga en la que se disfrazó de cura. Un año después reapareció en Nicaragua coordinando lanzamientos de suministros militares para los rebeldes de la Contra.

A pesar de sufrir un atentado fallido contra su vida en Ciudad de Guatemala en 1990, Carriles continuó en activo. En 1997 estuvo implicado en una serie de explosiones contra enclaves turísticos de La Habana, y en el 2000 fue arrestado en Ciudad de Panamá, supuestamente por intentar asesinar a Fidel Castro.

Indultado en el 2004 por Mireya Moscoso, la presidenta saliente de Panamá, Carriles buscó asilo en EE UU después de que el Tribunal Supremo de Venezuela presentara una orden de extradición. Hasta el momento EE UU ha rechazado entregarlo alegando que se enfrenta a la amenaza de ser torturado en Venezuela.

En el 2013 Carriles continua viviendo en EE UU a sus 85 años. Bosch murió en abril del 2011, a los 84 años, también en EE UU. Algunos anticastristas extremistas los aclaman como defensores de la libertad, mientras que muchos cubanos los consideran terroristas no arrepentidos.

cerca del estadio de béisbol hasta el centro de la ciudad; cuestan 10 CUP.

Cubacar (av. 2 de Diciembre) está en el Hotel Las Tunas. Hay una **gasolinera Oro Negro** (Francisco Varona esq. Lora) una manzana al oeste de la estación de autobuses. La **gasolinera Servi-Cupet** (carretera Central; ⌚24 h) está en la salida dirección Camagüey.

Monte Cabaniguán

Este refugio de fauna al sur de la localidad de Jobabo, en la llanura aluvial del río Cauto, es una zona de nidificación esencial para aves acuáticas como flamencos, el amenazado periquito cubano y el pijije cubano. La zona está protegida internacionalmente como Humedal Ramsar. Ecotur organiza excursiones acuáticas breves para observadores de aves en ciernes.

Puerto Padre

Languideciendo en un rincón medio olvidado de la provincia menos espectacular de Cuba, cuesta creer que en su día Puerto Padre –o la "Ciudad de los Molinos" como se conoce localmente– fuera el mayor puerto azucarero del planeta. Pero a los viajeros voluntariosos, el disipado abandono les inspira una curiosidad nostálgica. Agraciada con un bulevar tipo Las Ramblas, un Malecón en miniatura y una estatua de Don Quijote bajo un molino de viento que ha vivido demasiados huracanes, la ciudad es la clase de lugar donde uno se detiene para que le indiquen el camino a la hora de comer, y acaba, 5 h después, saboreando una langosta en un restaurante junto a la bahía.

Puntos de interés

Museo Fernando García Grave de Peralta MUSEO

(Yara nº 45, entre av. Libertad y Maceo; entrada 1 CUC) Castigado por el huracán Ike, lo que de hecho es el museo municipal contiene el típico repertorio de revolucionarios caídos, animales disecados y antigüedades.

Fuerte de La Loma FUERTE
(av. Libertad; entrada 1 CUC; ⌚9.00-16.00 ma-sa) También conocido como el "castillo de Salcedo", en lo alto de la avenida Libertad, atestigua la antigua importancia estratégica de Puerto Padre. En el interior hay un pequeño museo.

Dónde dormir y comer

Hay una docena de casas particulares y poca demanda.

★ **Roberto Lío Montes de Oca** CASA PARTICULAR $
(☎51-57-22; Francisco V. Aguilera nº 2, entre Jesús Menéndez y Conrado Benítez; h 20-25 CUC; ❄) Su fachada rosa brilla en medio del deterioro general de Puerto Padre y el limpio dormitorio está decorado con gracia. Pueden preparar desayunos y almuerzos por 3 y 5 CUC respectivamente.

Ocio

Hay una **Casa de la Cultura** (parque de la Independencia) para actividades nocturnas; el viajero también puede recorrer las calles en busca de conversación o alojamiento. La ciudad cuenta con la delegación más joven de la Uneac (Unión Nacional de Escritores y Artistas de Cuba), que organiza espectáculos y exposiciones.

Cómo llegar y salir

A Puerto Padre se accede en camión (salen de la estación de trenes de Las Tunas) o con vehículo propio. Un taxi desde la capital provincial debería costar 30 CUC.

Punta Covarrubias

El único *resort* de la provincia de Las Tunas también es uno de los más remotos de la isla, situado 41 km (llenos de baches) al noroeste de Puerto Padre, en una impoluta playa de arena en Punta Covarrubias. Situado junto al azul y verdoso Atlántico, el **Brisas Covarrubias** (☎51-55-30; i/d 88/132 CUC; P❄@≋) tiene 122 cómodas habitaciones distribuidas en bungalós (dispone de una habitación adaptada). Lo más destacado del lugar es el buceo con tubo en el arrecife de coral a 1,5 km de la orilla. Ofrecen paquetes de dos inmersiones al día desde 45 CUC. Hay 12 zonas de submarinismo. Casi todos los huéspedes llegan con todo incluido y se desplazan en autobús desde el aeropuerto Frank País de Holguín, 115 km al sureste. Está muy apartado.

Los viajeros independientes pueden acercarse a la playa y al **mirador** (una torre con fabulosas vistas panorámicas), 200 m antes del hotel, u obtener un pase de un día en el hotel por 25 CUC.

Cómo llegar y salir

La carretera de Puerto Padre a la playa Covarrubias es lo que los taxistas cubanos llaman 'más o menos', debido al tráfico regular del hotel. Al oeste, hacia Manatí y Playa Santa Lucía hay un montón de baches. Se debe conducir despacio y con cuidado.

Playas La Herradura, La Llanita y Las Bocas

Este grupo de playas septentrionales que abrazan la costa atlántica 30 km al norte de Puerto Padre y a 55 km de Holguín constituyen una tentadora alternativa a la comodidad de Covarrubias. No hay mucho que hacer salvo leer, relajarse y perderse.

Desde Puerto Padre hay 30 km rodeando la orilla este de la bahía de Chaparra hasta la **playa La Herradura.** Es muy probable que algún día esta playa tenga un *resort*, así que se recomienda disfrutarla ahora. Hay unas cuantas casas que alquilan habitaciones legalmente (con el cartel de Arrendador Divisa). Una opción consolidada es **Villa Papachongo** (☎Holguín 24-42-41-74; casa nº 137; h 15-20 CUC; ❄), junto a la playa, con un magnífico porche para contemplar el atardecer.

Si se sigue al oeste por la misma carretera durante 11 km se llega a la **playa La Llanita,** de arena más suave y blanca que en La Herradura. Sin embargo, la playa está en un recodo desabrigado y a veces el oleaje es peligroso.

Al final de la carretera, 1 km más allá, se encuentra la **playa Las Bocas,** donde hay varias casas más para alquilar. Comprimida entre la costa y la bahía de Chaparra, normalmente se puede tomar un *ferry* local a El Socucho y continuar hasta Puerto Padre o alquilar una habitación en una casa particular.

Cómo llegar y salir

Hay camiones que llevarán al viajero de Las Tunas a Puerto Padre, desde donde deberá conectar con otro vehículo hasta el cruce de Lora antes de dirigirse a las playas del norte. Es más fácil organizar el trayecto desde Holguín cambiando en la ciudad de Velasco.

Conducir un automóvil es la mejor opción. Los 52 km entre Las Tunas y Puerto Padre están bien asfaltados; luego se vuelve más incierto. Los taxis suelen cobrar más por el mal estado de la carretera.

Provincia de Holguín

☎ 024 / 1 037 600 HAB.

Sumario »

Las mejores playas

- Cayo Saetía (p. 375)
- Playa Caletones (p. 365)
- Playa Pesquero (p. 367)

Los mejores alojamientos

- Hotel Ordoño (p. 365)
- Hotel Playa Pesquero (p. 368)
- Villa Don Lino (p. 368)

Por qué ir

"Era la más absoluta pobreza pero también la absoluta libertad; al aire libre, rodeado de árboles, animales, apariciones...". Eso dijo el famoso escritor disidente Reinaldo Arenas de su infancia en la rural provincia de Holguín. Tal vez algo en la indiscutible belleza de los paisajes de Holguín alienta los extremos: el opuesto ideológico de Arenas, Fulgencio Batista, y el opuesto a ambos, un tal Fidel Castro, también crecieron aquí. Y hay más contradicciones. Holguín es donde la pureza con olor a pino de las montañas de la sierra Cristal se enturbia por la degradación medioambiental de las minas de níquel cercanas a Moa, y donde la inherente cubanidad de Gibara chirría con el turismo de Guardalavaca.

El primero en descubrir la belleza de Holguín fue Cristóbal Colón que, según se recoge en la mayor parte de las crónicas, fondeó cerca de Gibara en octubre de 1492 y describió los verdes bosques de la región y las hermosas montañas costeras como la tierra más bonita que jamás había visto.

Hoy en día, el viajero verá con la misma frecuencia enormes *resorts* que abrazan la costa e impolutos ecosistemas. He aquí Guardalavaca, Esmeralda y la exclusiva playa Pesquero.

Cuándo ir

- En abril los cinéfilos se reúnen en Gibara con motivo del Festival Internacional de Cine Pobre.
- La ciudad de Holguín exhibe su religiosidad en las Romerías de Mayo.
- Para evitar la temporada de tormentas, se recomienda ir cuando esta finaliza, a mediados de noviembre.
- El viajero puede disfrutar de los *resorts* de Guardalavaca y playa Pesquero en plena temporada turística desde diciembre hasta principios de marzo.

Historia

La mayoría de los historiadores y expertos coinciden en que Cristóbal Colón fue el primero en recalar en Cuba el 28 de octubre de 1492 en Cayo Bariay, cerca de la playa Blanca, al oeste de la playa Don Lino (hoy en la provincia de Holguín). Los buscadores de oro españoles fueron recibidos en tierra por seborucos y capturaron a 13 de ellos para llevarlos de vuelta a Europa como 'especímenes' científicos. Bariay fue boicoteado en favor de Guantánamo veinte años después, cuando se fundó una nueva capital colonial en Baracoa, y el montañoso terreno al norte de Bayamo se concedió al capitán García Holguín, un conquistador mexicano. La provincia se convirtió en una importante zona azucarera a finales del s. XIX, cuando la compañía estadounidense United Fruit compró y despobló gran parte de los bosques. Holguín, que antiguamente había formado parte del territorio del Oriente, pasó a ser provincia por derecho propio después de 1975.

Holguín

277 000 HAB.

Productor de las cuatro cervezas principales del país (Cristal, Bucanero, Mayabe y Cacique), Holguín crea una parte significativa de la industria del ocio cubana, pero también es, en sí misma, embriagadora. No da la bienvenida con enfermiza grandiosidad colonial si no con energía laboriosa: la influencia de la americana United Fruit Company hace que partes de la ciudad parezcan un barrio de EE UU, mientras que su disposición –el gran tamaño de las plazas le han dado el apodo de Ciudad de los Parques y el mejor mirador de Cuba en la Loma de la Cruz– hace que apreciar Holguín sea fácil.

Esta es una ciudad trabajadora y cultural. Alberga al Ballet Nacional de Cuba, y al ver a los ricos lugareños en acción un sábado por la noche en uno de los elegantes entornos musicales de la ciudad, es difícil resistirse al espíritu holguinero y unirse a ellos.

Historia

En 1515 Diego Velázquez de Cuéllar, el primer gobernador de Cuba, cedió las tierras situadas al norte de Bayamo al capitán García Holguín, adelantado colono de la isla. Tras establecer un rancho de ganado en el frondoso y fértil interior, Holguín y sus descendientes administraron una floreciente hacienda agrícola que en 1720 ya contaba con más de 450 habitantes y una pequeña iglesia de madera. En 1752 le fue concedido a San Isidoro de Holguín (el nombre de la hacienda, tomado a su vez del de la iglesia) el título de ciudad y para 1790 su población había alcanzado ya los 12 000 residentes.

Durante las dos guerras de independencia, Holguín fue escenario de muchas batallas, en las que los fieros mambises pusieron cerco a los fortificados cuarteles hispanos de La Periquera (hoy Museo de Historia Provincial). Conquistada y perdida por Julio Grave de Peralta (cuyo nombre ostenta hoy una de sus plazas), la ciudad fue tomada por segunda vez el 19 de diciembre de 1872 por el general Calixto García, héroe local de Holguín.

Cuando en 1976 el Oriente se dividió en cinco provincias independientes, la ciudad de Holguín se convirtió en capital de una de ellas. Además de la cerveza, son clave la agricultura y la industria del níquel. La ciudad también ha cultivado una reputación internacional para la rehabilitación contra las drogas; Maradona estuvo en el 2000 (lo que inició la amistad entre el futbolista y Fidel Castro). En el 2008, Holguín sufrió un severo golpe del huracán Ike.

Puntos de interés

Holguín se conoce, de modo algo eufemístico, como la "Ciudad de los Parques" (son más bien plazas). Si el viajero se sitúa en torno a las cuatro plazas centrales verá gran parte de lo que ofrece la ciudad. La visita no será completa si no se sube hasta la Loma de la Cruz; queda algo lejos pero vale la pena.

★ Museo de Historia Provincial MUSEO

(plano p. 360; Frexes nº 198; entrada 1 CUC; ⏲8.00-16.30 ma-sa, hasta 12.00 do) Ahora monumento nacional, el edificio situado en la parte norte del parque Calixto García se construyó entre 1860 y 1868 y se usó como barracones del ejército español durante las guerras de independencia. Se apodó La Periquera, por los uniformes rojo, amarillo y verde de los soldados españoles que montaban guardia. La joya del museo es una antigua hacha tallada en forma de hombre, conocida como "Hacha de Holguín", que se cree que fabricaron los pobladores indígenas a principios del s. XV y se descubrió en 1860. También puede verse una espada que en su día perteneció al héroe nacional y poeta José Martí.

Parque Peralta PLAZA

(Parque de las Flores; plano p. 360) Esta plaza debe su nombre al general Julio Grave de Peralta (1834-1872), que dirigió un levantamiento

Imprescindible

1 Ver Holguín extenderse como un mapa bajo nuestros pies desde la **Loma de la Cruz** (p. 356).

2 Despilfarrar para pasar unos días de playa en uno de los lujosos *resorts* de **playa Pesquero** (p. 367)

3 Hacer una ruta en bicicleta por pueblos bucólicos hasta el pueblo holguinero por excelencia, **Banes** (p. 372).

4 Maravillarse con la exótica naturaleza en la exclusiva isla de **Cayo Saetía** (p. 376).

5 Descubrir tesoros taínos en uno de los emplazamientos arqueológicos más

importantes de Cuba en el **Museo Chorro de Maita** (p. 368) de Guardalavaca.

6 Alojarse en una casa particular con las comodidades de un hotel en la romántica y apacible ciudad costera de **Gibara** (p. 364).

7 Echar un vistazo para saber más sobre la familia Castro en la casa donde Fidel pasó su infancia, el **Museo Conjunto Histórico de Birán** (p. 373).

8 Hacer una excursión al **Salto del Guayabo** (p. 375) para ver su espectacular mirador.

Holguín

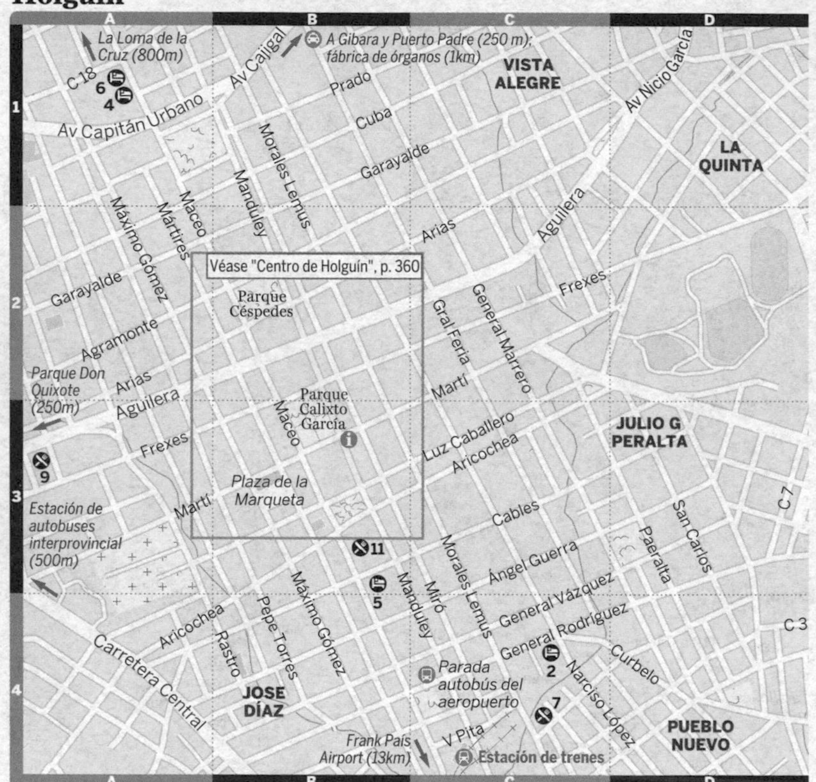

contra España en Holguín en octubre de 1868. Su estatua de mármol (1916) está frente a la imponente catedral de San Isidoro. En la parte oeste del parque está el mural de Origen, que representa el desarrollo de Holguín y Cuba desde los tiempos indígenas hasta el final de la esclavitud.

★ Catedral de San Isidoro CATEDRAL

(plano p. 360; Manduley) De un blanco reluciente y caracterizada por sus dos torres abovedadas, la **catedral de San Isidoro** data de 1720 y fue una de las construcciones originales de la ciudad. Con fragmentos añadidos con los años, las torres son del s. XX y en 1979 se convirtió en catedral. Una estatua hiperrealista del papa Juan Pablo II se erige a la derecha de las puertas principales.

★ La Loma de la Cruz LUGAR DE INTERÉS

En el extremo norte de Maceo el viajero encontrará una escalinata construida en 1950, con 465 escalones que ascienden a una colina de 275 m de altura con vistas panorámicas, un restaurante y un bar abierto 24 h. En 1790 se colocó una cruz con la esperanza de que se acabara un período de sequía, y cada 3 de mayo, durante las romerías de mayo, los fieles suben hasta la cima para celebrar la misa. Caminando se tarda 20 min desde el centro, aunque se puede tomar un bicitaxi hasta el pie de la colina por unos 10 CUP.

Parque Calixto García PLAZA

(plano p. 360) Este extenso parque destaca más por su ambiente que por la arquitectura. Se diseñó en 1719 como la original plaza de Armas y sirvió muchos años como punto de encuentro y mercado de la ciudad. Hoy destaca la estatua de 1912 del general Calixto García, a cuyo alrededor se congrega una variada mezcla de viejos sabios, pesimistas jugadores de béisbol y adolescentes merodeadores.

Holguín

Principales puntos de interés

1 Plaza de la Revolución.......F1
Tomb of Calixto García.......(véase 1)

Dónde dormir

2 Don Santiago.......C4
3 Hotel Pernik.......F2
4 'La Palma' – Enrique R Interián Salermo.......A1
5 Villa Janeth.......B3
6 Villa Liba.......A1

Dónde comer

7 Agropecuario.......C4
8 Agropecuario.......E3
9 El Ciruelo.......A3
10 Peso Stalls.......E3
11 Restaurante 1910.......B3
Taberna Pancho.......(véase 3)

Ocio

Disco Havana Club.......(véase 3)
12 Estadio General Calixto García.......E2

En la esquina suroeste del parque Calixto García se halla el **Centro de Arte** (plano p. 360; Maceo nº 180; 9.00-16.00 lu-sa) GRATIS , una luminosa galería que comparte espacio con la **Biblioteca Álex Urquiola** (plano p. 360; Maceo nº 178), que debe su nombre a un revolucionario local y que alberga la mayor colección de libros de Holguín.

Parque Céspedes PARQUE
(parque San José; plano p. 360) Es el más joven y sombreado de la ciudad. Lleva el nombre del padre de la Patria, Carlos Manuel de Céspedes, cuya estatua se alza en el centro junto al monumento a los héroes de la Guerra de Independencia. La plaza central adoquinada está dominada por la **iglesia de San José** (plano p. 360; Manduley nº 116).

La iglesia, con su característica cúpula y el campanario (1842), antaño se usó por los independentistas a modo de torre de vigilancia. Los lugareños aún lo llaman por su antiguo nombre, San José.

Casa Natal de Calixto García MUSEO
(plano p. 360; Miró nº 147; 1 CUC; 9.00-17.00 ma-sa) Para saber más acerca de las gestas militaristas de los héroes locales de Holguín, hay que dirigirse a esta casa situada dos manzanas al este del parque homónimo. En ella nació en 1839 este general tan poco valorado, pese a ganar las ciudades de Las Tunas, Holguín y Bayamo a los españoles entre 1896 y 1898.

Esta pequeña colección da una idea general de su vida: mapas militares, viejos uniformes e incluso una cuchara con la que comió durante la campaña de 1885.

Museo de Historia Natural MUSEO
(plano p. 360; Maceo nº 129, entre Parque Calixto García y Peralta; 1 CUC; 9.00-22.00 ma-sa) Se verán muchos animales disecados, y también hay una gran colección de las extraordinarias conchas polymitas amarillas encontradas en la costa del extremo este de Cuba.

Plaza de la Marqueta PLAZA
Aunque su renovación lleva mucho tiempo prevista, este ruinoso espacio no es más que una plaza llena de proyectos por ahora sin cumplir. Trazada en 1848 y reconstruida en 1918, está dominada por un impresionante mercado cubierto que al parecer se convertirá en una sala de conciertos.

Por las partes norte y sur de la plaza hay infinidad de tiendas que se supone deben proveer un comercio de calidad pero actualmente solo se pueden nombrar un par de tiendas de música y puros.

Parque Don Quixote PARQUE

(Aguilera esq. av Los Álamos y av. VI Lenin) En este parque cerca de la estación de autobuses de Viazul está seguramente una de las estatuas más grandes de Cuba de Don Quijote, completamente inclinado hacia los molinos, mientras Sancho Panza le mira, en cierta manera avergonzado.

Plaza de la Revolución PLAZA

(plano p. 356) Holguín es una ciudad de lo más fiel, y su rimbombante plaza de la Revolución, al este del centro, es un monumento colosal a los héroes de la independencia cubana, con citas de José Martí y Fidel Castro. Acoge concentraciones masivas cada 1 de mayo (Día del Trabajo). La **tumba de Calixto García** (plano p. 356), que contiene sus cenizas, también se encuentra en el lugar, así como un monumento más pequeño a su madre.

Fábrica de Órganos FÁBRICA DE ÓRGANOS

(carretera de Gibara nº 301; 8.00-16.00 lu-vi) Esta es la única factoría mecánica de estos instrumentos en el país. La pequeña empresa produce unos seis órganos al año, además de guitarras y otros instrumentos. Un buen órgano cuesta entre 10 000 y 25 000 US$. En la ciudad existen ocho grupos profesionales de organistas (incluida la familia Cuayo, con sede en la fábrica), y con suerte se puede escuchar a alguno en el parque Céspedes los jueves por la tarde o los domingos por la mañana.

Mirador de Mayabe MIRADOR

Es un motel-restaurante en lo alto de una colina a 10 km de la ciudad de Holguín. Se hizo famoso gracias a un burro bebedor de cerveza llamado Pancho, que merodeaba por el bar en la década de 1980. El Pancho original murió en 1992 y ahora ya están con Pancho IV, que también bebe cerveza. Muchas semanas hay espectáculos campesinos tradicionales. Hay un autobús a Holguín desde los pies de la colina, a 1,5 km del motel, tres veces al día.

Fiestas y celebraciones

Romerías de Mayo RELIGIOSA

El 3 de mayo se celebra la gran peregrinación anual de Holguín. Los devotos suben a la loma de la Cruz para una misa especial.

Carnaval CARNAVAL EN LA CALLE

La juerga anual de Holguín tiene lugar la tercera semana de agosto, con conciertos al aire libre y gran cantidad de baile, cerdo asado y potentes bebidas.

Dónde dormir

En el centro hay escasez de opciones de precio medio y de lujo.

La Palma. Enrique R. Interián Salermo CASA PARTICULAR $

(plano p. 356; 42-46-83; Maceo nº 52A, entre calles 16 y 18, El Llano; h 25 CUC;) La casa unifamiliar neocolonial de Enrique data de 1945 y está a la sombra de la Loma de la Cruz. Su situación algo apartada es un pequeño inconveniente asumible. Enrique es un anfitrión fantástico y su espaciosa casa tiene un agradable jardín.

Además, su hijo es un talentoso pintor y escultor y uno puede contemplar un busto del Che en el salón junto a un inusual lienzo de 3 m de largo, una copia de *La última cena* de Da Vinci (con San Juan como una mujer).

Motel el Bosque HOTEL $

(48-11-40; av. Jorge Dimitrov; i/d 30/45 CUC desayuno incl.; P) A 1 km del Hotel Pernik (p. 356) y al menos un nivel por encima en los índices de calidad, estos 69 bungalós de dos pisos abastecidos de energía solar están distribuidos en amplias zonas verdes. Hay un relajante bar junto a la piscina (los clientes ocasionales la pueden usar por un precio módico) y por la noche los decibelios de la música no son tan ensordecedores como los de su ruidoso vecino (el Pernik).

Villa Liba CASA PARTICULAR $

(plano p. 356; 42-38-23; Maceo nº 46 esq. calle 18; h 20-25 CUC;) El bonito y amplio bungaló de Jorge rebosa alma por todos sitios. Jorge es un Pablo Neruda moderno con increíbles e infinitas anécdotas sobre la vida de Holguín, mientras que su mujer es una consumada masajista y especialista de Reiki (tratamientos 15 CUC). Su hija da recitales de violín durante la cena.

Hotel Pernik HOTEL $

(plano p. 356; 48-10-11; av. Jorge Dimitrov esq. av. XX Aniversario; i/d 30/45 CUC desayuno incl.; P@) El hotel más aceptable cercano al centro de la ciudad es otra dosis de nostalgia de los años setenta. En los últimos años ha intentado contrarrestar su arisca reputación dejando a los artistas locales decorar sus habitaciones con su colorido arte. El desayuno tipo bufé es abundante y hay una oficina de información, una Cadeca y un cibercafé; sin embargo, el hotel sufre de las flaquezas propias de unas reformas interminables y de noches con una música estruendosa.

Villa Janeth CASA PARTICULAR **$**
(plano p. 356; 42-93-31; Cables nº 105; h 20-25 CUC;) Janeth tiene una casa muy limpia y espaciosa con dos habitaciones en el piso de arriba muy por encima de los estándares de Holguín. Hay que seguir el pasaje hacia la parte de atrás para llegar a una cocina independiente y una terraza. Si está completa, hay una casa disponible unas cuantas puertas más abajo, en la esquina con Manduley.

Don Santiago CASA PARTICULAR **$**
(plano p. 356; 42-61-46; Narciso López nº 258 Altos; h 25 CUC;) Este apartamento en un segundo piso con kilos de atmósfera holguinera tiene una cómoda habitación y los anfitriones estarán encantados de charlar con el viajero toda la noche sobre arquitectura, viajes y demás.

Maricela García Martínez CASA PARTICULAR **$**
(plano p. 360; 47-10-49; Miró nº 110, entre Martí y Luz Caballero; h 20-25 CUC) No se puede estar más céntrico que aquí. La habitación del piso de abajo es un poco oscura pero tiene baño propio, mientras que la del piso de arriba es un mini apartamento de calidad inferior. Está a solo una manzana de los parques del centro.

Villa Mirador de Mayabe HOTEL **$**
(42-54-98; Alturas de Mayabe; bungalós 50 CUC;) Este motel, en lo alto de la loma de Mayabe, 10 km al sureste de Holguín, dispone de 24 habitaciones arropadas por unos exuberantes jardines. Las vistas, que abarcan vastas plantaciones de mangos, son particularmente buenas desde la piscina.

Dónde comer

La relajación de las restricciones del 2011 en los paladares (restaurantes de gestión privada) benefició a Holguín mucho más que a la mayoría de las ciudades.

El Ciruelo CHINA **$**
(plano p. 356; 52-91-84-14; Victoria nº 108 Altos, entre Aguilera y Frexes; principales 2-4 CUC; 5.00-23.00) Este es el Oriente de Cuba así que este puede ser el mejor restaurante chino de los alrededores. Es pequeño pero está muy bien decorado, tiene una terraza arriba con vistas a un jardín silvestre. El *chop suey* y la bandeja de pescado y marisco son dos buenas opciones.

Taberna Pancho CARIBEÑA **$**
(plano p. 356; av. Jorge Dimitrov; principales 2-4 CUC; 12.00-22.00) Este céntrico bar, inspirado en el burro bebedor de cerveza del Mirador de Mayabe, parece una taberna española. La carta incluye chorizo de verdad (inusual en Cuba), y la cerveza de barril de Mayabe la sirven en vasos helados.

Cafetería Cristal COMIDA RÁPIDA **$**
(plano p. 360; edificio Pico de Cristal, Manduley esq. Martí; comidas 1-3 CUC; 24 h) Económicos platos de pollo servidos por serios camareros cuya elegancia prepara al viajero para una cocina muy superior a la que finalmente recibe. El aire acondicionado convierte el día en gélido; es recomendable sentarse en la terraza exterior y disfrutar de un buen café de la casa.

Cremería Guamá HELADERÍA **$**
(plano p. 360; Luz Caballero esq. Manduley; 10.00-22.45) Muy parecida al Coppelia. Para perder 1 h bajo el toldo de rayas rojas y blancas con vistas a la peatonal calle Manduley y disfrutar de helados (en pesos cubanos) al aire libre.

★ **Restaurante 1910** RESTAURANTE **$$**
(plano p. 356; 42-39-94; www.1910restaurantebar.com; Mártires nº 143, entre Aricochea y Cables; comidas 8-11 CUC; 12.00-24.00) Lugar destacado para disfrutar de la cocina más innovadora de la ciudad. No se pueden criticar ni la zona de comedor (una casa colonial llena de candelabros) ni el cortés servicio, y eso sin antes empezar con su especialidad de carne con espaguetis secos (deliciosa).

Hay que acompañarlo con cualquiera de los buenos vinos suramericanos y disfrutar.

Salón 1720 CARIBEÑA **$$**
(plano p. 360; Frexes nº 190 esq. Miró; principales 6-8 CUC; 12.30-22.30) Es una ostentosa mansión restaurada con esmero donde uno puede comer paella (6 CUC) o pollo relleno de verduras y queso (8 CUC). En el mismo complejo colonial se puede encontrar una cigarrería, un bar, una tienda de ropa, un establecimiento de alquiler de vehículos y una terraza con música nocturna. En las placas de las paredes se explican detalles interesantes de la historia de Holguín.

Centro de Holguín

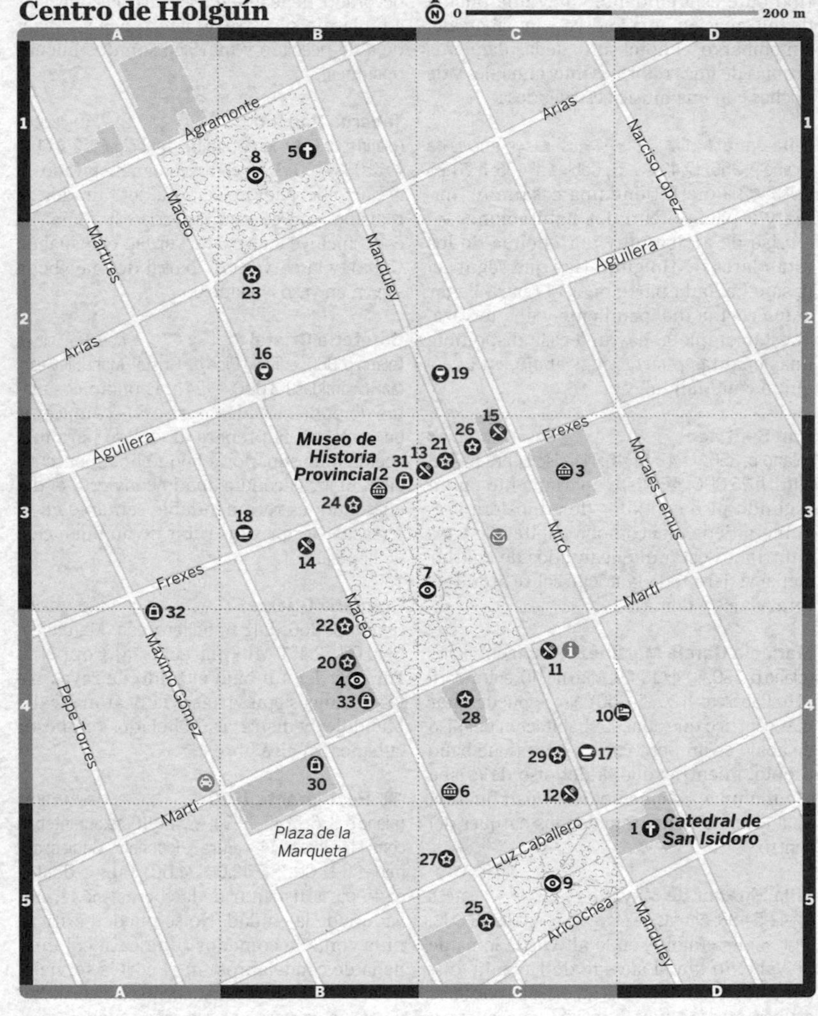

Ranchón Los Almendros PARRILLA **$$**
(☎42-96-52; José A. Cardet nº 68, entre calles 12 y 14; comidas 10 CUC; ⏰10.00-23.00) La cocina está tan limpia y bien llevada que han decidido abrirla, así que los aromas de las copiosas raciones de carne a la parrilla llegan a cada rincón de este ranchón de la ciudad.

Compra de alimentos

Hay un **agropecuario** (mercado de frutas y verduras; plano p. 356) cerca de la calle 19, en la prolongación de Morales Lemus, cerca de la estación de trenes, y otro (plano p. 356) en la calle 3, en Dagoberto Sanfield. Junto al estadio de béisbol abundan los puestos de comida (plano p. 356), en pesos.

La Luz de Yara SUPERMERCADO **$**
(plano p. 360; Frexes esq. Maceo; ⏰8.30-19.00 lu-sa, hasta 12.00 do) Grandes almacenes y supermercado cubanos relativamente bien surtidos con panadería en el parque Calixto García.

La Época SUPERMERCADO **$**
(plano p. 360; Frexes nº 194; ⏰8.30-19.00 lu-sa, 9.30-14.00 do) Otro supermercado en el parque Calixto García.

Centro de Holguín

Principales puntos de interés
1 Catedral de San Isidoro D5
2 Museo de Historia Provincial B3

Puntos de interés
Biblioteca Álex Urquiola .... (véase 20)
3 Casa Natal de Calixto García C3
4 Centro de Arte B4
5 Iglesia de San José B1
6 Museo de Historia Natural C4
7 Parque Calixto García C3
8 Parque Céspedes B1
9 Parque Peralta C5

Dónde dormir
10 Maricela García Martínez D4

Dónde comer
11 Cafetería Cristal C4
12 Cremería Guamá C4
13 La Época C3
14 La Luz de Yara B3
15 Salón 1720 .... C3

Dónde beber y vida nocturna
Bar Terraza .... (véase 15)
16 La Caverna B2
17 La Tienda el Encanto C4
18 Las 3 Lucías B3
19 Taberna Mayabe C2

Ocio
20 Biblioteca Álex Urquiola B4
21 Casa de la Música C3
22 Casa de la Trova B4
23 Casa Iberoamericana B2
24 Cine Martí B3
25 Cominado Deportivo Henry García Suárez C5
Disco Cristal .... (véase 11)
26 Jazz Club C3
27 Salón Benny Moré C5
28 Teatro Comandante Eddy Suñol C4
29 Uneac C4

De compras
30 El Jigue B4
31 Fondo de Bienes Culturales B3
32 Librería Villena Botev A4
33 Pentagrama B4

Dónde beber y vida nocturna

Holguín elabora la mejor cerveza de Cuba con diferencia. La gran fábrica de las afueras produce las dos cervezas más populares del país, Cristal y Bucanero, así como las regionales favoritas, Mayabe y Cacique. Los bares locales no son muy llamativos pero aquí el viajero encontrará un buen ambiente. Sin orden específico, hay que visitar algunos de estos.

Taberna Mayabe BAR
(plano p. 360; Manduley, entre Aguilera y Frexes; 15.00-18.00 y 20.00-24.00 ma-do) Las mesas de madera y las jarras de cerveza equivalen a un cálido ambiente de *pub*. Sirven la cerveza del mismo nombre.

Las 3 Lucías CAFÉ
(plano p. 360; Mártires esq. Frexes; 15.00-1.00) *Lucía* era un clásico de 1968 del cine cubano sobre la vida de tres mujeres del mismo nombre, durante diferentes épocas: la Guerra de Independencia, los años treinta y los años sesenta. Pues este es el tema y decoración de este bar de moda. Los cócteles son buenos, el café está bien y el ambiente es bastante único.

Bar Terraza BAR
(plano p. 360; Frexes, entre Manduley y Miró; 21.00-2.00) Encima del Salón 1720, es el local más lujoso donde saborear un mojito con vistas del parque Calixto García y disfrutar de frecuentes interludios musicales.

La Tienda el Encanto CAFÉ
(plano p. 360; Manduley s/n entre Martí y Luz Caballero; 9.00-18.00) El mejor café de Holguín y está en el segundo piso de un centro comercial.

La Caverna BAR, MÚSICA EN DIRECTO
(plano p. 360; Aguilera esq. Maceo; 16.00-2.00) No se trata de una caverna, sino de un bar que debe su nombre a Los Beatles, cuyas canciones reproducen algunos grupos locales como Los Beltas y Retorno. Los grafitos adornan las paredes, decoradas con portadas famosas de los discos de los "The Fab Four".

Casa de la Música LOCAL NOCTURNO
(plano p. 360; Frexes esq. Manduley; ma-do) Se respira cierto ambiente joven y moderno en este establecimiento situado en el parque Calixto García. Si el viajero no baila, puede darse a la cerveza en la contigua Terraza Bucanero (entrada por la calle Manduley).

Disco Cristal LOCAL NOCTURNO
(plano p. 360; 3ª planta, edificio Pico de Cristal, Manduley nº 199; entrada 2 CUC; ⌚21.00-2.00 ma-ju) Punto de encuentro de los diestros bailarines de Holguín (la mayoría jóvenes, animados y con ganas de pasárselo bien). Tremendamente famosa durante los fines de semana, al viajero no le faltará inspiración para moverse al ritmo de salsa/rap/reguetón.

Cabaret Nuevo Nocturno LOCAL NOCTURNO
(entrada 8 CUC; ⌚22.00-2.00) Nunca falta un cabaré estilo Tropicana y este está detrás de la gasolinera Servi-Cupet, a 3 km por la carretera a Las Tunas.

Disco Havana Club LOCAL NOCTURNO
(plano p. 356; Hotel Pernik, av. Jorge Dimitrov esq. XX Aniversario; huésped/visitante 2/4 CUC; ⌚22.00-2.00 ma-do) La principal discoteca de Holguín. Si uno se aloja en el hotel, lo quiera o no, la música le visitará –en su habitación– hasta la 1.00.

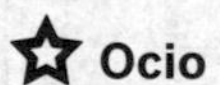

Ocio

★ Uneac CENTRO CULTURAL
(Unión Nacional de Escritores y Artistas de Cuba; plano p. 360; Manduley, entre Luz Caballero y Martí) Si el viajero visita un solo Uneac en Cuba –hay 14 total, al menos uno por provincia– que sea este. Situado en una casa meticulosamente restaurada en la peatonal calle Manduley, este cordial local ofrece veladas literarias con autores famosos y noches musicales, teatro en el patio (Lorca incluido) y críticas culturales.

Hay un bar intermitente en el fabuloso patio central y exposiciones de arte regularmente: sin duda alguna lo mejor de la ciudad.

Teatro Comandante Eddy Suñol TEATRO
(plano p. 360; Martí nº 111) El teatro más importante de Holguín es una joya *art déco* de 1939 en el Parque Calixto García. Acoge el Teatro Lírico Rodrigo Prats y el Ballet Nacional de Cuba y destaca nacional e internacionalmente por sus operetas, espectáculos de danza y musicales españoles. Se recomienda consultar la programación de las actuaciones del famoso teatro infantil Alas Buenas y de la Orquesta Sinfónica de Holguín.

Salón Benny Moré MÚSICA EN DIRECTO
(plano p. 360; Luz Caballero esq. Maceo; ⌚espectáculo 22.30) Este impresionante nuevo local al aire libre es el mejor de Holguín para concluir la ruta de bares con música en directo y baile.

Biblioteca Alex Urquiola TEATRO
(plano p. 360; Maceo nº 180) Los devoradores de cultura se acicalan para presenciar las funciones de teatro y las actuaciones de la Orquesta Sinfónica de Holguín.

Casa de la Trova MÚSICA EN DIRECTO
(plano p. 360; Maceo nº 174; ⌚ma-do) Tipos mayores con sombreros de jipijapa canturrean, músicos en guayaberas hacen sonar las trompetas a todo volumen y parejas de viejitos vestidos con sus mejores galas ejecutan un danzón perfecto.

Casa Iberoamericana CENTRO CULTURAL
(plano p. 360; www.casadeiberoamerica.cult.cu; Arias nº 161) Situado en el tranquilo parque Céspedes, este local desconchado alberga con frecuencia peñas (actuaciones musicales) y actividades culturales.

Jazz Club JAZZ
(plano p. 360; Frexes esq. Manduley; ⌚20.00-3.00) El *jazz* se pone en marcha sobre las 20.00 y sigue desplegando su magia hasta las 23.00. Luego hay música grabada hasta las 3.00. Hay un bar que abre de forma esporádica durante el día en el piso de abajo.

Cine Martí CINE
(plano p. 360; Frexes nº 204; entradas 1-2 pesos) El mejor de los cinco cines del centro dispone de pantalla grande. Está en el parque Calixto García.

Estadio General Calixto García DEPORTES
(plano p. 356; más allá de av. de los Libertadores; entrada 1-2 CUC) Hay que pasear hasta el estadio para ver al equipo de béisbol de Holguín, antiguos perros matadores de gigantes que arrebataron el campeonato nacional a los dos grandes en el 2002. En el estadio también hay un pequeño pero interesante museo.

Combinado Deportivo Henry García Suárez DEPORTES
(plano p. 360; Maceo; entrada 1 peso; ⌚veladas boxeo 20.00 mi, 12.00 sa) En este gimnasio cutre del lado oeste del parque Peralta, donde se han entrenado tres medallistas olímpicos, pueden verse encuentros de boxeo. Si uno se arma de valor, puede informarse acerca de

las sesiones de entrenamiento (sin contacto). Son muy amables.

De compras

Fondo de Bienes Culturales ARTE Y ARTESANÍA
(plano p. 360; Frexes nº 196; ⏲10.00-15.00 lu-vi, 9.00-12.00 sa) Esta tienda del Parque Calixto García cuenta con una de las mejores selecciones de artesanía cubana.

Pentagrama MÚSICA
(plano p. 360; Maceo esq. Martí; ⏲9.00-21.00) Tienda oficial de la discográfica estatal cubana Egrem, con numerosos CD.

Librería Villena Botev LIBROS
(plano p. 360; Frexes esq. Máximo Gómez; ⏲9.00-17.00) Buenas revistas, entre otras la cubana *Temas*, mensual y de contenido cultural, junto con la propuesta popular del libro de la semana.

El Jigue LIBROS, RECUERDOS
(plano p. 360; Martí esq. Mártires; ⏲9.00-17.00) Tienda de libros y recuerdos junto a la plaza de la Maqueta.

Información

El periódico local *Ahora* se publica el sábado. Radio Ángulo CMKO puede sintonizarse en el 1110 AM y en el 97.9 FM.

Etecsa Telepunto (⏲8.30-19.30) Solo hay teléfonos en la sucursal del parque Calixto García (Martí esq. Maceo), mientras que la de la calle Martí (calle Martí, entre Mártires y Máximo Gómez; internet 6 CUC/h) tiene tres terminales de ordenadores normalmente llenas.

Oficina de correos (Manduley nº 183; ⏲10.00-12.00 y 13.00-18.00 lu-vi) En esta sucursal hay una oficina de DHL, en el parque Calixto García; hay otra oficina de correos en el Parque Céspedes (Maceo nº 114; ⏲8.00-18.00 lu-sa).

Banco de Crédito y Comercio (Arias) Banco en el parque Céspedes con cajero automático.

Banco Financiero Internacional (Manduley nº 167, entre Frexes y Aguilera)

Cadeca (Manduley nº 205, entre Martí y Luz Caballero) Cambio de moneda.

Cubatur (edificio Pico de Cristal, Manduley esq. Martí) Agente de viajes instalado en la Cafetería Cristal.

Farmacia Turno Especial (Maceo nº 170; ⏲8.00-22.00 lu-sa) En el parque Calixto García.

Hospital Lenin (☎42-53-02; av. VI Lenin) Atienden urgencias a extranjeros.

Infotur (1ª planta, edificio Pico de Cristal, Manduley esq. Martí) Información turística.

Cómo llegar y salir

AVIÓN

Hay hasta 16 vuelos internacionales semanales en el bien organizado **aeropuerto Frank País** (HOG; ☎42-52-71) de Holguín, 13 km al sur de la ciudad, con destinos como Ámsterdam, Düsseldorf, Londres, Montreal y Toronto. Casi todos los pasajeros se dirigen directamente en autobús a Guardalavaca y ven poco de Holguín.

De los vuelos nacionales se encarga **Cubana** (edificio Pico de Cristal, Manduley esq. Martí), que vuela todos los días a La Habana (unos 100 CUC ida, 1¼ h).

AUTOBÚS

En la **estación de autobuses Interprovincial** (carretera Central esq. Independencia), al oeste del centro cerca del Hospital Lenin, hay autobuses con aire acondicionado de **Viazul** (www.viazul.com) con salidas diarias.

El autobús a La Habana (44 CUC, 12¾ h, 4 diarios) para en Las Tunas, Camagüey, Ciego de Ávila, Sancti Spíritus y Santa Clara. El de Santiago (11 CUC, 3½ h, 3 diarios) para en Bayamo. También hay autobuses diarios a Trinidad (26 CUC, 7¾ h) y Varadero (38 CUC, 11¼ h).

AUTOMÓVIL

Colectivos (coches compartidos) viajan a Gibara (4 CUC) y Puerto Padre en la provincia de Las Tunas desde la avenida Cajigal. A **Guardalavaca** (5 CUC) salen desde la avenida XX Aniversario cerca de la terminal Dagoberto Sanfield Guillén.

TREN

La **estación de trenes** (calle Vidal Pita) está en la zona sur de la ciudad. Los extranjeros deben comprar los billetes en convertibles en la **taquilla Ladis** (⏲7.30-15.00). El despacho de billetes está indicado con el letrero "U/B Ferrocuba Provincial Holguín", en la esquina de Manduley, frente a la estación.

Para cualquiera de los siguientes destinos, hay que cambiar de tren en el cruce de la línea principal Santiago-La Habana en Cacocum, 17 km al sur de Holguín. En teoría, solo hay un tren diario por la mañana a Las Tunas (3 CUC, 2 h), uno cada tres días a las 8.00 a Guantánamo, tres diarios a Santiago de Cuba (5 CUC, 3½ h), y dos diarios (22.19 y 5.28) a La Habana (26 CUC, 15 h). El último tren para en Camagüey (6,50 CUC), Ciego de Ávila (10,50 CUC), Santa Clara (15,50 CUC) y Matanzas (22,50 CUC).

Pese a lo anterior, el único servicio que funciona con cierta regularidad es el de La Habana. El servicio a Santiago de Cuba es más bien irregular. Mejor informarse antes.

CAMIÓN

Desde la **terminal Dagoberto Sanfield Guillén** (av. de los Libertadores), frente al estadio General Calixto García, salen al menos dos camiones diarios a Banes y Moa.

 Cómo desplazarse

A/DESDE EL AEROPUERTO

El autobús público al aeropuerto sale a diario sobre las 14.00 desde la **parada del autobús al aeropuerto** (General Rodríguez nº 84) del parque Martí, cerca de la estación de trenes. Un taxi turístico cuesta entre 15 y 20 CUC. También se puede pasar la última noche en Bayamo y luego desplazarse hasta el aeropuerto de Holguín en taxi (20-25 CUC).

BICITAXIS

Los hay por todas partes. Cuestan 5 CUP por un recorrido corto y 10 CUP por uno largo.

AUTOMÓVIL

El viajero puede alquilar o devolver un coche en **Cubacar,** con sucursales en el **Hotel Pernik** (av. Jorge Dimitrov, Hotel Pernik), **Aeropuerto Frank País** (☎46-84-14; aeropuerto Frank País) y **Cafetería Cristal** (Manduley esq. Martí).

Hay una **gasolinera Servi-Cupet** (carretera Central; ⌚24 h) yendo a Las Tunas, a 3 km; existe otra gasolinera fuera de la ciudad, en la carretera a Gibara. La **gasolinera Oro Negro** (carretera Central) se encuentra en el extremo sur de Holguín. La carretera a Gibara está al norte, por la avenida Cajígal; para llegar a la playa La Herradura también se debe tomar esta carretera y, al cabo de 5 km, girar a la izquierda en la bifurcación.

TAXI

Un **Cubataxi** (Máximo Gómez nº 302, esq. Martí) a Guardalavaca (54 km) cuesta unos 35 CUC. A Gibara solo ida no debería costar más de 20 CUC.

Gibara

36 000 HAB.

Equiparable solo a Baracoa por su agreste entorno costero, Gibara es uno de aquellos lugares especiales donde la geografía, la meteorología y la cultura han conspirado para crear algo impetuoso y único. Aunque la primera impresión pueda no ser de incredulidad pasmosa (el huracán Ike casi borró la ciudad del mapa en el 2008), hay que posponer el veredicto; Gibara hechiza de forma más sutil.

Aquí arribó por primera vez Cristóbal Colón en 1492, en una zona a la que llamó Río de Mares, por los ríos Cacoyugüín y Yabazón, que desembocan en la bahía de Gibara. El nombre actual procede de jiba, nombre indígena de un arbusto que aún crece en las orillas fluviales.

En 1817 fue refundada y prosperó durante el s. XIX a remolque de la expansión de la industria azucarera y su comercio. Para protegerse de los ataques piratas, a principios del 1800 se construyeron cuarteles y se rodeó la urbe con una muralla de 2 km, de modo que se convirtió en la segunda ciudad amurallada de la isla tras La Habana. Sus antiguas fachadas, de un blanco reluciente, le valieron el apodo de La Villa Blanca.

En su día, la salida al mar de Holguín fue una importante ciudad exportadora de azúcar, conectada a la capital provincial por un ferrocarril. Con la construcción de la carretera Central en los años veinte, Gibara perdió su importancia mercantil y después de que el último servicio ferroviario se eliminara en 1958, la ciudad cayó en un sueño profundo del que todavía tiene que despertar.

A 33 km de Holguín por una carretera con vistas que serpentea por amables y atractivos pueblos, Gibara es un lugar pequeño e íntimo caracterizado por sus bonitas plazas, ruinas españolas desmoronadas y una vista de postal de la Silla de Gibara con forma de montura que tanto cautivó a Colón. A las afueras están algunas de las playas más salvajes y maravillosas de Oriente.

Cada mes de abril la ciudad acoge el **Festival Internacional de Cine Pobre,** que atrae a cineastas de todo el mundo.

Puntos de interés

Después de la devastación causada por el huracán Ike en el 2008, Gibara ha recuperado parte de su color y ambiente. Al haber pocos monumentos de interés concretos, como en Baracoa, se trata más de una ciudad para recorrer las calles y empaparse de la esencia local.

Fuertes españoles FUERTES

En la parte alta de la calle Cabada se alza **El Cuartelón,** un antiguo fuerte colonial de ladrillo en ruinas. Aún conserva unos gráciles arcos y desde allí las vistas de la ciudad y la bahía son fabulosas. Siguiendo por la misma calle unos 200 m hasta el restaurante El Mirador (p. 366), se llega a otro punto panorámico aún mejor. Por el camino se verán los restos de las viejas fortalezas coloniales y del **fuerte Fernando VII**, situado en el cabo, pasado el parque de las Madres, una manzana después del parque Calixto García. También hay una torre de vigía en la entrada de la ciudad, viniendo desde Holguín.

Parque Calixto García PLAZA

El epicentro de este parque flanqueado de curiosos robles africanos (con largas vainas) es la **iglesia de San Fulgencio** (1850). La estatua de la Libertad de enfrente conmemora la Guerra Hispano-Cubano-Norteamericana. En el lado oeste de la plaza, en un bonito palacio colonial (más interesante que los animales disecados que alberga), se halla el **Museo de Historia Natural** (Luz Caballero nº 23; 1 CUC; ⏲8.00-12.00 y 13.00-17.00 lu-sa). A través de los barrotes de las ventanas se ve a mujeres liando puros cheroot en la fábrica de cigarros del otro lado de la plaza.

Museo de Historia Municipal MUSEO

(1 CUC) Dos museos comparten la mansión colonial (1872) de Independencia nº 19: el Museo de Historia en el piso inferior, y el **Museo de Artes Decorativas** en el piso superior. Ambos estaban cerrados indefinidamente mientras se escribía esta guía. Al otro lado de la calle está la **Galería Cosme Proenza** (Independencia nº 32), abarrotada de obras de uno de los principales pintores cubanos.

Caverna de Panaderos CUEVAS

Este complejo sistema de cuevas con 19 galerías y un largo sendero subterráneo está cerca de la ciudad, en un extremo de la calle Independencia. No hay instalaciones turísticas oficiales, pero el viajero puede echar un vistazo con un guía local y algunas linternas; puede también pedir información actualizada en la casa particular.

Playas

No lejos de Gibara hay un par de buenas playas.

Playa Los Bajos PLAYA

A Los Bajos, al este de Gibara, se accede con una lancha (*ferry;* 1 CUC/trayecto) local que sale al menos dos veces al día del muelle de pesca en La Enramada, la carretera marítima que sale de la ciudad. Las barcas atraviesan la bahía de Gibara hasta la **playa Los Bajos** y luego, 3 km más al este, está playa Blanca. Ambas son de arena y aptas para el baño. Si no hubiera lanchas, Los Bajos está a unos 30 km por carretera, pasando por Floro Pérez y Fray Benito.

Playa Caletones PLAYA

Se necesita algún tipo de transporte (bicicleta, taxi, coche de alquiler) para llegar a esta encantadora playita, 17 km al oeste de Gibara. Esta franja de arena blanca es un destino estrella de los veraneantes de Holguín. El pueblo está destartalado y carece de servicios, a excepción del **Restaurante La Esperanza**, donde se sirve uno de los más deliciosos pescados frescos de Cuba en la terraza del piso de arriba con vistas al mar.

Hay que preguntar sobre las pozas de agua dulce donde se puede ir a nadar. Los buceadores independientes pueden pagar 10 CUC para ser guiados a unas cuevas unos 5 km más lejos, que según dicen son uno de los mejores lugares para hacer submarinismo en las cuevas de Cuba. El viajero necesitará su propio equipo. Las cuevas tienen una extensión de unos 3000 m, con profundidades de unos 15 m.

Dónde dormir

Gibara tiene algunas de las mejores opciones de la provincia para dormir.

★ **Hotel Ordoño** HOTEL $$

(☎84-44-48; J. Peralta, Donato Mámol esq. Independencia; i/d/ste 65/82/112 CUC; ❄) Abierto en enero del 2013, esta maravilla colonial renovada de 27 habitaciones es uno de los mejores hoteles de Cuba. El servicio es tan eficaz como gusto tiene su decoración. Además, las habitaciones tienen modernas comodidades como televisor de pantalla plana con canales internacionales.

Se puede picar algo en el restaurante del piso de abajo o tomar el sol en la preciosa terraza de dos pisos de la azotea con espectaculares vistas de Gibara.

Hostal Los Hermanos CASA PARTICULAR $

(☎84-45-42; Céspedes nº 13, entre Luz Caballero y J. Peralta; h 20-25 CUC; ❄) En medio del esplendor colonial, uno puede relajarse en una de las cuatro grandes habitaciones, con un patio y una fuente edificantes, vitrales con el sello de Gibara y deliciosa comida, todo a una manzana y media del parque Calixto García. También es un paladar para clientes ocasionales.

Hostal El Patio CASA PARTICULAR $
(☎84-42-69; J. Mora nº 19, entre Cuba y J. Agüero; h 20-25 CUC) Escondido tras el alto muro de este patio está uno de los rincones más acogedores de Gibara: un encantador patio semicubierto que da a dos habitaciones (la de atrás es la mejor). En este lugar de escapadas el horario de las comidas es mágico y el café, servido casi a todas horas, es muy bueno.

Hostal Sol y Mar CASA PARTICULAR $
(☎52-40-21-64; J. Peralta nº 59; h 20-25 CUC) Esta casa amarilla y azul está en pleno paseo marítimo. Mientras se escribía esta guía había una sencilla habitación con planes de hacer una más, pero el joven anfitrión hará de la estancia una delicia. Hay una cocina que se puede utilizar.

Villa Caney CASA PARTICULAR $
(☎84-45-52; Sartorio nº 36, entre J. Peralta y Luz Caballero; h 20-25 CUC; ❄) Más belleza deslumbrante en Gibara, capturada en una robusta casa colonial de piedra que resistió la fuerza del huracán Ike. Las dos habitaciones que dan a un patio son grandes y disponen de baño privado.

Dónde comer

Despacio, a la velocidad de un Cadillac en una carretera de baches, las cosas se están modernizando. Algunas casas particulares emprendedoras funcionan como paladares, reforzando las posibilidades.

La Cueva PARRILLA $
(calle 2ª esq. carretera a playa Caletones; platos 4 CUC; ⏲12.00-24.00) Por fin, en este lugar el panorama culinario de Gibara se vuelve imaginativo. Cultivan las hierbas aromáticas que aderezan sus asados y también tienen una pequeña granja. Hay una parte tipo ranchón y una zona de restaurante un poco más formal en la parte de arriba. Está en el extremo norte de la ciudad.

Restaurante Las Terrazas PESCADO Y MARISCO $
(☎84-44-61; Calixto García nº 40 esq. Céspedes; 6-8 CUC; ⏲12.00-23.00) Este es lugar donde comer pescado fresco cocinado al estilo tradicional de los pescadores gibareños.

Restaurante El Mirador COMIDA RÁPIDA $
(⏲24 h) Como está en lo alto, cerca de El Cuartelón, las vistas quitan el hipo pero la comida deja mucho que desear.

Ocio

En el histórico Casino Español (1889) hay espectáculos de teatro y de danza. El Patio Colonial, encajado entre el Museo de Historia Natural y el Casino Español, es una evocadora cafetería al aire libre donde a menudo tienen lugar actuaciones musicales.

Cine Jiba CINE
(parque Calixto García) El inverosímil Festival Internacional de Cine Pobre de Cuba proyecta gran parte de sus cintas de vanguardia en este pequeño y extravagante cine cubierto con vistosos pósteres de películas independientes. Si se va al cine en Cuba, que sea en Gibara, pues es un rito de paso local.

Centro Cultural Batería Fernando VII CENTRO CULTURAL
(plaza del Fuerte) Hoy el diminuto fuerte español que se alza sobre el océano es un anima-

FESTIVAL INTERNACIONAL DE CINE POBRE

No hay alfombra roja ni *paparazzis*, pero todo lo que le falta de glamuroso al Festival Internacional de Cine Pobre lo tiene de nuevos talentos por descubrir. Y luego está el emplazamiento: la etérea Gibara, la desmoronada Villa Blanca de Cuba, el antídoto perfecto a la opulencia de Hollywood y Cannes.

Inaugurado en el 2003, este festival fue la ingeniosa creación del difunto director cubano Humberto Solás, que se enamoró de esta localidad pesquera por excelencia tras rodar allí su influyente película *Lucía* en 1968.

Abierto a cineastas independientes con pocos medios, se celebra en abril y pese a la poca publicidad, el montante de dinero en premios alcanza los 100 000 US$. Dura siete días y se empieza con una gala en el cine Jiba seguida por proyecciones de cintas, exposiciones de arte y conciertos nocturnos. La competición es amistosa pero no por ello fácil, con galardones con los que se premia y se reconoce un ecléctico grupo de películas digitales del mercado independiente procedentes de países tan dispares como Irán y EE UU.

do centro cultural gestionado por ARTex que organiza espectáculos los fines de semana y sirve comida y bebida desde un sinuoso bar-restaurante.

Casa de Cultura CENTRO CULTURAL
(parque Colón) En el agradable patio interior se organizan desde veladas de salsa hasta recitaciones de poemas de Nicolás Guillén.

Información

La mayor parte de los servicios se hallan en la calle Independencia.

Bandec (Independencia esq. J. Peralta) También cambia cheques de viaje.

Oficina de correos (Independencia nº 15) Hay teléfonos públicos.

Cómo llegar y salir

No hay autobuses de Viazul a Gibara. Los viajeros pueden hacer el viaje compartiendo transporte cubano en una camioneta o un colectivo (taxis compartidos; 4 CUC) desde Holguín. La estación de autobuses está a 1 km, en la carretera de Holguín. Hay dos diarios en cada dirección. Un taxi regular (a Holguín) debería costar 20 CUC.

Si se va en vehículo propio hacia Guardalavaca, hay que tener en cuenta que el principio de la carretera, a partir del cruce de Floro Pérez, es un auténtico infierno; mejora bastante al salir de Rafael Freyre. A la entrada de la localidad hay una gasolinera Oro Negro.

Playa Pesquero y alrededores

De las tres zonas de *resorts* del norte, playa Pesquero es la de categoría superior. Hay cuatro colosos para turistas, incluido el hotel de cinco estrellas Playa Pesquero (p. 368), y la franja tiene un lustre caribeño de lujo como en ninguna otra parte de la isla. Como es lógico, la playa es fantástica: arena dorada, aguas poco profundas y calientes, y fabulosas oportunidades de practicar el buceo. A los *resorts* y las playas se accede por la carretera principal de Holguín-Guardalavaca, por el ramal justo antes del cruce de Cuatro Palmas.

Puntos de interés y actividades

Los dos enclaves siguientes, así como Las Guanas, en Playa Esmeralda, forman parte del **Parque Natural Cristóbal Colón.**

Parque Nacional Monumento Bariay LUGAR HISTÓRICO
(entrada 8 CUC; ⌚9.00-17.00) **Playa Blanca,** 10 km al oeste de playa Pesquero y 3 km al oeste de Villa Don Lino, es por donde se dice que arribó Colón en 1492. Esta gran unión de dos culturas se recuerda en el parque, que recoge un variado conjunto de puntos de interés, cuya pieza principal es un impresionante monumento de estilo helénico diseñado por la artista holguinera Caridad Ramos con motivo del quinto centenario del desembarco en 1992. Otros lugares destacables son el centro de información, los restos de un **fuerte español** del s. XIX, tres **refugios de los indios taínos** reconstruidos y un **museo arqueológico.** Resulta una agradable visita de una tarde.

★ **Bioparque Rocazul** RESERVA NATURAL
(⌚9.00-17.00) Ubicado junto a la carretera de enlace que conecta playa Turquesa con los otros *resorts* de Pesquero, este bioparque protegido ofrece el típico repertorio restringido de actividades al aire libre bajo la supervisión no negociable de un guía estatal. Se trata de un encomiable proyecto ambiental en una importante zona turística, pero las restricciones a la hora de moverse pueden ser agobiantes (y caras). Las excursiones cuestan 8/10/12 CUC por 1/2/3 h. También se puede montar a caballo por 16 CUC/h, o pescar por 29 CUC. Los paquetes de todo incluido cuestan 40 CUC. El parque es extenso, con colinas, senderos, acceso al mar y la **Casa de Compay Kike,** una finca en funcionamiento donde disfrutar de comida cubana y café. Hay un bar acogedor a la entrada del parque donde uno puede sopesar los pros y contras económicos.

Dónde dormir

Campismo Silla de Gibara BUNGALÓS $
(☎42-15-86; i/d 14/22 CUC; ❄) Se asienta en la pendiente tras la característica colina con forma de silla de montar de Gibara. Está 35 km al sureste de Gibara y a 1,5 km de la carretera principal, y se llega por una carretera sin asfaltar entre Floro Pérez y Rafael Freyre. Hay 42 habitaciones para dos, cuatro o seis personas, pero la comodidad no es el motivo para alojarse aquí, sino las vistas.

También hay una cueva a la que se puede llegar a pie, tras 1,5 km de subida por la colina, y alquiler de caballos. Se recomienda reservar con antelación a través de Cubamar (p. 129) en La Habana.

★ Villa Don Lino BUNGALÓS $$
(43-03-08; i/d desde 49/78 CUC;) La alternativa barata a los 'cuatro grandes' de playa Pesquero cuenta con 36 bungalós de un solo piso junto a su propia playa minúscula de arena blanca, y constituye un refugio romántico. Hay una pequeña piscina, ocio nocturno y una esencia cubana de la que carecen los complejos más grandes. Está 8,5 km al norte de Rafael Freyre, por un ramal.

Casa de Compay Kike BUNGALÓS $$
(43-33-10, ext 115; i/d 49/84 CUC) Una finca rústica en el Parque Rocazul donde uno puede acercarse a la naturaleza en uno de los dos bungalós e imaginar que está muy lejos de los hoteles tipo todo incluido.

★ Hotel Playa Pesquero RESORT $$$
(43-35-30; i/d 175/280 CUC;) En su día el hotel más grande de Cuba, el precoz Sirenis La Salina de Varadero le robó el primer puesto en el 2007. Sin embargo, con 933 habitaciones, el Pesquero ni se queda atrás ni es el patito feo. En sus preciosos y cuidados jardines de 30 Ha hay fuentes italianas, tiendas lujosas, siete restaurantes, un spa, pistas de tenis y piscinas con mucho espacio. Y luego está la playa; sencillamente preciosa. Inaugurado en el 2003 por Fidel Castro, hay una copia del discurso del locuaz dirigente en una pared de la recepción. Por suerte, fue uno de los breves.

Occidental Grand Playa Turquesa RESORT $$$
(43-35-40; i/d 150/200 CUC;) Algo apartado de los otros complejos en su propio tramo de playa (que de manera confusa se conoce como playa Yuraguanal), el Turquesa imprime la palabra "intimidad" en sus cuatro estrellas. Por lo demás, cuenta con los habituales servicios de calidad de un todo incluido, lo cual significa que muchos clientes ni siquiera salen del complejo.

Hotel Playa Costa Verde RESORT $$$
(43-35-20; i/d/tr 150/230/327 CUC;) A medio camino entre la elegancia y la sencillez, parece un poco falso, aunque no es por la falta de instalaciones. Tiene un restaurante japonés, gimnasio, jardines de vivos colores y una laguna que se cruza para ir a la playa. Al lado, Blau Costa Verde (no hay que confundirse con el nombre) organiza buenas excursiones de buceo.

Guardalavaca

Se trata de una larga hilera de mega complejos turísticos 54 km al noreste de Holguín, en una zona de playas idílicas. Pero brillando como telón de fondo, el paisaje de accidentados campos verdes y colinas en forma de almiar recuerdan al viajero que la Cuba rural nunca está lejos.

Antes de la invasión de tumbonas y bingos a pie de playa, Colón describió este tramo de costa como el lugar más hermoso en el que se habían posado sus ojos. Y hoy son pocos los visitantes que le llevarían la contraria. Guste o no, la eterna popularidad de Guardalavaca tiene su razón de ser: playas tropicales envidiables, frondosas colinas verdes y arrecifes de coral recogidos donde abunda la actividad marina. Más extenso que Varadero y menos aislado que Cayo Coco, para muchos viajeros expertos Guardalavaca ofrece la justa medida de las dos erres: relajación y realismo.

A principios del s. XX la región era un importante centro de cría de ganado que acogía una pequeña comunidad rural. El *boom* del turismo llegó a finales de los años setenta, cuando el holguinero Fidel Castro inauguró el primer *resort* (el gran Atlántico) con un rápido chapuzón en la piscina del hotel. Desde entonces, la economía local no ha hecho sino crecer alimentada con los dólares foráneos.

La zona de los centros vacacionales se divide en tres áreas distintas: playa Pesquero, playa Esmeralda y, 7 km al este, Guardalavaca en sí, la franja hotelera originaria que empieza a quedarse vieja. Ya hace tiempo que Guardalavaca permite el acceso a la playa a los cubanos, lo cual significa que es una zona menos estirada y con toques de color local.

Puntos de interés

Museo Chorro de Maita MUSEO
(entrada 2 CUC; 9.00-17.00 ma-sa, hasta 13.00 do) Este museo situado en un emplazamiento arqueológico protege los restos de una aldea y un cementerio indios excavados, entre los que figuran restos de 62 esqueletos humanos y los huesos de un perro. La aldea es de principios del s. XVI y es uno de los casi cien emplazamientos arqueológicos de la zona. Recientes hallazgos indican que vivieron en el lugar pueblos indígenas décadas después de la llegada de Colón.

Cruzando desde el museo hay una reproducción de una **aldea taína** (entrada 5 CUC;), con réplicas a tamaño natural

Guardalavaca

de viviendas y figuras de nativos en una aldea indígena. Presentan espectáculos de danzas rituales nativas y también hay un restaurante.

Parque Natural Bahía de Naranjo RESERVA NATURAL

(☎43-00-06; desde 40 CUC) Situado 4 km al suroeste de playa Esmeralda y a unos 8 km de la principal franja de Guardalavaca, es un complejo insular diseñado para entretener a la clientela de los *resorts*. Hay un **acuario** (⏲9.00-21.00; 👪) en una diminuta isla de la bahía, y el precio de la entrada incluye un circuito en barco por las islas del complejo, y un **espectáculo de leones marinos y delfines** (12.00, diario). Hay varios paquetes desde 40 CUC, en función de lo que uno quiera hacer –travesías en velero, safaris marinos, etc.–, así que mejor consultar antes de decidir. Por unos 50 CUC extra, el viajero puede nadar 20 min con los delfines. Todos los mostradores de viajes de los hoteles de Guardalavaca (y playa Esmeralda) venden excursiones al acuario. Los barcos al acuario salen de la Marina Bahía de Naranjo.

Guardalavaca

Actividades, cursos y circuitos
1 Eagle Ray Marlin Dive Center B1
2 Centro de equitación C1

Dónde dormir
3 Club Amigo Atlántico – Guardalavaca B1
4 Club Amigo Atlántico – Guardalavaca B1
5 Hotel Brisas C1
6 Villa Bely B2

Dónde comer
7 El Ancla A1
8 Vicaría Guardalavaca B1

Dónde beber y vida nocturna
9 Disco Club la Roca A2
10 La Rueda B1
11 Los Amigos B1

De compras
12 Boulevard B1
13 Centro Comercial Los Flamboyanes B1

Actividades

Se pueden organizar **paseos a caballo** en la **hípica** enfrente del Club Amigo Atlántico desde 8 CUC/h. En todos los hoteles se alquilan **ciclomotores** por un máximo de 30 CUC al día. Muchos *resorts* de todo incluido comprenden el uso de bicicletas, aunque son bastante básicas (sin marchas). La carretera entre Guardalavaca y playa Esmeralda y la continuación hasta playa Pesquero es llana y tranquila, ideal para una excursión de un día. Si se prefiere sudar un poco la camiseta, se puede ir a Banes y volver (66 km ida y vuelta).

Buceo

Guardalavaca cuenta con excelentes lugares donde practicar inmersiones (mejores que en Varadero y similares a las de Cayo Coco). El arrecife está a 200 m y hay 32 enclaves de buceo, casi todos accesibles en barco. Destacan las grutas, los pecios, las paredes y La Corona, una gigantesca formación coralina que por lo visto se parece a una corona. El único centro de submarinismo de la playa de Guardalavaca, el **Eagle Ray Marlin Dive Center** (Cubanacán Náutica; ☎43-01-85), está en la playa de detrás del Disco Club La Roca (entrada 1 CUC; ⏲13.00-17.00 y 21.30-3.00). Hay otro operador en playa Esmeralda (pregúntese en los hoteles) que va a los mismos arrecifes. Todos ofrecen los mismos precios y servicios. Los cursos de los títulos de PADI en mar abierto cuestan 365 CUC y las inmersiones individuales, 45 CUC, con descuentos si son varias.

Excursiones en barco

Muchas otras excursiones acuáticas se organizan desde la **Marina Gaviota Puerto de Vita** (☎43-04-75) y pueden reservarse en los hoteles. Hay omnipresentes posibilidades de cruceros al atardecer (65-129 CUC), pesca deportiva (270 CUC 6 personas máx.) y excursiones ocasionales en catamarán por la bahía de Vita con buceo y barra libre.

Excursionismo

Sendero ecoarqueológico Las Guanas RESERVA NATURAL
(entrada 3 CUC; ⏲8.00-16.30) Al final de la carretera a playa Esmeralda se halla esta ruta por cuenta propia, que a 6 CUC por 1 km de sendero, quizá sea la caminata más cara de Cuba (y una de las más caras del mundo). Para que salga a cuenta hay que caminar despacito. Por lo visto, hay 14 especies de plantas endémicas a lo largo de la ruta señalizada (que se prolonga varios kilómetros más por senderos cortafuegos de arbustos que conducen a un pintoresco risco con un faro).

Ecoparque Cristóbal Colón RESERVA NATURAL
Más barato que Las Guanas, pero bastante yermo tras el huracán Ike, se accede vía una pista que sale de la carretera que lleva al hotel. Hay un pequeño 'zoo' y un restaurante rústico llamado Conuco de Mongo Viña, donde comer algo.

Circuitos

El mostrador de excursiones de Cubanacán del vestíbulo del Club Amigo Atlántico-Guardalavaca ofrece un interesante circuito de la cerveza en la ciudad de Holguín, que sale los domingos a las 18.30 (20 CUC).

Dónde dormir

Guardalavaca ofrece hoy en día habitaciones privadas, por lo que no hay motivo para alojarse en un todo incluido. En el pueblo situado frente a la entrada de la zona de *resorts* todo incluido hay decenas de apartamentos en alquiler.

Guardalavaca

Villa Bely CASA PARTICULAR $
(☎52-61-41-92; villabely@gmail.com; h 30 CUC) El apartamento del ático de esta casa rosa es más grande y mejor que la típica habitación de hotel, cuenta con una cocina-comedor y una enorme zona para dormir elevada sobre una tarima. Hay una segunda habitación por debajo. Está justo enfrente de la última salida de la autovía frente a la zona de todo incluido.

Club Amigo Atlántico-Guardalavaca RESORT $$
(☎43-01-21; i/d 81/122 CUC; P❄@≋👪) Este *resort* es fruto de la fusión de los antiguos hoteles Guardalavaca y Atlántico; este último es el más antiguo de la zona, finalizado en 1976 y bautizado por Fidel Castro con un baño en su piscina. La arquitectura de esta pequeña "aldea" (de 600 habitaciones) es una mezcla corriente de villas, bungalós y habitaciones estándar. Lo suelen elegir las familias por su amplio programa de actividades infantiles. El hotel está dividido en dos. Las habitaciones asociadas al antiguo Hotel Guardalavaca están más lejos de la playa pero son menos ruidosas.

Hotel Brisas RESORT $$$
(☎43-02-18; i/d 154/228 CUC; P❄@≋👪) Villa Brisa y Hotel Brisas conforman este súper *resort* situado en el extremo este de la playa; paraíso de los viajes organizados. Cabe destacar las enormes y cómodas habitaciones, las pistas de tenis iluminadas y su ambiente poco pretencioso en general. Lo kitsch nunca está lejos de la fachada, pero es más tranquilo y mejor que lo que ofrece el Club Amigo.

Playa Esmeralda

En esta magnífica franja de playa, situada 6 km al oeste de Guardalavaca, hay dos mega*resorts*; se accede por un ramal al este del amarre de las lanchas de Cayo Naranjo. Esmeralda se extiende entre la zona económica de Guardalavaca y la opulencia de Playa Pesquero.

★ **Paradisus Río de Oro** RESORT $$$
(☎43-00-90; i/d 455/510 CUC; P❄@≋) Elegante y respetuoso con el medio ambiente (una combinación difícil), este complejo de 292 habitaciones imprime su sello cinco estrellas

en todo, y a menudo se promociona como el mejor *resort* de Cuba. En una cabaña junto al acantilado se dan masajes, hay un restaurante japonés flotante sobre un estanque de peces koi, y las villas con jardín tienen piscina privada. Con una palabra basta: paraíso. Es solo para adultos.

Sol Río Luna Mares Resort RESORT **$$$**
(☎43-00-30; i/d 117/168 CUC; P❄@≋♿) Este hotel dos en uno es fruto de la fusión del antiguo Sol Club Río de Luna y del Meliá Río de Mares. Las habitaciones son grandes y disponen de algunos extras (como cafeteras), pero las principales ventajas para los amantes del lujo respecto a Guardalavaca es la excelente comida (restaurantes mexicano e italiano) y una playa mejor.

En Villa Cayo Naranjo también hay habitaciones en cabañas. Pregúntese en los mostradores de los hoteles para más información.

Dónde comer

Hay un montón de opciones fuera de los *resorts* tipo todo incluido, sobre todo en la propia Guardalavaca.

Vicaría Guardalavaca COMIDA RÁPIDA **$**
(comidas desde 5 CUC; ⊙9.00-21.45) En este local junto al centro comercial Guardalavaca uno se sentirá como un paria, mientras todo el mundo come en el bufé libre situado a unos 200 m. Sin embargo, las *pizzas* son grandes y el servicio es rápido y cordial. Una buena comida para dos no costará más de 10 CUC.

Restaurante Lagomar PALADAR **$**
(comidas 3-5 CUC; ⊙12.00-24.00) Si se va hacia el este por la carretera de dos carriles, se tuerce a la izquierda y luego a la derecha por un camino que baja por el barrio de El Cayuelo, se llega a este restaurante donde se sirven platos típicos cubanos.

El Ancla PESCADO Y MARISCO **$$**
(desde 10 CUC; ⊙9.00-22.30) Situado en un promontorio rocoso en el extremo oeste de la playa de Guardalavaca, logró sobrevivir al Ike y sigue sirviendo su excelente langosta ante una vista del mar magnífica.

Cayo Naranjo PESCADO Y MARISCO **$$**
(Cayo Naranjo) En el parque temático del Cayo de Gaviota, la oferta gastronómica se reduce a este establecimiento. Por suerte es bastante bueno y con su plato estrella, el Marinera Especial, se hace hincapié en la temática marina.

Dónde beber y ocio

Los Amigos BAR
(⊙9.00-21.00) En el epicentro de la franja de playa más animada de Guardalavaca (a la que se accede vía el rastro al oeste del Club Amigo Atlántico), es un chiringuito de playa corriente con cerveza, música e ingredientes suficientes para lograr un almuerzo de pescado y arroz sin arena.

La Rueda BAR
(⊙7.00-23.00) Pertenece a Palmares (junto a Boulevard) y es una grata opción para refugiarse de los *resorts*. También se sirven tentempiés y helados.

De compras

Boulevard RECUERDOS
Este mercado de artesanía para turistas está pensado para la clientela de los *resorts* de la zona. Se puede encontrar arte, artesanía y ropa barata; nada del otro mundo.

Centro comercial Los Flamboyanes CENTRO COMERCIAL
Este centro comercial tiene un número limitado de tiendas, entre las que se cuenta la práctica Casa del Habano, con todo el tabaco que uno pueda imaginar.

Información

En los *resorts* de Guardalavaca, playa Esmeralda y Pesquero aceptan euros. Además, los grandes hoteles disponen de servicio de cambio de moneda. La farmacia Clínica Internacional 24 h estaba cerrada por los destrozos de un huracán mientras se escribía esta guía, pero los grandes hoteles tienen todos farmacia.

Asistur (☎43-01-48; Centro Comercial Guardalavaca; ⊙8.30-17.00 lu-vi, hasta 12.00 sa) Asistencia de emergencia al viajero.

Banco Financiero Internacional (Centro Comercial Guardalavaca) En el centro comercial al oeste del Club Amigo Atlántico – Guardalavaca.

Cubatur (⊙8.00-16.00) Agente de viajes detrás del Centro Comercial Los Flamboyanes.

Ecotur (Centro Comercial Guardalavaca) Organiza excursiones de naturaleza a sitios como Cayo Saetía, Baracoa y Gran Piedra.

Cómo llegar y salir

A veces, el Club Amigo Atlántico-Guardalavaca organiza los traslados a Holguín por 10 CUC; conviene informarse. Un taxi de Guardalavaca a Holguín (solo ida) cuesta la friolera de 35 CUC, llámese a **Cubataxi** (☎43-01-39) o **Transgaviota** (☎43-49-66). Los colectivos van desde Guardalavaca a Holguín por 5 CUC.

Marina Gaviota Puerto de Vita (☎43-04-45) es un puerto internacional de entrada de veleros y barcos y cuenta con 38 amarres. Hay ferretería, restaurante, corriente eléctrica y autoridades aduaneras.

Cómo desplazarse

Un autobús de dos pisos que permite subirse y bajarse cuantas veces se quiera conecta las tres playas y la aldea taína. Transtur gestiona este autobús rojo y azul. Teóricamente circula tres veces en cada dirección, pero mejor consultar en el hotel por si hubiera cualquier problema. Hay paradas en el Parque Rocazul, playa Pesquero, playa Costa Verde, los hoteles de playa Esmeralda, el Club Amigo Atlántico-Guardalavaca y la aldea taína. Los billetes de un día cuestan 5 CUC.

Hay coches de caballos entre playa Esmeralda y Guardalavaca, aunque en todos los *resorts* se alquilan ciclomotores (24 CUC/día) y bicicletas (gratis si se está alojado en un todo incluido). Todas las agencias de alquiler de vehículos tienen oficina en Guardalavaca y además disponen de ciclomotores.

Para alquilar un coche se puede probar en **Cubacar** (Club Amigo Atlántico – Guardalavaca). La **gasolinera Servi-Cupet** (⌚24 h) está entre Guardalavaca y playa Esmeralda.

Banes

44 500 HAB.

Esta localidad azucarera, situada al norte de la bahía de Banes, ha vivido una de las ironías más notables del país. Aquí nació el presidente cubano Fulgencio Batista en 1901. Exactamente 47 años después, en la iglesia local de Nuestra Señora de la Caridad, hecha de listones de madera, otro temperamental líder en ciernes, Fidel Castro, subió al altar con una ruborizada Mirta Díaz Balart. Batista, generoso, les regaló 500 US$ para su luna de miel.

Fundada en 1887, esta ciudad rebosante de vida fue casi un feudo de la empresa estadounidense United Fruit hasta los años cincuenta, y muchas de las viejas casas de empresa todavía están en pie. Lo que el viajero verá por las calles y plazas bañadas por el sol son viejecitos fumando puros y jugando al dominó, y mamás con barras de pan bajo el brazo; es decir, la vida cotidiana cubana de la que carecen los *resorts*.

En septiembre del 2008 recibió los azotes de Ike, pero fiel al espíritu de supervivencia cubano, la ciudad se recuperó increíblemente rápido.

Puntos de interés y actividades

Si se procede de los *resorts*, la mayor atracción de la ciudad será probablemente disfrutar de su vida callejera dando un buen paseo. No hay que perderse las viejas casas de empresa que en su día alojaron a los peces gordos de la United Fruit. Si el viajero está en forma y es aventurero, llegar aquí en bicicleta es un placer único que le llevará por un ondulado y bucólico terreno.

Iglesia de Nuestra Señora de la Caridad — IGLESIA

El 12 de octubre de 1948, Fidel Castro Ruz y Mirta Díaz Balart se casaron en esta original iglesia art déco del parque Martí, en el centro de Banes. Tras su divorcio en 1954 Mirta se casó otra vez y se trasladó a España; a través de su único hijo, Fidelito, Fidel ha tenido varios nietos.

Museo Indocubano Bani — MUSEO

(General Marrero nº 305; entrada 1 CUC; ⌚9.00-17.00 ma-sa, 8.00-12.00 do) La colección de artefactos indígenas de este museo, pequeña pero valiosa, es una de las mejores de la isla. Conviene apreciar el pequeño ídolo dorado de la fertilidad desenterrado cerca de Banes (uno de los únicos 20 objetos precolombinos de oro hallados en Cuba). Por 1 CUC el personal llevará al viajero de ruta por los lugares interesantes de Banes.

Locomotora de vapor 964 — TREN

(Calle Tráfico, El Panchito) Los entusiastas de los trenes no deberían perderse esta vieja locomotora construida en la HK Porter Locomotive Works, en Pittsburgh, Pensilvania, en 1888, que ahora se expone 400 m al este de la estación de autobuses.

Playa de Morales — PLAYA

En un futuro no muy lejano es posible que sintamos nostalgia por esta preciosa franja de arena situada 13 km al este de Banes, en la prolongación asfaltada de Tráfico. Por ahora el viajero debería disfrutar del pueblo pesquero, pasando el rato mientras comparte un almuerzo con los lugareños y observa cómo los hombres remiendan sus redes. Unos pocos kilómetros más al norte está la **playa Puerto Rico,** aún más tranquila.

Dónde dormir

La ciudad de Banes no dispone de hoteles, pero hay casas particulares con propietarios muy acogedores.

Villa Lao CASA PARTICULAR $
(☎80-30-49; Bayamo nº 78, entre José M. Heredia y Augusto Blanco; h 20-25 CUC) Una casa de dos habitaciones gestionada de forma profesional; si es posible hay que reservar la de arriba que tiene cocina y una terraza llena de plantas. También tiene una mecedora en el porche frontal con vistas al Parque Central.

Casa Las Delicias CASA PARTICULAR $
(☎80-29-05; Augusto Blanco nº 1107, entre Bruno Merino y Bayamo; h 20-25 CUC; ❄) Una habitación impecable, entrada privada, dueños amables y buena comida en el paladar del piso de arriba; ¿qué más se le puede pedir a la tranquila Banes?

Casa CASA PARTICULAR $
(☎80-22-04; calle H nº 15266, entre Veguitas y Francisco Franco) Esta residencia clásica colonial vigila la entrada al centro del pueblo y tiene una enorme habitación (con unos techos de unos 7 m de altura) con baño privado y nevera.

Dónde comer

Para comprar comida hay un par de supermercados: **La Época** e **Isla de Cuba,** en el cruce principal de General Marrero.

Restaurante El Latino CARIBEÑA $$
(General Marrero nº 710; comidas sobre 5 CUC; ⏲11.00-23.00) Este establecimiento, de la empresa Palmares, es uno de los mejores de Banes. Se sirven típicos platos criollos, pero con algo más de encanto y elegancia. El servicio es bueno y los músicos que acompañan las comidas son discretos y tienen un talento extraordinario.

Ocio

Café Cantante MÚSICA EN DIRECTO
(General Marrero nº 320) Este animado patio lleno de música es el mejor lugar de Banes. Se pueden escuchar los ensayos de la banda municipal, música de discoteca, septetos de son e improvisadas sesiones de *jazz*.

Casa de la Cultura CENTRO CULTURAL
(General Marrero nº 320) GRATIS Situado junto al anterior en el antiguo Casino Español (1926). Hay sesiones de trova los domingos a las 15.00 y de *rap*, los sábados a las 21.00.

Información

Banes es una de aquellas ciudades con calles sin carteles y lugareños que no saben los nombres de las calles, así que es habitual perderse.

Cómo llegar y salir

Desde la **estación de autobuses** (Tráfico esq. Los Ángeles), hay un autobús cada mañana (supuestamente) a Holguín (72 km). Por la tarde, un autobús conecta con el tren a La Habana. Los camiones salen de Banes hacia Holguín con más frecuencia. Un taxi desde Guardalavaca (33 km) costará unos 20 CUC por trayecto; el viajero también puede organizar una fantástica excursión de un día en ciclomotor (fácil) o bicicleta (no tan fácil).

Birán

Fidel Castro Ruz nació el 13 de agosto de 1926 en la **Finca Las Manacas** (Casa de Fidel), cerca de la población de Birán, al sur de Cueto. La finca, que compró el padre de Fidel, Ángel, en 1915, es enorme y cuenta con su propia aldea de trabajadores (un conjunto de pequeñas cabañas con techo de guano donde se alojaban los jornaleros, principalmente haitianos), un palenque para peleas de gallos, una oficina de correos, una tienda y telégrafo. La casa grande, en realidad un complejo de edificios de madera amarilla entre un grupo de cedros, era la residencia de la familia Castro.

Museo Conjunto Histórico de Birán MUSEO
(entrada/cámara/video 10/20/40 CUC; ⏲9.00-12.00 y 13.30-16.00 ma-sa, hasta 12.00 do) La Finca las Manacas abrió como museo en el 2002 con ese nombre tan poco pretencioso, supuestamente para minimizar el "culto a la personalidad" de Castro. La modestia es tal que por no haber, no hay ni letrero. Este conjunto de edificios de color naranja sobre una extensión de vegetación constituye un pueblito y merece la pena una excursión. Tiene la escuela y casa familiar de Castro y de todo, desde una oficina de correos hasta un carnicero.

Entre diversas casas el viajero puede ver más de 100 fotos, variedad de ropas, la cama de niño de Fidel y el coche Ford de 1918 de su padre. Tal vez lo más interesante sea la escuela (según dicen, Fidel se sentaba en el medio de la primera fila), con fotos de un joven Fidel y de Raúl y el certificado de nacimiento de Fidel, a nombre de Fidel Casano Castro Ruz. En el cementerio está la tumba del padre de Fidel y Raúl, Ángel. El lugar muestra, al menos, la herencia a la que este impetuoso exabogado renunció cuando pasó dos años en la sierra Maestra sobreviviendo a base de cangrejos y carne de caballo cruda.

FRUTA PODRIDA

United Fruit es un nombre cargado de contradicciones históricas. Por un lado, la compañía dio al mundo el Gros Michel, el primer plátano de importación de producción a gran escala; por otra, cosechó mala fama al entrometerse encubiertamente en los asuntos nacionales de las consiguientes repúblicas bananeras latinoamericanas, Cuba incluida.

Nació en 1899 de la fusión de la empresa de Minor C. Keith, de producción de plátanos con sede en Costa Rica, con el negocio de Andrew Preston de importación de frutas, de Boston. La United Fruit pronto se convirtió en un enorme bloque que acabaría siendo una de las primeras corporaciones multinacionales del mundo.

A principios del s. xx, la empresa invirtió en 36 Ha de plantaciones de azúcar al este de Cuba, donde construyó 544 km de línea de ferrocarril y dos grandes molinos de azúcar –el Boston y el Preston– en la actual provincia de Holguín. Uno de los primeros braceros de la United Fruit fue Ángel Castro (padre de Fidel), que ayudó a despejar los terrenos para las prósperas plantaciones de la compañía antes de montar la suya en Birán en 1915. Enfrascado en su amplia nueva propiedad rural, Castro padre empezó a arrendar trabajo a la United Fruit por un sustancioso beneficio y no tardó en hacerse rico.

La provincia de Holguín se convirtió en la niña bonita de la United Fruit en Cuba, con prósperas ciudades americanizadas como Banes y Mayarí que debían su existencia y su riqueza al omnipresente coloso estadounidense. Pero entre los cubanos crecía en silencio el clima de insatisfacción.

Como muchos izquierdistas de ideas nacionalistas, Fidel Castro se indignó por el papel clandestino de la United Fruit en el derrocamiento en 1954 del gobierno socialista de Jacobo Arbenz en Guatemala, e incitado por otros radicales como Che Guevara, se decidió a llevar a cabo algunos cambios.

Su respuesta llegó durante la guerra revolucionaria, cuando el ejército rebelde de Fidel llevó a cabo el famoso incendio de los campos de su difunto padre en la finca de Birán como portentoso adelanto de lo que estaba por llegar.

Cuando llegó al poder en 1959, Castro nacionalizó la tierra y las propiedades de United Fruit en Cuba y mandó a sus propietarios de vuelta a EE UU. Ante la negativa de una compensación económica por parte del Gobierno cubano, la empresa intentó desquitarse dos años después prestando dos barcos de su Great White Fleet (la flota privada más grande del mundo) a los mercenarios cubanos que participaron en los frustrados desembarcos de la bahía de Cochinos. Pero la invasión no tuvo éxito.

La desaparición de la United Fruit se vio agravada cuando el director general Eli Black se suicidó al saltar del piso 44 del edificio de la PanAm de Nueva York en 1975 tras afirmarse que había sobornado al presidente hondureño con 1,2 millones de US$ para que acabara con un cártel bananero hostil a los intereses de la United Fruit.

La compañía cambió de nombre en 1984 y se reencarnó en la Chiquita Brands. Mientras, en Cuba, el legado de la United Fruit aún puede verse en las desconchadas casas coloniales de Banes y –aún más irónico– en la antigua finca de Castro de Birán.

Sierra Cristal

Cuba tiene su propia pequeña Suiza: la accidentada amalgama de la sierra Cristal y la altiplanicie de Nipe, que albergan dos importantes parques nacionales. El **Parque Nacional Sierra Cristal,** el más antiguo del país, se fundó en 1930 y acoge la cima más alta de la provincia, el pico Cristal, de 1213 m. Para el viajero resulta más interesante el **Parque Nacional La Mensura,** de 5300 Ha y situado 30 km al sur de Mayarí, mediante el que se protegen las cascadas más altas de la isla, frondosos pinos caribeños y el Centro de Investigaciones para la Montaña que gestiona la Academia de Ciencias de Cuba. Notoria por su frío microclima alpino y por albergar cien o más especies de plantas endémicas, La Mensura ofrece excursiones y paseos a caballo y alojamiento en un ecorefugio gestionado por Gaviota.

La canción que más escucha el viajero desde que aterriza en Cuba es el éxito del Club Social Buena Vista, 'Chan Chan', que se refiere en sus primeras líneas a los pueblos de Macarné, Cueto y Mayarí; estos pueblos flanquean la sierra Cristal y la carretera ente ellos es nombrada a menudo como la **ruta de Chan Chan**, frecuentemente atravesada por los aficionados del vocalista Compay Segundo y su grupo.

Puntos de interés y actividades

La mayor parte de las actividades pueden organizarse en Villa Pinares del Mayarí o

¿LA HISTORIA LE ABSOLVERÁ?

¿Acaso el mundo no ha entendido a Fidel Castro? ¿Acaso este hombre de rasgos duros, superviviente de la Guerra Fría y de la posterior debacle económica no es más que un dictador maquiavélico responsable de abrir una brecha insalvable entre Cuba y EE UU? ¿O es el líder de una alianza oficiosa del Tercer Mundo que encabeza la lucha por la igualdad de derechos y la justicia social? Para conocer más de cerca a la persona que se esconde tras la máscara pública, hay que volver a su infancia (como todo buen freudiano sabe).

Fruto ilegítimo de una relación entre el terrateniente español Ángel Castro y su criada Lina Ruz (posteriormente casados), nació cerca de la localidad de Birán, en la provincia de Holguín, el 13 de agosto de 1926; creció sin que le fuera escatimada atención alguna en el seno de una familia grande y relativamente rica de productores de azúcar. El joven Castro, que se educó en una escuela jesuita y a los siete años fue enviado a estudiar a Santiago, era un alumno brillante, entre cuyos dones se contaban una memoria fotográfica y una extraordinaria aptitud para los deportes. De hecho, narra la leyenda que a los 21 años a Fidel, entonces un habilidoso pícher zurdo, le ofrecieron un contrato para jugar profesionalmente al béisbol con los Washington Senators.

Cuando contaba solo 13 años, Castro organizó su primera "insurrección", una huelga entre los trabajadores de caña de azúcar de su padre, o al menos eso cuentan sus hagiografías.

Un año después, un Castro aún adolescente escribió una carta al presidente estadounidense F. D. Roosvelt felicitándole por su reelección y solicitando al líder americano un billete de 10 US$ "porque nunca he visto uno". La petición fue rechazada elegantemente.

Fidel, sin inmutarse, siguió adelante arrasando con todo lo que se cruzaba en su camino. En 1945, en la entrega de los títulos de bachillerato, su profesor y mentor, el padre Francisco Barbeito, predijo sabiamente que su alumno favorito "llenaría con brillantes páginas el libro de su vida". Con el tiempo se ha visto que no iba muy desencaminado. Dotado de un extraordinario carisma personal, una voluntad de hierro y una innata capacidad para hablar sin parar, Fidel puso rumbo a la Universidad de La Habana, donde su personalidad le hizo destacar de inmediato.

Mientras estudiaba Derecho, Castro pasó los tres años siguientes inmerso en actividades políticas. "Mi impulsividad, mi deseo por destacar, alimentó e inspiró el carácter de mi lucha", recordaría años después.

Bendecido con más vidas que un gato, Castro ha sobrevivido a un golpe de Estado fallido, a 15 meses de cárcel, al exilio en México, a dos años de guerra en las montañas y a 617 atentados contra su persona. Su sentido del optimismo ante la derrota es poco menos que asombroso. Con su ejército reducido a un harapiento grupo de 12 hombres tras el desembarco del Granma, sorprendió a sus compatriotas con un acalorado discurso de victoria. "Ganaremos esta guerra", pregonó lleno de confianza: "¡La lucha no ha hecho más que empezar!". Ese arrebatado fanatismo no le ha abandonado.

Como figura internacional que ha sobrevivido a 11 presidentes estadounidenses, el Fidel Castro del s. XXI que surgió tras el Período Especial no es menos enigmático que el líder revolucionario de antaño. Empecinado en mantener la férrea represión del régimen comunista a costa incluso de su propio pueblo, no duda en aprovechar cualquier oportunidad que se le presente para aferrarse al poder. De hecho, Castro parece sacado de las páginas de una de "novela de dictador" latinoamericana: *Señor presidente,* de Asturias; *Yo el Supremo,* de Roa Bastos, *La fiesta del Chivo,* de Vargas Llosa, o *El otoño del patriarca,* de su gran amigo García Márquez.

Tras un grave ataque de diverticulitis, Castro se retiró de la vida pública en julio del 2006 y pasó las riendas del poder a su hermano pequeño, Raúl. Pese a redactar a menudo artículos para el periódico nacional Granma y a alguna que otra declaración pública sobre la economía mundial, parece destinado a sobrevivir hasta el fin de sus días como un Napoleón caribeño que medita melancólico sobre su legado histórico desde su solitaria prisión que es la isla. La gran duda de todos es si la historia le absolverá o no.

mediante las excursiones de los hoteles de Guardalavaca (78 CUC en todoterreno o 110 CUC en helicóptero).

Salto del Guayabo CASCADA
Con solo 100 m de altura, Guayabo (a 15 km del Villa Pinares de Mayarí) se considera la cascada más alta de Cuba. Hay un mirador espectacular y la caminata guiada de 1,2 km hasta su base a través de un frondoso bosque tropical cuesta 5 CUC, e incluye nadar en una poza natural.

Sendero La Sabina SENDERO
El viajero podrá observar más flora en este corto sendero interpretativo del Centro de Investigaciones para la Montaña (a 1 km del hotel), que presenta la vegetación de ocho ecosistemas diferentes, un árbol de 150 años –el Ocuje Colorado– y algunas orquídeas poco comunes.

Hacienda La Mensura FINCA
A 8 km de Villa Pinares de Mayari se halla este centro de cría de animales exóticos como el antílope y el wapití. Se pueden organizar paseos a caballo.

Farallones de Seboruco CUEVAS
Los espeleólogos quizá estén interesados en las excursiones a estas fantasmagóricas cuevas, consideradas monumento nacional, que contienen pinturas rupestres aborígenes.

Dónde dormir

★ Villa Pinares de Mayarí HOTEL $
(52-14-12; i/d 30/40 CUC;) Es uno de los dos clásicos retiros de Gaviota en Holguín, el otro es Villa Cayo Saetía (p. 375) y se halla a 600 m de altitud entre la altiplanicie de Nipe y la sierra Cristal, 30 km al sur de Mayarí por una carretera sin asfaltar. Esta joya rural está en uno de los mayores pinares del país. Las cabañas de dos y tres habitaciones, de cómodas camas y agua caliente, le dan un toque casi alpino. También hay un enorme restaurante, bar, pistas deportivas, gimnasio y un pequeño lago natural (el Cupey) a 300 m, perfecto para un chapuzón.

Cómo llegar y salir

Exceptuando los viajes organizados, el único modo para llegar a Villa Pinares de Mayarí y el Parque Nacional La Mensura es en coche, taxi o bicicleta. La carretera de acceso es accidentada y está en mal estado, pero es transitable en un automóvil de alquiler. Si se viaja desde Santiago, la mejor ruta es por la pequeña localidad de Mella.

Cayo Saetía

Al oriente de Mayarí la carretera se va llenando de baches y los pueblos de los alrededores, aunque nunca pierden su polvoriento encanto rural, cada vez están más alejados entre sí. El clímax de este recorrido rústico es el encantador Cayo Saetía, un islote llano y boscoso situado en la bahía de Nipe y unido a tierra firme por un puentecito. En los años setenta y ochenta fue una zona de caza predilecta de los *apparatchiks* comunistas. Por suerte, esa práctica cayó en desuso. De hecho, Cayo Saetía es hoy un parque natural con 19 especies de animales exóticos, como camellos, cebras, antílopes y avestruces. Dividido en prados y embellecido con cuevas ocultas y playas, es lo más cerca de una reserva africana. Vale la pena visitarlo.

Dónde dormir

Campismo Río Cabonico BUNGALÓS $
(59-41-18; h desde 5 CUC/persona) Está en Pueblo Nuevo, 9 km al este de Levisa y 73 km al oeste de Moa, unos 900 m al sur de la carretera principal. Las 23 cabañas, de cuatro o seis camas, tienen baño y un ventilador en el porche. Si queda sitio, puede que acepten a extranjeros; compruébese con antelación o contáctese con Cubamar (p. 129) en La Habana.

★ Villa Cayo Saetía BUNGALÓS $$
(42-53-20; d 60-70 CUC, ste 85-100 CUC;) Este rústico pero cómodo *resort*, ubicado en una isla de 42 km² a la entrada de la bahía de Nipe, es pequeño, remoto y de más categoría de lo que el precio hace pensar. Las 12 habitaciones se dividen en cabañas estándar y rústicas, con una diferencia mínima de precio. En el restaurante La Güira se preparan carnes exóticas, como la de antílope.

Cómo llegar y desplazarse

Desde la villa existen tres medios para explorar Cayo Saetía. Un safari de una hora en *jeep* cuesta 9 CUC, mientras que también hay excursiones a caballo o en barco. Para llegar puede optarse por el helicóptero de Gaviota (124 CUC, sábado y lunes), que despega dos veces por semana desde Guardalavaca, o por un combinado de autobús/barco desde Antilles. Si se llega en coche, el puesto de control está a 15 km de la carretera principal. Desde allí quedan otros 8 km por una carretera sin asfaltar hasta el complejo. Los coches de alquiler, con cuidado, logran llegar.

Provincia de Granma

☎23 / 836 400 HAB.

Sumario »

Las mejores excursiones

- Comandancia de La Plata (p. 388)
- El Salto (p. 396)
- Pico Turquino (p. 390)
- Sendero Arqueológico Natural el Guafe (p. 395)

Los mejores sitios revolucionarios

- Alegría de Pío (p. 394)
- Comandancia de la Plata (p. 388)
- Casa Natal de Carlos Manuel de Céspedes (p. 380)
- Museo Las Coloradas (p. 395)

Por qué ir

Es en Granma (nombre del barco en el que desembarcaron Fidel Castro y sus compañeros revolucionarios para poner fin al régimen de Batista en 1956) donde el espíritu revolucionario de Cuba arde con más fuerza. Esta es la tierra donde murió José Martí y donde Carlos Manuel de Céspedes (nacido en Granma) liberó sus esclavos y declaró formalmente la independencia de Cuba en 1868.

Con pocas carreteras, Granma es una de las regiones más remotas (hecho que contribuyó a la causa revolucionaria), con altas montañas tropicales lo suficientemente densas como para dar cobijo durante dos años a un fugitivo Fidel Castro en la década de 1950.

El aislamiento ha engendrado una clase especial de identidad cubana. Los enclaves de Granma son lugares esotéricos animados con fiestas callejeras semanales (barbacoas al aire libre, música de órganos manuales). Bayamo, la capital provincial, figura entre los lugares más tranquilos y limpios del archipiélago.

Cuándo ir

- Algunas zonas de Granma tienen un clima suave. En enero y febrero, Marea del Portillo es el lugar más cálido de Cuba.
- La principal fiesta de Bayamo también es en enero (el Incendio de Bayamo, el día 12).
- En las montañas de la sierra Maestra, mucho más húmedas, marzo y abril es la época más seca para hacer excursionismo. Las temperaturas nocturnas son soportables.
- El 2 de diciembre una ceremonia en Las Coloradas conmemora el aniversario del desembarco del Granma.

Imprescindible

1 Disfrutar de uno de los microclimas más suaves de Cuba en **Marea del Portillo** (p. 396).

2 Subir hasta la **Comandancia de La Plata** (p. 388) en el Gran Parque Nacional Sierra Maestra, cuartel general de Fidel en la guerra.

3 Investigar las terrazas marinas y los restos arqueológicos del **Parque Nacional Desembarco del Granma** (p. 394).

4 Recibir una dosis de aire y costumbres montañeras en **Santo Domingo** (p. 389).

5 Zambullirse en el auténtico espíritu festivo de Bayamo con asado de cerdo, órganos callejeros, una partida de ajedrez o la **Fiesta de la Cubanía** (p. 385).

6 Relajarse junto al río en el **Parque Chapuzón** (p. 382).

7 Visitar el lugar del primer grito por la independencia de Cuba en el **Museo Histórico La Demajagua** (p. 392).

Historia

Los petroglifos y restos de cerámica taína descubiertos en el Parque Nacional Desembarco del Granma apuntan hacia la existencia de culturas nativas en esta región mucho antes de la llegada de los españoles.

Colón, en su segundo viaje, fue el primer europeo en explorar la zona, refugiándose de una tormenta en el golfo de Guacanayabo. Los demás sistemas primitivos de desarrollo no fructificaron y, llegado el s. XVII, la costa indómita de Granma se había convertido en un coto de piratas y corsarios.

La némesis real de esta región no llegó hasta el 10 de octubre de 1868, cuando Carlos Manuel de Céspedes, dueño de una plantación de caña de azúcar, demandó la abolición de la esclavitud desde su molino de azúcar en Demajagua, cerca de Manzanillo, liberó a sus propios esclavos como ejemplo, y provocó la Guerra de los Diez Años.

La tragedia se volvió a desatar en 1895, cuando el fundador del Partido Revolucionario Cubano, José Martí, fue asesinado en Dos Ríos solo un mes y medio después de arribar a la costa de Guantánamo junto a Máximo Gómez para iniciar la Guerra de Independencia.

Más tarde, el 2 de diciembre de 1956, Fidel Castro y 81 soldados rebeldes desembarcaron del *Granma* en playa Las Coloradas (curiosamente, el barco que literalmente lanzó la Revolución –y más tarde daría el nombre a la provincia– fue adquirido a un americano, que le había dado el nombre de su abuela). Localizado por las tropas de Batista poco después de desembarcar en un campo de cañas de azúcar en Alegría de Pío, unos 12 supervivientes lograron escapar a la sierra Maestra, montando el cuartel general de la Comandancia de La Plata.

Desde allí coordinaron la lucha armada, informando de sus progresos y consolidando su apoyo entre simpatizantes de toda la nación. Tras dos años de vivir en duras condiciones y de dejarse unas barbas sin precedentes, las fuerzas del M-26-7 (Movimiento del 26 de julio) triunfaron en 1959.

Bayamo

166 200 HAB.

Más antigua que La Habana y Santiago y estereotipada para el resto de sus días como la "cuna de la independencia" cubana, Bayamo tiene todo el derecho a darse importancia, pero no lo hace. El afectuoso apodo de Bayamo, la "Ciudad de los Coches" es una valoración mucho más reveladora de su ambiente: un lugar relajado, tranquilo y atrapado en el tiempo menos impulsado por la industria y más por los caballos. En la capital provincial más templada de Cuba se escucha el cataclop de los cascos de los caballos, y se cree que un 40% de su población se desplaza a caballo cada día.

Eso no significa que los bayameses ignoren su historia. "Como la Península quemó a Sagunto, Cuba quemó a Bayamo", escribió José Martí en la década de 1890, destacando el papel sacrificado que Bayamo desempeñó en la convulsa historia de la nación. Pero aunque el fuego provocado de 1869 destruyó muchos de los clásicos edificios coloniales de la ciudad, no logró socavar ni su espíritu ni sus viejas tradiciones.

Actualmente, Bayamo es conocida por sus talentosos jugadores de ajedrez (Céspedes fue el Kasparov de su tiempo) y por las fiestas callejeras de las noches de los sábados, a menudo al son de anticuados órganos de calle (importados vía Manzanillo). Todo ello puede verse durante la Fiesta de la Cubanía, uno de los espectáculos callejeros más auténticos de la isla.

Historia

Fundada en noviembre de 1513 como la segunda de las siete villas de Diego Velázquez de Cuéllar (tras Baracoa) en Cuba, los primeros capítulos de la historia de Bayamo se caracterizaron por revueltas indias y la intensa agitación de los nativos. Pero con los taínos indígenas diezmados por enfermedades europeas mortales como la viruela, la recién nacida insurgencia no tardó en llegar a su fin. A finales del s. XVI, Bayamo se había convertido en una ciudad próspera y se había establecido como el centro ganadero y de cultivo de caña de azúcar más importante de la región. La ciudad, frecuentada por piratas, llenó sus cofres aun más en los ss. XVII y XVIII mediante una red clandestina de contrabando dirigida desde Manzanillo, un puerto cercano. La nueva clase de comerciantes y terratenientes bayamesa invertía su dinero con profusión en grandes casas y en una cara educación extranjera para sus hijos.

Uno de esos protegidos era Carlos Manuel de Céspedes, abogado local convertido en revolucionario que, desafiando la voluntad colonial establecida, lideró un ejército contra su ciudad natal en 1868

Bayamo

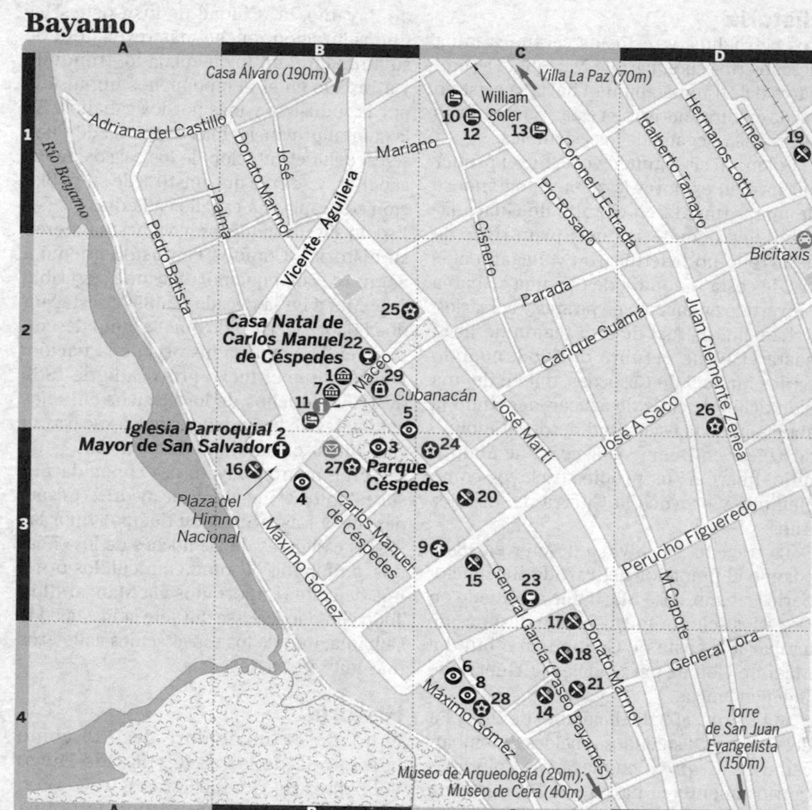

para intentar arrebatar el control a las conservadoras autoridades españolas. Pero la liberación resultó breve. Tras la derrota de un ejército rebelde mal preparado a manos de 3000 tropas regulares españolas cerca del río Cauto el 12 de enero de 1869, los ciudadanos, intuyendo una reocupación española inminente, prefirieron prender fuego a su ciudad a verla caer en manos del enemigo.

Bayamo es también donde nació Perucho Figueredo, que fue el compositor del himno nacional cubano, que empieza con las patrióticas palabras: "Al combate corred, bayameses".

En el 2006, Fidel Castro dio su último (hasta ahora) discurso público en la plaza de la Patria de Bayamo. Fue su discurso anual conmemorativo "Triunfos de la Revolución" y pocos días después cayó enfermo, cediendo al poco tiempo el poder a su hermano más joven, Raúl.

Puntos de interés

★ Casa Natal de Carlos Manuel de Céspedes MUSEO

(Maceo nº 57; entrada 1 CUC; 9.00-17.00 ma-vi, 9.00-14.00 y 8.00-22.00 sa, 10.00-13.30 do) Aquí nació "el Padre de la Patria" el 18 de abril de 1819 y pasó sus primeros 12 años de vida. Una colección de muebles de época complementa los recuerdos relacionados con Céspedes. Destaca arquitectónicamente por ser la última casa colonial de dos plantas de Bayamo: uno de los pocos edificios que sobrevivió al fuego de 1869.

★ Parque Céspedes PLAZA

(plaza de la Revolución) El principal punto de encuentro de los bayameses, una de las plazas más verdes de Cuba y lugar de nacimiento de Céspedes, se conoce oficialmente como plaza de la Revolución. A pesar de su ambiente relajado y papel secundario como mejor sede

Bayamo

Principales puntos de interés
1 Casa Natal de Carlos Manuel de Céspedes B2
2 Iglesia Parroquial Mayor de San Salvador B3
3 Parque Céspedes B3

Puntos de interés
4 Ana Martí Vázquez B3
5 Ayuntamiento B2
6 Casa de Estrada Palma C4
7 Museo Provincial B2
8 Ventana de Luz Vázquez C4

Actividades, cursos y circuitos
9 Academia de Ajedrez C3

Dónde dormir
10 Casa de la Amistad C1
11 Hotel Royalton B2
12 Juan Valdés C1
13 Villa Pupi y Villa América C1

Dónde comer
14 Cuadra Gastronómica de Luz Vázquez C4
15 El Siglo C3
16 La Bodega B3
17 La Cosa Nostra C3
18 La Sevillana C4
19 Mercado Agropecuario D1
20 Mercado Cabalgata C3
21 Restaurante Vegetariano C4

Dónde beber y vida nocturna
22 Bar la Esquina B2
23 La Taberna C3

Ocio
24 Casa de la Cultura C3
25 Casa de la Trova la Bayamesa B2
26 Centro Cultural Los Beatles D2
27 Cine Céspedes B3
28 Uneac C4

De compras
29 ARTex B2

de conciertos al aire libre de la ciudad, la plaza está cargada de importancia histórica. En 1868 Céspedes proclamó la independencia de Cuba delante del **ayuntamiento.** La arbolada plaza está rodeada por multitud de majestuosos monumentos. Mirándose una a otra en el centro hay una estatua de bronce de Carlos Manuel de Céspedes (héroe de la primera guerra de independencia) y un busto de mármol de Perucho Figueredo, con las palabras del himno nacional de Cuba (compuesto por Figueredo) grabadas en él.

★ Iglesia Parroquial Mayor de San Salvador IGLESIA

En el emplazamiento ha habido una iglesia desde 1514. El actual edificio data de 1740, pero fue destruido por el fuego de 1869, por lo que gran parte de lo que hoy se ve proviene de unas obras realizadas en 1919. Una sección que sobrevivió al fuego es la **capilla de la Dolorosa** (se aceptan donativos; ⏲9.00-12.00 y 15.00-17.00 lu-vi, 9.00-12.00 sa) con su altar dorado de madera.

Uno de los puntos de interés de la iglesia principal es el arco central, que exhibe un mural en el que se muestra la bendición de la bandera cubana frente al ejército revolucionario el 20 de octubre de 1868. Fuera, en la Plaza del Himno Nacional, es donde se cantó por primera vez el himno nacional de Cuba, *La Bayamesa*, en 1868.

Museo Provincial MUSEO
(Maceo nº 55; entrada 1 CUC) Situado al lado de la antigua casa de Céspedes, este museo pone la guinda a la trayectoria histórica de Bayamo con un amarillento documento sobre la ciudad de 1567 y una curiosa foto de Bayamo justo después del fuego.

Paseo Bayamés BARRIO
(calle General García) La principal calle comercial de Bayamo (oficialmente conocida como calle General García) fue hecha peatonal en la década de 1990 y reconfigurada con curiosas obras de arte. Aquí se encuentra el Museo de Cera (p. 383) y, al lado, el **Museo de Arqueología** (entrada 1 CUC). Hay planes para ampliar el paseo unas cuantas manzanas hacia el sur.

Casa de Estrada Palma CENTRO CULTURAL
(Céspedes nº 158) Tomás Estrada Palma fue el primer presidente de Cuba tras la independencia. Nacido en 1835 y en su día amigo de José Martí, Estrada Palma cayó en desgracia tras la Revolución por ser percibido como cómplice de EE UU en la Enmienda Platt. Su casa natal es hoy la sede de la Uneac.

En el interior poco queda de su antiguo ocupante, pero en el patio hay una palmera de 1837 que hay que suponer sí tuvo contacto con Estrada Palma.

Ventana de Luz Vázquez LUGAR DESTACADO
(Céspedes, entre Figueredo y Luz Vázquez) *La Bayamesa,* un precursor del himno nacional coescrita por Céspedes, se cantó en este lugar por primera vez el 27 de marzo de 1851. En la pared, junto a la ventana colonial con barrotes de madera, se exhibe una placa conmemorativa.

Torre de San Juan Evangelista LUGAR DESTACADO
(José Martí esq. Amado Estévez) En este bullicioso cruce se alzaba una iglesia construida en los primeros años de la ciudad hasta que fue destruida por el gran incendio de 1869. Más adelante, el campanario de la iglesia sirvió de entrada al primer cementerio de Cuba, que cerró en 1919. El cementerio se demolió en 1940, pero la torre aún se conserva. En el parque de enfrente de la torre se alza un **monumento** al poeta bayamés José Joaquín Palma (1844-1911), y junto a la torre hay una **estatua de Francisco Vicente Aguilera** (1821-1877), líder de la lucha por la independencia en Bayamo.

Plaza de la Patria PLAZA
(av. Felino Figueredo) Fue aquí donde Fidel Castro dio su último discurso público en julio del 2006 antes de caer enfermo y de dimitir como presidente. El monumento a las grandes figuras cubanas incluye a Carlos Manuel de Céspedes, Antonio Maceo, Máximo Gómez, Perucho Figueredo y, sutilmente colocado a la izquierda del centro, Fidel (el único monumento en el que aparece). Está seis manzanas al noreste de la estación de autobuses.

Museo Ñico López MUSEO
(Abihail González; 🕗8.00-12.00 y 14.00-17.30 ma-sa, 9.00-12.00 do) GRATIS Este museo está en el antiguo club de oficiales del cuartel militar Carlos Manuel de Céspedes, 1 km al sureste del parque Céspedes. El 26 de julio de 1953, esta guarnición fue atacada por 25 revolucionarios, liderados por Ñico López, coordinados con el asalto a los cuarteles de Moncada, en Santiago de Cuba, para impedir que se mandaran refuerzos. López escapó a Guatemala y fue el primer cubano en trabar amistad con Ernesto Che Guevara, pero fue asesinado poco después del desembarco del *Granma* en 1956.

Fábrica de los Coches FÁBRICA
(Prolongacion General García nº 530; entrada donativo de 1 CUC; 🕗7.00-15.00) Merece la pena el viaje desde el centro para presenciar cómo se trabaja en la única línea de producción de coches (carros de caballos) fabricados a mano de Cuba. La mayoría de los que se ven en el país son de metal, pero estos se fabrican de madera y su elaboración (hasta tres meses) es mucho más larga.

Pueden verse coches en varias fases de construcción, conocer a los trabajadores y comprar el mejor recuerdo de Bayamo: carros de caballos en miniatura con una asombrosa atención por el detalle. Los grandes cuestan unos 8000 pesos (325 CUC) y no caben en la maleta.

Parque Chapuzón PARQUE
(av. Amado Éstevez; 👪) Este parque se halla a menos de 1 km del centro de Bayamo, donde el río ha esculpido una frondosa zona verde alrededor de la cuadrícula urbana. Los lugareños se relajan en este lugar, dan de beber a sus caballos, celebran barbacoas o se dan un baño. Hay senderos y puestos en forma de glorieta que venden comida y bebida.

Actividades

A los cubanos les encanta el ajedrez, sobre todo en Bayamo. No hay que perderse las partidas callejeras entre aficionados los sábados por la noche, durante la Fiesta de la Cubanía. La **Academia de Ajedrez** (José A. Saco nº 63, entre General García y Céspedes) es el lugar al que dirigirse para mejorar la técnica.

En el **mostrador de Cubanacán** (Hotel Telegrafo, Maceo nº 53) pueden contratarse **circuitos en coche de caballos** (4 CUC/persona).

Circuitos

En Bayamo hoy hay buenos circuitos guiados privados, de la ciudad y otras zonas (Gran Parque Nacional Sierra Maestra).

Julio César Aguilera Vila CIRCUITOS GUIADOS
(☎42-25-53; 5 CUC/1½ h) Julio ofrece excelentes circuitos por muchos de los puntos históricos de Bayamo.

Anley Rosales Benitez CIRCUITOS GUIADOS
(☎52-92-22-09; www.bayamotravelagent.com; carretera Central nº 478) Anley se especializa en excursiones a la sierra Maestra, que puede ser de difícil acceso si no se dispone de transporte propio. El circuito con lo más interesante visita los lugares revolucionarios de los años 1956-1958, cuando los rebeldes se refugiaron en el lugar, así como el pueblo donde Fidel jugó al béisbol con los lugareños (40 CUC/2 personas).

También organizan desde transporte al Alto del Naranjo (para las excursiones a la Comandancia de La Plata/pico Turquino; 40 CUC) o recogida en el aeropuerto de Bayamo. Las excursiones a la Comandancia de La Plata (todo incluido) salen por 115 CUC/2 personas.

Festivales

Algunos de los festivales anuales son el **Incendio de Bayamo,** el 12 de enero, que rememora el incendio de la ciudad en 1869 con música en directo, obras de teatro en el parque Céspedes y fuegos artificiales.

Dónde dormir

Casa de la Amistad CASA PARTICULAR $
(☎42-57-69; gabytellez2003@yahoo.es; Pío Rosado nº 60, entre Ramíriez y N. López; h 25 CUC; P ❄ @) Gabriel y Rosa alquilan la mayor parte de la planta superior de su casa como apartamento separado con su propia entrada, cocina, sala de estar, habitación y cuarto de baño. Son excelentes anfitriones y cuentan con conexión a internet.

Villa La Paz CASA PARTICULAR $
(☎42-39-49; Coronel J. Estrada nº 32, entre William Soler y av. Milanés; h 20-25 CUC) No hay nada anticuado en esta casa, que cuenta con internet de banda ancha y telcvisión de pantalla plana en la habitación del piso de abajo. Los anfitriones son muy divertidos. Es recomendable reservar la habitación de arriba, que da a una amplia terraza.

Casa Álvaro CASA PARTICULAR $
(☎42-48-61; av. Vicente Aguilera nº 240; h 20-25 CUC) Tres habitaciones modernas de buen tamaño, junto con los mejores desayunos de Bayamo, bocadillos de pan tostado con jamón y queso y tortillas, en una terraza que rezuma tranquilidad a pesar de su bulliciosa ubicación.

EL ARTE DE BAYAMO

Bayamo no solo está a la cabeza del cambio de régimen en Cuba sino también del movimiento de artes plásticas. Y en el Paseo Bayamés se ve la prueba. En mitad del paseo está el único **museo de Cera** (☎42-65-25; General García nº 261; entrada 1 CUC; ⏲9.00-12.00 y 13.00-17.00 lu-vi, 14.00-21.00 sa, 9.00-12.00 do) de Cuba, con convincentes estatuas de personalidades cubanas como Polo Montañez, Benny Moré, el héroe local Carlos Puebla y otros. Pero con la **Escuela de Artes Plásticas** (General García entre General Lora y Bartolomé Masó) en esta calle peatonal y la cooperativa de artistas **Pequeña Dimensión** (General García esq. Manuel de Socorro) –ambos se pueden visitar para ver a los artesanos crear sus obras– no es de extrañar que todo el paseo se haya convertido en una vívida retahíla de extravagantes murales y farolas en forma de árbol y de tubo de pintura. Y tres manzanas detrás de la estación de autobuses la protagonista es la talla de madera, con árboles de una antigua avenida entera tallados en imaginativas formas. Algunos artistas de Bayamo invitan al viajero a su casa para mostrarle su trabajo. Se recomienda la casa de **Raylven Friman Ramírez** (☎42-66-86; General García 451), cuyas pinturas abstractas toman mundos que uno creía reconocer, los desmonta y luego los vuelve a montar con gran abundancia de colores.

Villa Pupi y Villa América CASA PARTICULAR $
(☎ 42-30-29; yuri21504@gmail.com; Coronel J. Estrada nº 76-78; h 20-25 CUC) Tres habitaciones (dos en América y una en Pupi). Todas incluyen acceso a la amplia azotea de Villa Pupi, donde se puede degustar excelente cocina regional.

Juan Valdés CASA PARTICULAR $
(☎42-33-24; Pío Rosado nº 64, entre Ramírez y N. López; h 20-25 CUC; P❄) Dos puertas más abajo de la Casa de la Amistad, Juan alquila una habitación que, en realidad, es como un apartamento en la planta superior con su propio dormitorio, cuarto de baño, cocina, salón y un balcón que da a Pío Rosado.

Ana Martí Vázquez CASA PARTICULAR $
(☎42-53-23; Céspedes nº 4; h 25 CUC; P) Lo más cerca que se puede estar del parque Céspedes sin estar físicamente dentro. Las habitaciones de Ana puntúan alto por su tamaño, limpieza y buena comida. La habitación de delante está al final de unas escaleras realmente empinadas. La larga y estrecha habitación trasera, más luminosa, dispone de una cama doble y de una individual y da a un patio interior muy luminoso.

Villa Bayamo HOTEL $
(☎42-31-02; i/d/cabaña 15/24/32 CUC; P❄≋) Opción fuera de la ciudad (3 km al suroeste del centro en la carretera a Manzanillo) con un indudable toque rural y con una agradable piscina con vistas al campo. Las habitaciones están bien amuebladas y tiene un restaurante razonable.

Hotel Sierra Maestra HOTEL $
(☎42-79-70; carretera Central; i/d 19/30 CUC; P❄≋) Con un aire soviético de la década de 1970, apenas merece las tres estrellas aunque las habitaciones han sido reformadas en los tres últimos años y las zonas públicas son bastante bonitas. A 3 km del centro, no está mal para hacer noche.

★ Hotel Royalton HOTEL $$
(☎42-22-90; Maceo nº 53; i/d 44/70 CUC; ❄) El mejor hotel de Bayamo. Sus 33 habitaciones han sido elevadas a la categoría de *boutique* con duchas a presión y televisión de pantalla plana. También hay una azotea. Abajo hay un atractivo bar que complementa la zona de recepción con asientos que llegan hasta una terraza lateral que da al Parque Céspedes. El **Restaurante Plaza** es una buena opción.

Dónde comer

En Bayamo puede tomarse comida auténtica en tiendas de la calle Saco y en el parque Céspedes. El resto son restaurantes con precios expresados en pesos cubanos. Además de los establecimientos que se reseñan, el viajero encontrará buena comida criolla en el Restaurante Plaza del hotel Royalton.

★ Restaurante San Salvador de Bayamo CARIBEÑA $
(Maceo 107; CUC2-10; ⌚12.00-23.00) Este espléndido edificio colonial es nuevo, pero es ya un candidato al mejor restaurante de Bayamo. Los violinistas dan una serenata mientras el viajero degusta la comida que, gracias al entendido propietario, va mucho más allá de lo obvio y recurre a las influencias autóctonas/bucaneras de la cocina regional. Se recomienda la tortilla con yuca y queso; las gambas vienen con una salsa de ajo muy especial...

La Sevillana ESPAÑOLA $
(☎42-14-95; General García, entre General Lora y Perucho Figueredo; principales 3-10 CUC; ⌚12.00-14.00 y 18.00-22.30) Chefs cubanos preparan platos españoles como paella y garbanzos en un restaurante donde se paga en pesos. Lo nuevo es que hay que vestir con corrección (prohibidos los pantalones cortos), que hay un portero con traje y que hay que reservar. Aun así, no hay que esperar creatividad sevillana.

La Cosa Nostra ITALIANA $
(Marmol esq. Perucho Figueredo; principales 2-5 CUC; ⌚12.00-23.00) Aquí puede hacerse un salto virtual al elegante Chicago de la década de 1920, donde los platos tienen nombres como *Pizza* Don Corleone. Las raciones de lasaña son enormes. Lo malo del sitio es el gélido aire acondicionado y el servicio, puntualmente algo descuidado.

Restaurante Vegetariano VEGETARIANA $
(General García nº 173; ⌚7.00-9.00, 12.00-14.30 y 18.00-21.00; ✎) Conviene no emocionarse demasiado antes de visitar este restaurante donde se paga en pesos, ya que en Cuba lo vegetariano está en pañales. No hay que esperar pan de frutos secos pero sí es posible pedir algo distinto a la omnipresente tortilla.

Cuadra Gastronómica de Luz Vázquez COMIDA RÁPIDA $
(por General García, entre Figueredo y General Lora; platos desde 10 pesos) A lo largo de este callejón se agolpan al menos una decena de carritos de comida que venden aperitivos bayameses

como perritos calientes, croquetas, sardinas, empanadas y helado. Se paga en pesos cubanos.

★ La Bodega CARIBEÑA $$
(plaza del Himno Nacional nº 34; principales 5-15 CUC, a partir de 21.00 3 CUC; ⏲11.00-1.00) La puerta delantera da a la plaza mayor de la ciudad, mientras que la terraza de atrás tiene vistas sobre el río Bayamo y un bucólico telón de fondo más propio de una casa perdida en el campo. Se recomienda probar la carne de vaca y el café o relajarse en la terraza antes de que lleguen los trovadores andantes a las 21.00.

Compra de alimentos

El Siglo PANADERÍA $
(General García esq. Saco; ⏲9.00-20.00) Pasteles recién horneados que se venden en pesos.

Mercado Agropecuario MERCADO $
(Línea) El mercado de verdura está enfrente de la estación de trenes. Por la zona abundan los puestos de comida en pesos.

Mercado Cabalgata SUPERMERCADO $
(General García nº 65; ⏲9.00-21.00 lu-sa, hasta 12.00 do) Productos de alimentación básicos en la calle peatonal principal.

Dónde beber

Bar La Esquina BAR
(Donato Mármol esq. Maceo; ⏲11.00-1.00) Cócteles internacionales en un pequeño bar repleto de ambiente local.

La Taberna BAR
(General García, entre Saco y Figueredo; ⏲10.00-22.00) Este nuevo y animado bar en la principal calle comercial tiene cerveza de barril y un zumbido constante de conversación. Se paga en pesos cubanos.

Café Serrano CAFÉ
(Carretera Central esq. av. Amado Estévez; ⏲24 h) Café excelente y barato. Las delicias de café como el cóctel de café con menta y nata se pagan en pesos.

Piano Bar BAR
(General García esq. Bartolomé Masó; ⏲14.00-2.00) Gélido aire acondicionado, manteles almidonados, camareros serios y buena música en directo, desde recitales de piano hasta trovadores y música romántica. Tan elegante que a veces solo es previa invitación.

☆ Ocio

Los dos principales hoteles, el Royalton (p. 384) y el Sierra Maestra (p. 384), tienen bares aceptables y el último una concurrida discoteca.

Cine Céspedes CINE
(entrada 2 CUC) En el extremo occidental del Parque Céspedes, al lado de la oficina de correos. Ofrece toda clase de películas, de Gutiérrez Alea al último éxito taquillero de Hollywood.

Teatro Bayamo TEATRO
(☎42-51-06; Reparto Jesús Menéndez) Seis manzanas al noreste de la estación de autobuses, enfrente de la plaza de la Patria, se encuentra uno de los teatros más majestuosos de Oriente, construido en 1982 y reformado en el 2007. Los vitrales del vestíbulo son impresionantes. Las funciones suelen ser los miércoles, sábados o domingos.

Centro Cultural Los Beatles MÚSICA EN DIRECTO
(Zenea, entre Figueredo y Saco; entrada 10 pesos; ⏲6.00-24.00) Igual que Occidente cayó rendido ante el exotismo del Buena Vista Social Club, los cubanos se rindieron ante la brillantez del cuarteto de Liverpool. En este local tan curioso actúan bandas que imitan a los Beatles (en español) cada fin de semana. ¡No hay que perdérselo!

Uneac CENTRO CULTURAL
(Céspedes nº 158; ⏲16.00) FREE Para escuchar apasionados boleros en el florido patio de la antigua casa del deshonrado primer presidente Tomás Estrada Palma, a quien siempre se ha considerado culpable de haber entregado Guantánamo a los yanquis.

FIESTA DE LA CUBANÍA

El indudable atractivo nocturno de Bayamo es su vivaz y singular fiesta callejera, sin parangón con ninguna otra en Cuba. Organizada de cualquier manera en la calle Saeco, cuenta con los famosos órganos de tubo, un cerdo asado entero, una bebida muy fuerte llamada ostiones y, de forma incongruente con todo ello, hileras de mesas dispuestas diligentemente con juegos de ajedrez. El baile resulta obligado. La acción arranca sobre las 20.00 los sábados.

Cabaret Bayamo CABARÉ
(carretera Central km 2; ⏲21.00 vi-do) La chispeante discoteca-cabaré de Bayamo se encuentra frente al Hotel Sierra Maestra y los fines de semana atrae a lugareños con atuendos igual de relucientes.

Casa de la Trova la Bayamesa MÚSICA TRADICIONAL
(Maceo esq. Martí; entrada 1 CUC; ⏲21.00 ma-do) Una de las mejores casas de trova de Cuba, en un maravilloso edificio colonial en Maceo. Las fotografías de la pared son de Pablo Milanés, el famoso rey de la trova de la década de 1970 nacido en Bayamo.

Casa de la Cultura CENTRO CULTURAL
(General García nº 15) Gran variedad de acontecimientos culturales, exposiciones de arte incluidas, en el lado este del parque Céspedes.

Estadio Mártires de Barbados DEPORTES
(av. Granma) Acoge partidos de béisbol de octubre a abril; más o menos 2 km al este del centro.

De compras

El paseo Bayamés es la principal calle peatonal de compras pero, con tan pocos turistas, las tiendas se dirigen principalmente a los cubanos.

ARTex RECUERDOS
(General García nº 7) La mezcla habitual de camisetas de Che Guevara y falsos muñecos de santería; en el parque Céspedes.

Información

Bayamo es la ciudad de Cuba más grande sin cajeros automáticos.

Banco de Crédito y Comercio (General García esq. Saco) Banco.

Banco Financiero Internacional (carretera Central km 1) En un gran edificio blanco cerca de la terminal de autobuses.

Cadeca (Saco nº 101) Cambio de dinero.

Campismo Popular (☎42-24-25; General García nº 112) Se pueden hacer reservas para los campismos de La Sierrita y Las Coloradas.

Cubanacán (Hotel Telégrafo, Maceo nº 53) Organiza excursiones al pico Turquino (2 días 68 CUC/persona, incluido transporte) y el Parque Nacional Desembarco del Granma (45 CUC/persona, incluido transporte), entre otros sitios.

Ecotur (☎48-70-06, ext 639; Hotel Sierra Maestra) Agencia de viajes; también pueden contratarse excursiones al Gran Parque Nacional Sierra Maestra.

Etecsa Telepunto (General García, entre Saco y Figueredo; internet 6 CUC/h; ⏲8.30-19.00) Tres terminales de internet, raramente lleno.

Farmacia Internacional (☎42-95-96; General García, entre Figueredo y Lora; ⏲8.00-12.00 y 13.00-17.00 lu-vi, 8.00-12.00 sa y do) Farmacia.

Hospital Carlos Manuel de Céspedes (☎42-50-12; carretera Central km 1) Hospital.

Infotur (☎42-34-68; plaza del Himno Nacional esq. Joaquín Palma; ⏲8.00-12.00 y 13.00-16.00) Una de esas oficinas de información con personal realmente amable y servicial (una rareza en Cuba).

Oficina de correos (Maceo esq. Parque Céspedes; ⏲8.00-20.00 lu-sa)

Cómo llegar y salir

AVIÓN

El **aeropuerto Carlos Manuel de Céspedes** (código de aeropuerto BYM) está unos 4 km al noreste de la ciudad, en la carretera a Holguín. **Cubana** (Martí 52) vuela a Bayamo desde La Habana dos veces por semana (unos 100 CUC, 2 h). No hay vuelos internacionales a/desde Bayamo.

AUTOBÚS Y CAMIÓN

De la **estación de autobuses provincial** (carretera Central esq. av. Jesús Rabí) salen autobuses **Viazul** (www.viazul.com) a diversos destinos.

Hay tres autobuses diarios a La Habana (44 CUC, 13½ h), uno a Varadero a las 22.20 (41 CUC, 12½ h), uno a Trinidad a las 21.45 (26 CUC, 9 h) y cinco a Santiago (7 CUC, 2 h). Los autobuses hacia el oeste también paran en Holguín, Las Tunas, Camagüey, Ciego de Ávila, Sancti Spíritus y Santa Clara.

Los camiones de pasajeros salen de una terminal adyacente hacia Santiago de Cuba, Holguín, Manzanillo, Pilón y Niquero. Se puede tomar un camión a Bartolomé Masó, que es lo más cerca que se puede llegar en transporte público al inicio del sendero de sierra Maestra. Los camiones salen cuando están llenos y se paga al subir.

En la **estación intermunicipal de autobuses** (Saco esq. Línea), frente a la estación de trenes, paran sobre todo autobuses locales de poco interés para los viajeros, no obstante, los camiones a Guisa salen de allí.

TAXIS

Se pueden tomar taxis estatales para desplazarse a destinos de difícil acceso en transporte público, como Manzanillo (30 CUC), Pilón (75 CUC) o Niquero (80 CUC). Los precios son estimados y dependerán del coste del combustible en ese momento. Dicho esto, cuando se redactó esta obra era más económico viajar a estos destinos en taxi que en coche de alquiler.

TREN

La **estación de trenes** (Saco esq. Línea) está 1 km al este del centro. Hay tres trenes locales diarios a Manzanillo (vía Yara). También hay trenes diarios a Santiago y a Camagüey. El tren de larga distancia entre La Habana y Manzanillo pasa por Bayamo cada tres días (25 CUC).

Cómo desplazarse

Cubataxi (42-43-13) proporciona taxis al aeropuerto de Bayamo por 3 CUC o al aeropuerto Frank País de Holguín por 35 CUC. Un taxi a Villa Santo Domingo (punto de partida del sendero de Alto del Naranjo para las caminatas por la Sierra Maestra) o a Comandancia de La Plata saldrá por unos 35 CUC solo ida. Hay una parada en el sur de Bayamo, cerca del Museo Ñico López. **Cubacar** (carretera Central) alquila coches en el Hotel Sierra Maestra.

La **gasolinera Servi-Cupet** (carretera Central) está entre el Hotel Sierra Maestra y la terminal de autobuses, según se llega de Santiago de Cuba.

Y ENTONCES QUEDARON TRES

Parecía una derrota ignominiosa. Tres días después de encallar en la costa suroriental de Cuba en un yate de recreo desvencijado, los 82 soldados que componían las fuerzas expedicionarias de Castro habían sido diezmados por el ejército de Batista, muy superior. Algunos rebeldes habían huido, otros habían sido capturados y eliminados. Castro, que había escapado de la emboscada, se encontró agachado en un cañamelar con dos compañeros andrajosos: su "guardaespaldas", Universo Sánchez, y un médico de La Habana, el menudo Faustino Pérez. "Hubo un momento en el que era comandante en jefe de mí mismo y dos más", dijo el hombre que continuaría en su empeño hasta derrocar al Gobierno cubano, frustrar una invasión auspiciada por EE UU, provocar una crisis nuclear y convertirse en una de las figuras políticas más duraderas del s. XX.

El trío, buscado por tropas de tierra y bombardeado desde el aire por aviones militares, yació atrapado en el cañaveral durante cuatro días y tres noches. El desventurado Pérez había abandonado su arma, mientras que Sánchez había perdido los zapatos. Cansados y hambrientos, Fidel siguió haciendo lo que siempre se le dio mejor. No dejó de susurrar a sus compañeros sitiados sobre la Revolución, sobre las filosofías de José Martí. Pontificó exaltadamente sobre cómo "toda la gloria del mundo cabría en un grano de maíz". Sánchez, con cierta razón, concluyó que su líder deliraba, que se había vuelto loco y que su horrible suerte estaba echada: era cuestión de tiempo.

Por la noche, Fidel, decidido a que no le atraparan vivo, dormía con el rifle montado contra la garganta sin asegurar. Con solo apretar el gatillo, se habría acabado todo. No hubiera habido Revolución cubana, ni Bahía de Cochinos, ni Crisis de los Misiles de Cuba.

El destino quiso que ese momento no llegara. El ejército concluyó que los rebeldes habían sido eliminados y se canceló la búsqueda. Fidel y sus dos compañeros esperaron el momento para deslizarse sigilosamente hacia el noreste y la seguridad de la Sierra Maestra, chupando caña de azúcar para alimentarse.

Fue una lucha desesperada por sobrevivir. Durante ocho días más el ejército rebelde siguió estando integrado por un trío enlodado, mientras los tres soldados fugitivos esquivaban las patrullas militares, reptaban por alcantarillas y se bebían su propia orina. Hasta el 13 de diciembre no se encontraron con Guillermo García, un campesino simpatizante de la causa rebelde, y cambió su suerte.

El 15 de diciembre, Raúl, el hermano de Fidel, emergió de la selva en una casa segura en la que habían acordado encontrarse con tres hombres y cuatro armas. Castro se puso loco de contento. Tres días después un tercer grupo de ocho soldados exhaustos, entre los que se encontraban Che Guevara y Camilo Cienfuegos, se les sumaron, aumentando las filas del ejército rebelde hasta la miserable cifra de 15 hombres.

"Podemos ganar esta guerra", proclamó un apasionado Fidel ante su pequeña banda. "Acabamos de empezar la lucha".

La ruta principal de los coches de caballos (1 CUP) va de la estación de trenes al hospital, pasando por la estación de autobuses. Los bicitaxis (unos pesos por carrera) también resultan prácticos para desplazarse por el centro. Hay una parada cerca de la estación de trenes.

Alrededores de Bayamo

Muchos quedan seducidos por las montañas pero el interior de Bayamo esconde algunos atractivos menos obvios.

Puntos de interés y actividades

Jardín Botánico de Cupaynicú JARDÍN

(carretera de Guisa km 10; entrada con/sin guía 2/1 CUC) Para apreciar el verde interior de Bayamo, es buena idea visitar este jardín botánico a unos 16 km de la ciudad junto a la carretera de Guisa. Está en muy pocos itinerarios, por lo que uno puede disfrutar de sus tranquilas 104 Ha prácticamente solo. Hay 74 tipos de palmeras, montones de cactus, orquídeas en flor y secciones dedicadas a plantas en peligro de extinción y medicinales.

Con la visita guiada se tiene acceso a los invernaderos, que destacan por sus llamativas plantas ornamentales. Para llegar hay que seguir la carretera a Santiago de Cuba 6 km y girar a la izquierda en el cruce con la señalización a Guisa. Pasados 10 km, se verá la indicación al jardín botánico a la derecha. Los camiones que van en esta dirección salen de la estación intermunicipal de autobuses, situada frente a la estación de trenes.

Laguna de Leonero LAGO

En el lago natural del delta del río Cauto, 40 km al noroeste de Bayamo, las posibilidades para la pesca son infinitas. La especie más preciada es la lubina negra, la temporada de pesca es de noviembre a marzo. Ecotur (p. 386) organiza excursiones en barco desde 250 CUC para un máximo de seis personas. Para más información, solicítese en su oficina, en el Hotel Sierra Maestra de Bayamo.

Dos Ríos Obelisco MONUMENTO

En Dos Ríos, 52 km al noreste de Bayamo, casi en Holguín, un obelisco blanco que mira hacia el río Cauto señala el lugar donde fue asesinado de un disparo José Martí el 19 de mayo de 1895. Hay que ir 22 km al noreste de Jiguaní en la carretera a San Germán y tomar la carretera sin señalizar hacia la derecha después de cruzar el Cauto.

Gran Parque Nacional Sierra Maestra

Este parque, de un sublime paisaje montañoso y húmedos bosques de nebliselva, es hogar de campesinos honestos y trabajadores, así como de una cautivadora reserva natural en la que aún resuenan los disparos de la campaña guerrillera de Castro a finales de los años cincuenta. Situada 40 km al sur de Yara, subiendo 24 km por una empinada carretera desde Bartolomé Masó, esta región escarpada e indómita alberga el pico más elevado del país, el pico Turquino (al otro lado de la frontera con la provincia de Santiago de Cuba), una variedad infinita de aves y flora y el cuartel general de los rebeldes durante la guerra: Comandancia de la Plata.

Historia

La historia resuena por estas montañas, casi toda ligada para siempre a la guerra de guerrillas que hizo estragos por la región entre diciembre de 1956 y diciembre de 1958. Durante el primer año del conflicto, Fidel y su grupo de seguidores permanecieron en movimiento, sin pasar más de unos días en el mismo sitio. No fue hasta mediados de 1958 que los rebeldes establecieron una base permanente sobre un monte a la sombra del pico Turquino. Este cuartel general se empezó a conocer como La Plata y desde allí Castro diseñó muchas de las primeras leyes revolucionarias al tiempo que orquestaba las incursiones militares que finalmente lograron derrocar al Gobierno de Batista.

Puntos de interés y actividades

El capítulo de Santiago de Cuba tiene más información sobre la excursión al pico Turquino (p. 434), que también puede hacerse desde el Alto del Naranjo (13 km, 4 h).

★ Comandancia de La Plata PUNTO DE INTERÉS

En lo alto de la cresta de una montaña en mitad de un espeso bosque de nebliselva, este campamento fue constituido por Fidel Castro en 1958 después de estar un año fugitivo en la sierra Maestra. La base rebelde, remota y bien camuflada, fue elegida por su inaccesibilidad y cumplió su propósito con eficacia: los soldados de Batista nunca la encontraron. Apenas ha cambiado desde que fue abandonada en los años cincuenta:

Gran Parque Nacional Sierra Maestra

16 edificios de madera sencillos que testimonian una de las campañas guerrilleras más exitosas de la historia. Es fácil apreciar su ubicación estratégica. Para acceder al lugar principal, que culmina con la Casa de Fidel, hay que atravesar un espacio abierto y luego escalar pasando por espesos árboles.

Destacan el pequeño museo, cerca del comienzo del complejo, la Casa de Fidel (cuyo diseño es una obra maestra con sus siete rutas de escape escondidas en caso de que los líderes de la Revolución fueran descubiertos) y la empinada escalada por Radio Rebelde hasta los edificios de radiocomunicación donde los rebeldes hacían sus primeras retransmisiones. Los edificios del hospital, que ilustran la brutalidad de la atención médica de los rebeldes, están bastante más abajo por un sendero separado (para que los agónicos heridos no revelasen la situación del campo).

Comandancia de La Plata está bajo el control del Centro de Información de Flora y Fauna, en Santo Domingo. Lo primero es alquilar un guía en la oficina principal del parque, luego hacerse con transporte (o andar) 5 km cuesta arriba hasta el Alto del Naranjo y luego seguir a pie por un sendero embarrado los últimos 4 km. La excursión sale por 20 CUC, más 5 CUC si se quiere utilizar una cámara (estaba prohibido tomar fotos hasta el 2009). Para más información, contáctese con Ecotur (p. 386), en Bayamo.

★ Santo Domingo PUEBLO

(entrada museo 1 CUC; ⏲variable) Es un pueblecito asentado en un valle profundo y verde junto al enérgico río Yara. Supone una maravillosa muestra de la tranquila vida campesina cubana que apenas ha cambiado desde que Fidel y el Che merodeaban por estas sombrías montañas en los cincuenta. Si el viajero decide quedarse, puede hacerse una idea del socialismo rural en la escuela del lugar y en la clínica o preguntar en Villa Santo Domingo por el pequeño **museo.** A los autores les consta que los lugareños también ofrecen a los visitantes paseos a caballo, pedicuras, excursiones a piscinas naturales y viejos relatos clásicos de los anales de la historia revolucionaria contados de primera mano.

El parque cierra a las 16.00, pero los guardas no permiten el paso a partir de media mañana, así que conviene salir temprano para aprovechar al máximo la visita.

Alto del Naranjo PUNTO DE INTERÉS

Todos los recorridos por el parque empiezan al final de la empinadísima carretera de

PICO TURQUINO

Elevándose 1972 metros sobre el azul celeste del Caribe, el pico Turquino, llamado así por el tinte turquesa que cubre las agudas laderas de su parte superior, es la montaña más alta y más escalada de Cuba.

La cumbre, envuelta en un frondoso bosque de nebliselva y protegida por un parque nacional de 140 km^2, cuenta con un busto de bronce del héroe nacional José Martí. En una patriótica prueba de resistencia, la estatua fue transportada hasta la cima en 1953 por una joven Celia Sánchez acompañada de su padre, Manuel Sánchez Silveira, para conmemorar el centenario del nacimiento del Maestro.

Cuatro años después, Sánchez visitó la cumbre de nuevo, en aquella ocasión con un Fidel Castro rifle en mano para grabar una entrevista con la cadena de noticias estadounidense CBS. Al poco tiempo, el ejército rebelde estableció su base definitiva a la imponente sombra de la montaña, en una cumbre oculta por los árboles cerca de La Plata.

La mejor forma de afrontar una excursión no circular (de 2 a 3 días) al escarpado pico Turquino es (desde el lado de Santo Domingo) empezando en el Alto del Naranjo hasta Las Cuevas en la costa caribeña (también es posible un recorrido circular Alto del Naranjo-pico Turquino). Es obligatorio ir acompañado de guías, que se pueden contratar mediante empleados de Flora y Fauna en Villa Santo Domingo o en la pequeña cabaña de Las Cuevas. El precio varía en función del número de días. Si se organiza con Ecotur/Cubanacán en Bayamo, hay que contar con 68 CUC por persona para dos días (45/65 CUC por 2/3 días con el Centro de Información Flora y Fauna pero no incluye el transporte desde Bayamo). También habrá que proveerse de comida, ropa de abrigo, velas y algún tipo de sábana o saco de dormir (la cena/el desayuno en los refugios está incluido pero nada más). En los refugios hace frío incluso en agosto, por lo que conviene ir preparado. El agua durante el camino es escasa. Hay que llevar reservas.

El sendero que cruza las montañas desde Alto del Naranjo pasa por el pueblo de La Platica (agua), Palma Mocha (*camping*), Lima (*camping*), campismo Joachín (refugio y agua), El Cojo (refugio), pico Joachín, Paso de los Monos, Loma Redonda, pico Turquino (1972 m), pico Cuba (1872 m; con un refugio y agua a 1650 m), pico Cardero (1265 m) y La Esmajagua (600 m; con refrigerios básicos) antes de descender hasta Las Cuevas, en la costa. Los dos primeros días se pasan en el tramo de 13 km hasta el pico Turquino (normalmente pasando la noche en el Campismo Joachín y/o en refugios de pico Cuba), donde un guía contratado con antelación toma el relevo y lleva al viajero hasta Las Cuevas. Como con todos los servicios de guía, conviene dar propina. Concertar el segundo tramo, de pico Cuba a Las Cuevas, es fácil; se encarga el personal del parque.

Estas caminatas están bien coordinadas y los guías son eficientes. El modo más sensato de empezar es pasando la noche en Villa Santo Domingo y saliendo por la mañana (se debería cruzar la entrada al parque a las 10.00, como muy tarde). El transporte por la costa desde Las Cuevas es escaso: pasa un camión en días alternos. Es recomendable contratar con antelación el transporte para salir de Las Cuevas. Viniendo desde Santo Domingo, en teoría no se pueden hacer las excursiones a la Comandancia de La Plata y al pico Turquino el mismo día, sino que hay que pasar la noche en el pueblo y empezar la excursión al pico Turquino el día siguiente.

acceso de cemento corrugado en **Alto del Naranjo** (después de Villa Santo Domingo la carretera cubre un desnivel de 750 metros en 5 km). Para llegar, hay una ardua caminata de 2 h o un rápido viaje en todoterreno. Hay una magnífica vista de las llanuras de Granma desde este mirador a 950 m de altura. Por lo demás, es un punto de partida a La Plata (3 km) o al pico Turquino (13 km).

Dónde dormir y comer

★ **Villa Santo Domingo** HOTEL **$**
(☎56-55-68, 56-58-34; i 28-44 CUC, d 45-70 CUC; ❄) Esta villa, 24 km al sur de Bartolomé Masó, linda con la entrada al Gran Parque Nacional Sierra Maestra. Hay 40 cabinas (20 de cemento más baratas y 20 más nuevas en edificios de madera) junto al río Yara. La situación, entre una sucesión de montañas

y cabañas, es idílica. Es el mejor punto de partida a la Comandancia de La Plata y al pico Turquino.

Los viajeros también podrán poner a prueba sus pulmones subiendo de buena mañana la empinada carretera al Alto del Naranjo (5 km; 750 m de desnivel). Otros atractivos incluyen montar a caballo, bañarse en el río y escuchar música tradicional en el restaurante de la villa. Fidel se alojó en el lugar en varias ocasiones (en la cabaña 6) y Raúl hizo una visita en el 2001 tras escalar el pico Turquino a la respetable edad de 70 años. El desayuno está incluido.

Casa Sierra Maestra CASA PARTICULAR **$**
(Santo Domingo; h 20-25 CUC) Al otro lado del río desde la entrada al parque (subiendo por los peldaños) este rústico lugar cuenta con cuatro habitaciones muy aceptables (dos en cabinas separadas) y un sugerente bar-restaurante de estilo ranchón. Es difícil reservar ya que no hay líneas de teléfono. Hay que ponerse en contacto con Anley Rosales Benítez (p. 383) en Bayamo.

Motel Balcón de la Sierra HOTEL **$**
(59-51-80; i/d 22/30 CUC; P ❄ 🏊) Este lugar, 1 km al sur de Bartolomé Masó y 16 km al sur de Santo Domingo, está en la falda de la montaña, pero queda algo lejos del parque. Encaramada a una pequeña colina con fabulosas vistas hay una piscina y un restaurante mientras que, debajo, hay 20 bungalós con aire acondicionado. El encantador ambiente natural se yuxtapone con el típico mobiliario sencillo pero funcional de Islazul.

Información

Los visitantes deben consultar la situación actual antes de llegar al parque nacional. Se sabe que las tormentas tropicales y/o el papeleo administrativo han dejado el lugar temporalmente cerrado.

La mejor fuente de información es **Cubamar** (p. 129), en La Habana, pero también es posible ir directamente y preguntar en **Villa Santo Domingo** (p. 390) donde pueden poner al viajero en contacto con el Centro de Información de Flora y Fauna contiguo. En la oficina **Ecotur** (p. 386) de Bayamo disponen de más información.

Cómo llegar y desplazarse

No hay transporte público de Bartolomé Masó a Alto del Naranjo (y las camionetas a Bartolomé Masó desde Bayamo son infrecuentes e incómodas). Un taxi de Bayamo a Villa Santo Domingo debería salir por 35 CUC por trayecto. Conviene asegurarse de que el taxi puede completar el recorrido; la pendiente en los últimos 7 km antes de Villa Santo Domingo es sumamente pronunciada, pero viable en un coche normal. A la vuelta, el hotel debería poder organizar el transporte del viajero a Bartolomé Masó, Bayamo o Manzanillo.

Para conducir por los últimos 5 km de Santo Domingo a Alto del Naranjo hace falta un vehículo todoterreno con buenos frenos; es la carretera más empinada de Cuba, con pendientes del 45% cerca de la cumbre. Con frecuencia pasan potentes todoterrenos, generalmente en circuitos de aventura, a los que es posible subirse por unos 7 CUC (pregúntese en el pueblo de Santo Domingo). La alternativa es una caminata de 5 km dura pero que merece la pena.

Manzanillo

105 800 HAB.

Quizá no sea bonita como la mayor parte de las discretas ciudades de Granma, pero tiene un aire contagioso. Basta esperar 10 min en el semiderruido parque central con sus órganos callejeros y característica arquitectura neomorisca para hacer amigos. Al estar mal comunicada y no tener más que un feo hotel estatal, llegan pocos viajeros, por lo que Manzanillo ofrece una buena oportunidad de apartarse del camino habitual que marcan las guías de viajes y ver cómo durante cincuenta años los cubanos han aprendido a vivir con la austeridad.

Se fundó en 1784 como pequeño puerto pesquero y la primera etapa de su historia estuvo dominada por traficantes y piratas que comerciaban con bienes de contrabando. Esa situación continuó hasta finales de los años cincuenta, cuando su proximidad a la sierra Maestra lo convirtió en un importante centro para el abastecimiento de armas y hombres destinados a los revolucionarios de Castro, atrincherados en su refugio secreto en lo alto de las montañas.

Manzanillo es famoso por sus órganos callejeros de funcionamiento manual, que importaron de Francia por primera vez a principios del s. xx (todavía se usan hoy). El legado musical de la ciudad se afianzó aún más en 1972, cuando acogió un festival de la Nueva Trova respaldado por el Gobierno que culminó en una marcha solidaria a la playa Las Coloradas.

Puntos de interés

La ciudad es bien conocida por su sorprendente arquitectura, una psicodélica mezcla de cabañas de playa, casas unifamiliares de estilo

MERECE LA PENA

MEDIA LUNA

Esta ciudad (15 493 hab.) es una de las pocas que hay entre los campos de azúcar que se extienden de Manzanillo a Cabo Cruz, y merece una parada por sus conexiones con Celia Sánchez. La "primera dama" de la Revolución nació aquí en 1920, en una pequeña casa de madera que hoy es el **Museo Celia Sánchez** (Paúl Podio nº 111; entrada 1 CUC; ⌚9.00-17.00 lu-sa).

Si se dispone de tiempo, merece la pena pasear por esta ciudad azucarera cubana por antonomasia dominada por una refinería manchada de hollín (actualmente en desuso) y sus características casas de listones de madera con adornos de figuritas de jengibre. Hay también una encantadora **glorieta** casi tan surrealista como la de Manzanillo. El parque principal es donde hay que ir para disfrutar del teatro callejero local mientras se toma un batido o un helado.

Una carretera señalizada desde Media Luna discurre por 28 km hasta **Cinco Palmas,** donde un monumento señala el lugar donde el reducido ejército rebelde de Castro se reagrupó tras la debacle del desembarco del *Granma* en diciembre de 1956.

andaluz e intrincadas fachadas neomoriscas. Merecen especial atención el antiguo **edificio del City Bank of New York** (Merchán esq. Dr. Codina), de 1913, o las desvencijadas viviendas de madera de Perucho Figueredo, entre Merchán y J. M. Gómez.

Parque Céspedes PARQUE

Destaca por su **glorieta,** una imitación del Patio de los Leones de la Alhambra granadina, donde mosaicos moriscos, una cúpula festoneada y columnas arabescas crean un estilo que se reproduce en el resto de la ciudad. Cerca de allí hay una **estatua de Carlos Puebla,** el famoso trovador de Manzanillo, sentado en un banco.

En el costado este del parque Céspedes, el **Museo Histórico Municipal** (Martí nº 226; ⌚8.00-12.00 y 14.00-18.00 ma-vi, 8.00-12.00 y 18.00-22.00 sa y do) GRATIS ofrece la típica lección de historia con un giro revolucionario. La **iglesia de la Purísima Concepción** es un bello edificio neoclásico de 1805, con un impresionante altar dorado.

Monumento a Celia Sánchez MONUMENTO

Unas ocho calles al suroeste del parque se encuentra el punto de interés más evocador de Manzanillo, el monumento a Celia Sánchez. Construida en 1990, esta vistosa escalera ocupa la calle Caridad entre Martí y Luz Caballero. Los pájaros y las flores de los relieves representan a Sánchez, eje del M-26-7 (Movimiento del 26 de Julio) y ayudante de Castro durante años, cuyo rostro aparece en el mural central, próximo al final de las escaleras. Es un monumento emotivo con vistas excelentes a la ciudad y la bahía.

★ **Museo Histórico La Demajagua** MUSEO

(entrada 1 CUC; ⌚8.00-18.00 lu-vi, 8.00-12.00 do) A 10 km de Manzanillo está la plantación de azúcar de Carlos Manuel de Céspedes, cuyo *Grito de Yara* y posterior liberación de sus esclavos el 10 de octubre de 1868 marcó el comienzo de las guerras de independencia de Cuba. Hay un pequeño museo y la famosa campana de La Demajagua que Céspedes tocó para anunciar la independencia (aún no oficial) de Cuba.

En 1947, un entonces desconocido Fidel Castro 'secuestró' la campana y la llevó a La Habana como maniobra publicitaria para protestar contra el Gobierno corrupto de la isla. En La Demajagua están los restos del ingenio (la fábrica y el molino de caña de azúcar de Céspedes) y un conmovedor monumento (con una cita de Castro). Para llegar, hay que ir 10 km al sur, hacia Media Luna, desde la gasolinera Servi-Cupet de Manzanillo y seguir otros 2½ km fuera de la carretera principal en dirección al mar.

Criadero de Cocodrilos CRIADERO DE COCODRILOS

(entrada 5 CUC; ⌚7.00-18.00 lu-vi, 7-11.00 sa) El cercano delta del río Cauto alberga un creciente número de cocodrilos salvajes. De ahí que en esta zona se encuentre uno de los seis criaderos de cocodrilos que hay en Cuba. En este, 5 km al sur de Manzanillo en la carretera a Media Luna, hay casi mil ejemplares, aunque son todos de la variedad "americana", menos amenazada.

Dónde dormir y comer

Por suerte, Manzanillo cuenta con un pequeño número de habitaciones en casas particulares, ya que no hay mucho que decir de sus hoteles. La ciudad es famosa por su pescado, pero las opciones de restauración son escasas: ante la duda, se recomienda comer en la casa particular donde se esté alojado o pasarse por el Sábado en la Calle, cuando los lugareños preparan el tradicional cerdo asado.

★ Adrián y Tonia CASA PARTICULAR $
(☎57-30-28; Mártires de Vietnam nº 49; h 20-25 CUC; P ❄) Esta atractiva casa llamaría la atención en cualquier ciudad, y mucho más en Manzanillo. Es evidente que su ubicación, sobre la escalera de terracota que lleva al monumento a Celia Sánchez, ayuda. Pero Adrián y Tonia han ido mucho más lejos, ofreciendo una terraza con vistas fantásticas, baños en la piscina y cenas en un paladar vecino.

Casa Peña de Juan Manuel CASA PARTICULAR $
(☎57-26-28; Maceo nº 189 esq. Loma; h 20-25 CUC) Las zonas públicas parecen un refinado museo y la habitación amplia con su tranquila terraza no decepcionan.

Hotel Guacanayabo HOTEL $
(☎57-40-12; circunvalación Camilo Cienfuegos; i/d 25/40 CUC; ❄ ≋) Llevado por Islazul, este austero hotel parece la reencarnación tropical de un gulag. Solo hay que alojarse si es necesario.

Complejo Costa Azul PARRILLA $
(⏲comida 12.00-21.30 diario, cabaré 20.00-24.00 ma-do) Bajando por la bahía está este asador y cabaré todo en uno. La comida y el ocio no son nada del otro mundo pero esta opción es la mejor del lugar. Se paga en pesos.

Cafetería la Fuente HELADERÍA $
(av. Jesús Menéndez esq. av. Masó; ⏲8.00-24.00) Los cubanos son tan fieles a su helado como los británicos lo son con su té. El viajero puede unirse a la cola para endulzar la vista del parque Céspedes.

Dónde beber y ocio

Lo mejor de Manzanillo ocurre el sábado por la noche en el famoso Sábado en la Calle, un festival de órganos, cerdos asados, ron ardiente y, cómo no, lugareños bailando. ¡No hay que perdérselo!

Bodegón Pinilla BAR
(Martí 212; ⏲9.00-20.00 lu-ju, hasta 2.00 vi y sa) Un bar de dos pisos en la zona peatonal y una buena opción para una cerveza.

Teatro Manzanillo TEATRO
(Villuendas, entre Maceo y Saco; entrada 5 pesos; ⏲espectáculos 20.00 vi-do) En este teatro restaurado con gran cuidado actúan compañías que salen de gira, como el Ballet de Camagüey y Danza Contemporánea de Cuba. Construido en 1856 y restaurado en 1926 y en el 2002, esta preciosidad con aforo para 430 personas está repleta de óleos, vidrieras y detalles de época originales.

Casa de la Trova MÚSICA TRADICIONAL
(Merchán nº 213; entrada 1 peso) El hogar espiritual de la nueva trova hacía mucho tiempo que necesitaba una reforma. Hágase una visita a este consagrado santuario musical donde Carlos Puebla punteó una vez las cuerdas de su guitarra.

Uneac CENTRO CULTURAL
(Merchán esq. Concession) GRATIS Para música tradicional el viajero puede dirigirse a este local, que cuenta con peñas (actuaciones musicales) los sábados y domingos por la noche y con exposiciones de pintura.

Información

Banco de Crédito y Comercio (Merchán esq. Saco)
Cadeca (Martí nº 188) A dos manzanas de la plaza principal. Al ser pocos los locales que aceptan convertibles, el viajero necesitará algunos pesos cubanos.
Oficina de correos (Martí esq. Codina) A una manzana del parque Céspedes.
Etecsa (Martí esq. Codina; ⏲8.30-19.00) Terminales de internet.

Cómo llegar y salir

AVIÓN

El **aeropuerto de Sierra Maestra** (código de aeropuerto MZO) de Manzanillo está en la carretera a Cayo Espino, 8 km al sur de la gasolinera Servi-Cupet de Manzanillo. **Sunwing** (www.sunwing.ca) vuela directamente desde Toronto y Montreal en invierno y traslada a los viajeros directamente a los hoteles de Marea del Portillo.

Un taxi del aeropuerto al centro de la ciudad debería costar unos 6 CUC.

AUTOBÚS Y CAMIONETA

La **estación de autobuses** (av. Rosales) está 2 km al noreste del centro de la ciudad. No hay ningún servicio de Viazul, por lo que las opciones del viajero se reducen a las guaguas (autobuses locales cubanos) o los camiones (sin horarios fiables y con largas colas). Hay varios servicios diarios a Yara y a Bayamo, al este, y a Pilón y a Niquero, al sur. Los servicios a estos dos últimos destinos también se pueden tomar en el cruce que hay cerca de la gasolinera Servi-Cupet y el hospital, donde también se encontrará a los "amarillos" (transportes oficiales).

AUTOMÓVIL

Cubacar (☎57-77-36) dispone de una oficina en el Hotel Guacanayabo. Hay una dura carretera que atraviesa Corralito hasta Holguín, lo que la convierte en la opción más rápida para salir de Manzanillo hacia el norte y el este.

TREN

Todos los servicios que salen de la estación situada en el norte de la ciudad pasan por Yara y Bayamo y son tremendamente lentos. Cada tres días hay un enlace con La Habana.

Cómo desplazarse

Los coches de caballos (1 CUP) a la estación de autobuses salen de Doctor Codina, entre Plácido y Luz Caballero. Los que van por el Malecón hasta el astillero salen del pie de Saco.

Niquero

21 600 HAB.

Es una pequeña ciudad portuaria y azucarera situada en el apartado rincón suroeste de Granma. Está dominada por la refinería de azúcar de Roberto Ramírez Delgado, que fue construida en 1905 y nacionalizada en 1960. Es una de las pocas azucareras de la zona que todavía funciona después de los cierres del 2002. Como muchos asentamientos de Granma, Niquero se caracteriza por sus peculiares casas de listones de madera y cuenta con una animada Noche de Cubanilla, durante la cual se cierran las calles y los lugareños cenan en mesas sobre las aceras al son de orquestas de organilleros.

La verdad es que no hay mucho que hacer en Niquero, pero se puede explorar el parque, donde hay un **cine,** y visitar el pequeño **museo** de la ciudad. Vale la pena buscar el **monumento** en recuerdo de las víctimas del desembarco del *Granma,* que fueron perseguidas y asesinadas por las tropas de Batista en diciembre de 1956.

Niquero supone una buena base desde la que hacer una visita al Parque Nacional Desembarco del Granma (p. 384). Hay dos gasolineras Servi-Cupet, un banco, un club nocturno y actos callejeros espontáneos.

Dónde dormir

Hotel Niquero HOTEL $

(☎59-23-68; Esquina Martí; i/d 18/28 CUC; P ❄)

Acurrucado en el centro de Niquero, este discreto hotel situado enfrente de la fábrica de azúcar cuenta con habitaciones de buen tamaño, con pequeños balcones que dan a la calle. El económico restaurante del hotel prepara un bistec con salsa bastante bueno. Vale más hacerse a la idea porque es el único alojamiento de Niquero.

Alegría de Pío

El viajero se adentra en territorio revolucionario sagrado. Fue en este lugar, al que se llega por un purgatorio lleno de baches de 28 km desde un desvío en Niquero, donde los naufragados rebeldes de Castro fueron interceptados por el ejército de Batista en 1956 y forzados a dividirse y huir. En el 2009 se levantó un monumento para conmemorarlo, y desde el final de la carretera hay un par de senderos poco transitados que pueden afrontarse de forma independiente o con un guía. Pregúntese en Ecotur (p. 386) en Bayamo o en el Parque Nacional Desembarco del Granma.

Morlote-Fustete es un sendero de 2 km que atraviesa espectaculares terrazas marinas (a veces con escaleras de mano de madera) pasando por la **Cueva del Fustete** –una cueva de 5 km llena de estalagmitas y estalagtitas– y el **Hoyo de Morlote,** una dolina de 77 m de profundidad formada por la erosión del agua. **El Samuel** es un sendero de 1,3 km que llega a la **cueva Espelunca,** otra cueva que se cree que fue utilizada por los indígenas para ceremonias religiosas.

Alegría de Pío también es la meta oficial de la excursión de 30 km desde Las Coloradas que recrea el camino de los rebeldes en diciembre de 1956, aunque ahora el sendero sigue hasta lo alto de la sierra Maestra. No hay servicios, por lo que conviene llevar comida y agua.

Parque Nacional Desembarco del Granma

Este **parque** (entrada 5 CUC), que combina una diversidad medioambiental única con un gran significado histórico, consta de 275 km² de bosques frondosos, una peculiar topografía caliza y terrazas marinas elevadas. También es un templo espiritual a la Revolución cubana: el lugar en el que el *Granma,* el yate de recreo de Castro, arribó a duras penas en diciembre de 1956.

El parque, nombrado Patrimonio Mundial de la Unesco en 1999, protege unos acantilados costeros que están entre los mejores conservados de las Américas. De las 512 especies de plantas identificadas hasta ahora, aproximadamente un 60% son endémicas y una docena de ellas se encuentran solo en este lugar. La fauna es igual de rica, con 25 especies de moluscos, siete especies de anfibios, 44 tipos de reptiles, 110 especies de aves y 13 tipos de mamíferos.

En El Guafe, los arqueólogos han descubierto la segunda comunidad más importante de agricultores y alfareros antiguos descubiertos en Cuba. Los artefactos hallados tienen unos mil años e incluyen altares, piedras talladas y vasijas de barro, además de seis ídolos que custodiaban a una diosa del agua en una cueva ceremonial. Según los arqueólogos, quizá no sea más que la punta del iceberg.

Puntos de interés

Museo Las Coloradas MUSEO

(entrada 5 CUC; 8.00-18.00) Un gran monumento justo pasada la verja de entrada del parque marca el lugar de desembarco del *Granma*. Un pequeño museo resume las rutas que tomaron Castro, Guevara y el resto hacia la sierra Maestra y también hay una réplica a escala del *Granma* a la que –con suerte– el viajero podrá encaramarse con el permiso del guarda para admirar cómo pudieron llegar 82 hombres. La entrada incluye una visita a la sencilla cabaña reconstruida del primer campesino que ayudó a Fidel después del desembarco. Un guía entusiasta conducirá al viajero por el sendero de 1,3 km que atraviesa densos manglares hasta el océano y el lugar donde encalló el *Granma* a 70 m de la costa.

Sendero Arqueológico Natural el Guafe SENDERO

(entrada CUC3) Unos 8 km al suroeste de Las Coloradas se encuentra este sendero bien señalizado de 2 km, la principal excursión natural/arqueológica del parque. Un río subterráneo ha creado 20 grandes cuevas, una de las cuales contiene el famoso Ídolo del Agua, tallado en las estalagmitas por indios precolombinos; también hay un cactus de 500 años, mariposas, 170 especies distintas de aves (incluido el diminuto colibrí) y numerosas orquídeas.

Se recomienda reservar 2 h para el paseo a fin de disfrutar de todo. Un guía del parque puede guiar al visitante por los rincones más interesantes por 2 CUC más. Hay cientos de moscas por lo que conviene llevar repelente.

En el parque hay más senderos. El mejor es el de 30 km hasta Alegría de Pío que replica el viaje de los 82 rebeldes que desembarcaron en el lugar en 1956. Por su distancia y la falta de señalización, lo mejor es contratar a un guía (en realidad el sendero sigue 70 km más hasta la sierra Maestra). Pregúntese antes en Ecotur (p. 386), en Bayamo. El viajero deberá apañárselas para el traslado desde Alegría de Pío.

Comunidad Cabo Cruz PUEBLO

Pasados 3 km el sendero de El Guafe hay una pequeña comunidad pesquera y hombres que destripan el pescado en la playa dorada. El faro de Vargas, de 33 m, erigido en 1871 actualmente pertenece al ejército cubano. A sus pies está el restaurante El Cabo, donde el pescado y el marisco es el más barato del país.

Al este del faro se puede nadar y hacer submarinismo, pero hay que llevar equipo propio ya que no hay servicios.

Dónde dormir y comer

Campismo Las Coloradas CAMPISMO $

(carretera de Niquero km 17; i/d 8/12 CUC;) Es de categoría 3, con 28 cabañas dúplex dispuestas sobre 500 m de playa oscura 5 km al suroeste de Belic, junto al parque. Todas las cabañas tienen aire acondicionado y baño y el complejo cuenta con restaurante, sala de juegos y alquiler de material para deportes acuáticos. Se puede reservar a través de Cubamar (78-33-25-24, 78-33-25-23; www.cubamarviajes.cu; calle 3, entre calle 12 y Malecón, Vedado; 8.30-17.00 lu-sa), en La Habana.

★ Restaurante el Cabo PESCADO Y MARISCO $

(7.00-21.00 ma-do) El marisco más barato de Cuba proviene directamente del Caribe, detrás de este restaurante al pie del faro de Vargas. Sirven filetes frescos de pargo y pez espada a precios que se pagan en pesos cubanos que equivalen a 2 CUC por comida.

Ranchón Las Coloradas CARIBEÑA $$

(comidas 1-3 CUC; 12.00-19.00) Un restaurante tradicional con tejado de guano donde sirven sencilla comida criolla justo antes de las puertas del parque. Cumple su papel si el viajero está hambriento después de conducir mucho rato.

Cómo llegar y salir

La carretera se bifurca 10 km al suroeste de Media Luna: Pilón queda 30 km al sureste y Niquero, 10 km al suroeste. Belic está 16 km al suroeste de Niquero. De Belic a la entrada del parque nacional hay otros 6 km.

Si no se dispone de transporte propio, llegar hasta este lugar resulta complicado. Hay autobuses irregulares que llegan hasta el campismo Las Coloradas a diario y camiones igual de irregulares desde Belic. Como último recurso, se puede probar con los amarillos de Niquero. Las gasolineras más cercanas están en Niquero.

Pilón

12 700 HAB.

Es un municipio pequeño y aislado situado entre los centros vacacionales de Marea del Portillo y el Parque Nacional Desembarco del Granma. Es la última localidad costera de relevancia antes de Chivirico, más de 150 km al este. Desde el cierre de su ingenio de azúcar hace casi una década, Pilón ha perdido gran parte de su razón de ser, aunque sus habitantes todavía logran ganarse la vida a pesar del casi inexistente transporte público y del azote despiadado del huracán Dennis en el 2005. La **Casa Museo Celia Sánchez Manduley** (entrada 1 CUC; 9.00-17.00 lu-sa), un museo en honor de la "Primera Dama" de la Revolución, que vivió un tiempo en esta casa de Pilón, estaba cerrada por reformas cuando se redactó esta obra. En Pilón hay una fiesta callejera cada semana, el **Sábado de Rumba** (20.00 sa), y es la mejor oportunidad para ver el baile cubano popular llamado "el pilón", además de comer cerdo y beber ron, claro.

Los hoteles de Marea del Portillo ofrecen un autobús directo a Pilón los sábados por la noche por 5 CUC ida y vuelta. Si no, se puede llegar en coche, en bicicleta o lidiando con los amarillos. La gasolinera Servi-Cupet está junto a la autopista, en la entrada a Pilón, y vende tentempiés y bebidas. Los conductores deberán asegurarse de repostar en esta, ya que la próxima gasolinera está en Santiago de Cuba, a casi 200 km.

Marea del Portillo

Este pequeño pueblo de la costa sur, flanqueado por dos discretos *resorts*, tiene algo contagioso. Se encuentra en una estrecha franja de tierra firme entre el centelleante Caribe y las montañas de la sierra Maestra, un espacio con una gran belleza natural y una gran historia.

El problema para el viajero independiente es cómo llegar. No hay transporte público regular, y eso significa que quizá el viajero tenga que, por primera vez, hacer como los lugareños y viajar con los amarillos. Otro problema para los amantes de la playa es la arena, que aquí es de color gris claro, y quizá decepcione a quienes estén más acostumbrados a los blancos relucientes de Cayo Coco.

Los *resorts* son asequibles pero aislados. La ciudad más cercana es Manzanillo, 100 km al norte. La verdadera Cuba rústica está a tiro de piedra de los hoteles.

Actividades

La variedad es grande, a pesar del aparente asilamiento de la zona. Ambos hoteles ofrecen equitación por 5 CUC/h (generalmente a El Salto) o una excursión en coche de caballos por la desierta carretera costera por 4 CUC. Un circuito en todoterreno a la catarata de Las Yaguas sale por 49 CUC. Los viajes al Parque Nacional Desembarco del Granma empiezan a partir del mismo precio. Se pueden reservar en los mostradores que Cubanacán tiene en ambos hoteles.

Centro Internacional de Buceo Marea de Portillo SUBMARINISMO, PESCA

Junto al Hotel Marea del Portillo, este centro llevado por Cubanacán ofrece submarinismo por solo 30/59 CUC por una/dos inmersiones. Dos inmersiones al más emocionante pecio *Cristóbal Colón* (hundido en la Guerra Hispano-Estadounidense de 1898) cuestan 70 CUC. El precio por hacer pesca en aguas profundas es a partir de 200 CUC por un barco (4 personas) más tripulación y material.

Otras excursiones acuáticas incluyen un safari marino (con buceo) por 35 CUC, un crucero al atardecer por 15 CUC y una excursión al deshabitado Cayo Blanco por 25 CUC.

El Salto EXCURSIONISMO

Esta magnífica excursión de ida y vuelta de 20 km empieza justo fuera del complejo hotelero. Hay que girar a la derecha hacia la carretera de la costa y luego, tras unos 400 m, de nuevo a la izquierda hacia un sendero antes de un puente. El camino pasa por campos, se junta con una carretera y atraviesa un polvoriento asentamiento. En el extremo más alejado del pueblo se alza una presa ante el caminante. En lugar de tomar la carretera asfaltada que sube por el terraplén a la izquierda, hay que seguir por la derecha y, tras 200 m, tomar un sendero claro y empinado que sube por encima de la presa y se asoma al lago que hay detrás. Este hermoso sendero bordea el lago antes de cruzar uno de los ríos que lo alimentan por un puente de madera. Hay que seguir recto y cuesta arriba y, cuando el camino se bifurque en la cima, seguir por la derecha. Yendo hacia abajo hasta un valle, hay que pasar por una **casa de campesino,** cruzar el río Cilantro y luego seguirlo corriente arriba hasta **El Salto,** donde hay una pequeña cascada, un refugio con el tejado de guano y una tentadora piscina natural.

Salto de Guayabito EXCURSIONISMO

Esta excursión, que tiene su punto de partida en el pueblo de Mata Dos, unos 20 km al este de Marea, suele acometerse en el marco de un viaje organizado desde los hoteles. Los grupos –que suelen ir a caballo– siguen el río Motas, 7 km corriente arriba hasta una cascada rodeada de precipicios, helechos, cactus y orquídeas.

Dónde dormir

★ Hotel Marea del Portillo HOTEL $$

(☎59-70-08; i/d 64/92/113 CUC; P❄@≋) El funcionalismo y la sencillez del Marea parecen funcionar bien en este rincón tradicional de Cuba. Las 74 habitaciones son perfectamente correctas, el bufé no está mal y la playa está a tiro de piedra del balcón/patio. Además, hay numerosas excursiones fascinantes a algunos de los puntos de interés menos publicitados de la isla.

Hotel Farallón del Caribe HOTEL $$$

(☎59-70-82, 59-71-83; i/d 95/120 CUC; P❄@≋) Encaramado en una colina con el Caribe a un lado y la sierra Maestra al otro, El Farallón es el rico hermano mayor del Marea. Las instalaciones de tres estrellas en régimen de todo incluido se complementan con un entorno de cinco estrellas y vistas verdaderamente mágicas. Se pueden organizar excursiones interesantes al Parque Nacional Desembarco del Granma. También se puede pasar el día en la piscina o la playa sin hacer absolutamente nada.

Villa Turística Punta Piedra HOTEL $

(☎59-70-62, 59-44-21; i/d CUC28/40; P❄≋) Este pequeño y discreto *resort*, en la carretera principal 5 km al oeste de Marea del Portillo, y 11 km al este del Pilón comprende 13 habitaciones en dos bloques de una sola planta y es una buena alternativa a los hoteles más grandes. Tiene restaurante y una discoteca intermitente situada en una aislada playa de arena.

ℹ Cómo llegar y salir

El viaje hacia el este hasta Santiago es uno de los más espectaculares de Cuba, pero desde el huracán Sandy solo es accesible en todoterreno. Si se va de travesía hasta Las Cuevas, se puede usar transporte público allí (también es esporádico); no hay ni amarillos. Hay algún autobús que va a Bayamo pasando por Pilón. Conviene preguntar. **Cubacar** (☎59-70-05;) dispone de un mostrador en el Hotel Marea del Portillo.

ℹ Cómo desplazarse

Los hoteles alquilan vespas por unos 24 CUC/día. En Cubacar pueden alquilarse coches o el viajero puede unirse a una excursión con Cubanacán en los hoteles. La ruta a El Salto se puede hacer a pie.

Provincia de Santiago de Cuba

☎22 / 1 048 000 HAB.

Sumario »

Los mejores bares

- Casa de las Tradiciones (p. 421)
- Casa de la Música (p. 420)
- Club Náutico (p. 420)
- Bar Sindo Garay (p. 420)

Los mejores alojamientos

- Hostal San Basilio (p. 418)
- Hotel Horizontes el Saltón (p. 433)
- Casa Colonial Maruchi (p. 416)
- Brisas Sierra Mar (p. 433)
- Hostal Las Terrazas (p. 416)

Por qué ir

Situada en la montañosa región cubana de Oriente y tradicional caldo de cultivo de rebeliones y sediciones, muchas influencias culturales de Santiago proceden del este, importadas a través de Haití, Jamaica, Barbados y África. Es por ello que la provincia suele considerarse la más caribeña, con su animado carnaval y un conjunto de grupos de danza folclórica que son acreedores de la cultura franco-haitiana y española por igual.

En tanto que núcleo de la nueva colonia española en el s. XVI y principios del XVII, Santiago de Cuba disfrutó de un breve período como capital de Cuba hasta que la capitalidad fue usurpada por La Habana en 1607. El ritmo más lento del posterior desarrollo tiene algunas ventajas claras. Basta conducir unos 20 km por la costa en una u otra dirección desde la capital de la provincia para llegar a un planeta distinto, una tierra llena de accidentadas calas, bravo oleaje, históricos cafetales y colinas repletas de desenfrenado endemismo.

Cuándo ir

- Julio, el mes en que la ciudad se muestra más cálida en todos los sentidos, es el principal mes del calendario cultural de Santiago de Cuba; arranca con el vibrante Festival del Caribe y termina con el famoso Carnaval.
- En marzo la ciudad redescubre sus raíces musicales durante el Festival Internacional de la Trova. El período que media entre ambas celebraciones (de marzo a junio) es famoso por la claridad de las aguas, lo que garantiza excelentes condiciones para la práctica del submarinismo en la costa sur.

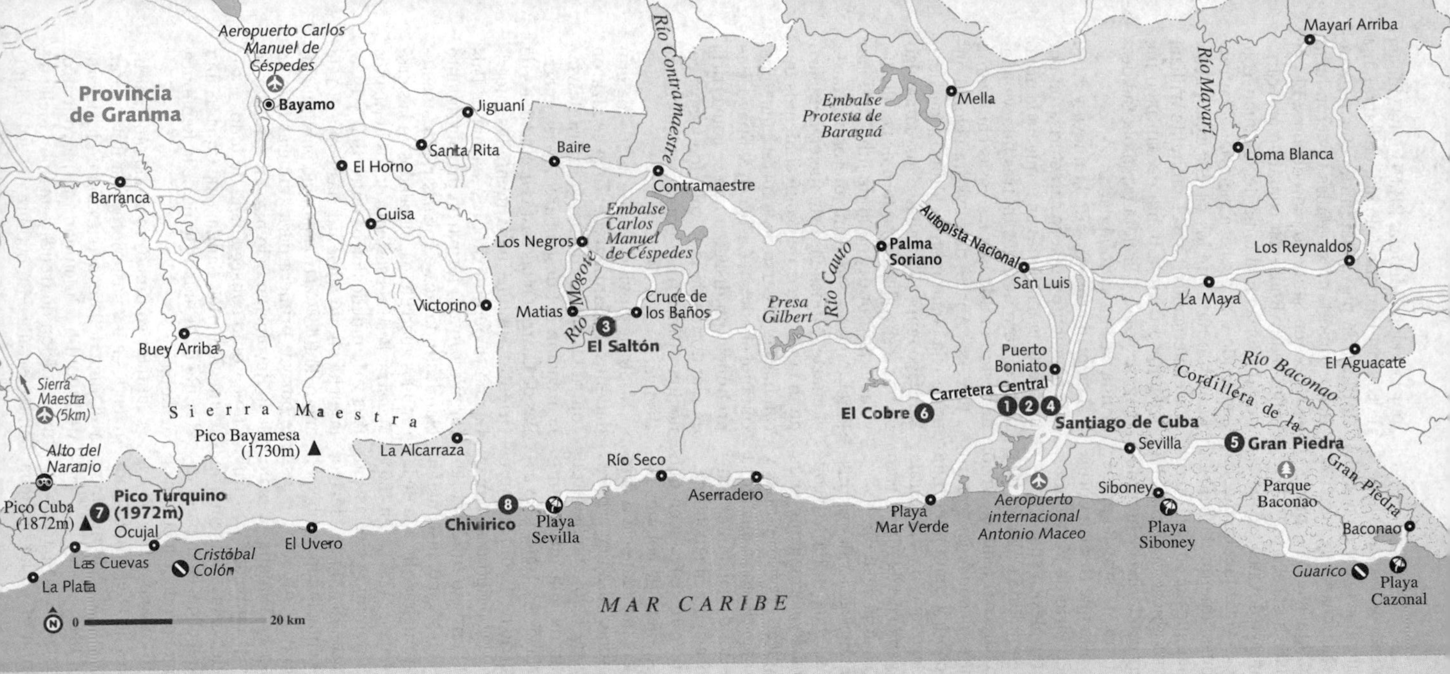

Imprescindible

1 Pasear entre los ilustres residentes del **cementerio Santa Ifigenia** (p. 412) de Santiago de Cuba.

2 Visitar el **cuartel Moncada** (p. 408) en Santiago de Cuba y reflexionar sobre la insurrección de Castro en 1953.

3 Hacer una escapada a **El Saltón** (p. 433).

4 Explorar la danza afrocubana en un **espectáculo folclórico** en Santiago de Cuba.

5 Examinar la historia de la cultura cubana del café en el **cafetal La Isabelica** (p. 429), en la Gran Piedra.

6 Realizar un peregrinaje a **El Cobre** (p. 432) para visitar el santuario de la santa patrona de Cuba, la Virgen de la Caridad.

7 Permanecer en lo alto de la montaña más alta de Cuba, el **pico Turquino** (p. 435) y admirar la vista.

8 Hacer una inmersión hasta el pecio del buque de guerra español *Cristóbal Colón* (p. 435) cerca de **Chivirico.**

Historia

La historia de Santiago es inseparable de la de Cuba, un curso iluminado por un nutrido elenco de héroes revolucionarios y caracterizado por un legado cultural que lo ha infiltrado todo, desde el lenguaje hasta el arte.

La ciudad de Santiago de Cuba fue fundada en 1514 por Diego Velázquez de Cuéllar (cuyos restos supuestamente descansan bajo la catedral), aunque fue en 1522 cuando pasó a ocupar su ubicación actual, en una bahía portuaria con forma de herradura al abrigo de la sierra Maestra. Su primer gobernador no fue otro que Hernán Cortés –el caprichoso secretario de Velázquez–, que partió a explorar México en 1518.

Constituida en capital de Cuba en 1515 (antes lo había sido Baracoa), Santiago vivió un breve período de esplendor como centro de la minería del cobre y como puerto de llegada para los esclavos que, tras una escala en La Española, llegaban desde África. Pero dicho esplendor no habría de durar.

En 1556, los capitanes generales se trasladaron a La Habana, que en 1607 se convirtió de forma oficial y permanente en la capital cubana. Saqueada por los piratas y reducida durante algún tiempo a una aldea de apenas unos cientos de habitantes, Santiago luchó por sobrevivir a la ignominia.

La suerte cambió en 1655, fecha en que llegaron un buen número de colonos españoles desde la cercana Jamaica; a este influjo se sumó el protagonizado por terratenientes franceses en 1790, que llegaron a Santiago huyendo de una importante sublevación de esclavos en Haití y se establecieron en el barrio de Tivolí. Siempre un paso por delante de la capital en temas culturales, en 1722 Santiago fundó el Seminario de San Basilio Magno, institución educativa cuya apertura precedió a la de la Universidad de La Habana (1728); y en 1804 la ciudad venció el dominio eclesiástico de la capital al conseguir que su clérigo más importante fuera nombrado arzobispo.

La individualidad de Santiago y su aislamiento respecto a La Habana no solo contribuyeron a crear un bagaje cultural diferenciado, sino que además alimentaron su insaciable sed de rebelión. Gran parte de las dos guerras de independencia cubanas se libró en el Oriente cubano, y uno de los soldados más ilustres de la época, el gran general mulato Antonio Maceo, nació en Santiago de Cuba en 1845.

En 1898, justo cuando Cuba parecía estar a punto de triunfar en su larga lucha por la independencia, EE UU intervino en la Guerra Hispano-Cubana, enviando una flotilla a la playa Daiquiri, cerca de Santiago. Importantes batallas tuvieron lugar entonces en Santiago y alrededores. El 1 de julio, Teddy Roosevelt comandó una carga de caballería en la loma de San Juan, consiguiendo una decisiva victoria; el enfrentamiento naval de los barcos españoles y norteamericanos (bajo el almirante William T. Sampson) en la bahía de Santiago fue muy desigual, y la flota española fue destruida casi en su totalidad.

Los primeros años de la nueva y cuasi independiente Cuba se caracterizaron por un fuerte crecimiento, más que nada urbanístico, pero después de tres intervenciones estadounidenses las cosas empezaron a torcerse. Aparte de su ya tradicional importancia como motor cultural y musical, Santiago empezó a ganarse una fama algo menos respetable como foco de conflictos, y fue aquí donde, el 26 de julio de 1953, Fidel Castro y sus compañeros asaltaron el cuartel Moncada. Este fue el comienzo de toda una serie de acontecimientos que cambiarían el curso de la historia de Cuba. Durante el juicio a Castro en Santiago, este pronunció un discurso que se convertiría en plataforma de la Revolución y cuya conocida última frase era: "La historia me absolverá".

El 30 de noviembre de 1956, los ciudadanos de Santiago de Cuba se alzaron contra las tropas de Batista para desviar la atención del desembarco de las guerrillas de Castro en las costas occidentales de Oriente. Aunque inicialmente las guerrillas no tuvieron éxito, los hermanos País (Frank y Josué) formaron un movimiento clandestino que se encargaría de abastecer a los guerrilleros, instalados en la sierra Maestra. Pese al asesinato de los hermanos País y de muchos otros entre 1957 y 1958, la lucha siguió adelante, hasta que el 1 de enero de 1959 Castro apareció públicamente por vez primera para anunciar el éxito de la Revolución, y lo hizo en Santiago de Cuba. Como consecuencia de todos estos acontecimientos, Santiago de Cuba recibió el título de "Ciudad Héroe de la República de Cuba".

Santiago continuó creciendo rápidamente en los años posteriores a la Revolución, y el auge de la construcción de la década de 1990 dio a la ciudad un nuevo teatro, una estación de trenes y un hotel Meliá de cinco estrellas. En octubre del 2012 el huracán Sandy causó estragos en la costa de la provincia.

Santiago de Cuba

444 800 HAB.

Al llegar a Santiago, uno puede percibir la ciudad de dos maneras: como un lugar caluroso lleno de cazaturistas y bullicio donde no quiere quedarse ni un minuto más, o como una espléndida capital cultural que ha desempeñado un papel clave en la evolución de la literatura, la música, la arquitectura, la política y la etnología cubanas. Efectivamente, Santiago suscita opiniones encontradas entre cubanos y extranjeros casi con la misma intensidad que Fidel Castro. Adorada por algunos y detestada por otros, son pocos los que quedan indiferentes.

La ciudad, que está más cerca de Haití y la República Dominicana que de La Habana, acoge una cosmopolita mezcla cultural de tintes afrocaribeños; recibe influencias tanto del este como del oeste, factor que ha condicionado mucho su identidad. En ninguna otra parte de Cuba puede encontrarse semejante mezcla de gente o una carga histórica tan potente. Diego Velázquez de Cuéllar hizo de la ciudad su segunda capital, Fidel Castro la usó para lanzar su Revolución, don Facundo Bacardí la eligió para abrir su primera fábrica de ron, y prácticamente todos los géneros musicales cubanos, desde la salsa hasta el son, surgieron de entre sus calles polvorientas, rítmicas y sensuales.

Por su ubicación, Santiago podría competir con cualquiera de los grandes centros urbanos del mundo. Atrapada espectacularmente entre la indómita sierra Maestra y el mar del Caribe, el casco histórico conserva un aire desgastado y algo descuidado que recuerda vagamente a Salvador (Brasil) o las zonas más sórdidas de Nueva Orleans.

Es una ciudad calurosa, y en más de un sentido. Con la calle a treinta y tantos grados de temperatura, los jineteros aprovechan la sombra para ganar un dinero extra, y en Santiago lo hacen con una ferocidad sin igual. Luego está la contaminación, bastante elevada en el centro, por cuyas calles estrechas circula un enjambre de ruidosas motos. El viajero debe andar con cuidado y simplemente ser consciente de que, aunque no especialmente insegura, Santiago parece vivir a un ritmo algo más alocado y frenético de lo habitual.

NOMBRES DE LAS CALLES DE SANTIAGO DE CUBA

Bienvenido a otra ciudad cuyas calles tienen dos nombres.

Nombre antiguo	Nombre nuevo
Calvario	Porfirio Valiente
Carnicería	Pío Rosado
Enramada	José A. Saco
José Miguel Gómez	Havana
Paraíso	Plácido
Reloj	Mayía Rodríguez
Rey Pelayo	Joaquín Castillo Duany
San Félix	Hartmann
San Francisco	Sagarra
San Gerónimo	Sánchez Hechavarría
San Mateo	Sao del Indio
Santa Rita	Diego Palacios
Santo Tómas	Félix Peña
Trinidad	General Portuondo

Puntos de interés

Casco Histórico

Parque Céspedes PARQUE

(plano p. 406) Quien busque el arquetipo de la vida de calle cubana lo encontrará en este **parque,** una animada plaza apta para pasear, hacer chanchullos, flirtear y tocar la guitarra con el busto de bronce de **Carlos Manuel de Céspedes** (el hombre que puso en marcha la independencia de Cuba en 1868). Es un punto de interés para contemplar de día y de noche.

Las viejas chismorrean en bancos sombreados, un tipo con un sombrero de panamá arrastra su destartalado contrabajo camino de la Casa de la Trova, y señoritas vestidas de licra hacen ojitos a los turistas en la terraza del Hotel Casa Granda. Al margen de un discordante banco modernista en su costado oeste, el parque Céspedes también alberga un tesoro de arquitectura colonial.

La **Casa de la Cultura Miguel Matamoros** (plano p. 406; General Lacret 651), en el lado este, es el que fuera el Club San Carlos, un centro social para santiagueros adinerados que dejó de existir como tal después de la Revolución. Al lado está el **Hotel Casa Granda** (1914), cuya terraza frecuentó el novelista

Santiago de Cuba

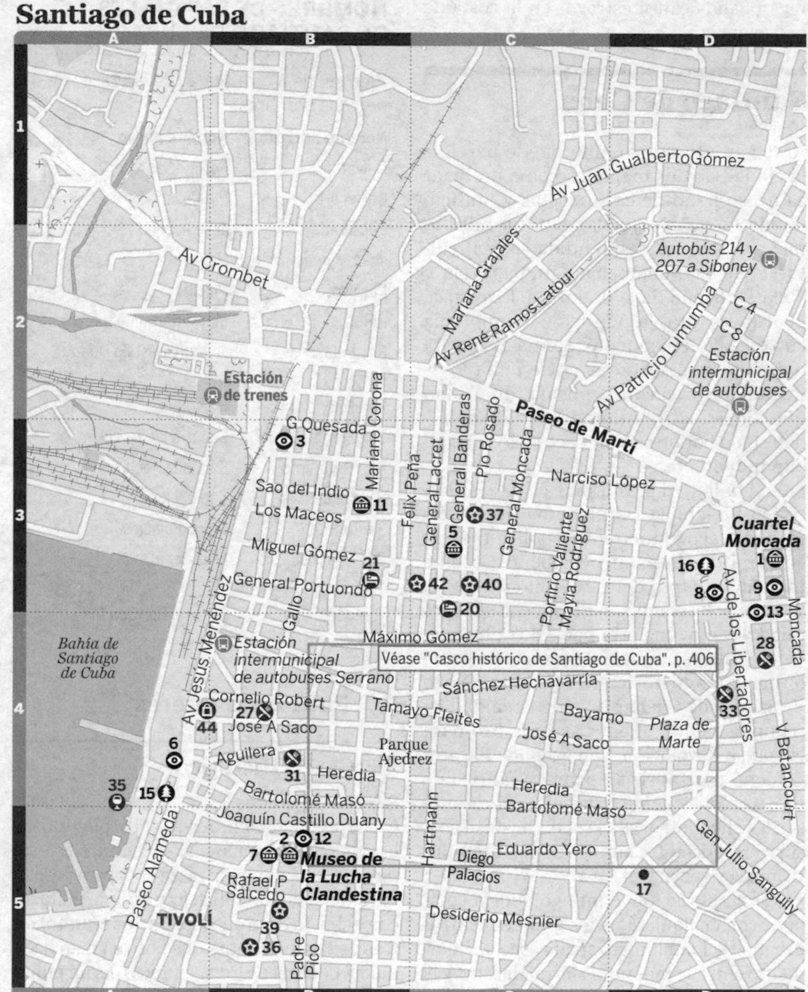

británico Graham Greene. Al norte de la plaza está el **ayuntamiento** (plano p. 406; General Lacret esq. Aguilera), un edificio neoclásico erigido en la década de 1950 según un diseño de 1783, en el lugar donde solía estar la sede del Gobierno de Hernán Cortés. Fidel Castro apareció en el balcón de este ayuntamiento la noche del 2 de enero de 1959 y anunció el triunfo de la Revolución.

★ Casa de Diego Velázquez MUSEO

(plano p. 406; Félix Peña nº 602) Esta casa de 1522, la más antigua de Cuba, fue la residencia oficial del primer gobernador de la isla. Restaurada a finales de la década de 1960, su fachada de estilo andaluz fue inaugurada en 1970 como **Museo de Ambiente Histórico Cubano** (plano p. 406; entrada 2 CUC; 🕘9.00-13.00 y 14.00-4.45 lu-ju, 14.00-4.45 vi, 9.00-21.00 sa y do).

La planta baja solía albergar una cámara de comercio y una fundición de oro, y la parte de arriba era donde vivía Velázquez. Hoy día, las distintas estancias exhiben mobiliario y elementos decorativos que datan de entre los ss. XVI y XIX. Obsérvense los dos biombos en los que uno puede mirar sin ser observado, una influencia turca

(Turquía tuvo una creciente influencia en el estilo europeo de la época). Los visitantes al museo también pueden ver la casa del s. XIX que queda al lado, de estilo neoclásico.

★ Catedral de Nuestra Señora de la Asunción IGLESIA
(plano p. 406; misa 18.30 lu y mi-vi, 17.00 sa, 9.00 y 18.30 do) La iglesia más importante de Santiago es hermosa tanto por dentro como por fuera. A la presente catedral la han precedido varias desde que la ciudad se formó en la década de 1520, siempre en la misma ubicación. Los piratas, los terremotos y algún que otro arquitecto de dudosa calidad dieron cuenta de al menos tres de estas catedrales. En la actual, completada en 1922, destacan sus dos torres neoclásicas; los restos del primer gobernador colonial, Diego Velázquez, todavía descansan bajo la catedral.

El interior ha sido meticulosamente restaurado y luce grandioso, con magníficos frescos, un coro de sillería labrada a mano y un altar en honor a la Virgen de la Caridad. El adyacente **Museo Arquidiocesano** (plano p. 406; 9.00-17.00 lu-vi, hasta 14.00 sa, hasta 12.00 do) resulta algo decepcionante en comparación; alberga una colección un

Santiago de Cuba

Principales puntos de interés
1 Cuartel Moncada ... D3
2 Museo de la Lucha Clandestina ... B5

Puntos de interés
3 Fábrica de ron Bacardí ... B3
4 Casa del Caribe ... H3
5 Casa Museo de Frank y Josué País ... C3
6 Torre del reloj ... A4
7 Casa de Fidel Castro ... B5
8 Fuente de Martí y Abel Santamaría ... D3
9 Museo Moncada ... D3
10 Museo de la Imagen ... G4
11 Museo-Casa Natal de Antonio Maceo ... B3
12 Escalinata de Padre Pico ... B5
13 Palacio de Justicia ... D3
14 Palacio de Pioneros ... G3
15 Parque Alameda ... A4
16 Parque Histórico Abel Santamaría ... D3

Actividades, cursos y circuitos
17 Ballet Folklórico Cutumba ... D5
18 Casa del Caribe ... H3

Dónde dormir
19 Caridad Leyna Martínez ... H4
20 Casa Colonial Maruchi ... C3
21 Casa Lola ... B3
22 Casa Marcos ... E3
23 Hotel las Américas ... F3
24 Meliá Santiago de Cuba ... F3
25 Villa Gaviota ... H3

Dónde comer
26 El Barracón ... E4
27 Jardín de las Enramadas ... B4
28 La Arboleda ... D4
29 La Fortaleza ... G3
30 Madrileño ... G4
31 Mercado municipal ... B4
32 Paladar Salón Tropical ... G5
33 Restaurante España ... D4
34 Restaurante Zunzún ... G3
Ristorante Italiano la Fontana ... (véase 24)

Dónde beber y vida nocturna
Barrita de Ron Havana Club ... (véase 3)
35 Club Náutico ... A4

Ocio
Ballet Folklórico Cutumba ... (véase 17)
36 Casa de las Tradiciones ... B5
37 Departamento de Focos Culturales de la Dirección Municipal de Cuba ... C3
38 Estadio de Béisbol Guillermón Moncada ... F2
39 Foco Cultural el Tivolí ... B5
40 Foco Cultural Tumba Francesa ... C3
Santiago Café ... (véase 24)
41 Teatro José María Heredia ... E1
42 Teatro Martí ... C3
43 Wamby Bolera ... F4

De compras
44 Centro de Negocios Alameda ... A4
45 La Maison ... G4

tanto gris de mobiliario, objetos litúrgicos y cuadros, entre ellos el *Ecce Homo,* considerado el cuadro más antiguo de Cuba. En la zona de detrás de la catedral está el **Balcón de Velázquez** (plano p. 406; Bartolomé Masó esq. Mariano Corona), emplazamiento de un desaparecido fuerte español que en la actualidad hace las veces de mirador; las vistas sobrevuelan los tejados de terracota del barrio de Tivolí hasta el puerto.

Calle Heredia CALLE

La música es protagonista en la calle Heredia, la más sensual de Santiago y también una de las más antiguas. El ritmo empieza en la desconchada **Casa del Estudiante** (p. 422), donde pensionistas adeptos al danzón comparten espacio con artistas de *rap* apenas salidos de la adolescencia. Justo al lado está la **Casa de la Trova** (p. 421), un bonito edificio con balconada que recuerda a los del barrio francés de Nueva Orleans.

La Casa de la Trova está dedicada al primer trovador cubano José Pepe Sánchez (1856-1928). Abrió por primera vez como casa de la trova (canto/composición poético tradicional) en marzo de 1968.

★ Museo Municipal Emilio Bacardí Moreau MUSEO

(plano p. 406; entrada 2 CUC; 13.00-17.00 lu, 9.00-17.00 ma-vi, hasta 13.00 sa) La estrecha Pío Rosado enlaza la calle Heredia con la calle Aguilera y la fabulosa fachada del Museo Bacardí. Fundado en 1899 por el magnate del ron, héroe de la guerra y alcalde de la ciudad Emilio Bacardí Moreau (el edificio palaciego fue construido a medida), el museo es uno de los más antiguos y eclécticos de Cuba, con fascinantes objetos reunidos de los viajes de Bacardí. Incluye un importante número de armas, pinturas del costumbrismo español y la única momia conservada en la isla.

Casa Natal de José María Heredia MUSEO

(plano p. 406; Heredia nº 260; entrada 1 CUC; ⌚9.00-18.00 ma-sa, hasta 21.00 do) Es un pequeño museo que ilustra la vida de uno de los grandes poetas románticos de Cuba (1803-1839) y del hombre que da nombre a la calle: José María Heredia. La obra más destacada de Heredia *Oda al Niágara,* se halla inscrita en el exterior. Al igual que muchos otros independentistas cubanos, Heredia fue condenado al exilio. Murió en México en 1839.

Museo del Carnaval MUSEO

(plano p. 406; Heredia nº 303; entrada 1 CUC; ⌚9.00-17.00 ma-sa, 14.00-22.00 do) Un colorido museo donde se expone la historia de la tradición del importante carnaval de Santiago. Pueden verse carrozas, efigies y algún que otro espectáculo folclórico en el patio.

Maqueta de la Ciudad MUSEO

(plano p. 406; Mariano Corona nº 704; entrada 1 CUC) Imitando las dos maquetas a escala de la ciudad de La Habana, Santiago cuenta con su propia maqueta increíblemente detallada. En la pared hay interesantes paneles ilustrativos con información histórica y arquitectónica. También puede subirse a una galería en un entrepiso para apreciar una verdadera vista de pájaro de la ciudad. Para más vistas hay que ir al café-terraza de atrás.

★ Museo del Ron MUSEO

(plano p. 406; Bartolomé Masó nº 358; entrada 2 CUC; ⌚9.00-17.00 lu-sa) Aunque no es tan impresionante como su equivalente en La Habana, es de agradecer que no se muestren inclinados por las ventas de Havana Club. El museo ofrece un profundo resumen de la historia del ron cubano (maquinaria vieja, ejemplos de botellas de todo el siglo pasado) además de un potente trago de añejo.

Ubicado en una bonita casa adosada, debajo tienen un bar tan escondido que parece un bar clandestino.

Plaza de Dolores PLAZA

(plano p. 406; Aguilera esq. Porfirio Valiente) Al este del parque Céspedes se encuentra la agradable plaza de Dolores, un antiguo mercado actualmente dominado por la **iglesia de Nuestra Señora de los Dolores** (plano p. 406; Aguilera esq. Porfirio Valiente) del s. XVIII. La iglesia sufrió un incendio en la década de 1970 y posteriormente reabrió sus puertas trasformada en sala de conciertos. Hay muchos restaurantes y cafeterías alrededor de la plaza. Es también la zona de ambiente más popular de Santiago.

Plaza de Marte PLAZA

(plano p. 406) En esta plaza a la entrada del casco histórico, a menudo plagada de motos, se llevaban a cabo fusilamientos públicos en el s. XIX, en tiempos de la ocupación española; los condenados solían ser revolucionarios. Hoy día la plaza es sede de lo que se ha venido a llamar "esquina caliente": básicamente un lugar en el que los aficionados al béisbol se reúnen para maquinar la caída de sus rivales habaneros. La columna alta está coronada con el gorro frigio, alegoría de la República.

Memorial de Vilma Espín Guillois MUSEO

(plano p. 406; Sánchez Hechavarría nº 473; entrada 1 CUC) Esta antigua casa de Vilma Espín, la que fuera "primera dama" de Cuba, mujer de Raúl Castro y un factor clave del éxito de la revolución cubana, fue inaugurada en el 2010, tres años después de su muerte. La casa, en la que vivió de 1939 a 1959, está llena de retales de su vida.

Hija de un abogado del clan de los Bacardí, Vilma se radicalizó tras una reunión con Frank País en Santiago en 1956. Tras unirse a los rebeldes en las montañas, procedió a fundar la influyente Federación de Mujeres Cubanas en 1960.

Iglesia de Nuestra Señora del Carmen IGLESIA

(plano p. 406; Félix Peña nº 505) El viajero puede profundizar en la historia eclesiástica de Santiago en esta ruinosa iglesia que data de la década de 1700 donde descansan los restos del compositor Esteban Salas (1725-1803), en su día maestro del coro de la catedral de Santiago de Cuba.

Museo Tomás Romay MUSEO

(plano p. 406; José A. Saco esq. Monseñor Barnada; entrada 1 CUC; ⌚8.30-17.30 ma-vi, 9.00-14.00 sa) Este museo, una manzana al oeste de la plaza de Marte, expone objetos de historia natural y arqueología con algo de arte moderno.

Casco Histórico Santiago de Cuba

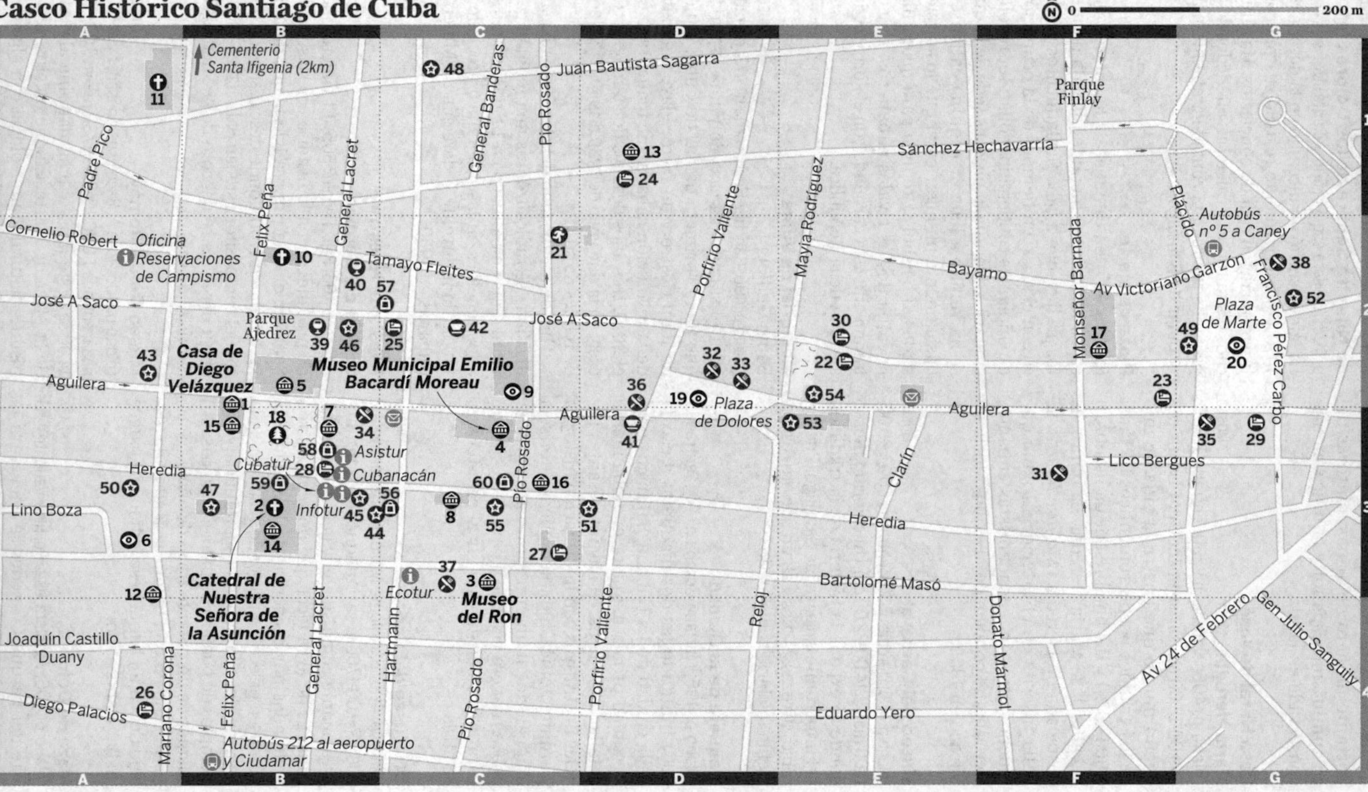

Casco Histórico Santiago de Cuba

Principales puntos de interés
1 Casa de Diego Velázquez B2
2 Catedral de Nuestra Señora de la Asunción B3
3 Museo del Ron C3
4 Museo Municipal Emilio Bacardí Moreau C3

Puntos de interés
5 Ayuntamiento B2
6 Balcón de Velázquez A3
7 Casa de la Cultura Miguel Matamoros B3
8 Casa Natal de José María de Heredia C3
9 Gobierno Provincial C2
Iglesia de Nuestra Señora de los Dolores .... (véase 53)
10 Iglesia de Nuestra Señora del Carmen B2
11 Iglesia de San Francisco A1
12 Maqueta de la Ciudad A3
13 Memorial de Vilma Espín Guillois D1
14 Museo Arquidiocesano B3
15 Museo de Ambiente Histórico Cubano B3
16 Museo del Carnaval C3
17 Museo Tomás Romay F2
18 Parque Céspedes B3
19 Plaza de Dolores D2
20 Plaza de Marte G2

Actividades, cursos y circuitos
21 Gimnasio Cultura Física C2

Dónde dormir
22 Aichel y Corrado E2
23 Arelis González F2
24 Casa Nenita D1
25 Gran Hotel Escuela C2
26 Hostal Las Terrazas A4
27 Hostal San Basilio C3
28 Hotel Casa Granda B3
29 Hotel Libertad G3
30 Nelson Aguilar Ferreiro y Deysi Ruiz Chaveco E2

Dónde comer
31 Bendita Farándula F3
Hotel Casa Granda .... (véase 28)
32 La Perla del Dragón D2
33 La Teresina D2
34 Pan.com B3
35 Panadería Doña Neli G3
36 Restaurante Matamoros D2
37 Santiago 1900 .... C3
38 Supermercado Plaza de Marte G2

Dónde beber y vida nocturna
39 Bar la Fontana di Trevi B2
40 Bar Sindo Garay B2
41 Café la Isabelica D3
42 Café Ven C2

Ocio
Casa de la Cultura Miguel Matamoros .... (véase 7)
43 Casa de la Música A2
44 Casa de la Trova B3
45 Casa del Estudiante B3
46 Cine Cuba B2
47 Cine Rialto B3
48 Conjunto Folklórico de Oriente C1
49 Iris Jazz Club G2
50 Orfeón Santiago A3
51 Patio ARTex D3
52 Patio los Dos Abuelos G2
53 Sala de Conciertos Dolores E3
54 Subway Club E2
55 Uneac C3

De compras
56 ARTex C3
ARTex .... (véase 28)
57 Discoteca Egrem C2
58 Galería de Arte de Oriente B3
59 Librería Internacional B3
60 Librería la Escalera C3

Iglesia de San Francisco IGLESIA
(plano p. 406; Juan Bautista Sagarra nº 121) Esta iglesia de tres naves es otra joya eclesiástica infravalorada del s. XVIII situada tres manzanas al norte del parque Céspedes.

Gobierno Provincial EDIFICIO DESTACADO
(plano p. 406; Pío Rosado esq. Aguilera) Situado enfrente del Museo Bacardí, la sede del gobierno provincial es otro edificio del renacer del neoclasicismo en la Cuba del s. XX. No se permite la entrada al público.

Sur del casco histórico

Tivolí BARRIO
Este antiguo barrio francés fue poblado por colonos de Haití a finales del s. XVIII y principios del XIX. Queda emplazado en una ladera frente a las relucientes aguas del puerto, y entre sus tejados rojos, patios interiores y bu-

ganvillas rosas pervive un remanso de placidez que los viejos aprovechan para jugar al dominó y los niños al béisbol. La centenaria **escalinata de Padre Pico** (plano p. 402; Padre Pico esq. Diego Palacios), labrada sobre la parte más empinada de la calle Padre Pico, es una de las entradas al barrio.

★ Museo de la Lucha Clandestina MUSEO

(plano p. 402; General Jesús Rabí Nº 1; entrada 1 CUC; ⌚9.00-17.00 ma-do) Este hermoso edificio de estilo colonial alberga hoy un museo que detalla la lucha clandestina contra Batista en la década de 1950. La historia es tan fascinante como quizá macabra, y su valor se ve más que realzado por las estupendas vistas que se disfrutan desde el balcón del museo. Al otro lado de la calle está la **casa** (plano p. 402; General Jesús Rabí Nº 6) donde vivió Fidel Castro entre 1931 y 1933, mientras estudiaba en Santiago de Cuba. La casa no admite visitas.

El museo fue una antigua comisaría de policía que fue atacada por activistas del M-26-7, el 30 de noviembre de 1956, para distraer la atención de las autoridades durante el desembarco del *Granma*, en el que iban a bordo Fidel Castro y otros 81 guerrilleros. Está en lo alto de una cuesta desde el extremo occidental de Diego Palacios.

Parque Alameda PARQUE

(plano p. 402; av. Jesús Menéndez) Este estrecho parque bajo el barrio de Tivolí adorna un paseo al borde del puerto inaugurado en 1840 y rediseñado en 1893. En el extremo norte se ve el antiguo **campanario** (plano p. 402), la aduana y una fábrica de puros. Curiosa mezcla de arquitectura bien hecha pero falta de detalle, el parque está bien para dar un paseo por la fresca brisa del mar.

Norte del casco histórico

Al norte del centro histórico Santiago de Cuba se vuelve residencial.

★ Cuartel Moncada MUSEO

(plano p. 402; av. Moncada; museo entrada 2 CUC; ⌚museo 9.00-17.00 lu-sa, hasta 13.00 do) Este famoso y majestuoso edificio almenado terminado en 1938, es hoy sinónimo de uno de los mayores golpes fallidos de la historia. Moncada se ganó su inmortalidad el 26 de julio de 1953, cuando más de 100 revolucionarios (liderados por un entonces poco conocido Fidel Castro) atacaron tropas de Batista en la que fuera en su día la segunda comandancia militar más importante de Cuba.

Tras la Revolución, el cuartel, como muchos otros de Cuba, fue convertido en una escuela llamada Ciudad Escolar 26 de Julio. En 1967 se instaló un **museo** (plano p. 402) cerca de la puerta 3, donde se produjo el principal ataque. Después del asalto los soldados de Batista cubrieron con cemento los agujeros ocasionados por las balas, pero el Gobierno de Castro los redescubrió años después, como recordatorio de lo sucedido. El museo (uno de los mejores de Cuba) exhibe una maqueta a escala del cuartel además de interesantes y, a veces, macabros objetos, diagramas y maquetas del ataque, su planificación y sus efectos. Especialmente conmovedoras son las fotografías de los 61 que cayeron al final.

El primer cuartel en este lugar fue construido por los españoles en 1859 y, actualmente, adopta el nombre de Guillermón Moncada, un combatiente de la Guerra de Independencia encarcelado aquí en 1874.

Museo-Casa Natal de Antonio Maceo MUSEO

(plano p. 402; Los Maceos nº 207; entrada 1 CUC; ⌚9.00-17.00 lu-sa) Este importante museo es el lugar donde nació el general y héroe de ambas guerras de independencia un 14 de junio de 1845, y se vale de fotos, cartas y una vieja bandera portada al campo de batalla para ilustrar los hechos más importantes de la vida de Maceo. Hombre de acción, Maceo recibió el apodo de Titán de Bronce por su valentía en el campo de batalla. En la Protesta de Baraguá, acontecimiento protagonizado por Maceo en 1878, este rechazó ciertas concesiones impuestas por las autoridades coloniales, y finalmente prefirió el exilio antes que venderse a los españoles. En 1895 desembarcó en la playa Duaba y desde allí marcharía al frente de su ejército, consiguiendo avanzar hasta Pinar del Río antes de morir en combate en 1896.

Casa Museo de Frank y Josué País MUSEO

(plano p. 402; General Banderas nº 226; entrada 1 CUC; ⌚9.00-17.00 lu-sa) Los jóvenes hermanos País contribuyeron de forma crucial al éxito de la Revolución, organizando la vertiente clandestina del M-26-7 hasta la muerte de Frank a manos de la policía, el 30 julio de 1957. Las exposiciones de esta casa transformada en museo cuentan la historia. Está unas cinco manzanas al sureste del Museo-Casa Natal de Antonio Maceo.

MONCADA: EL MOVIMIENTO 26 DE JULIO

Fuera una gloriosa llamada a las armas o un golpe de Estado mal escenificado, la cuestión es que el asalto al cuartel Moncada de 1953 estuvo a punto de acabar con el incipiente movimiento castrista.

En 1952 Batista había dado un golpe de Estado que prácticamente había acabado con las ambiciones políticas de Castro, quien en las elecciones anuladas tras el golpe iba a presentarse por el Partido Ortodoxo. Castro decidió entonces tomar un atajo al poder y cambiar las urnas por el rifle.

El combativo Fidel y su lugarteniente, Abel Santamaría, seleccionaron a 116 hombres y 2 mujeres de su confianza, de La Habana y alrededores, y empezaron a entrenarlos como parte de un plan tan secreto que en un principio ni el hermano menor de Castro conocía.

El objetivo del plan era asaltar el Moncada, un importante cuartel militar en la rebelde Santiago de Cuba que antes había sido una cárcel española. La idea última no era tomar el poder a raíz del asalto, sino hacerse con tanta munición como les fuera posible y escapar a la sierra Maestra, desde donde Castro y Santamaría planeaban liderar un levantamiento popular contra el régimen de Batista, que era apoyado por la mafia.

Castro eligió el Moncada porque, aunque era el segundo puesto militar más grande del país, su distancia respecto de La Habana garantizaba una pobre defensa. Con igual sagacidad, la fecha elegida para el asalto no fue otra que la inmediatamente posterior al carnaval santiaguero, un día en el que la resaca y cansancio de policías y soldados estaban asegurados.

Sin embargo, conforme se acercaba la fecha del asalto, las cosas empezaron a torcerse. El secretismo del plan presentó no pocos problemas. Muchos de los reclutas llegaron a la base de operaciones, cerca de Siboney, sin saber que iban a tener que abrir fuego contra soldados armados, y cuando se enteraron se echaron atrás. Otro problema era que, dado que todos los moncadistas eran de la zona de La Habana (con la única excepción de Renato Guitar, santiaguero de 18 años), muchos no estaban familiarizados con el complejo trazado urbano de la ciudad; esto ocasionó que el día del asalto al menos dos de los coches se perdieran –temporalmente– de camino al cuartel.

El asalto en sí duró poco más de 10 min y estuvo a punto de acabar en debacle. El contingente se dividió en tres grupos. Un pequeño destacamento, liderado por Raúl Castro, tomó el adyacente palacio de Justicia; el liderado por Abel Santamaría se hizo con el control de un cercano hospital militar; el grupo más grande, comandado por Castro, intentaría entrar en el cuartel.

Los dos destacamentos tuvieron éxito, al menos en un principio, pero el convoy de Fidel fue divisado en la distancia y para cuando se dio la alarma solo uno de los camiones había penetrado en el recinto militar.

Cinco rebeldes murieron en medio del caos desatado, hasta que Castro, consciente de la futilidad del ataque, ordenó la retirada, que se dio de forma igualmente caótica. El grupo de Raúl también consiguió escapar, pero el del hospital (con Santamaría a la cabeza) fue capturado; sus integrantes fueron torturados y ejecutados.

Fidel consiguió llegar a las montañas pero fue apresado unos días después del asalto; sin embargo, gracias al rechazo que las brutales ejecuciones habían ocasionado a nivel popular, Fidel salvó la vida, hecho decisivo de cara al rumbo que la historia cubana habría de tomar.

De no haber sido por el éxito final de la Revolución, los acontecimientos del Moncada habrían pasado a la historia, si acaso, como una escaramuza sin importancia; sin embargo, vistos a través del prisma de la Revolución de 1959, han pasado a la posteridad como el primer y glorioso paso de dicha Revolución. Además, el asalto proporcionó a Fidel ese púlpito político que tanto necesitaba. "La historia me absolverá", anunció confiado durante su juicio. A los seis años ya lo había hecho.

Plaza de la Revolución PLAZA

(museo gratis; ⌚8.00-16.00 lu-sa) Como todas las ciudades cubanas, Santiago tiene su grandilocuente plaza de la Revolución. Esta se encuentra estratégicamente en la intersección de dos grandes avenidas y en ella está anclada una estatua dedicada a Antonio Maceo (o una moderna representación del mismo), héroe e hijo de la ciudad. Debajo del enorme montículo/pedestal un pequeño **museo** documenta su vida. Otros edificios destacados que bordean la plaza son el moderno Teatro Heredia y la estación de autobuses nacional.

Fábrica de ron Bacardí PUNTO DE INTERÉS
(plano p. 402; av. Jesús Menéndez, enfrente de la estación de trenes) Aunque no es tan extravagante como su cuartel general de Las Bahamas, la fábrica original Bacardí inaugurada en 1868 rezuma historia. A su fundador, don Facundo, nacido en España, se le ocurrió el famoso símbolo del murciélago tras descubrir que en las vigas de la fábrica vivía una colonia de estos animales. El Gobierno cubano sigue fabricando ron tradicional en esta fábrica (el emblemático ron Caney además del ron Santiago y el ron Varadero).

Con todo, la familia Bacardí huyó de la isla después de la Revolución. En total la fábrica produce nueve millones de litros de ron al año, de los cuales exporta el 70%. En la actualidad no se puede visitar la fábrica, pero pegada a ella está la **Barrita de Ron Havana Club** (plano p. 402; av. Jesús Menéndez nº 703; ⌚9.00-18.00), un bar para turistas donde se puede degustar y comprar ron.

Parque Histórico Abel Santamaría PARQUE
(plano p. 402; General Portuondo esq. av. de los Libertadores) Está en el espacio que solía ocupar el hospital civil Saturnino Lora, que fue asaltado por Abel Santamaría y otros 60 hombres aquel famoso 26 de julio. El 16 de octubre de 1953, Fidel Castro fue juzgado en la Escuela de Enfermeras por liderar el asalto. Fue allí y entonces cuando pronunció su famoso alegato: "La historia me absolverá". El parque tiene una enorme **fuente cubista** (plano p. 402) donde aparecen grabados los semblantes de Abel Santamaría y José Martí.

Palacio de Justicia PUNTO DE INTERÉS
(plano p. _402; av. de los Libertadores esq. General Portuondo) Enfrente del parque, este palacio de justicia fue tomado por combatientes encabezados por Raúl Castro durante el ataque al cuartel Moncada. La idea era estacionarse en la azotea del edificio para desde allí cubrir al grupo de Fidel, algo que finalmente no fue preciso. Dos meses más tarde, muchos de estos hombres estaban de nuevo en el mismo edificio, aunque esta vez para ser juzgados.

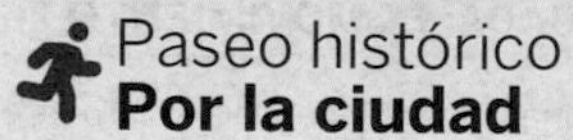

Paseo histórico **Por la ciudad**

INICIO: PARQUE ALAMEDA
FIN: CUARTEL MONCADA
DISTANCIA: 2 KM; 3-4 H

Con un trasfondo de montañas verdes y una bahía de un intenso azul, un circuito a pie por el casco histórico de Santiago resulta obligado para quienes visitan la ciudad por primera vez y desean descubrir las sensaciones tropicales que le dan vida.

Se parte de la bahía con la vista puesta sobre la colina. El parque Alameda ocupa la destartalada avenida que da al puerto de Santiago, con menos actividad. Gran parte de la acción ocurre al este en un barrio con muchos montes colonizado por franceses haitianos a principios de la década de 1800 y bautizado ❶ **El Tivolí** (p. 407), una de las barriadas más pintorescas de Santiago cuyas casas de tejados rojos y empinadas calles conservan un ambiente detenido en el tiempo. Allí se encuentra el ❷ **Museo de la Lucha Clandestina** (p. 408), al que se llega siguiendo la calle Diego Palacios colina arriba desde el puerto. Desde el museo tómese la famosa ❸ **Escalinata de Padre Pico** (p. 408) –hecha de terracota y construida dentro de la ladera de la montaña– colina abajo hasta la calle Bartolomé Masó donde, al torcer a la derecha, se llega al ❹ **Balcón de Velázquez** (p. 404), sitio de una antigua fortaleza. Esta estupenda vista fue en su día contemplada por colonizadores españoles en búsqueda de piratas.

Después, hay que ir en dirección este intentando evitar el estruendo de las motocicletas hasta llegar al ❺ **Parque Céspedes** (p. 401). La ❻ **Casa de Diego Velázquez** (p. 402), con sus bordes moriscos e intrincadas arcadas de madera, está considerada la casa más antigua de Cuba y se alza en el costado oeste de la plaza. En impresionante contraste con ella se encuentra la imponente fachada de color mostaza de la ❼ **Catedral de Nuestra Señora de la Asunción** (p. 403). Este edificio ha sido saqueado, quemado, sacudido por terremotos, reconstruido y más tarde remodelado, restaurado y saqueado de nuevo. Estatuas de Cristóbal Colón y de fray Bartolomé de las Casas flanquean la entrada en irónica yuxtaposición.

Si el viajero está cansado puede hacer una pausa en la terraza del **8 Hotel Casa Granda** (p. 418), en el extremo sureste del parque. Graham Greene estuvo en el lugar en la década de 1950 en una misión clandestina para entrevistar a Fidel Castro. La entrevista nunca se concretó pero se las apañó para pasar de contrabando una maleta llena de ropa para los rebeldes.

Sígase la música para zambullirse en el romance de la calle Heredia, la más sugerente de Santiago (y una de las más evocadoras de toda Cuba), que se mueve como Nueva Orleans en el apogeo de la era del *jazz*. El plato fuerte es la **9 Casa de la Trova** (p. 421).

Yendo río arriba por Heredia se pasa por puestos callejeros, vendedores ambulantes de puros, un chico que arrastra un contrabajo e incontables motocicletas. Esa casa más bien amarilla a la derecha con el poema estampado en la pared es la **10 Casa Natal de José María Heredia** (p. 415), uno de los grandes poetas de Cuba. El viajero quizá encuentre un escriba en la **11 Uneac** (p. 423), la famosa Unión Nacional de Escritores unas cuantas puertas más abajo. Consúltese la cartelera de la semana. En la curiosa **12 Librería la Escalera** (p. 423) músicos callejeros suelen llenar la escalera. Crúcese la calle (ojo con esa moto) y visítese el **13 Museo del Carnaval** (p. 405).

Desviándose por Pío Rosado una manzana hasta Aguilera se encontrarán las robustas columnas griegas del **14 Museo Municipal Emilio Bacardí Moreau** (p. 404). La estrecha calle Aguilera sube colina arriba hasta la **15 Plaza de Dolores** (p. 405), que sigue siendo increíblemente tranquila, teniendo en cuenta la "motomanía" de los alrededores. Hay bancos para relajarse bajo los árboles mientras el viajero considera si tiene energía suficiente para seguir adelante o descansar en uno de los bares o restaurantes de las inmediaciones.

Los más incondicionales deben continuar en dirección este hasta la **16 Plaza de Marte** (p. 405), la tercera gran plaza del casco histórico y mucho más frenética que las otras dos.

El circuito termina en el lugar que quizá tenga más importancia política, el **17 Cuartel Moncada** (p. 408), un antiguo cuartel militar donde se produjeron los primeros disparos de la revolución liderada por Castro en 1953. Actualmente es una escuela, aunque una sección conservada en la parte trasera donde tuvieron lugar las escaramuzas entre soldados y rebeldes es hoy uno de los museos más interesantes de Cuba.

Vista Alegre

En cualquier otra ciudad, Vista Alegre sería un bonito barrio de clase media-alta (y antaño lo fue), pero en la Cuba revolucionaria las avenidas moteadas y la caprichosa arquitectura de comienzos del s. XX son territorio exclusivo de clínicas, centros culturales, oficinas administrativas, restaurantes estatales y unos cuantos puntos de interés, algunos algo esotéricos.

Loma de San Juan MONUMENTO

Teddy Roosevelt, el que sería presidente de EE UU, se labró su reputación en la loma de San Juan, cuando teóricamente encabezó una brillante carga de caballería contra los españoles que, además, sirvió para sellar una gran victoria estadounidense. La **loma de San Juan,** protegida por unos cuidados jardines adyacentes al Motel San Juan, señala el escenario de la única batalla terrestre de la Guerra Hispano-Estadounidense (el 1 de julio de 1898).

En realidad, es más que dudoso que Roosevelt siquiera montara su caballo en Santiago, mientras que la guarnición española, diez veces inferior a la americana y supuestamente poco preparada, consiguió contener a más de seis mil soldados norteamericanos durante 24 h. Conmemoran la guerra cañones, trincheras y numerosos monumentos estadounidenses, entre ellos una estatua de bronce de un *rough rider* (como se conocía a los jinetes comandados por Roosevelt). Un discreto monumento al soldado mambí constituye el único reconocimiento a la participación cubana.

Casa del Caribe EDIFICIO CULTURAL

(plano p. 402; calle 13 nº 154; 9.00-17.00 lu-vi) GRATIS Fundada en 1982 para estudiar la vida caribeña, esta institución cultural organiza el Festival del Caribe y la Fiesta del Fuego cada mes de julio, y también acoge varios conciertos nocturnos. Quien esté interesado puede tomar clases de percusión o realizar estudios de cultura afrocubana.

Museo de la Imagen MUSEO

(plano p. 402; calle 8 nº 106; entrada 1 CUC; 9.00-17.00 lu-sa) Un breve pero fascinante viaje a través de la historia de la fotografía cubana, desde Kodak hasta Korda, con pocas cámaras espía de la CIA y muchas fotografías antiguas y contemporáneas. También hay una biblioteca de películas y documentales raros.

Palacio de los Pioneros PUNTO DE INTERÉS

(plano p. 402; av. Manduley esq. calle 11) Esta ecléctica mansión construida entre 1906 y 1910 fue antaño la más grande y opulenta de Santiago. Desde 1974 viene funcionando como centro educativo para jóvenes. En el jardín puede verse un viejo avión de combate MiG. En la rotonda de la esquina de la avenida Manduley y la calle 13 hay una impresionante **estatua** de mármol del poeta José María de Heredia.

Alrededores de Santiago de Cuba

Cementerio Santa Ifigenia CEMENTERIO

(av. Crombet; entrada 1 CUC; 8.00-18.00) Situado en el extremo occidental de la ciudad, este cementerio solo se ve superado por la Necrópolis Cristóbal Colón de La Habana en cuanto a importancia y majestuosidad. Fue creado en 1868 como lugar de reposo de las víctimas de la Guerra de Independencia y a las de un importante brote de fiebre amarilla, que coincidieron en el tiempo. En el cementerio Santa Ifigenia descansan grandes personajes históricos entre sus más de 8000 tumbas, destacando el mausoleo de José Martí.

Otros nombres para buscar son: Tomás Estrada Palma (1835-1908), el hoy desacreditado primer presidente de Cuba; Emilio Bacardí Moreau (1844-1922) de la famosa dinastía del ron; María Grajales, viuda del héroe Antonio Maceo, y Mariana Grajales, madre de Maceo; 11 de los 31 generales que participaron en la lucha por la independencia cubana; los soldados españoles que murieron en las batallas de la loma de San Juan y de El Caney; los 'mártires' del asalto al cuartel Moncada; Frank y Josué País, activistas del M-26-7; el Padre de la Patria, Carlos Manuel de Céspedes (1819-1874); y el conocidísimo músico cubano Compay Segundo (1907-2003), leyenda del Buena Vista Social Club.

Para la mayoría de los que visitan el cementerio, el punto álgido del recorrido suele ser el mausoleo a José Martí (1853-1895), héroe nacional. Erigido en 1951, en época de Batista, este imponente mausoleo está posicionado de tal forma que el féretro de madera (solemnemente cubierto por una bandera cubana) reciba diariamente la luz del sol. Esto se hizo en respuesta a unos versos del propio Martí, en los que decía no querer morir como un traidor en la oscuridad, sino "de cara al sol". La guardia del mausoleo, siempre presente, cambia cada 30 min con ceremonia de por medio.

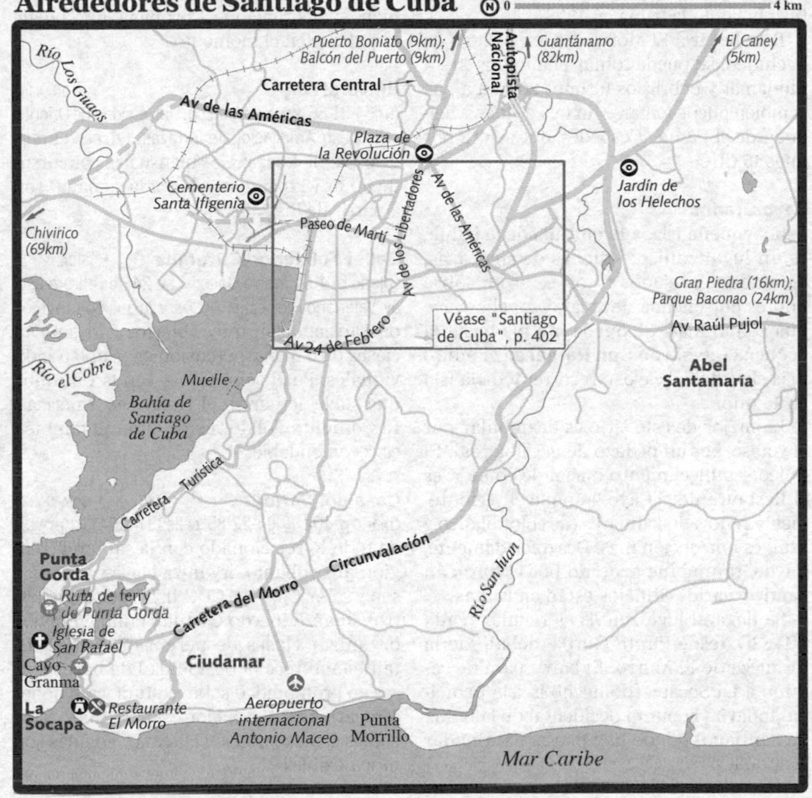

Se puede llegar hasta el cementerio en coche de caballos, por 1 CUC. Salen del parque Alameda y recorren la avenida Jesús Menéndez. Por otra parte, el mismo trayecto a pie constituye un agradable paseo.

★ Castillo de San Pedro de la Roca del Morro FUERTE, MUSEO

(entrada 4 CUC; ⌚8.00-19.30;) La fortaleza de San Pedro, declarada Patrimonio Mundial de la Unesco en 1997, se alza como una inexpugnable ciudadela sobre un promontorio de 60 m en la entrada del puerto de Santiago, 10 km al suroeste de la ciudad. Las estupendas vistas desde la terraza superior abarcan el lazo virgen de la costa occidental de Santiago con la sierra Maestra como trasfondo.

La fortaleza fue diseñada en 1587 por el famoso ingeniero militar Giovanni Bautista Antonelli (que también diseñó las fortalezas de La Punta y El Morro de La Habana) para proteger Santiago de los piratas que habían saqueado la ciudad en 1554. Por restricciones financieras, las obras no empezaron hasta 1633 (16 años después de la muerte de Antonelli) y siguieron de manera esporádica durante 70 años. Entretanto, el pirata británico Henry Morgan la saqueó y la destruyó parcialmente.

Terminada a principios de la década de 1700, las enormes baterías, bastiones, polvorines y muros de El Morro tuvieron escasa oportunidad para cumplir con su verdadero propósito. Con el declive de la era de la piratería, la fortaleza se convirtió en prisión en la década de 1800 y siguió funcionando como tal (exceptuando un breve interludio durante la Guerra Hispano-Estadounidense) hasta que el arquitecto cubano Francisco Prat Puig logró presentar un plan de restauración a finales de la década de 1960.

Actualmente, la fortaleza alberga el **Museo de Piratería,** con otra sala dedicada a la batalla naval hispano-estadounidense que tuvo lugar en la bahía en 1898.

Para llegar a El Morro desde el centro de la ciudad, se puede tomar el autobús 212 a Ciudamar y cubrir los últimos 20 min a pie. También puede tomarse un taxi de ida y vuelta desde el parque Céspedes, que saldrá por unos 15 CUC.

Cayo Granma ISLA

Esta pequeña isla, a la entrada de la bahía, es un lugar idílico. Muchas de sus casas, de madera y tejados rojos, se alzan sobre pilotes por encima del mar, y en ellas vive una comunidad. Se puede ir a pie hasta la pequeña **iglesia de San Rafael** en el punto más elevado del cayo, o recorrer toda la isla en 15 min.

Lo mejor de este sitio es deambular por él y absorber un pedazo de la Cuba real. El único establecimiento oficial de comida es el Restaurante el Cayo, aunque el recientemente renovado Palmares (de color blanco y azul) es una opción más. Desgraciadamente, Cayo Granma fue azotado por el huracán Sandy y varios edificios están en ruinas.

Se llega al lugar en *ferry* regular (cada 1/1½ h) desde Punta Gorda, debajo de la fortaleza de El Morro. El barco para de camino a La Socapa (de hecho la isla principal todavía, la punta occidental de la bahía de Santiago) donde hay playas para nadar aceptables.

Jardín de los Helechos JARDÍN

(carretera de El Caney nº 129; entrada 1 CUC; ⌚9.00-17.00 lu-vi) Este tranquilo jardín es un auténtico paraíso poblado por 350 variedades de helecho y 90 variedades de orquídeas. Se trata de la antigua colección privada del santiaguero Manuel Caluff, donada en 1984 a la Academia de Ciencias de Cuba, que aún conserva el psicodélico jardín de 3000 m² cuyo centro tiene un sugerente y denso bosquecillo-santuario salpicado con bancos.

La mejor época para las orquídeas es de noviembre a enero. Se puede llegar con el autobús 5 (0,20 centavos), que sale de la plaza de Marte, en el centro de Santiago. Otra opción sería el taxi. Hay 2 km desde el centro de Santiago de Cuba por la carretera a El Caney.

Cursos

La oferta es buena en Santiago; hay desde clases de música hasta cursos de arquitectura, pasando por muchos otros temas, y los hay oficiales y no oficiales. Para algunos se puede reservar antes de llegar a la ciudad, o bien, si la situación es propicia, uno puede apuntarse en el momento.

UniversiTUR IDIOMAS

(☎64-31-86; www.uo. edu.cu; Universidad de Oriente, calle L esq. Ampliación de Terrazas) Ofrece cursos de español. Los precios mensuales por cursos de 60 hs (3 h al día, 5 días a la semana) son a partir de los 250 CUC.

Ballet Folklórico Cutumba MÚSICA, DANZA

(plano p. 402; Teatro Galaxia, av. 24 de Febrero esq. av. Valeriano Hierrezuelo) Los grupos folclóricos de Santiago son muy abiertos y organizan clases de danza y percusión en grupo o individuales. Puede empezarse con la Cutumba que suele actuar en el Hotel Las Américas. El Conjunto Folklórico de Oriente también es recomendable.

Casa del Caribe MÚSICA, DANZA

(plano p. 402; ☎64-22-85; calle 13 nº 154) El portal de todo lo relacionado con la santería (religión afrocubana) organiza clases de conga, son y salsa. Cuesta 5 CUC/h. Uno de los maestros, Juan Eduardo Castillo, también puede organizar clases de percusión. El centro también ofrece la posibilidad de hacer cursos en profundidad sobre cultura y religiones afrocaribeñas. Lo mejor es preguntar; estos chicos son expertos en el tema y además son muy flexibles.

Cuban Rhythm MÚSICA, DANZA

(www.cubanrhythm.com) Clases de danza y percusión por 10 CUC/h. Consúltese su excelente sitio web y contrátense las clases de antemano.

Circuitos

Cubatur (p. 424) ofrece toda clase de excursiones, como por ejemplo a La Gran Piedra y El Cobre. Cubanacán (p. 424), en el Hotel Casa Granda, ofrece un interesante viaje que incluye la asistencia a un partido de béisbol, una camiseta firmada y la posibilidad de conocer a los jugadores. También hay una excursión para visitar una fábrica de puros fuera de la ciudad (5 CUC). Ecotur (p. 424) en el Acuario de Santiago es la apuesta más segura para tratar de coronar la cima del pico Turquino.

Otra posibilidad para visitar puntos de interés fuera de la ciudad es organizarse uno mismo la excursión y negociar un precio con alguno de los taxis que aparcan frente a la catedral, en el parque Céspedes.

LOCURA DE CARNAVAL: UNA VÍVIDA HISTORIA

Santiago es bastante alocada en cualquier momento pero, llegado el carnaval en julio, su mezcla de gentes e influencias (española, franco-haitiana, jamaicana y africana, además de música desde el son hasta la rumba y la santería) se unen en una de las fiestas callejeras más desenfrenadas del Caribe.

Los orígenes del carnaval de Santiago lo hacen especialmente interesante: a diferencia de la mayoría de los otros carnavales latinoamericanos, este no se desarrolló en torno a la Cuaresma, de profundo significado religioso. Aquí, el carnaval surgió de una amalgama de varios días separados de diversión y entretenimiento (llamados mamarrachos, que caían en varios días de santos como San Juan el 24 de junio o Santa Ana el 26 de julio, sin mayor importancia religiosa). Su principal objetivo era dar descanso a los trabajadores después del período de recolección de la caña de azúcar, entre enero y mayo. Las autoridades españolas toleraron las fiestas como método para distraer a los pobres de otras formas de rebelión más serias, por lo que, rápidamente, carnaval pasó a ser sinónimo de libertinaje y escándalo. En un toque de ironía moderno, hoy el carnaval culmina en el Día de la Rebeldía Nacional (26 de julio), celebrado en homenaje a la más famosa rebelión de Cuba (aunque fallida): el asalto al cuartel Moncada.

Los carnavales de Santiago llegaron probablemente a su punto álgido en algún momento del s. XIX, aunque en esa época eran conocidos simplemente como mamarrachos, sinónimo de fiestas en las que puede pasar de todo. Carreras de caballos, grandes hogueras, luchas de comida, abundante alcohol y cantos de pullas (canciones satíricas) y lo que las autoridades españolas consideraban baile abiertamente sensual.

Hoy, el carnaval de Santiago no es tan loco pero tampoco ha menguado demasiado. Las carreras de caballos y las guerras de comida y bebida han desaparecido, pero el alcohol y la música siguen siendo elementos clave. Un elemento característico del carnaval de Santiago son las comparsas, en su origen satíricas o incluso anti *establishment*. Las comparsas se subdividen a su vez en congas (tradicionalmente más sencillas pero más enérgicas protagonizadas por gente más modesta que marcha en grandes grupos con acompañamiento de percusión) y más elaborados paseos (generalmente desfiles a caballo, más vistosos y parecidos a los carnavales de estilo europeo). La avenida Victoriano Garzón es el punto neurálgico de los desfiles. Hay una cerveza fabricada para la ocasión (cerveza de Termo), numerosos puestos de comida con lechón asado entre otras cosas, innumerables disfraces llenos de color, bailes y actuaciones musicales. El Museo del Carnaval de Santiago (p. 405) es un buen punto de partida para empezar a hacer boca.

Los de Cubataxi debieran cobrar unos 0,50 CUC/km para viajes más largos de lo habitual. Hay que acudir preparado: calcular el número aproximado de km que uno va a recorrer y tener en cuenta el tiempo de espera.

Fiestas y celebraciones

Pocas ciudades tienen fiestas anuales tan variadas y tan animadas como las de Santiago. La temporada de fiestas veraniegas empieza con la **Fiesta de San Juan** (24 de junio), celebrada por diversas asociaciones (llamadas "focos culturales") con procesiones y congas. A continuación vienen el **Festival del Caribe, la Fiesta del Fuego** a principios de julio y el **Carnaval** de Santiago de Cuba, que se celebra la última semana de julio.

Otras celebraciones son las siguientes.

Boleros de Oro MÚSICA

Entre mediados y finales de junio tiene lugar este gran espectáculo de música melódica, que se repite en varias ciudades de todo el país.

Festival Internacional Matamoros Son MÚSICA

Es un homenaje a Miguel Matamoros, uno de los genios musicales de Santiago de Cuba. Este festival arranca a finales de octubre con danza, conferencias, conciertos y talleres. Entre los principales lugares de las actuaciones figuran la Casa de la Trova y el Teatro Heredia.

Festival Internacional de Coros MÚSICA

A finales de noviembre, reúne a algunos de los grandes coros internacionales.

Dónde dormir

Hostal Las Terrazas CASA PARTICULAR $
(plano p. 406; ☎62-05-22; martingisel78@yahoo.es; Diego Palacios nº 177, entre Padre Pico y Mariano Corona; h 20-25 CUC; P ❄) Los jóvenes propietarios dirigen una casa limpísima a tres manzanas del parque Céspedes. Hay dos grandes habitaciones, pero más especial es la terraza y sus vistas de la ciudad. Al atardecer, se convierte en punto de encuentro para viajeros.

Gisel y Martín cuentan con 12 años de experiencia en el negocio del turismo y son verdaderos profesionales. También preparan un excelente café. Hay un aparcamiento vigilado bastante cerca.

Casa Colonial Maruchi CASA PARTICULAR $
(plano p. 402; ☎62-07-67; maruchib@yahoo.es; Hartmann nº 357, entre General Portuondo y Máximo Gómez; h 25 CUC; ❄) Maruchi es la encarnación de Santiago y la mejor publicidad que la ciudad puede ofrecer. Para empezar, es un hervidero de todo lo relacionado con la santería, y pueden encontrarse personajes de todo tipo: santeros (sacerdotes de la santería), mochileros y estudiantes de doctorado extranjeros que cursan sus estudios en la Regla de Ocha. La comida es legendaria y el patio igualmente sublime.

Recientemente se ha terminado una tercera habitación, que se une a las dos que dan al patio.

Hotel Libertad HOTEL $
(plano p. 406; ☎62-77-10; Aguilera nº 658; i/d 26/42 CUC; ❄@) La cadena cubana de hoteles económicos Islazul rompe con su obsesión por los feos bloques de cemento de temática soviética y se pasa a lo colonial en este venerable hotel azul celeste en la plaza de Marte. Cuenta con dieciocho habitaciones limpias (a veces oscuras) de techos altos y un agradable restaurante a pie de calle. El ruido de la discoteca (hasta la 1.00) no lo es tanto.

Nelson Aguilar Ferreiro y Deysi Ruiz Chaveco CASA PARTICULAR $
(plano p. 406; ☎65-63-72; José A. Saco nº 513; h 20-25 CUC) Justo en el centro pero con un aire residencial más tranquilo, esta es una de las mejores casas de Santiago. Tiene un patio lleno de plantas que conduce a dos habitaciones dobles inmaculadas. La carta de la cena cuenta con casi cien platos.

Casa Lola CASA PARTICULAR $
(plano p. 402; ☎65-41-20; Mariano Corona nº 309, entre General Portuondo y Miguel Gómez; h 20-25 CUC) El gran jardín de la parte trasera de la habitación, con una glorieta, es un lugar perfecto para desconectar. La habitación en sí tiene una atractiva decoración, con un gran balcón que da a la calle.

Aichel y Corrado CASA PARTICULAR $
(plano p. 406; ☎62-27-47; José A. Saco nº 516, entre Mayía Rodríguez y Donato Mármol; h 20-25 CUC; ❄) Situada en la popular calle José A. Saco (Enramadas), se trata de un casa con dos habitaciones sobre una terraza, a bastante distancia de la calle. La que está al frente es la mejor.

Casa Nenita CASA PARTICULAR $
(plano p. 402; ☎65-41-10; Sánchez Hechavarría nº 472, entre Pío Rosado y Porfirio Valiente; h 20-25 CUC) Desde la calle no se aprecia el esplendor de este palacio, que data de 1850. Tiene techos altísimos, suelos de azulejo originales y un patio trasero esplendoroso.

Casa Marcos CASA PARTICULAR $
(plano p. 402; ☎66-36-76; calle G nº 109 Altos; apt 25 CUC) Este apartamento cercano al cuartel Moncada tiene un porche con mecedoras, una zona de cocina-sala de estar bien dispuesta y una habitación en la parte trasera: magnífica, especialmente si el viajero va a quedarse por unos días.

Caridad Leyna Martínez CASA PARTICULAR $
(plano p. 402; ☎64-29-55; calle 14 nº 352, Reparto Vista Alegre; h 20-25 CUC) Este tranquilo lugar en la antiguamente acomodada Vista Alegre cuenta con dos habitaciones con grandes neveras y cuartos de baño privados. Cerca de la loma de San Juan.

Hotel Balcón del Caribe HOTEL $
(☎69-10-11, 69-15-06; carretera del Morro km 7,5; i/d 24/38 CUC desayuno incl.; ❄≋) Su excelente entorno junto al castillo de El Morro se ve mermado por las debilidades de siempre de los hoteles de la cadena Islazul: cortinas floriedas, colchones viejos y mobiliario de los setenta. Pero hay una piscina y la vista es impresionante. Es mejor optar por una habitación dentro del complejo que por una cabaña exterior, más sucia. A 10 km del centro de la ciudad. Se necesita transporte propio para llegar.

Arelis González CASA PARTICULAR $
(plano p. 406; ☎65-29-88; Aguilera nº 615; h 20-25 CUC) Casa de fachada azul imponente, de estilo clásico, en Aguilera, junto a la plaza de Marte. La calle es ruidosa, pero el ambiente

CIUDAD DE HÉROES

Cuando se trata de iconos heroicos, Santiago de Cuba exhibe poca modestia. De hecho, la ciudad es conocida en todo el país con el apodo de Ciudad de Héroes. He aquí un resumen de cuatro de ellos: un poeta, un guerrero, un soldado de la resistencia clandestina y un magnate del ron convertido en patriota.

Antonio Maceo

Conocido como el Titán de Bronce por sus heroicidades bélicas, Maceo fue un general mulato durante la era de la esclavitud que lideró el frente en ambas guerras de independencia y fue venerado como uno de los pocos mambises (rebeldes cubanos) que nunca se vendió a los españoles. Verdadero "hombre de acción" frente al "hombre de las ideas" que era José Martí, Maceo fue herido 22 veces en el campo de batalla hasta que le llegó su hora en diciembre de 1896. Se le puede ver recreado en la plaza de la Revolución (p. 409), o visitar su casa natal y museo (p. 408) en el centro de la ciudad.

Frank País

Muerto a la edad de 22 años tuvo una vida breve pero dejó un gran legado. A mediados de la década de 1950, empezó formando células revolucionarias en Santiago que se resistían al régimen de Batista. Su papel a la hora de organizar y coordinar el movimiento clandestino urbano fue vital para robustecer las rutas de suministro desde la ciudad hasta llegar a los rebeldes de Fidel Castro en las montañas. País fue asesinado por la policía de Batista en julio de 1957 pero, para entonces, ya había creado los cimientos del futuro éxito de Castro. Actualmente, se le rinde homenaje en todas las calles, plazas y monumentos de Cuba e incluso en un aeropuerto (Holguín). Puede visitarse su casa natal (p. 408) en la calle General Banderas.

Emilio Bacardí

Hoy en día, la relación entre los Bacardí y el Gobierno cubano es famosa por su tensión pero, en la década de 1890, bajo los auspicios de Emilio, un vástago del clan Bacardí, era mucho menos cáustica. Emilio llevaba una doble vida como jefe de una dinastía relacionada con el ron y como urdidor independentista, inflexible en su oposición a los españoles durante la Guerra Hispano-Estadounidense. Fue encarcelado más de una vez por sus "transgresiones", pero en 1898 regresó heroicamente a Santiago convirtiéndose en el primer alcalde de la ciudad y en referente de la tolerancia y de la cordura en la incipiente nación.

José María Heredia y Heredia

Hombre de palabras más que de actos, Heredia expresó sus ideas revolucionarias mediante la poesía en lugar de la política. Sus moderadas observaciones fueron suficientes para provocar la ira de las implacables autoridades españolas y, en 1823, fue arrestado con motivo de una falsa acusación de conspiración y expulsado de Cuba para siempre. Gran parte de su obra posterior fue escrita en el exilio y está fuertemente impregnada de nostalgia por la patria que echaba de menos. La casa natal de Heredia en la calle que lleva su nombre es actualmente un museo (p. 405) con las palabras de su poema Oda al *Niágara* inscritas sobre la pared.

en la casa es agradable. Hay dos habitaciones que no están mal y una preciosa terraza en la azotea abierta como paladar. Las viñas de la planta 2ª se usan para elaborar mosto.

Gran Hotel Escuela HOTEL $
(plano p. 406 ☎65-30-20; José A. Saco nº 310; i/d 23/35 CUC; ❄) Este viejo establecimiento de cuatro pisos cuenta con enormes habitaciones con TV. Toda una ganga, sí, pero con estos precios casi compiten con las casas particulares.

Villa Gaviota HOTEL $
(plano p. 402; ☎64-13-70; av. Manduley nº 502, entre calles 19 y 21, Vista Alegre; i/d 29/40 CUC; P ❄ ≋) Situado en un remanso de paz, en Vista Alegre, este agradable hotel se ha moderniza-

do recientemente y con resultados más que satisfactorios. Entre su oferta destacan una piscina, un restaurante, tres bares, una sala de billar y una lavandería.

★ Hostal San Basilio HOTEL **$$**
(plano p. 406; ☎65-17-02; Bartolomé Masó nº 403, entre Pío Rosado y Porfirio Valiente; i/d 65/90 CUC; ❄) Cuenta con ocho habitaciones, y es acogedor, cómodo y contemporáneo, con un romántico entorno colonial. Las habitaciones ofrecen pequeños lujos como reproductores de DVD, paraguas, básculas de baño y minibotellas de ron. El patio común está lleno de helechos. En un pequeño restaurante, sirven desayuno y almuerzo.

Hotel Versalles HOTEL **$$**
(☎69-10-16; Alturas de Versalles; i/d 43/62 CUC desayuno incl.; P❄≋) Este modesto hotel, que no hay que confundir con el barrio rumbero homónimo de Matanzas o la resplandeciente casa de Luis XIV, está a las afueras de la ciudad junto a la carretera de El Morro. Una reciente renovación ha inyectado algo de estilo a esta sugerente piscina y a sus cómodas habitaciones con pequeñas terrazas.

Hotel Casa Granda HOTEL **$$**
(plano p. 406; ☎65-30-24; Heredia nº 201; i/d CUC78/112; ⏲terraza 11.00-1.00; ❄) Este elegante hotel (1914), que Graham Green describe con maestría en su libro *Nuestro hombre en La Habana,* cuenta con 58 habitaciones y un toldo clásico de rayas rojas y blancas. Greene solía alojarse en él a finales de la década de 1950. Medio siglo más tarde, el ambiente no difiere mucho.

Al margen de los pósteres del Che y de un servicio totalmente imprevisible en la recepción, pocas cosas han cambiado. El Roof Garden Bar en la 5ª planta justifica la consumición mínima de 2 CUC, y la terraza justo encima del parque Céspedes es de parada obligatoria para tomar fotografías de las vistas de la ciudad. Puntualmente hay un bufé, y la música suena casi todas las noches.

Hotel las Américas HOTEL **$$**
(plano p. 402; ☎64-20-11; av. de las Américas esq. General Cebreco; i/d 44/70 CUC; P❄@≋) Una opción de menos calidad enfrente del Meliá. Las 70 habitaciones ofrecen el interiorismo típico de la cadena Islazul, pero la oferta de servicios –restaurante, cafería 24 h, una pequeña piscina, espectáculo todas las noches y servicio de alquiler de coches– es buena para el precio que se paga.

Meliá Santiago de Cuba HOTEL **$$$**
(plano p. 402; ☎68-70-70; av. de las Américas esq. calle M; i/d 120/160 CUC; P❄@ᯤ≋) Un monstruo azul (o una maravilla, según el gusto de cada uno) diseñado por el respetado arquitecto cubano José A. Choy a principios de la década de 1990, el Meliá es el único hotel "internacional" de Santiago. Las habitaciones cuentan con bañera, hay tres piscinas, cuatro restaurantes, varias tiendas y un bonito bar en la 15ª planta. Lo malo es que está fuera del centro y que carece del genuino encanto cubano.

Dónde comer

Más de un millón de habitantes y una cultura capaz de intimidar a otras ciudades de tamaño parecido en todo el mundo, y la escena de restaurantes es pobre e irrisoria. Tampoco los paladares han florecido como en otras ciudades de Cuba.

En el corazón del casco histórico, la calle José A. Saco está libre de tráfico hasta como mínimo las 21.00 y allí pueden encontrarse toda clase de puestos ambulantes de comida.

Jardín de las Enramadas HELADERÍA **$**
(plano p. 402; José A. Saco esq. Gallo; ⏲9.45-23.45) Ocupando una manzana bajando desde el casco histórico de camino al puerto, este jardín está dedicado a las plantas ornamentales y al fabuloso helado (que viene con nubes esponjosas y galletas). El servicio es ejemplar.

Bendita Farándula PALADAR **$**
(plano p. 406; Monseñor Barranda i/n, entre Aguilera y Heredia; principales 3-8 CUC; ⏲12.00-23.00) Del escaso número de mediocres paladares de la ciudad, este sí resulta recomendable. El ambiente recuerda a un bistró de una ciudad provincial francesa. Es acogedor y tiene dos plantas con reflexiones de los clientes en las paredes, y prepara el único pescado con leche de coco de Santiago y un buen filete de cerdo con jamón y queso.

Restaurante España PESCADO Y MARISCO **$**
(plano p. 402; Victoriano Garzón; principales 3-7 CUC; ⏲12.00-22.00) Hay que prepararse para la explosión ártica del aire acondicionado y revisar los prejuicios sobre la comida cubana antes de entrar. Especializado en pescado y marisco cocinado con garbo y, a veces, con hierbas frescas. Se recomienda la langosta o las gambas, no así el vino cubano que es casi imbebible.

La Arboleda HELADERÍA $

(plano p. 402; av. de los Libertadores esq. av. Victoriano Garzón; helados desde 1 CUC; ⌚10.00-23.40 ma-do) La catedral del helado santiaguera está algo alejada del centro, hecho que no parece afectar a la longitud de las colas. Lo normal es que haya que pedir turno y esperar. También venden batidos.

La Fortaleza CUBANA $

(plano p. 402; av. Manduley esq. calle 3; principales 2-5 CUC; ⌚12.00-23.30) El marco adecuado entre mansiones de Vista Alegre, un amplio y tentador patio con sombra y buena comida (se paga en pesos) y música en directo a la hora del almuerzo... Pero un cero en calidad de servicio.

Santiago 1900 CARIBEÑA $

(plano p. 406; Bartolomé Masó nº 354; principales 50-150 pesos; ⌚12.00-24.00) En la antigua residencia Bacardí, en este elegante comedor que ha recuperado recientemente sus aires coloniales *fin de siècle*, se pueden tomar platos de pollo, pescado o cerdo. Las normas de vestimenta son estrictas: prohibidos los pantalones cortos y las camisetas.

Pan.com COMIDA RÁPIDA $

(plano p. 406; Aguilera, entre General Lacret y Hartmann; tentempiés 3 CUC; ⌚11.00-23.00) La eficiente cadena de La Habana cuenta con una sucursal menos eficiente y pequeña en Santiago. La carta es aparentemente larga pero la disponibilidad de los platos es harina de otro costal. Las hamburguesas suelen ser una apuesta segura.

La Perla del Dragón CHINA $

(plano p. 406; Aguilera, entre Porfirio Valiente y Mayía Rodríguez; principales sobre 5 CUC; ⌚11.00-23.00) Restaurante chino mediocre en un bonito entorno en la plaza de Dolores.

★ **Madrileño** INTERNACIONAL $$

(plano p. 402; ☎64-41-38; principales 6-15 CUC; ⌚12.00-23.00) Que no le haya sido difícil escalar hasta el puesto nº 1 del panorama gastronómico de Santiago no significa que no uno no deba quitarse el sombrero. Esta suntuosa casa colonial en Vista Alegre cuenta con una terraza delantera y un patio trasero.

Se recomienda la comida italiana o los suculentos bistecs ahumados. Independientemente de la elección, la noche (el mejor momento) será memorable. No es mala idea reservar pronto.

Paladar Salón Tropical PALADAR $$

(plano p. 402; ☎64-11-61; Luis Fernández Marcané nº 310, Reparto Santa Bárbara; principales 10 CUC; ⌚17.00-24.00 lu-sa, 12.00-24.00 do) El mejor paladar de la ciudad está unas manzanas al sur del Hotel Las Américas, en una agradable azotea con vistas, decorada con luces. Sirven comida abundante y sabrosa. La carta varía y destaca la suculenta carne ahumada servida con congrí (arroz con alubias negras) o deliciosa yuca con mojo. Es recomendable reservar.

Hotel Casa Granda CAFÉ $$

(plano p. 406; Heredia nº 201, Casa Granda; tentempiés 2-6 CUC; ⌚9.00-24.00) Posicionado como un palco frente al escenario del Parque Céspedes, el café terraza del Casa Granda, de estilo parisino, es uno de los mejores lugares de Cuba para observar a la gente. Sirven sobre todo tentempiés (sándwiches, perritos, hamburguesas, etc.).

Restaurante el Morro CARIBEÑA $$

(Castillo del Morro; comidas 12 CUC; ⌚12.00-21.00) Su espectacular ubicación, junto a un acantilado y protegido por un castillo, ayuda, pero años de trabajar con grupos grandes han saturado al personal. Comer aquí, apretujado entre turistas europeos y norteamericanos no es la experiencia más auténtica de Cuba, pero la comida es buena y el entorno excelente.

Es buena opción el menú completo de comida criolla (12 CUC) que incluye sopa, cerdo asado, un pequeño postre y una bebida. Hay que tomar el autobús 212 a Ciudamar y caminar los últimos 20 min, o bien tomar un taxi.

Ristorante Italiano la Fontana ITALIANA $$

(plano p. 402; av. de las Américas esq. calle M, Meliá; ⌚11.00-23.00) Deliciosa *pizza* (desde 5 CUC) y lasaña formidable (8 CUC), raviolis y pan de ajo (1 CUC). La opción ideal para romper con los platos de pollo y cerdo.

Restaurante Matamoros CARIBEÑA $$

(plano p. 406; Aguilera esq. Porfirio Valiente; principales 5-10 CUC) Arte interesante en las paredes, un par de muchachas que cantan boleros y una carta aceptable (si el viajero se conforma con pollo y cerdo) han insuflado nueva vida a este restaurante de la Plaza Dolores que celebra la vida y la carrera de los grandes exponentes del son cubano: el Trío Matamoros.

La Teresina CARIBEÑA $$

(plano p. 406; Aguilera, entre Porfirio Valiente y Mayía Rodríguez; principales 5-12 CUC; ⏲11.00-23.00) Uno de los tres tentadores restaurantes que hay en la plaza de Dolores que no acaba de estar a la altura de su espléndido escenario colonial. Con todo, la terraza tiene sombra, las cervezas son asequibles y la comida –una conocida combinación de espaguetis, *pizza* y pollo– es suficiente para calmar el apetito.

El Barracón CARIBEÑA $$$

(plano p. 402; ☎66-18-77; av. Victoriano Garzón; principales 15-28 CUC; ⏲12.00-24.00) El Barracón abrió sus puertas a bombo y platillo en agosto del 2008 con el fin de relanzar las raíces de la cultura y la cocina afrocubana. La emoción estaba justificada. El interior del restaurante, una mezcla de sugerente santuario de la santería y temática cimarrón (esclavos fugitivos), es fascinante y la comida creativa todavía mejor. Se recomiendan los deliciosos tostones rellenos de chorizo y queso así como el cordero de la casa.

Restaurante Zunzún CARIBEÑA $$$

(plano p. 402; av. Manduley nº 159; 8-28 CUC; ⏲12.00-22.00 lu-sa, hasta 15.00 do) De nuevo una elegante mansión convertida en restaurante, en el barrio de Vista Alegre. Este siempre ha sido uno de los mejores de Santiago. Entre los platos más 'exóticos' se encuentran el *curry* de pollo, la paella y la formidable tabla de quesos (con coñac incluido). El servicio es profesional y atento, y suele haber música en directo.

Compra de alimentos

Supermercado Plaza de Marte SUPERMERCADO $

(plano p. 406; av. Victoriano Garzón; ⏲9.00-18.00 lu-sa, hasta 12.00 do) Uno de los mejores de la ciudad, con una gran selección de helados y agua embotellada a buen precio. Está en la esquina noreste de la plaza.

Panadería Doña Neli PANADERÍA $

(plano p. 406; Aguilera esq. Gen Serafin Sánchez; ⏲7.30-20.00) Panadería en plaza de Marte. Venden pan y tartas que huelen divinamente (se paga en pesos).

Mercado municipal MERCADO $

(plano p. 402; Aguilera esq. Padre Pico) El mercado principal, dos manzanas al oeste del parque Céspedes, cuenta con un pobre surtido teniendo en cuenta el tamaño de la ciudad.

Dónde beber y vida nocturna

La azotea del Hotel Casa Granda (p. 418) es recomendable para tomar una copa con vistas, y, durante el día, la terraza trasera de Maqueta de la Ciudad (p. 405). En el Museo del Ron (p. 405) hay un bar cutre pero aceptable (solo durante el día).

★ **Bar Sindo Garay** BAR

(plano p. 406; Tamayo Fuentes esq. General Lacret; ⏲11.00-23.00) Es mitad bar, mitad museo (dedicado a uno de los músicos de trova más famosos de Cuba, Sindo Garay, conocido por su obra *Perla marina)*. El sitio es nuevo, está generalmente lleno y cuenta con dos plantas donde sirven fabulosos cócteles en la peatonal Tamayo Fuentes.

Café Ven CAFÉ

(plano p. 406; José A. Saco, entre Hartmann y Pío Rosado; ⏲9.00-21.00) Un nuevo café situado en la concurrida Saco (Enramadas) con un potente aire acondicionado, interesantes objetos relacionados con los cafetales y buenos bocadillos, tartas y un buen café exprés o moca.

Café la Isabelica CAFÉ

(plano p. 406; Aguilera esq. Porfirio Valiente; ⏲9.00-21.00) Café más fuerte, humeante y oscuro. Los precios están en pesos.

Casa de la Música BAR, CLUB NOCTURNO

(plano p. 406; Mariano Corona nº 564; entrada 3-10 CUC; ⏲22.00-4.00) Parecido a los locales de La Habana, en esta Casa de la Música suena una mezcla de salsa en directo con música disco. Suele ser una forma estupenda de pasar una noche.

Club Náutico BAR

(plano p. 402; más allá de Paseo Alameda; ⏲12.00-24.00) Animando el paseo Alameda con su bar de estilo ranchón suspendido sobre el agua (con grandes vistas de la bahía), este bar es un buen sitio para escapar del calor abrasador de Santiago. Preparan comida barata, como langosta y otras clases de marisco. Se paga en pesos o en CUC.

Bar la Fontana di Trevi BAR

(plano p. 406; General Lacret; ⏲12.00-2.00) Un céntrico bar aceptable para tomar una cerveza o un trago de ron (se paga en pesos). El restaurante de al lado parece tentador pero no lo es.

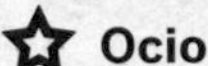

Ocio

En Santiago, hablar de "muchísimas posibilidades" es quedarse corto. Para enterarse de lo que pasa, consúltese la *Cartelera Cultural*, que se publica dos veces por semana. El mostrador de recepción del Hotel Casa Granda suele tener ejemplares. Los sábados por la noche la calle José A. Saco es el escenario de la Noche Santiagüera, en la que la comida callejera, la música y el gentío forman una fiesta al aire libre que dura toda la noche. Mientras, la calle Heredia es una cacofonía musical de trompetas, bongos y guitarras. Para descubrir los rincones más secretos, hay que rondar por la calle y dejarse seducir por el sonido.

★ Casa de las Tradiciones MÚSICA EN DIRECTO

(plano p. 402; General J. Rabí nº 154; entrada 1 CUC; ⌚desde 20.30) El lugar "por descubrir" más descubierto de Santiago todavía conserva su aire de sala de estar llena. Toman turnos algunos de los mejores conjuntos, cantantes y solistas de Santiago de Cuba. Las noches de los viernes están reservadas para la trova clásica del estilo Ñico Saquito y otros. Hay un bar mugriento y obras de arte.

Casa de la Trova MÚSICA EN DIRECTO

(plano p. 406; Heredia nº 208) Abrió sus puertas hace más de cuatro décadas y continúa siendo la cuna de la música tradicional en Santiago. Atrae a los grandes nombres de la música, entre ellos Eliades Ochoa, del Buena Vista Social Club. Conforme avanza la tarde, el ambiente se va caldeando y empieza a gravitar hacia el piso de arriba, que, llegadas las 22.00, se presenta abarrotado de gente.

Tropicana Santiago CABARÉ

(entrada desde 35 CUC; ⌚desde 22.00 mi-do) Todo lo que puede hacer La Habana, Santiago lo puede hacer mejor (o al menos más barato). Inspirado en el Tropicana original y con la típica profusión de plumas y oropeles de los espectáculos de Las Vegas, este cabaré recibe muy buena prensa por parte de las agencias turísticas de la ciudad, que lo ofertan por 35

GRUPOS DE DANZA FOLCLÓRICA

Hay varios de estos grupos en Santiago de Cuba, los cuales no solo representan bailes afrocubanos tradicionales, sino que además los enseñan, transmitiendo así sus conocimientos a generaciones futuras. La mayor parte de los grupos se formaron a principios de la década de 1960 y reciben bastante apoyo por parte del Gobierno cubano.

Un buen sitio para informarse sobre los actos folclóricos es el **Departamento de Focos Culturales de la Dirección Municipal de Cuba** (plano p. 402; ☎65-69-82; Los Maceos nº 501, entre General Bandera y Pío Rosado), que funciona como una especie de cuartel general de los diversos cabildos (hermandades afrocubanas) y grupos de danza, muchos de los cuales tienen su sede cerca. Otro buen punto de información es la Casa del Caribe (p. 412) en Vista Alegre.

También vale la pena visitar el **Conjunto Folklórico de Oriente** (plano p. 406; Hartmann nº 407) y el **Foco Cultural Tumba Francesa** (plano p. 402; Pío Rosado nº 268), un colorido grupo de maestros percusionistas franco-haitianos a quienes se puede ver ensayar los martes y los jueves a las 21.00.

Ballet Folklórico Cutumba (plano p. 402; Teatro Galaxia, av. 24 de Febrero esq. av. Valeriano Hierrezuelo; entrada 2 CUC) Este grupo folclórico afrocubano y franco-haitiano de fama internacional fue fundado en 1960 y actualmente actúa en el Teatro Galaxia (mientras su sede, el Teatro Oriente, está siendo restaurada). Se puede asistir a los ensayos del grupo de martes a viernes entre 9.00 y 13.00 o asistir a un electrizante café teatro a las 22.00 los sábados.

La compañía, con 55 miembros, interpreta danzas como tumba francesa, columbia, gagá, guaguancó, tajona y conga oriental. Es uno de los mejores programas de su categoría en Cuba y ha dado la vuelta al mundo, desde Nueva York hasta Nueva Zelanda.

Foco Cultural el Tivolí (plano p. 402; Desiderio Mesnier nº 208; ⌚20.00 lu-vi) Los ensayos de carnaval para la Zarabanda Mayombe tienen lugar cada semana en este foco (espectáculo) de Tivolí. Los sábados a las 17.00 interpretan un programa de "mágica religiosa" de orishas (deidades religiosas afrocubanas), bembé (ritual afrocubano de percusión) y palo monte (religión afrocubana derivada de los bantúes) en la cercana Casa de las Tradiciones.

CUC con transporte incluido (el espectáculo de La Habana cuesta el doble, pero no es el doble de bueno). Queda fuera de Santiago, 3 km al norte del Hotel Las Américas, y dado que la única forma de llegar es en taxi o con coche alquilado, la oferta de las agencias merece la pena. La mejor función es la del sábado por la noche.

Casa del Estudiante MÚSICA EN DIRECTO
(plano p. 406; ☎62-78-04; Heredia nº 204; entrada 1 CUC; ⌚desde 21.00 mi, vi y sa, 13.00 do) Ya sea que uno tome asiento en el interior o se quede de pie en la calle, la música y la espontaneidad están garantizadas: rumba, trovadores, reguetón...

Patio ARTex MÚSICA EN DIRECTO
(plano p. 406; Heredia nº 304; ⌚11.00-23.00) GRATIS Es una tienda y es un club, y sus paredes están cubiertas de obras de arte; el patio interior sirve de escenario para actuaciones en directo, tanto de día como de noche. Una buena opción para cuando la Casa de la Trova está demasiado llena.

Patio los Dos Abuelos MÚSICA EN DIRECTO
(plano p. 406; Francisco Pérez Carbo nº 5; entrada 2 CUC; ⌚9.30-2.00 lu-sa) Este local de música en directo, con un ambiente más sosegado, es un bastión del son cantado al estilo tradicional. Los músicos suelen ser profesionales con bastante experiencia.

Iris Jazz Club JAZZ
(plano p. 406; General Serafín Sánchez, entre José A. Saco y Bayamo; 3 CUC; ⌚20.00-24.00 lu-sa) Un nuevo lugar fantástico para sentarse en el palco superior rodeado de pinturas de los grandes del *jazz* y contemplar algunos de los jóvenes exponentes de la pequeña pero importante escena del *jazz* de Santiago.

Teatro José María Heredia TEATRO
(plano p. 402; ☎64-31-90; av. de las Américas esq. av. de los Desfiles; ⌚taquilla 9.00-12.00 y 13.00-16.30) El enorme y moderno teatro de Santiago fue construido a principios de los noventa y también hace las veces de centro de convenciones. La Sala Principal, con sus 2459 localidades, a menudo acoge conciertos de *rock* y de música tradicional, mientras que en el Café Cantante Niágara, con un aforo de 120 localidades, se celebran espectáculos más 'esotéricos'. Merece la pena preguntar por las actuaciones de la Compañía Teatro Danza del Caribe.

Casa de la Cultura Miguel Matamoros MÚSICA EN DIRECTO
(plano p. 406; General Lacret, entre Aguilera y Heredia; entrada 1 CUC) Este referente cultural en una casa histórica del parque Céspedes acoge muchos acontecimientos musicales, incluidos rumba y son. Consúltese la cartelera colgada sobre la puerta. También presenta buenas exposiciones de arte.

Santiago Café CABARÉ
(plano p. 402; av. de las Américas esq. calle M; entrada 5 CUC; ⌚22.00-2.00) Esta es la versión algo menos espectacular del Tropicana que ofrece el Hotel Meliá Santiago de Cuba. Los cabarés tienen lugar los sábados seguidos de una sesión de discoteca. En la 1ª planta del hotel. En la 15ª planta está el emocionante Bello Bar.

Teatro Martí TEATRO
(plano p. 402; Félix Peña nº 313; 👪) Está cerca de General Portuondo, enfrente de la iglesia de Santo Tomás; los sábados y domingos hay espectáculo infantil a las 17.00.

Sala de Conciertos Dolores MÚSICA EN DIRECTO
(plano p. 406; Aguilera esq. Mayía Rodríguez; ⌚desde 20.30) En esta antigua iglesia de la plaza de Dolores está la sede de la Sinfónica del Oriente y de un impresionante coro infantil (17.00). La cartelera se expone a la entrada.

Orfeón Santiago MÚSICA EN DIRECTO
(plano p. 406; Heredia nº 68) Un coro clásico cuyos ensayos a veces es posible presenciar; tienen lugar de lunes a viernes, de 9.00 a 11:30.

Subway Club MÚSICA EN DIRECTO
(plano p. 406; Aguilera esq. Mayía Rodriguez; 5 CUC; ⌚20.00-1.00 o 2.00) Un nuevo local con estilo que ofrece actuaciones de cantantes en solitario acompañados de una estupenda música de piano. Para pasar un buen rato.

Cine Rialto CINE
(plano p. 406; Félix Peña nº 654) Junto a la catedral; es uno de los más populares de Santiago.

Cine Cuba CINE
(plano p. 406; José A. Saco esq. General Lacret) Es el mejor de la ciudad, gracias en parte a una reforma reciente. Tiene un vestíbulo acogedor y la selección de películas tiende a ser buena.

Uneac CENTRO CULTURAL
(Unión Nacional de Escritores y Artistas de Cuba; plano p. 406; Heredia nº 266) Primera parada para los amigos del arte que buscan consue

lo intelectual en forma de charlas, talleres y actuaciones en un estupendo patio colonial.

Deportes

Estadio de Béisbol Guillermón Moncada Estadio ESTADIO
(plano p. 406; av. de las Américas) Queda en la parte noreste de la ciudad. Entre octubre y abril hay partidos los martes, miércoles, jueves y sábados a las 19.30, y los domingos a las 13.30 (1 CUP). Los Avispas son los principales rivales de los Industriales de La Habana. Ganaron el campeonato nacional en los años 2005, 2007, 2008 y 2010. Cubanacán organiza salidas para ver partidos de los Avispas seguidos de una visita a los vestuarios para conocer a los jugadores.

Gimnasio Cultura Física GIMNASIO
(plano p. 406; Pío Rosado nº 455, entre Saco y Hechavarría; ⌚ 6.00-6.45 lu-vi, 8.00-16.00 sa, 8.00-12.00 do) Gimnasio a la antigua usanza donde el viajero podrá disfrutar de una dura sesión de ejercicio: sacos de boxeo con solera, pesas oxidadas y duchas frías.

Wamby Bolera BOLERA
(plano p. 402; Victoriano Garzón esq. calle 7) Bolera interior. Las máquinas funcionan con monedas de 0,25 CUC. Hay un café.

De compras

La creatividad innovadora está inscrita en las persianas de la Santiago colonial. Un breve paseo por el casco histórico pondrá al descubierto atractivas obras de arte. Muchos días se montan puestos de artesanía en la calle Heredia.

ARTex RECUERDOS
Desde alfombrillas para el ratón hasta baratijas del Che, la sucursal de **General Lacret** (plano p. 406; General Lacret, entre Aguilera y Heredia) vende todo tipo de recuerdos de Cuba. La delegación de **Heredia** (plano p. 406; Heredia nº 208, Patio ARTex; ⌚11.00-19.00 ma-do) en la Casa de la Trova se centra más en la música, con una respetable selección de CD y cintas.

Discoteca Egrem MÚSICA
(plano p. 406; José A. Saco nº 309; ⌚9.00-18.00 lu-sa, hasta 14.00 do) La última palabra en tiendas especializadas de música en Cuba. En esta tienda de los Estudios Egrem hay un buen surtido de músicos autóctonos.

La Maison ROPA
(plano p. 402; av. Manduley nº 52; ⌚10.00-18.00

das más famosa de La Habana; está ubicada en una antigua y elegante mansión de Vista Alegre.

Galería de Arte de Oriente ARTE Y ARTESANÍA
(plano p. 406; General Lacret nº 656) Probablemente la mejor de Santiago de Cuba; las exposiciones son consistentemente buenas.

Centro de Negocios Alameda CENTRO COMERCIAL
(plano p. 402; av. Jesus Menéndez esq. José A. Saco; ⌚8.30-16.30) Este centro comercial en un edificio colonial forma parte del último proyecto de regeneración del puerto. Hay internet, una farmacia, la oficina de inmigración y un mostrador de Cubanacán, además de tiendas.

Librería Internacional LIBROS
(plano p. 406; ☎68-71-47; Heredia, entre General Lacret y Félix Peña) En el extremo sur del parque Céspedes. También venden postales y sellos.

Librería la Escalera LIBROS
(plano p. 406; Heredia nº 265; ⌚10.00-23.00) Un verdadero museo de libros viejos y raros amontonados hasta el techo. En la escalera suelen sentarse trovadores ataviados con sombrero que rasguean la guitarra.

Información

PELIGROS Y ADVERTENCIAS

Santiago es bien conocida, incluso entre los cubanos, por sus insistentes *jineteros* que trabajan cada uno en su propio ramo: puros, paladares, chicas o 'circuitos' no oficiales. A veces resulta casi imposible sacarse de encima la sensación de ser un billete con piernas, pero un firme "no" y algo de humor logran mantener a raya a los peores cazaturistas.

El tráfico de Santiago solo se ve superado por el de La Habana por sus indeseables efectos sobre el medioambiente. La enorme cantidad de motociclistas que se mueven en zigzag por las calles de la ciudad empeoran las cosas para los peatones, y las aceras, estrechas o inexistentes, añaden más obstáculos a una mezcla ya de por sí peligrosa.

URGENCIAS

Asistur (☎68-61-28; www.asistur.cu; Heredia nº 201) Situada debajo del Hotel Casa Granda, esta oficina se especializa en prestar asistencia a extranjeros, principalmente en los ámbitos de los seguros y financiero.
Policía (☎116; Mariano Corona esq. Sánchez

ACCESO A INTERNET Y TELÉFONO

Etecsa Multiservicios (Heredia esq. Félix Peña; internet 6 CUC/ h; ⌚8.30-19.30) Tres terminales de internet en una pequeña oficina, en la plaza Céspedes.

Etecsa Telepunto (Hartmann esq. Tamayo Fleites; internet 6 CUC/ h; ⌚8.30-19.30)

MEDIOS DE COMUNICACIÓN

Radio Mambí CMKW En el 1240 AM y 93.7 FM.

Radio Revolución CMKC 840 AM y 101.4 FM.

Radio Siboney CMDV Disponible en 1180 AM y 95.1 FM.

Sierra Maestra Periódico local publicado los sábados.

ASISTENCIA MÉDICA

Clínica Internacional Cubanacán Servimed (☎64-25-89; av. Raúl Pujol esq. calle 10, Vista Alegre; ⌚24 h) También cuentan con un dentista.

Farmacia Clínica Internacional (☎64-25-89; av. Raúl Pujol esq. calle 10; ⌚24 h) La mejor farmacia de la ciudad. Venden productos en convertibles.

Farmacia Internacional (☎68-70-70; Meliá Santiago de Cuba, av. de las Américas esq. calle M; ⌚8.00-18.00) En el vestíbulo del Meliá Santiago de Cuba, venden productos en convertibles.

DINERO

Banco de Crédito y Comercio (Félix Peña nº 614) En el discordante edificio moderno de la plaza Céspedes.

Banco Financiero Internacional (av. de las Américas esq. calle I)

Bandec (Félix Peña esq. Aguilera) Hay otra surcusal en José A. Saco (José A, Saco esq. Mariano Corona).

Cadeca Sucursales en Hotel las Américas (av. de las Américas esq. av. General Cebreco); Aguilera (Aguilera nº 508) y Meliá Santiago de Cuba (av. de las Américas esq. calle M)

CORREOS

DHL (Aguilera nº 310)

Oficina de correos Hay oficinas en Aguilera (Aguilera nº 519), Calle 9 (calle 9, Ampliación de Terrazas), y cerca de la avenida General Cebreco. También disponen de teléfonos.

INFORMACIÓN TURÍSTICA

Cubanacán (Heredia nº 201) Útil mostrador en el Hotel Casa Granda.

Cubatur (av. Victoriano Garzón nº 364, esq. calle 4) Otra sucursal en Heredia (Heredia nº 701; ⌚8.00-20.00)

Ecotur (☎68-72-79; General Lacret nº 701 esq. Heredia, esq. Hartmann) En el mismo edificio que Infotur.

Infotur (☎66-94-01; General Lacret nº 701 esq. Heredia) Una ubicación céntrica pero con personal poco atento. También hay una oficina en el aeropuerto internacional Antonio Maceo.

Oficina Reservaciones de Campismo (Cornelio Robert nº 163; ⌚8.30-12.00 y 13.00-16.30 lu-vi, 8.00-13.00 sa) Para información sobre los campismos el Caletón Blanco y La Mula.

Cómo llegar y salir

AVIÓN

El **aeropuerto internacional Antonio Maceo** (código aeropuerto SCU) está 7 km al sur de Santiago de Cuba, junto a la carretera de El Morro. Los vuelos internacionales llegan desde París-Orly, Madrid, Toronto y Montreal con **Cubana** (José A. Saco esq. General Lacret). Toronto y Montreal también están conectadas por **Sunwing** (www.sunwing.ca), y **Canjet** (www.canjet.com). **AeroCaribbean** (General Lacret, entre Bartolomé Masó y Heredia) enlaza una vez por semana con Puerto Príncipe y Haití, y dos con Santo Domingo. **American Eagle** (www.aa.com) opera vuelos chárter frecuentes a/desde Miami que dan servicio a la comunidad cubano-americana.

En cuanto a trayectos nacionales, Cubana cubre la ruta La Habana-Santiago de Cuba dos o tres veces diarias (unos 110 CUC ida, 1½ h). También hay vuelos a Varadero y a Holguín.

AUTOBÚS

La **estación de autobuses nacional** (av. de los Libertadores esq. calle 9), enfrente del monumento a Heredia, está 3 km al noreste del parque Céspedes. Los autobuses de **Viazul** (www.viazul.cu) salen de la misma estación.

El autobús a La Habana para en Bayamo (7, 2 h), Holguín (11 CUC, 3½-4 h), Las Tunas (11 CUC, 5 h), Camagüey (18 CUC, 7½ h), Ciego de Ávila (24 CUC, 9½ h), Sancti Spíritus (28 CUC, 10-10½ h) y Santa Clara (33 CUC, 11-12 h). El de Trinidad sirve para ir a Bayamo, Las Tunas, Camagüey, Ciego de Ávila y Sancti Spíritus. El de Baracoa para en Guantánamo.

TREN

La moderna **estación de trenes** (av. Jesús Menéndez esq. Martí) de estilo francés está situada cerca de la fábrica de ron al noroeste del centro. El tren Francés sale a las 8.17 cada tres días hacia La Habana (50 CUC, 16 h) y para en Camagüey (11 CUC) y Santa Clara (20 CUC).

SALIDAS DE AUTOBUSES VIAZUL DESDE SANTIAGO DE CUBA

DESTINO	TARIFA (CUC)	DURACIÓN (H)	SALIDA
Baracoa	15	4¾	7.45
La Habana	51	13-14½	8.00, 15.15, 18.45, 22.00
Trinidad	33	12	19.30
Varadero	49	15	20.00

El tren "coche-motor" (30 CUC) es más lento y también cubre la ruta hasta La Habana cada tres días cuando no funciona el tren Francés. Adicionalmente, para en Las Tunas, Ciego de Ávila, Guayos y Matanzas.

Los horarios de los trenes en Cuba son bastante poco fiables. Es casi esencial verificar con antelación todos los detalles del trayecto que se desee realizar y comprar los billetes lo antes posible.

CAMIÓN

A lo largo del día salen camiones de pasajeros de la **terminal intermunicipal de ómnibus Serrano** (av. Jesús Menéndez esq. Sánchez Hechavarría) con destino a Guantánamo y a Bayamo. Los trayectos apenas cuestan unos pesos. Por la mañana suele ser más fácil encontrar camiones y plazas libres. Para los destinos indicados no hay que acudir a la ventanilla de la estación, sino simplemente buscar el camión correcto a la entrada de la terminal. De esta estación también salen los camiones para Caletón Blanco y Chivirico.

De la **terminal de ómnibus intermunicipal** (Terminal Cuatro, av. de los Libertadores esq. calle 4), 2 km al noreste del parque Céspedes, salen dos autobuses diarios a El Cobre y otros dos diarios a Baconao.

Cómo desplazarse

A/DESDE EL AEROPUERTO

Los trayectos en taxi deberían rondar los 10 CUC, pero a menudo los conductores intentan cobrar más. Lo mejor es negociar un precio de forma clara antes de montarse. También se puede llegar al aeropuerto con el autobús 212, que sale de la avenida de los Libertadores, enfrente del Hospital de Maternidad. El autobús 213 también va al aeropuerto y sale de la misma parada, pero primero pasa por Punta Gorda. Ambos paran pasado el extremo occidental del aparcamiento del aeropuerto, bastante a la izquierda de las entradas.

A/DESDE LA ESTACIÓN DE AUTOBÚS/TREN

Para ir desde la estación al centro, una de las mejores opciones es el coche de caballos: el trayecto cuesta 1 CUP y llega hasta la torre del reloj del parque Alameda; desde allí, la calle Aguilera (a la izquierda) sube hasta el parque Céspedes. Los coches de caballos entre la terminal nacional de ómnibus (se anuncian al grito de "Alameda") y la estación de trenes (1 CUP) recorren las avenidas Juan Gualberto Gómez y Jesús Menéndez. Un taxi a la estación de autobuses Viazul cuesta 4 CUC.

AUTOBÚS Y CAMIÓN

Entre los autobuses más útiles de Santiago se cuentan el 212 al aeropuerto y a Ciudamar, el 213 a Punta Gorda (ambos salen de la avenida de los Libertadores, enfrente del Hospital de Maternidad y atraviesan el casco histórico en dirección sur por Félix Peña) y los autobuses 214 o 407 a Siboney (salen de la avenida de los Libertadores, cerca del portal 425). El autobús 5 a El Caney tiene paradas en la esquina noroeste de la plaza de Marte y también en General Cebreco y la calle 3, en Vista Alegre. Estos autobuses (0,20 CUP) pasan más o menos cada hora; los camiones de pasajeros hacen las mismas rutas y pasan con mayor frecuencia (1 CUP). Los camiones a El Cobre y a otros puntos del norte salen de la avenida de las Américas, cerca de la calle M.

Tanto en los camiones como en los autobuses conviene tener cuidado con los carteristas y no perder de vista la mochila.

AUTOMÓVIL Y CICLOMOTOR

Santiago de Cuba sufre una escasez crónica de coches de alquiler (sobre todo en temporada alta), por lo que es posible que uno se encuentre con que no hay ninguno disponible. Las delegaciones del aeropuerto suelen ser mejor apuesta que las de la ciudad. Si alquilar un coche es absolutamente necesario y el viajero no encuentra ninguno en Santiago, uno de los lugares donde siempre suele haber es el Hotel Guantánamo, 2 h al este de la ciudad.

Cubacar (Hotel las Américas; av. de las Américas esq. av. General Cebreco; ⏲8.00-22.00) alquila ciclomotores por 24 CUC al día. También hay una oficina en el aeropuerto internacional Antonio Maceo.

Hay un aparcamiento vigilado en el parque Céspedes, justo debajo del Hotel Casa Granda. Los empleados, que llevan una pequeña placa, cobran 1 CUC por día y otro por noche.

La **gasolinera Servi-Cupet** (av. de los Libertadores esq. av. de Céspedes) abre las 24 h. Hay una **gasolinera Oro Negro** (av. 24 de Febrero esq. carretera del Morro) en la carretera del Morro y otra en la carretera Central (carretera Central), en la entrada norte de la ciudad.

TAXI

Turistaxi tiene una parada enfrente del Meliá Santiago de Cuba. También suele haber taxis en el parque Céspedes, cerca de la catedral; los conductores a menudo ofrecen sus servicios a todo viajero que pasa, lo solicite o no. Hay que insistir en que el conductor use el taxímetro o bien acordar un precio fijo antes de subirse. El trayecto al aeropuerto debe costar entre 5 y 7 CUC, dependiendo del estado en el que esté el vehículo.

Los bicitaxis cobran unos 5 CUP por persona y trayecto

Siboney

Esta localidad costera, 19 km al este de la ciudad, más villa rústica que complejo lujoso, es el equivalente santiaguero de Playas del Este. Protegido por escarpados acantilados y salpicado con una mezcla de estiradas palmeras y casas de listones de madera azotadas por el tiempo, el entorno es discreto y encantador, con una playa donde se dan cita familias cubanas con jóvenes santiagueras con sus compañeros extranjeros más entrados en años y calvos.

En términos de calidad, la playa Siboney, por sus dimensiones y su arena grisácea deja que desear. Pero Siboney lo compensa con buenos precios, una excelente ubicación (justo al lado del Parque Baconao) y un intenso ambiente cubano. Hay unas cuantas casas particulares legales, y un buen restaurante en una colina frente a la playa. Un buen refugio para quienes deseen tomarse un respiro de la asfixiante Santiago.

Puntos de interés

Granjita Siboney MUSEO

(entrada 1 CUC; ⏲9.00-17.00) Si la Revolución no hubiera triunfado, esta granja de color rojo y blanco 2 km tierra adentro desde playa Siboney, en la carretera a Santiago de Cuba, sería el lugar olvidado de un fútil golpe de Estado. Pero la Revolución sí tuvo éxito y por lo tanto la Granjita es otro altar más a ese glorioso episodio conocido como el asalto al Moncada. Desde allí partieron, a las 5.15 del 26 de julio de 1953, los 26 coches que asaltaron el cuartel. La casa conserva muchos detalles originales, incluida la refinada habitación usada por las dos compañeras que participaron en el asalto: Haydee Santamaría y Melba Hernández. También hay fotos, armas, documentos y efectos personales relacionados con Moncada. Junto al edificio se puede ver el pozo donde los revolucionarios ocultaron las armas antes del ataque.

Con vistas a la rocosa costa hay un monumento de 1907 dedicado a la guerra con EE UU que conmemora la llegada estadounidense el 24 de junio de 1898.

Dónde dormir y comer

Tras el huracán el número de casas particulares en este pequeño enclave costero ha disminuido. Puestos de comida barata monopolizan el paseo marítimo.

Ovidio González Salgado CASA PARTICULAR $

(☎39-93-40; av. Serrano; h 20-25 CUC) Situado encima de la farmacia y con dos habitaciones, este lugar ha sido recomendado por algunos lectores; las comidas son excelentes.

Anselmo Rondoú Benítez CASA PARTICULAR $

(☎39-92-36; calle Ovelisco nº 13; h 25 CUC) Una casa recientemente reformada, con una habitación junto al extremo occidental de la playa.

Sitio del Compay CARIBEÑA $

(av. Serrano s/n; principales 5-10 CUC; ⏲12.00-24.00) Está ubicado en la antigua casa de Francisco Repilado, icono internacional y autor del inmortal Chan Chan, tema que el viajero habrá podido escuchar 20 veces desde su llegada a la isla.

El bromista Compay Segundo, que es como lo conoce la mayoría de la gente, nació en una pequeña casa, en 1907; alcanzó el estrellato a la edad de 90 años como el guitarrista del *Buena Vista Social Club,* disco y documental producido por Ry Cooder. Sitio del Compay (antes Restaurante La Rueda) es el único restaurante de Siboney, y Francisco hubiera gustado de su comida criolla sencilla, el buen servicio y las bonitas vistas de la playa.

CAFETALES

La cubana ha sido siempre una población muy aficionada al café. Sin embargo, y pese a que la cosecha nacional florece a la sombra de las sierras del Escambray y Maestra, cabe decir que el café no es un cultivo indígena.

Fue introducido en la isla en 1748, procedente de la vecina Santo Domingo, pero no fue hasta la llegada de los franceses de Haití a principios del s. XIX cuando empezó a ser cultivado a escala comercial.

Los franceses, que llegaron huyendo de la revolución de esclavos liderada por Toussaint Louverture, se afincaron en las montañas de Pinar del Río y de la sierra Maestra, y allí se afanaron en la producción de café, cuyas plantaciones eran más rentables y duraderas que las de caña de azúcar.

El cafetal Buenavista, construido en 1801 en lo que ahora es la Reserva Sierra del Rosario, en la provincia de Pinar del Río, fue el primer cafetal importante del Nuevo Mundo. Poco después, los plantadores que vivían en las frondosas colinas cercanas a La Gran Piedra empezaron a levantar una red de más de sesenta cafetales, usando técnicas agrícolas novedosas para salvar las dificultades que presentaba el terreno. Sus esfuerzos dieron frutos, consiguiendo que ya en la segunda década del s. XIX Cuba fuera líder mundial en producción de café.

El *boom*, al que contribuyó el elevado precio de venta, se dio entre 1800 y 1820, época en la que el café ocupaba más terreno que la caña de azúcar. Llegó a haber más de 2000 cafetales en Cuba, concentrados sobre todo en las zonas de sierra del Rosario y la sierra Maestra, al este de Santiago.

La producción empezó a caer en la década de 1840, sobre todo por la fuerte competencia de las nuevas economías (en especial de Brasil) y por una serie de huracanes cuyo efecto fue devastador. La industria volvió a sufrir una caída durante la Guerra de Independencia. En cualquier caso, y aunque a menor escala, el cultivo ha sobrevivido al paso del tiempo y se sigue cosechando hoy día.

El legado de una industria que fue pionera se puede explorar en el Paisaje Arqueológico de las Primeras Plantaciones de Café del Sureste de Cuba, una zona declarada Patrimonio Mundial en el 2000 y situada en las estribaciones de la sierra Maestra, cerca de la Gran Piedra.

Cómo llegar y salir

El autobús 214 realiza el trayecto Santiago de Cuba-Siboney desde cerca de la avenida de los Libertadores nº 425, enfrente de la Empresa Universal, con una segunda parada en la avenida de Céspedes nº 110. Sale aproximadamente una vez cada hora entre las 4.00 y las 8.00 (irregular a partir de entonces). El autobús nº 407 sigue hasta Juraguá tres veces diarias. Los camiones de pasajeros también cubren el trayecto Santiago de Cuba-Siboney.

Un taxi a la playa Siboney debe costar entre 20 y 25 CUC, según si el taxi es estatal o privado.

La Gran Piedra

Coronada por una roca de 63 000 toneladas que se encarama sobre el mar del Caribe como un asteroide, la cordillera de la Gran Piedra forma parte de la cadena montañosa más verde y con mayor biodiversidad de Cuba. Las montañas no solo tienen un microclima fresco sino que también exhiben un singular legado histórico gracias a los más de sesenta cafetales creados por agricultores franceses a finales del s. XVIII. Llegaron huyendo de la sangrienta revuelta de esclavos de Haití, ocurrida en 1791, y tras lidiar con el terreno y las arduas condiciones de vida consiguieron que a principios del s. XIX Cuba se convirtiera en el primer productor de café del mundo. Su destreza y su ingenuidad perviven en una zona declarada Patrimonio de la Humanidad y cuyo centro neurálgico es el cafetal la Isabelica. Esta área también forma parte del Parque Baconao, declarado Reserva de la Biosfera por la Unesco en 1987.

Puntos de interés

La empinada carretera de 12 km que sube por la montaña va cobrando belleza a medida que el follaje se cierra y el valle se abre debajo. Los mangos son omnipresentes.

La Gran Piedra y Parque Baconao

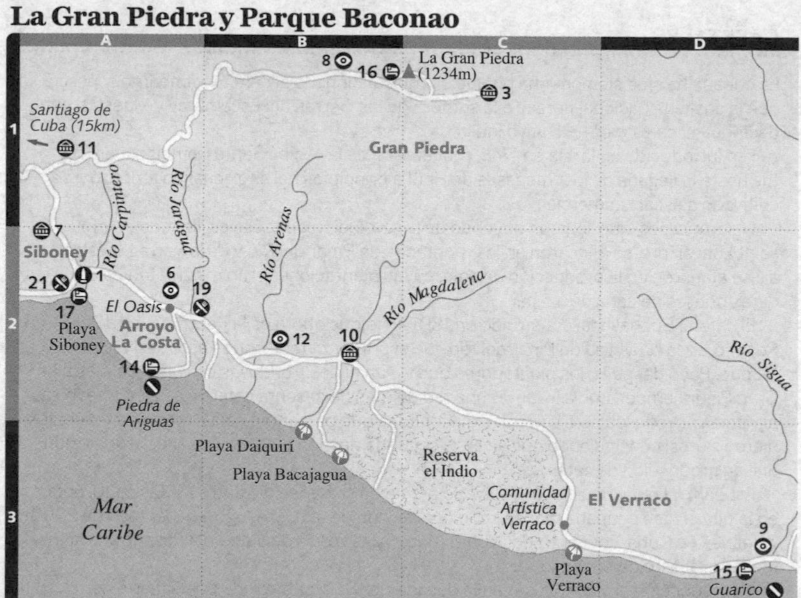

La Gran Piedra y Parque Baconao

Puntos de interés

1 Memorial de la guerra americana......... A2
2 Aquario Baconao......... E3
3 Cafetal la Isabelica......... C1
4 Criadero de cocodrilos......... F3
5 Exposición Mesoamericana......... E3
6 Fiesta Guajira......... A2
7 Granjita Siboney......... A2
8 Jardín Botánico......... B1
9 Jardín de Cactus......... D3
Museo de Historia Natural......... (véase 12)
Museo de la Guerra Hispano-Cubano-Norteamericana......... (véase 7)
10 Museo Nacional de Transportes Terrestre......... B2
11 Prado de las Esculturas......... A1
12 Valle de la Prehistoria......... B2

Actividades, cursos y circuitos

Centro Internacional de Buceo de Bucanero......... (véase 14)

Dónde dormir

Anselmo Rondoú Benitez......... (véase 17)
13 Club Amigo Carisol-Los Corales......... E3
14 Club Bucanero......... A2
15 Hotel Costa Morena......... D3
Ovidio González Salgado......... (véase 17)
16 Villa la Gran Piedra......... B1
17 Villa Siboney......... A2

Dónde comer

18 Casa del Piedra el Cojo......... E3
Fiesta Guajira......... (véase 6)
19 Finca el Porvenir......... A2
20 Restaurante Casa Rolando......... E3
21 Sitio del Compay......... A2

La Gran Piedra MONTAÑA
(entrada 1 CUC) No hay que ser Tenzing Norgay para escalar los 459 escalones de piedra hasta la cumbre de La Gran Piedra, a 1234 m. La enorme roca de la cima mide 25 m de alto por 30 m de ancho. Si el día se presenta despejado las vistas del Caribe son excelentes, y en una noche oscura se supone que se pueden ver las luces de Jamaica.

Cafetal La Isabelica MUSEO
(entrada 2 CUC; 8.00-16.00) Es el núcleo de un lugar declarado Patrimonio Mundial de la Unesco en el 2000 situada en el sureste de Cuba. Hay una excursión de 2 km pasada La Gran Piedra por un camino agreste hasta la impresionante mansión de piedra de dos pisos, con sus tres grandes secaderos de café construidos a principios del s. XIX por emi-

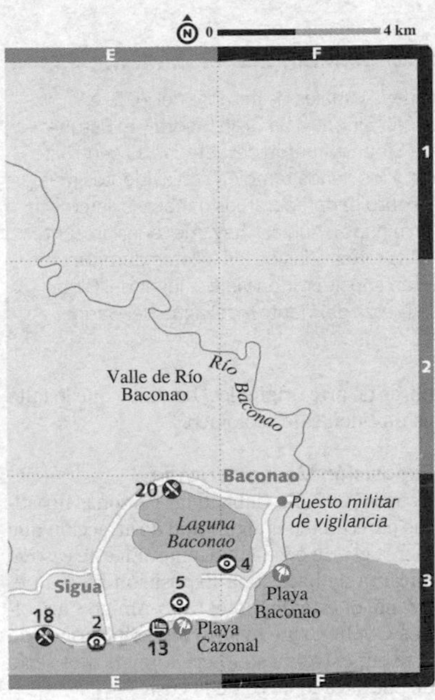

grantes franceses procedentes de Haití. En su día hubo más de 60 en esta zona.

Hay un taller y objetos y todavía se puede pasear libremente por la plantación cubierta de pinos. Vale la pena utilizar un guía (por una propina) ya que no hay carteles explicativos.

Actividades

Muchos de los cafetales pueden visitarse a pie. Desde La Isabelica parten senderos pero no están señalizados. Pregúntese en La Isabelica sobre la posibilidad de contratar a un agricultor de la zona para que haga de guía.

Dónde dormir y comer

Villa La Gran Piedra HOTEL **$**
(65-12-05; i/d 15/24 CUC; P ❄) Las cabañas del hotel situado a más altura de Cuba (1225 m) fueron destruidas por el huracán del 2012. Actualmente es más un restaurante con habitaciones, junto a la entrada al mirador de la Gran Piedra. El restaurante es bueno, las habitaciones son sencillas y disponen de varias excursiones breves.

Cómo llegar y salir

Una empinada y serpenteante carretera asfaltada llena de baches asciende los 1,2 km verticales desde el cruce con la carretera de la costa cerca de Siboney (en la ruta del autobús 214). Un taxi de ida y vuelta desde Santiago de Cuba sale por unos 50-65 CUC (hay que regatear duro). Fornidos cubanos y algún que otro extranjero ambicioso suben los 12 km que hay desde la parada de autobús en Las Guásimas.

Parque Baconao

Peculiar y maravilloso, el parque ocupa 800 km² entre Santiago de Cuba y el río Baconao. Fue declarado Reserva de la Biosfera por la Unesco, pero el parque no solo acoge todo un ecosistema, sino también un museo del automóvil al aire libre y una colección bastante peculiar de esculturas de dinosaurios.

Según los expertos en biología, Baconao cuenta con más de 1800 especies de flora endémicas y con muchos tipos de murciélagos y arañas en peligro de extinción. La superficie del parque queda encerrada en una sima de poca profundidad, con la imponente Sierra Maestra a un lado y el plácido mar del Caribe al otro; su biodiversidad, que incluye desde enormes palmas reales hasta cactus entre las rocas de los acantilados, es francamente asombrosa.

Las playas son más pequeñas en este lugar que en la costa norte, pero las oportunidades para la pesca y para el buceo son excelentes; en la franja del parque y alrededores hay unas 70 zonas de buceo, entre ellas la de los restos del *Guarico,* un pequeño barco naufragado al sur de la Playa Sigua.

Baconao también es famoso por sus cangrejos de tierra. De mediados de marzo a principios de mayo, decenas de miles de estos crustáceos se congregan en la costa, pasando la playa Verraco.

Puntos de interés

Además de los siguientes puntos de interés, hay varias playas dañadas por el huracán, de las cuales probablemente la mejor sea **la playa Cazonal,** junto al Club Amigo Carisol-Los Corales.

Fiesta Guajira RANCHO
(entrada 5 CUC; 9.00 y 14.00 mi y do) Situado en la comunidad de artistas El Oasis, enfrente del desvío al antiguo Club Bucanero, esta finca llevada por Ecotur solía acoger rodeos con vaqueros pero, tras el huracán, se centra alrededor de un restaurante y una cabina.

Valle de la Prehistoria PARQUE DE ATRACCIONES
(entrada 1 CUC; 8.00-18.00) Se trata de la más curiosa de las atracciones que suelen verse a lo largo de la carretera de la costa. Los bron-

EL HURACÁN SANDY

El este de Cuba está acostumbrado a los huracanes. A finales de octubre del 2012 el paso del huracán Sandy se cebó especialmente con Siboney, La Gran Piedra y el Parque Baconao. Playas en su día preciosas como las de Siboney fueron devastadas. El centro de submarinismo-hotel Club Bucanero fue arrasado y los daños también son evidentes más allá de la costa. Las autoridades locales trabajan duro para reparar los daños y existen planes para renovar el Aquario Baconao (casi terminado). Aun así, hay que tener presente que esta zona puede no parecerse demasiado a las fotografías de los folletos durante un tiempo. Los curiosos (o los nihilistas) quizá quieran considerar un viaje al lugar del Club Bucanero para ser testigos de lo que es capaz la fuerza del viento y del agua del Caribe.

tosauros conviven con hombres y mujeres de las cavernas, haciendo caso omiso a los 57 millones de años que mediaron entre la colonización del planeta por parte de una y otra especies.

Los 200 dinosaurios de hormigón de este surrealista parque de 11 Ha fueron creados por los reclusos de una prisión cercana. En esta zona también se encuentra el **Museo de Historia Natural** (entrada 1 CUC; ⌚8.00-16.00 ma-do), que después del surrealismo visto puede resultar algo decepcionante.

Museo Nacional de Transporte Terrestre MUSEO

(entrada 1 CUC; ⌚8.00-17.00) Un museo al aire libre 2 km al este del Valle de la Prehistoria. Es impresionante que se hayan hecho con el Cadillac de Benny Moré de 1958, con el Chevrolet con el que Raúl Castro se perdió de camino al cuartel Moncada y el Ford T-Bird de la cantante cubana Rosita Fornés.

Pero en Cuba, donde los coches de los años cincuenta son tan comunes como los puros baratos, un museo de estas características equivale a tener un museo Toyota Yaris en Kioto.

Playa Daiquirí PLAYA

Los principales desembarcos durante la Guerra Hispano-Estadounidense tuvieron lugar el 24 de junio de 1898 en esta playa, a 2 km por una carretera secundaria desde el Museo Nacional de Transporte Terrestre. La playa lleva el nombre de un cóctel pero, actualmente, es una zona de vacaciones para personal militar y la entrada está prohibida.

Comunidad Artística Verraco GALERÍA

(⌚9.00-18.00) A 10 km pasado el desvío a la playa Daiquirí hay otro pueblo de pintores, ceramistas y escultores que tienen estudios abiertos (el desvío no está señalizado). El viajero podrá visitar a los artistas y comprar obras de arte originales. Lo único que le falta es un buen café ecológico.

Exposición Mesoamericana PARQUE

(entrada 1 CUC) En Cuba todas las zonas turísticas parecen tener algún tipo de atracción que recrea el arte o vida indígenas. En este caso se encarga de hacerlo la Exposición Mesoamericana, al este del hotel Club Amigo Carisol-Los Corales, que exhibe reproducciones de arte rupestre mesoamericano en una serie de cuevas a lo largo de la costa.

Laguna Baconao LAGO

Situado 2 km al noreste de Los Corales, el viajero encontrará un restaurante, alquiler de barcas de remo (2 CUC/persona; 10 CUC mín.) y varias excursiones breves al borde del lago, además de un zoo de aspecto desolado con cocodrilos y otros animales. En el lago supuestamente viven delfines salvajes. La excursión guiada por el **Sendero al Cimarrón** (entrada 2 CUC) recorre 2 km de costa y pone al descubierto flora y fauna de este lago 80% de agua salada y 20% de agua dulce. Una carretera desde la aldea de Baconao sigue la ribera norte del lago hasta Casa de Rolando, un restaurante aceptable.

Desde la **playa Baconao**, en el extremo este del lago, una carretera asfaltada sigue durante 3,5 km hasta el bonito **valle del río Baconao** antes de convertirse en una pista forestal. Hay un puesto de control militar que prohíbe el paso a quienes pretenden continuar por el camino de la costa hacia Guantánamo, ya que pasa junto a la base naval estadounidense. Se puede seguir viajando hacia el este, pero no sin antes regresar a Santiago de Cuba, a 50 km, y tomar la carretera del interior.

Actividades

En la Finca la Porvenir y en la laguna Baconao hay equitación.

Centro Internacional de Buceo Carisol-Los Corales SUBMARINISMO (www.nauticamarlin.com; Club Amigo Carisol-Los Corales) Situado en el hotel del mismo nombre 45 km al este de Santiago, este centro recoge a los submarinistas en otros hoteles aproximadamente una vez al día. Hacer submarinismo cuesta 30/59 CUC por 1/2 inmersiones, con equipo. Hay dos barcos con capacidad para 20 personas que llevan a cualquiera de los 24 puntos de inmersión de la zona. El curso de acreditación en aguas abiertas cuesta 365 CUC. Hay varias zonas de pecios cerca de la costa, y numerosos meros negros a los que se puede dar de comer con la mano.

Las aguas en esta franja de costa son de las más cálidas de Cuba (entre 25 y 28°C); la visibilidad es mejor entre febrero y junio.

Dónde dormir

Rosa y Enrique CASA PARTICULAR $ (58-22-75-29; carratera Baconao km 17,5, Comunidad Artística Verraco; h 25 CUC) Una de las mejores habitaciones, aunque suele estar ocupada por artesanos de paso. El viajero se alojará en la casa de dos ceramistas. Cabe esperar mucha decoración hecha a mano y una bonita y frondosa terraza.

Club Amigo Carisol-Los Corales RESORT $$ (35-61-21; todo incluido. i/d/tr 91/130/178 CUC; P ❄ @ ≋) Su bar piscina, las sombrillitas en la piña colada y la banda de música tocando *Guantanamera* frente al bufé, anuncian al viajero que esto es territorio "todo incluido". Situado 44 km al este de Santiago, el Carisol-Los Corales está en la mejor sección de toda esta costa. Tiene pista de tenis, discoteca, múltiples excursiones de un día y espaciosas y luminosas habitaciones. Quienes no se alojen aquí pueden comprar un pase de un día, por 15 CUC, que incluye el almuerzo.

Hotel Costa Morena HOTEL $$ (35-61-35; i/d 44/70 CUC; P ❄ ≋) Situado en Sigua, 44 km al sureste de Santiago de Cuba. La arquitectura es atractiva y cuenta con una gran terraza justo sobre el acantilado, pero no tiene acceso directo a la playa. Aun así el nado es seguro gracias a la protección ofrecida por un arrecife. Un autobús efectúa el traslado a la playa del Club Amigo Carisol-Los Corales.

Dónde comer

Se recomienda el restaurante del Club Amigo Carisol-Los Corales o el del **Aquario Baconao** (carretera Bacanao, entre Costa Morena y Club Amigo Carisol-Los Corales; entrada 7 CUC; 9.00-17.00).

Finca el Porvenir CARIBEÑA $$ (carretera de Baconao km 18; 9.00-17.00) A la izquierda de la carretera principal, unos 4 km al este de El Oasis. Preparan sencilla comida criolla y disponen de una magnífica piscina y equitación. El único impedimento para relajarse es la música ensordecedora al borde de la piscina.

Restaurante Casa de Rolando PESCADO Y MARISCO $$ (carretera Baconao km 53; 10.30-17.00) Un lugar pintoresco en la orilla norte de la laguna Baconao.

Fiesta Guajira CARIBEÑA $$ (carretera Baconao, El Oasis; 9.00-17.00) Antiguamente un rodeo, hoy básicamente un restaurante.

Cómo llegar y salir

Muchos llegan a los distanciados puntos de interés de Baconao en coche particular, en taxi o en un viaje organizado desde Santiago de Cuba. Cubataxi suele cobrar aproximadamente 0,50 CUC/km. También puede alquilarse un ciclomotor en **Cubacar** (Club Bucanero) por 24 CUC al día.

El autobús 415 sale de la terminal municipal de autobuses en la avenida de la Libertad de Santiago recorriendo esta ruta tres veces al día. Compruébense los horarios, ya que no son de fiar.

A la hora de planificar el viaje es importante recordar que la ruta de la costa entre Baconao y Guantánamo está cerrada a los no residentes.

Cómo desplazarse

Cubacar en el Club Amigo Carisol-Los Corales dispone de coches y motocicletas.

La **gasolinera Servi-Cupet** (Complejo la Punta; 24 h) está 28 km al sureste de Santiago de Cuba.

El Cobre

La basílica de Nuestra Señora del Cobre, en lo alto de una colina 20 km al noroeste de Santiago de Cuba en la vieja carretera a Bayamo, es el lugar de peregrinaje más sagrado de Cuba y santuario de la patrona de la nación: la Virgen de la Caridad, o Cachita, como también se le conoce. En la santería, la Virgen se sincretiza con la hermosa *orisha* Ochún, la diosa yoruba del amor y la danza e icono religioso de casi todas las mujeres cubanas. Ochún está representada por el color amarillo, los espejos, la miel, las plumas de

OFRENDAS FAMOSAS A CACHITA

Son muchos los que han hecho ofrendas a la Virgen de El Cobre, algunas de ellas famosas. El donante más conocido fue Ernest Hemingway que, en 1954, optó por donar la medalla de oro de 23 quilates del Premio Nobel de Literatura al "pueblo cubano". En lugar de entregarla al régimen de Batista, Hemingway donó la medalla a la Iglesia Católica que, posteriormente, la colocó en el santuario. La medalla fue robada un tiempo en la década de 1980 y, a pesar de ser recuperada pocos días más tarde, se ha mantenido cerrada a los ojos del público desde entonces.

En 1957 Lina Ruz dejó una pequeña estatuilla a los pies de la Virgen para rezar por la seguridad de sus dos hijos –Fidel y Raúl Castro– que entonces luchaban en la sierra Maestra. El destino (o quizá el espíritu de El Cobre) brilló y ambos siguen en vida.

Más recientemente, la disidente cubana Yoani Sánchez visitó la Virgen y dejó su premio periodístico Ortega y Gasset en el santuario donde, en sus propias palabras, "el brazo largo del censor no entra".

pavo real y el número cinco. En la mente de muchos devotos, la devoción a ambas figuras religiosas se encuentra entrelazada.

Cuenta la leyenda que la figura de la Virgen fue hallada en el mar flotando sobre una tabla en la bahía de Nipe en 1612 por tres pescadores llamados los "tres Juanes" que fueron atrapados en una violenta tormenta. Con sus vidas en peligro sacaron la estatuilla del agua y encontraron las palabras "Yo soy la Virgen de la Caridad" inscritas sobre la tabla. Cuando la tormenta amainó y conservaron la vida, creyeron que se había producido un milagro y así nació una leyenda.

La mina de El Cobre, cuyo yacimiento ya era explotado en la época precolombina, fue en otro tiempo la mina más antigua del hemisferio occidental (los españoles la explotaron a partir de 1530). La mina cerró en el año 2000, y muchos de los habitantes de la aldea que antes trabajaban en ella intentan vender piedras brillantes sin ningún valor. Un "¡no, gracias!" contundente a la par que educado suele ser suficiente para que no insistan. El camino a la basílica está lleno de vendedores de coronas de flores y de figuritas de "la Cachita".

Puntos de interés

Basílica de Nuestra Señora del Cobre IGLESIA

(⏲6.00-18.00) Sobre el pueblo de El Cobre, el lugar religioso más venerado de Cuba resplandece sobre las colinas verdes como fondo. Menos cuando hay misa, la imagen de la virgen se guarda en una pequeña capilla sobre el centro de información, en uno de los lados de la basílica. Para verla, hay que tomar cualquiera de las escaleras a ambos lados de la entrada. La imagen es sorprendentemente diminuta. Merece especial mención el increíble escudo de armas cubano bordado en el centro del manto. Abajo, en el centro de información, está la Sala de los Milagros, que contiene miles de ofrendas de los peregrinos, desde mechones de pelo hasta una tesis.

Diversas señales en el pueblo indican la ubicación del **monumento al Cimarrón,** al que se llega tras 10 min de subir una escalera de piedra. La escultura conmemora la revuelta de esclavos mineros del cobre, ocurrida en el s. XVII. Hoy es el lugar de una de las concentraciones de Santería más importantes de Cuba en el mes de julio: la Ceremonia a los Cimarrones (parte de la Fiesta del Caribe). Las vistas desde allí son magníficas; desde uno de los lados se divisan acantilados de color cobrizo sobre aguas verdiazules.

Dónde dormir y comer

Hospedería el Cobre ALBERGUE $

(☎34-62-46; i/d 25/40 CUC) Este amplio edificio detrás de la basílica cuenta con 15 sencillas habitaciones con una, dos o tres camas, todas con cuarto de baño. Las comidas se sirven a las 7.00, las 11.00 y las 18.00, puntualmente, y hay una amplia sala de estar. Las monjas que la regentan son muy hospitalarias. Dos de las reglas de la casa son las que prohíben la bebida y el hospedaje de parejas que no sean matrimonio. Se recomienda hacer un donativo de un convertible para el santuario. Los extranjeros deben reservar con hasta 15 días de antelación.

En la aldea también hay diversos puestos de comida que comercian en pesos; venden batidos, *pizzas* y sándwiches de cerdo ahumado.

ℹ Cómo llegar y salir

El autobús 2 a El Cobre sale dos veces diarias de la **terminal intermunicipal de ómnibus** (av. de los Libertadores esq. calle 4), en Santiago. Los camiones cubren la misma ruta con mayor frecuencia.

El viaje con Cubataxi desde Santiago de Cuba cuesta unos 25 CUC ida y vuelta.

Quienes se dirijan hacia Santiago de Cuba en coche desde el oeste tienen la posibilidad de incorporarse a la autopista nacional cerca de Palma Soriano, pero a menos que uno tenga prisa, se recomienda seguir la carretera Central, que discurre por parajes más atractivos.

El Saltón

Regodeándose en sus bien merecidas credenciales ecológicas, El Saltón es un tranquilo hotel de montaña en el municipio del Tercer Frente. Remoto y de difícil acceso (de eso se trata), consta de un hotel, un mirador en lo alto de una colina y una cascada de 30 m con una piscina natural ideal para nadar. Los guías del hotel ofrecen excursiones a caballo o de senderismo a los baños termales o a las plantaciones de cacao cercanas (Delicias del Saltón). Claro que uno siempre puede partir en solitario y abrirse camino entre las numerosas aldeas de montaña, algunas con nombres tan 'seductores' como Filé o Cruce de los Baños.

Dónde dormir

Hotel Horizontes el Saltón HOTEL **$$**

(☎56-64-95; carretera de Puerto Rico a Filé; i/d 40/60 CUC desayuno incl.; P ❄ ≈) El hotel de 22 habitaciones está distribuido en tres bloques separados que se acurrucan como casas escondidas entre un espeso follaje. Cuenta con interesantes extras como una sauna, un *jacuzzi*, masaje y con una cascada y piscina naturales. Tiene un restaurante-bar aceptable con una solicitada mesa de billar, junto a un río de montaña. Todo ello compensa por las habitaciones (que no son nada especial).

ℹ Cómo llegar y salir

Para llegar hasta El Saltón hay que seguir el camino que discurre hacia el oeste desde El Cobre hasta Cruce de Baños, 4 km al este de Filé. El Saltón está 3 km al sur de Filé. Tras una ardua negociación en Santiago de Cuba, lo más normal es que el viajero consiga que algún taxi le llevé hasta El Saltón por 40 CUC. Será un dinero bien empleado.

Chivirico y alrededores

5800 HAB.

Chivirico, 75 km al suroeste de Santiago de Cuba y 106 km al este de Marea del Portillo, es la única ciudad de importancia en la atractiva carretera de la costa sur que, en sí, es un vaivén de montañas, arrugadas bahías y olas que rompen, lo que conforma uno de los viajes por carretera más bonitos de Cuba. El transporte público hasta Chivirico es relativamente bueno, pero bastante deficiente a partir de allí.

Chivirico en sí tiene poco que ofrecer, aunque hay una excursión difícil que empieza en Calentura, 4 km al oeste. Cruza la sierra Maestra hasta Los Horneros (20 km); en Los Horneros suele ser bastante fácil encontrar un camión de pasajeros a Guisa. Las autoridades locales, un tanto volubles, pueden presentar problemas a la hora dejar al viajero a sus anchas por la zona. Antes de aventurarse hay que preguntar en sitios como Cubatur en Santiago o en el hotel Brisas Sierra Mar.

Dónde dormir

Campismo Caletón Blanco BUNGALÓS **$**

(☎62-57-97; Caletón Blanco km 30, Guamá; i/d 15/25 CUC; P ❄) Es uno de los dos campismos situados en esta ruta (el otro es La Mula); este es el más cercano a Santiago (30 km) y el más nuevo. Cuenta con 22 bungalós donde pueden dormir de dos a cuatro personas. También hay un restaurante, un bar, alquiler de bicicletas y servicios para autocaravanas. Conviene reservar en la oficina de Cubamar en La Habana antes de llegar.

Brisas Sierra Mar CENTRO VACACIONAL **$$**

(☎32-91-10; todo incl. i/d 70/100 CUC; P ❄ @ ≈ 👶) Un enclave aislado pero muy atractivo en playa Sevilla, 63 km al oeste de Santiago de Cuba y a 2 h en coche del aeropuerto. El edificio del hotel, con forma de pirámide, queda ubicado en una ladera terraceada. Una impresionante pared coralina a 50 m de la orilla es excelente para el buceo de superficie (a veces se ven los delfines).

El hotel ofrece actividades para niños (los menores de 13 años se alojan gratis) y equitación, y dentro del complejo hotelero hay un centro de buceo Marlin. Se puede adquirir un pase de un día por 35 CUC, el cual incluye el almuerzo, bebidas y actividades deportivas hasta las 17.00.

ℹ Cómo llegar y salir

Todos los días salen bastantes camiones a Chivirico desde la estación de autobuses de Serrano,

DE SANTIAGO DE CUBA AL PICO TURQUINO EN BICI

La carretera de la costa de 125 km que conecta Santiago de Cuba y el pico Turquino es, posiblemente, la excursión en bicicleta más pintoresca de Cuba, más si cabe por el hecho de que el tráfico es mínimo. Sin embargo, aunque la mayor parte de la carretera está asfaltada, hay algunos tramos de gravilla o en mal estado por lo que es buena idea hacerla con un par de ruedas resistentes. Cuando se escribía esta guía, no había buenas tiendas de bicicletas en Santiago, así que lo mejor es llevar la propia. El que no pueda permitirse ese lujo puede alquilar una bicicleta en Santiago (o incluso encontrar a alguien dispuesto a construir una desde cero a cambio de un apretón de manos o de una lata de Bucanero). Como casi todo en Cuba: querer es poder.

El primer día se sale de Santiago por la costa hasta Chivirico. Pedalear en las ciudades cubanas nunca es fácil y Santiago no es ninguna excepción. Cabe esperar reguetón, contaminación por humos de tubo de escape y peatones despistados que bloquean el camino al subir por el empinado paseo Martí para salir de la ciudad. Pero hay que mantener la fe, porque el viajero pronto olvidará la experiencia cuando llegue a playa Mar Verde (después de 17 km), la primera de muchas playas de piedras que salpican esta ruta costera.

El viaje de 55 km desde allí hasta Chivirico es un placer: seguramente el viajero verá más cerdos sueltos que coches y los cangrejos superan en número a los humanos. Hay algunos tramos con peligrosos baches pero el viento de cola es generoso. El viejo Motel Guamá, unos 4 km al este de Chivirico, está cerrado aunque las casas particulares de la ciudad (a pesar de ser solo para cubanos) se muestran muy dispuestas a hacer la vista gorda. Brisas Sierra Mar en la playa Sevilla es otra posibilidad de alojamiento. En cuanto a comida, la opción más auténtica es el restaurante de la isla Cayo Damas: se pueden contratar botes a pedales a solo 1 km al oeste del motel. Aprovéchese la oportunidad de abastecerse de agua embotellada y de galletas Brinky en Chivirico, ya que a partir de este punto hay pocos vendedores.

El segundo día depara una sorpresa. Unas cuantas subidas factibles se ven compensadas con el tipo de bajadas, largas y serpenteantes, con las que los ciclistas sueñan, aunque es difícil no parar para tomar fotos de las impresionantes vistas con las escarpadas montañas de la sierra Maestra chocando contra el azul del mar del Caribe.

Unos 50 km más tarde, después de pasar por encima de un puente agrietado y por un túnel desintegrado, se llega al cuartel general del pico Turquino: el final de esta ruta pero en modo alguno el final de la carretera. Desde allí algunos subirán hasta la cumbre más alta de Cuba, y otros seguirán por la costa hasta Pilón, Manzanillo y más lejos. Independientemente de lo que se haga, la carretera sur de la costa es un viaje en bicicleta inolvidable y el viajero lo hará solo, al menos por ahora.

Greg Dickinson

frente a la estación de trenes de Santiago. También hay tres autobuses diarios.

En teoría hay un camión diario por el Campismo la Mula y el punto de inicio de la excursión al pico Turquino, pero desde el huracán el transporte a Marea del Portillo es casi inexistente (la carretera es prácticamente intransitable).

El Uvero

Uno de los puntos de inflexión de la guerrilla tuvo lugar en este anodino pueblo, 23 km al oeste de Chivirico; fue el 28 de mayo de 1957, fecha en que el ejército rebelde de Castro –que entonces todavía no sumaba más de 50 hombres– se hizo con un puesto custodiado por 53 soldados de Batista. Junto a la calle principal se pueden ver dos camiones rojos tomados por los rebeldes, y no muy lejos una doble hilera de palmas reales conduce a un monumento en honor a la batalla. Es un lugar que, aunque poco visitado, es bastante emotivo.

Zona del pico Turquino

Cerca de la frontera de las provincias de Granma y Santiago de Cuba se encuentra este enclave de Las Cuevas, trampolín a la montaña más alta de Cuba.

Puntos de interés

Museo de la Plata MUSEO

(entrada 1 CUC; ma-sa) A 5 km de Las Cuevas (40 km al oeste de El Uvero) se encuentra este pequeño museo en La Plata, justo debajo de la carretera. La primera escaramuza de éxito de la Revolución cubana tuvo lugar en este lugar el 17 de enero de 1957. Las exposiciones comprenden el pedazo de papel firmado por los 15 supervivientes del *Granma*.

Marea del Portillo está otros 46 km en dirección oeste. No hay que confundir este museo con la Comandancia de La Plata, el cuartel general revolucionario de Fidel Castro en la sierra Maestra.

Actividades

Cristóbal Colón SUBMARINISMO

El pecio bien conservado del crucero español *Cristóbal Colón* yace donde se hundió en 1898, a unos 15 m de profundidad y a solo 30 m de la costa cerca de La Mula. Es el más grande de Cuba, un auténtico vestigio de la guerra entre España, Cuba y EE UU. No hay equipo disponible pero bastan unas gafas y un tubo de buceo para ver el pecio.

Excursionismo

Se puede caminar por el río Turquino hasta Las Posas de los Morones, que tiene unas cuantas piscinas bonitas (para la excursión de ida y vuelta hay que calcular 4 h).

Pico Turquino EXCURSIONISMO

La excursión a este **pico** (refugio 2 días y 1 noche 30 CUC) suele atacarse desde Las Cuevas, en la remota carretera de la costa 130 km al oeste de Santiago de Cuba (junto con el otro punto de inicio, Santo Domingo, en la provincia de Granma). Esta ruta es probablemente la más fácil y rápida. Si el viajero desea zambullirse en la historia de la zona y andar hasta la Comandancia de La Plata es mejor salir desde Santo Domingo. Pueden combinarse ambas opciones en una travesía espectacular con Ecotur (p. 424).

➡ Acampada y refugios

La ruta de Las Cuevas empieza en la carretera de la costa, 7 km al oeste de Ocujal y 51 km al este de Marea del Portillo. Este recorrido también pasa por la segunda montaña más alta de la isla, el pico Cuba (1872 m). Hay que contar al menos unas 6 h para subir y cuatro para bajar, más si ha estado lloviendo, pues la pista se inunda o resbala en algunos tramos. Conviene llegar al sendero antes de las 6.30 para hacer la excursión de ida y vuelta. Se puede dormir en el Campismo la Mula, 12 km al este. Los excursionistas independientes pueden acampar o hacerse con una de las camas del centro de visitantes de Las Cuevas. La entrada de 15 CUC por persona (cámara 5 CUC extra) que se paga en el centro de visitantes incluye un guía cubano obligatorio. Puede pasarse la noche en el **refugio** del pico Cuba si no quiere bajarse el mismo día. En su defecto, se puede hacer la excursión de dos días Las Cuevas–Santo Domingo entera (con transporte desde Alto del Naranjo) contratando a un nuevo equipo de guías desde el pico Turquino.

➡ La ruta

El ascenso es extenuante; el terreno se eleva casi 2 km en tan solo 9,6 km de sendero. En cualquier caso, la sombra y las excelentes vistas contribuyen a aligerar la sensación de esfuerzo. Mejor beber bastante agua antes de emprender el camino. La ruta, bien señalizada, parte de Las Cuevas y pasa por La Esmajagua (600 m; 3 km; hay agua), el pico Cardero (1265 m; a continuación sigue una zona de escalones casi verticales conocida como Saca la lengua), el pico Cuba (1872 m; 2 km; agua y refugio disponibles) y finalmente llega al pico Turquino (1972 m; 1,7 km). En la cima de la montaña hay un busto de bronce de José Martí. Se puede pasar la noche en el rudimentario refugio del pico Cuba.

➡ Qué llevar

Los senderistas deben ir provistos de suficiente comida, ropa de abrigo, un saco de dormir y un impermeable; en esta zona llueve bastante (unos 2200 mm anuales). Menos agua, el viajero deberá llevar consigo todo lo que necesite, incluido un poco de comida extra para los compañeros que hacen jornadas de 15 h en el pico Cuba.

Se puede preguntar antes sobre la comida disponible en el pico Cuba. En la cabecera de la ruta, en Las Cuevas, venden bebidas. Es de rigor dar una propina a los guías (entre 3 y 5 CUC es suficiente).

Dónde dormir

Campismo La Mula BUNGALÓS **$**

(carretera Granma km 120; i/d 7/10 CUC) Situado en una remota playa de guijarros, 12 km al este del comienzo del sendero al pico Turquino, La Mula cuenta con 50 pequeños bungalós y es prácticamente la única opción de alojamiento. Conviene informarse y reservar con antelación. Dispone de un restaurante-cafetería básico.

Cómo llegar y salir

Varios camiones y algún que otro autobús destartalado enlazan La Mula y Chivirico, pero no tienen un horario fijo; no hay que contar con más de uno diario. Un taxi desde Santiago debe costar entre 50 y 60 CUC. El tráfico es prácticamente inexistente en esta zona.

Provincia de Guantánamo

☎021 / 511 100 HAB.

Sumario »

Los mejores restaurantes

- Restaurante 1870 (p. 440)
- Bar-Restaurante La Terraza (p. 450)
- La Rosa Náutica (p. 450)
- Rancho Toa (p. 453)

Las mejores excursiones

- El Yunque (p. 453)
- Parque Nacional Alejandro de Humboldt (p. 453)
- Río Toa (p. 453)
- Boca de Yumurí (p. 445)

Por qué ir

En el imaginario colectivo, Guantánamo es sinónimo de presos anónimos vestidos con monos naranjas. Pero la provincia más húmeda, seca, calurosa y montañosa de Cuba no es solo una anacrónica base naval estadounidense. Cuba en términos modernos se inició en esta zona en 1511, cuando Diego Velázquez y su grupo de colonos desembarcaron sin invitación en la lluviosa costa este. Hoy su recuerdo perdura en Baracoa, la ciudad que fundó Velázquez, uno de los asentamientos más remotos del país y en consecuencia, exquisitamente único.

La accidentada arteria de transporte de la provincia es La Farola, una de las siete maravillas de ingeniería de la Cuba moderna, una serpenteante montaña rusa que discurre desde la árida costa sur, plagada de cactus, hasta las húmedas Cuchillas de los montes Toa. Cubierta por el fecundo Parque Nacional Alejandro de Humboldt, esta zona fuertemente protegida es una de las últimas y más diversas franjas de bosque húmedo virgen que quedan en el Caribe.

Cuándo ir

- El celebración más importante de Baracoa, la Semana de la Cultura Baracoense (p. 449) , es a finales de marzo o principios de abril.
- Guantánamo se anima a mediados de diciembre durante el Festival Nacional de Changüí.
- Para escapar de las peores tormentas de Baracoa conviene evitar septiembre y octubre. El clima de Guantánamo es muy variable, pero depende más de la geografía que de la estación.

Imprescindible

1. Encontrar la rana más pequeña del mundo en el **Parque Nacional Alejandro de Humboldt**, el parque nacional más diverso del Caribe (p. 453).

2. Probar el popurrí culinario de la exótica **Baracoa** (p. 445).

3. Recorrer en bicicleta **La Farola**, la carretera del faro desde Cajobabo a Baracoa (p. 452).

4. Echar un vistazo a las estatuas de piedra del **Zoológico de Piedras** (p. 444).

5. Abrirse paso por la selva tropical hasta la cima de **El Yunque** (p. 453), la misteriosa montaña de cumbre llana de Baracoa.

6. Descubrir los misterios de la música changüí en la ciudad de **Guantánamo** (p. 438).

7. Imaginar la vida de los taínos antes de Colón en el **Museo Arqueológico La Cueva del Paraíso** (p. 447) de Baracoa.

8. Tomar una barca río arriba desde **Boca de Yumurí** a través de las fauces de la misteriosa garganta del río (p. 445).

Historia

Mucho antes de la llegada de los españoles, los taínos poblaban las montañas y los bosques que rodean Guantánamo, dedicados a la pesca, la caza y a pequeñas explotaciones agrícolas. Colón llegó a la zona por primera vez en noviembre de 1492, más o menos un mes después de su primer desembarco en tierras americanas, cerca de Gibara, y plantó una pequeña cruz de madera en una hermosa bahía que ceremoniosamente bautizó como Porto Santo, la idílica isla portuguesa de Madeira. Los españoles volvieron en 1511 bajo el mando del hijo del almirante, Diego, en una flotilla de cuatro buques y 400 hombres entre los que se encontraba el primer gobernador de la isla, Diego Velázquez de Cuéllar. Tras construir un fuerte de madera improvisado, levantaron el primer asentamiento colonial de la isla, Villa de Nuestra Señora de la Asunción de Baracoa y sufrieron reiterados ataques por parte de indígenas hostiles liderados por un cacique local llamado Hatuey.

Con el traslado de la capital a Santiago en 1515, la región de Guantánamo perdió importancia y se convirtió en una zona marginal para los colonizadores, una región montañosa y semisalvaje alejada de todo y casi impenetrable donde se desterraba a los prisioneros. En el s. XVIII los hacendados esclavistas franceses expulsados de Santo Domingo cuando la colonia se convirtió en Haití se asentaron en la zona. Reconstruyeron allí su sistema de explotación de la tierra basado en la mano de obra esclava de origen africano pero, en lugar del monocultivo de caña de azúcar, diversificaron la producción con café y algodón. Tras la guerra Hispano-Cubana-Estadounidense (Guerra de Cuba en la historiografía hispana), las tropas estadounidenses que habían participado en el conflicto del lado de los criollos se instalaron en la bahía de Guantánamo. Y, después de todo lo que ha llovido desde entonces, Revolución, crisis de los misiles y hecatombe comunista de por medio, ahí siguen.

Guantánamo

216 700 HAB.

Todo viajero sabe que los descansos en mitad de un viaje pueden brindar momentos mágicos. Este es el caso de Guantánamo, lo que puede resultar extraño habida cuenta que la zona es motivo de un asunto político candente por la base naval estadounidense (véase p. 441). Así que quienes paran en Guantánamo no saben qué esperar de la ciudad en sí.

La ciudad no es visualmente atractiva, lo que explica su discreto papel en el circuito turístico. Pero la vida nocturna es formidable y la ciudad ha engendrado su propia versión del son tradicional (música popular cubana) conocida como son-changüí. Los combativos guantanameros han conseguido también 11 medallas de oro en las olimpiadas, han puesto un hombre en órbita (el cosmonauta cubano Arnaldo Tamayo)... y luego está la insignificante cuestión de la canción, *Guantanamera* (cuando uno llegue aquí, la habrá oído mínimo 25 veces).

El lugar fue 'descubierto' por Colón en 1494. Sin embargo, no se construyó ningún asentamiento hasta 1819, cuando varios hacendados franceses expulsados de Haití fundaron la ciudad de Santa Catalina del Saltadero del Guaso entre los ríos Jaibo, Bano y Guaso. En 1843 la floreciente ciudad cambió el nombre a Guantánamo, y en 1903 la Marina estadounidense, cada vez más poderosa, se instaló en la bahía cercana. Desde entonces no han dejado de saltar chispas.

Puntos de interés

La cuadrícula geométrica de Guantánamo, a todas luces insulsa, posee no obstante un cierto ritmo. Unas cuantas calles al sur de Bartolomé Masó, la arbolada avenida Camilo Cienfuegos es el mejor sitio para meterse en el ambiente con la gente que hace deporte por la mañana, sus extrañas esculturas y el paseo central al estilo Las Ramblas.

Palacio Salcines — EDIFICIO RELEVANTE

(Pedro A. Pérez esq. Prado) El arquitecto local Leticio Salcines (1888-1973) dejó una gran cantidad de obras impresionantes en torno a Guantánamo, entre las que figuran su residencia construida en 1916, un lujoso monumento considerado el más representativo de la ciudad. El palacio es ahora un **museo** de coloridos frescos, porcelana japonesa y otros objetos similares. Actualmente está cerrado indefinidamente por reformas.

En la torreta del palacio se encuentra *La Fama,* escultura diseñada por el artista italiano Americo Chine y símbolo de Guantánamo, con su trompeta que anuncia lo bueno y lo malo.

Plaza Mariana Grajales — PLAZA

El enorme y pomposo **monumento a los Héroes** glorifica a la Brigada Fronteriza, "que defiende la trinchera de vanguardia

Guantánamo

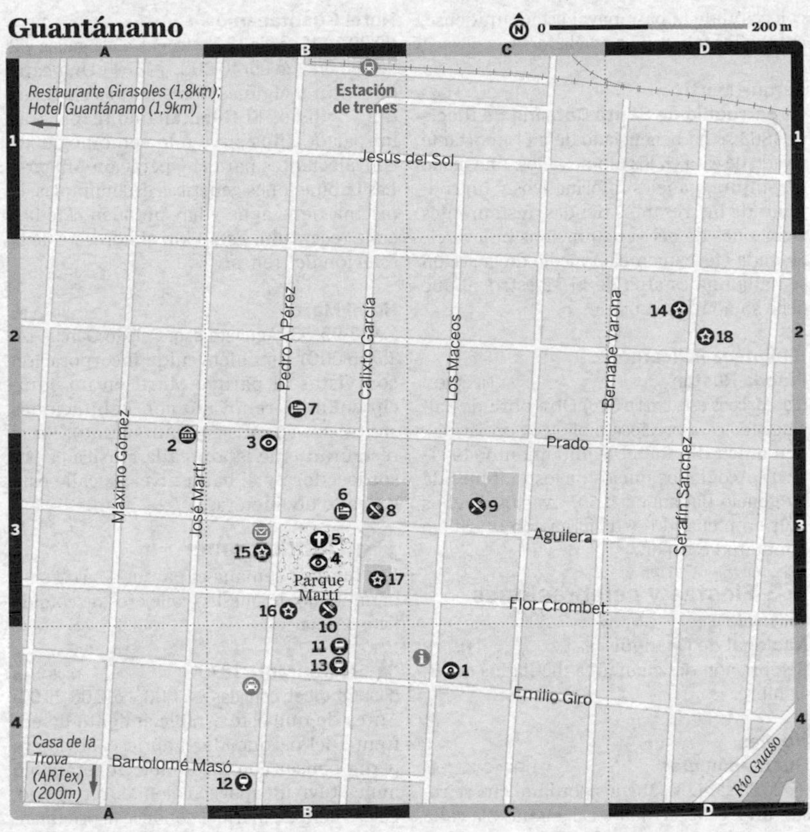

Guantánamo

Puntos de interés
1 Biblioteca Policarpo Pineda Rustán C4
2 Museo Municipal A3
3 Palacio Salcines B3
4 Parque Martí B3
5 Parroquia de Santa Catalina de Riccis B3

Dónde dormir
6 Hotel Martí B3
7 Lissett Foster Lara B2

Dónde comer
8 Bar-Restaurante Olimpia B3
9 Plaza del Mercado Agro Industrial C3
10 Restaurante 1870 ..... B3

Dónde beber y vida nocturna
11 Casa de las Promociones Musicales La Guantanamera B4
12 Club Nevada B4
13 La Ruina B4

Ocio
14 Casa de Changüí D2
15 Casa de la Cultura B3
16 Casa de la Trova (parque Martí) B3
17 Cine Huambo B3
18 Tumba Francesa Pompadour D2

del socialismo en este continente". Domina la plaza Mariana Grajales, 1 km al noroeste de la estación de ferrocarril y enfrente del Hotel Guantánamo. Es una de las plazas de la Revolución más impresionantes de la isla.

Museo Municipal MUSEO

(José Martí esq. Prado; entrada 1 CUC; ⏲14.00-18.00 lu, 8.00-12.00 y 15.00-19.00 ma-sa) Este enigmático museo contiene interesantes objetos de colección de la base naval estadounidense, entre ellos fotografías reveladoras.

Parque Martí PLAZA

La **parroquia de Santa Catalina de Riccis** de 1863 se ha beneficiado de un importante lavado de cara en los últimos años: una mano de pintura, paneles informativos y un conjunto de interesantes tiendas, restaurantes y rincones de ocio en animados bulevares. Sentada eternamente en medio de la acción se halla una estatua de El Maestro, al que debe su nombre la plaza.

Biblioteca Policarpo Pineda Rustán BIBLIOTECA

(Los Maceos esq. Emilio Giro) Otra obra de Salcines fue esta preciosa biblioteca provincial, que en su día fue el ayuntamiento (1934-1951). Acogió los juicios de los matones de Fulgencio Batista en 1959, y varios de ellos murieron cuando se hicieron con un rifle e intentaron escapar.

Fiestas y celebraciones

Festival Nacional de Changüí MÚSICA

Celebración del changüí a mediados de diciembre.

Noches Guantanameras FIESTA CALLEJERA

(20.00 sa) Los sábados por la noche se reservan a esta tertulia local, cuando la calle Pedro A. Pérez se cierra al tráfico y se instalan puestos callejeros. Hay cerdo asado, música y generosas cantidades de ron.

Dónde dormir

★ **Villa La Lupe** HOTEL $

(38-26-12; carretera de El Salvador km 3,5; i/d 24/38 CUC; P) Situado 5 km al norte de la ciudad por la carretera de El Salvador, es el mejor alojamiento de Guantánamo. Su nombre proviene de una canción de Juan Almeida, superviviente del Moncada y del Granma. Las cabañas, atractivas y espaciosas, se disponen en torno a una piscina central. El restaurante contiguo, que sirve los platos habituales de cerdo y arroz, da a un río arbolado.

Lissett Foster Lara CASA PARTICULAR $

(32-59-70; Pedro A. Pérez nº 761, entre Prado y Jesús del Sol; h 20-25 CUC;) La casa de Lissett es pulcra, confortable y adornada con lujosos muebles. Ofrece tres habitaciones, incluida una en la azotea.

Hotel Guantánamo HOTEL $

(38-10-15; calle 13 Norte, entre Ahogados y 2 de Octubre; i/d 25/40 CUC; P) Una capa de pintura, algunas flores nuevas en el jardín y... ¡listo! El Guantánamo reabre tras un par de años sirviendo como hogar de convalecientes para la Operación Milagro. Las habitaciones genéricas están limpias, la piscina tiene agua y hay un buen café-bar en la recepción. Está 1 km al noroeste de la estación de trenes.

Hotel Martí HOTEL $$

(32-95-00; Aguilera esq. Calixto García; i/d 35/56 CUC) Una bienvenida incorporación con vistas al parque Martí en un edificio colonial renovado con habitaciones suntuosas (para ser Guantánamo). En el restaurante de la azotea la música es ensordecedora y el bar a nivel de calle está rodeado de jineteras.

Dónde comer

Los fines de semana el parque Martí es un batiburrillo de puestos callejeros de comida frita barata.

★ **Restaurante 1870** CUBANA $

(Flor Crombet; comidas 2-5 CUC; 12.00-23.00) Antes de que este establecimiento de enfrente del parque Martí abriese, el viajero podía pensar con razón que Guantánamo nunca tuvo un apogeo colonial. Pero ya no. La escalera de mármol conduce al ornamentado bar desde donde se puede contemplar la principal zona de comida: carne, pollo, cerdo...

Restaurante Girasoles CARIBEÑA $

(calle 15 Norte esq. Ahogados; comidas 1-5 CUC; 12.00-21.30) Una estatua desnuda, no un girasol, señala la entrada al que es, por eliminación, uno de los mejores restaurantes de Guantánamo. Está detrás del Hotel Guantánamo y sirven (a paso de caracol) pollo y pescado, a veces con salsas interesantes. La terraza es muy frecuentada por la tarde.

Bar-Restaurante Olimpia HAMBURGUESAS $

(Calixto García esq. Aguilera; 9.00-24.00) Este bar-restaurante exhibe camisetas de béisbol enmarcadas, camisetas de boxeo y artículos de atletismo. En el interior hay un pequeño patio y un bar en el entresuelo donde tomar cerveza y hamburguesas bastante buenas, junto con los platos cubanos típicos: todo con vistas al vecino parque Martí.

GITMO: UNA PEQUEÑA HISTORIA

Obtenida mediante la infame Enmienda Platt en 1903 tras la Guerra Hispano-Estadounidense, la razón original de EE UU para anexarse la bahía de Guantánamo (o Gitmo, como generaciones de nostálgicos marines estadounidense la han apodado sin sentimentalismos) fue principalmente para proteger el acceso oriental al estratégico Canal de Panamá.

En 1934, una actualización del primer tratado reafirmó los términos del arrendamiento y acordó cumplirlos de manera indefinida, a menos que ambos Estados conviniesen lo contrario. Se establecía, asimismo, un alquiler anual de unos 4000 US$, suma que EE UU continúa abonando, aunque los cubanos se niegan a aceptarla, alegando que la ocupación es ilegal (se dice que Castro almacenaba los cheques en el primer cajón de su escritorio).

Hasta 1958, cuando se prohibió oficialmente el tráfico motorizado entre Guantánamo y el exterior, cientos de cubanos viajaban cada día para trabajar en la base, y algunos empleados continuaron realizando el trayecto hasta comienzos del s. XXI. La base militar estadounidense más antigua sobre suelo extranjero se amplió después de la II Guerra Mundial y ha sufrido numerosas metamorfosis en los últimos 50 años, pasando de ser un tenso campo de batalla durante la Guerra Fría a convertirse en el anacronismo político más virulento que subsiste en el hemisferio occidental.

En 1959, Castro no tardó en exigir la devolución incondicional de Guantánamo a la soberanía cubana; pero los EE UU, atascados en punto muerto con la Unión Soviética y temerosos del inminente viaje del líder cubano a Moscú, se negaron rotundamente. Al deteriorarse las relaciones entre ambos países, Cuba cortó el suministro de agua y electricidad de la base, en tanto que los estadounidenses la rodearon del mayor campo de minas de Occidente (retiradas en 1996).

La historia más reciente de la instalación es igual de notoria. En enero de 1992 se retuvo en ella temporalmente a 11 000 emigrantes haitianos, y en agosto de 1994 la base se usó para albergar a 32 000 cubanos recogidos por la Guardia Costera estadounidense cuando trataban de llegar a Florida. En mayo de 1995, los Gobiernos de ambos países firmaron un acuerdo que permitía a estos refugiados entrar en EE UU; pero, desde entonces, los inmigrantes cubanos ilegales que la Guardia Costera estadounidense apresa en el mar son devueltos a Cuba en virtud de la política de "pies mojados, pies secos".

Desde el 2002, EE UU ha retenido en el infame campamento Delta de la bahía de Guantánamo a más de 750 prisioneros sospechosos de estar vinculados a Al-Qaeda o los talibanes, sin que se presenten cargos en su contra. Los detenidos, desprovistos de asistencia jurídica y de contacto con sus familias mientras se les somete a rigurosos interrogatorios, han iniciado huelgas de hambre y al menos cuatro se han suicidado. En el 2004, Amnistía Internacional y la ONU reclamaron el cierre de la base, y la Cruz Roja elaboró informes que equiparaban ciertos aspectos del régimen del campamento con la tortura, a raíz de lo cual EE UU liberó a 420 presos y presentó cargos contra tres de ellos. A principios del 2013, el Gobierno estadounidense intentó repatriar a otros países a algunos de los cerca de 165 prisioneros restantes para su rehabilitación o dejarlos en libertad, y llevarse al resto a cárceles de EE UU.

En enero del 2009, el presidente Barack Obama prometió cerrar los campos de detención de Guantánamo y así concluir lo que calificó como "un triste capítulo de la historia de EE UU". Sin embargo, debido a la oposición de ambos partidos en el Congreso, Obama no pudo cumplir con su plazo de un año respecto a esta cuestión. La alimentación forzada de unos 100 reclusos en huelga de hambre en mayo del 2013 fue ampliamente condenada por la comunidad internacional, aumentando la presión sobre el presidente para el cierre del campamento. Obama ha reafirmado su intención de hacerlo, pero pasados varios meses de su segundo mandato, aún no está claro cuándo tendrá lugar el cierre.

Compra de alimentos

Plaza del Mercado Agro Industrial MERCADO $

(Los Maceos esq. Aguilera; ⏲7.00-19.00 lu-sa, hasta 14.00 do) El mercado municipal de verduras del pueblo es una artística y curiosa creación con cúpula roja, obra de Leticio Salcines. El resultado fue una obra bastante impactante, tanto por dentro como por fuera.

Dónde beber y vida nocturna

Dos calles que acaban de convertirse en peatonales –Aguilera y Flor Crombet– conducen una manzana al este del parque Martí y cuentan con bares animados en los que acicalados guantanameros alardean de su ropa de diseño de imitación.

La Ruina BAR

(Calixto García esq. Emilio Giro; ⏲10.00-1.00) Este edificio colonial, que amenaza ruina, tiene techos de 9 m de alto; hay muchos bancos donde sentarse después de beber otra cerveza, y un concurrido karaoke. La carta del bar está bien para tomar un bocado a mediodía.

Casa de las Promociones Musicales La Guantanamera LOCAL NOCTURNO

(Calixto García, entre Flor Crombet y Emilio Giro) Otra sala pensada para conciertos, con peñas de *rap* los jueves y trova los domingos. Esta es probablemente la casa de música más respetada.

Club Nevada LOCAL NOCTURNO

(Pedro A. Pérez nº 1008 Altos esq. Bartolomé Masó; entrada 1 CUC) Probablemente, la mejor discoteca de la ciudad. En una azotea, como suele pasar con las mejores discos.

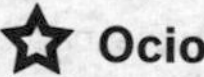

Ocio

Guantánamo cuenta con su propia cultura musical, un subgénero de son conocido como changüí (véase en esta página). El viajero puede descubrirlo en alguno de los siguientes locales.

Casa de Changüí MÚSICA EN DIRECTO

(Serafín Sánchez nº 710, entre N. López y Jesús del Sol) Como tribuna destacada de la música autóctona de Guantánamo, es el lugar donde empaparse del changüí y un templo de su principal exponente, el timbalero local Elio Revé.

★ Tumba Francesa Pompadour MÚSICA EN DIRECTO

(Serafín Sánchez nº 715) Este local, todo un clásico de la noche de Guantánamo, se encuentra cuatro calles al este de la estación de trenes y está especializado en un peculiar estilo de baile de Haití. El programa incluye sesiones con nombres como: "mi tumba baile", "encuentro tradicional" y "peña campesina".

CHANGÜÍ

Antes de considerar Guantánamo como una simple parada de autobús entre Santiago y Baracoa, uno debería escuchar los sincopados compases del changüí, el género musical autóctono de la ciudad que precede al son y suele considerarse la primera fusión genuina de tambores africanos y guitarras españolas en un marco caribeño.

Los orígenes del changüí son vagos y complejos. Sus raíces se hallan en la fusión de dos anticuados rituales musicales conocidos como *nengón* y *kiribá*, ambos creados en las montañas del Oriente a finales del s. XIX. El primero era la aportación de los trabajadores negros de las plantaciones de azúcar que vivían en los alrededores de la ciudad de Guantánamo; el segundo fue un producto de la región de Baracoa, donde había absorbido multitud de influencias de los esclavos de los franceses y de los indígenas taínos. Tanto el *nengón* como el *kiribá* eran sonidos con mucha percusión y una instrumentación simple (a veces se usaba un tocón para marcar el ritmo). Pero a medida que la música se volvió más compleja, e incorporó guitarras y melodías, se dividió en dos nuevos géneros. El nengón puro que se tocaba en la provincia de Santiago de Cuba se convirtió en el son, mientras que el nengón mezclado con el *kiribá* de la provincia de Guantánamo evolucionó en lo que hoy se conoce como changüí.

La música changüí casi siempre se toca con una composición de bongós, *tres* (guitarra), güiros y marímbulas, además de un vocalista. Rítmicamente, es más sincopado y estratificado que el son, y carece de la característica clave de son, que en este caso proporciona el tres. A principios del s. XX, mientras que el son se 'vistió de gala' y se llevó a La Habana, donde se transformó en la salsa, el changüí permaneció más cerca de su hogar y halló su máximo exponente en el guantanamero Elio Revé, cuya Orquestra Revé nutrió los gustos del gigante del *jazz*, Chucho Valdés y del rey de la salsa-songo Juan Formell (de los Van Van). Por consiguiente, el changüí se considera un estilo musical más puro que el son, que se ha mantenido fiel a sus raíces de Oriente.

Casa de la Trova (Parque Martí) MÚSICA EN DIRECTO
(Pedro Pérez esq. Flor Crombet; entrada 1 CUC) La única ciudad cubana con dos casas de la trova, ofrece un sinfín de opciones. Este local es el más tradicional, con ancianos con sombreros panamá que se olvidan de su artritis para bailar enérgicamente.

Casa de la Trova (ARTex) MÚSICA EN DIRECTO
(Máximo Gómez nº 1062; entrada 1 CUC; ⏲20.00-1.00 ma-do) Ubicada en un edificio azul real en una tranquila calle, se conoce popularmente como "el local". Ofrece la mezcla local de sonidos tradicionales con una inclinación por el son-changüí.

Casa de la Cultura CENTRO CULTURAL
(Pedro A. Pérez; gratis) Ofrece conciertos de música clásica y actuaciones de danza afrocubana.

Cine Huambo CINE
(parque Martí) Sala reformada en medio del bullicio del parque Martí.

Estadio Van Troi DEPORTES
Este estadio en el Reparto San Justo, 1,5 km al sur de la gasolinera Servi-Cupet, acoge partidos de béisbol de octubre a abril. A pesar de su fuerte tradición deportiva, el equipo de Guantánamo –apodado Los Indios– son unos eternos segundones que raramente llegan a las finales.

ℹ Información

Banco de Crédito y Comercio (Calixto García, entre Emilio Giro y Bartolomé Masó) Dos sucursales en el mismo bloque.
Cadeca (Calixto García esq. Prado) Cambio de moneda.
Clínica Internacional (Flor Crombet nº 305, entre Calixto García y Los Maceos; ⏲9.00-17.00) En la esquina noreste del parque Martí.
Etecsa Telepunto (Aguilera esq. Los Maceos; internet 6 CUC/h; ⏲8.30-19.30) Cuatro ordenadores más contados turistas igual a nada de colas.
Havanatur (Aguilera, entre Calixto García y Los Maceos; ⏲8.00-12.00 y 13.30-16.30 lu-vi, 8.30-11.30 sa) Agencia de viajes.
Hospital Agostinho Neto (☎35-54-50; carretera de El Salvador km 1; ⏲24 h) En el extremo oeste de la plaza Mariana Grajales, cerca del Hotel Guantánamo. Ayuda a extranjeros en caso de urgencia.
Oficina de Monumentos y Sitios Históricos (Los Maceos, entre Emilio Giro y Flor Crombet) Pueden obtenerse planos de los circuitos a pie si se tiene interés por ampliar conocimientos sobre el legado arquitectónico de Guantánamo.
Oficina de correos (Pedro A. Pérez; ⏲8.00-13.00 y 14.00-18.00 lu-sa) En el flanco oeste del parque Martí. También hay una oficina de DHL.
Radio Trinchera Antimperialista CMKS Se sintoniza en el 1070 AM.
'Venceremos' y 'Lomería' Dos periódicos locales que se publican el sábado.

ℹ Cómo llegar y salir

AVIÓN

Cubana (Calixto García nº 817) tiene cinco vuelos semanales (124 CUC ida, 2½ h) desde La Habana al **aeropuerto Mariana Grajales** (también conocido como aeropuerto Los Canos). El aeropuerto no recibe vuelos internacionales.

AUTOBÚS

La terminal de ómnibus (estación de autobuses) tiene una ubicación poco práctica, 5 km al oeste del centro por la antigua carretera de Santiago (continuación de la avenida Camilo Cienfuegos). Un taxi desde el Hotel Guantánamo debería costar 3-4 CUC.

Hay un autobús diario de **Viazul** (www.viazul.com) a Baracoa (10 CUC, 3 h, 9.35) y Santiago de Cuba (6 CUC, 1¾ h, 17.30).

AUTOMÓVIL

La autopista nacional a Santiago de Cuba finaliza cerca del embalse La Yaya, 25 km al este de Guantánamo, donde se une a la carretera Central (hay obras para ampliar esta carretera). Para ir de Santiago a Guantánamo hay que seguir la autopista nacional hacia el norte durante unos 12 km hasta llegar al final de la pendiente y allí tomar la primera desviación a la derecha. La señalización es esporádica y poco clara, por lo que conviene llevar un buen mapa y mantenerse alerta.

TREN

De la **estación de trenes** (Pedro A. Pérez), varias calles al norte del parque Martí, sale uno a La Habana (32 CUC, 19 h, 8.50) cada tres días vía Camagüey, Ciego de Ávila, Santa Clara y Matanzas. Los billetes se compran la misma mañana de la partida en la oficina de Pedro A. Pérez.

CAMIÓN

Los camiones a Santiago de Cuba y Baracoa salen de la terminal de ómnibus y permiten al

ZOOLÓGICO DE PIEDRAS

Surrealista incluso tratándose de Cuba, el **Zoológico de Piedras** (entrada 1 CUC; ⌚9.00-18.00 lu-sa) es un parque de esculturas animales dispuestas entre el denso follaje de los terrenos de un cafetal de montaña, 20 km al noreste de Guantánamo. A finales de la década de 1970 el escultor Ángel Íñigo Blanco comenzó a tallar las figuras en la roca existente, representando desde hipopótamos hasta serpientes gigantes. Para llegar se necesita vehículo propio o taxi. Saliendo de la ciudad por el este, hay que torcer a la izquierda en dirección a Jamaica y Honduras. El singular zoo se encuentra en la población de Boquerón.

viajero apearse en las localidades intermedias más pequeñas.

Los camiones que van a Moa aparcan en la carretera a El Salvador, al norte de la ciudad, cerca de la entrada a la autopista.

Cómo desplazarse

Havanautos (Cupet Guantánamo) está junto a la gasolinera Servi-Cupet que hay saliendo de la ciudad hacia Baracoa.

Oro Negro (Los Maceos esq. Jesús del Sol) es otra gasolinera en la que repostar antes de emprender los 150 km rumbo este hacia Baracoa.

Se puede encontrar un taxi fácilmente por el parque Martí. El autobús 48 (0,20 CUP) va del centro al Hotel Guantánamo más o menos cada 40 min. También hay muchos bicitaxis.

Alrededores de la base naval estadounidense de Guantánamo

Mirador de Malones

Desde hace tiempo era posible disfrutar de una vista lejana de la base desde el remoto mirador de Malones en una colina de 320 m al este. Las visitas se hallan actualmente suspendidas. Antes de ir, es mejor preguntar por la situación en el Hotel Guantánamo o en Baracoa en algún hotel de Gaviota.

Si hubiera suerte, la entrada al mirador se halla en un puesto de control militar cubano en la carretera principal a Baracoa, 27 km al sureste de Guantánamo.

Caimanera

Al contrario de lo que se suele pensar, Caimanera (y no Guantánamo) es la ciudad cubana más próxima a la base naval estadounidense. Situada en la orilla oeste de la bahía de Guantánamo, al norte del puesto de control militar estadounidense, esta localidad pesquera de 10 000 habitantes (muchos jamaicanos de primera o segunda generación) fue una ciudad en auge antes de la Revolución, cuando los lugareños trabajaban en la base naval. Según los veteranos, la ocupación más popular era la prostitución. Desde 1959, Caimanera ha tenido dificultades económicas. Un único hotel servía de mirador para curiosos 'observadores de la bahía' antes de la era de Bush hijo y Camp Delta. En el 2009 volvió a abrir sus puertas para visitas programadas.

Al oeste de Caimanera las áridas colinas cubiertas de cactus se caracterizan por los **monitongos,** (mesetas rocosas erosionadas por el viento). La región tiene un elevado nivel de endemismo y está protegida como reserva de fauna. Hay senderos, pero para acceder a ellos hay que ir en viaje organizado.

Dónde dormir

Hotel Caimanera HOTEL **$**
(☎49-94-14; i/d desde 16/25 CUC desayuno incl., bungaló 2 personas 32 CUC; P❄≋) Se halla en lo alto de una colina de Caimanera, cerca del perímetro de la base naval estadounidense, 21 km al sur de Guantánamo. Tiene una normativa peculiar que solo permite grupos de siete o más personas en circuitos organizados de antemano con un guía oficial cubano para alojarse en el hotel y disfrutar del mirador. Para unirse a un circuito se puede preguntar en la oficina de Havanatur de Guantánamo.

Cómo llegar y salir

Caimanera es la estación más oriental de la línea de ferrocarril cubana (que no llega a Baracoa). Supuestamente hay cuatro trenes diarios a la ciudad de Guantánamo.

Costa Sur

La larga y árida carretera costera desde Guantánamo al extremo oriental de la isla, la Punta de Maisí es una región semidesértica espectacular, donde abundan los cactus y las espinosas plantas de aloe. Entre las playas Yacabo y Cajobabo hay varias playitas de guijarros ideales. El variado paisaje que se extiende a ambos lados de la carretera –interrumpido a intervalos por escarpados montes purpúreos y oasis verdes ribereños– resulta impresionante.

Puntos de interés

Playita de Cajobabo PLAYA

Al final de esta playa antes de que la carretera principal se dirija hacia al interior, hay un **monumento** que conmemora el desembarco de José Martí en ese punto en 1895, para emprender la Guerra de Independencia. Un gran cartel de vivos colores muestra una barca de remos que se balancea hacia la orilla con un Martí sentado apaciblemente en ella, vestido de manera bastante improbable con un elegante traje y sin un pelo fuera de sitio. Es un buen lugar para bucear, flanqueado por espectaculares precipicios. La famosa **La Farola** (la carretera del faro; véase recuadro en p. 452) empieza en este punto. Que los ciclistas tomen aliento...

Dónde dormir

Campismo Yacabo BUNGALÓS $

(i/d 7,50/11 CUC) Situado 10 km al oeste de Imías por la carretera Central, ofrece 18 cabañas bien cuidadas con vistas al mar, cerca de la desembocadura del río. A veces aceptan extranjeros (consúltese con antelación). Las cabañas tienen capacidad para 4-6 personas y son una buena opción para estar cerca de la playa.

Punta de Maisí

Desde Cajobabo la carretera de la costa continúa durante 51 km en dirección noreste hasta La Máquina. La carretera es buena hasta Jauco, pero después no tanto. En el trayecto de Baracoa a La Máquina (55 km) el firme es aceptable hasta alcanzar Sabana. De Sabana a La Máquina hay algunos baches.

En cualquier caso, La Máquina es el punto de partida de la pista de 13 km llenos de baches que va hasta Punta de Maisí; mejor hacerla en un todoterreno.

Este es el punto más oriental de Cuba. Hay un **faro** (1862) y una pequeña y bonita playa de arena blanca. En los días claros se puede ver Haití, situada a 70 km.

Cuando se redactó esta obra la zona de Maisí se había convertido en zona militar y estaban restringidas las visitas.

Boca de Yumurí y alrededores

Al sur de Baracoa, a 5 km, una carretera sale de La Farola hacia la izquierda y continúa 28 km a lo largo de la costa hasta Boca de Yumurí, en la desembocadura del río Yumurí. Cerca del puente que cruza el río se encuentra el Túnel de los Alemanes, un espectacular arco natural de árboles y follaje. La playa de arena oscura, aunque encantadora, está hasta los topes de gente procedente de Baracoa. Hay agresivos vendedores de pescado frito, y otros que ofrecen caracoles de vistosos colores llamados polymitas. Estos últimos deben rechazarse siempre, pues se han vuelto escasos a causa de su recolección masiva para los turistas. Del extremo de la playa sale un taxi acuático (2 CUC) que sube por el río hasta un paraje donde las empinadas orillas se estrechan formando una preciosa garganta natural.

El trayecto en bicicleta desde Baracoa a Boca de Yumurí (56 km ida y vuelta) resulta magnífico: caluroso, pero liso y llano, con buenas vistas y muchas paradas posibles (por ejemplo la playa Bariguá, en el km 25). Se pueden alquilar bicis en Baracoa (pregúntese en la casa particular). También es posible ir en taxi o en una excursión organizada de Cubatur (22 CUC).

Entre Boca de Yumurí y Baracoa hay algunas playas hermosas. Yendo hacia el oeste, la primera es **playa Cajuajo,** poco visitada y accesible caminando por un sendero de 5 km desde el río Mata por bosques de gran biodiversidad. Ecotur, en Baracoa, organiza viajes al lugar. También está la pequeña y deliciosa **playa Mangalito,** con un restaurante que da a la playa donde preparan pulpo fresco y coco para beber.

Baracoa

40 800 HAB.

Se coge una pizca de Tolkien y un toque de Gabriel García Márquez, se mezclan en una gran taza de psicodelia de los años sesenta y se suavizan con una dosis tranquilizante de socialismo de la Guerra Fría. Se dejan reposar 400 años en una zona tropical geográficamente aislada, con poco o ningún contacto con el mundo exterior. El producto final es Baracoa, la ciudad más extraña, agreste y singular de Cuba, que se materializa como una aparición surrealista tras

Baracoa

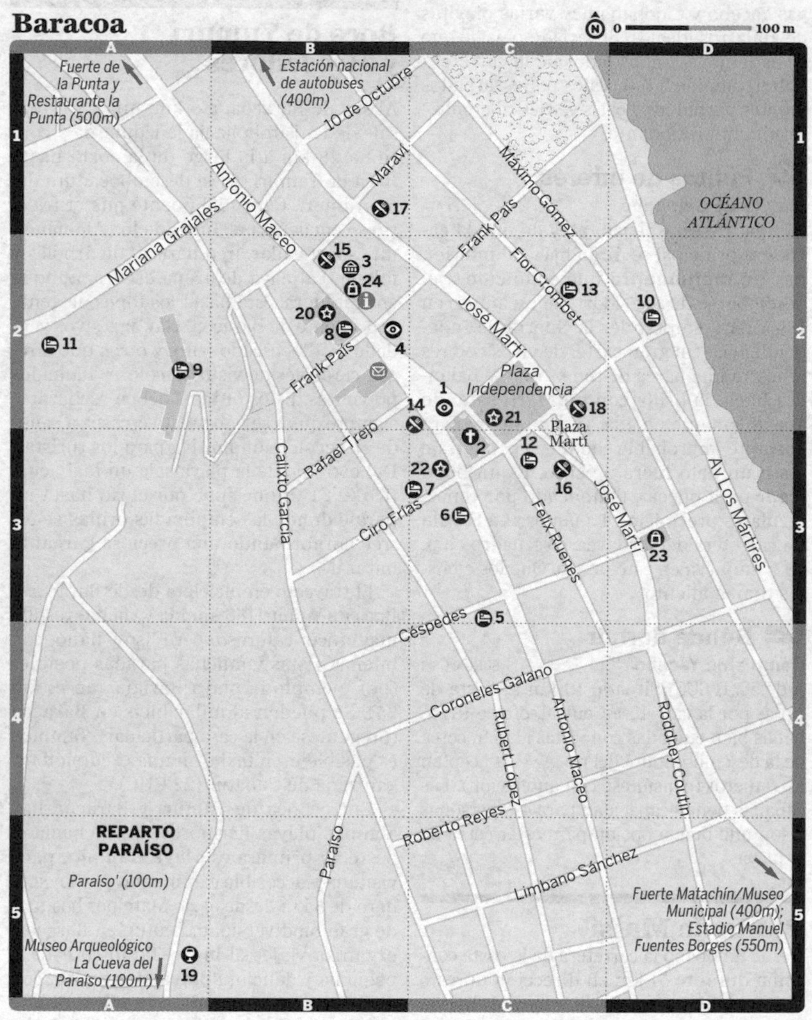

un largo y seco trayecto por la costa sur de Guantánamo.

Aislada por tierra y mar durante casi medio milenio, la ciudad más antigua de Cuba es, para muchos viajeros, una de las más interesantes. Fundada en 1511 por Diego Velázquez de Cuéllar, Baracoa es un lugar visceral de clima inconstante y leyendas fascinantes. Semiabandonada a mediados del s. XVI, devino una Siberia cubana donde los revolucionarios rebeldes eran enviados en calidad de prisioneros. A principios del s. XIX, varios colonos franceses llegaron desde Haití cruzando los 70 km del paso de los Vientos y comenzaron a cultivar cocoteros, cacao y café en las montañas, poniendo finalmente en marcha el motor de la economía.

Baracoa evolucionó en relativo aislamiento del resto de Cuba hasta la inauguración en 1964 de La Farola (p. 452), factor que ha influido decisivamente en su singular cultura. Hoy en día, los principales reclamos son hacer senderismo por el misterioso Yunque (una peculiar montaña de cumbre llana) y disfrutar de la gastronomía local, que emplea ingredientes y sabores desconocidos en el resto del país.

Baracoa

Puntos de interés
1 Busto de Hatuey ... C2
2 Catedral de Nuestra Señora de la Asunción ... C3
El Castillo de Seboruco ... (véase 9)
3 Museo del Cacao ... B2
4 Poder Popular ... B2

Dónde dormir
5 Casa Colonial Lucy ... C3
6 Casa Colonial Ykira Mahiquez ... C3
7 Hostal 1511 ... C3
8 Hostal la Habanera ... B2
9 Hotel El Castillo ... A2
10 Hotel la Rusa ... D2
11 Isabel Castro Vilato ... A2
12 La Casona ... C3
13 Nilson Abad Guilaré ... C2

Dónde comer
14 Cafetería el Parque ... C2
15 Casa del Chocolate ... B2
16 Dulcerito la Criolla ... C3
17 Paladar el Colonial ... B1
18 Tienda la Primada ... C2

Dónde beber y vida nocturna
19 El Ranchón ... A5

Ocio
20 Casa de la Cultura ... B2
21 Casa de la Trova Victorino Rodríguez ... C2
22 Cine-Teatro Encanto ... C3

De compras
23 ARTex ... D3
24 Taller la Musa ... B2

Puntos de interés y actividades

En la ciudad

★ Museo Arqueológico La Cueva del Paraíso MUSEO

(Moncada; entrada 3 CUC; 8.00-17.00) El museo más impresionante de Baracoa se encuentra en una serie de cuevas (Las Cuevas del Paraíso) que fueron en su día cámaras mortuorias taínas. Entre las casi 2000 piezas taínas auténticas se cuentan esqueletos desenterrados, cerámica, petroglifos de hace 3000 años y una réplica del Ídolo del Tabaco, estatua descubierta en Maisí en 1903 y considerada uno de los objetos taínos más importantes hallados en el Caribe. Los empleados muestran el lugar con entusiasmo. El museo se halla 800 m al sureste del Hotel El Castillo.

Fuerte Matachín FUERTE

(José Martí esq. Malecón; entrada 1 CUC; 8.00-12.00 y 14.00-18.00) Baracoa está protegida por tres robustos fuertes españoles. Este, construido en 1802 en la entrada meridional de la ciudad, alberga el **Museo Municipal.** El precioso edificio exhibe una atractiva cronología del asentamiento más antiguo de Cuba, incluidas conchas de caracol polymita, la historia del Che Guevara y la fábrica de chocolate y un particular género musical originario de Baracoa: el kiribá, un precursor del son.

Hay también objetos relacionados con Magdalena Menasse (de soltera Rovieskuya la Rusa), en quien Alejo Carpentier basó su famosa obra *La consagración de la primavera.*

Catedral de Nuestra Señora de la Asunción IGLESIA

(Antonio Maceo nº 152) Un asunto que los habitantes de Baracoa lamentan bastante a menudo es la renovación de su principal iglesia. En este lugar ha habido un edificio desde el s. XVI y esta es la versión menos notable: renovado en el 2011 (a pesar de tener un aspecto atractivo), conserva pocos elementos fieles a su previa encarnación, que data de 1833.

El objeto más famoso que contiene es la vallosa cruz de la Parra, que, según se dice, fue erigida por Colón cerca de Baracoa en 1492. La prueba del carbono 14 ha confirmado la edad de la cruz, que es del s. XV.

Enfrente de la catedral se encuentra el **busto de Hatuey,** un cacique indio rebelde que ardió en la hoguera cerca de Baracoa en 1512, tras negarse a convertirse al cristianismo. En la plaza Independencia, de forma triangular, se encuentra también el **Poder Popular** (Antonio Maceo nº 137), un edificio neoclásico del Gobierno municipal que puede admirarse desde el exterior.

Museo del Cacao MUSEO

(Antonio Maceo, entre Maraví y Frank País; 7.00-23.00) GRATIS Café y museo caro por lo que es, pero la introducción a la historia del cacao en esta zona y los chicos preparando chocolate son un buen anticipo antes de sentarse para tomar una taza hirviendo de chocolate al estilo de Baracoa.

El castillo de Seboruco FUERTE
El fuerte más alto de Baracoa lo iniciaron los españoles en 1739 y lo terminaron los estadounidenses en 1900; ahora es el Hotel El Castillo. Se divisan vistas excelentes de la meseta de El Yunque al otro lado de la reluciente piscina. Una empinada escalera situada en el extremo suroeste de la calle Frank País sube directamente hasta allí.

Fuerte de la Punta FUERTE
Otro fuerte español que vela por la entrada al puerto, en el extremo noroeste de la ciudad, desde 1803. Azotado por el huracán Ike en el 2008, es ahora un restaurante bastante agradable.

Sureste de la ciudad

Parque Natural Majayara PARQUE
(3-5 CUC/persona) En este parque hay dos **excursiones** mágicas, la posibilidad de **nadar** y un recorrido arqueológico en el recinto de una granja familiar. Pasando el fuerte Matachín, hay que caminar hacia el sureste pasado el campo de béisbol y por la playa de arena oscura durante 20 min hasta el río Miel, donde unos voluntarios hacen el cruce a remo por 1 CUC.

Al otro lado, hay que girar a la izquierda siguiendo un sendero que sube por un grupo de casas rústicas hasta otro cruce. A veces en el puesto de guardia hay un oficial que cobra 2 CUC. Se tuerce de nuevo a la izquierda y se continúa por el camino para vehículos hasta que desaparecen las casas. Se verá un sendero de vía única, peor definido, que sale hacia la izquierda hasta la **playa Blanca,** enclave idílico para un *picnic*.

Continuando todo recto por el sendero se llega a un trío de granjas de madera. La tercera pertenece a la familia Fuentes. No se debe continuar en solitario más allá de este punto, pues se entra en zona militar. A cambio de un donativo, el señor Fuentes lleva viajeros de excursión a su **finca** familiar, donde se puede tomar café y frutas tropicales. También muestra la **cueva de Agua,** situada algo más allá, donde hay una poza de agua dulce para nadar. Regresando colina arriba se llega a una **ruta arqueológica** con más cuevas y vistas maravillosas del océano.

Noroeste de la ciudad

Hay que seguir el aroma del chocolate por la carretera que sale de la ciudad en dirección a Moa.

Playa Duaba PLAYA
Yendo en dirección norte por la carretera de Moa, hay que salir por el desvío al Hotel Porto Santo/aeropuerto y continuar 2 km, dejando atrás la pista de aterrizaje, hasta llegar a la playa de arena negra, situada en la desembocadura del río. Este fue el escenario del desembarco de Antonio Maceo, Flor Crombet y otros para iniciar la Guerra de Independencia en 1895. Hay un monumento conmemorativo y buenas vistas de El Yunque, aunque la playa en sí no es del tipo para tomar el sol.

Fábrica de Chocolate FÁBRICA
Los aromas dulces y deliciosos que impregnan el aire provienen de la famosa fábrica de chocolate, 1 km más allá del desvío del aeropuerto, abierta no por Willy Wonka sino por el Che Guevara en 1963. Actualmente no se visita.

Fábrica de Cucuruchos FÁBRICA
Sin duda, la única fábrica del mundo que elabora cucuruchos, el placer más dulce de Baracoa, envuelto en una ecológica hoja de palmera (véase recuadro en p. 450). Normalmente se puede comprar in situ.

Circuitos

Los circuitos organizados son una buena forma de ver los puntos de interés de Baracoa, de difícil acceso. Las oficinas de Cubatur y Ecotur en la plaza Independencia reservan excursiones, entre ellas a El Yunque (20 CUC), el Parque Nacional Alejandro de Humboldt (22-25 CUC), río Toa (18-20 CUC) y Boca de Yumurí (22 CUC).

José Ángel Delfino Pérez CIRCUITOS GUIADOS
(64-13-67) José organiza circuitos novedosos y profesionales. El mejor es el que va a Boca de Yumurí, e incluye plantaciones de cacao, degustación de chocolate y remotas playas (25 CUC); o también el de Punta de Maisí con almuerzo en casa de un pescador por 57 CUC. Cuanto mayor sea el grupo más económico sale por persona. José también hace viajes al río Toa y al Parque Nacional Alejandro de Humboldt. El viajero también puede ponerse en con-

tacto con él en la casa particular de Nilson Abad Guilaré.

Fiestas y celebraciones

Semana de la Cultura Baracoense FESTIVAL

(fin mar/ppios abr) Los lugareños se echan a la calle para conmemorar el desembarco de Antonio Maceo en 1895.

Dónde dormir

★ Nilson Abad Guilaré CASA PARTICULAR $

(64-31-23; abadcub@gmail.com; Flor Crombet nº 143, entre Ciro Frías y Pelayo Cuervo; h 25 CUC;) Nilson regenta una de las casas más limpias de Cuba. Este fantástico apartamento independiente tiene un baño enorme, acceso a cocina y una terraza en la azotea con vistas al mar. Las cenas de pescado con salsa de coco en el Bar-Restaurante de Nilson La Terraza son para morirse.

Isabel Castro Vilato CASA PARTICULAR $

(64-22-67; Mariana Granjales nº 35; h 25 CUC) Detrás del hotel El Castillo, esta casa verde de pizarra y piedra esconde dos enormes habitaciones y una preciosa terraza que, si fuera pública, sería la principal plaza de Baracoa.

Hostal La Habanera HOTEL $

(64-52-73; Antonio Maceo nº 126; i/d 35/40 CUC;) Evocador y tentador como solo puede serlo un hotel de Baracoa. Se trata de una mansión colonial restaurada de color rosa con cuatro habitaciones con balcón compartido que da a la calle con mecedoras: perfecto para imbuirse del ambiente de Baracoa por excelencia (vendedores callejeros, música, marisco friéndose en los restaurantes). El vestíbulo cuenta con bar, un restaurante y una selección interesante de libros sobre la zona.

Hostal 1511 HOTEL $

(64-57-00; Ciro Frías, entre Rubert López y Maceo; i/d 35/40 CUC) Este nuevo hotel (nombrado por el año de la fundación de Baracoa) ofrece alojamiento muy céntrico con mucho ambiente colonial. La maqueta de barco de la recepción marca el tono de una decoración abiertamente náutica (azules y blancos) que encaja mejor en las habitaciones de arriba.

La Casona CASA PARTICULAR $

(64-21-33; Félix Ruenes nº 1 Altos; h 20-25 CUC) Raramente, la casa más céntrica de una ciudad está entre las mejores, pero los jóvenes propietarios de esta han logrado ese honor. Una habitación en la 2ª planta, otra en marcha y una fabulosa terraza. Todo inmaculado.

Casa Colonial Lucy CASA PARTICULAR $

(64-35-48; astralsol36@gmail.com; Céspedes nº 29, entre Rubert López y Antonio Maceo; h 20 CUC;) Favorita desde siempre, esta casa de 1840 posee un encantador carácter local, con patios, porches y begonias en flor. Hay dos habitaciones, además de terrazas en distintos niveles, y el ambiente es apacible y solitario. El hijo de Lucy habla cuatro idiomas y ofrece clases de salsa y masajes.

Casa Colonial Ykira Mahiquez CASA PARTICULAR $

(64-38-81; Antonio Maceo nº 168A, entre Ciro Frías y Céspedes; h 20 CUC;) Acogedora y hospitalaria, Ykira es la anfitriona de moda en Baracoa y sirve fantásticas comidas con hierbas que cultiva ella misma. Su cómoda casa está a una manzana de la catedral y tiene una gran terraza y un mirador con vistas al mar.

Hotel La Rusa HOTEL $

(64-30-11; Máximo Gómez nº 161; i/d 25/30 CUC;) En su día, la emigrante rusa Magdalena Rovieskuya (alias La Rusa) ayudaba a los rebeldes de Castro en la sierra Maestra y llegó a Baracoa por primera vez en la década de 1930. Construyó un hotel de 12 habitaciones y devino una celebridad, recibiendo a huéspedes tan ilustres como Errol Flynn, el Che Guevara y Fidel Castro. Tras su muerte en 1978, La Rusa se convirtió en un hotel estatal más modesto, frente al mar.

Casa Elexey y Dorkis CASA PARTICULAR $

(64-34-51; Flor Crombet nº 58 Altos; h 20-25 CUC;) Ofrece dos habitaciones en el piso de arriba amuebladas con gusto e inundadas de luz natural. Hay una terraza con vistas al Atlántico, ideal para un par de días de relax.

★ Hotel El Castillo HOTEL $$

(64-51-65; Loma del Paraíso; i/d C44/60 UC;) Establecimiento histórico ubicado en el castillo de Seboruco, en lo alto de una colina, que ofrece piscinas y televisión por satélite. Este selecto hotel gestionado por Gaviota acaba de añadir 28 habitaciones en un bloque nuevo ingeniosamente integrado, una ampliación que añade prestigio a las fabulosas vistas de El Yunque.

Hotel Porto Santo HOTEL $$

(64-51-06; carretera del Aeropuerto; i/d 44/60 CUC; P) En la bahía donde Colón su-

COCINA DE BARACOA

A diferencia de países como Italia o Francia, Cuba no cuenta con una auténtica cocina regional, al menos hasta que uno llega a Baracoa, donde todo, incluso la comida, es diferente. Con el tiempo más inestable del país, Baracoa ha usado su húmedo microclima y aislamiento geográfico para alegrar la poco ambiciosa cocina cubana con especias, azúcar, frutas exóticas y coco. El pescado es el gran protagonista, aunque incluso el marisco puede sorprender. El viajero podrá probar gambas de agua dulce del tamaño de minilangostas o diminutos pescadillos tetí, pescados en el río Toa entre julio y enero con Luna menguante.

La principal explosión gustativa es una salsa de coco local conocida como *lechita*, una mezcla de leche de coco, salsa de tomate, ajo y un popurrí de especias que suele servirse encima de gambas, pez espada o dorada. Otras guarniciones de los platos principales son el bacán, plátano verde crudo mezclado con carne de cangrejo y envuelto en una hoja de plátano; o el frangollo, una mezcla parecida en la que el plátano molido se mezcla con azúcar.

Los dulces son otro imprescindible de Baracoa, en gran parte gracias a la omnipresente planta del cacao y a la presencia de la famosa fábrica de chocolate Che Guevara. El chocolate de Baracoa se vende por toda la isla, aunque el Museo del Cacao (p. 447) es el punto de degustación por excelencia. Es probable que el viajero lo tome en el desayuno de su casa particular, removido en una bebida local de chocolate caliente conocida como chorote. Sin duda, el invento culinario más extraordinario de Baracoa es el cucurucho, una delicada mezcla de coco seco, azúcar, miel, papaya, guayaba, mandarina y frutos secos (ninguna pieza es exactamente igual) enrollada en una ecológica hoja de palmera. Hay una fábrica de cucuruchos en la carretera costera a Moa, después de la fábrica de chocolate pero, por consenso popular, los mejores los venden los campesinos instalados en La Farola, entrando a la ciudad desde Guantánamo.

puestamente plantó su primera cruz se encuentra este tranquilo hotel bien integrado con el entorno. Situado a 4 km del centro de la ciudad y a 200 m del aeropuerto, dispone de 36 habitaciones más que correctas junto al mar. Una escalera empinada baja a una diminuta playa azotada por las olas.

Dónde comer

Tras la monotonía de la oferta culinaria cubana, comer en Baracoa supone una agradable sorpresa. La cocina es creativa, sabrosa y, por encima de todo, diferente. En las casas particulares sirven los platos más auténticos.

Cafetería El Parque COMIDA RÁPIDA **$**
(Antonio Maceo nº 142; ⌚24 h) El punto de encuentro favorito de casi todo el mundo en la ciudad, una terraza abierta que el viajero se verá abocado a visitar para degustar espaguetis y *pizza* o beber cerveza mientras se contempla el mundo.

Casa del Chocolate CAFÉ **$**
(Antonio Maceo nº 123; ⌚7.20-23.00) Aunque se sitúa junto a la fábrica de chocolate, esta pequeña y peculiar casa cercana a la plaza principal a menudo no dispone de dicho ingrediente. En un buen día, venden helado de chocolate y chocolate caliente a la taza.

★ **La Rosa Naútica** CARIBEÑA **$$**
(1 de Abril nº 185 Altos; comidas 4-16 CUC; ⌚12.00-24.00) En la carretera del aeropuerto, este restaurante náutico en una 2ª planta es la opción de categoría de Baracoa, especialmente si el viajero puede sentarse en la zona privada sobre la cubierta principal. Sirven pollo, *pizza* o pasta además de las excelentes opciones de pescado y marisco.

Restaurante La Punta CARIBEÑA **$$**
(Fuerte de La Punta; ⌚10.00-23.00) Refrescado por las brisas del Atlántico, este restaurante gestionado por Gaviota trata de impresionar con comida bien preparada y presentada en el encantador marco histórico del fuerte La Punta. Se recomienda ir el sábado por la noche, cuando hay acompañamiento musical.

★ **Bar-Restaurante La Terraza** PALADAR **$$**
(Flor Crombet nº 143, entre Ciro Frías y Pelayo Cuervo; comidas 6-8 CUC; ⌚12.00-15.00 y 18.30-23.00) Sobre su casa en una espectacular terraza de dos niveles en un curioso estilo afrocaribeño, Nilson Abad Guilaré sirve excelente comida,

especialmente si a uno le gusta el pescado con leche de coco.

Paladar el Colonial PALADAR $$
(José Martí nº 123; principales 10 CUC; ⌚comidas y cenas) El paladar más antiguo de la ciudad viene preparando buena comida durante años, con un exótico giro local. Aún se ubica en una bonita casa de listones de madera, en la calle José Martí. La carta se ha reducido algo en los últimos tiempos (menos pulpo y más pollo), pero el servicio sigue siendo igual de natural y la salsa de coco, igual de deliciosa.

Compra de alimentos

Tienda La Primada SUPERMERCADO $
(Plaza Martí esq. Ciro Frías; ⌚8.30-16.30 lu-sa, hasta 12.00 do) Ofrece un limitado surtido de comestibles, a pesar de lo cual, suele haber cola para acceder.

Dulcerito La Criolla PANADERÍA $
(José Martí nº 178) Venden pan, bollería y –cuando no está racionado– el famoso chocolate de Baracoa.

Dónde beber y ocio

★ **El Ranchón** LOCAL NOCTURNO
(entrada 1; ⌚desde 21.00) Situado en la cima de unas largas escaleras en el extremo oeste de Coroneles Galano, combina una ubicación fantástica en lo alto de la montaña con grabaciones de salsa y música discotequera y legiones de jineteras. Cuidado al bajar con unas copas de más: la caída puede ser terrorífica (146 escalones).

★ **Casa de la Trova Victorino Rodríguez** MÚSICA TRADICIONAL
(Antonio Maceo nº 149A) La casa de la trova con más ambiente y también la más pequeña, curiosa y animada de Cuba. Cada noche se baila al ritmo estilo vudú del changüí-son. Se recomienda pedir un mojito, sentarse y disfrutar del espectáculo.

Casa de la Cultura CENTRO CULTURAL
(Antonio Maceo nº 124, entre Frank País y Maraví) Presenta una amplia gama de espectáculos, entre ellos buena rumba que incorpora los clásicos estilos cubanos del guaguancó, yambú y columbia (subgéneros de la rumba). Hay un buen espectáculo en **La Terraza,** los sábados a las 23.00: cabe esperar rumba, como música de Benny Moré y la peluquera local cantando Omara Portuondo.

Cine-Teatro Encanto CINE
(Antonio Maceo nº 148) El único cine de la ciudad se encuentra frente a la catedral. Parece abandonado, pero el viajero probablemente lo encontrará abierto.

Estadio Manuel Fuentes Borges DEPORTES
Situado literalmente en la playa y posiblemente el único de Cuba en el que los jugadores batean con el sabor del agua de mar en los labios, el estadio acoge partidos de béisbol de octubre a abril. Está al sureste del Museo Municipal.

De compras

No es fácil hallar buenos objetos de artesanía en Baracoa.

ARTex RECUERDOS
(José Martí, entre Céspedes y Coroneles Galano) Artículos típicos para turistas.

Taller de la Musa ARTE
(Antonio Maceo nº 124) Aquí el viajero encontrará arte típico y original de Baracoa. Hay otro taller en la Casa de la Cultura, enfrente.

Información

Banco de Crédito y Comercio (Antonio Maceo nº 99; ⌚8.00-14.30 lu-vi)

Banco Popular de Ahorro (José Martí nº 166; ⌚8.00-11.30 y 14.00-16.30 lu-vi) Canjea cheques de viaje.

Cadeca (José Martí nº 241) Cambio de moneda.

Clínica Internacional (☎64-10-37; José Martí esq. Roberto Reyes; ⌚24 h) Un sitio bastante nuevo que atiende a extranjeros; también hay un hospital 2 km a las afueras de la ciudad, en la carretera a Guantánamo.

Cubatur (Antonio Maceo nº 181; ⌚8.00-12.00 y 14.00-17.00 lu-vi) Oficina práctica que organiza circuitos a El Yunque y el Parque Nacional Alejandro de Humboldt.

Ecotur (☎64-36-65; Coronel Cardoso nº 24; ⌚9.00-17.00) Organiza circuitos de naturaleza más especializados a los ríos Duaba, Toa y Yumurí.

Etecsa Telepunto (Antonio Maceo esq. Rafael Trejo; internet 6 CUC/h; ⌚8.30-19.30) Internet y llamadas internacionales.

Infotur (Antonio Maceo, entre Frank País y Maraví; ⌚8.30am-17.30) Muy útil.

Oficina de correos (Antonio Maceo nº 136; ⌚8.00-20.00)

Radio CMDX 'La Voz del Toa' Emite por el 650 AM.

LA FAROLA

Aislada del resto de la isla por los picos aterciopelados de las Cuchillas de Toa, antes de la década de 1960 la única vía de acceso era por mar.

Sin embargo, los 450 años de soledad tocaron a su fin en 1964 con la apertura de La Farola, una carretera que Fidel Castro regaló a los leales revolucionarios baracoenses para agradecerles su apoyo durante la guerra en las montañas.

La Farola, de 55 km de largo, atraviesa la escarpada sierra del Puril antes de bajar abruptamente por un paisaje de grises acantilados graníticos y bosques de pinos, para después caer repentinamente al frondoso paraíso tropical del litoral atlántico.

Helechos gigantes entre rocas cubiertas de líquenes, pequeñas chozas campesinas aferradas a las cerradas curvas y vendedores locales aparecen de la nada ofreciendo plátanos, naranjas y cucuruchos, un dulce típico envuelto en una hoja de palmera.

En realidad la construcción de La Farola comenzó durante el mandato de Batista, pero el proyecto se archivó indefinidamente al encontrar problemas de ingeniería y financiación (los obreros no cobraban). El ambicioso plan se retomó tras la Revolución, necesitándose 500 obreros y más de cuatro años para finalizar la carretera, que consumió 300 kg de hormigón por m^2.

Hoy en día, La Farola es la única ruta completamente asfaltada que entra en Baracoa, y es responsable del 75% del abastecimiento de la ciudad. Nombrada una de las siete maravillas de la ingeniería civil de la Cuba moderna (y la única fuera de La Habana), cruza desde la zona más árida de la isla hasta la más húmeda, y deposita a los viajeros en el que, para muchos, es el destino más mágico del país.

ℹ Cómo llegar y salir

La estación de trenes más cercana es la de Guantánamo, 150 km al suroeste.

AVIÓN

El **aeropuerto Gustavo Rizo** (BCA) está 4 km al noroeste de la ciudad, detrás del Hotel Porto Santo. Los cuatro vuelos semanales desde La Habana a Baracoa son con Aerocaribbean y Aerogaviota (125-165 CUC ida, ma, ju, vi y do). Resérvese a través de la **Oficina de reservaciones** (☎64-53-74; Martí nº 181).

Los aviones (y a veces los autobuses) que salen de Baracoa pueden estar llenos. No es recomendable llegar con el tiempo justo sin reservar el billete para seguir el viaje.

AUTOBÚS

De la **estación de autobuses nacionales** (av. Los Mártires esq. José Martí) salen servicios de **Viazul** (www.viazul.com) a Guantánamo (10 CUC, 3 h) que continúan hasta Santiago de Cuba (15 CUC, 5 h), todos los días a las 14.15. Los billetes se pueden reservar con antelación en **Cubatur** pagando una comisión de 5 CUC. También suele ser posible apuntarse a la lista de viajeros más o menos un día antes de la salida. Hay camionetas a Moa (salidas a partir de las 6.00) que también salen de esta estación.

Transtur ha puesto en marcha un servicio los sábados desde los principales hoteles pasando por Moa hasta Holguín (30 CUC). Pregúntese en los hoteles El Castillo, La Habanera o Porto Santo.

ℹ Cómo desplazarse

La mejor manera de desplazarse a/desde el aeropuerto es en taxi (5 CUC) o bicitaxi (2 CUC), esto último si se viaja ligero de equipaje.

En el aeropuerto hay una útil agencia de alquiler de automóviles de **Havanautos** (☎64-53-44). **Cubacar** (☎64-51-55) está en el Hotel Porto Santo. Hay **gasolineras de Servi-Cupet** (José Martí; ⏲24 h) en la entrada a la ciudad y a 4 km del centro, en la carretera a Guantánamo. Quien vaya en coche a La Habana debe tener en cuenta que la ruta norte por Moa y Holguín es la más rápida, pero la carretera se vuelve ruinosa después de la playa Maguana. La mayoría de los habitantes prefiere ir por La Farola.

Una carrera de bicitaxi en la ciudad no debería superar los 5 CUP, pero a menudo se intenta cobrar entre 10 y 15 CUP a los extranjeros.

Casi todas las casas particulares facilitan bicicletas por 3 CUC diarios. La principal excursión en bici es la que va a la playa Maguana (20 km) por una de las carreteras más panorámicas de Cuba. Los perezosos pueden alquilar ciclomotores por 25 CUC en la cafetería El Parque y en el Hotel El Castillo.

Noroeste de Baracoa

La carretera llena de baches que sale de la ciudad en dirección a Moa es un paraíso verde salpicado de palmerales, fincas rurales y fortuitas vistas del océano.

Puntos de interés y actividades

Finca Duaba GRANJA

(8.00-19.00) GRATIS A 5 km de Baracoa por la carretera a Moa y luego 1 km hacia el interior esta finca ofrece la oportunidad de experimentar fugazmente la Baracoa rural. Se trata de una granja exuberante donde se puede conocer de cerca la campiña cubana. Posee una breve ruta del cacao que explica la historia y características de la planta. Existe asimismo un buen restaurante estilo ranchón y la oportunidad de nadar en el río Duaba. Los bicitaxis dejan pasajeros en el desvío de la carretera.

Río Toa RÍO

A 10 km de Baracoa se halla el tercer río más largo de la costa norte de Cuba y el más voluminoso del país. El Toa también es un importante hábitat para aves y plantas. En el valle del Toa se cultiva cacao y los omnipresentes cocoteros. El **Rancho Toa** es un restaurante estatal al que se accede por un desvío situado a la derecha justo antes de llegar al puente sobre el río. Se pueden organizar excursiones en barca o en kayak por 3-10 CUC y ver cómo los lugareños se encaraman acrobáticamente a los cocoteros.

La mayor parte de esta región se engloba dentro de las Cuchillas del Toa, Reserva de la Biosfera de la Unesco de 2083 km^2 que incluye el enclave de Alejandro de Humboldt, declarado Patrimonio Mundial.

El Yunque MONTAÑA

El rito de iniciación de Baracoa es la caminata de 8 km (subir y bajar) hasta la cima de esta caprichosa y misteriosa montaña. Con 575 m, El Yunque no es el Kilimanjaro, pero las vistas desde la cumbre y la flora y las aves que uno encuentra por el camino son formidables. Cubatur ofrece este circuito casi a diario (18 CUC/persona, 2 personas mín.). El precio incluye entrada, guía, transporte y un bocadillo. El camino es caluroso y por lo común está embarrado. Comienza en un campismo 3 km después de la finca Duaba (a 4 km de la carretera Baracoa-Moa).

Si uno no está preparado para subir a la cima puede informarse acerca del sendero Juncal-Rencontra, de 7 km, que atraviesa plantaciones de frutales y selva entre los ríos Duaba y Toa. Ecotur, en Baracoa, tiene más información.

Playa Maguana PLAYA

Es mágica y tranquila y tiene un local de comida rústico frecuentado principalmente por cubanos con ganas de divertirse que aparecen con sus coches americanos de época y sacan sus preciadas cajas de música del maletero. Aparte del Villa Maguana y un par de locales básicos donde comer, no hay infraestructura; es parte de su atractivo. ¡Cuidado con los objetos de valor!

Dónde dormir y comer

★ **Villa Maguana** HOTEL $$

(64-53-72; carretera a Moa km 20; i/d 66/83 CUC; P ❄) Por encima de cualquier *resort* cubano tipo todo incluido, este lugar con encanto 22 km al norte de Baracoa comprende cuatro villas rústicas de madera con 16 habitaciones en total. La cautela medioambiental lo hace estar peligrosamente aferrado al maravilloso entorno de Maguana, encima de una pequeña franja de arena custodiada por dos promontorios rocosos. Hay restaurante y algunos lujos menos rústicos en las habitaciones, como televisión por satélite, nevera y aire acondicionado.

Campismo El Yunque BUNGALÓS $

(64-52-62; h 10 CUC) Un sencillo campismo cubano que ofrece bungalós muy básicos al final de la carretera a la Finca Duaba, a 9 km de la ciudad. La caminata a El Yunque empieza en este lugar.

Playa Maguana Snack Bar CARIBEÑA $

(9.00-17.00) En plena playa, es un buen lugar para tomar sándwiches de queso, cerveza y ron.

Parque Nacional Alejandro de Humboldt

Es el más espectacular y diverso de los parques nacionales cubanos, bautizado en honor de Alexander von Humboldt, naturalista y explorador alemán que visitó el lugar por vez primera en 1801. Declarado Patrimonio Mundial de la Unesco en el 2001, sus escarpadas montañas alfombradas de pinares y sus brumas matutinas protegen un ecosistema sin parangón que, según la Unesco, es "uno de los enclaves isleños tropicales biológicamente más diversos del mundo". Por encima de la bahía de Taco, 40 km al noroeste de Baracoa, se extienden 600 km^2 de bosque virgen y 2641 Ha de lagunas y manglares. Gracias a sus cerca de 1000 especies de plantas florales y 145 tipos de helechos es, con diferencia, el hábitat más diverso de todo el Caribe en cuanto a vegetación. El endemismo del lugar es alto: el 70% de las plantas son endémicas, al igual que las casi 20 especies de anfibios, el 45% de los reptiles y muchos de los pájaros. Pueden verse algunas aves protegidas como el milano pico de garfio y el carpintero real.

Actividades

En el parque hay un pequeño **centro de visitantes** (carretera a Moa) donde se pagan los 10 CUC de tarifa de aparcamiento. Está regentado por biólogos y tiene una extensa red de caminos que conducen a cascadas, un mirador y un enorme sistema kárstico de cuevas alrededor de Farallones de Moa. Actualmente hay cuatro senderos abiertos al público, que cubren una porción diminuta de los 594 km^2 del parque. Normalmente los visitantes pueden deambular por su cuenta. Las caminatas disponibles son: Balcón de Iberia, que con 7 km es el itinerario más exigente del parque; atraviesa terreno agrícola y bosque prístino y permite nadar en una poza natural cerca de la cascada Salto de Agua Maya; El Recreo, un paseo de 2 km que rodea la bahía; y el **circuito por la bahía de Taco,** que incluye un viaje en barca por los manglares y la idílica bahía, además de una excursión de 2 km. Una nueva **excursión** comprende una incursión de 8 h al bosque, que incluye observación de aves y de orquídeas. Cada opción cuenta con un guía muy experimentado (si no se viene en viaje organizado hay que ir al centro de visitantes antes de las 10.00 para contratar a uno). Los precios van de 5 a 10 CUC, según la ruta, pero la mayoría de viajeros organiza la excursión a través de Cubatur, en Baracoa, que incluye el transporte y una parada en playa Maguana en el camino de vuelta (24 CUC).

Cómo llegar y salir

El centro para visitantes del parque está aproximadamente a medio camino entre Baracoa y Moa. Se puede organizar un circuito a través de una agencia de Baracoa o llegar por libre. La pintoresca carretera está llena de baches, pero es transitable con un coche de alquiler si se conduce con cuidado. Esta carretera sigue hasta la provincia de Holguín y mejora justo antes de Moa.

Comprender Cuba

Cuba hoy

Cambio. La palabra resuena como un mantra por todo el país. Se oye en la barbería, en la parada de taxis, en la cocina del paladar y en la playa, en el mercado y entre los conductores de bicitaxis que se congregan en la plaza. Los cubanos esperan desde hace mucho tiempo cambios sustanciales que se noten en su día a día.

El mejor cine

Che: el argentino (Steven Soderbergh; 2008) Primera parte de la biografía del Che sobre sus años de lucha en Cuba.

Antes que anochezca (Julian Schnabel; 2000) La vida del escritor y disidente cubano Reinaldo Arenas.

Fresa y Chocolate (Tomás Gutiérrez Alea; 1993) El complejo maridaje entre homosexualidad y comunismo.

El ojo del canario (Fernando Pérez; 2010) La evocadora biografía de José Martí cosechó numerosos premios.

La mejor literatura

Nuestro hombre en La Habana (Graham Greene; 1958) Una sátira del servicio secreto británico y del corrupto régimen de Batista.

Cuba y la noche (Pico Iyer; 1996) Quizá el libro sobre Cuba más evocador escrito por un extranjero.

Trilogía sucia de La Habana (Pedro Juan Gutiérrez; 2002) Sobre la vida y el sexo en La Habana durante el Período Especial.

Che Guevara: la vida de un revolucionario (Jon Lee Anderson; 1997) La meticulosa investigación de Anderson condujo a la exhumación de los restos del Che en Bolivia.

Conforme el liderazgo de Raúl Castro va madurando, se respira cierto aire de optimismo, la creencia reservada de que el Gobierno finalmente está haciendo algo para relanzar la economía y mejorar la vida de los cubanos.

Las reformas de Raúl

Las reformas empezaron con ciertas dudas en el 2008, cuando el recién nombrado presidente Raúl Castro dictó normas que autorizaban a los cubanos la entrada a los hoteles de turistas, la compra de teléfonos móviles y de múltiples aparatos electrónicos, derechos que se dan por sentados en numerosos países democráticos, pero de los que hacía mucho tiempo no disfrutaban los cubanos de a pie.

En enero del 2011 se produjo el cambio económico e ideológico más radical desde que el país dijo adiós a Batista. En aras de "defender, conservar y seguir perfeccionando el socialismo" se tomaron prestadas del capitalismo, sumido en la peor crisis económica que se recuerda, unas nuevas leyes que echaron a la calle a medio millón de funcionarios públicos y estimularon el sector privado concediendo licencias a 178 profesiones homologadas.

El Gobierno dio un paso más en octubre del 2011 con la legalización de la venta de automóviles y autorizando a los cubanos a comprar y vender sus casas por primera vez en 50 años. Pero quizá la decisión más atrevida fue un decreto, anunciado a finales del 2012, por el cual se permitía a los cubanos viajar libremente por primera vez desde 1961.

¿Hasta dónde llegará?

En el 2013 Cuba experimentó el giro económico más espectacular en décadas, con casi 400 000 personas trabajando en el sector privado, 250 000 más que en el 2010. Pero aún dista mucho del capitalismo occidental. Algunos negocios son poco más que una mesa llena de cachivaches y otros han legalizado lo que llevaban haciendo de manera ilegal durante años. Y luego están las normas puntillosas –una práctica habitual en Cuba– junto con el miedo constante a que la relajación económica pueda ser provisional, una mera solución a la recesión mundial. Aun así, a pesar de las toneladas de papeleo y la sospecha bien fundada de que el Gobierno tiene la costumbre de dar con una mano lo que quita con la otra, muchos cubanos son optimistas. Algunos han llegado a afirmar que el poco carismático Raúl ha conseguido más en cinco años de lo que su testarudo hermano consiguió en 50. Pero la gran pregunta es: ¿hasta dónde está dispuesto a llegar?

Mientras... 135 km al norte

Entretanto, al otro lado del estrecho de Florida, la Administración Obama ha dado muestras de su propia apertura. Mediante un decreto presidencial, el 44º presidente de EE UU ha suavizado las restricciones para viajar a la isla y ha autorizado más viajes para que los estadounidenses curiosos puedan dedicarse al "intercambio cultural" organizado (y legal). Aun así, el embargo comercial decretado hace 50 años sigue en vigor, un anacronismo atizado por frecuentes disputas. La última fue el encarcelamiento en marzo del 2011 de un contratista de EE UU (Alan Gross) acusado de importar equipamiento de satélites para disidentes cubanos.

En EE UU la demografía puede ayudar a cambiar la situación. Los hermanos Castro, ambos octogenarios, han sobrevivido a la mayoría de sus enemigos exiliados y, poco a poco, la opinión pública entre los cubanos residentes en Florida va dando un giro hacia una postura más moderada.

El futuro

Tras el anuncio de Raúl de que no iba a gobernar más allá del 2018, el futuro de Cuba quizá encuentre una senda más moderada. Durante más de medio siglo, el destino del país se ha regido por los extremos: revolucionarios por un lado y exiliados por el otro. Atrapados en medio hay 11 millones de cubanos, muchos de ellos con talento, resueltos y ávidos de cambio. Desde el propietario de la casa particular que sueña con abrir un hotel o el chef innovador que coquetea con la cocina de fusión, al nostálgico exiliado que pone su mirada en una nueva empresa con sede en Cuba... Desde Punta de Maisí a cabo de San Antonio, Cuba está siendo testigo de un nuevo despertar de su energía creativa.

POBLACIÓN: **11,07 MILLONES**

MAYORES DE 65 AÑOS: **12%**

ESPERANZA DE VIDA: **77,8 AÑOS**

MORTALIDAD INFANTIL: **4,83‰**

COEFICIENTE MÉDICO/ PACIENTE: **1:156**

ÍNDICE DE ALFABETIZACIÓN: **99,8%**

si Cuba tuviera 100 habitantes

65 serían blancos
25 serían mestizos
10 serían negros

grupos religiosos
(% de la población)

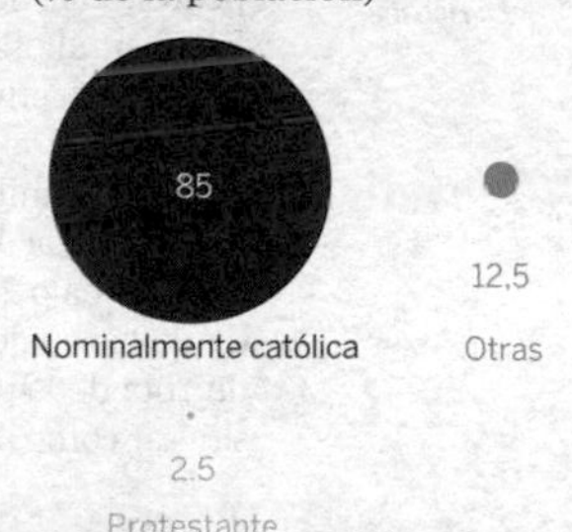

población por km²

Historia

Engalanada con extraordinarias gestas revolucionarias, y con frecuencia asediada por ejércitos invasores extranjeros, Cuba ha adquirido una importancia histórica mucho mayor de lo que correspondería a las dimensiones de su territorio. Una de sus constantes históricas ha sido la injerencia externa y los conflictos internos, y las consecuencias de ambos a menudo han resultado sangrientos.

Los mejores enclaves históricos

Museo de la Revolución (p. 92), La Habana

Cuartel Moncada (p. 408), Santiago de Cuba

Comandancia de La Plata (p. 388), Granma

Fortaleza de San Carlos de la Cabaña (p. 86), La Habana

Una turbulenta trayectoria histórica

Desde la llegada de Cristóbal Colón en 1492, Cuba ha sido testigo de una agitada trayectoria histórica; genocidio, esclavitud, dos amargas guerras de independencia, un período de semiindependencia corrupta y violenta y, finalmente, una revolución populista que –a pesar de las primeras promesas– pulsó un metafórico botón de pausa. Como resultado de ello, casi una quinta parte de su población emigró, sobre todo a EE UU.

A grandes rasgos, los períodos históricos de Cuba pueden dividirse en tres amplias categorías: precolonial, colonial y poscolonial. Antes de 1492 Cuba estaba habitada por tres pueblos migratorios originarios de la cuenca del Orinoco, en Sudamérica, que saltaron de isla en isla hacia el norte. Hasta el momento, sus culturas se han estudiado parcialmente ya que dejaron escasas pruebas documentales.

El período colonial de Cuba estuvo dominado por los españoles y la penosa cuestión de la esclavitud, que abarcó desde la década de 1520 hasta su abolición en 1886. La esclavitud dejó heridas profundas en la psique colectiva cubana, pero su existencia y su abolición final fueron vitales para el desarrollo de la cultura, la música, el baile y la religión. Una vez asimilado esto, se estará cerca de comprender las complejidades de la Cuba actual.

La Cuba poscolonial ha tenido dos etapas bien diferenciadas, la segunda de las cuales a su vez puede subdividirse en dos. El período desde la derrota de España en 1898 hasta el golpe de Castro de 1959 se suele considerar como una época de semiindependencia, con una fuerte influencia

CRONOLOGÍA

2000 a.C.

Se sabe que los guanahatabeyes, la cultura de la Edad de Piedra más antigua conocida en Cuba, vivían en la costa de la actual provincia de Pinar del Río.

1100 d.C.

Los taínos empiezan a llegar a Cuba tras atravesar las islas de las Antillas Menores, procedentes de la cuenca del río Orinoco en la actual Venezuela.

1492

Cristóbal Colón desembarca en Cuba, en la actual provincia de Holguín. Navega por la costa durante un mes hasta llegar a Baracoa, coloca cruces religiosas y se reúne con los taínos.

estadounidense. Este período se caracterizó también por la violencia, la corrupción y las frecuentes insurrecciones de los grupos opositores.

La era de Castro, posterior a 1959, se divide en dos etapas: el período de dominio soviético de 1961 a 1991, y la trayectoria histórica desde el Período Especial hasta la actualidad, en la que Cuba, a pesar de las graves dificultades económicas, se ha convertido por primera vez en una potencia realmente independiente.

Cuba precolonial

La primera civilización conocida de Cuba fue la de los guanahatabeyes, un pueblo primitivo de la Edad de Piedra que vivía en cuevas y sobrevivía a duras penas con la caza y la recolección. En algún punto a lo largo de un período de más de dos mil años, los guanahatabeyes se trasladaron hacia el oeste, a lo que hoy en día es la provincia de Pinar del Río, desplazados por la llegada de otra cultura precerámica conocida como siboney. Los siboneyes eran una comunidad de pescadores y agricultores a pequeña escala algo más avanzada, que se instalaron pacíficamente en la costa sur del archipiélago. Hacia el segundo milenio d.C. fueron desplazados a su vez por los más refinados taínos, que hicieron de los siboneyes sus criados.

Los taínos llegaron a Cuba en torno al 1100 d.C. en varias oleadas y concluyeron un proceso migratorio iniciado en Sudamérica varios siglos antes. Relacionados con los arawaks de las Antillas Menores, los nuevos y pacíficos nativos huían de la barbarie de los caníbales caribes que habían colonizado las Antillas Menores desplazándose al noroeste, a Puerto Rico, La Española y Cuba.

La cultura taína era más compleja y desarrollada que la de sus antecesores; fueron hábiles agricultores, tejedores, ceramistas y constructores de barcos. El 60% de los cultivos que aún crecen hoy en Cuba tienen su origen en los agricultores taínos; también fueron la primera cultura precolombina que cultivó y procesó para fumar la delicada planta del tabaco.

Colón describió a los taínos como "apacibles", "dulces", "siempre sonrientes" y "desprovistos de maldad", lo cual hace aún más incomprensible el genocidio futuro.

Cuba colonial

Colón y la colonización

Cuando Colón llegó a Cuba el 27 de octubre de 1492 la describió como "la tierra más bonita que hayan visto ojos humanos", y la llamó Juana en honor a la heredera de la Corona española. Pero, al darse cuenta de su error en la búsqueda del reino del Gran Khan y como en la isla halló poco

1508

El navegante español Sebastián de Ocampo circunnavega Cuba y demuestra que es una isla y no una península del continente asiático como sostuvo Colón.

1511

Diego Velázquez atraca en Baracoa con 400 hombres, entre ellos Hernán Cortés (el futuro conquistador de México). Los nuevos colonos construyen un fuerte y pronto se enemistan con los indígenas taínos.

1522

Llegan los primeros esclavos a Cuba procedentes de África; es el inicio de una época que duraría 350 años e influiría profundamente en la cultura cubana.

1555

Comienza la era de los piratas. El bucanero francés Jaques de Sores ataca e incendia La Habana, por lo que los españoles empiezan a construir una gran red de fuertes militares.

oro, Colón no tardó en abandonarla y se dirigió hacia La Española (que hoy forman Haití y la República Dominicana).

La colonización de Cuba no empezó hasta casi veinte años después, en 1511, cuando Diego Velázquez de Cuéllar dirigió una flotilla de cuatro barcos y 400 hombres desde La Española destinada a conquistar la isla para la Corona española. Tras atracar en la actual Baracoa, los conquistadores se pusieron de inmediato a construir siete villas en la isla principal –La Habana, Trinidad, Baracoa, Bayamo, Camagüey, Santiago de Cuba y Sancti Spíritus– para someter a la nueva colonia a un gobierno central fuerte. Mientras, una población dispersa de taínos

"DESCUBRIDORES" DE CUBA

Cuba no fue descubierta por los europeos; el archipiélago estaba poblado milenios antes de 1492. Sin embargo, a los cubanos les gusta afirmar que su país ha tenido tres "descubridores". El papel del primero, Cristóbal Colón, está bien documentado, pero las aportaciones del segundo y tercero merecen más explicación.

Alexander von Humboldt (1769-1859)

Naturalista y geógrafo, Humboldt llegó a Cuba en 1800 y fue uno de los primeros extranjeros en reconocer el singular legado cultural, ecológico e histórico de la isla. Según él, el archipiélago no pertenecía ni a América del Norte ni a América del Sur, sino que era un dominio independiente cuya singularidad residía en su ecología. A Humboldt le asombró el endemismo de Cuba y su amplia variedad de especies únicas, y describió al país como una especie de Galápagos del Caribe donde los procesos naturales en conflicto parecían existir en armonía. También detectó marcadas diferencias entre Cuba y el resto de países de Suramérica. Aunque atrasada colonialmente, Cuba era una metrópoli, contaba con una fuerte identidad nacional pero todavía dependía mucho de los colonizadores españoles; y, aunque en apariencia civilizada, mantenía un sistema de esclavitud profundamente incivilizado (que, a la postre, perduró más tiempo que en cualquier otro país de Latinoamérica, excepto Brasil).

Fernando Ortiz (1881-1969)

Ortiz fue un antropólogo y humanista de La Habana que, a partir de los estudios de Humboldt, investigó la singular síntesis cultural del archipiélago formada por esclavos africanos, colonizadores españoles, exiliados franceses, inmigrantes chinos y resquicios de la cultura taína precolombina. Ortiz definió lo que había pasado en Cuba como "transculturización", la transformación de las viejas culturas importadas en una nueva. Se especializó en la cultura negra (a él se debe el término "afrocubano") y sus estudios llevaron a una mejor comprensión y valoración del arte, la música, la religión y la lengua africanas en la cultura cubana. En 1955 Ortiz fue candidato al premio Nobel por su vasta obra antropológica y su "amor por la cultura y la humanidad".

1607

La Habana es erigida capital de Cuba y pasa a ser el punto de encuentro anual de la flota española cargada de tesoros del Caribe, como la plata del Perú y el oro de México.

1741

Una flota de la marina británica al mando del almirante Edward Vernon toma brevemente la bahía de Guantánamo durante la Guerra de la Oreja de Jenkin, pero se retira tras una epidemia de fiebre amarilla.

1762

España se alía a Francia en la Guerra de los Siete Años; por ello los británicos atacan y toman La Habana. Ocupan Cuba durante 11 meses antes de cambiarla por Florida en 1763.

1791

Una sangrienta rebelión de esclavos en Haití fuerza la huida de miles de colonos blancos franceses hacia el oeste, a Cuba, donde fundan algunas de las primeras plantaciones de café del Nuevo Mundo.

los observaban entre fascinados y temerosos desde la tranquilidad de sus bohíos (casas con tejado de guano).

Pese a que Velázquez intentó proteger a los indios del lugar de los excesos flagrantes de los espadachines españoles, los invasores no tardaron en encontrarse con una rebelión declarada entre manos. El líder del fugaz movimiento insurgente fue el beligerante Hatuey, un influyente cacique taíno y arquetipo de la resistencia cubana, al que acabaron quemando en la hoguera.

Sofocada la resistencia, los españoles empezaron a vaciar las escasas reservas de oro y minerales de la isla y utilizaron para ello a los nativos como mano de obra. El brutal sistema duró veinte años, hasta que fray Bartolomé de Las Casas, pidió a la corona española un trato más humano, y en 1542 se abolieron las encomiendas para los nativos. Por desgracia para los taínos, la medida llegó demasiado tarde: los que aún no habían fallecido, no tardaron en sucumbir a enfermedades europeas como la viruela, y hacia 1550 solo quedaban unos 5000 supervivientes desperdigados.

Guerras de independencia

Establecido su brutal sistema de esclavitud, los españoles gobernaron la mayor colonia del Caribe con puño de hierro los siguientes 200 años, a pesar de una breve ocupación británica en 1792 (véase p. 85). Los terratenientes criollos temían una repetición de la brutal rebelión de esclavos de Haití ocurrida en 1791, contenida cuando el resto de Latinoamérica se levantó en armas contra los españoles en la década de 1810 y 1820. Por ello, las guerras de independencia de Cuba se produjeron más de medio siglo después de que el resto de América Latina se hubiera independizado de España. Pero cuando llegaron, no fueron menos apasionadas ni menos sangrientas.

Primera Guerra de Independencia

Hartos de las políticas reaccionarias de España y esperanzados con el nuevo sueño americano de Lincoln en el norte, a finales de la década de 1860 los terratenientes criollos que vivían en Bayamo empezaron a tramar cómo sublevarse. El conflicto tuvo un inicio prometedor el 10 de octubre de 1868, cuando Carlos Manuel de Céspedes, un poeta en ciernes, abogado y dueño de una plantación de azúcar, inició un levantamiento desde su ingenio La Demajagua, en la provincia de Oriente. Reclamaba la abolición de la esclavitud y liberó a sus propios esclavos en un acto de solidaridad. Céspedes proclamó el famoso *Grito de Yara*, un grito de libertad por una Cuba independiente, en el que alentaba a otros separatistas desilusionados a sumarse. Para los administradores coloniales de La Habana, un intento tan audaz de

PUEBLOS INDIOS

En el s. XVII los españoles agruparon a la población autóctona en los llamados "pueblos indios". Las culturas del Viejo y el Nuevo Mundo se enriquecieron mutuamente y las costumbres y términos indígenas se introdujeran en la vida cotidiana cubana.

1808

Anticipándose a la doctrina Monroe, el presidente de EE UU, Thomas Jefferson, consideró que Cuba era "la adición más interesante para nuestro sistema de estado", inaugurando así una tormentosa relación entre países.

1850

El filibustero venezolano Narciso López alza por primera vez la bandera cubana en Cárdenas durante un intento frustrado de "liberar" a la colonia de España.

1868

Céspedes libera a los esclavos de Manzanillo y proclama el Grito de Yara, el primer grito independentista cubano y el inicio de una guerra de 10 años contra los españoles.

1878

El Pacto del Zanjón pone fin a la guerra. El general cubano Antonio Maceo emite la Protesta de Baraguá y al año siguiente reanuda las hostilidades, antes de desaparecer en el exilio.

Héroes de la Guerra de Independencia

Carlos Manuel de Céspedes (1819-1874)

Máximo Gómez (1836-1905)

Calixto García (1839-1898)

Ignacio Agramonte (1841-1873)

Antonio Maceo (1845-1896)

arrebatarles el control de su mando constituía un acto de traición, y reaccionaron en consecuencia.

Por fortuna para los rebeldes, apenas organizados, el circunspecto Céspedes había hecho sus deberes militares. Semanas después del histórico Grito de Yara, el abogado convertido en general había formado un ejército de más de 1500 hombres y marchaba desafiante por Bayamo, ciudad que fue tomada en cuestión de días. Pero los éxitos iniciales quedaron durante mucho tiempo en punto muerto. La decisión táctica de no invadir la parte occidental de Cuba, además de la alianza entre peninsulares (españoles nacidos en España pero que vivían en Cuba) y españoles no tardó en dejar rezagado a Céspedes. Recibió la ayuda temporal del general mulato Antonio Maceo, un duro e inflexible santiaguero apodado el Titán de Bronce, y del dominicano igualmente aguerrido Máximo Gómez, pero pese al trastorno económico y la destrucción periódica de la cosecha de azúcar, los rebeldes carecían de un líder político dinámico capaz de unirlos tras una causa ideológica singular.

Tras perder a Céspedes en la batalla en 1874, la guerra se prolongó cuatro años más, hasta el punto de que la economía cubana se desplomó y hubo más 200 000 víctimas. Finalmente, en febrero de 1878 se firmó un pacto deslucido entre los españoles y los separatistas, agotados por la contienda, un acuerdo sin valor que no resolvía nada y concedía muy poco a la causa rebelde. Indignado y desilusionado, Maceo dio a conocer su disconformidad en la Protesta de Baraguá, pero tras un breve intento frustrado de reanudar la guerra en 1879, tanto Gómez como él desaparecieron en un exilio prolongado.

Guerra de Independencia

Cuando llegó la hora, apareció el hombre: José Martí, poeta, patriota, visionario e intelectual, se convirtió en una figura patriótica de proporciones bolivarianas en los años posteriores a su ignominioso exilio de 1871, no solo en Cuba, sino en toda Latinoamérica. Tras ser arrestado a los 16 años durante la Guerra de los Diez Años, Martí se pasó veinte años exponiendo sus ideas revolucionarias en lugares tan dispares como Guatemala, México y EE UU. Aunque quedó impresionado por la habilidad para los negocios y la diligencia de los estadounidenses, criticó con firmeza el materialismo del país y se propuso presentar una alternativa cubana viable.

El Che Guevara –cuyo apellido paterno era Guevara Lynch– tenía raíces celtas que se remontaban a Patrick Lynch, nacido en Galway, Irlanda, en 1715, y que emigró a Buenos Aires pasando por Bilbao en 1749.

Entregado por entero a la causa de la resistencia, Martí escribió, dialogó, elevó peticiones y organizó incansablemente la lucha por la independencia durante más de una década y, en 1892, ya había acumulado experiencia suficiente para convencer a Maceo y a Gómez de que

1886

Tras más de 350 años de explotación y deportación a través del Atlántico, Cuba se convierte en el penúltimo país americano en abolir la esclavitud.

1892

Desde el exilio en EE UU, José Martí busca el apoyo popular y forma el Partido Revolucionario Cubano, que empieza a sentar las bases para reanudar las hostilidades contra España.

1895

José Martí y Antonio Maceo llegan a Cuba para liderar la Guerra de Independencia. Martí es asesinado en Dos Ríos en mayo y pronto se le considera un mártir.

abandonaran el exilio y se sumaran al Partido Revolucionario Cubano (PRC). Por fin, Cuba había encontrado a su Bolívar.

Martí y sus compatriotas pensaban que había llegado ya la hora de hacer otra revolución, por lo que zarparon hacia Cuba en abril de 1895 y desembarcaron cerca de Baracoa dos meses después de que las insurrecciones subvencionadas por el PRC contuvieran a las fuerzas cubanas en La Habana. Los rebeldes reclutaron a 40 000 hombres y se dirigieron hacia el oeste, donde el 19 de mayo se enfrentaron en combate por primera vez en un lugar llamado Dos Ríos. En este campo de batalla, sembrado de balas y extrañamente anónimo, Martí fue tiroteado y asesinado mientras dirigía una carga suicida hacia las líneas enemigas. De haber sobrevivido, con toda seguridad hubiera sido elegido primer presidente de Cuba, pero tras su muerte se convirtió en un héroe y mártir, cuya vida y legado ha inspirado a generaciones de cubanos.

Conscientes de los errores cometidos durante la Guerra de los Diez Años, Gómez y Maceo marcharon hacia el oeste arrasando y quemando todo lo que encontraron a su paso entre Oriente y Matanzas. Las primeras victorias condujeron a una ofensiva continua, y en enero de 1896 Maceo había penetrado en Pinar del Río, mientras Gómez resistía cerca de La Habana. Los españoles respondieron con un general igualmente implacable llamado Valeriano Weyler, que construyó fortificaciones en dirección norte-sur por todo el país para limitar los movimientos de los rebeldes. Para debilitar la resistencia clandestina, los guajiros o campesinos fueron recluidos en campos de concentración, y todo aquel que apoyara la rebelión podía ser ejecutado. Las tácticas brutales empezaron a dar resultados y, el 7 de diciembre de 1896, los mambises (nombre dado a los rebeldes que se enfrentaron a España en el s. XIX) sufrieron un duro golpe militar cuando Antonio Maceo fue asesinado al sur de La Habana al intentar escapar hacia el este.

Presencia estadounidense

Para entonces Cuba estaba sumida en el caos: miles de personas habían fallecido, el país estaba en llamas, y William Randolph Hearst y la prensa sensacionalista de EE UU dirigían una campaña bélica exaltada con noticias macabras y a menudo inexactas sobre las atrocidades españolas.

Quizá preparándose para lo peor, el acorazado *Maine* fue enviado a La Habana en enero de 1898 para "proteger a los ciudadanos estadounidenses". La tarea nunca se llevó a cabo: el 15 de febrero de 1898 el *Maine* explotó inesperadamente en el puerto de La Habana y murieron 266 marineros estadounidenses. Los españoles afirmaron que había sido un accidente, los estadounidenses culparon a los españoles, y algunos cubanos acusaron a EE UU de utilizarlo como pretexto para intervenir. Pese a

En la década de 1880 había más de cien mil chinos en Cuba, muchos de ellos trabajando como mano de obra barata en las plantaciones de azúcar de la región de La Habana y sus alrededores.

Lugares de José Martí

Museo-Casa Natal de José Martí, La Habana (p. 84)

Monumento conmemorativo a José Martí (p. 99), La Habana

Cementerio Santa Ifigenia (p. 418), Santiago de Cuba

Dos Ríos (p. 463), Granma

1896

Tras resultar herido más de 20 veces en una carrera militar de cuatro décadas, Antonio Maceo muere asesinado en una emboscada en Cacahual, La Habana.

1898

Tras perder el acorazado USS *Maine*, EE UU declara la guerra a España y derrota a su ejército cerca de Santiago. Empiezan cuatro años de ocupación estadounidense.

1902

Cuba logra la independencia formal de EE UU y elige a Tomás Estrada Palma como presidente, pero en los 15 primeros años de la república las tropas de EE UU penetran en tres ocasiones.

1920

El fuerte incremento de los precios del azúcar tras la Primera Guerra Mundial dispara el llamado "baile de los millones". En Cuba pronto se amasan enormes fortunas. Le sigue una grave crisis económica.

las distintas investigaciones de los años siguientes, el auténtico origen de la explosión es tal vez uno de los grandes misterios de la historia, ya que el casco del barco se hundió en aguas profundas en 1911.

Tras el desastre del *Maine*, EE UU se desplegó para apoderarse de la isla. Ofrecieron 300 millones de US$ a España por Cuba, y cuando este acuerdo fue rechazado, exigieron a los españoles su total retirada. El tan esperado enfrentamiento entre EE UU y España, que imperceptiblemente se había ido cociendo durante décadas desembocó en guerra.

La única batalla terrestre importante del conflicto tuvo lugar el 1 de julio, cuando el ejército de EE UU atacó posiciones españolas en la colina de San Juan al oeste de Santiago de Cuba. Pese a ser muchos menos y contar con armas limitadas y anticuadas, los españoles asediados resistieron durante más de veinticuatro horas hasta que el futuro presidente de EE UU, Theodore Roosevelt, puso fin al estado de sitio dirigiendo la famosa carga de caballería de los Rough Riders hasta la colina de San Juan. Fue el principio del fin para los españoles, y se les ofreció la rendición incondicional ante los estadounidenses el 17 de julio de 1898.

El libro titulado *Cómo fue hundido el acorazado Maine*, de 1976, concluyó que la explosión del *Maine* en el puerto de La Habana en 1898 se debió a una combustión espontánea de carbón en la carbonera del buque.

Cuba poscolonial

¿Independencia o dependencia?

El 20 de mayo de 1902 Cuba se convirtió en una república independiente, ¿o no? A pesar de los tres años de sangre, sudor y sacrificio que duró la Guerra Hispano-Estadounidense, ningún representante cubano fue invitado al histórico tratado de paz firmado en París en 1898, que había prometido la independencia de Cuba con condiciones. Las condiciones se recogían en la infame Enmienda Platt, un ladino añadido a la Ley de los Presupuestos del Ejército de EE UU de 1901 que otorgaba a Estados Unidos el derecho a intervenir militarmente en Cuba siempre que lo creyera conveniente. EE UU también utilizó su notable influencia para procurarse una base naval en la bahía de Guantánamo con el fin de proteger sus intereses estratégicos en la región del Canal de Panamá. A pesar de una discreta oposición en EE UU y de una mucho mayor en Cuba, el Congreso aprobó la Enmienda Platt, que se incluyó en la Constitución cubana de 1902. Para los patriotas cubanos, EE UU solo sustituyó a España en el nuevo papel de colonizador y enemigo. Sus repercusiones han ocasionado amargas disputas durante más de un siglo y aún hoy persisten.

La era Batista

Fulgencio Batista era un astuto y perspicaz negociador que fue responsable de los mejores y los peores intentos de Cuba de constituir una democracia embrionaria en las décadas de 1940 y 1950. Tras un golpe de Estado de oficiales del ejército en 1933, se hizo con el po-

1925
Gerardo Machado es elegido presidente y pone en marcha un amplio programa de obras públicas, pero su mandato de ocho años es cada vez más despótico, su popularidad decae y aumenta la tensión social.

1933
La revolución de 1933 se desata tras un golpe de Estado de oficiales del ejército: el dictador Machado es depuesto y asume el poder Fulgencio Batista.

1940
Cuba aprueba la Constitución de 1940, considerada una de las más progresistas de la época: garantiza el derecho al trabajo, a la propiedad, al salario mínimo, a la educación y a la seguridad social.

1952
Batista da un golpe militar incruento y anula las siguientes elecciones cubanas a las que iba a presentarse un joven y ambicioso abogado llamado Fidel Castro.

der casi por eliminación y fue abriéndose camino gradualmente en el vacío de poder entre las facciones corruptas de un gobierno agonizante. A partir de 1934, Batista ejerció como jefe del Estado Mayor y, en 1940, en unas elecciones relativamente libres y justas, fue elegido presidente. Durante su mandato oficial, Batista aprobó diversas reformas sociales y comenzó a redactar la Constitución más liberal y democrática de Cuba hasta la fecha. Pero ni la luna de miel liberal ni el buen humor de Batista duraron mucho tiempo. El antiguo sargento del ejército dimitió tras las elecciones de 1944 y entregó el poder al políticamente inepto Ramón Grau San Martín; la corrupción y la incompetencia no tardaron en triunfar.

Salta la chispa revolucionaria

Consciente de su subyacente popularidad y sabiendo que se trataba de una oportunidad única para lucrarse con una última paga, Batista llega a un acuerdo con la mafia estadounidense. Les promete carta blanca en Cuba a cambio de una tajada de los beneficios procedentes de las apuestas, y se posiciona para regresar al poder. El 10 de marzo de 1952, tres meses antes de las elecciones que parecía que iba a perder, Batista llevó a cabo un golpe militar. Duramente condenado por los políticos de la oposición dentro de Cuba, pero reconocido por EE UU dos semanas después, Batista pronto deja claro que su segunda incursión en la política no va a ser tan progresista como la primera: suspende varias garantías constitucionales, entre ellas el derecho de huelga.

Tras el golpe de Batista se formó un círculo revolucionario en La Habana en torno a la carismática figura de Fidel Castro, abogado de profesión y excelente orador que iba a presentarse a las elecciones canceladas de 1952. Con el apoyo de su hermano menor Raúl y su fiel teniente Abel Santamaría (que más adelante torturaron hasta la muerte los esbirros de Batista), Castro no tuvo más alternativa que el uso de la fuerza para liberar a Cuba de su dictador. Con pocos efectivos, pero decidido a hacer una declaración política, Castro lideró a 119 rebeldes en un ataque al estratégico cuartel Moncada, en Santiago de Cuba, el 26 de julio de 1953. El asalto audaz y mal planeado fracasó estrepitosamente cuando el chófer del rebelde tomó el giro equivocado en las calles mal señalizadas de Santiago y cundió la alarma.

Engañados, asustados y superados en número, 64 de los conspiradores del Moncada fueron rodeados por el ejército de Batista, torturados y ejecutados brutalmente. Castro y unos cuantos más lograron escapar hacia las montañas cercanas, donde fueron hallados días después por un comprensivo teniente del ejército llamado Sarría, que tenía instrucciones de matarlos. "¡No disparen, no se pueden matar las ideas!", fue lo que supuestamente gritó Sarría al encontrar a Castro y sus ex-

En diciembre de 1946 la mafia organizó la mayor reunión de mafiosos estadounidenses en el Hotel Nacional de La Habana bajo el pretexto de que iban a ver un concierto de Frank Sinatra.

Primeros tres presidentes de Cuba

Tomás Estrada Palma (1902-1906)

José Miguel Gómez (1906-1913)

Mario García Menocal (1913-1921)

1953

Castro dirige a un grupo de rebeldes en un fallido ataque al cuartel Moncada en Santiago. Utiliza su juicio posterior como plataforma para exponer su proyecto político.

1956

El yate *Granma* atraca en la zona oriental de Cuba con Castro y 81 rebeldes a bordo. Diezmados por el ejército cubano, solo sobrevive una docena que se reagrupa en la sierra Maestra.

1958

El Che Guevara planea y organiza un ataque contra un tren blindado en Santa Clara, una victoria militar que fuerza a Batista a ceder el poder. Los rebeldes entran triunfantes en La Habana.

1959

Recibimiento extático de Castro en La Habana. El nuevo Gobierno aprueba la histórica primera Ley de Reforma Agraria. El avión de Camilo Cienfuegos desaparece mientras sobrevuela la costa cubana junto a Camagüey.

haustos compañeros. Con su decisión de llevarlo a la cárcel en vez de matarlo, Sarría arruinó su carrera militar, pero le salvó la vida a Fidel (una de las primeras acciones de Fidel tras el triunfo de la Revolución fue sacar a Sarría de la cárcel y darle un cargo en el ejército revolucionario). La captura de Castro no tardó en convertirse en noticia nacional. Durante el juicio se defendió a sí mismo y para ello escribió un discurso elocuente, expuesto con maestría y que más adelante transcribió en un completo manifiesto político titulado *La historia me absolverá*. Castro, al amparo de su nueva legitimidad, reforzada por la creciente insatisfacción con el antiguo régimen, fue sentenciado a 15 años de cárcel en la Isla de Pinos (antiguo nombre de Isla de la Juventud). Cuba estaba a punto de conseguir un nuevo héroe nacional.

En febrero de 1955 Batista llegó a la presidencia gracias a unas elecciones que fueron consideradas fraudulentas, y, en un intento de ganarse el favor de la creciente oposición interna, accedió a amnistiar a todos los presos políticos, entre ellos a Castro. Como Castro creyó que la verdadera intención de Batista era asesinarlo en cuanto saliera en libertad, huyó a México y dejó al maestro de escuela baptista Frank País a cargo de una nueva campaña de resistencia clandestina, que los vengativos veteranos del Moncada habían bautizado como Movimiento del 26 de julio.

EL PERÍODO ESPECIAL

Tras la caída de la Unión Soviética en 1991, la economía cubana –que desde la década de 1960 dependía de la ayuda soviética– cayó en picado. De la noche a la mañana, la mitad de las fábricas cerraron, el sector del transporte se detuvo en seco y la economía se contrajo un 60%.

Decidido a defender la revolución a toda costa, Fidel Castro anunció que Cuba estaba entrando en un "Período Especial en Tiempos de Paz", un paquete de medidas de extrema austeridad que reforzaron el racionamiento generalizado e hizo de la escasez una parte indisoluble de la vida diaria. De golpe los cubanos, relativamente acomodados hasta un año antes, se enfrentaban a una tremenda lucha por sobrevivir.

Las historias de cómo los cubanos de a pie pasaron los peores días del Período Especial son increíbles e impactantes. En tres años horribles el cubano medio perdió un tercio de su peso corporal y la carne desapareció prácticamente de su dieta. En lo social el Período Especial dio paso a una nueva cultura de conservación e innovación, cuyos elementos siguen caracterizando la forma de vida de Cuba.

Los peores años del Período Especial fueron de 1991 a 1994, aunque la recuperación fue lenta y solo se pudo avanzar significativamente cuando estrechó los lazos con Venezuela (y su petróleo) a principios del 2000.

1961

Mercenarios cubanos con el apoyo de EE UU intentan sin éxito invadir la Bahía de Cochinos. EE UU declara el embargo comercial completo de la isla. Cuba inicia una campaña de alfabetización muy exitosa.

1962

El descubrimiento de misiles nucleares de alcance medio en Cuba, instalados por la Unión Soviética lleva al borde de una guerra nuclear mundial en la denominada "Crisis de los Misiles de Cuba".

1967

Atrapan y ejecutan al Che Guevara en Bolivia delante de observadores de la CIA tras 10 meses de frustrada guerra de guerrillas en las montañas.

La Revolución

En Ciudad de México, Castro y sus compatriotas volvieron a conspirar y trazaron un plan, en el que se involucraron nuevos revolucionarios como Camilo Cienfuegos y el médico argentino Ernesto Che Guevara. Huyendo de la policía mexicana y decidido a llegar a Cuba a tiempo para el levantamiento que Frank País había planeado para finales de noviembre de 1956 en Santiago de Cuba, Castro y 81 camaradas zarparon rumbo a la isla el 25 de noviembre en un viejo y abarrotado yate recreativo llamado *Granma*. Tras siete días nefastos en el mar llegaron a la playa Las Coloradas, cerca de Niquero, en Oriente, el 2 diciembre (dos días tarde), y tras un desembarco catastrófico. Tres días más tarde, los soldados de Batista los descubrieron y persiguieron por un campo de caña de azúcar en Alegría de Pío.

De los 82 soldados rebeldes que habían salido de México poco más de una docena logró escapar. Los supervivientes vagaron desesperados durante días, medio muertos de hambre, heridos y pensando que el resto de sus compatriotas había sido asesinado en la escaramuza inicial. No obstante, con la ayuda de los campesinos del lugar, los desventurados soldados logró finalmente reagruparse dos semanas más tarde en Cinco Palmas, un claro en las sombras de la sierra Maestra.

El resurgimiento se produjo el 17 de enero de 1957, cuando las guerrillas consiguieron una importante victoria al saquear un pequeño puesto militar en la costa sur, en la provincia de Granma, llamado La Plata. A esto siguió un impactante golpe propagandístico en febrero, cuando Fidel persuadió al periodista del *New York Times* Herbert Matthews de que subiera a la sierra Maestra para entrevistarlo. La publicación de la entrevista dio fama internacional a Castro, que se ganó la simpatía de los estadounidenses liberales. Claro que para entonces no era el único agitador antibatista. El 13 de marzo de 1957, estudiantes universitarios dirigidos por José Antonio Echeverría atacaron el Palacio Presidencial de La Habana en un intento fallido de asesinar a Batista. Dispararon y mataron a dos tercios de los 35 atacantes mientras huían, y la represión en las calles de La Habana fue contundente.

En otros lugares, las pasiones estaban también exaltadas y, en septiembre de 1957, un grupo de oficiales navales de la ciudad de Cienfuegos organizaron una revuelta armada y empezaron a distribuir armas entre la población desafecta. Tras algunas luchas encarnizadas puerta a puerta, la insurrección fue aplastada brutalmente y rodearon y mataron a los cabecillas, pero los revolucionarios habían demostrado lo que querían: los días de Batista estaban contados.

Mientras, en la sierra Maestra, los rebeldes de Fidel aplastaron a 53 soldados de Batista en un puesto del ejército de El Uvero en el mes de

1000 LEYES

El Gobierno de Castro aprobó más de mil leyes el primer año (1959), entre otras el abaratamiento de los alquileres y la electricidad, la abolición de la discriminación racial y la primera Ley de Reforma Agraria.

1968

El Gobierno cubano nacionaliza 58 000 pequeños negocios en un radical paquete de reformas socialistas. Todo es sometido a un estricto control estatal.

1970

Castro se propone conseguir una cosecha de 10 millones de toneladas de azúcar. El plan fracasa y Cuba intenta solventar su dependencia de este monocultivo.

1980

Tras un incidente en la embajada de Perú, Castro abre el puerto de Mariel. Al cabo de seis meses, 125 000 personas han huido de la isla hacia EE UU, en el llamado "Éxodo del Mariel".

1988

Las tropas cubanas tienen un papel crucial en la batalla de Cuito Cuanavale, en Angola, una importante derrota para el ejército blanco sudafricano y su sistema de apartheid.

mayo y consiguieron más suministros. El movimiento parecía ir ganando fuerza y pese a perder a Frank País, asesinado por un pelotón del Gobierno en Santiago de Cuba en julio, el apoyo y las simpatías crecían rápidamente por todo el país. A principios de 1958 Castro instaló un cuartel general fijo en La Plata (que no debe confundirse con La Plata de la provincia de Granma), en un bosque nuboso en lo alto de la sierra Maestra, desde donde lanzaba proclamas propagandísticas por Radio Rebelde a todo Cuba. Las cosas empezaban a cambiar.

De los 12 hombres que sobrevivieron al desembarco del *Granma* en diciembre de 1956, solo tres siguen vivos en el 2013: Fidel Castro, Raúl Castro y Ramiro Valdés.

Batista comenzó a percatarse de su decreciente popularidad y envió un ejército de 10 000 hombres a la sierra Maestra en mayo de 1958 con el fin de eliminar a Castro, en una misión conocida como Plan FF (Fin de Fidel). Los rebeldes lucharon con ardor por sus vidas hasta que la ofensiva dio un vuelco gracias a la ayuda de los campesinos de la zona. Al Gobierno de EE UU le incomodaba cada vez más la táctica de terror ilimitado de su antiguo aliado cubano; Castro vio entonces la oportunidad de convertir la defensa en ofensa y firmó el innovador Pacto de Caracas con ocho grupos principales de la oposición, donde pedía a EE UU que cesara toda ayuda a Batista. El Che Guevara y Camilo Cienfuegos fueron enviados enseguida a los montes Escambray a abrir nuevos frentes en el oeste y para cuando llegó diciembre Cienfuegos retenía a las tropas en Yaguajay (la guarnición acabó rindiéndose tras un asedio de 11 días) y Guevara tenía cercada Santa Clara, por lo que el fin parecía cercano. Se encargó al Che Guevara que sellara la victoria final, utilizando tácticas clásicas de guerrilla para hacer descarrilar un tren blindado en Santa Clara y partir en dos el maltrecho sistema de comunicaciones del país. En Nochevieja de 1958, el juego había terminado: el entusiasmo se apoderó del país, y el Che y Camilo se dirigieron a La Habana sin hallar resistencia.

Al amanecer del 1 de enero de 1959, Batista huyó en un avión privado a la República Dominicana. Entretanto tanto, Fidel se presentó en Santiago de Cuba y pronunció un enardecedor discurso de victoria desde del Ayuntamiento del parque Céspedes, antes de subirse a un *jeep* y recorrer el campo hasta La Habana en una cabalgata. Al parecer, el triunfo de la Revolución era total.

En 1991 Castro anunció un Período Especial, un programa de austeridad durante cinco años que hizo caer en picado el nivel de vida en Cuba.

Desde la Revolución, la historia de Cuba se ha visto salpicada de enfrentamientos, retórica, pulsos de la Guerra Fría y un omnipresente embargo comercial por parte de EE UU que ha involucrado a 11 presidentes estadounidenses y a dos líderes cubanos, ambos llamados Castro. Durante los primeros 30 años, Cuba se alió con la Unión Soviética, y EE UU empleó varias tácticas represivas (todas fallidas) para hacer entrar en vereda a Fidel Castro, entre ellas una invasión

1991

La Unión Soviética se derrumba y Cuba se dirige hacia la peor crisis económica de la era moderna, en lo que Castro denomina como un "Período Especial en Tiempos de Paz".

1993

En un intento por salir del coma económico, Cuba legaliza el dólar, abre el país al turismo y permite formas restringidas de iniciativa privada.

2002

Tras tres siglos de monocultivo se cierran la mitad de las refinerías de azúcar de Cuba. Los trabajadores despedidos continúan recibiendo el salario y reciben educación gratuita.

2003

La Administración Bush estrecha la soga en torno a los ciudadanos de EE UU que viajen a Cuba. Muchos disidentes políticos son arrestados por las autoridades cubanas en una ofensiva por toda la isla.

chapucera, más de 600 intentos de asesinato y uno de los bloqueos económicos más largos de la historia moderna. Cuando el bloque soviético cayó en 1989-1991, Cuba se quedó sola tras un líder cada vez más obstinado que sobrevivió a una década de rigurosa austeridad económica conocida como Período Especial. El PIB se redujo a más de la mitad, los lujos desaparecieron, y una actitud de tiempos de guerra en cuanto a racionamiento y sacrificio arraigó entre una población que se consideraba liberada de las influencias extranjeras (neo)coloniales por primera vez en la historia.

DERECHOS HUMANOS

En Cuba los derechos humanos han sido tradicionalmente uno de los talones de Aquiles de la Revolución. Hablar contra el Gobierno en esta sociedad estrechamente controlada y políticamente paranoica es un delito grave punible con la cárcel o, en su defecto, con estancamiento laboral, hostigamiento y aislamiento social.

La era de Castro empezó con mal pie en enero de 1959 cuando el gobierno revolucionario –bajo los auspicios del Che Guevara– reunió a los mandamases de Batista y los ejecutó sumariamente dentro del fuerte de La Cabaña en La Habana. En cuestión de meses, la prensa cubana había sido silenciada.

Desde entonces, Cuba ha obtenido una mala puntuación en la mayoría de los índices globales de respeto por los derechos humanos. Amnistía Internacional y Human Rights Watch suelen criticar al Gobierno por su negativa a respetar los derechos de reunión, asociación y expresión, además de otras libertades civiles fundamentales.

La imagen internacional de Cuba recibió otro revés durante la llamada Primavera Negra del 2003 cuando el Gobierno arrestó a 75 disidentes (alegando que eran agentes de EE UU) y les impuso largas penas de cárcel. Tras las protestas internacionales, todos fueron liberados, el último en el 2011. Con todo, el hostigamiento y la intimidación de los disidentes, incluidas las Damas de Blanco, continúa.

Los defensores el régimen suelen justificar las supuestas violaciones de los derechos humanos con argumentos tipo "ojo por ojo diente por diente". Cuando los estadounidenses se quejan de las condiciones de las prisiones cubanas y el supuesto uso de la tortura, los cubanos contestan "Guantánamo". Cuando en EE UU se cuestiona el caso del encarcelado contratista estadounidense Alan Gross, ellos mencionan a los "cinco cubanos" (cinco cubanos encarcelados en EE UU por cargos de espionaje igualmente endebles).

En los últimos años ha habido avances. La persecución de los gays, en su día común a todos los niveles sociales, es cosa del pasado, al igual que la persecución religiosa. La libertad de expresión y de prensa, no obstante, siguen estando anquilosadas, aunque en la era de internet algunos blogueros como Yoani Sánchez han logrado repercusión internacional.

2006

Justo antes de su 80 cumpleaños, Castro enferma de diverticulitis y deja de gobernar el país a diario. Lo sustituye su hermano Raúl.

2009

La presidencia de Barack Obama supone una distensión en las relaciones entre Cuba y EE UU. Como medida inicial, Obama rebaja las restricciones para que los cubano-estadounidenses regresen a la isla a visitar a sus parientes.

2011

Raúl Castro da muestras de cambio económico al anunciar que el Gobierno tienen intención de recortar medio millón de puestos de funcionario y abrir la empresa privada a más de 175 negocios autorizados.

2013

El Gobierno de Raúl Castro sigue su apertura política y permite a los cubanos viajar al extranjero sin restricciones por primera vez en 51 años, pero la falta de dinero es una barrera para muchos.

La vida en Cuba

Al recorrer las afueras de una ciudad de provincias de Cuba en un autobús el país puede parecer, a primera vista, austero, pobre y gris. Pero lo que uno ve en este archipiélago, siempre contradictorio, no es siempre lo que parece. Cuba exige paciencia y mucho escarbar la superficie. Si se descifra el estilo de vida cubano pronto se descubre su irreprimible energía musical, una danza que persiste a pesar de todo.

La Habana Vieja es uno de los barrios más densos de Latinoamérica, con más de 70 000 habitantes en una superficie de solo 4,5 km^2.

Receta para ser cubano

Tómense una dosis de racionamiento de la Segunda Guerra Mundial y una pizca de austeridad de la era soviética. Añádanse los valores familiares de Sudamérica, las virtudes educativas de EE UU y la locuacidad de los irlandeses. Mézclese todo con el ritmo tropical de Jamaica y el innato instinto musical de África, antes de deambular ampliamente por las sensuales calles de La Habana, Santiago de Cuba, Camagüey y Pinar del Río.

La vida en Cuba es un brebaje abierto e interactivo. Basta con pasar un rato en uno de sus hogares para formarse pronto un arquetipo. Una cafetera hirviendo en el fogón, una bicicleta china oxidada apoyada en la pared del salón, la fotografía de José Martí sobre el televisor y la estatua de la Virgen de El Cobre en la penumbra. Además del propietario de la casa y su madre, hermano, hermana y sobrina, en todo hogar cubano se dan cita una aparentemente interminable lista de "visitantes": un vecino sin camisa que viene a pedir prestada una llave inglesa, el cotilla de turno del CDR (Comité para la Defensa de la Revolución), un sacerdote que viene a tomarse un vaso de ron, además, del primo, el primo segundo, ese amigo perdido hace tiempo, el primo tercero... Y luego están los sonidos: el canto del gallo, un saxofonista ensayando, el ladrido de los perros, el ruido de los motores de los automóviles, un ritmo de salsa en la lejanía y los consabidos gritos de la calle: *¡Dime, hermano! ¿Qué pasa, mi amor? ¡Ah, mi vida, no es fácil!*

Efectivamente, la vida en Cuba es de todo menos fácil pero, desafiando a toda la lógica, es perpetuamente colorida y raramente monótona.

Estilo de vida

Cuba cuenta con 70 000 médicos titulados. En toda África hay solo 50 000.

Supervivientes por naturaleza y necesidad, los cubanos han demostrando una capacidad casi inagotable de forzar las normas y resolver las cosas cuando importan. Los dos verbos más conjugados del vocabulario nacional son "conseguir" y "resolver", y los cubanos son expertos en ambos. Su habilidad innata para sortear las normas y conseguir algo de la nada nace de la necesidad económica. En una pequeña nación que se resiste a las realidades sociopolíticas modernas, donde el salario mensual alcanza el equivalente a 25 US$, la supervivencia suele traducirse en la necesidad de innovar como modo de complementar los ingresos. Para comprobarlo basta con recorrer las desmoronadas calles de Centro Habana. Desde el propietario de una casa particular que ofrece circuitos guiados usando su automóvil como taxi, hasta la señora que vende langostas desafiando la normativa del Gobierno. Otros recursos se basan más en la artimaña, como el compañero que, durante su trabajo, se mete en el bolsillo un puro con alguna imperfección para venderlo a un extranjero desprevenido. Las viejas manos cubanas saben que una de las formas más generalizadas de obtener algún dinero extra es colaborando con (o tomando el pelo a) los turistas.

En Cuba, la moneda fuerte (es decir, los pesos convertibles) rige especialmente porque es la única forma de conseguir simples "lujos" que hacen más cómoda la vida en esta austera república socialista. Paradójicamente, la doble economía posterior a 1993 ha resucitado el sistema de clases que la Revolución tanto y tan duro se empeñó en erradicar. Así, es habitual ver a cubanos que tienen acceso a ropa de diseño que se paga en convertibles, mientras otros acosan a los turistas sin piedad pidiendo pastillas de jabón. Este renacer de la división entre ricos y pobres es una de las cuestiones más problemáticas a las que se enfrenta la Cuba actual.

Otros rasgos sociales surgidos tras la Revolución son más altruistas y solidarios. En Cuba compartir es lo normal. Ayudar a un compañero llevándole en coche, ofrecerle tu comida o prestarle unos pocos converti-

LA REVOLUCIÓN DE LOS BLOGS

Con un índice de alfabetización del 99,8% y un tradicional amor por los libros, no es extraño que Cuba genere un número creciente de elocuentes blogueros, a pesar de las dificultades para acceder a internet. Estos son algunos de los más destacados y representan puntos de vista de todo el espectro político.

Generación Y (Yoani Sánchez; www.desdecuba.com/generaciony) Sánchez es la bloguera (y disidente) más famosa de Cuba y su blog "Generación Y" viene poniendo a prueba el temple de la policía de censura cubana desde abril del 2007. Crítica del Gobierno sin concesiones, Yoani cuenta con un inmenso número de seguidores internacionales (Obama respondió una vez a uno de sus *posts*) y ha obtenido numerosos premios, incluido el Ortega & Gasset de periodismo digital. En el 2013, Sánchez obtuvo un visado al amparo de las nuevas leyes sobre viajes y comenzó una gira por el mundo.

El Yuma (Ted Henken; www.elyuma.blogspot.com, en inglés) Comentarista sobre Cuba de toda la vida, y presidente de la cátedra de Estudios Negros e Hispánicos en el Baruch College, Nueva York, Henken ha estudiado y escrito mucho sobre la blogosfera cubana. Su blog cuenta con excelentes enlaces a otros sitios.

Havana Times (www.havanatimes.org) Una web y "cooperativa de blogs" empezada por el escritor estadounidense Circles Robinson en el 2008 que se considera anticastrista y antiembargo.

Paquito El de Cuba (Francisco Rodríguez; http://paquitoeldecuba.wordpress.com) El periodista cubano Francisco Rodríguez es gay, comunista, seropositivo y padre. También escribe un fascinante blog.

Along the Malecon (Tracy Eaton; www.alongthemalecon.blogspot.com; en inglés) Antigua jefa de redacción del *Dallas Morning News* en La Habana (2000-2005), Eaton sigue siendo reportera en Cuba.

Yasmin Portales (http://yasminsilvia.blogspot.ca) Yasmin, que se describe a sí misma como marxista-feminista, es una voz fuerte en el Proyecto Arcoíris, una iniciativa por los derechos de lesbianas, gays, bisexuales y transexuales.

Babalú Blog (www.babalublog.com; en inglés) Con sede en Miami e inflexiblemente favorable al embargo estadounidense, este blog está editado por Alberto de la Cruz. Carlos Eire, profesor de historia y estudios religiosos de la Universidad de Yale y autor de *Esperando la nieve en La Habana*, es uno de sus colaboradores.

La Joven Cuba (http://lajovencuba.wordpress.com) Blog creado y mantenido por tres profesores de la Universidad de Matanzas que se declaran seguidores de Antonio Guiteras, un político cubano socialista de la década de 1930.

bles se considera un deber nacional. Repárese en cómo perfectos desconocidos se relacionan en las colas o en los atascos de tráfico y en cómo en los hogares cubanos los vecinos lo comparten todo, desde herramientas y comida hasta servicios de canguro sin esperar nada a cambio.

En junio del 2008 el Gobierno cubano legalizó las operaciones de cambio de sexo y accedió a su gratuidad en ciertos supuestos.

Los cubanos son de trato informal. La gente utiliza el "tú" antes que el "usted" y se saluda de muchas formas amables. No hay que sorprenderse si un desconocido llama al viajero "mi amor" o "mi vida", o si el dueño de una casa particular abre la puerta sin camisa (los hombres) o con rulos (las mujeres). Y para complicarlo aún más, el español de Cuba es rico en coloquialismos, ironía, sarcasmo y tacos.

El hogar cubano

Aunque los hogares cubanos cuentan con lo básico (nevera, cocina, microondas), no disponen de las trampas del consumismo del s. XXI. El número de propietarios de automóviles es cerca del 38‰, comparado con los 800‰ de EE UU, y el viajero debe saber que el dueño de la casa particular probablemente tuvo que buscar y hacer cola durante tres horas para tener listo ese impresionante desayuno a las 8.00 (en Cuba no hay supermercados). Pero eso no menoscaba el orgullo del hogar: ornamentos y recuerdos se exhiben con amor y se mantienen increíblemente limpios. Aun así, su estilo de vida parece anticuado y para muchos austero. Lo que distingue a Cuba de otros lugares son las fuertes subvenciones del Gobierno en muchos aspectos de la vida, lo que se traduce en pocas hipotecas, sanidad y escolarización gratuitas y bajos impuestos. Salir de noche cuesta muy poco, ya que las entradas al teatro, el cine, el estadio de béisbol o para un concierto son subvencionadas por el Estado y se consideran un derecho del pueblo.

El historiador de la ciudad de La Habana, Eusebio Leal Spengler, nació en la capital en 1942. Licenciado en Historia y Arqueología, posee másteres en estudios latinoamericanos, caribeños y cubanos.

Vientos de cambio

Los cambios producidos por las reformas de Raúl Castro se han recibido con entusiasmo e inquietud en los hogares cubanos. Tras más de una generación viviendo en una economía socialista estrechamente controlada por un aparato estatal paternalista, presente en todos los aspectos de la vida diaria, el salto del país al sector privado ha comportado la renuncia a muchas comodidades. Aunque muchos han acogido de buen grado la oportunidad de abrir nuevos negocios largamente soñados, el índice de fracasos es muy alto en un país que todavía pone trabas para anunciarse, acceder al crédito y a internet.

Como siempre, los cubanos han afrontado los problemas con su tradicional coraje y creatividad. La calidad de los restaurantes se ha disparado desde el 2011, los propietarios de las casas particulares están planificando minihoteles y talentosos artistas, fotógrafos, lingüistas y guías de viajes han empezado finalmente a cosechar los frutos de su trabajo. La vida cambia poco a poco y parece que a mejor.

Javier Sotomayor, saltador de altura cubano, posee la marca mundial (2,45 m) desde 1993 y ha registrado 17 de los 24 mayores saltos de todos los tiempos.

Deporte

Considerado un derecho del pueblo, el deporte profesional fue abolido por el Gobierno tras la Revolución. Y, a juzgar por los resultados, resultó una buena decisión. Desde 1959, el medallero olímpico de Cuba se ha disparado. Alcanzó el punto culminante en 1992, cuando Cuba -un país de 11 millones de habitantes a la cola de los países más ricos del mundo- se llevó a casa 14 medallas de oro y fue quinto en la clasificación general por medallas. Prueba del alto nivel deportivo de Cuba es que su 11ª lugar en Atenas 2004 fue considerado casi como un fracaso nacional.

Naturalmente, la obsesión por el deporte empieza desde arriba. En otro tiempo, Fidel Castro fue famoso por su destreza golpeando una bola de béisbol, pero lo que es menos conocido es que se comprometió personalmente a establecer un plan de deportes nacional accesible a todos los niveles. En 1961 el Instituto Nacional de Deportes, Educación Física y Recreación (INDER) organizó un sistema de deporte para las masas que erradicó la discriminación e integró a los niños desde una edad temprana. El INDER –que ofreció tiempo libre remunerado a los trabajadores y rebajó el precio de las entradas de los grandes eventos deportivos– logró que la participación en los deportes populares se multiplicase por diez en la década de 1970 y su efecto en los resultados fue tangible.

La pelota (béisbol) es legendaria. El país bulle durante la temporada regular de octubre a marzo y llega a su punto álgido en abril con las finales. La pasión se desborda en la plaza principal de las capitales de provincia, donde los aficionados debaten hasta el mínimo detalle de los partidos en las llamadas "peñas deportivas" o "esquinas calientes".

Cuba es también una potencia en el boxeo amateur, lo que queda patente con los campeones Teófilo Stevenson, que se hizo con el oro olímpico en 1972, 1976 y 1980, y Félix Savón, otro triple ganador de la medalla de oro, la última en el 2000. Toda ciudad de importancia cuenta con una sala polivalente donde tienen lugar los grandes eventos del boxeo, mientras que los entrenamientos y los combates menores se celebran en gimnasios, muchos de los cuales forman a atletas olímpicos.

La influencia de la cultura francesa, importada vía Haití en la década de 1790, aún es visible hoy en Cuba, sobre todo en Guantánamo y Cienfuegos, fundadas por franceses.

Multiculturalismo

Cuba, punto de encuentro de tres razas diferentes y numerosas nacionalidades, es una sociedad multicultural que, a pesar de sus dificultades, ha sabido forjar con relativo éxito la igualdad racial.

La aniquilación de los taínos por parte de los españoles y la brutalidad del régimen esclavista dejó una profunda huella en los primeros años de colonización pero, ya en la segunda mitad del s. xx, la situación había mejorado significativamente. La Revolución garantiza la igualdad racial

LOS CDR

Leales grupos vecinales de vigilancia o agencias de espionaje camufladas: el papel de los Comités de la Defensa de la Revolución (CDR) no siempre está claro. Creados en septiembre de 1960 para erradicar a supuestos "informadores" en una época de gran paranoia política, estos omnipresentes comités políticos locales se convirtieron pronto en los "ojos y los oídos de la revolución" con la misión de estar muy atentos en un tiempo de frenética actividad contrarrevolucionaria.

Al pasear por cualquier enclave cubano no se tarda en ver los inconfundibles letreros blancos de la calle con el nombre y el número de la manzana del CDR local, junto con su eslogan: "En cada barrio, ¡revolución!" La afiliación, formalmente voluntaria, se considera una opción laboral "inteligente" e imprescindible para evitar un montón de papeleo y miradas inquisitivas. Lógicamente, el 95% de los cubanos aptos para ello pertenecen a un CDR y en todo el país la organización cuenta con 130 000 delegaciones.

Famosos por sus métodos de microgestión, los CDR han sido tradicionalmente una de las principales herramientas del Gobierno para sofocar la disensión y mantener la población a raya. El control se ejerce a través de funcionarios locales elegidos, que prestan atención a actividades "sospechosas" del barrio, desde los contactos con extranjeros hasta los hábitos de gasto de una familia. También guardan un expediente de toda la gente. Pero, respecto a la comunidad, los comités desarrollan tareas menos indiscretas. Los CDR organizan festivales callejeros, lideran campañas de vacunación, informan sobre la política del Gobierno y animan a la gente a donar sangre. También han desempeñado un papel clave durante las evacuaciones por huracanes y en el control de la delincuencia. No obstante, para los opositores al Gobierno, la mentalidad entremetida de los CDR es intolerable. El disidente cubano Elizardo Sánchez los calificó como "violación sistemática y generalizada de los derechos humanos".

WILLY CHIRINO – YA VIENE LLEGANDO

Willy Chirino, residente en Florida desde hace mucho y portavoz poético de la patriótica comunidad de exiliados en EE UU, es un icono para muchos cubanos a ambos lados del estrecho de Florida por sus conmovedoras y bailables canciones de pérdida, esperanza y vida fuera de su idioma.

Nacido en Consolación del Sur, provincia de Pinar del Río, en 1949, Chirino fue enviado a EE UU siendo adolescente en la infame "Operación Peter Pan", cuando las familias cubanas de clase media mandaban a sus hijos al extranjero por miedo a que el Gobierno de Castro los secuestrara y adoctrinara.

Sus conciertos en EE UU son bien conocidos porque el público corea sus canciones y, cuando canta su gran canción, "Nuestro día ya viene llegando", sobre la traumática experiencia de ser enviado solo a una tierra extranjera, apenas nadie puede contener las lágrimas. La canción sintetiza a la perfección los aspectos intangibles de ser cubano, con independencia de la clase social, la ideología política o el país de residencia, con referencias a los colibríes, José Martí, el danzón y Benny Moré.

Durante décadas a Chirino se le prohibió actuar en Cuba pero, en el marco del deshielo de Raúl Castro, la prohibición sobre él y otros músicos cubanos exiliados fue levantada discretamente en agosto del 2012. La posibilidad de ver y oir al cantante –hoy, con sesenta y pico de años– tocando en la plaza de la Revolución de La Habana ya no es un sueño distante.

por ley; sin embargo, los cubanos negros tienen más opciones de ser detenidos por la policía para ser interrogados y más del 90% de los cubanos exiliados en EE UU son de descendencia blanca. Los negros también están poco representados en la política.

Según el censo más reciente, la composición racial de Cuba es: 24% mulatos, 65% blancos, 10% negros y 1% chinos. Al margen del evidente legado español, muchos de los llamados blancos son descendientes de inmigrantes franceses que llegaron a la isla en varias oleadas durante los primeros años del s. XIX. De hecho, las ciudades de Guantánamo, Cienfuegos y Santiago de Cuba fueron pobladas por primera vez (o se vieron fuertemente influidas) por emigrantes franceses y, en gran parte, los sectores del café y del azúcar en Cuba deben su avance a la iniciativa privada francesa.

La población negra también es una mezcla heterogénea. Numerosos haitianos y jamaicanos llegaron a Cuba a trabajar en las plantaciones de azúcar en la década de 1920 y trajeron consigo muchas de sus costumbres y tradiciones. Sus descendientes pueden encontrarse en Guantánamo y Santiago, en la provincia de Oriente, o en sitios como Venezuela, en la provincia de Ciego de Ávila, donde todavía se practican rituales de vudú.

Religión

La religión es uno de los aspectos más incomprendidos y complejos de la cultura cubana. Antes de la Revolución, el 85% de los cubanos eran formalmente católicos, pero solo el 10% eran practicantes. Los protestantes constituían la segunda religión mayoritaria, aunque en Cuba siempre han existido (y existen) pequeños grupos de judíos y musulmanes. Cuando triunfó la Revolución, 140 sacerdotes católicos fueron expulsados por sus actividades políticas reaccionarias y otros 400 se marcharon voluntariamente. Por el contrario, la mayoría de los protestantes (el sector más pobre de la sociedad) tenían menos que perder y se quedaron.

Cuando el Gobierno se autoproclamó marxista-leninista y, por ende, ateo, la vida para los creyentes se volvió más difícil. Aunque nunca se prohibieron las liturgias religiosas y la libertad religiosa no fue revocada, los cristianos fueron enviados a Unidades Militares de Ayuda a la

Producción (UMAP), donde se confiaba que el trabajo duro cambiaría sus costumbres religiosas. Los homosexuales y los vagabundos también fueron enviados al campo a trabajar. Sin embargo, fue un experimento efímero. Para los creyentes, los años más duros de influencia soviética (1970 y 1980) fueron aún años más difíciles, pues se prohibió su ingreso al Partido Comunista y pocos (si los hubo) ocuparon cargos políticos. Algunas carreras universitarias también quedaron fuera de su alcance.

Desde entonces las cosas han cambiado radicalmente, sobre todo a partir de 1992, cuando una revisión de la Constitución eliminó toda alusión al Estado cubano como marxista-leninista y recuperó la naturaleza laica del Gobierno. Ello favoreció la apertura de las esferas civiles y políticas de la sociedad a los seguidores de alguna religión, así como a otras reformas (p. ej., los creyentes pueden ahora optar por ser miembros del Partido). Desde que el catolicismo cubano obtuvo el reconocimiento papal con la visita del papa Juan Pablo II en 1998, la afluencia a las iglesias ha aumentado; su sucesor, el papa Benedicto XVI también visitó la isla en el 2012. Conviene señalar que son muchos los jóvenes que asisten a las misas. Hoy en día, son 400 000 católicos los que van regularmente a misa y 300 000 los protestantes de 54 denominaciones. Otras confesiones como la adventista y la pentecostal van tomando fuerza.

Santería

De todos los misterios culturales de Cuba (y hay muchos), la santería es el más complejo. Tras ella se esconde una inherente africanidad, que conduce al viajero por un camino desconocido, confuso y fascinante a la vez.

La santería, una religión sincrética que esconde raíces africanas bajo una simbólica capa católica, es producto de la esclavitud, aunque sigue profundamente arraigada en la cultura cubana contemporánea, donde ha tenido un fuerte impacto en la evolución de la música, la danza y los rituales del país. Hoy en día, más de tres millones de cubanos (entre ellos numerosos escritores, artistas y políticos) se identifican como creyentes.

Las tergiversaciones en torno a la santería empiezan por su nombre, un mal concepto acuñado por los colonizadores españoles para describir la "adoración de los santos" practicada por los esclavos africanos en el s. XIX. Un término más correcto es Regla de Ocha o lucumí, por los seguidores originales que procedían del grupo etnolingüístico yoruba del suroeste de Nigeria.

Los seguidores iniciados de la santería (los santeros), creen en el dios Oludomare, el creador del Universo y la fuente de Ashe (todas las fuerzas de la vida en la Tierra). En lugar de interactuar con el mundo directamente, Oludomare se comunica a través de un panteón de *orishas,* deidades imperfectas similares a los santos católicos o a los dioses griegos dotados de diferentes cualidades naturales (agua, tiempo, metales) y humanas (amor, intelecto, virilidad). Las *orishas* tienen sus propios días festivos, exigen sus propias ofrendas de comida y reciben números y colores representativos de su personalidad.

A diferencia del cristianismo y del islam, la santería no tiene un equivalente a la Biblia o al Corán. En vez de ello, los ritos religiosos se transmiten oralmente y, con el tiempo, han evolucionado para adecuarse a las realidades de la Cuba moderna. Otra diferencia con las religiones mayoritarias del mundo es que hace hincapié en "la vida en la tierra", en lugar de en la vida eterna, aunque los santeros creen firmemente en los poderes de los antepasados muertos, conocidos como *egun,* cuyos espíritus se invocan durante las ceremonias de iniciación.

El sincretismo de la santería con el catolicismo se produjo de forma clandestina durante la época colonial, cuando se prohibieron las tradi-

CASTRO

A los Castro su longevidad les viene de herencia. Ramón, el hermano mayor de Fidel, tiene 89 años y aún vive, y su hermana mayor, Ángela, murió con 88 en el 2012.

Principales cultivos

Plátanos

Cítricos

Café

Mangos

Piña

Arroz

Caña de azúcar

Tabaco

ciones animistas africanas. Para esconder su fe de las autoridades españolas, los esclavos africanos emparejaban secretamente sus *orishas* con los santos católicos. Así, detrás de Changó (la *orisha* del trueno y el relámpago) se escondía de forma un tanto curiosa santa Bárbara, mientras que Elegguá, la *orisha* del viaje y de los caminos, se convirtió en san Antonio de Padua. De esta forma, un esclavo que oraba ante la imagen de santa Bárbara en realidad lo hacía ante Changó, mientras que los afrocubanos que en apariencia celebraban el día de Nuestra Señora de Regla (el 7 de septiembre) rendían homenaje a Yemayá. Este sincretismo, que ya no es estrictamente necesario hoy, aún se mantiene.

Literatura y arte

Hay que dejar en casa los prejuicios sobre el arte en un estado totalitario. La envergadura del cine, la pintura y la literatura cubanas podría sonrojar a países más liberales. Los cubanos tienen la habilidad de adoptar casi cualquier género artístico y transformarlo en algo mucho mejor. El viajero podrá deleitarse con flamenco, ballet, música clásica y teatro de Shakespeare de primera clase, sin olvidar las obras de Lorca, el cine alternativo y deconstrucciones de las novelas de Gabriel García Márquez.

Cuba literaria

Solo hay que pasar una noche conversando con los cubanos para darse cuenta de su locuacidad, que se refleja en sus libros. Tal vez sea algo que ponen en el ron, pero desde tiempos inmemoriales, los escritores de este cultivado archipiélago del Caribe apenas han hecho una pausa para respirar contando y reelaborando sus historias con fervor apasionado mientras creaban parte de la literatura más innovadora e influyente de Latinoamérica.

Graham Greene situó primero su novela sobre el espionaje británico en Tallin, Estonia, ocupada por los soviéticos. Pero tras su visita a La Habana cambió de idea y la convirtió en *Nuestro hombre en La Habana.*

Los clasicistas

Cualquier viaje literario debería empezar en La Habana en la década de 1830. La literatura cubana encontró una de sus primeras voces con *Cecilia Valdés,* una novela de Cirilo Villaverde (1812-1894), publicada en 1882 pero ambientada 50 años antes en La Habana de clases divididas, esclavitud y prejuicios. Está considerada una de las mejores novelas cubanas del s. XIX.

Precediendo a Villaverde, en publicación pero no en marco histórico, está la poetisa romántica y novelista Gertrudis Gómez Avellaneda. Nacida en 1814, en una rica familia de Camagüey de la privilegiada aristocracia española, Avellaneda fue una rareza, ya que era escritora en una tierra dominada por hombres. Once años antes de que *La cabaña del tío Tom* despertara a América con el mismo tema, su novela *Sab,* publicada en 1841, abordaba la cuestión de la raza y la esclavitud. Fue prohibida en Cuba hasta 1914 por su retórica abolicionista. Los críticos contemporáneos obviaron el sutil feminismo de Avellaneda, que presentaba al matrimonio como otra forma de esclavitud.

Más al este, el poeta neoclásico y nativo santiaguero, José María Heredia y Heredia, vivió y escribió principalmente desde su exilio en México, tras ser desterrado acusado de conspirar contra las autoridades españolas. Su poesía, incluido el transcendental *Himno del desterrado,* está teñido de un nostálgico romanticismo por su tierra natal. Al igual que muchos poetas del s. XIX murió joven, insatisfecho y en el exilio.

El escritor contemporáneo Leonardo Padura Fuentes es conocido por su cuarteto de novelas detectivescas ambientadas en La Habana: *Las cuatro estaciones*.

Los experimentalistas

La literatura cubana maduró a principios de 1900. Inspirada en una mezcla del modernismo de José Martí y nuevas influencias surrealistas llegadas de Europa, la primera mitad del s. XX fue una época de experimentación para los escritores cubanos. El legado literario de la era se

MARTÍ, UNA CLASE DIFERENTE

Pocas veces un autor se sale de la categorización normal para brillar por sí solo, pero José Julián Martí Pérez no era un ser ordinario. Filósofo pionero, revolucionario y escritor modernista, Martí amplió el debate político en Cuba más allá de la esclavitud (abolida en 1886) hacia asuntos como la independencia y la libertad. Su prosa continúa siendo una rara fuerza de unión entre los cubanos de todo el mundo, independientemente de su filiación política. Martí es igualmente respetado por los hispanohablantes a escala mundial por su internacionalismo, que le ha puesto a la par que Simón Bolívar.

La literatura de Martí abarcó numerosos géneros: ensayo, novela, poesía, textos políticos, cartas e incluso una popular revista infantil llamada *La edad de oro*. Era un consumado maestro de los aforismos y sus apotegmas y frases siguen apareciendo en el discurso diario cubano. Sus dos trabajos más famosos, publicados en 1891, son el ensayo político *Nuestra América* y sus poemas recopilados, *Versos sencillos*. Ambos dejan al descubierto sus deseos y sueños para Cuba y Latinoamérica.

asienta sobre tres grandes pilares: Alejo Carpentier, un escritor barroco que creó el tan imitado estilo de *lo real maravilloso* (realismo mágico); Guillermo Cabrera Infante, un maestro "joyceano" del lenguaje coloquial que llevó los parámetros del castellano a límites apenas comprensibles; y José Lezama Lima, un poeta gay de ambición proustiana, cuyas densas novelas eran ricas en tramas, temas y anécdotas. Ninguno de ellos es de fácil lectura, pero todos traspasaron fronteras e inspiraron a grandes escritores de más allá de Cuba (Márquez y Rushdie, entre otros). La gran obra de Alejo Carpentier fue *El siglo de las luces*, que explora el impacto de la Revolución francesa en Cuba a través de una velada historia de amor. Para muchos es la mejor novela de un autor cubano. Infante, natural de Gibara, reescribió las reglas del lenguaje en *Tres tristes tigres*, un complejo estudio de la vida callejera en La Habana anterior a Castro. Mientras, Lezama Lima adoptó un anecdótico acercamiento a la escritura novelesca en *Paradiso*, una polifacética evocación de La Habana de los años 1950 con toques homoeróticos.

El poeta cubano Heberto Padilla (1932-2000) fue encarcelado en los años 1960 por sus escritos disidentes, que inspiraron el llamado "Caso Padilla".

Relacionado con este elocuente trío conviene añadir a Miguel Barnet, un antropólogo de La Habana, cuya *Biografía de un cimarrón*, publicada en 1963, reunió los testimonios de Esteban Montejo, un antiguo esclavo de 103 años, para convertirlos en un fascinante documental escrito del brutal sistema de esclavitud casi 80 años después de su desaparición.

Aparece Guillén

Nacido en Camagüey en 1902, el poeta mulato Nicolás Guillén fue un escritor y un abanderado de los derechos afrocubanos. Traumatizado por el asesinato de su padre en su juventud, e inspirado por la música de influencia percusionista de los antiguos esclavos negros, Guillén articuló las esperanzas y los miedos de los desposeídos trabajadores negros con los rítmicos versos afrocubanos, que se convertirían en su sello. De su prolífica obra destacan famosos poemas como el evocador *Tengo* y el patriótico *Che comandante, amigo*.

Tras un exilio autoimpuesto durante la época de Batista, Guillén regresó a Cuba tras la Revolución, cuando se le encargó formular una nueva política cultural y poner en marcha la Uneac (Unión Nacional de Escritores y Artistas de Cuba).

Los mejores entornos de la Uneac

- *Hurón Azul (p. 121), La Habana*
- *Holguín (p. 362)*
- *Sancti Spíritus (p. 287)*
- *Santiago de Cuba (p. 423)*
- *Cienfuegos (p. 253)*
- *Puerto Padre (p. 351)*

El realismo sucio

En las décadas de 1990 y del 2000, los escritores nacidos durante el *baby-boom* y que crecieron en tiempos de censura y de la dominación soviética, recibieron influencias radicalmente diferentes. Algunos abandonaron el país, otros se quedaron, pero todos pusieron a prueba los límites de la expresión artística en un sistema sostenido por la censura y la asfixia creativa.

A la sombra de Lezama Lima surgió Reinaldo Arenas, un escritor gay de la provincia de Holguín que, como Cabrera Infante, rompió con la Revolución a finales de la década de 1960 y fue encarcelado. En 1980 Arenas consiguió escapar a EE UU durante el éxodo del Mariel, donde escribió sus hiperbólicas memorias, *Antes que anochezca*, sobre su encarcelamiento y homosexualidad. Publicadas en EEUU en 1993, fueron recibidas con un gran éxito de crítica.

Los autores del llamado realismo sucio de finales de la década de 1990 y principios del 2000 se acercaron de forma más sutil a las desafiantes costumbres contemporáneas. Pedro Juan Gutiérrez se ganó su apodo del "Bukowski tropical" por su *Trilogía sucia de La Habana,* un estudio sensual de Centro Habana durante el Período Especial. La trilogía refleja la desesperada situación económica, pero evita la polémica política. Zoé Valdés, nacida el año que Castro subió al poder, es más directa en sus críticas al régimen, especialmente desde que cambió Cuba por París en 1995. Sus novelas más conocidas son *Te di la vida entera* y *Querido primer novio.*

Cine

El cine cubano siempre ha estado más cerca de la tradición europea que de las películas de Hollywood, sobre todo desde la Revolución, cuando la vida cultural se alejó de las influencias norteamericanas. Se habían realizado pocas películas de interés hasta 1959, cuando el nuevo Gobierno creó el Instituto Cubano del Arte e Industria Cinematográficos (Icaic), dirigido por el erudito de cine y antiguo estudiante de la Universidad de La Habana Alfredo Guevara, que ocupó el puesto de forma intermitente hasta el 2000. La década de 1960 fue la Década de Oro del Icaic cuando, detrás de una apariencia artística, sucesivos directores pusieron a prueba los límites de la censura del Estado y en algunos casos adquirieron mayor licencia creativa. Las películas innovadoras de esta época parodiaban la burocracia, comentarios pertinentes sobre asuntos económicos, cuestionaron el papel del intelectualismo en un estado socialista y, más adelante, abordaron asuntos gays. Destacan Humberto Solás, Tomás Gutiérrez Alea y Juan Carlos Tabío quienes, guiados por Guevara, pusieron el cine cubano de vanguardia en el mapa internacional.

El escritor posmoderno italiano Italo Calvino nació en el barrio habanero de Santiago de Las Vegas en 1923. Su familia volvió a San Remo, Italia, en 1925, cuando él tenía dos años de edad.

La primera película cubana relevante posrevolucionaria, la producción cubano-soviética *Soy Cuba* (1964), fue dirigida por el ruso Mikhail Kalatozov, que dramatizó los eventos que llevaron a la Revolución de 1959 en cuatro historias entrelazadas. Muy olvidada a principios de la década de 1970, la película fue rescatada a mediados de los años 1990 por el director Martin Scorsese, quien, tras ver la película por primera vez, se sorprendió de su evocador trabajo de cámara, y sobre todo por sus fantásticos *travellings*. La película tiene una calificación de 100% en la página web Rotten Tomatoes y ha sido descrita por un crítico

CASAS DE LA CULTURA

En Cuba, cada ciudad de provincia –no importa su tamaño– tiene una Casa de la Cultura que concentra la activa vida cultural del país. En estas Casas de la Cultura se hace de todo, desde música de salsa tradicional hasta las innovadoras noches de comedia. Todos los eventos programados se anuncian en carteleras exteriores. Además, muchos teatros, organizaciones e instituciones programan actividades artísticas y culturales gratuitas.

de cine estadounidense como "un único, descabellado y emocionante espectáculo".

El director cubano más laureado, Tomás Gutiérrez Alea, se curtió dirigiendo películas de cine de autor como *La muerte de un burócrata* (1966), una sátira sobre la excesiva burocratización socialista; y *Memorias de subdesarrollo* (1968), la historia de un intelectual cubano demasiado idealista para Miami, pero muy decadente para la austera vida de La Habana. En 1993, en colaboración con el director Juan Carlos Tabío, Gutiérrez realizó la nominada a los Oscar *Fresa y chocolate*, la historia de Diego, un escéptico homosexual que se enamora de un militante comunista heterosexual. Sigue siendo el pináculo del cine cubano. Humberto Solás, maestro de las películas de "cine pobre" (de bajo presupuesto), dejó su primera huella en 1968 con *Lucía;* en ella exploró la vida de tres mujeres cubanas en momentos clave de la historia del país: 1895, 1932 y principios de los años 1960. Solás realizó su obra maestra, *Barrio Cuba,* avanzada su carrera en el 2005; se trata de la historia de una familia separada por los acontecimientos históricos de la Revolución.

MARTÍ

En el 2010, el realizador cubano Fernando Pérez dirigió *El ojo del canario*, sobre la vida del joven José Martí.

Desde la muerte de Gutiérrez Alea en 1996 y Solás en el 2008, el cine cubano ha pasado el relevo a unas novedosas e igualmente talentosas películas de guerrilla. Su rey destronado es Fernando Pérez, que apareció en escena en 1994 con la clásica del Período Especial *Madagascar,* basada en los problemas intergeneracionales entre una madre y su hija. La obra maestra de Pérez hasta la fecha es *Suite Habana,* del 2003, un ácido documental sobre la vida real de 13 personas en la capital y sin diálogo. El rival más cercano de Pérez es Juan Carlos Cremata, cuya película *Viva Cuba* (2005) –una reflexión a través de los ojos de dos niños sobre las ideologías y las clases– obtuvo el reconocimiento internacional.

La influencia creciente de La Habana en la cultura cinematográfica del hemisferio americano cobra luz cada año en el Festival Internacional del Nuevo Cine Latinoamericano celebrado cada diciembre en La Habana. Considerada la última palabra en el cine latinoamericano, esta reunión anual de críticos, eruditos y productores de cine ha sido fundamental para mostrar los clásicos cubanos recientes al mundo.

Pintura y escultura

Los mejores artistas contemporáneos

- *José Villa*
- *Joel Jover*
- *Flora Fong*
- *José Rodríguez Fuster*
- *Tomás Sánchez*

El arte moderno cubano, provocador y visceral, combina los llamativos colores afrolatinoamericanos con la cruda realidad de los 52 años de la Revolución. Para los extranjeros amantes del arte, Cuba es una poción única y embriagadora. Arrinconados por la opresión de la Revolución cubana que redefinió la cultura, los artistas modernos han comprendido que cooperando y no enfrentándose al régimen socialista, las oportunidades para la formación académica y el apoyo artístico son casi ilimitados. Encerrado en un clima tan volátil y creativo, el arte abstracto cubano –bien asentado antes de la Revolución– ha renacido.

El primer florecimiento tuvo lugar en los años 1920, cuando los pintores del llamado "Movimiento de Vanguardia" se trasladaron temporalmente a París para aprender de la escuela europea de avant-garde dominada entonces por pintores como Pablo Picasso. Uno de los primeros exponentes de la Vanguardia fue Víctor Manuel García (1897-1969), el genio que está tras una de las pinturas más famosas de Cuba, *La gitana tropical* (1929), el retrato de una típica mujer cubana con su mirada fija a media distancia. El lienzo, expuesto en el Museo Nacional de Bellas Artes de La Habana, es a menudo referido como la "Mona Lisa latina". Contemporánea de Víctor Manuel, Amelia Peláez (1896-1968), fue otra francófila que estudió en París, donde mezcló la vanguardia con temas más primitivos cubanos. Aunque Peláez trabajó

WIFREDO LAM

En el contexto internacional, el arte cubano está dominado por el prolífico Wifredo Lam (1902-1982). Pintor, escultor y ceramista de ascendencia china, africana y española, Lam nació en Sagua La Grande, provincia de Villa Clara, estudió Arte y Derecho en La Habana y en 1923 viajó a Madrid para concretar sus ambiciones artísticas en los fértiles campos de la Europa posterior a la Primera Guerra Mundial. En 1937, desplazado por la Guerra Civil española, se trasladó a Francia, donde conoció a Pablo Picasso e intercambió ideas con el pionero del surrealismo André Breton. Empapado de las influencias cubistas y surrealistas, Lam regresó a Cuba en 1941, donde pintó su obra maestra: *La Jungla*, considerada por los críticos una de los cuadros más representativos de un mundo en vías de desarrollo.

con diferentes materiales, su trabajo más laureado son los murales, entre ellos, el que está en un costado del hotel Habana Libre, de 670 m².

Tras Wifredo Lam, el arte cubano se organizó en torno a un grupo de pintores abstractos conocidos como el Grupo de los Once. Uno de sus líderes es Raúl Martínez, de Ciego de Ávila, un pionero del *pop art*, de los carteles y de la iconografía revolucionaria. Sus famosos estudios de retratos incluyen a personalidades como Camilo Cienfuegos, José Martí y el Che Guevara. Sus carteles de películas (incluida *Lucía* de Humberto Solás) se han convertido en clásicos del *pop art* de la década de 1960.

El arte ha disfrutado de un fuerte mecenazgo oficial desde la Revolución (si bien dentro de los confines de una estricta censura). Ejemplo de ello es el Instituto Superior de Arte en el barrio periférico de Cubanacán en La Habana desde 1976.

Música y danza

Si se yuxtaponen dos culturas ancestrales de dos continentes muy diferentes (África y Europa), se trasladan a una sociedad de esclavos en una remota tierra tropical y se les da unos tambores, una maraca y un par de guitarras, el resultado puede ser sorprendente.

Mezcla

Rica, vibrante, de múltiples capas y conmovedora, la música cubana es desde hace mucho una abanderada de los sonidos y ritmos que emanan de Latinoamérica. Aquí es donde la salsa hunde sus raíces, donde los elegantes bailes de los blancos adoptaron provocadores ritmos negros y donde el tambor africano se enamoró de la guitarra española. Desde los muelles de Matanzas hasta los bucólicos pueblos de la sierra Maestra, la amorosa fusión musical siguió para dar lugar al son, la rumba, el mambo, el chachachá, el changüí, el danzón y otros.

En origen, el danzón era una pieza instrumental. La letra se añadió a finales de la década de 1920 y pasó a llamarse danzonete.

La música cubana también ha recibido muchas otras influencias de Francia, España, EE UU, Haití y Jamaica y también ha jugado un papel clave en otras partes del mundo. En España este proceso se llama de "ida y vuelta" y resulta especialmente evidente en un estilo de flamenco llamado guajira. En otras partes, el "efecto cubano" se manifiesta en formas tan diversas como el *jazz* de Nueva Orleans, la salsa de Nueva York y el *afrobeat* de África occidental.

Descrito por los aficionados como "la representación vertical de un acto horizontal", el baile cubano es famoso por sus libidinosos ritmos y sensuales acercamientos. Herederos de un amor por el baile y capaces de imitar a la perfección los pasos de la salsa a muy temprana edad, muchos cubanos son artistas natos y afrontan el baile con total naturalidad, algo que puede hacer sentir torpes a los visitantes europeos y estadounidenses.

Los días del danzón

A mediados del s. XIX había saltado a la palestra el primer género musical híbrido de Cuba, la habanera, un baile tradicional de estilo europeo con un redoble sincopado. Perduró hasta la década de 1870, cuando los cubanos empezaron a adaptarlo, le inyectaron influencias africanas cada vez más complejas y crearon a la postre el denominado danzón.

La invención del danzón suele atribuirse a Miguel Fraile y a su pegadiza composición *Las Alturas de Simpson*, en Matanzas, en 1879. Elegante y puramente instrumental en sus orígenes, el danzón era más lento que la habanera y sus intrincados patrones de baile exigían que los bailarines circulasen en parejas y no en grupos, una novedad que escandalizó a la sociedad educada del momento. A partir de la década de 1880, el género explotó, ampliando su peculiar ritmo sincopado y añadiendo extras inverosímiles como congas y vocalistas. A principios del s. XX el danzón se había transformado de baile de salón interpretado por una orquesta típica a una versión más animada llamada también charanga, danzonete o danzón-chá. Como era de esperar, se convirtió en el baile nacional de

Cuba, aunque, al ser un bastión de la adinerada sociedad blanca, nunca fue considerado un verdadero híbrido.

La llamada de África

Mientras que en las colonias del norte de América estaba prohibido tocar el tambor, los esclavos de Cuba pudieron conservar y legar muchas de sus tradiciones musicales a través de influyentes cabildos de la santería (hermandades religiosas que recrearon la ancestral música de percusión africana con simples tambores batá o cascabeles cherequé). Interpretada en festivales anuales o en onomásticas católicas especiales, esta música de baile era ofrecida como una especie de culto religioso a los *orishas* (deidades).

Con el tiempo, el tamborileo ritualista de la santería evolucionó en un género más complejo llamado rumba, concebida en los puertos de La Habana y Matanzas durante la década de 1890, cuando los antiguos esclavos, expuestos a varias influencias externas, empezaron a tocar ritmos en viejos cajones imitando varios ritos religiosos africanos. Conforme los ritmos de percusión se iban haciendo más complejos, se añadieron voces, surgieron bailes y, pronto, la música se convirtió en una forma colectiva de expresión social para todos los cubanos negros.

A raíz de su creciente popularidad en las décadas de 1920 y 1930, poco a poco la rumba engendró tres formatos de baile diferentes pero interrelacionados: el guaguancó, un baile abiertamente sexual, el *yambú*, un baile lento y la *columbia* (rápida y agresiva, a menudo con antorchas y machetes), que se originó como danza demoníaca del rito ñáñigo y que hoy solo interpretan hombres en solitario.

Estas adictivas variantes musicales fueron ganando adeptos entre los blancos de clase media y, ya en la década de 1940, la música se había fusionado con el son (música popular cubana) en un nuevo subgénero llamado son montuno que, a su vez, construyó los cimientos de la salsa. A finales de la Segunda Guerra Mundial la rumba cubana era tan influyente que fue exportada de vuelta a África de la mano de artistas experimentales congoleños como Sam Mangwana y Franco Luambo, que tomando influencias cubanas lideraron el *soukous*, su propia variante de rumba.

Cruda, expresiva y excitante a la vista, la rumba cubana es un ritmo espontáneo e informal interpretado por grupos de hasta una docena de músicos. Congas, claves, palitos, marugas metálicas (especie de maracas) y cajones protagonizan los ritmos, mientras las voces alternan entre un cantante principal que improvisa y un coro.

Tipos de danza cubana

Chachachá

Guaguancó

Mambo

Danzón

Columbia

Yambú

El auge del son

Los dos sonidos más famosos de Cuba en el s. XIX, la rumba y el danzón, vinieron de La Habana y Matanzas pero, dado que permanecieron compartimentados entre blancos y negros, ninguno puede ser considerado

LOS MEJORES LUGARES DE MÚSICA CUBANA

- **Son** Casa de la Trova (p. 421), Santiago de Cuba
- **Nueva Trova** Casa de la Trova (p. 298), Trinidad
- **Salsa/Timba** Casa de la Música (p. 141), Centro Habana
- **Reguetón** Noche Camagüeyana (p. 333), Camagüey
- **Rumba** Callejón de Hamel (p. 121), La Habana
- **Jazz** Jazz Club La Zorra y El Cuervo (p. 120), La Habana
- **Clásica** Basílica Menor de San Francisco de Asís (p. 120), La Habana

un verdadero híbrido. La primera fusión musical auténtica vino de la mano de la gran revolución siguiente: el son.

El son surgió en las montañas de la región de Oriente, si bien los primeros testimonios se remontan a 1570. Se trata de uno de los dos géneros que nacieron más o menos al mismo tiempo –el otro fue el changüí– y ambos combinaron las melodías y el lirismo de la música popular española con los patrones de tambor de esclavos africanos recién liberados. El precursor del son fue el nengón, una creación de los trabajadores negros de las plantaciones de azúcar que habían transformado sus cantos religiosos de percusión en una forma de música y canción. El salto del nengón al son no está muy claro pero, en algún momento de la década de 1880, los guajiros de las montañas de las actuales provincias de Santiago de Cuba y Guantánamo empezaron a mezclar tambores de nengón con el tres, una guitarra cubana con tres órdenes de cuerdas dobles, mientras un cantante improvisaba letras a partir de poemas españoles de diez versos llamados décimas.

En su forma pura el son lo tocaba un sexteto formado por una guitarra, un tres, un doble bajo, un bongo y dos cantantes que tocaban las maracas y claves. Procedente de las montañas, penetró en las ciudades el primer exponente del género, el legendario Trío Oriental, que estabilizó el formato del sexteto en 1912, cuando renació como Sexteto Habanero. Otro de los pioneros del son fue el cantante Miguel Matamoros, cuyas composiciones ya clásicas compuestas por él (*Son de la Loma* y *Lágrimas Negras*) son de interpretación obligada para los músicos cubanos, incluso de hoy en día.

A comienzos de la década de 1910 el son llegó a La Habana, donde adoptó su característica rumba clave (patrón rítmico), que más tarde formaría la base de la salsa. Al cabo de una década se había convertido en la música emblemática de Cuba, logró una amplia aceptación entre la sociedad blanca y destruyó el mito de que la música negra era vulgar y subversiva.

En la década de 1930, el sexteto se convirtió en septeto con la incorporación de una trompeta y nuevos músicos como Arsenio Rodríguez –un compositor al que Harry Belafonte llamó "el padre de la salsa"– allanaban el camino para el mambo y el chachachá.

CHARANGAS

Las charangas fueron las primeras bandas cubanas que tocaron piezas populares influidas por el danzón.

Los bárbaros del ritmo

En las décadas de 1940 y 1950 las bandas de son se ampliaron de siete a ocho miembros hasta convertirse en grandes orquestas con secciones completas de viento y percusión que tocaban rumba, chachachá y mambo. Benny Moré que, con su magnífica voz y una orquesta de 40 miembros, fue conocido como El Bárbaro del Ritmo.

El mambo surgió de la charanga que, a su vez, procedía del danzón. Más atrevido, metálico y emocionante que sus dos encarnaciones anteriores, la música se caracterizaba por exuberantes *riffs* de trompeta, saxofones y frecuentes interjecciones del cantante (normalmente con la palabra *¡dilo!*). Los orígenes del estilo son polémicos. Algunos mantienen que fue inventado por el habanero Orestes López después de que escribiese un nuevo número llamado *Mambo* en 1938. Otros conceden este mérito a Dámaso Pérez Prado, líder de un grupo de Matanzas que fue el primero en vender sus canciones bajo el nombre genérico de mambo a principios de la década de 1940. En cualquier caso, el mambo desató la primera locura de baile del mundo y desde Nueva York a Buenos Aires nadie se cansaba de sus ritmos contagiosos.

El chachachá, una variante del mambo, fue presentado por el compositor y violinista radicado en La Habana Enrique Jorrín en 1951 mientras tocaba con la Orquesta América. En origen llamado mambo-rumba, la música pretendía promover una forma más simple de baile cubano que los norteamericanos, menos aptos para los movimientos coordinados, pudiesen dominar, pero rápidamente fue "mamboizada" por entusiastas concursantes de baile, que no dejaban de añadir nuevos y complicados pasos.

La salsa y sus vástagos

"Salsa" es un término genérico que describe la variedad de géneros musicales que surgieron del fértil panorama latino de Nueva York en las décadas de 1960 y 1970, cuando el *jazz*, el son y la rumba se mezclaron para dar origen a un sonido nuevo con mayor presencia de los metales. Aunque no es estrictamente obra de cubanos residentes en Cuba, las raíces de la salsa proceden directamente del son montuno y deben muchísimo a innovadores como Pérez Prado, Benny Moré y Miguel Matamoros.

La Reina de la Salsa fue la cantante Celia Cruz, ganadora de varios premios Grammy. Nacida en La Habana en 1925, Cruz pasó gran parte de sus años de formación musical en Cuba, antes de exiliarse voluntariamente a EE UU en 1960. Pero debido a su tradicional oposición al régimen castrista, sus discos y su música fueron poco conocidos en la isla. Mucho más influyentes en su país son los Van Van, una banda formada por Juan Formell en 1969 que todavía toca regularmente en locales de toda Cuba. Con Formell al mando como gran improvisador, poeta, lírico y comentarista social, los Van Van son uno de los pocos grupos contemporáneos que han creado su propio género musical particular: el songo-salsa. En el 2000 la banda se llevó a casa un Grammy por su álbum clásico *Llegó Van Van*.

El filin, un término derivado del vocablo inglés *feeling*, es un estilo musical interpretado por cantantes de *jazz* en las décadas de 1940 y 1950. En Cuba el filin nació del bolero y la trova.

La salsa moderna se mezcló todavía más en las décadas de 1980 y 1990 y se fundió con nuevos y vanguardistas estilos musicales como el *hip-hop*, el reguetón y el *rap*, antes de surgir con nuevas alternativas, sobre todo la timba y el songo-salsa.

En muchos sentidos, la timba es la versión experimental cubana de la salsa. Su música, que combina sonidos de Nueva York con *jazz* latino, nueva trova, *funk* norteamericano, disco, *hip-hop* e incluso algunas influencias clásicas, es más flexible y agresiva que la salsa tradicional, ya que incorpora más elementos de la potente cultura afrocubana de la isla. Muchas bandas de timba como Bamboleo y La Charanga Habanera fusionan *riffs funk* y se basan en instrumentos cubanos menos tradicionales como sintetizadores y bombos. Otras como NG La Banda, formada en 1988, han dotado a su música de una dinámica más jazzística.

El *jazz* tradicional, considerado la música del enemigo durante los años más dogmáticos de la Revolución, siempre se ha filtrado en los sonidos cubanos. Irakere, la banda de Chucho Valdés formada en 1973, irrumpió en la escena musical cubana con su intensa percusión afrocubana combinada con *jazz* y son. En la capital del país hay varios clubes de *jazz* bastante dignos. Otros músicos vinculados al *jazz* cubano son el pianista Gonzalo Rubalcaba, Isaac Delgado y Adalberto Álvarez y Su Son.

Los trovadores

Los primeros trovadores eran juglares medievales, cantantes itinerantes que tocaban por la región de Oriente a principios del s. xx, yendo de pueblo en pueblo y de ciudad en ciudad con el espíritu libre de los gitanos. Equipados con simples guitarras acústicas y un ilimitado repertorio de suaves baladas rurales, algunos de los primeros trovadores fueron Sindo Garay, Ñico Saquito y Joseíto Fernández, autor del clásico de la trova cubana *Guantanamera*.

En la década de 1960, conforme el estilo evolucionaba, nuevos exponentes como Carlos Puebla dieron al género un tono más político y compusieron clásicos como *Hasta Siempre Comandante*, su romántica y aduladora oda al Che Guevara.

La trova tradicional todavía es muy popular en Cuba, pero su dominio ha sido cuestionado desde las décadas de 1960 y 1970 por su vástago moderno y más filosófico: la nueva trova.

'Rap', reguetón y otros

Sindo Garay fue uno de los más destacados trovadores tradicionales. Nacido en Santiago de Cuba, vivió hasta los 99 años y afirmó haber dado la mano a José Martí y Fidel Castro.

El panorama musical contemporáneo de Cuba es una interesante mezcla de tradición, modernidad, viejas manos y savia nueva. El *hip-hop* y el *rap*, con costes de producción bajos, una sólida temática urbana y muchos estilos inspirados en EE UU, están arrasando entre las generaciones más jóvenes.

Nacido en las feas viviendas sociales de Alamar (La Habana), las raíces del *hip-hop* cubano (al igual que sus homónimos estadounidenses) son pobres.

Difundido por primera vez en la nación a principios de la década de 1980, cuando el *rap* norteamericano era captado por las antenas caseras a través de emisoras con sede en Miami, pronto la nueva música se hizo un hueco entre los jóvenes urbanitas negros en los intranquilos tiempos del Período Especial. En la década de 1990, grupos como Public Enemy y NWA se escuchaban por las calles de Alamar y, en 1995, ya había suficiente *hip-hop* para organizar un festival.

Suavizado por influencias latinas y confinado dentro de los estrictos parámetros del pensamiento revolucionario, el *hip-hop* cubano –o reguetón como los cubanos prefieren llamarlo– ha evitado los estereoti-

NUEVA TROVA: LA BANDA SONORA DE UNA REVOLUCIÓN

La década de 1960 fue una época de nuevas y radicales formas de expresión musical. En EE UU Dylan publicó *Highway 61 Revisited*, en el Reino Unido The Beatles concibieron *Sgt Pepper* y, en el mundo hispanohablante, activistas musicales como el chileno Víctor Jara y el catalán Joan Manuel Serrat convertían sus poemas, con una fuerte carga política, en apasionadas canciones de protesta.

Decididos a desarrollar su propia música revolucionaria distinta de la del Occidente capitalista, los cubanos –guiados por Haydée Santamaría, directora de la influyente Casa de las Américas– creó la nueva trova.

Una mezcla cáustica de inquisitivas letras filosóficas y melodías populares, la nueva trova era descendiente directa de la trova pura, una forma bohemia de música de guitarra procedente de la región de Oriente a finales del s. XIX. A partir de 1959, la trova se fue politizando cada vez más y la adoptaron artistas más sofisticados, como Carlos Puebla, que tendió un importante puente entre viejos y nuevos estilos con su oda al Che Guevara, *Hasta Siempre Comandante* (1965).

La nueva trova se graduó en febrero de 1968, en el Primer Encuentro de la Canción Protesta, un concierto organizado por la Casa de las Américas en La Habana y protagonizado por estrellas en auge como Silvio Rodríguez y Pablo Milanés. En su contexto cultural, fue el pequeño Woodstock de Cuba, un evento que resonó con fuerza entre la izquierda de todo el mundo como alternativa revolucionaria al *rock* de EE UU.

En diciembre de 1972, el emergente movimiento de la nueva trova obtuvo reconocimiento oficial del Gobierno cubano en un festival de música celebrado en Manzanillo para conmemorar el 16º aniversario del desembarco del *Granma*.

La nueva trova, influyente en todo el mundo de habla hispana durante las décadas de 1960 y 1970, desempeñó un papel importante como fuente de inspiración de la música de protesta para los pueblos pobres y oprimidos de América Latina. En tiempos de dictaduras corruptas y hegemonía cultural estadounidense, muchos países latinoamericanos consideraron a Cuba como su líder espiritual. Esta solidaridad fue correspondida por artistas de la talla de Rodríguez, que compuso clásicos aclamados mundialmente como *Canción Urgente para Nicaragua* (en apoyo a los Sandinistas), *La Maza* y *Canción para mi Soldado* (una canción sobre la guerra en Angola).

pos de EE UU adoptando un sabor progresista propio. Instrumentalmente la música se interpreta con tambores batá, congas y el bajo eléctrico. Líricamente las canciones abordan temas importantes, como el turismo sexual y las dificultades de la estancada economía cubana.

En un principio considerado subversivo y contrarrevolucionario, el reguetón ha recibido el increíble apoyo del Gobierno cubano, cuyos legisladores consideran que la música desempeña un papel positivo a la hora de moldear el futuro de la juventud cubana. Fidel Castro ha ido un paso más allá al considerar el reguetón como "la vanguardia de la Revolución" y –supuestamente– al hacer sus pinitos con el *rap* en un partido de béisbol en La Habana.

Hoy existen más de 800 grupos de reguetón en Cuba y el Festival de Rap Cubano lleva casi dos décadas. El evento cuenta con un patrocinador, la Agencia Cubana de Rap, un organismo estatal creado en el 2002 para dar apoyo oficial al floreciente panorama de la música alternativa. Algunos grupos destacados son Obsession, 100% Original, Freehole Negro y Anónimo Consejo. Los mejores locales son los más improvidados.

Es difícil etiquetar a Interactivo, una colaboración de jóvenes y talentosos músicos liderados por el pianista Robertico Carcassés. En parte funk, jazz y *rock*, esta banda abarrota los locales donde actúa. La bajista de Interactivo es Yusa, una mujer negra cuyo epónimo álbum de lanzamiento dejó claro que es una de las más innovadoras de la escena cubana actual. Otros innovadores difíciles de catalogar son X Alfonso, antiguo estudiante del Conservatorio Amadeo Roldán y el dinámico dúo de pop *rock* de la nueva trova, Buena Fe, cuyos *riffs* de guitarra y elocuentes letras desafían los límites del arte y la expresión dentro de los confines de la Revolución cubana.

Las mejores Casas de la Trova

- *Baracoa*
- *Santiago de Cuba*
- *Trinidad*
- *Camagüey*
- *Sancti Spíritus*

LOS REBELDES DEL 'ROCK 'N' ROLL'

Los roqueros cubanos siempre han sido, por necesidad, más rebeldes que sus homónimos de otras partes, exponiéndose no solo a la crítica de sus padres sino a la condena del Gobierno, al ostracismo social e incluso a la cárcel. En las décadas de 1960 y 1970, la cultura del *rock* pasó a la clandestinidad tras ser prohibida por los mandatarios cubanos, que la consideraban decadente, contrarrevolucionaria y un indeseable producto del capitalismo. La situación mejoró un poco en la década de 1980, especialmente tras la caída de las ideologías más ortodoxas del este de Europa. En 1988, un grupo valiente de roqueros cubanos abrió el Patio de María, en La Habana, y la música ya tuvo su local. Un año más tarde también se hizo con un festival, el Ciudad Metal en Santa Clara, que pronto se convirtió en la ciudad más vanguardista y alternativa de Cuba.

En la década de 1990, incluso Fidel Castro se dio cuenta del talento de John Lennon. En el 20° aniversario de su muerte en el 2000, Castro inauguró una estatua del antiguo Beatle en un parque de El Vedado, en La Habana, y le declaró un "revolucionario".

Cuba acogió la primera banda de *rock* extranjera en el 2001, cuando el grupo *punk* galés The Manic Street Preachers tocó delante de 5500 fans en el Teatro Karl Marx de Miramar. Entre el público se encontraba un Fidel Castro de 74 años disfrutando de canciones como *Baby Elian* y *When Robeson Sings* (en la que se menciona explícitamente a Castro).

Desde el cierre del Patio de María en el 2004, el punto de encuentro de los roqueros de La Habana es la esquina de la calle 23 y la Av. G en El Vedado. En el 2011 fue complementado con la apertura del bar reconocido oficialmente Submarino Amarillo, en el Parque Lennon, en El Vedado.

Algunas bandas de *rock* cubanas destacadas son Zeus, Hypnosis, Rice and Beans y –con mucho la más polémica– el grupo *punk* Porno para Ricardo, encabezado por Gorki Aguilar, un vociferante crítico del Gobierno cubano.

El son revisitado

A finales de la década de 1990, el estadounidense, virtuoso de la guitarra, Ry Cooder, dio nueva vida al son cubano con su álbum *Buena Vista Social Club,* al que siguió la película dirigida por Wim Wenders. El productor estadounidense reunió a media docena de sabios músicos ya jubilados de las décadas de 1940 y 1950 –entre ellos el nonagenario Compay Segundo (compositor de la segunda canción más interpretada de Cuba, *Chan Chan*), el melodioso Ibrahim Ferrer y el pianista Rubén González (Cooder dijo de él que era el mejor pianista que jamás había escuchado)–, los sentó en el estudio y dejó que esta banda de viejos jubilados pusiera su magia.

Se vendieron cinco millones de copias del álbum en todo el mundo, obtuvo un Grammy y puso en marcha una gira que incluyó actuaciones en Ámsterdam y Nueva York. También favoreció el crecimiento del turismo en Cuba, y las canciones del álbum –*Chan Chan, Cuarto de Tula, Dos Gardenias* y otras– se convirtieron en imprescindibles de los grupos que tocan en zonas turísticas. Impertérritos ante tanto halago, la mayoría de los cubanos se contentan con relajarse y escuchar los sonidos más modernos de la timba, el reguetón y el songo-salsa.

GUANTANAMERA

"Guajira Guantanamera" significa 'campesina de Guantánamo'. Escrita por el trovador Joseíto Fernández, parte de su letra original ha sido sustituida por estrofas de los *Versos sencillos* de José Martí.

Entorno natural

Cuba, con 1250 km de este a oeste y entre 31 y 193 km de norte a sur, es la mayor isla del Caribe, con una superficie total de 110 860 km². El país, que tiene la forma de un cocodrilo y está situado al sur del Trópico de Cáncer, es un archipiélago formado por 4195 islotes y arrecifes de coral. Su singular conjunto de ecosistemas ha fascinado a científicos y naturalistas desde que Alexander Von Humboldt los identificara a principios del s. XIX.

El paisaje

Creado a partir de una combinación de actividad volcánica, placas tectónicas y erosión, el paisaje cubano está formado por una variedad de cuevas, montañas, llanuras y mogotes (elevaciones de cimas redondeadas). El punto más elevado, el pico Turquino (1972 m), se halla en el este, entre los picos triangulares de la sierra Maestra. Más al oeste, en los no menos majestuosos montes Escambray, las cumbres y cascadas se extienden por los límites de las provincias de Cienfuegos, Villa Clara y Sancti Spíritus. Alzándose como una sombra púrpura en el extremo occidental, la cordillera de Guanguanico, de 175 km de largo, es más pequeña e incluye la Reserva de la Biosfera de la Sierra del Rosario y las características colinas del valle de Viñales.

La Isla Grande de Cuba es la 17ª más extensa del mundo por superficie, algo más pequeña que Terranova y algo mayor que Islandia.

Bañada por las cálidas aguas del mar Caribe en el sur y por el océano Atlántico al norte, los 5746 km de costa cubana albergan más de 300 playas naturales y uno de los tramos de arrecife de coral más extensos del mundo. Hábitat de unas 900 especies conocidas de peces y más de 410 variedades de esponjas y corales, el inmaculado litoral es un paraíso marino y el motivo principal de que Cuba se haya convertido en un famoso destino para submarinistas.

La fosa de las Caimán, de 7200 m de profundidad, situada entre Cuba y Jamaica, forma parte del límite entre las placas Norteamericana y Caribeña. Con el tiempo, los movimientos tectónicos han inclinado la isla y han creado acantilados de caliza en ciertas zonas de la costa norte y pantanos de manglares en el sur. Tras millones de años, el lecho de piedra caliza de Cuba ha sido erosionado por ríos subterráneos, que han creado interesantes formaciones geológicas, como los mogotes de Viñales y más de 20 000 cuevas.

Cuba contiene miles de islas y cayos (la mayoría deshabitados) divididos en cuatro grupos: el archipiélago de los Colorados, al norte de Pinar del Río; el archipiélago de Sabana-Camagüey (o Jardines del Rey), al norte de Villa Clara y Ciego de Ávila; el archipiélago de los Jardines de la Reina, al sur de Ciego de Ávila; y el archipiélago de los Canarreos, alrededor de Isla de la Juventud. La mayoría de los turistas visitan uno o más de dichos grupos.

Como es una isla estrecha (no supera los 200 km de norte a sur) Cuba no tiene espacio para grandes lagos y ríos. El Cauto (343 km) es el río más largo. Nace en la sierra Maestra, al norte de Bayamo, y solo tiene un tramo navegable de 110 km. Para compensar, se han construido 632 embalses o presas que abarcan una extensión de más de 500 km² en su conjunto.

Las montañas más altas

Pico Turquino *1972 m, provincia de Santiago de Cuba*

Pico Cuba *1872 m, provincia de Santiago de Cuba*

Pico Bayamesa *1730 m, provincia de Granma*

Situada en la principal región de huracanes del Caribe, en los últimos años Cuba se ha visto azotada por algunos, entre ellos, tres devastadoras tormentas en el 2008 (el peor año en más de un siglo).

El río más largo

Nombre *Río Cauto*

Extensión *343 km*

Tramo navegable *110 km*

Cuenca *8928 km²*

Nacimiento *Sierra Maestra*

Desembocadura *Mar Caribe*

Áreas protegidas

Cuba protege su territorio de varias formas: a escala local, con la creación de reservas de fauna, bioparques y zonas de recursos gestionados; a escala nacional, con parques nacionales o naturales y, en el ámbito internacional, mediante Reservas de la Biosfera de la Unesco, lugares declarados Patrimonio Mundial de la Unesco y Sitios Ramsar. Las zonas de mayor importancia ecológica y más vulnerables (como la Ciénaga de Zapata y el bosque lluvioso alrededor de Baracoa) están protegidas a más de un nivel. Así, el Parque Nacional Alejandro de Humboldt es parque nacional, Patrimonio Mundial de la Unesco y parte de la Reserva de la Biosfera de Cuchillas de Toa. Las restricciones en los parques más pequeños son más laxas.

Zonas protegidas por la Unesco y la Convención Ramsar

En los últimos 25 años la Unesco ha creado seis reservas de la biosfera en Cuba, que suponen el nivel más importante de protección medioambiental. Se trata de áreas de gran biodiversidad que fomentan activamente la conservación y prácticas sostenibles. Tras una década y media de exitosa reforestación, la sierra del Rosario se convirtió en la primera Reserva de la Biosfera de la Unesco en 1985. Fue seguida de Cuchillas del Toa (1987), la península de Guanahacabibes (1987), Baconao (1987), la Ciénaga de Zapata (2000) y la bahía de Buenavista (2000). Además, dos de los nueve lugares declarados Patrimonio Mundial de la Unesco están considerados como zonas "naturales", es decir, han sido designados sobre todo por sus características ecológicas. Estos son: el Parque Nacional Desembarco del

ZONAS PROTEGIDAS

NOMBRE	AÑO	CARACTERÍSTICAS
Reservas de la Biosfera		
Sierra del Rosario	1985	ecoprácticas
Cuchillas del Toa	1987	bosque lluvioso
Península de Guanahacabibes	1987	anidación de tortugas
Baconao	1987	cultivo del café
Ciénaga de Zapata	2000	los humedales más grandes del Caribe
Buenavista	2000	formaciones kársticas
Sitios Ramsar		
Ciénaga de Zapata	2001	los humedales más grandes del Caribe
Buenavista	2002	formaciones kársticas
Ciénaga de Lanier	2002	inusual mosaico de ecosistemas
Humedal del Norte de Ciego de Ávila	2002	lagos costeros singulares
Humedal Delta del Cauto	2002	extensa colonia de aves acuáticas
Humedal Río Máximo-Camagüey	2002	importante lugar de anidación de flamencos
Sitios Patrimonio Mundial de la Unesco		
Parque Nacional Desembarco del Granma	1999	prístinas terrazas marinas
Parque Nacional Alejandro de Humboldt	2001	alto endemismo

Áreas protegidas

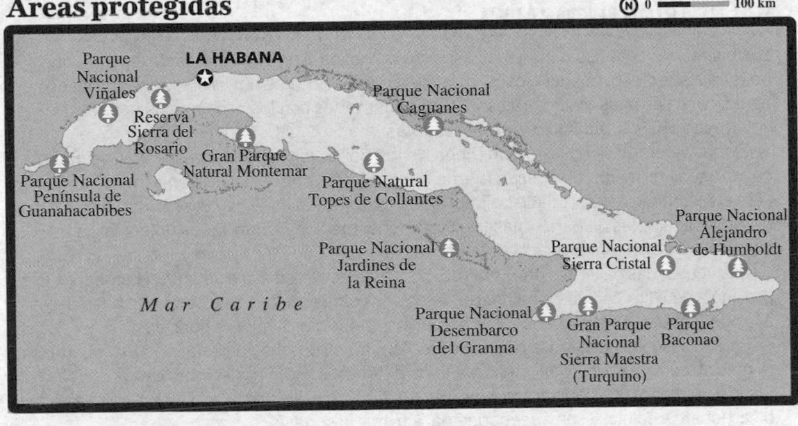

Granma (1999), por sus terrazas marinas, y el Parque Nacional Alejandro de Humboldt (2001), por su extraordinario endemismo. Además, hay más de media docena de Sitios Ramsar dedicados a conservar los vulnerables humedales de Cuba. La Convención Ramsar otorga protección adicional a la Ciénaga de Zapata y a la bahía de Buenavista, y echa una mano a regiones antes desprotegidas, como la Ciénaga de Lanier en Isla de la Juventud (lugar de cocodrilos por excelencia), el amplio delta del río Cauto en Granma y Las Tunas, y los vitales lugares de anidación de flamencos en la costa norte de las provincias de Camagüey y Ciego de Ávila.

Parques nacionales

La definición de parque nacional en Cuba es muy vaga (a algunos se les llama parques naturales o reservas de flora) y no existe ninguna organización que los agrupe. Algunos de los 14 parques –especialmente en la Ciénaga de Zapata– pertenecen a Reservas de la Biosfera de la Unesco o son Sitios Ramsar. El primer parque nacional del país fue la Sierra Cristal, constituido en 1930 (lugar del mayor bosque de pinos de Cuba), y tuvieron que pasar 50 años antes de que las autoridades crearan otro, el Gran Parque Nacional Sierra Maestra (o Turquino), que protege la montaña más alta de Cuba. Otros parques importantes son Viñales, con sus mogotes, cuevas y plantaciones de tabaco; Caguanes, una amalgama de cayos y cuevas rodeada por la bahía de Buenavista, y Gran Piedra, cerca de Santiago de Cuba, integrada en la Reserva de la Biosfera de Baconao. Dos parques nacionales importantes son los Jardines de la Reina, un archipiélago y legendaria meca del submarinismo junto a la costa de la provincia de Ciego de Ávila y los raramente visitados Cayos de San Felipe, próximos a la costa de la provincia de Pinar del Río.

El Parque Nacional Alejandro de Humboldt recibe el nombre del naturalista alemán Alexander von Humboldt (1769-1859), que visitó la isla entre 1801 y 1804.

Otras reservas

Además de sus parques nacionales Cuba protege terreno en reservas de flora y fauna, ecoreservas y zonas de recursos gestionados. Algunos ejemplos son: la sierra del Chorrillo en Camagüey y la Reserva Ecológica Varahicacos en Varadero. Algunas reservas más pequeñas, como Jobo Rosado en el norte de la provincia de Sancti Spíritus, actúan como zonas de contención de parques más grandes como la Reserva de la Biosfera de la Bahía de Buenavista.

BALNEARIOS NATURALES

Los balnearios cubanos tienen más aspecto de hospital que de centros de relax (lo que no rebaja sus efectos beneficiosos). Los más concurridos se nutren de manantiales de aguas termales ricas en minerales y están conectados con los económicos hoteles Islazul. Ofrecen baños, gimnasio y varias terapias.

El más veterano se halla en San Diego de los Baños, en la provincia de Pinar del Río, cuyas aguas termales, al parecer, fueron descubiertas por un esclavo enfermo en 1632. Este eternamente destartalado balneario fue inaugurado en 1951 y cuenta con piscinas (32-38°C), terapias de barro, masajes y personal médico. Tratan varias dolencias, en especial las de origen reumático.

Las aguas más calientes de Cuba (45-50°C) se hallan en el alejado hotel Elguea, en la provincia de Villa Clara. Este balneario de aguas sulfurosas ofrece tratamientos similares a los de San Diego de los Baños. Ojo con el inevitable olor a huevos podridos.

En San José del Lago, en la provincia de Sancti Spíritus, hay un balneario estéticamente más atractivo, en un hotel cuyas piscinas exteriores están a la sombra de las palmeras. Un pequeño lago con barcas y flamencos realzan el entorno. Las aguas son ricas en bicarbonato y calcio, y son adecuadas para tratar la soriasis.

Aunque la red de interconexión de las áreas protegidas es a veces confusa (muchos parques tienen dos nombres), no hay duda de que el respaldo estatal al medio ambiente es sólido.

Flora y fauna

Cuba cuenta con un buen número de fauna autóctona. Las aves son quizá su principal baza, con más de 350 especies, dos docenas de ellas endémicas. Los manglares de la Ciénaga de Zapata, cerca de la bahía de Cochinos, o la península de Guanahacabibes, en Pinar del Río, son los mejores lugares para avistar el colibrí zunzuncito (pájaro mosca), el pájaro más pequeño del mundo, de solo 6,5 cm. En estas zonas también hay tocororos, el ave nacional de Cuba, con los colores rojo, blanco y azul de la bandera nacional. Otras especies conocidas de aves son las cartacubas (autóctonas del país), las garzas, las espátulas, los periquitos y los escasos búhos pigmeo cubano.

Fauna endémica

- *Cocodrilo cubano*
- *Pájaro mosca*
- *Tocororo (pájaro)*
- *Jutía (roedor)*
- *Catán cubano (pez)*
- *Eleutherodactylus iberia (rana)*
- *Boa cubana*
- *Murciélago rojo cubano*

Los flamencos abundan en los cayos del norte de Cuba, donde se halla el lugar de anidación más grande del hemisferio occidental, en el delta del río Máximo, en la provincia de Camagüey, con miles de ejemplares.

La caza de los mamíferos terrestres ha causado su virtual extinción. El superviviente autóctono más grande es un roedor llamado jutía, que es comestible de 4 kg que busca comida en remotos cayos y vive en relativa armonía con los ejércitos de iguanas. La inmensa mayoría de las otras 38 especies de mamíferos pertenecen a la familia de los murciélagos.

Cuba alberga una especie de rana tan pequeña y esquiva que solo fue descubierta en 1996 en el actual Parque Nacional Alejandro de Humboldt, cerca de Baracoa. A falta de un nombre común, el anfibio endémico se conoce como *Eleutherodactylus iberia*. Mide menos de 1 cm de largo y vive en un radio de solo 100 km^2.

Otras especies curiosas son la mariposa de cristal, una de las dos únicas mariposas de alas claras del mundo; el raro manjuarí, un pez ancestral considerado un fósil viviente y el caracol arcoíris (Polymita picta), un caracol terrestre que se caracteriza por sus franjas de colores.

En cuanto a los reptiles, además de iguanas y lagartos, hay 15 especies de serpiente (ninguna venenosa). La más grande es el majá, una serpiente constrictora relacionada con la anaconda y que llega a medir 4 m de largo. Es nocturna y no suele meterse con los humanos. El endémico cocodrilo cubano *(Crocodylus rhombifer)* es relativamente pequeño pero ágil por tierra y agua. Sus afilados 68 dientes están adaptados para triturar caparazones de tortuga. Los cocodrilos han padecido una importante destrucción de su hábitat pero, gracias a una mayor protección desde la década de 1990, el número de ejemplares ha crecido. En Cuba se han creado varios criaderos de cocodrilos, el más grande en Guamá, cerca de bahía de Cochinos. El cocodrilo americano *(Cacutus)* se encuentra en los pantanos de la Ciénaga de Zapata y en varios territorios pantanosos de la costa meridional.

La fauna marina compensa la falta de fauna terrestre. El manatí, el único mamífero acuático herbívoro del mundo, se encuentra en la bahía de Taco y en la península de Zapata, mientras los tiburones ballena frecuentan la zona de María la Gorda, en la punta este de Cuba entre agosto y noviembre. También hay cuatro especies de tortugas (laúd, boba, verde y carey) y suelen anidar anualmente en remotos cayos o en las playas protegidas del oeste de la península de Guanahacabibes.

Especies amenazadas

Debido a la pérdida de hábitat y a la persistente caza por parte de los humanos, muchos de los animales y aves de Cuba son especies amenazadas. Entre ellos, el cocodrilo cubano, cuyo hábitat es el más pequeño de entre todos los cocodrilos, ya que existe solo en 300 km^2 en la Ciénega de Zapata y en la Ciénaga de Lanier, en la Isla de la Juventud. Protegidos desde 1996, los ejemplares en libertad rondan los 6000. Otras especies vulnerables son la jutía, capturada sin piedad durante el Período Especial, cuando los cubanos hambrientos las perseguían por su carne (de hecho, siguen en ello, ya está considerada casi un manjar); la boa arbórea (una serpiente autóctona que vive en áreas boscosas y cuyo número mengua con rapidez) y el esquivo carpintero real, avistado después de 40 años en el Parque Nacional Alejandro de Humboldt, cerca de Baracoa, a finales de la década de 1980 (desde entonces no se le ha vuelto a ver).

A pesar de estar protegido de la caza ilegal, el manatí del Caribe sufre numerosas y diversas amenazas por parte de los humanos, especialmente por el contacto con los propulsores de barcos, la asfixia por redes de pesca y el envenenamiento de residuos vertidos al mar por las azucareras.

La postura de Cuba hacia la caza de tortugas es ambigua. Las tortugas carey están protegidas por la ley, aunque hay una cláusula que permite la captura de hasta 500 ejemplares al año en Camagüey y en la Isla de la Juventud. Los platos de tortuga aparecen en la carta de restaurantes de

OBSERVACIÓN DE AVES

Cuba ofrece excelentes oportunidades para la observación de aves todo el año. El viajero verá reforzada su experiencia por el nivel de experiencia de los naturalistas y guías cubanos en las principales zonas de observación. Algunas de ellas son el sendero de la Cueva las Perlas, en el Parque Nacional Península de Guanahacabibes; el sendero Maravillas de Viñales, en el Parque Nacional Viñales; el sendero La Serafina, en la Reserva Sierra del Rosario; el circuito de Observación de Aves, en el Gran Parque Natural Montemar; el Parque Natural El Bagá, en Cayo Coco y el Sendero de las Aves, en la Hacienda la Belén, en la provincia de Camagüey.

Especies imprescindibles son el tocororo, el colibrí zunzuncito (pájaro mosca), la cartacuba, el periquito cubano, el vencejo antillano y, por supuesto, los flamencos. Buenos sitios para la observación de aves por cuenta propia son Cayo Romano y Cayo Sabinal, aunque se necesita automóvil para llegar. Los especialistas y quienes quieran ver al carpintero real disfrutarán en el Parque Nacional Alejandro de Humboldt.

EL TOCORORO

En las boscosas montañas de la Cuba rural hay pocos pájaros tan sorprendentes y emblemáticos como el tocororo.

Endémico de la isla, el tocororo es un pájaro de tamaño mediano, de color blanco y negro, con un vientre de rojo brillante y una franja azul y verde entre las alas. Otros rasgos son su afilado pico dentado y su cola cóncava.

Fácil de avistar si se sabe dónde mirar, se encuentra muy repartido por toda Cuba en áreas densamente boscosas, especialmente cerca de ríos y arroyos. Su curioso nombre deriva de su peculiar canto, que suena *to-co-ro-ro*.

Largamente venerado por su llamativo plumaje, fue escogido el ave nacional de Cuba por su color (que imita el rojo, blanco y azul de la bandera cubana) y su evidente resistencia a la cautividad. Los cubanos más nacionalistas dicen que los tocororos son instintivamente libertarios y que, si se enjaulan, no tardan en morir.

sitios como Baracoa. Se aconseja al viajero evitarlos, pues las tortugas pueden haber sido cazadas ilegalmente.

Plantas

Cuba es sinónimo de palmeras y ambos términos están indisolublemente unidos en canciones, símbolos, paisajes y leyendas. El árbol nacional es la palma real y ocupa un lugar destacado en el escudo del país. Se cree que hay 20 millones de palmeras reales en Cuba. Erguidas en fila india junto a la carretera o apretadas en una colina, estos majestuosos árboles alcanzan los 40 m de altura y se identifican fácilmente por su tronco flexible y su tallo verde en la copa. También hay cocoteros, palmas barrigonas y la rara palma corcho, un punto de unión con el Cretáceo (65-135 millones de años). Se pueden ver ejemplares en los jardines del Museo de Ciencias Naturales Sandalio de Noda y en La Ermita, ambos en la provincia de Pinar del Río. En total hay 90 tipos de palmeras en Cuba.

Otros árboles importantes son los manglares, en especial los que protegen la costa cubana de la erosión y constituyen un hábitat importante para pequeños peces y aves. Los manglares representan el 26% de los bosques cubanos y cubren casi el 5% de la costa. El país ocupa el 9º puesto del mundo en densidad de manglares. Los pantanos más extensos están en la Ciénaga de Zapata.

Los bosques de pinos más grandes están en Isla de la Juventud (antigua isla de los Pinos), en la parte oeste de Pinar del Río, al este de Holguín (o más concretamente en la sierra Cristal) y en el centro de Guantánamo. Estos bosques son muy propicios a los incendios y la reforestación de pinos es un quebradero de cabeza para los conservacionistas.

Los bosques tropicales se encuentran a mayor altitud –aproximadamente 500-1500 m– en los montes Escambray, la Sierra Maestra y el macizo de Sagua-Baracoa. Algunas especies originales del bosque tropical son el ébano y la caoba, aunque hoy gran parte de la reforestación se realiza con eucaliptos.

MANATÍES

El manatí del Caribe puede medir hasta 4,5 m de largo y pesar 600 kg. Llegan a consumir hasta 50 kg de plantas al día.

Generosamente repartidos por toda la isla hay cientos de especies de helechos, cactus y orquídeas. Las mejores concentraciones están en los jardines botánicos de Santiago de Cuba (helechos y cactus) y Pinar del Río (orquídeas). La mayoría de las orquídeas florecen de noviembre a enero y uno de los mejores sitios para verlas es la Reserva Sierra del Rosario. La flor nacional es la graciosa mariposa, conocida por sus blandos pétalos blancos e intenso perfume.

Las plantas medicinales son muy abundantes debido, sobre todo, a la escasez crónica de medicamentos (prohibidos por el embargo de EE UU). Las farmacias están bien surtidas con efectivas tinturas como el aloe (para la tos y la congestión) y un producto de las abejas llamado propolio, que se usa contra las amebas estomacales y las infecciones respiratorias. En los patios de todos los hogares cubanos hay una maceta de orégano de la tierra y, si el viajero empieza a resfriarse, le brindarán un elixir maravilloso preparado con agua caliente, hojas de orégano, zumo de lima y miel.

Cuestiones medioambientales

La mayoría de las amenazas para el medioambiente cubano proceden del hombre y guardan relación con la contaminación o la pérdida de hábitat, a menudo como consecuencia de la deforestación. Los esfuerzos por preservar la diversidad ecológica del país eran casi inexistentes hasta 1978, cuando Cuba creó el Comité Nacional para la Protección y la Conservación de los Recursos Naturales y el Medioambiente (Comarna). Para corregir los 400 años de deforestación y destrucción del hábitat, este organismo creó zonas verdes y emprendió campañas de reforestación. Las políticas de conservación están dirigidas por el Comarna, que supervisa 15 ministerios y garantiza la eficaz aplicación de la legislación internacional de medioambiente, lo que incluye la observación de los tratados que rigen las seis Reservas de la Biosfera y los nueve lugares declarados Patrimonio Mundial de la Unesco del país.

Los grandes problemas medioambientales de Cuba se ven agravados por una economía que lucha por sobrevivir. En un país que deposita sus esperanzas en el turismo, la política medioambiental es contradictoria. Ahí yace el dilema: ¿cómo puede una nación en desarrollo procurar por su gente y mantener altos (o mínimos) estándares ecológicos?

Deforestación

Se estima que a la llegada de Colón el 95% de Cuba era bosque virgen. En 1959, gracias a la deforestación sin control a favor de las plantaciones de caña de azúcar y los cítricos, esa área se había reducido al 16%. La repoblación de árboles a gran escala y la transformación de significativas extensiones de tierra en parques protegidos ha visto esa cifra repuntar al 24%, situando a Cuba a la cabeza en Latinoamérica. A finales de la década de 1960, Las Terrazas, en la provincia de Pinar del Río, logró salvar hectáreas de bosque del desastre ecológico gracias a un plan de acción para reforzar la reforestación. En época más reciente, los esfuerzos se han centrado en salvaguardar el último bosque tropical virgen del

Se estima que Cuba alberga entre 6500-7000 especies de plantas. Cerca de la mitad son endémicas.

Cayos con infraestructura hotelera

- *Largo del Sur*
- *Santa María*
- *Las Brujas*
- *Coco*
- *Guillermo*
- *Levisa*
- *Ensenachos*
- *Saetía*

'ECORESORTS'

El ecohotel emblemático de Cuba es **La Moka** (☎57-86-00; Las Terrazas; i/d 80/110 CUC; P❄≋), en el pequeño ecopueblo de Las Terrazas en la Sierra del Rosario. Construido en 1994 en una Reserva de la Biosfera de la Unesco, el hotel sigue principios sostenibles y es conocido por el gran árbol que atraviesa el tejado del vestíbulo. Otros hoteles ecológicos son el hotel Horizontes El Saltón (p. 433) en la falda de la sierra Maestra, cerca de Santiago de Cuba y Villa Pinares del Mayarí (p. 376), regentado por Gaviota, en los bosques de pino de la provincia de Holguín.

La agencia de viajes cubana Ecotur (p. 46) patrocina alojamientos rurales en zonas protegidas. Muchos de estos rústicos chalés y cabañas cuentan con electricidad, agua caliente, aseos privados o compartidos y restaurantes de estilo ranchón. Algunos funcionan como granjas, centros de formación medioambiental o bioestaciones.

Destacan el centro ecuestre Guabina, cerca de Pinar del Río los chalés de Jarico y La Sabina, en las Alturas de Banao, en la provincia de Sancti Spíritus, y la Finca La Esperanza, cerca de Baracoa.

Caribe, en el Parque Nacional Alejandro de Humboldt, y en añadir zonas boscosas de protección a los humedales del delta del río Cauto.

'Pedraplenes'

Una primera señal de la lucha entre economía y ecología en Cuba fue el pedraplén (carretera sobre las aguas del mar), de 2 km de largo, construido para conectar Cayo Sabinal con Camagüey a finales de la década de 1980. Este enorme proyecto, que consistió en apilar rocas en el mar y construir sobre ellas una carretera (sin puentes), interrumpió las corrientes de agua y causó daños irreparables en el hábitat marino. Total para nada: por ahora ningún *resort* ocupa el desierto Cayo Sabinal. Más tarde se construyeron otros pedraplenes más largos que conectan Jardines del Rey con Ciego de Ávila (27 km) y Cayo Santa María con Villa Clara (48 km). Esta vez, puentes más respetuosos con el medioambiente han permitido un mejor flujo del agua, aunque el alcance del daño no se conocerá hasta por lo menos dentro de una década.

Flora, fauna y pérdida del hábitat

Mantener buenos hábitats para los animales es fundamental en Cuba, un país con altos niveles de endemismo y, por tanto, un mayor riesgo de extinción de especies. El problema se agrava por la poca extensión del hábitat de los animales endémicos como el cocodrilo cubano, que vive casi exclusivamente en la Ciénaga de Zapata, o la igualmente rara *Eleutherodactylus iberia* (la rana más pequeña del mundo). Esta última vive en un radio de solo 100 km² y existe únicamente en el Parque Nacional Alejandro de Humboldt, cuya creación en el 2001 sin duda la salvó de la extinción. Otras áreas amenazadas son las enormes zonas de anidación de flamencos en el archipiélago Sabana-Camagüey, y en Moa, donde los vertidos de aguas contaminadas han causado estragos en los ecosistemas costeros de manglares, los predilectos de los manatíes.

La construcción de nuevas carreteras y de gigantescos *resorts* en playas vírgenes aumenta el choque entre la actividad humana y la protección del medioambiente. Un ejemplo es la drástica reducción de la Reserva Ecológica Varahicacos, en Varadero, a favor de los *resorts*. Otro es Cayo Coco, que forma parte de un importante humedal Ramsar situado junto a una franja de hoteles en rápido desarrollo.

La sobrepesca –incluida la de tortugas y langostas para consumo de los turistas–, los vertidos agrícolas, la contaminación industrial y el tratamiento inadecuado de las aguas residuales han contribuido al deterioro de los arrecifes de coral. Han empezado a aparecer varias plagas de algas, y la captura de delfines salvajes para los delfinarios también ha exasperado a muchos activistas.

CAFÉ

Cerca del 2% de la tierra cultivable de Cuba está dedicada a la producción de café. El sector da trabajo a 265 000 personas.

Polución

En cuanto se llega a La Habana o a Santiago de Cuba, la contaminación del aire golpea como una bofetada. Las partículas llevadas por el aire, los viejos camiones que escupen humo negro y los subproductos de la quema de basura son solo algunos de los culpables. Las fábricas de cemento, las azucareras y otras industrias pesadas también han dejado su sello. Las minas de níquel que devoran Moa (uno de los paisajes más bonitos de Cuba convertido en tierra yerma) son ejemplos de cómo la industria prevalece sobre el medioambiente. Por desgracia, no hay soluciones fáciles. El níquel es una de las principales exportaciones de Cuba, una materia prima de la que no pueden prescindir. Y aunque los viejos automóviles estadounidenses de La Habana son una atracción turística, no son precisamente eficientes ni limpios. En cuanto al transporte público, incluso Fidel se ha lamentado en público de los efectos perjudiciales para la salud de los contaminantes autobuses de Cuba.

¿EL PAÍS MÁS SOSTENIBLE DEL MUNDO?

Con su anticuada infraestructura y contaminación por el tráfico rodado, se diría que Cuba no es un ejemplo de ecologismo innovador. Pero en el 2006, en un informe titulado *El planeta vivo,* el WWF designó a Cuba como el único país del mundo con un desarrollo sostenible.

El estudio se basó en dos criterios básicos: el índice de bienestar humano (esperanza de vida, alfabetización y PIB) y la huella ecológica (la cantidad de tierra necesaria para satisfacer las necesidades de alimento y energía per cápita). La mayoría de los países no cumplieron los requisitos de sostenibilidad, bien porque su huella ecológica era demasiado alta (el híperconsumista Occidente) o porque su índice de bienestar humano era demasiado bajo (los países pobres de África y Asia). Cuba, con sus excelentes índices de salud y educación y bajos niveles de consumo, fue la única excepción.

Sería ingenuo pensar que Cuba ha alcanzado su marca de sostenibilidad solo a base de visión. Más bien, los cubanos son ecologistas por necesidad. Las bases para la sostenibilidad del país fueron creadas en el Período Especial cuando, sin ayuda soviéticas y marginalizada por la economía mundial debido al embargo de EE UU, el racionamiento y el reciclaje eran necesarios para sobrevivir.

Pero los cubanos no han flaqueado desde entonces. A pesar del bajo índice en cuanto a la propiedad de automóviles per cápita y la casi total ausencia de fertilizantes químicos, el país se negó a tomar el camino más fácil hacia una mayor prosperidad después del Período Especial. Basta visitar una casa particular para darse cuenta que la cena se prepara en olla de presión, que todas las bombillas son LED y que las viejas neveras de la década de 1950 han sido sustituidas por modelos más respetuosos con el medioambiente.

Éxitos medioambientales

El Gobierno cubano ha mostrado su entusiasmo por la reforestación y protección de los espacios naturales (especialmente a partir de mediados de la década de 1980) y una predisposición para hacer frente a los errores del pasado. El puerto de La Habana, en su día uno de los más contaminados de Latinoamérica, ha sido objeto de una profunda limpieza, al igual que el río Almendares, que atraviesa el corazón de la ciudad. Ambos programas empiezan a dar su fruto. Las emisiones de sulfuro de los pozos de petróleo, cerca de Varadero, se han reducido y el Ministerio de Ciencia, Tecnología y Medioambiente es quien hoy aplica la normativa sobre medioambiente. La reglamentación sobre la pesca es cada vez más estricta. Hoy en día, uno de uno de los retos más urgentes de la Revolución es la búsqueda del equilibrio entre las necesidades inmediatas de Cuba y el futuro del medioambiente.

Las Terrazas es el éxito ecológico más obvio, aunque hay otros. Quienes visiten Cayo Coco pueden ver el Parque El Bagá, un antiguo aeropuerto, mientras que en Isla de la Juventud el cocodrilo cubano se ha reintroducido con éxito en la Ciénaga de Lanier.

Cuba y EE UU

A pesar de su proximidad a las costas de Florida, Cuba sigue siendo para muchos estadounidenses uno de los últimos grandes destinos misteriosos. Desde 1963, cuando el Gobierno instituyó una prohibición de facto de viajar a la isla, los estadounidenses lo han tenido difícil para visitar Cuba aunque, bajo los auspicios de la Administración Obama, la relación se ha ido distendiendo.

Deshielo

En el 2010 la Asamblea General de la ONU votó en contra del mantenimiento del embargo estadounidense sobre Cuba por 187 votos contra tres.

Está por ver si el deshielo es o no permanente. Tradicionalmente, los esporádicos acercamientos entre los Gobiernos de Cuba y EE UU han sido limitados y efímeros. El presidente Jimmy Carter suavizó las normas para viajar a Cuba a grupos religiosos, educativos y culturales a finales de la década de 1970 pero, tras el éxodo del Mariel y la subida al poder de Ronald Reagan en 1980-1981, la puerta se cerró rápidamente. La Administración Clinton hizo un nuevo intento en 1995 y, a principios del 2000, unos 150 000 viajeros visitaban Cuba anualmente (además de 50 000 "turistas" ilegales). Con todo, tras la represión de los disidentes cubanos en la Primavera Negra del 2003, la Administración de George W. Bush cerró las puertas a todos salvo a los viajeros estadounidenses más resueltos.

En abril del 2009 la Administración Obama suavizó la situación al permitir a los cubano-estadounidenses visitar a sus familias en Cuba cada vez que quisiesen (con Bush II solo podían hacerlo una vez cada tres años). Mediante un decreto presidencial, Obama también permitió a los cubano- estadounidenses hacer transferencias de dinero ilimitadas a familiares cubanos, lo que supuso una fuente vital de ingresos para los cubanos que trataban de empezar un negocio al amparo de las nuevas leyes de privatización de Raúl Castro.

Pero antes de que el estadounidense de a pie empiece a planchar sus guayaberas y a volver a encontrarse con el mambo, las guantanameras y los puros de verdad, es importante hacer los deberes. Para viajar legalmente a Cuba, todos los ciudadanos de EE UU deben tener una licencia válida. Actualmente, el **Departamento del Tesoro de EE UU** (www.treasury.gov/resource-center/sanctions/Programs/pages/cuba.aspx) emite dos tipos de licencias: generales (para periodistas, funcionarios del gobierno y cubanos que visitan a sus familias) que no exigen autorización previa, y especiales (principalmente para instituciones académicas, organizaciones religiosas, periodistas independientes y personal humanitario) que sí requieren autorización previa. Las licencias específicas (que son las que muchos estadounidenses de origen no cubano precisan) deben solicitarse por escrito y se tramitan caso por caso. Consúltense los requisitos en la web del Departamento de Estado.

Crimen y castigo

Teóricamente, los estadounidenses no tienen prohibido visitar Cuba sino más bien llevar a cabo "operaciones relacionadas con los viajes" en el país, que es prácticamente lo mismo. La medida fue puesta en marcha

PRESIÓN SOBRE EL EMBARGO

Recientes encuestas en EE UU indican que la mayoría de los estadounidenses se oponen al embargo y a la prohibición de viajar a Cuba. Según una encuesta de Angus Reid, del 2012, el 62% de los estadounidenses reestablecería los lazos diplomáticos con Cuba, el 57% es partidario de poner fin a la prohibición de viajar y el 57% quiere terminar el embargo. Muchos disidentes de Cuba también se oponen a la prohibición de viajar. En junio del 2010, 74 disidentes (entre ellos, la bloguera Yoani Sánchez y representantes del grupo de derechos humanos de las Damas de Blanco) firmaron una carta dirigida al Congreso de EE UU dando su apoyo a un proyecto de ley para derogar las restricciones de viaje a los estadounidenses. La Asamblea General de la ONU aprueba cada año resoluciones contrarias al embargo de EE UU, en general por un margen de 182 a cuatro.

por el presidente Kennedy en 1963 apelando a la Ley de Comercio con el Enemigo de 1917. En principio, incumplir esta ley puede acarrear una multa de 55 000 US$ o una pena de hasta 10 años de cárcel, aunque las denuncias son raras (y más desde que Obama sucediese a George W. Bush). En consecuencia, miles de estadounidenses burlan la ley cada año volando a Cuba desde terceros países como México, Canadá y las Bahamas. Los funcionarios de aduanas cubanos nunca sellan los pasaportes.

Existe solo una estatua de un presidente de EE UU en Cuba: la de Abraham Lincoln, que adorna el parque de la Fraternidad en Centro Habana.

Agencias de viajes con licencia

En enero del 2011 el papeleo para solicitar el permiso para viajar pasó a ser mucho más fácil con la reintroducción de los viajes de persona a persona respaldados por el Gobierno (viajes culturales con prestadores de servicios con licencia), interrumpidos por la Administración de George W. Bush en el 2003. El programa refleja el esfuerzo del Gobierno de EE UU por promover el contacto de sus ciudadanos con cubanos de a pie con la esperanza de reforzar la confianza y el entendimiento mutuo entre ambos países. En estos viajes, los agentes autorizados se ocupan del papeleo, y así los participantes disponen de más tiempo para relajarse y disfrutar de excursiones organizadas. El departamento del Tesoro de EE UU ha expedido licencias a unas 140 agencias de viaje desde el 2011, incluidas **Insight Cuba** (www.insightcuba.com), la primera en organizar excursiones al país durante la era Clinton, **Moto Discovery** (www.motodiscovery.com), **Friendly Planet** (www.friendlyplanet.com), **Grand Circle Foundation** (www.grandcirclefoundation.org) y **Geographic Expeditions** (www.geoex.com).

Otra consecuencia de la iniciativa de la Administración Obama ha sido la introducción de más vuelos chárter que conectan Cuba con EE UU. Antes de enero del 2011 solo tres aeropuertos en EE UU (Nueva York, Los Ángeles y Miami) ofrecían vuelos chárter regulares pero, desde entonces, se han incorporado cinco nuevos aeropuertos (entre ellos, Chicago y Atlanta).

Para minimizar los inconvenientes en un país que no mantiene relaciones diplomáticas con EE UU, han surgido varias organizaciones para allanar el camino de los que visitan Cuba por primera vez y solicitan asesoramiento. Una de las más antiguas y serias es Marazul (p. 515), una agencia de viajes fundada en 1979 que ayuda a individuos y grupos a resolver dudas, reservar vuelos y hoteles y contratar transporte en el país.

Uno de los asuntos más complicados para los viajeros de EE UU es el dinero. Los bancos cubanos no aceptan tarjetas de crédito o débito emitidas en EE UU y cambiar dólares está sujeto a una comisión del 10%. En consecuencia, es recomendable cambiar dinero a dólares canadienses o euros antes de la visita. Además, los viajeros licenciados están sujetos a un tope de gasto impuesto por el Departamento de Estado,

Presidentes de EE UU que trataron de comprar Cuba a los españoles

1808 – Thomas Jefferson (suma desconocida)

1848 – James Polk –100 millones de US$

1854 – Franklin Pierce – 130 millones de US$

1898 – William McKinley – 300 millones de US$

que actualmente es de 125-144 US$ al día, en función del lugar que se visite de Cuba. Véase http://aoprals.state.gov/web920/per_diem.asp para información actualizada.

Para muchos, las dificultades para llegar a Cuba merecen la pena. La cápsula del tiempo de Cuba es muy diferente a cualquier país visitado con anterioridad. Y muchos estadounidenses se sorprenden de que los cubanos no les guarden ninguna animadversión y les reciban con los brazos abiertos.

Guía práctica

Datos prácticos A-Z

Acceso a internet

Las telecomunicaciones son monopolio del Estado, gestionadas a través de la empresa Etecsa, que ofrece acceso a internet en todo el país desde los nuevos Telepuntos. Todas las ciudades importantes cuentan con estos locales. Se paga mediante tarjetas de una hora (6 CUC), que incluyen un número de usuario y una contraseña temporal. Estas tarjetas son válidas en cualquier Telepunto, por lo cual no hace falta utilizar la hora completa en una misma sesión. Estos establecimientos tienen un horario muy amplio y no suele haber mucha gente.

Como Etecsa tiene el monopolio, apenas hay cibercafés independientes. Por lo general, casi todos los hoteles de tres a cinco estrellas (y todos los *resorts*) tienen su propio cibercafé, aunque las tarifas suelen ser más altas (a veces, hasta 12 CUC/h).

Como los cubanos tienen acceso limitado a la Red (solo con supervisión, p. ej., en programas de formación o si el trabajo lo requiere) puede que al viajero se le pida el pasaporte para usar los servicios de un Telepunto.

Poco a poco, los hoteles de cuatro y cinco estrellas van ofreciendo wifi. Si lo hay, suele costar 8 CUC la hora y es más bien lenta.

Aduana

Siguiendo la tradición soviética, la legislación del régimen castrista sobre aduanas es complicada. Para información exhaustiva consúltese la página www.aduana.co.cu.

Artículos que se permite entrar

Los viajeros pueden entrar al país efectos personales (incluido material fotográfico, prismáticos, instrumentos musicales, grabadoras, radio, ordenador personal, tienda, caña de pescar, bicicleta, piragua y otro material deportivo), y hasta 10 kg de medicinas.

Todo lo que no corresponda a las categorías mencionadas anteriormente está sometido a un impuesto de aduanas de un máximo de 1000 CUC.

Artículos prohibidos

Algunos de los artículos cuya importación al país está prohibida son narcóticos, explosivos, pornografía, aparatos eléctricos en sentido amplio, vehículos ligeros motor, motores de automóviles y productos de origen animal. La comida enlatada, procesada y deshidratada no supone ningún problema, y tampoco las mascotas.

Artículos que se permite sacar

Está permitido exportar una caja de 50 puros libres de impuestos (o 23 individuales), 500 US$ (o una cantidad equivalente) en efectivo y solo 200 CUC.

Llevarse objetos de arte u otros objetos del patrimonio cultural sin documentación está restringido y comporta tasas. Normalmente, cuando uno compra arte obtiene un "sello" oficial en el establecimiento. Mejor comprobarlo antes de comprar. Si no se obtiene en el comercio, habrá que conseguirlo en el **Registro Nacional de Bienes Culturales** (calle 17 No 1009, entre calles 10 y 12, El Vedado, La Habana; ⏲9.00-mediodía lu-vi). Es necesario llevar los objetos para su inspección, rellenar un formulario, pagar una tasa que oscila entre 10 y 30 CUC y que cubre de una a cinco piezas de arte, y volver al cabo de 24 horas para recoger el certificado.

Alojamiento

Los alojamientos cubanos ofrecen un marco amplio de posibilidades, desde cabañas en la playa por 10 CUC hasta complejos hoteleros de cinco estrellas y todo incluido. Los precios penalizan al viajero en solitario, puesto que se verá obligado a pagar el 75% de la tarifa de una habitación doble.

Económico

En este rango de precio, las casas particulares ofrecen en general mejor relación calidad-precio que los hoteles. Solo las casas particulares más lujosas de La Habana costarán más de 50 CUC, y en esos lugares están garantizadas las comodidades y la atención de calidad. En las más baratas (15-20 CUC) quizá se deba compartir el baño y haya ventilador en lugar de aire acondicionado. En los sitios más baratos (sobre todo campismos), el viajero tendrá suerte si hay sábanas y agua corriente, aunque suele haber baños privados. Si se trata de un hotel destinado a cubanos, las comodidades serán aún más limitadas, pero se conocerá mejor la realidad del país.

Precio medio

Esta categoría es una lotería, y abarca desde hoteles-*boutique* coloniales a establecimientos horribles con una arquitectura y una atmósfera de inspiración soviética. Se debe esperar aire acondicionado, baños privados con agua caliente, sábanas limpias, televisión por satélite, restaurante y piscina, aunque es probable que ni el edificio sea muy evocador ni la comida muy selecta.

Precio alto

Los hoteles selectos más acogedores suelen ser de copropiedad extranjera, y mantienen los parámetros internacionales. Las habitaciones son casi iguales a las de los hoteles de categoría media, pero con camas y sábanas de mejor calidad, minibar, servicio de llamadas internacionales y, quizá, terraza y buenas vistas. En La Habana se encuentran verdaderas joyas.

Tarifas

Influyen en el precio la época del año, la ubicación y la cadena hotelera. La temporada baja va de mediados de septiembre a principios de diciembre y de febrero a mayo, excepto Semana Santa. Navidades y Año Nuevo son temporada "súper alta",

PRECIOS DEL ALOJAMIENTO

Esta gama de precios es válida para una habitación doble con baño en temporada alta.

Económico ($)
menos de 50 CUC

Precio medio ($$)
entre 50-120 CUC

Precio alto ($$$)
más de 120 CUC

lo que significa que los precios pueden incrementarse hasta un 25% por encima de los de la temporada alta. A veces, en las casas particulares se puede regatear, aunque pocos extranjeros lo hacen. Hay que tener en cuenta que los propietarios pagan unos impuestos fijos y los precios que cobran los reflejan. Pocas casas particulares ofrecen precios por debajo de 15 CUC o por encima de 50 CUC, a menos que se vaya a permanecer durante una temporada larga. Desde que un mayor número de cubanos disponen de acceso a internet (de forma no oficial) es más fácil organizar con antelación el alojamiento en el país.

Tipos de alojamiento

CAMPISMOS

Los cubanos pasan las vacaciones en este tipo de alojamiento. Lejos de ser un *camping*, muchos campismos son sencillas casetas de cemento con literas, colchones sin espuma y duchas frías. Hay más de 80 repartidos por las zonas rurales del país. Los campismos se clasifican como nacionales e internacionales. Los primeros, teóricamente, solo son para cubanos, mientras que los últimos admiten a todos y ofrecen mayores comodidades, como aire acondicionado y/o sábanas. De ellos, hoy hay unos 12 en todo el país, desde el de Aguas Claras (Pinar del Río), con calidad de hotel, hasta el de Puerto Rico Libre (Holguín), con lo básico.

Para reservar con antelación hay que ponerse en contacto con la excelente **Cubamar** (☎833-2523, 833-2524; www.cubamarviajes.cu; calle 3, entre calle 12 y Malecón, El Vedado; ⊙8.30-17.00 lu-sa) en La Habana. El alojamiento en bungalós en los campismos internacionales cuesta de 10 a 60 CUC por cama.

CASAS PARTICULARES

Las habitaciones privadas son la mejor opción para viajeros independientes y una forma excelente de conocer la vida cotidiana de los cubanos. Los propietarios suelen ser guías turísticos excelentes.

Las casas se reconocen por el cartel azul de "Arrendador Divisa" colgado en la puerta. En todo el país hay

HOTELES EN INTERNET

Las siguientes empresas gestionan el 95% de los hoteles de Cuba. Para más información, véanse sus páginas web.

- **Cubanacán** (www.cubanacan.com)
- **Gaviota** (www.gaviota-grupo.com)
- **Gran Caribe** (www.gran-caribe.com/)
- **Habaguanex** (www.habaguanexhotels.com)
- **Islazul** (www.islazul.cu)
- **Sol Meliá** (www.solmeliacuba.com)

miles de ellas, más de 3000 solo en La Habana y de 500 en Trinidad. Bien sea en áticos o en edificios históricos, todas las habitaciones cuestan entre 15 y 50 CUC; aunque algunos propietarios tratan a sus huéspedes como talonarios de cheques, la mayoría son anfitriones amables y acogedores.

La normativa gubernamental se ha relajado desde el 2011, y hoy los propietarios pueden alquilar varias habitaciones si disponen de espacio. Los propietarios pagan un impuesto mensual por habitación según su ubicación (más un extra por aparcamiento en la calle) que les permite colgar carteles anunciando sus habitaciones y servir comida. Los impuestos se pagan tanto si se alquilan o no las habitaciones, y los propietarios deben llevar un registro de todos los clientes e informar de cada nuevo ingreso en un plazo de 24 horas. Por ello, es muy difícil regatear el precio de la habitación y es necesario el pasaporte (no es válida una fotocopia). En caso de incumplir la ley, las multas son elevadas. Las frecuentes inspecciones estatales dan la seguridad de que el interior de la casa está limpio, es seguro y estable. La mayoría de los propietarios ofrece el desayuno y la cena por un suplemento. Si se quiere agua caliente para ducharse hay que pedirla con antelación. En general, hoy en día, las casas ofrecen al menos dos camas (una suele ser doble), nevera, aire acondicionado, ventilador y baño propio. Como extras puede tener terraza o patio, entrada privada, TV, caja fuerte, cocinita y aparcamiento.

RESERVAS E INFORMACIÓN ADICIONAL

Dada la gran cantidad de casas particulares de la isla es imposible ofrecer ni siquiera un pequeño porcentaje. Las que se han elegido son una combinación de recomendaciones de los lectores e investigación local por parte del autor. Si en una casa no queda sitio, casi siempre recomiendan otra por la zona.

Estas webs ofrecen infinidad de casas por todo el país y permiten reservar en línea.

Cubacasas (www.cubacasas.net) La mejor fuente en la red para información y reservas de casas particulares; actualizada, minuciosa y con vistosos enlaces a cientos de habitaciones privadas de toda la isla.

Organización Casa Particular (www.casaparticularcuba.org) Web recomendada por los lectores para prereservar habitaciones.

HOTELES

Todos los hoteles y complejos turísticos tienen al menos un 51% de participación del Estado cubano y están administrados por una de las cinco organizaciones principales existentes. Islazul es la más barata y popular entre los nacionales (que pagan en pesos cubanos). Aunque sus establecimientos tienen instalaciones muy variables y un cierto toque soviético en la arquitectura, siempre están limpios y son baratos, cordiales y, sobre todo, muy cubanos. Suelen estar situa-dos en pequeñas ciudades de provincia; su gran inconveniente son sus discotecas, que mantienen despiertos a los clientes hasta altas horas de la madrugada. Cubanacán da un paso más y ofrece establecimientos de precio económico y medio, tanto en ciudades como en centros turísticos. Últimamente, la compañía ha desarrollado un nuevo tipo de hoteles coquetos y asequibles, los de la cadena Encanto, en bonitos núcleos urbanos como Sancti Spíritus, Baracoa, Remedios y Santiago. Gaviota gestiona *resorts* de categoría superior, incluido el brillante Playa Pesquero, de 933 habitaciones, aunque la cadena cuenta también con algunas villas más baratas en zonas como Santiago y Cayo Coco. Gran Caribe tiene hoteles de gama media y alta, incluidos muchos de los que ofrecen paquetes con todo incluido en La Habana y Varadero. Por último, Habaguanex se centra solo en La Habana y gestiona casi todos los hoteles en edificios históricos restaurados de La Habana Vieja. Los beneficios de estos negocios se destinan a la restauración de La Habana Vieja, declarada Patrimonio Mundial de la Unesco. Salvo en los establecimientos de Islazul, los hoteles turísticos son solo para huéspedes que pagan en pesos convertibles. Desde mayo del 2008, los cubanos pueden alojarse en los hoteles turísticos, aunque la mayoría de ellos no puede permitírselo.

En el extremo más alto suelen descubrirse cadenas hoteleras extranjeras como Sol Meliá o Iberostar, que gestionan hoteles en colaboración con Cubanacán, Gaviota o Gran Caribe, principalmente en los centros turísticos de playa. Su nivel y servicios no difieren del de los *resorts* de México y del resto del Caribe.

Comida

Para legiones de *gourmets*, la cocina cubana fue durante mucho tiempo casi una broma internacional. Desde las tiendas de racionamiento con estantes vacíos de Centro Habana a la deprimente omnipresencia de los mediocres sándwiches de jamón y queso, que parecían ser la única opción viable de almuerzo del país, era una cuestión más de hambre que de festines. Pero aunque los chefs famosos sigan siendo escasos, en muchos restaurantes cubanos de gestión estatal la apertura del sector privado en el 2011 ha comportado una revolución culinaria.

Clima

La Habana

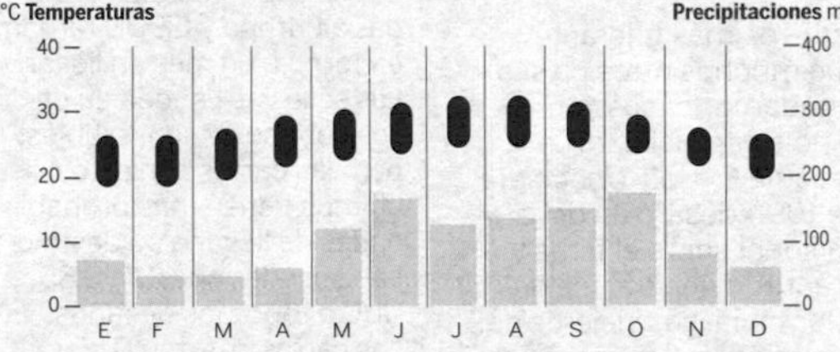

Sancti Spíritus

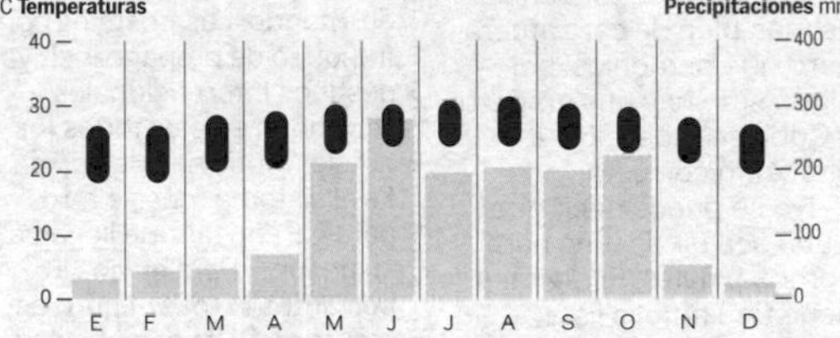

Santiago de Cuba

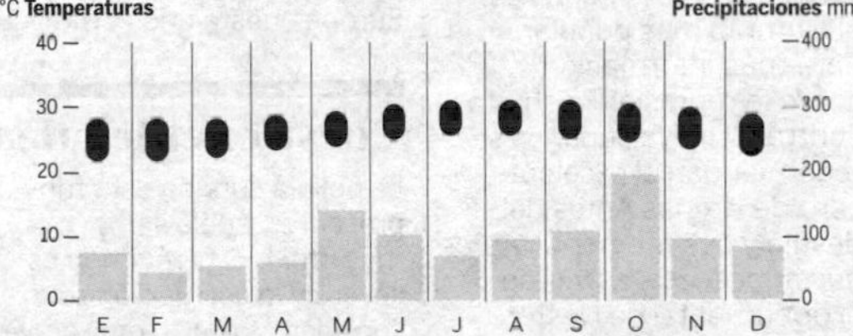

Productos típicos y especialidades

Conocida popularmente como comida criolla, la cocina cubana se caracteriza por el congrí (arroz con judías negras), la carne (sobre todo de cerdo, seguido de pollo y ternera), plátano frito, la ensalada (limitada a productos de temporada) y los tubérculos, por lo general, yuca y calabaza.

El pescado también es habitual. Aunque se puede encontrar dorada, aguja (pez espada), y de vez en cuando pulpo y cangrejo en algunos establecimientos especializados en marisco, es más común ver pargo rojo, langosta y gambas.

Los cubanos son aficionados a los helados y suelen debatir con pasión los matices de los diferentes sabores. Los helados de Coppelia son legendarios, pero se pueden encontrar tarrinas muy baratas de otras marcas (440 g por 1 CUC) por todas partes, e incluso los helados de las máquinas dispensadoras (en pesos cubanos) no están mal.

GAMA DE PRECIOS

En Cuba es excepcional que una comida cueste más de 25 CUC. Los restaurantes reseñados se sitúan en la gama de precios siguiente.

Económico ($) menos de 7 CUC

Precio medio ($$) entre 7-15 CUC

Precio alto ($$$) más de 15 CUC

Bebidas

Los cócteles cubanos con ron gozan de fama mundial. Entre ellos, el mojito con menta, el daiquiri con hielo picado y los empalagosos Cuba libres (ron con Coca-Cola), por citar solo tres. El Havana Club es el ron más famoso de Cuba; el Silver Dry (el más barato) y el Carta Blanca (de tres años) se usa para los combinados, mientras que el Carta de Oro (de cinco años) y el Añejo (de siete años) se disfrutan más solos. El mejor ron cubano es el Matusalem Añejo Superior, elaborado en Santiago de Cuba desde 1872. Otras marcas destacadas son: Varadero, Caribbean Club y Caney (que se elabora en la antigua fábrica Bacardí, en Santiago de Cuba, aunque este nombre es casi tabú, puesto que la familia Bacardí se exilió y decidió demandar al Gobierno cubano amparándose en las leyes del embargo de EE UU). La mayoría de los cubanos toma el ron solo y, de forma más informal, directamente de la botella.

Entre las principales marcas de cerveza se cuentan Mayabe, Hatuey y los dos pesos pesados, Cristal y Bucanero. Entre las de importación figuran Lagarto, Bavaria y Heineken.

Dónde comer y beber

RESTAURANTES ESTATALES

Estos locales funcionan con pesos cubanos o convertibles. Los restaurantes que cobran en pesos cubanos suelen ser algo deprimentes, y de sus cartas de nueve páginas lo único disponible es el pollo frito. Pero hay algunas excepciones, sobre todo en Santiago de Cuba. Los restaurantes en pesos cubanos suelen aceptar convertibles, aunque a veces a un tipo de cambio inferior al estándar 25 por 1.

Los restaurantes que cobran en convertibles suelen ser más de fiar, pero no se rigen por normas capitalistas: que sea más caro no significa necesariamente un mejor servicio. La comida suele ser floja y poco apetecible. El grupo Palmares regenta un amplio repertorio de excelentes restaurantes por todo el país, desde modestos chiringuitos de playa hasta El Aljibe, en Miramar, La Habana. La empresa estatal Habaguanex gestiona algunos de los mejores restaurantes en La Habana, y Gaviota acaba de remodelar algunos veteranos. Los empleados de los restaurantes gestionados por el Gobierno no ganan más de 20 CUC al mes (el salario medio en Cuba) por lo que las propinas son de agradecer.

PALADARES

Son pequeños restaurantes familiares a los que se les permite la gestión privada siempre que paguen un impuesto mensual. Surguieron en 1995 durante el caos económico del Período Especial, y deben gran parte de su éxito al fuerte incremento del turismo en la isla, y a la atrevida experimentación de los chefs locales que, a pesar de la escasez de ingredientes aptos, han conseguido mantener vivas las antiguas tradiciones de la cocina cubana. Una comida puede costar entre 8 y 30 CUC.

Vegetarianos

En un país de racionamiento y escasez de alimentos, los vegetarianos estrictos (que no comen manteca, extracto de carne ni pescado) lo tendrán complicado. Los cubanos no entienden el vegetarianismo, y cuando lo hacen se resume en una tortilla, o como máximo, huevos revueltos. Los cocineros de las casas particulares, que a lo mejor han cocinado platos sin carne para otros viajeros, satisfarán mejor las necesidades de los vegetarianos; conviene preguntar.

Comunidad homosexual

Cuba es más tolerante que muchos otros países latinoamericanos con la homosexualidad. La película *Fresa y Chocolate* de 1994 desató un debate nacional sobre el tema y la actitud general fue de tolerancia. Los viajeros de sociedades que aceptan la homosexualidad pueden pensar que esa tolerancia es más bien de cara afuera, pero qué demonios: por algún sitio hay que empezar y Cuba se mueve en la dirección correcta.

No se puede decir que Cuba sea un destino para homosexuales. El régimen tiene una amplia lista de represaliados por su condición homosexual, de la que Reinaldo Arenas es el ejemplo más popular. Para más información sobre la represión castrista contra los gays cubanos se recomiendan el excelente libro de Arenas Antes del desfile y sus memorias *Antes que anochezca*, así como el documental de Néstor Almendros (exiliado español en Cuba y homosexual), *Conducta impropia*. Más suave es la visión presentada en la película *Fresa y chocolate*.

El lesbianismo sigue siendo un tema tabú, aunque socialmente las cosas están cambiando. Es menos tolerado y el viajero verá muy pocas muestras de orgullo gay entre mujeres. Hay esporádicas fiestas para chicas; se puede preguntar en los alrededores del Cine Yara, en la zona de ambiente de La Habana.

Los cubanos tienen mucho contacto físico entre ellos y es fácil ver a hombres abrazándose, mujeres de la mano y caricias amistosas. Este tipo de conducta no plantea problemas en público a no ser que se vuelva abiertamente sensual.

Correos

Las cartas y postales enviadas a Europa y EE UU tardan en torno a un mes en llegar. Los sellos se venden en pesos cubanos y convertibles, pero las cartas con estos últimos tienen más probabilidades de llegar a su destino. Las postales cuestan 0,65 CUC a todos los destinos. Las cartas cuestan 0,65 CUC al continente americano, 0,75 CUC a Europa, y 0,85 al resto del mundo. Las postales con franqueo de prepago incluyen destinos internacionales y se venden en casi todos los hoteles y oficinas de correos. Es el sistema más seguro para garantizar que llegan a su destino. Para envíos importantes lo más seguro es recurrir a DHL, con oficinas en las ciudades principales. Un paquete postal de 1 kg a Europa cuesta unos 50 CUC.

Cuestiones legales

La policía cubana está muy presente y suele ser muy amable. El régimen es severo y la corrupción se considera un delito muy grave, así que nadie quiere verse mezclado en ella. Tampoco conviene ser sorprendido sin identificación, así que es mejor llevar alguna, aunque sea el carné de conducir, una fotocopia del pasaporte o, incluso, el carné de estudiante.

Las drogas están prohibidas, aunque existen. Es probable que al viajero le ofrezcan marihuana o cocaína en las calles de La Habana. Las penas por compra, venta o posesión de drogas son graves y se aplican con dureza.

Cursos

Cultura y baile

Por todo el país pueden encontrarse clases de baile, aunque lo mejor es probar en La Habana o Santiago, en sitios como la **Casa del**

Caribe (☎22-64-22-85; calle 13 nº 154, Vista Alegre, 90100 Santiago de Cuba), el **Conjunto Folklórico Nacional** (☎7-830-3060; calle 4 nº 103, entre Calzada y calle 5ª, Vedado, La Habana) y el **Centro Andaluz** (☎7-863-6745; fax 7-66-69-01; paseo Martí nº 104, entre Genios y Refugio, Centro Habana).

Arte y cine

Se pueden organizar cursos para extranjeros durante todo el año en la Oficina de Relaciones Internacionales del **Instituto Superior de Arte** (☎7-208-0017; isa@cubarte.cult.cu; www.isa.cult.cu; calle 120 nº 1110, Cubanacán, Playa, La Habana 11600). Suele haberlos de percusión y baile casi en cualquier momento, pero en lo referente a otras materias, como artes plásticas, música, teatro o estética, es necesario esperar a que haya profesores disponibles.

La **Escuela Internacional de Cine, Televisión y Vídeo** (☎47-38-31-252; www.eictv.org; apartado aéreo 4041, San Antonio de los Baños, provincia de La Habana) forma profesionales en imagen de todo el mundo, sobre todo de países no europeos. Bajo el patronazgo del novelista Gabriel García Márquez, está gestionada por la fundación que organiza también el festival anual de cine de La Habana. El campus se halla en la finca San Tranquilino, en la carretera de Vereda Nueva, 5 km al noroeste de San Antonio de los Baños. Los candidatos deben presentar su solicitud por escrito y por adelantado (no se da información personal en la entrada).

Dinero

Es uno de los aspectos más complicados del viaje a Cuba, puesto que se tarda un poco en entender la doble economía. En el país circulan dos monedas: los pesos convertibles (CUC) y los pesos cubanos, llamados moneda nacional y abreviados MN, aunque en esta guía se usa la abreviatura internacional CUP. La mayor parte de los artículos y servicios para turistas se pagan en convertibles, p. ej., alojamiento, alquiler de vehículos, billetes de autobús, entradas a museos o acceso a internet. Cuando se redactó esta obra el cambio era de 25 pesos por 1 convertible. Aunque hay muchas cosas que no se pueden comprar con moneda nacional, a veces resulta útil. A menos que se indique lo contrario, los precios de esta guía se indican en convertibles.

Los euros se aceptan en Varadero, Guardalavaca, Cayo Largo del Sur y en los *resorts* de Cayo Coco y Cayo Guillermo, pero en cuanto se sale de estos recintos, se necesitan los convertibles.

Las mejores monedas para llevar a Cuba son los euros, los dólares canadienses o las libras esterlinas. La peor son los dólares USA, que atraen una comisión del 10% (además de la comisión normal) cuando se compran convertibles (CUC). Desde el 2011 el convertible cubano está vinculado al dólar USA, por lo que su valor depende de la fortaleza/debilidad de la divisa norteamericana. Durante la redacción de esta guía, los cheques de viajes emitidos por bancos estadounidenses podían canjearse en las filiales del Banco Financiero Internacional, pero no podían usarse tarjetas de crédito emitidas por esos mismos bancos. En la isla tampoco se aceptan los dólares australianos.

Cadeca, con oficinas en todas las ciudades y pueblos, vende pesos cubanos. No harán falta más 10 CUC al cambio por semana. Suele haberlas en los agropecuarios de cada localidad. Si el viajero sueña con comerse un helado y no tiene pesos cubanos, se pueden usar los convertibles. En todos los locales que venden en pesos admiten convertibles: se cambiarán a un tipo de 1/25 y se devolverá la vuelta en pesos. En Cuba no hay mercado negro, solo timadores que intentan engañar al viajero.

Cajeros automáticos y tarjetas de crédito

Cuando los bancos están abiertos y funcionan las máquinas y las líneas telefónicas pueden utilizarse tarjetas de crédito, siempre y cuando no estén emitidas por un banco de EE UU. A la hora de valorar si se usa tarjeta de crédito o efectivo hay que tener en cuenta que las comisiones aplicadas por los bancos cubanos son parecidas (sobre el 3%). Pero el banco del viajero puede cobrar comisiones adicionales por operaciones de crédito/retiradas de efectivo en los cajeros. Lo mejor es llegar a Cuba con suficiente dinero en efectivo y una tarjeta de crédito como refuerzo.

En casi todos los negocios privados (casas particulares y paladares) se paga en efectivo.

Con una tarjeta de crédito se puede sacar dinero en efectivo, pero la comisión no cambia. Muchos bancos no permiten retirar grandes sumas de dinero en el extranjero a menos que se les informe antes de la intención de viajar, por eso se recomienda consultarlo en el propio banco antes de partir.

Los cajeros automáticos (cada vez más comunes) sirven para las tarjetas de crédito no estadounidenses. Son el equivalente a obtener un anticipo de efectivo en la ventanilla. Las tarjetas Mastercard no norteamericanas no funcionan en los cajeros cubanos, pero sí se pueden usar para sacar dinero en el mostrador del banco. Las tarjetas Visa valen en principio para todo.

En Cuba funcionan también algunas tarjetas de débito, aunque no todas. Conviene preguntar al banco propio y al banco cubano en cuestión antes de usarlas. Es recomendable usarlas en horario de apertura de los bancos por si se la "traga" el cajero.

Efectivo

Cuba funciona con una economía basada en el dinero en efectivo; las tarjetas de crédito no tienen la importancia que se les da en los países occidentales. Aunque llevar dinero en efectivo es más arriesgado, en este caso es más práctico.

Lo mejor es llevar billetes de 20/10/5/3/1 CUC, ya que muchos negocios pequeños (como taxis o restaurantes) no dan cambio de billetes grandes (como los de 50 o 100 CUC) y la frase "no hay cambio" está a la orden del día. En un caso extremo se pueden cambiar estos billetes en los hoteles.

Términos y jerga

Una de las partes más complicadas de la doble economía es la terminología. Los pesos cubanos se llaman "moneda nacional" (abreviado MN) o "pesos cubanos" o simplemente "pesos", mientras que los pesos convertibles se llaman "pesos convertibles" (abreviado CUC), o simplemente "pesos" (también). Desde hace un tiempo la gente se refiere a ellos como "cucs". A veces puede suceder que el viajero esté negociando en pesos cubanos mientras su contraparte da por hecho que se trata de convertibles. El que los billetes sean muy parecidos no facilita las cosas; tampoco que el símbolo de ambos sea el mismo: $. Es fácil imaginar el potencial de engaños que permiten estas combinaciones.

El peso cubano tiene billetes de 1, 5,10, 20, 50 y 100; y monedas de 1 (raras), 5 y 20 centavos, así como de 1 y 3 pesos. La moneda de 5 centavos se llama "medio" y la de 20 es una "peseta". Los centavos a veces se denominan "kilos".

El peso convertible tiene billetes de 1, 3, 5, 10, 20, 50 y 100; y monedas de 5, 10, 25 y 50 centavos y 1 peso.

Electricidad

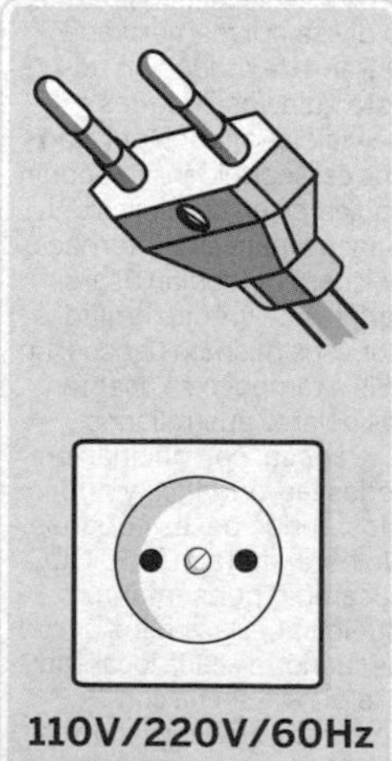

Embajadas y consulados

Todas las embajadas están en La Habana, y la mayoría abre de 8.00 a 12.00 de lunes a viernes.

Argentina (☎7-204 2549; calle 36 nº 511, Miramar)

Chile (☎7-204 1222; chilea broad.gov.cl/cuba; calle 33 nº 1423, Miramar)

Colombia (☎7-204 1246; calle 14 nº 515, Miramar)

España (☎7-866-8029; www.maec.es; Cárcel, 51, La Habana Vieja)

EE UU (☎7-833-3026; http://havana.usint.gov; Sección de intereses, Calzada entre calles L y M, El Vedado)

México (☎7-204-7722; www.sre.gob.mx/cuba; calle 12, 518, Miramar)

Venezuela (☎7-204 2662; 5ª Avenida nº 1601, Miramar)

Fiestas oficiales

Cuba cuenta con nueve fiestas oficiales. Otras fiestas nacionales destacadas son: 28 de enero (aniversario del nacimiento de José Martí); 19 de abril (victoria de la bahía de Cochinos); 8 de octubre (aniversario de la muerte del Che Guevara); 28 de octubre (aniversario de la muerte de Camilo Cienfuegos); y 7 de diciembre (aniversario de la muerte de Antonio Maceo).

1 de enero Triunfo de la Revolución

2 de enero 2 Día de la Victoria

1 de mayo Día de los Trabajadores

25 de julio Conmemoración del asalto a Moncada

26 de julio Día de la Rebeldía Nacional. Conmemoración del asalto al Moncada

27 de julio Conmemoración del asalto al Moncada

10 de octubre Día de la Independencia

25 de diciembre Navidad

31 de diciembre Nochevieja

Información turística

La oficina de turismo oficial es **Infotur** (www.infotur.cu) y tiene sedes en las principales ciudades provinciales y mostradores en casi todos los grandes hoteles y aeropuertos. Las agencias de viajes como Cubanacán, Cubatur y Ecotur suelen proporcionar información general.

El Ministerio de Turismo de Cuba publica información a través de internet y tiene oficinas internacionales de promoción:

Argentina (☎(54-11)-4326-7810; www.turismodecuba.com.ar; Marcelo T. de Alvear nº 928, piso 4, Buenos Aires)

España (☎914 113 097; www.descubracuba.com; paseo de La Habana nº 54, 1º izq., 28036 Madrid)

México (☎(00 52 55) 5250-7974; www.conocecuba.com.mx; Shakespeare nº 71 dpto 302 Col. Anzures; México DF)

Venezuela (☎58212 2672268; ofiturven@cantv.net; avenida Francisco de Miranda Edif. Torre provincial Torre B. piso 10, ofic. 104 Chacao, Caracas)

Mapas y planos

La señalización es deficiente, por tanto es imprescindible un buen mapa, tanto para conductores como para ciclistas. *Guía de carreteras*, publicado en Italia, contiene los mejores mapas existentes de Cuba. Se suele entregar gratis al alquilar un vehículo, aunque a algunos viajeros les han pedido entre 5 y 10 CUC. Cuenta con un completo índice, un plano detallado de La Habana e información útil en español, inglés, italiano y francés. El *Automapa nacional* es también práctico, aunque más general; se vende en hoteles y oficinas de alquiler de vehículos.

El mejor mapa publicado fuera de Cuba es el de Freytag & Berndt 1:1.250.000. Cubre toda la isla y tiene planos de La Habana, Playas del Este, Varadero, Cienfuegos, Camagüey y Santiago de Cuba.

Si se quiere un mapa bueno y sencillo hay que hacerse con una de las Guías provinciales disponibles en las oficinas Infotur.

Mujeres viajeras

En cuanto a la seguridad física, Cuba es un paraíso para las mujeres viajeras. Se puede pasear de noche por casi todas las calles, el índice de delitos violentos es muy bajo y el aspecto positivo del machismo es que una mujer nunca se va a encontrar en apuros. Sin embargo, esto último también tiene su contrapartida en forma de piropos, comentarios e, incluso, cierto grado de acoso.

La ropa sencilla evita atenciones indeseadas y está absolutamente desaconsejado tomar el sol en toples. En la discoteca hay que dejar muy claro a los compañeros de baile lo que se quiere y lo que no.

Pesos y medidas

Cuba usa el sistema métrico, salvo en algunos mercados de frutas y verduras donde prima el imperial.

Salud

Desde un punto de vista sanitario, Cuba suele ser un lugar seguro si se tiene un mínimo cuidado con lo que se come y se bebe. Las enfermedades más comunes entre los viajeros, como la disentería y la hepatitis, se contraen por el consumo de alimentos y agua en mal estado. Las enfermedades transmitidas por los mosquitos no son un problema grave en la mayor parte de las islas del archipiélago cubano.

La prevención es la clave para mantenerse sano. Los viajeros vacunados con las vacunas recomendadas y que tienen en cuenta las precauciones de sentido común, por lo general no sufren más que leves diarreas.

Seguro médico

Desde mayo del 2010 es obligatorio para todos los extranjeros presentar su seguro médico al entrar en el país.

En caso de ingresar en el hospital, se debe llamar a **Asistur** (☎866-4499, urgencias 866-8527; www.asistur.cu; paseo de Martí No 208, Centro Habana; ⏲8.30-17.30 lu-vi, 8.00-14.00 sa) para que le ayude en lo relacionado al seguro y en la asistencia médica. La empresa cuenta con oficinas regionales en La Habana, Varadero, Cienfuegos, Cayo Coco, Camagüey, Guardalavaca y Santiago de Cuba.

El tratamiento de pacientes ambulatorios en clínicas internacionales tiene un precio razonable, pero las urgencias y las hospitalizaciones largas salen caras (el sistema médico gratuito para los cubanos solo debería usarse si no hay otra opción).

Si el viajero tiene que contratar un seguro médico a su llegada deberá pagar entre 2,50-3 CUC al día para una cobertura de hasta 25 000 CUC en gastos médicos (por enfermedad) y 10 000 CUC por repatriación de un enfermo.

Asistencia médica para extranjeros

El Gobierno cubano ha instaurado un sistema sanitario para extranjeros con fines lucrativos llamado **Servimed** (☎7-24-01-41; www.servimedcuba.com), independiente del sistema gratuito y sin fines lucrativos que se ocupa de los ciudadanos cubanos.

Hay más de 40 centros sanitarios Servimed en la isla que ofrecen atención primaria, además de varias especialidades y servicios de alta tecnología. Si el viajero se aloja en un hotel, la forma habitual de acceder al sistema es solicitar un médico al director. Los centros de Servimed aceptan consultas sin cita previa. Si bien los hospitales cubanos ofrecen tratamiento gratuito de urgencias a extranjeros, este solo debería usarse como último recurso. Hay que recordar que los recursos médicos cubanos son escasos y que en los centros sanitarios gratuitos se debe dar prioridad a la población local.

La mayoría de los médicos y de los hospitales esperan pagos en efectivo, tanto si el viajero dispone o no de seguro médico. Si el problema médico del viajero supone un peligro para su vida, quizá quiera que le evacuen a un país con asistencia médica de vanguardia. Esto puede costar miles de dólares, por lo que antes de viajar conviene comprobar que su seguro lo cubre.

También hay farmacias especiales para extranjeros gestionadas por el sistema Servimed, pero todas las farmacias cubanas están mal abastecidas. El viajero deberá llevar una cantidad suficiente de los medicamentos que pueda necesitar, tanto si son con receta o no. Y también un botiquín bien surtido. Las farmacias que indican "turno permanente" o "pilotos" abren 24 horas.

Agua

No es seguro beber agua del grifo. El agua embotellada Ciego Montero se encuentra en casi todas partes y no cuesta más de 1 CUC.

Teléfono

El sistema de teléfonos está en proceso de transformación, así que hay que tener en cuenta los posibles cambios en los números. Normalmente un mensaje grabado avisa de cualquier modificación. La mayoría de los Telepuntos de Etecsa han sido reformados, por ello casi todas las ciudades cuentan con un locutorio con cibercafé.

En los últimos años se ha extendido el uso de móviles.

Teléfonos móviles

La empresa de telefonía móvil de Cuba se llama **Cubacel** (www.cubacel.com). En Cuba hoy en día se pueden usar móviles GSM o TDMA, pero hay que pagar una tarifa de activación (unos 30 CUC). Cubacel dispone de numerosas oficinas en todo el país (también en el aeropuerto de La Habana) donde hacer los trámites. Las llamadas en territorio cubano cuestan 0,30-0,45 CUC por minuto y 2,45- 5,85 las llamadas internacionales. El alquiler de un móvil cuesta 6 CUC más 3 CUC al día en concepto de activación. También hay que dejar una fianza de 100 CUC. Los cargos a partir de esta cantidad son de 0,35 CUC por minuto. Para información actualizada véase www.etecsa.cu

Prefijos

¡Es complicado!

➡ Para llamar a Cuba desde el extranjero hay que marcar el prefijo internacional, el prefijo nacional de Cuba (53), el de la ciudad o zona (menos '0', que se usa en las llamadas interprovinciales) y el número de destino.

➡ Para llamar al extranjero desde Cuba hay que marcar el prefijo de llamada internacional (119), el prefijo del país que corresponda, el local y el número de teléfono. En el caso de EE UU hay que marcar 119 + 1, el prefijo local y el número.

➡ Para llamar desde Cuba a Madrid hay que marcar ☎119 (código internacional) + ☎34 (código de España) + ☎91 (área) + el número.

➡ Para llamar de móvil a móvil basta marcar el número de ocho dígitos (que siempre empieza por 5).

➡ Para llamar de móvil a fijo hay que marcar el '0' + prefijo provincial + número de abonado.

➡ Para llamar de fijo a móvil hay que marcar '01' (o '0' en La Habana) seguido del número de móvil de ocho dígitos.

➡ Para llamar de fijo a fijo hay que marcar '01' + prefijo provincial + número de abonado (o solo el '0' si se llama a o desde La Habana).

Tarjetas telefónicas

En Etecsa se pueden comprar tarjetas telefónicas, acceder a internet y hacer llamadas internacionales. Hay teléfonos públicos azules de Etecsa por todas partes. Las tarjetas se venden en convertibles por valor de 10, 20 y 50 CUC y en pesos por valor de 5 y 10 CUP. Las llamadas nacionales se pueden pagar con ambos, pero las internacionales solo se aceptan con tarjetas en convertibles.

También hay cabinas que funcionan solo con moneda nacional.

Tarifas telefónicas

Las llamadas locales cuestan unos 5 centavos por minuto y las interprovinciales entre 35 centavos y 1 CUC por minuto. Atención: solo las monedas de un peso que tienen una estrella funcionan en los teléfonos de pago. Como la mayor parte de los teléfonos públicos no devuelven cambio, es de cortesía apretar la tecla R para que el próximo usuario pueda aprovechar el saldo restante.

Las llamadas internacionales con tarjeta cuestan unos 2 CUC por minuto a EE UU y unos 5 CUC a Europa. Las llamadas a través de operadora son más caras.

En los hoteles de tres estrellas o más las tarifas de llamadas internacionales suelen también ser algo más caras.

Viajar seguro

Por lo general, Cuba es más segura que la mayoría de

los países, y los asaltos violentos son poco frecuentes. Los hurtos (p. ej. sustraer el equipaje en las habitaciones del hotel o los zapatos en la playa) son comunes, pero las medidas preventivas hacen milagros. La acción de los carteristas también se puede evitar: hay que llevar el bolso delante en los autobuses y mercados concurridos, y al salir de noche llevar el dinero justo que se va a necesitar.

La mendicidad es un problema extendido, agravado por turistas que reparten dinero, jabón, bolígrafos, chicles y demás cosas a la gente que pide en la calle. Si realmente se quiere ayudar, las farmacias y los hospitales aceptarán donativos de medicamentos, los colegios tomarán con mucho gusto bolígrafos, papel, lápices de colores, etc., y las bibliotecas aceptarán libros encantadas. Otras opciones son entregar el material a los propietarios de las casas particulares o dejarlo en una iglesia local. Los acosadores de turistas se llaman jineteros/jineteras y pueden ser un verdadero engorro.

Viajeros con discapacidades

Aunque las instalaciones sean pésimas y no estén pensadas para personas con discapacidad, la generosidad de la gente puede compensar las dificultades. Los ciegos tendrán ayuda para cruzar la calle y prioridad en las colas. Los que van en silla de ruedas descubrirán que las pocas rampas que hay son ridículamente empinadas, que las aceras de los barrios coloniales son demasiado estrechas y las calles, empedradas, y que es habitual que los ascensores no funcionen. Los centros telefónicos de Etecsa suelen tener sistemas adaptados para sordos y algunos programas tienen subtítulos cerrados (CC).

Visados y documentación

Si el viajero quiere pasar hasta dos meses en Cuba no necesita visado, pero sí una tarjeta de turista válida para 30 días, que se amplía una vez en el país. Si se llega en avión, el precio de la tarjeta suele estar incluido en la tarifa de la agencia de viajes o de la compañía aérea junto con el billete; consúltese con antelación.

Normalmente no está permitido subirse a un avión con destino a Cuba sin ella, pero si por casualidad no se tuviera, se puede conseguir en el aeropuerto internacional José Martí de La Habana, aunque puede haber problemas que es mejor evitar. Una vez en La Habana, las ampliaciones o los reemplazos cuestan 25 US$ más. No se puede salir del país sin presentar esta tarjeta, así que hay que tener cuidado de no perderla. Tampoco se permite entrar en Cuba si no se dispone de billete de salida. Los funcionarios del aeropuerto no ponen sello de entrada o salida en el pasaporte sino en la citada tarjeta.

Hay que rellenar la tarjeta de turista con cuidado, ya que los oficiales de aduanas son muy puntillosos.

Las personas en viajes de negocios y los periodistas necesitan un visado que debe solicitarse en un consulado al menos con tres semanas de antelación o más si se solicita desde un país que no es el de origen.

Los viajeros con visado o cualquier persona que haya permanecido en el país más de 90 días deben solicitar un permiso de salida en la oficina de inmigración.

Ampliaciones

Para la mayoría de los viajeros es fácil obtener una ampliación del visado una vez en el país. Solo hay que ir a una oficina de inmigración y presentar los documentos junto con 25 CUC en sellos, que se venden en cualquier sucursal de Bandec o del Banco Financiero Internacional. Tras los 30 días originales solo se reciben 30 días adicionales, pero se puede salir y volver a entrar en el país en 24 horas y empezar de nuevo (algunas agencias de viajes de La Habana tienen ofertas especiales para este tipo de excursión). Se recomienda solicitar las ampliaciones unos cuantos días laborables antes de la fecha de caducidad del visado y no viajar nunca por Cuba con un visado caducado.

Oficinas de inmigración cubanas

En casi todas las capitales provinciales hay oficinas de inmigración (donde se puede prorrogar el visado). Se aconseja evitar la oficina de La Habana porque siempre está abarrotada. Los horarios son normalmente de 8.00 a 19.00 lu, mi y vi, de 8.00 a 17.00 ma, de 8.00 a 12.00 ju y sa. Las delegaciones de la oficina de inmigración son las siguientes:

Baracoa (Antonio Maceo nº 48)

Bayamo (Carretera Central km 2) En un complejo grande, 200 m al sur del Hotel Sierra Maestra.

Camagüey (calle 3 nº 156, entre calles 8 y 10, Reparto Vista Hermosa,)

Ciego de Ávila (Delgado esq. Independencia)

Cienfuegos (☎43-52-10-17; Av 46, entre calles 29 y 31)

Guantánamo (calle 1 Oeste, entre calles 14 y 15 Norte) Detrás del Hotel Guantánamo.

Guardalavaca (☎24-43-02-27, 24-43-02-26) En la comisaría, en la entrada al *resort*. Tramitan ampliaciones de visado.

La Habana (calle 17 nº 203, entre calles J y K, Vedado)

Holguín (calle Fomento nº 256 esq Peralejo) Lléguese pronto porque se abarrota de gente.

Las Tunas (Av. Camilo Cienfuegos, Reparto Buenavista) Al noreste de la estación de trenes.

Sancti Spíritus (☎41-32-47-29; Independencia Norte nº 107)

Santa Clara (Av. Sandino esq. Sexta) Tres manzanas al este del estadio Sandino.

Santiago de Cuba (☎22-65-75-07; Centro de Negocios, Av. Jesús Menéndez esq. José A. Saco) Los sellos para la ampliación del visado se venden en el Banco de Crédito y Comercio, en Félix Peña nº 614, en el parque Céspedes.

Trinidad (Julio Cueva Díaz) En una bocacalle del paseo Agramonte.

Varadero (Av 1 esq calle 39)

Voluntariado

Hay varios organismos que ofrecen trabajos de voluntariado, aunque siempre es mejor organizarlo en el país de origen. Llegar a La Habana y pretender trabajar como voluntario puede resultar imposible. Estas son algunas asociaciones:

Proyecto Canada-Cuba Farmer to Farmer (www.farmertofarmer.ca) Organización de agricultura sostenible con sede en Vancouver.

Canada World Youth (www.cwy-jcm.org) Con sede en Montreal, Canadá.

Cuban Solidarity Campaign (www.cuba-solidarity.org) Con sede en Londres, Reino Unido.

Pastors for Peace (www.ifconews.org) Recoge donativos por EE UU para llevar a Cuba.

Witness for Peace (www.witnessforpeace.org) Busca personas que hablen español y se comprometan para dos años.

Desde España, algunas organizaciones participan en diferentes programas en Cuba:

Coordinadora Estatal de Solidaridad con Cuba (☎646 80 95 34; www.nodo50.org/cesc)

Solidaridad Internacional (☎902 15 23 23; www.solidaridad.org)

Sodepaz (☎902 367 192; www.sodepaz.org)

Transporte

CÓMO LLEGAR Y SALIR

Entrada al país

Tanto si es la primera vez o no, la aproximación al aeropuerto internacional José Martí sobre los campos rojizos de tabaco es de por sí una experiencia inolvidable. Por suerte, el trámite de entrada es relativamente sencillo, y con más de 2,7 millones de visitantes al año, las autoridades de inmigración están acostumbradas a ocuparse de las llegadas desde el extranjero.

Fuera de Cuba, los agentes de viajes, las compañías aéreas y demás profesionales suelen llamar a su capital Habana. Pero dentro de Cuba, casi siempre se le llama La Habana.

En lonelyplanet.com/bookings es posible reservar billetes de avión y tren y circuitos turísticos a través de internet.

Avión

Aeropuertos

Cuba tiene 10 aeropuertos internacionales. El mayor con diferencia es el **José Martí,** en La Habana. El otro aeropuerto importante es el **Juan Gualberto Gómez,** en Varadero.

Los vuelos chárteres para cubano-estadounidenses con permiso legal parten de Miami y Nueva York a los aeropuertos cubanos.

Líneas aéreas

En La Habana la mayor parte de las oficinas de las compañías aéreas se concentran en dos núcleos: el **edificio Airline** (calle 23 nº 64) en El Vedado y en el **Miramar Trade Center** (plano p. 134; av. 3, entre calles 76 y 80) en Playa.

Cubana (www.cubana.cu), la compañía aérea nacional, tiene vuelos regulares a Bogotá, Buenos Aires, Ciudad de México, Cancún, Caracas, Madrid, Moscú, París, Toronto, Montreal, Roma, San José (Costa Rica) y Santo Domingo (República Dominicana). Su moderna flota cubre las principales rutas y sus billetes se cuentan entre los más baratos. Sin embargo, la sobrerreserva y los retrasos son problemas recurrentes. La línea aérea tiene una política de tolerancia cero con el exceso de peso de equipaje, y penaliza severamente cada kilogramo que supere los 20 kg de equipaje autorizados. En cuanto a seguridad, Cubana tuvo algunos accidentes en diciembre de 1999, con 39 fallecidos; desde esa fecha no se ha registrado ninguno más. Se pueden consultar las cifras más recientes en www.airsafe.com.

ÁFRICA

Los vuelos directos desde África salen de Luanda, Angola. Desde el resto de países africanos es necesario enlazar con otros vuelos en Londres, París, Madrid, Ámsterdam o Roma.

TAAG (www.taag.com) Vuelos semanales de Luanda a La Habana.

DOCUMENTOS REQUERIDOS

- Pasaporte válido hasta al menos un mes después de la fecha de partida
- Tarjeta de turista cubana rellenada correctamente
- Seguro de viaje (controles aleatorios en el aeropuerto).
- Prueba de que se tienen fondos suficientes para toda la estancia
- Billete de regreso.

EL CAMBIO CLIMÁTICO Y LOS VIAJES

Toda forma de transporte con motor genera CO_2, la principal causa del cambio climático provocado por el hombre. La forma de viajar actual depende de los aviones, que quizá usen menos combustible por kilómetro por persona que muchos coches pero viajan distancias mucho mayores. La altura a la que los aviones emiten gases (incluido CO_2) y las partículas también contribuye a su impacto sobre el cambio climático. Muchas webs ofrecen "calculadoras de carbono" que permiten al usuario calcular las emisiones de carbono generadas por su viaje y, para quienes lo deseen, compensar el impacto de los gases de efecto invernadero emitidos con aportaciones a iniciativas respetuosas con el medioambiente en todo el mundo. Lonely Planet compensa todos los viajes de su personal y de los autores de sus guías.

ASIA Y AUSTRALIA

No hay vuelos directos a Cuba desde Asia o Australia. Los viajeros pueden enlazar vía Europa, Canadá, EE UU o México.

CANADÁ

Los vuelos desde Canadá conectan con 10 aeropuertos cubanos desde 22 ciudades. Toronto y Montreal son los principales puntos de salida. Otras ciudades están conectadas con vuelos chárter directos. **A Nash Travel** (www.anashtravel.com), con sede en Toronto, se encarga de resolver dudas sobre vuelos y vacaciones.

Air Canada (www.aircanada.com) Vuelos a La Habana, Cayo Coco, Cayo Largo del Sur, Holguín, Santa Clara y Varadero.

Air Transat (www.airtransat.com) Vuelos a Camagüey, Cayo Coco, Holguín, Santa Clara y Varadero.

CanJet (www.canjet.com) Vuelos a Camagüey, Cayo Coco, Cayo Largo del Sur, Holguín, Santa Clara, Santiago de Cuba y Varadero.

Hola Sun (www.holasunholidays.ca) Especialista en vacaciones a Cuba. Opera vuelos a nueve aeropuertos cubanos.

Sunwing (www.flysunwing.com) Vuelos a Cayo Coco, Camagüey, Cienfuegos, Manzanillo, Holguín, Santiago de Cuba, Varadero y La Habana.

Westjet (www.westjet.com) Vuelos a Cayo Coco, Holguín, Santa Clara y Varadero.

CARIBE

Cubana y su filial **Aerocaribbean** (www.fly-aerocaribbean.com) son las principales compañías aéreas. Las otras tres son las siguientes:

Air Caraibes Airlines (www.aircaraibes.com) Vuelos directos desde Pointe-a-Pitre, en la isla francesa de Guadalupe a La Habana.

Bahamasair (www.bahamasair.com) De Nassau, en las Bahamas, a La Habana.

Cayman Airways (www.caymanairways.com) De Gran Caimán a La Habana.

EUROPA

Hay vuelos regulares a Cuba desde España, Francia, Alemania, Italia, Bélgica, Suiza, los Países Bajos y Rusia.

Aeroflot (www.aeroflot.ru) De Moscú a La Habana dos veces por semana.

Air Berlin (www.airberlin.com) De Dusseldorf, Múnich y Berlín a La Habana.

Air Europa (www.aireuropa.com) Dos vuelos semanales de Madrid a La Habana.

Air France (www.airfrance.com) Vuelos diarios de Paris-Charles de Gaulle a La Habana.

Air Italy (www.alitalia.com) De Milán a Varadero.

Arkefly (www.arkefly.nl) De Ámsterdam a Varadero.

Blue Panorama (www.blue-panorama.com) De Milán y Roma a Cayo Largo del Sur, Holguín, Santa Clara, Santiago, Varadero y La Habana.

Condor (www.condor.com) De Frankfurt a Holguín, Varadero y La Habana.

Edelwiess (www.edelweissair.ch) De Zúrich a Holguín y Varadero.

Iberia (www.iberia.com) Vuelos diarios entre Madrid y La Habana.

Jetairfly (www.jetairfly.com) Vuelos chárteres de Bruselas a Varadero.

Neos (www.neosair.it) Chárteres que unen Milán con Cayo Largo del Sur, Holguín y Varadero.

Transaero (http://transaero.com) Chárter de temporada de San Petersburgo y Moscú a Varadero.

ESPAÑA

Las mejores opciones las ofrece **Iberia** (☎902 400 500; www.iberia.es) y **Air Europa** (☎902 401 501; www.aireuropa.com), con vuelos directos a La Habana desde Madrid (10 ½ h; desde 600-900 €).

Otra forma de conseguir vuelos baratos y ofertas es visitar los portales de viajes en internet. En www.es.lastminute.com, www.rumbo.es o www.despegar.com se pueden encontrar pasajes con descuentos.

Rutas aéreas

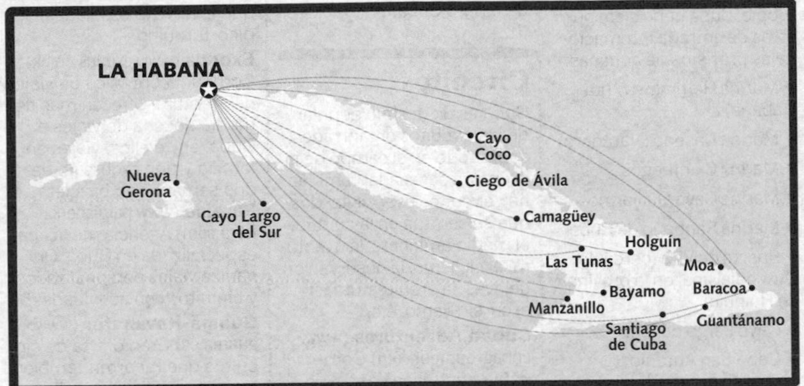

MÉXICO

Ciudad de México y Cancún son lugares recomendables para enlazar con un buen número de ciudades estadounidenses.

Interjet (www.interjet.com.mx) Vuelos desde Ciudad de México y Monterrey a La Habana.

SUDAMÉRICA Y CENTROAMÉRICA

Conviasa (www.conviasa.aero) Vuelos semanales de Caracas (Venezuela) a La Habana.

Copa Airlines (www.copaair.com) Vuelos diarios de Bogotá (Colombia) y Ciudad de Panamá a La Habana.

Lan Perú (www.lan.com) Vuelos semanales de Lima a La Habana.

Taca Airlines (www.taca.com) Vuelos diarios de San José (Costa Rica) y Lima (Perú) a La Habana.

ESTADOS UNIDOS

Desde el 2009, cuando el Gobierno de Obama suavizó las restricciones para viajar a Cuba de los cubano-estadounidenses, existen varios vuelos chárteres regulares entre ambos países, que salen de Miami y Nueva York. Todos los vuelos al aeropuerto internacional José Martí de La Habana aterrizan en la Terminal 2, en lugar de la 3, la principal puerta de entrada internacional.

Marazul (www.marazulcharters.com) Es una buena web de horarios de vuelos actualizados y reservas.

American Eagle (www.aa.com) De Miami a La Habana, Camagüey, Cienfuegos y Santiago de Cuba.

Miami Air International (www.miamiair.com) Vuelos chárter entre Miami y La Habana y Cienfuegos.

Sky King (www.flyskyking.net) Chárteres de Miami y Nueva York a La Habana y Camagüey.

Billetes

Los estadounidenses no pueden comprar billetes a Cuba en su país ni utilizar agencias de viajes con sede en EE UU, pero en México y otros países del Caribe hay innumerables agencias especializadas en ofertas de solo avión. Es necesario tener una tarjeta de turista cubana y alguna de las agencias debe proporcionarla. Salvo durante la temporada alta de vacaciones, normalmente se puede llegar a México, las Bahamas o cualquier otro país al que se viaje y comprar el billete de ida y vuelta a Cuba una vez allí.

TASA DE SALIDA

Hay que pagar 25 CUC de tasa de salida. Solo en efectivo.

Barco

Cruceros

Como las leyes de embargo estadounidenses prohíben la entrada a los puertos de EE UU durante seis meses a todos los barcos que hayan hecho escala en Cuba, pocos cruceros incluyen la isla en sus itinerarios. La compañía canadiense **Cuba Cruise** (www.yourcubacruise.com) opera un interesante viaje alrededor de Cuba con parada en La Habana, Cayo Coco, Holguín, Santiago, Montego Bay (Jamaica) y Cienfuegos. Hay dos salidas semanales de diciembre a marzo. Cuestan a partir de unos 600 US$.

Tropicana Cruises (www.tropicanacruises.com), con oficinas en Londres y San Petersburgo, ofrecen un paquete similar, con parada en La Habana, Cayo Saetía, Santiago, Ocho Ríos (Jamaica), Trinidad y Nueva Gerona.

Yate privado

Si se dispone de yate o barco propio, Cuba tiene siete puertos de entrada internacionales provistos de aduanas:

- Marina Hemingway (La Habana)
- Marina Dásena (Varadero)
- Marina Cienfuegos
- Marina Cayo Guillermo
- Marina Santiago de Cuba
- Puerto de Vita (cerca de Guardalavaca, en la provincia de Holguín)
- Cayo Largo del Sur
- Cabo San Antonio (extremo occidental de la provincia de Pinar del Río)

Los propietarios de las embarcaciones deberán ponerse en contacto con los guardacostas cubanos a través de la VHF 16 y 68 o por la red turística 19A. No existen servicios regulares de *ferry* a Cuba.

Circuitos

Cuba es un destino popular de los circuitos organizados, sobre todo en el campo de la aventura sosegada. También hay circuitos especializados que se centran en la cultura, el medio ambiente, la aventura, el ciclismo, la observación de aves, la arquitectura, el excursionismo, etc.

Cuban Adventures (www.cubagrouptour.com) Compañía australiana especializada en viajes a Cuba. Organizan pequeños circuitos, sobre todo con guías autóctonos.

Explore (www.explore.co.uk) Once viajes diferentes, entre ellos, una excursión llamada "senderos revolucionarios", que incluye la escalada al pico Turquino.

Exodus (www.exodus.co.uk) Compañía británica de viajes de aventura. Ofrecen más de media docena de viajes a Cuba, entre ellos, viajes en familia y una excursión de dos semanas en bicicleta.

Paraíso (www.paraisoenlatierra.com) Agencia mexicana especializada en Cuba. Organiza viajes personalizados y circuitos con actividades.

Guamá-Havanatur (www.guama.es) Gran oferta de circuitos que recorren también las zonas menos transitadas de la isla.

Club Marco Polo (www.clubmarcopolo.es) Viajes especializados con talleres fotográficos o rutas de ecoturismo y excursionismo.

CIRCUITOS DESDE EE UU

En el 2003, la Administración Bush dictó medidas restrictivas para los viajes organizados entre EE UU y Cuba. Obama anuló la orden en enero del 2011 y poco a poco se han ido restableciendo.

Los estadounidenses que viajan a Cuba aún están sujetos a las leyes de la hacienda pública. Para mayor información, véase la web del **Departamento del Tesoro** (www.treas.gov); introdúzcase la palabra "Cuba" en la casilla de búsqueda del sitio.

Marazul Charters Inc (www.marazulcharters.com) opera viajes a Cuba desde hace más de 30 años y ofrece ayuda al viajero para incluirlo en un viaje legal esponsorizado. También reservan billetes en sus propios vuelos chárter directos desde Miami a La Habana o Camagüey.

Center for Cuban Studies (www.cubaupdate.org) Institución educativa sin ánimo de lucro con sede en Nueva York. Ayuda a personas que participan en trabajos profesionales, humanitarios o religiosos en sus viajes a Cuba.

Global Exchange (www.globalexchange.org) ONG con sede central en San Francisco. Promueve los derechos humanos y la justicia económica y social en todo el mundo. Su rama cubana organiza intercambios ecológicos que exploran el desarrollo sostenible de Cuba.

Witness for Peace (www.witnessforpeace.org; 👪) Organización con sede en EE UU centrada en Latinoamérica y en las relaciones de esta con EE UU. Organiza viajes de investigación a Cuba en colaboración con Marazul Charters.

CÓMO DESPLAZARSE

Autobús

Se trata de un modo fiable de desplazarse, al menos por las zonas más frecuentadas.

Viazul (www.viazul.com), principal empresa de autobuses de largo recorrido que pueden usar los no cubanos, ofrece servicios puntuales con aire acondicionado (demasiado), que van a lugares de interés para los viajeros. Viazul cobra los billetes en convertibles, y el viajero puede estar seguro de que llegará puntual al destino indicado. Los autobuses realizan paradas regulares para almorzar o cenar y siempre llevan dos conductores. Ofrecen salidas diarias, pero cada vez tienen más trabajo. Hay que reservar con antelación para las rutas más solicitadas.

Conectando, dirigida por Cubanacán, es una opción más reciente. La ventaja es que circulan entre los hoteles del centro de las ciudades y que se puede reservar con antelación en las oficinas de Infotur y Cubanacán. Lo malo es que los horarios no son ni tan fiables ni tan completos como los de Viazul.

Muchos lugares turísticos de éxito cuentan con circuitos en autobús que enlazan los principales puntos de interés de una zona determinada y cobran 5 CUC por billete diario. Los servicios los gestiona la agencia estatal de transportes **Transtur** (☎7-831-7333). En La Habana y Varadero los vehículos tienen dos pisos y techo abierto. Se usan microbuses similares en Viñales, Trinidad, Cayo Coco, Guardalavaca, Cayo Santa María y Baracoa (en temporada).

Para recorrer distancias cortas hay autobuses provinciales, que cobran en pesos y son mucho menos cómodos y fiables que Viazul. Salen de las estaciones de autobuses provinciales de cada ciudad. Los horarios y precios suelen escribirse con tiza en una pizarra dentro de la terminal.

Reservas

Con Viazul es aconsejable reservar en temporada alta (junio-agosto, Navidad y Semana Santa) para las rutas más concurridas (La Habana-Trinidad, Trinidad-Santa Clara y Santiago de Cuba-Baracoa). En general, el viajero puede incluir su nombre en una lista con uno o dos días de antelación. Los autobuses han ganado popularidad entre los cubano-estadounidenses que visitan la isla tras atenuerse las restricciones para viajar en el 2009.

El autobús de Viazul que sale de Baracoa casi siempre está completo, así que se recomienda reservar un asiento al llegar. Es posible hacer reservas por internet en www.viazul.com.

Automóvil

Es fácil alquilar uno en Cuba, pero si se suma la gasolina, el seguro, la tarifa de alquiler, etc., no resulta barato. Calcúlese un mínimo de 70 CUC al día, incluso en el caso de un automóvil pequeño. De hecho, sale más barato alquilar un taxi para distancias inferiores a 150 km (cuando se redactó esta obra, los taxis cobraban 0,50 CUC/km para rutas interurbanas).

ALQUILAR UN COCHE CON CONDUCTOR

Puede que en las carreteras no haya mucho tráfico, pero conducir por Cuba no es tan fácil como se cree, sobre todo cuando hay que tener en cuenta a ciclistas, niños, caballos y peatones con poca o nula visibilidad y, lo peor de todo, la falta de señalización. Para evitar problemas lo mejor es contratar un automóvil cómodo y moderno y un conductor. Cada vez son más las compañías, pero destaca **Car Rental Cuba** (www.carrental-cuba.com; Lorda No 56, Santa Clara), cuyos conductores son hábiles, puntuales y amables. La sede central está en Santa Clara, pero la compañía opera por todo el país. Se paga una tarifa diaria, además de una tarifa por km, pero el conductor y el vehículo están a disposición del viajero a cualquier hora.

Permiso de conducir

Para alquilar un automóvil y conducirlo solo se necesita el carné de conducir del país de procedencia.

Combustible

La gasolina que se paga en convertibles, al contrario que la que se vende en pesos, se encuentra fácilmente en todas las estaciones de servicio del país, excepto en la costa occidental de La Habana. Las gasolineras suelen abrir 24 horas y a veces venden piezas de recambios sencillas. La gasolina se vende en litros y existen dos tipos diferentes: regular (1,20 CUC/l) y especial (1,40 CUC/l). Se recomienda utilizar gasolina especial para los automóviles de alquiler. El personal de todas las gasolineras es eficiente, y suelen ser trabajadores sociales, es decir, estudiantes que combinan estudios y trabajo.

Piezas de recambio

Aunque no se garantizan recambios para todo, los cubanos son expertos en mantener su viejas máquinas funcionando sin disponer de recambios y haciendo maravillas con cartón, cuerdas, gomas y perchas.

Si se necesita hinchar una rueda o reparar un pinchazo se puede recurrir a una gasolinera o visitar al ponchero local.

Seguro

Los automóviles de alquiler tienen un seguro recomendado de 15 a 30 CUC diarios que cubre todo, menos el robo de la radio, que hay que guardar en el maletero por la noche. Se puede optar por no pagar este seguro, pero entonces la fianza reembolsable que se paga al principio, en efectivo o con tarjeta de crédito no emitida por un banco de EE UU, sube de 250 a 500 CUC. En caso de accidente hay que quedarse con una copia de la denuncia que hace la policía para poder reclamar al seguro, proceso que puede durar todo el día. Si la policía determina que el viajero es responsable del accidente puede despedirse del depósito.

Alquiler

Alquilar un automóvil en Cuba resulta sencillo. Se

RUTAS DE VIAZUL

RUTA	DURACIÓN (H)	TARIFA (CUC)	PARADAS INTERMEDIAS
La Habana-Santiago de Cuba	15½	51	Entronque de Jagüey, Santa Clara, Sancti Spíritus, Ciego de Ávila, Camagüey, Las Tunas, Holguín, Bayamo
Trinidad-Santiago de Cuba	12	33	Sancti Spíritus, Ciego de Ávila, Camagüey, Las Tunas, Holguín, Bayamo
La Habana-Viñales	3¼	12	Pinar del Río
La Habana-Holguín	10½	44	Santa Clara, Sancti Spíritus, Ciego de Ávila, Camagüey, Las Tunas
La Habana-Trinidad	5½	25	Entronque de Jagüey, Cienfuegos
La Habana-Varadero	3	10	Matanzas, aeropuerto de Varadero
Santiago de Cuba-Baracoa	4¾	15	Guantánamo
Varadero-Santiago de Cuba	16	49	Cárdenas, Colón, Santa Clara, Sancti Spíritus, Ciego de Ávila, Camagüey, Las Tunas, Holguín, Bayamo
Trinidad-Varadero	6	20	Cárdenas, Colón, Entronque de Jagüey, Cienfuegos

necesita el pasaporte, el carné de conducir y una fianza reembolsable de entre 250 y 800 CUC en efectivo o con tarjeta de crédito no emitida por un banco estadounidense. Por un precio razonablemente mayor se puede alquilar el automóvil en una ciudad y devolverlo en otra. Si se dispone de un presupuesto bajo conviene preguntar por los vehículos diésel, un combustible más económico. Pocos automóviles de alquiler cuentan con transmisión automática.

Si un automóvil se alquila por menos de tres días su kilometraje es limitado, en cambio, si es por tres o más, el kilometraje es ilimitado. En Cuba se paga por el primer depósito de gasolina cuando se alquila el vehículo (1,40 CUC/l) y se puede devolver vacío. En la práctica, es una política arriesgada y muchos turistas se quedan sin gasolina a un kilómetro o dos del punto de devolución. Además, no se devuelve el dinero de la gasolina que queda en el depósito al entregar el vehículo. Es común el robo de espejos, antenas, luces traseras, etc., así que merece la pena pagar 1 o 2 CUC para que alguien vigile el vehículo por la noche. Si se pierde el contrato de alquiler o las llaves se paga una multa de 50 CUC; los conductores menores de 25 años pagan 5 CUC más y los conductores adicionales del mismo vehículo tienen un recargo de 3 CUC diarios.

Es importante repasar el automóvil detenidamente con el agente antes de partir, porque al viajero se le hará responsable de cualquier daño o falta. Hay que asegurarse de que hay rueda de repuesto del tamaño correcto, está el gato y la llave. Los asientos deben tener cinturones de seguridad y todas las puertas deben cerrar debidamente.

Se han recibido muchas quejas en relación a la ineficacia o inexistencia del servicio al cliente, el engaño en las ruedas de repuesto, reservas olvidadas y otros problemas. Las reservas se aceptan solo con 15 días de antelación y aun así no se garantizan. Aunque los agentes suelen ser flexibles, puede acabarse pagando más de lo previsto o tener que esperar a que alguien devuelva un vehículo. Cuanto más amable se sea, más rápido se resolverán los problemas; las propinas también ayudan. Como ocurre con todos los aspectos de un viaje por Cuba hay que tener siempre un plan B.

Estado de la carretera

Conducir por Cuba es un mundo aparte. El primer problema es que apenas hay señales. A menudo, las intersecciones importantes y los desvíos a ciudades principales carecen de indicaciones, lo que no solo es molesto, sino que hace perder tiempo. No suele indicarse con claridad si la calle es de sentido único o cuál es el límite de velocidad, lo puede ocasionar problemas con la policía, que no entiende la incapacidad del viajero para saber las normas de circulación. En cuanto a las marcas de la carretera, simplemente no existen en ninguna vía de la isla.

La Autopista, la Vía Blanca y la carretera Central suelen estar bien, pero no ocurre lo mismo con otras, de las que se desprenden trozos de asfalto o en las que, sin previo aviso, cruzan vías de tren, sobre todo en Oriente. Estos pasos a nivel son problemáticos por su cantidad y porque no cuentan con barreras. Hay que tener mucho cuidado: por muy alta que sea la vegetación en las vías se debe siempre considerar que están en uso. Los trenes cubanos, como los automóviles, desafían a toda lógica en lo que respecta a la mecánica.

Aunque el tráfico de vehículos es escaso, no ocurre lo mismo con el de bicicletas, peatones, carros de bueyes, carretas de caballos o ganado. Muchos de los automóviles y camiones más viejos carecen de espejos retrovisores y los niños salen corriendo de cualquier rincón sin preocuparse del tráfico. Hay que estar atento, conducir con precaución y utilizar el claxon en curvas y giros cerrados.

Se desaconseja conducir de noche debido a las cambiantes condiciones de la carretera, los conductores ebrios, las vacas que cruzan y la escasa iluminación. En La Habana es particularmente peligroso a altas horas de la noche, cuando parece que la calle se divide en un carril para mirones y otro para borrachos.

Los semáforos suelen estar estropeados o se ven con dificultad y la preferencia de paso no se tiene en cuenta.

Normas de tráfico

Los cubanos conducen a su aire. En principio, el tráfico puede parecer caótico pero tiene su ritmo. Se supone que los cinturones de seguridad son obligatorios y la velocidad máxima es de 50 km/h en ciudad, 90 km/h en carretera y 100 km/h en la Autopista. Sin embargo, hay automóviles que ni siquiera alcanzan esta velocidad y otros que la sobrepasan habitualmente.

Con tan poco tráfico rodado, es difícil no pisar más de la cuenta el acelerador, pero hay que tener en cuenta los baches inesperados o las patrullas de la policía. Hay algunas trampas ingeniosas para detectar la velocidad, sobre todo en la Autopista; la multa mínima es de 30 CUC, además de una nota en el contrato de alquiler, que luego servirá para que se deduzca de la fianza al devolver el vehículo. Cuando la policía ordena detenerse hay que salir del vehículo y caminar hacia ellos con todos los documentos. Si al cruzarse de frente un vehículo da una ráfaga de luces significa que hay un peligro delante, muchas veces la policía.

La dificultad de transporte conlleva que haya mucha gente esperando al borde de la carretera a que alguien pare para llevarle. Darle a alguien una "botella", es decir, llevarlo, tiene muchas ventajas, además de la generosidad. Con un cubano uno nunca se pierde, aprende secretos y conoce gente estupenda. No obstante, existen riesgos asociados a esta práctica, que pueden evitarse si se lleva a gente mayor o a familias. Por ejemplo, en las provincias, los que esperan a que alguien les lleve forman una cola organizada por los "amarillos", que dan prioridad a los más necesitados, como ancianos o mujeres embarazadas.

Autoestop

El problema del transporte, la necesidad y la escasa criminalidad hacen que en este país sea habitual esta práctica. Aquí el autoestop se entiende más como compartir vehículo, y está contemplado por la ley. Los semáforos, los pasos a nivel y los cruces son puntos habituales de parada para el autoestop. En las provincias y en las afueras de La Habana, los "amarillos" (supervisores oficiales de tráfico pagados por el Estado, que deben su apodo a sus uniformes amarillo mostaza) organizan y priorizan a los interesados, a los que se invita a formar una cola. El viaje cuesta entre 5 y 20 CUC según la distancia. Los viajeros que utilicen este sistema necesitan un buen mapa y paciencia para esperar, en algunos casos hasta 2 o 3 horas. La práctica del autoestop no es segura en ningún país del mundo, por lo cual es poco recomendable. Los que decidan hacerlo deben tener en cuenta que están asumiendo un riesgo potencial, por lo que se aconseja viajar en parejas e informar a alguien de la ruta que se pretende seguir.

Avión

Cubana de Aviación (www.cubana.cu) y su filial regional Aerocaribbean tienen vuelos entre La Habana y 11 aeropuertos regionales. No hay conexiones internas entre los aeropuertos, salvo a través de La Habana.

Los vuelos de ida cuestan la mitad que los de ida y vuelta y las restricciones en el equipaje son estrictas,

ADVERTENCIAS SOBRE EL VIAJE EN AVIÓN

Algunas embajadas recomiendan no tomar vuelos interiores en Cuba por razones de seguridad. En noviembre del 2010, un avión de doble hélice de fabricación francoitaliana de la empresa cubana Aerocaribbean se estrelló en la provincia de Sancti Spíritus, en el trayecto de Santiago de Cuba a La Habana, y murieron sus 68 ocupantes. Cuando se redactó esta guía aún se estaban investigando las causas del accidente.

sobre todo en los aviones pequeños de Aerocaribbean. Los billetes pueden comprarse en el mostrador turístico de muchos hoteles y en las agencias de viajes por el mismo precio que en las oficinas de las compañías aéreas, que suelen ser caóticas.

Aerogaviota (www.aerogaviota.com; av. 47 No 2814, entre calles 28 y 34, Playa, La Habana) ofrece vuelos chárteres más caros a La Coloma y Cayo Levisa (provincia de Pinar del Río), Nueva Gerona, Cayo Largo del Sur, Varadero, Cayo Las Brujas, Cayo Coco, Playa Santa Lucía y Santiago de Cuba.

VUELOS NACIONALES DESDE LA HABANA

DESTINO	FRECUENCIA	DURACIÓN (H)
Baracoa	1 semanal	2½ h
Bayamo	2 semanales	2 h
Camagüey	diario	1½ h
Cayo Coco	diario	1¼ h
Cayo Largo del Sur	diario	40 min
Ciego de Ávila	1 semanal	1¼ h
Guantánamo	5 semanales	2½ h
Holguín	2-3 diarios	1½ h
Isla de la Juventud	2 diarios	40 min
Manzanillo	1 semanal	2 h
Moa	1 semanal	3 h
Santiago de Cuba	2-3 diarios	2¼ h

Bicicleta

Cuba es un paraíso para los ciclistas, con carriles propios, tiendas especializadas y conductores acostumbrados a compartir la carretera. Es difícil encontrar recambios, así que conviene traer las piezas más importantes desde casa. No obstante, los cubanos son maestros en la reparación improvisada y, aunque no haya piezas, son capaces de fabricar una que funciona. En todas las poblaciones hay poncheros (reponedores de ruedas pinchadas) que arreglan pinchazos e hinchan las ruedas.

Los cascos son muy raros, excepto en los hoteles de gama alta, por tanto también hay que llevarlo. En cambio los candados son imprescindibles, porque el robo de bicicletas es habitual. Los parqueos son los aparcamientos reservados para las bicicletas; cuestan 1 CUP y los hay en todos los puntos donde se congrega gente, como mercados, terminales de autobús, en el centro urbano, etc.

En todas las vías del país, incluso en las carreteras, hay un espacio de 1 m de ancho a la derecha reservado para el tránsito de bicicletas. Es ilegal ir por las aceras y en sentido contrario al tráfico en vías de sentido único, y las multas son de la misma cuantía que las impuestas a los automóviles. La iluminación de las carreteras es deplorable, por lo que es mejor evitar transitar en bicicleta de noche (las bicicletas se ven implicadas en más de un tercio de los accidentes de tráfico de Cuba); por si acaso es mejor llevar luces en la bicicleta.

Los trenes con coches de equipaje admiten bicicletas por unos 10 CUC por trayecto. Aunque estos vagones están protegidos es mejor no dejar las cestas y comprobar el estado de la bicicleta al bajar. Los autobuses de Viazul también admiten bicicletas.

Compra

Por los canales oficiales la oferta es limitada y los precios altos, pero preguntando se puede encontrar a alguien que venda su "chivo", término coloquial para bicicleta, y luego revenderla o cambiarla al marcharse. Si se regatea un poco se puede conseguir una por unos 30 CUC, aunque seguramente las más caras estarán en mejor estado. Sin embargo, a pesar de los gastos que conlleva, llevar la bicicleta propia es siempre lo mejor.

Alquiler

Las tiendas de alquiler de bicicletas son escasas, aunque el sector privado está despegando tan rápido que la situación podría haber cambiado cuando el viajero lea estas líneas. Se puede conseguir algo apto para circular por entre 3 CUC la hora o 15 CUC al día. Los paquetes de los hoteles tipo todo incluido suelen ofrecer bicicletas como extra, pero los frenos suelen ser malos y carecen de marchas.

Camión

Son una forma rápida y barata de viajar. Cada localidad tiene una parada de camiones para viajes provinciales y municipales, generalmente con un horario muy relajado. Hay que ponerse a la cola en la parada correspondiente al destino deseado pidiendo siempre la vez. El billete se pagar al subir. Un camión de Santiago de Cuba a Guantánamo cuesta 5 CUP (0,20 CUC), mientras que el mismo viaje en autobús de Viazul cuesta 6 CUP.

Los camiones son calurosos e incómodos y van atestados, pero constituyen un modo fantástico de conocer cubanos.

A veces el personal de la terminal indica a los extranjeros que no pueden utilizar este servicio, pero como siempre, no hay que tomar un no por respuesta la primera vez. Suele ayudar si uno alega que no tiene dinero, entabla una conversación con el conductor o pide ayuda a otros pasajeros.

Circuitos

Entre las muchas agencias turísticas de Cuba, las más útiles son las siguientes:

Cubamar Viajes (☎7-833-2523, 7-833-2524; www.cubamarviajes.cu) Alquila cabañas en campismos y caravanas.

Cubanacán (☎7-873-2686; www.cubanacan.cu) Agencia de viajes general que incluye filiales especializadas como Cubanacán Náutica, de submarinismo, navegación y pesca, y Turismo y Salud, relacionada con las intervenciones médicas, los tratamientos en balnearios y la rehabilitación.

Cubatur (☎7-835-4155; www.cubatur.cu)

Ecotur (☎7-204-5188; www.ecoturcuba.co.cu)

Gaviota (☎204-4411; www.gaviota-grupo.com)

Havanatur (☎7-835-3720; www.havanatur.cu) Trabaja con Marazul Tours (EE UU).

Paradiso (☎7-832-9538/9; paradis@paradiso.artex.com.cu) Especializada en circuitos culturales y artísticos de varios días.

San Cristóbal Agencia de Viajes (☎7-861-9171; www.viajessancristobal.cu)

'Ferry'

Los servicios más interesantes para el viajero son el catamarán, que va del Surgidero de Batabanó a Nueva Gerona, **Isla de la Juventud** (☎7-878-1841), y el *ferry* de pasajeros que cubre la ruta de La Habana a Regla y **Casablanca** (☎7-867-3726). Estos ferries suelen ser seguros, a pesar de que en 1997 dos hidroplanos chocaron en ruta hacia la Isla de la Juventud. Tanto en 1994 como en el 2003, el *ferry* de Regla/Casablanca fue secuestrado por cubanos que intentaban llegar a Florida. En el incidente del 2003 había turistas, así que se pueden esperar importantes medidas de seguridad.

Transporte local

Autobús

Las guaguas locales, normalmente abarrotadas y con mucha humedad, muy cubanas, son prácticas en las ciudades grandes. Tienen un itinerario fijo con paradas, donde espera una larga cola en apariencia desordenada. Pregúntese quién es el último, ya que las colas no son una línea perfecta. De hecho, la gente deambula cerca de la parada de autobús.

Los autobuses cuestan entre 40 centavos y 1 CUC. Desde hace poco, en La Habana y Santiago de Cuba hay flotas nuevas de metrobuses de fabricación china. Siempre hay que avanzar todo lo posible hasta la parte trasera y salir del autobús por la puerta de atrás. Conviene llevar el bolso o mochila delante y tener cuidado con la cartera.

Barco

Algunas ciudades como La Habana, Cienfuegos, Gibara y Santiago de Cuba tienen servicios locales de *ferry*.

Bicitaxis

Los bicitaxis son grandes triciclos de pedales, con un asiento doble detrás del conductor, habituales en La Habana, Camagüey, Holguín y otras ciudades. En la capital insisten en una tarifa mínima de 1 CUC, aunque los cubanos pagan 5 o 10 CUP. Algunos piden sumas desorbitadas. El precio debe acordarse antes de salir. Por ley no pueden llevar turistas, que deben tomar taxis normales, así que corren un riesgo si lo hacen. Las normas se relajan más en las provincias, donde es fácil conseguir uno por entre 1 y 5 CUC.

Coches de caballos

Muchas ciudades de provincias disponen de coches de caballos que realizan rutas fijas, a menudo entre las estaciones de trenes y autobuses y el centro de las ciudades. El precio en moneda nacional es de 1 CUP.

Colectivo y 'máquina'

Los taxis colectivos tienen rutas de largo recorrido fijo y salen cuando están llenos. Suelen ser automóviles norteamericanos anteriores a 1959 que emiten humos de sus motores diésel y pueden llevar tres personas como mínimo en el asiento delantero. Los estatales, que cobran en convertibles y suelen esperar en los alrededores de las estaciones de autobuses, son casi siempre más rápidos y baratos que el autobús.

Taxi

Estos vehículos tienen taxímetro y cuestan 1 CUC por la bajada de bandera y 1 CUC por cada kilómetro recorrido en las ciudades. Los taxistas tienen por costumbre convenir con los turistas el precio de la carrera sin usar el taxímetro; el precio suele ser muy similar, la diferencia estriba en que si no se usa el taxímetro el dinero no se lo queda el Estado.

Tren

Los trenes que gestiona Ferrocarriles de Cuba viajan a todas las capitales de provincia y son una excelente manera de descubrir Cuba,

SERVICIOS DE TREN DESDE LA HABANA

Esta información está sujeta a cambios y cancelaciones. Consúltese siempre antes de viajar.

DESTINO	Nº DE TREN	FRECUENCIA	PRECIO (CUC)
Bayamo	5	cada 3 días	26
Camagüey	1, 3, 5, 15	diario	19–41
Cienfuegos	19	días alternos	11
Guantánamo	15	cada 3 días	32
Manzanillo	28	cada 3 días	32
Matanzas	3, 5, 7, 15	diario	3
Morón	29	diario	24
Pinar del Río	71	días alternos	6.50
Sancti Spíritus	7	días alternos	13.50
Santa Clara	1, 3, 5, 7, 9, 15	diario	10–21
Santiago de Cuba	1, 5	2 de cada 3 días	30–62

siempre que se tenga tiempo y paciencia. Aunque viajar en tren es seguro, la información sobre salidas es solo teórica. No suele haber problemas para comprar un billete ya que hay una cuota reservada para turistas que pagan en convertibles.

Los extranjeros deben pagar los billetes en efectivo, pero los precios son razonables y los vagones, aunque viejos y deslustrados, son bastante cómodos. Los lavabos son infectos; se debe llevar papel higiénico. Hay que vigilar el equipaje si se viaja de noche y llevar siempre un poco de comida. El tren Francés es el único que dispone de cafetería, aunque con frecuencia pasan vendedores por los vagones ofreciendo café (la taza la pone el pasajero).

La página web **The Man in Seat Sixty-one** (www.seat61.com), administrada por Mark Smith desde el Reino Unido, ofrece información actualizada de los horarios, tipos y matices de los trenes cubanos. La página incluye viajes en tren por todo el mundo, pero consta de un resumen aceptable de los principales servicios ferroviarios cubanos.

Estaciones de trenes

Las estaciones de trenes cubanas, a pesar de alguna que otra fachada fastuosa, siempre son deprimentes y caóticas, con poca información visible. Las horas de salida se anuncian con tiza en pizarras o con carteles escritos a mano; no hay horarios electrónicos o impresos. Se recomienda comprobar siempre la información ferroviaria dos o tres días antes de viajar.

Clases

Hay varios tipos de trenes: especiales, rápidos, con pocas paradas y aire acondicionado; regulares, más lentos y con salidas diarias; y "lecheros", que paran hasta en todas las estaciones y apeaderos de la línea. Las líneas más importantes como La Habana-Santiago de Cuba tienen trenes especiales o regulares.

EL TREN FRANCÉS

El mejor tren de Cuba y el más rápido es el tren Francés, que cubre el trayecto entre La Habana y Santiago de Cuba en ambas direcciones cada tres días (1a/2a clase 62/50 CUC, 15½ h, 861 km). El Tren 1 sale de La Habana a las 18.27, pasa por Santa Clara y Camagüey y llega a Santiago de Cuba a las 9.00. El Tren 2 sale de Santiago de Cuba a diario a las 21.00 y llega a La Habana a las 12.15. Los trenes utilizan vagones franceses de segunda mano (de ahí el nombre), que antes cubrían la ruta europea París-Bruselas-Ámsterdam. Cuba los compró en el 2001. Son bastante cómodos, aunque algo deslustrados, con un aire acondicionado gélido, café escaso, un sobrecargo (uno por vagón) y lavabos deplorables. Como ocurre con otras cosas en Cuba, el problema no radica tanto en la calidad de los vagones sino en su mantenimiento, o la falta del mismo. El tren Francés tiene dos clases, primera y primera especial. Merece la pena invertir 12 CUC más en la segunda.

Precio

Los trenes regulares cuestan menos de 3 CUC por 100 km, pero los especiales están más cerca de los 5,50 CUC por 100 km. El tren Hershey cuesta igual que los regulares.

Reservas

En casi todas las estaciones se puede ir a la ventanilla y comprar el billete sin más, pero en La Habana hay una sala de espera y una ventanilla especial para pagar en convertibles en la estación de La Coubre. Al comprar el billete es necesario mostrar el pasaporte y siempre es conveniente confirmar la salida con antelación, puesto que los horarios son muy variables.

Red ferroviaria

La red ferroviaria cubana es muy completa, y comprende casi toda la isla principal, desde Guane, en la provincia de Pinar del Río a Caimanera, al sur de la ciudad de Guantánamo. También hay varios ramales que se dirigen al norte y al sur y que conectan sitios como Manzanillo, Nuevitas, Morón y Cienfuegos. Baracoa es una de las pocas ciudades sin tren. Otros enclaves que carecen de tren son la Isla de la Juventud, el extremo occidental de la provincia de Pinar del Río y los cayos del norte. Trinidad ha estado desconectada de la red ferroviaria principal desde que una tormenta destruyera un puente en 1992, aunque cuenta con un pequeño ramal que recorre el Valle de los Ingenios.

Servicios

Muchos trenes de cercanías circulan al menos una vez al día, y algunos con mayor frecuencia. También hay trenes más pequeños que unen Las Tunas y Holguín, Holguín y Santiago de Cuba, Santa Clara y Nuevitas, Cienfuegos y Sancti Spíritus, y Santa Clara y Caibarién.

El tren de Hershey, construido a principios del s. XX por la Hershey Chocolate Company, es el único tren eléctrico de Cuba; es una forma amena de desplazarse entre La Habana y Matanzas.

Glosario

agropecuario – mercado de hortalizas que también vende arroz y fruta

altos – (en una dirección) piso en una planta alta

ama de llaves – véase "camarera"

amarillo – organizador del tráfico al borde de las carreteras que viste uniforme amarillo

arahuacos – tribus indígenas emparentadas lingüísticamente que habitaban casi todas las islas del Caribe y norte de Sudamérica

autopista – la nacional posee cuatro, seis u ocho carriles según la región

babalawo – sacerdote de la santería; también babalao; véase además "santero"

bajos – (en una dirección) piso en una planta baja

balseros – emigrantes que en la década de 1990 escapaban a EE UU a bordo de balsas caseras

barbudos – nombre dado al ejército rebelde de Castro

batá – tambor cónico de doble parche

bloqueo – el embargo estadounidense

bodega – tienda que distribuye productos mediante cartilla de racionamiento

bohío – cabaña con tejado de guano

bolero – canción romántica

botella – autoestop

cabildo – ayuntamiento de la época colonial; también, asociación de tribus en las religiones cubanas de origen africano

Cachita – apelativo de la Caridad de El Cobre

cacique – jefe; en su origen designaba a un dirigente indio, hoy se aplica a tiranos de poca monta

Cadeca – casa de cambio de divisas

cafetal – plantación de café

cajita – comida para llevar

camarera – designa también a un ama de llaves; el término "criada" se considera ofensivo en la Cuba revolucionaria

camello – metrobús de La Habana, así llamado por sus dos jorobas

campismo – red nacional de 82 *campings*; no todos admiten a extranjeros

cañonazo – ceremonia celebrada cada noche en la fortaleza de San Carlos de la Cabaña, al otro lado del puerto de La Habana

carpeta – recepción de un hotel

casa de la cultura – casa donde se celebran acontecimientos musicales, artísticos, teatrales y de danza

casa particular – residencia privada que alquila habitaciones a extranjeros (y, a veces, a cubanos); todas las casas legales exhiben un triángulo verde en la puerta

cayo – isla coralina

CDR – Comités de Defensa de la Revolución; cuerpos de vigilancia vecinal formados en 1960 para consolidar el apoyo de base a la Revolución. Hoy desempeñan un papel decisivo en campañas sanitarias, educativas, sociales, ecologistas y de trabajo voluntario

central – central azucarero moderno; véase "ingenio"

chachachá – música de baile de compás 4/4 derivada de la rumba y el mambo

Changó – en la santería, deidad de la guerra y el fuego, identificada con la santa Bárbara del catolicismo

chequeré – calabaza cubierta de cuentas para formar un sonajero

chivo – en argot, bicicleta

cimarrón – esclavo fugitivo

claves – palillos utilizados para hacer música

coche – carruaje, normalmente de caballos

cocotaxi – taxi en forma de huevo con capacidad para dos o tres personas; también llamado "huevito"

Cohíba – en lengua indígena, instrumento para fumar; una de las principales marcas cubanas de puros

colectivo – taxi colectivo que admite tantos pasajeros como sea posible; normalmente es un automóvil estadounidense antiguo

compañero/a – equivalente a camarada, con connotaciones revolucionarias

convertibles – pesos convertibles

Cubanacán – poco después de desembarcar en Cuba, Colón visitó una aldea taína que los indígenas llamaban Cubanacán ("en el centro de la isla"); una gran empresa turística cubana se llama así

cuerpo guardia – zona de urgencias en los hospitales

danzón – baile de salón tradicional de Cuba, con influencias europeas, surgido en Matanzas a finales del s. XIX

décima – verso octosílabo rimado que forma las letras del son cubano

dlente de perro – saliente rocoso dentado que bordea la mayor parte de la costa meridional de Cuba

el imperio – término con que los medios de comunicación oficiales se refieren a EE UU, país dirigido por los imperialistas

Elegguá – dios del destino en las religiones cubanas de origen africano, como la santería

encomienda – porción de tierra y mano de obra indígena que la Corona española encomendaba a un individuo durante la época colonial

entronque – cruce de carreteras en las zonas rurales

esquina caliente – donde los hinchas del béisbol hablan de estadísticas, equipos, historia, ganadores y perdedores; también llamada "peña"

Gitmo – en argot de EE UU, la base naval estadounidense de Guantánamo

Granma – balandro que en 1956 llevó a Castro y sus compañeros de México a Cuba para iniciar la Revolución. En 1975 se le dio este nombre a la provincia a la que arribó el *Granma*; también se llama así el principal diario del país

guagua – autobús

guajiro/a – campesino, persona tímida

guantanamera – mujer de la provincia de Guantánamo; el título de la famosa canción *Guantanamera* significa "campesina de la provincia de Guantánamo"

guaracha – canción satírica para una voz y coro

guarapo – jugo de caña de azúcar

guayabera – camisa masculina con botones y alforzas; prenda elegante tropical

hierbero – vendedor de hierbas y medicinas naturales, preparador de remedios; mina de información sobre tratamientos naturales

ingenio – antiguamente, central azucarero; véase "central" o "ingenio"

inmigraoión – Departamento de Inmigración

jején – insecto diptero, más pequeño que el mosquito

cometa – hidroplano

libreta – cartilla de racionamiento

Líder Máximo – título aplicado frecuentemente a Fidel Castro

luchar – verbo utilizado en todo tipo de situaciones cotidianas para la supervivencia

M-26-7 – Movimiento del 26 de julio, la organización revolucionaria de Fidel Castro; el nombre proviene del asalto frustrado al cuartel Moncada (Santiago de Cuba) el 26 de julio de 1953

mambises – rebeldes que luchaban contra España en el s. XIX

mamey –fruta tropical carnosa y deliciosa, de color rojo por dentro

máquina – automóvil, coche. Taxi privado que cobra en pesos

mogote – monolito de piedra caliza que se halla en Viñales

Moncada – antiguo cuartel de Santiago de Cuba lla-mado así en honor del general Guillermo Moncada (1848-1895), héroe de las guerras de independencia

Nueva Trova – música tradicional heredera de la trova, popularizada entre los años sesenta y de tema social. Silvio Rodríguez y Pablo Milanés son sus representantes más populares.

Operación Milagro – nombre no oficial de un proyecto médico pionero ideado en el 2004 entre Cuba y Venezuela, que ofrece tratamiento ocular gratuito para venezolanos pobres en hospitales cubanos

organopónico – cultivo ecológico urbano

Oriente – región compuesta por las provincias de Las Tunas, Holguín, Granma, Santiago de Cuba y Guantánamo

orisha – deidad de la santería

paladar – restaurante dirigido por manos privadas

palenque – escondite de esclavos fugitivos en época colonial

palestino – apodo que los habitantes del oeste dan a los del Oriente

parqueador – vigilante de aparcamiento

PCC – Partido Comunista de Cuba; único partido político del país, fundado en octubre de 1964 al fusionarse delegados del Partido Socialista Popular (el partido comunista anterior a 1959) con ex combatientes de la guerrilla

pedraplén – pasos elevados de piedra que conectan islas y cayos con la tierra firme

pelota – béisbol cubano

peninsular – español nacido en España, pero residente en América

peña – actuación o reunión musical de cualquier género: son, *rap*, *rock*, poesía, etc.; véase también "esquina caliente"

período especial – el "Período Especial en Tiempos de Paz", la realidad económica de Cuba después de 1991

ponchero – reparador de neumáticos pinchados

pregón – manera cantarina de vender frutas, verduras, escobas o cualquier otra cosa; a menudo es cómico y lo vocean los pregoneros/as

¿qué bolá? – "¿qué hay?" (saludo popular, sobre todo en el Oriente)

ranchón – granja/restaurante rural

reconcentración – táctica consistente en concentrar a la población rural por la fuerza, usada por los españoles en la Guerra Hispano-Estadounidense

reguetón – *hip-hop* cubano

regla de Ocha – conjunto de creencias religiosas relacionadas entre sí, conocido popularmente como santería

resolver – arreglar una situación problemática; es junto con "el último" una de las palabras más indispensables del vocabulario cubano

rumba – baile afrocubano que surgió en el s. XIX entre los esclavos de las plantaciones; durante los años veinte y treinta el término se adoptó en Norteamérica y Europa para designar un baile de salón de compás 4/4; en la Cuba actual, "rumba" significa simplemente "fiesta"

sala polivalente – recinto de boxeo

santería – religión afrocubana surgida del sincretismo entre la religión yoruba del África occidental y el catolicismo

santero – sacerdote de la santería; véase también *babalao*

santiaguero – habitante de Santiago de Cuba

son – forma básica de música popular cubana que se formó a finales del s. XIX a partir de elementos africanos y españoles

sucu-sucu – variante del son

taíno – tribu sedentaria de la familia lingüística arahuaca que habitaba gran parte de Cuba antes de la conquista española; el nombre significa "nosotros, la buena gente"

tambores – ritual de santería en que se toca el tambor

telepunto – tienda y locutorio con Internet de Etecsa (empresa estatal de telecomunicaciones)

terminal de ómnibus – estación de autobuses

tinajón – tinaja grande de barro cocido; especialmente común en la ciudad de Camagüey

tres – guitarra de siete cuerdas, elemento fundamental del son cubano

trova – canción de autor poética tradicional

trovador – cantautor tradicional

Uneac – Unión Nacional de Escritores y Artistas de Cuba

vega – plantación de tabaco

yoruba – grupo etnolingüístico del África occidental

yuma – en argot, ciudadano de los EE UU; puede aplicarse a cualquier extranjero; véase "americano/a" y "gringo/a"

zafra – cosecha de la caña de azúcar

Entre bastidores

LA OPINIÓN DEL LECTOR

Agradecemos a los lectores cualquier comentario que ayude a que la próxima edición pueda ser más exacta. Toda la correspondencia recibida se envía al equipo editorial para su verificación. Es posible que algún fragmento de esta correspondencia se use en las guías o en la web de Lonely Planet. Aquellos que no quieran ver publicados sus textos ni su nombre, deben hacerlo constar. La correspondencia debe enviarse, indicando en el sobre Lonely Planet/Actualizaciones, a la dirección de geoPlaneta en España: Av. Diagonal 662-664. 08034 Barcelona. También puede remitirse un correo electrónico a: **viajeros@lonelyplanet.es.** Para información, sugerencias y actualizaciones, se puede visitar **www.lonelyplanet.es.**

NUESTROS LECTORES

Gracias a los viajeros que consultaron la última edición y escribieron a Lonely Planet para enviar información, consejos útiles y anécdotas interesantes:

Abril Mayo, Albert Peguera, Alejandro Meyer, Alex Boladeras, Amaia Bobillo, Ana Richardson, Andrew Butchers, Angie Justo, Anna Austin, Anna Konti, Anne Finmans, Antoni Arla, Arie van Oosterwijk, Aurore Glagiardo, Bea Sanfeliu, Birgitt Ettl, Caridad González Fernández, Carol Henshaw, Henar Herrero Suárez, Caroline Kassell, Caroline Vandermeeren, Cathy Johnson, Cecilia Salcedo, Claire Jessup, Clara Lange, Clare Lahiff, Claudia Sigge, Claudia Tavani, Claudia Zeiske, Clive Andrew Hepworth, Conners Brown, Cristina Rodríguez Saá, David Dimasi, David Torrance, Dorothea Koschmieder, Elaine Bevan, Elena Santos, Elisabeth Roth, Erik Futtrup, Franco, Garrick Larkin, Gaylen Armstrong, German Luft, Gerry Willms, Gill Pursey, Guillermo Pérez de Arribas, Hannah van Meurs, Hanzer Lamora, Harley Goldberg, Hassan Shojania, Helena Reis, Howard Hopkins, Isabel von Au, Jean Linden, Jean-François Jammes Calvet, Jaume y Aina Domènec Vilaregut, Jiri Navratil, Johan Rochel, John Varley, Jon Carrodus, Jonathan Montagu, Jorge Espinos, José Antonio Álvarez Fernández, José Javier Crespo García, Juan Carlos Bonillo, Julia Roth, Kateřina Sobotová, Kay Rogers, Kirsten Friis, Koen Volleberg, Krista Klassen, Laura Drisaldi, Laura Jutglar Martínez, Laura van Eerten, Liam Robertson, Lorraine Meltzer, Luis Gómez Albaladejo, Malin Larsson y Sara Sigfridsson, Marcel de Vries, Marilyn Hicks, Mark Adam, Marleen Wieldraaijer, Martijn Grijpstra, Martin Zettersten, Maryline Jumeau, Mercedes Meyer, Michael Tesch, Mick Hansen, Micki Honkanen, Mike Dudley-Jones, Mirenda Clifford, Molly Walker, Myriam El Hadj Ali, Natalie Howell, Nacho Martín, Nathalie Laurent, Ole Hemmer-Hansen, Olga Gómez, Omar Mora, Omelio Moreno, Oscar Roberto Almiñaque, Paolo Nardi, Patrick Neumann, Pavel Bandakov, Peter Lancefield, Petra van de Bovenkamp, Philip Eastaff, Piet Peters, Pilar Boira Bonhora, Pilar Lasierra. Rachel Bristow, Rafael R. R., Rafael Villalón Almeida, Raphael Jibib, Richard Bains, Robert James, Roberto Gasperi, Rocco Baldinger, Rubén Subira, Sabine Gerull, Sabine van den Bergh, Sally McCarty, Sara Liviero, Sean Kelly, Stephanie Mitterschiffthaler y Pierluigi Maglio, Stephanie Schiest'l, Sylvester Jønsson, Silvia Curioni, Sylvia Ringeling, Therese Hackr, Tjeerd Havinga, Vanesa Moreno Blazquez, Wey Roger, Yair Lev, Zoe Porter, Zvika Rimalt.

AGRADECIMIENTOS DE LOS AUTORES

Brendan Sainsbury

Muchas gracias a todos mis amigos cubanos, en particular a Carlos Sarmiento por su fantástica compañía y habilidad al volante, Julio Muñoz por enseñar a mi hijo a montar a caballo, Ángel Rodríguez por su humor y opiniones y Julio y Elsa Roque por su indispensable ayuda en La Habana. Una mención especial para Yoan y Yarelis Reyes en Viñales, Héctor en Sancti Spíritus, Ramberto en Nueva Gerona, Joel y Mayra en Matanzas y Luis Miguel en La Habana.

Luke Waterson

Gracias a los vendedores de piezas de recambio, a los mecánicos renegados, a los taxistas, a los desvencijados automóviles de la década de 1950 y a los que me llevaron en autoestop y han facilitado mi viaje por Cuba con poco más que cinta americana y una pizca de determinación. Un agradecimiento especial a Maité e Idolka en Morón, al infatigable Rafael en Camagüey, a Guido y Anley en Bayamo, a Jorge en Holguín y, por supuesto, a Gisel y Nilson allí en el este.

Reconocimientos

Mapa de datos climáticos adaptado de Peel MC, Finlayson BL & McMahon TA (2007) "Updated World Map of the Köppen-Geiger Climate Classification", Hydrology and Earth System Sciences, 11, 1633-1644.

Fotografía de cubierta: Viejo Chevrolet aparcado enfrente de un mural del Che Guevara en La Habana, Cuba, Frederic Soltan/ Corbis ©

ESTE LIBRO

Esta es la traducción al español de la 7ª edición de *Cuba* de Lonely Planet, escrita y documentada por Brendan Sainsbury (autor coordinador) y Luke Waterson. La edición anterior es obra de Brendan Sainsbury y Luke Waterson igualmente.

Versión en español

GeoPlaneta, que posee los derechos de traducción y distribución de las guías Lonely Planet en los países de habla hispana, ha adaptado para sus lectores los contenidos de este libro.

Lonely Planet y GeoPlaneta quieren ofrecer al viajero independiente una selección de títulos en español; esta colaboración incluye, además, la distribución en España de los libros de Lonely Planet en inglés e italiano, así como un sitio web, www.lonelyplanet.es, donde el lector encontrará amplia información de viajes y las opiniones de los viajeros.

Índice

Mapas p. **000**
Imágenes p. **000**

D

E

Mapas p. **000**
Imágenes p. **000**

Mapas p. **000**
Imágenes p. **000**

M

INDEX L-M

Mapas p. **000**
Imágenes p. **000**

Mapas p. **000**
Imágenes p. **000**

Leyendas de los mapas

Puntos de interés

- Playa
- Reserva de aves
- Templo budista
- Castillo/palacio
- Templo cristiano
- Templo confuciano
- Templo hindú
- Templo islámico
- Templo jainista
- Templo judío
- Monumento
- Museo/galería de arte/edificio histórico
- Ruinas
- Sento (baño público)/onsen
- Templo sintoísta
- Templo sij
- Templo taoísta
- Lagar/viñedo
- Zoo/santuario de vida silvestre
- Otros puntos de interés

Actividades, cursos y circuitos

- *Bodysurf*
- Submarinismo/buceo
- Canoa/kayak
- Curso/circuito
- Esquí
- Buceo
- Surf
- Natación/piscina
- Senderismo
- *Windsurf*
- Otras actividades

Alojamiento

- Alojamiento
- *Camping*

Dónde comer

- Lugar donde comer

Dónde beber

- Lugar donde beber
- Café

Ocio

- Ocio

De compras

- Comercio

Información

- banco, cajero automático
- Embajada/consulado
- Hospital/médico
- Acceso a internet
- Comisaría de policía
- Oficina de correos
- Teléfono
- Aseos públicos
- Información turística
- Otra información

Otros

- Playa
- Cabaña/refugio
- Faro
- Puesto de observación
- Montaña/volcán
- Oasis
- Parque
- Puerto de montaña
- Zona de *picnic*
- Cascada

Núcleos de población

- Capital (nacional)
- Capital (provincial)
- Ciudad/gran ciudad
- Pueblo/aldea

Transporte

- Aeropuerto
- Puesto fronterizo
- Autobús
- Teleférico/funicular
- Ciclismo
- *Ferry*
- Metro
- Monorraíl
- Aparcamiento
- Gasolinera
- S-Bahn
- Taxi
- Tren
- Tranvía
- U-Bahn
- Otros transportes

Nota: No todos los símbolos aparecen en los mapas de este libro

Red de carreteras

- Autopista
- Autovía
- Ctra. principal
- Ctra. secundaria
- Ctra. local
- Callejón
- Ctra. sin asfaltar
- Camino en construcción
- Zona peatonal
- Escaleras
- Túnel
- Puente peatonal
- Circuito a pie
- Desvío del circuito
- Camino de tierra

Límites

- Internacional
- 2º rango, provincial
- En litigio
- Regional/suburbano
- Parque marítimo
- Acantilado
- Muralla

Hidrografía

- Río/arroyo
- Agua estacional
- Canal
- Agua
- Lago seco/salado/estacional
- Arrecife

Áreas delimitadas

- Aeropuerto/pista
- Playa, desierto
- Cementerio cristiano
- Cementerio (otro tipo)
- Glaciar
- Marisma
- Parque/bosque
- Edificio de interés
- Zona deportiva
- Pantano/manglar

LOS AUTORES

Brendan Sainsbury

Autor coordinador, La Habana, Artemisa y Mayabeque, Isla de la Juventud, Pinar del Río, Matanzas, Cienfuegos, Villa Clara, Sancti Spíritus Nacido y educado en New Hampshire, Inglaterra, Brendan visitó Cuba por primera vez en 1997 gracias a la primera edición de esta guía. Desde entonces ha vuelto 16 veces, como guía y escritor, pero ya no como turista. Esta es su quinta guía relacionada con Cuba, aunque también ha cubierto muchos otros países para Lonely Planet, entre ellos Angola, Italia y EE UU. Cuba sigue siendo su refugio preferido y La Habana –junto con Londres y Granada, en España– una de sus ciudades predilectas. Cuando no escribe ni viaja, Brendan disfruta siguiendo los avatares del Southampton Football Club, escuchando viejos discos de Clash y corriendo absurdas distancias por los desiertos. También ha escrito los capítulos: Preparación del viaje, Comprender Cuba y Guía práctica.

Más sobre Brendan en:
lonelyplanet.com/members/brendansainsbury

Luke Waterson

Ciego de Ávila, Camagüey, Las Tunas, Holguín, Granma, Santiago de Cuba, Guantánamo ¿El incendio accidental de la iglesia de Bayamo durante los fuegos artificiales que conmemoraban este episodio? ¿La avería de su automóvil junto a la mina de níquel más activa de Moa? ¿La rana oficialmente más pequeña del mundo? ¿O el exquisito marisco, café y cigarros? Estos son los candidatos a los momentos más divertidos y afortunados del viaje de Luke para esta edición de Cuba de Lonely Planet. Luke, que escribe desde los lugares menos trillados de Latinoamérica (por donde ha viajado durante 10 años), también es un adicto a la cafeína, autor del blog sobre café BrewingRevolution.com.

Más sobre Luke en:
lonelyplanet.com/members/lukewaterson

geoPlaneta
Av. Diagonal 662-664. 08034 Barcelona
viajeros@lonelyplanet.es
www.geoplaneta.com - www.lonelyplanet.es

Lonely Planet Publications
Locked Bag 1, Footscray, Victoria 3011, Australia
☎61 3 8379 8000 - fax 61 3 8379 8111
(Oficinas también en Reino Unido y Estados Unidos)
talk2us@lonelyplanet.com.au

Cuba
6ª edición en español – febrero del 2014
Traducción de *Cuba*, 7ª edición – octubre del 2013
1ª edición en español – octubre del 2000

Editorial Planeta, S.A.
Con la autorización para la edición en español de
Lonely Planet Publications Pty Ltd A.B.N. 36 005 607 983,
Locked Bag 1, Footscray, Melbourne, VIC 3011, Australia

ISBN: 978-84-08-12416-0
Depósito legal: B. 26.020-2013
Impresión y encuadernación: Liberdúplex
Printed in Spain – Impreso en España